国外毛泽东研究译丛（第二辑）
主编 石仲泉 萧延中

Le Singe et le Tigre

Mao, un Destin Chinois

毛泽东 雄关漫道

下册

（插图本）

[法] 阿兰·鲁林 著
Alain Roux
毕 笑 译

中国人民大学出版社
·北京·

"国外毛泽东研究译丛"编委会

目　　录

第三部分　领袖（1945—1976）

第三部分

领　袖

(1945—1976)

★序

1959年7月1日清晨，毛泽东坐车前往庐山，在那里他召集了一场中央委员会扩大会议。他的大脑中充斥着各种关于第一个十年社会制度计划的问题。经过长期内战夺取政权之后，这十年“日月换新天”。当汽车开始转弯的时候，因夏天的季风气候而下了几个月的雨突然停了：在重新变蓝的天空下，毛泽东看到他的脚下是一望无际的长江平原和鳞次栉比的金色稻田，在这个季节，人们准备收割了。雨过天晴让兴奋的毛泽东创作了一首律诗，这首诗的韵律和前几天他到达韶山作的诗一样。一到达目的地，他就用刚劲有力的字迹写下了这首诗[1]：

> 一山飞峙大江边，跃上葱茏四百旋。
> 冷眼向洋看世界，热风吹雨洒江天。
> 云横九派浮黄鹤[2]，浪下三吴[3]起白烟。
> 陶令[4]不知何处去，桃花源[5]里可耕田？

在主要的政策更迭的前夕，毛泽东的情绪变得更加激进。

我们认为政治局戏剧性的庐山会议和1959年7—8月的中央委员会扩大会议形成了过去31年的一道分割线：

——1945—1949年，毛泽东是一位征服者（第十一章）。

——1949—1956年，他是一位急于建立社会主义苏联模式的创造者（第十二章）。

——通过“大跃进”的方式实践理想主义（第十三章）。

——1959—1962年，理想主义下的内外交困（第十四章）。

——1962—1965年，发动“文化大革命”（第十五章）。

——1966—1969年，“文化大革命”成为第二场灾难（第十六章）。

——1969—1976年，毛泽东错上加错。直到这一伟大的掌舵手过世的时候，拿白吉尔的话来讲，中国还是一个“脆弱的大国”，但是“后毛泽东”的巨大转变已经初露端倪（第十七章）。

在1959年7—8月的庐山会议之前，毛泽东遵循了一条不完全是独创的武力夺取政权的道路，这条道路是在一个列宁主义的政党指挥革命的背景下提出的，但是毛泽东将他的基础放在农村，他在开辟出自己的道路之前，遵循苏联已经为他设置好的路线来构建社会主义。1945年党的七大公认的他“思想”至高无上。在1953—1955年间，他不合理地加快土地集体化并决定大型生产和交换方式由国家管控。他将一切强加给一个政党，而党内大部分领导人并不希望加速这些步骤以达到社会主义。

在庐山会议之后，毛泽东的集权与日俱增，要走的道路变得越来越不确定。这条路沿着绝壁前进，通向死路，受到崩塌的威胁。之后荒唐的暴力达到顶点——“文化大革命”——混乱险些吞没社会制度。从20世纪70年代初期开始，一个新的中国慢慢出现了，个人利益取代了毛泽东的道德主义，对个人的肯定动摇了儒家的传统，经济规则不再是不为人知的了，人们更追求一种平凡的幸福，而非恐惧之下强迫的道德。毛泽东绝对不希望这样一条道路代替他提出的道路，他一定会尽自己的全力来推迟这种不可避免的、对模糊而又致命的乌托邦的舍弃。残酷的疾病侵入他的身体，这位神一般的人物就这样开始陨落了。

★第十一章

胜利者（1945—1949）

1927 年夏天开始的国共内战此时已经接近尾声，这一时期发生了许多惊心动魄的历史性转折：1945 年 8 月末，重庆谈判徒劳无果，人们迎来一个听到越来越多枪声的不明朗时期。1946 年夏，双方的敌对状态全面升级。1946 年夏至 1947 年夏，毛泽东领导了一场对抗国民党的农民战争。1948 年年末，毛泽东领导的共产党取得了三次决定性的胜利，威望达到顶峰。从 1949 年年初开始，国民党节节败退，共产党回到了久违的城市，这一切都成就了毛泽东式的胜利。然而与古罗马不同的是，1949 年 10 月，在胜利者的队伍里，没有任何人提醒毛泽东他只不过是一个普通人而已。

徒劳的谈判（1945 年 8 月—1946 年 6 月）[1]

1945 年 8 月 28 日下午三点，经过四小时的飞行后，C47 军用飞机从延安抵达重庆九龙坡机场。该机场位于长江上的一座岛中央。神情忧虑的毛泽东从飞机上走下来，一个由十几人组成的小型欢迎团前来接机，毛泽东匆匆向他们挥手致意。这样的气氛对如此重大的事件而言显得有点异常。正如第二天非官方日报《大公报》所言："没有口号，没有鲜花，没有仪仗队"。没有任何迹象表明这是一次国家元首之间的会面。蒋介石给了毛泽东一个下马威：最高统帅接见毛泽东，只不过如同让一个有异心的省级领导来此地见识他的权威。[2]《大公报》还写道："毛泽东先生这个在九年前经过四川边境[3]的人，今天踏到了抗战首都的土地"——人们既没有忘记他抗争的过往，也没有忘记他和一位二战官方胜利者之间仍有差距。对于这次和毛泽东等人的会面，蒋介石只派出了两位较为次要的负责人，一位是国民革命军空军一级上将周至柔[4]，一位是并没有多大实权的国民党旧部邵力子[5]。然而不可避免的是蒋介石的接待委员会里包括了七名反对其专制制度的异见分子：张澜、沈钧儒、左舜生、章伯钧、陈铭枢、黄炎培和郭沫若[6]，此外还有八路军重庆办事处的三位负责人。仅有一位摄像师随行，众人驱车前往国民党上将张治中的公馆“桂园”别墅，让毛泽东在旅途的劳累过后可以稍作休息。当晚，毛泽东出席了在蒋介石住处“山洞林园”[7]举行的欢迎宴会。在宴会桌上，除了有美国驻华大使赫尔利、蒋介石的长子蒋经国的身影之外，各界的民主人士，如张群、陈诚、吴国桢、王世杰和周至柔[8]也参加了晚宴。毕竟在偏远的农村里摸爬打滚了十八年，初次回城的毛泽东显然有些狼狈，但他很快就适应了过来，并且知道如何把这次到访当成一件大事来做。为了达到目的，毛泽东部署了一系列的活动，包括安排会议和会面、礼节性参观和私下会晤。[9]毛泽东几乎每天晚上都工作到深夜，总结当天的主要情况，准备资料以便第二天和周恩来、王若飞还有秘书胡乔木进行讨论。毛泽东在蒋介石安排的林园套房[10]内住了三天，期间受到了严密监视。三天后他搬到了八路军办事处，这个办事处位于红岩村一条胡同的尽头，这里很安全，只是地处郊区，不方便安排会面。因此毛泽东欣然接受了张治中的邀请，借用了张治中[11]的公馆上清寺桂园，也就是他刚到重庆下榻的地方，作为在城里会客、工作、休息的地方。桂园位于重庆市中心，北倚嘉陵江，建于嘉陵江和长江的交汇处，地理位置十分优越。作为天生的政治外交家，毛泽东对于各种访谈都应付自如，他与美国第 14 航空队，即著名的克莱尔·陈纳德将军统领的“飞虎队”的三位飞行员合影，与重庆的故旧碰面，并接见了几十位各色人士。他几乎每晚都出席晚宴或酒会，在应邀到苏联领事馆参观的时候，毛泽东与美国领事再度会面，并结识了英国和法国领事。9 月 1 日，在由中苏文化协会举办的一场有三百多位来宾的酒会上，毛泽东见到了孙中山的儿子孙科：酒会的入口处有一小队人对他表示欢迎。刚到重庆的时候，毛泽东就已经准备好拜访国父孙中山的遗孀宋庆龄，只等她从莫斯科回来便登门。两个月内，毛泽东几乎拜访和接见了“整个重庆的人”。在毛泽东的联系人当中，他自然优先考虑会见蒋介石的对手，比如民盟和其他党派的领导人，还有国民党的叛徒。事实上他与国民党的元老也有所接触，包括像陈立夫和戴季陶这种坚决的反共分子。[12]

其中有两次会晤格外引人注目：8 月 30 日下午，毛泽东前往民盟总部（又被誉为“民主之家”）与民盟主席张澜会面，这是两人的第一次会面。毛泽东向张澜介绍了 8 月 25 日中共中央政治局关于和平谈判的六点原则的声明：坚持维护国家和平，建立民主政权。张澜认为“很公道”。但他同时提醒毛泽东要提防蒋介石：“蒋介石在摆鸿门宴，他是不大讲什么信义”。毛泽东却认为应该利用蒋介石的话做文章，并且依靠公众的压力迫使他施行新政，“他要演民主的假戏，我们就来他一个假戏真做”。另外一次传为佳话的会面是在到达重庆初期与柳亚子[13]的会面。毛泽东把在陕北时所作的一首旧作《沁园春·雪》赠给了柳亚子，而这位留着长胡子的老诗人把这首词稍作修改之后发表在报纸上。毛泽东和历史上那些伟大的君王一样，不仅有政治才华，还是书法家和诗人。除此之外，毛泽东和颜悦色的谈吐让他成为一个理智的和平爱好者，相反他的对手们却拙于隐藏自己的敌意：驻华美军总司令阿尔伯特·魏德迈 8 月 30 日与毛泽东会面的时候，以威胁的口吻警告毛泽东：“美国计划往中国派出五十万军队并投射原子弹”。毛泽东十分冷静，这就是一种高超的手段。同一天，当英国首相丘吉尔的特派将军卡通·德·维阿特对毛泽东宣称共产党的部队其实并没有对日军造成什么打击的时候，毛泽东也只是一笑置之。[14]在这两种情况下，不管是多么老练的外交官都不可能表现得更好了。

从 8 月 29 日开始，与国民党的谈判以缓慢的节奏进行着。面对毛泽东、周恩来、王若飞的三角组合，蒋介石仅在第一次和最后一次会议上露了面，其余时间由三位国民党高官王世杰、张群和张治中出席。这期间总共举行了 12 次工作会议，有时毛泽东独自一人到会，有时邵力子也参加。10 月 5 日进行了最后一次会议：周恩来通知大家，鉴于毛泽东已经离开延安一个多月了，本周必须回去。周恩来向国民代表大会提议整理一份会议记录，列出双方达成共识的地方和有争议问题的矛盾所在。8 日，双方代表听取了这份文件的最终版本，并定名为《国民政府与中共代表会谈纪要》。当晚在桂园举行了一个 500 人的晚宴。席间毛泽东发了言：“现在全国人民、各国友人都很关心我们所谈的问题”。毛泽东对谈判结果表示乐观，“因为中国当前的问题除了和平解决之外没有别的解决方法了”。他补充道：“可是困难是有的。”“大家一条心，要和平、民主、团结、统一，在蒋委员长的领导下实现三民主义。”[15]最后这充满和解意味的总结赢得了长时间的掌声。10月9日，毛泽东、周恩来和王若飞应蒋介石夫妇的邀请回到林园，与包括宋子文[16]、张群、邵力子和张治中在内的社会名流共进午餐。午餐结束后毛泽东与蒋介石进行了单独会面。蒋介石又尝试就中共放弃军队和解放区的问题取得毛泽东的同意，但毛泽东再次拒绝了这个他认为意味着“弃权”的要求。10月10日是中华民国国庆日，下午，周恩来和王若飞在桂园客厅与王世杰、张群、张治中和邵力子签署了《国民政府与中共代表会谈纪要》，史称“双十协定”。应邵力子的邀请，毛泽东从楼上下来，与谈判人员握手。下午4点，蒋介石来到桂园，与毛泽东进行了十分钟的交谈：蒋介石用漂亮的楷体字把名字签在了毛泽东的草书签名旁边。然后两位代表乘车赴国民政府礼堂参加双十国庆招待会。席间，满面春风的毛泽东以一句客套多于真心的“蒋委员长万岁!”向大家祝酒，一位著名的摄影师记录下了这个瞬间：照片里的毛泽东举起身旁的酒杯，脸上微微露出一个僵硬的笑容。当晚，毛泽东向蒋介石辞行，并与蒋介石再次进行了短暂的讨论，之后宿于林园。11日早上，在两人的最后一次会面中，蒋介石坚持己见，而毛泽东则巧妙地回应：协定签订才是协商的开始，周恩来、王若飞将继续留在重庆跟进。由始至终，面对怀恨在心且咄咄逼人的蒋介石，毛泽东都表现出了愿意避免内战、共商和平的积极态度。与蒋介石相反，毛泽东给因为30年内外战争而筋疲力尽的人民带来了一丝希望。

上午9点半，毛泽东来到机场，现场有500人前来欢送。毛泽东与众人握手道别，对负责安全保卫的国民宪兵表示感谢[17]，并在飞机旁与张群、陈诚、张治中以及民盟最有威望的领导人之一陶行知[18]及其夫人合影。登上飞机前，毛泽东向中外记者发表简短谈话指出：“中国问题是可以乐观的。困难是有的，但是可以克服的。”飞机于上午9点45分起飞，下午1点30分到达延安。

双方签订的“双十协定”于10月11日由新闻部公告发出，然而这份协定到头来只是一纸空谈。从8月中旬开始，争夺日占时期的大部分城市以及南京政权余部控制权的问题使双方的紧张气氛开始攀升。在重申“民主化、统一军队以及在法律上承认所有的抗日党派（指共产党）”这些双方共同目标之后，“双十协定”计划召开政治协商会议，结束国民党一党专政的局面，制定新宪法。应该注意到国民党对共产党其中一个基本要求

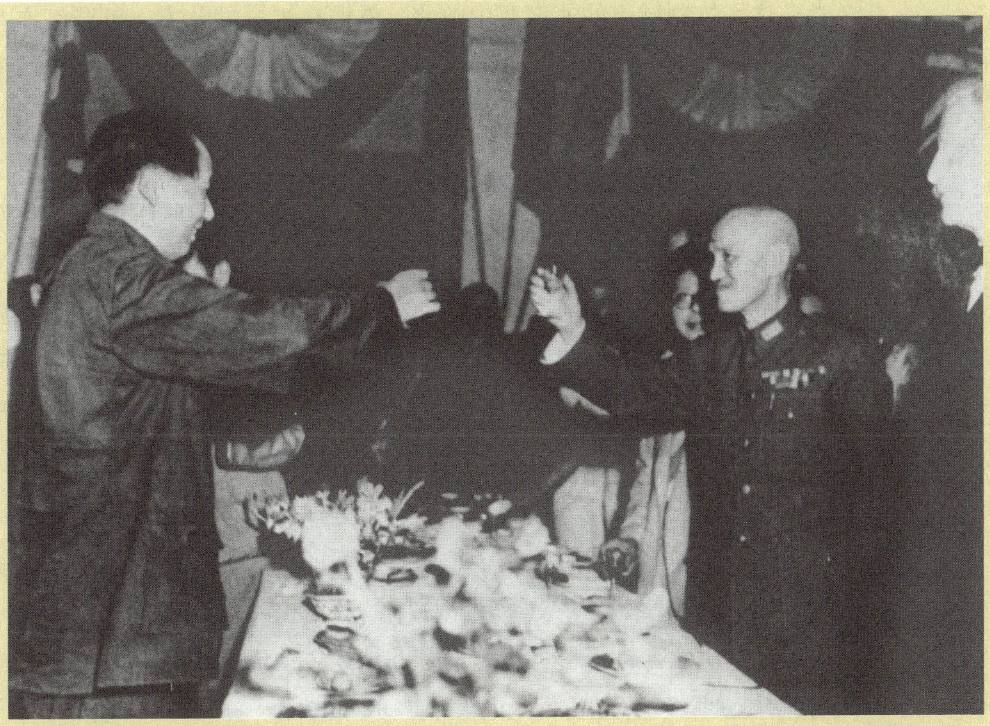

著名的重庆祝酒仪式，1945 年 9 月 10 日。毛泽东看起来信心满满，而蒋介石的笑容有些僵硬。我们可以看到帕特里克·赫尔利在他旁边。

选择了沉默，那就是立即组成一个联合政府。表面上看来，“双十协定”是共产党的另一次让步，但实际上共产党计划逐步实施削减军队措施的八个解放区是他们力量非常单薄的地方。相反没有任何协议能够让他们同意削减另外十个解放区的军队，因为这些解放区位于中国的中部和北部，是共产党牢牢扎根的地方。

蒋介石的美国后台

消息在同一天之内相继传来：美国海军已经在青岛登陆；三队美国空军今后将在青岛、北平（北京）[19]和天津驻扎。美国第七舰队在中国海域上频繁活动，53 000 名海军陆战队队员以接收日本投降部队的名义占领中国沿海各大城市。10 月底，由 235 架达科他战机组成的美国第十航空队从缅甸、四川、云南往上海、武汉、天津和北京运送 11 万名国民党士兵：

共产党在这场控制城市的速度赛中败北。然而在中国的北方，苏联红军却以迅雷不及掩耳之势征服了东北。8 月 14 日，苏联与蒋介石的国民政府就结盟谈判达成了协议，苏联红军表示 11 月 15 日之前不会撤出任何占领的城市，而中共领导层此时牢牢把握住了时机，决定从 8 月 29 日开始，赶在国民党部队抵达前深入到中国东北各个城市去。[20]苏联军队不仅接收了林彪手下的 8 万名装备简陋的士兵，慷慨地向他们敞开了自家军工厂的大门，甚至还把伪满洲国傀儡政权的投降军队[21]也交给了中共：于是到年底的时候，林彪麾下已经有 30 万名装备精良的士兵了。毛泽东回到延安之后，在 1945 年 10 月 17 日参加中共领导层会议，发表了对于当前形势的冷静总结[22]，认为国民党确实作出了某些让步，但是在美国的帮助之下，只要是能进攻的地方，国民党军队都会侵入，因此务必要注意他们的一举一动。毛泽东还特别提到了山西省东南的上党战役，在这场刚刚结束的战役中，31 000 名八路军将士战胜了 38 000 名国民党军人，毛泽东对此表示非常满意。针对形势最好的东北地区，他鼓励军队对袭击进行立即反攻："尽量坚守东北南部，积极争取东北北部。" 1945 年 11 月 5 日和 7 日，在询问关于贯彻党在农村实行减租政策和恢复生产的进行情况[23]时，毛泽东发出两条指令确认了这个方针。与当时中国其他地方的情况不同，在东北，中共在抗日和夺取城镇控制权上把国民党远远抛在后面[24]：毛泽东在苏联的帮助下在黑龙江建立了横 1 000 公里、纵 500 公里的根据地。如果把这块地盘比喻成一张舒适的安乐椅的话，那么椅背就是中苏边界的黑龙江，而扶手就是蒙古和朝鲜半岛半部：这个安全的后方可以避开蒋介石梦想的致命包围圈。[25]

然而总体的军事形势却越来越不乐观。11 月 14 日，一支国民党军队在美军的帮助下在秦皇岛登陆，第二天，这支军队就开始进攻山海关这个连接中国北部东北三省道路和铁路的枢纽。11 月 20 日，尽管中共命令全力坚守，但林彪告知毛泽东，战役最终以失败告终。辽宁的主要城市锦州已经被国民党控制，即将成为下一个必须放弃的重要铁路枢纽。同时，为苏联和美国在欧洲的紧张关系升级而担忧的斯大林，意识到苏联在中国战场上的严重损耗后，决定不再支持中共对抗国民党，他敦促中共遵守 8 月 15 日协议中的条款。苏联红军接到命令，让林彪的军队从当前占领的城市撤退，同时停止在东北为阻挡国民党军队入侵而进行的破坏铁路的活动。在要求被林彪拒绝后，多位苏联将军威胁他们的中共同行将使用武力解决问题。对中共而言，这是一个沉重的打击，是一种背叛。然而中共还是或多或少地做出了让步：11 月 26 日，中共东北局发出一份关于八路军各部队从大城市撤军的指示，这份由刘少奇签发的指示要求全军集中力量到农村中去。[26]

此时，毛泽东被严重的抑郁症击倒，从 11 月中旬到 12 月中旬，他都不得不住院接受治疗[27]，直到 1946 年年初才恢复。在病后的康复期，毛泽东住进了延安朱德司令部的牡丹亭，这是一座开满鲜花的美丽花园，顺着一片桃树林延伸开去。毛泽东喜欢坐在石桌前，和他的长子毛岸英聊天或者打麻将。毛岸英是和阿洛夫医生同机从莫斯科回国的。[28]在毛泽东生病的这段时间，由刘少奇替虚弱的毛泽东处理所有事务，朱德和任弼时协助，和他在重庆谈判时一样。12 月 15 日，毛泽东回到领导岗位，同一天，他就如何应对国民党的进攻发出了若干指示。28 日，针对在东北建立巩固的根据地的问题，他补充说，预计在三到四年内，国民党在东北南部的势力将会更强大，他们重夺各大城市和交通干线附近地区的控制权不可避免。[29]毛泽东提出，要耐心地在东北北部、东部和西部的偏远农村建立巩固的根据地，继而要为建立起一支军队做好部署和安排，务求让士兵的有效人数在 1946 年年底达到 40 万。士兵们同时要贡献部分的时间投入到生产当中，避免使当地群众的负担过重。[30]毛泽东还分析了党在自身不熟悉的地区中会遇到的客观困难，认为必须着手花大力气做好群众工作，向群众解释说明清楚。不用说，毛泽东是暗示东北百姓以往对共产党军队的不良印象仍然存在，以及苏联纵容军队在东北进行掠夺。众所周知，国民党的军队开始大批到达那些苏联即将移交的土地，然而苏联在 5 月之前不会撤军。[31]毛泽东巧妙地运用一批爱国人士来建立与当地群众和名流的关系，这批人是张学良一个兄弟的部下，曾在伪满洲国抗击过日军。蒋介石在由其部队控制的城市里，建立了一个人数众多的南方公务员政府[32]，然而这个政府很快就被人民唾弃。摆在毛泽东面前的，无疑是一场漫长而艰苦的内战。

马歇尔的任务

然而，一个消息很快重燃了毛泽东的希望。11 月 27 日的一轮国会投票表明美国对中国共产党军队不断增长的势头充满焦虑，投票过后，时任美国大使的赫尔利提出了退休的请求。杜鲁门总统随即宣布赫尔利的继任者为马歇尔将军[33]，并授予他让中国回归和平状态的任务。与其他候选人相比，马歇尔的优势是能够消灭苏联部队在东北延长驻守的所有借口，继而让整个太平洋沿岸成为一个美国湖。然而这个任务却在本质上自相矛盾：美国虽然怀疑蒋介石的行动，却公开支持国民党的政策，为他们配备和训练了39个现代化师以及8个飞行大队。在多个场合中，蒋介石都乘坐马歇尔的专机出行。[34]不过在最初的时候，这位调停者的偏袒并不是一个不可逾越的障碍。马歇尔于12月22日抵达重庆，此时国民党正在发动进攻，而共产党没有军事办法与之对抗，因此毛泽东不愿就此放过一个阻止国民党进攻的机会。23日，由周恩来、叶剑英和董必武组成的共产党代表团向马歇尔提出接见请求：代表团向他表达了毛泽东同意停火、召开政治协商会议以及通过宪法改善中国政府运作的意愿。国民党并没有拒绝其强大保护者美国的要求，尤其是周恩来经过毛泽东的首肯，同意政府派部队到东北南部，让迟迟不走的苏联撤军。1946年1月10日，一份停火协议终于签署，蒋介石承诺在10月份召开一次有共产党和其他反对最高统帅的政治团体参加的政治协商会议[35]：他已经盘算好要利用这次难得的反对者聚会，让局势保持在他的控制之下。尽管蒋介石并不是个出色的军人，却是个狡猾又精明的政客，他以位列中国五大领导人之首为荣，要在整个中国重建自己的权力。蒋介石希望通过尽快在当地建立政府和军队，以终结日本在1931年吞并东北三省的耻辱。尽管美国提出谨慎的建议，认为要利用共产党妥协的时间来重组一支军队，但蒋介石并不接受。在轻而易举就夺下林彪把守的山海关之后，蒋介石更坚定了自己的决心。在共产党这一方，尽管在2月到3月之间毛泽东曾发表过一些看似过于乐观的声明，然而在增强军事势力最为关键的几个月当中，毛泽东的一再指示都表明他并没有对避免内战的可能性抱有太多的幻想。毛泽东似乎比蒋介石更明白，在面对民众意愿时，表现出愿意和解的态度有多么重要。与他的对手相反，毛泽东在整场战争中从来没有忘记过政治因素的首要地位。

在这互不信任的基础上，“三方军事问题小组”成立，马歇尔、张群和周恩来聚首于共产党的势力范围北平（北京）①。2月25日，三方终于

① 按照资料，谈判和签约地点均应为重庆。三人后来就停战和军队整编工作飞往北平视察工作。

就军队整编方案达成一致：逐步裁减全国军队人数，在18个月内，国军编缩至84万人50个师，共军编缩至14万人10个师，优先分派到中国北方，并纳入到国家军队当中。由于共产党的让步，这一协议是可行的：1946年1月26日，毛泽东对林彪的指示[36]实际上是利用美国和苏联对蒋介石的压力玩谈判游戏。同一天，毛泽东同意蒋介石军队回到东北，并答应将东北南部的大城市交给国民党，但同时他再三叮嘱必须落实“军事自卫”以保证党对农村的控制，保护通往长春的关口。2月1日，在《关于目前形势与任务的指示》中，毛泽东更加具体地指出：当前进行的谈判“已获得重大结果……国民党一党独裁制度即开始破坏，在全国范围内开始了国家民主化……这是中国民主革命一次伟大的胜利……我们的军队即将整编为正式国军及地方保安队、自卫队等”[37]。毛泽东认为，在目前党内的主要危险倾向当中，其中一种就是狭隘的党派主义，“中国革命的主要斗争形式，目前已由武装斗争转变到非武装的群众与议会的斗争”。2月10日至13日，这次谈判刚刚结束不久，毛泽东就在延安特别接见了先后在重庆和武汉与国民党谈判的王若飞和董必武。[38]至少在话语上，毛泽东从来没有表现得如此乐观过。除此之外，在与美国记者会面时，毛泽东高度肯定和赞扬了马歇尔将军，并说自己正在捡回总也学不好的英语。3月4日，马歇尔、张治中[39]和周恩来在6 000人的欢迎下抵达延安，前来迎接他们的人包括毛泽东、朱德、刘少奇和林伯渠。在与毛泽东会谈之后[40]，第二天马歇尔又启程前往武汉[41]。登机前，马歇尔形容这次会晤“在他的眼中具有历史意义”，而毛泽东保证其将“为和平、民主和统一而努力”。3月12日，在国民党军队进驻的前一天，苏联红军从沈阳撤军[42]。

然而，毛泽东在3月16日给周恩来的一封电报中，表达了对内战战火重燃的顾虑。[43]三个主要事件无疑能够解释毛泽东态度迅速转变的原因：

其一，苏联军队从3月中开始从东北撤军。3月18日，苏联红军从重要的铁路枢纽四平撤至吉林，4月18日至长春，4月24日至齐齐哈尔，4月28日至哈尔滨。到5月3日完成撤军。然而，主要由美国现代化兵团组成的国民党部队才在沈阳部署好，马上就表现出巨大的攻击性，迅速占领辽宁的主要城市鞍山和抚顺，沿铁路往四平方向运动，封锁长春的道路。3月18日毛泽东命令林彪不惜任何代价坚守四平。3月24日，他又更新命令：以东北东部和东北中部为主，东北南部和东北西部为辅，全力抵抗进攻，重新考虑在辽宁建立反攻阵线。[44]局部内战由此重燃。1946 年 3 月 28 日，毛泽东向中央委员会提出核实解放区劳资关系以提高生产。3 月 30 日，他指示秘书胡乔木与刘少奇根据 1942 年 1 月 28 日关于建立抗日根据地的文件来修正土地政策。由此，毛泽东认为对国民党的长期作战是必然的。

其二，从 3 月初开始，国民党在南京召开大会，这是一次巩固国民党权力的绝佳机会，尽管蒋介石手握的权力和装备已非常可观，他却通过各种手段将其继续扩大化，同时扩大中央对各省的控制权。共产党和其他联盟的代表极力阻止以国民党党员占大多数的中央委员会在新宪法生效之前就行使权力，然而他们的努力落空了。蒋介石不顾主要来自共产党的各种反对，宣布决定于 11 月召开制宪大会，这立刻引起了共产党和民盟代表，继而是其他知名人士的辞职。确实，在国民党看来，共产党拒绝公布军队名单造成了 2 月 25 日军队复员计划的失败。显而易见，经过数周的犹豫后，毛泽东认为当下已不再是谈判的时候了，蒋介石也从未真心盼望谈判：4 月 1 日，一支由 8 架飞机组成的国民党空军到延安上空盘旋示威[45]。

其三，国际环境也正在发生变化，3 月 5 日，丘吉尔在密苏里州的富尔顿发表了对中欧造成打击的“铁幕演说”，他号召民主的英语国家联合起来共同面对来自“只尊重武力的苏联”的威胁，这标志着由美国领导的“自由世界”和由苏联领导的“共产主义阵营”之间的冷战正式开始。[46]于是斯大林再也没有任何理由照顾跟在美国后面的国民党了，苏联红军从东北撤军之时就和林彪的部队协调好，让共产党军队能够在国民党军队之前进驻各个城市。于是 4 月 18 日在长春，几天后在吉林，4 月 24 日在齐齐哈尔，4 月 28 日在哈尔滨，事情都这么办了。在这种条件下，毛泽东向中共领导层表达了乐观的看法：诚然，第三次世界大战爆发的危机是存在的，但更可能的是美、英、法这帝国主义三大头在人民斗争的压力之下，用数年或十数年时间，找出一个与苏联折中的办法来。[47]按照毛泽东的分析，依旧认为美国即使不能阻止内战，至少也可以延迟它在中国爆发的时间。在装备简陋的共产党军队和蒋介石装备精良的美编部队发生了第一次军事较量之后，毛泽东就明白他需要的是时间，充足的时间，用来提升实力！5月15日，毛泽东再次派周恩来到武汉与国民党谈判，从马歇尔那里获得一周的停战时间，同时他作出了一个新的安排：不在长春驻军。因为毛泽东在这一天得知铁路枢纽四平的保卫战失败了，所以长春的道路很快就会对蒋介石的军队开放。[48] 6月，林彪从除了哈尔滨以外的东北所有大城市撤军：毛泽东在东北控制的土地面积已减少到只占约三分之二个黑龙江的大小。

当时的一切都表明，冲突将很快在全国范围内爆发。毛泽东十分注意维系和巩固军队所依赖的群众基础。刘少奇5月4日颁布的关于土地政策问题的指示[49]就源于毛泽东的工作成果：这份文件重申土地政策的基础是“耕者有其田”，在部分农村，农民合作社已经没收所有土地并重新分配给农民，每人获得3亩地（1 500公亩）①。尽管刘少奇明确除非农民公社提出要求，否则富农的土地不会被没收，地主也享有土地再分配的资格，但这些指示依旧表明了进行彻底土地革命的趋势，说明共产党不愿与农村中的积极分子失去联系，他们也是八路军征兵的对象。[50] 1945年11月7日，毛泽东在一篇文章中重申“减租斗争中发生过火现象是难免的，只要真正是广大群众的自觉斗争，可以在过火现象发生后，再去改正……目前我党方针，仍然是减租而不是没收土地”[51]。所以毛泽东的想法是在给予贫农家庭土地以动员他们参军的同时，又不完全破坏在农村形成的抗日统一阵线。同一时期发出的其他指示还坚持必须在不激化阶级矛盾的前提下扩大生产。

1946年5月和6月，内战的势头不可避免地持续恶化。5月31日，马歇尔向疯狂的蒋介石强制下达了最后一次停战命令。停战从6月7日开始，到6月的最后一天届满：然而停战只是一个假象，因为所有人都知道国民党军队在东北和华北平原都对共产党的据点进行了集中攻击。在共产党这边，毛泽东在5月30日就预料到马歇尔已经失败，内战很快就会在全国范围内打响，因为“内战是美国支持国民党的后果”[52]。7月2日，对国民党已不抱任何幻想的周恩来与蒋介石再度会面：无功而返。7月7日，毛泽东发表了一篇纪念抗日战争爆发九周年的文章，他在文章中总结，坚信国民党的猖獗正是其软弱的证明，是“回光返照”[53]。自此共产

① 3亩应该等于20公亩，原文此处应该有误。

党的军队改名为“人民解放军”。7月20日，毛泽东对党内所有文职和军事干部发出指示，号召“以自卫战争粉碎蒋介石的进攻”[54]。

毛泽东的抵抗，艰难动员农民（1946年夏—1947年夏）

毛泽东在这份7月20日的指示中明确指出“若干地方，若干城市的暂时放弃，不但是不可避免的，而且是必要的”。事实上，在对比双方的军事实力之后，大多数人，包括国民党的将军、大多数国际观察员，以及斯大林本人，事前都和蒋介石一样，认为毛泽东只能挨打。国民党军队拥有约250万陆军，分成278个旅，其中包括几个骑兵旅和一个独立的装甲旅。[55]这支军队将近三分之一的士兵拥有美军的装备并接受过美军的训练，而另外三分之一的士兵配有从日军处缴获的装备，此外还有大量的大炮，由500架飞机组成的空军中包括200架P51野马战斗机和P40寇蒂斯战斗机，同时还有90架轻型（B24）和重型（B25）轰炸机。战斗的另一方，共产党只有一支91万人的常规部队，其中三分之一的人只有步枪，作为辅助的220万民兵手里拿的是矛、镰刀、手榴弹和地雷。在这种条件下，国民党军队毫无意外地取得一个接一个的胜利。

从战争初期开始，双方都找到一套自唐朝开始的战争地理说：共产党是在北方创立的，所以运用了古典编年史学者所说的“横”的策略，其目的在于沿着黄河和陇海线（连云港到西安）在连接山西到大海之间的区域取得一条狭长地带。黄河的入海口在1938年被改道到山东，共产党利用这条大河的河堤作为阻隔，在山东和江苏北部发展势力。而南京政府则和过往的南方政权一样，使用的是与共产党相反、被编年史学者称为“纵”的策略，目的是建立一个或多个南北定向的狭长区域，沿着共产党的轴线穿过中原地区、京杭大运河以及津浦铁路（天津—南京）、京汉铁路（北京—武汉）。国民党希望把共产党的地盘截成数段，然后继续往西，往大山和沙漠推进。为此国民党在1947年用一年时间重修了黄河河道，让它回归故道向山东半岛的北部流去，以打破共产党制造的屏障。刘伯承和邓小平统领的晋冀豫鲁解放区（山西—河北—河南—山东）于是从华东解放区中被完全分离开来。华东解放区由陈毅和粟裕领导，范围包括山东东部、江苏北部和安徽东部，从7月份到9月份，华东解放区受到了国民党猛烈的进攻。由李先念指挥的中原解放区十分脆弱，在 6 月 26 日到 9 月底这段期间已几乎被摧毁。贺龙驻守的山西—绥远解放区和由聂荣臻把守的晋察冀解放区（山西—察哈尔—河北）7 月到 9 月末受到国军入侵。10 月 11 日，共产党在北方占据的最后一座大城市张家口沦陷，蒋介石把此事看作一次决定性的胜利而加以庆祝。1946 年 10 月，国民党部队再次沿着铁路和松花江袭击黑龙江，毛泽东考虑放弃哈尔滨。而延安所在的历史最悠久的陕甘宁解放区（陕西—甘肃—宁夏）尽管暂时幸免于难，但也已经被国民党的层层封锁全面包围。

这就是毛泽东于 8 月 6 日[56]和 9 月初在延安枣园的住处两次接受访问时的背景。8 月 6 日，美国共产主义女记者安娜·路易斯·斯特朗[57]采访了毛泽东。毛泽东坚持美国和苏联中间隔着极其辽阔的地带，这里有欧、亚、非三洲的许多资本主义国家和殖民地、半殖民地国家。美国反动派在没有压服这些国家之前，是谈不到进攻苏联的。这等于是延迟了不可避免的第三次世界大战。事实上，毛泽东认为美国反动派是在反苏的口号下面，疯狂地进攻美国的工人和民主分子。说到原子弹，“是美国反动派用来吓人的一只纸老虎”，“看样子可怕，实际上并不可怕。当然，原子弹是一种大规模屠杀的武器，但是决定战争胜败的是人民，而不是一两件新式武器。一切反动派都是纸老虎。希特勒不是曾经被人们看作很有力量的吗？但是历史证明了他是一只纸老虎。墨索里尼也是如此。……蒋介石和他的支持者美国反动派也都是纸老虎……拿中国的情形来说，我们所依靠的不过是小米加步枪，但是历史最后将证明，这小米加步枪比蒋介石的飞机加坦克还要强些。我们总有一天要胜利”。在这篇不同寻常的文章里，毛泽东表现出了一种不可否认的洞察力，同时在原子弹的灾难面前，他又表现出一种让人惊愕的不在意，这种态度给美国共产党、欧洲诸国和苏联发出一个信息：不要把希望过分寄托在蒋介石身上。就这样，毛泽东示意美国不要过多干预中国事务，因为这只是徒劳。同样，9 月 29 日在接受美国记者斯蒂尔的访问时，毛泽东对美国在所谓“调处”① 时期内调停中国内战的意图表示怀疑，并再次表示了对胜利的坚定信念。就在几天之前的 9 月 16 日，毛泽东向诸位将领发出指示：集中六倍于敌军的力量，各

① “调处”一词系根据《毛泽东选集》第四卷《美国“调解”真相和中国内战前途——和美国记者斯蒂尔的谈话》注释翻译。

个歼灭敌人[58]。毛泽东同时向他们提出，要以这个他在江西时期取得良好效果的战术作为手段，但目前依靠的不再是在抗日战争时期占上风的分散兵力打法，而是要转变为运动战。为了消除党内部分人的疑虑，毛泽东在10月1日总结了内战爆发三个月以来的战况[59]，强调尽管国民党部队在人数上占优势，但解放军在战斗中歼灭了蒋介石派出的190个旅中的25个。毛泽东还认为，蒋介石的后备力量已经不多，因此必须恢复征兵征粮，这必将让国民党更加不得人心。只要继续坚持这一方针，军事形势将在几个月内扭转。

尽管内战的范围逐日扩大，然而参战者之间的联系却并没有完全切断，证明中国人民表达了回归和平的迫切要求：7月26日，杜鲁门向尊敬的牧师，在北京有影响力的燕京大学校长司徒雷登发出请求，希望他帮助刚刚辞职的、沮丧的马歇尔[60]进行新一轮的停火谈判。司徒雷登主持了一个“五人小组”，成员的一方是两名国民党军官，另一方是周恩来和其助手董必武。然而他很快就察觉到国共之间的妥协是不可能的：共产党希望回到1946年1月10日的状况，而国民党要求承认他们后来所获得的土地。8月19日，毛泽东命令在共产党控制的土地上广泛开展动员。11月9日，蒋介石宣布全面恢复战斗。11月15日，尽管受到610名共产党代表和其他编外人员意料之内的抵制，蒋介石还是在南京召集了国民制宪大会的另外1 580名成员，决定于1947年2月进行普选，结束长期的政治监督。11月16日，周恩来离开南京时宣称：共产党很快会取得胜利。在重庆的最后一批共产党代表在1947年2月初到3月18日之间乘美军飞机回到延安[61]。

毛泽东一点儿也没有被国民党吓倒。1947年2月1日，他预计在六七个月后将“迎接中国革命的新高潮”[62]。毛泽东的这些预见，是建立在两个基础上的：一是国民党在军事上遭受到的失败，二是各城市出现了由工人和学生发起的反内战、反物价高涨的第二战线——1946年1月的时候，美元和当时流通货币的汇率是1∶2020，从12月份开始，通货膨胀每日加速，飞涨到1∶6550。三分之二的财政支出都因为通货膨胀效应被消耗了。

农村的困难

然而毛泽东在报告中提到的关于土改的问题使一些令人担忧的问题开

始显现出来。他分析了土改的积极的成果，在他看来，刘少奇在1946年5月4日发出的“五四指示”已经被应用在各个解放区大约三分之二的土地上。毛泽东认为这个指示解决了土地问题并且落实了耕者有其田的政策。现在需要做的是在解放区剩下的三分之一土地上开展土改，同时不再坚持在统一阵线下实行减租政策，但是应该没收那些拥有多余土地者的土地，将其重新分配给那些土地不足的农民。“无论如何，必须保持与中农的紧密联系，其中包括那些中上的”。由于毛泽东意识到在这个问题上曾经犯过错误，因此“如果群众同意”，应该纠正。而事实就像毕仰高所描写的那样，很多调查都表明共产党和富农之间存在着“不平等关系”[63]，从1946年的夏天到1947年的夏天[64]，两者关系持续紧张，并在1947年春达到高潮[65]，而当时也正是国民党军事压力最大的时候。最严重的冲突发生在张庄和山西东南部的屯留县、河北的太行山、陕西东北部靠近米脂县的张家沟，还有在延安东面的固临县。中国农村的革命达到了当地革命的顶峰，尽管它们发生的时间和形式各不相同，然而在今天还能看到的关于土改的调查中，我们仍然可以发现一些共同点：

第一，在日本投降后的几个月，随着国民党军队的进攻获得胜利，农民察觉到新一轮的军事力量对比似乎已经确立，担心从前的乡绅坐着国民党的军用货车回到村里来，于是当中的一些农民秘密联系上那些被剥削的地主家庭，赔偿这些家庭因为自己的过失而蒙受的损失，并且恳求他们的原谅。而共产党负责人发布的报告所造成的更普遍的后果，是让整个国家的农民对党的态度明显冷淡了许多。

第二，尽管如此，只有很小部分的农民转投国民党的阵营，约占4%～5%。这些农民回到村里后，依靠土豪乡绅的自卫队“还乡团”进行各式各样的掠夺，并协助阻止乡民加入共产党。然而他们的行为并不保证能躲过在刚到手的小块土地上被活埋的危险：那些报复心切的往日乡绅对他们的小命简直不屑一顾。

第三，尽管有其不足之处，但是从1946年开始，农村土改让整个社会产生了难以逆转的转变。刚开始的时候是激进的土改。尤其是像1935年冬的陕北那样。接下来是减租减息的运动。土改的热潮在统一战线时期缓和过一阵子，到1942—1943年整风运动期间有过一段“反特斗争”时期，那段时间强制购买国库券，迫使地主们卖掉他们剩下的土地，卖地的情况在和平时期物价正常的时候尤其突出，到1946年针对土地问题的“五四指示”发出时又造成了新一轮对土改的恐慌。然而另一方面，通货膨胀却让欠债的农民能够赎回他们抵押的土地。于是我们可以说，一场无声的革命正在中国的农村进行着，到1946年的11月，这场革命越发壮大，中农拥有了属于自己的房子，还分得了几公顷的土地。在东北中共控制的地区，420万农民在1946年年底分到了220万公顷的土地[66]，平均下来一个四口之家能拿到将近两公顷的地。农民从此拥有了自己要捍卫的土地，于是他们站出来了。

第四，土地所有者阶层的改变进而导致了政治干部阶层的混乱。共产党的积极分子在“批斗大会”上揭发那些从前压迫农民的乡绅和汉奸，打倒那些试图反抗的权贵。诚然，在统一战线时期实行的“三三制”是允许“进步的乡绅”和富农在新的政权机关中保留他们的职位的，然而他们的实权却日益被削减。韩丁在《翻身》中描述过这些激烈的人民大会，当共产党主持人把一个可恶的乡绅摔倒在地，在这个打破禁忌的动作发生之前，没有一个人敢公开揭发他。所以对阶级出身不好的人而言，就算政策对自己有利，也仍然害怕会有被打倒的一天。1947年春，新一轮的暴力批斗在农民的参与下展开，这让由新的共产党精英领导的政权得到了巩固。尽管国民党在军事上获得胜利，但共产党仍然牢牢控制着局势，因为它有农民作为基础，而国民党依靠的只是那些已经失势的旧乡绅。

第五，尽管“斗争的果实”是除掉了这些乡绅，并且靠土改分到了几亩地，但是贫农和农业工人仍然是穷人。用当时的话来说就是：他们还没有翻身[67]。1947年春，由于对土改的保守感到失望，那些最贫困的农民有时甚至指责共产党干部利用职务之便把扣押的财物转移给乡绅，说他们保护“阶级敌人”。由于对土地的渴求得不到满足，很多贫农团把中农划分为富农甚至是地主，剥夺他们部分或全部的财产。在某些地区，比如屯留的村子里，很多中农加入了各种各样像一贯道之类流传已久的秘密社团来对抗贫农团的过激行为。农民和共产党的关系断裂的危机迫在眉睫，毛泽东为此在1947年2月介入干预，以停止这种偏差，然而这注定是个漫长而困难的过程：党收紧了土地政策，企图让土改从不受控制的局面中回到正确的方向上。

蒋介石发起进攻

1946 年至 1947 年的冬天，蒋介石决定要给他恨之入骨的共产党一个重大的打击，令在他眼中已经摇摇欲坠的解放军失去最终的战斗力：1947 年 3 月 11 日，50 架飞机轰炸了红色根据地延安，3 月 13 日，一支 23 万人的军队在胡宗南的带领下进攻延安。早有预料的毛泽东从 3 月 18 日开始就撤出延安：国民党的大批人马得到了一座空城。就在蒋介石为这件事大肆庆祝之时，国军部队却被神出鬼没的对手追击，被迫在陕西境内跋山涉水来回奔走，疲惫不堪。[68]从 3 月 25 日开始，在把国民党大部队引到延安以北 30 公里处的安塞后，解放军两万名士兵中的一半埋伏在西北 30 公里的青化砭，消灭了国民党的一个团。这场持续了几个月的消耗战不久又相继传来捷报：在羊马河歼灭了一个旅，4 月 4 日在蟠龙又消灭了一个师。毛泽东用一支 1 400 人的精兵快速移动进行包围，一直与敌人保持着很近的距离，有时甚至就在追兵的眼皮底下。[69]白天大家隐蔽休息的时候，江青为这次迂回的夜行军创作了一篇英雄史诗。[70]3 月 29 日晚至 30 日，在靠近国民党占领的清涧镇附近的枣林沟，毛泽东召集了党内主要领导人召开了中共中央会议，其时国民党军队正聚集此地，企图寻找机会将解放军逼到黄河绝境。会上，众人决定将中央机关分成两部分，由毛泽东、周恩来、任弼时率领中央前敌委员会继续留在陕甘宁。而中央工作委员会在刘少奇和朱德的领导下驻扎到晋察冀解放区的中心——河北太行山的西柏坡去。4 月 9 日，这一异常紧急的部署完成并确定党中央机关以及解放军司令部留在陕甘宁。在最为凶险的几个月里，毛泽东面对各种考验表现出的勇敢和乐观，究竟真的是面对绝望的勇气还是故意让胡宗南中计呢?[71]毫无疑问，两者都有。[72]4 月 15 日，毛泽东在王家湾对彭德怀、贺龙发出的《关于西北战场的作战方针》[73]分析了战争形势，他认为“敌现已相当疲劳，尚未十分疲劳”，提出接下来要使用“疲劳战术”，切断敌人的军需供应，在敌人弹尽粮绝之时将其一举歼灭。5 月 30 日，毛泽东大胆做出判断“蒋介石政府已处在全民的包围中”[74]，因为在军事前线上增加了由学生组成的“反饥饿、反内战”第二战线，包括了工人、农民、城市小资产阶级、民族资产阶级、开明绅士的反国民政府阵营越来越壮大。

胜利的来临会比预期要快。当然，这些话带有夸大的成分，因为毛泽东同时在计划一个针对南方的大胆战略：在包括浙江在内的长江流域扩大内战，其真正目的无疑是缓解在国民党的军事压力下仍然危急的延安局势。[75]

然而战略初步胜利并不能让人彻底放心，一直到8月份，毛泽东都在进行围剿和反“围剿”。[76]相比之下他的追兵不但在解放区完全不受群众欢迎，并且还开始断粮。在并没有真正的道路的陕北，通信线路被游击队长时间切断。胡宗南监视着渡轮，以36师为首的几支军队在南岸登陆，准备在黄河流域对解放军实施包围。然而计划因为消息滞后一天而宣告失败，原因是这次部署的消息来源被游击队封锁了：8月22日，由6 000人组成的国民党36师在米脂县和郏县之间的沙家店被彭德怀的两万人马全歼。当晚，毛泽东发表简短讲话，宣布这个漂亮的胜仗结束了困难时期。23日，毛泽东率领部队往郏县的朱官寨进发，他在那里住了一个月：围捕结束了。

这一时期其他战线上的战况发展也非常相似：国民党在初战告捷后，从春季开始一直到初夏都没有再发动进攻。2月，在山东，国民党部队尝试渗透进入莱芜中部丘陵的计划失败，但是在二三月间，又对南部临沂发起了小心翼翼的进攻并突破了“解放区根据地”的一角，津浦铁路于是重新被国民党控制。尽管因为当地农民对1931年至1934年鄂豫皖苏区的红军印象非常不好导致刘邓大军往湖北大别山方向挺进的计划在8月中旬陷入了困境，但是刘伯承和邓小平的部队在7月1日横渡黄河后，还是把国民党逼到了防守的位置。情况就如1946年一样，最活跃的战线还是在东北：林彪在发动了四次进攻之后，占领了东北一半的土地以及三分之二的通信和交通干线。相反国民党招募来的士兵有一半人失踪，通常是潜逃了。蒋介石却不顾美国顾问提出的相反意见，继续往前线派遣最好的部队——国民党掉进了一个无底洞。林彪在5月10日发动的第五次进攻中出动了所有兵力，夺取了至关重要的铁路枢纽四平街。尽管在这场异常艰苦的战斗过后林彪损失了很多兵力，使他不得不在7月10日突围撤军，但这次失败也无法否定他在东北采取的主动策略是成功的：通过把国民党部队分别围困起来，再切断城市间的交通，林彪消灭了50万敌军。

正是在这种背景之下，毛泽东于9月1日写了一篇名为《解放战争第二年的战略方针》[77]的总结文章。在仔细地回顾了所有发生冲突的地点之后，毛泽东估算国民党遭受的损失为 97 个半旅，共计 112 万人。之后国民党的 248 个旅需要招募 100 万士兵来补充兵力，而要实现这个目标十分困难。所以解放军第二年作战的基本任务，是从已经获得胜利的战略性撤退转变为全国性的反攻，并将战争引向国民党区域。[78]为此，中共必须考虑通过推广土地革命动员广大农民。早在毛泽东提出这个要求之前，中央工作委员会就从 7 月 17 日开始，由刘少奇在西柏坡召集了 1 000 名村代表举行全国土地会议。8 月 4 日刘少奇致电中共中央，反映土地会议上各地所汇报的情况。[79]刘少奇的报告是建立在多份调查的基础之上的，因此非常具有考证性：他认为在晋冀豫鲁解放区和江苏北部，土改进行得非常彻底，但是在晋察冀解放区和山西绥远地区还有很多工作要做。对陕甘宁解放区刘少奇只字未提，无疑他不愿对生性多疑的毛泽东指手画脚，同时不想令人产生他在利用时机提升地位的印象。报告认为造成某些地区土改局面落后的原因是当地干部的态度不端正，与当地地主乡绅勾结，存在“左”倾主义和官僚主义。就在两天前，刘少奇甚至还提到了令毛泽东不快的 1930 年 12 月“肃 AB 团”富田事变。事实上刘少奇发现在很多农村里，地主和富农都保留了一定的职务和权力，但贫农的作用却被削弱了，所以他提议派工作队下乡再次落实土改政策，以确保公平地进行土地再分配，做到“按乡村全部人口，不分男女老幼，统一平均分配”。但由于与会代表并未能领会这最后一点提议，所以工作委员会在 9 月 5 日向中央发了一封电报，毛泽东在 6 日答复：支持刘少奇的提议。由于主席希望进行反攻，这就需要在农村招兵，于是推动土地革命变得更激进。13 日，会议完成所有议程，通过了《中国土地法大纲》（草案）。[80]这份由刘少奇推动的大纲于 10 月 10 日由中共中央颁布，各解放区迅速掀起了土地革命的热潮。

毛泽东和中共的反攻（1947 年秋—1948 年冬）

毛泽东在 9 月 21 日离开了朱官寨。在三个月时间里，他绕着米脂县和郏县的各大乡镇，沿着曲折的路线在陕西东北部行进。他随机地考察了当地农民的状况：在唐家坪参观了一个纸浆作坊；临时安排与干部们会面，交流对土改的看法；到南河底村的白云观参加中秋庙会；观看了一场秦腔地方剧。[81]最后在离米脂县不远的杨家沟住了下来，从 1947 年 11 月 22 日到 1948 年 3 月 21 日，毛泽东在那里一共住了四个月。从一系列密集的行动来看，毛泽东又投入到了解放区新一轮的党内肃清运动中，这对于那批在 1945 年至 1946 年间涌入党内、“阶级出身不好”的新党员而言是不利的。同时，激进的新一轮土改是一场针对“新富农阶级”——1945 年到 1946 年“无声革命”中的既得利益者的革命。显然，为了更好地打击敌人，毛泽东拉紧了弓弦。而这些行动确实获得了成效：11 月 12 日刘伯承夺取了石家庄，这是共产党从国民党手中夺回的第一座大城市，解放军切断了京汉铁路——内战毫无疑问进入了一个新的阶段，此后的战役大部分都发生在国统区内。

在杨家沟，毛泽东和江青及两个在延安出生的女儿团聚，毛泽东一家和周恩来住进了当地一个落跑大地主的漂亮宅子里。为了掩饰身份，毛泽东化名李德胜，取“获得胜利”之意。这座由贴身警卫保护、不时有骑着马的干部在周围进进出出的房子，很快就让“这个地方住着一位高官”的传言流传开来。然而这并不是这个村子头一次发生这种事：1942 年的秋天，洛甫（张闻天）为了体验农村生活、撰写调查报告，就曾经在这里住过。[82]

这个村子的情况在陕北其实一点也不特殊，如果说是因为常年的干旱让这些位于蒙古草原边缘、黄土高坡上的村子看起来非常贫穷的话，那这里的社会结构则充分说明了何以美国历史学家周锡瑞会给这里冠以“封建堡垒”的称号。村里 2 300 公顷耕地几乎全部属于有权有势的马氏一家 60 多口人，这家人住在山坡阳面装饰有龙头的窑洞庄园里，屋内有供暖系统，有一间小小的浴室，屋子周围用夯实的泥土铺成的院子非常宽敞。151 户佃户家庭和其他 100 来户雇农家庭组成了村子的常住人口，他们住在山坡阴面简陋的土窑洞里。这些人每天超负荷地工作，却仍然过着十分贫苦的生活，他们其实是农奴的一种，被强制进行各种劳役，白天和晚上还要在主人豪宅的围墙上看守、放哨。最大的地主马维新已经五代同堂，通过“典地”、放高利贷以及在饥荒时期搞粮食投机买卖，巧取豪夺了 160 公顷的耕地。然而在抗日统一战线时期，这样狡猾的大地主却被划分为“开明乡绅”。这个村庄和外界不同的地方是它在很长一段时间里都没有实施土地革命，1947 年夏天，这个村子被一队国民党士兵保护起来，因而这里最常见的土改方式不过是 1945 年至 1946 年实行的重购地主土地而已。但自从毛泽东住进了这座漂亮的大宅之后，按照 10 月 10 日《中国土地法大纲》方针执行的持续暴力土改时期就全面展开了。

在这段时间里，毛泽东集中精力为 1947 年 12 月 25 日至 28 日在杨家沟召开的中共中央扩大会议准备题为《目前形势和我们的任务》的书面报告。[83]在报告中毛泽东再次断定内战已经到了一个转折点，提出人民解放军应该由防守转入进攻。毛泽东估算了国民党军队在 17 个月的作战中的损失：伤亡 64 万，被俘 105 万。与国民党六成兵力来自服役驻军、通信保护线路又拉得太长不同，解放军目前有三分之二的兵力在前线，后勤支援和保护后方的任务都委托给民兵，因此今后战场上人数的优势是属于解放军的，当前解放军正在部署重型武器装备，准备对城市发起进攻。[84]

巩固土地革命

也就是说，毛泽东通过土地革命推进贫农联合，使得他一直强调的“巩固后方”的工作方针取得了效果。“平衡”是毛泽东一直致力于从事并取得惊人成果的工作。毛泽东同时坚持决不能再犯曾经在 1931 年至 1934 年期间实行过的所谓“地主不分田，富农分坏田”的过左政策的错误，并提出了解决办法——两条基本原则：第一，必须满足贫农和雇农的要求，这是土地革命的最基本的任务；第二，必须坚决地团结中农，不要损害中农的利益。如果从地主手上没收的土地不够分，就需要从富农手上拿，但是要分清楚，那些自身收入四分之一都是通过收取佃农和雇农的收成得到的，就应该没收土地。如果土地还是不够分，就要向那些手上有盈余的、较为宽裕的中农要田。尽管态度强硬，但毛泽东知道来自基层的压力：为了获得更多的土地，就要把上千的中农划分为富农，所以他又作了更详细的补充：“在划分阶级成分时，必须注意不要把本来是中农成分的人，错误地划到富农圈子里去。”毛泽东认为各地在平分土地时，仍须注意中农的意见，应该按照讨论结果而非通过专制手段行事。毛泽东的如意算盘打得很响，接下来他在报告的另一部分就提到要“净化党的队伍”，因为从 1937 年开始共产党员人数激增至 270 万，有许多地主分子、富农分子和流氓分子乘机混进了党。为了坚决地彻底地实行土地革命，巩固人民解放军的后方，必须整编党的队伍，开除这些“渗透入党”，造成“专制泛滥”的“扰乱因素”。作为这段历史的见证人之一的陈毅[85]后来证实，这场在1947年11月发生在陕北的运动，影响到了共产党40%的兵力。这场党的整编运动以“三查三整”的形式在解放军队伍中展开，根据战场表现、工作作风以及最重要的——领导干部的阶级出身进行筛选[86]。不管毛泽东的这番演说显得如何小心翼翼，但还是无法掩饰“净化党的队伍”是一场以农民内部阶级划分和平分土地为基础、有着明显“左”倾意味的运动。在反攻初期，即使是为了鼓舞士气，毛泽东也仍然无法忽略他所承担的风险。这篇文章因此充满了“毛氏辩证法”的特色，通过“一拉一打”的办法揭露阶级矛盾及其幕后操纵者。在抗日统一战线时期，毛泽东曾逐步减少了那些与共产党敌对的富农的数量，甚至拉拢过他们当中包括地主的某些人。然而现在毛泽东放弃了这些城市里的归顺者，他要满足那些最贫困的农民对土地的要求，以达到招收新兵的目的。无论如何，在当时中国北方农村形势的客观制约之下，确实也并不允许找到一个真正令人满意的解决办法。我把这个观点和田中恭子提出的结论[87]都重新纳入到我的分析里面。由于土地贫乏、气候恶劣，在这一地区一个四口之家要维持生计至少需要20亩地（1.22公顷）①。而占总人口10%的地主和富农拥有40%的土地，平均每户有4公顷之多。受压迫最少的中农数量约占20%，但是其中一半的人并没有足够的土地，还有20%的人只有一点儿地或根本没有自己的地。平均来说每户贫农家庭拥有的土地只是他们所需要的土地的三分之一。即使把地主和富农的土地都拿去平分，也只有三分之二的贫农成为中农。而如果只没收地主和富农多余的那部分土地，把他们转变为中农的话，那还有40%的贫农无法得到满足。土改政策的目标是要把所有农民都变成中农，但由于条件的局限，平分土地的结果却是中农阶级彻底消失，所有人都成为贫农！因此，无论采取何种方法——激进的还是温和的，在农村里总是会有四分之一到三分之一的人不满意，再加上党在这种时候大搞整党运动，对领导干部进行问责并为自己“洗白”，这就是为何关于“怀疑干部腐败，乱分土地”的传言一直无法平息。正如田中恭子所

① 20亩应该约等于1.33公顷，原文此处有误。

写："共产党在中国北方的选择无非是平分土地或者保护中农。1947年，出于军事需要，刘少奇在毛泽东的同意下选择了平分土地。之后在1948年春，因为胜利临近和重建国家的需要，毛泽东选择了保护中农，刘少奇也赞同这种做法。两者之间所谓的对立其实是一种重建。"

毛泽东对民族资产阶级也同样表现出了格外友好的态度，认为"应当在政治上作斗争，而非在经济上搞清算"。1949年1月毛泽东还向米高扬肯定说，在解放胜利后还需要很多年时间才能让全国人民都接纳资本主义经济体的存在，还要缓和工人对工资的要求。尤其在解放军为攻打那些没有任何基础的大城市进行艰苦作战的时候，毛泽东认为，是时候把民族资产阶级拉拢过来了。

毛泽东感到胜利已为期不远了。

天从人愿。从1948年1月开始到这一年的秋天，军事形势大大超出了毛泽东的预期：他在1948年3月20日预计1951年年中能取得解放战争的胜利，到11月14日，他预测1949年8月就可以获胜[88]。在中原地区，刘伯承截断了陇海线，陈赓在越过黄河后于4月5日孤军占领洛阳；6月22日陈毅占领开封，在展示了解放军新的军事实力后，又马上撤离了。在西北，4月24日彭德怀收复延安，在黄帝陵附近歼灭了一支国民党部队，国军将领自尽，随后又在西安及渭河流域驱逐了胡宗南部署的所有军队。而东北战场上，继黑龙江之后，吉林也几乎全部被林彪的部队攻占。蒋介石坚持分散部队而不愿意集中兵力坚守通往华北平原的重要铁路枢纽锦州。3月19日，林彪占领四平街，9月23日夺取锦州。到1948年秋，长春和沈阳已经被完全孤立，饥饿和寒冷等待着这两座城市中的近50万国民党军队，除了一座微不足道的高架桥以外，他们完全没有其他获救的希望。

在这最为关键的几个月里，毛泽东一直住在杨家沟直到1948年3月21日。在住了四个月之后，毛泽东才离开了那里，不紧不慢地前往共产党的小根据地——离河北石家庄不远的西柏坡会合。1948年5月27日，出人意料地在山西北部绕了一大圈之后，毛泽东抵达了西柏坡。当时的路线是这样的：1948年3月23日，和随行人员在川口乘坐10艘渡轮，从陕北吴堡县川口渡口东渡黄河，进入山西临县。毛泽东认为自己出现在华东的共产党根据地要比留在军队司令部更能发挥作用，事实也确实如此，从战况的发展来看，他手下的军事专家协调得非常好。而毛泽东虽然是游击战的行家，但在这场更为常规的运动战中，他的才能被超越了，他提出的作战计划常常被恭敬地放到一边。于是他转而从事他擅长的事：政治。即使是在这一时期，在军事领域他也仅有两次著名的讲话。[89]从3月27日到29日，毛泽东听取了贺龙和李井泉汇报晋绥边区土改、整党、工农业生产等情况的报告。4月1日，毛泽东召集干部就同一主题进行了讨论。4月2日，毛泽东接受《晋绥日报》的访问。在4月6日到达晋察冀解放区之前，毛泽东乘吉普车视察了晋绥边区的农村。[90]

反“左”

事实上有两个问题仍然让毛泽东忧心忡忡，一是土地革命问题[91]，二是由于他几个月以来的纵容，眼下逐渐失控的“左”倾危机。在1948年3月以前，毛泽东一直坚持12月25日在中共中央扩大会议上提出的方针[92]：对于在1945年8月以前建立的旧解放区，必须巩固土地革命的成果，即不进行重新分地和提高党的地位；对于在1945年8月到1947年8月间成立的半老解放区，必须执行1947年10月颁布的《中国土地法大纲》，进行总的土地平分；最后，对于新的解放区，从消灭地主阶级、孤立富农开始，必须按步骤进行土改，但不可操之过急，必须等到1951年才进行土地平分。毛泽东一再重申，必须在发动贫农和雇农的同时紧密团结中农，同时把土地革命和整党运动的扩大化紧密结合起来。为了加强个人对党这台“机器”的控制，毛泽东还设立了一个军事激励制度，规定各地干部每两个月向中央做一次工作报告[93]。在这一时期，毛泽东曾多次提到坚持照顾中农利益的必要性，这显然是出于与其他社会阶层进行更广泛的政治联合的需要。[94]

3月份，预料变成了担忧。毛泽东按照“群众路线”这一独具特色的工作方法，认为实地调查比中央所作的决议更加清晰。3月12日到20日，在出发前往山西和河北的前夕，毛泽东看了来自晋绥解放区崞县和陕甘宁解放区东北部绥德县等地农村的多份报告，并写了赞扬的评语。[95]同时他非常仔细地研究了刘少奇根据康生在平山县的实地调查所做的报告，平山县位于晋察冀解放区，离西柏坡很近。此外毛泽东还看了任弼时在晋绥解放区兴县蔡家崖村所做的调查。由这些人主持的大会把大量中农划分为地主，然后没收他们部分土地，没收他们的房屋、家具和所有值钱的东西。在一片由于妒忌和报复心作祟的声浪当中，甚至还枪决了十几名并没有“反革命”的农民。在农村很多地方，党和农民群众的联系中断或被严重破坏。3 月 20 日，毛泽东在一份通知中写道，党内“左”的偏向比右的偏向更令人担心。于是他找了刘少奇商量补救措施。所谓纠正领导干部的错误，采取的办法往往是在面向非党员召开的公开大会上，接受贫农和中农的批评。作家韩丁为我们再现了当时的情形：虽说大部分人顺利“过关”并且洗脱了最坏的指控，可是还是有一些人受到严厉批评或者被开除。从前的贫农有了一些从稍微富裕的农民手上夺来的几块田以后，中农的队伍就壮大了，然而尽管给予了这些中农新的身份，“左”的倾向和对党以及村社的不信任在最困难的几个月里并没有消失。一直到 5 月底，最终确定的土地政策才赋予了农村新的平衡。此时已接近至关重要的农忙时期，必须收获足够的粮食来支援日益庞大的军队。[96] 5 月份发布的那些文件证明毛泽东已重新正视现实。他嘱咐领导干部应当避免过分仓促地执行 1947 年 10 月颁布的土地法，在新的解放区，如果不满足以下三个条件则应推迟进行土地改革：其一，当地军事环境安定；其二，当地大多数农民群众表示要求进行土改；其三，对主管部门的工作情况有严格监控。显然，热情澎湃开大会的时期已经不再，转变为由党委进行磋商并向上级汇报。5 月 25 日文件的第五点有这么一句话：“必须在今年秋季指导农民耕种麦地，并进行一部分土地的秋耕。在冬季，要号召农民积肥。”[97] 其实，比起徒劳无功，农民们更担心的是敌军会忽然回来。对我而言，这就像毕仰高所描绘的那样：那些宣传毛泽东思想的英雄们更喜欢挥舞他们的拳头而非握住锄头！

在前往河北阜平县城南庄的途中，毛泽东和他的小队随从在暴风雪中登上了五台山，从 4 月 11 日到 13 日住在台怀镇的塔院寺内。[98] 毛泽东打算在城南庄住到 5 月 18 日，因为 4 月 12 日他接到斯大林几周前发来让他到苏联疗养身体的邀请，毛泽东回复说过几天不那么忙了就去[99]，而周恩来和任弼时于 4 月 23 日前往西柏坡。4 月 30 日，毛泽东自从延安撤退之后首次召开中共中央书记处扩大会议，会议持续到 5 月 7 日。频繁的大动作必然引起了国民党特务的注意：5 月 18 日，一架 B25 战机炸毁了会址，一枚炸弹落在毛泽东住所的院子里，掀翻了他的卧室。不过毛泽东在防空洞里——聂荣臻听到了飞机的轰鸣声，强行用担架把毛泽东安全转移了。毛泽东传奇是这么向我们描述这个桥段的：毛泽东穿着蓝色条纹睡衣坐在床上拒绝离开，他说："没什么了不起！无非是投下一点铁砣砣，正好打几把锄头开荒。"事后聂荣臻揪出并枪毙了特务。当晚，毛泽东小心翼翼地转移到了 20 公里外的花山村。他于 5 月 27 日出发前往西柏坡，并且在那里住了十个月，结束了一年的流浪生活：他不用再躲避追击者了，但是他必须驻守在司令部统一指挥。

毛泽东的胜利（1948 年秋—1949 年秋）

从 1948 年 3 月开始，国民党失去了中原以外所有战线的主动权，至少直到人民解放军 9 月 24 日占领济南以前是如此。在 11 天的预备讨论之后，9 月 8 日到 15 日，政治局召开自日本投降后的首次扩大会议[100]，会上，毛泽东对当前取得的胜利做了分析报告，中共中央于 10 月 10 日就这份报告发出通知：1946 年 7 月到 1948 年 7 月两年间，国民党损失军队 264 万，其中被俘 163 万。被俘士兵中有 80 万被解放军吸收，另外 160 万士兵从"新解放区"的农民中选拔。当前人民解放军拥有战士 280 万，其中正规军 149 万。共产党现在控制的面积是 235 万平方公里，占全国总面积的四分之一，共计人口 1.68 亿，占总人口的三分之一，其中城镇人口占 29%。在纠正了"左"倾错误后，已经有 1 亿农民完成了土改。中国共产党现有党员 270 万。1948 年 9 月在石家庄成立了拥有 4 400 万居民的华北区人民政府，并很快扩大至华东（4 300万人口）和西北（700 万人口）。自 1948 年 5 月 1 日起，开始进行在北京召开新的人民政治协商会议的筹备工作。无论如何，当前的首要任务依然是长江以南的战事发展，游击队只招募到 3 万游击队员，还要消灭 365 万国民党军队。毛泽东认为要等到 1951 年的夏天才能迎来最终的胜利。

事实上，在 1948 年 9 月至 1949 年 1 月间，共产党取得了三大战役的胜利，这让毛泽东的预期缩短了两年。[101]

第一场战役是在 9 月 12 日到 11 月 2 日间进行的辽沈战役。林彪完全按照毛泽东在 9 月 7 日和 10 月 10 日发出的指示[102]进行。东北野战军 70

万人在33万民兵和160万农民的帮助下，完成了交通运输、军用物资供需、土方工程和切断道路等工作，10月28日，摧毁了国民革命军从沈阳出发前往支援长春被围困驻军的10万部队，11月2日，在部分驻军起义的情况下占领沈阳。11月15日，继云南国军倒戈后，饥寒交迫的长春驻军和人民也发动起义易帜。此时驻守在北京的蒋介石，对他无能但忠诚的部下一次次发出命令又一次次笨拙地将其取消，导致国军损失了50万军队和最精锐的几个师。当共产党的将领们完美地完成了从游击战到现代运动战的转变的时候，他们的对手却显露出军事才能的匮乏：既不懂得利用占有绝对优势的空军，又不懂得依靠装甲部队以速度获胜。

第二场大规模战役随即在辽阔的京津平原展开。[103]和辽沈战役一样，毛泽东制订好作战的总计划，战场上的实际操作就交给军事专家去完成了。林彪和聂荣臻的80余万军队利用装甲车和重型大炮对傅作义的60万人马发动了大规模进攻。面对支离破碎的国民野战军，这次战役在一次大包围之后完成。12月24日，聂荣臻夺取张家口并封锁了长城南口的通道，这一严密封锁令国民党军队无法往正在进行第三场大战役的南部活动。在战区东部的天津，13万驻军从1月15日开始投降。和家人一起被解放军包围的傅作义极度沮丧，消极抵抗。1月22日北平由中国共产党接管，国民党损失了50万军队，其中25万在接受改编后加入解放军。

就在北京失守两周前，国民党刚刚在第三场重大战役中再次落败。这就是从1948年11月6日到1949年1月10日进行的淮海战役，双方激战65天，50万失去所有群众支持的国民党军队对抗邓小平指挥的60万解放军，协助解放军的有来自河北、安徽、山东和江苏的200万农民。战争以铁路枢纽徐州为中心，在沿黄河流域、淮河流域一直到太平洋的范围内大规模展开。在被敌军独立部队的火力打垮前，陈毅、刘伯承和陈赓依计行事，通过切断道路、深挖战壕将敌军分割开来。同时，解放军利用国民党几个主要军官之间的矛盾，在徐州西南野外孤立敌军部队，逐个击破，消灭了蒋介石从南方派来支援徐州的30万部队。[104]从1月6日开始被包围，加上航空补给不到位，徐州的士兵于10日投降。在这次失败后，国军6名军官中有1人战死沙场，1人自杀，2人被俘，剩下2人一个化装成乞丐、一个乔装成商贩潜逃。与另外的两场大战相反，在淮海战役中，毛泽东最初的作战计划被将领们完全改变了。[105]由此是否可以看出毛泽东与林彪之间的联系长期以来优先于其他人呢？事实上，林彪确实比其他大多数将领更懂得照顾这位敏感易怒的主席。[106]

1949 年 1 月 6 日至 8 日，在西柏坡召开的政治局会议总结了三大战役的胜利。早在 1948 年 12 月 30 日，毛泽东在《将革命进行到底》[107]的声明中就毫不含糊地表示不会与国民党和解。他不是伊索寓言里的农夫，把冻僵的蛇放到自己怀里取暖，最后被活过来的蛇咬死。“凡是建议我们同情敌人的，就是敌人的朋友”，毛泽东对斯大林派来的特使米高扬说，后者刚刚提出不要越过长江，把中国南方留给蒋介石[108]，因为克里姆林宫的主人担心美国会直接介入。然而毛泽东并不赞同这个说法，他认为 1949 年解放军将在长江以南取得比 1948 年更大的胜利，并预计到年底能获胜。在毛泽东的蓝图里，解放军将成立空军和海军。在拿下北京之后，中央委员会就举行了第二次会议，成立新的人民政府机关，根据长江以南的情况采取一套温和的土地政策，限制地主征收地租，但不进行土地平分。同时毛泽东通过新华社发表声明，拒绝与国民党的一切和解：1 月 5 日，毛泽东通过文章回应蒋介石在元旦发表的新年告文，他称蒋介石为战犯，而且“已经失了灵魂，只是一具僵尸”。1 月 14 日，毛泽东对国民党提出停火的八个条件，并要求他们无条件投降。[109]1 月 21 日，中共发言人讥讽南京行政院 19 日提出的决议要求“立即先行无条件停战”，却对八个条件只字未提。1 月 28 日，毛泽东要求南京政府立即逮捕刚刚无罪释放的前日本侵华总司令冈村宁次。[110]蒋介石 1 月 21 日的“引退”显然对李宗仁有利，随后桂系军阀白崇禧致电要求立即停战和谈，但是这个提议直到 2 月 5 日仍然不被接纳。4 月 1 日，张治中带领国民党代表团抵达北京为停战进行和谈，共产党谈判代表坚持八个条件，态度非常坚决。4 月 20 日，由于国民党拒绝在合约上签字，共产党当局在发出最后通牒的基础上宣布即将下达命令渡江作战。人民解放军分成四支军队：第一野战军由彭德怀率领向甘肃进发；第二野战军在刘伯承的指挥下往华中平原进发；第三野战军由陈毅指挥直取华东；第四野战军在林彪领导下离开北方前往湖北和武汉。4 月 21 日，毛泽东向解放军发出《向全国进军的命令》[111]。解放军在长达 450 公里的战线上横渡长江，并没有遇到太大的困难。在解放军的包围之下，一些城市的驻军没有抵抗就升起了白旗和红旗。4 月 24 日，解放军占领南京，5 月 3 日取得杭州，5 月 22 日解放南昌。上海那了不起的防御工事丝毫没有发挥作用，5 月 27 日人民解放军轻取这座长江边上的大都市。就在几天前，国民党士兵还在南京路上游行庆祝所谓在郊区逮捕共产党员的假胜利。游行一结束，士兵们就急忙登机飞往台湾，那时他们当中有数千人还穿着便服。林彪在 5 月 17 日夺取武汉，聂荣臻在 4 月 24 日解放太原。在湖南南部，白崇禧尝试做最后的抵抗，无奈却在混乱中失败。事实上，蒋介石已经决定故技重施，像当年借助美国取得抗日胜利一样：先和他最忠实的亲信逃亡到台湾[112]，待日后美苏发起第三次世界大战之时[113]站在美国一方重夺大陆，何必拘泥于一场战争的暂时失利呢?

重返城市遭遇陷阱

对毛泽东而言，当前的问题已不再是军事，而是政治，因为当前党的工作重心是：在离开城市 20 多年后，如何掌控重返城市的共产党员[114]?这就是在西柏坡召开的中共七届二中全会（3 月 5 日到 13 日）上，65 名与会委员讨论的问题。[115]在激烈的内部讨论后，毛泽东坚持己见。值得注意的是，在全体会议上进行投票的所谓决议，事实上一字不漏地照搬了毛泽东的开场报告，仿佛毛泽东的话已经成为不容修正的法律。还有一个值得注意的人，那就是刘少奇。3 月 12 日，在会议接近尾声时，刘少奇作了题为《关于城市工作的几个问题》[116]的报告。报告开头回顾了 1947 年夏天他在农村主持工作时犯了“左”倾错误，“但直到毛主席系统地提出批评并规定了纠正办法，才得到纠正”。然而事实上我曾经说过，刘少奇所作的每个决定，毛泽东都有跟进，并且都是赞成的。只是在近几年毛泽东成了不会犯错的主席，而刘少奇则小心翼翼，尽职尽责地协助他。

毛泽东的报告可以说令人惊讶：明明处于胜利触手可及的时候，但整篇文章却流露出诸多顾虑。文章中反复强调共产党如果做不到以下两点，就不能维持政权，就会站不住脚，就会要失败：第一，在政治上、在经济上、在文化上与帝国主义者、国民党、官僚资产阶级作坚决的斗争；第二，使生产事业尽可能迅速地恢复和发展，获得确实的成绩，首先使工人生活有所改善，并使一般人民的生活有所改善。在另一段文章中，毛泽东提出，在取得胜利后很长一段时间内，资产阶级会利用“糖衣炮弹”发动攻击，那些最坚贞不屈的革命战士，在多年的艰苦生活之后，可能会经不住享乐的诱惑而被腐化。对于毛泽东来说，取得全国胜利“只是万里长征走完了第一步”。诚然，毛泽东没有忽略任何一个方面，对于即将取得的国家，他要用自己的方式来改造：派 53 000 名干部到南方去，强调在全国胜利后，“人民解放军永远是一个战斗队”的必要性，210 万野战军要建设成为“工作队”和“巨大的干部学校”，同时可以用来对抗“阶级敌人”。[117]尽管如此，毛泽东仍然认为国家对军事和政治的强制力并不够，共产党要以工人阶级的名义实行无产阶级专政，必须扩大其所依靠的政治联盟的基础。在另一段文章中，毛泽东还用一个微妙的渐变来明确了由他划分的“城市三个组成部分”的作用：“我们必须全心全意地依靠工人阶级，团结其他劳动群众，争取知识分子，争取尽可能多的能够同我们合作的民族资产阶级分子及其代表人物站在我们方面，或者使他们保持中立。”

因此共产党最迫切的任务就是“争取知识分子”，如果他们大多数人赞成新政权[118]，就可以实现“有组织的知识分子”间的融合。正如安东尼奥·葛兰西指出的，知识分子被吸纳入党，经过党的教育和改造，就可以形成一个团体，把他们的文化逐步扩散到全社会。而传统知识分子作为“专家”对社会生产和社会功能而言必不可少，但是这些人的意识形态仍然与其出身的资产阶级甚至封建社会有联系。[119]事实上毛泽东知道人民政府会面临紧缺干部、行政人员、工程师、医生和大学学者的问题，因此共产党必须实现这一包括总人口 95%的“统一战线”，这一口号最早在 1919 年开始提出，到 1940 年在《新民主主义论》中又重提，其中包括了几乎所有知识分子。毛主席执政初期的人民民主高潮是把 1942—1945 年整风运动的计划更加具体化，让“广大群众”的世界观与他自己的思想统一。与资产阶级思想[120]的激烈交锋产生了一种在联合中制约的需求。毛泽东对这种斗争倾注了大量的热情，认为如果稍作怠慢，官僚主义陋习就有颠覆革命的危险。1949 年 8 月 14 日，他通过新华社号召“丢掉幻想，准备斗争”，以此来回应美国国务院发表的《美国与中国关系》的白皮书。他批评说“一小撮知识分子是美帝国主义的奴仆”[121]，更多的人还在共产党与国民党间动摇犹豫，对美帝国主义抱有幻想。文章中提到用善意去帮助他们，批评他们的动摇性，教育他们，争取他们站到人民大众方面来，不让帝国主义把他们拉过去，叫他们丢掉幻想，准备斗争。之前 1949 年 7

月在华北组织的“思想学习动员会”邀请了45万知识分子参加，与会人员以小学、中学的老师为主，也包括北京的北大、清华和燕京大学的教授。虔诚的学生批评包括哲学家冯友兰、小说家沈从文及学者竺可桢[122]在内的知名学者的“反动和奴性”思想。我们似乎不安地感到1942—1945年整风运动过程中的过激行为又会重演。同时毛泽东也进行了安抚：他写信给文化界的名流们，邀他们谈话，给他们提供荣誉职位。1948年5月21日他在给周恩来和胡乔木的信中，甚至修改了1933年自己写的“划阶级成分”的文件，建议在5月25日的中央委员会上废除1933年文章中的两条内容。[123]“尽管公务员、工程师、教师、记者和艺术家是地主阶级，但是首先应该承认他们土地所有人的身份。”6月1日，毛泽东、朱德、周恩来和董必武发电报给张澜、罗隆基[124]说人民政府需要联合一切力量建设国家。毛泽东一再声明爱国主义的言下之意是希望大家有牺牲精神。1948年12月胡适的“抢救大陆学人”计划建议给大多数文人一张赴台机票遭遇失败。1917年以来北大2 300名毕业生只有600人离开祖国，其中包括许多后来从国外回来的人。许多德高望重的文人的日记体现了对未来的预测与担忧，当然也一定程度上体现了某种希望，至少是在国民党数年的“烂污”统治后对新体制的期许。

不管怎样，毛泽东是不满足于这种毫无热情的阶级整合[125]和中庸态度的。1949年1月毛泽东在西柏坡约见了包括费孝通和张东荪[126]在内的代表团，讨论之前他们和林彪商议过的“和平收复”北平的条件，尽管谈判双方客气礼貌，但未有实质性进展。双方都同意建立联合政府和实行混合经济：中国的民主党人并不是自由主义者，他们想要一个强大的国家。双方都认为土地革命势在必行，但是要循序渐进并且杜绝暴力。同一时间毛泽东揭示了当前的运动存在“左”倾错误，但是他断然拒绝了与帝国主义和平共存的设想。会谈的最后，他以潜在的威胁为内容作了总结：“希望张东荪和他的朋友们以民为本，努力配合，因为他不能忍受反对派或第三条出路的存在。”[127]1949年10月11日，毛泽东约见了商务印书馆董事长张元济[128]，他对这位82岁的老文人表示出了足够的尊重，但没给出任何承诺。他耐心倾听了张老对言论自由及其好处的陈述，张老认为这样可以收集“当地正直名流”的意见来制衡滥用职权，通过与共产党特使的联系来抵制以杜月笙为首的流氓势力。因为“杜的名声实在太臭了”。但是两天之后，他写信给著名的哲学家冯友兰[129]称："共产党接见进步人士，像您这样过去犯过错误现在一心改过的人是受欢迎的。"中共抵达华北几个月后，大多数文人已经感到自己被怀疑、孤立[130]，影响力被削弱。他们互相劝说以最审慎的态度无条件支持新的权力集团。

毛泽东和工人阶级

毛泽东对城市的第二大成分工人阶级的态度完全不同：根据传统的马克思主义理论，对于工人阶级既不建议笼络也不建议压制，而是"以工人阶级为基础"，因为工人阶级被认为是革命的中坚力量。尽管如此，工人阶级对于毛泽东来说几乎还停留在理论层面。在中国是没有真正的工人阶级的，其规模小，革命性不够（上海除外），长期受国民党工会和三合会下属的秘密社团的管制。事实上，共产党自己根据自己的政治信仰组织活跃势力以工人阶级的名义行使权利。1948—1949 年真正的工人阶级进行罢工时，他们的战斗性被认为是不合时宜的，尤其是他们捣乱的这家民族资本企业受到政府照顾。1948 年 2 月 2 日，荣家的申新第九棉纺厂大罢工被国民党暴力镇压。工厂内的共产党干部尽力把这场"悲剧"演变成像 1925 年 5 月 30 日那样的强有力的工人运动浪潮。而当地的共产党干部以最快的速度让刚开始的[131]运动流产，他们以同样的方式处理了 1949 年 2 月发生的上海公交工人大罢工[132]。在此期间，也就是 1948—1949 年冬天，20 多位共产党工会干部在香港进行了为期两个月的"干部培训"。学员学习毛泽东的文章《目前形势和我们的任务》。参加培训的老兵张琪透露说："接下来我们批评了 1948 年上半年上海工会[133]里某些同志的急躁情绪。"1948 年 8 月 1 日到 22 日，第六次全国劳动大会在哈尔滨举行，大会决定成立在中国共产党领导下的中华全国总工会[134]。4 月份共产党占领上海时，没有鼓励工人阶级罢工，而是希望他们保护好生产工具，积极支援人民解放军：中国的工人阶级委托共产党行使领导权。

资产阶级形成城市社会的第三种势力，是毛泽东的新民主主义革命统一战线中想要拉拢的。和其他共产党领导一样，毛泽东认为组成民主联盟的小党派表达了资产阶级中部分人想要与共产党结成临时同盟的想法，自 1940 年以来，他称这些人为"民族资产阶级"：包括资产阶级在内的统一战线的政治主张是为了安抚商界，防止银行家、工业家、商人和企业家大量出逃，而他们可以为国家现代化建设提供必要且根本的帮助。毛泽东在另一份报告中声称："中国的私人资本主义工业是一个不可忽视的力量。"[135]他派遣了包括潘汉年在内的一些共产党文人来安慰处于混乱不安中的资本家[136]。报告还指出1927年4月在商界和国民党政权中形成的反共势力逐步减弱，尤其是1948年夏天。究其原因无非是腐败问题、社会治安问题、极度通货膨胀以及军事败退。1948年8月19日，蒋介石的长子蒋经国在上海地区重建经济区并发行新货币金圆券。[137]他采用严苛的方法来抵制投机和腐败，在上海逮捕了3 000名商人，其中包括杜月笙的一个儿子和势力强大的荣家成员之一，荣家的申新纺织厂和福新面粉厂雇了10万工人。可这依然是徒劳的：到了10月末，通货膨胀又创新高，中国经济渐渐地陷入瘫痪状态。内战使市场停滞，贸易终止。陷入困境的产业经济准备重新找到盈利模式与平稳秩序。最知名的商人都选择去台湾或者香港。其他人接受与毛泽东的密使会谈，包括工业家荣毅仁、永安公司老板郭琳爽、上海总商会领导人之一"白手起家"的盛丕华[138]。4月初上海大佬杜月笙在东湖路摆酒邀请盛丕华、黄炎培、沙千里、史良等人[139]，他的客人们向这位匪徒强盗出身的、现在受人尊敬的资本家传达了毛泽东的建议：参加政治协商会议。不过杜月笙还是打算几天后去香港。[140]

局势已持续紧张数月，国民党政治和军事的失利已现崩溃的局面。毛泽东意识到迁居北平的时候到了，不久后北平改回历史上大家熟悉的名称"北京"，并成为新中国的首都。1949年3月23日，毛泽东率领中央机关的同志在一小队护卫队的陪同下上路了。队伍由11辆吉普车和10辆载重汽车组成，毛泽东坐在第二辆吉普车内[141]，糟糕的路况使得队伍决定在淑闾村临时留宿。淑闾村位于唐县边上，距离保定20公里。毛泽东很高兴，接近午夜时召见了庄里的负责人，然后借着放在床上的灯笼的微光写文章。24日中午随行人员到达保定。在河北省领导安排的欢迎宴会上，毛泽东按规矩坐在刘少奇、周恩来和朱德边上，听取了党的冀中区党委书记林铁[142]所做的报告。下午一行人到达涿县[143]，那里驻扎着特地从北京赶来的由林彪、叶剑英、滕代远[144]带领的新四军第四十一纵队，他们迎接了毛泽东及其一行，向他介绍入京的相关安排。25日早上2点，毛泽东在涿县上了一辆火车，驶向海淀区清华园。到达之前，毛泽东作了一个简短的讲话："同志们，我们就要进北平了。我们进北平，可不是李自成[145]进北平，他们一到北平就变了。我们共产党人进北平，是要继续革命，建设社会主义，直到实现共产主义。"一路上，他和周恩来开玩笑说："今天是进京赶考的日子，我们决不当李自成，我们都希望考个好成绩。"这些逸闻趣事都表明革命胜利前夕，毛泽东隐隐感到担忧。到站之后，毛泽东上了一辆吉普车直奔离车站不远的颐和园休息，这座宫殿是一代皇后慈禧下令修建的。17 点，他在西苑机场受到上千人夹道欢迎，令人印象比较深的有沈钧儒、郭沫若、李济深、黄炎培、马叙伦、柳亚子和傅作义将军[146]。这些人都参加了之后的阅兵式。[147]毛泽东一身毛领军大衣，头戴军帽，检阅了几个用从日军缴获的武器装备组建的训练有素的轻坦克连。当晚，中国人民解放军总指挥、身居多重要职的毛泽东来到北平城西的香山，在双清别墅呆了 6 个月，直到 1949 年 9 月 21 日才搬到紫禁城中南海丰泽园菊香书屋，这是宣布新中国成立几天前的事儿了。

"毛主席万岁"

毛泽东到达北平后，在城郊住了很长时间，然后选择入住天子的宫殿，这表明他对原定的宣布新中国成立的准备工作的忧虑。事实上，天安门广场太小了，周围是破旧的房子、桑树和废弃的城墙，从前清朝大臣以皇帝的名义在这里接见外来使团朝贡。大家开始着手准备拆掉旧房，拔除树木，用钢筋混凝土板来扩建。在一个三层楼高的城墙上，用压扁的邮箱焊接而成的蒋介石的巨幅头像被毛泽东的肖像所取代。现在只剩召开中国人民政治协商会议，这是建立新体制的官方基础。6 月 15 日毛泽东召开会议，发表讲话指出中国愿意同所有与国民党撇清关系的国家建立外交关系，双方以尊重各自主权和领土完整为前提。新政治协商会议筹备会的 134 个代表将在 9 月下旬[148]齐聚。这次为时不短的延期可能是因为毛泽东感到晕乎乎的：3 月 23 日毛泽东与他的警卫排长阎长林在吉普车内交谈，他对两年内非凡的历史进程感到吃惊。就在两年前的 1947 年 3 月，他撤离延安，将这块根据地留给国民党军队。1948 年 3 月，他离开陕北以更好地掌控对国民党的大反攻，不成想现在已经胜利。[149]和往常一样，毛泽东习惯在命运转折时作诗。

4 月 29 日，毛泽东给柳亚子寄来的诗回诗应答。[150]柳亚子曾是国民党革命委员会创始人之一。毛泽东邀请他来北平一聚，3 月 18 日柳亚子抵达。可能是对所见所闻的失望，也可能是因为对没有被粗鲁的军人选来制定法律感到生气，3 月 25 日在西苑机场和其他名流迎接了毛泽东之后，他立刻动身回到了自己的籍贯地江苏。他动身时给毛泽东留下的信难掩沮丧之情：他自比东汉的严子陵婉拒朝俸并隐居浙江富春江一带，寄情终老于林泉间。毛泽东责备他不该满腹牢骚，应该多想想他们之间的交情。

> 饮茶粤海未能忘[151]，索句渝州叶正黄[152]。
> 三十一年还旧国[153]，落花时节读华章。
> 牢骚太盛防肠断，风物长宜放眼量。
> 莫道昆明[154]池水浅，观鱼胜过富春江。

没有比这更能形容目光短浅的人了！

第二首诗写于人民解放军占领南京时。毛泽东用史诗般的语言描写了在南方之都“虎踞山”和“龙盘山”曾经发生过的战役，他要求不可沽名，要一路追击被挫败的敌军。

> 天若有情天亦老！人间正道是沧桑。

相较柳亚子和其他文人的小心眼和短视，毛泽东认为新中国的造物者要把旧有的彻底推倒重建。

毛泽东首先拿英国开刀，一个世纪前这个强国是侵犯中国的第一个国家，并逼迫中国签订丧权辱国的不平等条约。4 月 21 日，一支由三桅战舰“紫石英号”和三艘炮艇组成的英国小型舰队，沿长江向南京方向驶来，在江苏遭到猛烈的炮击，23 个水手身亡。在海上耀武扬威的英国军舰一直滞留在长江上，7 月 30 日在一艘中国邮轮的追击下仓皇逃走。毛泽东评价此次事件时宣告一个世纪前被视为国际公河的长江属于中国水域，任何形式的入侵都是一种挑衅[155]，也借此机会让所有外国势力知道不平等条约已经是过去时了。这也难怪激起了英国众院的愤怒，丘吉尔发表演说声称这是“残暴的凌辱”。

美国的境遇也如出一辙，在8月5日发布的中美白皮书中，美国自以为起主导作用。国务卿迪恩·艾奇逊在7月30日给杜鲁门总统的一封信中，以自己的方式讲了节关于中国革命起因的历史课。我们注意到，从8月14日开始，毛泽东认为对白皮书和少数依附美国的文人进行批判是必需的。事实上，毛泽东和周恩来曾盘算谨慎对待中美关系。共产党攻下南京后[156]，约翰·司徒雷登[157]留在了南京，5月13日、6月6日、6月28日，经黄华[158]的引荐与共产党代表见面。最后一次见面时，毛泽东和周恩来邀请他去北平，他本该拒绝，但在国会的要求下他自己提出了这样的请求，因为民主党在国会上对他失败的对华政策[159]大加指责。美国的外交文献[160]记录了另一次类似的想要寻求外交对话的尝试。周恩来给大卫·巴雷特上校（延安“迪克西使团”的成员之一）的秘信中说中共领导层存在意见分歧，一方是周恩来领导的自由派，另一方是刘少奇领导的完全亲苏派。那时，没有毛泽东的首肯，周恩来不会擅自行事。根据这个文献，周恩来（毛泽东?）希望美国给中方提供经济援助，认为中国可以扮演好苏联和西方世界中间人的角色。国会的回应相当谨慎，他们有理由怀疑这个迂回的交流中存在陷阱，并呼吁如果有诚意的话应该结束对美国驻沈阳领事华德的6个月拘禁。6月24日，这个联系被中方切断了。司徒雷登试图通过国民党革命委员会元老之一的陈铭枢进行新一轮的调停谈判：6月10日，司徒雷登约见陈铭枢，向他阐述美国为了建立外交关系的五点意见[161]。作为回应，7月9日陈铭枢转交了一份内容丰富的备忘录，里面有毛泽东的答复：毛泽东6月15日的讲话中包括了相关内容。在讲话中，毛泽东认为在这一时代背景下，美国应和国民党当局断绝关系。双方僵持不下，18日，司徒雷登申请了离华签证，并于8月2日离开中国。

8月5日，美国国务院发布白皮书，为支持国民党的美国当局与内战胜利者共产党之间保持联系的诸多尝试画上了句号：这些尝试都是从各自的战略角度出发的。事实上，“冷战”思维迫使他们这么做。就像毛泽东几周前说的，中国已经“一边倒”地站在苏联这边。这些复杂试探的失败也解释了为什么毛泽东对白皮书冷嘲热讽，有失风度，写下《别了，司徒雷登!》一文[162]。反美论战进入高潮。9月16日毛泽东以《唯心历史观的破产》[163]反驳迪恩·艾奇逊[164]关于中国革命缘由的探究。美国国务卿认为中国革命的原因有两点。首先是18世纪以来中国人口过剩，土地受到不堪负担的压力。“人口太多了，饭少了，发生革命。”相反，毛泽东和当时其他马克思列宁主义理论家一样，在人口众多的背景下却看到了生产力迅速增长的机遇：“我们相信革命能改变一切，一个人口众多、物产丰盛、生活优裕、文化昌盛的新中国，不要很久就可以到来。”同时毛泽东也批判了对迪恩·艾奇逊的想法产生影响的马尔萨斯[165]。艾奇逊认为中国革命的第二个原因是从鸦片战争开始，西方列强的轮番入侵也带来了西方的先进思想。毛泽东否认这种侵略的积极作用，那些从西方寻找救国真理的中国革命家都失败了，孙中山也转而“以俄为师”。事实上，是马克思列宁主义和1917年俄国十月革命为中国革命成功创造了条件。“因此要向苏联人学习。”

9月21日正值中国共产党全国政协会议开幕之际，毛泽东自豪地宣布：“中国人从此站立起来了。”“我们的民族将再也不是被人侮辱的民族了。”[166]9月25日，毛泽东和周恩来非正式地召集了十几位政协代表商讨国旗、国徽、国歌、首都和国庆节等相关事宜。[167]

会议一直开到9月30日。585位正式代表和77位候选代表选择五星红旗为国旗，《义勇军进行曲》为国歌[168]，定都北平并改名为北京，任命毛泽东为由180名成员组成的政协第一届全国委员会主席，采用“法制建设”和刘少奇提出的《中国人民政治协商会议共同纲领》。刘少奇在讲话中小心规避了那些疑似社会主义的东西。

10月1日[169]下午2点，毛泽东在主要的政治和军事领导人、一众“民主人士”的簇拥下，在天安门广场的城楼上宣布中华人民共和国成立。他穿着四个口袋的中山装，没有戴帽子。然后是升国旗，54门大炮的28发礼炮齐鸣，象征1921年成立的中国共产党诞生28周年。毛泽东操着浓重的湖南口音[170]宣读了之前在全国政协会议上选出的政府成员名单[171]。现场30万人欢声雷动，随即拉开了持续3小时的军事演习的序幕，有谢尔曼坦克、吉普车、道奇装甲车、吉姆西汽车，好像是从美军手上缴获的。夜幕降临时，长安街上张灯结彩，人民群众列队而行，成千上万的声音齐呼“毛主席万岁”、“中华人民共和国万岁”。毛泽东用扬声器回应“同志们万岁”。灯笼和旗子构成一片红色的海洋，伴随着喇叭锣鼓的喧闹声，成千上万手持镰刀、锤子、红星的工人农民在跳跃舞动，拉开了毛泽东式的游行的序幕。21点25分，一场绚烂的焰火表演之后，毛泽东满意地退下台来，对身边的人说：“这场胜利，我们赢得很艰难！”

幅员辽阔的中国举起了共产主义旗帜，这是跌宕起伏的“20 世纪”[172]的又一次波澜。6 月 30 日，毛泽东发表了一篇文章《论人民民主专政》[173]，纪念中国共产党成立 28 周年，谁会留意到这篇文章的不同之处呢？毛泽东再次重申了中国共产党的明确立场：

其一，新的政体要以“人民民主专政”的方式联合各个阶级，主要是占总人口 80%到 90%的工人和农民的联盟。工人阶级（通过共产党）领导以工农联盟为基础的人民民主专政。

其二，中国采取“一边倒”政策，倒向苏联。要继续通过学习社会主义“导师”苏联来建设新中国。

其三，即将建立的人民民主专政将保护人民，打击反动派的反攻。人民民主专政是强有力的武器，会防止民族资产阶级造反，并在时机成熟时使私有经济国有化，发展社会主义经济。

但是在毛泽东之前，还没有任何共产主义领导人把共产党比作一个成人，没有人提及无产阶级专政将不可避免地消亡！然而毛泽东几乎在革命胜利的同时宣称，将来有一天共产党会消亡，阶级会消灭，共产主义将继承社会主义，人类将实现大同。他两次提到大同，显然参考了康有为[174]死后出版的《大同书》中的乌托邦思想。毛泽东想用自己的方式实现他的目标，只是遗憾专政必然是过渡性的。我们感觉到在时间问题上毛泽东不怎么有耐心，在谈到农民教育时，他认为时间是主要的问题，因为为了通过强有力的工业发展实现“全部的巩固的社会主义”，就首先要实现农业社会化[175]。毛泽东在他的正文中有 9 次提到“社会主义”一词，而与此同时周恩来和刘少奇在这个问题上都刻意低调。同样地，当毛泽东提到那些立志向西方寻求“救国”道路的进步思想家洪秀全、康有为、严复和孙中山时[176]，我们在字里行间能读到他的言外之意。毛泽东认为是“十月革命一声炮响，给我们送来了马克思列宁主义”，而共产党七大的决议中明确指出毛泽东实现了马克思主义中国化，中国革命才取得成就。没有毛泽东，苏联十月革命炮火的影响不会这么深远。毛泽东就此置身于现代中国思想大师的行列，甚至超过了他所有的前辈。

他说的有一点是正确的：中国革命还处在万里长征的第一步。事实上，只看到他自我膨胀的雄心，认为他是红色帝王[177]的看法是不对的，虽然他身上有一些帝王的特点。他自认为是伟大计划的传递者。在民族主义背景下，一个野心家会对个人的成就感到满足。而毛泽东想要彻彻底底地改变中国，使之“从苦海变成稻田和桑园”（沧海桑田），他坚信他的社会主义计划能持续快速发展生产力，打破马尔萨斯的所谓定律：他是不是在不同场合提到“奇迹”？传奇的个人经历强化了他不切实际的唯意志论，但很快就遭到了经济和人文的现实阻力：反复发生的斗争成了毛泽东执政时期的主旋律，慢慢地他变得专制，这也是中国革命真正的悲剧所在。

第十二章

激进的创建者（1949—1956）

人们有时说“延安的圆桌会议”将一群粗犷的社会主义战士集合到毛泽东的身边，接受他的领导，团结一致地对抗日本和国民党军队，他们共同的目标是将中国变成像一个世纪之前一样的“人类进步的探路者”，建立一个公平正义的社会。这些久经沙场的领导者各自都有强大的人格力量，这在一定程度上缓解了毛泽东个人权力集中的压力。而且，所有人都意识到他们不仅仅是靠武装力量先后赢得了抗战和内战，这场胜利也是政治层面的胜利。他们很清楚战争是另一种形式的政治。为了取得胜利，共产党与农民阶级组建同盟关系，吸引了一大批他们觉得并不靠谱的知识分子，使资产阶级脱离麻烦缠身的国民党阵营，变成中间派。这种妥协政治可以在 1949 年 9 月中国人民政治协商会议通过的《共同纲领》下被解读为“人民民主专政”。共产党的长远目标是苏联模式的社会主义，然而这个转型需要 10 到 15 年甚至更长时间。

然而，1949 年到 1957 年间，在历史大背景的多番冲击下，新民主主义革命时期的统一战线被解散，同时毛泽东的急躁情绪使得原本计划好按部就班的社会主义建设被迫提速。

从 1949 年到 1952 年，毛泽东破除封锁，试图让中国走向国际，在思想斗争领域非常铁血。

从 1953 年到 1954 年，他提出“过渡时期总路线”，加快转型节奏并克服了第一次重大政治危机。

1955 年的“社会主义高潮”似乎证明了他的预见是正确的。

但是 1956 年对他来说是艰难的一年，在乌托邦想法的推动下，他发动了第一次“大跃进”，之后他不得不以退为进，同年 2 月份苏共二十大的召开掀起了一场苏联社会主义模式的危机，到了秋天，东欧的社会主义阵营试图寻找一条新的出路。

毛泽东破除封锁（1949—1952）

几个月内，军事胜利的速度超乎预期，毛泽东要应对因此带来的挑战。他谨慎地让最有管理理念的领导人负责具体事务，自己则投身国际关系中。要知道一开始只有苏联（1949 年 10 月 2 日）和一些“人民民主国家”承认新中国。

“一边倒”

事实上，内战还没有结束。蒋介石直到 12 月中旬才和 200 万支持者像在抗日战争中撤退到四川省重庆那样退到台湾。1949 年 10 月，人民解放军在厦门对面的金门岛登陆失败，收复台湾的行动被推迟到 1951 年夏天，以为解放军训练海陆空部队共同出击争取时间。

台湾作为国民党军队收复大陆的基地，一段时间内还很难被收复。而西藏则完全不一样，只有几千装备较弱的士兵。1950 年 10 月初，解放军解放了昌都县。[1]

毛泽东首先要做的是废除他认为的“最后的不平等条约”，即 1945 年 8 月 14 日蒋介石和斯大林之间的《中苏友好同盟条约》。事实上，承袭了沙皇疆土的斯大林已经让出了战略基地辽东半岛的旅顺和大连港，并取消了在东北和新疆的经济和矿产特权。[2]毛泽东的克里姆林宫之行准备了很久。刘少奇在 1949 年夏天去莫斯科走了一趟，斯大林在接见他时大方地提出双方要忘记 1927 年和 1936 年他对中国内政的不合时宜的干涉。他说：“毛泽东知道如何取胜，胜利者总是对的。”12 月 21 日是斯大林的 70 大寿，他以此为借口没有把这次到访作为国事访问，把 1945 年所签条约的废除问题搪塞了过去。这次邀请结束了双方数月来或多或少的敌对情绪：1949 年 1 月 31 日，苏联大使是唯一一个跟随蒋介石乘飞机从南京去广州的外交官。1949 年 2 月 13 日，美国记者安娜·路易丝·斯特朗在莫斯科因被怀疑是“美国间谍”而被捕，后被驱逐出境。在她的《中国的黎明》[3]一书中，她高度评价了毛泽东，认为与斯大林相比，毛泽东懂得

“在中国国情下创造性地使用马克思主义”。1949 年 11 月 16 日，刘少奇在北京主持了一次亚洲澳洲工会代表会议，他认为中国的革命是又一场无产阶级革命，比苏联革命更适合“殖民地和半殖民地国家”，中国和苏联共同领导了世界革命。

12 月 6 日，毛泽东坐火车前往莫斯科，随行人员有从延安时期一直以来的马克思列宁主义老师陈伯达，他的秘书叶子龙、翻译师哲、警卫汪东兴和苏联驻华大使及苏联经济部部长：这是个规模上尽可能精简低调的代表团。12 月 16 日，毛泽东一行抵达苏联，斯大林带领整个中央政治局成员会见了他。毛泽东的表情有些凝重：有同志给他翻译了宣布他访问苏联的这一期《真理报》上一篇严厉批评铁托的文章——下马威？

在华美的克里姆林宫内，与斯大林的第一次会面让毛泽东忧心忡忡，他期待双方的会谈不是“表面上顺利”而是有“实质性突破”。这位格鲁吉亚独裁者拒绝对 1945 年 8 月 14 日的条约再做讨论，他以这个条约来自雅尔塔协定为借口，声称其不可能在不影响美苏、英苏关系的前提下做修改。毛泽东在苏联乡间别墅苦苦等待了将近三个礼拜，只在 12 月 21 日出门去莫斯科大剧院参加盛大晚宴，为伟大的“人民的父亲”唱赞歌，当时斯大林让所有人全体起立为身边的毛泽东鼓掌，斯大林和毛泽东竞相奉承对方。但是 12 月 24 日新的会谈没有任何进展。毛泽东对身边的人低声嘲讽说，他只有三件事要做：睡觉、吃饭和拉屎。他抱怨膳食、床铺、没有蹲式便池，以及被困在积雪的森林里：斯大林的安排是让他尽量不要见到众多在莫斯科的共产党领导人。

两个共产主义领导人之间的摩擦是间接的：毛泽东得知周恩来来莫斯科的访问时间，试着改变代表团的性质来促进新一轮的中苏谈判。但是斯大林对其置若罔闻。他在住所与毛泽东的谈话被西方记者走漏了风声。1 月 2 日，斯大林不得不匆忙在《真理报》上刊登了一个对毛泽东的专访，毛泽东将计就计，借此机会表明想延长在莫斯科的停留时间——直到周恩来赶来。这场暗战劳心劳力，斯大林妥协了：莫洛托夫通知毛泽东已邀请中国总理来莫斯科。可能 1950 年 1 月 6 日英国承认中华人民共和国加速了某些事情的进展。[4]毛泽东试图让别人知道他可以在让人愤怒的“冷战”中保持中立态度。在与斯大林发生了一系列新的摩擦之后，2 月 21 日，两位领导人进行了一次不温不火的会晤，毛泽东对蒙古国独立表示缄默[5]。1950年2月14日，在斯大林和毛泽东警觉的目光中，莫洛托夫和周恩来在克里姆林宫荣誉厅签订了一个全新的《中苏友好同盟互助条约》。[6]本质上，这是个最低层面的协议：毛泽东承认1945年8月苏联与蒋介石的对抗日本军国主义中苏军事同盟，其中包含了苏联对东北—西伯利亚铁路的绝对控制权和苏联对大连港25年的租约，以及提供矿产开发的各种便利条件。① 苏联5年内提供3亿美元的贷款，与同期提供给波兰的经济援助基本一致。

后来，毛泽东领导的中国和苏联发生严重分歧的时候，毛泽东对这项条约给出了严苛的评价："我们同斯大林有不同意见，我们要订中苏条约，他不要订。等到他答应订了，我们要中长铁路，他就不给，但是老虎口里的肉还是可以拿出来的……我的态度是：第一，你提出，我不同意者要争；第二，如果你一定要坚持，我可以接受，但保留意见。这是因为要顾全整个社会主义的利益。"[7]事实上，这次艰难的谈判使中国在世界强国中再次占有一席之地。对国家而言，这个结果已经不错了。更何况，3月3日，毛泽东返回北京的途中在沈阳发表声明，指出他对苏联将要提供的经济援助感到满意。[8]在和苏联解决边境安全问题后，毛泽东于3月4日回到北京，终于在紫禁城落脚，他批准了一系列建立新体制基础的决定，并启动了1951年"解放台湾"的军事准备计划。

基础的改革（1950年6月）

新体制初期阶段的立法情况中有两件事值得关注：第一，主要的文献中指出，从1950年冬天到1951年这段时间里，中国与旧社会体制划清了界限。第二，毛泽东虽不是发起人，却也全程参与了这项运动。

毛泽东并没有干涉1950年5月1日颁行的《中华人民共和国婚姻法》。这部婚姻法批准了80万包办婚姻的妇女们提出的离婚申请。这无疑对当时的族长制大家庭带来致命的冲击。他很少过问由民族资产阶级主导的制度推行和实施。诚然，新政体继承了曾被日本人侵占的国民党庞大的

---

① 原文应有误。同日签订的《关于中国长春铁路、旅顺口及大连的协定》规定，不迟于1952年年末，苏联将旅顺、大连和中长铁路的一切权利和权益归还中国。

国有化产业，从 1949 年开始，这些国有化产业占工业生产值的 34.7%。45 万私企有 157 万工厂和作坊，产值从 1949 年的 63.3%下降至 1952 年的 44%。财政政策、原材料供应和合同都将这些企业与国有企业联系起来。对工会作用的肯定将私有企业主对独立经营的渺茫希望彻底剥夺了。3 月 16 日至 4 月中旬，中国共产党第一次全国统战工作会议[9]在北京召开，毛泽东明确指出，今天的主要斗争对象是帝国主义、封建主义及其代表国民党反动派的残余，而不是民族资产阶级。…… 从长远和整体看，必须要民主党派。1950 年 6 月 6 日，在中共七届三中会议上，毛泽东作了《为争取国家财政经济状况的基本好转而斗争》[10]的报告，他重申：虽然已经在改革初期获得显著成果，但还不具备进行计划经济的条件。虽然改善了劳资关系，但“我们还无法实行社会主义”，因为中国的资本主义非常羸弱，新政体和民族资产阶级之间的关系“空前紧张”，“工人阶级和知识分子不满意”。同时需要谨慎小心，“不要四面出击”。面对一些对新政体心存疑惑的人，毛泽东表示宽容和理解。因此 1950 年冬天，一些共产党干部对宽大处理桂系将军李济深一事颇有微词。这位 1927 年 12 月屠杀广东公社的刽子手的收入相当于 2 500 公斤大米。可是毛泽东反驳道：虽然李归附共产党的时间有些迟，但他好歹“拯救了两三万同志的性命，也让革命成功提前了一两年”[11]。

毛泽东主要介入的是“新民主主义过渡阶段”的主要改革，土地革命不能拖延：在这个领域，毛泽东的权威得到了所有人的认同。他的一系列指示和意见与刘少奇的立场完全一致，这点我们不难从土地法和 1950 年 6 月 28 日《土地改革法》中看出，却与之后建立起的毛泽东思想的神话大相径庭。因此，1950 年 3 月 12 日，毛泽东发了题为《征询对待富农策略问题的意见》[12]的通知，提出冬天开始在南方几省及西北某些地区的土改运动中，“不动资本主义富农”，“待到几年之后再去解决半封建富农问题”。“孤立地主，保护中农，并防止乱打乱杀。”在 6 月 4 日给刘少奇的一封信中，针对刘少奇对土改法律的评论，为了防止再次发生“左”倾错误，毛泽东提到 1946 年至 1947 年的经验教训，并且补充了 1934 年运动中所做的阶级分析：这样的分析对保护中农有帮助。6 月 6 日，毛泽东向中共中央做的报告说得更加明确：“国家可以用贷款方法去帮助贫农解决困难，以补贫农少得一部分土地的缺陷。因此，我们对待富农的政策应有所改变，即由征收富农多余土地财产的政策改变为保存富农经济的政策，以利于早日恢复农村生产，又利于孤立地主，保护中农和保护小土地出租者。”确实，4 700 万公顷田地准备分配给 3 亿农民，每个耕作家庭平均仅获得 1 公顷土地，这就意味着贫农的贫困状况不会得到多少改善。与此同时，土地革命在南部地区进展困难：遭到一些宗族的抵制。共产党在那些地区既没有支部也没有积极分子，农民阶级很难得到动员。此外，在中日战争时期部分乡绅和共产党地下党员之间建立的联系很难切断。计划秋天的时候组织华北的复员军人和革命老区的老干部组成“工作组”南下革命，深入那些需要翻译进行沟通的村落。但是工作组的工作很难推进，土改成果甚微，最贫困农民对土地的渴求难以解决。自秋天起，土改因为一件外部事件而加速发展，中国需要从贫农中招募“志愿军”参加朝鲜战争。

朝鲜战争（1950—1951）

1950 年春天，毛泽东仍然把解放台湾和西藏放在第一位。这两件事会延长中国的内战，但他认为国际舆论无话可说。另外，美国当局的声明都赞成这种解读：美国的战略利益不包括西藏，因为根据 1914 年《西姆拉条约》，西藏自治区“保护国”的角色从大英帝国变成了独立后的印度。美国的战略利益当然也不包括台湾，因为出于前车之鉴，杜鲁门总统对蒋介石和国民党军队的实力完全失去了信心。[13]

但是鉴于朝鲜半岛局势的发展，1950 年 8 月 4 日召开的中央政治局会议不得不放弃解放台湾。[14] 在日本战败投降的前夕，美国提出以北纬 38 度线即三八线为界，美国和苏联分别控制朝鲜半岛的南部和北部。1948 年朝鲜地区先后成立了两个国家，由金日成领导的朝鲜民主主义人民共和国加入了苏联的阵营，由李承晚领导的大韩民国受到美国的保护。因冷战而起的战乱局势严重伤害了朝鲜人民的爱国热情：金日成想借助部分韩国民众的支持重建由他执政的朝鲜国。但是他的想法却没有得到斯大林的支持。因为在一年前的柏林危机中斯大林吃了亏，知道美国不会任由苏联的卫星范围扩张到日本的门户。因此，金日成只好转而向毛泽东求助，而毛泽东也没有拒绝他的请求。2月，金日成还在莫斯科遇到了胡志明，而且向他提议倚靠中国对抗出征印度支那的法国远征军，在这件事上，毛泽东也采取了一样的态度。在这两件事上，毛泽东都得到了斯大林的鼓励，斯大林对中国要求成立由北京主管的亚洲共产党和工人党情报局[15]一事作了有限让步，因为这样就能与莫斯科成立的欧洲共产党和工人党情报局相辅相成。尽管如此，毛泽东向金日成明确说明将在中国共产党革命胜利后再介入朝鲜战局。1950年5月13日，金日成在北京和毛泽东碰面时，没有告诉毛泽东虽然斯大林对朝鲜的军事行动开了绿灯，但不会因为局势急转直下而伸出援手。1950年6月25日黎明，朝鲜军队越过韩国边界，快速向首尔进军。6月27日，华盛顿宣布美国将派遣部队支持李承晚，强大的美国第七海军舰队将他们在冲绳岛和关岛的航空母舰排布在台湾海峡。苏联没有在联合国使用否决权，因为苏联代表抗议在联合国安理会的中国代表席位被台湾国民党政府继续占有。[16]7月7日，朝鲜军队占领首尔，抵达釜山地区，美军收到恢复朝鲜半岛现状的命令。

8月4日毛泽东在政治局的讲话思路非常清晰：虽然其他领导人为朝鲜的快速胜利感到高兴，但也应防范美军的反击，那时中国就不可避免要抗美援朝。当时大家害怕美军会轰炸中国的工业城市，甚至不惜使用原子弹。8月5日，毛泽东要求高岗在东北集合50万人的军队保卫边境安全。8月20日，参谋部的一名官员提醒毛泽东要注意美国登陆仁川带来的风险。这次登陆可能会颠覆金日成军队的部署，让战线拉长。9月15日，预期的灾难爆发了：美国登陆引起朝鲜军力的迅速崩溃。9月30日，韩国部队越过三八线进入朝鲜。

对毛泽东来说，当时的局势非常戏剧化。中国政府的干预不可避免，因为中国不能忍受本应该与国民党军队合作出击的一支敌军出现在鸭绿江上。不过，他知道高层领导人内部意见不一致，大部分倾向于不参战，他知道中国历经多年战乱，百废待兴，需要和平来重建国家。毛泽东忧虑焦躁，夜不能眠，只好依靠大剂量的安眠药勉强入睡几小时。10月1日他在中央书记处会议[17]宣布：如今的问题不是要弄清楚中国是否出兵朝鲜，而是何时出兵。同一日，斯大林要求毛泽东尽快派五六个师去朝鲜。10月2日，毛泽东写了一份电报表示同意，但很快又修改了电报的内容，解释说多数中国领导人对此表示沉默，并且要求延期。[18]在10月4日的中央政治局扩大会议上，林彪是这次军事干预的主要反对者，之后朱德和刘少奇也加入到反对的阵营中。但是，周恩来却支持毛泽东，而且不接受林彪的建议让金日成以东北为大后方成立游击队。虽然这个建议非常具有毛泽东主义的特点，但毛泽东坚决不同意，因为他不愿意东部边境不安定。10月5日，周恩来连夜通知印度驻华大使，要他转告美国政府：若美军跨过三八线，侵略朝鲜，中国不会坐视不管。与此同时，斯大林坚持认为台湾受美国军舰的保护，中国政府的观望态度不可能“解放”台湾。10月7日，美军的战车大举越过三八线。10月8日，中国政府公开表示自10月2日起组织了一支由彭德怀将军领导的中国人民志愿军，“帮助朝鲜人民抵抗美帝国主义的入侵”。10月10日，斯大林在索契约见周恩来和彭德怀。遵照毛泽东的指示，周恩来宣称，既然斯大林在7月13日升级了124架米格—15战斗机和大量武器装备，如果苏联不提供空军和武器装备的支持，中国将不会加入战局。斯大林知道毛泽东只是虚张声势，因为他已经在这场战局中投下重注，不然他也不会在10月8日致金日成的电报中宣布会尽快派遣中国志愿军进入朝鲜。因此，斯大林说如果中国认为军事干预非常艰难，金日成将会以东北为基地组织游击队。大家不难发现这些正是10月4日林彪在政治局扩大会议上提出的建议！周恩来力争到黎明，斯大林才同意提供苏联空军保护，但只有当中国的城市被轰炸时才派出空军。两个月后，如何保护被送往朝鲜的志愿军才被列入考虑：在等待的这段时间里，他们得在十分艰苦的条件下战斗。17日，多位将军们提出来年春天再介入朝鲜战争，因为中国军队缺乏物资，无法适应朝鲜冬天寒冷的气候，但早在10月13日，毛泽东就同意援朝了。

10月19日的夜晚，第一批志愿军跨过鸭绿江，随后平壤被收复。美军最初的几次小型战斗将战线向北方过度延伸，11月25日，彭德怀发起了一次空前的反击，七周时间内歼灭了2.4万美国士兵，光复朝鲜。1951年3月5日，汉城再度沦陷。中国军队付出了惨痛的代价，让世界最强的军队蒙羞。当然，美国人利用绝对制空权，收复了部分失地。从1951年7月起，朝鲜战争进入休战期。1953年7月27日，《朝鲜停战协定》在板门店签订，重新确定了朝鲜和韩国的分界局面。这次血腥冲突带来的后果十分惨重，官方统计中国军队损失了15.2万人[19]。

毛泽东在向中国志愿军发表的两次讲话[20]中指出：中国军队在朝鲜战争中获得了宝贵的实战经验并且战胜了世界最强的帝国主义。美国人都是“纸老虎”。但是毛泽东对苏联的信心开始动摇。更糟糕的是，毛泽东感觉整件事被斯大林操控和摆布。由此，中国的对外政策开始脱离早先毛泽东认同的斯大林模式。

彭德怀在整件事中汲取的经验教训是：中国的军队遭到重创。毛泽东式的军事浪漫主义已经是过去式了，当务之急，中国应该建立一支适应新任务的现代化部队：毛泽东坚持人民战争的观点，彭德怀一直据理力争。在朝鲜时，彭德怀多次违抗毛泽东下达的命令，因为在他看来这些命令都不切实际。他们俩之间的旧矛盾还没有解决，又发生了新的状况。1950年11月25日，志愿军司令部遭美军轰炸，毛泽东的儿子毛岸英牺牲，年仅28岁。

进藏（1950—1951）

朝鲜战争对中国共产党具有十分重要的政治分量，同时也让中共明确了要重建对西藏和新疆的主权。

1950年10月12日到18日，西藏部队阻止解放军在长江上游往西进发，被几个师的解放军轻松击溃。虽然从未有任何国家官方承认过西藏的“主权独立”，但慌乱的拉萨领导人仍旧在联合国的即兴演说中向美国、英国和印度呼吁“维护西藏独立”，而几个月后不得不同意派五位代表到北京和谈。1951年5月23日，五位全权代表签署了一份和平解放西藏的“十七条协议”。在此背景下，1951年8月17日在印度“政治避难”的十四世达赖同意回拉萨，并和毛泽东通信。1952年4月6日，毛泽东发表《关于西藏工作的方针》，明确指出在西藏事务上一定要遵从中央给西藏工作委员会的秘密指示。[21]毛泽东还将新疆问题和西藏问题相比。他认为，解放军生产建设兵团的战士们在新疆地区自给自足，不给别人添麻烦，被当地百姓们接受。但是西藏的实际情况更糟：地处偏远，没有汉族人口，长久以来中共都无法顺利进行易于博得西藏人民好感的社会改革。达赖喇嘛和他的下属们并非真正接受“十七条协议”的内容，毛泽东因此预测说对西藏问题欲速则不达，建议拖下去，一年或两年后“一种是我们团结多数、孤立少数的上层统战政策发生了效力，西藏群众也逐步靠拢我们，因而使坏分子及藏军不敢举行暴乱；一种是坏分子认为我们软弱可欺，率领藏军举行暴乱，我军在自卫斗争中举行反攻，给以打击”。在这两种情况下，可以进行延迟的改革，实施协议的所有内容，但那时，除了在拉萨驻扎了卫戍部队，协议的其他内容都没有实行。

和艰难的内战时期一样，解放军在中国边疆问题中扮演着决定性的角色，自 1951 年 2 月开始，氛围更加紧张激烈，中国在西藏进行了彻底的土地革命。

密集的阶级斗争（1951—1952）

尽管有一些镇压和缓和的行动，但土地革命中的暴力现象经常发生。从 1950 年 6 月出台的法律中，人们可以解读到，为防止经济危机发生，毛泽东和刘少奇都意识到要疏导和控制事态的发展。但事实上，随即出台的实施方法却在一段时期内给中国带来了大骚动。首先是成立工作组。由于共产党成员只有 450 万，而要进行土改的新解放区拥有中国 90%的农业人口，遍及 90 万村庄中的 80 万个，党员人数不足以完成任务，更不用说多数党员是因为在城市中建立新体制而入党的。因此，共产党员只占工作组人数的 10%，只有几位干部有华北土改的经验。工作组的成员中还包括一两名复员士兵，他们在内战后刚参加了围剿土匪和叛徒的行动，并且在农村组织了经过训练的民兵支队。大部分成员是从革命城市来的教师、中学生和大学生。他们的阶级成分可疑，又年轻且缺乏经验，凭着一腔热情执行上级的指示。他们的首要任务是在各个村落征收土地税，这件事并不容易，3 000 多名工作组干部为此丢了性命。但是，这些工作组成员住在当地百姓家里，帮农民干活，教文盲写字，提供各种服务，逐渐赢得了一些农民的信任，更何况他们只针对富农。之后，他们就可以孤立那些过去的精英分子，确定其阶级成分。工作组着手创立农会，主力军是贫农。但是发展过程十分艰难，因为根据一份 1951 年年底的报告，这些农会中仅有 20%拥有稳固的基础，而且仅仅 40%的农民参加了农会。接下来是召开集会，叫“批斗大会”[22]。个别与会者，通常是最贫困的那几位，会揭露造成他们不幸生活的罪魁祸首是村里两到三户地主家庭。可是，大多数参与无止境批斗大会的农民却表现得沉默和无动于衷，因为长久以来他们对乡绅充满敬畏，而且害怕批斗权贵以后会被打击报复。之后，大会变成了暴力事件：有人提醒农民他们遭受到的不公平待遇，某个农会干部把没落的乡绅打倒在地，得到鼓舞的农民一哄而上，羞辱、鞭打和虐待这些可怜的受害者。通常情况下地主们会被逮捕，大批量地接受审判和被枪毙[23]，几个月后主导农业社会几个世纪的地主阶级消失了。这是一场名副其实的社会大变革。这场大反击有时不区分地主、富农甚至中农。没有人采用 1934 年毛泽东提出的标准来区分民选代表和死刑犯。农会干部难免“矫枉过正”，更不用说他们知道，就像毛泽东所说，这场暴力风云能将农民长期团结在共产党领导下。1950 年冬天，朝鲜战争、对美国攻打中国的恐惧、国民党反攻、国家重建过程中遇到的经济难题、土地再分配令人失望，都使得暴力事件雪上加霜。很快，暴力的氛围蔓延到城市，人们开始追捕反革命分子。在 1951 年 2 月 21 日到 5 月底的“镇压反革命运动”中，数十万人丧生，这个数字在之后几个月还有反弹。

毛泽东写了一篇又一篇文章，发表了一次又一次讲话。我们不难发现毛泽东关注、支持和引导着这场大变革。这让人想起 1926 年冬天的毛泽东，那时他说：“革命不是请客吃饭”，为起义农民占领了湘江流域的一些地区而欢呼。

1950 年年初，毛泽东第一次对新民主主义的稳健进程表现出不耐烦。在中共中央宣传部部长陆定一的指令下，由香港拍摄的电影《清宫秘史》[24]在北京放映。片中讲述光绪皇帝和珍妃凄惨的爱情被慈禧太后阻挠，珍妃投井自尽。这部电影正面介绍了 1898 年被慈禧处死的革命家，而义和团拳手则是愚昧和排外的负面形象。这与共产党实施的对知识分子的开放政策相符。电影的内容回应了 1918 年 10 月 15 日陈独秀在《新青年》刊物上发表的讽刺文章《克林德碑》。但是毛泽东也许想起了 1924 年共产党领导层的讨论，那时他是组织部长，也参加了这场讨论。讨论的结果是 1924 年 9 月 3 日发行的《向导》中，陈独秀发表了自我批评的文章，为义和团恢复名誉。因此，1950 年 3 月，毛泽东说：“《清宫秘史》是一部‘很坏’的电影，应该公开批判，被人们称为爱国主义的影片，实际上是卖国主义影片。”

《清宫秘史》赞同温和主义革命者，批判民众暴力。一年后，另一部电影《武训传》也受到批评。武训是杜撰的人物，1838 年至 1896 年[25]生活在山东。他出生在一个非常贫穷的家庭，为大地主做长工。武训早年沿街乞讨，之后利用乞讨得来的钱投资然后发家致富，创办了让寒门子弟免费上学的慈善学校。武训得到光绪皇帝的嘉奖，成为群众熟知的圣人。但不久被慈禧冷落。1934 年国民党发起新生活运动，在一些小学内立了武训的雕塑。1944 年，一些知识分子在重庆集会纪念武训。著名文人陶行知[26]对武训的评价非常正面。之后孙瑜着手开始编写关于武训生平的电影剧本，在共产党员编剧夏衍的帮助下剧本于 1950 年完成。影片由当时的著名演员赵丹担任主角，并且在上海的摄影棚完成录影。大量新闻文章报道了电影的上映。这使得毛泽东大发雷霆，借由一篇江青[27]授意发表的批判《武训传》的文章，毛泽东严厉批判了这部电影和武训这个人物。毛泽东认为武训靠欺骗、高利贷和剥削农民发财，他办义学的目的是为了“传播统治阶级的文化，更好地奴役人民”。武训崇尚意识形态模糊论，极力消除阶级斗争的必要性。文章的结论具有威胁性：“特别值得注意的，是一些号称学得了马克思主义的共产党员。他们学得了社会发展史——历史唯物论，但是一遇到具体的历史事件，具体的历史人物（如像武训），具体的反历史的思想（如像电影《武训传》及其他关于武训的著作），就丧失了批判的能力，有些人则竟至向这种反动思想投降。资产阶级的反动思想侵入了战斗的共产党，这难道不是事实吗？一些共产党员自称已经学得的马克思主义，究竟跑到什么地方去了呢?”毛泽东还宣布在党内开展一场思想整顿运动，这让人不禁想起当年整风运动最严厉的时期。

与此同时，伴随着 1951 年 10 月 23 日中国人民政治协商会议第一届全国委员会第三次会议的顺利召开，三场大型运动正如火如荼地开展着：“抗美援朝爱国运动”，（自 1950 年 11 月、12 月起）土改的深化运动，镇压反革命运动[28]。这些运动的开展引发了大量的暴力事件，其中不乏毛泽东的推波助澜。每当事态发展严重，他会补充不应该“过早矫正”[29]。黄炎培给毛泽东写哭谏书，转达了浙江的地主朋友作为土改暴力受害者的诉苦和抱怨。1951 年 2 月 17 日，毛泽东的回信中转寄了前六个月给华东局关于镇反工作和土改工作的两个指示。毛泽东还向他建议到基层参观，接触实际提高认识。但是毛泽东也表明对宽大处理那些反革命分子感到后悔，因为他们大肆造谣，影响群众士气。[30]

1951年毛泽东的其他文章承袭了同样的风格[31]：坚持越来越严厉的路线，但保持谨慎。因此，2月28日，他要求不处罚那些被迫参与地主恶霸罪行的人们；3月9日，他明确指出镇压反革命已经结束，不应该再执行死刑：当然起不了什么作用。3月30日的文章中，他又明确说“镇压反革命无论何时都应当是准确的精细的有计划的有步骤的，并且完全应由上面控制”，“凡工作好坏，应以群众反映如何为断”。4月2日的批示要求“镇压反革命必须严格限制在匪首、惯匪、恶霸、特务、反动会门头子等项范围之内”。1951年9月18日，毛泽东在一封信中说：我们应该释放某些反革命分子，监督他们的活动，因为我们已经胜券在握，他们已经对我们构不成任何威胁。要有艺术地进行观察和调查。毛泽东明确说：“重罪轻判是错误的，轻罪重判也是错误的。”1951年5月8日，他的批示有明显的收缩迹象：“凡应杀分子，只杀有血债者，有引起群众愤恨的其他重大罪行……者。”5月15日，毛泽东提出镇压反革命要走群众路线。他说：大批应判徒刑的犯人是数量很大的劳动力，为了改造他们，为了不让被判处徒刑的犯人坐吃闲饭，必须立即着手组织劳动改造工作。毛泽东也是劳改制度[32]的创立者之一。

1951年12月到1952年10月，“三反运动”旨在清除党内的坏分子，反贪污、浪费和官僚主义。这些运动通常伴随着党员的阶级成分调查。1952年1月到6月的“五反运动”则是反行贿、反偷税漏税、反盗骗国家财产、反偷工减料、反盗窃国家经济情报。这项运动将矛头指向不法资本家，有时非常暴力。不过，斗争焦点集中在中小资本家身上，而在这场腥风血雨中大资本家受到保护：300名有一定身家的资本家在上海外滩著名的和平大饭店[33]集会，在统一战线办公室[34]负责人的热情引导下进行自我批评。此外，毛泽东的行为一如既往地模棱两可，当黄炎培[35]热情建议各界“民主人士”采用一篇要求资本家们“完全接受无产阶级思想”的文章时，毛泽东说应该建议他们“接受工人阶级的领导地位”，并补充说，在“一段时间内”必须承认私有经济的存在，允许它在正确道路上发展。这样的谨慎在1951年2月18日的决议中也能找到，这份决议要求春耕期间暂停农村的批斗大会。1952年8月4日，毛泽东庆祝国家恢复了次序，要求大家“划清敌我界限”[36]。1953年1月5日[37]，他重申说，许多干部还没有改正国民党时期的恶习，宣布必须“清除”已经渗透进党的“阶级敌人”。“最严重者应处极刑，以平民愤，并借以教育干部和人民群众。”

此时，我们看到毛泽东思想中的又一个精髓——通过“继续革命”[38]来动员人民群众：贫苦大众自发革命，打倒他们的新旧压迫者，以极高的热情来工作和创造更多的价值。1950年6月23日，毛泽东在中国政治协商会议的闭幕演说中保证，新民主主义阶段之后的社会主义阶段会更加顺利。10月23日到12月29日，毛泽东发动了一项“增产节约运动”。1951年12月15日，这场运动延伸到农业领域，毛泽东命令印发一篇通知，建议“把农业互助合作当作一件大事去做”[39]。

1952年秋，成渝铁路（成都—重庆）全线贯通，陇海铁路延伸至甘肃兰州[40]，宝成铁路动工，毛泽东似乎感受到一种苏联式的热情。他在鞍山钢铁厂参观时①，表扬那些工人在苏联工程师的帮助下满怀“革命热情”地工作，高炉生产能力超过资本主义国家。1952年10月底，毛泽东视察位于开封东部的黄河堤坝修葺工程现场——1855年铜瓦厢地区的堤坝曾经决口，使得大量黄河水流向山东北部——毛泽东询问了随同前来的工程师一些技术问题。吴芝圃为了迎合毛泽东对历史的喜好，说起宋代在海滨发生的战斗，但是毛泽东丝毫不理会这个溜须拍马的干部。毛泽东询问最多的是堤坝的高度、洪水的风险、加固堤坝的植被、这些植物做成饲料的可能性、在三门峡建立水坝的必要性和蓄洪区的建设。他显得踌躇满志：他将建设一个苏联模式的社会主义新中国。[41]10月30日，刘少奇受邀去莫斯科讲述新中国成立初期的情况后，向毛泽东传达了斯大林的建议：尽快修订宪法。毛泽东明白基本法的建立对于巩固政体的合法性非常重要。对他来说，政体的性质不是支持资本主义的新民主主义，而是社会主义。1953年1月11日，他组成委员会着手修订宪法。1月13日，毛泽东在国务院会议上批判了自清朝覆灭以来的中国的几部宪法。同时，法律专家们研究了1918年7月的苏联宪法[42]和1936年的苏联宪法。之后，毛泽东对宪法的兴趣似乎降低了。1953年2月15日到26日，他视察了武汉、南京和天津。事实上，他已经决定加快从新民主主义向社会主义转变

① 毛泽东给鞍钢工人复函，没有去鞍钢视察，此处似有误。

的进程，并在此框架内制定国家宪法。[43]

过渡时期总路线（1953—1954）

毛泽东1950年2月从莫斯科回来后，住在丰泽园内，此园位于紫禁城的中心、中南海的两座湖之间。这里是18世纪统治中国的乾隆皇帝的珍宝库。丰泽园的南门上有一幅乾隆的题字。颐年堂是毛泽东款待访客、举办宴会和召开政治会议的地方，因为这里有一个巨大的庭院。一条有屋顶的走廊将颐年堂与第二座院子相连，里面种满了松树和柏树，朝向主席的私人居室菊香书屋，毛泽东在北京居住时经常足不出户。在这间房的中央，毛泽东放置了一张木质特制床，尺寸是一般床的两倍大，床上堆着十几本旧书，房间的窗户一直紧闭着，拉上了厚重的丝绒窗帘。他在一张巨大的方桌上写作，独自用餐。饭厅平时很少使用，它把毛泽东的这个房间和江青的居室隔开了。江青的居室朝向一座种满竹子、鲜花和葡萄藤的花园，园中的喷泉即使在北京的三伏天里也能带来丝丝凉意。毛泽东会在其中的一个小菜园里修修剪剪，做做农活，另外还有一个25米的游泳池[44]，一座叫“春莲馆”的舞厅。1958年，毛泽东增设了一个会客厅，这样可以让他独处一到两个小时。解放军有一支特殊部队，叫8341部队。这支部队从各省市招募了好几千士兵，由汪东兴指挥，专门保护党和国家主要领导人的人身安全。[45]

毛泽东的生活很没有规律，凌晨三点甚至六点，他都还没睡觉，需要服用大剂量的安眠药[46]才能入睡，但是也只能睡几个小时。有时候，他24小时不睡觉，之后再连续睡12小时[47]。当他精神好的时候，他很乐意和他的警卫们聊天，这些年轻人都是粗率的农民，会向毛泽东倾诉他们的困难。毛泽东也会向他们解释他的失眠和肠胃问题。他特别欣赏一个叫李银桥[48]的人。他有时候也会和他的秘书们交谈，特别是田家英和叶子龙。毛泽东在北京的日子里深居简出，仍然保持着一个湖南农民的穿衣风格。[49]1954年，毛泽东的健康状况还算良好。他当时身高大约1.8米，体重只有85千克，身材不显臃肿。他的主要问题是生物钟不规律，由抑郁引起的失眠和头晕时刻困扰着他，有时焦虑使他不能动弹。[50]

毛泽东既不喜欢北京城也不喜欢它的天气，他喜欢到各省市视察。一

毛泽东跳舞。这张照片拍摄于1957年国庆节，北京的中山公园。

有机会，他就会在别墅一连住好几周，那些别墅多是逃跑的贵族留下的，因此大多数都坐落在中国中部和南部。他出行时的交通工具通常是专列[51]，很少坐飞机[52]。毛泽东最喜欢的地方是广东、杭州、上海和武汉。1959年，毛泽东在访问韶山时说，希望今后能在“茅草屋”里养老。[53]陶铸是中国共产党中南局的第一书记，他为毛泽东修建了一座住所名为“滴水洞”[54]，少年时的毛泽东很喜欢在附近的山坡上散步。

毛泽东的生活越来越与世隔绝。此时，江青经常生病，很多时候卧病在床。1955年，她开始在莫斯科接受宫颈癌的治疗，并且在那里休养了大半年。1952年到1953年，毛泽东给亲友的信函中还语带关切地提到他夫人的身体状况，但是之后几乎不再过问了。毛泽东的书面报告经常是由文件和书信中的笔记整理而成的，而毛泽东从1958年开始已经不参加政治局的会议了。他的家庭成员非常少。没有和他正式离婚的第二任夫人贺子珍1947年8月从莫斯科回来，在上海生活了一段时间后去了南昌，最后于1984年在南昌离世。她一直被精神错乱折磨着，毛泽东再也没有和她一起生活过。[55]他们唯一在世的女儿李敏1936年出生在延安，生活在中南海并且在首都师范学院读书。李讷作为江青唯一的孩子，于1940年出生在延安。她也生活在中南海，并且由江青的长姐照顾，直到1959年进入北京大学，像其他的所有学生一样成为寄宿生。毛岸英在朝鲜牺牲后，毛泽东和杨开慧的儿子只剩下了1923年出生在长沙的毛岸青，但毛岸青却患上了精神分裂症。毛泽东和他的侄子毛远新保持往来，毛远新是毛泽民的儿子，他的父亲在1943年被一个新疆的军阀杀害。1941年出生的毛远新也生活在中南海，之后进入哈尔滨军事工程学院学习，“文化大革命”初期他成为陆军少将。在动荡的“文革”中，毛泽东和王海容就红卫兵的问题有过一些政治对话。王海容1938年出生，毕业于北京师范学院。除此之外，毛泽东在新中国成立初期与韶山和湘乡的表亲、杨开慧的兄长、长沙师范学院的一些老师和同学也保持着书信联系。这些联系人中有部分人的家庭成员是土改的受害者。毛泽东向他们慷慨献计，但似乎不起作用。他与哲学家李达通过书信，讨论辩证唯物主义思想，向党组织推荐过几个亲戚，从稿费中拿出钱，给经济困难的熟人汇过款，和周世钊一起追忆过去：风起绿洲吹浪去，雨从青野上山来。尊前谈笑人依旧。[56]这些昨日的声音一点点变得模糊起来，辉煌的过去让这些有血有肉的人物久久萦绕在毛泽东脑海里，就像毛泽东1936年写成、1945年发表的那首著名的词《沁园春·雪》所呈现的那样。1954年夏天，毛泽东在北戴河边散步，渔船甲板上的景色和岸边被浪花拍打的礁石都让毛泽东回忆起追求长生不老的始皇帝秦始皇和《三国演义》中“大江东去浪淘尽”[57]的主角曹操。

之后，毛泽东开始了驶向乌托邦的冒险旅程。

加快过渡（1953）

早在1952年8月，毛泽东在分析过渡时期“总路线”的一份报告中保证，将有步骤、有计划地对资本主义进行改造。[58]1952年9月24日，毛泽东在秘书处谈论第一个五年计划。他说新民主主义阶段已经接近尾声，宣布“社会主义过渡时期”开始，70%的工业和60%的商业[59]已经实现了国有化，10到15年后就能完成新民主主义到社会主义的过渡。如此加速过渡的原因仍然是专家们争议的内容[60]（本来这个过渡应该在1949年后的10到15年才开始），部分评论者坚持强调客观原因：发展自身会推动国家进步，并带来比预期更迅速的经济复苏。1953年2月7日，中国人民政治协商会议第一届全国委员会第四次会议闭幕，毛泽东致闭幕词，明确肯定苏联模式的经济增长方式。[61]这种方式需要国家的规划，只有当生产和交易国有化、农业集体化时才可能实现。1953年3月苏联给中国提供了重要的经济支援，第一个五年计划的方针被采纳，不过计划的目标到1955年7月才确定。

很显然，毛泽东在这次缩短新民主主义阶段的过程中起了主导作用。虽然务实派的毛泽东经常提醒他的合作伙伴要谨慎，但他一直将资产阶级视为需要压制、孤立和尽可能消灭的敌人。民族资本主义从前被归类为需要保护的对象，但是这一时期包括民族资本家在内的整个资产阶级逐渐变成了主要的敌人。“五反”运动期间，毛泽东在各种场合表达了这样的意思。1952年1月5日[62]，毛泽东给北京市委批示，认为渎职和贿赂是“资产阶级存在我内部的堡垒”，他的结论是不能再维持“新民主主义”追求的公有与私有之间的平衡，因为“必须首先考虑国家的经济利益”。1952年2月，公安部部长罗瑞卿报告[63]：发起“三反”运动时，“对资产阶级猖狂进攻这一点，开始还忍着，以后总理、薄一波[64]同志就公开骂，讲资产阶级怎样坏，怎样猖狂进攻，忘恩负义。如果不反，就要成为资产阶级，要求适合于资产阶级的许多政策……‘三反’运动最厉害，因此这次一定要搞彻底，否则共产党一定要垮台”。1953年2月27日，薄一波受到毛泽东的批评。毛泽东认为薄一波的公私一律平等纳税的计划找资本家商量了，是“右倾机会主义”错误。事实上，毛泽东认为不能照顾资产阶级，而是应该逐步消灭他们。[65]

1953年3月5日斯大林去世。斯大林的死使毛泽东成为国际共产主义运动中最有威望的共产主义领袖。在3月9日的一篇社论中，中国共产党将斯大林比作“我们这个时代最伟大的人”，让中国人民以他为榜样“化悲愤为力量”[66]。显然，首先要进行社会主义建设。1953年3月19日，毛泽东在一项指令中要求要解决“五多”问题：“任务多，会议集训多，公文报告表册多，组织多，积极分子兼职多”[67]，这五个问题使干部严重脱离人民群众。当今的首要任务是发展生产力而不是阶级斗争。“目前我国的农业，基本上还是使用旧式工具的分散的小农经济。”农民群众占全国人口的80%以上，因此，“不能对农民施以过多的干涉，还只能用价格政策”。出现这种睿智的想法在很大程度上可能是因为当时正值水稻插秧和春耕季节，不会持久：1953年6月13日到8月15日①全国财经工作会议召开，原本15天的会议却持续了两个月。从6月15日开始，毛泽东批评“某些干部”想“仍然停留在原来的地方……还在继续搞他们的‘新民主主义’，不去搞社会主义改造，这就要犯右倾的错误”[68]。毛泽东批评了薄一波，但事实上，他瞄准的是这个次要目标背后的陈云、周恩来和刘少奇。[69]与刘少奇一向交恶的高岗和认为自己上位时机成熟的饶漱石经过一番深思熟虑后[70]，指责刘少奇在1947—1949期间不同意毛泽东的意见。掌握了优势的毛泽东顺势邀请高岗和刘少奇做检讨。相比不怎么机灵的高岗，陈云和邓小平清楚毛泽东需要借助刘少奇的治国之才和他与苏联的良好关系，不可能将他清除出中共的政权。[71]因此他们叫停了这次不合时宜的秋后算账。[72]8月11日，周恩来非常配合地在大会上逐字重申了“总路线”，虽然与会代表意见不一，但一致通过了这条“总路线”。7月9日，毛泽东在周恩来经过讨论的报告中补充了一条批示，表达他的意愿：自1949年以来，这种“新式国家资本主义”是“用各种形式和国营社会主义经济联系着的，并受工人监督”。虽然“工人们还要为资本家生产一部分利润”[73]，但“带着很大的社会主义性质”。在8月12日的闭幕致词[74]中，毛泽东更是直言不讳地指出如果“左”的错误是普通错误的话，某些干部的资本主义倾向则是“原则性的错误”，是“资产阶级思想在党内的反映”。“三反”“五反”活动严厉打击了这种思想，但并没有推翻这种“违背马克思列宁主义”的立场。1949年3月，毛泽东在七届二中全会（西柏坡会议）上强调了“糖衣炮弹”的危险。他认为财政部长薄一波自己也受到了资本主义“糖衣炮弹”的影响，新税制以公私平等为借口，“发展下去，势必离开马克思列宁主义……向资本主义发展”。因此，我们

① 应为8月13日结束，此处似有误。

要从“活动范围、税收政策、市场价格、劳动条件等方面加以限制”。我们要重点发展振邦兴国的重工业，有序地引导资本主义经济和商业转变成国家资本主义，平稳过渡到社会主义，同时也要加强农业合作。薄一波认为农业合作是一种空想，这是错误的。“现在有两种统一战线，两种联盟。一种是工人阶级和农民的联盟，这是基础。……将来国有制和集体所有制也是有矛盾的。这都是非对抗性的矛盾。工人阶级和资产阶级的矛盾，是对抗性的矛盾。”

读这些文献的时候，有件事让我印象深刻。1957 年后的“大跃进”和再之后的“文化大革命”[75]中使用的语言，在毛泽东此时的讲话中已有迹可循。他开始说“右派”，“两条路线的斗争”，一条是他自己的路线，是“无产阶级的路线”，另一条路线是共产党变成资产阶级政党。他剖析“敌对或不敌对的潜在矛盾”，并强调“党内存在资产阶级思想”的危险。他开始重提延安的“整风运动”。1953 年 2 月 19 日至 22 日，毛泽东乘舰艇从武汉沿长江南下，他向船员们说：“我们的国家一穷二白。”[76]他还没有发现国家贫穷有什么好处，但是 1958 年他就发现了。此时他使用的某些表述和放弃苏联模式后的说法是一样的。他参考苏联《政治经济学教科书》也使我们隐约发现他对于苏维埃社会主义性质的思考。当然，对他来说，社会主义首先是工商业的国有化及土地的集体化，这是他此时致力完成的事情。他此时所设想的社会主义是一种国家资本主义，有一些保障劳动者的社会分配手段，与苏联的社会主义不同。毛泽东是当时谈论第二次过渡的唯一一个共产主义领导人，所谓第二次过渡是指，当所有的私有制和资产阶级思想消失后，社会主义将过渡到共产主义社会，没有阶级，没有社会主义政体，以“按需分配”为基础。因此，他担心在中国巩固资本主义、削弱对群众的必要动员将阻挡进入这个天堂的道路。毛泽东自认是这场在各方面受到资本主义及资产阶级思想阻挠的革命的最佳代言人，甚至是唯一的代言人。

因此，我们能更好地理解为什么意识形态的斗争越来越激烈，而此时，1949 年胜利后的第一次政治危机也在幕后愈演愈烈。

与此同时，毛泽东有效地巩固了夏天以来的胜利。1953 年 9 月，他和周恩来与不同的“民主人士”讨论“总路线”，他们认为这是“新民主主义”的必然发展趋势。有些“爱国民族资产阶级”尝试建议由国家负责重工业，由私营经济负责轻工业，未果。只有梁漱溟认为加速工业化将给农民造成巨大的负担。不久，他的这一想法引起极大的不满，遭到痛斥。1953 年 9 月 23 日，一届全国政协常务委员会第五十次会议一致同意通过“总路线”。

之后，毛泽东重新投身到新宪法的修订中。1953 年 12 月 28 日，他在陈伯达、胡乔木及田家英的陪伴下来到杭州西湖边著名的刘庄，这是乾隆皇帝非常喜欢的名园。在接下来的两个月内，他不分昼夜地工作，处理了大量信件。[77] 1954 年 3 月 17 日回到北京时，宪法草案已基本完成。随后他组织了8 000多人参与讨论，提出了 5 900 多条修改意见。这不是一个简单的走程序的过程：仍然受到保护的资产阶级建议将宪法第 1 章第 11 条进行修改，“国家保护公民的劳动收入”被改为“国家保护公民的合法收入”，而公民的私有财产的继承权被写入第 12 条。1954 年 9 月 20 日，宪法最终公布实施，宪法强调中国是一个社会主义国家。[78] 宪法第 1 章明确指出，在建设社会主义的过程中，国家保证优先发展国营经济，对富农经济采取限制和逐步消灭的政策，改造个体经济。国家资本主义经济之路被堵上了。1954 年 6 月 14 日，毛泽东出席中央人民政府委员会第三十次会议。本次会议对宪法进行了充分的民主讨论，引起据说“1 亿 5 千万参加者的讨论”，事实上，这个数字包括由政府选定的代表和在集会上听取讲话后鼓掌的守纪律的群众。

与此同时，干部及知识分子被要求进行关于意识形态的再教育[79]，其间学员反复学习关于马克思列宁主义基本原理的语录。1951 年 10 月到 1953 年 4 月，《毛泽东选集》的前三卷先后问世（1925—1941），大大方便了这一培训工作。对文本的选取及修订工作得到了苏联专家的帮助，补充了大量列宁—斯大林式的语言，毛主席亲自盖章。毛泽东成了一个负责的管理者、马克思理论家、永远正确的政治战略家。文章的筛选标准很严格：在 2 212 篇文章中收录了 159 篇文章，只占总数的 7%。[80] 1960 年出版的第四卷收录到 1949 年为止的文章，那时前三卷已经出版发行 10 800 000册。

第一次政治危机：高岗、饶漱石事件（1954）

1953 年，在昔日的伪满洲国、现在的东北三省任主席的高岗（“东北王”）被毛泽东上调到中央，担任国家计划委员会主席。我们知道高岗接受这次晋升的时候有些犹豫，因为这样他就得离开自己权力的基础，就像“一只离开自己山头的猛虎”一样。同时，他要与在经济方面比他更有见地的陈云、李富春共事。当然，长征结束时，他在自己的游击区接待过毛泽东，这样的往日情谊使他安心不少。另一方面，这个新差事对加速社会主义进程有战略意义，这符合他深层次的意愿。也许加速社会主义进程正是毛泽东选择他的主要原因。[81]同一个月，一纸调令也将饶漱石调到了中央。饶漱石和陈毅共同执掌华东区的政治及军事大权，该区包括了上海及长江下游多个富裕的省份。但饶漱石和陈毅意见不合。饶漱石担任中共组织部部长，是高岗掌权的国家计划委员会的成员。高、饶二人私交甚浅且作风行为截然相反。[82]高岗性子刚烈强硬，因斯大林赠予其苏联轿车常常自鸣得意；与他相比，曾在国外生活，且在上海社交圈历练过的饶漱石就显得优雅很多。但是，他们有两大共同点。首先，两个人各自掌握着新中国两大重要的工业区。随着第一个五年计划的推行，这两大工业区的重要性进一步提高。其次，他们都与刘少奇关系很差，自 1945 年以来，刘少奇成为中共党内的二把手。事实上，高岗与刘少奇的矛盾由来已久，与刘少奇关系较好的彭真在东北领导问题上和高岗长期相持不下。至于饶漱石，则是 1941 年在新四军重组问题上与主掌华东地区事务的刘少奇产生了矛盾。[83]但是，两人被先后升职到中央之后，互相靠拢，此时毛泽东已经远离现实。[84]危机的爆发源于 1953 年春天毛泽东和高岗之间的三次谈话。毛泽东在高岗面前抱怨刘少奇“右倾保守主义”，而周恩来“原地踏步”，没有紧随“群众的革命热情”。很快，高岗意识到主席邀请他的目的是让他批判两个自己不待见的人。而且，他掌管的国家计划委员会与周恩来主持的政务院和财政经济委员会存在深层次的权限冲突。财政经济委员会由周恩来、陈云、邓子恢、李富春、薄一波和邓小平组成。1951 年 7 月，刘少奇批评山西领导试图将互助组变成合作社，而此事并没有咨询毛泽东的意见，这让毛泽东心生不快。从 1951 年 9 月的通信中可以看出，其实毛泽东想组织的是农业合作社。1953 年 3 月至 8 月，毛泽东先后三次批评刘少奇和邓小平在未经允许的情况下下达一些指示，提醒他们党的七大赋予了他否决权。缺乏判断力又被野心冲昏头脑的高岗认为，毛泽东有意抛弃刘少奇。饶漱石很自然地跟风而来，因为他讨厌刘少奇和与刘少奇、薄一波关系密切的安子文。安子文在饶漱石之前曾任组织部长。一时间，党的领导层格局似乎偏向于突然发难的“左”派，越来越失去耐心的毛泽东与更了解实际情况的周恩来、刘少奇、彭真和薄一波关于“总路线”问题存在分歧。实际情况是，1953 年春天的人口统计结果比预期多了近 1 亿人，农业生产相对人口增长而言发展迟缓。1953 年 4 月，一道指示结束了农民大规模涌入城市的风潮。社会关系的紧张使中央的斗争更加错综复杂。1953 年 6 月 13 日到 8 月 13 日在北京举行的全国财经工作会议上，这一场政治危机浮出水面。

在此期间，党的路线“左”倾，一切反对“总路线”的不同意见都得到清算：毛泽东不再需要两个孤零零的野心家[85]的支持了。1953 年 9 月 16 日至 17 日，中央人民政府委员会第二十七次会议举行，本次会议邀请了一周前参加政协常委会的代表列席。会上毛泽东前所未有地批判了国学大师梁漱溟[86]。梁漱溟在政协常委会上质疑 1951—1952 年为朝鲜战争向农民征收重税的举措，他说“工人生活在九天之上，农民生活在九地之下”，要求行“仁政”，反对毛泽东实施以韩非[87]为代表的法家的“暴政”。梁漱溟为农民请命，与会代表对他的质疑声此起彼伏，不让他发言。作为农民的儿子，毛泽东对傲慢的文人一直有不屑的心理，年轻时的反儒思想再次发作。[88]这次激烈的争论后，毛泽东批判梁漱溟走“资本主义道路，比薄一波更糟糕”。[89]毛进一步解释说，如果使农民和工人的收入水平相当，就无法实现工业化、建设社会主义，这也就意味着他的发展战略被全盘否定了。1953 年 10 月 26 日至 11 月 5 日，在几次预备会议后，第三次农业互助合作会议召开。[90]从 10 月 15 日开始，毛泽东与中共中央农村工作部的负责人谈话，请他们至少要走访两到三个县级农业合作社[91]，他说：“各级农村工作部要把互助合作这件事看作极为重要的事。……对于农村的阵地，社会主义如果不去占领，资本主义就必然会去占领。”毛泽东指出，刘少奇主持修订的土地法中有些条款，如搞“四大自由”（指在土改后的农村中允许农民有借贷、租佃、雇工、贸易的自由），结果就是发展少数富农，走资本主义道路，必须禁止这些措施，大力发展100～200 户的合作社，将现有的合作社增加 3 倍，甚至 5 倍。“互助组”其实不足以发展生产。11 月 4 日，毛泽东在讨论中指出，要坚定地前进，1954 年春天到秋收，要发展 3.2 万多个合作社，1957 年可以发展到 70 万个，

1958年可能达到100万个，也就是说新中国所有的农民都要加入合作社。毛泽东对于1953年春纠正“急躁冒进”风吹倒了一些不应当吹倒的农业生产合作社感到遗憾，认为急于求成是个错误，但是应当建立合作社的时候不建立也是错误的，而解散合作社就更是个错误。1953年12月15日，农业合作化运动重新发动。

与此同时，11月19日做出了另一个重要决定：建立一个由国家垄断的统购统销体制。至此，国家控制了粮食贸易，几个月后又对油料作物和棉花实行统购统销，这就完全杜绝了农业资本主义的发展可能性。1954年8月，粮票制度在农村建立[92]，旨在保障困难地区生活水平，提高城市生活水平，控制流动人口。1954年秋到1955年春，农村遭受水灾，而农民需上缴的粮食增加了250万吨。为了反对那些逼他们加入合作社的领导干部，他们宰杀牲口，砍倒果树，避免使之成为公家财产，暴乱时有发生。1954年4—5月，中国陷入了粮食危机，政府开始严格控制国家粮食配送份额，这一方面是为了防止农村干部滥用职权，另一方面是为了安抚生产者。

在紧张的时局下，毛泽东迅速了结了高饶事件：这个事件在推行“总路线”时威胁到了党的内部团结，是不合时宜的。1953年12月24日，毛泽东去杭州前召开了一次政治局扩大会议，会上批评高岗进行分裂活动，和饶漱石成立了一个“地下司令部”。1954年2月6日到10日，中共七届四中全会继续给高岗、饶漱石两人施压：2月15日到25日，由周恩来主持召开关于高岗问题的座谈会，高岗被揭发生活作风腐化，滥用毛泽东的权威暗自在党内策划“建造独立王国”，必须在24日做自我检讨。对于饶漱石的批判大会由陈毅主持。高岗在一次自杀未遂后于同年8月服药自尽，这一行为被看作是“自绝于党”。饶漱石被囚禁至1975年去世。1955年3月21日到31日，中国共产党全国代表会议通报了高饶事件。[93]为了弱化这次政治危机的严重性，陈云、李富春和邓小平首先发言介绍了“总路线”和准备在同年7月全国代表大会上讨论的第一个五年计划，随后大家批判“高饶反党联盟”。在3月21日的开幕讲话中，毛泽东介绍，随着社会主义事业构建成功，“激烈的阶级斗争就此展开”。在3月31日的总结报告上，毛泽东说这一事件是随着社会主义建设的进展“阶级斗争尖锐的表现”，这次会议是延安整风以来的又一次整风会议。我们可以发现这两次会议中，康生的暴力监察方式——打倒任何违背毛泽东意志的人——都起到了关键性的作用！毛泽东自己也承认案件的专断性："我们没有材料证明高饶反党联盟，但即便没有材料，很多事件证明了这个组织的存在。"梁漱溟有理由担心以国家意志的名义回归法家统治会造成"党的意志唯上"，甚至是最高领导者的意志唯上！

与知识分子几近决裂：胡风事件

1954 年秋，毛泽东结束了 1953 年春以来宽松的意识形态政策，开启了对著名知识分子俞平伯、胡风的疯狂批判。[94]

1923 年，北大学者俞平伯出版了第一部作品。得益于"五反"运动过激后得来的相对宽松的环境，他开始潜心研究著名小说《红楼梦》[95]，婉拒了毛泽东秘书胡乔木劝他放弃"理想主义"，多多参考"马克思主义"的忠告，于 1952 年出版了他的一部红学研究文集《红楼梦研究》。俞平伯从胡适 1921 年发表的论文中得到启示，认为《红楼梦》是一出爱情悲剧，也有自传体的色彩。而毛泽东及其周围的马克思主义学者则认为《红楼梦》是"对封建主义的批评"。1954 年春，俞平伯将这篇文章的草稿送交胡乔木审批，胡乔木提了些意见，并要求他重写。俞没有修改，径直把文章送到《新建设》杂志，并在该杂志发表。他拒绝承认党在文化领域的领导地位，被认为是对 1942 年"延安文艺座谈会"权威的挑战。初秋，山东大学的两个学生李希凡和蓝翎在导师的支持下在当地杂志上发表了两篇文章，用马克思主义批判俞平伯的观点。山东是康生和江青的故乡，我们知道 1951 年毛泽东曾借助江青和一个年轻的学者批判电影《武训传》。当时《文艺报》的主编是鲁迅的好友冯雪峰，虽然冯雪峰力主创作自由，但还是没有同意发表共青团积极分子李希凡和蓝翎的文章。接到上级的命令，1954 年 10 月 10 日的《光明日报》和 22 日的《人民日报》先后刊登和转载了这两篇文章。16 日，毛泽东给中共中央政治局及有关同志写《关于〈红楼梦〉研究问题的信》，认为对《红楼梦研究》的批判是"反对在古典文学领域毒害青年 30 余年的胡适派资产阶级唯心论的斗争"。他说，《清宫秘史》在全国放映以后，一直没有被批判。《武训传》虽然批判了，却没有引出教训，他认为身为共产党人不宣传马克思主义是"可怕的”。接下来的数周，大量措辞严厉的文章开始抨击不幸的俞平伯。被孤立的俞平伯不习惯这样的待遇，在 1955 年 3 月 15 日进行了自我批判。然而，在此期间，随着冯雪峰 10 月 30 日的自我批判，事情出现了一些转变。《文艺报》主编被免职囚禁，女作家丁玲被疏远，报纸及杂志的领导被换成周扬推荐的观念正统的专家。郭沫若在 1954 年 12 月初的《文艺报》上总结了这次批判运动的目标：“不只是文学、历史、哲学、经济、语言、教育和自然科学，所有这些方面都要进行阶级斗争。”言下之意，党要控制一切，任何创作都是宣传的形式。

同一时间发生的胡风事件显然更为严重，主要是由于胡风追求作家的创作自由和个性。从 1930 年开始，胡风就与中共文艺界领导人周扬的观点相冲突，并拒绝毛泽东 1942 年在延安文艺座谈会上提出的指导意见。1954 年 7 月，胡风向中共中央政治局递交了一份 30 万字的报告，说明自己对共产党文艺政策的看法，报告的语气诚恳，胡风是把自己的举动看作传统文人的进谏。他在报告中提到“党在作者头上插了五把刀子”：创作主题服务于党；必须参考马克思主义文献；革命是灵感来源；在工人、农民、士兵中选择主人公；人物非善即恶，“不是红色就是黑色，不存在灰色”，与现实明显不符。胡风深受导师鲁迅思想的影响，像鲁迅一样追求 1919 年五四运动提倡的创作自由。1954 年 12 月，党内展开对胡风的批判，毛泽东的两篇文章一下子使他成为众矢之的，一篇是 1955 年 5 月 24 日在《人民日报》上发表的评论，另一篇是 6 月 10 日为《关于胡风反革命集团的材料》作的序言。关于此次事件，我们能在“红楼梦事件”中找到类似的逻辑，其中心内容是“揭露胡适的资产阶级自由主义”。此时，毛泽东正在处理高岗和饶漱石事件，他认为还存在另一个阴谋。虽然毛泽东说“不能剥夺广大群众批评的合法权利”，但是一切对反革命的纵容都是不允许的。于是人们组织了轮番批斗会，对胡风的家庭施压，让他的家人揭露他，批判他的文章劈头盖脸而来，以恶意歪曲他所有的文章。终于，他被认为与国民党地下特务勾结，因为在 1947 年 9 月的一封信中，胡风请北京的一位朋友向警察局局长说情，营救一位可能被处决的共产党嫌犯。如此，类似于 1942—1944 年延安整风运动的气氛在知识界蔓延。康生的情报机构此时全力配合周扬，多位与胡风有牵连的文人受到迫害，数千名知识分子人心惶惶。在这次批判运动中，在西方大学特别是在美国受过教育的文人首当其冲。共产党和知识分子的隔阂越来越严重。不久之前的担心与猜疑现在成了事实，1955 年 5 月 25 日胡风被作协除名。1 年前，他在全国人民代表大会上被选为四川省代表，1 年后被扫地出门。胡风 5 月 18 日被捕，先后在看守所和劳改农场待了近四分之一个世纪，直到 1978 年才出狱。[96]陆定一在 1955 年 7 月 27 日的《人民日报》上指出了这次文人蒙难的症结所在："我们不可能在安定和平的环境中实现第一个五年计划，只能通过尖锐、复杂的阶级斗争来完成。"

国际政治局势使得中国国内的政治气氛更为紧张。

"社会主义高潮"（1955）

1953 年 7 月，《朝鲜停战协定》在朝鲜板门店签订，标志着中美军方达成一致，也标志着中国回归大国行列。1954 年 4 月 26 日，日内瓦会议召开，主要讨论如何和平解决朝鲜问题和关于恢复印度支那和平问题。在这两次事件中，中国直接或间接的参与起到了决定性作用，因此解决方案与中国息息相关。美国气急败坏地宣布撤军：1954 年 3 月 8 日，美国国务卿福斯特·杜勒斯威胁说美国将密切注意东亚局势，"不排除使用大规模杀伤性新武器打击军事对象以求'保卫'台湾的可能性，但不会威胁任何不相关的居民区"。这番表态不可避免地引发了 1954 年 9 月台湾海峡的危机，1955 年 1 月 18 日，解放军开始驱除沿海诸岛的国民党驻军。1955 年 1 月 28 日，美国参议院通过了一条议案作为对此的回应：美国总统有权调度武装军力（包括核武器）来"保护"台湾及澎湖列岛安全。同一天，毛泽东接受芬兰大使孙士敦递交国书时说：中国从不挑衅任何国家，新一轮世界大战的危机是完全由好战的美国一手造成的。如果强敌来犯，中国必定予以坚决回击。美国的原子讹诈，是吓不倒中国的。几个原子弹是战胜不了 6 亿中国人的。[97]毛泽东还加入了自己对灾难的预测："即使美国的原子弹威力再大，投到中国来，把地球打穿了，把地球炸毁了，对于太阳系说来，还算是一件大事情，但对整个宇宙说来，也算不了什么。……我们有一句老话，小米加步枪。美国是飞机加原子弹。……美国如果发动第三次世界大战，那么，算它要打八年或十年吧，其结果是美国和英国及其他帮凶国家的统治阶级要被扫光，世界上大部分地方都要变成共产党领导的国家。……那时候就要建立人民的联合国，可能设在上海，也可能还设在欧洲一个什么地方，也可能设在纽约，如果那时美国好战分子已被扫光的话。”毛泽东这番表述是基于当时中国在世界上的地位较弱而作出的。在之后的很多场合，这番言论都被作了补充阐述。1955 年 10 月 15 日，毛泽东接见一个日本国会议员代表团时说：“从历史上看，共产是世界大战打出来的。……我们可以打个赌，如果再打一次世界大战，世界百分之七十、百分之八十不共产的话，我就不吃饭了，把饭都让给你们吃。”[98] 1955 年 4 月 24 日，周恩来从印尼万隆的亚非会议上带回好消息，25 个与会国领导人批判帝国主义曾经让他们的国家饱受伤痛，并宣称不会与之结盟。这个胜利推进了毛泽东对实力关系的分析。

在这种精神状态下，毛泽东经过长时间的犹豫，结束了领导层内关于是否要加速集体化运动的讨论。首先，他选择了谨慎，因为诸多关于农民问题的报告让毛泽东印象深刻。1953 年 1 月，任命邓子恢[99]为中央农村工作部部长，负责“巩固”农村合作化运动，实现农业集体化。1955 年 1 月 10 日、15 日和 2 月 25 日，农村工作部的通知和各项指示要求干部们对合作社采取三种态度：按不同地区来说：或者停止发展，全力转向巩固；或者适当收缩；或者在巩固中继续发展。[100]毛泽东和邓子恢就 1955 年年底的目标达成共识——三分之一的农民加入合作社，而不是之前预期的半数农民。由于合作社只聚集了 15%的农业家庭，主要是低级的小规模合作社，因此一年内合作社数量要翻一番。1955 年 4 月 6 日至 22 日，毛泽东到南方视察。在他缺席的情况下，4 月 21 日到 5 月 6 日进行的第三次全国农村工作会议采用了邓子恢的建议，解散了浙江15 000个合作社、山东4 000个合作社及其他地区的几千个合作社。由于也有新建的合作社，解散的合作社数目在 20 000 个，所以合作社总数为650 000个。[101]接下来的运动分两个时间段进行：1951 年以来，每年冬天都是推动运动的大好时机，因为干部利用农闲时间加大了对此的压力。相反，每年春天，成千上万在压力下诞生的合作社被农民们解散，因为收成取决于插秧和春耕是否顺利。毛泽东不接受这次新的退步。1955 年 5 月 7 日①他在颐年堂召见邓子恢，并告诫他：不要重犯 1953 年大批解散合作社的错误，否则又要作

① 据《毛泽东年谱》(1949—1976) 第二卷 369 页，应为 5 月 5 日。

检讨。[102]他甚至否认了一个月前他接受了的建议！事实上，他在长江中下游富庶地区的视察是由江苏省省委书记柯庆施仔细安排好的。在潘汉年因饶漱石“同党”的身份下台后，柯庆施成为上海滩的2号人物。这位最早的毛泽东主义者向毛泽东提出：三分之一的干部对于合作社发展的态度都是因为农村工作部引起的。5月9日，毛泽东与邓子恢、李先念等负责人谈话并很快得出了此次视察的结论：说农民生产情绪消极，那只是少部分的。我沿路看见，麦子长得半人高，生产消极吗?![103]情绪激动的毛泽东质问邓子恢是否无法在1957年前让1.1亿农户中的40%加入合作社。邓子恢回应说，还是更倾向于按照之前毛泽东认可的既定目标30%来完成。毛泽东说：农民对社会主义改造是有矛盾的。农民是要“自由”的，我们要社会主义。在县、区、乡干部中，有一批是反映农民这种情绪的……有百分之三十。不仅县、区、乡干部中有，上面也有，省里有，中央机关干部中也有。5月17日，15个省市书记会议召开，毛泽东批评说：在合作化问题上，有种消极情绪，我看必须改变，再不改变就会犯大错误。6月8日他又去了杭州。窘迫的邓子恢把这个问题提交到刘少奇主持的政治局会议上。刘少奇把这件事告知了23日回到北京的毛泽东。6月25日到7月7日，毛泽东闭门谢客，要给这个问题做个定论。11日，他召见了邓子恢等主管农业的领导干部，并指出：如果要达到100万个合作社，那么还需要增加35万个。为了达到130万个合作社，要在原有数字上翻番。邓子恢被弄得手足无措，反驳说：还是应该坚持100万的既定目标。因为我们要谨慎对待那些内战结束时解放的“新解放区”，巩固“老解放区”内已建成的合作社。毛泽东批评邓子恢，说：你自以为了解农民，又很固执！你想“砍”合作社。5个小时的激辩后，毛泽东对邓小平说：“邓子恢的思想很顽固，要用大炮轰。”7月18日，毛泽东调阅了由邓子恢主持的第三次农业工作会议的文件后，认为邓子恢思想右倾。刘少奇建议毛泽东再次召开各省及自治区书记会议，弄清情况。7月31日，毛泽东采纳了这个建议。自从回到北京，毛泽东已经多次派警卫前往他熟悉的河南、广东、广西及湖南做调研。7月19日，他整理了警卫们的来信。7月20、21、22日，他接待了陆续回到北京的警卫们。没有任何值得宽慰的消息，深受洪灾影响的河南某些地区，农民收成减半，大多以树叶来充饥。但是农民对集体化的消极抵制，譬如说宰杀牲口、砍伐树木等问题，远未受到应有的重视。毛泽东认为造成贫困的主要原因是单干导致规模化程度不够。大量的报告说，从私有化过渡到合作社，每年的生产力会提高 10%～20%，因而毛泽东总结要加快集体化进程。当然，他也深知斯大林强行推行集体化后，苏联连续两年遇到生产力下降的困难。因而，7 月 29 日，他强调要吸取苏联的错误经验教训，避免重蹈覆辙。然而，最大的错误难道不是消灭富农的举措吗？富农们又一次成为毛泽东的目标。[104]

7 月 31 日，中共中央在中南海怀仁堂召开省、市、自治区党委书记会议。毛泽东按照刘少奇的建议，做了《关于农业合作化问题》的报告。[105]前一天，第一届全国人大二次会议审议通过了李富春 7 月 5—6 日提出的第一个五年计划，通过了土地集体化的议案。[106]集体化被认为是一个渐进、自愿的过程，伴随着机械化和农业技术现代化的进程，1957 年会涉及三分之一的农村家庭（23%的农业人口，比 1956 前增加了 50%，等于在 18 个月内翻了一番）。

《关于农业合作化问题》的报告指出，有 12 个重要的不平衡。报告一开头就说："在全国农村中，新的社会主义群众运动的高潮就要到来。我们的某些同志却像一个小脚女人，东摇西摆地在那里走路，老是埋怨旁人说：走快了，走快了。过多的评头品足，不适当的埋怨，无穷的忧虑，数不清的清规和戒律，以为这是指导农村中社会主义群众运动的正确方针。否，这不是正确的方针，这是错误的方针。"[107]文章的其余部分没有公开反对不久前在全国人民代表大会上被认可的决定，而是谈到毛泽东几周来进行的农村调查。在这个全年的关键时刻，毛泽东让他身边的警卫去农村进行调研，而此时农村正值青黄不接之时。毛泽东看了他们的报告并在他们回京后询问他们，然后撰写总结。8 月 6 日，毛泽东离开北京来到靠近山海关的北戴河。北戴河是 20 世纪初建造的位于渤海湾的海滨浴场。每天下午，毛泽东花 3～4 个小时游泳，然后叼着烟阅读和批示文件，直到凌晨两三点，带着疲倦吃了安眠药才入睡。23 日，毛泽东给 13 位领导[108]发了 7 月 31 日《关于农业合作化问题》的报告的修订稿，并征求他们的意见，但这些领导都没有提出意见。26 日，报告在领导层传阅。9 月 5 日，毛泽东回到北京，于次日即 9 月 6 日召开会议，并印发了一份党内批示，指出合作社的发展必须动员共产党的积极分子、贫农和中下层新老贫农，防止合作社的领导权被富农或中等偏上的中农篡夺。这段时间，毛泽东恢复每天阅读到凌晨 4 点的习惯。13 日，他召见了陈云、刘少奇、陈伯达和杨尚昆，以确保获得他们的支持。9 月 14 日，他回到北戴河并一直休息到 9 月 25 日。他心情不错，即使海况不佳，他每天下午也都会游上一场。毛泽东水性很好，有一天，他的警卫溺水，他用了 10 分钟就从风浪中成功脱险。毛泽东搜集了 176 篇材料，主要是地方领导的报告、新闻摘要和发言的书面稿。其中的 121 篇在 1955 年 10 月份冠以标题《中国农村的社会主义高潮》发表。毛泽东给其中的 104 篇写了评论，并于 9 月 25 日发表了序文。10 月，中共中央在北京召开扩大的七届六中全会[109]，会上根据毛泽东 7 月 31 日《关于农业合作化问题》的报告通过决议，主要强调以下六点：

（1）既定目标是实现从 1955 年 6 月 1 690 万农户（占总数的 15.3%）参加的 65 万初级合作社过渡到 3 600 万农户参加的 1 300 万初级合作社，即提前 1 年达到 30%的覆盖率。因此，要防止出现任何解散合作社的可能，即使是匆忙建立的合作社。1954 年 6 月同意解散合作社的行为，此时被定性为“右倾错误”。

（2）尽管经历了土改，但农民仍然有困难。因为以家庭为单位还不足以提高产量，只有社会主义才能使 60%～70%的农民走出贫困。我们发现，从家庭或互助组转为社会主义初级合作社时，生产力能提高 10%～20%。

（3）这些成功得益于对贫下中农的动员，他们对社会主义的前景充满希望，相比之下，中上层农民则瞻前顾后，富农暗地里更是抵制这次社会主义合作化高潮。因而，合作社应该掌握在贫下中农手中。

（4）我们要用三个五年计划（从现在到 1967 年）来解决国家粮食需求与生产力水平之间的矛盾，否则就会危及正在进行的工业化过渡。重工业要优先发展，在此基础上才能增加拖拉机、施肥车及交通运输设备的产量。只有土地集体化才能积累大量资本。

（5）我们要从苏联吸取有用的经验教训，必须避免重蹈冒进的覆辙，苏联曾在集体农庄建立后的两年内粮食生产下降。我们应循序渐进，用 18 年时间到 1967 年完成最后的土地集体化。从 1958 年春天开始，我们将为 2.5 亿农民，也就是 50%的农户组织社会主义初级合作社。机械化将在 1975 年完成。

(6) 从现在开始就要防止资本主义腐蚀。随着富农阶级的滋生，以及被迫卖地的贫农陷入破产，集中仍然有风险。

理想主义的萌芽

研究毛泽东在编辑《中国农村的社会主义高潮》这本小册子时如何将上述观点写入批示是件有意思的事。[110]毛泽东选了104篇文章，在其中57篇中明确阐述了这样选择的理由。第5点吸取苏联的经验教训没有出现——这是当然的。事实上，只有中央领导能提出这个问题。第1点中关于杜绝解散合作社的问题提到过三次，5月底这一点就实现了。毛泽东只在5份报告中提出了整体战略意见（第4点），但是他也借助有关技术的问题表明指导性意见。毛泽东在女性的问题上坚持“同工同酬”，认为机械化能解放可支配劳动力。在文盲人数众多的农村，培养计算“工分”的会计存在一些困难。有13个文件提到农村中出现了两极分化，资本主义滋生的现象（我列出的第6点）：我们可以看到这是毛泽东一直担心的事情。14个文件提到贫农的“热情”（第3点）在短短几个月内就把发展停滞不前的互助组变成了有干劲的合作社，因为“人民群众有无限的创造力”。23个文件提到最重要的问题——农民的贫困只有通过集体化才能得到缓和（第2点）。毛泽东先后6次强调了冀北王国藩“穷棒子社”[111]的事迹。1952年，退伍军人王国藩带头组织本村23户贫雇农办起只有三条驴腿、15公顷土地的合作社“穷棒子社”。几百年来，这个村庄十分之一的人靠乞讨为生。1953年合作社运营非常困难，国家的贷款才使“穷棒子社”免遭解散。缘此，“穷棒子社”开始走出困境，吸引了村里的148个家庭。安徽凤阳一个叫陈雪峰的人也干了类似的事情。长期以来，凤阳都有乞讨的历史。在孔子的故乡曲阜，农民负担在推进土地集体化后得以减轻，毛泽东很欣慰，并批判孔夫子对农业生产的蔑视态度。孔子曾经因为弟子樊迟“小人哉”而不愿与他讨论“君子之道”[112]。毛泽东强调群众“创造热情”的决定性作用，多次表明合作社的发展就像阶级斗争的一个章节，阶级斗争是区分“社会主义道路和资本主义道路”的方法。刘少奇因为对农村合作社犹豫不决的态度做了自我检讨[113]，1955年春，他在邓子恢的建议下解散了20 000个合作社。

10月11日，扩大的七届六中全会闭幕，陈伯达代表中央政治局提出加速土地集体化的建议，在这一有利形势下，毛泽东写了一篇总结，指导了未来20年发展的方向。[114]“现在，我们还没有完成农业合作化，工人阶级还没有同农民在新的基础上结成巩固的联盟……过去我们同农民在土地革命基础上建立起来的那个联盟，现在农民不满足了。对那一次得到的利益，他们有些忘了。”“现在，农民还没有共同富裕起来，粮食和工业原料还很不充足。在这种情况下，资产阶级就可能在这个问题上找我们的岔子，向我们进攻。几年之后，我们会看到完全新的形势：工人阶级和农民在新的基础上结成比过去更加巩固的联盟。以前那个反地主、打土豪、分田地的联盟是暂时的联盟，它巩固一下又不巩固了。……如果我们没有新东西给农民，不能帮助农民提高生产力，增加收入，共同富裕起来，那些穷的就不相信我们，他们会觉得跟共产党走没有意思，分了土地还是穷，他们为什么要跟你走呀？那些富裕的，变成富农的或很富裕的，他们也不相信我们，觉得共产党的政策总是不合自己的胃口。结果两下都不相信，穷的不相信，富的也不相信，那末工农联盟就很不巩固了。……使农民群众共同富裕起来……商品粮和工业原料就多了。那个时候，资产阶级的嘴巴就被堵住了。”同资产阶级的联盟是暂时的。资本主义注定是要消亡的，资产阶级到时会加入无产阶级阵营。然而，与资本主义思想的斗争是长期的、持久的。土地革命过去被认为是资产阶级民主革命，它废除的是封建残余而不是资本主义属性。土地革命以及“三反”“五反”运动后，“农业合作化使我们在无产阶级社会主义的基础上，而不是在资产阶级民主主义的基础上，巩固了同农民的联盟。这就会使资产阶级最后地孤立起来，便于最后地消灭资本主义。……马克思主义是有那么凶哩，良心是不多哩，就是要使帝国主义绝种，封建主义绝种，资本主义绝种，小生产也绝种。……使资产阶级、资本主义在六亿人口的中国绝种”。12年后（1967年），中国将有能力生产1 800吨钢（相比第一个五年计划，在十年内产值翻番），2.8亿吨碳（增至3倍）以及1 600万吨水泥（增至4倍）；化学饲料产值增至7倍；粮食产值将达到3亿吨，年增长约为8%；棉花产值增至4倍；机械种植面积将翻番，1977年计划实现农业机械化。虽然我们起点很低，但是这些目标不是不切实际的。毛泽东相信依靠人民群众的热情和全民动员，“即使没有资本”也能实现。他强调“在未来的五年内加强阶级斗争”，和延安整风运动一样，有必要消灭 5%的反革命。1954 年，由于国家垄断粮食贸易和恶劣的气候条件，农业生产力下降，只能种植粮食而不是棉花来防止大面积饥荒，但是却直接导致了 1955 年的棉花工业危机。毛泽东把 1955 年春的这次危机归因为粮食市场的投机，其实这只是一个后果。对此，他提出的解决办法是发展合作社。

11 月 1 日[115]，深感宽慰的毛泽东离开北京动身前往杭州[116]。一路上，他的专列多次停下来，方便他与地方领导交流。他从他们口中了解到新合作社正发展得如火如荼。也许当他在杭州着手准备一份由 11 篇文章组成的关于未来 12 年农业发展的计划时，之前胜利的氛围让他有点眩晕。11 月 18 日，毛泽东动身回到北京。20 日，他在天津召集了包括内蒙古自治区在内的各地省委书记开会，讨论农业发展规划，称为“农业十七条”，并于当晚回到北京。12 月 6 日，毛泽东批评“农业部右倾保守主义思想”，“部分领导干部缺乏两线斗争的勇气”[117]。他强调这些天沟通下来的结果使他震惊。在他看来，“在合作化的基础上，群众有很大的力量”，强大生产力已经涌现，就像发现了新大陆一样，那些担心不平等和矛盾的人都是杞人忧天。[118]中国的社会主义建设将比苏联快。毛泽东还提出了一句口号：“鼓足干劲，力争上游，多快好省。”

12 月 8 日，毛泽东召集农学家们商谈对付害虫和鼠患的方法。12 月 27 日，他给《中国农村的社会主义高潮》写了新的序言。他肯定了所取得的成绩超过了预期目标，在 4 个月中加入合作社的农户数量增长超过 300%。12 月 21 日，毛泽东征求党内省级及地区领导关于“农业十七条”的意见，预计在 1 月 10 日召开会议，讨论计划中的建议是否都可行。[119]事实上，有些条目只是归纳了已经采用的做法。第 2 条提出对于“表现好”的地主和富农，可以吸收他们入社。山西、安徽、黑龙江已经采取这种做法。第 2 条提到三分之二的合作社领导是贫下中农，含蓄地承认了三分之一的合作社领导是上中农甚至富农的事实。第 6 条要求保护幼畜，确定繁殖计划：谁会反对呢？大家都在谈论在乡村间修路，通过无线电广播来通信，同时在全国范围内推行一个在 7 年内所有人都掌握 1 500 个汉字的运动（第 14～17 条），但是人们质疑能否在短短 7 年内消灭害虫、地方性疾病及水灾旱灾（第 8、12、3 条），也不敢确信在 12 年内能基本上消除荒地荒山，地方和合作社自己解决肥料的问题。第 11 条更加不现实：

毛泽东认为未来12年的农业发展要立足于粮食产量增加100%～140%，棉花产量增加71%～185%。但是从11月底开始很多省份（山西、山东、江苏）就打算在1956年12月底前实现1957年年底的计划目标。到1956年1月23日，12年农业计划有了增订，已经有40条内容由中共中央政治局通过，称为“农业四十条”，25日由最高国务会议讨论后予以公布。经过一番讨论，在原来的纲领基础上又扩充了有重要意义的内容。第7条要求每个合作社都应有1～2年的粮食储备，以防水旱灾害。第5条指出对反革命分子要采取严厉措施。第15条指出要改善农民居住条件。第28条要求进行农艺研究。在新增的第11条中，毛泽东指出要推广在西伯利亚广泛使用的二轮犁具，其实这对由水牛耕作的水田是完全不适用的，一定程度上反映了毛泽东在农业生产方面的外行。但这个想法在五年计划上被重提，尽管与会者中有不少农业专家。这个12年农业计划怎么看都是无法实现的，但更困难的还在后头。其实“农业四十条”一发表，党的各级领导便就农村生产力展开了疯狂的数字竞赛。福建领导人提出从1962年起提前五年实现每公顷土地60公担的水稻产量。广东省领导人对外宣布广东省要在一年内将水稻产量提高18%。福建领导因在春天时大规模废除匆忙建成的合作社而受到毛泽东的批评，打算在一年内将水稻产量提高16%，是预期的两倍。到了“乡”这个级别，这个开始看似难以实现的[120]目标任务在领导人的热情下被提高到40%：大家的想法是宁愿犯“左”倾错误也不可以犯右倾错误。

1955年对推行土地集体化采取保留态度的农民在6个月内就接受了这一政策：就在12年农业计划正式实施时，91.2%的农户（即109 400 000人）加入了合作社运动，其中61.9%是加入高级合作社。[121]那么为什么能取得超过毛泽东自己乐观预期的成绩呢？[122]可以关注以下四方面原因。

（1）土地革命的效果。土改是新政权的产物，打破了富农在传统乡村的主导地位，军队依靠土改积极分子动员农民参军。获得土地的农民们对共产党感恩戴德，这次的集体化运动要把土地收回来，他们非常失望但没有发生暴动。而苏联农民是靠自己夺得土地的，苏联政权要收归国有的是农民自己的土地。在中国，集体化运动之前先进行了一场运动，随后1955年夏天“肃清隐藏的反革命运动”使农村里弥漫着一种恐怖气氛。此外，土地革命形成了一股新的势力，300万贫农成为当地领导，举行

“对党的感恩大会”，通过对封建社会的苦难进行控诉来加强党和农民的深层联系。

(2) 毛泽东用他所推崇的马克思主义社会学熟练地控制区分农民阵线。1953 年开始就把中农分为富裕中农或上中农（20%～30%）和下中农（60%～70%）。后者加上贫困农民共占农业总人口的四分之三，无疑是革命的主力军。党要借助他们的力量从资产阶级革命阶段过渡到社会主义革命阶段。这些贫下中农没有生产资料，他们认为合作社能使他们获得资源。而且，他们也可能指望获得富裕中农的土地，就像没收地主和富农的土地一样。这些在薄一波的回忆录[123]中都有披露：“实际上，贫下中农的社会主义热情只是分享富农和上中农土地的平均主义。而与此同时许多我们批判的资本主义倾向，只是从他们角度出发保护劳动成果不被没收的合法行为。”

(3) 接着，1953—1954 年毛泽东采取了一系列战略决策后，整个社会环境已经使农民失去了抵制的可能性。国家垄断粮食贸易，在避免了粮食投机风险的同时，也使农民为了养家糊口必须依附于国家。1954 年 8 月采用了粮票制，后来实行生活必需品票据制。虽然控制人口流动的户籍制度[124]在 1958 年春才建立，但在 1954 年 3 月已经有规定禁止农村人口盲目流向城市。

(4) 在毛泽东的大力推动下，党在农村强有力的存在进一步强化了对农民的限制：22 万个乡中设有 17 万个党支部、400 万党员。这样进行集体化的工作组就有一个很好的基点[125]展开工作。党内定期的肃反运动及为最忠诚的积极分子提供晋升使这批新的精英自愿遵守纪律。通过土地集体化，这些干部获得了一种强大的支配农民的能力：他们组织文化活动、收割粮食、配发饲料、分配任务、评估每个人的工作后计算工分。他们通过合法的演讲确保农村的意识形态：集体化符合历史唯物主义法则；集体化将在满足最广大人民利益的情况下实现 10%～20%的增产。

1956 年 1 月 13 日，当人们庆祝农历猴年时，毛泽东觉得自己正在实现他的梦想。

农历猴年的疑问（1956）

事实上，1956 年毛泽东一手促成的社会主义建设已经取得了令人瞩目的成绩。中国在东南亚政治舞台上重新扮演起了不可忽视的重要角色。在抗日战争和解放战争结束以后，国家重新获得和平，生产力恢复到战前的最佳水平。土地集体化没有引起像苏维埃政权下那般严重的创伤。土地革命中的粗暴行为可以看做内战的延续及痛苦年代的缩影。1956 年上半年，成绩还是不错的：社会主义在城市中推广。苏共二十大上尼基塔·赫鲁晓夫揭露了斯大林的罪行，毛泽东予以回击。“百花运动”向文化界抛出自由的橄榄枝。但是八大一再延期使得下半年充满了不确定性：毛泽东试图避免让苏联的危机波及中国。

加快社会主义改造进程

1955 年 10 月 11 日，毛泽东在中共七届六中全会上指出，他已经下决心使“资本主义绝种”[126]。此时采取的平和做法与土改大相径庭：不会再采用“五反”运动时在农村使用的手段。

1956 年 1 月初，在陈毅的陪同下，毛泽东来上海与 70 多位上海市各界人士及党内高级干部座谈。[127]毛泽东赞扬“在场各位同仁的国家资本主义”过去为国家做出了巨大贡献。然后他补充说：今天我从北京过来听取大家的意见。许多生意人想知道我们加快了对资本主义工商业的社会主义改造，担心国家资本主义经济会拖后腿。我不这么认为，我对这个问题的信息不够全面。我想听听你们的意见。这次我只带了一副耳朵过来，要是你们打算从我这里了解什么可能要失望了。两个小时的讨论以后，所有人都认同应该加快社会主义改造进程，大概花 5 年左右时间完成社会主义改造。毛泽东补充说，正考虑 1957 年在上海增加合营企业。1956 年 3 月 5 日，毛泽东在几个月内就手工业的社会主义改造这个问题做最后一次指示[128]：农业集体化后，城市社会主义改造势在必行。机械生产有利于提高产值，有利于国家的现代化进程。尽管如此，质量和进程还是要把关的，因此不可冒进。但是党内高层被热情冲昏了头脑。在北京，在彭真和他的团队的施压下，贸易在几周内自行停滞。1956 年 1 月 15 日，20 万游行者在天安门广场庆祝私企在首都消失。接下来就是武汉。陈毅也不甘落后，1 月 20 日在上海的人民广场（昔日的跑马场）庆祝资本主义工商业改造的成功。短短一年之内，在不动用武力的情况下，中国的资本主义经济被消灭。

对苏共第二十次代表大会的强烈反应

在苏共二十大上，尼基塔·赫鲁晓夫突然对斯大林发难，毛泽东试图借助这个看似对他不利的情况把中国推到社会主义国家首席位置。但进展并不如意。2月4日，朱德带领中国代表团抵达莫斯科，2月11日，邓小平赶来会合。1月28日，所有到达莫斯科的外国外表团被接待方告知大会上赫鲁晓夫会对“斯大林个人崇拜”进行批判：这个克里姆林宫的主人生前掀起了一场以他为中心的狂热运动，直到他去世。中国共产党中央发给苏共代表大会的电报经过毛泽东同意，将苏联的成就归功于“由列宁创立，斯大林及其战友领导的”苏联共产党。[129]虽然当时中国代表团缺席，但中国领导不可能完全不知道1月28日苏方传递的信息。毛泽东利用中国代表团姗姗来迟的契机高度赞扬了斯大林。14日，赫鲁晓夫发表长篇开幕演说，批判斯大林。即便如此，他的陈述口吻也相对审慎，内容很抽象。他主张社会主义阵营与帝国主义阵营和平共处，实现社会主义和平过渡，避免引起第三次世界大战及任何内战的可能性。2月19日，《人民日报》指出，赫鲁晓夫的报告是“对马克思列宁主义作了创造性的发展”，与毛泽东的想法大相径庭。毛泽东没有急着提出质疑，他是不是赞同万隆会议上印度领导人尼赫鲁、缅甸领导人吴努、印度尼西亚领导人苏加诺及其他不结盟运动参与国领导人提出的中立主义呢？周恩来在万隆会议上成为明星。2月15日，朱德向大会致简短贺词，没有提及斯大林。他很可能是接到了这方面的命令。2月9日，毛泽东在给赫鲁晓夫的问候中提议两人要好好讨论讨论，苏共秘书长的报告在毛泽东看来是多少有点拙劣的。9月，毛泽东在接见意大利共产党人大卫·拉约洛时解释说：我们不讨论苏共二十大以免影响社会主义阵营的团结。……我们不能质疑苏联共产党在国际共产主义运动中的领导作用。[130]25日，赫鲁晓夫向大会的苏联代表做报告，揭露了斯大林的许多罪行。包括中国共产党在内的外国共产党代表团也在当晚获悉了会议内容。这个报告引起了混乱，打乱了毛泽东的平衡游戏。这次尖锐的批判谴责斯大林是嗜血成性的暴君与罪犯。中国代表团大为惊骇。3月3日，回到北京的邓小平就这个问题向政治局做了汇报。7日，朱德坚持去格鲁吉亚的哥里市斯大林故居纪念他，接到指示不要对苏共第二十次代表大会上对斯大林的批判做任何评论。这个尴尬的缄默一直持续到4月5日：3月5日，毛泽东谈论手工业问题，7日参与血吸虫病防治工作，4月2日接待了一些食品合作社成员。毛泽东一直对赫鲁晓夫发表极具争议的报告前没有与他作任何协商耿耿于怀。4月6日，米高扬来北京，毛泽东当面表示了不满。

在此之前一天，《人民日报》终于发表了中共中央委员会关于揭露斯大林个人崇拜及其后果的“秘密报告”的第一篇评论文章。[131]毛泽东即使不是作者也是授意者。文章题为《关于无产阶级专政的历史经验》，用词恰当，语气平和，和赫鲁晓夫失去控制、充满逸事的报告形成了鲜明对比。文章一开始就扩大了辩论的范围，这是苏联领导人没有达到的水平。文中承认斯大林犯了一些“重大的错误”，“在肃反问题上扩大化；在反法西斯战争前夜缺乏必要的警惕，对于农业的进一步发展和农民的物质福利缺乏应有的注意；在国际共产主义运动中出了一些错误的主意，特别是在南斯拉夫问题上作了错误的决定”。在间接批评了斯大林的部分错误后，文章转而凸显这位格鲁吉亚专制君主的伟大“历史功绩”。[132]“他创造性地运用及发展了马克思列宁主义。”除了在反希特勒爱国战争中的卓越功绩外，斯大林创造性地运用和发展了马克思列宁主义；在保卫列宁主义遗产、反对列宁主义的敌人——托洛茨基分子、季诺维也夫分子和其他资产阶级代理人的斗争中，他表达了人民的意愿，不愧为杰出的马克思列宁主义战士。同时，“马克思列宁主义者认为领导人物在历史上有很大的作用。人民和人民的政党需要有能够代表人民的利益和意志、站在历史斗争的前列，而领导人民群众的先进人物。否认个人的作用，否认先进人物和领导人物的作用，这是完全错误的”。很明显，中共领导人担心对“斯大林个人崇拜”的批判会转移到毛泽东身上。但如果将这篇文章限定于此，可能就大大削弱了文章的意义。我们还能从文中看到为无产阶级专政进行的辩护。斯大林对无产阶级专政的滥用影响了它的形象。中共的反应集中体现在这两方面。不过评论文章的立意更为高远，旨在解释赫鲁晓夫并不具备的“个人崇拜”：毛泽东认为这是“过去人类长时期历史所留下的一种腐朽的遗产”。这种崇拜的根源是集体化之前在中国占优势的小农经济。[133]“在无产阶级专政建立之后，即使剥削阶级消灭了，小生产经济已经由集体经济所代替了，社会主义社会建成了，但是旧社会的腐朽的、带有毒素的某些思想残余，还会在人们的头脑中，在一个很长的时期内保存下来。”此外，“有一些天真烂漫的想法，仿佛认为在社会主义社会中是不会再有矛盾存在了”。在生产力与生产关系之间，创新思想与保守思想之间存在矛盾，个人崇拜和社会主义社会的发展也一样。答案是，要坚持 1943 年在延安提出的“群众路线”。曾经，苏联是中国社会主义建设的导师，现在，以毛泽东为首的中共中央给苏联人上了一课！同时，中共坚持认为斯大林是国际共产主义运动的伟大思想家。不仅如此，4 月份政治局还多次召开扩大会议。4 月 25 日，毛泽东做了轰动世人的报告——《论十大关系》[134]。报告分析了中国社会主义建设中所遭遇的各种矛盾。

（1）“重工业和轻工业、农业的关系，沿海工业和内地工业的关系”应该避免“有的社会主义国家”犯下的错误，牺牲轻工业和农业来优先发展重工业。应该重视农业和轻工业，获得更多的积累，在更坚实的基础上发展重工业。

（2）“沿海工业和内地工业的关系”。之前认为新的工业应该放在内地是正确的，以使工业布局逐步平衡并且利于备战。但是我们忽略了重工业和轻工业 70%在沿海地区。如果我们不发展轻工业，我们就不能发展好重工业，如果我们忽视沿海工业，我们就不能发展好内地工业。

（3）“经济建设和国防建设的关系”。军政费用占国家预算全部支出的比例由 32%下调到 20%，这有利于积累资金，造中国人自己的原子弹。

（4）“国家、生产单位和生产者个人的关系”。随着整个国民经济的发展，我们提高了工人工资，解决了失业问题，激起了劳动热情，增加了生产。但是 1954 年我们在农民问题上犯了错误（暗示国家对粮食的统购统销）。1954 年我国部分地区因水灾减产，我们多购了 350 万吨粮食。但是“一九五五年就少购了七十亿斤，又搞了一个‘三定’，就是定产定购定销，加上丰收，一少一增，使农民手里多了二百多亿斤粮食”。

（5）“中央和地方的关系”。应当在巩固中央统一领导的前提下，扩大一点地方的权力，给地方更多的独立性。但这种分权要受到限制，不能再出现类似“高岗独立王国”的事件。

（6）“汉族和少数民族的关系”。我们要着重反对大汉族主义。

（7）“党和非党的关系”。“所有民主党派和无党派民主人士虽然都表示接受中国共产党的领导，但是他们中的许多人，实际上就是程度不同的反对派。”

（8）“革命和反革命的关系”。应当肯定一点：1951 年和 1952 年镇压反革命是必需的，现在仍旧存在着一小批反革命积极分子。“今后社会上的镇反，要少捉少杀。”“他们中的多数”要进行“劳动改造”。就像之前在延安一样，“一颗脑袋落地，历史证明是接不起来的，也不像韭菜那样，割了一次还可以长起来，割错了，想改正错误也没有办法”。

（9）“是非关系”。“对于犯错误的同志，采取‘惩前毖后，治病救人’的方针”，避免以王明为首的教条主义，在党内不允许人家改正错误，“不准革命”是不对的。

（10）“中国和外国的关系”。要向外国学习，但是不能崇洋媚外。虽然“我们一为‘穷’，二为‘白’。‘穷’，就是没有多少工业，农业也不发达。‘白’，就是一张白纸，文化水平、科学水平都不高。从发展的观点看……穷就要革命……我们是一张白纸，正好写字”。

毛泽东在政治局会议上评论《论十大关系》的讲话更加清晰地反映出他的深层意图。[135]首先，毛泽东否定了优先发展重工业、强制过度征收的苏联模式。他还提出“不能盲目追随”批判斯大林后在苏联知识分子界发展的“解冻”运动。苏联过分强调中央集权和武力镇压，但是毛泽东认为从延安时期以来中国已经在很大程度上限制了拘留，不再执行死刑。尽管苏联经验中“有一些好的东西”，但“不能说苏联的屁都是香的”，“关于斯大林的负面的东西一定要到县委书记[136]一级为止”。此外，《论十大关系》第一次对有中国特色的道路进行了思考，即在党的统一领导下，适当下放经济管理的权力——积累占 30%左右，反对“左”倾和右倾，王明这两个错误都犯了。中国相对落后的处境被认为是一大优势，因为“穷人最有革命性”。在人民民主问题上，中共开始离开其一直笃信的那条道路。

第一次“百花运动”

在《论十大关系》中，毛泽东指出，要取得工业平衡发展，中国要有 40 万技术干部。然而 1955—1956 年，中国只有 10 万知识分子，384 万人或多或少地接受了中等教育。[137]1955 年，我们只培养了 4 800 名高级干部，大学生总数也只有 28.8 万人：接受高等教育 4 到 5 年。填补快速增长的需求空缺需要将近 10 年时间。1956 年 1 月 20 日，毛泽东指出，中国“精密的仪器不能造，大的机器不能造”，只能靠进口。这次，毛泽东收回了对知识分子的成见及对自学成才者[138]的赞赏，他提议在“经验丰富的工人中”雇用大量必要的工程师。这实在有点不切实际。因此他必须从现有人才中寻找。他认为现有的人才只有 40%值得信任，40%中立且大多数为保守派，剩下的是或多或少反对新政权的敌人。而且诸如“胡风事件”等使得早先归附中共的知识分子心生不快，也使留洋的一些知识分子打消了回国的念头。因此，毛泽东希望安抚这批人。[139]他把这些不可逆转的变化称为“解放”，请知识分子们以劳动者的身份加入到中国的现代化建设中来，成为先锋队之一。[140]虽然他们创造了物质财富，但也传播了思想，应该能为政治及意识形态转型做出巨大贡献。毛泽东认为他们不会形成一个独立的阶级，而是依附在最初的阶级——资产阶级上，是“皮毛关系”。上层建筑落后于新的经济基础，影响了进步。对于老式知识分子来说“就是要他们帮助褪下已经过时的旧皮，换上无产阶级新皮”。这个过程是痛苦的，更何况毛泽东在讲话中确认中国的两大王牌正是“中国人民贫穷和缺少教育”：增加高水平技术干部，使之失去其中一个优势。毛泽东意识到他没有让所有与会者心悦诚服，以挑战式的民族主义论调结束了发言：美国那点东西，1 亿吨钢，几百个氢弹，算不了什么，中国要超过它，第一步是接近它。[141]

在这个大背景下，1956 年 5 月 2 日，毛泽东引用十几个世纪前周朝统治者的说法，提出“百花齐放、百家争鸣”的口号。5 月 26 日，陆定一作报告进行阐述，中国将要经历一个和春秋战国以及 1919 年五四运动一样的“黄金时代”。事实上，毛泽东倾向的是 1942—1944 年延安整风运动时的“工作作风”，不会出现“百花运动”是中国的“解冻”[142]运动这种字眼。他把矛头指向苏联发展模式中大量存在的官僚主义，但并不是支持自由批评政治。1955 年 12 月，毛泽东和周恩来在不同场合表示将于 1956 年 9 月召开的中共八大上要批判革命中的右倾危险，也没有提到这一点。

中国的主流知识分子没有犯糊涂。他们对毛泽东的讲话持谨慎的态度。1956 年 5 月，一些经济学家在《经济研究》杂志上对马克思主义的现实性提出质疑，一个 150 年前诞生的理论怎么去描述现有世界；社会学家对限制人口问题表现出了浓厚的兴趣；一些留美深造的学者对李森科[143]观点的科学性提出质疑。不过这样的声音很少。事实上，比起毛泽东提议的含糊的自由大辩论，苏联的“解冻”运动在中国的反响要热烈得多。《人民文学》和《文艺学习》两本杂志上刊登了俄语作品的中译版。4 月，40 多岁的共产党人刘宾雁发表了报告文学《在桥梁工地上》，批判了一个专横小领导的无能。6 月，他借《本报内部消息》中的女记者之口争取新闻自由。9 月初，22 岁的共产党员、小说家王蒙发表了小说《组织部来了个年轻人》[144]，故事的主人公是一个充满理想的年轻人，被分配到北京的一家麻袋厂工作，他发现有些干部不思进取，对提高生产力水平完全不上心。其中一个积极参加过内战的干部和一个失去味觉的厨子因为共同的兴趣走到了一起。这些文章和其他同题材的作品被阅读、评论和翻印，对小小的知识界产生了影响。

1956 年春，随着土地集体化，工业、通信、银行、贸易国有化的完成，社会主义的基础得以建立。共产党支部遍布各地，构成社会中坚力量，农民的迁移被控制在合作社内。在城市里，单位为每个劳动者提供住所，解决他们的温饱和医疗问题，居委会从旁协助。

因此，5 月初毛泽东坐专列去武汉时非常乐观。他从武汉出发游到汉口，顺流游了 20 公里，沿途由一艘小艇护航。5 月 30 日，他在长沙的湘江游泳，试着找回年轻时的感觉。6 月，他又在长江游了 12 公里，这次是从汉口到武昌。在长沙时，他穿着泳裤倾听农民们诉说生活的艰辛，安抚他们说日子会越来越好。在武昌，毛泽东参观了预计 1957 年取代渡轮连接长江两岸的武汉长江大桥工程后，创作了《水调歌头·游泳》。[145]

才饮长江水，
又食武昌鱼。
…………
今日得宽余。
…………
更立西江石壁，
截断巫山云雨，

…………

神女应无恙，
当惊世界殊。

秋日的惆怅

但是，毛泽东的乐观情绪逐渐变为日益滋长的不安。春末，他非常重视的一项计划碰了壁：4 月 4 日，中央委员会及国务院联合要求暂缓 12 年农业计划。冬天时，为了实现农业计划，热情高涨的干部动员了数千万农民大规模扩建高级合作社，农民没有其他谋生的方式。家庭小块土地被没收充公，农贸市场被迫关闭，兜售贩卖也被喊停。合作社被重组成超过千户家庭的大社，农民与土地间固有的联系被切断了。让-吕克·多麦兰克在河南省调研分析后认为如此挥霍资源犯了“小型大跃进”的错误，违背生产力发展规律的弊端很快便暴露出来，即将到来的秋收不能不让人担心。[146]

管理经济的领导人陈云和李先念非常明智，在 6 月的全国人民代表大会上，他们迅速采取了一系列补救措施：重新开放农贸市场，鼓励手工业生产，自留地重新回到农民手中。不久，新鲜蔬果大量上市，猪的饲养数量增加，粮食增产 7%。集体工作的单位重新变为同一个村庄的 17 个家庭。毛泽东不得不接受这些措施，后来他把它们定义为“农村的右倾”。7 月 15 日，在北戴河召开中央委员会时，李先念提出“反冒进”，同时指出在全国水灾大背景下，补救措施使粮食增产 2.5%[147]。毛泽东虽然做出让步，但没放弃他的计划。6 月 20 日，《人民日报》指出，我们既要避免“保守主义”也要反对“急躁情绪”。毛泽东评论说将反右斗争中所取得的成绩看作一场大捷，之后要进行反“左”斗争是错误的。这就好比“秦琼卖马，减头去尾要中间一段”，要从“全局的角度”出发，继续与右倾做斗争。[148]

东欧社会主义国家的危机让毛泽东忧心忡忡，他更倾向于把天平偏向“左”派。6 月，波兹南的工人罢工运动被无情镇压。10 月 21 日，因为支持“波兰社会主义道路”而被波兰统一工人党开除的哥穆尔卡重新掌权。在匈牙利，裴多菲俱乐部的知识分子在公众中获得了越来越多的支持，加强了对现行体制的批判。10 月 23 日，匈牙利事件突然将矛盾激化，共产党改革派纳吉・伊姆雷借此成为国家领袖。社会主义阵营弥漫着紧张的气氛，在这种背景下，中国共产党第八次代表大会在北京召开，1 026位代表参加会议，50 多个海外社会主义代表团出席。[149]

一次战略会议

在会上毛泽东出人意料地低调，发言两次。但与过去不同，这次他没有做总结报告。

8 月 30 日，毛泽东在八大预备会议上确定了讨论的范围[150]：总结 1949 年以来取得的巨大成绩，中国要在 50 年内追上“纸老虎”美国[151]。要实现这个目标，党要坚持与宗派主义和主观主义作斗争，同时扩大政权的政治基础。对斯大林的评价要三七开，三分错误，七分功劳。他的错误都归咎于官僚主义。可以借鉴过去延安整风运动的经验，党要接受批评。谈到党章的时候，毛泽东没有引用七大时写入党章的“毛泽东思想”。事实上，在几周后由邓小平主持的选举大会上，“毛泽东思想”在新的党章中被删去。[152]“文化大革命”期间，人们对邓小平的这一次删除口诛笔伐，但可以确定这是毛泽东本人赞同的。[153]逄先知找到一份中国共产党中央宣传部 1954 年 12 月的指示，该指示明确表示不要使用“毛泽东思想”以免引起任何解释上的错误，取而代之的是“马克思主义普遍真理与中国的具体实际相结合”[154]。在反主观主义和个人崇拜的大背景下，这样的做法非常合适：毛泽东不需要做任何实质性的妥协。9 月 25 日，毛泽东在接见拉丁美洲共产党代表团时指出坚持“群众路线”和“调查”是中国共产党成功的法宝。[155]我们知道这两点都是“毛泽东思想”的重要组成部分。

毛泽东的第二次讲话是大会的开幕词，整篇致辞都很平淡，除了一句话[156]：“苏联共产党在不久以前召开的第二十次代表大会上，又制定了许多正确的方针，批判了党内存在的缺点。”没有比这更谨慎的了！毛泽东没有参加之后的讨论。[157]在修订党章的讨论中，邓小平赞同毛泽东主张倾听党外批评声音的意见，而刘少奇认为只限于在党内解决。不过刘少奇赞同毛泽东加速经济建设的提议，尽管周恩来、薄一波、李先念提出稳扎稳打落实第一个五年计划。毛泽东也没有评价刘少奇完全斯大林式的生产本位主义。刘少奇认为中国的主要矛盾是先进的社会主义体制和落后的生产力之间的矛盾，只要发展生产力，一切都会解决。新中央委员会的选举是各派灵活妥协的结果：毛泽东仍然掌控全局，他在领导机构里增加了自己的信徒。邓小平被选为总书记，毛泽东得以在 1962 年 70 大寿之际退居二线，把权力交给党的二号人物刘少奇。[158]

毛泽东和邓小平。两人的等级关系在这张 1955—1956 年的照片中清晰可见。邓小平，中国共产党总书记，交一篇文章请毛主席批评。

此时，苏联装甲师在布达佩斯武力镇压了暴动，纳吉·伊姆雷被捕[159]。毛泽东支持哥穆尔卡和他的民族社会主义对苏联的抵抗，认为发生在匈牙利的镇压是反革命行为：在他眼里，纳吉的罪行是要脱离社会主义阵营，结束无产阶级专政统治。1956 年 12 月 29 日，《人民日报》发表的《再论无产阶级专政的历史经验》是对苏联共产党的一次关键支持，以反帝斗争的需要为名与铁托划清界限。[160]在中国内部，秋天开始的闹事事件有所升级。河北石家庄的正定地质学院学生由于无法分配工作，被迫延长一年学制。他们在街上游行示威，高喊口号“打倒法西斯”，并包围了广播台。知名学府清华和北大有反对无产阶级专政的声音。后来，毛泽东谈论起此事，称之为“小匈牙利事件”。1956 年 11 月 10 日至 15 日，中国共产党第八届中央委员会第二次全体会议举行。毛泽东的总结发言与八大的“总路线”有所不同。他仍然接受刘少奇关于主要矛盾是生产本位主义和机械主义的阐述，但是他对赫鲁晓夫的批评开始变得尖锐起来：“我看有两把‘刀子’：一把是列宁，一把是斯大林。现在，斯大林这把刀子，俄国人丢了。……我们中国没有丢。我们第一条是保护斯大林，第二条也批评斯大林的错误……我们不象有些人那样，丑化斯大林，毁灭斯大林，而是按照实际情况办事。列宁这把刀子现在是不是也被苏联一些领导人丢掉一些呢？……赫鲁晓夫的报告说，可以经过议会道路去取得政权，这就是说，各国可以不学十月革命了。这个门一开，列宁主义就基本上丢掉了。”

回到经济快速增长的问题上来，毛泽东不指名地批评了周恩来：“要保护干部和人民群众的积极性，不要在他们头上泼冷水。有些人曾经在农业的社会主义改造问题上泼过冷水，那个时候有个‘促退委员会’。后头我们说不应当泼冷水，就来一个促进会。本来的安排是用十八年时间基本完成所有制方面的社会主义改造，一促进就很快。”另一方面，毛泽东安慰不要害怕“大民主”。“学生上街，工人上街，凡是有那样的事情，同志们要看作好事。”“现在，有这样一些人，好象得了天下，就高枕无忧，可以横行霸道了。…… 以后修改宪法，我主张加一个罢工自由，要允许工人罢工。”因此，毛泽东打算再来一次新的整风运动，一次新的“五反”。

他说民主党派和资产阶级害怕“无产阶级的大民主”，大学教授担心被学生批判。如果他们想“要搞资产阶级大民主”，我们就掀起一场整风运动。他动员大学生们去纠正反对派的意识形态。“他们要打破框框。”前景让人忧心。

年末的气氛变得非常诡异，毛泽东的态度前所未有地含糊。12 月 8 日，毛泽东和出席中华全国工商业联合会第二届会员代表大会的各省市代表团负责人座谈。[161]他表现得很随和，谈及经济话题时连称外行，对在场的人大加赞赏，其中包括“大学生中百分之七十是资产阶级的子弟”。毛泽东提议定息还要搞 7 年，这个比预期要长一些，完成社会主义改造还要 3 年，实现全面的转变还要 7 年。1957 年 1 月，当意识形态学者们对王蒙小说的猛烈批斗达到顶峰时，毛泽东选择替王蒙辩护。[162]

11 月 15 日，毛泽东的讲话已经有一些“文化大革命”的影子。这和任何一种自由主义都没有关系。此外，达赖喇嘛去印度暂未返藏，说了不少诋毁中国共产党的话，毛泽东坚持自己一贯的思想，很乐观：这样局势就变得更加明朗了！毛泽东最后总结打算在 1957 年开展整风运动“打倒主观主义、宗派主义和官僚主义”，并赞扬中国人民解放军的牺牲精神。[163]

★第十三章

理想主义（1957—1959）

1957年11月17日，毛泽东在莫斯科与中国留学生会谈。谈话的内容没有记录，非常轻松，他对学生们说，“世界是你们的”，“因为你们好像早晨八九点钟的太阳”。10月4日，苏联成功发射卫星“斯普特尼克”，68个国家的共产党和工人党代表团访问莫斯科，其中12个国家由共产党掌权，证明社会主义的力量超过了帝国主义，“东风压倒西风”。“现在全世界共有27亿人口，社会主义各国的人口将近10亿，独立了的旧殖民地国家的人口有7亿多，正在争取独立或者争取完全独立以及不属于帝国主义阵营的资本主义国家人口有6亿，帝国主义阵营的人口不过4亿左右。”谈到中国的情况，毛泽东又补充了一句意义重大的话：“在我国，真正的社会主义革命的胜利，有人认为是在1956年，我看是在1957年。1956年所有制改变了，这是比较容易的，较困难的倒是人心，是人心之所向，是人们的思想。”但直到1957年，我们才在政治和意识形态方面赢得了社会主义革命的胜利。[1]

事实上，1956年推出“总路线”之后，毛泽东一直在犹豫，他希望加快革命进程，却又考虑到存在现实的阻力。1957年，他决定并确立“左”倾方向，这在接下来的20年里都没有改变。他想要改造世界，但似乎越来越多地失去与这个世界的接触。在他身上，理想主义战胜了实用主义，尽管他有几次心甘情愿停下来过。和古典悲剧的英雄一样，他感觉到威胁，却无力回天。这一出悲剧共分为五幕：

（1）“百花运动”的序幕。

（2）“百花运动”。

（3）发动“大跃进”。

（4）共产主义过渡。

(5)“大跃进”的后果。

第一幕:“百花运动”的序幕

毛泽东在1956年4月进行的第一次“百花[2]运动”中有功有过:苏联社会主义模式的危机主导整个政治舞台,任何其他事件都无法与之相比。1957年5月准备要召开人大,6月召开全国政治协商会议,毛泽东认为进行整风运动的时机已经成熟。[3]1957年1月18日到27日,全国各省、市、自治区党委书记会议[4]召开。毛泽东在会上的讲话可以概括为五个断言。[5]

第一个断言:自1956年第二季度以来,一股右倾之风吹得昏天黑地,我们必须通过说服工作战胜它,消灭它,而不是“用枪杆子”。为此,党需要理论家,“一两个马克思,一两个鲁迅”。

第二个断言:在中国存在社会不安。

在农村,人们对农业部的工作感到失望(农业部的干部通常来自地主、富农家庭,“家里人就讲那么一些坏话”),加上1956年粮食收成不好,大家都有些气馁,因此放弃了被视为冒进的12年农业计划。不过,发挥集体农业的优势需要时间。这个计划势在必行,并用11年时间来贯彻。

在石家庄和北京清华大学等高校中存在着一些问题。毕业生就业是个老大难。有些人想在中国发起“匈牙利事件”,建立“裴多菲俱乐部”。80%的学生来自富裕阶层,同情哥穆尔卡、铁托和卡德尔。一些民主党派的领导人和许多有特权背景的教师也有同样的感觉,还怀疑共产党治理国家的能力。许多农村干部受到梁漱溟的影响。“江苏作了一个调查,有的地区,县区乡三级干部中间,有百分之三十的人替农民叫苦。”这是一种欺骗,因为他们“大多数是家里比较富裕,有余粮出卖的人”,“他们不是代表广大农民群众,而是代表少数富裕农民”。[6]

第三个断言:这种不安是有益的。不能抑制工人罢工、学生罢课或农民游行,因为“要揭露矛盾,解决矛盾”。在一个6亿人口的国家中,有少数人闹事,并不值得大惊小怪。如果反对派[7]“有屁就让他们放,放出来有利,让大家闻一闻,是香的还是臭的”。“坏事里头包含着好的因素。……

同样，好事里头也包含着坏的因素。去年这一年的大胜利，使有些同志脑筋膨胀，骄傲起来了，突然来了个少数人闹事，就感到出乎意料之外。”[8]毛泽东举了邓小平“亲自出马到清华大学作报告”的例子，夸他处理困难问题的能力是干部的榜样，柯庆施“要想尽一切办法”克服困难，还提到一个不起眼的上海记者姚文元的一篇文章。毛泽东感到遗憾的是许多干部“和匈牙利的拉科西一样”，不听批评，实行压制。他要求将内部发行的出版物《参考消息》的印刷量增加到 40 万份。这份面向中高层干部的刊物整理外国新闻机构的电讯，使干部对敌对思想“免疫”。他数次谈到自己宣扬的“百花运动”，“在批判了胡风反革命集团之后”提出我们需要“合乎辩证法”的思想。他进一步解释说：“匈牙利事件的一个好处，就是把我们中国的这些蚂蚁引出了洞。”不仅要放香花，还要放毒草。锄掉的毒草可以用来肥田，即做反面教材教育人民。因此，毛泽东发动“百花运动”的目的[9]与 1955 年年底提出的党的八大的目标是一样的：不要揭穿右派，给他们设一个陷阱。这样做可以迫使干部们和右派作斗争，同时纠正其潜在的右派倾向。对毛泽东而言，反右斗争与共产党开诚布公接受批评之间存在的辩证关系，远远大于两者之间的区别。简言之，这是毛泽东对苏共二十大后如何避免官僚僵化和斯大林主义致命恶习的回应。只是毛泽东必须先回应苏共二十大在社会主义阵营中造成的危机，这使他不得不曲线救国。“百花运动”是一项新的“整风运动”，反右运动也是其中之一。正如邓小平对清华学生所说，必须用“小民主”解决人民内部矛盾，对讨论进行控制，遇到特别严重的官僚主义情况时，可以毫不畏惧地使用“大民主”：罢工、游行示威和集会，让犯错误的干部接受群众的批评。因此，为了今后更好地实行无产阶级专政，“百花运动”必须在一段时间内放宽无产阶级专政。

第四个断言：“对苏共‘二十大’，我们党内绝大多数干部是不满意的，认为整斯大林整得太过了。”他说：“对苏联的东西还是要学习，但要有选择地学，学先进的东西，不是学落后的东西。”1 月 18 日周恩来、贺龙、王稼祥在莫斯科会见苏联领导人。[10]毛泽东打电话给周恩来，说“这些人利令智昏”。说到斯大林，毛泽东认为，斯大林在辩证法上有错误，不讲否定之否定，十月革命否定了资本主义，但他不承认社会主义也会被否定。“按照辩证法……社会主义制度作为一种历史现象，总有一天要灭亡，要被共产主义制度所否定。如果说，社会主义制度是不会灭亡的，社会主义的生产关系和上层建筑是不会灭亡的，那还是什么马克思主义呢?那不是跟宗教教义一样了?”由于不能辩证地思考，斯大林不能接受自己遭到反对，1936 年和 1937 年处死了很多人，但他不可能杀死所有对手。

第五个断言：国际局势似乎不那么危险。当然，要防备爆发原子战争。但是这没多大机会发生，因为帝国主义非常害怕我们，他们的阵营中有很多矛盾。在苏伊士运河事件[11]中我们已经看到了帝国主义和帝国主义之间的矛盾，例如美国和英国、美国和法国之间的矛盾。其次是被压迫民族和帝国主义之间的矛盾。第三是帝国主义国家和社会主义国家之间的矛盾。[12]而且，在帝国主义国家内“还有我们的人，就是那里的共产党，革命的工人、农民、知识分子，进步人士。我们里头有他们的人”。但是帝国主义之间的矛盾更尖锐。我们应该对未来感到乐观，“总有一天，美国要跟我们建交”。

毛泽东意识到听众的抵触，在不同场合再三强调这些观点。2 月 14 日[13]，毛泽东接见全国学联委员，提到 1 月在大学校园内的几起闹事时，他说：“社会主义建设比革命更困难。”2 月 16 日，他在中南海颐年堂接见 50 多位非党员学者和知识分子：他谈了王蒙的小说和对它的批评，刘宾雁和其他几人应他的要求批评了体制中的问题。[14]大家还谈到中国人民解放军总政治部文化部负责人之一的陈其通 1957 年 1 月 7 日在《人民日报》上发表的文章。这篇文章对党在文学和艺术创作领域的领导作用提出了质疑。毛泽东为他们辩护：王蒙的小说《组织部来了个年轻人》是肤浅的。他应该描写积极的正面人物。“一千两百万干部当中的几个”，“是小资产阶级，没有无产阶级思想”，但是批评官僚主义是好事。应该批判，学习马克思反对杜林，列宁反对卢那察尔斯基，而不是像斯大林那样“封闭在自己的院子里，朝人们扔石头”。1 月 12 日，毛泽东给《诗刊》主编写了一封信，并寄给他 18 首诗词，作为与知识分子和解的努力。毛泽东在信中说因为是古体诗，所以他犹豫了很久才决定发表这些诗。他要求编者的选择应以新诗为主，承认文学创作有其特殊性，不是一种宣传方式，这和他 1942 年在延安时的立场不同。[15]

2 月 12 日，由周恩来率领的代表团访问波兰、匈牙利和苏联后回到北京。这肯定对 2 月中旬毛泽东再次提出“百花齐放”的口号起到了重要作用，因为百花在盛开前有枯萎的危险。[16]晚上，周恩来见到了毛泽东，汇报了访问情况。总理报告了社会主义阵营危机的演变，人们认识到错误后情况有所好转。但这不是苏联领导人或刘少奇、彭真等中共领导人的意见。他们把匈牙利问题主要归咎于帝国主义的干涉，主张进行最大限度的封锁。

一次激情的演讲

毛泽东认为镇压解决不了任何问题。我们必须揭开伤口，面对批评，允许反驳。2 月 27 日，在 1 000 人参加的筹备会议后，毛主席召开了最高国务扩大会议：他对 1 800 多名共产党员和非党员发表了题为“关于正确处理人民内部矛盾的问题”[17]的讲话。他的讲话充满激情，不时询问这个或那个听众，旁征博引，有时候还偏题了。他共提到了 12 个可能会引起矛盾的问题。

第一个是无产阶级专政。它不应该用来反对人民，而是人民利用集会、言论、结社和言论自由，“在法律的框架内”实行专政。事实上，这是一个“小民主”，由民主集中制领导的“民主”，不是无政府主义或欧洲议会制度的“大民主”，那是“资产阶级独享的自由”。与斯大林不同的是，我们不应该混淆人民内部矛盾和敌我之间的矛盾，后者唯有进行镇压才能解决。“民族资产阶级”从根本上反对工人阶级，但它接受了社会主义道路，这个矛盾不是对立的，可以通过讨论进行调整。例如，1942 年在延安时采取了“团结—批评—团结”的方法解决了所有的矛盾，不像斯大林“在基督徒的天堂里寻找异教徒”。

第二个是肃反问题。诚然，“我们肃清了一批反革命分子。一些有严重罪行的反革命分子被处了死刑”，否则“人民群众就会抬不起头来”。这样做也是为了“在新的生产关系下面保护和发展生产力”。最近中国只经历了轻微的考验，“比如春雨在池塘上形成的涟漪”。事实上，“反革命分子的主要力量已经肃清”。

第三个是关于农业合作化的问题。农业合作化是毛泽东必须捍卫的运动。1956 年下半年“吹来了一股小台风”，“说合作化不行”。大家可以借鉴遵化县王国藩的“穷棒子社”在山区办社成功的经验。当然，仍然有

10%到15%的农民没有足够的粮食，但我们将在三四年后结束他们的苦难，有一天农民会比工人更富有。

毛泽东谈到的第四个问题是通过再教育将资本家改造成工人。他举了荣毅仁的例子，曾经的上海申新纺织九厂老板，已经被改造成为一名工人，不反对现政权。把所有的资本家改造好之后，我们可以放弃无产阶级专政。毛泽东还谈到了他自己的情况：童年时他在母亲的影响下拜佛，并去衡山朝拜。他在成为马克思主义者之前，曾经被无政府主义和康德的理想主义吸引。通过研究，他改变了主意。这个转变和美国人说的“洗脑”完全不同。

第五个是知识分子和青年学生问题。思想政治工作被忽略了一段时间，毛泽东感到很遗憾。

第六个是增产节约，反对铺张浪费，遗憾的是管理等级制度滋长了“计较名利”的倾向。

第七个问题是国家统筹兼顾。现在计划生育是需要的。中国人多，是好事，但也有困难和新的矛盾，因为你要养活这些人。毛泽东欣慰地谈到经济学家马寅初[18]和邵力子（两人都出席了会议并鼓掌）。他们俩因为写了人口均衡增长的文章，于1955年受到审查。同样，国家对粮食贸易的垄断虽然受到一些人的批评，但是可以帮助遭受自然灾害的受灾群众和300万城镇失业人员。不过，毛泽东认为，为了解决上海和广州的失业问题，有必要在“八到十年内冻结或降低工资”。最后，新的毕业生必须耐心等待由中央分配工作。教育系统重组仍然没有完成，这一年40%的儿童仍然没有入学，9万高中生没有进入大学。

第八个问题为“百花齐放，百家争鸣，长期共存，互相监督”。这一部分是1957年6月19日讲话发表之前改动最多的。[19]毛泽东提出了“人民内部矛盾”这个概念。他声称赞同列宁的权威，反对斯大林放弃辩证唯物论的做法，尤其反对他的《简明哲学词典》[20]。斯大林有形而上学、不辩证的观念，并且拒绝承认对立阶级之间、战争与和平、生与死之间存在着同一性：资产阶级变为无产阶级，无产阶级从被统治者变为统治者，战争酝酿和平，和平酝酿战争，生死互相转化。百花齐放就是认识到这些社会矛盾。通常，发现了这些矛盾的人和大多数开创者一样不受欢迎[21]，在中国也是如此。因此，中国共产党的宣传部和《人民日报》没有回应质疑“百花运动”的一些人。[22]“教条主义喜欢机会主义，机会主义喜欢教条主义。”

当然，在谈到第九个问题时毛泽东说“必须容忍”罢工和游行，不逮捕领导者。[23]这些人通常是知识分子，是“犯了错误的教员”。第十个问题谈到闹事“又好又不好”。在3月1日致闭幕词时，毛泽东又谈到这一点：我们不应该害怕批评。[24]我们遵循的方法是“小民主”。但是，如果不能纠正官僚作风，“大民主”就会和罢工、各种动乱一起出现。“罢工是一种斗争形式”，这一点没有写入宪法，但此时是合法的。[25]

在达赖喇嘛[26]滞留印度的背景下，毛泽东把第十一个问题定为少数民族问题，特指西藏问题。

这一条明确而干脆：如果西藏想独立，藏民们就会动乱。但是，我们不愿意，我们有“十七条协议”[27]。

第十二个问题为“中国工业化的道路”。毛泽东重提1956年的《论十大关系》，确认了中国发展的道路并非完全遵循苏联的模式。苏联把90%的资源投入重工业，尽管重工业的出路是轻工业和农业[28]，但这样做使社会关系紧张。中国的重工业和轻工业比例从8∶1微调至7∶1。

如此一来，毛泽东给“百花运动”定的目标更加清晰。和1941—1945年延安整风运动、1947—1948年解放区的土改一样，毛泽东希望人人开口，使党的干部接受批评。[29]这种自由化本身不是目的，而是一种手段：毛泽东不会结束无产阶级专政，就是说结束强大的共产党领导，而是想让这种专政被更多人接受。事实上，党接受批评能打击干部的教条主义倾向和类似王明、李立三的机会主义。在这个阶段，干部必须捍卫社会主义道路，反对右倾机会主义的倾向。因此，反右运动不是“百花运动”的对立面，而是它合乎逻辑的延伸，有别于苏联的中国社会主义道路也将逐渐浮出水面。

在接下来的两个月里，毛泽东迫使“百花运动”不限制在党的理论家、作家和一些著名的教授这个圈子里。事实上，党的干部更倾向于将百花当做毒草拔掉，而知识分子仍然在观望，“一朝被蛇咬，十年怕井绳”，他们还记得胡风事件。[30]毛泽东必须从北京开始采取行动。3月6日和7日，9个省或直辖市（包括天津、上海）的宣传、文化和教育负责人[31]举办了一个论坛，听了毛泽东讲话的录音。在接下来的讨论中，康生和周扬在会上发了好几次言，但是没能让听众放心。毛泽东必须在多个场合亲自讲话。他重申支持王蒙的作品，考虑把姚文元分析姚雪垠小说的方法作为范例。姚雪垠批评茶馆变成合作社后官僚化的管理方式，批评的行为是好的，但是态度有些居高临下。王蒙和姚雪垠“走中庸之道”，毛泽东认为可以解禁26部被视为不健康的剧本，不应该害怕魑魅魍魉和一些害虫。也许因为稍微有些放心了，老舍、茅盾、巴金和著名演员赵丹参加了讨论。3月10日整整一个下午，毛泽东一直在康生的协助下参加新闻界非党员人士[32]的讨论。令人意外的是，毛泽东回忆了教条主义的危险，说“1943年第三国际不解散，中国革命永远不会胜利”，讽刺共产党情报局的作用，并认为新的共产国际毫无用处。提到新闻纸短缺的问题时，毛泽东说他更喜欢“小民主”，觉得法国共产主义报纸《人道报》对匈牙利问题的处理最典型。[33]毛泽东还谈到将在3月12日中国共产党全国宣传工作会议上讲话。这次会议于3月6日至13日召开[34]，汇集了380多名参与者，听取了100份报告和120次发言。毛泽东回顾说，必须对知识分子进行再教育，整顿党的作风。他感到遗憾的是大家往往忽略了批判修正主义：“修正主义是比教条主义更有害。”他还补充了一句话，这句话在接下来的几个星期里反复出现：“急风暴雨式的群众阶级斗争已经基本结束，但是还有阶级斗争，主要是政治战线上和思想战线上的阶级斗争，而且还很尖锐。”很显然，毛泽东并没有忘记“百花齐放”是苏共二十大之后进行反右运动的手段。1956年11月开始，他就打算进行反右斗争。

3月17日至4月7日[35]，毛泽东乘专列（坐了几次飞机）在各省视察了三周[36]。他称自己为“游说先生”[37]。3月17日中午到天津。第二天在济南。19日到徐州，中午乘飞机到南京，住在以前的美国使馆内。20日飞到上海。21日会见包括“老朋友周谷城”[38]在内的复旦大学教授。同一天乘火车到杭州，待在那里直到4月7日。其间与周恩来、陈云、薄一波、李先念、黄克诚[39]谈话。4月4日至6日，接见了上海市（柯庆施）、江苏、浙江、安徽、福建（叶飞）的党委书记。在此次视察期间，他不知疲倦地讲了相同的主题。最重要的是3月20日在江苏、安徽两省及南京军区党员干部会议上的讲话。也许是为了安抚他的听众，毛泽东强调暴力阶级斗争已经结束，我们正在进入一个与大自然作斗争的时期。他赞赏南京大学生的示威游行遵守纪律：“当他们走过官方建筑的大门，一字排开，高喊‘打倒官僚主义！’如果他们在斯大林面前这样做，头早就滚到地上去了！但是他们没有一个人是反革命。他们都是好学生，官僚主义确实存在！”毛泽东还指出我们需要知识分子，“只有10%的知识分子接受了马克思主义”，“我们必须争取他们，但要改掉他们的傲慢和对工人的蔑视，就像翘尾巴的狗，如果朝它泼一桶冷水，它就会逃走”[40]，“我们不应掩盖阶级出身的问题：鲁迅、列宁和马克思都出身资产阶级。我们连根拔除了中国知识分子的社会根源，皮之不存，毛将焉附，很容易改造”。因此，必须对他们进行说服，而不是抑制，听不好听的话，接受闹事和罢工，但不容忍骚乱。

返回到北京之后，毛泽东于4月8日接待了一个波兰代表团。之后，毛泽东和北京的“无党派民主人士”谈话[41]，他指出，阶级斗争已经结束，我们已经对自然宣战，他重申《人民日报》4月10日的社论《继续放手，贯彻“百花齐放、百家争鸣”的方针》。[42]但是他对《人民日报》忽略2月27日的讲话和3月12日全国宣传工作会议上的讲话感到不满。他穿着睡衣召见了《人民日报》主编邓拓，指责他不宣传党的政策。“过去我说你们是书生办报，不是政治家办报。不对，应当说是死人办报。”

4月中旬毛泽东读到13日的《大公报》，感到非常满意。《大公报》的社论明确支持党开展的“百花运动”。[43]毛泽东下达开展“百花运动”的指示，27日以中央通函的方式发出。5月1日，《人民日报》用大标题头版报道了“百花运动”：毛泽东终于成功地拉开了党的机构强加给他的门栓。

第二幕：“百花运动”

事实上，这是一次双重豪赌：一方面毛泽东希望对党的批评是温和的，另一方面他希望党的干部能够面对批评。很快他就明白他可能把事情弄得不可收拾了。少数人对制度的不满意似乎压抑了很久，当他们终于可以说话时，出现的不是预期的和风细雨，而是一场真正的风暴：知识分子和民主党派成员举行会议激烈讨论，在不直接附属于党的报纸上写文章抨击，同时创建《广场》等报纸。北京大学的教师和学生在广场墙壁上贴满海报和墙报，很快此处被称为“民主广场”。[44]

其他学校也有抗议的热潮，在武汉的游行中，中学生将市政府洗劫一空。铺天盖地的言论和文章突破了毛泽东制定的框架。少数人攻击官僚主义、共产主义小头头的怪癖和特权、荒谬复制苏联模式的教科书……但是，更重要的是，他们痛斥缺少民主自由，建议与知识分子认可的“小党派”进行共同执政。

6 月 1 日的一次会议上，才华横溢的记者储安平在掌声中发表了“中国已经成为党天下”的讲话，大家对“小和尚”（基层干部和一般党员）“权力大，能力小”提了不少意见，但没有人对“老和尚”（毛主席和周恩来总理）提意见。当时储安平是《光明日报》[45]的主编。1946 年至 1948 年，他就曾创办报纸《观察》抨击国民党。6 月 6 日，章伯钧[46]召集中国人民政治协商会议（政协）文化俱乐部包括费孝通在内的民主人士，讨论中国共产党和各民主党派之间的新关系。在谈到各民主党派之间的权力交替时，章伯钧要求的其实是恢复 1949 年的情况，人民政府的三个副主席中有两个不是共产党员。

另一个也是来自小党派的森林工业部部长罗隆基[47]同意章伯钧的想法，还建议在全国人民代表大会和政协的控制下建立一个平反委员会来重新审查反革命分子的情况。5 月 16 日至 18 日，人民大学和北京大学的新闻系召集从北京、上海、沈阳、太原赶来的记者，对新华社的作用提出异议。许多大知识分子和机构则表现得极为谨慎——和其他抱怨的人比起来，他们不也是享受特权者吗？——我们听到的很多意见倒是出自对国民党失望后归附共产党的温和派民主党人（如章伯钧和罗隆基），还有向往苏联的共产主义的“修正”知识分子（如刘宾雁）。

他们的讲话真诚却不够灵活。5 月 24 日，曾是共产党地下党员的葛佩琦在人民大学的会议上发言，肯定“如果共产党员不为人民服务，人民有权力推翻或处死他们”[48]。这样的话如果断章取义，无异于进行起义的号召。这种对社会的不满很快就吸引了许多在红旗下长大的大学生和青年学者。他们震耳欲聋的呼喊远远抵消了长辈们的沉默！于是就有了林希翎[49]，她要求释放胡风，并批评 1942 年延安整风中毛泽东关于文学和艺术的思想。她认为在这场精英运动中，人民是缺席的。

事实上，人民不是缺席，而是沉默。上海和广州的工人举行罢工抗议工作日过长或要求更高的工资，农民拒绝向当局提供粮食。除了一些工会领袖谴责党想让工会担任传话筒的角色，这些暴力反应并没有被看作政治立场有问题。社会和政治的分离大大消除了不满意见的力量。就像西方有些学者认为的那样，这种分离让毛泽东肯定，如果他的目的是制约体制平衡的话，那么这种考验并没有什么风险。但情况显然不是这样的。

事实上，毛泽东积极关注运动的发展：4 月 8 日回北京后，他一直在北京待到 7 月 1 日上午。5 月 4 日，他下了一个批示要求“向前迈进”，虽然有些批评没有道理，但“没有社会压力，整风不易收效”[50]。5 月 13 日，他撰写了《人民日报》社论《谈职工闹事》[51]。毛泽东没有举任何实际的例子，肯定地说“工人是国家的主人”，他们和企业领导之间的矛盾不是对立的。5 月 15 日，他认为“事情正在起变化”[52]，同时表达对影响的关注：“事情正在走向反面。”

于是，反对教条主义和“左”倾机会主义的批评开始转向“右倾机会主义和修正主义”，这和计划完全相反。4 月 17 日，他设宴招待 4 月 15 日至 5 月 26 日期间访问中国的伏罗希洛夫荣誉元帅，并在访问结束时发表了一次演讲，关注中苏友谊的发展。他阅读了很多书籍，尤其是各朝代的历史书，还向他的秘书们特别是林克要马克思主义理论的读书笔记和列宁经典书籍《做什么?》和《四月提纲》，他要丰富自己的论点来反对资产阶级思想。[53] 1965 年 8 月，他对安德烈·马尔罗说“我孤单一人率领群众”[54]，也许就是在这几个月里他体会到这种感觉。事实上，毛泽东知道自己很受欢迎，当他出现在天津著名的“狗不理”[55]餐馆的窗口时，拥挤的人群为了近距离看到他开始骚动。不过，他已经不和普通人接触，这越来越扭曲了他的判断。他生活在夜晚，白天吃很多安眠药，在清晨和下午睡觉。他经常问警卫他们的村庄发生了什么事。相反，他和党的高级官员的接触都比较正式。

每一天很晚才醒来后，他先阅读由康生的团队写的关于政治形势的报告和汪东兴控制的 8341 部队[56]特派员的报告。他不喜欢北京的天气，在北京感到不舒服，他喜欢到各省视察。他的专列受特级保护，地方干部会确保主席看不到什么令人不愉快的东西。因此，无论是在北京还是在全国其他各省，毛泽东都生活在虚假的布景中。虽然他知道所有信息的细节，但是撰写信息的人或能够接近他的领导者让信息通过棱镜的折射，展现给毛泽东一个他希望看到的世界。

从 5 月 11 日开始，毛泽东和李淑一互寄信件，信中透露出毛泽东的担忧。[57]李淑一是毛泽东第一任妻子杨开慧的朋友，柳直荀的遗孀。柳直荀是湖南农民工会领导者之一，1932 年 9 月在反对国民党的战斗中被杀。李淑一在送给毛泽东的一首词中哀悼她早逝的丈夫。作为回应，毛泽东写了一首名为《蝶恋花·答李淑一》的词，将两位烈士的姓用谐音写进词里：

我失骄杨君失柳[58]，
杨柳轻飏直上重霄九。
问讯吴刚[59]何所有，
吴刚捧出桂花酒。
寂寞嫦娥[60]舒广袖，
万里长空且为忠魂舞。
忽报人间曾伏虎[61]，
泪飞顿作倾盆雨。

这首谈论胜利的词却散发出一种忧郁的感觉，两个仙人因为过于大胆（杨开慧和柳直荀参加革命?）受到惩罚居住在月亮上。这首词表达了毛泽东的失望甚至恼火：我们做出如此大的牺牲是为了现在这样?

5 月 15 日，毛泽东在一个下发到各级党组织的内部指示上写道[62]："几个月以来，人们都在批判教条主义，却放过了修正主义。……右派……先争新闻界、教育界、文艺界、科技界的领导权。他们知道，共产党在这些方面不如他们……毒草共香花同生，牛鬼蛇神与麟凤龟龙[63]并长。"毛泽东用威胁的语气结束了这篇文章："右派先生们"或者承认自己的错误，改邪归正；或者坚持挑起事端，自取灭亡。5 月 25 日，他在共青团第八次代表大会上说："一切离开社会主义的言论行动是完全错误的。"[64]1958 年 1 月 28 日，毛泽东指责陈铭枢："'偏听偏信'，不可不偏，我们不能偏听右派的话，要偏听社会主义之言。"[65]对毛泽东而言，法律只是阶级斗争的工具。

反右运动

6月8日，毛泽东在党内下达指示——《关于组织力量准备反击右派分子的猖狂进攻》[66]，发动反右运动。同一天，毛泽东在《人民日报》发表社论《这是为什么?》。[67]5月25日在国民党革命委员会[68]的会议上，一些干部被指责“为虎作伥”，证明“阶级斗争并没有消失”[69]。6月9日的文章《我们应该接受积极评价，并作出适当的反应》记录了6月7日发生在上海复旦大学的类似事件：一位教授为过度批评中国共产党感到遗憾，被一位质疑党的领导作用的副教授突然打断。面对后者要求的言论自由，毛泽东提到“社会主义劳动人民的言论自由”，因为“阶级斗争还没有结束，资产阶级思想总是和无产阶级思想发生冲突”。6月10日，一篇新的社论讨论了前几天工厂里的工人论坛对资产阶级思想的谴责。6月14日，毛泽东引用了姚文元反对《文汇报》右派路线的文章，再次提醒说：我们必须始终确定阶级定位，才会重拾人民内部矛盾。6月19日，《人民日报》刊登了2月27日毛泽东发动这场运动的讲话《关于正确处理人民内部矛盾的问题》，不过经过了删节和补充。毛泽东在原文基础上加入了六个区分“毒草”和“香花”的标准。“这种标准可以大致规定如下：（一）有利于团结全国各族人民，而不是分裂人民；（二）有利于社会主义改造和社会主义建设，而不是不利于社会主义改造和社会主义建设；（三）有利于巩固人民民主专政，而不是破坏或者削弱这个专政；（四）有利于巩固民主集中制，而不是破坏或者削弱这个制度；（五）有利于巩固共产党的领导，而不是摆脱或者削弱这种领导；（六）有利于社会主义的国际团结和全世界爱好和平人民的国际团结，而不是有损于这些团结。”毛泽东对所有希望插手新体制的知识分子关上了门。

6月8日的通知和后续的具体指示彻底扭转了运动的方向：不再纠正党的“左”派的错误或某些干部的官僚作风。现在唯一的打击对象是右派分子和与他们勾结的干部。当然，右派只占人口的1%，没有什么好怕的。但是，我们必须阻止他们的进攻，阻止坏分子进入工厂和学校，必须防止不同政见和社会活动结合起来。毛泽东进一步说：在此期间，工人不应该问生活条件和工资的问题，应团结起来反对要推翻工人阶级政权的反对派。

他为各级党组织提供了具体的作战计划，从而证实了他对他们缺乏战斗性是如何失望：（1）激起“左派和中间派”对打击右派的反应。（2）让群众通过大字报反驳这些错误的观点。（3）学习区分建设性的批评和破坏性的批评，无情镇压后者，不压抑前者。（4）让无党派人士加入辩论。（5）通过大约一个月的讨论[70]，“由有威望的共产党负责人”得出结论。6 月份的社论旨在展现这些计划。7 月 1 日，毛泽东在《人民日报》发表最后一篇文章[71]，标题为《〈文汇报〉的资产阶级方向应当批判》，结束了北京的运动。[72]文章背景是 6 月 24 日上海复旦大学在北京举行了一个新闻记者会议，这次会议推翻了 5 月 16 日所采取的立场，批评头脑中还残存着的资产阶级办报思想。文章措辞严厉地批评“章伯钧—罗隆基反革命联盟”，与批判虚构的高岗—饶漱石同谋案或胡风案件不相上下。毛泽东认为这个“黑联盟”到处点火，煽动工农、学生，以便于接管学校，大鸣大放，天下顷刻间大乱。

同时，自 6 月 8 日起全国各地开始反右运动，一直持续到 10 月 9 日，由邓小平负责。和以前的运动一样，所谓的“右派”或被地方党组织负责人指定为右派的人要接受公众的批斗，并被勒令进行自我批评。如果“群众”认为自我批评不够深刻，他们的苦难将重新开始。6 月 14 日罗隆基、章伯钧的第一次自我批评被拒绝。7 月 15 日，他们在人民代表大会上做第二次自我批评。[73]同时他们被剥夺了一切政治职务，被其政治上的朋友批评。他们的亲戚和朋友也要参与批判，否则会受到牵连。

在一篇或多或少有些自传体性质的小说《布礼》[74]中，王蒙写道，通常这样的考验最终会说服被批判者，让他内疚，让他对自己进行谴责。大约有 100 万人接受了这种考验，主要是小知识分子、教师、地方官员、省级记者。一半人做了自我批评，材料留在他们的个人档案里。被贴上右派的标签后，随后的 20 年里，他们最有可能成为未来活动的受害者，他们的直系亲属和其他“黑五类分子”一起成为社会的弃儿。其中 520 000 人，即 5%～10%的知识分子和基层干部被流放或劳改，直到 1978 年平反。中央在所有生产经营单位和政府机构中确定了5%的“右派”名额。

和早春推出“百花运动”时一样，毛泽东不辞辛苦地视察了各个省份。7月1日早上飞往杭州，休息了几天。6日到9日在上海召集了党的地方干部，跟他们解释类似的整改运动将在未来定期推出。他和柯庆施一起参观了机床厂，在那里了解了反右大字报，对干部们说“这些是好东西”[75]。前一天，他发表了关于知识分子的讲话。一方面，他说：“智慧来自群众”，应该打击右派知识分子，他列举了一些名字；另一方面，他认为需要知识分子，“不应该把他们扔进黄浦江”，而要帮助他们改正。7月17日至8月11日，他待在青岛[76]，主持了一个重要的省委书记会议，再次谈到这个问题。他把他们比作著名通俗小说《西游记》中的主人公孙悟空：完全不守纪律，在被观世音菩萨收服之前做了很多蠢事，后来成为保护玄奘去印度取经的人。毛泽东举了解放军在内战期间实行的“三大民主”为例：战士能批评领导，又不破坏后者的权威。此外，他不排除采取镇压措施。浙东80%的合作社解散，100万农民闹事：18日，毛泽东认为要保留死刑。20日，他谈到苏联，为赫鲁晓夫的上台感到遗憾，并回忆1949年冬天和斯大林进行过多么艰难的谈判。会议接近尾声时，毛泽东发了“青岛文件”[77]，总结了反右运动的中期成果。用他自己的话说，他认为这篇文章[78]是对2月27日《关于正确处理人民内部矛盾的问题》的辩证补充（“阴阳形成一个整体”）。2月份的讲话组成了整风运动调解的一面，“夏季形势”组成了进攻的一面。其实，毛泽东似乎已经到达了一生中最高的位置，直到他生命结束，也没有再登上这个位置。社会主义道路和资本主义道路之间的斗争是生死之争，因此人民和“资产阶级右派分子”之间存在着不可调和的对抗性矛盾。任何反革命分子都必须被清除。这场战斗将持续10至15年，在此期间，要奠定工业和现代农业的基础，工人阶级要培养自己的知识分子。再用8到10个五年计划，中国将赶上甚至超过美国。至于苏联，它似乎逐步成为吃力不讨好的角色，是社会主义建设道路的反面教材。

8月11日，毛泽东返回北京。经过两个月的反右运动，毛泽东再次提到农业集体化的问题，一切都已经准备就绪。8月18日至28日，他在北戴河与陈伯达、田家英一起修改10月初中央全会的指令，1956年经过讨论的12年农业计划变成“农业四十条”。9月3日至18日两周内，毛泽东先后去了河北、湖北（7日在武汉长江游泳）、湖南、江西、浙江、江苏、上海。毛泽东最后修订了这份农业计划。9月11日，他乘汽车离开杭州，参观了海宁的七星寺，观看了秋分时的钱塘江大潮，并有感而发写了一首短诗。[79]17日晚，他抵达上海，和两个“右派”舒新城和赵超构吃了晚饭。[80]18日上午，到上海国棉一厂读大字报。在完成了实地调查之后，9月20日至10月9日，他参加了中共八届三中全会的讨论。这段时间他还在为去莫斯科参加十月革命40周年[81]做准备，所有国家的共产党都要参加这次会议。

为时7～8个月的整风运动从“百花运动”开始，以反右运动结束，是中华人民共和国历史上的交替期。事实上，它们的政治成本非常高，已经动摇了知识分子与党的关系。这些知识分子感觉被欺骗了，对毛泽东失去了信心。至于干部，从此以后，他们认为犯“左”倾错误比右倾错误好[82]，从而把这个国家引向了灾难[83]。毛泽东在这些事件中的责任重大。他并没有被某种自由冲动驱使，但他为避免苏联式的退化[84]发动了新形式的整风运动，改变了党的工作作风。

第三幕：发动“大跃进”

9月20日至10月9日，八届三中全会在北京颐年堂举行，400名党的负责人参加。7日，毛泽东发表讲话，9日，致闭幕词。因为会议时间太长，他感冒了，但他很高兴，因为他取得了全面的胜利。[85]9月23日，邓小平关于反右运动的报告[86]坚持对“资产阶级右派分子”和那些与右派有“共同阶级利益”的人进行必要的批判，这是毛泽东所希望的。被批判的人包括大多数大知识分子、小民主党派领导人和许多党的干部。在这一点上，毛泽东的评论事实上抛弃了八大的论点——阶级斗争已经结束，从今以后根本的矛盾是先进的生产关系和落后的生产力之间的矛盾。[87]相反，邓小平和毛泽东认为资本主义道路和社会主义道路之间的冲突继续存在，资产阶级是社会主义革命的主要对象，但因为策略的原因，他们一致强调谴责官僚主义。邓小平也要求结束1956年下半年运动中的“反右扩大化”：停止农村人口外流，关闭农贸市场，重新开始毛泽东看重的12年农业计划。1957年冬，60万到80万农民远离自己的家园，参加了这个农业计划中水利工程的兴修。数百万城市干部被简政下乡。小的农村合作社合并成越来越大的合作社，这些合作社通常有200至300户人家。1958年6月，在河南南部甚至出现了号称1万户的巨型合作社。大规模的即兴动员和管理不善造成大量无用的繁重劳动，甚至违反了生产规律，在农村形成了一种不理性的氛围：努力两到三年，就是黄金时期了。毛泽东已经显露出第一个失控的迹象[88]：他要求按照12年农业计划的建议提高粮食产量。这些建议包括密植，推广一年前农民不愿意使用的适合于西伯利亚的重型犁，认为中国将在未来成为世界上粮食产量第一的国家。他提出了不需要农业机械化就能达到每公顷产粮100公担这个神奇的数字：很快我们就不需要两亩地养活一个人，一亩地就够了。[89]据他说，在湘潭县一个人每年的粮食消费为509斤，其实400斤就足够了。因此，只要我们能消灭“四害”——老鼠、蚊子、苍蝇和麻雀，农民生活富足，就可以节省出基础建设和社会救助的成本（集体投资）。在1958年的头几个月，数以百万计的志愿者在麻雀休息时吆喝呼喊，直到它们飞得力竭而亡；连苍蝇飞过的声音也听不到了。但是毛毛虫的数量因为失去天敌而剧增，收成遭到破坏。这些对毛泽东来说都无关紧要，他继续自己神奇的计算。他认为所有这些措施至少会增加五分之一的产量，这样的积累可以在三个五年计划之内让钢铁产量增加四倍，加上利用小村庄3万吨产量的小锅炉，到20世纪70年代初能达到2 000万吨。生产要“快、好、多、省”。就像寓言故事中顶着牛奶锅的佩雷特，毛泽东制订的粮食和钢铁生产计划不切实际。1957年冬天“大跃进”已经诞生，接下来要做的事情只是如何命名这个运动而已。

10月4日苏联成功发射第一颗人造卫星，11月3日成功发射了第二颗。取得这样的成绩与毛泽东对苏联政治和经济表现不佳不断增长的失望形成了对比。而且毛泽东反对激进地谴责斯大林（他的画像已经在莫斯科消失，但还挂在天安门上），也不同意赫鲁晓夫与帝国主义和平共处和以非暴力手段夺取政权的论点。但苏联火箭的力量是一个强大的武器，因为美国还“甚至无法把一颗土豆送上太空”：毛泽东想要拔掉纸老虎的胡须！这增强了毛泽东的积极性，并打消了他最后的顾虑。

这一阵毛泽东的乐观情绪表现为10月13日他在最高国务会议[90]上的

讲话言词柔和了很多：我们不应该把右派当作以前的地主和反革命来处理。我们甚至可以在一段时间后摘掉其中一些右派的帽子："几年的体力劳动也不是那么可怕，不可能让费孝通娇弱的双肩挑扁担!"[91]毛泽东甚至设想在不久的将来——两三个五年计划之后——农民在国营农场劳动，资产阶级成为工人，无产阶级培养出自己的知识分子。简言之，这是一个和平社会主义的天堂。

毛泽东的第二次莫斯科之行

11月2日，毛泽东带领13人代表团飞往莫斯科参加会议，此次会议国际上共有64个重要的共产党代表团参加[92]。这是毛泽东第二次去"红色首都"，气氛比第一次好[93]。毛泽东十分活跃：他参加了所有全体会议，接待了十几位重要人物，和代表团成员整夜讨论文章和决议[94]。他多次会见当时的共产党领导人，两次与意大利共产党领导人陶里亚蒂交谈，11月8日会见了莫里斯·多列士，11月17日会见了雅克·杜克洛[95]。他没有给任何人上课，没有将中国革命作为典范，只是强调中国革命的具体情况。虽然毛泽东已经把铁托看作修正主义者，11月19日他还是谦虚地对南斯拉夫代表团说，中国已消除了发展的政治障碍，但它需要再过15年才能消除所有经济障碍[96]。他无疑是本次共产党论坛的明星，这坚定了他在中国推行新的"总路线"的决心。他的五次正式发言证实了他在新的国际共产主义运动中的地位。对于斯大林问题，他相当智慧地采取了低调的态度，让恩维尔·霍查和阿尔巴尼亚代表团非常失望。实际上，11月6日一支强大的中国军事代表团来到莫斯科与陪同毛泽东的彭德怀会合：在三个月内这个代表团将一步一步与苏联协商1957年10月15日的协议中承诺的军事和科学援助。1958年1月18日签署的新协议为中国提供了造原子弹的机会[97]，这是毛泽东自1956年4月以来的愿望。面对如此热情的主人，毛泽东需要适度改变对其修正主义倾向的谴责。他正是这么做的。在这场博弈中[98]，赫鲁晓夫处于防守地位，毛泽东进行了进攻。11月6日，毛泽东在最高苏维埃的讲话中表达了对赫鲁晓夫的支持[99]，并强调社会主义阵营需要团结，同时肯定主要的危险不是教条主义而是修正主义，并保证如果帝国主义决定发动第三次世界大战，这种疯狂的举动会让资本主义制度自取灭亡。11 月 14 日，在 12 个执政的共产党代表团在场的情况下，毛泽东重申必须由苏共领导社会主义阵营，并将其领导作用缩小为召集其他各方进行磋商。毛泽东顺便回忆了因为斯大林不友好的行为，他的第一次莫斯科之行非常不愉快。他认为斯大林是一个不了解辩证的形而上学的学者，拒绝与其他共产党建立平等的关系。最后，毛泽东将苏联人把半吨重的卫星送上天的能力和军事实力直接联系起来，尽管这和苏联的和平保证相悖。[100] 16 日，毛泽东在同一个地方说，苏联代表团没有经过大范围讨论的“莫斯科宣言”是“好的”：“既不是修正主义，也不是冒险主义”，“能让马克思、恩格斯和列宁都满意”。17 日，他对在苏联留学的中国大学生说了本章开头那番乐观的话：未来属于社会主义。毛泽东的主要声明是在 11 月 18 日最后一次全体会议上的发言。[101]他坐着[102]介绍了他的矛盾辩证观点：社会主义阵营和全球反帝国主义阵营，这两个阵营“必须合二为一”，同时避免机会主义和修正主义。因为世界上“东风压倒西风”，而帝国主义只是纸老虎。他称，中国 15 年后会有 3 500 万到 4 000 万吨钢[103]，而英国年产 3 000 万吨钢，苏联将超过美国。当然，还有原子弹和氢弹的问题，但这已不再是帝国主义的垄断，因为苏联已经有了。11 月 21 日下午他回到北京，比以往任何时候都渴望在中国建设不同的社会主义。

各处视察的毛泽东

接下来的几个月，毛泽东所有的精力都用来说服党的干部。“大跃进”的基本口号是“多、快、好、省”，目的是为了实现在莫斯科逗留期间提出的 15 年赶超英国计划。中国代表团在莫斯科完成了大部分“大跃进”草案，12 月 12 日由《人民日报》的社论发表。1 月 1 日，毛泽东亲自撰写社论鼓励群众“乘风破浪”，“尽一切可能前进”。这些主题贯穿了 1957 年 12 月 2 日刘少奇在中国工会第八次代表大会上的讲话，几天后，毛泽东在向各民主党派和无党派代表做莫斯科会议报告时沿用了这些主题，12 月 1 日筹备第二个五年计划的全国计划经济会议投票通过的决议也包含了这些主题。[104]

这还远远不够。12 月中旬，毛泽东乘飞机离开北京[105]前往杭州，陪同的有陈云、邓小平、彭真、薄一波。刘少奇、周恩来和彭德怀留在北京。40天时间内，毛泽东通过一次又一次会议再三重申三中全会和莫斯科会议上的思想。1958年1月31日，《工作方法六十条（草案）》终于诞生，这是了解"大跃进"机制的重要文件。[106]为了落实地方分权和架空部长的计划，他需要有实权的省级党委书记的支持。12月16日至18日，他在杭州首先召集了中国东部省份的省委书记以探探底。1月3日至4日，他表扬了40条12年农业计划。他在莫斯科时的狂热进一步发展[107]，提出积累50%到55%的粮食收成，抨击那些1956年下半年批评12年农业计划为"冒进"的人。[108]6日，毛泽东飞到南宁。他精神很好，冒着寒冷在邕江游了两次泳（水温为17摄氏度）。他让周恩来和刘少奇到广西的省会参加11日至22日举行的会议。[109]他开始批评周恩来、薄一波、李先念："去年你们当中有人批评冒进，我是罪魁祸首。你不是反冒进吗？我是反反冒进的！"他谴责1956年6月16日①《人民日报》的文章《要反对保守主义也要反对急躁情绪》以及财政部放弃12年农业计划的各种指令。他说："给广大人民群众的积极性泼冷水是错误的。"1月19日，周恩来进行了自我批评。晚上毛泽东和他进行了私下交谈。第二天，周恩来和刘少奇先后在会上发言，捍卫毛泽东新的"总路线"：最后一道反对过度跃进的屏障消失了。在广州休息两天后，1月26日毛泽东回到北京。1月28日至30日[110]，他在最高国务会议上讲话。他重申"去年大鸣大放的经验"（"百花运动"和反右运动），获得的成功令他感到满意，另外还有15年赶超英国计划、12年农业新计划和除"四害"。他说中国"一穷二白"，不"富裕"，"一张白纸，没有负担，好写最新最美的文字"，而且"群众热情很高"。"我们要十五年赶上英国。十五年后，要搞四千万吨钢，五亿吨煤，四千万千瓦电力；农业发展纲要四十条，八年可以完成。"毛泽东认为这是"继续革命"的阶段：继续进行动员，"趁热打铁"。

《工作方法六十条（草案）》[111]由毛泽东起草，在杭州和南宁会议上进行了讨论，取代周恩来重新成为毛泽东左右手的刘少奇对这个文件的起草做出了重要贡献。"六十条"提出，要激发群众的巨大能量。许多列出的条目是纯粹技术性的。但是，其中有五条值得注意。第16条提出农业合

① 应为6月20日。

作社的积累和消费之间的比例从 40：60 变为 50：50，然后是 60：40。“如果生产和收入已经达到当地富裕中农的水平的，可以在经过鸣放辩论取得群众同意以后，增产的部分三七分（即以三成分配给社员，七成作为合作社积累），或者一两年内暂时不分，以便增加积累，准备生产大跃进。”这一条的后果很严重，导致很多农民在第二年饿死。特别是再加上第 17 条，要求结束目前农民家庭 60%到 70%的收入来自副业和经营自留地的情况。“在鼓励农民生产积极性和全面发展生产的基础上，使农家的收入中个体经济和集体经济的比例，在几年内逐步达到三比七或者二比八（即农民从合作社得到的收入，占家庭总收入的百分之七十或者八十）。”如此一来，农民对干部的专制便完全不设防了。第 18 条规定开发地块的方法是推广试验田，这样可以全面推动试验扩展。这种方法造成了各式各样的投机活动。第 54 条举了一个例子，湖北粮食产量每公顷 80 公担，这混淆了土壤肥沃的田地和一般农田的产量，更何况从 18 世纪以来劳动工具并没有改变。第 60 条与其他条目不同的是：毛泽东提出辞去国家主席职务，以便有时间投入到党主席的工作中。人们错误地以为他的影响会有所减少。

毛泽东参加了 2 月 1 日到 11 日的一届全国人大第五次会议，不过 2 月 5 日和 6 日他乘专列去了济南，2 月 12 日飞往沈阳，之后在抚顺、吉林、长春短暂逗留，14 日回到北京。2 月 18 日，他参加了政治局扩大会议，119 名与会者通过了“六十条”。3 月 4 日，他乘飞机离开北京前往成都，经停西安。3 月 9 日至 26 日，他在四川省省会主持召开了一次会议，发表了六次讲话。[112]与会的有很多中央领导，使得这次会议有点像政治局扩大会议。[113]虽然南宁会议上的气氛非常紧张，但在成都时毛泽东心情不错。他下榻在美丽的金牛坝，一个植被茂密的公园里，还饶有兴致地观看了一场当地的戏曲表演。[114]他参观了诗人杜甫生活过的平房，还欣赏了乾隆皇帝的书法。

毛泽东已经逐渐失去与现实的接触，在接下来的几个星期里，这一点得到了证实。3 月 29 日，毛泽东在重庆乘船出发，沿长江而下，欣赏著名的三峡风景。陪同的有李井泉、王任重和柯庆施[115]，分别是四川、湖北和江苏省省委书记。4 月 1 日至 9 日，他停留在武昌东湖，在汉口召开了中国东部和中南部党的领导人会议[116]，他强调过渡阶段阶级斗争必然艰巨。12 日，他乘飞机抵达长沙，仍然心情很好，在一家著名的鱼餐厅吃了饭，第二天飞到广州。4 月 15 日，他写了一篇文章，题为《介绍一个合作社》[117]：这个合作社位于河南封丘附近的黄河北岸，土地排水不良，这个合作社的 12 年农业计划是每亩产粮 400 斤，增量 150 斤。这篇文章引用县委书记提交的一份报告[118]说，因为“共产主义精神在全国蓬勃发展”，取得这些胜利的速度比预期快。毛泽东每天傍晚乘船到珠江游泳。4 月 22 日，他和许多政治局成员会面，讨论 5 月 5 日即将召开的八大二次会议：调整 18 个月前的八大一次会议上投票通过的决议，给人的印象是两次会议具有连续性。刘少奇[119]介绍了他要做的报告内容，报告被采纳。4 月 27 日至 29 日，讨论继续，这次是关于工业的。5 月 1 日，毛泽东乘飞机离开广州前往武汉，5 月 2 日返回北京。当天晚上，他与刘少奇、周恩来、陈云、邓小平、董必武、彭真、陈伯达、胡乔木、杨尚昆开会，为大会的召开做最后准备。

第四幕：共产主义过渡

5 月 5 日至 23 日，中国共产党第八次代表大会举行第二次会议，刘少奇做报告，题为《目前形势，党的社会主义建设的总路线和今后的任务》[120]。这篇平淡的文章没有什么新的内容。它为 12 年农业计划的“盲目冒进”辩护，介绍南宁和成都会议的主要口号，广大人民群众对“大跃进”在 15 年内赶超英国充满信心，生产要达到“多、快、好、省”[121]。读完这份报告，我有两点评论。

第一个是，刘少奇定的目标仍然十分模糊，特别是在农业生产方面。虽然提到王国藩“穷棒子社”的胜利，并为冬季伟大的水利工程感到振奋，但生产情况仍然不佳，削弱了“大跃进”的基础。1957 年的收成比 1956 年增长了 5.8%，但是没有什么意义，因为作为参照标准的前一年的收成特别不好。事实上，粮食产量的增长赶不上人口的增长，而让最贫困的农民不陷入饥荒的安全值仍然很低。当然，新的农业部门负责人谭震林 5 月 17 日谈到了农民的积极性和产量的提高，但他也没有谈到更多的细节。刘少奇在秋收后与持怀疑态度的人约谈，这是一种挑战。因此，我的第二点评论是，刘少奇在讲话中一直在回应这样或那样的批评，包括

1958 年春天毛泽东视察的那些省份的官员和政治局一部分成员的批评。对“大跃进”的异议记录往往是粗略的，但在正式文件中有记录。从第二年冬天开始，这些异议都被证明是恰如其分的。而且，大多数情况下，它们都是常识。我们应该得出这样的结论吗：在党的领导集团内达成的共识不过是一种休战，而不是一场不可避免的清算？

这可以解释毛泽东在这次会议中发言五次[122]，而在 1956 年 9 月的第一次会议中他唯恐避之不及。发言的重点有三条：

（1）应该“消除中国人民对权威的迷信”：以前是对孔子，后来是对外国人，现在轮到苏联。中国革命比马克思活着的时候做的还要多。他再次提到他的“白纸”论和没有受过什么教育的年轻人在创新中的作用[123]，毛泽东还提到之后成为民粹主义信条的一番话：“劳动人民的创造性、积极性，从来就是很丰富的。……我们现在的办法，就是揭盖子，破除迷信，让劳动人民的积极性和创造性都爆发出来。”

（2）必须辨别哪些是群众的想法。毛泽东提到 1942 年至 1944 年延安的“群众路线”：来自人民的新建议必须经过党的评估，党要联系群众，用马克思列宁主义的理论武装自己，在反馈和使用这些建议之前进行必要的选择。1958 年，林彪提出：“听毛主席的话永远不会错。”毛泽东批评了这种想法，并说：“任何捍卫真理的人都应该听，不论是淘粪工还是清洁工。”但他仍然在 5 月 25 日大会结束后指定林彪为政治局常委，居国防部部长彭德怀之上。很显然，对他的个人崇拜没有使他不快，他越来越觉得他是党的化身，只有他的思想是对的。林彪大声说出了他私下的想法。

（3）林彪的这一晋升也符合毛泽东对国际形势的分析。毛主席一直强调美国的经济困难造成帝国主义阵营的危机和不断高涨的第三世界解放斗争。另一方面，他认为社会主义阵营增强了团结，“因为南斯拉夫不再是社会主义阵营的成员”。他对铁托的强硬态度使得苏联于 4 月 3 日决定不派代表团出席南斯拉夫共产主义者联盟大会。5 月 5 日，毛泽东痛斥南斯拉夫为修正主义者，此后认定铁托元帅为“叛徒”。他不希望苏联是对付修正主义的攻击者，因为他怀疑苏联有同样的嫌疑。而且，3 月 31 日赫鲁晓夫向核大国建议暂停在大气中进行氢弹试验，该建议被美国接受，也得到了苏联的确认：此时是中共八大第二次会议的前几天，这使毛泽东感到沮丧，他的梦想是打造中国的原子弹。但是彭德怀带领“中国人民志愿军”在抗美援朝战争中发现了解放军的缺点，他建议中国军队必须专业化，改进落后的武器和战术，限制庞大的国防开支。毛泽东更喜欢林彪的战略：中国制造自己的原子弹，用装备简易的民兵对付潜在的侵略者，让他们淹没在民兵的汪洋大海里。

大家都忽略了在集体化过程中已经形成的陷阱：地方和地区干部不是因为他们的管理能力和洞察力得到提升，而是因为他们在政治上顺从。从5月中旬开始，他们将开始与之前晋升得更快、更高的人竞争。阅读《人民日报》是特别有启发性的事情：每天的报纸都充斥着县、乡或合作社要求在一年内粮食增产15%到20%的决议，而在一些省份，有所保留的省委书记被撤职或被狂热分子取代。毛泽东也在其中发挥了作用，5月31日到6月19日，他对钢铁和机器生产表现出浓厚的兴趣。6月7日，毛泽东参加李富春主持的讨论，得出的结论是，1958年至1959年钢产量可以增加一倍。他立刻给邓小平写信，觉得不难达到美国的钢铁产量：如果我们继续以每年翻一番的速度生产钢，1962年钢产量将达到6 000万吨！在第二个五年计划期间将超过英国，在下一个五年计划期间赶上美国。[124]在这种奇怪的统计数据游戏进行的同时，数十万官员从关键部门被“精简下放”到农村，统计信息由宣传部门控制。

渐渐地，这股歪风吸引了最优秀的人才：6月17日，李先念在一份报告中期望小麦产量一年内增加33%。6月18日晚工作会议的前夕，毛泽东在游泳池里游泳，叫来了冶金部部长王鹤寿[125]，并询问钢铁产量是否可以在一年内增加一倍。王回答说，第二天他会采取必要步骤以达到这个目标。接下来的会议肯定了这个目标。6月22日，薄一波表示“除了电力”，从1959年开始能源生产将在所有其他领域超过英国。毛泽东在这份报告上的注释写道：“超过英国，不是十五年，也不是七年，只需要两年到三年。”“这里主要是钢，”他说，“只要一九五九年达到二千五百万吨，我们就在钢的产量上超过英国了。”因此，在几个月时间里，赶超英国的目标时间从15年缩减到3年，年产量几次翻倍，却没有进行任何的调查，也没有任何技术研究。[126]

在此期间，中央军委召开了一次重要会议，召集了解放军1 000名高级军官，会议时间为5月27日至7月22日。6月29日，毛泽东在会上讲话。[127]他列举了中国大量的军事典籍[128]，批评对苏联军事模式的盲目迷信，称必须用我们自己的创造性精神，将谨慎审议与讨论相结合。林彪认为“学习苏联的战术没有用，因为我们有毛泽东同志制定的战术”。5 月 23 日，《解放军报》发表了一篇文章，一位叫刘亚楼的人要求优先学习“毛泽东的军事思想”。毛泽东没有提到这篇文章，但是在讲话中对作者大加赞扬。很多发言的人批评苏联继承了沙皇军队很多的做法。为了突出解放军原来的特征，毛泽东建议军官当一个月普通士兵。这一措施从 1959 年 2 月开始实施，150 000 人参加，其中包括 160 名将军。这个决定具有“延安精神”，党的最高领导人起了表率作用。5 月 25 日下午，包括毛泽东等几十位参加八大的代表为首的 500 人在十三陵附近的水库工地劳动，他们拿着铁锹、锄头和扁担忙了几个小时。第二天，中国报纸刊登了一张主席微笑劳动的照片。

在积极参加中央军委组织的会议的同时，6 月底毛泽东把注意力从钢铁产量问题重新转向农业问题。他阅读了河南的几个县送来的各种报告[129]，这些县发展的合作社覆盖了整个乡，包括近 1 万个家庭。毛泽东想起年轻时读康有为的《大同书》[130]，显得很激动，他开始和身边的人谈论在农村建立各种不同的自治社团，整合农业、工业、商业、教育、医院和民兵。7 月 1 日，陈伯达在北大纪念中国共产党成立的一次会议上说起了主席的这个愿望。同一天，《红旗》刊登了署名陈伯达的一篇文章，题为《全新的社会，全新的人》。文章评论了湖北鄂城旭光合作社的转型问题。[131]通过建立小工厂，工人和农民互相转换，取得了优异的成绩。陈伯达引用了恩格斯的观点，提出是不是有迹象表明中国能够“以史无前例的高速度发展社会生产力、能够比较迅速地消灭工业同农业之间的区别以及脑力劳动同体力劳动之间的区别，从而为我国顺利从社会主义过渡到共产主义创造条件”。7 月 14 日，在华北六省市农业协作会议上，农业部部长谭震林也谈到了“农民公社”。此时全球正处于危机之中：7 月 13 日，巴格达发生军事政变，推翻了亲西方的政权——哈希姆王朝费萨尔二世，导致美国和英国在黎巴嫩和约旦进行军事干预。7 月这段时间，毛泽东向中央政治局提议，作为回应，解放军炮击国民党的前哨岛屿金门和马祖十几天，这和他在 1954 年 9 月的做法如出一辙。[132]因技术的原因，敌对行动的爆发推迟了。在此期间，苏联建议美国、英国和法国在巴黎举行首脑会议，成功地缓和了紧张局势。毛泽东觉得这是投降，特别是苏联领导人认为应该同印度联盟和联合国对话，这让毛泽东很不悦。同时，大概是为了提高跟美国人磋商的筹码，赫鲁晓夫建议和中国在太平洋战区进行军事合作，在中国安置一个功能强大的广播电台，沟通远东地区的核动力潜艇舰队，舰队的苏联工作人员拥有在中国居留的权利。出乎苏联领导人的预料，毛泽东的反应非常强烈[133]，他认为这一举措试图恢复苏联在中国的租界，就像以前的旅顺和大连。此外，毛泽东抓住机会表达了对苏联与帝国主义阵营和平共存以及在大气层结束核试验做法的不满。赫鲁晓夫认为必须访华，他在国防部长罗迪·马利诺夫斯基的陪同下匆匆赶到北京。最初计划访问一个星期，结果只待了 4 天，即 7 月 31 日至 8 月 3 日。[134]这是一次彻头彻尾的失败。在莫斯科受到极大尊重的毛泽东穿着浴袍在游泳池里接待了赫鲁晓夫。开始讨论时，毛泽东舒服地待在水里，而克里姆林宫的主人尴尬地套着一个游泳圈（他不会游泳），在翻译和警卫之间蹚水！毛泽东肯定台湾问题是中国的内政，忽略了这会导致美国的反华反应[135]，苏联将不得不按照 1950 年的《中苏友好同盟互助条约》介入。除非广播电台由中国控制，否则不接受这一建议，建立联合舰队的条件是舰长们是中国人！这显然是“K 先生”不可接受的，他努力与美国达成的妥协已被破坏。

赫鲁晓夫一走[136]，毛泽东就开始了新一轮的各省视察。从 8 月 4 日到 13 日，他访问了河北（4—5 日）、河南（6—8 日和 12 日）、山东（9 日和 13 日）、天津（10—13 日）[137]。8 月 7 日，在河南省省会郑州火车站，他在专列上接见了省委书记吴芝圃。后者告诉他去浙江省诸暨县访问的情况，诸暨的目的是建立“共产公社”，但吴更喜欢称之为“人民公社”。毛泽东说，这个名字好。第二天在新乡县七里营村，毛泽东看到一块写着“人民公社”的牌匾，说：“人民公社？好啊。法国工人夺取政权之后建立了巴黎公社。我们的农民建立了人民公社这个经济政治组织，这是朝共产主义迈进了一步。人民公社，好！”9 日，山东省委书记谭启龙提交了一份报告，内容是关于在历城县北园筹备成立“大农场”，毛泽东说，他更喜欢“人民公社”这个名字。8 月 18 日《人民日报》正式公布了这个名称。

中国变成了大公社[138]

8 月 17 日，中共中央在北戴河召开政治局扩大会议，中央政治局委员，各省、市、自治区党委第一书记以及政府各有关部门党组负责人参加会议。前一天人民公社的名称得到通过。[139]这次会议直到8月30日才结束。毛泽东主导了这次超长的会议。他致了开幕词，21日上午和下午参与讨论，30日做总结。他的心情很愉快，每天到海里游泳。1958年7月1日，毛泽东听说血吸虫病重点流行区域之一的江西省余江县消灭了血吸虫病，欣然提笔，写下了一首短诗《送瘟神》[140]，诗中提到了对农民的大规模动员：

六亿神州尽舜尧[141]
…………
红雨随心翻作浪
天连五岭银锄落
…………

在北戴河政治局扩大会议[142]上，秋季的收获听起来很棒：粮食产量比1958年增加69%，即由300万到330万吨[143]。8月11日，谭震林在《人民日报》上发表的一篇文章中谈到收成为240万吨，“甚至有300万吨”①，“通过两到三年的奋斗，实现极大物质丰富”。人们开始在农村用砖和砂浆建造4～5米的小高炉，用来熔化铝锭，而没有求教工程师。[144]毛泽东在会议开场词中列出了17个要讨论的问题，包括五年计划、钢铁产量增加一倍、人民公社的经验、实践教育、干部参与体力劳动、国际形势和深耕。谈到深耕问题，即第15个问题时，毛泽东说这种技术能将农业产量提高两倍。然后，他突然讲道：“几年之后，亩产量很高了，不需要那么多耕地面积了，可以拿三分之一种树，三分之一种粮，三分之一休耕。”毛泽东最终提到的第17个问题是，由农村适龄人口组成民兵的问题。[145]他说，“全民皆兵”[146]是一个好口号。

毛泽东强调人民公社的问题，是8月29日通过的简短决议[147]的主要鼓动者，这个决议建议推广合并农业合作社，使之变成2 000～7 000户的大型集体[148]。12月底，合作社达到26 578个，包括1.24亿个农民家庭。

① 原文有误。谭在文章中讲到的以小麦为主的夏粮产量为1 010亿斤，换算为吨，应为5 050万吨。

在理想的情况下，合作社包括农业、工业、学校、医院、食堂、托儿所、幼儿园、养老院，以及一个常设民兵队，由干部训练所有达到入伍年龄的公民[149]。合作社的基本原则是劳动力的“一平二调”，农民可以变成工人，工人可以变成农民，所有人都参加体力劳动，这显然只可能适用于不怎么需要或根本不需要学习的基本劳动，如著名的小高炉炼铁。农民会逐渐失去他们的自留地，把所有的时间投入到集体中。他们分成小队工作，小队组成大队，并可能形成像山西那样的“劳动大军”，离开村庄参与运河、堤坝等“重大基础设施建设”。大约十年前，土改确保土地归农民所有，十年后，农民和他们的土地之间的联系被切断了，很快，竖起来的标语牌证明了这一点。然而，土地的所有权仍然是集体制，“在五、六年或者更长一些的时间”后才会实现“全民所有制”。农民仍然是合作者，并没有成为地主，将继续按照“各尽所能，按劳分配”的原则进行分配。事实上，要注意在贫农和中农的压力下合并富裕的公社和贫穷的公社，像决议所讲的那样，均衡所有成员的收入，并寻求免费供应粮食和衣物，取消工资。毛泽东在讲话中强调了男女平等。他说，妇女要从家务劳动中解放出来，和男人一样参加田里的劳动和各种社会政治活动。有人还出版了诗歌，农民歌唱他们的快乐，把炊具扔进小高炉，去学习认字。河南省开列了一些食谱，改进集体食堂单调的菜单。几个世纪以来，数以百万计的家庭第一次熄了自家的灶火。最贫穷的人相信他们将最终不再害怕几百年来常常降临中国农村的饥荒：吃几年苦，最终会享福！毛泽东多次在他的演讲中提到“延安精神”，对这种精神充满了怀念。现在公社宣布这种精神回来了。[150]毛泽东说，中国将很快成为一个大公社，所有的人口分布在几个主要城市和几十万个公社里，包括一些城市公社，例如河南郑州的公社。公社将取代乡作为行政管理的基础。但是，毛泽东明确表示一定要保持一定的纪律，保留强大的党委和一个生产计划。每个公社不可能什么都做。

这些“人民公社”是一个大项目的一部分，正如其名称所暗示的，它们开辟了通往共产主义社会的道路，而“共产主义在我国的实现，已经不是什么遥远将来的事情了”[151]。这是毛泽东强调的第二点。他反复说“要破除资产阶级的法权思想，例如争地位，争级别，要加班费，脑力劳动者工资多，体力劳动者工资少等”，这些都是“资产阶级思想的残余”，并且明确表示按劳分配是资产阶级法权，我们暂时得尊重它，但要尽可能多地利用免费分配。张春桥在 9 月 15 日的文章中提出取消薪水制，用免费供给制代替，这篇文章[152]使得张春桥引起了毛泽东的注意。他写道，未来将从“各尽所能，按劳取酬”过渡到“各尽所能，各取所需”。事实上，“我们处在共产主义的初级阶段即社会主义社会”[153]。

8 月 21 日，毛泽东再次提到这个主题，转而批评生产关系问题苏联“在十月革命以后，也没有解决”。事实上，“在所有制解决以后，资产阶级的法权制度还存在，如等级制度，领导与群众的关系”。幸运的是，中国自“整风以来，资产阶级的法权制度差不多破坏完了”，干部不滥用职权，而是服务人民。未来所有制解决以后，人民公社“要考虑取消薪水制，恢复供给制的问题”，这种制度在延安红军中普遍存在。这个共产主义主题被写进了人民公社的章程里，其中河南省南部遂平县卫星人民公社的章程被认为具有代表性。[154]

乐土

毛泽东认为公社和钢铁争夺战应该能保证物质充裕，这是实现共产主义的先决条件。8 月 30 日的时候，他对钢产量能否达到 1 100 万吨感到怀疑，尽管这是他几个星期之前促成的决定。[155]根据已经取得的成果统计，当时钢产量只达到 900 万吨。因此，在 133 天的时间内，产量必须翻一倍才能完成年产量。过去 8 个月的钢产量和 1957 年的生产量相比已经增加了一倍。现代化的钢铁厂已经充分发挥其潜力，唯一可用的是小高炉。因此，毛泽东要求官员征用任何可用的废料，集中收集和生产。如果想赶上或超过英国的人均钢产量，即接近每人 440 千克，那么就需要生产约 3 亿吨钢材，如要达到每年每人一吨钢材，“十五年或者更多年之后”则要达到 7 亿吨。[156]这样，中国将远远超过受到经济危机影响的美国。美国有 2 亿人口，1957 年钢产量刚刚超过 1 亿吨。唯一可能的方法是，每年的产量在上一年的基础上翻倍！

至于农业，撇开 8 月 30 日粮食产量 1 700 万吨这个根据毛泽东讲话错误转录的数字不提，毛泽东还提到过两个数字：1958 年预期的粮食产量是 3.5 亿吨[157]。6 亿中国人的粮食需要是 2.16 亿吨，人口达到 7 亿的时候，粮食需求为2.52亿吨[158]。事实上，毛泽东评估每个中国人平均的粮食需求为360千克左右。每公顷75公担的产量将生产400多万吨的粮食，这些目标已经在很大程度上被超出。因此，未来可以考虑减少至少25%的大米和小麦的种植面积，将土地一分为三，三分之一种谷物，三分之一休耕种树，这样“中国将是一个巨大的花园”。[159]

在毛泽东的规划里，粮食产量神话般的增加实际上依赖的不是一场技术革命，而是从他的12年农业计划里面提取出来的“纲要”。10月中旬，经过各种修正，总结出“农业八字宪法”。（1）水：大型水利工程，建造没有混凝土的小水坝。（2）肥：优化肥料，使用混入农家肥的天然土肥料。（3）土：通过深耕改善土壤。（4）种：根据利什申科的杂交选种，番茄和棉花杂交会长出红棉花。（5）密：著名的“密植”使得1958年水稻种子在南方的种植是每公顷150万株，1959年则变成每公顷1 500万株。（6）害：消灭虫害和病害。在田里安装一些巨大的灯，让昆虫围着它们乱飞直到筋疲力尽。（7）工：改进工具。这是唯一借鉴苏联的地方，尽管1956年春天70万具犁铧的犁在水田里无法使用。坚持在洛阳一个大型工厂里生产不适应中国小规模耕作的重型拖拉机，而此时日本正在推广农业机械化。（8）管：提高管理水平，转变公社的性质，尤其是公社的军事化。“我们的共产主义从军队开始，我们的民主在人民军队找到它的来源。”[160]在公社各种活动中使用的术语也是军用的，例如特遣队、突击队、旅和纪律。

9月10日至10月17日[161]，毛泽东又在各省视察了一次[162]。回到北京后，他写了几十封信，批阅了数百份报告，下了多条指令。他的工作十分忙碌，很少在早上四点钟前睡觉。10月19日，他写信给陈伯达，让他与张春桥一起去实地调查河南遂平嵖岈山卫星人民公社。半小时后，他又发出了第二封信，建议他们每天晚上学习马克思、恩格斯、列宁和斯大林的共产主义著作。10月28日，他又写了一封信，建议他们在邻近地区多调查几天，以便比较统计数据。10月26日，他派秘书田家英和记者吴冷西去河南北部的七里营公社了解公社的运行，并和中原地区类似公社的成绩进行比较。他在北京听取了安徽省委书记曾希圣的报告，询问了9月份视察安徽之后的情况。那是他第一次看到小高炉照亮夜晚的场景，在合肥，他的车淹没在30万人的欢呼声中。然而，这一次，毛泽东给这位无比忠诚、以为已经进入共产主义的信徒泼了一盆冷水，提醒他路还长。像往常一样，毛泽东的话有两面性，有时热情，有时持怀疑态度。比如在给陈伯达的信中，他说要警惕某些干部的浮夸风。

事实上，共产主义之风在这个秋天吹得非常猛烈，开始引起毛泽东的警惕。农村劳动力的军事化采取了诸多壮观的形式：3 000 万四川民兵和 2 500万山东民兵迈着行军的步伐去田间地头，每天用老式步枪进行两到三个小时的实战训练。11 月下旬，他们常常好几天不休息在田里抢收，有些人会突然休克。事实上，自年初以来，大量的劳动力投入大炼钢铁的战斗中，到处建满了小高炉，所有的废铁都被拿去炼钢。根据毛泽东本人估计，9 月中旬近 2 000 万农民参与了这项运动，11 月，这个数字增加至 9 000 万人。彭德怀估计从 9 月到 12 月，投入炼钢的人力达 900 亿人次。同一时期，小高炉产量占钢铁总产量的份额从 14％提高到 49％。但这种钢中有十分之九含有硫化物，不可以轧制。[163]而庄稼因为缺乏劳动力收割烂在田里。事实上，农民劳动力从 1957 年的 1.92 亿人下降至 1958 年的 1.51 亿人，而这种空缺没有被农业机械的使用填补。收成也没有预期的好，因为深耕破坏了部分腐殖土，把石块和沙子翻到表面，密植的种子死了，大量的杂交植物腐烂，胡乱建造的水坝[164]淤积或因为改变了含水层造成大片土地盐碱化。各处都有人开始用含蓄的语言表达疲惫的状态，农民讨论强迫劳动，不相信北京的胜利消息。因此，毛泽东决定 11 月底在武汉召开八届六中全会：少年时，他曾跟随父亲在稻田里干了几年活，因而不敢相信水稻产量的奇迹——几个月内从每公顷 20 担变成原来的 10 倍、20 倍甚至 30 倍！10 月 31 日他乘专列离开北京，为这次会议做准备，经过河北时停留了好几次，与当地官员进行讨论。11 月 2 日，他到达河南省省会郑州，在那里他决定召开一次中央工作会议，至 11 月 10 日结束。会议有时在他的火车上举行，有时在省里的招待所举行。之后，毛泽东来到了河南的心脏，共产主义之风吹得最厉害的地方。

第五幕：“大跃进”的后果

从 11 月 2 日开始，毛泽东在陈伯达的协助下，在他的专列上召集了九个省[165]的书记开会。他询问了工作成果，批评了 10 月在西安举行的农业会议上某些人提出的取消货币和贸易的建议。4 日，毛泽东请他们研究斯大林的著作《苏联社会主义经济问题》。[166]11 月 6 日到 10 日，他主持了更大规模的会议，并于 6 日、7 日（晚上）、9 日和 10 日发言四次。他的热情并没有减弱。他曾禁止干部在亲自实地调查之前对文件进行评论，很显然，他不喜欢像自己曾经建议的那样做：他只是听取干部的意见，或搜集他们的书面材料，同时查阅苏联的政治经济教材直到天亮。这种官僚主义的做法也许是个人崇拜高涨的产物，尽管他曾经批评其他官员的这种行为。日益孤立的主席周围都是逢迎拍马的人，其中林彪是最显眼的，再加上晚上工作的生活规律、过量的巴比妥类药物的作用，使得他很少在公众场合露面，每次露面都会造成集体狂热的场景。他的肖像背景永远是常绿的松柏和升起的红太阳，这些肖像被数以百万计的家庭摆在神坛上祖先的神像或观音像的旁边：他已经成了一幅圣像。

但是，10 月 2 日毛泽东读到一封令他担忧的匿名信。信中写道，在安徽中部淮河冲积平原灵璧的三个镇，有 500 人死于饥饿。这些人死亡的原因主要是自然灾害，但也有太早移栽水稻和当局谎报收成导致过度征收的原因。毛泽东当即写信给安徽省委书记曾希圣（主要的狂热者之一）询问此事，后者证实了这件事。毛泽东责成省委承认错误，并确保“采取适当行动”。毛泽东似乎对这个含糊的承诺很满意，他认为这是一个孤立的事件，丝毫不会动摇“总路线”。[167]然而，我们很快将注意到调查报告准确地提出天灾的影响不如人祸厉害。

此次郑州会议主要由毛泽东的讲话主导：据他介绍，“大跃进”的结果是令人满意的，让某些干部转变了想法。[168]这样说是为了防止极左倾向并巩固“总路线”。但“不能将社会主义和共产主义混为一谈”，比如在河北徐水县，人民公社领导人感到他们几乎成功地建立了“全民所有制”这一具有共产主义特点的制度，即使他们仍未能推行“供给制”。“通过疯狂前进”，他们取消了家庭自留地，把所有的猪集合起来，建一个大农场，从而剥夺了农民的一些合法劳动所得。毛泽东举了一个相反的例子，在保定附近的安国县，那里的农民保留着自留地，并且补充说，不必担心市场，因为资本主义是可控制的，在这一段时期，只有经过商品生产、商品交换，才能引导农民发展生产。毛泽东还担心某些干部（例如徐水县领导人）独断专行，只会强迫别人劳动，因而导致党和农民之间的脱节——这是从前各个朝代覆灭的原因。然而，即使他认为共产主义不是立马可实现的，但他还是说“婴儿已经在母亲的肚子里”，因为“社会主义是共产主义的萌芽”。他认为要鼓励所有已经出现的共产主义“嫩芽”成长，其中包括公社食堂的免费餐。总之，毛泽东把那些困难看作次要的矛盾。虽然他认为 1958 年秋粮丰收达到 4.5 亿吨有些夸张，但是他觉得粮食产量达到 3.9 亿吨是可以接受的。然而，实际收获是 2 亿吨。

于是毛泽东建议减少征粮量，批评了徐水县征收粮食产量 40％的做法，把征收比例从 33％降至 25％。这样的结果是吊诡的，尽管征收比例有所降低，但农民仍然无法忍受。1957 年至 1958 年，上交给国家的粮食从 3 980 万吨增长到 5 570 万吨，增长近 1 600 万吨，而事实上生产只增长了 500 万吨。[169]

在一些村庄，粮食安全形势已经很严峻。毛泽东休息几天后，于 11 月 13 日下午离开郑州，15 日早晨他的专列到达汉口。他再次会见了那些提交了逢迎总结的干部，想相信他们的报告。然而，虽然被询问的负责人强调群众充满热情，但农民从夏收开始就对领导的要求表现出消极抵抗情绪。干部越来越难以完成征收份额：1958 年 10 月和 1957 年 10 月相比，缺口为 440 万吨。加之 1958 年比 1957 年多出口了 260 万吨粮食，所以与 1957 年 10 月底相比，1958 年 10 月底公共粮仓的粮食减少了 700 万吨。[170]一些干部害怕如果不继续发布创纪录的收成，而是报告残酷的现实，会因此被指责为“右派”。省委向中级机关施加压力，中级机关向下级机关施加压力，清除隐藏粮食的手段日益残酷。1958 年 11 月至 1959 年农历新年，“五股歪风”在农村泛滥：共产风、强迫命令、瞎指挥、浮夸风和官僚主义。在广东省的北部，农民袭击了湖南南部的粮仓，在湖南、湖北、江西、四川、甘肃、青海，公共粮仓受到攻击，这些省市是后来饥荒的高发地。毛泽东无法忽视这个越来越强烈的不安的迹象：11 月中旬一份新的报告显示，在太行山南麓的河北邯郸，21 个县的 71 个村爆发了伤寒、痢疾和胃肠炎传染病。报告者认为发病原因是农民极度疲劳和公社食堂卫生条件恶劣。11 月 25 日，毛泽东在内部杂志《宣教动态》第 145 期中看到一篇关于云南爆发水肿和致命营养不良的文章。[171]他用红笔在这篇文章后写了几个沉重的汉字——“一个教训”，并写信给各省委敦促他们实施在郑州会议上作出的决定，“以确保工人的休息和生活条件”[172]。他甚至增加了相关的解释：自上而下的要求让下级干部无法忍受。“千钧重担压下去，县、乡干部没有办法，只好硬着头皮去干，少干一点就被叫做右倾，把人们的心思引到片面性上去了，顾了生产，忘了生活。”毛泽东知道产生了一个严重的问题，但坚持认为“总路线”是正确的，“大跃进”的结果大部分是非常积极的。也许他已经意识到用发展中国落后一百年的经济来证明社会主义优越性的方法有狭隘性。他的计划是空中楼阁，与现实发生了碰撞。面对政治经济对他的唯意志论的报复，毛泽东在11月10日的讲话中引用了斯大林的话：“自由是必然的认识。”[173]如果想有效介入经济领域，则要认识经济的客观规律。他被迫作出声明：(1) 1957年年底人均粮食产量为290千克，每年消耗260千克，只剩30千克。三年中有一年遇到自然灾害，就会或多或少影响农作物的产量，这样的剩余实在是太少了。(2) 自1952年以来，人口增长速度为2.3%，粮食增长速度为3.14%。但1958年中国增加了260万吨粮食（占粮食年产量的1.3%）出口，用来购买设备。由于设备过于昂贵，因而农业机械化被推迟，这样生产必然停滞，生产力无法大幅度提高。毛泽东认为中国生产的粮食比实际多，因为这是必需的。“大跃进”体现了一种幻想，即将中国的劳动力——唯一立即可以使用的资本——改造成工业资本，迅速实现国家的工业化。这是自推出依靠中国自己的力量实现现代化的“总路线”以来，一直令毛泽东烦恼的束缚。

在11月21日至27日的武昌政治局扩大会议和11月28日至12月10日的六中全会上，毛泽东的讲话很明显地体现了这层意思。[174]12月9日，毛泽东进行了自我批评：“都是革命热情，一条腿，另外一条腿叫作美国的实际精神，就缺。武昌会议就来了一个实际精神，俄国加上美国了。”实现共产主义将至少需要20年的时间。“北戴河的目标过于雄心勃勃”，应该将钢产量从3 000万吨减少到1 800万吨。至于他看重的社会主义“萌芽”，毛泽东要求关闭河南的托儿所和退休之家（被称为“幸福院”）。至于免费公共食堂，“至少要等五六年时间才能实行”。只有在“和平的氛围和内部团结的情况下，实现全国电气化和农业机械化之后”，我们才能谈“中国社会的深刻变革”。毛泽东提出了巩固人民公社的“农业四十条”，要求实行“民主管理”，不要给群众的热情浇冷水，应注意“两个转变”（两放），在队、大队和县（乡）三个层面上下放人员和资料。农民享有自留地，但毛泽东推动加强大队的组织和分配（工分）工作。在公社层面进行“三统”：“将中国作为一盘棋”制订生产计划，政治挂帅，控制资金。最后，提供“一包”，即国家对生产进行投入，同时提供储备基金。这一切仍然是模糊的，很多想法是矛盾的。如此，毛泽东强调了工人因为太辛苦又吃不饱造成高死亡率的风险。既然已经有 500 亿立方米的土方为重大基础设施建设做准备，他自问 600 亿到 700 亿立方米是否不够，要按照计划再提供 1 900 亿立方米。他举了 1957 年 6 月因为成千上万的农民死于饥饿，撤销广西省委书记职务的例子。[175]提出这点之后，他明确指出，一个公社的负责人向当局撒谎，为了执行一个错误的决定而递交虚假报告，和那些隐瞒了部分不当收成的人一样，不能被划分为“右派”。此外，大会还通过一项决议，指出创建城市公社的条件不成熟，需要避免过度扩大免费供给制。在同一次讲话中，毛泽东表现得克制而清醒，但是他再次提到了他的朋友柯庆施的想法，即利用目前的贫困过渡到共产主义。1957 年的反右运动是正确的，利用“资产阶级法权”有回到资本主义的风险，不过部分“资产阶级法权”还有用。《日瓦戈医生》[176]就是一个证明，毛泽东认为，《日瓦戈医生》证明，虽然苏联经过了 40 年社会主义建设，但是维护资产阶级的意识形态仍然存在。毛泽东获悉中国各地发生饥荒的时候，提出如何使用过多的粮食这个奇怪的问题又是怎么回事？如何理解他对干部们建议“不要担心粮食过多问题，因为烂在田里可以为以后的作物当肥料”？当毛泽东保证每年将增产一亿吨钢铁的时候，“共产风”仍然刮得很强劲：“到 1962 年将达到 5 000 万吨”，并“考虑远期目标……7.5 亿吨粮食”，“人均一千斤”，“可以让农民休息一年”。毛泽东刚刚朝常识的方向走了几步，就加速朝乌托邦进军，错过了一个出口。

毛泽东的疑问

在广州休息十多天后，12 月 30 日毛泽东回到北京。他非常不安，一直失眠，写了很多信，召见了很多人，实施武昌全会上决定的对路线的修正。1月1日的指示确定了被称为“8—4—2—10”的人民公社每日组织规则：8小时睡眠，4小时吃饭，2小时学习，10个小时工作。从1959年1月26日至2月2日，他召开了省、市、自治区党委第一书记会议。[177]毛泽东得出结论：行动是正确的，但人们需要休息，所以我们必须休息两个月。现在，我们需要再次动员全体人民纠正所犯的错误，但不夸大错误。就好像十个手指，只有一个有问题，不用担心其他九个。毛泽东估计有500万即1%的农民患有营养不良性水肿，并同意关闭几乎所有的小高炉和解散河南已经出现的50 000到70 000人的“大公社”。23日，他乘坐专列再次南下，在天津、济南停留。2月27日，毛泽东召集了河南省走在社会主义急行军前列的四个地区[178]的书记，批评他们实行70%的积累率，并认为农民面对过度征收想办法藏15%的收成是合法的。[179]2月27日至3月5日[180]，他在郑州召开了一次政治局扩大会议，确认了他的转变，让某些人松了一口气[181]。他谴责人民公社三个主要的缺陷：平均主义（一平），在最贫穷者的压力下损害最富有者的利益；盲目调拨资源（二调），他比喻为“公开抢”；银行要求在三年内将过去发放给农村的贷款统统收回（三提款）。

他再次表示农民对不合理征收的消极抵抗是合法的，他的话带有挑衅的味道：“我现在代表五亿农民和一千多万基层干部说话，搞‘右倾机会主义’，坚持‘右倾机会主义’，非贯彻不可。你们如果不一起同我‘右倾’，那么我一个人‘右倾’到底，一直到开除党籍。”这一次，毛泽东没有谈到动员。3月9日，他在郑州发起召集共产党六个级别（从小队直到省）的干部。李先念同意银行提供四到十年期的免息贷款，将粮食征收比例限制为产量的25%，包括税收在内。但是，毛泽东仍然坚持改变大队管理的要求，这严重限制了农民抵御任意要求的能力。

毛泽东在跨越式发展中越来越多地限制“大跃进”的规模，然而许多干部不相信他表现出的右倾转变：他们还记得1957年6月的突然逆转。此外，粮食收成仍然被错误地估算为实际收成的两倍。因此，1959年春天，一方面，毛泽东和党的领导机构作出了更多安定人心的解释和缓和矛盾的决定，而另一方面，接近五六月青黄不接的时候，饥荒的风险无情地明显起来：一出悲剧的舞台搭建完成了，主角们已经各就各位。1959年3月11日，毛泽东抵达武汉，17日发动各省召开县的五级干部大会[182]。18日，他收到河南的报告，仔细做了评注。[183]3月25日至4月1日，毛泽东在上海锦江饭店主持了中共中央政治局扩大会议，4月2日至5日主持中共中央八届七中全会。此前毛泽东刚收到一张周恩来的条子[184]和一张中央救灾委员会的表格：大家都担心15个省份的春荒会比1953年和1955年的更严重，特别是江苏、河南、河北、山东、安徽5省。因此必须不惜一切代价取得冬小麦收割的成功，重新分配80%以上的农村劳动力，让数百万来到城市的临时工返乡，因为他们已经对粮食形势造成难以承受的压力。

1958年毛泽东和刘少奇。

在这种紧张的情况下，政治局扩大会议和中共中央八届七中全会在上海举行。[185]毛泽东正式宣布辞去共和国主席的职务，由刘少奇接任，4月18日至28日召开的二届全国人民代表大会第一次会议批准了他的辞职[186]。毛泽东远未失去权力，他摆脱了一个难以承受的象征性的职务，退到二线观察政治活动，并用自己的方式干预。[187]他保留了现实中否决的权力，他的威望没有遭到破坏。然而，彭德怀似乎不喜欢刘少奇的这次升迁[188]，他更倾向于朱德，他指责毛泽东"亲自挂帅"。毛泽东对此进行了回应。这一事件在他4月5日的讲话中留下了一丝痕迹。[189]出人意料的是，毛泽东举了海瑞的例子，说这位高官"不客气"地讽谏明嘉靖皇帝纵容不公，并请所有"同志"以他为榜样。在上海会议上，毛泽东证实了他的右转。他特别提到3月20日在南昌的讲话："食堂在那里，土地在那里，耕牛农具在那里，它（生产队）不负责任怎么行？没有积极性怎么行？"[190]大队的作用也降低了。4月29日毛泽东在《党内通信》中围绕着"坚定立场重新前进"的总体思路总结了6个问题，16点工作方法。第一个问题是关于包产的。此时正是南方插秧、北方春耕的季节，他建议忽略上级的那一套，实事求是，避免吹牛：每公顷800斤至900斤是不可能的。不过"增加二百斤、三百斤，也就算成绩很大了"。第二个问题涉及著名的密植：必须参考老农的经验，由小队或大队决定。第三个是消费问题：必须节约粮食，为体力劳动者提供较多的粮食，为休息的人提供较少的粮食，还要确保提供各种蔬菜。第四个问题是必须在三年内增加耕种面积。"少种、高产、多收是前一年秋天的口号，我们将……在十年后讨论。"第五个问题是机械化。机械化是必不可少的，但我们必须逐步实现，这同样将需要10年。第六个问题是告诫不要在报告中讲假话，因为"自由是必然的认识"。与此同时，邓小平在毛泽东的建议下组成了一个财政工作小组，由陈云负责，薄一波和李富春等人协助，经过认真研究，在5月初刘少奇主持的中共中央政治局会议上提出将钢铁生产降低至每年1 300万吨。这样，一个有效务实的领导团队以刘少奇为中心建立起来。然而，4月28日由全国人大通过的生产目标仍然是不切实际的：1959年粮食增产至10 500亿斤。尽管陈云提了建议，但会议仍然坚持钢产量1 800万吨这个不现实的目标。[191]这样，最糟糕的事就有可能发生了。

毛泽东安慰自己

但是，毛泽东开始安慰自己，尽管彭德怀的行为仍然是一个问题。如果我们相信辛子陵记录的版本，即彭德怀离开上海会议激起了毛泽东强烈的不满，但彭德怀离开不是因为刘少奇的升迁问题——这件事产生的后果很小，而是和当时重大政治相关的问题："大跃进"经历了一年多，结果是什么呢？人们还记得，这是1958年5月刘少奇提出的问题，以此来回应对他的批评。1959年3月28日，彭德怀在政治局会议上给出了答案："大跃进政策是完全错误的吗？是的，我真的这么想。如果它是错误的，那么便不应该只在会议期间谈论它，而是要采取一切必要措施纠正这种情况，否则不仅会影响军队，还会影响国家的命运和未来。在这种情况下，人民将会失去共产主义信仰。"[192]彭德怀讲完这番正面批评话语后，马上就离开了。无论如何，彭德怀讨厌他不擅长的政治辩论。

我们知道他与毛泽东的关系长期紧张，尽管后者年龄小5岁，而且他们都是土生土长的湘潭人。这个性格刚烈的元帅年轻时过得比毛泽东要艰难得多。虽然1918—1919年冬天，毛泽在北京经历了数月极端艰难的日子，但这是贫穷文人经历的经典模式，而彭德怀在11岁到18岁的青少年时期是在放牛和做苦力中度过的。他爱打抱不平，对最贫苦人民的命运非常关心，后来参加湘军，1928年对国民党对待农民的行为感到厌恶，于是加入了共产党。他率领所在的团揭竿而起，到井冈山与共产党人会师。1930年攻打长沙过程中，彭德怀不赞同毛泽东和朱德的意见，认为他们过于谨慎，但他在富田事变中支持毛泽东，保证了革命力量的团结。从1931年开始，他一直为团结而努力：他站在周恩来一边反对共产国际；他赞同红军职业化，反对无节制的游击战。1931年12月，他说："我们反对那些寻求保持自己的军队，保卫自己小王国的人……那些人不下决心增加红军的数量，为一个或多个省取得初步胜利而努力。这些人的眼界是井底之蛙。他们的思想是百分之百的农民思想。"[193]在长征期间，他支持毛泽东，1935年10月21日，毛泽东甚至写了一首诗给他。[194]两人之间的分歧发生在百团大战之后，1940年彭德怀发起对日本人的进攻，毛泽东认为人员损失过于重大。自朝鲜战争以来，彭德怀与毛泽东起了根本冲突：彭德怀希望按照苏联红军的模式把中国解放军职业化，接受苏联的核武器保护，而毛泽东在林彪的支持下选择把军事预算的大部分用来造一枚中国的原子弹，解放军则仍然是人数众多但装备不良的步兵。彭德怀访问了一些欧洲社会主义国家，回国后，他视察了甘肃、中国西北和他的老家湖南：由解放军中的农民新兵提供的信息和他观察到的迹象提醒他，农村有一场迫在眉睫的饥荒，他认为有必要提醒政治局。毛泽东在郑州和上海的自我批评，还有提到海瑞，让他有些放心。政治不是他的领域，他的直接责任是国家安全。毛泽东大概认为他就此罢休了，而对收成的估计使主席继续低估粮食形势的严峻性。

4 月 7 日毛泽东在杭州与主要领导人[195]举行会议，12 日离开杭州，在济南和天津停留后 14 日回到北京。15 日，他在最高国务会议上谈到外交政策问题。4 月 17 日，他回复了周恩来关于春天饥荒风险的请示，要求周将文件用飞机送到 15 个省的省委第一书记[196]手里，请他们马上处理，并采取必要措施救助 2 517 万要经过两个月困难时期的人。然而，28 日，毛泽东在一份内部报告上的批示又变得乐观。报告说，事实上河北和河南的饥荒即将停止，山东农村人口外流已经停止，饥饿引起的水肿开始消失。毛泽东于是建议避免浪费食物。很显然，对他来说，纠正了一些头脑过热的干部的失误后，现在一切已经恢复正常。5 月 7 日，中共中央发表了《关于农业的五条紧急指示》：分配私人自留地，农民可以养殖猪和家禽。至于“大炼钢铁”，5 月 15 日，陈云致信毛泽东，提议加上冶金部部长开一个三人会议：好像是在这次会议上，毛泽东批准了 1 300 万吨的目标。陈云巧妙地设法说服了毛泽东，这让他感觉自己最终起了决定性作用，并且他把这当成一个技术问题，而不是政治问题。[197]

这漫长的辩论直到 6 月 13 日才在政治局会议上得出结论。[198]据吴冷西和杨尚昆回忆，在这次会议上，毛泽东对政策的失误谈得最多。在听取了李富春、周恩来、李先念和廖鲁言[199]的报告后，毛泽东提出了比以前更合理的目标，大家同意钢产量目标定为 1 300 万吨，毛泽东说他在 1958 年犯了错误，把注意力放在小高炉和土窑的生产能力上，“过去就是片面性，只注意高炉、平炉的生产设备能力，煤的账不算，焦炭的账不算，矿石的账不算，容积也不算，运输也不算”，至于粮食“今年根本不要理那个一万零五百亿斤（指八届六中全会定的 1959 年的粮食计划产量），就是按照去年的实际产量，只增一成、二成、三成。听说包产的结果是六千亿斤，但是我看，我们过日子还是放在四千八百亿斤。那么高的指标，吹了，不要了。我们自己立一个菩萨，就在那里迷信这个菩萨”[200]。“1958年我们的收成很好，之后遇到一个非常紧张没有预料到的情况……现在，我们必须着眼于未来，利用错误的经验，现在农村中要解决的问题是食堂如何办。”6月20日，刘少奇主持了一个政治局会议，毛泽东没有出席。之后毛泽东召集彭真、胡乔木和吴冷西到他的住所，向他们询问会议内容。毛泽东对春荒威胁的判断出现在他给李先念报告[201]的批注上。“没有根本好转，但是已经开始了好转。再有几个月，根本好转就会来了，这是明白无疑的。”

回到家乡

正是在这种得到安慰的心态下，6月21日上午，毛泽东乘坐专列南下。他从郑州打电话给刘少奇，要求尽快在庐山召开政治局扩大会议，省委书记也参加。火车经过武汉到达长沙。25日早上，毛泽东乘坐汽车重新出发，傍晚时分，在离开家乡32年之后他重新回到韶山冲。陪同的有公共安全部长罗瑞卿、湖南和湖北省委书记以及一个负责记录这件事的作家。[202]毛泽东拜访了一些家庭，见了一些老相识。他的家被国民党洗劫之后，已经被细心修缮扩建。25日，毛泽东在床上看书直到天亮，然后出去呼吸了几分钟新鲜空气，和一个警卫聊了聊天，回去睡觉。26日毛泽东起得很晚，穿着白衬衫和皮鞋到附近的山上去拜祭父母。在回来的路上，他对罗瑞卿说，即使不信鬼神的唯物主义者也有必要孝敬父母和老师。他和一个参加过秋收起义的老熟人一起喝茶，一个农民说收成每公顷40公担的时候，他纠正说25公担就已经不错了。还有一次，他说粮食产量每亩增加半担到一担（即增长16.5%至33%）就是很好的收成。他参观了小时候上的私塾，那里已经变成一所初中学校，有700名学生和30名教师，他还和教师们合影留念。27日，他视察了稻田，吃过午饭，睡了午觉之后，在刚刚建成的水库里游了两小时泳。他还在看望了毛福轩——他创建的党支部的第一任书记，后被国民党杀害——的遗孀之后，主持了一场宴会。当一个老农质疑湖北产量每公顷750公担，表示甚至每公顷75公担都难以达到的时候，毛泽东说：“如果第一个数字是骗人的，第二个可以真正在试验田里实现。”当天晚上，他写了一首诗《到韶山》，颂扬革命的成功，反映出大家的乐观精神：

> 别梦依稀咒逝川，故园三十二年前。
> 红旗卷起农奴戟，黑手高悬霸主鞭。
> 为有牺牲多壮志，敢教日月换新天。
> 喜看稻菽千重浪，遍地英雄下夕烟。[203]

毛泽东回到家乡。这张照片拍摄于1959年6月26日，毛泽东回到家乡韶山，站在一群孩子和中学教师中间。这所中学的前身为毛泽东在20世纪初就读的小学。

6 月 27 日下午，在盛装打扮的人群的欢呼声中，毛泽东乘车返回长沙，29 日上午到达武昌。前一天晚上，他在办公室里召集了一部分不同地区的负责人，准备庐山扩大会议[204]。他列出了 14 个要讨论的问题，其中有一个是关于“大跃进”的总结。第 10 个问题和国际形势有关：10 天前的 6 月 20 日，苏联单方面撕毁了 1957 年的协议，拒绝向中国提供制造原子弹所需要的技术。[205]

快到庐山的时候，毛泽东情绪是兴奋而乐观的，就像他当时创作的诗篇所流露的一样。经过几个月的疑虑，主席感到满意，“大跃进”经过一些调整，终于上了轨道。

第十四章

内外交困（1959—1962）

毛泽东错了：尽管庐山中心的牯岭山区美得像田园诗一般[1]，但中央政治局扩大会议和中共中央八届八中全会却是在极度紧张的气氛中结束的。彭德怀针对现实中存在的客观问题，给毛泽东写了“万言书”。这封信在会议上引起了激烈讨论。

中国在1959—1961年“三年困难时期”经历了大饥荒，“伟大舵手”坚持不承认他选择了错误的道路，造成直接的后果。大饥荒在党和中国人民之间造成的壕沟比1957年党和知识分子之间的沟壑更深。

从此以后，这样的灾难应该由谁责任的问题就成了中共中央的一个政治博弈。1961年秋至1962年夏，这样的博弈伴随着毛泽东的犹豫而出现，同时苏共和中共的意识形态发生冲突，中国和苏联的关系公开破裂。

1962年9月，中共中央八届十中全会最终做了一个错误的决定：继续坚持“大跃进”和“人民公社”的发展模式。“文革”的灾难不久将随之而来。

庐山会议[2]

毛泽东到庐山之后就在精心准备一场讨论，他希望这个讨论能使他重新推出被实践严重质疑的“总路线”。29日，他和最接近他想法的领导人在办公室中进行了讨论。6月29日，他写了一些指示，一个包含14条内容的会议议程。他认为这些安排必定能使7月2日召开的中央政治局扩大会议变成一个“神仙会”[3]，也就是说，是一场平静的、富有建设性的集体反思。这些指示要求对百分之百原创的“大跃进”进行初步评估——什么是好的，什么是坏的，但无论如何，“前途是光明的”。毛泽东说重新平衡的需要已经出现了。因此，要对优先发展顺序进行调整，首先是农业，其次是轻工业，最后是重工业，这和苏联模式相反。事实上，“用两条腿走路”非常重要，两条腿指工业和农业。必须限制40%的强制征收，遵守为期三年的配额，重新开放农贸市场。在这种情况下，最好的生产单位是小队，因为小队最接近农民。会议议程中的几点也有现实主义倾向，但仍反映出某些担忧。其中包括第2点（“形势。好转没有？何时好转？”）、第7点（“食堂问题”）、第13点（“粮食三定政策”[4]）和第14点（“如何过日子”）。只有最后一点以不显眼的方式提到各种报告中强调的饥荒问题。第7点提了一个似乎更敏感的问题：重新分配给农民的份额交给食堂管理者，农民和家人免费来公共食堂吃饭。其实，食堂的增多使得某些地方官员能将公社生产的粮食占为己有。很快，“共产主义萌芽”就不受欢迎了：它使农民面对干部毫无自卫能力，干部能够决定他们的生死。此外，第一个冬天，集体提供的菜单中就只有稀饭和随便乱煮的土豆，而繁重的劳动让人筋疲力尽。关闭食堂是受访的农民最常见的要求之一。

在早春出现的“大跃进”的合理回归似乎得到了证实。另外，毛泽东还两次请陈云帮助。然而，值得注意的是，这些指令强调统一思想，议程中的第6点侧重于宣传的需要，认为宣传明显不足，第12点关注党支部的领导作用，毛泽东担心发生政治风暴。指示还建议党的基层干部要学习政治经济学。毛泽东提议帮助他们编写三个系列的文件。(1)正面的例子，介绍优秀的干部坚持真理，抵住了歪风，履行自己的职责，没有虚报，知道坚持事实不自我吹嘘。(2)反面的例子。(3)中央委员会的指导方针和文件的汇编。我们在这个“干部学校”里发现了运动的特点，整风正在酝酿。然而，以往这种类型的“运动”都是从批评宗派和“左”倾开始，最后却以批判修正主义右派结束。这些先例让头脑最清醒的领导人采取谨慎的态度。此外，就像每次他要作出艰难决定的时候一样，毛泽东显得有些狂躁不安。7月2日，他召集已经到达的15位领导人[5]召开中央政治局会议第一次全体会议。参会者在三天前提出的议程上增加了四点建议：恢复农村初级市场；中央集权化，“反对无政府主义”；协作关系问题；完善工业管理和产品质量控制。2日晚，毛泽东要求杨尚昆将已经分发的文件围绕三个问题重新进行整理：(1)如何判断当前的形势？(2)从经验中我们得到什么教训？(3)未来如何行动？

同时，代表们按地区分成六个工作组。彭德怀参加了西北地区代表组，1949 年到 1950 年他带领的部队“解放”了这个地区[6]。如果我们相信他的自传和他的秘书郑文瀚[7]的回忆，那么我们可知，当毛泽东秘书处说服他参加这个会议的时候，他仍然是犹豫不决的，他首先想到的是让解放军总参谋长黄克诚代替他参加。虽然他发现有些干部不知羞耻地谎报粮食生产数据，农民因为过长时间繁重的劳动而疲惫不堪（“这就像用黄瓜打锣”，他喜欢这样形容），但他仍然是谨慎的，他只和亲近的人或管理这一块的领导交流意见，例如薄一波和周小舟，后者是湖南省委第一书记。彭德怀曾对周小舟说，他在主席回韶山后几天亲自去当地进行了调查，对毛泽东的轻信感到很惊讶。4 月 24 日至 6 月 11 日，他访问了苏联和东欧各人民民主国家，他和张闻天交流了苏联经济学家对“大跃进”的批评[8]。然而，他相信了毛泽东在上海会议上请干部们学习海瑞的话。[9]毛泽东进行自我批评后，4 月 29 日的指示在 6 月 28 日和 7 月 2 日两次得到肯定，似乎宣告一个新的政治过程即将开始。因此彭德怀一反平时的习惯，积极参加西北地区工作组代表的会议，参加了 10 次会议中的 9 次，发言 7 次。自 7 月 3 日开始，他说自己也先后四次在军事上犯过严重的错误[10]，然后提出对“大跃进”的批评。他经常和住在同一栋楼里的张闻天讨论，与周小舟见过两次面：这个曾经的毛泽东主义者陷入了迷惘。但是，总的气氛依然如毛泽东所期望的那样是一个“神仙会”。关于“大跃进”，与会者有许多不同的看法。朱德批评在管理不善的食堂里粮食浪费的现象，而普遍的看法是，总体上目前的实验是成功的：尽管存在一些问题，但我们正在努力解决问题，“未来是光明的”。7 月 5 日，与会者观光游览一番，享受了美好的一天。毛泽东看书，批文件，跟这个人或那个人传个话，但不参与讨论。他说对一个叫陈国栋的人提出的报告感兴趣，报告认为上海七中全会制定的征粮额度过高，甚至不合理。毛泽东似乎继续在撤退。[11]7 月 9 日，他邀请离婚后的妻子贺子珍来庐山，贺子珍因为这次会面精神受到创伤，之后几乎神经错乱。[12]7 月 10 日下午，第二次政治局扩大会议召开的时候，毛泽东做了一个简短的讲话，鼓励展开讨论：我们必须认识到我们的不足和错误，从一年的经验中分析实践，吸取教训。[13]不过，毛泽东坚持一点：“总可以有百分之七十的人站在总路线下面……从全局来说，还是九个指头和一个指头的问题。”无论如何，目前，

“要党内团结，首先要思想统一”。“左”倾悄然开始，但总的来说，谨慎修正的调子不变。毛泽东成立了一个编辑团队[14]整理庐山会议纪要。他在7月13日写信给杨尚昆说，这个团队必须在杨尚昆的指导下夜以继日地工作，15日向他提交16日要发的文章。[15]14日这份草案的重点仍然是反“左”派（极左）。[16]

7月14日到16日，一切都变了。

一封致命的信

在以往的政治危机中，尽管彭德怀很早就表现出对毛泽东持保留态度，但维护党的团结一直是他做决定的依据。1930年12月富田事变，彭德怀支持毛泽东。1933年至1934年彭德怀站在王明一边也是出于同样的原因：那时毛泽东是孤立的，而且他的固执非常危险。延安整风运动中彭德怀不得不进行自我批评，重新激起了他对主席的不满，当刘少奇成为毛泽东的左右手之后，彭德怀的敌意具体表现为针对刘少奇。1952年至1953年，彭德怀乐意听到对高岗的批评。同样，毛泽东对抗美援朝的处理使他越来越怀疑领袖犯了错误，刻意与之保持距离。很快，他和农民一直保持着的良好关系让他明白“大跃进”是一个错误，损害了他为之贡献一生的革命。同样，他对党的重大利益的关注也促使他必须表达自己的疑惑。他在上海会议上的离席激怒了毛泽东。[17]7月3日和4日，彭德怀对西北地区负责人说的话显示出他仍然对“大跃进”持反对意见。7月10日，毛泽东的简短讲话在某种程度上是一个警告，是为了不让他在全体会议上进行抨击，意在这应该在小团体内进行，并且不外传[18]。彭德怀非常明白这一点，他整理了自己的论点，7月13日上午要求与毛泽东进行老战友之间友好的面谈。在抗美援朝期间，他至少成功使用过一次这个方法。他强行推开主席的门，希望说服主席收回一个不幸的决定。这一次，警卫“为了保证主席的睡眠”把他拒绝了。于是彭德怀坐在他的办公桌前，喝了一些浓茶，把他本来打算大声说出来的话倾吐在纸上。到了晚上，他把其中一段读给张闻天听。[19]7月14日上午，他根据自己的记忆，让一个秘书重新进行整理后，立即送给毛泽东。[20]彭德怀松了一口气，但是心烦意乱，上午打了一会儿太极拳。他的信是一份非常恭敬的意见书，和海瑞写给嘉靖皇帝的属于一个性质。这一天，冒着不得不第三次做自我批评的危险，彭德怀或许希望毛泽东能有和嘉靖皇帝一样的宽厚。[21]

事实上，彭德怀的意见书不是一份激烈的政治论战宣言[22]，至少表面上读起来是这样的。彭德怀开头说，“大跃进”是成功的，这证实了“总路线”的有效性。然后他列出了错误，用的是1959年春季以来毛泽东自己的原话：不平衡、不能两条腿走路、统计弄虚作假、建设小高炉中的急躁和无序、太多“重大基础设施项目”、农民劳动没有报酬、对快速实现共产主义的错误认识导致社会主义“按劳分配”的原则被共产主义“按需分配”的原则替代。但是，彭德怀还提出了导致这些错误的三个原因，被毛泽东认为是人身攻击。彭德怀暗示这是统帅推动的政策，“一穷二白”是中国的主要障碍，特别是他认为“左”派的过激行为比右倾的“小资产阶级狂热性”更难以纠正。“小资产阶级狂热性”这个短语出自毛泽东非常熟悉的列宁的共产主义经典《共产主义幼稚病》。毛泽东认为自己是一个理论天才，能够创造性地使马克思主义理论“中国化”，却被贬到一个初学者的水平，还需要被人搀扶着走出第一步！

毛泽东感觉彭德怀的信是一项大逆不道的罪过，但是他在政治层面上巧妙地避免落人口实。他并不是没有真正的政治危险：几年来他已经将彭德怀从小圈子的决策者中排除出去，开始提升林彪取代彭德怀在解放军中的领导地位，林彪自1958年5月以来在党内的地位比国防部长高。毛泽东觉得危险在别的地方。他收到来自中国各个角落的基础情况报告。[23]情况是混乱的，但已经开始出现质疑集体化运动的趋势。我们已经看到，1959年春天中央作出的决定，包括毛泽东4月29日的信，已经把小队作为生产的基本单位，甚至会计核算的基本单位，和大队签订包干合同。为了提高劳动报酬太少[24]的农民的积极性，促进生产发展，各个地方官员甚至鼓励农民根据“分田到户、超出奖励”[25]原则建立的体制。在豫北粮仓的新乡七里营模范公社，这种类型的合同使农民拥有的对土地的使用权年限不是过去的一年或两年，而是更长的时间。同样是这些干部关闭了食堂，鼓励发展小型家庭养殖业，建立农贸市场，生产或摆卖工艺品。安徽省委书记曾希圣在1958年曾是毛泽东狂热的支持者，但他也开始把一部分集体土地分给农户单干，以应对1959年早春的饥荒：他认为在上海召开的八届七中全会的决定认可这种解释。因此，我们发现，1957年第一季度出现的潮流在第二个季度就被毛泽东以反右运动终止了。彭德怀笨拙的举动为毛泽东提供了机会，在为时已晚之前进行反击。

毛泽东的反击无情而有条不紊。16 日早晨 6 点到 7 点之间，他要求所有与会者再次分成工作组，做出安排，延长他们在庐山的逗留时间。他给没有参加会议的领导人发电报，要求他们尽快赶来庐山牯岭。陈毅因为工作原因、陈云因健康原因请假。邓小平 5 月 2 日①在北京打乒乓球[26]摔断了腿，也请了假。不过，彭真、林彪、黄克诚和安子文在 17 日到 22 日期间到达。16 日，毛泽东穿着浴袍会见了刘少奇、周恩来等。毛泽东的心情不好："大跃进"首先受到党外右派的攻击，现在又轮到党内的自己人。在进行纠正的情况下，彭德怀认为目前的实验坏的方面远远超过了好的方面。16 日，毛泽东将彭德怀的信复印发给所有参与者，尽管这是一封私人信件。19 日，彭德怀要求收回他的信，他说这份"参考"草草写成，不适宜公开讨论。未果。同时，风向已转：各个工作组几乎都攻击彭德怀的信。有几个例外情况：21 日，张闻天在他的小组中批评了很久"共产风"的害处，党不再听群众的意见，我们没有"实事求是"。这是由一段时间以来不利于自由讨论的工作作风造成的。[27]他说："彭德怀的信目的是评估和总结经验。他的意图是好的。"黄克诚和周小舟也勇敢地说了同一个意思的话。而薄一波让经济学家薛暮桥和孙冶方对"大跃进"进行透彻的分析，但没有读这篇文章，并发表了关于"大跃进"开始以来取得成绩的即兴讲话。李先念同样持怀疑态度，但也和薄一波一样。也许这两个规划师认为最好的方法是将损失降到最低。陈毅在电话中支持彭德怀：他后来在北京表示，他觉得彭德怀有些冒失。在大连医疗中心疗养的陈云康复后也说，彭德怀选择了一个错误的时间和一个坏的机会表达自己的意见，然后就沉默了。这种苏联式的集体怯懦的政治气氛笼罩着高层。

毛泽东的反击

7 月 23 日上午，当毛泽东在全会上讲话时，他已经赢了。看似即兴的发言中，他灵活的演讲技巧让他能够进行真正的政治上的调头：以指责

① 原文有误，应为 6 月 5 日，见《杨尚昆日记》。

“左”倾开始的庐山会议变成了一场新的反右运动。[28]这次迂回曲折的讲话的基调很简单、很熟悉，尽管中间问了他忠实的追随者（柯庆施和吴芝圃）一些话。毛泽东谈他的失眠（“吃了三次安眠药”），他声称已经沉默了 20 天，硬着头皮顶住（“腰杆子硬”），他回顾说自青少年时起，他遭到打击时总是人若犯我，我必犯人。他提了好几次《水浒传》和聚集在宋江身边的劫富济贫的“绿林好汉”。他朗诵了两首完全偏离主题、作者为不识字的将军的诗，来证明没有受过良好教育的农民可以学习政治经济学。他提到自己缺乏男性继承人，他的大儿子毛岸英在朝鲜死了，次子岸青患有精神分裂症。最后，他用拉伯雷的风格结束了讲话，请与会者说应该说的话。他老练的沟通技巧使得他的话既亲近又疏远。他用自我批评的方式实现自我辩白：“对建设根本外行。……一九五八年、一九五九年主要责任在我身上。……我有两条罪状：一个是一〇七〇万吨钢，是我建议的，我下的决心。……”说完这一点，大家等待第二条罪状的时候，毛泽东说，所有的领导人都必须共同分担经济失误的责任……因为他是外行。他点了规划者李先念、薄一波、农业部部长以及柯庆施等的名字。他说到了“小资产阶级狂热性”……不过，这是别人表现出的，例如 1958 年秋想要“实行共产主义”的干部蜂拥到河南三个模范公社[29]去参观。他激动地抓住了这个“共产风”的坏处：“到春节前后，他们不高兴了，变了。干部下乡，不讲话了，请吃红薯、稀饭，面无笑容。”这种不满是由于过量征收。4 月份，在他的坚持下，这种情况已得到纠正。毛泽东还最大限度地减少了不安：“无非是一个时期蔬菜太少，没有头发夹子，没有肥皂。”他对犯了“左”倾错误的干部表现出一如既往的极端宽容。真的应该把这种“过度热情”称为“小资产阶级狂热性”吗？“我看不能那样说，无非是想多一点、快一点。”之后，他对公社和大队之间的结算情况作出澄清：有人告诉我，现在绝大多数干部转变了，只有少数仍然搞共产风。说到食堂的管理失误，毛泽东肯定开办公共食堂是好事，此外，“食堂并不是我们发明的，是群众创造的”。无论如何，没有人是绝对不会错的：马克思、列宁也犯过错误。因此毛泽东要求“同志们腰杆子要硬起来”。他认为这些攻击是没有用的，因为情况已得到恢复，这些攻击是由右派挑起的，他举了“百花运动”期间罗隆基、陈铭枢、章伯钧的先例。自 1927 年以来，党经历了四次路线危机，李立三、王明、高岗路线，现在是“总路线”。

因此，他把对彭德怀的批评看作1957年下半年反右运动的延伸。这让他夸大了形势：如果我们继续只发布坏消息，假如办十件事，九件是坏的，“一定灭亡，应当灭亡。……你解放军不跟我走，我就找红军去。我看解放军会跟我走的”。当然，这句话在那个时候被视为意味着毛泽东既不会放弃权力，也不会放弃“总路线”。顺便说一下，作为战术家，毛泽东坚持区分“顽固右派分子”和“动摇分子”，二者的不同之处是，动摇分子“站不稳”。周恩来在1956年谴责冒险主义，现在“站住脚了”。“因为受过那次教训，相信陈云同志来了，他也会站住脚的。”[30]毛泽东说完的时候，响起了雷鸣般的掌声。

愤怒的彭德怀在会议结束的时候粗鲁地呵斥毛泽东：“在延安，你操了我40天娘，现在我操你20天娘还不行?”[31]黄克诚回忆说[32]，毛泽东的激烈反应让彭德怀惊呆了。他没吃晚餐，没有和同样不堪重负的他的邻居张闻天说一句话。接下来的几天，小组讨论重新开始：对彭德怀和他的朋友的批评是温和宽容的。毛泽东的讲话让许多与会者都松了一口气，也引起了一些人的不满。张闻天、黄克诚、周小舟仪式性地做了自我批评。彭德怀故意夸大自我批评：他可以确保他不会自杀（影射高岗）或参加革命反对派（影射张国焘），将靠劳动生活。在此期间，毛泽东非常活跃，继续巩固他的胜利。26日，他让人分发一封给一个名叫李云仲[33]的不知名干部的回信：李云仲在信中激烈批评“大跃进”，毛泽东为他的直言喝彩，并补充说这封信不会让李云仲成为新一轮被指责的右派之一。当他没有什么需要害怕的时候，他显得非常宽容！27日，他命令分发江西党校的一篇批评人民公社的文章，以此来证实他接受批评。29日，他和各小组讨论批判他们也反对的一篇外电[34]的引言，主要内容是为了反击赫鲁晓夫的指责。7月18日，赫鲁晓夫在波兰发表演讲，引用卡尔·马克思的著作《政治经济学批判》的前言反对小资产阶级狂热性，严厉批评中国的人民公社。21日，这篇演讲被塔斯社公之于众。毛泽东认为中国的经验和苏联在20世纪20年代同样名字的尝试没有什么关系。苏联的尝试悲惨地失败了，而中国的人民公社肯定不会崩溃！8月1日，毛泽东写了一篇短文[35]给王稼祥回应赫鲁晓夫，他正是通过王稼祥向苏联请求专家支持的。8月2日，他给张闻天写了一封相当宽容的信[36]，指责他加入了彭德怀的“军事俱乐部”，“旧病复发”，过去毛泽东与“国际主义”的斯大林主义者发生冲突时，张闻天是苏维埃政权领导人之一。毛泽东说，“（张闻天）把马克思主义的要言妙道通通忘记了”，对他的惩罚将是通过学习“彻底改造”。但在简单鸣枪警告的同时，毛泽东给了张闻天一记重击。7月28日，毛泽东召开政治局常委[37]会议，要求延长讨论，每个人发表自己的意见，和右派划清界限，将会议从批判“左”派改为批判右派，因为右派已经抬头了。7月30日、8月1日召开了常委会议。[38]林彪在这次会议上第一次批评彭德怀集团，他说彭德怀是“野心家、阴谋家、伪君子”。这为后来的中共八届十一中全会定下了基调。[39]毛泽东要求更高。在一次和彭德怀戏剧性的碰面中，毛泽东肯定他和彭德怀的关系中分歧占七成，而彭德怀觉得只占一半。[40]毛泽东认为彭德怀及其小集团（也就是现在所谓的“军事俱乐部”）“进行分裂党的活动。有组织、有计划、有准备地反对党的总路线”，“虽然彭德怀的阶级出身是人民，站在革命和群众一边，他的问题是经验主义”。8月1日举行的政治局会议批准了对彭德怀的政治处罚。只有朱德借批评中央领导的权利为彭德怀辩护：“如果像我们这样的人都不敢说话，这样以后还有谁敢讲话?”

彭德怀下台

8月2日中共中央八届八中全会召开。中央委员和候补委员中有149名出席会议。毛泽东首先开始发言[41]。他建议延长时间，修正前两次全会定下来的目标。此举让所有人都放了心。接着，他回顾了自1958年以来关于战略方针的讨论：我们结束了“左”倾错误，一些要求“大民主”的同志在能够自由表达的时候出现右倾错误。虽然惋惜同志们犯了错误，但我们必须坚决打击右派，不仅打击社会上的右派，还要打击党内的右派。然后，毛泽东提出主要议题，这些议题是围绕阶级斗争的概念扩展的，毛泽东再三提到这些议题，以防止任何通过讨论他的思想或建议阴谋进行反革命活动的行为。[42]“庐山出现的这一场斗争，是一场阶级斗争，是过去十年社会主义革命过程中资产阶级与无产阶级两大对抗阶级的生死斗争的继续。……按照唯物辩证法，矛盾和斗争是永远的，否则不成其为世界。”

从8月3日至10日，党的领导人被正式斥责之后，又分为小组进行讨论。自此，所有人都批评彭德怀为“右倾机会主义”。上海全会之后，毛泽东派了三个秘书去各省了解情况：田家英去四川，陈伯达去福建，胡乔木去安徽。他们的报告只交给毛泽东，报告所描述的粮食情况非常糟糕。然而，这三个省份的党委书记分别是李井泉、叶飞和曾希圣，他们在3日和10日的发言中说一切都在往最好的方向转变。值得注意的是，为了避免中央对管理的干扰，这三位地区负责人奉行的政策非常不同：李井泉不实行六大和七大对“左”倾路线的纠正，曾希圣实行缓和的去集体化。情况极端混乱：毛泽东在一个星期内的讲话自相矛盾，但他永远是对的。毛泽东没有参加讨论，但他命人把他写的书面意见或赞同的文章分发下去。8月5日，他为人民公社大食堂辩护。[43]8月10日，毛泽东批评安徽省委委员张恺帆，后者向他递交了一些关于粮食灾难详情的请愿书，张恺帆被定为“右倾机会主义分子……高岗集团的漏网残余”[44]。开会期间，毛泽东授意《人民日报》发表社论，将反对右倾机会主义运动和增加生产联系起来。8月14日，他援引辽宁反右斗争的例子[45]，命人将鞍山钢铁工人要求“政治挂帅”、谴责厂长按照“马格尼托哥尔斯克钢铁厂的模式”建设工厂体制的声明分发下去。8月15日，毛泽东有所保留地建议阅读苏联新版《哲学小辞典》和《政治经济学教科书》，认为过多地批评了教条主义，而对彭德怀的经验主义批判不够。[46]8月15日和16日，他评论了《列宁选集》和他自己的文本汇编，并借机谴责那些在庐山会议开始时诬蔑他“任意”、“类似晚年斯大林”或称他有些“类似铁托”[47]的人。不过，他认为，虽然彭德怀和他的“军事俱乐部”与高岗、饶漱石相似，但我们可以更加宽容，因为干部的思想水平远高于1953年。8月16日，毛泽东对《七发》作了奇怪的评论。[48]毛泽东说到了他读《七发》的心情。《七发》是公元前2世纪西汉一位文人假托吴客写给因荒淫无度而生病的楚太子的进谏书，但愿太子振作起来！他还讲到对右倾机会主义者的谴责重新激起了人民的热情……8月11日，中央全会又提供了一个新的批判彭德怀的机会。[49]柯庆施、陶铸、罗瑞卿和周恩来指责毛泽东春末派到各省进行调查的三个秘书陈伯达、胡乔木和田家英。他们还批评最近到毛泽东秘书处的李锐。毛泽东保证说，胡乔木、陈伯达和田家英是党的秀才，还需要他们，而李锐不属于这一类。这种任意的区分把李锐交出去受批判，是为了做个样子，他把为他撰写理论文章，掩盖其在这个领域不足之处的人留在身边。[50]

8月16日，在最后一次全体会议上，毛泽东再次讲话[51]：这次全会是一次战胜右倾机会主义分子的伟大战斗，右派们以为可以趁着困难的情况进攻，而情况正在好转。会议通过的决议和发表的公告证实了这种倾向。[52]奇怪的是，对右派的处罚并不是很苛刻：所谓“军事俱乐部”的成员失去了他们的职位，但彭德怀和张闻天没有被开除出政治局，甚至周小舟和黄克诚也没有被开除出中央委员会。但是毛泽东乘机在党内和省级行政部门内推出了严格的肃清运动：该决议赋予了他这样的权限。

8月20日毛泽东离开庐山到南昌，22日乘专列到杭州。在汪庄的寓所休息两天后，出发返回北京，8月27日到达。他在上海、徐州、济南停留，与政府官员会面。他收到了来自河北、甘肃、浙江和四川的好消息，虚假的报告比以往更猖獗。8月18日，他收到一封张闻天承认自己错误的信，立刻让人分发。[53]9月9日，彭德怀写了认错信，要求派他到人民公社进行体力劳动。毛泽东因为彭德怀年纪已大，没有将他分配到基层，只要求他学习成为一个真正的马克思主义者，同时到农村做调查。自此，张闻天成为中国科学院经济研究所一个勤奋的研究者，而彭德怀住在北京颐和园附近一幢叫做吴家花园的房子里，像和尚一样剃个光头，隐姓埋名在附近的北京大学上政治经济课。他在参考书上做的笔记显示出他深化了对“大跃进”的批评。

此时，毛泽东继续扩大他的成功。9月1日，他给《诗刊》杂志写了一封信[54]，体现了他的精神状态。他要求刊登夏天写的两首诗《到韶山》和《登庐山》，肯定反右的胜利，他认为全世界的反对势力正在爆发，并把他的敌人比作无数想要撼动一棵大树的蚂蚁，荒谬又弱小。

9月11日，毛泽东在军事委员会上发表了类似的讲话。[55]毛泽东的语气很强硬：他没有忽视部队将领对彭德怀的同情和对经历了危机威望更大的刘少奇的成见。林彪接替彭德怀担任国防部部长，林彪多病多疑，在解放军中不仅有朋友，也有对手。他对军队专业化的敌意和政治野心让所有在朝鲜体验过中国军队弱点的人担心。毛泽东也没有把军官们当做靶子。开始时，他质疑一个“功臣”（彭德怀）怎么可能会成为“祸首”。他回顾说，早在1943年，他就应该批判彭德怀关于民主教育的一篇文章，文章中彭德怀提倡的“自由平等博爱”是资产阶级原则。事实上彭德怀是“组织上的共产党员，但不是思想上的共产党员”。9月18日至9月25日，毛泽东重新开始省级视察。他视察了天津、济南和郑州。所到之处，领导们都让他看到他希望看到的“节目”。毛泽东安心了之后，于10月1日在天安门广场主持了宏伟的纪念中华人民共和国成立10周年庆祝活动。经过一年的“志愿”工程，天安门大大扩建了，还修建了中国历史博物馆。从天安门城楼上，毛泽东观看了令人印象深刻的阅兵仪式。晚上，烟花照亮了北京。8月29日开始，《人民日报》的社论一直歌颂人民公社和“大跃进”的成功。社论回顾了所有的目标：1958年粮食产量为2.5亿吨，棉花产量231万吨，钢产量800万吨，其中300万吨是由三个小高炉生产的，即高估了约20%。预计1959年粮食产量为2.75亿吨，棉花产量为231万吨，钢产量为1 230万吨。社论没有提到夏天影响了5 000万公顷耕地即三分之一的耕地的可怕的干旱问题。在中国北方地区已经不可能实现这些预期目标，因为饥荒的迹象已经出现。自夏季结束以后反右运动肆虐：600万党员和干部被批斗。[56]许多人被开除党籍或公职。有些人自杀了。他们获罪的原因是说出了存在灾难威胁的事实。四川很多干部被处罚。像1957年反右运动最糟糕的时候一样，大家已经确定了右派的配额。恐惧、背叛、因循守旧再次占了上风。然而，饥荒现在已经成为一个可怕的现实。反对右倾机会主义的运动将保护农村的大坝冲垮了。

面对饥荒的毛泽东（1959—1961）[57]

事实上，1959年春天到1962年秋季这三年被中国人称为“三年困难时期”。历史上最大的饥荒袭击了中国。

通过考察饥荒的基本情况，可以确定两件事情：

（1）应该由人来承担“三年困难时期”饥荒的责任。我们知道中国人在研究这些灾难时，将其分为“天灾”和“人祸”。1958年气候有利，而1959年和1960年不是这种情况，超过三分之一的耕地春季遭遇长期干旱，夏季结束的时候受到台风的影响。人们紧急播种了粗粮、土豆和番薯。[58]在这种情况下，差额通常是1 200万吨左右。1959年到1962年的收获始终比1958年少3 000万至5 000万吨。因此，除了变幻莫测的天气外，必须寻找其他原因。灾难加重的因素是政治命令：1958年秋，种植面积的减少导致少收了2 000万至2500万吨。还要加上由于缺乏劳动力收割，农作物腐烂在田里，农民过于疲惫，收获又少，因而劳动热情不高。

(2) 饥荒特别严重的省份中，省委书记都是完全支持“大跃进”的，像四川、河南、安徽等，这印证了政治因素在这场特别严重的饥荒灾难中至关重要。这些过分热忱的省委书记都陷入了自己的陷阱，因为他们通过伪造的数字，宣称成绩很出色，以此来声讨“当地的小彭德怀”，这就要求他们强迫征收令人难以承担的粮食数额。

“信阳事件”说明了这种机制不合理，即使这是一个极端现象。[59]信阳位于河南省南部、淮河上游，是一个非常贫穷的地区。这里是嵖岈山模范公社的所在地。其中的一个县1959年生产了88 392吨粮食，但公布的数目是239 280吨，所以要征收75 500吨——总数的三分之一……但这几乎是所有的实际收获！4 633名官员组成一个团队协助逮捕当地滥用权力的干部，其中危害最大的被认定为“反革命”[60]。这个地区14%～15%的人口死亡。有些村庄已经失去了三分之一的人口。河南邻省安徽位于淮河中游的凤阳县也遭遇了类似的命运。安徽全省每人每年平均口粮为156千克，即每天约400克，但在许多像凤阳县这样偏僻的地区，配额下降到每天200克。1957年安徽省的粮食产量为1 027万吨，1961年下降到629万吨。全省的人口减少了11.2%。四川、甘肃也有类似的数据。尽管毛泽东知道灾难的情况（我们看到1959年7月他指责为“右倾机会主义”的党委书记，就是为了写信告诉他安徽的灾难[61]），但是1959年和1960年中国政府还出口了粮食，直到1961年，中国终于在国际市场上大量购买小麦。

视而不见

面对灾难，毛泽东的第一反应是指责一些干部不执行1959年春季郑州会议和上海会议的决议。直到1961年秋天，他都保持这种立场。在毛泽东眼里，彭德怀的“右倾机会主义”及其“军事俱乐部”的攻击是“党内旧的有产阶级和他们的同谋”利用一些干部缺乏经验出现困难的机会实施报复。这是他在各省视察[62]期间一直维护的论点，提到的频率和持续的时间都证明了他多么不安。这种故意的视而不见导致他继续接受1960

年夏天虚假的粮食生产报告（如贵州和甘肃的报告）[63]，甚至在1960年1月重新启动大炼钢铁计划：1960年7月5日至8月10日举行的北戴河会议主要涉及中苏两国关系，没有对饥荒采取紧急行动。[64]1959年12月，毛泽东批阅14个省的粮食生产总结时，在空白处批示：粮食分配的条件是好的，农民在人民公社的生活显著改善。[65]毛泽东在一个又一个批示中重复同样的分析：坚持在农村进行激烈的阶级斗争，"中农富农和代表他们利益的干部"发挥了关键作用，因为在农村，他们来自旧的统治阶级。所以，我们必须和干部的悲观主义作斗争，他们不理解小生产者自发的资本主义倾向，必须消灭小资产阶级思想。[66]不过，毛泽东有时候也对干部大发雷霆，因为他们不执行郑州会议和上海会议的决议，继续吹共产风。他们的傲慢和违纪行为伤害了人民。[67]但是，毛泽东很快就放心了，1960年4月底，周恩来在一个月前已经通过各种报告得知凤阳县和河北南部地区的情况：春季饥荒在那里肆虐，而每人每天的粮食配额减少到8至12盎司（约合250克至375克）。但另一份调查却说，口粮保持在每人每天一斤，情况已经好转。毛泽东坚持这样的立场[68]，并与之保持距离：他长期住在杭州和广州[69]，读很多书，在苏联的《政治经济学教科书》上做注释，然后回到北京，花许多时间和领导层谈话，接见外国领袖。[70]

但是，1960年秋，在秘书处会议上，毛泽东从陈云的介绍中获悉经济形势严峻，陈云说服了周恩来、薄一波、李先念采取应急措施。毛泽东不想被排除在外，10月23日至26日，他召集了中国北部、中南部、东北、西北和大城市、自治区的共产党领导人总结"共产风"的害处，尽管这股风是他自己在庐山会议上重新吹起来的。很明显，"五股歪风"再次肆虐。[71]会议的最后一天对他而言最难以忍受：10月26日，毛泽东收到了400页的"信阳事件"报告。根据官方传记的记载，他很吃惊。[72]不安的毛泽东第二天就批准了三个月前在山西做好的决定，遣返120万来到城市的农民，使其返回农村，挽救收成。毛泽东作出的评论显示出他的困惑：如果我们不立即改变目前这种情况，农业战线劳动力太少、太弱，我们关于农业是国民经济的基础、粮食生产是基础的基础的说法将是毫无意义的。人每天都要吃饭。没有人不吃饭能劳动。任何共产党员都不应该忘记这个简单但完全正确的原则。[73]11月3日，中央委员会下了12道关于农业工作的指示[74]：基本上都是1959年春季郑州和上海会议上制定的措施，证明了“左”派反对彭德怀的运动规模之大。毛泽东不再吃肉，瘦了十几千克，用自己的方式反思“大跃进”。11 月 15 日至 28 日期间他的言论，包括 11 月 26 日在政治局扩大会议上的发言，确认了以下信息：减弱人民公社在管理中的作用，按照大队会计的核算返还农民的自留地，重开农村市场，允许自由买卖和发展手工业。12 月，周恩来在国际市场上购买了大量小麦。[75]然而，11 月的政治局会议虽然是在饥荒和内乱这种戏剧性的背景下召开的，但大部分时间讨论的是中苏关系。

与苏共决裂

事实上，中苏关系已经恶化，中国可能会被孤立，蒋介石甚至威胁说要从台湾打回大陆，而美国在越南南部、日本冲绳、韩国和关岛太平洋基地频繁出现。毛泽东担心被包围，他的政治眼光是一个战争中国家的首席指挥官的眼光。这是他所熟悉的：和这一代领导人一样，他经历了超过 20 年的战争，1949 年后不稳定的和平局面让他很难转变自己的军事政治眼光，特别是中国发起抗美援朝运动，直接支持越盟，反对印度支那的法国远征军，爆发第三次世界大战的可能性让中国一直处于全民动员的气氛中。我们已经讲过“大跃进”中使用的词汇反映了这一点，如“旅、突击队、阵地、战斗和红色横幅”。毛泽东自己也承认他对经济一窍不通。作为战争的领导者，毛泽东依靠的是战斗人员的纪律性，他愿意接受必要的牺牲来确保中心目标的实现，并确保中国共产党的思想在革命军队中是唯一正确的。党必须统一，并听从指挥。与经济建设需要专家不同，毛泽东是第一个建立游击战理论的人，比起正规战，他更喜欢游击战，游击战更适应经济落后的中国和文化程度低的农民。游击战在偏远和古老的江西南部和陕西北部创造了奇迹，但在富庶的江南遭到失败。共产党的领袖，甚至工业经济和金融领域的领导人薄一波、李先念和李富春或战争年代“白区”负责人刘少奇原先几乎都是军队的将军或政委，只有陈云、彭真例外。显然，在毛泽东和他最亲密的合作者看来，中国人民遭受痛苦的“三年困难时期”是服从军事政治目标的需要，如 1941 年至 1943 年陕北农民所遭受的痛苦一样是确保胜利必须付出的代价。克服这个困难，我们可以反守为攻，建立真正的社会主义。特别是，苏联的历史任务已经失败，而殖民地解放战争和亚非拉反帝国主义战争的成功开辟了新局面：自 1959 年 1 月以来，古巴领导人菲德尔·卡斯特罗不是一直在挑战美国吗？

不过，自苏共第二十次代表大会以来，这两个伟大的社会主义国家之间的关系已经经历了连续的退化。1959 年 9 月 30 日，赫鲁晓夫抵达北京，参加中华人民共和国成立 10 周年庆典。他此前刚在戴维营与艾森豪威尔总统讨论于 1960 年 5 月在巴黎举行四国（美国、苏联、英国和法国）首脑会议。这一做法被毛泽东认为是对帝国主义的投降，令他很不悦。10 月 2 日与“K 先生”会面气氛冰冷。事实上，8 月 25 日喜马拉雅山的印度士兵和中国士兵突然出现流血冲突，9 月 9 日塔斯社把这一武装事件描述成“两个友好国家之间令人惋惜的矛盾”，将中国和印度各打五十大板。毛泽东对此反应强烈。对他来说，是时候对越来越令人失望的“苏联大哥”的真实性质做一个总结了。

1959 冬季至 1960 年，毛泽东大部分时间在杭州或广东，评注苏联的《政治经济学教科书》。[76]在这段时间的各种手稿以及他在《政治经济学教科书》空白处写的 68 条注释（加上 8 个附记）中[77]，毛泽东重新使用从 1956 年 4 月《论十大关系》开始的对苏联模式的批评性语句，不过他进行了深入的分析，总结出中国特色社会主义的主要特点，毛泽东认为中国的路线在关键问题上与苏联的路线不同，苏联人走了一条修正主义的道路。毛泽东的第 1 条到第 3 条注释更新了过去对于斯大林的批评，认为斯大林低估了人和上层建筑的作用，专注于生产力的发展。第 14 条认为列宁关于“国家愈落后，它由资本主义过渡到社会主义就愈困难”的看法是一个错误。我们知道，毛泽东认为恰好相反，贫穷和落后是中国革命的动力，人越穷，才越革命。因此，毛泽东在第 42 条中怀念幸福的延安时期，那时开始实行免费供给，准备进入共产主义。第 38 条他提到中国与苏联不同，中国不是一条腿走路，而是两条腿走路，同时发展轻工业和农业，没有特别倾向重工业。毛泽东强调了两个主题，这在后来的分析中占主导地位并决定了他的政治行动。第一个主题是增强政治的暴力作用，这完全符合他以军事眼光看待中国的历史，这种眼光出现在 1927 年夏天，当时他断言在中国“枪杆子里面出政权”。因此，毛泽东在第 9 条中强调《政治经济学教科书》认为“从富农那里没收土地来交给贫农和中农”是错误的。毛泽东认为是贫农团结大部分中农通过武力从地主那里夺取土地。第

26条认为中国有必要采取尖锐的阶级斗争：大革命不能不经过国内战争，这是一个法则。所以，不要害怕反对帝国主义的战争。第13条明确表示：只看到战争的坏处，不看到战争的好处，这是战争问题上的片面性。片面地讲战争的毁灭性，对于人民革命是不利的。一切都属于矛盾和不平衡的形而上学，这是历史和整个宇宙的动力。毛泽东否定了人类社会直线发展的思想，认为彻底巩固是不存在的。对他来说，革命是永久性的、不断的，否则就称不上是革命。革命的目标“不能把人引向‘一个爱人，一座别墅，一辆汽车，一架钢琴，一台电视机’那样为个人不为社会的道路上去。‘千里之行，始于足下’，如果只看到足下，不想到前途，不想到远景，那还有什么千里旅行的兴趣和热情呢?”这引出了第二个原创的主题：和教科书讲的相反，毛泽东认为从社会主义过渡到共产主义，将是一场革命，因为必须破除“资产阶级法权”（工资不平等，有利于知识分子，工资等级，文化遗产……），它在社会主义制度下仍然存在，还要消除新体制下获得既得利益的干部们的抵制。因此，过渡到共产主义需要文化革命。第32条谴责干部子弟的嚣张态度，第11条肯定知识分子即使出身人民群众，也会受到资产阶级思想的影响，因而必须接受再教育。

几个月后，1961年7月30日，在给“江西共产主义劳动大学”负责人的信中，毛泽东夸奖这个学校将半工半读结合起来。[78]此外，毛泽东有关共产主义及其原则的评论非常多，在当时的苏联理论家中，这个主题非常罕见。在第3条中，毛泽东清楚地说明“大跃进”和人民公社属于这个范畴，他举了“农业四十条”的例子，说“劳动不应该成为商品”：“我们不应该为钱而工作，而是为了报效国家。”第58条强调过渡到全民所有制的必要性，要建立全国统一的工资制度，从“按劳分配”的社会主义过渡到“按需分配”的共产主义。毛泽东在头脑中酝酿这些想法的时候，他的秘书们和记者兼编辑吴冷西推出了其文选第4卷：在里面毛泽东概述了夺取政权的战略，并回顾了安娜·路易斯·斯特朗对他的采访，对他来说，美帝国主义是“纸老虎”，尽管它装了核牙齿。最后第68条显示了1960年他的精神状态，题为“哲学要为当前的政治服务”。他指出“任何国家的共产党，任何国家的思想界，都要创造新的理论”，“只有马克思和恩格斯，没有列宁，不写出《两个策略》等著作，就不能解决一九〇五年和以后出现的新问题”。同样，如果没有列宁的《帝国主义论》、《国家与革命》，就不足以应付十月革命前后产生的新问题。列宁逝世后，斯大林的《论列宁主义基础》是必不可少的。毛泽东补充说："我们在第二次国内战争末期和抗战初期写了《实践论》、《矛盾论》，这些都是适应于当时的需要而不能不写的。"如此，毛泽东把自己和马克思列宁主义的主要理论家相提并论。而按照他的说法，苏联领导人向他们的阶级敌人投降，他成了世界社会主义革命新的领军人物。

论战

剧情是这样的：4 月 22 日是列宁诞辰 90 周年，中国共产党受毛泽东的启发，出版了一本小册子《列宁主义万岁》。这本册子谴责和平过渡到社会主义的修正主义，以及与帝国主义和平共处的观点，强调帝国主义和亚非拉（亚洲、非洲、拉丁美洲）人民的对立增强，亚非拉人民不会在任何要挟面前退让，哪怕是核威慑。1960 年 5 月初四大国峰会失败了，当时北京举行了"群众"抗议游行，莫斯科和北京之间的紧张气氛持续升温。愤怒的赫鲁晓夫 6 月 21 日在罗马尼亚共产党全国代表大会上谴责"认为需要世界战争实现社会主义胜利的人"。前一天，莫斯科撤销了 1959 年帮助中国制造原子弹的协议。7 月 16 日，赫鲁晓夫召回了 1 000 名在中国工作的苏联专家，中国的 155 个工业项目被遗弃，包括可以装备核弹头的导弹制造。秋天，争议暂时搁置。毛泽东知道他必须实行国内政治的转变，和饥荒作斗争。9 月 30 日，一个以刘少奇为首，包括邓小平、彭真在内的中国代表团去莫斯科与苏联谈判，希望重新达成协议。毛泽东在北京关注谈判，11 月 16 日，他和代表团有很长的电话谈话。11 月 7 日，他去苏联驻北京大使馆庆祝十月革命纪念日。11 月 10 日至 12 月 3 日，中国代表团出席在莫斯科举行的 81 个共产党代表团参加的会议。邓小平谴责尼基塔·赫鲁晓夫投降帝国主义的行为。阿尔巴尼亚领导人恩维尔·霍查的发言最激烈，讲话结束后，宏伟的圣乔治大厅里一片寂静。[79]之后的争论是一个语义透明的游戏：中国谴责"南斯拉夫修正主义"，借此批评苏联；苏联谴责阿尔巴尼亚的"斯大林式"教条主义，攻击中国。

毛泽东担心中国被孤立，越来越多地接见外国客人，让媒体讨论他。因此，1960 年和 1961 年，他两次会见了英国元帅蒙哥马利。他还与联合国负责世界粮食问题的粮农组织前总干事博伊德·奥尔会面。[80]毛泽东描述了一幅新中国充满吸引力、中国领导人充满魅力的图像。1960 年 10 月 1 日，在周恩来的帮助下，他与延安时期的朋友美国记者埃德加·斯诺聚首，中华人民共和国成立 10 周年庆典仪式上，毛泽东请斯诺登上了官方观礼台，并接受了斯诺的采访，周总理也接受了一次长时间的采访。[81]

但是，毛泽东犹豫了。他的教科书笔记表明，他此时形成的社会主义观将保留到生命的最后，他觉得经济和食品状况好于 1959 年。跟 1956 年 12 年农业计划失败之后一样，他不得不放权给包括陈云在内的计划策划者：他极不情愿地让他们使中国按照他们的步伐前进。他的政策正好起了相反的作用，第三年又一次可怕的饥荒在中国北部、中部和西北部的省份肆虐。一年来，毛泽东让人觉得他在撤退，但他并未放弃自己重要的立场，就像当初长征期间他带着红军在贵州绕圈子以避开暂时比他强的决战对手一样。毛泽东不可能放弃他的政治方向，所作的决定也就无法解决越来越严重的危机。这是发生在八届九中全会时期的事情。[82]12 月 24 日至 1 月 13 日举行了八届九中全会筹备会议，12 月 27 日，毛泽东在会上讲话。中共中央八届九中全会于 1961 年 1 月 14 日至 18 日召开。毛泽东致闭幕词。李富春做了一个报告，谨慎地避免谈到失败，表示如果我们更加注意主席“高瞻远瞩”的讲话，那么困难本来是可以避免的！全会谈到了三面红旗——“总路线”、“大跃进”和人民公社，同时提到“困难是暂时的，部分的”，失误只有 10 个指头中的 1 个。大家设定了新的更高的目标来掩盖事实：2.25 亿吨粮食（只获得了 1.62 亿吨，相比 1958 年减少了三分之一），1.5 亿头生猪（实际上是 7 500 万头，少了一半），4.36 亿吨煤炭（采矿仅为 2.78 亿吨），1 900万吨钢（实际只有 870 万吨）。[83]会议重申了 1959 年春天郑州和上海会议通过的指示，显然，这些只是死的数字。在讲话中，毛泽东根据虚假的统计结果，声明不应该效仿斯大林杀太多人，提醒“地主的复辟”是个令人难以置信的问题，指出山东、河南、甘肃的粮食供应形势很严峻，特别强调了信阳问题。据他介绍，全国只有少数的地区和人口正经历严重的困难。

在分析了持续性饥荒的原因后，毛泽东作了一个正确的决定，即派调查研究小组去各个村庄调查，因为“了解情况，要用眼睛看，要用口问，要用手记”，“这是一切工作的基础”。1 月 21 日，三个调查小组（每组七名成员）离开北京，他们由毛泽东的政治秘书领导，陈伯达负责广东省，胡乔木负责湖南，田家英负责浙江。毛泽东办公室的 6 个成员到了信阳。他们带了 1930 年毛泽东在江西写的关于农村调查工作的文章复印件：这篇文章已经丢失了，但田家英不久之前在福建找到一份副本。[84]他们在当地调查了 15 天后，先后给毛泽东做了汇报。1961 年 1 月 26 日，毛泽东离开北京，乘专车到广州，于 2 月 26 日抵达，中途在天津、济南、南京、上海、杭州、南昌停留。中央政治局 3 月 5 日在广东开会[85]，决定 3 月 11 日和 12 日举行两次工作会议，制定新的公社管理法规。北方地区会议在北京召开，集合了北部、东北部和西北部的负责人，由刘少奇[86]主持，周恩来、陈云协助。南方地区会议在广州举行，是由毛泽东主持的，只有东南和西南、中南部的官员参加。3 月 14 日，所有参加者聚集在广州召开政治局扩大会议。此前，3 月 13 日，毛泽东给主要领导人写了一封信，信中他谴责平均主义的危害，批判“北方派”的决议草案。在 3 月 19 日和陈伯达、胡乔木、廖鲁言[87]、田家英的讨论中，他进行了清晰的分析：1959 年出现的农村问题由于在庐山发起的反右运动而加剧，1960 年的情况更糟。有人饿死。这种情况在 1960 年夏天之前没有报告。[88]迟到的理智？开始自我批评？事实并非如此。毛泽东继续肯定处罚彭德怀是正确的。他认为，路线是正确的，但它的执行是有缺陷的。经过几个星期的辩论，3 月 21 日推出了一个新的农村人民公社工作条例，该条例由 60 条组成，22 日通过。条例 5 月下发，又一次确认在郑州和上海会议上决定的、在八届九中全会上恢复的内容：关闭公共食堂，用免费提供的食物作为报酬仅限于劳动报酬数额的 30％。毛泽东很满意：他只是在次要问题上让了步。[89]3 月 29 日，他离开长沙，在陶铸的陪同下参观了一个人民公社。3 月 31 日到达长沙。从 4 月 1 日到 8 日，他住在武昌，在长江里游了两次泳[90]，4 月 6 日与周恩来碰面。4 月 8 日回到长沙，11 日与刘少奇碰面。[91]18 日到达南昌，然后返回杭州，与邓小平、田家英会面。5 月 1 日，到达韶山，为恭敬而沉默的农民们解释《工作方法六十条（草案）》。5 月 6 日，到达上海，下榻在锦江大酒店，周恩来半夜打电话告诉毛泽东，他刚刚调查的河北南部的邯郸形势仍然严峻。经过天津后，毛泽东于

5月15日回到北京，5月21日至6月12日，他主持召开了一个工作会议。有一件事是显而易见的：尽管采取了紧急措施，但持续了三年的春季饥荒又开始了。“大家没有足够的自由”，毛泽东说，他认为所有的困难不是由政治路线造成的，而是因为有些干部欺压百姓。新的会议8月23日至9月16日在庐山召开，两年前也是在庐山撤销了彭德怀的职务。这次新的会议以毛泽东的讲话开始，然后在轻松的气氛中讨论了六份报告，包括周恩来关于收成的报告[92]。毛泽东确定经济降到了最低点，这样的情况在未来几个月内必须有所改善。党和国家的领导层仍然止步不前，虽然主席非常活跃，不知疲倦地周游全国，并会见了数百人，但仍然难以掩饰这一点。除了有几个细微的变化，毛泽东关于农村人民公社的决定仍然和1959年春天时一样。

疑惑的时期（1961年秋—1962年夏）

这种在领导层占优势的保守主义越来越难以抵制来自下层要求指导方针彻底改变的诉求。而毛泽东在等待时机好转的同时慢慢放手。1961年1月在中共八届九中全会全体会议上，他不是把当时的情况比作长征途中在两次战斗之间必须停下来的休养和重组了吗？然而，根据不同调查者的汇报，农民把饥荒和人民公社的建立联系起来：关于集体化和“总路线”的战斗已经重新开始了。

事实上，从1960年的最后几个月开始，在受饥荒影响最严重的各省，已经提出采取划分“责任田”的措施。大家用更丰富的语义来解释这个措施，显示出人们似乎害怕会因为重新分配土地而被划为右派。于是，大家讲的是“三包一奖”、“三自一包”、“责任制度”、“按劳分田”、“包产到户”、“父子队，兄弟队”，乃至在保留集体土地的基础上“单干”[93]。1961年6月中旬在北京会议上，朱德第一次在这个级别问了一个所有人都到了嘴边却没有问出口的问题：我们调查过个体农业的情况吗？是否应该将其合法化？[94]他没有得到回答。总的来说，虽然名称各异，但是这些措施其实是大队和小队、小分队乃至家庭通过签订合同分配土地。在劳动条件有限定的条件下，这个合同可以保证国家的粮食储备，保证粮食价格稳定，规定根据分配的公社土地确定征收的粮食数量，同时以实物或货币为超额征收的粮食支付酬金。此外，它把自留地归还给农民，其比例大小为集体土地的7%。农民和他的家人可以自由使用自留地，可以养猪和家禽，可以种植果树和蔬菜。这样，已被毛泽东切断的两个关键环节又重新连接起来，即工作和报酬之间的联系，农民和他的土地之间的关系。不可否认，严格来说，这不是回归到土地的私人所有制。[95]但农民并不关心这些语言的微妙之处。1961年8月，中央农业部的一份报告[96]介绍了当地村民在他们的地区实施“责任到户”政策之后的喜悦。他们放鞭炮，敲锣打鼓庆祝他们所谓的“土地还家”。令人惊讶的是，实施这项措施的有安徽省委书记曾希圣，在这次小革命开始时，他是热忱的毛泽东主义者。[97]这位书记在上报了全省可怕的死亡人数之后，感到非常恐惧。从1960年秋天开始，他将生产管理和会计核算从大队转移到小队，这是毛泽东考虑在一年后实行的。1961年2月，八届九中全会的自由气氛让曾希圣感到放心，他许可大队和农户小团体之间签署合同，并在给毛泽东的信中要求把集体土地的一部分委托给农民家庭（责任到户）。1961年3月20日，安徽省委常委估计39.2%的小队签了此类合同。用行政术语说就是，“生产目标由个人承担”：如果增收，超额部分是奖励；如果产量不达标，要受罚。当然，1961年3月23日的广东会议不赞成这种尝试，《工作方法六十条（草案）》明确指责这种“包产到户”的体制，于是曾希圣发电报给安徽省委，要求暂停实施这个责任制度。不过，毛泽东对他说，这个政策可以在小范围内进行试验。曾希圣曾在3月20日给毛泽东、刘少奇、周恩来和邓小平写了一封信，在信中他承认他的体制和被批判的体制存在相似点。但是他肯定他没有分割集体土地，相反，他继续要求进行播种、插秧和收割的大型集体劳动：只有组织耕种由农户来负责。他补充说，农民对这个体制的热情使粮食增产了10%。1961年7月，曾希圣再次向来视察的毛泽东汇报，他坚持认为这种组织工作的方式保留了土地、耕地的牲畜和农具的集体所有制，所以是社会主义的。毛泽东模糊地回答说如果曾“觉得这是正确的”，可以继续，并补充说将集体土地租给农民也可以是件好事，只要租地比例仍低于土地的10%。这种混乱的指引使“责任制”发展起来：安徽三分之二的小队在8月执行这种类型的合同，秋季达到了85.4%。来自基层的压力战胜了中央的指令。山东、广西、湖南、河北和河南的一部分地区也是类似的情况。1961 年 11 月 13 日，中央委员会接受会计核算下放到小队的做法，但在此批评了任何形式的“责任制”。12 月，毛泽东告知曾希圣农业生产已经恢复，曾希圣必须放弃他的试验。[98] 不过[99]，10 月 6 日毛泽东同意保留小队的中心作用，10 月 23 日，在与去福建省龙岩进行调查的邓子恢讨论时，他说分配给小队的角色符合“马克思主义观”[100]。12 月 17 日，在与谭启龙谈话时，他甚至允许与“10 户或 20 户家庭，甚至 3 户 5 户”组成的小分队签合同。[101] 然而，江南[102]的好收成和柯庆施的报告让他印象深刻，两天后，他写信给薄一波、李先念说：“到户不可行。”很显然，他退让时情绪不佳，仍然决定收复失地，觉得那些让步非常危险。这可能是隐藏在 12 月 19 日他写给郭沫若的这首怪诗[103]中的含义。同一天，他再次开始视察各省。

> 一从大地起风雷，便有精生白骨堆。
> 僧是愚氓犹可训，妖为鬼蜮必成灾。
> 金猴奋起千钧棒，玉宇澄清万里埃。
> 今日欢呼孙大圣，只缘妖雾又重来。

毛泽东给我们描述了 1959 年夏天庐山会议以来突然出现的危机，白骨精指总是死而复生的右倾危险，金猴是指毛泽东本人。

实践对“大跃进”政策的一再质疑使得毛泽东更加心绪不宁。因此，在城市中实行公社的计划刚刚开始很快就在河南省会郑州被放弃了。1961 年 3 月 22 日受到毛泽东赞赏的辽宁省鞍钢的条例的命运好一点。这个条例要求“政治挂帅”，把马格尼托哥尔斯克钢铁厂的苏联式的规定看作一种“迷信”。但是 1961 年 9 月，李富春通过了他的工业七十条草案［即《国营工业企业工作条例（草案）》］，旨在恢复劳动纪律、奖金和党委领导下的厂长、工程师和专家责任制，最引人注目的是“一台机器的操作在社会主义制度下和资本主义制度下是一样的”[104]。

刘少奇摆脱束缚

然而，尽管自中共八届九中全会以来毛泽东在特别紧急的情况下做了这些决定，但是经济状况仍然不佳：数以百万计的临时工被驱逐出城市没有太大的成效。占劳动人口90%的农民的生产力仍然停留在18世纪，他们收获了1.47亿吨粮食，但不能养活全部人口，这个数目是1957年至1958年的四分之三。通过大量进口小麦才结束了大范围的饥荒，但消耗了国家的外币储备和工业资本：1961年工业产值下降40%。如果不改善经济条件，毛泽东梦想的雄心勃勃的外交政策和对修正主义的挑战将会以失败告终。毛泽东再一次表现出他的务实性，不得不接受他认为在短期内有效的政策。

11月16日，毛泽东建议召开扩大工作会议，称为“七千人大会”，与会人数比党的代表大会多五倍，参加者来自中央、省、部门、地区、县甚至作为典范的基层单位。[105]与会者从12月21日开始抵达北京，参加区域筹备会议直到1962年1月10日，1962年1月1日召开全体会议。

刘少奇当天下午宣读了一份报告，这份报告是刘少奇匆忙撰写的，让邓小平读过。与通常的程序相反，这篇文章没有经过中央政治局或毛泽东的正式批准。事实上报告没有什么尚未说过或写过的内容：“大跃进”赢得了巨大的成功，但由于地方干部经验不足和中央在经济管理方面的不足，造成了失衡，“在很大的程度上，是由于我们工作上和作风上的缺点和错误所引起的”，但正面多于负面，必须维护党的纪律，继续克服现在的困难[106]。毛泽东自己多次承认他没有能力管理经济，因此刘少奇认为经济方面的责任应由其他领导人来负，正如1959年在庐山时所说的那样。各地区小组开始讨论这篇文章。17日，一个21名成员组成的委员会起草了第二稿，1月25日定稿，其中包括一些讨论的结论。讨论集中在人和自然灾害的责任各占多少上。大家似乎达成了70%对30%的看法。彭真再次提到毛泽东在推行公共免费食堂中的作用，并提到：“如果毛主席的百分之一、千分之一的错误不检讨，将给我们党留下恶劣影响。”这引起了陈伯达的强烈反应。26日，经过毛泽东和政治局批准的版本发放给各位代表。27日下午，刘少奇在全体会议上发言，介绍修订的文本[107]。这次发言没有集体讨论，不是一次简单的修正介绍。尽管发言者巧妙地减少了毛泽东在明显的失败中的责任，但刘少奇出人意料的讲话仍迅速引起了主席的不悦。确实，刘少奇公开质疑毛泽东在庐山提出的十个指头中有一个是缺点和错误的比喻，认为成功和失败之间的比例为7∶3，呼应了毛泽东对斯大林所作的“总体是积极的”的评价。刘少奇提到在河南信阳或甘肃天水“缺点和错误是主要的，成绩不是主要的”。他不是很肯定地补充说，也有些情况“成绩大于失败”，毛泽东明显很生气，大声说：“不少!”当刘少奇指出彭德怀[108]“自高岗事件以来，有系统地进行反党活动”[109]时，毛泽东插话说：“他是高岗事件的主要负责人。”刘少奇对毛泽东的反应感到不适应，试图通过谴责一些干部的“资本主义”行为让毛泽东平静下来。刘少奇批评这些干部利用物资短缺投机，如福建连江向十个省出售他们的海带，河南临颍通过行贿用军用飞机从广州运了200车小麦到武汉，以卖出更好的价格。但这些都没有什么用：毛泽东受不了刘少奇否定“大跃进”的积极成果（十个指头!)，并以一个国家元首的权威讲话。29日下午林彪讲话[110]，他的讲话一贯夸张毛主席不可能犯错误，毛泽东没有掩饰他的满意。毛泽东让刘少奇对口头报告[111]进行第三次修改，29日，毛泽东赞扬自我批评的美德[112]，好像他希望刘少奇也做自我批评，建议延长会期，让每个人都提意见，开“出气会”。

“七千人大会”的第二阶段于1月30日开始，毛泽东做了长时间的发言。[113]发言着重于民主集中制，这是刘少奇报告的主题之一，并分为六个部分。第一部分肯定可以批评领导。毛泽东举了中国历史上的例子，说即使是没有道理的批评也让许多大人物进行思考或掌握新知识。毛泽东从批评讲到自我批评的需要，比如两年前在庐山他做了自我批评，很多其他人也做了自我批评。“去年6月12号，在中央北京工作会议的最后一天，我讲了自己的缺点和错误。我说，请同志们传达到各省、各地方去。”许多地方没有传达。“凡是中央犯的错误，直接的归我负责，间接的我也有份，因为我是中央主席。”第二段强调面对“复辟”的风险必须警惕，必须坚持“民主集中制和群众路线”，以建立真正的社会主义经济。“已经被推翻的反动阶级，还企图复辟。在社会主义社会，还会产生新的资产阶级分子。整个社会主义阶段，存在着阶级和阶级斗争。这种阶级斗争是长期的、复杂的，有时甚至是很激烈的。……我们的专政工具不能削弱，还应当加强。这是非常复杂的，有时甚至是暴力的。我们的专政工具不能削弱，而应加强。”[114]第三个段落包含了这样一些主题：在工人阶级领导下团结的需要；95%的人民对5%的敌人。第四段要求学习当今世界的现实，以免犯错。毛泽东提到自己的著作能够有助于在民主革命阶段了解中国社会的性质并获得胜利。但是，正如毛泽东对埃德加·斯诺解释的那样，中国对接下来的社会主义建设缺乏经验。毛泽东还讲了他与蒙哥马利的谈话。蒙哥马利跟毛泽东说："五十年后中国的命运怎么样？那时中国会是世界上最强大的国家了。"毛泽东向他解释，中国忠实于马克思列宁主义，绝不会攻击另一个国家。然后，他补充说：建设社会主义 50 年是不够的。在 17 世纪，欧洲的一些国家已经在发展资本主义了，而中国仍然是封建社会。要赶上和超过世界上最先进的资本主义国家，没有 100 多年的时间，我看是不行的。……也许只要几十年，例如有些人所设想的 50 年，就能做到。果然这样，谢天谢地！因此，无论如何，毛泽东仍继续把社会主义变成一个巨大的发展加速器，使中国花几十年时间完成资本主义国家花了三个多世纪完成的事情。第五段很短，讨论了国际共产主义运动。"虽然，苏联的党和国家的领导权现在被修正主义者篡夺了"，但我们必须相信马克思列宁主义的力量最终会占据上风。第六段再次提到团结的需要和自我批评的美德。毛泽东要求尽量限制逮捕和处决。他举了两个例子：一个是投降者潘汉年[115]被监禁了，但并没有被枪决。另一个是王实味，《野百合花》的作者，毛泽东说王实味也是"国民党特务"，1947 年撤离延安的时候将他错误处决了。毛泽东最后以如果他本人被批评了结束了讲话。事实上，他用这个假设间接地让与会者尴尬地笑了笑——每个人都知道，没有人敢公开批评主席！1 月 27 日刘少奇讲话以来，毛泽东的状态是"白天出气，晚上不看戏，白天晚上都请你们批评。这个时候我坐下来，冷静地想一想，两三天晚上睡不着觉。想好了，想通了，然后诚诚恳恳地作一篇检讨"。不过这和他 1959 年在庐山会议上对彭德怀的严厉反驳相差甚远。这种心平气和的话语引起了一些地方干部对各省级干部独裁主义的批评[116]，为 1959 年秋反右运动的许多受害者平反昭雪，例如河南的潘复生。[117]正如毛泽东期望的，这也引发了几乎所有领导的自我批评。[118]从 2 月 2 日至 2 月 6 日，朱德、邓小平、谭震林，甚至柯庆施，为这悲惨的四年来他们所犯的错误做了自我批评。2 月 7 日下午，周恩来分析了在其领导下政府所犯的错误，结束了讨论。2 月 8 日上午，毛泽东乘坐专列离开北京，留田家英负责整理他 1 月 30 日的讲话。他把日常事务的管理权交给刘少奇，由刘少奇代替他主持政治局及其常委会的会议。

在接下来的 5 个月内，他都远离北京，但 4 月 16 日至 5 月 2 日两个星期，他在首都主持第二届全国人民代表大会第三次会议①。他一直很活跃，每天早晨非常专注地阅读收到的报告、国内国外的杂志和报纸。如刘少奇反复提醒的那样，没有毛泽东的批准，刘少奇无法做任何决定。事实上，和毛泽东自己在“文革”期间的讲话以及一些作者坚持书写的内容相反，毛泽东从来没有失去做决定的权力，但他设法不参与制定自己不愿意接受的决议，即使他认为这些决定在短期内是必要的。他专注于农民问题，这个问题和外交政策一样是他的自留地，是三股力量的复杂的博弈：基层农民的压力、刘少奇在北京主持的会议上提出的建议和毛泽东自己的意愿。

事实上，虽然在“七千人大会”上受到了批评，但“责任制”仍在农村蔓延，在“大跃进”中遭受痛苦越多的地方，蔓延速度越快。在安徽，1962 年 3 月 20 日省级党委要求停止实行这个体制，但只获得了最积极的人、贫农和缺乏劳动力的家庭的支持。1962 年春天，太湖县县长[119]甚至有勇气写信给毛泽东说 80%至 90%的农户都加入了这种他们自己发明的体制，“这使得粮食生产增长 81%”，又不伤害政权的社会主义性质。各种消息来源证实了类似的情况在广西（特别是龙胜地区）和湖南都有。在河南，50 万公顷土地被承包给农民，让他们在 1961 年至 1962 年的冬季播种谷物。中共中央农村工作部部长邓子恢[120]在 5 月和 7 月提交了两份报告，估计集体土地的 20%是由个体承包的。他认为，必须将 20%的土地承包给个体家庭，期限为 5 年，并且将国家征收的负担限制在 3 250 万吨。

与此同时，刘少奇增加了工作会议，重新推动被卡住的经济机器。2 月 21 日至 23 日，他在中南海西楼召开政治局扩大会议。陈云介绍了严重的经济和金融形势，深化了“七千人大会”的分析[121]：公共赤字为 60 亿元人民币，是 1958 年的 3 倍；货币发行过量，导致物价在三年内上涨了 20%；粮食仍然不够，农民每人每年的口粮仅为 150 千克[122]。因此，当务之急是通过各种手段提高粮食产量，同时在国际市场上大量购买小麦，养活市民和士兵。最后，必须将 1958 年进城的 9 亿农民送回农村。刘少奇同意了这一报告。2 月 26 日陈云、李富春和李先念设立了一种财政审计制度作为补充。毛泽东不喜欢这样的分析：陈云[123]的报告太黑暗了，

---

① 似有误，二届人大第三次会议召开时间为 1962 年 3 月 27 日至 4 月 16 日。

没有任何光明。这是由陈云的阶级出身决定的：陈云出生于小商人家庭，他无法摆脱资产阶级根性，不可避免地倾向右边。但是当时毛泽东没有表现出任何迹象。3月13日至16日，他在武汉西湖①的住所接见了刘少奇、邓小平和很快赶来的周恩来，批准了前几天政治局会议中陈云、李富春、李先念的报告。1962年7月的《光明日报》刊登了毛泽东的照片，旁边有陈云、刘少奇、周恩来、朱德、林彪、邓小平：延安的圆桌会议再现，只差彭德怀。[124]难道只有在蔚蓝的天空中才能看见暴风雨最初的迹象吗？无原则支持毛泽东的柯庆施和李井泉缺席了5月7日至11日非常重要的中央工作会议。此次会议由刘少奇和继续努力恢复经济的周恩来主持。陈云建议发展养鱼业和养猪业。

不过，至少在表面上政治气氛仍然缓和。1961年1月北京京剧院上演了几场《海瑞罢官》，这是吴晗根据毛泽东本人的想法写的。毛泽东邀请主要演员私下为他演了几个片段，表明自己非常满意，1963年送给吴晗一本他亲自题词的《毛泽东选集》（第四卷）。然而，审查者对剧本中的一出戏有异议：一位官员要求强占了农民土地的恶霸“退田”、“结束冤狱”、“驱逐流氓”。这出戏被谨慎地从海报上删掉了，因为公众会把彭德怀比作这位被坏皇帝处罚的诚实官员。但是剧本仍然在1961年年底发表在一个文学杂志上。邓拓，一个才华横溢的记者，1958年被剥夺了《人民日报》总编的职位。1961年3月9日到1962年9月，他在《北京晚报》上发表了由152篇杂文组成的《燕山夜话》。同时，邓拓和朋友吴晗、廖沫沙在报纸《前线》上开辟了一个名为“三家村札记”的专栏。明眼人喜欢读这些短小精悍的文章，它们将历史逸事和个人意见穿插起来，抨击浮夸的讲话和愚蠢的计划。比如，有一篇文章讲，古代有位统治者大兴徭役，将一个大湖抽干，仅仅是为了扩大小河的水面面积，同时又不得不另外挖一个同样大小的湖，因为要在发洪水的时候让大河泄洪。这个故事最能影射“大跃进”。[125]

毛泽东的反击和八届十中全会

但是，毛泽东开始担心他自愿退居二线带来的政治后果。他在上海待

① 原书此处有误，应为武汉东湖。

了15天，然后去了杭州，在那里享受春天的回归。他召见了田家英，几个星期前田家英带着一队人马前往湖南的三个村进行了调查，包括毛泽东的故乡、他的外祖父母的故乡和刘少奇的故乡。大部分农民重新采用这种或那种私人耕种公社土地的形式，给田家英留下了深刻的印象。他向毛泽东作了汇报。后者略带不满的回答揭示出受到如此多夸赞的“群众路线”也有界限：“我们必须坚持群众路线，但也有时候我们不能完全听群众的，因此，我们不能接受群众要求将土地变为家庭所有。”[126]显然，对毛泽东而言，这是底线，逾越底线，“总路线”可能失败：他仍然拘泥于苏联模式。但是，在那个时候，刘少奇和邓小平认为必须在农民的压力面前让步，接受大量的私人经营。6月底，当他们遇到田家英的时候，他们告诉他，为了解决粮食困难，家庭单干的体制是可以接受的。[127]在同时期举行的中央秘书处会议上，东部地区[128]的省委负责人反对家庭耕作土地，邓小平为这个体制做了辩护。就在此时他说出了“不管黄猫黑猫，只要抓住老鼠就是好猫”。7月11日中央委员会的通告总结了自5月以来的讨论，确认大部分主要领导人赞成这种务实的态度。文件提出的关键问题是采用什么方法促进农业生产，并增加了一系列问题引导答案：“你认为包产到户能更快恢复生产吗？如果选择这样做，结果会是什么呢？对于实行了包产到户或单干的地区，应采取什么样的政策？因为混乱、干部的工作作风差和集体经济管理存在弊端，小队要求得到包产到户的允许，对此应该采取什么样的政策?”毛泽东认为警戒线已经被跨过了：新的政策开始出现。这是他从一线退下来必须付出的代价：政治和自然一样害怕真空，被他放弃的空间被刘少奇占用了。7月1日，《人民日报》几乎全是1939年刘少奇的文章《论共产党员的修养》[129]。对毛泽东来说，鉴于当时不利的经济条件和干部的不良作风，1961年采取的调整措施都只是暂时的让步。最终，它们会危及集体经济，而中国走出贫困只能靠集体经济。旧统治阶级的代表会伺机报复。家庭经营将导致社会的两极分化。其必然结果是小农经济成为恢复资本主义的经济基础。因此，必须在农村重新开展阶级斗争，动员贫农、中农、复员退伍军人、革命青年保卫给最困难的农户提供五保[130]的集体经济。毛泽东最后的让步是会计核算与劳动组织的单位从大队变成小队。他有时候承认“家庭责任制”是面对完全恢复私人经营的要求时舍小保大的方法。但对他来说，这一让步已经超越了可以容忍的范围，必须争取尽快通过群众来打倒这一制度。

他还担心在另一个保留领域——外交政策领域被边缘化。曾经被他称为“二十八个半布尔什维克”之一的“国际主义者”王稼祥对“三年困难时期”的饥荒印象深刻。1961年至1962年的冬天，他向刘少奇建议采取缓和的外交政策，以应对粮食危机，得到了刘少奇的同意。1962年2月27日，作为国际关系联络办公室[131]的主要负责人，王稼祥给周恩来、邓小平、陈毅写了一封信，提出他的建议——“三和一减”：恢复和美国、和苏联以及和印度的关系，减少压力。1962年六七月，这一政策似乎得到了落实。喜马拉雅山一直有中国军队活动，但却避免巡逻兵之间发生冲突，中国的报纸也开始怀念早年中印两国的友好关系。中国和苏联的关系比较复杂：1961年11月，中国代表团参加苏共第21届代表大会，赫鲁晓夫批评阿尔巴尼亚劳动党，旨在间接批评中国共产党根深蒂固的斯大林教条主义，并针对周恩来匆匆回国前在克里姆林宫斯大林的坟墓前敬献了花圈这件事。不过1962年4月，中国接受了胡志明的建议，召开新的国际会议，结束了共产主义阵营内部意识形态的冲突。1962年7月9日至14日，在莫斯科举行的世界裁军大会上，中国代表团已经采取了和解的立场。中国和美国的关系更为明显：蒋介石一再强调“反攻大陆”，在沿海地区投降伞兵。[132]6月，美大使在华沙达成协议：美国将不支持蒋介石的战争计划。事实上，1962年9月9日，台湾的U2间谍飞机被大陆击落，这一事件被双方平息。毛泽东的阶级斗争思想需要戏剧性的氛围，在和平的环境中它就溶解了。

于是，毛泽东决定改变自己的计划，打算到青岛休息，6月中旬开始在南方视察。6月18日，他在长沙会见了湖南省二把手华国锋，后者向他介绍了即将开始的水稻收割状况，称收成非常乐观。他也和陶铸、王任重[133]见了面，他们在广西桂林两山附近的村庄龙胜进行了调查。他们的报告[134]是对田家英的调查批判性的回应，后来他们也向中央委员会作了汇报。这个报告取悦了毛泽东：它指出该地区选择家庭经营的小队的百分比不是70%，而是30%至40%，只有10%的小队完全实行私人经营，其他小队都保留了集体活动，例如耕田和播种。报告中写道，尽管“农民对社会主义的信心有短暂的动摇”——但在过去的一年中，通过强化集体性质，情况有了改善。毛泽东到达武汉后把他的逗留日期延长至6月30日。

像往常一样，在这期间，他从船上跳进长江游过几次泳。6月30日，他放弃了去北戴河游海泳的打算，返回北京，中途在郑州、济南停留：预计收成很好，河南和山东的省委书记的报告证实了这一点。[135]7月5日，毛泽东抵达天津，非常高兴[136]，“河南征购留百分之十的机动。麦收秩序空前好。湖南也很好，麦收秩序空前好，出乎干部群众的意料”。7月6日，天刚蒙蒙亮，毛泽东回到北京。他认为此时正是时机，1961年12月以来他一直希望进行反拨[137]。他坐在游泳池的边上召见了田家英。后者又重复有30％的农户有家庭经营的合同，但这并不意味着他们是土地的业主。它可以上升到40％，剩余的60％由集体经营，不影响生产关系的社会主义性质。当收获达到令人满意的水平，就可以结束“家庭责任制”。毛泽东一直沉默，然后叹道：“你的主张是以集体经济为主，还是以个体经济为主?”田家英意识到他犯了毛泽东眼里最坏的错误——支持资本主义，他愣住了。毛泽东继续说：“这是你个人的意见，还是别人的意见?”“这是我个人的意见”，田家英回答[138]。毛泽东还在陈云的要求下会见了他[139]，陈云确保家庭责任制不会造成两种性质的经营，一个是私人的，另一个是集体的，因为保留了集体的土地所有制。他补充说，这种系统不会影响粮食征收，并会延续“四到八年，重新恢复生产”。毛泽东应该表达了他的愤怒。毛泽东回北京之后的两个星期，中南海的气氛十分紧张，一方面彭真和邓小平支持陈云，另一方面是柯庆施和陶铸。7月7日，邓小平在共青团三届七中全会上再次讲到黄猫黑猫的话[140]。7月8日，毛泽东在他的住所召集刘少奇、周恩来、邓小平、陈伯达、田家英会谈。毛泽东说他在河南看到收成很好，建议刘少奇和这两个省的省委书记谈谈，“以更好地理解正在农村发生的事情”。他确认了对田家英想要回到单干的指责，并要求陈伯达写一个指示，巩固人民公社的集体经济，相应增加生产[141]。在接下来的日子里，主要领导人的指示和讲话显示他迅速地以守为攻[142]。7月18日毛泽东在游泳池边接见了杨尚昆，问他“是走集体道路呢？还是走个人经济道路”。杨尚昆在他的日记里写道：“我觉得事态很严重!！十分不安!”[143]然而，7月17日邓子恢给毛泽东的报告赞同家庭责任制。

毛泽东重新找到了自信。经历了三年的苦难，这个国家渴望平静。在城市里，生活资料稀缺变成生活资料短缺，在农村饥荒变成生活资料稀缺。但是，自从“大跃进”失败以来，人们对制度的信心明显下降了，没有任何可靠的人能替代毛泽东，尽管其在灾难中负有极大的责任，但他仍然保持着自己的威信。虽然他不认同国际局势是和平的，但在短期内，国际冲突的缓和帮助了他：他可以打破领导人之间的团结，而没有大的风险。面对不敢当面冲撞他的领导人，毛泽东发挥着他的优势。7 月 19 日，毛泽东主持了中共中央政治局常委会，确定了北戴河扩大会议的日程，为中央委员会八届十中全会做准备。7 月 20 日，毛泽东在北京会见了前来参加北戴河会议的中共中央局第一书记。[144]他批评了包产到户制度，将田家英的分田建议等同于去集体化，为会议定下了基调。他认为困难源于规划者的错误和中央的服务。7 月 22 日，代表们陆续到达，他让人散发陶铸、王任重写的《关于巩固生产队集体经济问题座谈会和记录》。上面有毛泽东补充的注解：“这个文件所作的分析是马克思主义的。”23 日，他下令分发陈伯达写的加强集体经济的指令草案[145]。

“同志们，千万不要忘记阶级斗争！”

北戴河会议于 7 月 25 日开始。代表们是带着他们的家人一起来的，开始时气氛比较轻松：看戏、游泳、散步，这个疗养地是 20 世纪初按照英国布赖顿或布莱克浦的样子建造的。人们按地区分小组听杨尚昆分发的磁带录音，展开讨论，讨论的问题涉及外交政策、金融和工业甚至文学，一本关于刘志丹的历史小说在习仲勋的支持下出版，康生认为习仲勋是借此为他的朋友高岗平反，和吴晗利用海瑞为彭德怀翻案如出一辙。[146]他试图说服越来越偏执的毛泽东相信这一点，他甚至让毛泽东相信高岗和他的同伙阴谋推翻政权，其中彭德怀于 1959 年暴露，现在轮到习仲勋。[147]20 份提交讨论的资料中有 15 份是关于农业问题的。代表们特别讨论了农村“责任制”，陶铸和陈伯达的报告在个别问题上有些矛盾：我们能否接受家庭责任制而不回到私人经营？我们是否应该同样谴责这两种类型的分田制度？8 月 5 日柯庆施为完全的集体主义辩护，将“责任制”等同于私有制。这样，他为毛泽东铺平了道路。7 月 28 日，毛泽东在北戴河 95 号楼主持召开会议。

8 月 6 日，毛泽东发表讲话[148]。他接受了刘少奇的建议，指定 22 人组成小组，断绝对外联系，负责处理敏感资料，他安排了至少7个最忠实的追随者。毛泽东在这个小圈子内发言6次。对这个圈子设置过高的限制是为了更容易达成共识。事实上，他从一开始就问了一个每个人心中都有但不敢说出来的问题：共产党是不是有垮台的危险？南斯拉夫和苏联“修正主义者篡夺权力”的例子说明夺取政权后仍然存在的资产阶级的意识形态和“资产阶级法权”使得“资本主义复辟”成为可能。资本主义和社会主义的矛盾是本质的矛盾。只要还没有通过政治教育消灭前政权的残余，在社会主义条件下阶级斗争就会继续存在。复辟的基础之一是恢复土地的个体经营。因此，既要在外部“反修”，又要在内部“防修”，拒绝周围的悲观主义影响。讲话中毛泽东承认全国前三年的灾难，承认动员20万人建设了无用的工程，“农民没有饭吃，就要浮肿，现在解放军新兵又减人”。但是今年的好收成表明情况得到了控制。对修正主义双重危险的对策是搞一万年的阶级斗争。接下来的15天中，8月8日、9日和20日，毛泽东都讲了话，内容大致相同。其间，他批评了几乎所有的官员，大家都承认了自己的错误。8月11日，刘少奇承认他认为1962年的收成比1961年更糟糕。最后陈毅的讲话与外交政策有关，强调要在世界上进行反帝国主义的斗争，毛泽东非常满意。没有人提到王稼祥的建议。

8月24日下午，毛泽东回到北京。8月26日至9月23日举行了中央八届十中全会的预备会议。9月24日，毛泽东主持召开八届十中全会，会议直到27日才结束[149]。在本次会议上，他总结了过去两个月党内的讨论，并回到盛行的“三股歪风”——“黑暗风”、“单干风”、“翻案风”。他还建议拒绝“反党集团”中的五人[150]参加会议，因为针对他们的指控很严重或者他们正在接受教育：全会通过的10项决议中有2项是关于对这五个“反党集团”成员的反党活动进行调查的，其中一个是“彭德怀反党集团”，一个是“习仲勋反党集团”。此外，毛泽东还批评小说和其他反党刊物的作者为推翻政府进行舆论准备：全会后“三家村札记”和《燕山夜话》立即停止刊出。毛泽东使用了明确的措辞对个体农业和田家英或邓子恢的建议进行批判。然而，农业“六十条”的采用确认了毛泽东自1961年以来的让步：公社和乡合并，不再扮演管理角色，大队消失了，小队受到青睐。5 643 000个小队，每个包括二十几个家庭，相当于一个村庄或小镇。小队在“很长一段时间”里变成负责计算公分的单位和集体土地的所有者。农民不再担心会像大队存在时一样被其他村庄占了便宜。自留地的面积最多占总面积的 7%，但如果包括森林、沼泽和新垦土地，这个比例可以提高到 15%。与手工业相关的活动和贩卖不再被认为是资本主义的，得到鼓励。农民在困境之中找到了一些机会。

事实上，毛泽东的中心发言是对这次全会的最好总结：永远不要忘记最重要的问题是阶级斗争，避免让中国被修正主义或像南斯拉夫一样被民族主义反动派掌握，“要好好教育青年人，教育干部，教育群众，教育中层和基层干部，老干部也要研究，教育。不然我们这样的国家还会走向反面。走向反面也没有什么要紧，还要来个否定的否定，以后又会走向反面。如果我们的儿子一代搞修正主义，走向反面，虽然名为社会主义，实际是资本主义，我们的孙子肯定会起来暴动的，推翻他们的老子，因为群众不满意”。通过发动“社会主义教育运动”，毛泽东呼唤着一次新的风暴。

1962 年 12 月 26 日，毛泽东在 69 岁生日之际写的一首诗，反映了三年饥荒渡过后新的战斗精神，他全身心地投入到反对帝国主义（“虎”指美国，“豹”指英国、法国和其他前殖民国家）和苏联修正主义（“熊”）的战斗中。

雪压冬云白絮飞，万花纷谢一时稀。
高天滚滚寒流急，大地微微暖气吹。
独有英雄驱虎豹，更无豪杰怕熊罴。
梅花欢喜漫天雪，冻死苍蝇未足奇[151]。

★第十五章

发动“文化大革命”

1962 年秋天，毛泽东郑重呼吁共产党各级领导“永远不要忘记阶级斗争”，自 1958 年以来又一次带来了一场灾难性的运动。“三年困难时期”的饥荒悲剧结束了“大跃进”和人民公社，经过 1962 年至 1964 年的“社会主义教育运动”，在接下来的冬季里，一场党的上层斗争无声地拉开了序幕。毛泽东越来越不看好将来他死后接班人的行为。用吕西安·毕仰高的话说，自从“大跃进”失败以来，毛泽东似乎得了一种“失败眩晕症”[1]。

我不打算在这里重复这段动荡的历史，尽管还有很多灰色地带留待人探究。很多文献在很大程度上仍然不完整，掺杂着许多未经证实或由“红卫兵”改写的文本。我的目的是找出毛泽东在这些事件中更确切的作用，以便更好地了解一个“伟大舵手”出于什么样的动机在越来越困难的情况下坚定地掌着舵。

事实上，正如我已经指出的那样，我不愿意像张戎和乔·哈利戴那样进行过于简单的处理，他们在《毛泽东：鲜为人知的故事》[2]中将毛刻画成一个愤世嫉俗的怪物，一个现代的萨达纳帕，残暴而堕落：一个偏执的暴君怎么会自愿颠覆权力的基石？事实上，毛泽东并没有像施维叶写的那样“想和其他人一样统治革命，而是以革命来统治”。这是疯狂的。毛泽东在一场前所未有的政治风波中释放出无法控制的力量，但他采取了一切预防措施。1962 年至 1966 年间，他进行了仔细的调查。[3]

超级领袖

1963 年 1 月 9 日，毛泽东写了《满江红·和郭沫若同志》[4]。和生命中其他的决定性时刻一样，他觉得此时需要用完全传统的方式以词来做个总结[5]：

小小寰球，有几个苍蝇碰壁。
嗡嗡叫，几声凄厉，几声抽泣。
蚂蚁缘槐[6]夸大国，蚍蜉撼树谈何易。
正西风落叶下长安[7]，飞鸣镝。

多少事，从来急；
天地转，光阴迫。
一万年太久，只争朝夕。
四海翻腾云水怒，五洲震荡风雷激。
要扫除一切害人虫，全无敌。

这首词的含义很清楚：毛泽东把“现代修正主义者”比喻为无能的蚂蚁，坚定地发起了对他们的战斗。“夸大国”毫无疑问指尼基塔·赫鲁晓夫和苏联领导人，1961 年苏共第二十二届大会上他们声讨中国共产党的理论立场。北京战斗的声音（“飞鸣镝”）也许指的是中国内部修正主义在“七千人大会”上的进攻。2 月 5 日他修改的第一稿最后两行更能体现他的精神状态[8]：“革命精神翻四海，工农踊跃抽长戟。”

这个好胜而跃跃欲试的毛泽东正处于最佳状态，作为革命无产阶级的首领与资本主义复辟者进行斗争。经过长时间的退让，他控制了一切，转入反攻，同时他深知在一个受“大跃进”灾难创伤的国家内，必须小心行事。因此，在 9 月 24 日八届十中全会的讲话中，他觉得有必要安抚其有些动摇的盟友刘少奇和邓小平，因为他们担心这种好斗不是个好兆头。毛泽东说阶级斗争不应该影响工作，也不应该占优势地位，要委派专人完成这个任务，比如康生和他的部门工作人员。三年来，毛泽东走遍全国各省，组织各种小组讨论，平均每月批阅 11 份报告，一直缺席中央政治局例会（除了极少数例外），以此考验自 1961 年以来他不信任的领导人。虽然他还主持中央委员会全会，但会议间隔越来越长：第十次和第十一次全体会议相隔近三年。事实上，毛泽东越来越少从丰泽园和颐年堂会议室发出指示统领这个幅员辽阔的国家。关键的决定都是从他的私人住所菊香书屋传出来的。通常他站在大床旁主持小型会议，床上堆满了报告和精装的旧书。在杭州、武汉以及他的专列上都有类似的大床。他喜欢以小群体的非正式会议来解决紧急问题，并偏好到远离中心的地方考察。除了对他的个人崇拜和他在最后拍板的权力外，他还采取了“内部朝廷”的做法：派出的调查员只对他负责，绕过高级官员和“外部朝廷”，甚至绕过党的政治局和秘书处。[9]这一切和斯大林的统治方法完全不同。1922 年成立的斯大林秘书处有 767 人，斯大林整天在克里姆林宫的某个办公室里打电话或批注报告，只有忠实信徒才能进入他的办公室，他很少公开露面，长期在南部度假。

毛泽东有一个由四人组成的秘书处，只有田家英是全职，陈伯达和胡乔木已经有其他职务。江青是非官方的秘书。毛泽东每天早上读《人民日报》和新华社的通讯，如果在各省视察则加上当地的报纸。江青和田家英帮他用笔划出重要的段落，并挑选各种谈论国际问题的文章。他每天读两本翻译的外国新闻摘选《参考资料》，工作量不大。他时常派他的秘书或 8341 警卫队的人员到各省调查，向他汇报。他给刘少奇、邓小平和周恩来在各自的领域留下了很大的发挥空间，同时远程控制他们的活动，并时常提醒他们唯有他才有决定的权力。这种跛脚的治理方式给谣言留下了很大的空间。康生、江青和当时的得势之人在中南海这个封闭的世界散播谣言。也许是为了避免这种封闭的状况使他陷入闭塞，毛泽东花很多时间在游泳池边的小屋子里接见各类知识分子和外国人士：他长时间穿着浴袍，因为晚年发胖使他越来越难以穿上裤子。他一直患有失眠症，喜欢在住所不远处的怀仁堂欣赏舞蹈。

崇拜越来越盛

事实上，对毛泽东的崇拜越来越盛。他的画像、雕像、文选无处不在。在很多农民家里，他和祖先一起被供在祭坛上。被允许见他的人必须经过一系列严格的程序，等待很长时间才能被通知会面，会面有时在夜间进行。在他罕见的公开露面之前总是会通过扬声器反复播放《东方红》，用庄严的仪式突出典礼的隆重性。人们花很长时间学习他的著作，学习结束的时候参与者满脑子都是他的语录，并以此来装点他们的谈话。他们希望这些神圣的句子能保护他们免受修正主义或右倾的指控，而这些指控可能会改变他们的生活。[10]毛泽东被画在墙壁上或画布上，他身后火红的太阳正从地平线上升起，背景是绿色的松树——不朽的象征。1965年1月9日，美国记者埃德加·斯诺采访毛泽东，在回答关于个人崇拜的问题时[11]，毛泽东给出了一个奇怪的间接答案："据说斯大林曾是个人崇拜的中心，而赫鲁晓夫[12]却完全没有。……中国人民有这类的感情和作法。……赫鲁晓夫先生的倒台，可能就是因为他完全没有个人崇拜……"

毛泽东肯定不会冒这样的风险！他开始成为全能的偶像，手势缓慢，行为庄严，就像安德烈·马尔罗在他的《反回忆录》[13]中描写的那样。1965年8月3日，在一次令人失望的会面后，毛泽东说"我要独自和群众站在一起"，呼应了他自《沁园春·雪》以来的诗词的主题：他是带领群众走向未来的英雄。

毛泽东拥有绝对的权力。为了让中国和从前一样繁荣富强，他重新提出培养新人的宏伟计划。在20世纪的最初几年，唤醒毛泽东政治意识的民族主义改革者们期盼的也是这样的结果。不久，所有这些哲学和政治概念组成了"毛泽东思想"，然后被指定为"马克思列宁主义普遍原理与中国革命战争和国防建设实际相结合的产物"，这一思想在遇到危机的这些年最终定了型。[14]

这个"思想"的基础是在毛泽东进入北京前的30年间逐渐形成的。我们注意到在他的早期著作中，他就相信全能的群众可以克服一切障碍。这种信念是人民与生俱来的美德，要调动群众的积极性，同时像延安整风运动和延安文艺座谈会上说的那样，将知识分子的作用限制为宣传员。然而，毛泽东自己是一个真正的知识分子：他是一个精力旺盛、风格独特的记者，他的诗词很快就受到行家的赞赏。他从来没有注册成为一所大学的学生，我们可以把他在湖南省立第一师范学校的学习看作文科预科学习（他毕业的时候25岁了）。不过，他一生中没有受过真正的大学教育，这让他很痛苦。自学成才，阅读广博，他在一生中都不信任正牌文人。

当初列强将不平等条约强加给垂死的清王朝，让中国遭受屈辱，激起了毛泽东的民族主义情感，民粹主义的萌芽和民族主义结合在了一起。

社会主义的兴起是后来的事情，它被认为最适合这场复兴中国的斗争。西方国家趾高气扬，充满侵略性，怎么学习它的模式呢？1936—1937年，共产国际和以王明为首的许多共产党领导人提出将中国共产党置于国民党的旗帜下，抵抗日本，毛泽东拒绝了这一联盟，利用抗日战争加强共产党的政治和军事实力，为夺取政权做准备：苏联第一个五年计划的成功给毛泽东留下了深刻的印象，他认为确实只有社会主义才能让中国实现现代化。战胜国民党后，他将中国交给了苏联学校。这个计划在延安这片广袤的军营里，在斯巴达式的氛围中形成。

这个“思想”的一个特点是暴力革命起重要作用。“革命不是请客吃饭”，“枪杆子里面出政权”，这些是1927年以来毛泽东的言论，那时他刚刚发现起义农民在反对欺压他们的不公正权力时拥有巨大的力量。他一生中一直在重复这些话。他领导1935年至1938年革命的动机是阶级斗争。在内战期间，毛泽东学会了激起农民的反抗意识，引导他们加入有纪律的红军，使他们成为决定性的力量，而共产党是红军唯一的领导。他发起的革命是农民起义军的革命。事实上，毛泽东知道如何避免过去农民起义中致命的缺陷——孤立。为此，他建立了一个联盟体制，根据当时战术的需要移动区分人民和敌人的标尺。富农和知识分子有时受到辱骂，有时受到追捧，处于波动的边界。在毛泽东的思想中，阶级斗争的中心作用是一种矛盾的形而上学，黑格尔的辩证法被嫁接到中国古代的信仰上，这种信仰认为世界由冲突构成，在阴阳之间不断更新。因此，革命是一种不断的创造，因而要继续革命。

多年的内战中，在根据地基础上形成的“赤色政权”催生了“毛泽东主义”的一个政治特征——“群众路线”。群众被假定为自发要求政治运动的起源，共产党通过实地调查（毛泽东说“没有调查就没有发言权”）后发起政治运动，并成为领导，然后把运动秩序化和系统化。行政和军事机构、群众组织和党的机构都参与其中，统一集中成一个整体，由唯一的政党共产党和它的超级领导人领导。对毛泽东的崇拜开始于1942年至1943年。

国民党被击败后撤往台湾，香港是遭受禁运的中国内地除苏联外对世界开放的宝贵窗口。除了这两个地区，1949年和1952年间，毛泽东的政治理念在全国得以巩固甚至僵化。而在毛泽东身上，“成功的老人”转变为“硕果累累的老者”（吕西安·毕仰高）。直到1959年夏天的庐山会议，这个老人开始固执地坚信致命的乌托邦。

原先的民粹主义唯意志论在1955年至1956年之交变得具有决定性，当时的论点是发展迟缓的好处是避免了消费的诱惑（毛泽东“土豆烧牛肉的社会主义”）。“一张白纸，没有负担，好写最新最美的文字”……乌托邦式的12年农业计划在实施伊始就失败了，但毛泽东坚持用他的“大跃进”再次提出这样的计划。对人民天生的革命美德的吹捧强化了毛泽东最初的反智主义。1962年至1964年[15]，他多次提到“读书太多成了书呆子”，认为中国的学制太长，太注重书本知识。“现在的考试办法是对待敌人的办法，而不是对人民的办法。……这种考试方法，我看应该完全改掉。先出考题，公开出来，由学生研究。例如对《红楼梦》[16]出二十道题，有的学生作出一半，但其中有几个题目答得很出色，有创造性，可以给一百分。”过去最伟大的人都不是考试的奴隶。[17]伟大的皇帝明太祖几乎不识字，而嘉庆重用知识分子，却在对付野蛮人的第一次鸦片战争中失败受辱。高尔基就只念过两年书，其余全部是自学；富兰克林是卖报的，发明了电；瓦特是工人，没念过书，发明了蒸汽机。毛泽东肯定自己在“绿林大学”——游击队——中学到的比13年的学校教育要多，不过他承认，教育让他掌握了写作，“对革命有用”。

民族主义是毛泽东思想的另一个基础部分，他认为外交政策是他的保留区域。维多利亚女王统治时遗留的边界冲突使中国和印度发生了争端，这涉及喜马拉雅约125万平方公里的边境地区。[18]中印局势因为达赖喇嘛和他的随从于1959年3月离开西藏在印度领土上安身而更加紧张。1961年是平静的一年。中国在新疆和西藏之间建了一条战略公路。毛泽东在中国共产党中央委员会八届十中全会时重新回到一线：10月4日，毛泽东下令中国军队对印度使用武力，实际上冲突发生在12日。20日，解放军的四支特遣队打击了喜马拉雅山的印度军队，迅速使其阵脚大乱，损失了3 000人，并从原来的位置往南撤了40至60公里。11月21日，中国宣布停止冲突，撤回出发点以南20公里，同时还建议与印度进行谈判。这次危机的高度政治化处理使印度非常尴尬。人们从中识别出这是毛泽东的处事风格。

同时，毛泽东对赫鲁晓夫的“冒险主义”和“投降精神”感到遗憾。

赫鲁晓夫要通过海路将地对地导弹运到古巴，这种导弹的攻击范围能够到达美国佛罗里达州，10月26日，在美国舰队的拦截威胁下，他下令苏联船只调头。毛泽东与苏联的意识形态冲突更加尖锐，中苏之间也出现了领土争端。1964年7月10日，毛泽东在接见日本社会党的国会议员时说："一百多年前，把贝加尔湖以东，包括伯力、海参崴、堪察加半岛都划过去了。那个账是算不清的。我们还没跟他们算这个账。"毛泽东把这些民族主义旧账和对尼基塔·赫鲁晓夫的"现代修正主义"的逐步揭发结合了起来。

与苏联的冲突

1956年4月，在苏共第二十次代表大会之后，毛泽东写了《论十大关系》，认为苏联领导人修改列宁主义原则，会导致资本主义复辟。发动"大跃进"后，他对苏联《政治经济学教科书》的评语越来越严厉[19]就证明了这一点。毛泽东认为，苏联社会主义的发展模式以国有化经济为基础，过度征收农民生产的财富为工业化买单，这只能是一个短暂的过渡期。事实上，他的意思是保留"资产阶级法权"，例如工作等级、货币和市场的作用、工资和奖金体制。这是一个矛盾冲突的过程，新生的社会主义和垂死的资本主义发生碰撞。因此，毛泽东对"社会主义新事物"表现出极大的兴趣，例如人民公社的集体食堂在他眼中是共产主义的萌芽，实行"按需分配"。后退和资本主义复辟始终是可能的。在社会主义条件下集中人们生产的剩余价值能不能保证人民群众集体占有他们的个人和社会劳动呢？还是会让一小撮脱离群众的干部受益呢？在后一种情况下，干部们变成官僚和剥削者，成为"党内的资产阶级"，革命将面临危险。

于是，毛泽东建立了社会控制，并从1958年开始加强这种社会控制，但这种做法反而冰冻了革命的热情，增加了风险。在他的推动下，党和国家逐步实行居住地登记制度（户口）。自1958年以来，每个人都有一份正式资料，而不是一个公民身份证，这份资料会登记各种重要的家庭信息，表明他的出生地：每个人都作为农民或城市居民被确定下来。城市居民会写明他出生在某个小城镇、中等城市或大城市。如果是农民，在理论上，他只有权利获得需要的粮食份额，而这些粮食是他自己生产的。我们在

1959年和1961年之间已经看到过这种情况，农民如果去城市工作，是没有单位确保的城市居民权利的：粮票、医疗卫生支出、退休保障、住房、免费教育、各种休闲和有保障的工作（“铁饭碗”）。单位有每个人的户籍登记副本。因此，农民几乎被限制在他的村庄里。如果他暂时去城市工作，那么他只能住在宿舍里，工资很低，不受工会保护。如果他在没有证件的情况下非法延长逗留期，则会被公安人员突击搜查、逮捕和遣返。此外，每个工人都有一份档案，由单位人事部门、党委、居委会和派出所共同建立。档案里记录了这个人的社会态度、政治行为和阶级成分。如果他属于“黑五类分子”[20]，那他在一些方面会受到限制。在统一分配的框架下，这些档案资料在大学生毕业分配中也起到了重要作用。

1949年实施这些规定最初是为了应对国民党政权、20年内战以及外国占领遗留下来的可怕危机。毫无疑问，刚开始这些规定全面改善了状况：人们可以养活自己，有住房、服装、医药，有工作和薪水。然而，很快这些制度就像一台机器扼杀了个人的积极性和个人自由，特别是它还有一个相应的强制性的劳教和劳改体制，劳教最好的情况是软禁在郊区的一个村子里。作为苏联的学生，中国借用了它的强制收容制度。毛泽东虽然清晰地看到了苏联经济模式的关键问题，但他在苏联的镇压式统治方面没有发现任何问题。更广义地说，他只看到了这种社会控制系统的优势，认为它有利于进行动员，他最需要这样的动员来实施他的政治活动。

但是，这样的体制出了问题，特别是在农村可怕的饥荒肆虐了三年时。社会被束缚，变得僵化而冷酷无情。各级政府的官僚滥用体制赋予了干部无限的权力。毛泽东和共产党已初步解决了他们所面对的矛盾，同时又制造了新的矛盾。1964年春天，台湾的一支突击队夜袭的时候获取了一份惊人的资料，让人们对新体制的不足有一些认识，毛泽东也知道这份资料。[21]这是一个县（福建连江）的档案，干部们挪用（微薄的）集体资金，在小队中保留再次被禁止的单干，在交给大队的粮食上动手脚，例如“弄湿”天然肥料以增加重量，用封建的做法操办婚姻，田地大量荒废（涉及2 500至6 000名农民），从事流动贩卖活动和做生意（“下海”）。这好像是1978年后农村情况的一次彩排。毛泽东在1963年5月的一篇文章中得出结论[22]：“我们的干部则不闻不问，有许多人甚至敌我不分，互相勾结，被敌人腐蚀侵袭，分化瓦解，拉出去，打进来，许多工人、农民和知识分子也被敌人软硬兼施，照此办理，那就不要很多时间，少则几年、十几年，多则几十年，就不可避免地要出现全国性的反革命复辟。马列主义的党就一定会变成修正主义的党，变成法西斯党，整个中国就要改变颜色了。”

因此，一段时间后毛泽东做了一个噩梦。但是，和以前一样，理智上的悲观变成了意志上的乐观，他认为依靠意志可以跨越所有的障碍。他的答案是：从中国社会主义制度中加剧的矛盾出发，调动不满的群众，尤其是年轻工人和学生，“推翻”官僚或腐化成剥削者的官员。这将是一场“革命内部的革命”，可借此打造新一代的“革命接班人”。毛泽东不信任知识分子，因为他们的出身不好——我们发现毛泽东将他们比作资本家或地主皮肤上的毛发，知识分子在 1962 年秋季八届十中全会上决定的“社会主义教育运动”这场意识形态的斗争中发挥了关键作用。

毛泽东的这场运动是自相矛盾的，因为他是所针对体制的领导者，“党既是弓箭手又是靶子”（阿兰·巴迪乌），这场运动的过程是“继续革命”[23]。他必须定期重复，以保持必要的热情，并防止其具体化。问题是，这场奇怪的革命无法达到合乎逻辑的结果，因为它最终将对共产党政权形成质疑。我们清楚地看到“百花运动”变成了反右运动。毛泽东是一个弓箭手，只是他还没有拉弓。

这样一个危险的游戏，唯一可以进行下去的前提是个人崇拜的对象毛泽东赞同游行。1965 年 10 月 1 日，我和数百名外国人一起受邀登上天安门城楼上的观礼台，观看数万名首都居民跟在歌颂社会主义的纸彩车后游行。个子最高的人举着一尊白色的毛泽东塑像。人群中爆发出欢呼声，敬祝领袖毛主席万寿无疆。但是毛泽东并没有来，听不到他们的喊声。

事实上，游击队的惯用方法是不打无把握之仗。此时毛泽东正在后台准备发起一个新的运动，即所谓的“文化大革命”。1962 年 9 月下旬推出的“社会主义教育运动”持续了三年时间，毛泽东逐渐确定了自己的目标，召集人马，迷惑对手，而国际环境越来越戏剧化，这更加有利于他的计划。

紧张局势升温（1962—1964）

从 1962 年年底至 1963 年 2 月 20 日，毛泽东乘专列走遍全国，说服省级干部去动员刚刚经历了三年困难时期开始倦怠的人民。1月6日，毛泽东在杭州过了新年，并在那里接见了一个日本共产党代表团[24]，为中苏论战进行徒劳的辩护，之后他视察了南昌、长沙、武汉、郑州和邯郸[25]。和他谈话的11个省委书记中，只有湖南和河北的书记关注“社会主义教育运动”，其他所有人都优先谈论农业生产，他们对人民的压力非常敏感。毛泽东决定同时在城市发起一个运动，称为“五反”：反对行贿、反对偷税漏税、反对盗骗国家财产、反对偷工减料和反对盗窃经济情报。但是各省级党委书记在工作会议上的报告不容乐观：湖南有5.5%的小队不顾指示重新开始个体农业经营，特别是很多从前的贫农。革命的鲜血正在变质。河南的15万积极分子组成工作组，每组十几个人去农村调查。他们发现了10万个投机案件，1 300个反革命小组，26 000例从前的地主和富农进行的反社会活动。他们清算出8 000名秘密社会成员，50 000名术士和风水师，10 000个供奉祖先的神坛，50 000桩包办婚姻、买卖婚姻。在一个由20个家庭组成的小队中，一年内做生意的人（大概是小贩）从8人变成80人。农村的气氛紧张，工作组动员贫农团告密制造了恐怖的气氛：干部公开自杀，有些人被殴打致死。三年饥荒的伤口仍然没有愈合，当地的小干部被认为曾经囤积粮食，群众要求他们在群众面前证明自己的清白。

然而，在同一时间，社会主义阵营中各国共产党之间意识形态的斗争重新开始了。1962年11月至1963年1月，苏联领导人分别在保加利亚、匈牙利、捷克斯洛伐克、德意志民主共和国及东欧各国的共产党大会上谴责中国。《人民日报》和《真理报》再次展开争论。1963年2月20日，毛泽东又给“陶里亚蒂同志”写了一封公开信[26]，批评了追随苏联人的意大利共产党的修正主义行为。2月23日，针对两天前苏联人提出搁置争议的建议，毛泽东的回答是不予理睬：是苏联人先开始的，球在他们手中。3月23日，毛泽东在上海与邓小平和周恩来讨论中苏关系。1963年5月2日至12日，刘少奇出访国外的同时，毛泽东在杭州召开工作会议澄清“四清”运动指示中“模糊的问题”。在讨论中，他提出一个问题：在社会主义与资本主义、马克思列宁主义和修正主义的斗争中，谁将会赢？他还提到了中国“变颜色”的危险。彭真和陈伯达起草“前十条”［即《关于目前农村工作中若干问题的决定（草案）》］总结工作，获得了毛泽东的批准[27]。人们通过编写（个人、家庭、村子、公社）“四类故事”重新开始阶级斗争，组织“忆苦”活动，回忆过去的罪恶，大力谴责每个大队内“四类坏分子”的代表。农村成为阶级斗争的大教室，这种再教育是一场文化革命。1963年7月4日，彭真在给毛泽东的信中谈到自己担心2月份以来针对不同的地方干部的暴力事件，害怕“‘左’倾错误重演”。之后数月内，毛泽东谨慎地退回了二线。

确实，1963年的夏天，他的精力用在了别处。6月25日，中共中央发表《关于国际共产主义运动总路线的建议》。我们在其中发现了1960年4月以来提出的，之后在报纸声明中一再提到的相同的观念：赫鲁晓夫投降资本主义，他将率领苏共走入死胡同，追随他的各国共产党成了改良派，放弃了武装斗争夺取政权。这将导致大国统治第三世界，是对列宁主义的背叛。1963年7月5日至21日，苏共和中共之间的谈判在莫斯科举行，会谈是双方无休止的独白，最终以无限期搁置结束[28]。1963年11月29日，苏联建议举行谈判，结束中国新疆与当时属于苏联的哈萨克斯坦之间不断的边界摩擦事件。1964年2月外交部副部长会谈在北京进行，会谈以失败告终。从1963年9月6日到1964年9月14日，九篇论战的文章在中国报纸上陆续发表。此事由康生负责，7月23日由毛泽东拍板[29]。然而，几乎在同一时间（7月25日），美国和英国领导人抵达莫斯科。8月5日，他们与苏联领导人签署了一项条约，承诺将不再继续进行核武器试验，中国被排除在“核俱乐部”[30]之外。在毛泽东看来，苏联通知他这一决定证实了后者的背叛。“社会主义教育运动”演变成“四清”运动，从此和反对苏联修正主义结合起来，成为一个“反修—防修”的运动：必须同时反对中国内部的修正主义，而且保护自己不受苏联修正主义的影响。

这两个事件突然发生，却没有被重视，毛泽东表面上退居二线，但显然正在积极筹备返回前台。

首先是1963年3月5日，他在中国的报纸上提出一个新的口号：“向雷锋同志学习。”尽管有些奇怪，但毛泽东全然一副慈父的姿态。不久，这个小战士头戴解放军冬帽的照片变得无处不在[31]，成为群众崇拜的对象、全民的英雄。雷锋出生于一个贫苦的农民家庭，从小是孤儿，他的父亲是内战时的烈士，两个兄弟死于饥饿，母亲自杀，他身上聚集了中国人民所有的苦难。在他短暂的一生中，雷锋曾在东北鞍山钢厂当工人“为人民服务”，多次被评为劳模。入党以后，他在某工兵部队当司机。1962 年 8 月 15 日，一辆 13 号卡车前进的时候，一根电线杆击倒了他：雷锋是班长，下车指挥司机倒车。他有写日记的好习惯，日记里记录了他每天做的好事：为班上的士兵洗脏衣服；一双袜子缝了补，补了缝；休假的时候参加了一天志愿劳动，拉砖的速度比所有人都快，为“社会主义建设作贡献”；帮助小脚的老妈妈过马路；教文盲识字。他的日记中穿插着毛泽东鼓舞人心的语录[32]和他自己的警句，如“做一颗永不生锈的螺丝钉”，或者是“对待同志要像春天般的温暖……对待敌人要像冬天一样残酷无情”。他的指导员送给他四卷毛主席的文选作为礼物，他赶紧在上面写上四句誓言：“读毛主席的书，听毛主席的话，照毛主席的指示办事，做毛主席的好战士。”很快中国所有的学生都把这些话背了下来。推出这个小人物式的英雄[33]是毛泽东的第一步棋。

第二步棋更令人意外，跟鬼怪事件有关。1961 年和 1962 年，中国人民接受了大量宣传，越来越喜欢让人有梦想的传统京剧，里面有历史名人、鬼神和妖怪。与邓拓、吴晗一同主持《前线》“三家村札记”栏目的廖沫沙（1907—1991）在这个专栏写了一篇文章《有鬼无害论》。毛泽东找到了靶心：1962 年 12 月 21 日，他批评了京剧和鬼怪。1963 年，毛泽东忠实的追随者柯庆施在上海对文化工作者发表新年讲话时再次提出：必须讲新的事物，讲当代的主题和自 1949 年以来整整 13 年的成就。他在张春桥和姚文元的支持下，批评资本主义和封建主义文化，倡导社会主义文化。然而，毛泽东的警卫汪东兴也关注京剧，并知道毛泽东对传统戏曲的爱好（毛泽东的矛盾之一），他在中南海怀仁堂组织了一次戏剧演出，这出戏的名字叫《李慧娘》，改编自明朝一出著名的戏曲，廖沫沙对此剧大加赞赏。戏的背景被改到南宋时期的杭州西湖，那里恰巧是毛泽东非常喜欢去的地方。丞相贾似道携带众姬妾游西湖征逐歌舞，游船途中遇到一个美貌少年，气愤异常的贾似道杀死了宠妾李慧娘，只因为她思想上背叛了他。心有未甘的李慧娘化为鬼魂，向迫害她的刽子手报仇。毛泽东大怒，似乎认为这是在影射他。1963 年 5 月 6 日，上海两家主要报纸之一的《文汇报》刊登了一篇文章，批评这出戏[34]和廖沫沙的文章。毛泽东认为阶级斗争也涉及美术界，有鬼无害论是错误的。1963 年 12 月 12 日，他写了一个关于文学和艺术的批示，这一批示秉承了延安文艺座谈会的精神："此件可一看，各种艺术形式——戏剧、曲艺、音乐、美术、舞蹈、电影、诗和文学等等，问题不少，人数很多，社会主义改造在许多部门中，至今收效甚微。许多部门至今还是'死人'统治着。不能低估电影、新诗、民歌、美术、小说的成绩，但其中的问题也不少。至于戏剧等部门，问题就更大了。社会经济基础已经改变了，为这个基础服务的上层建筑之一的艺术部门，至今还是大问题。……许多共产党人热心提倡封建主义和资本主义的艺术，却不热心提倡社会主义的艺术，岂非咄咄怪事。"[35]毛泽东让以前曾是演员的江青负责组织这个材料，1962 年至 1963 年冬天，江青和康生一起处理了这个问题。从延安时代开始，江青就被束缚在权力的后台，她很高兴能进入政治舞台。她的第一次公开亮相是在 1962 年 9 月 29 日。那时印度尼西亚总统苏加诺和他的妻子访华，《人民日报》头版头条刊登了他们的照片，江青站在毛泽东的旁边，而周恩来和他的妻子邓颖超站在第二排，刘少奇和他的夫人王光美的照片在报纸的第 2 页上。到 1976 年 10 月倒台之前，江青一直是一条"忠实的狗"（审判时她自己的原话[36]）。

奇怪的是，江青在政治上扶摇直上的同时，在主席的私人生活中却几乎消失了。1963 年 12 月 26 日，在庆祝 70 大寿的家宴上，毛泽东邀请了他的表兄王季范（从前是王带毛泽东从韶山到了长沙）和侄孙女王海容，归附他的知识分子章士钊[37]及其女儿章含之（后来嫁给了外交部部长乔冠华），归顺的国民党将领程潜，著名书法家叶恭绰，毛泽东和贺子珍的女儿李敏、与江青的女儿李讷。李讷曾露过几次面，发来祝贺的电报，并参加了晚宴。

这个时期，主席的生活和普通中国人的生活完全不同。他经常在上海这个长江边的大都市停留，住在西郊别墅里。西郊别墅原是一位实业家在西郊一个大型公园内建造的花园式别墅，由柯庆施精心打理，有日式的小桥流水，有一个室内游泳池和一个舞厅。毛泽东在这里睡到午后，然后去以前法租界的体育俱乐部锦江大酒店工作、读书或放松一下，再乘坐黑色苏制小汽车回到郊区。

然而，"反修—防修"运动越来越难以控制：毛泽东似乎已经无能为力，贫下中农协会很快无法胜任"反修—防修"工作。因此，邓小平、谭震林和田家英召开了一次新的工作会议，召集省委书记和相关部长写了一个新的通报，称为“后十条”。1963 年 10 月，毛泽东批准了这个文件，但是三年后，红卫兵认为这是一个“黑文件”。刘少奇似乎没有参与编写[38]，但是在政治局的一次会议上对这个 1963 年 11 月 14 日发表的通报表示赞同。这个通报和上一个版本的“前十条”非常类似，不过它强调要确保运动不干扰生产，明确指出必须仔细区分真正的资本主义活动和合法贸易（例如贩卖当地的手工业产品）。干部必须“洗手洗澡”，参加大队的生产劳动——县负责人每年 60 天、公社干部每年 120 天、大队干部每年 180 天，以去除所有的杂质，尤其是意识形态上的杂质。行政工作的“替代公分”也从总数的 4%降低至 2%。但指令要求不得使用体罚，因为“95%的干部”和“95%的群众是好的”，只是“人民内部矛盾”。第 10 条称运动将持续三年，为实现更大的繁荣提供新的动力。整个规定很少强调贫农团的作用。总之，这个文件强调干部的决定性作用，更具有斯大林主义色彩而不是毛泽东思想的特色。1961 年，毛泽东与共产党领导层一部分领导人之间出现了裂痕，此时这一裂痕扩大了。

1964 年，裂痕逐渐成为一个真正的裂口：“社会主义教育运动”开始转变为“文革”。

在中苏关系领域发生了一个重大转变。1964 年 6 月 8 日，当毛泽东指责“中国的赫鲁晓夫”[39]时，将反对国内修正主义和反对国外修正主义紧密联系起来。在这个层面上，中苏在 1963 年确认的分歧似乎已经解决。然而，中苏之间的论战因为 10 月 14 日赫鲁晓夫在苏共中央的一次会议上被推翻下台而中断。11 月上旬，一个高规格的中国共产党代表团到莫斯科参加 1917 年十月革命的周年纪念庆典，由周恩来带队，贺龙和伍修权陪同。11 月 14 日代表团回到北京时，毛泽东亲自到机场迎接。因为代表团一无所获[40]，11 月 21 日，受到毛泽东的启发发表的社论认为苏联虽然没有了赫鲁晓夫，但仍然实行赫鲁晓夫主义，于是争议再起。

在同一时间，地缘牌也开始变化。1963 年 12 月至 1964 年 2 月，周恩来在外交部部长陈毅的陪同下访问了埃及、北非和非洲南部。在此期间，他赞扬了非洲大陆的革命前景，并谴责苏联的新殖民主义：中国将支援建设坦桑尼亚—赞比亚铁路，表明真正的国际主义者的态度。这是明朝郑和下西洋以后中国第一次走出国门。从理论上讲，此举造就了“中间地带”

的概念。1964 年 1 月 21 日，《人民日报》提出：毛泽东认为中间地带处于美帝国主义和社会主义阵营之间，包括两个部分：第一个地带是非洲、拉丁美洲和亚洲的前殖民地国家或正在争取独立的国家。那里的人民反对美帝国主义。第二个地带包括西欧和北美以及日本和大洋洲国家。统治阶级压迫本国人民和第一地带中的国家，但他们也是美国霸权的受害者。因此，他们和社会主义国家有共同之处。1964 年 1 月 27 日，法国承认中华人民共和国，断绝与台湾的关系，拉开了中国和苏联集团以外的一系列国家建立最高水平外交关系的序幕。在这种新形势下，中国将 11 个亚洲共产主义政党聚集在身边，在第一地带的国家中取代“修正主义”苏联，形成一个雅加达—河内—北京—平壤轴心，与南斯拉夫的铁托、阿尔及利亚的本·贝拉、埃及的纳赛尔、加纳的恩克鲁玛这些不追随苏联的领导人形成一个新的高峰集团。1956 年的《论十大关系》注重“沿海”战略，只考虑美国或台湾的攻击。此时毛泽东开始用大陆战略取而代之，认真考虑了苏联军事打击中国新疆罗布泊核军事设施的风险。为了应对这种新的威胁，中国自 1964 年 6 月花费大代价在西部建立了第三条战线——北广线，形成一条连接贵州、甘肃、青海、四川的通路[41]。1964 年 10 月 16 日，赫鲁晓夫倒台后短短两天，中国第一颗原子弹成功爆炸，巩固了这一新的战略，尽管中国仍然缺乏一个反应堆形成真正的震慑。美国对越南的战争升级，8 月越南的北部湾事件和美军 B52 在越南北部的狂轰滥炸[42]使得越南北部领导人接近苏联，因为他们需要苏联的军事技术支持，这是中国不能为他们提供的。虽然 1965 年 5 月 16 日毛泽东和胡志明在长沙会谈期间答应中国给他们提供包括兵力和常规武器等在内的军事援助。不过，1965 年 4 月 2 日周恩来通过巴基斯坦转告美国领导人，中国不会和之前在朝鲜一样向越南派出“志愿军”，只要他们不攻击中国的领土，中国便不会与美国打仗。早在 1962 年，在华沙的一次大使会议上，美国代表便向中国代表保证，美国反对台湾军队进攻中国大陆。因此，到了 1965 年，中美的游戏规则确定了下来：毛泽东确信在最脆弱的海上没有什么要担心的了。反美言论是没有风险的，随着中苏边境的紧张，更好地发挥反美言论有助于造成被包围的狂热假象。

领导者在被包围的地方有充分的权力：毛泽东的个人崇拜在 1964 年和 1965 年更上一层楼。解放军的宣传部门和机关报纸《解放军报》起了决定性作用。1960 年 9 月下旬，毛泽东主持召开中央军委扩大会议，10 月 20 日通过一项决议，加强军队政治思想工作。这项决议是林彪提出，毛泽东修改的。在这场运动中，政委们从四卷《毛泽东选集》中摘取了一些语录，印在卡片上，鼓励士兵和军官背诵。1963 年 12 月，解放军政治部决定印一本小册子。1964 年 1 月 5 日，《毛主席语录》出版，书中有 200 条语录，分为 23 章。之后的其他版本有 267 条的，有 355 条的，1965 年 8 月变成 427 条，分为 33 章。册子大小为 52 开。这个小册子有一个红彤彤的塑料封面，封面页后就是毛泽东画像，用一张丝质的纸张保护[43]，题词是马克思和恩格斯的《共产党宣言》中的句子："全世界无产者，联合起来！"打开这本书能看到林彪抄的雷锋的四句话，从此这本宣传册成为学雷锋运动的焦点[44]。

这本小册子是一本红色思想的入门手册[45]，为毛泽东思想提供了一些现成的指示，这些指示脱离背景，因而造成了它们的形式化。毛泽东密切关注这本出版物的发展：他不仅是中华人民共和国的最高领导者，而且是新时代的圣人——孔子的弟子曾经收集整理孔子的言论，形成了《论语》。林彪在康生、田家英和解放军理论家[46]的帮助下，出版了这本语录，以之作为至高无上的真理。这本小册子早期只发行了 40 万份，此时导师的书只是一种提醒，是为了加强政委的作用。1963 年，政委必须具有军事方面的专业知识。直到 1965 年 5 月，其发行量才有一个质的飞跃，1967 年达到 7.2 亿份[47]。

"红宝书"的作用也是大同小异，它是一个正确思想和行为的指南。解放军战士应该像雷锋一样具有五"好"：政治思想好、军事技术好、三八作风好、完成任务好、锻炼身体好。现在必须让整个国家都学习解放军。1963 年 12 月 16 日，毛泽东写信给林彪、贺龙、聂荣臻和肖华[48]："国家工业各个部门现在有人提议从上至下（即从部到厂矿）都学解放军，都设政治部、政治处和政治指导员，实行四个第一[49]和三八作风[50]。我并建议从解放军调几批好的干部去工业部门那里去做政治工作。……看来不这样做是不行的，是不能振起整个工业部门（还有商业部门，还有农业部门）成百万成千万的干部和工人的革命精神的。……这个问题我考虑了几年了。"1964 年 2 月的每一期《人民日报》都呼吁"向解放军学习"："解放军热爱国家、热爱人民、热爱社会主义，对无产阶级的事业无限忠诚。他们大公无私，为公忘私，专门利人，毫不利己，甚至把自己的青春和自己的生命贡献给社会主义。”必须强化解放军的利他主义和平等主义模范性。1963 年 12 月，毛泽东评论一个文件时，要求删除所有的职务称呼，以“同志”一词取代。1964 年 8 月，他给贺龙的一封信中建议取消军衔肩章。这个建议在获得毛泽东的批准后实行。[51]1965 夏天，苏式的军官肩饰消失了。[52]

第一个学习解放军精神的单位是石油部。石油部的典型很快在水利、电力、化工、运输部门和钢厂推广。1963 年 12 月 16 日，毛泽东指示林彪加强解放军精神的学习活动。具体地说，这意味着认真研究“红宝书”，将其熟记于心，在每个单位或车间建立一个党支部或政治部，由军队提供顾问作为辅导员，或派干部到军事单位实习。1964 年 3 月，工业部部长①薄一波召开会议总结这个活动，称这个运动是“毛主席具有重要历史意义的一项举措”。1965 年，发布了一份类似的通函。同时，人们强了青年的军事训练，全国年轻男女学习正步走，练习使用木枪或扔长矛。这不仅是一个国家的军事化，也是毛泽东正统理论的政治化。我们也可以看出林彪没有抛头露面（不久以后，他因为野心受到批判），在没有毛泽东批准的情况下，不采取任何主动措施。林彪辉煌的战略构想曾使他成为那个时代最伟大的将军之一，也让他能预见到毛泽东的决定。

“一分为二”

“四清”运动继续进行，在两方面尤其活跃。

首先是文化艺术。1964 年 2 月 3 日，农历新年之际毛泽东发布了一份通函：迄今为止，我们误解了阶级斗争在文学领域的作用。1964 年 6 月 27 日，毛泽东在批示江青的报告[53]时批评文化人“做官当老爷”，差点“跌到了修正主义的边缘”，并认为“必在将来的某一天，要变成像匈牙利裴多菲俱乐部那样的团体”[54]。3 月下旬，他开始对多个省的视察，4 月下旬到杭州结束。在上海期间，他让随行的江青负责在长江下游大都市的知识界中进行斗争：江青得到了柯庆施、张春桥、姚文元以及几十个年轻

① 原文有误。薄一波实为国务院副总理兼国家经济委员会主任，分管工业口。

理论家的帮助，他们雄心勃勃，渴望打破竖在他们面前的壁垒。1963 年 12 月至 1964 年 1 月春天，“上海帮”组织了一次当代戏剧节。其中的剧目《红灯记》讲述了日本侵华期间，东北一个铁路工人家庭的女地下党员的故事。所有人都是无可挑剔的革命者，歌唱着走向悲惨的命运。[55]这些“高、大、全”的英雄总是遇到彻头彻尾的坏蛋。尽管这样的创作很贫乏[56]，但北京不能落后。1964 年 6 月 5 日至 7 月 31 日，当时的北京市市长、政治局常委彭真与周恩来一起组织了自己的戏剧节，有 30 多场演出、2 000 多名演员、5 000 多名包括茅盾和郭沫若在内的知识分子和文化界知名人士。他说，我们必须让京剧为社会主义服务，整个上层建筑要为社会主义经济基础服务。他刚被观看了大部分演出的毛泽东任命为“文化革命五人小组”的负责人，其余四人为陆定一、康生、周扬和吴冷西。虽然他不满江青介入他的领域，但是江青把茅盾、夏衍和其他一些文化前沿的名人排除在外，似乎加强了他的权力，动摇了周扬的权力，让他无话可说。

同时，毛泽东也在文化战线的另一个领域，即政治很少注意的哲学领域采取了行动。一段时间以来，各种文章都在攻击经济学家孙冶方和历史学家翦伯赞，1957 年他们被打为右派，下放到农村，因为二人都拒绝将他们的学科变成政治工具。哲学家杨献珍是中国共产党的中央委员会委员、中央高级党校副校长，受到刘少奇的保护。艾思奇是官方理论家，受到康生和毛泽东的保护。杨献珍成为艾思奇批评的对象。争论的焦点是：从 1957 年开始，毛泽东认为矛盾的普遍性是“一分为二”[57]，肯定和否定相互演化，没有止境；而杨献珍在 1964 年 4 月 3 日的一次授课及其下属在 5 月 29 日《光明日报》的一篇文章中提出相反的观点，认为辩证法的基础是合二为一。1964 年 8 月 18 日，毛泽东在和康生、陈伯达等关于哲学问题的谈话中就这个主题谈了很久。[58]这篇会谈纪要反映了毛泽东在当时的巨大影响力：他能毫无约束地表达自己的想法，因为他知道没有人敢顶撞他。开始时思维是连贯的：他说，哲学家不应该只关注书本，应该到实地去调查，到农村去，在那里可以观察到“一分为二”是怎么回事。事实上，土地革命本身没有什么了不起的，“分土地给农民，是把封建地主的所有制改变为农民个体所有制，这还是资产阶级革命范畴的。分地并不奇怪，麦克阿瑟在日本分过地。拿破仑也分过。土改不能消灭资本主义，不能到社会主义”。所以为了快速进入社会主义，不应该延长保留

（新民主）资本主义的时间。资本主义复辟的危险一直存在，苏联就是如此。事实上，“现在我们的国家大约有三分之一的权力掌握在敌人或敌人的同情者手里。我们搞了十五年，三分天下有其二，是可以复辟的。现在几包纸烟就能收买一个党支部书记，嫁个女儿就更不必说了”。毛泽东援引卢那察尔斯基和波格丹诺夫[59]的话批判杨献珍，康生旁征博引说了一大段。他谈到了他的童年、他的教育、年少时秘密社团哥老会在村庄引起的骚乱。他回忆游击队的岁月，那时他是“绿林好汉”。他谈到最喜欢的小说《红楼梦》（读了五遍），“胡适理解阶级性质，和俞平伯、蔡元培不同”。再次被康生打断后，他重申世界充满矛盾，一切都不停地死亡和重生。他说到庄子在妻子去世时鼓盆而歌，因为这是旧的东西被消灭，是辩证法的胜利。他谈到了进化论，并赞赏自然科学的研究。毛泽东把人定义为“制造工具的动物”，提到《史记》、《诗经》、孔子和《论语》，还有最近讲唐代佛教的文章，并背了几句屈原的《离骚》。他突然得出结论，说应该在《红旗》上发表几篇关于“一分为二”的文章。1965 年 3 月，杨献珍被打成“资产阶级在党内的代言人，是彭德怀，是个小赫鲁晓夫”，后来被撤职、开除党籍。很多合作者被勒令揭发他，如果拒绝就会被逮捕，最顽固的分子被送去劳改，还有人被迫自杀。显然，这已不再是一个学术辩论。

远离知识界的第二条战线重新活跃起来：从 1964 年秋天开始，中国偏远农村的干部遭遇了一股真正可怕的浪潮。这其中毛泽东起了一些作用：在不同的场合，包括 1964 年 5 月 15 日至 6 月 17 日在北京举行的一个中央工作会议上[60]，他的发言重复对形势的悲观分析，认为“阶级敌人”不断得手。他显然不太满意“社会主义教育运动”的进展：在春天的视察中，他在湖南遇到忠实的支持者王任重①。毛泽东批评他遵守“前十条”，又遵循“后十条”（由邓小平组织）：很明显他不喜欢第二个指示减少了第一个指示中赋予贫农协会的作用。此外，他一再提醒运动是否成功要看六个标准：

第一，贫下中农是否真正发动起来了？

第二，“不干净”的干部（曾经犯过错误的干部）的问题，是否彻底

① 原文有误。王任重当时在湖北任职而不是湖南，是中南局第二书记，他是从武汉陪毛泽东去长沙的。

解决了？

第三，干部是否参加了劳动？

第四，一个好的领导核心是否建立起来了？

第五，发现有破坏活动的地、富、反、坏分子，是将矛盾上交，还是发动群众，认真监督、批评，以至展开恰当的斗争，并留在那里就地改造？

第六，是增产，还是减产？

这些标准揭示了两方面内容。一方面，毛泽东仍然认为生产增加是动员运动的结果：革命必须是第一位的，然后是生产。另一方面，明确地强调群众的先锋作用，党缩减为毛泽东主义的领导核心。显然，“大跃进”的灾难没有让他学到任何东西。

6 月的工作会议上，毛泽东和刘少奇都很悲观。他们都认为三分之一的生产小队落入“封建势力和阶级敌人”的手中。刘少奇甚至比毛泽东更严厉，不仅要清除基层中的坏干部，还要把赞成资本主义“和平演变”的负责人剔除出去，或许在中共中央也有这种人存在。忠诚的与会者进行了热烈的发言，要求“搬石头”，在城市中重新进行阶级划分：所有人都害怕不够“左”，害怕会受到可怕的右倾指控。在这种不真实的氛围中，在国家受到饥荒和战争威胁的情况下，大家决定第三次修订指示，称为“第二个后十条”。谭震林负责制定贫下中农协会的组织条例，1964 年 6 月 25 日该条例出版[61]，附带的说明指出对前两个指示做出了哪些修订。

刘少奇牵头重新抛出这项不得人心的“左”派运动，也许是因为他认为干部决定了一切：他们必须是完美的。6 月底至 8 月间，他先后在天津、济南、合肥、南京、上海、郑州、武汉、长沙、广州、南宁进行视察，他对毛泽东说要对“阶级敌人和他们的保护者”“进行歼灭战”，没有意识到自己把自己放到了靶心，而且非常有信心：1963 年 11 月下旬，他让他的妻子王光美加入一个“社会主义教育运动”工作组，匿名住在唐山附近的桃园大队（带着 5 个警卫！）。“大跃进”期间，王光美曾经和丈夫在这里住过。在当地人的帮助下，她花了 5 个月时间，采访村民，核对账户，写了一份让主席很恼火的冗长报告。[62]毛泽东看过这份文件，陈伯达建议刘少奇加一个引言，将这份报告发表。8 月 5 日，刘少奇接到中共中央书记处由他主持起草“第二个后十条”的任务。16 日，他建议毛泽东组建消灭阶级敌人的“大兵团”，包括1万名成员，每个工作组数百人，如同一场风暴席卷农村。8月18日，毛泽东接受了这个建议。[63]8月19日，刘少奇写信给毛泽东介绍他起草的新指示的大概内容。8月27日，毛泽东批准。[64]刘少奇修订的“第二个后十条”由毛泽东、周恩来、邓小平、彭真审阅后，9月18日经中央委员会通过[65]，之后称为“大四清”：工作组必须依靠贫下中农协会，有权力重新评估阶级划分，“不留情面”地批评惩罚受调查的基层干部。经过3～6个月，2 500万中国农村干部中，5%～10%被解职。事实上，在“关键”的10%～15%的生产队内，被解职的干部达到三分之二。刘少奇在1961年至1962年时的态度为他在农民中赢得了口碑，但这一运动成了他的污点。

推迟爆发（1964年12月—1965年12月）

毛泽东和刘少奇似乎达成了完美的一致，在极左阵营中，自“七千人大会”以来两人难以掩饰的紧张关系似乎被遗忘了。其实，这是一种错觉，因为毛泽东小心谨慎，而刘少奇的自信日益增长。

1970年12月18日，埃德加·斯诺问毛泽东自1958年确认刘少奇为接班人后，是何时决定放弃刘少奇的，毛泽东毫不犹豫地回答是1965年1月：在一次政治局会议上，他呼吁在城市复兴“社会主义教育运动”，发动一场“文化革命”，结果遭到了刘少奇的坚决反对，这让他觉得需要打倒刘少奇。事实上，后者只是不同意指责“当权的人走资本主义的道路”[66]。

这是一个聪明的简化故事的方法。1965年1月，中央政治局会议上发生了这次戏剧性的事件，之前数月一直有秘密的争论爆发。“文革”进入活跃期还要再等20个月：从1962年夏天开始，毛泽东就开始规划一场“爆炸”，引爆这场“爆炸”的导火线非常长。在此我们想详细地再现这场耐心的酝酿，因为它可以帮助我们更好地了解毛泽东复杂的个性。毛泽东独自带领中国革命的神秘灵感让他确信革命会将昔日的辉煌还给中国，使中国成为全世界的共产主义先驱。

1964年夏天，刘少奇不情愿地同意负责“社会主义教育运动”，但自1961年以来，他就有“右倾机会主义”的嫌疑，他赞同农户再分配集体土地的态度让他觉得不得不采取激进的立场，而且这种立场符合他对共产党是道德主义和精英主义先锋党的看法，这个党应该由真正忠于集体的人领导。毛泽东有意把他往这个方向推，使他放松了警惕。1964 年 8 月，毛泽东指示刘少奇整顿基层干部，避免派大型工作组下乡，但刘少奇实施了完全相反的计划，而毛泽东毫不犹豫地批准时，田家英觉得非常奇怪[67]。同样，当刘少奇指责江苏省书记“讲空话”、教条主义时，毛泽东站在刘少奇一边[68]，而这一攻击间接针对的是主席最忠实的支持者之一——柯庆施。虽然毛泽东不欣赏刘少奇的妻子王光美在桃园调查中的角色，非常刻薄地评论她的报告，但仍然同意报告的流传。同样，十分忠诚于他的王任重向刘少奇汇报河南的“四清”运动时，他也没有反应。他似乎甘心放手，但同时展开一项相反的活动。1964 年 12 月 21 日至 1965 年 1 月 4 日举行了全国人大三届一次会议，周恩来作政府工作报告，毛泽东发表长篇讲话[69]①，显示了他的斗志和信念：“我们不能走世界各国技术发展的老路，跟在别人后面一步一步地爬行。我们必须打破常规，尽量采用先进技术，在一个不太长的历史时期内，把我国建设成为一个社会主义的现代化的强国。我们所说的大跃进，就是这个意思。难道这是做不到的吗？是吹牛皮、放大炮吗？不，是做得到的。既不是吹牛皮，也不是放大炮。只要看我们的历史就可以知道了。我们不是在我们的国家里把貌似强大的帝国主义、封建主义、资本主义从基本上打倒了吗？我们不是从一个一穷二白的基地上经过十五年的努力，在社会主义革命和社会主义建设的各方面，也达到了可观的水平吗？我们不是也爆炸了一颗原子弹吗？过去西方人加给我们的所谓东方病夫的称号，现在不是抛掉了吗？……中国大革命家，我们的先辈孙中山先生，在本世纪初期就说过，中国将要出现一个大跃进。”[70]毛泽东已经忘记了“三年困难时期”的灾难，非常骄傲地将这件事丢给了某个被他认为是“右倾机会主义分子”的人。

1964 年 11 月 26 日召开工作会议讨论“三线”之际②，发生了奇怪的一幕。[71]毛泽东转身对刘少奇说：“还是少奇挂帅，四清、五反、经济工作[72]统统交给你管，我是主席，你是第一副主席，天有不测风云，不然一旦我死了你接不上，现在就交班，你就做主席，做秦始皇[73]。我有我

① 原文有误。毛泽东并未在全国人大三届一次会议上发表长篇讲话。

② 原文有误。此时并未召开过这样一个会议。

的弱点，我骂娘没有用，不灵了，你厉害，你就挂个骂娘的帅，你抓小平、总理。”如何理解这段话？毛似乎把权力让给刘少奇，同时也提醒他，自己仍然是主席，建议他应该表现出前阵子没有表现出来的坚定态度。邓小平尤其对毛泽东的真实意图提出质疑。邓小平很冷静，他劝毛泽东不要参加政治局召开的工作会议，这次会议是为了筹备第三届全国人民代表大会并总结“社会主义教育运动”[74]：这是测试毛泽东退居二线真实性的一种方法。12 月 15 日，刘少奇在这次会议上作开幕报告，会议分成小组进行讨论，毛泽东缺席。但是 20 日，当刘少奇打开举行全体会议的大厅的门时，惊讶地发现毛泽东已经先于大家到来，坐在主席台上。毛泽东说：“你先说，你是头头。如果你不说，我们宣布休会。”毛泽东借此次机会宣告了他的优势，定下了会议的议程：从 20 日至 28 日讨论“社会主义教育运动”中的主要矛盾，1 月初讨论接下来的行动方针。辩论气氛热烈。刘少奇在陶铸的支持下坚持他负责起草的修改版的“后十条”，他认为最根本的矛盾是“四清”和“四不清”之间的问题，即劳动农民与土地革命中曾经被划分为地主和富农或在最近的阶级重新划分中被“揭穿”的地主和富农之间的矛盾。除了这四类，曾经的贫下中农“在 1950 年和 1960 年已经反过来成为压迫者”。必须让所有这些剥削者退还赃物，以安抚愤怒的农民。然而，与刘少奇不同的是，毛泽东认为这样的任务是不可能的，这将涉及 20%的农民，即 1.4 亿人！一半就够了。他确信这是他们唯一可以做的，在这一点上，他有点右，刘少奇有点“左”。他补充说他在“四清运动”初期起草的第一个“十条”是唯一有效的指令。他立即得到工业部长薄一波的支持，薄一波很高兴风暴转移到党内，可以保护“五反”运动中想要恢复劳动纪律，用奖金提高工作效率而受到冲击的工程师。然而，12 月 23 日，毛泽东付出很大代价才赢得了一场胜利，尽管会议的文件“农业十七条”中写入了毛泽东讲话中关键的句子，即“这次运动的重点，是整党内那些走资本主义道路（包括贪污盗窃、投机倒把）的当权派”，但文件中保留了刘少奇提到的党内外的矛盾交叉，而毛泽东的观点虽然被认为“更加合适”，但只保留了“社会主义和资本主义的矛盾”。毛泽东很不满意，特别是刘少奇的话跟他的话一样有分量，刘少奇还偶尔打断他讲话。党的其他领导人转身躲避暴风雨，没有完全服从他的意愿。毛泽东比以往任何时候都更担心在不久的将来经历赫鲁晓夫刚刚经历的命运。

陈永贵的升迁

因此，毛泽东不接受“农业十七条”中的折中。1964 年 12 月 26 日，一反往常的惯例，他在人民大会堂组织了一个晚宴庆祝 71 岁大寿，邀请包括刘少奇在内的所有领导人、学者、知识分子和劳动模范。和主席一桌的有陶铸的妻子、推广大庆油田模式的余秋里[75]、彭真、罗瑞卿和一个陌生人，他一身农民的打扮，长着一张农民的脸，他出现在主席身边让客人们很不自在。这个人是陈永贵：山西省昔阳县大寨村的党支部书记[76]，他刚刚被指定为山西省参加第三届全国人民代表大会的代表。据说 1963 年，他带领贫瘠山丘上的 300 名居民日夜不眠地奋战，挽救了受到洪水威胁的玉米和高粱的收成。为了达到国家提出的粮食产量目标，陈永贵提出“自力更生”的口号，农民们不照看自家的自留地而来支持他。然而，刘少奇派出的“四清”工作组调查认为这个模范大队“有严重的问题”：陈永贵伪造统计数据，上报的可耕种面积小于实际面积，从而相应地提高了单产量。[77]周恩来刚刚赞扬大寨经验是农业战线上自力更生、奋发图强的一个典型。陈永贵同一天在大会主席台上讲了话。他在餐桌上的出现是毛泽东提出的挑衅。毛泽东不顾这种场合的气氛，谴责“有些人用非马克思主义的讲法，什么‘四清’‘四不清’，可以在清朝的时候使用”，以及“有人搞独立王国”。前者影射刘少奇，第二个指以邓小平为首的中共中央书记处、李富春及其计划部门。所有与会者都觉得这些不礼貌的言辞是一种宣战：这不是以前毛泽东用来打倒高岗和饶漱石的话吗？为了不让人怀疑，主席转向邻桌的政治局其他成员，急切地说他担心党内出现“修正主义”危险。12 月 27 日，陈伯达说：“（昨天），主席总结了我们每个人的意见：主要矛盾是社会主义与资本主义的矛盾。”毛泽东立即评论说：“我们这个党，至少有两派，一个社会主义派，一个资本主义派。”刘少奇处于守势，他提出异议，说有资本主义派别是夸大分歧，造成对抗性矛盾，和实践中出现的情况不同。[78]毛泽东没有坚持，他只是虚晃了几枪。主持会议的彭真利用冲突的间歇，宣布“农业十七条”得到了批准。毛泽东对这次会议越来越不满，12 月 28 日，他令人惊讶地发表了讲话。他将“社会主义教育运动”和八届十中全会时的阶级斗争相提并论，然后突然挥舞党章和宪法咆哮道，作为一个公民、党组成员，他有说话的权利，指责邓小平不让他参加会议，刘少奇不让他讲话[79]。这样的爆发并没有阻止彭真通过以 811 号文件为名印发“农业十七条”的决定。这样做，彭真的命运也注定了。

毛泽东的一次出击

1964 年 12 月 30 日，毛泽东因为无法强迫别人接受他的命令感到愤怒，以党的主席的身份进行了一次出击，用 814 号文件要求停止执行 811 号文件，并下了一个 815 号文件。陈伯达在“农业十七条”的基础上增加了一句话，将最初的妥协变成了针对刘少奇的攻击：事实上，这份文件批评“这些当权派有在幕前的、有在幕后的，有在下面的，有在上面的”。

1965 年 1 月 9 日，毛泽东平静地会见了埃德加·斯诺：中国人民得知这次采访是由于一张主席和美国记者[80]并肩拍摄的照片。后者被描述为《红星照耀中国》的作者，这本书的内容在世界各地传播——除了中国！毛泽东确定中国不出兵越南[81]，只要美国不越过中国边境，中国就不会和美国打仗。他谈到了很多话题，如他认为对他的个人崇拜是正常的、必要的[82]，还提到了苏联的修正主义。毛泽东讲到了戴高乐和他面对美国渴望独立的愿望。当被问及未来时，毛泽东回答说，有两种可能性：要么是不断发展中国革命直到共产主义，要么是革命被年轻人放弃。1964 年 7 月 5 日，毛泽东遇到他的侄子毛远新时，已经问过“革命接班人”这个问题[83]：他解释说革命不仅仅是建立人民政权。“现在革命任务还没有完成”：“苏联还不是赫鲁晓夫当权？资产阶级当权？我们也有资产阶级把持政权的”，现在的年轻人“是吃蜜糖长大的”，他们的革命承诺是脆弱的。然后毛泽东询问年轻的军校学生知道多少马克思主义知识，毛远新回答这些知识都是纯粹的书卷气：他打不好枪，只会游泳，不骑马，他不明白“一分为二”或“马克思主义的本质是矛盾”的辩论，也不知道阶级斗争，他甚至没有注意到哈尔滨军事工程学院宿舍的邻床是个反革命[84]。毛泽东总结说，培养“革命接班人”必须有五条标准。第一条，他们必须是真正的马克思列宁主义者，而不是修正主义者。第二条，他们必须是全心全意为中国和世界的绝大多数人服务的革命者。第三条，他们必须是能够团结绝大多数人一道工作的无产阶级政治家。第四条，他们必须是党的民主集中制的模范执行者。第五条，他们必须谦虚谨慎，戒骄戒躁。1965 年，毛泽东通过一个又一个声明多次提到这个问题：他决定摆脱刘少奇之后，找到一个不同于刘少奇的接班人，这个人必须认同他的政治理念。那样他的生命走到尽头时，他仍然能够在死后继续存在。

凭借 1964 年 12 月下旬来之不易的成功，毛泽东在 1965 年 1 月 14 日的政治局扩大会议的最后一天任命了一个以周恩来为首的“小计划委员会”①，负责刚刚启动的第三个五年计划和“三线”。李富春、薄一波、李先念、邓小平被剥夺了控制经济的权力：其实，毛泽东担心他们背着他实施 1961 年的计划。他对经济问题的外行增强了他的不信任感。同日，在他的指导下制定的“二十三条”删去了“前十条”以外的所有规定。文中明确指出根本的矛盾是社会主义与资本主义的矛盾，社会主义教育运动的重点，“是整党内那些走资本主义道路的当权派，进一步地巩固和发展城乡社会主义的阵地。那些走资本主义道路的当权派，有在幕前的，有在幕后的……在上面的，有在社、区、县、地，甚至有在省和中央部门工作的一些反对搞社会主义的人”。周恩来为避免风暴做了最后的努力，在毛泽东原来的句子“省和中央部门”前添加了“社、区、县、地”，以减轻影响。因此“文化大革命”的理论范围和目标在 1965 年 1 月就已经确定了。

为了更长久地维持他在民众中的威信，毛泽东在 1964 年 2 月普及大寨模式，把这个历经困难建立起来的梯田变成学校孩子们的朝圣地[85]。月复一月学习雷锋的运动催生了其他的平民英雄：通常是军队里的战士，比如士兵王杰扑在不慎被引爆的地雷上不幸牺牲。学校的孩子们唱道：

大海航行靠舵手
万物生长靠太阳
雨露滋润禾苗壮
干革命靠的是毛泽东思想
鱼儿离不开水呀
瓜儿离不开秧

① 原文有误。“小计委”是由当时任国家计委第一副主任兼秘书长的余秋里负责。

革命群众离不开共产党

毛泽东思想是不落的太阳[86]

1965年到1966年冬季，党中央在将刘少奇变成“毛泽东最亲密的战友”[87]中起了作用，同时推出河南兰考书记这一典型，他以在因癌症去世前抗击自然灾害而出名。从1965年的农历新年开始，毛泽东使他的“对手”慢慢窒息、无力。下面整理了一个简短的时间表，以再现这一段无法逃避的过程。

有计划的攻击

2月　春节后，毛泽东离开北京去武汉。① 途中，他在专列上接见所到之处的当地负责人，不断说明进行战争准备的必要性。

与此同时，江青在上海遇见了柯庆施介绍的理论家姚文元和张春桥。她要求姚文元写一篇严厉的剧评，批判北京副市长、彭真的朋友吴晗的《海瑞罢官》：这是“一个黑材料”。姚文元缩在工会休息室中花了几个月时间完成这篇文章。

3月至4月　中国与越南北部军事领导人的讨论达成一致，中国对河内政权提供支持。4月19日，刘少奇会见了越南北部劳动党的领导人黎笋。毛泽东给出了积极回应所有要求的指示[88]，但不亲自与越南北部领导人进行会谈，虽然他喜欢和路过的外国人士会面[89]。

4月9日　柯庆施在肺癌手术后在成都（四川）逝世。这是毛泽东的重大损失。[90]而柯庆施的后继者陈丕显于1950年江青在无锡逗留期间认识她，他并没有干扰她的活动，特别是他对文化节兴趣不大。

4月14日　中共中央决定加强战争准备工作。

4月22日　毛泽东接见林彪，听取其总结解放军政治工作。[91]

4月28日　贺龙、罗瑞卿和他的副手杨成武去武汉，在那里他们向毛泽东汇报备战计划。毛泽东提倡有备无患，说：“准备好了，敌人反而

① 原文有误。毛泽东是3月14日离开北京前往武汉的。

不敢来。”[92]

4 月底至 5 月　毛泽东离开武汉赴长沙，然后通过公路前往湖南省东部的茶陵和江西省的茅坪。5 月 22 日至 29 日，他登上了 1929 年离开的井冈山。期间，他写了一首词：

久有凌云志，
重上井冈山，
千里来寻故地，
旧貌变新颜。
到处莺歌燕舞，
更有潺潺流水，
高路入云端。
过了黄洋界[93]，
险处不须看。

风雷动，旌旗奋，是人寰。
三十八年过去，
弹指一挥间。
可上九天揽月，
可下五洋捉鳖，
谈笑凯歌还。
世上无难事，
只要肯登攀。[94]

这首充满激情的词证实了毛泽东采取进攻的决定。毛泽东一反常态，提前几天宣布了他的登山计划。也许他想通过采取这一行动提醒中国的其他领导人他是他们政治生涯的起源，并鼓励青年参与革命。也许他想借此提醒他们，他是一个反叛者，继而威胁他们：1959 年他不是宣布如果“修正主义”占了上风，自己可能去山区发起游击战吗？

6 月 1 日　解放军取消了军衔，16 日中央军委决定加快建设“三线”。

6 月 26 日　毛泽东给他认为其实是“城市卫生部或老爷卫生部，或城市老爷卫生部”的卫生部下指示。为了照顾5亿被忽略的农民[95]，他的回答是缩短医学学制，高小毕业生学三年就可以了，其余的在实践中培养，认为“书读得越多越蠢”。总比骗人的医生与巫医要好。“还有一件怪事，医生检查一定要戴口罩……干什么都戴，这首先造成医生与病人之间的隔阂!”[96]问题不是不要，只是应该放少量的人力物力，过去的做法经常是为了科学界的虚荣[97]。

7月　毛泽东写了一篇寓言诗①，一只麻雀看到地球上的变化吓坏了，要到“仙山琼阁”去避难，鲲鹏问它哪里有这种地方，它回答“不见前年[98]秋月朗，订了三家条约。还有吃的，土豆烧熟了，再加牛肉”[99]。此时鲲鹏成了毛泽东的代言人：“不须放屁，试看天地翻覆。”[100]

8月3日　他在上述背景下会见了安德烈·马尔罗。当贝耶大使提到中国青年非常热情时，毛泽东显得更加保守。原因和他的诗中表达的一样：对修正主义挥之不去的恐惧，他对马尔罗说修正主义“相当广泛，人数不多，但有影响”。

8月中旬　毛泽东批示罗瑞卿关于备战的报告时，提到“七千人大会”上的“1962年逆流”。显然，他积怨已深，什么都无法原谅。

9月[101]　毛泽东在进攻的最后阶段打了三枪：第一枪是林彪发表了一篇题为《人民战争胜利万岁》的文章。这是4月22日他与主席会面的成果。表面上看，林彪支持第三世界的反抗，他介绍了非洲、亚洲和拉丁美洲革命的胜利，中国革命的普遍模式可以遵循，但是中国不可能出口它的革命。毛泽东和林彪从万隆会议以来中国外交政策的失败中吸取教训：阿尔及尔首脑会议的结果已被无限期推迟。布迈丁推翻了本·贝拉，使北京失去了一位盟友。在撒哈拉以南，中国人刻板地反苏，以及所谓“干涉内部事务”使一些年轻的国家感到不悦。1965年9月6日，中国的盟友巴基斯坦和苏联的盟友印度之间爆发了战争，巴基斯坦军队迅速溃败，加强了苏联在印度次大陆的影响。中国在世界上的分量仍然过轻。第三世界的人民应该把握自己的革命命运，依靠自己的力量，而中国将继续巩固和发展自己的革命典范。不久之后，得益于对人民的革命动员，中国变得强大和繁荣，在世界上有举足轻重的地位：我们可以发现这是毛泽东多次提到

---

① 此诗创作的具体时间有争议，还有人说是1965年5月或1965年9月。

的主题。1965年，中国已经开始改变策略，其外交政策为象征性的鼓动和惊人的豪言壮语。通过同时是中国和美国的盟友巴基斯坦向美国传达信息，找到暂时解决美国军事干预越南的方法，确定北京可接受的范围。相反，与苏联的紧张局势加强，并拒绝新的会面：毛泽东的赌注是美国打消了苏联可能对中国使用武力的念头。他可以全身心投入国内的“战斗”。

9月18日至10月12日　在北京举行中央工作会议讨论第三个五年计划，毛泽东在会上的讲话也许正透露出这样的意味[102]：“如果中央出了修正主义，应该造反。”这句奇怪的话证实了5月份他登上井冈山背后隐藏的含义！1965年9月30日，中国共产党的朋友印度尼西亚共产党政变失败，数百万成员和支持者被杀，证实了中国在国际上的孤立。

第一批领导被打倒

以总参谋长罗瑞卿为首的许多军事将领更倾向于加强军队的战备[103]，更好地准备现代化战争，不喜欢林彪枯燥的政治报告，以及面对战争的危险却在内部实行协调政策。为了消除这些将领的忧虑，毛泽东采取了行动：9月11日，在人民大会堂，彭真告诉彭德怀，毛泽东想派他去四川，当李井泉的副手，负责建设“三线”。9月21日，彭德怀给毛泽东写信，接受了这个提议。9月23日，毛泽东在颐年堂热情地接见了彭德怀，历时5个多小时：“早在等着，还没有睡觉。昨天下午接到你的信，也高兴得睡不着。你这个人有个犟脾气，几年也不写信，要写信就写八万言。”刘少奇、邓小平和彭德怀一起进了午餐，周恩来后来加入了他们[104]。毛泽东当着他们的面谈到彭德怀的功绩，包括1930年富田事变和长征张国焘事件中彭德怀对毛泽东的忠诚。他补充说，历史会对他俩过去的冲突做出判断，“也许真理在你那边”[105]，对他来说，新的一页翻开了。他强调给彭德怀的岗位很重要。彭德怀动了心，最终去了四川，在那里没有负责什么大事，直到1966年12月在成都被红卫兵逮捕。同样，1965年秋，庐山会议的另一位受害者黄克诚被派往山西任副省长。自1964年以来不太自在的刘少奇、邓小平和彭真放松了警惕：不可预测的毛泽东会再次改变他的计划吗？

这只是一个计策，好处在于把政治危机中可能带来麻烦的人都调离了北京。

1965年11月10日之后的事，大家都知道了：在林彪的文章之后，中南海的高墙内同时响起了这场悲剧的第二枪和第三枪。

第二枪只在执政的小圈子里听得见。那一天，中央书记处负责管理一般事务的杨尚昆[106]解职。10月29日，周恩来告诉他这一消息，毛泽东与他谈了半个小时：他被调到广州地区，必须单独向毛泽东汇报中央的关键决策在当地实行的情况。1966年5月4日至26日，在北京的政治局扩大会议上，爆发了政治危机，他被指控替苏联人从事间谍活动，在主席的专列和住所的房间里进行电话窃听。[107]和1961年2月的情况一样，这是一个借口，把毛泽东不信任的人换成对他忠心耿耿的8341部队首领汪东兴。毛泽东往前推了一颗新的棋子。

第三枪更是响亮，即使需要20天才能听到回声。一个不起眼的上海蹩脚文人姚文元，在这个长江下游大都市的第二大报纸《文汇报》上用毛派新语发表了一篇批评《海瑞罢官》[108]的文章——《海瑞罢官》为北京市副市长、彭真的老朋友吴晗所写，1961年1月在北京上演了很短的时间。批评文章由与毛泽东行动一致的江青授意。毛泽东将文章改了三遍，一切都非常机密[109]，因为此类文章的发表必须事先经过1964年7月成立的彭真领导的“文化革命五人小组”的批准。这次发表公然违反了这个程序和党的纪律。此外，姚文元在文章的第四部分直接进行政治攻击，认为吴晗的戏剧是一个阶级“阴谋”，试图攻击“大跃进”和毛主席的“总路线”。彭真不在北京，于是北京市委负责宣传的书记邓拓[110]写信给上海的同僚张春桥，询问他毛泽东是否同意《文汇报》的做法。事实上，我们知道主席有特权不受到任何形式的任何限制。11月12日，毛泽东离开北京，在华东地区乘专列视察：邓拓没有收到回应。11月23日，在上海的毛泽东建议把文章以小册子的形式印刷，但上海的新华书店要求北京新华书店发行这篇引起争议的诽谤文章时，11月24日遭到北京新华书店的拒绝。上海的《解放日报》和几个省级日报发表了这篇文章。彭真回到北京后从周恩来处得知这次间接针对他的攻击来自何方。彭真是一个聪明的战术家，他决定在11月29日的《北京日报》上转载这篇文章。30日，《人民日报》采取了同样的态度，不过将其放在学术版面。一篇彭真和周恩来审阅过的社论解释了为了做到“实事求是”[111]，自由的学术批评非常重要。

11 月 19 日毛泽东离开上海去杭州的冬季寓所。他住在西湖边一幢名叫刘庄的漂亮别墅里①。这幢别墅由 35 公顷的公园环绕，曾是 20 世纪初一个大富商的产业。八个月后毛泽东才回到北京。可以发现，这一时期毛泽东不在漩涡的中心。[112]

12 月 8 日至 15 日，中共中央政治局常委扩大会议在上海召开[113]：与会者 61 人，其中包括 34 名将领。令刘少奇、邓小平和周恩来惊讶的是，林彪的妻子叶群受邀出席，分三次作了长达 10 小时的报告，反对当时正在云南视察的罗瑞卿。[114]她罗织的罪名通常来源于闲话或出自已经去世的人之口。她得到了林彪、空军司令吴法宪和海军政委李作鹏的支持，这些人都是在彭德怀被撤职后升迁的。叶群努力证明罗瑞卿几个月来阴谋代替林彪。这是纯粹的污蔑，但毛泽东开了绿灯，因为他指责罗瑞卿和从前的彭德怀一样是“修正主义者”：因为担心美国人越来越多地介入越南，罗瑞卿想确保南部边界安全，加强部队的战备而不是对他们进行政治教育。此外，一段时间来他经常和林彪起冲突。至于毛泽东，他在 12 月 2 日给林彪的信中解释说：“那些不相信突出政治，对于突出政治表示阳奉阴违，而自己又另外散布一套折中主义（即机会主义）的人们，大家应当有所警惕。”同一天，他在林彪报送兰州军区党委关于备战的一份报告中说：“折中主义……不分敌我、不分阶级、不分是非……实际上就是修正主义。”毛泽东再次显得执着，15 日通报此案，虽然彭真、刘少奇和邓小平曾对这个如此罗织的文件有些疑惑。11 日，罗瑞卿从昆明被紧急召回。他一到就受到周恩来和邓小平的批评。15 日，周恩来、邓小平、彭真组成一个特别小组研究这个问题。随后，罗瑞卿被解职，由杨成武担任总参谋长，叶剑英任军委秘书长。阻止毛泽东进攻的最后一次机会飞走了，毛泽东完全控制了解放军。[115]

毛泽东的进一步行动（1965 年 12 月 21 日—1966 年 5 月）

1965 年 12 月 21 日和 22 日在杭州举行的一次非正式会议上[116]，毛泽东再次谈到海瑞事件。毛泽东同陈伯达、田家英和马克思主义辩证法的专

① 原文有误。毛泽东当时住的是汪庄，而不是刘庄。

家艾思奇、关锋[117]等人进行了谈话。谈话的出发点是《哲学研究》最新一期中部分由“工人—农民—士兵”撰写的文章，这是毛泽东式的政治话语中不可分割的铁三角。他认为这些文章体现出实际哲学相对于书本式哲学的优越性。这种唯名论的主张在唯物主义者身上很正常。两位历史学家翦伯赞[118]、吴晗，特别是吴晗受到直接的攻击。以前有其他学者在研究电影《清宫秘史》时认为能够找到与剥削阶级达成妥协的方法，这是错误的。毛泽东说戚本禹[119]关于义和团的文章写得好，姚文元 11 月 10 日发表的关于海瑞的文章也写得好。从概念领域转到当时的政治斗争领域时，毛泽东说了一句后果严重的话：“要害的问题是罢官，嘉靖罢了海瑞的官，1959 年我们罢了彭德怀的官，彭德怀也是海瑞。”毛泽东应对这件不公平的事件负责任。而且他提到《清宫秘史》，开始重新考虑新中国成立初期他和刘少奇私底下的一次分歧。[120]他肯定了自己政治路线的连续性，同时清算了彭真和刘少奇。然后，主席的论述回到哲学的高度，谈起辩证的对立统一和矛盾的普遍性规律，并回顾了最近关于“一分为二”的争论，这其中也有政治内涵。他引用了黑格尔和他的扬弃概念：发扬积极因素，抛弃消极因素，“吃螃蟹，只吃肉，不吃壳”，“马克思把黑格尔哲学的外壳去掉，吸取他的有价值的内核，把它改造成为唯物辩证法”。对费尔巴哈、法国的空想社会主义和英国的政治经济学都是如此。因此，生活的体验对哲学来说是必要的，应将高等教育从五年减少至三年，并增加两年时间下工厂或下农村。他自己在二十年军事生涯中，幸亏参加了农民运动、劳工运动、民族主义运动和学生运动才有了提高。所以应该让吴晗、杨献珍和张闻天下去，这样才是真正帮助他们。像哲学家罗素那样一个理想主义者，参加了反对修正主义和美帝国主义的运动后，不是在寄给毛泽东的一篇文章中加入了一些唯物主义的内容吗？

这篇巧妙的演讲掩盖了残酷的危机现实：主席肯定了自己的高瞻远瞩，忘记了他的乌托邦式的政治远见曾带来的灾难。他比以往任何时候都更加自信，变成了狂热的革命者。

同时，彭真意识到危险，试图以退为进。12 月 22 日，他在杭州见到毛泽东：后者继续前一天的论调“海瑞是彭德怀”。彭真保证吴晗和彭德怀没有任何联系。回到北京后，彭真告诉吴晗：“如果你错了，做一个自我批评。如果你是对的，坚持。”[121]和周恩来相反，彭真与刘少奇一样认为可以跟毛泽东较劲。1966年1月，他获得了一次小成功：他设法阻止关锋和戚本禹的两篇文章发表，这两篇文章谴责吴晗的行为的本质是“反党、反社会主义”。1966年2月3日，他召集“文化革命五人小组”决定起草一份文件，将当前的辩论定义为纯粹的学术辩论。这篇匆忙写就的文章5日由在北京的政治局常务委员（刘少奇、周恩来、邓小平等）批准，7日电呈毛泽东，此时毛泽东住在武汉东湖客舍。2月8日上午，彭真与毛泽东进行了讨论。他和康生、陆定一、吴冷西一起到武汉，后两位负责宣传和信息。彭真再次保证吴晗没有阴谋，与彭德怀没有任何关系，认为要坚持实事求是，在真理面前人人平等。毛泽东批准了这篇“二月提纲”，1966年2月12日中央“绝密”批转[122]。吴晗被批评后，毛泽东同意维持吴晗的北京市副市长职位。彭真再次放了心，2月10日将“二月提纲”交给陈丕显，让他转交给江青：他相信暴风雨已经改道了。

与此同时，1月21日江青和林彪在苏州会面，2月2日至20日在上海组织了部队文艺工作座谈会，得到毛泽东的支持，她在周围的“左”派知识分子的帮助下，大谈三十几部电影和戏剧的思想素质。会谈的结果是《林彪同志委托江青同志召开的部队文艺工作座谈会纪要》，这篇文章由陈伯达、张春桥和姚文元执笔，毛泽东三次审阅批改[123]。纪要中包含了一个关键句子，即“一条与毛主席思想相对立的反党反社会主义的黑线专了我们（这是指真正的革命者）的政”。

3月中旬，一切都变糟了。1966年3月17日至20日在杭州召开的政治局常委扩大会议上[124]，毛泽东当着震惊的彭真、沉默的周恩来和刘少奇的面说吴晗“反社会主义，是国民党”，要求宣传部不要妨碍“革命青年作家”关锋和戚本禹发表文章，批评彭真反对在北京上演一出革命戏剧，这出戏在上海演出获得成功[125]。3月28日至3月30日毛泽东在上海与起草文章批判“二月提纲”的康生、江青、张春桥会面。[126]3月31日，康生去北京向周恩来和彭真转告毛泽东的话。4月9日至12日康生当着邓小平的面对彭真横加责难，彭真担保自己没有反对毛泽东。周恩来和邓小平回答他，他的错误在于对主席和他的思想提出异议。

4月16日，政治局常委在杭州开会，取消了“二月提纲”，解散“文化革命五人小组”。4月24日组成了成为“文革”核心的小组。刘少奇没有见证这些戏剧性的事件，他正在巴基斯坦、阿富汗和缅甸进行外交访问，4 月 20 日回到昆明，被紧急叫到杭州，他到达时恰好听到毛泽东一句特别有威胁性的话："出修正主义[127]，不只是文化界出，党政军也要出，主要是党、军。"[128]彭真缺席了 5 月 1 日的庆祝活动，从此被软禁在家。

彭真下台

1966 年 5 月 4 日至 26 日，刘少奇在北京主持了一次政治局扩大会议，确定 4 月在毛泽东的推动下作出的决定。此时毛泽东还在杭州。因此，在后者缺席的情况下，一场严厉的政治整肃开始了。1966 年 5 月 23 日，撤销了"四人反党集团"彭真、罗瑞卿、杨尚昆、陆定一的职务。陆定一负责宣传，几周来因为宣传工作受到毛泽东的批评，还卷入了莫名其妙的"502 号专案"，成了受害者。他的妻子寄了一些匿名信件给叶群，信中指责叶群是一个放荡的女人。4 月 28 日，陆定一的妻子被捕，被打成"反革命"，连累了陆定一。不久，陆定一也被捕，被指控密谋反对林彪。[129]

5 月 5 日和 6 日，康生在张春桥、陈伯达的帮助下宣读了起诉书，时间长达 8 小时。

此外，除了撤销"四人反党集团"的职务，与会代表还一致通过了"五一六通知"。中共中央 1981 年 6 月 27 日的决议将这一通知认定为"文化大革命"开始的标志。[130]这也是大多数历史学家的看法。这一通知在毛泽东的掌控下完成，有六个附录，其中包括康生提议起草的《一九六五年九月到一九六六年五月文化战线上两条路线斗争大事记》、一份对"二月提纲"的批判和一份关于国际关系中王明路线的文件。所有这些文件满是错别字，用词犹豫（"文化革命"时而被称为"社会主义文化革命"，时而被称为"无产阶级文化革命"），没有经过任何修改，在非常紧张的气氛中被举手表决通过。最重要的也许是文末毛泽东写的一句话[131]："混进党里、政府里、军队里和各种文化界的资产阶级代表人物，是一批反革命的修正主义分子，一旦时机成熟，他们就会要夺取政权，由无产阶级专政变为资产阶级专政。这些人物，有些已被我们识破了，有些则还没有被识破，有些正在受到我们信用，被培养为我们的接班人，例如赫鲁晓夫那样的人物，他们现正睡在我们的身旁，各级党委必须充分注意这一点。"毛泽东唯恐重蹈赫鲁晓夫的覆辙，也许这是最好的表述了。

4月24日“中央文革小组”成立，5月底正式形成，由陈伯达领导，成员包括康生、江青、张春桥、姚文元、关锋、戚本禹、王力[132]和穆欣[133]。“中央文革小组”开始编写一个关于目前“文化大革命”情况的指示，开始时为12条，后来变成23条，最后确定为16条，准备8月8日提交给中共中央八届十一中全体会议讨论。

5月份，参加政治局扩大会议的代表对林彪5月14日的行为，特别是5月18日的讲话感到不适应。他夸张地描述毛泽东是天才，“是我们党的最高领袖，他的话都是我们行动的准则。谁反对他，全党共诛之……毛主席所经历的事情，比马克思、恩格斯都多得多……列宁……也没有经历过像毛主席那样长期、那样复杂、那样激烈、那样多方面的斗争。中国人口比德国多十倍，比俄国多三倍，革命经验之丰富，没有那一个能超过。毛主席在全国、在全世界有最高的威望，是最卓越、最伟大的人物”。林彪还谈论了政变。他一开始就引用了17世纪中国文学中如何识别叛徒的文章，得出“可以嗅到一点味道，火药的味道”的结论。他细致地描绘了中国和世界其他地方的军事政变（“一九六〇年以来……六年中间，每年平均十一次”）。他指出，为防止内部颠覆和反革命军事政变，他按照毛主席的命令调兵遣将，控制北京的电台、军事设施和安全部门。由于没有任何真正的危险，这些措施事实上是政变预防。

5月26日，在这次关键会议结束的同一天，叶剑英在杨成武和谢富治的帮助下设立了一个“首都工作组”：叶剑英在周恩来同意的情况下可以调动北京的驻军。同时，在接下来的几个月内，北京驻军从1个师又1个团变成4个师又1个团，年底达到10万人。

如此，毛泽东在几个月之内控制了宣传和信息，在北京党和政府主要职位上安置了他所信任的人。现在只需要一场全民动员就可以了。

5月25日下午，一张大字报贴在北大食堂的东墙上。大字报署名是哲学系的教师，其中包括哲学系党总支书记聂元梓，虽然她已经45岁，但仍只是个助教。大字报谴责北大校长陆平走上了资本主义复辟的道路。“社会主义教育运动”是通过小型会议和小字报进行的，那么反对“中国的赫鲁晓夫”是不是应该动员群众大集会？大字报的结论是：“保卫中央！保卫毛泽东思想！保卫无产阶级专政！”不久，1 500张类似或敌对的大字报贴满了校园。“文革”进入活跃期。[134]

第十六章

“文化大革命”（1966—1969）

1981 年 6 月 27 日，中国共产党中央委员会通过《关于建国以来党的若干历史问题的决议》，其中第 19 节到 24 节为一章，题为“文化大革命的十年”：“党、国家和人民遭到建国以来最严重的挫折和损失。”中国各官方历史学家把这可怕的十年称为“十年动乱”。[1]这种观点强调毛泽东对这段黑暗的岁月负有主要责任，虽然其确切的作用仍存在争议。他不厌其烦地四处讲话发起这项运动。在他看来这是乌托邦式的“大跃进”的延续，是社会主义和资本主义之间的斗争在中国国内和共产党内部进行的体现。这是十年来唯一真正一致的东西。保罗·克洛岱尔认为“有两件事情是无法忍受的：秩序和混乱”。这位法国剧作家的话反映了神秘主义者的痛苦，完全适用于解释毛泽东的世界观。事实上，毛泽东拒绝任何长期的政治稳定——按照他的说法，“秩序”导致致命的官僚主义，他要不断呼吁广大人民群众制造“混乱”，但又不能陷入长期骚乱。因此，“文革”在两个不可能之间不断摆动。

这种观点将毛泽东变成一位“红色先知”，独自带领自发进行革命的人民，和他的副手们声称的列宁主义没什么关系：对他们来说，革命由一支有觉悟的先锋队建成，这支队伍将引导和组织人民。斯大林说：“干部决定一切。”阅读这 20 年来出版的领导人年谱时，我们清楚地发现刘少奇、周恩来、邓小平都难以理解毛泽东 1965 年冬至 1966 年的行为。林彪的优势之一是至少在 1970 年之前，他预见到了这位领导者莫测的决定。

不过，比起漫长的“文革”的界定，我更倾向于短期的“文革”，即它仅限于 1966 年至 1969 年，因为它是毛泽东在“大跃进”失败后，再次面对现实阻力之前，唯一能够自由部署乌托邦的时期。比起 1969 年九届一中全会到他去世这段穿插着妥协和斗争的时期，这一时期能让我们更好地理解他复杂多变的人格。

短期“文革”分为三个阶段：3 个月（1966 年 5 月至 7 月）校园暴动，学生受到毛泽东的鼓励起来“造反”，打倒学术权威和党的领导班子。1966 年夏天至 1967 年 2 月，动荡日益严重，席卷了整个城市。红卫兵是最初的参与者，后来加入了其他“造反派”，在上海和武汉主要是工人，他们“炮打司令部”，制造了数个月的恐怖，破坏了整个国家的政治结构。武斗蔓延，经济陷于瘫痪。1967 年夏天冲突进入高潮，毛泽东结束了这段激进的时期，重建“革命委员会”，1968 年夏天解散红卫兵，让大批干部重返政治生活。1968 年秋天，为中国共产党第九次代表大会做准备的八届十二中全会最终确定了刘少奇的悲惨命运。在第三个阶段，解放军起到了重要作用。1968 年夏天，到那时为止受到影响相对较小的农村发生了大量恐怖的暴力事件。在 1969 年 4 月党的第九次代表大会上，林彪是这次秩序重建的主要受益者。“文化大革命”初期结束。令人无法承受的混乱被不靠谱的秩序代替。

“造反”席卷了首都的校园（1966 年 5 月—7 月）

1966 年 5 月，政治局势日益紧张：彭真、杨尚昆、罗瑞卿、陆定一下台；陶铸、陈伯达、康生等新领导人登上权力的巅峰；江青介入政治；5 月 16 日发布令人震撼的通告；5 月 26 日，林彪下令，叶剑英在北京执行军事调动。很快，被恐慌抓住的知识分子担心他们成为新的“反右运动”的目标。“反右运动”首先影响的是那些最接近中央政权的文人。有些人意识到自己无能为力而选择自杀，这是文人的传统：5 月 17 日邓拓自杀，5 月 23 日田家英自杀。[2] 6 月，还有其他人步他们的后尘。权威机构的反应冷酷而迅速：邓拓的孩子被学校开除，他的遗孀被游街示众、公开侮辱，并被赶出在北京市中心的漂亮的老房子。5 月 5 日，《人民日报》转载了谨慎的郭沫若在一次会议上的自我检讨：“我以前所写的东西，严格地讲，应该全部把它烧掉，没有一点价值。”[3] 聂元梓在北大校园的大字报可能让一些人认为一场新的“百花运动”开始了，必须避免偏差，这些人中有清华大学[4]的校长蒋南翔[5]，清华与北大近在咫尺。北大党委犯了类似的错误，5 月 26 日至 29 日，超过 400 张大字报谴责聂元梓是反革命。这种错觉持续了很短的时间：事件一开始，毛泽东就从康生那里了解到确切的情况。6 月 1 日毛泽东批示必须传播这篇文章，认为“北京大学这个反动堡垒，从此可以打破”。当天下午，他打电话给康生和陈伯达说聂元梓写了“二十世纪六十年代的北京人民公社宣言，意义超过巴黎公社”[6]。6 月 2 日，《人民日报》登出了毛泽东的这一批示。同一日，这份报纸转载了这张大字报，对其进行了颂扬。陈伯达带领着由北京新党委任命的强大的“工作组”刚刚接管了该报。接下来的日子里，社论不断重复下列话语：“横扫一切牛鬼蛇神”，“无产阶级文化大革命万岁”，“我们是旧世界的批判者”。我们可以在这份官方报纸上读到“文化大革命要砸烂旧思想，建立一个全新的文化、风俗、习惯”。不久，《人民日报》为所有人提供了指南：对毛泽东思想采取什么态度是马克思列宁主义和修正主义的分界线。全国应该成为学习毛泽东思想的大学校。

校园一片混乱。“五一六通知”鼓励学生揭发当权的“修正主义”分子和“渗透到党内的资产阶级分子”。有些人提到毛泽东 1966 年 5 月 7 日写给林彪的信[7]中的内容。在信中他请林彪将军队建成“一个大学校”，“资产阶级知识分子统治我们学校的现象，再也不能继续下去了”。在最负盛名的大学里，野心勃勃的年轻人在毛泽东的号召下看到了取代老干部、跻身一线的机会。“大跃进”的失败造成经济停滞，限制了他们在企业中的职业生涯发展。当地领导人受“大跃进”失败的牵连，由于饥荒经常被指责不得人心。历史开了个狡猾的玩笑，毛泽东的错误反而为他提供了武器，那些因为力求将损失降到最低而惹怒他的人——彭真、邓小平和刘少奇倒了霉！

校园风暴

学生已经开始对涉嫌“右倾”或“修正主义”的教师进行言语攻击。课程中断。很快，备战高考的高中甚至小学也停了课。这些名校有很多高干子弟，他们从父母的谈话中得知政治危机开始了。

清华大学的局势越来越紧张。[8]在失去彭真的保护后不久，1966 年 6 月 2 日，第一张反对蒋南翔和学校党委的大字报被粘贴在食堂的墙壁上。回应很激烈：上千张大字报为蒋和他的助手们辩护。6 月 3 日停课。6 月 4

日，刘少奇的女儿刘涛——清华大学的学生，贴了一张揭露蒋是“修正主义分子”的大字报。同一天，贺龙的儿子也有类似的行为。也许这些高级官员的子女已经得知因为毛泽东的控诉[9]，政治局常委抛弃了清华大学中这个强势的人。6月5日，蒋南翔在许多兴奋的学生面前做了自我批评。他们认为自己的暴动符合主席的意愿。行为最激烈的学生当中有一个叫蒯大富，工程化学系三年级学生，1963年被列为模范。他出生于江苏省滨海[10]一个贫苦的农民家庭，前一年夏天回到村里，对地方领导“压迫的农民”的态度感到震惊。6月9日，一个500名成员的工作组——其中包括刘少奇的夫人王光美，控制了清华：她结束了“蒋和其他牛鬼蛇神的独裁”，让高干子弟和出身贫苦的同学暂时结盟组成的“造反派”很满意。6月12日至16日，103名干部和教师被当众羞辱和殴打。工作组没有反对。但是，“造反派”很快就失望了：工作组不允许以大字报的形式对教学制度、教育、工作分配或混合宿舍进行自由辩论，并以毛泽东的名义建立了自己的权威。6月16日，蒯大富贴大字报质疑工作组的合法性，认为只有“造反派”响应主席的号召。21日，他动员学生赶走“篡夺权力”的工作组。22日，王光美拒绝与他对话。26日，出现指责蒯大富的大字报。6月28日，他和许多支持者以反革命的名义被逮捕。同时，工作组审查了2 450名干部（其中包括108名教授）的资料，在清华大学中找出112名干部是“走资派”，16名教师是“反动学术权威”，50多人被当成“牛鬼蛇神”。这样的分类让他们受到羞辱和虐待：他们被“群众”惩罚在火辣辣的太阳下搬砖头，挨皮带抽打。此外，刘涛和大多数高干子弟被提拔到领导岗位。“造反派”尽管刚刚受到压制，但仍然保持着影响力。他们知道，在北京39所学校中，学生赶走了工作组。

这种情况在北京所有的校园都有，并开始在上海和其他有高校的大城市出现。事实上，1966年6月13日，整个中国几乎所有的教学活动都中断了。毛泽东密切关注校园事件[11]，他手中有军队，可以对隐藏着“修正主义和阶级敌人”的机构进行攻击。对于这些青少年来说，他们在家里被严格管教，学校纪律也很严，被剥夺了自主的空间，毛泽东号召他们反抗权威，听起来像一个追求自由的邀请。后来很多参加者回忆，运动的最初几周完全是热血沸腾的日子。[12]

被蒙在鼓里的周恩来、邓小平和刘少奇不知道毛泽东想要做什么。同时，根据中国共产党领导的传统，他们成立了工作组以恢复大学的秩序。“百花齐放”和几周自由讨论后毛泽东戏剧性的逆转先例让他们格外小心谨慎。而且，5 月 29 日毛泽东与周恩来通电话，授权工作组入驻北大。6 月 3 日，中央政治局常委扩大会议由刘少奇主持，尽管遭到陈伯达的反对[13]，仍然决定由北京新的领导班子派工作组入驻首都所有的大学和高等教育机构，不久，7 239 名干部进入动荡的大学。我之前以及上面描述过这个决定在清华的影响。刘少奇给出了 8 条指示：第一，大字报要贴在校园内；第二，开会不要妨碍工作、教学；第三，游行不要上街；第四，内外区别对待，不准外国人参观，外国留学生不参加运动；第五，不准到被揪斗的人家里闹；第六，不准打人、污蔑人；第七，注意保密；第八，积极领导，坚守岗位。[14]李雪峰下达给工作组后，马上发现这些要求完全不适用。所有人都转向不在北京的毛泽东寻求指示。

6 月 9 日，刘少奇、周恩来、邓小平、陶铸和陈伯达飞往杭州，在那里一直待到 12 日。他们很快就见到了毛泽东。刘少奇问及如何处理学校的问题。毛泽东含糊地回答：“派工作组太快了并不好，没有准备。不如让它乱一下，混战一场，情况清楚了才派。”尽管陈伯达请求不派工作组，但毛泽东并没有明确不赞同派遣工作组。当刘少奇请毛回北京引领“文化大革命”的方向，他笑着拒绝了。

回到北京后，周恩来于 6 月 16 日至 7 月 1 日对罗马尼亚、阿尔巴尼亚和巴基斯坦进行正式访问。[15]刘少奇和他的同事们在没有主席指示的情况下于 6 月 24 日至 28 日召开政治局常务委员会议，研究日益失去控制的形势。从杭州返回后不久，暴力侵害干部的现象出现在校园。6 月 18 日，数十位北大教师被聚集在一个房间里，他们被殴打，倒油墨，戴上写着其“罪行”的尖纸帽。这是模仿起义农民斗土豪劣绅的方式，1927 年 3 月毛泽东在他的《湖南农民运动考察报告》中提到过。此时已经过分了：一个六年级学生在一次批斗中制服了一位女干部，扒了她的裤子和内衣，摸她的生殖器。当他攻击另两位妇女时，他被制止。6 月 20 日，刘少奇写了一个通知，痛斥这些事件是流氓行为。[16]北大学生用大字报指责这个通知，表示校园内的斗争是合法的。7 月 1 日，政治局的新星陶铸来到北大，认为这一运动是正确的，但是“六月十八日少数坏分子打架”是不好的。就像在清华一样，这种含糊的态度让工作组成了摆设。

毛泽东给江青的信

看到刘少奇和邓小平越来越混乱，毛泽东很高兴。1966年6月15日，他乘专列离开杭州[17]经过南昌[18]抵达长沙。他乘小汽车来到全新的住所"滴水洞"，这是陶铸在毛泽东的故乡韶山附近为他修建的。他花了10天时间思考形势的演变。每天长沙来的汽车送来两次学校"造反"运动的最新资料。6月26日，他召见党的负责人：他对他们宣布将带领他们进入一个新的长征。6月28日的早晨，他离开长沙去武汉。他在武昌东湖客舍[19]里写信给刘少奇和邓小平，告诉他们说：他们要求7月1日发表1962年1月30日在"七千人大会"上关于民主集中制的讲话[20]是"不合时宜的"。7月2日，越来越困惑的刘少奇和邓小平再次给毛泽东写信，请求允许反对"文化大革命"蔓延到工厂，因为会阻碍实现新的五年计划。[21]毛泽东同意了：一切要讲时间。因此，他让刘少奇在约50天时间里因为学校的动乱焦头烂额，而工作组每天都因为他们的暴力失去信誉。毛泽东最狂热的追随者，例如蒯大富成了青年学生眼中追求自由的勇士。但是毛泽东在排兵布阵中，留意将周恩来放在他这一边：7月1日，康生去迎接从国外回来的总理，在从机场回来的车上告诉他危机的最新进展，以防止他和刘少奇、邓小平、陈毅一样，在与工作组的关系上犯同样的错误。[22]因此周恩来参加了刘少奇主持的7月1日、2日、4日、5日和7日的政治局会议，但没有参加11日的会议：刘少奇在这次会议上介绍了北京322所高中有四分之一已经由工作组"指导群众斗争"，当邓小平大声问工作组在"文革"中的确切作用时，刘少奇建议撤回"那些不懂政治的工作组"。正逢尼泊尔王太子来上海，周恩来去了上海，然后再返回到武汉，7月11日和12日与毛泽东进行了长时间的会谈。毛泽东给他看了7月8日写给江青的信[23]，要求他把信转交给在上海的江青，然后把内容告诉在大连海边的林彪。下面是信的全文[24]，因为它向我们清楚地展示了毛泽东在最后的战斗前夕的思想状态，非常宝贵。

江青：

六月廿九日的信收到。你还是照魏、陈[25]二同志的意见在那里住一会儿为好。我本月有两次外宾接见[26]，见后行止再告诉你。自从六月十五日离开武林[27]以后，在西方的一个山洞里住了十几天，消息不大灵通[28]。廿八日来到白云黄鹤的地方[29]，已有十天了。每天看材料，都是很有兴味的。天下大乱，达到天下大治。过七八年又来一次。牛鬼蛇神自己跳出来。他们为自己的阶级本性所决定，非跳出来不可。我的朋友的讲话[30]，中央催着要发，我准备同意发下去，他是专讲政变问题的。这个问题，像他这样讲法过去还没有过。他的一些提法，我总感觉不安。我历来不相信，我那几本小书，有那样大的神通。现在经他一吹，全党全国都吹起来了，真是王婆卖瓜，自卖自夸。我是被他们迫上梁山的，看来不同意他们不行了。在重大问题上，违心地同意别人，在我一生还是第一次。叫做不以人的意志为转移吧。晋朝人阮籍反对刘邦，他从洛阳走到成皋，叹道：世无英雄，遂使竖子成名。鲁迅也曾对于他的杂文说过同样的话。我跟鲁迅的心是相通的。我喜欢他那样坦率。他说，解剖自己，往往严于解剖别人。在跌了几跤之后，我亦往往如此。可是同志们往往不信。我是自信而又有些不自信。我少年时曾经说过：自信人生二百年，会当水击三千里。可见神气十足了。但又不很自信，总觉得山中无老虎，猴子称大王，我就变成这样的大王了。但也不是折中主义，在我身上有些虎气，是为主，也有些猴气，是为次。我曾举了后汉人李固写给黄琼信中的几句话：峣峣者易折，皦皦者易污。阳春白雪，和者盖寡。盛名之下，其实难副。这后两句，正是指我。我曾在政治局常委会上读过这几句。人贵有自知之明。今年四月杭州会议，我表示了对于朋友们那样提法的不同意见。可是有什么用呢？他到北京五月会议上还是那样讲，报刊上更加讲得很凶，简直吹得神乎其神。这样，我就只好上梁山了。我猜他们的本意，为了打鬼，借助钟馗[31]。我就在二十世纪六十年代当了共产党的钟馗了。事物总是要走向反面的，吹得越高，跌得越重，我是准备跌得粉碎的。那也没有什么要紧，物质不灭，不过粉碎罢了。全世界一百多个党，大多数的党不信马列主义了，马克思、列宁也被人们打得粉碎了，何况我们呢？我劝你也要注意这个问题，不要被胜利冲昏了头脑，经常想一想自己的弱点、缺点和错误。这个问题我同你讲过不知多少次，你还记得吧，四月在上海还讲过。以上写的，颇有点近乎黑话，有些反党分子，不正是这样说的吗？但他们是要整个打倒我们的党和我本人，我则只说对于我所起的作用，觉得有一些提法不妥当，这是我跟黑帮们的区别。此事现在不能公开，整个左派和广大群众都是那样说的，公开就泼了他们的冷水，帮助了右派，而现在的任务是要在全党全国基本上（不可能全部）打倒右派。而且在七八年以后还要有一次横扫牛鬼蛇神的运动，尔后还要有多次扫除，所以我的这些近乎黑话的话，现在不能公开，什么时候公开也说不定，因为左派和广大群众是不欢迎我这样说的。也许在我死后的一个什么时机，右派当权之时，由他们来公开吧。他们会利用我的这种讲法去企图永远高举黑旗的，但是这样一做，他们就要倒霉了。中国自从 1911 年皇帝被打倒以后，反动派当权总是不能长久的。[32]最长的不过二十年（蒋介石），人民一造反，他也倒了。蒋介石利用了孙中山对他的信任，又开了一个黄埔学校，收罗了一大批反动派，由此起家。他一反共，几乎整个地主资产阶级都拥护他，那时共产党又没有经验，所以他高兴地暂时地得势了。但这二十年中，他从来没有统一过，国共两党的战争，国民党和各派军阀之间的战争，中日战争，最后是四年大内战，他就滚到一群海岛上去了。中国如发生反共的右派政变，我断定他们也是不得安宁的，很可能是短命的，因为代表百分之九十以上人民利益的一切革命者是不会容忍的。那时右派可能利用我的话得势于一时，左派则一定会利用我的另一些话组织起来，将右派打倒。这次文化大革命，就是一次认真的演习。有些地区（例如北京市），根深蒂固，一朝覆亡。有些机关（例如北大、清华），盘根错节，顷刻瓦解。凡是右派越嚣张的地方，他们失败就越惨，左派就越起劲。这是一次全国性的演习，左派、右派和动摇不定的中间派，都会得到各自的教训。……

这封信体现出信心和决心。毛泽东显然不相信他的权力受到威胁：和在游击队时一样，他只有确定能赢的时候才发动攻击。他不再需要像 1962 年以后那样运用计谋，扮“猴子”了，他是可以大展拳脚的“老虎”。顺便说一句，他享受对他的个人崇拜，同时假装对过度崇拜感到遗憾。他对待江青有一种优越感：对他来说，她显然只是一个工具。他与林彪的关系更加复杂：他依赖于林彪，为了团结，他不强调林彪有些话引起他的“担忧”。但是，他让周恩来负责告诉“他的朋友”（不久以前，刘少奇才是“他的最亲密的战友”）他给江青写了一封密信，却没有透露确切内容。7月8日的这封信成了林彪一个潜在的威胁：毛泽东、江青甚至周恩来可以公开这封信反对他。林彪知道他受毛泽东的控制，如同之前的刘少奇和延安自我批评以来的周恩来。在毛泽东眼中，这些领导人只是剧情的主角，在大乱的时候不停地排练，大乱和大治交替进行：我们可以再次发现两年前毛泽东在“一分为二”的争论中提出的这个主题。

毛泽东回到北京

1966年7月16日，毛泽东完成了一项壮举，证实他回归到政治舞台：在武汉畅游长江。此时那里正举行亚非作家紧急会议和第十一届横渡长江游泳比赛。5 000名运动员破浪前进，高呼革命口号，两岸的人群挥舞着主席的肖像与他们呼应。毛泽东在王任重和身强力壮准备营救他的警卫的陪同下沿着江水往下游。此时正是涨潮的时候，他沿着水流的方向游了15公里。[33]65分钟后，毛泽东登上出发的小艇。这次游长江是73岁高龄的毛泽东展示自己身体健康的方式。也许，他或多或少有意识地给他的壮举赋予了一个宽广的含义，这是一个所有政治概念都带三点水偏旁的国家，传说中的大禹就花了很长时间开凿河道治水。毛泽东是群众崇拜的活着的神祇，他的举动符合这一形象。

7月18日，毛泽东回到北京。具有象征意义的是，他没有住进中南海的公寓，而是住在钓鱼台，即“中央文革小组”办公的地方[34]。他拒绝接见急匆匆赶来汇报的刘少奇，在这50天里，刘没有得到过命令。[35]理由是主席旅途疲劳需要休息。但是这并没有阻碍他在同一天接见了陈伯达和康生，后者向他汇报北大、清华和北师大的情况。毛泽东重申“聂元梓大字报是二十世纪六十年代中国的巴黎公社宣言书”，并让陈伯达转告这些小朋友：“大字报写得好！”“青年是文化革命的大军，要把他们充分发动起来。”“我们相信群众，做群众的学生，才能当群众的先生。”7月22日和23日晚，陈伯达和江青在北大校园里见了聂元梓。“中央文革小组”成员王力和关锋去看望了被清华工作组扣押的蒯大富。24日，毛泽

毛泽东在长江游泳。这张照片拍摄于 1966 年 7 月 16 日的武汉。他顺着河流的方向蛙泳，这样可以减少体力的消耗。另有两位警卫游在前面，他们并没有出现在这张随行小艇拍摄的胶片上。

东终于在钓鱼台十二号楼一个开放的房间里见了刘少奇。毛泽东穿着一件白色的旧睡衣，突然对刘说他不满意过去 50 天来工作组的行为。[36]他要求刘少奇 8 月 1 日召开八届十一中全会，自 1962 年 9 月以来中央没有再举行过全会。期间，毛泽东召集中央政治局常委和“中央文革小组”，讲话的内容大致相同。他说[37]：“回到北京后，感到很难过，冷冷清清，有些学校大门都关起来了。甚至有些学校镇压学生运动。谁去镇压学生运动？只有北洋军阀[38]！”“大字报贴出来又盖起来，这种情况不能允许，这是方向性错误，赶快扭转，把一切框框打个稀巴烂！”“给群众定框框不行。北京大学看到学生起来，定框框，美其名曰‘纳入正轨’，其实是‘纳入邪轨’！”“有的学校给学生戴反革命帽子。凡是镇压学生运动的人，都没有好下场！”“不要搞工作组，不要发号施令，可以搞点观察员进行调查研究。由学生、老师的左派组成革命委员会自己来搞。只有让他们自己搞，才能搞好。我们都不行，我也不行。现在不只是一个北大的问题，而是一个全国的问题。如果照原来那样搞下去，是搞不出什么名堂来的。”

“现在这次文化大革命是个惊天动地的大事情。能不能，敢不敢过社会主义这一关？这一关是最后消灭阶级，缩短三大差别。”“反对，特别是资产阶级‘权威’思想，这就是破。如果没有这个破，社会主义的立，就立不起来；要做到一斗、二批、三改，也是不可能的。”“准备革命革到自己头上来……靠你们[39]引火烧身，煽风点火，敢不敢？”

结果，7月28日北京市委下令工作组撤出所有学校。学校的权力委托给“文化大革命”新的群众组织，接受“中央文革小组”的指示。聂元梓得到了康生、江青的支持，北大校园里来了几十名海军士兵充当保安员，她对学生自发革命的信心是有限度的。

同一天，清华大学附属中学的学生寄了两张大字报和一封信给毛泽东，要求他回应。大字报上有几个大字：“无产阶级的革命造反精神万岁！”毛泽东立刻回复他们说：“你们说得对，对反动派造反有理，我向你们表示热烈的支持。在这里，我要说，我和我的革命战友，都是采用同样态度的。”7月29日，“造反派”决定称自己为“红卫兵”，以纪念国内革命战争期间为红军提供帮助的青年组织。

7月27日至31日，173名中央委员和141名候补中央委员在中南海分成小组开始讨论，准备8月1日召开八届十一中全会。29日，神奇的一幕在距离中南海几百米远的地方[40]发生了，反映出当时的气氛。人民大会堂里，北京市委第一书记李雪峰[41]站在一个讲坛上，当着万名喧闹的大学生、中学生和教师的面宣布撤出工作组的决定。他面对着人群，身边站着刘少奇、周恩来和邓小平。毛泽东藏在一块幕布后面，仔细听着广播，除了身边的医生，没有人知道他在那里。在此我借用的是当时在场的一名医生的一些回忆，他的回忆后来被各种其他资料证实了。[42]之后邓小平讲话：这个决定符合毛泽东思想。是人民群众创造了世界，只有依靠95%的群众，才能反对修正主义。不久后，刘少奇提出自我批评，就像毛泽东在1962年一样，刘少奇不承认有任何不当行为，而是和“朋友们”分担责任，像他一样，他们是“老革命遇到了新问题”，经验不足，“他们还没有找到一种开展文化大革命的方法”。隐身在幕后的毛泽东听了嗤之以鼻地说：“什么老革命，是老反革命。”据麦克法夸尔和沈麦克[43]所引用的文件，刘少奇应该还说了这样的话：“怎样进行无产阶级文化大革命？你们不大清楚，不大知道，你们问我们怎么革，我老实回答你们，我也不晓得。我想党中央其他许多同志，工作组的成员也不晓得。我们指望你们闹这个革命。”因此，有必要“保护少数”：最后进行总结，惩罚有罪的人。[44]周恩来接着解释“文化大革命”的意义和目标。毛泽东打算走回118厅休息。当时在场医生的描述如下：“他突然停住，说：‘要支持革命群众嘛。’待到周恩来一讲完，几个随从人员把幕拉开，毛泽东像变魔术一样，从幕后走到台前。全场学生欢腾不已。毛举手向台下的学生们打招呼。学生们着魔似的狂呼：‘毛主席万岁！’‘毛主席万岁！’”

主席像耶稣一样现身，宣布了红卫兵新悲剧的开始。在两年中，这些红卫兵积极响应他的号召。

混乱时期（1966年8月—1967年2月）

1966年8月1日，141名中共中央政治局委员和候补委员，加上包括聂元梓和“中央文革小组”成员在内的47名受邀人员一起举行了八届十一中全会。毛泽东非常活跃，在讨论开始时便担任了扰乱者的角色：他打断包括刘少奇的报告[45]在内的发言，谴责“领导人走资产阶级道路”，工作组在北京的校园内“镇压革命群众”，并散发了7月29日给清华附中“造反派”的信。他觉得会议太温和，将会议日期从5号延长到12号。8月4日，他发表了一段激烈的讲话，他谴责中共中央的成员声称自己是马克思列宁主义，行使“独裁”。陈伯达结结巴巴地攻击曾经阻碍他的领导人，发泄自己的怨恨。刘少奇在言语侮辱的风暴面前表现得很庄重，勇敢地承担起50天来自己的失误，他认为自己有责任恢复首都的秩序。毛泽东大怒，说：“你在北京专政嘛，专得好！”[46]全会在暴风雨中退让。5日，毛泽东下令撤销刘少奇谴责6月18日北大纵火事件的通知，同时印发一份赞扬聂元梓等大字报的通报。[47]第二天早晨，他在会议室门上贴了一张自己的大字报，题为“炮打司令部”。[48]他谴责过去50天里中央领导人“长资产阶级的威风”，“实行白色恐怖”，延续了“一九六二年的右倾和一九六四年形‘左’实右的错误倾向”。当天晚上，毛泽东打电话给刘少奇要求他停止履行共和国主席的职责。为了巩固他的胜利，毛泽东还把在大连养病的林彪召回。

在休会之前，中央通过了一项决议，有16条内容，是6月以来“中央文革小组”起草的。这个决议是该文本的第三十一个版本。它体现了全会面对猛烈进攻既不能也不愿意反抗的迟疑和胆怯。[49]这份文件是“文化大革命”的章程。第1条毫无疑问是“斗垮走资本主义道路的当权派”。第10条要求不轻饶学术权威，开展彻底的教育改革，结束智力和体力劳动之间的分工，学制缩短一年。“文革”将在艺术和文学领域改变上层建筑，不能仅仅局限于学校，而要扩展到整个中国，“工矿企业、街道、农村”。第16条明确指出最终目标是确保毛泽东思想的领导……并补充了一些主席的著作。至于实施的手段，第2条到第9条建议党支持“群众所创造的文化革命小组、文化革命委员会等组织形式，就是一种有伟大历史意义的新事物”。很明显这里指的是“红卫兵”。自从7月28日出现后，直到8月18日才获得这个正式名称。必须“发展和壮大左派”“争取中间派”，“彻底孤立最反动的右派”（第5条），在党的领导下，创建“文化革命委员会”（第9条）。它们要像“巴黎公社那样，必须实行全面的选举制[50]”。最后，该决议反对出现在校园和首都街头的暴力和无政府状态。这场斗争，要文斗，不要武斗，禁止殴打和虐待。另外，这场运动对科学研究界采取“团结—批评—团结”的方法（第12条）：因此研发中国第一颗氢弹的科学家和技术人员在这些动荡岁月里，在解放军的保护下，在一座科学城内过着平静和舒适的生活。他们是不相关的（第15条），因为他们是榜样。至于农村，仍坚持1965年1月的“二十三条”（第13条）：“三年困难时期”饥荒的阴影仍笼罩着每个人的心灵，人们不想粮食生产受到影响。不过，尽管这篇文章中处处提醒谨慎小心，但它为各种冒险打开了一扇大门。“革命不是请客吃饭”，从一开始，毛泽东这句话就被用来为所有过分的事情作担保。12日，毛泽东感到全会成员渐渐不适应，便在致闭幕词时安慰与会者。他宣布党的第九次代表大会将经过充分准备，在一年后举行，九大的举行意味着回归秩序。但几天后，他印发了林彪13日做的一个声明，取消所有这些谨慎的措施。元帅说实际上“主席有很多想法我们是不了解的。我们对主席的指示要坚决执行，理解的要执行，不理解的也要执行。要相信主席的天才，相信主席的英明，相信主席的智慧。一切请示主席，一切照主席指示办事。大事不干扰，小事不麻烦”。毛泽东批准了这篇狂热的发言稿，因为他要重塑全体人民，建设他梦想的社会主义。困难时期以后刘、邓等务实领导人一再提醒重视现实，一旦摆脱了这个障碍，乌托邦就又一次成了杀手。他需要一个军事化的中国，臣服于他的意志，热情而团结。“文化大革命”被部分青年作为自由的号角，实际上属于极权主义的幻想。

在中共中央本届会议期间任命了新的领导层：林彪自此占据了二把手的位置，仅次于毛泽东。然而，刘少奇和邓小平仍是政治局成员，虽然分别列第8位和第6位，毛泽东很高兴政治局填补了1959年“清洗”以来所造成的漏洞：他希望让忧虑的与会者安心。所以8月12日致闭幕词时，他宣布在大约一年内举行第九次党的代表大会，由中央政治局负责。[51]事实上，这届政治局被剥夺了所有的发挥职能的权力，被分解为五个办公室。真正的权力被转移到“中央文革小组”，由江青、陈伯达、康生组成的三驾马车领导，带领着十几个激进的知识分子，包括王力和戚本禹在内。然而，这个组织很快因为内部冲突而瘫痪：1966年5月28日成立，1967年1月，17名成员被淘汰或受到排斥。因此主持召开大部分政治局会议的周恩来建立了“中央碰头会”，与大多数政治局成员（除毛泽东和林彪）一同为一个行踪分散的机关起草重要文件。忠实的副官[52]让“伟大舵手”在没有罗盘和指北针导航的情况下仍然航行了一阵子。

红卫兵

在这次全会期间，因为学校关门无事可做的大学生和中学生加入了首都的“造反派”。“中央文革小组”担心如何养活成千上万的新社会人，1966年8月12日，毛泽东回应他们说不需要担心，因为“太少人看见列宁本人，所以苏联放弃了列宁主义”。让一些年轻人仰望他们的偶像，承担一定的风险也值得！8月18日早上5点，太阳开始在东方出现，天安门广场上喇叭里播放着《东方红》的音乐，毛泽东出现在红色的城楼上，林彪在他的身边。100万“造反派”从凌晨1点钟开始聚集。8点，毛泽东走入欢呼的人群，有人在分发红色的袖章，上面都印着三个黑色的字“红卫兵”。毛泽东从一个年轻的姑娘手中接过一个红袖章，她叫宋彬彬，是东北局第一书记宋任穷的女儿。自此“造反派”被称为“红卫兵”，毛泽东说他是第一个红卫兵，而林彪在简短的发言中请年轻人消灭过时的东西。毛泽东和宋彬彬[53]（取自“彬彬有礼”）谈话，建议她把名字改为要

1966 年 8 月 8 日，在一次天安门广场举行的百万“造反”青年的集会上，宋彬彬（一位高级干部的女儿，北京师范大学附属女子中学学生）为毛泽东戴上袖章。毛泽东成为第一位红卫兵，红卫兵这个名字也是当天取的。

武。他是不是不知道 8 月 5 日，这个年轻女孩子带领北京师范大学附属女子中学的“造反派”打死了这所学校的副校长？毛泽东没有掩饰自己对林彪在事态转变时的表现很满意：“这个运动规模很大。确实把群众发动起来了，对全国人民的思想革命化有很大的意义。”[54]类似的集合[55]在天安门还进行了 7 次，直到 11 月[56]。8 月 19 日之后，上海也是同样的情况。当时北京来了 300 万年轻人，而常住人口只有 770 万。[57]来首都分享经验的年轻人达到 1 200 万：这是免费旅行，政府为他们安排了专门的火车，他们怀着热情在辽阔的国土上“串联”，逃开家庭、社会和学校沉重的权威，用身体感受生活，很多人遇到自己的初恋。但同时，他们成了被阴谋操纵的对象。

事实上，这群政治上天真的年轻人因为毛泽东的话语[58]变得狂热，使得北京及国内各大城市很快陷入恐怖的气氛，而他们自己却认为完成了一项革命任务。他们袭击的第一个目标是被贴上右派标签和出身不好的教师和干部。然后，他们在学校周围的小区四处抄家，殴打居民，摧毁“封建残余”和“四旧”。毛泽东不是写过在中国以死人压活人吗？有些人重温了毛泽东在他的《湖南农民运动考察报告》中描述的场景：他们让受害者头戴以前地主劣绅戴的帽子，一顿拳打脚踢。高干子女们作为第一批“红卫兵”出现在首都的最高学府内，要证明自己的革命决心。这是一个经典的青少年和父辈之间的冲突，青年人通过羞辱父辈的朋友反抗上一辈人！职业生涯受阻的助教、很快就要毕业但担心因为“大跃进”失败就业机会稀少的大学生，都在这场喧哗中找到有利时机，扫除前辈以取代他们的位置。这样一场运动也或多或少表现出暴徒和流氓残忍的特征。每个人，无论他们的真实动机是什么，都高呼毛泽东的口号消灭敌人，这是一场你死我活的战争，不是“请客吃饭”。任何“造反”都是合法的，在这种气氛下，没有任何东西反对极端暴力，第三次世界大战似乎势在必行，中国只身反对帝国主义和修正主义。校园的混乱迅速蔓延到整个城市：8月初，“红卫兵”开始在苏联大使馆前日夜示威，通往大使馆的道路被改名为“反修街”。天津市党委第一书记万晓塘[59]被绑在一根柱子上曝晒过久而去世。潘复生作为“保守右派”从湖南调到黑龙江任省委第一书记，被“造反派”关押在哈尔滨办公室四天后住院：暴力开始波及高级党政官员。

9月下旬，这两个月的恐怖已经造成非常沉重的代价：在北京，33 695个家庭被洗劫一空。在上海，84 222 户“资产阶级家庭”被抄家。1966 年 10 月的一份官方报告说，65 吨黄金被扣押或被盗。北京6 843处景点中的 4 922 处被破坏，周恩来提出一份迫切需要得到保护的地方的名单，遭到毛泽东的反对：总理最大的困难是防止紫禁城的狮子和独角兽的青铜雕像被作为封建余毒，替换成毛泽东像！北京师范大学的红卫兵，一群出身良好家庭的女孩子在谭厚兰[60]的带领下，在当地贫农的帮助下砸毁了山东的孔庙[61]。8 月至 9 月，北京赶走了 77 000 名“黑五类”居民，占北京居民总数的 1.7%。全中国有 397 000 名“黑五类”家长。人们让高官当众挂牌子接受批斗：彭真遭批斗多次。彭德怀也一样。8 月 22 日，毛泽东下令禁止公安人员进入校园。23 日，毛泽东肯定应该允许北京继续乱三四个月，禁止工人、农民和士兵干扰学生运动：不要像派工作组进校园那样草率行事，让学生上街游行，写大字报。[62]在这种失控的情况下，被私刑处死的人数在增加。8 月和 9 月，北京有 1 772 例死亡事件，9 月 1 日最多有 228 例，而在上海，有 534 例死亡事件，另外还有 704 例自杀。8 月 24 日，伟大的作家老舍[63]在前一夜被“红卫兵”公开羞辱和殴打后被发现淹死在一个池塘里。8 月 26 日，公安部部长谢富治[64]对公安干部的讲话透露了基调[65]。他说：“我们需要保护和帮助红卫兵。近日，死亡数量增加了：群众打死人，我不赞成，要劝他们遵守十六条纲领[66]，但群众对坏人恨之入骨，我们劝阻不住，就不要勉强。红卫兵打了坏人，不能说不对。打死了也就算了。如果我们说，这是不公平的，就是帮助了坏人。毕竟，坏人是坏的，如果打死了，这没什么！”

在北京附近的村庄，公安负责人向北京西南的大兴县[67]和北部昌平县的公社和大队传达了这段讲话。谣言在农村流传：“阶级敌人”在某地屠杀“贫下中农”。某些基层村干部因为强烈的恐惧感建议“拔掉反革命的根”[68]，消灭 1964 年“四清”运动中被虐待的“黑五类”和他们的家人[69]。

这些流血事件毫无疑问是北京校园中的暴力事件触发的。校园暴力震惊了所有的人，证实了最疯狂的传言。一起来看看清华大学一连串无法改变的事件发生后的后续情况：工作组被毛泽东否认，必须在 8 月下旬撤出，留下一个临时机构取代大学领导层。此次改组“造反派”得利。高干子弟对他们无可挑剔的阶级出身感到骄傲，组成首都“红卫兵”第一司令部（简称“红一司”）一直掌握着这个机构直到 9 月 29 日。然而，毛泽东批评“中央领导人搞资本主义复辟”，破坏了他们和类似的“嫡系”“红卫兵”组织的权威。敌视他们方针的“造反派”认为他们过于保守，很快在“中央文革小组”和周恩来的支持下组成了“红二司”，招收的成员更加广泛，但仍关注成员的阶级出身清白：8 月 8 日，清华大学成立了“八八派”，即后来的“毛泽东思想红卫兵”。第二天高干红卫兵建立了“八九派”，后来改名为“清华红卫兵”。蒯大富和他的朋友们 9 月下旬正式恢复权力，10月3日被毛泽东举例提到，他们认为前两个红卫兵司令部过于靠右，建立了“红三司”，以地质学院为中心，成立了极左的“井冈山兵团”。他们招募的方式更加广泛，并很快接受出身较贫穷的大学生和中学生。在一次会议上，他们集合了10万青年，给毛泽东留下了深刻印象。这三组互相竞争的红卫兵占据了整个政治空间，即使他们仅集中了15%～35%的年轻人。他们对“打倒”的干部和教师进行批斗、街头示威和抄家，比谁更加残酷：使用极端暴力是革命精神的一种证明。[70]因此，从初秋开始，宗派主义出现在北京、上海、武汉和广东的校园里。[71]

大火烧到上海

在日益混乱的背景下，毛泽东于1966年10月9日召开工作会议，与会的有中央委员会成员、“中央文革小组”的成员和各省市负责人。[72]周恩来宣布会议开幕。会议安排了三天。毛泽东不出席，但每天都让人做详细的讨论报告。省委书记反映不理解当前运动的目的，对红卫兵的行动感到担忧，毛泽东对他们的言论不满意，决定会议延长两周。16日，陈伯达做了一次长时间的讲话，全文事先得到毛泽东的批准：中心主题是“无产阶级和资产阶级两条线之间的斗争就存在于文化大革命中”。这听起来像一个警告，使得已经非常敏感的紧张局势更加紧张。10月23日，刘少奇和邓小平先后做自我批评，前一天自我批评的文稿已经传达给毛泽东，毛泽东做了批示[73]。刘少奇承认犯了“资产阶级性质的错误”——相对于毛泽东的指责，这样的表述是有限的，毛泽东认为刘少奇犯了一个政治路线的错误——在1966年派工作组的50多天里，以及在1962年和1964年都犯过这样的错误。但刘反对修正主义的指控。邓小平甚至承认“走了资产阶级反动路线”，犯了“调整林彪同志指导方针”的错误。10月24日下午，毛泽东多次中断介绍前一天讨论的汇报[74]。很明显毛泽东非常恼火，他指责不同地区的当权者，例如中国西南地区的掌权者李清泉一直害怕红卫兵，躲在军营里而不是面对他们。第二天即25日，毛泽东亲自参加讨论[75]：“把刘、邓的大字报贴到大街上去不好，要允许人家犯错误，要允许人家革命，允许改嘛。”他想要消除疑虑：对于目前的混乱状况，他也有责任。通过退居二线不关心时事将领导团队分裂成两条斗争路线的不正是他吗？“我太信任一线的同志”，因此他必须重新控制北京这个“修正主义”猖獗的地方。毛泽东证实他退居二线是因为健康状况不佳，特别是苏联在斯大林去世后的反面教训：“马林科夫不成熟，斯大林死前没有当权，每次会议都只敬酒，吹吹捧捧。”[76]相反，“我想在我没死之前树立他们的威信”。[77]陶铸插话：“大权旁落。”[78]毛泽东回答说：“这是我故意大权旁落。现在倒闹独立王国（指中央领导人走资本主义道路，也许还有掌权的地区书记），邓小平从来不找我，从一九五九年到现在，什么事情不找我……我不承认的是被当作一个死了的祖先。”[79]此外，四个月内一切都发生得非常快，毛泽东理解那些被红卫兵“冲了个不亦乐乎”的领导人。很快，一切都比较顺了。然后像往常一样，毛泽东发起反攻：党的许多领导人像“封建老爷”，他们拒绝接受红卫兵解释，操纵红卫兵，让一派红卫兵对立，让另一派红卫兵保驾来维持现状。显然毛泽东对校园猖獗的党派之争很恼火，讽刺“北京有三四个红一司”[80]。然后，他说要恢复秩序（“我也是不想打倒你们，我看红卫兵也不想打倒你们”）：“他们声讨，你们就承认错误。回去打通省市同志的思想，把会议开好，学生就让他们闹去。”然后林彪作了发言[81]：演讲很沉闷，引用了许多毛泽东思想，确认形势一片大好，因为经济良好、解放军情况良好。不要害怕混乱。他的结论是群众斗争中培养了很多“毛泽东的接班人”。周恩来在工作会议致闭幕词时继续这样的分析，指出“文革”才刚刚开始。11 月 9 日，在介绍 17 天会议上通过的决定的宣传册中，有一条是毛泽东写的“刘邓的自我批评太肤浅，因为他们回避资产阶级反动路线和无产阶级革命斗争这个核心问题”。毛泽东没有扑灭大火，而是准备点燃新的火种。

信号又一次来自上海。张春桥既是北京“中央文革小组”的副组长，又是上海市委高层，以他的双重身份在两个城市之间往返。1964 年春天，江青、柯庆施、张春桥和姚文元成立了“文革小组”[82]，主要靠张春桥和姚文元在当地准备。我们看到张春桥 1965 年秋季批判吴晗时起了先锋作用。1966 年 8 月 26 日，第一批北京红卫兵（上百个）抵达上海，随后的几批在 9 月 10 日和 10 月初到达。上海“对重要的学术权威修正主义”的批判比北京发展得慢。10 月底 100 000 名大学生和 50 000 名中学生建立了红卫兵的“造反派”组织，与北京来的红卫兵组建的联络委员会建立了联系。同时，上海的工厂开始骚乱：1964至1965年期间“四清”运动一直很活跃，1966年6月底，刘少奇和邓小平请求毛泽东在刚刚发动的“文革”中延长“四清”运动，7月2日毛泽东表示同意。在这种情况下，6月12日，有一个叫王洪文的人贴了一张大字报，与整体论调形成对照。王洪文参过军，复员后在上海国棉十七厂担任机械工，后来当上保卫科干部。他的大字报显然是回应北大的聂元梓，批评工厂管理人员和工程师专制。因为上海在“大跃进”期间受灾程度低于全国其他地区，1966年生产已经恢复到1957年的水平。这次进攻成了笑话，没有被效仿。9月2日，来自北京的红卫兵鼓动工人反抗政府，然而不受待见。但是有少数人去了红卫兵设在上海的联络处。王洪文发表了热情洋溢的讲话。追随他的少数人来自17家工厂，立即组成一个“上海工人革命造反总司令部”，王洪文任司令。11月9日，上海市市长曹荻秋[83]拒绝承认这个组织，并重申任何官方工会以外的地方或国家工人组织都是禁止的。而且这个新的组织没有怎么吸引人。王洪文感到很恼火，召集了上千个支持者乘坐两列火车到北京寻求被上海拒绝的权力。11月10日清晨，代表团离开北站。8点过后[84]，周恩来和陶铸达成一致，让人在安亭附近拦住了火车：王洪文的态度明显违反了政治做法。于是“造反派”决定阻断铁路。100辆货运和客运列车被耽搁了31个小时。11日，张春桥从北京赶来，与王洪文一直讨论到半夜。后者同意第二天结束封锁。11月13日，公开了一个五点协议：“造反”司令部得到认可，“安亭事件”被认为是革命事件，曹荻秋被撤职。张春桥的此次“政变”得到了毛泽东的支持。11月14日，主席在中共中央政治局说：组织自由是宪法规定的权利[85]。对学生失望的毛泽东很高兴看到工人们投入斗争，扩展了这个他自1919年以来梦想的“民众大联合”。支持曹荻秋的陶铸12月下旬被撤职。从11月中旬开始，一群年轻人喊着口号好几次冲进周恩来在中南海住处的院子里，外面墙壁上贴满了大字报批评他在“安亭事件”中的态度。有一天，这样的示威持续了22小时，造成总理心脏病发作。11月17日到21日[86]，冶金、电力、铁路各部委召开会议，要求不要使工人和学生之间有联系，可能会影响生产，毛泽东不同意。1967年1月9日，毛泽东补充说进行革命不需要部长。但是我们注意到没有任何人挑战发展氢弹的强大的军事工业复合体。1966 年 12 月 9 日，中央的指示“工业十条”赋予职工参加“文革”、建立自己的组织的权利。12 月 15 日发布了一个类似的“农村十条”，认为“文革”必须依靠贫下中农协会。同时，红卫兵进一步施压：刘少奇和邓小平在大字报上被批判为“中国的赫鲁晓夫”。1967 年 1 月 1 日，刘少奇在中南海的住处被冲击，3 日，一群红卫兵抓住坐在餐桌边的刘少奇和他的妻子，押着他们到院子里听起诉书。12 日，产生了同样的场景，有摄影机录制。1 月 13 日，毛泽东接见刘少奇，后者徒劳地要求辞去职务，和子女去延安或老家种地，以便尽早结束“文化大革命”，使国家少受损失。其他高级领导人，包括朱德也受到红卫兵的暴力袭击。许多人被游街，脖子上挂着沉重的牌子，写着他们的名字和“犯的罪”。年轻人经常强迫他们“坐飞机”[87]。毛泽东对此听之任之，汪东兴安置在中南海门口的警卫让示威者进入。1967 年 2 月 19 日《人民日报》发表了“伟大舵手”的一份声明：在游泳中学会游泳，在斗争中学会斗争。

毛泽东显然很满意这种混乱，这让他想起游击年代时红军领导农民斗“地主劣绅”的情景。1966 年 12 月 26 日，他与江青、陈伯达、张春桥、姚文元、王力、关锋和戚本禹[88]在他游泳池附近的住处庆祝他的 73 岁生日，吃饭时毛泽东举杯祝酒，说：“为了全国全面的阶级斗争。”[89]

他打开了“潘多拉的盒子”。

短暂的上海公社

在上海[90]，1966 年 11 月中旬以来的政治危机正蓄势待发。与北京不同的是，工人们发挥了关键作用，而红卫兵逐渐退居第二位。在这个国家的经济中心，工人分为两组。一组是大约 80 万熟练或半熟练的正式工(长期工人)，单位监督他们生产，为他们提供住房、医疗保险、退休工资和职业安全。另一组是人数更多的短期工人，即苦力、学徒、壮工、临时工，他们享受不了这些好处，工资低于正式职工工资的 50%。这些被排除在外的人（600 000 人）是在 1957 年之前被雇用的。“大跃进”失败后刘少奇采取了应急措施，他们被辞退。尽管他们在这个城市工作了几年，但他们仍然是农村户口。经济复苏的时候，他们往往重新被雇用，因为他们有一些技能，但他们的地位一直是低一等的农民。然而，最初跟着王洪文“造反”的工人在社会学上与“赤卫队”没有区别。11 月中旬工会在“安亭事件”后为了抗衡“工总司”成立了“赤卫队”。事实上，第一批“造反派”通常也是正式工，但他们更年轻（平均 30 岁），不了解 1949 年以前的中国。他们的头头经常与单位的监工或负责人有各种各样的纠纷。王洪文被单位派到崇明岛参加抗洪，他在那里发现农民生活困苦，曾批评当地政府：“我们村庄中的人什么吃的也没有，在安徽，几十万农民死于饥饿。我相信自然灾害大多是人为造成的灾难！”其他“造反派”和他一样感到失望，往往倾向于批评领导者，而“赤卫队”捍卫“前 17 年”的成就，同时揭露了一些“走资本主义道路”或腐败的显要人物的错误。“赤卫队”的行列里有很多劳动模范或“五德工人”，还有党员和共产主义青年团成员。因为接近权力，他们动员广大正式工和工人阶层中的杰出人物——在危机最严重的时候，大约有 80 万成员。“工总司”的“造反派”要少得多——11 月底约有 10 万人——他们吸引失去社会地位的人，这些人显得粗暴和缺乏教养。很快，临时工加入他们的队伍。因为不是工会的成员，所以临时工住在宿舍里。他们中的大部分是女孩，通常来自长江以北。这些工人一直受到长江以南地区人们的歧视，而且听不懂吴方言，所以他们因为地域因素团结起来。在开会的时候，他们因为衣服破烂很容易识别，而且不参与辩论，隔一段时间就喊口号：“我们需要正式工的地位！我们要更多的工资！”他们得到了江青和张春桥的支持[91]，因为有一定的理由谴责刘少奇的“资本主义”方式。他们的加入大大地充实了“造反派”的力量[92]。

然而，“安亭事件”带来严重的后果。被中央撤销权力的中共上海市委和设法维持生产的大企业领导因为缺乏官方支持，故而无法继续抵制工人的要求。在一个月内，正式工的工资涨了 25%，获得了各种津贴，临时工大批获得固定职位。后来这被称为“经济主义风”。当时工人们建立了 354 个劳动组织，捍卫特定的要求，不过都很短暂。1967 年 1 月 1 日至 14 日，百货公司里掀起了购买狂潮。上海市中心出现打群架、街头抗议和罢工，称为“上海一月风暴”。港口、公共交通、水电服务遭到严重干扰。10%的纺织工人不再上班，6 万“赤卫队”队员和 10 万“造反派”放弃了他们的工作。

上海“文化大革命”的初始阶段是大中学生运动，之后的第二阶段为无产者运动，发生了几起重要事件。1966 年 11 月 30 日，6 000 名红卫兵占领了党报解放日报社。在上海市委的号召下，100 万人连续几天聚集在周围的街道举行声势浩大的示威游行驱赶他们。12 月 2 日，守军呼吁王洪文提供帮助。12 月 3 日，王洪文派了打手前来增援。不久毛泽东评价这一事件说："好人打好人误会，不打不相识。"[93]狼狈的曹荻秋帮助"赤卫队"重新组织起来，住在外滩附近的上海总工会，几天内从 12.5 万人增加到 40 万。他们在建立了"造反"组织的企业里尤其活跃。他们的行为是防御性的反应，没有战略。当时党的一位主要领导人 11 月至 12 月从北京到上海参加经济部和工业部的会议，知道毛泽东支持"造反派"之后，他改变了立场[94]，并分发小册子告知。12 月 23 日，"赤卫队"在人民广场组织集会，30 万人批评"党委的反动路线"，并获得了曹荻秋的承诺：只承认"赤卫队"。但是 12 月 25 日陈丕显否认曹的承诺，并转而支持"工总司"的"造反派"！"赤卫队"的忠诚无法抵挡当地政府的分裂，他们的没落和发展一样迅速。12 月 26 日，曹荻秋在文化宫面对"革命群众"进行自我批评，并被实况广播。然后，传出 12 月 28 日计划总罢工的传闻：3 万"赤卫队"队员聚集在昌平路的市委门前，要求谈判，被 10 万"造反派"攻击。30 日，"赤卫队"退去，99 人在袭击中受伤。全城都在逮捕"赤卫队"首领，其中 8 人被关押，96 人被挂着牌子当众批斗。2 万"赤卫队"队员乘火车去北京申诉，在昆山被 1 万"造反派"阻拦，造成 26 列客车和 38 列货车停运。周恩来下令陈丕显[95]代替曹荻秋，重新执掌上海党委，结束港口瘫痪和总罢工的威胁。1967 年 1 月 3 日，发表了陈丕显与王洪文和"红卫兵联络站"的谈判声明：《抓革命、促生产、彻底粉碎资产阶级反动路线的新反扑》。1 月 4 日由于上海的两家主要报纸《文汇报》和《解放日报》被"左派夺权"，刊登了一封有陈丕显与 12 个"造反派"和红卫兵组签名的公开信，印了数十万份。1 月 9 日恢复秩序，随着情况的突然转变，"赤卫队"乱了阵脚，被认为是麻烦制造者。1 月 11 日，中央批评了他们的"经济主义"，14 日，上海"造反派"将数百名干部游街，脖子上挂着经济犯罪的牌子，因为他们曾经对工人的诉求让步。奇怪的是"造反派"谴责接受工人的要求是破坏活动，请工人仅在工作时间以外闹革命，并夸耀粉碎了一场既没有领导也没有目标的罢工！

他们自始至终得到了毛泽东的支持。从1月2日开始，张春桥和姚文元穿着崭新的解放军军装轮流从北京乘军用飞机抵达上海。他们以“中央文革小组”的名义唆使“造反派”和红卫兵夺权，并得到了驻军、报纸、广播和电视的秘密支持。1月6日，10万“造反派”聚集在人民广场——从前的跑马场——打倒了上海市委。市委的杂技表演和多次改变立场都未能奏效：陈丕显必须做自我批评，曹荻秋作为“修正主义分子”被交给革命群众，56个市委成员中有55个被撤职，市长和他的7个副手被罢免。一切都通过电视转播。[96]毛泽东在电视上看到这些场景，丝毫不掩饰自己的喜悦。8日，他通过周恩来以政治局的名义祝贺“造反派”。1月10日，人们可以在报纸上看到主席的声明：“号召全国党、政、军、民学习上海的经验，一致行动起来。”[97]1月12日，“赤卫队”张贴了一张大字报，结束其短暂的存在：“我们请毛主席原谅。我们错了。”

16日，毛泽东让张春桥当上海市党委第一书记和市长，姚文元做他的副手。1月19日，以王洪文为首的10万红卫兵集会并宣布将在1月27日以巴黎公社为蓝本建立上海公社。[98]2月5日，张春桥在人民广场主持了大型集会，大会宣称：“打倒上海市委、市政府后，上海人民公社成立了。”

但是2月12日，似乎已接受参照巴黎公社模式的毛泽东在北京召见了张春桥和姚文元，并告诉他们，他改变主意了。[99]在2月12日和18日之间，毛泽东三次接见他们。他首先询问“红卫兵第二兵团”的事情。1月中旬以来，有一个叫耿金章[100]的人带领一些“造反派”反对张春桥，拒绝妥协。然后毛泽东对这两个上海人谈到他认为有必要将军队、革命群众和干部组成联盟，但这是一个令人头痛的问题。他解释说，第二兵团提出的“怀疑一切，打倒一切”的口号是反动的，体现出最极端的无政府主义：我们需要领导。然后毛泽东谈到上海公社的问题：“人民公社成立以来，一系列问题你们考虑过没有？如果全国成立公社，那中华人民共和国要不要改名？”苏联就可能不承认中华人民共和国，“英、法倒可能承认”。最重要的是，毛泽东说：“公社太弱了，不能镇压反革命。”一些讲到上海公社的中国作者曾解释，事实上，巴黎的革命者建立了通过大会举手的方式直接选举或撤职的体制，这显然不受毛泽东的待见。“上海还是改一下，改成革命委员会。”

1967 年“二月逆流”

1967 年 1 月下旬至 2 月 10 日，毛泽东察觉到如果任由已经发展到郊区村庄的骚乱继续下去可能会有危险：此时是春季播种的时期，农田里的劳作节奏不应该被运动打扰，大家还记得可怕的三年饥荒。在城市里，“民众大联合”被政治或社会群体之间日益严重的暴力冲突代替。内陆驻军很热衷于支持地方当局，而守卫边界的军队有更好的装备和训练，则服从林彪的指示。如果想巩固运动最初的成果，避免一场全面武斗，有必要恢复秩序。1 月底，毛泽东开始转变，同时保持他的指示存在一定的模糊性。因此，1 月 22 日，《红旗》的一篇社论呼吁革命群众驱逐“篡夺”了权力的“修正主义者”，得到毛泽东的赞同。1 月 23 日，中共中央、中央军委和“中央文革小组”重申了这个号召，“文化大革命”变成“一个阶级（资产阶级）推翻另一个阶级（无产阶级）的伟大革命”。同一天，解放军被命令停止为“走资派干部提供空袭庇护”（把他们安排到军营），“派兵支左”，镇压“反革命”[101]。因此，280 万军官和士兵在夺权中发挥了决定性的作用。

但从 1 月 28 日开始，除了这些语气非常好战的号召之外，毛泽东对林彪下达给解放军的“八条命令”给予了非常积极的评价（“所定八条，很好，照发”[102]）：禁止革命群众组织冲击军事机关，不允许抄军官的家、将他们当作敌人对待。毛泽东在“三合一本”——群众组织、解放军和干部联盟中越来越多提到“大联盟”[103]的需要。在 2 月 1 日写给周恩来的一封信中，毛泽东明确反对“给走资本主义道路当权派和牛鬼蛇神戴高帽子，打花脸游街”，“我认为这种做法是武斗的一种形式……在斗争中一定要坚持文斗……摆事实，讲道理，以理服人”。诚如 1962 年廖沫沙、吴晗、邓拓在他们“叛逆”的“三家村札记”中写的那样，毛泽东无疑患有失忆症！2 月 10 日，他批评了陈伯达未询问他的意见主动攻击党的高级干部[104]。然后质问江青：“你这个江青，眼高手低，志大才疏。打倒陶铸，别人都没有事，就是你们两个人干的。”

然而，自从开始对党员干部进行暴力攻击，连老干部都不能幸免，党的元老和将军们越来越多地表现出不耐烦的迹象。他们相信从毛泽东的话里听出了信号。在2月11日周恩来组织的一次关于“革命和生产”的会议上，他们和“中央文革小组”的成员起了冲突。[105]双方发生了激烈的口角，一方是陈伯达、康生和王力，另一方是李富春、谭震林、李先念和叶剑英、陈毅、徐向前。元老们提出了三个问题：一是搞“上海公社”，要不要党的领导？[106]二是应不应该把老干部都打倒？三是要不要保持军队的稳定？叶剑英质问陈伯达是否要“把党搞乱了，把政府搞乱了，把工厂、农村搞乱了！还嫌不够，还一定要把军队搞乱”！徐向前指出：“军队是无产阶级专政的支柱”，难道要蒯大富这类人来指挥军队吗？陈伯达感到困惑，嘟嘟囔囔，周恩来宣布“这些问题不是今天的议程”。16日，讨论继续，谭震林为他的朋友陈丕显辩护，并说张春桥是“形而上学”，以群众为借口整陈丕显。他为元老们辩护，谴责“因为反动的血统理论”对高干子弟进行迫害。陈毅更加尖锐，他说他在延安整风运动过程中因为反对毛泽东而被批评，而刘少奇和安子文拥护“毛泽东思想”最起劲，现在都被打倒了。他提到斯大林把班交给了赫鲁晓夫，赫鲁晓夫从此搞修正主义，以此来打击主席面前“新的红人”。19点，周恩来宣布失去控制的会议散会，对江青、姚文元和王力做出让步。22点，四位领导人受到毛泽东的接见，直到午夜才结束。主席听取他们的报告后，因为陈毅的话显得特别恼火。然而，2月18日，他同意周恩来在这一周的《红旗》上发表题为《必须正确对待干部》的社论[107]。但19日早上，他在床边召集了周恩来、叶群（林彪的妻子）、康生、李富春、叶剑英、李先念和谢富治，大发雷霆：“中央文革小组执行十一中全会精神，错误百分之一、二、三，百分之九十七都是正确的。谁反对中央文革小组，我就坚持反对谁！你们要否定文化大革命，办不到！叶群同志你告诉林彪（叶群是代表林彪出席会议的），他的地位也不稳当啊，有人要夺他的权哩，让他做好准备，这次文化大革命失败了，我和他就撤出北京，再上井冈山打游击。你们说江青、陈伯达不行，那就让陈毅来当中央文革小组组长吧，把陈伯达、江青逮捕、枪毙！让康生去充军！我也下台，你们把王明请回来当主席吆！”[108]周恩来因为未能掌控好16日的会议做了自我批评，好不容易让场面安静下来。恢复平静的毛泽东以胜利的姿态要求谭震林、陈毅和徐向前休假，并准备他们的自我批评。2月25日至3月18日，周恩来召开七次会议的“中央政治局生活会”，耐心引导[109]三人进行了口头自我批评，有人把2

月 11 日和 16 日的发言整理成一个缓和的官方版本。5 月 1 日，毛泽东邀请周恩来、陈毅、叶剑英、聂荣臻、徐向前、李富春、谭震林、李先念和经济学家余秋里、谷牧在天安门城楼上观看庆祝五一的烟火。这样他们的名字会出现在报刊上，有助于整体环境的缓和。

武斗（1967 年春—1968 年夏）

这是一种很快就会消失的错觉，就像 1959 年彭德怀在庐山给毛泽东写了那封著名的信之后，毛泽东决定不再继续之前选择的适度的道路，然后反而重新引发“文化大革命”所有的暴力。事实上，他想明白地承认错误，但只有他自己才能这样做。外界的批评对他来说是大逆不道，作为反抗，也因为担心他的绝对权力受到侵蚀，他让前不久已经开始纠正的错误进一步发展。因此他把这极少数没有真正权力的元老发泄不安的方式定为“二月逆流”：就像传说中的九头蛇，修正主义和机会主义不断地伸出头，需要他斩断。

1967 年从春天到夏天，“文革”几乎造成了一场全面的武斗，就像 1970 年 12 月 18 日毛泽东自己有些夸张地对埃德加·斯诺说的[110]：“到处打，分两派，每一个工厂分两派，每一个学校分两派，每一个省分两派，每一个县分两派，每一个部也是这样，外交部就是两派。”“一九六七年七月 July 和八月 August? 两个月不行了，天下大乱了。”一场真正的武斗涉及两大阵营，首领和目标都对立。而中国在这关键的几个月中完全不是这样，双方都借着毛泽东的名义，打着同一面红旗。但这些兄弟之间的街头武斗越来越频繁地使用战争物资，在中国大部分地区造成类似内战的情况。同时，1967 年是对“伟大舵手”的崇拜达到顶峰的时候：1968 年，出版了 1.5 亿套四卷的《毛泽东选集》、7.4 亿本“红宝书”和 9 600 万册诗集。不随身携带一本小红书，随时挥舞，朗诵这句或那句语录会引起嫌疑。撕掉红宝书开头保护毛泽东相片[111]的塑料皮会被判监禁，因为这样领袖的脸就暴露在外面了。人们制作了 2.2 亿个红色的毛泽东像章，在小区甚至部分列车上跳模仿秧歌的“忠字舞”。秧歌是一种播种舞，在延安时被政治化用来宣传毛泽东思想。每天早上，在大城市的居民区里，门卫和积极分子把所有居民召集起来，注视着毛泽东的巨幅画像随着日出悬挂在墙壁上。参与者高呼各种语录，唱革命歌曲，其中的一些人当众忏悔自己没有听“最高统帅”的命令。[112]如果你具有强大的幽默感，可以经历着这些既可笑又可恨的场景而不造成太大的损失，但春天时一些地方的好战分子组成各种团队为了搜查“二月逆流的黑帮同伙”互相指责，升级为暴力，这种情况恐怕更难避免。

这张照片拍摄于1967年10月1日。周恩来和林彪以自己的方式挥动着著名的“红宝书”（即《毛主席语录》）。

1967年4月6日，林彪提出了新的指示十条命令，取代其先前的指令八条命令[113]，使局势更加恶化：自此禁止军队对“造反派”开火或进行任意逮捕。4月1日，毛泽东在批示一份有关安徽省骚乱的正式文件时为这个决定做了铺垫[114]：“许多外地学生几次冲击中南海，一些军事院校冲进国防部，中央和军委并没有斥责他们，更没有叫他们请罪、悔过或者写检讨。讲清问题，劝他们回去就行了。而各地把冲击军事机关一事，却看得太严重了。”迷失了方向的解放军发生了动摇：在《解放军报》担任实习生的李讷与其他7名记者夺取了报纸的领导权，这起严重违反集体纪律的事件获得了林彪的批准，这样肯定不会得罪她的父亲[115]。江青被毛泽东任命为解放军政治部参谋长徐向前元帅的顾问。“中央文革小组”似乎凌驾于中央军事委员会之上：党不是应该指挥枪吗？

毛泽东此次恢复积极性的后果很快就在各地出现。然而不论是十条命令还是几条命令，当“造反派”受党报社论的鼓动围攻军队总部的时候，指挥省级驻军的将军们下令向“造反派”开枪并集体拘捕他们。这是发生在成都（四川）的事件。成都军区主将在总部办公室被 10 万名“造反派”围攻六天七夜后，下令军队逮捕了数万人。4 月 20 日，当他释放 27 865 名“造反派”的时候，毛泽东说：“四川捉人太多，把大量群众组织宣布为反动组织，这些是错了，但他们改正也快。”[116]

在校园里，学生们继续无休止地分裂成敌对集团。在清华大学，蒯大富从 4 月 14 日起受到“学生联盟”的抵制，5 月 29 日联合的企图破灭。他们用残酷手段虐待落入他们手中的领导者来证明自己的革命性，刘少奇的妻子王光美在 4 月的一次批斗大会上[117]被蒯大富羞辱。1966 年 10 月上旬，从国外召回的学生担心被指责为被“阶级敌人”或“修正主义者”收买，可悲地用冲击在北京的外交官的排外行为证明自己的立场，因此一二月份，苏联大使馆日夜被高喊口号的人群围攻。最严重的事件发生在 8 月 23 日。红卫兵抗议外交部长陈毅是“投降派”，于 8 月初接管了外交部。23 日，“造反派”闯入驻北京的英国代办处，放火并殴打了临时代办处工作人员霍布森和其他人员。领头的是一个叫姚登山的二级外交官，1967 年 4 月 22 日，他因为印度尼西亚的反华浪潮被驱逐。

工人阶级也处于动荡之中。上个冬天提出诉求的抗议迅速降温，企业的劳动纪律也崩溃了：许多工人厌烦了车间的集会和斗殴，既然可以继续领工资，他们就留在家中。积极分子逐渐成为煽动者，荒废了工作。上海以王洪文为首的“工总司”仍然树立着“造反委员会”和制度化的“造反派”的权威。与海军关系密切的柴油机厂是大型企业，有 1 万名工人，自春季以来接待了反对工人“造反派”的各路人马，建立了“联司”。1967 年 8 月 4 日，王洪文号召几十万工人进攻被张春桥斥责为保守据点的柴油机厂。武斗从 10 点持续到 18 点。1 000 名“联司”的支持者被抓。983 人受伤住院，其中 121 人被打残。不久，其中的 18 人死亡。该工厂两个月内停止了所有生产。[118]

武汉的耻辱

与此同时，在武汉爆发了已经酝酿了几个月的危机。这一次，至今仍留在北京的毛泽东远程监控各省份事件。事实上，1967 年 7 月 6 日、7 日和 9 日，毛泽东说他将到南方视察，并计划在著名的长江之游近一年后再次在长江中游泳。陶醉在个人崇拜中的毛泽东认为他能够在激发事端之后平息这场风波。他向身边的人保证他不害怕面对混乱："混乱越多越久越好：情况就会清楚，必然会得出什么。"7 月 13 日，毛泽东召集周恩来和肖华[119]、杨成武等人开会，他说："一年开张；二年看眉目，定下基础；明年结束。这就是文化大革命。"[120]14 日临行前，他对汪东兴和陪他视察的杨成武说他将去了解在南昌、庐山和赣州发生的严重骚乱。然后，他补充说："我看解放军不会垮，如果他们垮了，我们靠什么?"[121]事实上，他认为这是一个伟大的阶段，人民内部矛盾已经再次组织起来成为一个广泛的民众联合！7 月 14 日 3 时，毛泽东乘专列离开北京，同一天 21 时秘密到达武汉。周恩来担忧他的安全，提前乘飞机去了武汉。[122]

在这座有着 250 万居民的城市里，形势非常复杂。[123]红卫兵在武昌的武汉大学建立了一个总部，干扰秩序。武汉军区负责人陈再道是土生土长的湖北人，比较粗鲁，他在 1967 年春天逮捕了 2 000～3 000 名红卫兵，恢复了秩序。他受到了由党员、市委工作人员、工会会员和钢铁厂工人组成的"百万雄师"[124]的支持。军区的两个团、空军和 1 500 名武警站在他们一边。林彪的"十条命令"让人们对一切都产生怀疑：两个与北京"中央文革小组"有联系的钢铁工人总工在城市里组织了几万人的游行，打着反对"武汉的谭震林"陈再道的标语。6 月 24 日，"百万雄师"猛攻"造反派"的总部，25 人被打死。6 月 26 日，北京的"中央文革小组"担心这些事件的负面影响，采取了某种形式的休战。暴力变成长期对抗：在一个月内 7 万人参加斗殴，1 060 人受重伤，其中包括 262 名士兵，158 人死亡。

7 月 15 日，"中央文革小组"的成员王力和谢富治赶到武汉，作为"毛泽东同志派来的友好代表团"受到游行欢迎。游行者企图占领"百万雄师"的总部，结果损失了 10 个人。7 月 15 日至 18 日，周恩来让陈再道、"造反派"头头和"百万雄师"的头头坐在同一张桌子上谈判，试图孤立"百万雄师"的首领，因为他收到了北京的通知，无果。他在王力和谢富治警惕的眼神注视下进行这一切，他们将向毛泽东报告。他们和周恩来是少数知道毛泽东住在武昌东湖客舍的人。7 月 18 日 22 时，筋疲力尽的周恩来带这些不能和解的敌对者去见毛泽东，他们都依仗毛泽东思想：陈再道听到主席肯定地说“百万雄师是反动组织”时非常震惊，他鼓起勇气表明自己不相信，同时接受做自我批评。谈话中毛泽东威胁说：“我们为什么不能武装工人和农民？我说得武装他们!”这样“百万雄师”是武汉唯一有军事之支持的优势就可能失去，其领导人认为审慎的做法是承认错误。看到他们竖起白旗，周恩来在 23 点乘飞机返回北京。北京少不了他：如果没有他，整个大厦就可能倒塌。

19 日，王力和谢富治在“造反派”的总部庆祝他们的胜利。这些人在城里游行。午后，陈再道按照约定在军区的一个总部做了自我批评，在这里他是安全的。16 点，王力当着 300 名将领和高级军官的面讲话。因为习惯了红卫兵的多语症，他一直说到 23 点。他无聊的演讲介绍了“文革”的来龙去脉，让与会者很不满。他的一句话引起了一场敌对运动：王力保证说“文化大革命当前的主要矛盾是由党内一小撮资本主义拥护者和反对无产阶级道路的武装力量形成的”。这明显影射“百万雄师”，在一个军区这样说非常不适合，被谴责的将领们[125]都有很多朋友。发言刚刚结束，大门就被冲开，大厅被愤怒的士兵占领，他们认为陈再道是“投降派”，强烈要求王力和谢富治为攻击解放军付出代价。混乱中，俩人悄悄溜走去找毛泽东。几万士兵和“百万雄师”的成员聚集在总部前，要求王力到他们面前解释，被他拒绝。

7 月 20 日上午，数百名“百万雄师”的成员冲进东湖客舍，谢富治和陈再道正在谈话，他们担心毛泽东的安全，走到草坪上拦住擅自闯入者，闯入的人很快答应撤退。王力放了心，也赶过来。糟糕的是，一队更激进的示威者突然冲进来：这些士兵打了陈再道，抓住王力，要带他去军区总部。王力被打断了一条腿。

事变刚开始的时候，杨成武就通知了周恩来。总理立即飞了回去。傍晚他降落在山坡军用机场，距离武汉市 60 公里，因为他怀疑当地空军的忠诚。同时，毛泽东收到林彪的一封信，并得到了江青的证实：他们要求毛泽东尽快离开武汉到上海去，因为他们认为陈再道准备对他实施类似 1936 年“西安事变”的政变[126]。毛泽东趁夜秘密离开住处，7 月 21 日凌晨2点在山坡机场乘上一架飞机[127]：他在一支北京飞行小队的护送下飞抵上海。21日，周恩来花了一天时间商讨如何将王力运到山坡机场。22日清晨，王力到达山坡机场。同一天17点，王力和谢富治在北京机场受到江青、陈伯达和康生的欢迎。当天晚上，林彪召集这些领导人：他们在一份公报中将“七二〇事件”定性为“反革命暴乱”。江青在一次集会上抛出了一句煽动性的口号——“文攻武卫”。

7月23日凌晨3点，陈再道和武汉军区的12位将领被召到北京。抵达后他们就被软禁了。7月25日，上万人聚集在天安门广场上，在毛泽东留在上海的情况下，林彪主持集会，庆祝王力和谢富治“胜利”。7月26日，周恩来领导的中央政治局询问了陈再道和他的下属。谢富治激烈地控诉这位受了伤、筋疲力尽的将军。吴法宪[128]打了陈再道一记耳光。陈毅、徐向前、谭震林愤怒地起身离开大厅：他们反过来被警卫殴打，被迫坐下来。然后，吴法宪的警卫拳打脚踢强迫陈再道和12位其他将领跪下，并采取了一种不舒服的被称为“喷气式”的姿势。这令人难以置信的一幕发生在中南海，在中央政治局的会议上！27日，陈再道和武汉军区政委被撤职。从25日开始，空降兵十五军、边防部队二十九师还有一支炮舰部队被派到武汉。武汉军区的士兵被解除武装，领导人被送去劳改。

8月4日，毛泽东告诉江青：75%的军区和驻军支持右派，应大量武装“左”派。掌握武器不是一个严肃的问题。[129]8月初，毛泽东给江西、湖南和广东的“左”派（也就是“造反派”和其他红卫兵）配备了武装。他在上海停留两个月期间，和张春桥一起建立了一支配备小型武器的民兵队伍。结果8月份全国的武装冲突大大增加。最严重的发生在重庆（四川），那里的码头区自抗日战争起有许多兵工厂。敌对的武装团体之间的战斗是如此严重，以致军队开出了坦克，打了10 000发炮弹，导致1 000人死亡，18万人惊恐地逃到大街上。在广东，军区司令黄永胜在校园内被谴责为“珠江的谭震林”。如年初一样，毛泽东听到这些消息[130]，开始知道局势可能不受他的控制：他想要的不是一场持久的混乱，而是一场受群众和经受考验的干部掌控的风暴。周恩来与林彪持相同的看法。此外，毛泽东对王力的无能和笨拙很恼火：在与几位军事负责人会面的时候[131]，他指责王力让他“落入陷阱”，“行为粗暴”[132]。然而，他在上海时看到一个当地的电视节目转播的红卫兵当众批斗陈丕显和曹荻秋的场面，他要求再看一次，因为他注意到“战术不当”的口号——“揪出党内一小撮”。8月1日，这句话被《红旗》的社论引用，署名为林杰，得到主编关锋的批准。[133]关锋与戚本禹、穆欣和王力组成“中央文革小组”的侧翼。毛泽东更加恼怒。8月7日，王力在外交部走廊里对“造反派”说他们的“夺权”失败了，“因为他们在闹革命的时候太文明”[134]。与此同时，“中央文革小组”的关锋、戚本禹和姚登山继续大肆嚣张。8月23日火烧英国驻北京代办处让周恩来愤怒到极点。[135]而且周恩来还很担心：攻击陈毅的大字报还写着要批判刘少奇背后的“另一个刘少奇”。8月25日，总理让解放军代总参谋长杨成武乘军用飞机将一个“紧急消息”带给毛泽东。周恩来向毛泽东报告他认为当时的形势“可怕”，并请求主席干预。26日凌晨两三点，毛泽东得知情况后口授杨成武一段简短的文字：“王、关、戚是破坏文化大革命的，不是好人，你只向总理一人报告，把他们抓起来。要总理负责处理。”毛泽东改变主意把戚本禹的名字划掉：他想从中划分出极少数激进的知识分子。[136]8月26日中午，杨成武回到北京，立刻去见了周恩来。总理在遵从毛泽东的命令之前去见了林彪。当时林彪害怕社会动荡，躲到北戴河安全的别墅去了。这令人惊讶的犹豫既反映了周恩来的审慎，也反映出林彪和解放军新势力的强大。8月28日，王力感到处境受到威胁。30日，他和关锋在周恩来主持的政治局会议上受到11小时的质问，由康生和陈伯达主导。王力的“黑材料”表明他在抗日战争中加入了国民党（他1921年出生），甚至把他打成“苏联修正主义分子”，因为他当联络部负责人时，负责与其他国家共产党的关系，见过克格勃的负责人安德罗波夫几次。王力和关锋做了自我批评，马上被逮捕。不再担心的毛泽东[137]继续他在武汉意外中断的视察，恢复他的权威：9月16日，他乘火车离开上海，经过杭州、南昌、长沙，19日抵达武汉。他在这个城市停留了三天，消除7月的羞辱，提拔忠于他的军官重组武汉军区。22日，他启程回北京，路上经过郑州。9月23日，他在离开70天后回到北京。

农村的情况

“五一六兵团”是康生的作品。[138]毛泽东 1966 年 5 月 16 日的通报让他认为解放军走资派背后可能隐藏着支持者。当这篇通报 1967 年 5 月 17 日被印在《人民日报》上时，北京外国语学院和北京钢铁学院有十几名学生组成“首都五一六红卫兵团”。7 月和 8 月，这一小群人散发传单，抨击周恩来是隐藏在参与“二月逆流”的元帅们背后的头目。之后这个团体就消失了。1967 年 9 月 5 日，中共中央、“中央文革小组”（除了王力和他的三个同党）、中央军委发出联合通知，命令红卫兵和其他“造反派”交出手中的武器，授权解放军（小心！）使用武力反击抵制恢复秩序的群众组织。同一天的一次会议上，江青做了一次类似自我批评的发言，谴责在政治冲突中使用的武器，并谴责前一天还是她的朋友的人是“抓住群众运动攻击解放军，导致国家陷入混乱的左派”。高深莫测的毛泽东评论说：“犯些错误有益，可以引起深思，改正错误。”[139]这个崇高的辩证法不相称地伴随着大规模的逮捕。自 1966 年 8 月以来，毛泽东第一次打击极左分子。

他继续转变立场，1967 年 9 月 14 日的《人民日报》社论与年初他在上海“一月风暴”时写的东西互相矛盾：“在工人阶级内部，没有根本的利害冲突。在无产阶级专政下的工人阶级内部更没有理由一定要分裂成为势不两立的两大派组织。”此外，他还在 1967 年 10 月 19 日的《人民日报》上庄严呼吁所有革命组织建立大联合[140]，成立“革命委员会”，开始为第九次党代会做准备。先夺取政权，然后进入党的重建阶段。然而他很快意识到这将是困难的。诚然，经过最初的犹豫（1967 年 10 月 7 日只有 7 个“革命委员会”），“革命委员会”在冬天多了起来：1968 年 3 月 30 日有 18 个，1968 年 9 月，29 个省、自治区和直辖市（上海、天津、北京）里排在最后的是新疆。但是，“大联盟”难以实现：这些委员会的负责人中 53％是军人，25％是干部，21％是号称代表广大人民群众的前“造反派”。20 个省的省长中有 9 个是将军，还有 9 个是政委。更糟糕的是基层：县级“革命委员会”中 81％～98％的领导人是军人。在天津，康生保证不迷信选举，用他自己的话说，“不对选举的迷信让步”，因为“在某些情况下，选举不如协商民主”，民主协商是上级指派的委婉说法。这样造成的结果是主席是驻军政委，副主席是驻军司令、公安局局长和一个陆军上校。毛泽东说：“很好，照办。”12 月初，一个 25 万人的集会喊着革命口号庆祝这样一个团队的建立。

军队对运动的控制在一定时期内给参与者一种错觉，让他们认为自己可以无法无天。1968 年春夏之交，出现了新的暴力高峰：美国对越南北部的侵略不断升级，不断有传闻说苏联会轰炸中国在新疆罗布泊的核中心。在广西，红卫兵试图抢夺运往越南的武器，遭红卫兵痛恨的政委韦国清镇压了他们：7 月 16 日和 17 日，南宁市遭到解放军的炮轰，上千名“造反派”被抓获。据说武斗的这几个月内，广州军区有 10 万受害者。[141] 在内蒙古也是如此，当局袭击了一个主张自治区独立的所谓的蒙古地下党。根据官方报告，1967 年 11 月至 1969 年 5 月，逮捕了 346 220 人。

需要强调的是，研究者们花了一些时间才确定：1968 年的夏天，恐怖的第二次浪潮比 1966 年夏天第一次浪潮的代价更大。认为只有红卫兵才采取极端暴力行为是错误的，相反，他们在同一时间消失在政治舞台上。很难解释这次新的、可怕的灾难：它可能由几个因素共同造成，其中一个因素是“文化大革命”头两年，暴力行为被等同于革命行动而普及化。另一个加重灾难的因素是“清理阶级队伍”，这是 1967 年 11 月 21 日江青在一次首都红卫兵集会上讲话的主题。毛泽东一反他的习惯，在运动中不发挥主导作用，由周恩来和江青推动，但他是鼓动者和担保人。事实上，他认为恢复秩序是必需的。他最信任的秘书胡乔木这样说：“通过清理社会垃圾清理阶级队伍。”1968 年 3 月周恩来对吉林省“革命委员会”说：“在特殊情况下［此时正是!］，当幕后藏着坏人的时候，你们很容易弄错。你们应该自己驱逐他们，因为这样做不仅不损害自己的组织，而且会让组织变得更好。”因此，他给一种“最终解决方案”开了绿灯，自 1949 年以来出现一波又一波的革命弃儿：旧的剥削阶级或被怀疑是剥削阶级的人、1957 年和 1959 年的“右派”、“资本主义走狗”和其他“黑五类”成员。目标是众所周知的：这些不幸的人和他们的家人在群众运动中多次被拖走批斗，被大字报谴责，在公共场合被殴打和羞辱。1968 年 5

月 19 日，毛泽东在姚文元的请示上批了这样一句话："文元同志：建议此件批发全国。在我看过的同类材料中，此件是写得最好的。"后者要求在上海"清理阶级队伍"，"继续之前的运动，打倒 1949 年以前和国民党勾结的人和黑五类分子"。然而，这份文件指出：我们不能满足于"在反对敌人的群众集会上"只要坦白得好就可以没事了，要"进一步挖掘埋藏得更深的特务分子，不能宽大无边，该杀头的判刑，该判刑的当众批斗就算了"。上海进行了 169 000 次调查，对象是 80%的干部，5%～10%的工人和职工。[142]上海所有 1949 年以前的地下党员（3 675 人）因此被调查，受到残酷的审讯。之后，这项运动在城市里迅速消失，一如它的突然出现。

到此时为止，农村在"文化大革命"中受到的损失相对较少，然而农村的"清理阶级队伍"运动特别漫长而可怕。最近一位中国历史学家研究了广西、广东、湖北 235 个县中 187 个县的《县志》[143]，这些资料显示，1968 年夏天在几个村庄发生了暴力流血事件。[144]在中国南方特别盛行的跨村械斗也在这场暴力的释放中发挥了作用。[145]1968 年 8 月，广西宾阳县恐怖达到了顶峰。[146]除了这些新增的受害者，还要加上武装红卫兵派系之间、"造反派"和赶往当地的解放军之间为了夺取"革命委员会"的权力而造成的伤亡。

然而，在 1968 年的秋天，毛泽东开始纠正他的判断，即使"革命委员会"已经牢固地建立，也必须把权力交给大多数有能力的干部，使得大联合不变成军事独裁。12 月，他明确地说："在犯过'走资派'错误的人们中，死不改悔的是少数，可以接受教育改正错误的是多数，不要一提起'走资派'，就认为都是坏人。"[147]

为了让对国家的运作至关重要的干部回到正确的道路上来——他们往往是知识分子，不过毛泽东喜欢说"臭老九"——解放军建立了五七干校，这个名字参考了毛泽东 1966 年 5 月 7 日写给林彪的一封信，信中他要求林彪将解放军建成全国的学校。五七干校有时是学生自己建的，非常简陋。1968 年 10 月开始，干部们在这些学校中组织学习，平均学习期为 6 个月。学习者可以继续领工资，但要在田里劳动，因为他们必须自力更生。他们得忍受几个小时的政策教育，研究毛泽东著作，其中穿插着批评和自我批评。有的劳动是侮辱性的，知识分子负责冲洗猪圈，有时上了年纪的人因为营养不良、与家人失散、生活条件差而痛苦不适。有时在那里的境遇也可能是可以承受的，因为花钱可以提高待遇。从 1968 年到 1978 年，大约有 2 000 万人参加过这种奇怪的学校，在那里军事教官和半文盲的农民[148]帮助他们做到政治上正确[149]。一旦通过考验——有些人必须重读！——这些干部就被认为适合再次参加国家的行政工作，在广东省有 10 万例这样的情况。

红卫兵的落幕

这次逻辑逆转的同时，毛泽东做了一个关键的决定：取消红卫兵运动。这是恢复秩序的充分必要条件。像往常一样，毛泽东密切关注校园事态的发展，特别是自 1967 年 10 月 27 日后他结束了自 1966 年夏天学校持续的放假。这在初中和高中引起了新的冲突和一些悲剧，没有人知道谁教、教什么或怎么教，最基本的纪律已经在学校里消失。大学里根本不可能复课，因为校园通常成为战场，学生组织的规模越来越小，为了控制行政大楼和夺取印章[150]互相斗争。北京两大派系分为“天派”和“地派”。“天派”指航空学院、清华、北大，“地派”是地质学院、北京师范大学和几所大的中学。而且每个学校又至少有两个对立的红卫兵组织——一分为二无处不在，这是毛泽东先提出的。1968 年 3 月聂元梓在北大建立的“革命委员会”受到质疑，于是她提倡使用武力。清华蒯大富的“井冈山兵团”用投掷石块的方法打击“四一四”派。这个派别成立于 4 月 14 日，较为温和。蒯大富利用“伟大舵手”毛泽东 1968 年 4 月的一篇社论，声称“面对阶级敌人，不应该后退”。但此时毛泽东担心的是当他想妥协以结束此起彼伏的骚乱时，诸如蒯大富手下一类的极左派会无法控制。在他的家乡湖南，1967 年 10 月在长沙成立了“省无联”，1968 年 1 月出了一本题为《中国向何处去?》的小册子，警告年轻人正在进行中的民主运动有流产的风险。里面不是写着“红色资本家”窃取了人民的胜利果实吗?不是讨论自 1967 年 2 月以来毛泽东不再想听到巴黎公社的模式吗？于是，毛泽东决定使用这种情况下中国共产党传统方法，也是他批评刘少奇在 1966 年 7 月使用的方法——推出校园“工作组”以恢复秩序。

于是，北京从60个工厂中精心挑选了3万名工人组成“工宣队”，受汪东兴的8341部队管理。1968年7月27日，这股力量出现在清华大学校园时，被忠于蒯大富的手下用竹枪、自制手榴弹和一些步枪打退。5名工人被打死，721人受伤。蒯大富不相信毛泽东态度的转变，立刻给他发了一份电报：“7月27日在黑手昼夜策划下，假借宣传7·3布告，挑动3万不明真相的工人，携带凶器，突然包围、洗劫清华园。我井冈山战士全部撤出清华，衣食无着，生命安全无保证，清华井冈山生命垂危，形势万分危急。”毛泽东立即做出反应。7月28日3时30分，他在人民大会堂召见了“北京红卫兵五大领袖”：北京“革命委员会”副主任聂元梓，来自北京师范大学的谭厚兰，北京“革命委员会”常委、“天派”的韩爱晶以及“地派”的王大宾，蒯大富因为前一天发生的流血事件迟到了。毛泽东请了周恩来、林彪、康生、陈伯达、江青、叶群、谢富治、吴德和黄永胜等，即整个领导班子。[151]

毛泽东首先说：“蒯大富要抓黑手，这么多工人‘镇压’‘压迫’红卫兵，黑手是什么？现在抓不出来。黑手就是我嘛！他又不来，抓我就好，来抓我嘛！本来新华印刷厂、针织总厂、中央警卫团是我派去的。我说大学武斗怎么解决？你们去做工作看看，结果去了三万人。”“你们看大学武斗怎么办？……问题总要解决嘛！你们搞了两年文化大革命了。斗批改，现在是一不斗、二不批、三不改。斗是斗，你们是搞武斗，人民不高兴，工人不高兴，农民不高兴，居民不高兴，多数学校学生不高兴，你们学校多数学生也不高兴。就连拥护你的一派，也有人不高兴。就这样统一天下？（转向聂元梓）你新北大[152]，老佛爷是多数，是哲学家。新北大公社、校文革里就没有反对你的人了[153]？我才不信呢！”“就是关键在于两派，忙于武斗，心都到武斗上去了。现在不搞斗、批、改，就搞斗批走。学生不讲了嘛，斗批走，斗批散。现在逍遥派那么多。现在社会上说聂元梓、蒯大富的坏话多起来了。聂元梓的炮灰不多，蒯大富的炮灰也不多，有时三百人，有时候一百五十人……这回我一出就是三万多。”

林彪接着发言，说了几句毛泽东关于分合周期的话，林彪要求“小将们”把武斗工事统统拆掉，所有的热武器、冷武器要刀枪入库。讨论到红卫兵虐待囚犯时，江青插话，然后指责谭厚兰，并说聂元梓威胁她，说聂缺乏宽容。此时蒯大富来了。他大哭着扑到韩爱晶的怀里。康生和谢富治指责韩爱晶给蒯大富运送了两卡车枪支，遭到韩的否认，并为蒯大富辩护说："他的命运是和全国红卫兵的命运联系在一起的。"这种骄傲的态度激怒了陈伯达和江青。后者认为韩缺乏自我批评精神。这句话引起了毛泽东尖锐的评价："不要说他。你们专门责备人家，不责备自己。"毛泽东显得出乎意料地宽容："年轻人听不得批评，他的性格有点像我年轻的时候。孩子们就是主观主义强……"韩爱晶仍然保持着战斗的态度，问道："如果几十年以后，一百年以后中国打起内战来，你也说是毛泽东思想，我也说是毛泽东思想，出现了割据混战的局面，怎么办?"毛泽东再次发言："出了也没啥大事嘛！一百多年来，中国清朝打二十年[154]，跟蒋介石打了几十年，中国党内出了陈独秀、李立三、王明、博古、张国焘，什么高岗，什么刘少奇，多了。有了这些经验比马克思还好。""不能保证这次文化大革命以后就不搞文化革命了，还是会有波折的……一次文化革命可能不够。"陈伯达、江青和姚文元说毛泽东思想能避免修正主义，"前途是光明的"。周恩来说："林彪同志主席著作学得好，包括苏联在内对马列著作都没掌握好，林副主席掌握了。"这暗示毛泽东有一个伟大的继任者。江青说韩爱晶"脱离实际"，"总说几十年以后的事"。毛泽东再次反驳她："想得远好。这个人好啊！这个人好啊！我们有几种死法，一是炸弹炸死，二是病死，被细菌钻死，三是被火车、飞机砸死，四是我又爱游泳，被水淹死，无非如此。"这种对死亡的担忧在其他一些当代文献中也能发现，无疑为理解毛泽东的行为提供了关键线索，即使此时病魔还没有缠上他。[155]可以指出的是，讨论结束时毛泽东再次谈到学生们犯的错误："你们脱离了工人、农民、战士，脱离无产阶级。"[156]毛泽东在寻找革命接班人，继续乌托邦式的设想，学生们让他失望了。

"文化大革命"第一阶段结束（1968年秋—1969年春）

毛泽东需要在短期内尽快重新建立起必不可少的"领导核心"——中国共产党。1968年8月30日，姚文元在《红旗》杂志上撰文："工人阶级必须发挥领导作用。”

7月28日，毛泽东接见红卫兵的同一天，“小将们”注意到所有校园都在流传毛泽东的一份通告，命令马上停止所有武斗。他们返回学校后积极上缴武器并与长期驻扎在学校里的军事分队合作。“工宣队”在解放军的帮助下，于7月29日至8月5日期间控制了全国所有的大学。毛泽东用戏剧性的方式承认“工宣队”的功绩。8月5日，他把巴基斯坦代表团送给他的7个芒果中的1个送给了清华的“工宣队”。其他6个芒果被送给另外6个“工宣队”。很快人们用蜡做成芒果，各个城市抬着毛泽东的画像和雕像游行，表达对毛主席的忠心。[157]例如1968年10月14日，哈尔滨数万群众夹道欢迎首都工人转赠的芒果。一段时间以内，主要的学生领袖表面上保留了领导的职位：8月17日蒯大富成为“清华大联合”的头头，1969年1月仍然是清华大学“革命委员会”成员。聂元梓1969年4月被选为中共中央候补委员。他们享受着一种受监视的自由，因为他们没有军队，红卫兵组织被解散，他们的同学已被送往新疆和内蒙古的农村

1968年10月14日，群众在哈尔滨火车站迎接黑龙江“革命委员会”代表团从北京归来。游行队伍前面是两个蜡制芒果，是8月巴基斯坦代表团送给毛泽东的芒果的复制品。毛泽东将它们赠予了7个“毛泽东思想宣传”小组，终止了红卫兵的武斗。于是人们又复制了许多这种表达对主席忠诚的蜡制品。队伍中还有白色的毛泽东雕像，这种雕像自1966年开始在大型集会时都会出现。在图的右边，党的积极分子正向人群展示“红宝书”。

接受再教育。[158]8 月 19 日开始，大学生和高中毕业生或即将高中毕业的中学生——人们发明了一个奇怪的词“知识青年”，简称“知青”——被送到乡下接受贫下中农的教育。[159]540 万红卫兵在随后几周内离开城市下放。后来，1966 年至 1968 年间毕业或应该毕业的中学生被称为“老三届”。1968 年 12 月 21 日，毛泽东的评论明确指出这个运动必须将知青的思想变成革命思想，培养成无产阶级革命事业的接班人。人们结束了对“臭老九”（资产阶级出身的知识分子）和干部的夺权，五七干校将或多或少有些“右倾”的干部改造成了革命战士。因此，红卫兵不光彩地消失了，淹没在大批从都市被下放到偏远农村的青年当中。在十几年内，城市中减少了 1 700 万名青少年，占城市人口的 10%～18%。[160]

第九次党代会

然而，除了解散红卫兵，重新使用被再教育的干部，对于毛泽东而言，还有一个重要的任务：结束 1966 年 8 月八届十一中全会以来对“走资派”高级干部的迫害。[161]1968 年 10 月 13 日至 31 日，毛泽东主持召开中共八届扩大的十二中全会[162]，这是全会的主要任务。

与会人数难以达到法定人数，这说明了两年内共产党领导层受到了多么严重的破坏：87 名中共中央委员中，只到会 40 人，1958 年选出的 96 名候补委员，到会 19 人，不得不从中选出 10 人转正来凑齐人数。这个组织的其他成员或者死了，或者被下放，或者被监禁。大会也邀请了“中央文革小组”、中央军委和其他革命组织的 74 名成员参加，但是他们没有投票权。这是一次奇怪的会议，只有少数人有决定权。无论如何，这只是一个录音室：毛泽东在开幕致词[163]中定下了基调。

刘少奇被几乎全票通过[164]“永久”开除党籍，剥夺所有的头衔。由“中央专案审查小组”[165]起草的起诉书没有任何 1939 年后的材料，反映了一定的尴尬，把刘少奇这位从前最亲密的战友打成“埋在党内的叛徒、内奸、工贼，是罪恶累累的帝国主义、现代修正主义和国民党反动派的走狗”[166]。

九大的准备很仓促。1969 年 4 月 1 日到 24 日，毛泽东主持召开九大。[167]会议的气氛紧张，三分之二的代表穿着橄榄绿的军装，尽管只有28%的代表是解放军。这次大会在封闭的状态下召开，代表们晚上到达，没有任何告示，没有邀请任何外国客人。

在开幕演说中，毛泽东讲述了中国共产党48年的历史。他提到12个创始成员的命运，这12个人中只剩下他自己和董必武两人，5人为革命献出了自己的生命，4人叛党或逃往国外。他不加评论地补充说："还有一个叫李达，在早两年去世了[168]。"毛泽东说1945年七大的时候，他提议选了一些人，"结果，就有几个不好了，王明跑到国外反对我们，李立三也是不好的，张闻天、王稼祥犯了错误"，还有刘少奇、彭真等。现在搞清楚了，可以"开成一个团结的大会，胜利的大会"。

林彪代表中央作政治报告。这篇政治报告的写作表明这个领导团队因为野心已经出现内部矛盾。第一稿是姚文元和张春桥写的，陈伯达不喜欢他们俩。于是，他写了自己的计划发给毛泽东。3月初，毛泽东拒绝了陈伯达的报告，可能因为其中过分强调生产力的重要性，让毛泽东看到了"经济主义"。康生修改了张、姚的报告。陈伯达指责这个新版本强调运动，而不是它的目的：按照他的说法，这是"伯恩斯坦的改革主义"！事实上，他不想看到自己被两个上海人取代。毛泽东与周恩来敲定了最后的版本，林彪没有参与起草，甚至在大会开幕前都不知道，尽管毛泽东坚持让林彪阅读[169]。

林彪表面上的胜利

林彪的行为可能看起来有些奇怪。如果看一下这篇报告在变成"林彪的报告"的最后阶段，毛泽东传达给他的17条信息，也许能找到解释：毛泽东执意在报告中加入林彪希望避免的内容。事实上，我和弗雷德里克·泰伟斯[170]的意见相反，林彪不是被动或对政治漠不关心，而是谨慎：他知道自己可能和刘少奇遭到同样的命运。"文革"结束后解放军在中国政治生活中相当重要，如果他太急切接替比自己年长14岁的"伟大舵手"，则会不可避免地被人怀疑为"红色波拿巴主义者"。不过，他只要耐心等待"马克思召唤毛泽东的那一天"，避免和主席发生冲突，就能到达权力的顶端，尤其是后者的偏执越来越明显。因此他必须留在毛泽东的阴影里，不断表明他永恒的忠诚，即使毛泽东批评他过分吹捧，他也坚信毛泽东很享受。[171]这是他唯一的风险。

林彪读的这篇政策报告没有任何新的内容。“文革”有理，刘少奇为一切问题负责，倡导“三联盟”，重建党的体系需要受到毛泽东思想光辉照耀的广大人民群众的共同努力。在外交政策方面，该报告描述了世界革命不可阻挡地迈向胜利的步伐，对压迫人民解放的美国帝国主义和“克里姆林宫社会法西斯主义新沙皇”这两个敌对的对手表现出同样的敌意。大会修改了党章，将毛泽东思想作为“行动指南”[172]重新写入党章：毛泽东思想被描述为“是在帝国主义走向全面崩溃、社会主义走向全世界胜利的时代的马克思列宁主义”。党章也包括了证明“文化大革命”合法的不同表述，并允许“文革”的重复。因此，“无产阶级文化大革命”就是“无产阶级反对资产阶级和一切剥削阶级的政治大革命”。同样，第 4 条明确规定“叛徒、特务、死不改悔的走资本主义道路的当权派、蜕化变质分子、阶级异己分子应清除出党”，第 3 条认为党内众多的“恶人”受到“群众”和“中心”的双重控制。另外，党章还规定林彪是第 2 号人物，是毛泽东指定的接班人。

170 名中共中央委员和 109 名候补委员是通过无记名投票方式选举产生的，选票上的候选人和委员人数相同，代表们只能划掉一些名字，获得至少 51%选票的候选人才能当选，而这是意料之中的事情。只有 7 位候选人最终经过“民主协商”当选，也就是说由毛泽东亲自任命。19%的当选者参加过八大。妇女的人数上升，部分原因是由于高干（陈伯达除外）妻子的升迁。新的中央委员会有 45%的军官，八大时只有 19%。干部占当选委员的三分之一，“群众代表”（工人、农民和少数红卫兵）占 19%。毛泽东获得全票（1 510 票），之后是周恩来（1 509 票）和林彪（1 508 票）。江青只有 1 502 票，不知道谁胆敢将她的姓名划去。在毛泽东的坚持下，十几个被打倒的领导组成的“反对派”当选，得票数在 808 到 886 之间：洛甫、王稼祥①、朱德、陈毅、邓子恢、陈云、叶剑英、李复生、

① 原文有误。张闻天、王稼祥在九大均未被选为中央委员。

徐向前、聂荣臻、李先念。

新一届中央委员会的第一次会议选举产生了中央政治局21名成员和4名候补成员。它包括一部分原来的成员，但在“中央文革小组”消失后，真正的权力再次集中在政治局常委手中，而常委中的大部分都缺席。1969年至1973年，政治局常委每年在周恩来的主持下召开40次会议。毛泽东很少露面。

事实上，新的领导团队包括两个集团，日常在首都两个不同的地方出现。一个是平民毛派分子的钓鱼台，陈伯达是主要人物，他在官方排序中排在第四位，仅次于毛泽东、林彪、周恩来。但他因为九大的报告草案被拒绝受到羞辱，与平民毛派分子保持着距离，与另一个集团军队的毛派分子更密切。康生和谢富治因为生病从1970年年底开始退出。事实上，平民毛派受反复无常的江青的指挥，加上张春桥、姚文元和王洪文三个上海人。王洪文是一个变得规矩了的“造反派”，毛泽东点名让他进入中央委员会。此时这四人被称为“上海帮”，后来成为“四人帮”。

军队的毛派经常聚集在林彪在北京的住所毛家湾。[173]林彪是很少出现的。他更喜欢海滨度假胜地北戴河堡垒般的别墅或者是苏州宽敞的房屋，他喜欢那里的气候。战争留下的创伤让他很是遭罪：他要求平均温度必须达到23℃，害怕穿堂风，不停地出汗，经常失眠，晚上乘坐苏制的黑色大轿车返回北京。他似乎依赖吗啡，每天仅仅工作两次，每次半小时。每天早上，他的秘书处为他报送国际和国内形势，他在纸片上写各种批示，在办公室里踱来踱去的时候把纸条弄得到处都是。他的秘书收拾这些纸条并整理成连贯的文本，他看过之后签字。领导这个秘书处的是他的妻子叶群，此外得到总参谋部黄永胜和吴法宪、李作鹏、邱会作的协助，他们分别负责空军、海军和解放军的后勤。所有人都在九大中进入中央政治局。同样受林彪提拔进入政治局的将军许世友和陈锡联与他们保持一定的距离。周恩来同这些人迂回打交道，并确保行政管理的顺利运作，而李先念仍然留在政治局内，是被“文革”打倒的务实派领导者中少数的幸存者之一。

★第十七章

失误无法避免（1969—1976）

毛泽东在九大上肯定“文化大革命”的胜利，党的最高领导集团重新达成团结，其实这更多是一种愿望，而不是现实。毛泽东把中华人民共和国的历史看作一连串的风暴和间歇性的晴朗，认为经过三年的“斗”和“批”，将会出现较为平静的“改”的阶段。然而，从1969年春天直到他1976年9月去世，危机一个接着一个，没有间断过：1969年至1971年的林彪事件；1972年至1973年，因为1972年2月美国总统理查德·尼克松访问北京造成的战略动荡；1973年至1975年，第十次党代会上务实派和“四人帮”之间两条路线的斗争；邓小平恢复权力；毛泽东最终拒绝持续地否定“文化大革命”。毛泽东执着地引领着这艘船驶向乌托邦，一段时间来能够航行，是因为得到了对未来充满迷惘的年轻人和饱受三年饥荒之苦的人民的支持：“伟大舵手”让他们有机会攻击被认为对他们的困境负有责任的干部们。之后这股潮流逐渐消退，而中南海内不断上演各种巨变。下一次群众运动发生在1976年4月5日。毛泽东因为与林彪的冲突身体受影响，病情越来越严重，犹豫着选择哪条道路。在他生命的最后几个月里，被动摇的偶像一直进行着错误的选择。

很显然，在他死后，这一次的“文化大革命”成了唯一一次“文革”。

毛泽东和林彪之间的决裂

1969年秋天，毛泽东和九大被正式指定为接班人的林彪之间的关系开始恶化。[1]以战略构想能力著称的林彪虽然生病，滥用药物，不赞同活力四射的叶群[2]，却也无法忽视毛泽东对他的越来越不信任：对主席而言，党必须指挥枪，而不是反过来。但是他知道，九大决定的党的重建将不可避免地在解放军的控制下自上而下完成，解放军是这个政权稳固的构架：1970 年 11 月，全国的 2 185 个县只有 45 个重建了党委。1970 年 12 月首先在湖南建立省委，1971 年 8 月所有的省份都建立了省级党委，29 个第一书记中有 22 个是军人。而且在五七干校中改造干部的教导员也是军官，可以随意延迟干部恢复平民生活的时间。因此，林彪只要耐心等待毛泽东去世即可，不需要采取措施应对这日益严重的不信任。根据一本叶群的传记[3]，林彪在处理与毛泽东的关系时规定“三件事情不能做（不反驳，不批评，不传递坏消息），三件事情要做（总是做好准备，夸奖好消息，传达好消息）”。据同一消息来源，林彪曾在他的家人面前表达过对“大跃进”的怀疑，1958 年，他对女儿豆豆[4]说：“这是完全理想主义。”他可能还说过彭德怀的错误在于在庐山选择了错误的时间大声说出每个人在心里悄悄想的话。1967 年，他将“文化大革命”说成是一场没有文化的大革命（无化大革命）。他讨厌江青，蔑视王洪文。但他知道，就像他对他的家人说的那样，“谁在大跃进中不骗毛泽东，谁就会失去权力”，并得出结论：“关键是跟随毛主席。如果主席批准（在签名上画一个圆圈）一份文件，我也画一个圈。这样做的好处是让主席自己承担这些决定的责任。”[5]

但是 1969 年中国的情况使林彪这种谨慎的态度很快就失效了。1967 年工业总产值下降 13.8%，到 1968 年又比上年下降 5%。中国的钢铁年产量只有 900 万吨[6]。车间的罢工、骚乱、大规模旷工、纪律缺失使工厂和运输陷入瘫痪。我们可以从 1968 年某日的《人民日报》上读到一个老矿工和一个年轻人的一段有意义的对话：“八个小时工作制是工人经过长期的斗争获得的权利之一。原则上，你要求提前升井是对旧体制的造反，但为什么你不推迟升井呢？你劳动时间越长，你为国家开采的煤炭越多。我看你已经被无政府主义者的想法污染了。”《人民日报》某篇文章斥责工人的“8260 反革命集团”：“每天 8 点钟上班，中午 2 点休息，6 点下班，政治活动为零。”

1966 年到 1967 年，农业生产增长了 1.6%。到 1968 年粮食产量下降 2.5%，下降到 2.09 亿吨。即使饥荒后人口恢复，即使放宽对性行为的控制以及年轻人不知道如何避孕，1962 年至 1974 年人口自然增长率也只有 2.6%，而 1950 年至 1959 年期间是 2.2%[7]，但粮食安全的空间已经再次缩小，饥荒的幽灵重新困扰四川、山西、甘肃和安徽的农村。而且 1968 年夏天的高峰期后，农村的动荡并没有消失，经常有土匪出没。“知青”在贫穷的农村不受欢迎，他们的到来增加了一些吃饭的嘴巴，分配给他们的微薄收入不足以糊口，有时他们也成为不受法律保护的人。

1969 年 5 月，毛泽东乘专列离开北京去武汉[8]，5 月 31 日至 6 月 26 日他住在武昌东湖客舍的梅岭 1 号。他在那里跟当地官员解释经济形势，跟他们保证他到那里是为了休养放松，参加关于修缮堤坝的会议，因为 1968 年的洪水损坏了堤防。6 月底在长沙停留了一段时间后，6 月 30 日他来到杭州，在夏季最热的月份里留在杭州，9 月 23 日才回到北京。10 月 1 日，他出现在天安门城楼上，检阅百万人大游行，他们挥舞着他的画像，他可以看到队伍以他巨大的白色雕像开道。

事实上，此时引起他全部关注的是苏联的战争威胁。1969 年 8 月 13 日，新疆的边防又发生了一次严重的冲突。苏联红军在坦克的支持下进入到中国边境内几十公里。和春天的乌苏里江珍宝岛事件一样，解放军在技术和战术上都被苏军压制。苏联对中国核设施进行“外科手术式”打击的风险也越来越大：在维克多·路易斯的影响下，记者们的文章似乎为此做着舆论准备。虽然 9 月 23 日中国在地下成功地进行了氢弹试验，但仍然不可能进行第二次打击来确立核威慑，因为缺少能够命中侵略者的小型反应堆。所以，当 1969 年 7 月 25 日，尼克松总统提出他的“关岛主义”，考虑逐步撤出美国在亚洲的兵力时，毛泽东担心美国会放弃。但是，基辛格急切地通过中国和美国的盟友巴基斯坦告诉毛泽东苏联对中国的任何攻击都将被美国视为严重破坏和平。

因此，柯西金飞往河内参加胡志明的葬礼并提议中国和苏联恢复接触时，中国领导人虽然正面回应了他，但仍然不无忧虑。9 月 11 日，柯西金与周恩来在北京机场的客厅里见了面：这次会面缓和了两国之间的紧张局势，宣布 10 月 20 日在北京召开会议，协商中苏边境争议问题。然而，中国领导人担心这是一个陷阱，要记住日本偷袭珍珠港前几天还在和美国人进行会谈：苏联会不会也来这一招？柯西金的访问是不是一种掩饰？9 月 8 日，为庆祝中华人民共和国成立 20 周年，毛泽东向全世界的人郑重声明，要求：“全世界人民团结起来，反对任何帝国主义”[9]！

第一起事件

25 日，林彪在中央军委传达了这个决定。27 日，毛泽东会见军方领导人，为了使这个决定付诸实施。数月来，数以百万计的中国城市居民挖了巨大的防空洞，农民造起假山阻拦苏联坦克的前进。6 月，毛泽东和陈毅、徐向前、叶剑英、聂荣臻这些老帅们（1967 年 2 月所谓的“阴谋家们”）组成“第二军事指挥小组”，对国际形势进行评估。这四位专家从 6 月到 9 月召开了 16 次会议，合计 50 小时。9 月 17 日，他们向毛泽东提交的报告认为战争的风险是较低的，因为北约和华约之间的紧张关系仍然以欧洲为中心。陈毅甚至提议恢复美国和中国在华沙美国大使馆因为“文革”中断的会谈。他认为，事实上，美国人对中国的危险比苏联要小得多。毛泽东拒绝了“第二小组”的结论，并决定 1969 年的军事预算增加三分之一，投入更多的借款强化“三线”，重提 1956 年 1 月乌托邦式的“农业四十条”计划中关于自力更生的用词。他是来真的吗？特别是他知道这个国家不太可能打仗，难道是因为他从备战的运动中看到一种维持全民动员的好方法，而这是防止资本主义和平演变必不可少的？10 月中旬，中苏会谈开始前夕，威胁已经降低，但备战几乎达到歇斯底里的状态。元帅们被分散到各省，虽然他们不乐意离开正在接受治疗或护理的医院。事实上，除了周恩来去香山玉泉的最高地下司令部，这个决定要求所有领导人离开北京。10 月 14 日毛泽东启程去武汉，15 日抵达。17 日，林彪到苏州。在这种尖锐危机的背景下，毛泽东和林彪之间第一次发生了不快。

1969 年 10 月 18 日，林彪发布“林副主席指示（第一个号令）”[10]，即《关于加强战备，防止敌人突然袭击的紧急指示》。当日晚，总参谋长黄永胜将“紧急指示”正式下达给 11 个军区，包括空军和海军，这条命令似乎是一系列命令中的第一个，立即调动了 94 万士兵，以及数以千计的坦克和火炮、4 100架飞机和 600 艘军舰。自 1949 年以来，即使在朝鲜战争最艰难的时候，也从来没有这样慌乱。

毛泽东大怒。没有他这个中央军委主席的批准，林彪没有权力发布这样的命令。也许林彪认为既然主席肯定会批准，就能越过这个禁令，像在国内革命战争时期一样。但是他这样做犯了“大逆不道”之罪。虽然泰伟斯努力证明林彪没有政治上的企图，坚持认为林彪立即屈服（他有别的选择吗?）了以尽量减少这一事件的影响，但在我看来，当时在场人的关于主席发怒的回忆值得我们思考：11 月初，毛泽东不满意怕冷的副主席天气一凉就在中南海铺满暖气片，反对“林彪和叶群的皇帝思想”。除了“第一个号令”本身，其实我们可以认为毛泽东愤怒的主要原因是林彪以一个人的“皇帝般”的决定，就有了这次大规模的武力炫耀：也许他会自问这个军事政变的理论家会不会重复这类军事演习，有一天就会很快推翻自己。这种毫无根据的怀疑再也没有离开过他，并从此越来越坚定。[11]

不过，1969 年 12 月，在华沙和美国人的第一次恢复接触让毛泽东非常满意，与苏联的谈判也在北京平静地举行，虽然没有成果——毛泽东乐意看到战争的危险降低之后，林彪和解放军在政治中的影响力下降了，但他一直维持紧张的气氛。因此他再次关注国内的情况：1970 年 1 月 31 日在农历新年之际，他签署了周恩来起草的 3 号文件，即《关于打击反革命破坏活动的指示》。这个指示开始了“一打三反”运动，后来 2 月 5 日的 5 号和 6 号文件做了补充，即“反对贪污盗窃、投机倒把”，“反对铺张浪费”[12]。各地领导人以完全“文革”的作风掀起“红色龙卷风”，反对闹事者、“青年帮”、暴徒和其他反革命者。

王洪文在上海让他的民兵到社区和大型工厂巡逻，揭发“叛徒和坏分子”。一些年轻工人犯的“罪”是上厕所时听中国台湾电台里邓丽君甜腻的情歌！北京抓捕了 5 757 名“犯罪嫌疑人”，发现 3 138 份“黑色文件”，处理6 200件非法盈利的案子，如工人上班前在工厂门口卖自己做的煎饼：这些是潜在的资本主义者！1970 年至 1972 年，在河北保定举行了 7 次集会，有 1 325 人被批斗，其中 17 人被执行枪决。在 1970 年 2 月至 11 月运动激烈的 10 个月里，284 000 人作为“反革命”被逮捕。恢复极左的机器仍然存在。但是，战线过长，离合器开始打滑。

1970 年 4 月 27 日，毛泽东回到北京。5 月 1 日晚登上天安门。其间，他会见了不同的外国客人。苏联代表团正在附近讨论边界问题。7 月 22 日毛泽东离开北京南下，并于 27 日到达杭州。这几个月内，毛泽东与林彪之间的危机慢慢酝酿成熟，套上了一个惊人的关于“天才理论”辩论的外套，以及在修改宪法时不设共和国主席的建议。

关于第一点，讨论开始于九大时修改党章的时候。起草修改草案的人引用了“红宝书”序言中林彪评价“毛泽东思想”的三个副词[13]“毛泽东同志天才地、创造性地、全面地继承、捍卫和发展了马克思列宁主义”，毛泽东下令将其删去。不过在“文革”时期发展起来的个人崇拜，让包括周恩来在内的不同领导人相信这是主席的假意谦虚，他们在不同的场合使用这三个副词评价毛泽东思想的特征——事已至此。

然而很快第二件事就开始了：1970 年 3 月 7 日，汪东兴在武汉见毛泽东，后者委托他准备召开第四届全国人民代表大会，修改中国的宪法。在毛泽东的指示中，他提议取消国家主席的职位，其职务转交给全国人民代表大会常务委员会。从第二届全国人民代表大会开始，这个职位由刘少奇担任，直到他被开除出党。从此由 80 多岁的董必武担任代国家主席。其实，毛泽东似乎不想要这个职位，他痛恨各种礼仪，倾向于取消，但他的优柔寡断造成了混乱。3 月 8 日，他提出一个令人惊讶的可能藏着陷阱的建议：如果林彪坚持有一个主席，他自己当！自从他怀疑最亲密的副手以来，毛泽东多次向林彪提一些如果拒绝则对林彪有利的建议，以测试他的忠诚：国家主席的问题提供了这样的机会。1970 年 4 月 11 日林彪从苏州住所打电话找在长沙的毛泽东秘书处，强调设国家主席的必要性，并补充副主席可有可无：这是一个巧妙的回答。第二天，以周恩来为首的政治局成员对此表示同意。毛泽东烦躁地笑了，然后在通知他这项决定的电报上写道：“我不再作此事，此议不妥。”[14]同时，汪东兴准备了两个宪法草案，一个设国家主席，另一个不设。5 月中旬，林彪再次让他的亲信、起草新宪法委员会的成员李作鹏和吴法宪在宪法中写入恢复设立共和国主席。7 月，毛泽东第五次拒绝这个中央政治局的大多数成员同意的要求。7 月底，毛泽东打电话给林彪：“关于国家主席，我不当，你不当，让董老当吧，任命一个年轻的副主席。”这个人无疑是张春桥，他当时 53 岁，对这个位置的中国领导者来说，是非常年轻的。对毛泽东而言，这是一种挑衅[15]，反映了他对林彪不寻常的固执非常不满，林彪未能通过忠诚测试。

8 月 11 日，叶群向吴法宪保证林彪坚持自己的立场。8 月 13 日，新宪法起草委员会在得知毛泽东坚决拒绝再次担任共和国主席后，探讨如何表达对他的崇拜。吴法宪建议在草案序言中加入毛泽东思想的主要作用，用那三个著名的副词来解释他是一个天才：这样，天才理论和国家主席的问题重合了。8月14日，吴法宪重申前一天的建议，进攻更加凌厉：毛泽东拒绝再次成为国家主席，是他的谦逊，“有人”利用毛主席的伟大谦虚妄图贬低“毛泽东思想”。吴法宪显然针对从一开始就明白毛泽东意图的张春桥。相反，陈伯达、吴法宪、李作鹏、叶群和黄永胜显示出他们更忠诚于林彪。至于毛泽东，他对狡猾的林彪隐藏的意图不再有任何疑惑：国家主席和天才理论写入“根本大法”是给他一个名誉主席的角色，受人尊敬，但退居二线，从而为林彪腾出更多的政治空间。然而，他上一次在“大跃进”期间退居二线的经历是痛苦的，他不愿重来。到此时为止一直比别人都更迅速地揣摩到主席意图的林彪，因为要求亲信们不屈服而犯了严重的分析错误。吴法宪打算打击在将军们当中不受欢迎的张春桥以占得上风，因为张春桥和他在“中央文革小组”的朋友们煽动红卫兵批斗老干部，大家都恨他。但是这种攻击“中央文革小组”主要成员的行为，间接批评了这项运动，这是毛泽东无法容忍的。吴法宪无意中越过了一条红线：毛泽东和林彪之间的裂痕正在转化为冲突。两个派别在一次斗争中针锋相对，赌注是毛泽东的青睐，也就是说权力的分配：一派是江青、张春桥、康生和姚文元，另一派是林彪、陈伯达、吴法宪、黄永胜和邱会作。这一点在九届二中全会上得到了肯定。自1949年以来，党中央第三次在云海缥缈、山峰奇特的庐山开会。

重上庐山

1970年8月18日，毛泽东在江青的陪同下乘专列离开杭州，第二天傍晚到达庐山。天气炎热，他不顾警卫们的劝阻，冲进水库游了1小时泳。他的精神和身体都非常好：在整个全会期间，他每天工作12至13小时。8月20日，中国的政治头面人物先后抵达。周恩来仍然留在北京处理日常事务，发了一封信给毛泽东和林彪，确定会议的三点议程：修改宪法、五年计划和备战问题。[16]255名中央委员和候补委员先后上山。8月22日下午，毛泽东主持政治局常委会议，关于设国家主席的问题没有达成一致。毛泽东明显被激怒了，他重申拒绝担任自己建议取消的职位，同时请领导们确保他们的分歧不会导致即将召开的全会失败：必须讨论五年计划和战争风险。23日下午，毛泽东主持九届二中全会第一次全体会议。

周恩来简要介绍了议程后，林彪要求发言。在一个多小时内，他称赞毛泽东的天才和他非凡的才能，建议大家承认毛泽东是“国家元首”。他是认为用一招文字游戏就能过关，还是借此告诉高高在上的毛泽东不要再管人间的琐事？毛泽东呈现出不耐烦的迹象，但与会者们似乎被征服了。晚上吴法宪建议中央政治局常委放弃议程，讨论林彪的讲话。当天晚上，陈伯达在吴法宪的帮助下完成了一本小册子，收集了历史上恩格斯和列宁关于“天才”的语录，第二天印发。这种狂热的活动和协调一致，让毛泽东越来越怀疑有阴谋。

8 月 24 日，中央委员会成员按地区分六个工作组讨论天才问题。在华东组，王洪文同意这一主题。周恩来也让东北组讨论。华东组即使有上海代表，也对张春桥的专制表示批评，陈毅尤其尖锐。在华北组，陈伯达谴责“刘少奇之后潜入党内的阴谋家”拒绝承认毛泽东的天才。他保持了“文化大革命”的独特风格！他得到了汪东兴意想不到的支持，汪对毛的完全忠诚让他毫不犹豫地相信这个运动已经得到主席的批准。在回忆录中，汪东兴说[17]：“陈伯达发言后[18]，我情绪激动，昏了头！”有人认为他很高兴随大流，充分地发泄了他对张春桥的敌意。

主席这一派开始恐慌。林彪有军队的支持，控制着党的重建，而主席一派除了对新闻的控制外什么也没有，红卫兵也消失了。然而他们还有一张王牌：毛泽东的人格魅力。他们打了这张牌。第二天中午，江青带着张春桥和姚文元来找毛泽东，虽然没有受到叶群的鼓动参与批判，但她仍然感到了威胁。三个人都传达了一个令人震惊的情况：“山上乱套了，有人要赶我们走。”毛泽东大概想到了 1964 年秋赫鲁晓夫被巧妙操纵的中央赶下台的事。他对华东组陈毅的发言印象特别深刻。他没有忘记后者在所谓的 1967 年“二月逆流”中的作用。于是毛泽东在下午紧急召开政治局常委扩大会议，激烈批评对手中最弱的一个——陈伯达。毛泽东的威信在本次会议上的作用是巨大的：这正是几天来大家讨论的主题，他的天才让人情绪高昂！因此，他宣泄了自己的愤怒，威胁要离开庐山，提到伪马克思主义，将陈伯达的态度和 1967 年 2 月的危机联系起来。很显然，他在捍卫包括推出“大跃进”和“文革”在内的成果。

结果是惊人的。陈伯达消失了：他被秘密逮捕，并立即被转移到北京秦城监狱。8 月 26 日至 30 日，在接下来的几天里，大家分组讨论毛泽东的讲话，批评陈伯达的程度比承认毛泽东的天才更热烈：这些狂热者不得不为自己的失算道歉。8 月 29 日，带着各种文件赶来支持陈伯达的黄永胜害怕这一天的气氛，把文件烧了，毛泽东让他参加“学习”，这是一种“失宠”的标志。31 日，毛泽东印发了刚刚写好的一封公开信，即《我的一点意见》[19]，无情地批判陈伯达在天才问题上的立场是理想主义和对马克思主义的误解。他指出马克思没有关于这个问题的文章。他巧妙地说林彪副主席同意他的意见，林彪因此不受批评。在这封信中，陈伯达被指控将“谣言和诡辩混在一起”，破坏党的团结。9 月 1 日，政治局扩大会议证实对陈伯达一人的处罚，叶群、吴法宪、邱会作和李作鹏保留头衔和职能，被要求写检查，对林彪“隔山敲虎”。像往常一样，毛泽东给予沉重打击的同时给人一种宽大的感觉。9 月 2 日至 6 日，中央委员会的成员学习毛泽东的这封公开信。第二次学习由林彪主持，请“错误的同志”分析自己的错误态度。6 日，毛泽东致闭幕词。林彪主持最后一次会议，请中央委员会的成员学习经典，他说本次会议是一次团结和胜利的大会。9 月 9 日下午，毛泽东离开庐山，他在长沙休息了几天，9 月 15 日抵达武汉。9 月 16 日，与汪东兴就庐山上的发言谈了很久。9 月 19 日，他回到北京。他刚刚打了一场硬仗，没有完全胜利。事实上，他不得不考虑到党和军队的机构中很大一部分人抵制他的意愿，试图给人“挽救”林彪的印象。我们也可以认为，他仍然希望通过驱逐陈伯达、打击林彪麾下的少数亲信甚至叶群，让林彪认识到自己的错误。但他不再需要林彪作为未来的最高领导人。林彪最好和朱德一样接受舒适的退休生活，这将避免新的危机，因为除掉之前的“指定接班人”才两年时间。

林彪的毁灭

10 月，毛泽东接受了汪东兴的自我批评。在他手中有在庐山会议上反对他的“四大将”的书面检讨，但他拒绝接受，因为这些人将自己的错误归咎于“政治理解水平较低”，丝毫没有提及他们明显勾结在一起。毛泽东在叶群的检讨书上批示：“也不听我的话，陈伯达一吹，就上劲了。”在吴法宪的检讨上批示“缺乏正大光明的气概”，然后生气地补充：“由几个人发难，企图欺骗二百多个中央委员，有党以来，没有见过。”现在，他知道林彪虽然幸免，但不会指导任何小动作，会耐心地等待最高权力降临的那一天。[20]毛泽东担心林彪接近其他将军或他们在解放军中的继任者，再出现1967年2月那样对“文化大革命”的批评，回到他们更喜欢的官僚秩序中。10月下旬，毛泽东的失望体现为对陈伯达的批判加重，说陈已经成为“反党、叛徒、假马克思主义者、野心家和阴谋家”。

从这个角度来看，冲突不是关于政治路线，而是关于权力问题的。林彪希望把毛泽东放在底座上，只是作为一座白色的雕像，受人民的膜拜，而副主席治理国家并领导这个党。也许在他认为可能的时候，采取另一种政策，但这种路线的变化尚未提上议事日程。叶群的愚蠢和混乱让林彪忘了他一贯的谨慎，暴露了自己，然后撤退到被动的位置等待。然而于尔根·杜勉[21]和迈克尔·高[22]等学者认为这个重大危机从一开始就是两条路线之间的冲突。林彪可能曾试图牺牲农民，建立复杂的军工联合体，适应中国与两个超级大国之间的对抗。他可能是“农业学大寨”背后的推手，1968年秋季重新掀起了学习大寨的运动，1969年至1970年出现了一些“左”倾措施，湖南所有生猪养殖集体化，广东、陕西等省某些县取消了小块的私人土地。他可能愿意放缓党的重建。特别是，他会反对接近美国。

事实上，中美在华沙美国使馆的谈判在1970年春天搁置。柬埔寨的朗诺发动政变，导致诺罗敦·西哈努克亲王3月19日逃到北京。4月29日至6月30日，美军和越南南部士兵入侵红色高棉的东部省份。但是9月开始，中美通过巴基斯坦恢复接触。几个星期后，美国总统尼克松在接受记者采访时宣布其最奢侈的愿望之一是在死前访问中国。在一次招待会上，正式得知国会意愿的美国驻华沙大使斯托塞尔急忙走到他的中国同行面前，希望恢复两国之间的友谊。中国外交官害怕这是个陷阱，从暗梯逃走，好像见了鬼一样！10月，美国记者埃德加·斯诺和他的妻子登上了天安门，站在毛泽东身边。在1966年和1969年之间，中国当局曾拒绝他的签证。12月25日《人民日报》刊登了大幅照片。1970年12月18日，毛泽东接见“他的朋友斯诺”，毛泽东告诉震惊的世界，他很高兴与尼克松总统在北京会谈，“当作旅行者来谈也行，当作总统来谈也行”。有人认为[23]，毛泽东认定埃德加·斯诺是美国中央情报局的一名特工，他认为这样可以传递一个信息。这种间接的外交被美国国会误解，埃德加·斯诺被认为是一名“红色分子”，必须对他保持警惕。1971 年春天，进展加快了：中国乒乓球队同意参加三四月份在日本名古屋举行的世界锦标赛。[24]这本身是一件大事，因为自 1966 年以来中国拒绝所有国际体育比赛的邀请，此外，中国与日本没有外交关系。4 月 4 日，一名美国队员对一位中国冠军说他多么希望访问北京。4 月 6 日，及时得到消息的周恩来向毛泽东建议礼貌地拒绝。毛泽东接受这个建议后，当晚改变了主意，要求外交部邀请整个美国队访问中国。美国队受到高规格的接待。几个星期后，美国国务卿亨利·基辛格在卡拉奇换乘飞机时消失。4 月 21 日，周恩来邀请他访问中国。7 月 9 日至 11 日，他秘密访问北京。7 月 15 日，尼克松在新闻发布会上表示他将在 1972 年 2 月对中国进行正式访问。杜勉和高认为林彪可能把中国外交这突如其来的变化视为“不可接受的”。他甚至告诉他的女儿豆豆他更愿意和苏联的关系正常化。事实上，毛泽东在 1972 年 2 月与尼克松会面时说：“我们国内有一派也反对我们跟你们往来，结果坐一架飞机跑到外国去了。”[25]

可疑的“571 计划”

林彪因为反对新政策，可能从庐山会议后便准备发动政变推翻毛泽东。1980 年，吴法宪转述当时林彪对他说的话：“干文的不行，干武的行。”[26]弗雷德里克·泰伟斯认为这一点完全没有说服力，所谓经济事务中的“左”倾路线是江青的路线，也是毛泽东的路线。我也同意他的观点。1970 年二三月，周恩来主持召开计划经济会议讨论第四个五年计划，毛泽东提起 1956 年 1 月乌托邦式的“农业四十条”计划，并在 1970 年 12 月和 1971 年 1 月再次提起，决定推出一次“新的大跃进”，这意味着“资金建设”的增加，也就是说提高对农产品的征收比例。恢复党建需要在某些仍然不安定的省份恢复秩序，这只能依靠军队。至于外交政策，林彪对此不感兴趣。1970 年 5 月关于美国入侵柬埔寨的政治局会议上，他竟然睡着了！讨论四位元帅关于战争风险的报告时，他什么也没说。1971 年 7 月基辛格访华后的政治局会议上他也保持沉默。分歧似乎有可能，但他一直没有表明，因此，不能说源于路线冲突。

剩下的问题是林彪阴谋策划谋杀毛泽东。弗雷德里克·泰伟斯一开始就上面提到的吴法宪的供词发表了一种新的解释：其实不是准备发动政变，而是指出在庐山打了一场败仗的“四大将”“在文职上不行，在军事上行”。此外，这些话是吴法宪在法庭上说的，他为了保住自己的脑袋说了那些指控他的人想听到的东西。这些证词和吴法宪的材料中大部分文件一样都是事后完成的“林彪事件”的内容。毛泽东在尼克松到中国时说林彪反对尼克松访华，也给这些文件做了铺垫。

这个阴谋的核心文件是一个计划，代码为“571 计划”[27]。这是一份幼稚的计划，鉴于此人们犹豫要不要把林彪称为“20 世纪最伟大的战略家之一”。诚然，这可能是他的儿子林立果订的计划，他在空军任职，手下有 100 名空军军官，称为“联合舰队”。该决定可能是 2 月林彪、叶群和林立果在苏州做出的。当时毛泽东很明显准备公开首长的“失宠”。林彪并没有参与这个计划的制订，或者因为他对自己儿子的能力过度信任，或者因为他认为任何反对毛泽东的行动都是不可能的：听天由命又被动的他放手让他的妻子和儿子去干。该计划将毛泽东称为“B—52”，计划中对中国问题的分析相当准确：农民生活缺吃少穿，青年知识分子上山下乡。红卫兵初期受骗被利用，后期被压制变成了替罪羔羊。机关干部被精简，上五七干校等于变相失业，工人（特别是青年工人）工资冻结。这个纪要计划暗杀张春桥、姚文元，以及毛泽东本人，或者通过地对地导弹空中打击毛的专列，或者炸毁列车经过的桥梁[28]，或者直接由一个或几个谋反者使用手枪、手榴弹、火焰喷射器刺杀主席。阴谋者们寄希望于依靠苏联提供“核保护伞”的支持。在失败或不能这样做的情况下，绑架在庐山被打败而不知道机密的“四大将”，在广州建一个军区总部，搞分裂：广州空军的参谋长是主要共谋者之一。这个计划似乎还没开始实施，1971 年 8 月底毛泽东经过南昌时就得到消息了。

不过从 1970 年秋天开始，毛泽东就按部就班地坚决反攻他的指定接班人。11 月 6 日，他成立了一个“中央组织宣传组”，直接受中央政治局的领导。这个小组最初由康生主持，不久康生生病辞职。这个小组包括江青、张春桥、姚文元，以及一个文职干部纪登奎和一个军官李德生，完全忠诚于毛泽东。这个小组控制着《人民日报》、《红旗》、《光明日报》、中央组织部、中央党校、中央广播事业局和新华社等。12 月 18 日，当他见到埃德加·斯诺时，毛泽东以奇怪的方式告诉后者，自己决定打倒林彪，虽然这个信号没有被解码，但在那个时候，他已经决定了。毛泽东和斯诺的会面安排在清晨，持续了5个小时，在此期间，两个男人一边吃早餐一边交换意见，翻译员是唐闻生。[29]第一个主题是“个人崇拜”。毛泽东认为要人们去克服三千年迷信皇帝的传统习惯是困难的事情，并重申其解释，一旦需要，可以利用个人崇拜“鼓动群众粉碎党内反对毛泽东的官僚主义”。但是，他补充说，情况发生了变化。比如继续把毛泽东称为“伟大领袖、伟大导师、伟大统帅、伟大舵手”很讨人嫌，“他只接受导师”，因为他青年时当过教员。毛泽东提到：“挥舞着红旗喊万岁的人”分为三种：一种是真的，人数不多；第二种是随大流的；第三种是假的，“一齐喊万岁，事实上希望他快点死”。斯诺受到美国人观点的影响，认为林彪是特别危险的人，无法理解讲的就是他！谈到国际形势时，毛泽东说美国的文化和经济很发达，希望出现一个革命党，并说他会很高兴在北京接待尼克松总统：他认为这个消息会在斯诺回国后传达给美国国会，被看作一种邀请尽快落实。然后毛泽东回到“文化大革命”，说他不喜欢两件事：一是讲假话，二是不同派别武斗时虐待俘虏。很明显，对于毛泽东而言，混乱时期结束了。毛泽东确认靠近苏联是不可能的事情，虽然这两国共产党之间的争论自从与柯西金会面之后已经从“一万年变成一千年”。毛泽东陪他的客人去乘车：林彪的命运已经确定。[30]

毛泽东使林彪陷入困境

正如几个月后毛泽东对一些省的高官所说，他先“甩石头”[31]：1970年12月22日至1971年1月24日，召开华北会议，政治局和各省主要军事领导人参加，批判陈伯达是北京军区和华北地区的“太上皇”，并提供了一些区别唯物论和唯心论的参考书目，包括他自己的作品、马克思和列宁的作品。然而，1971年1月9日的中央军委会议上，他遇到了来自143个军官和政委的一定阻力。为了突破，他“掺沙子”：1971年4月重组中央军委，让已经是组织宣传组文职干部的纪登奎和军官李德生进入中央军委。最后，他“挖墙脚”：重组北京军区，调动不一定可靠的三十八军。

林彪明白事态对他不利：4月29日，周恩来在一个工作会议批评黄永胜、吴法宪、叶群和邱会作的派别活动和政治错误。1971年5月1日林彪像一个失宠的显贵一样表达了不满：五一的焰火晚会，林彪很晚才到天安门，在场的有诺罗敦·西哈努克亲王、他美丽的法国妻子莫尼克、董必武和翻译。林彪没有跟任何人打招呼，默默地坐在毛泽东面前，小心地避开眼神接触。晚会结束前，他提早离开，没有一句道歉的话。[32]三天后，同样的一幕发生在欢迎罗马尼亚总统齐奥塞斯库的接待宴会上。

为了完成对林彪的进攻，从1971年8月15日开始，毛泽东到南部、东部和中南部考察，为期20天。8月16日，他乘专列到达武汉。27日到长沙，31日到南昌，9月3日到杭州，他在那里一直待到10日下午。然后在上海短暂停留，一路从南京、徐州、济南、天津回到北京，没有做任何停留。9月12日下午，他到达北京郊区的丰台站：他似乎得到了攻击火车的消息，加快了回程速度。他见了许多高级官员，并与他们交谈。后来，他的讲话被还原汇编成资料，在内部有限传播。毛泽东坚持政治路线的重要性，说路线是个纲。他分析了50年来党经历的9次路线斗争[33]，眼前的情况下是第10次。和1959年“彭德怀军事集团”的冲突一样，庐山会议的斗争“又是两个司令部的斗争”。“有人急于想当国家主席，要分裂党，急于夺权。”“1966年5月18日，林彪同志说了一些奇怪的话……林彪同志8月23日在庐山那个讲话，没有同我商量，也没有给我看”，“惩前毖后，治病救人”，“对林还是要保……回北京以后，还要再找他们谈谈……有的可能救过来，有的可能救不过来”。关于天才的问题，“林彪同志……有些话说得不妥嘛”：事实上天才是罕见的。中国历史上有陈胜、吴广[34]，有洪秀全[35]、孙中山，还有马克思、恩格斯、列宁、斯大林。毛泽东强调党指挥枪，并建议重提从前在行业中最常见的口号“工业学大庆，农业学大寨，全国人民学习解放军”，并补充“解放军学全国人民”。最后毛泽东提到列宁在《国际歌》的作者欧仁·鲍狄埃逝世25周年写的文章。然后他说了几句歌词：

> 从来就没有什么救世主，也不靠神仙皇帝。要创造人类的幸福，全靠我们自己！

毛泽东补充说，人民通过团结，也通过斗争创造了历史，即使在社会主义制度下斗争也在继续。这段老生常谈由这样一个人说出来，是多么完美的表现。他自己也承认蓄意组织的对他的个人崇拜，并陶醉在数以百万计的人对着他的肖像欢呼的场景中！

毛泽东的总结是让大家去读经典，“而林彪认为这是不必要的，因为99%的内容都在我的书里”。“文革”是巨大的成功：1%的干部被清除，3%的人接受查看，96%的干部是好的。一些负责人在庐山会议上上当了，但“我们可以从错误中吸取教训，避免重犯”。总之，这是一个极具攻击性的言论，但给战败者留了逃生的路，他希望他们公开认错。毛泽东很快失望了。[36]

事实上，9 月 5 日或 6 日，黄永胜等人得知毛泽东在南方的谈话中发起攻击，通知了住在北戴河的叶群、林立果和林彪，好利用这个夏末。9 月 8 日，林彪经过最后的犹豫让他的儿子采取行动：毛泽东把他逼到墙根，迫使他犯规。9 月 8 日至 11 日，林立果汇集了他的“联合舰队”在北京的主要成员，并制订了一个攻打专列的计划，但因为毛泽东提前回京而失败。毛泽东到丰台后和文职及军队干部进行了两个小时的谈话：林立果知道毛泽东逃脱了。于是他采用了第二个准备不足的计划——分裂广东、逃亡至香港的计划。他安排林彪的私人飞机，一架英国制造的三叉戟停在山海关机场，以便让林彪和他的家人们飞往南方。计划 9 月 13 日上午起飞，同时将“四大将”招到广州，在那里和“联合舰队”的成员会合。

林立果把这个阴谋透露给他的姐姐豆豆[37]，12 日她要订婚。豆豆非常崇拜她的父亲，认为他最好的选择是和朱德一样退出政坛。这是一个脆弱的女孩，青少年时期曾经企图自杀，和母亲关系不好。12 日晚，她的弟弟从北京回来非常兴奋，立即退到叶群和林彪的房间里和他们谈话。豆豆明白计划的逃亡即将发生：21 点 20 分左右，为了保护她的父亲，林豆豆告诉 8341 部队负责林彪安全的人，生病的林彪被叶群和林立果挟持。负责的军官将此事报告给汪东兴，汪东兴随即报告给周恩来。周恩来要求检查三叉戟状况的电话让叶群和林立果警惕起来。林立果命令飞行员立即将三叉戟加满油。周恩来命令所有飞机不许起飞，吴法宪消极传达命令，但时间非常紧急。服了大剂量安眠药被叫醒的林彪似乎没有意识到发生了什么。林立果决定不能再等，必须到达最近的边境：中蒙边境，约需飞行 1 个小时。广州太远，被拦截的风险太大。此外，广州军区司令员和政委忠于毛泽东，很可能抵抗，特别是出发太仓促，不可能通知四个亲信。此时毛泽东得知林彪可能叛逃。起初他变了脸色，无法决定采取什么样的态度。是周恩来掌控着一切，并将毛泽东安置在人民大会堂118厅，由8341部队的一个营保护。汪东兴在隔壁房间：的确，人们担心像林彪这样的政变阴谋家会发动军事政变！

9月13日0时50分钟，北戴河值班人员告诉周恩来他无法阻止林彪和他的家人匆匆离开住处，乘坐红旗汽车飞速向机场驶去。期间经过短暂交火，一人受伤，一辆吉普在后面追。三叉戟在0时32分离开时没有加满油[38]，没有带副驾驶员和无线电导航员。不知道这架计划去广州的飞机有没有乌兰巴托的地图。在北京，毛泽东振作起来：1点55分，飞机飞行速度慢于预期，可能是为了避免空中拦截[39]，飞行路线是弯弯曲曲的。当飞机即将离开中国领空时，毛泽东拒绝了用导弹[40]拦截的建议，他说："天要下雨，娘要嫁人，由他去吧……"也许他从中发现让林彪成为一个逃往国外的叛徒有好处，和以前的张国焘、王明一样。两点半，三叉戟试图强行降落在蒙古温都尔汗起伏的草原上，飞机坠毁起火：机上所有人员丧生。

9月14日下午，毛泽东从蒙古驻中国大使处得知这个消息。后者趁此机会重新开放了自1966年以来切断的与北京的直航。林彪的身份已经确定。[41]9月13日早上3点钟毛泽东授意周恩来召开政治局会议，在毛泽东缺席的情况下，总理告诉与会领导人林彪和叶群逃往国外的事件，并要求他们做好准备以防万一。毛泽东在接到中国驻乌兰巴托大使的电话后，沉默了一会儿，发表了简短的评价，反映出他在这场危机结束时的宽慰："这是逃跑者的下场。"汪东兴说得更明确："死得坏，死得好。"我们看到卫士长从他的首长那里学到了矛盾的艺术！

林彪的悲剧结束了："文化大革命"这头野生东北虎，他没能骑得更久，他曾以为已经驯服它了。

虚幻的"周恩来年"（1972）

正如金冲及和逄先知[42]所写："9月13日的事件是'伟大的无产阶级文化革命'的一个转折点。客观上，它宣布了'文革'理论和实践的失败。"让-吕克·多麦兰克和菲利普·里奇在他们的作品《中国，1949—

1985》[43]中甚至写道，这意味着毛泽东主义的没落。

毛泽东似乎对林彪的反应很惊讶：他没有预见到后者会这样试图摆脱他设下的陷阱。开始几天毛泽东担忧有人攻击他，9 月 24 日开始，他振作起来，下令逮捕林彪的同谋，首当其冲的是林彪的“四大将”。9 月 18 日，军方高级干部得到一个超级秘密的通知，他们的“首长”叛逃了：包括陈毅在内的“二月逆流”的元帅们丝毫不掩饰自己的高兴。28 日，逮捕第一个“同谋”的消息被公布。10 月 1 日，没有林彪和叶群参加的国庆典礼举行。直到 12 月 11 日，一份题为《粉碎林陈反党集团反革命政变的斗争》的内部调查材料才公布林彪的死亡，随后下发了一些指示。1972 年 7 月，林彪的死亡才被官方披露。同时，解放军开始大规模的清理活动，直到 1973 年 3 月才结束。九大以来重建的党的基础受到冲击。处罚的人有四种类型：(1) 死党，陈伯达、“四大将”和“联合舰队”93 名成员；(2) 同伙；(3)“犯了严重错误的人”；(4)“犯轻微错误的人”，其中包括林豆豆，她被送到乡下接受劳动再教育直到 1975 年。据统计，共有 100 名军官被捕、被解雇或停职，6 名将领、35 名省委书记（15%）被撤职，15 名中央委员或候补委员被取消资格。政治局 15 名成员失去了 5 名。因此，这是一次重大的危机。同时，毛泽东晋升了很多人：叶剑英成为他的副手、中央军委负责人；汪东兴的 8341 部队创造了奇迹，权力得到增强。三员大将进入政治局：许世友（南京军区）、陈锡联（沈阳军区）、李德生（安徽军区）①。各种声明强调民兵组织的作用，民兵的武装和训练得到加强。民兵是政治委员在民间的臂膀，表明党指挥枪。

但是，这次危机使毛泽东受到严重的影响。不久，他生病两个月，虚脱、发烧、咳嗽、痰多、呼吸急促、血压上升。庐山会议后，因为过度疲劳，他患了肺炎，足踝水肿，大腿像灌了铅，走路拖着脚。简而言之，他成了一个真正的老人，一个又老又病的老人。[44] 1971 年 11 月 22 日，人们在电视上看到他接待越南总理范文同，这也许是为了让人民对他健康状况的恶化有准备。

1972 年 1 月，情况更为严重。1972 年 1 月 6 日，陈毅因结肠癌去世。毛泽东坚持参加他的葬礼。1972 年 1 月 10 日下午，葬礼在北京西郊的八

① 李当时已任北京军区司令员，兼南京军区副司令员、安徽省军区司令员。

宝山公墓举行。这一天非常寒冷。毛泽东匆忙赶到，仿佛他是在最后一刻做的决定，大衣里面穿着丝绸睡衣和晨衣。他对陈毅的遗孀说："陈毅是个好同志。"他在叶剑英准备的悼词中划掉了已故元帅"犯了一些错误"的句子。他悄悄对诺罗敦·西哈努克说陈毅不像林彪，陈毅从来没有背叛过他。毛泽东决定再次安抚解放军的元老们。在接下来的几个星期里，他恢复了一些人的权力，例如"文化大革命"前夕在他的指使下被逮捕和批斗的杨成武，说事实上他们是林彪的受害者。但是毛泽东在各种疾病没有复原的情况下外出，差一点要了他的命：他的双腿开始颤抖，他在搀扶下匆匆离开。他着凉了。1972 年 1 月 18 日，他几乎瘫痪了一段时间。数小时呼吸困难，左侧卧躺着，心脏都快要停止跳动了。医生诊断为严重的充血性心脏衰竭，再发作一次可能就是致命的。连续两次指定接班人失败后，接班人的问题更加急迫。1972 年 1 月 21 日，他的心跳和呼吸频率开始恢复正常，他与江青发生争吵，然后对周恩来说[45]："我病得太重，我想我好不了。我死了以后，事情全由你办。这是我最后的愿望。"几分钟后，江青反应激烈，在汪东兴和一个秘书的陪同下离开书房：她看到自己被排除在接班人之外。但是，两个小时后临时举行的政治局会议上，没有任何正式的指示。不过，自此，不可替代的最高领导者的接班人问题变成中心问题是显而易见的。

2 月 12 日，毛泽东有一次严重的旧病复发，这几乎让他丧命。政治局宣布由周恩来、王洪文、张春桥和汪东兴组成医疗组。[46]毛泽东很快有了表面上的好转，并立即开始按照康复计划克服自己的言语困难，学习坐、立，并在房间内走动。他的身体肿胀，必须做新衣服，也要做新皮鞋适应他水肿的踝部。尽管他的情况不乐观，但他很兴奋：他准备接待理查德·尼克松总统，后者领导着世界上最强大、最现代化的国家——美利坚合众国。这样，他基本完成了 1919—1920 年的政治承诺：结束中国一个世纪的民族耻辱，坐上大国的位置。毛泽东在这种地缘政治的激烈变化中起到了重要作用。他产生了接近美国的想法：他知道勃列日涅夫关于东欧社会主义国家主权有限的想法也涉及中国，中国害怕苏联攻击北京或新疆的核设施。这不是不可能的。毛泽东认为 1969 年 3 月，中苏边境乌苏里江的冲突是有预谋的挑衅，旨在向美国证明苏联和中国之间的裂痕。美国人当时还怀疑这一点。

尼克松访问北京

自与美国在华沙会谈以后，毛泽东亲自关注这一问题：最明显的是1971年春的“乒乓外交”[47]。10月基辛格再次来到北京，但这次是以官员的身份，准备尼克松访华的细节。毛泽东已经可以收获这一邀请的第一批成果。1971年10月25日这一天，中国恢复了在联合国的席位。台湾国民党集团的代表强硬地拒绝任何妥协，尽管美国驻联合国代表乔治·布什一再努力，但台湾代表全中国的不切实际的希望还是导致“中华民国”被驱逐出联合国，从此中华人民共和国作为联合国安理会的常任理事国拥有否决权。1972年2月21日尼克松抵达北京后，毛泽东在电视上观看外国代表团的车队开往钓鱼台宾馆。虽然最初预期毛泽东与尼克松的会谈为15分钟的象征性会面，但是为了拍摄毛泽东和尼克松在一起的照片，毛泽东让下午早些时候在他的私人公寓举行的这次会谈持续了70分钟。陪同尼克松的有基辛格[48]和高级随员温斯顿·洛德，后者能说中文，后来成为美国驻中华人民共和国大使。周恩来也参加了会谈，翻译员是唐闻生。会谈主要在毛泽东与尼克松之间进行，毛泽东问了基辛格几个问题，周恩来坐得较远，没有说话[49]：毛泽东显然要清楚地表明他是会谈的主人。他明确地说中国报纸上的反美论战将继续下去，两个国家的人民习惯于互相批评，关系正常化将是漫长的。毛泽东在对话中透露出虽然他们之间有分歧，但两国都面临着同样的威胁：苏联。他强调中国重视朝鲜半岛的统一，同时避免更深层次的问题：他不想引起其亚洲盟友朝鲜和越南北部的批评，并拒绝承诺不使用武力“解放台湾”。他当着尼克松的面夸奖基辛格，然后突然结束会议，理由是他累了。事实上，他的对话者们被他迷住了，正如基辛格写道，感觉“见到了历史”：“我从未见过一个人像他那样散发出粗犷的凝聚的意志力，可能夏尔·戴高乐是个例外。他一动不动地站在那里。有一位女护士在旁搀扶着他。”外交官们之间的讨论延长了几天，关于有争议的台湾问题在上海发表了公报，解禁了这个问题但没有解决：“美国认识到，在台湾海峡两边所有的中国人都认为只有一个中国，台湾是中国的一部分。美国政府对这一立场不提出异议。它重申它对由中国人民自己和平解决台湾问题的关心。”中国和美国之间的外交交流定期展开，但没有设大使馆。在此之后，日本在9月与中国恢复关系，其他17个国家在前后几个月内做了同样的事情。毛泽东取得了巨大成功：中国走出了四分之一个世纪被孤立、封锁和战争的风险，从而减轻了经济建设难以承受的重负。

犹豫的整改

此时的背景似乎有利于中国进行全面整顿。这是周恩来在“文化大革命”前夕就已经想做的，这一点从他在全国人民代表大会上谈经济现代化能够看出来。许多作者把1972年称为“周恩来年”。让-吕克·多麦兰克和菲利普·里奇甚至称其为“周恩来的700天（1971年9月至1973年8月）”[50]。事实上，我认为现实似乎更复杂，更容易让人想起1958年和1960年间中国“大跃进”灾难后的情况。毛泽东不得不退却，但没有放弃继续进军乌托邦的目标。务实的周恩来认为这是一个“极左思潮”。如果这种说法被接受，必然要给更多的“文革”受害者平反，发展生产，恢复工作纪律、质量控制，调整总的经济政策，尊重级别和技能。简言之，将“文革”作为建设一个富强中国的插曲。

毛泽东似乎有一段时间在朝这个方向走，但不愿意走到底。1972年6月28日，在会见斯里兰卡总理时，他进一步说：“我们这个国家也有人骂我们，说是整了‘左派’。我们的‘左派’是什么一些人呢？就是火烧英国代办处的那些人。今天要打倒总理，明天要打倒陈毅，后天要打倒叶剑英。这些所谓‘左派’现在都在班房里头。我们这里早几年天下大乱，全国各地都打，全面内战。两边都发枪，一共发了100万支枪吧。这一派军队支持这一派，那一派军队支持那一派，打。被那些‘左派’夺了权。一个半月（外交部）权不在我们手里，在那些所谓的‘左派’手里。这些所谓‘左派’，总后台的人现在也过去了，叫林彪。”[51]毛泽东的这一立场在北京举行的一次会议上得到了延续，这次会议最初由他倡议召开，但他没有参加，从5月开到6月：312名官员——包括陈云和李先念——讨论批判林彪和整改工作作风[52]。他们的结论是：“在中国革命的历史，在每一个阶段，每一个两条路线斗争的关键阶段，林彪总是站在错误的路线上，抵制毛泽东的战略，他几次阴谋篡权。”这些话不如毛泽东和斯里兰卡总理会谈时说得那么清楚，但是类似。张春桥没能成功捍卫相反的观点：林彪实际上是右派、苏联修正主义代理人，所以他想逃往苏联，最好的战斗办法是深化对刘少奇的批判。在这次会议上，针对关于在庐山打倒陈伯达的争论，公开了毛泽东1966年7月8日给江青的信，对他的朋友（林彪）[53]说他是天才的话感到惊讶。

同时，1972年开始在所有领域进行了整改，但整改是不完整、不成功的。事实上，毛泽东试图维护党的团结，同时继续务实的总理周恩来和“文化大革命”唯意志论者江青、张春桥的矛盾。因此，他坚持找到“文化大革命”的成就，因为它似乎更像是一个可怕的、可耻的错误。此举是一种在政治、经济、文化等领域的水中捞月。

在政治领域，毛泽东大规模为被红卫兵打倒的干部平反：90％1966年时的干部和管理人员在1972年年末回到工作岗位。这使得毛泽东不用承担他们多年被迫害冲击的责任。他发现一位副部长在秦城监狱恶劣的监禁环境之后，给总理写了一个短条子：“这种法西斯式的审查方式，是谁人规定的？应一律废除。”[54]但是，这个过程是缓慢的，很少有彻底平反。毛泽东亲自控制在1966年和1970年之间被监禁的300名元老和175名将领的材料，周恩来很高兴推动这个运动。1975年3月的一份报告总结了参与所谓的“五一六阴谋”而被撤职和囚禁的670名高级干部的情况，其中绝大多数已经被洗清了冤屈，300名被释放——在1975年春天。与其说是复职，不如说是察看试用，可以让一直有些可疑的干部“改正”他们的行为。

在经济领域，毛泽东一直都承认他不在行，似乎将其丢给了周恩来、李先念、陈云、余秋里[55]这些管理者。他倡议在1971年12月至1972年2月间召开经济计划会议，在他的要求下，会议决定引进西方技术，以弥补中国技术落后的不足。[56]我们甚至可以说这是20世纪80年代改革开放政策的起源。[57]这次重要的研讨会主要是由李先念和他的顾问们发言。他们巧妙地利用官方口号：在工业领域，还是“学大庆”，但现在却是确保恢复工厂的纪律；农业“学大寨”，但是需要情况许可。粮食和钢铁生产两个关键领域产量不错，具体如下。[58]

	1969年	1970年	1971年	1972年	1973年
粮食（单位：万吨）	21 097	23 996	25 014	24 048	26 494
钢铁（单位：万吨）	1 333	1 779	2 132	2 338	2 522

在农村，生产增加的部分原因是“文化大革命”矛盾和意外的结果：1966年至1969年，中国偏远的农村发展起分田到户的体制。1962年至1965年间，同样的体制曾经被毛泽东批为“修正主义”，并将其归咎于刘少奇和邓小平！解释这种现象的原因是地方党委被红卫兵和“造反派”砸烂了：城市的混乱导致数年时间国家中断征收粮食。农民受益于这种状况，重新获得了1955年被集体化剥夺的掌握生产的权利。在四川射洪县肥沃的红盆地里，恍然大悟的研究者指出：“再也没有强制性的征收。”同一省份的宜宾县属于靠近云南的高地，49 394个生产队中的8 355个（17%）在1969年将土地重新分配给家庭。目前的资料水平无法评估在1978年至1979年冬天公开并取得胜利之前，这一场农民的“无声革命”的规模有多大。毛泽东在唯意志论方面的退让可以解释在1970年和1972年之间到处都有大批自留地被集体没收，工分的计算从小队转交给大队，农贸市场关闭。毛泽东按兵不动，让周恩来和李先念将期望转化为行动。他允许张春桥组织传播1972年2月经济计划会议通过的文件，理由是文件太长了。一年后批评参与者之间缺乏共识再次阻止文件的印发，并回顾了列宁的语录：“小生产是经常地、每日每时地、自发地和大批地产生着资本主义和资产阶级。”

在毛泽东更关注的文化和教育领域，务实派和“文革”路线支持者的紧张关系更加明显。首先我们也看到出现了一些放松：1972年重新印发了20万本已经绝迹的中国古典名著《红楼梦》、《西游记》、《三国演义》、《水浒传》；也发行外国小说的翻译版，包括三位苏联作家的作品。就在林彪叛逃前，毛泽东提议的教育工作会议在1971年4月15日至7月21日召开，就知识分子在中国革命中起的作用的问题发生了激烈的冲突。江青和张春桥在迟群等一些年轻理论家的支持下，形容中华人民共和国成立后的前17年是“资产阶级在教育和文化领域专政的时期”。张春桥否认自1949年以来知识分子有任何积极作用，他们被红卫兵诋毁为“臭老九”！面对这些暴行，周恩来的反应很强烈，7月6日他指出：“毛主席的红色路线也照亮了文化领域。”他曾在1956年1月说：“绝大多数的知识分子支持社会主义：如果没有他们，如何实现国家现代化？”毛泽东在好不容易达成一致的文件上[59]写了两个字“同意”：“毛主席的革命路线没有被完全付诸实践，但是虽然有资产阶级的意识形态，大多数知识分子拥护社会主义，愿意为人民服务。”因为这次有保留的成功和当时反“左”氛围的鼓励，周恩来主导了 1972 年 5 月举行的科学和教育座谈。他开始下令中国各地调查教育和科研状况，主要的权威是捍卫理论研究的北大物理学家周培源[60]。1972 年 11 月，毛泽东接见了周培源[61]，并说他应该考虑周的想法。需要指出的是，这位科学家是在美国培养的，他在美国保留了许多关系：如果没有中美关系的恢复，周的晋升是不可能的。他的建议之一是提高大学入学的门槛，那时大学录取是靠“工农兵推荐”，大学生是少量正统的积极分子。他的一篇文章本来应该发表在《人民日报》7 月版上，但只发表在 10 月 6 日的《光明日报》上，而且只在知识分子当中发行。而《红旗》批评“有人利用著名的物理学家压迫我们”：张春桥和姚文元正保持着警惕。1972 年的秋天，周恩来似乎想利用各路人马对“左”派的敌视除去这道经常出现的屏障。李先念、余秋里和华国锋[62]在哈尔滨的工厂调查了一圈之后，得出一个报告，谴责“无政府主义”是“假马克思主义骗子的反革命工具”。刚刚从监狱中或五七干校释放回来的吴冷西和胡绩伟等记者们在文章中引用马克思的语录批评巴枯宁。10 月 14 日的《人民日报》发表了三篇他们的文章，痛惜元老被迫害、党的领导受到震动、经济混乱和“骚乱”，这是“文化大革命”的一种代价。1972 年 11 月 30 日，周恩来同意中联部、外交部的一份报告，谴责无政府主义和“左”派的问题，并在此内部文件中建议“彻底批判林彪反党集团煽动的极左思潮和无政府主义”。相反，12 月，江青和张春桥说的是“应批林彪卖国贼的极右，同时批他在某些问题上的形‘左’实右”[63]！《人民日报》的王若水摆脱了这两个有影响力的对立团队，他的人道主义的信念强调批评“左”派。12 月 5 日，王若水给毛泽东写了一封信，他在信中巧妙地说“‘左’的批不透，右的东西也会抬头”[64]。毛泽东让江青将这封信交给周恩来、张春桥和姚文元，让他们一起找王若水谈话，解决一下这个问题。然后，12 月 17 日，他告知了自己的意见，说林彪思想的本质是极右，不是极左。证明是“修正主义，分裂，阴谋诡计，叛党叛国”[65]。毛泽东回避辩论的本质，就这样结束了反“左”派的运动。两天后周恩来就退让了。毛泽东认为过于谴责“左”派，“文化大革命”所取得的成就会受到威胁。

第二次“文化大革命”的流产[66]

不过，毛泽东也没有倒向江青和张春桥。他和1973年1月1日的《人民日报》发表的社论一样，寻求一条中间道路。事实上，他将林彪批为“修正主义者”，但没有明确提出是“左”派还是右派，同时赞美“文革”能“巩固无产阶级专政，防止资本主义复辟，建设社会主义”。他的接班人问题再次变得紧迫，他知道极左派无法独自承担权力。1972年1月，他曾短暂任命周恩来为继任者，主要是他不指望提拔江青和王洪文，王洪文明显没有文化、经验（他是“刚断奶的婴儿”）和政治意识。他的主要优点是出身贫苦的农民家庭，曾是一名抗美援朝的士兵，在成为“造反派”之前是工人，有地区基础。这些不足无法让他成为这个幅员辽阔的国家的领导人！他于1972年9月来到北京，毛泽东让他多读马克思主义理论的各种书籍，因为基础不好，他看不太懂，这个37岁的上海人难以掩饰他的无聊，无法改掉红卫兵的粗鲁。[67]

然而，接班人问题不能在短期内找到一个解决方案。1972年12月，毛泽东再次患上重病[68]，开不了口说话，呼吸急促，而且必须一天用数次呼吸机。他无法在没有人搀扶的情况下走路，他的肌肉僵硬，体重只有69公斤。他的右手萎缩，四肢颤抖，被误诊为帕金森症。而且，他右眼的白内障让他不方便阅读和观看喜欢的功夫电影。张玉凤必须帮助他吃稠粥，上厕所，与江青一起严格控制访客。为了听清毛泽东越来越含糊不清的话，张玉凤越来越必不可少了。

毛泽东必须做一个姿态，一段时间以来他就知道有必要这么做：把下放到江西的邓小平召回。[69]的确，“文化大革命”中受打击的精英中，邓小平是其中少数有国家首领才干的人之一。他一直和汪东兴保持接触，了解北京发生的残酷斗争。1971年11月，他给毛泽东写了一封信，提出要工作，因为他很快就明白林彪垮台的后果。1972年1月，毛泽东在陈毅的葬礼上不显眼地夸奖了邓小平。1972年8月3日，邓小平给毛泽东写了第二封信，要求复出。8月14日，毛泽东把信交给周恩来和汪东兴询问他们的意见，他认为邓小平曾犯严重的错误，但必须不同于刘少奇的错误，说：“（一）他在中央苏区是挨整的，即邓、毛、谢、古四个罪人之一，是所谓毛派的头子……（二）他没有历史问题，即没有投降过敌人。（三）他协助刘伯承打仗是得力的，有战功。除此之外，进城以后，也不是一件好事都没有作的，例如率领代表团到莫斯科谈判，他没有屈服于苏修。”前“第二号走资派”回到领导队伍的速度很慢，毛泽东似乎想考察他。1973 年 2 月 22 日，邓小平回到北京，1973 年 3 月 10 日被正式平反：他承诺不挑战对“文化大革命”的积极评价。他接待了汪东兴，3 月 28 日接待了周恩来和李先念。1973 年 3 月 29 日，他受到了毛泽东热情的召见：主席询问他关于外交政策的意见。他将受邀参加中央政治局的最重要的会议。大概在 4 月 9 日，他与周恩来、康生讨论江青和张春桥在 20 世纪 30 年代各自被警察逮捕时的态度，他们曾应国民党的要求同意在口供上签字。这次沟通让邓小平在随后的战斗中有了一个令人生畏的武器。[70] 1973 年 4 月 12 日，邓小平正式出现在款待诺罗敦·西哈努克的宴会中。

然而，毛泽东的行为越来越难理解：他随意改变立场，让身边的人永远留在不确定的痛苦中。毛泽东很高兴见到世界各国领导人，喜欢发表一些让他们震惊的声明[71]，但不允许别人这样：1972 年 6 月、1973 年 2 月和同年 11 月，他和基辛格三次碰面的时候[72]，唐闻生和他的孙侄女特别提醒他周恩来关照过哪些话不能说。我们可以推测，其实毛泽东的动机是他坚决不把最看重的领域，尤其是外交政策领域让给他人。但与美国的新关系特别棘手，周恩来发挥了重要作用，而毛泽东的路线特别曲折。

毛泽东的路线是他的“三个世界”理论的一部分，将在 1974 年发布。第三世界国家是以前的殖民地或半殖民地，是帝国主义各种形式的受害者。中国认为社会主义的国家只有朝鲜、越南北部、罗马尼亚和中国。中国的目标是带领这个世界的斗争。第一世界由两个超级大国组成，美国和苏联都在争夺这个星球的控制权。第二世界是中间地带的没落的帝国主义国家，它们寻求延长对第三世界的剥削，不屈服于超级大国。特别是日本、法国、英国、联邦德国、加拿大、澳大利亚和意大利。毛泽东认为被压迫人民的解放斗争削弱了两个超级大国，因此不能停止支持他们，特别是毛泽东认为革命是这一阶段的主要特征。然而，超级大国美国的困难比苏联更大，苏联已经成为中国的主要敌人。1972 年 5 月，美国开始与苏联展开 SALT 谈判[73]，限制部署有核弹头的运载火箭并确定将中国排除在核大国俱乐部之外。他特别关注尼克松与勃列日涅夫 1973 年 6 月 28 日在莫斯科的会面：毛泽东担心美国在玩两面派，因为中国的国际地位低。他更担心的是 1973 年 4 月被揭发的水门事件的丑闻：尼克松和基辛格的政治前途如何？因此他让周恩来严谨分析中国—美国—苏联的三角关系。外交部的官员们因 1967 年受到红卫兵的冲击仍然心有余悸，他们编写了这份报告。他们由于担心被指控向帝国主义妥协，从而坚持美国和苏联之间有勾结，以前毛泽东同意这一点，但此时这似乎是批评主席最近与美国交好的立场。毛泽东不得不接受美国在没有和台湾断绝所谓“外交关系”的情况下在北京设联络处，这是他不满意的，因为以前的法国和最近的日本都同意与台湾“断交”。美国这么做可以解释为接受“两个中国”的存在的开始。最近几个月，总理似乎过于自作主张。周恩来得知毛泽东的不快，从 7 月 3 日开始让人撤回这份报告。[74] 7 月 4 日，毛泽东在召见张春桥和王洪文时透露出他对周恩来的愤怒。[75] 5 日，中央政治局听取了张春桥的报告，之后周恩来做了长时间的自我批评，检讨自 6 月以来作为外交部领导犯的错误。

十大，一次过早的大会

在中国共产党第十次全国代表大会期间，毛泽东的威信受到影响，这次会议是 1973 年 8 月 24 日至 28 日召开的。[76]毛泽东坚持提前召开此次会议，因为根据党章本次会议本应该再等一年：他想消除林彪作为他的继任者的所有信息，并立即停止对林彪进行批判时出现的右倾错误。但准备工作提前了很久。[77]政治报告由周恩来阅读过，是张春桥执笔的，并得到了毛泽东的批准：这是正常的过程。毛泽东从 5 月份开始便定下了思路：“我们怎么能说文革是一个失败呢？文革打倒了刘少奇集团和林彪集团。这是一个伟大的胜利：没有文革，怎么会有人揭露打倒刘和林？”赢了两个内定的接班人，多么苦涩的胜利！毋庸置疑，十大的报告是为“文化大革命”辩护和扬名的：这份报告，或者更确切地说，执笔的人把林彪打成右派，几乎没有对经济形势的分析。另外，这份报告还列出了“文革”期间的“社会主义新生事物”，称赞“赤脚医生”的作用，这些匆忙间培训出来的医务人员分布在各个村庄，在普及卫生知识的同时也滥用抗生素。这份报告也同样以江西劳动大学为例，赞扬了“高等教育向工人和农民开放”，劳动大学实现了长期教育和实践培训，同时取消了所有理论教育的教学内容。[78]这份报告还列举了其他成功经验，例如《红色娘子军》等革命歌剧，尽管精彩的打斗和借用经典的方法无法掩盖歌剧剧本的贫乏。最后，更令人惊讶的是，这份报告补充称赞了五七干校和“知青”下放。在最后这一点上，毛泽东坚持在十大前夕召开了一次工作大会，从 6 月 22 日至 8 月 7 日，由华国锋主持，工作会议决定改善接待“知青”的条件。[79]提交这样一份平庸的报告作为这些可怕年份的工作结果，可能是周恩来的灵活，因为他的对手们不能反驳他，而事实自己会说话。从中得出的结论绝不是“文化大革命”的胜利！王洪文作了汇报，回顾党章的修订，林彪作为毛泽东接班人的印记被消除了。最重要的是，他在报告中提到一个革命者必须“反潮流”，与红卫兵运动时著名“造反有理”的口号相呼应。另外，他还提到在不久的将来会发动其他“文化大革命”，周恩来引用毛泽东的话只说“很可能”。“左”派对大会的压力还体现在中央政治局 7 名常委[80]中，毛泽东、三个极左派（王洪文、张春桥、康生）、一个快速升迁的军官（李德生），只有周恩来和叶剑英是温和派的代表。江青和姚文元没有进入中央政治局，吴德、倪志福和华国锋进入了中央政治局。邓小平还得再等待数月，权力的大门需要他提供新的证明。中央政治局的军方代表从九大的 43％减少到 30％，干部从 29％增加至 33％。群众代表从 28％增加到 37％，工人的比例很高。不过人们将聂元梓等无法控制的“造反派”排除在中央政治局外，而是选了倪志福、劳动模范上海纺织女工吴桂贤，以及陈永贵，这个精明的农民根据当时的政策低调处理大寨的模式。196 名中央委员和 124 名候补委员中有 40 名委员和 9 名候补委员（15.31％）是“文革”的受害者。其中 13 人是前中央政治局成员，受过红卫兵批斗。毛泽东并没有参与讨论，出现了几次。当周恩来说列宁主义的原则仍然是中国建设社会主义的基础时[81]，他说：“啊，这是对的。”他戴着氧气罩，坐着轮椅离开。王洪文代其投票。虽然毛泽东仍然是中国的太阳，但他已经是夕阳了。

然而，他没有松手。1973 年 6 月 22 日，他会见马里总统穆萨・特拉奥雷，后者问他何时结束“文化大革命”，他回答说“还有一点尾巴”[82]：中共十大给了他方法。1973 年 11 月至 12 月，一些迹象让人以为第二次“文化大革命”逼近了。

“批林批孔”

和 1966 年一样，“批林批孔”也始于首都的大学校园，是由严酷的大学入学考试造成的。1973 年 6 月 30 日，在辽宁的大学入学考试中，一个叫张铁生的人交了白卷，并在试卷背面写着因为繁重的农田劳动，他不可能复习。[83]毛泽东的侄子毛远新注意到他，将这封信在 7 月 17 日的《辽宁日报》和 8 月 10 日的《人民日报》上发表：极左派控制的报纸网络再次证明了它的有效性。9 月，张铁生被铁岭农学院特招为大学生，因为“反潮流”成了“国民英雄”，引起竞相效仿。大家还对大学录取和毕业分配过程中“走后门”议论纷纷。不久，一个新的话题出现了：林彪不是“左”派，而是受思想家孔子和孟子启发的右派。毛泽东曾于 3 月和 7 月两次谈到林彪和孔子思想之间的相似性。特别是 8 月 7 日的《人民日报》发表了一个叫杨荣国的人的一篇文章，认为孔子主张恢复奴隶制。[84]这位大学教授认为应该批评林彪和孔子，即“批林批孔”。在这次辩论中，“左”派理论家声称延续了“法家”的传统对抗儒家，为残暴迫害学者的秦始皇辩护：毛泽东 8 月 5 日给江青的一首诗中批评郭沫若对秦始皇的批判[85]。9 月中旬，江青怂恿迟群和谢静宜[86]联合北大清华的教师每月发表“北京大学、清华大学大批判组”署名为“梁效”撰写的文章。1973 年 11 月至 12 月的这股“反右倾回潮”重新激起了疯狂年代嚣张的气焰：为了惩罚卷入白卷事件的 600 名教师，突然让他们参加一场政治知识考试，90%的人不及格！这股风潮在很大程度上是由江青引起的，她寻求到哲学家冯友兰等“资产阶级知识分子”的帮助。“梁效”准备了题为《林彪与孔孟之道》的文章，1974 年 1 月 12 日，江青和王洪文把这篇文章给毛泽东看。

1973 年 11 月 10 日到 14 日亨利·基辛格第 6 次访问北京期间，毛泽东和周恩来自夏天开始的紧张关系更加恶化。11 月 12 日，毛泽东与基辛格讨论了近 3 个小时，思维活跃。除了深层次的分歧，让毛泽东不快的是周恩来在美国安全事务助理的来访中所扮演的角色：在基辛格的 7 次来访中，有 6 次和周恩来举行了面谈。13 日周恩来和基辛格的会谈一直持续到午夜，没有人认为有必要提醒毛泽东。11 月 17 日，他在政治局会议上指责周恩来投降美帝国主义和偏离官方路线。[87]周恩来立即做了两次自我批评，均被毛泽东拒绝。江青指责总理是“右倾投降主义”。11 月 21 日到 12 月 5 日，江青加强了攻击：她指责周恩来把外交部变成了“独立王国”，想取代毛泽东。她谈到第 11 次路线斗争，第 10 次导致林彪的垮台，第 9 次导致刘少奇下台。中央政治局的很多成员先后参与进来。一个由江青、王洪文、张春桥、姚文元——未来的“四人帮”！——加上华国锋、汪东兴组成的“六人小组”被指定“帮助周恩来”。然而，12 月 9 日，毛泽东为这场“游戏”降了温：他不认为外交部是“独立王国”，也不认为周恩来要“篡夺”他的位置。因此，这并不是“第 11 次路线斗争”。不过，针对总理的其他攻击已经形成：周恩来因此提交了一份新的自我批评。计划 3 个小时的自我批评持续了 7 个小时，开了 3 次会。12 月中旬，毛泽东接待尼泊尔国王的时候，周恩来只能坐在椅子上，而前几次与外国客人会面时，他都坐在扶手沙发上：毛泽东让周恩来回到了原来的位置上。[88]

“左”派的无力

另外，事情似乎很紧迫：1973 年 12 月 29 日，王洪文宣布毛泽东要推动一次新的“反修”斗争。事实上，1974 年三大全国性日报的新年献词基调都非常激进。1 月 18 日，毛泽东接受了“梁效”批判林彪和孔子的文章。1 月 24 日，召开驻京部队会议，25 日，召开 1 万多名党的积极分子会议，26 日，召开主要部委员工和干部会议，27 日，召开中央党校工作人员和学生会议，以及解放军政治干部会议。25 日和 27 日两次会议让江青感受到和“文化大革命”那段“最美的岁月”同样的热烈：在 27 日会议上她随口提问一位解放军总政治部副主任关于《共产党宣言》的问题，因对答案不满意，命人摘下了他的领章和帽徽。周恩来、汪东兴、华国锋和“四人帮”组成了一个“批林批孔运动七人小组”。不久加入了一个“中央军委六人小组”以促进在解放军中进行同一运动，这个小组包括邓小平、叶剑英、张春桥、王洪文、陈锡联和苏振华。[89]这个组织类似于“中央文革小组”以及1966年解放军负责同样运动时的小组。我们甚至可以认为，1974年12月至1975年1月邓小平的崛起在毛泽东看来并不是为了平衡激进的潮流，而是作为确保解放军参与运动的一个补充，像曾经的林彪一样：毛泽东欣赏邓小平有军事（武）和文职（文）的才华。1973年12月12日，毛泽东恢复了邓小平的中央政治局职位，21日，恢复中央军委职位，负责八大军区司令的对换工作。随后，中央军委发布了八大军区领导人之间的调动命令：此举切断了八大军区司令和当地各种社会和政治力量的联系。他们有些类似于过去的“军阀”，曾经在其区域内编织了各种关系。这样一来，毛泽东能够更紧密地控制他们。陈锡联成为政治上最重要的军区即北京军区的司令。因为邓小平过去担任过政委，得到将领们的信任，所以完美地完成了任务。因此，1974年3月，毛泽东任命他为中国代表团团长，去纽约联合国总部参加一周后的会议，在那里邓小平第一次向世界介绍了“三个世界”的理论。江青、姚文元和张春桥对这项决定感到愤怒，没有出席4月2日的政治局会议。

但是，没有任何问题得到解决。毛泽东批评江青不经过他的同意使用文件[90]，要求她减少对“走后门”的批评，因为毛认为“开后门来的也有好人，从前门来的也有坏人”。但在1974年的头几个月，他为江青受到的批评辩护。[91]1973年12月底，他要求侄子毛远新重读他在延安整风运动中写的关于经验主义和教条主义的9篇论文，其中两篇点了周恩来的名，这是鼓励将“批林批孔”运动变成一场反对周恩来的运动。但在1974年的前六个月，他见了总理9次，并且不允许发布“梁效”新的汇编，将运动的真正目标明朗化。

事实上，毛泽东很快意识到自己亲自发动的这场运动在群众中缺乏支持。这次运动在数个月的时间里发展，4月份达到最高峰，之后发展缓慢并开始出现偏差。江青的笨拙最终引起了毛泽东的不满：5月5日，她提到在参谋部“夺取政权”，引起很多不好的回忆。4月，一些大字报攻击30多名军队的高级将领，其中包括7个军区的司令和6个地区领导人，包括党的副主席和政治局常委李德生：这是一种混乱的兆头。另外，2月和8月间在12个省份发生了骚乱，最严重的爆发在江西和浙江：因为林彪垮台受到牵连的极左派攻击取代他们的负责人是“复辟孔夫子的反动派”。各地出现集会，党的书记被批斗，“坐飞机”。各地工人利用这种混乱的情况提出自己的要求：的确，尽管1971年7月的工资增加了18%，但工人的生活水平还达不到1957年的标准。因此工厂中的“批林批孔”采用了反对“小头头”的形式，反对这一两年来他们为了恢复纪律，提高工作效率采取的措施。上海5号码头的工人贴大字报谴责“吨位奴隶制”，得到了冶金机床厂的回应。1974年6月开始杭州敌对团体之间的冲突导致丝绸工厂的罢工浪潮：孔子成为制造罢工的捣乱分子！1974年7月毛泽东批准的一个通知承认各地工厂都出现混乱，矿山停工，铁路运输困难，谴责“工人的不合理要求”。

1974年7月17日，毛泽东在他主持的一次政治局会议上[92]说需要秩序和稳定，这就意味着“批林批孔”的结束。8月在北京召开的各大军区司令员、政治委员会议，传达了毛泽东的指示[93]：“有些人犯了错误，揭露他们这是好事。要实行惩前毖后、治病救人的方针。一棍子打死就不好。允许人家改正错误嘛，要给人家机会！这些人做自我批判，要让他们讲完，结束时要鼓掌。无产阶级文化大革命，已经八年。现在，以安定为好。全党全军要团结。”7月17日，毛泽东对过度挑战他神经的江青说：“不要设两个工厂，一个叫钢铁工厂[94]，一个叫帽子工厂，动不动就给人戴大帽子[95]。”毛泽东转向会众对所有人说：“她并不代表我，她代表她自己……总而言之，她代表她自己。”他最后总结说：“要注意呢，别人对你有意见，不要搞成四人小宗派呢！”

事实上，这场运动只不过是一场政治闹剧，毛泽东为自己发动的运动画上一个句号，宣告毛泽东主义的耗竭。

毛泽东主义的耗竭（1974—1976）

事实上，到此时为止，毛泽东主义区别于斯大林主义的原创性是增加了定期的群众运动，动员群众反对体制和模仿苏联模式的夸张的领袖崇拜。自1949年以来，出现了一系列的风暴，意识形态的风掀起了来自社会深处的浪潮。土地革命的基础是众多苦难的农民。1955年至1956年的土地和大型生产工具集体化和交换虽然少了协商，但得到了最贫穷的农民、苦力、工人甚至赞赏其合理性的知识分子的支持。“大跃进”让整个国家梦想从此摆脱饥饿的恐惧。在“大跃进”遇到可怕的失败后，数千万中国人在“文化大革命”中找到为这场灾难遭受的痛苦向干部们报仇的机会，毛泽东把党的干部们交给他们处置。但这已经是一个更加困难的练习——毛泽东鼓励群众向党“造反”，但这样的瞄准是具有挑战性的，因为他不能匆忙中让整个政治—意识形态的建筑被推倒，毛泽东是这个建筑中的最高领袖。斯拉沃热·齐泽克在一封给阿兰·巴迪乌的信中认为“‘文化大革命’是一个悖论”，他将其定义为“极端专制与极端群众解放相叠加”[96]。其实，它不是一个悖论，而是一个真正的难题，唯一真正的解决办法是领袖操纵群众，将表面上的解放变成完全的奴役。“批林批孔”运动改了方向，只能从工人们争取自己的阶级目的和某些知识分子需要民主的社会主义[97]当中获得活力：毛泽东主义的机器离开其中轴线后无法运行。毛泽东主义长期痛苦的没落从毛泽东生前就开始了，他对退居二线的恐慌和经济的恶化都需要管理者的回归。

1974 年 7 月 17 日，毛泽东乘专列离开北京去武汉。他在东湖客舍一直住到 10 月中旬，然后去了长沙，4 个月后去杭州，从 1975 年 2 月初至 4 月中旬一直在杭州休息。最后他回到北京，直到去世没有再离开北京。[98]这次长时间的外出是毛泽东的噩梦：他的右侧瘫痪逐渐地加重，走路时像走在高跷上。他越来越频繁地需要呼吸辅助。从 1975 年秋天开始，他的讲话变得几乎不可理解，只有张玉凤学会了读他的唇语，翻译他的咕噜。有时他写几个潦草的字补充这种不可靠的交流。他每天只清醒几个小时，但仍然坚持接待外宾：1975 年 7 月会见泰国总理克立时，他说每个来见过他的人回国后很快就倒台了：尼克松、田中角荣、惠特拉姆、希思、苏加诺、西哈努克[99]都被或多或少粗暴地赶下台。克立后来回忆那次会面，为我们描述了一个下颌抖动、走路需要人搀扶、手臂抽搐的毛泽东，他好像一位行动不便的老爷爷。1974 年 7 月医生下的诊断是毛泽东患有卢伽雷氏症，可怕的肌萎缩性脊髓侧索硬化症。这种病症是无法治愈的，他只剩两年的生命。1975 年 1 月毛泽东终于同意接受全面的身体检查，2 月 5 日 6 名医生给中共中央政治局的报告确定了这一点[100]：毛泽东患有卢伽雷氏症，两只眼睛都患有白内障，还有冠状动脉慢性疾病、两肺下叶感染、脑缺氧[101]。由于他拒绝鼻导管插入术，只好靠左侧躺，往失去活动力的喉咙里灌入鸡肉羹，打氨基酸和葡萄糖针。在这种整个身体机能长年低下的状态下，唯一的改进是 1975 年 7 月左眼接受了白内障手术。除了他的护士和张玉凤，在他的身边现在还有一位朗读者。

毛泽东清楚地意识到他站在死亡的入口处。1975 年他对护士吴旭君[102]说他死的时候，不要在他跟前[103]。吴旭君建议不要说不吉利的话。毛泽东的话带着令人毛骨悚然的幽默色彩："我在世时吃鱼比较多，我死后把我火化，骨灰撒到长江里喂鱼。你就对鱼说：鱼儿呀，毛泽东给你们赔不是来了。他生前吃了你们，现在你们吃他吧！"接着，他讨论了未来的葬礼："同志们，今天我们这个大会是个胜利的大会。毛泽东死了。我们大家来庆祝辩证法的胜利。他死得好。如果不死人，从孔夫子到现在地球就装不下了，新陈代谢嘛！……这是事物发展的规律。"虽然他完全有意识，但这种状态的领导人，还有怎样的政治影响力呢？何况大约在同一时间，他的助手周恩来癌细胞扩散，1974 年 6 月 1 日住进 305 医院，除了非常罕见的情况[104]，再也没有离开过医院。1 月 13 日，总理在人民大会堂举行的第四届全国人民代表大会上做了他最后的、非常简短的报告。他一直主持中央政治局的工作直到 1975 年春天。至于毛泽东，他越来越依赖最亲近的人做的关于政治局势的报告。他最后一次乘火车去南部的旅程中，陪同的邓小平和李先念的作用相当大，而政治地位较低的"两位小姐"——唐闻生和王海容很难介入谈话。当毛泽东回到北京后，这个内部的圈子缩小为张玉凤、吴旭君、"两位小姐"[105]，并且毛泽东越来越多地倚重他的侄子毛远新，1975 年 10 月毛远新迁入中南海居住。这个圈子的基调是"左"派，对周恩来和邓小平充满敌意，这一点从 1975 年秋天毛泽东和毛远新之间的谈话中可以看出。[106] 1974 年 3 月 20 日，毛泽东把惹怒他的江青赶出了这个圈子："不见还好些。过去多年同你谈的，你有好些不执行，多见何益？有马列的书在，有我的书在，你就是不研究。"[107] 因此，江青在 1975 年夏天搬离中南海，住到了钓鱼台。这样导致了一种比较奇怪的情况：偌大的中国由邓小平领导，毛泽东一直怀疑邓小平再次"走资本主义道路"，还有王洪文，杭州的罢工事件表明了他不善管理。[108] 中国的政治生活最终取决于一位肢体不便、几乎失明的主席越来越令人听不懂的讲话，他拥有没有限制、不受控制的一票否决权，而事实上他正失去与现实世界的联系。

邓小平脆弱的复出

经济情况令人担忧，城市里的社会局势越来越紧张。只有管理者才能化解最严重的危机：管理者是邓小平，而不是王洪文。1975 年 7 月 19 日，王洪文派部队占领了杭州发生罢工的四个丝织厂，将重要的领导人投入监狱，而其中有一些曾经是王洪文的亲信。4 月底，李先念恢复了列车的正常运行，几个月来反复的罢工使列车的运行陷入瘫痪：在“批林批孔”运动过程中出现的 11 700 名工会领袖被逮捕，3 000 人被判劳改，85 人因为破坏活动被执行死刑。1975 年 6 月，鞍山钢铁厂的钢铁生产量与目标相比延误了 400 000 吨：这与“批林批孔”中反对不平等工资和奖金的运动有关，毛远新扮演了重要的角色。1975 年年底，情况有所好转：1974 年年底发射卫星失败，负责这一活动的七机部也负责导弹建设，1975 年年底成功发射了 4 颗卫星。

在这种困难的情况下，邓小平在 1975 年短暂地回归权力的巅峰：毛泽东需要一些管理者来取代进入癌症晚期的周恩来，但需要他们的时间不长。局势恢复以后，他准备重新发动制造乌托邦的机器：像 1962 年秋天一样。事实上，他无法任由别人将这种临时的路线修正解释为不同于他的政治路线的另一种政治路线。他把看起来像是投机的行为用哲学术语表达出来，像 1964 年 10 月在“一分为二”的意识形态冲突中所做的一样[109]：他拒绝否定之否定的概念，虽然恩格斯认为否定之否定是马克思主义辩证法的基本规律。因为毛泽东相信“事件链中的每一个环节既是肯定也是否定”，不存在辩证的合成。因此，毛泽东既支持务实派又支持他们的对手，先后支持他们，但时间不长。

我们可以把这些混乱的年月分为三个阶段。[110]第一阶段从 1974 年至 1975 年 5 月，邓小平击退了企图阻止他复出的极左派。第二阶段从 1975 年 6 月至 11 月，他试图通过整顿巩固他的成功。在此期间，极左派受到毛泽东的推动，但同时毛泽东还支持务实派。在第三个阶段，毛泽东放弃了再次皈依了“修正主义异端”的邓小平，1975 年年底邓小平被边缘化，1976 年春天被放逐。不过毛泽东并没有将“四人帮”全部安置在重要岗位上。

1974年10月4日，邓小平回到政治局之后被毛泽东提议出任国务院第一副总理，1975年1月5日，他被任命为解放军总参谋长。江青和张春桥准备了一次反击。[111]他们相信在“风庆”轮事件中找到了机会。这艘船是上海江南造船厂完全使用中国技术建造的。然而在1974年5月至9月的处女远航中，登上“风庆”轮的交通部工程师对轮船的性能不满意，得出这样的结论：最好是和以前一样购买这种类型的外国船只。消息泄露后，上海的极左报纸（没有其他报纸!）怒斥面对外国技术的奴性。江青在10月14日作出反应：她猛烈批评交通部。周恩来和邓小平知道这是针对他们的，所以保持沉默。[112]江青在10月17日政治局一次会议上让邓小平表态，邓小平谨慎地说他需要更多的信息来回答。江青进而撒泼，一阵攻击、谩骂。忍无可忍的邓小平愤然起身，离开会场，拂袖而去。主持会议的王洪文结束了混乱的会议。当天晚上，江青和“上海小组”的其他三个领导在钓鱼台见面，决定派王洪文到长沙见毛泽东。10月18日，王洪文见到了毛泽东。[113]他诬告医院病床上的周恩来与邓小平、叶剑英密谋，说邓小平很“傲慢”，提到1970年的庐山会议，并确定1975年1月份四届人大会议上会有一次“突然袭击”。毛泽东很反感，打断王洪文，要求他与邓小平当面谈，并与周恩来和叶剑英讨论，要注意江青。王洪文向他保证他已经反对江青了，毛泽东轻蔑地笑了：“什么？你？对她使脸色?”然后把他打发走了。[114]毛泽东批评王洪文没有咨询政治局的其他成员就来见自己，威胁到团结和稳定，这是此时他优先考虑的。王洪文显然错误地认为否定“修正主义”就是革命!

王洪文惨败后，江青、姚文元和张春桥纷纷来见周恩来。周恩来和王洪文见了三次面，10月28日他接受了王洪文与毛泽东见面后的自我批评。10月18日，江青将“风庆”轮事件比作1967年的“二月逆流”。那一天，周恩来把所有的责任推给江青，同时赞扬邓小平的耐心，并让大家不要打扰主席休养。10月20日，毛泽东在长沙接见了邓小平：他故意让“两位小姐”说起10月17日的事件。毛泽东对江青很生气，说她“做一些无聊的事”。他让邓小平安心做他的新工作，让周恩来和王洪文为四届人大会议准备一份报告。11月12日，毛泽东在长沙第二次接见了邓小平。邓小平对毛泽东的意图有一半肯定，准备入职解放军总参谋部，他知道自己在那里是绝对安全的，不应该过于小心。同日，毛泽东给江青写了一个新的警告："不要多露面，不要批文件，不要由你组阁（当后台老板），你积怨甚多……"[115]

长沙的风波

1974年12月21日的政治局会议上，江青四次提议在人大上任命张春桥为总理，任命她的部属们为部长，均遭到失败。12月23日，周恩来和王洪文乘坐不同的飞机赴长沙面见毛泽东讨论四届人大。12月23日和27日之间，毛泽东见了他们四次。26日是他的81岁生日，毛泽东谈了4个小时，疲惫不堪，话也说不清了。会面结束时，他在周恩来的帮助下，困难地写了几个扭曲的字。在这次会面中，他说王洪文没有邓小平那样的政治才华，邓小平"政治思想强，人才难得"。他希望邓小平被确认为第一副总理、第一军委副主席和解放军总参谋长。而张春桥成为国务院第二副总理、解放军总政治部主任，这使他处于从属于邓小平的地位。毛泽东也给四届人大提出的重新启动"四个现代化"开了绿灯，批准了周恩来提出的部长提名，并增加了三个指示：一是，学习和理解无产阶级专政的理论；二是，确保维护安定团结；三是，鼓励经济发展。[116]

1975年1月13日至17日，第四届全国人民代表大会召开。1月8日至10日，中共中央十届二中全会召开。我和大多数汉学家一样，不认同泰伟斯轻视这次会议的重要性的做法，这次会议是管理者和务实派反对唯意志论者和"左"派的一次相对胜利。[117]1月13日，周恩来离开病房，在开幕报告中提到"文化大革命的伟大胜利"，这是一种仪式，但压缩为一系列的"社会主义新事物"，其中包括江青提出的革命歌剧，这无疑是一种黑色幽默的形式。当然还任命了一些"左"派理论家们，但他们仍然局限在文化和新闻领域，而"文革"受害者加速复出，巩固了邓小平的朋友们在部队和国家中的地位。我们发现杨成武、胡乔木、陈丕显、周扬重新担任职务。特别是重新提出四个现代化，即工业现代化、农业现代化、科技现代化、国防现代化，体现出自1957年以来中国的落后和实行另一种政策的紧迫性。当然，周恩来类似于遗言的报告伴随着他的自我批评——又多了一次！——1月9日，他打电话给毛泽东做了自我批评，随后的2月1日在国务院会议上又做了一次[118]。无论如何，逄先知和金冲及强调在这次会议中“四人帮格外沮丧”[119]，这次会议促进了社会基层民众力量的缓慢发展，逐渐动摇了毛泽东主义的基础。这种力量虽然还不能公开，但已强大到足以阻止新的毛泽东主义的动员。接下来的半年证实毛泽东主义像它的缔造者一样已经气喘吁吁。

事实上，由于缺乏民众的支持，两次“左”派运动在很短的时间内流产了。1975 年 2 月下旬，张春桥和姚文元根据毛泽东的三个指示中的第一个指示，在《人民日报》上发表了一系列文章，挑选了马克思、恩格斯和列宁关于无产阶级专政的 33 条语录。这些文章成了政治局讨论的对象，因为《毛泽东选集》中的语录有时候互相矛盾，尤其是涉及一个“新的资产阶级在社会主义条件下长期存在”，保持一定的“资产阶级法权”和“八级工资有利于资本主义复辟”这些问题时。3 月份，姚文元发表了一篇文章《论林彪反党集团的社会基础》。4 月 1 日，张春桥发表了一篇迂腐的文章，题为《论对资产阶级的全面专政》，什么用也没有。此类老生常谈的讲话不灵了，因为它们经常伴随着灾难和葬礼。另一个流产的运动开始于 4 月 20 日，姚文元送了一份关于经验主义的报告给毛泽东，大量参考了 1959 年毛泽东在“彭德怀事件”时写的《经验主义还是马克思列宁主义》。姚文元和他的政治同伴在这个概念的背后针对的是周恩来、邓小平、李先念等元老，认为他们仗着经验危害理论，为右倾铺路。最早的争辩在几个星期前就开始了。邓小平迅速作出反应：4 月 18 日，毛泽东会见金日成，让邓小平参加。他向金日成介绍邓小平不仅“能打仗”，更是“反修战士”。受到这些话的鼓舞，邓小平在会议结束的时候向毛泽东抱怨自己被指控为“经验主义者”[120]。4 月 23 日，毛泽东批评了姚文元的文章——这大大出乎“左”派的意料——暗示这个蹩脚的文人和他的朋友们是无知自大的教条主义者[121]：“提法似应提反对修正主义，包括反对经验主义和教条主义，二者都是修正马列主义的，不要只提一项，放过另一项……我党真懂马列的不多，有些人自以为懂了，其实不大懂，自以为是，动不动就训人，这也是不懂马列的一种表现。”得到这个意外的支持后，邓小平和叶剑英在 4 月 27 日政治局会议上引用毛泽东的话批判江青和张春桥——姚文元只不过是一个微不足道的小卒：权威人物已经说话了。

5 月至 6 月，邓小平认为已经赢了这盘棋：进入复出后的第二阶段。

1975年5月3日，毛泽东来参加政治局会议，他一直讨厌政治局开会。这将是他最后一次这样做。[122]他受到周恩来热情的欢迎，周恩来说起自己的三次手术，但未能引起他的注意，他祝贺一些得到晋升的人，批判江青，提醒住在钓鱼台的纪登奎，建议他不要加入“四人帮”，变成“五人帮”，批评目前的“左”倾宗派主义和分裂主义，不能“和二百多的中央委员搞团结”，并称赞陈永贵那封信，后者在信中要求回到大寨，不愿意花费40%的时间在北京开会。然而，毛泽东对“四人帮”的批评没有导致任何对其成员的惩罚。更糟糕的是，他认为这些错误可能会持续几个月，甚至几年，从而最大限度地减少其严重程度，并干巴巴地回顾对周恩来说过的反对“右倾机会主义”的“三要三不要”问题：“要搞马列主义，不要搞修正主义；要团结，不要分裂；要光明正大，不要搞阴谋诡计。”毛泽东总是将肯定和否定相结合！因此，邓小平非常谨慎地维护着他的成功，以免惹怒毛泽东。5月27日和6月3日，邓主持了两次中央政治局会议，旨在“帮助江青和她的盟友纠正错误”，不要“搞四人帮”，同时确保严格遵守毛泽东的讲话。[123]邓小平的女儿说这些会议是“两军之间的冲突”[124]。事实上，邓小平、叶剑英和李先念避免对他们的对手进行任何人身攻击，并批评划分派别可能破坏党的团结。6月28日，江青第一个做自我批评，之后是张春桥和姚文元。王洪文在12月底做了自我批评。三个月来，四个人避免见面。为了取悦毛泽东，邓小平见了江青，会面是冷冰冰的。6月7日，毛泽东对邓小平的态度感到满意，接见了他，并说了一些话消除他的疑虑[125]：“过去有功劳，反刘少奇，反林彪。现在就不行了，反总理，反邓小平，反叶帅，反陈锡联。政治局风向转了，小平，你要把工作干起来。木秀于林，风必摧之。”

邓小平已经得到了预报：风暴无法避免，风雨来临的时候邓小平只能依靠自己。7月2日，他从王洪文的手中接过管理党日常事务的职责[126]，7月4日他决定“振兴经济”，这正是毛泽东1974年12月的要求[127]，“以三项指示为纲”。因此，不再以政治和阶级斗争为纲。邓小平让胡乔木领导国务院政治研究办公室，该办公室成为他的思想实验室，坐落在中南海内，有40个秘书，负责编制《毛泽东选集》第五卷和最近的政策出版物。邓小平和胡乔木没有招任何“左”派。这个办公室的领导编写了三个关键报告。[128]8月18日的报告题为《关于加快工业发展的若干问题》，由国家计委起草，谴责“坏分子借口与反革命作斗争”破坏生产和影响质量。当时的情况严峻，而且“左”派把有些建议看作挑衅：重建物质激励制度，发展研究事业，进口国外技术。9月26日，胡耀邦和胡乔木发布了一份《科学院工作汇报提纲》，这是第五个版本，提出高等教育和科研水平的棘手问题。最后，10月中旬，邓力群[129]统稿改定《论全党全国各项工作的总纲》，大量援引毛泽东语录，特别是1942年12月20日的文章《经济问题与财政问题》，毛泽东在文中批评“教条主义者”低估生产力的作用。[130]这次总的整顿是在规章方面对“左”派的打击。《总纲》是这样说的：“我们一些同志……总是……把革命和生产互相割裂开来……那种认为，抓好革命，生产自然会上去，用不着花气力去抓生产的看法，只有沉醉在点石成金一类童话中的人才会相信。”出乎邓小平的意料，这最后一篇文章激怒了毛泽东，邓小平因为自信可能故意越了界。[131]特别是其中一句用粗体印刷的语录提到科学和技术是生产力。邓小平引用了其真正的作者马克思的话，从而揭示了主席在马克思主义知识方面的不足，而毛泽东并不承认这一点。

邓小平最后的耻辱

1975年9月15日至10月19日先后在大寨和北京召开“农业学大寨”的全国会议，有3 700名代表参加。9月15日，江青作了讲话，她谴责农村资本主义的再现，同时赞扬1958年夏天公社的平等经验。相反，邓小平回忆了自己在1961年至1962年采取的帮助农民的措施，多次被江青打断。会议期间后者转述了最近毛泽东对著名的古典小说《水浒传》的赞许[132]。传统的看法是这本书描写农民反对“封建主义的压迫”的斗争，梁山泊的108将是伸张正义的英雄。8月14日，毛泽东痛斥“叛徒宋江”“投降”敌人首领。同时，邓小平也躲避对他的打击，在大寨会议结束后，他支持华国锋的建议，逐步夸大大寨模式，将计算工分的大队在三年内由6.4%提高到总数的9.7%：这是两害相权，取其轻。然后，他向毛泽东抱怨江青的行为。毛泽东说她说的不过是废话。[133]9月21日毛泽东会见英国前首相希思，24日，会见越南北部领导人黎笋，邓小平在会见中都很活跃：他甚至出现在毛泽东、汪东兴和医疗队一起拍的照片上。10月

19 日至 23 日基辛格访华期间，邓小平甚至敢挖苦美国在东亚的政策是准备建立“亚洲的慕尼黑”。他这么说不是为了惹毛泽东不高兴，他仍然相信毛泽东。这种对“左”派的新攻势特别曲折，但是失败了。

10 月中旬至 11 月初，毛泽东和邓小平之间的紧张关系升级。江青看出毛泽东对邓小平提出的三份报告不满意，火上浇油地说这是“三株大毒草”，是“资本主义复辟的宣言”。两个新的因素使这一次的进攻取得了胜利。

首先是主席的侄子毛远新的影响力越来越大。所有人都注意到 1975 年秋毛泽东的健康状况迅速恶化。基辛格 10 月访华和福特总统 12 月访华期间，他虽然能清晰地讲两个小时话，但一举一动必须让身边人帮忙。他看不清楚，说不出话，写一些让人几乎看不懂的纸条，毛泽东只有通过别人保持与世界的联系。这些人包括他的“私人秘书”、能读懂他的唇语的张玉凤，以及三四个护士，其中有来自空军的孟锦云、他的英语老师章含之（外交部长乔冠华优雅的妻子，江青的朋友）。在这个小圈子里，只有 1975 年 9 月 27 日加入的毛远新起了一些政治作用。离开沈阳到北京定居的那一天，他重新开始学习“文化大革命”前夕他的伯父跟他的谈话。然而，从 10 月 10 日起，这个叫江青“妈妈”的年轻“左”派干部就开始负责主席和政治局之间的联系。因此，他的身份是主席的发言人。1975 年 9 月 27 日至 11 月 2 日，毛泽东和他的侄子之间的讨论内容几乎都记录得很清楚[134]：毛远新无情地批评邓小平发展两大主题的政策。第一是屈服于国外的危险性，他举了 1973 年石油危机的负面影响为例。第二是邓小平坚持优先发展生产力。邓小平以 1974 年 12 月毛泽东提出的“三项指示为纲”，毛远新说邓小平故意掩盖“阶级斗争为纲”，是为“扭转文化大革命本身的正面评价”。11 月 15 日，王洪文回到北京，并加入了主席的内部圈子。1975 年 12 月 26 日毛泽东生日，江青和“两位小姐”都参加了。“左”派的氛围如此浓厚，只能让长期卧床不起的主席释放出最猛烈的影响力。

第二个促成邓小平再次被打倒的因素是刘冰事件。[135]刘冰是清华大学党委第一副书记，曾经受过红卫兵的虐待。1975 年 8 月 13 日，他写信给毛泽东状告迟群和谢静宜，迟、谢二人 1968 年夏天随解放军 8341 部队的一支小分队进入校园恢复秩序。迟群喜好美食和漂亮的女孩，名声不好，而且傲慢又无能。毛泽东没有理睬这封信。10 月 13 日，刘冰通过胡耀邦转交给毛泽东第二封批评信，也攻击了谢静宜——一位在十大上应毛泽东的要求晋升的年轻女子。然而，迟群和谢静宜是“左”倾杂志《学习与批判》的编辑组“梁效”（两所学校）最忠实的成员。他们在杂志上热烈报告了江青去天津郊区的小靳庄[136]的三次访问。因此刘冰的攻击打到了毛泽东的后院。这个后院由北京的两所大学和首都 6 个工厂组成，是主席乌托邦思想的试验点，最近他在那里试验“批斗改”。因此毛泽东觉得这封信直接针对他。他让人找来第一封信，并写了批示：“清华大学刘冰等人来信告迟群和小谢。我看信的动机不纯，想打倒迟群和小谢。他们集中的矛头是对着我的……清华所涉及的问题不是孤立的，是当前两条路线斗争的反映。”该批示立即被急于煽风点火的江青印发。邓小平对于毛泽东严厉的语气和两条路线之间的冲突感到担忧，11 月 1 日要求见毛泽东。后者肯定了他领导整顿的成绩。但是，11 月 4 日，毛泽东对毛远新说：“安定团结不是不要阶级斗争，阶级斗争是纲，其余都是目。斯大林在这个问题上犯了大错误。”这和邓小平关于三条指示的立场是相反的。但是毛泽东对他的侄子说他不想“打倒”邓小平，而是要“帮助他”[137]。11 月 2 日晚召开了小范围会议，毛远新当着应毛泽东的要求赶来“帮助”邓小平的汪东兴和陈锡联的面，转达了他伯父的话。但邓小平不肯低头认错。11 月 3 日，反对刘冰的运动在北京的校园展开：毛泽东将它定位为“反击右倾翻案风”。11 月 4 日毛远新向毛泽东报告了邓小平的行为，毛泽东因自己遇到阻力大怒，要求召开政治局会议，积极评价“文化大革命”，他的看法是七分成绩，三分错误，并迫使邓小平认同。

这次中央政治局会议 11 月 20 日召开。它标志着邓小平再次被打倒：“邓小平年”只持续了 6 个月。参加政治局会议的 17 人中有 16 人赞赏毛泽东的“文化大革命”。但邓小平拒绝对此发表评论，说他在江西下放，没有这样的经历，无法正确评价：这符合主席的理论，没有调查就没有发言权！他引用了陶渊明的著名诗篇《桃花源记》中的诗句，“不知有汉，无论魏晋”[138]。邓小平就是这个远离现实世界的“流亡渔民”。同时，江青和她的朋友们用 1 300 张大字报贴满了清华校园，11 月 22 日发表讲话请“群众”来阅读并分享他们的愤怒。在 9 个月内，他们在全国散发了约 76 万份传单和小册子反对“平反”，捍卫“文化大革命”所取得的成就。

结果是徒劳的：公众没有回应。不过“文革”的尾巴还有最后一个受害者：教育部部长周融鑫，邓小平的一个朋友，从12月起遭到几十次的批斗后，这个59岁的男人疲惫不堪，于1976年4月13日因心脏病去世。自11月24日起，邓小平主持政治局会议只说两句话——“开会”和“散会”，剩下就是作检讨和听别人发言。1975年12月20日，他做了一次具有讽刺意味的自我批评。情况有些奇怪，因为毛泽东不顾江青和毛远新的压力，仍然拒绝“将邓小平一竿子打死”[139]。他不希望公开对抗，但很乐意看到减少“邓小平的活动”。事实上，他认为邓小平的错误是“人民内部矛盾”。但1976年1月周恩来的去世和毛泽东健康状况明显的恶化使得有必要尽快结束高层的僵局：接班人争夺战进入最后阶段。

天安门广场抗议

1976年在沉重的气氛中开始。1月11日，超过100万北京居民护送总理的灵车到八宝山墓地，灵车甚至一度被人群围住[140]：周恩来被认为是抵御“左”派夺权的城墙。几个省都出了事件：3月4日四川成都出现一张反对张春桥和他的反“资产阶级法权”运动的大字报；杭州一名工人散发周恩来的假托遗嘱，批评“文革”；安徽芜湖出现针对江青和张春桥的各种攻击。3月5日，《文汇报》刊登了纪念雷锋的文章，删掉了周恩来的题词，此举将周恩来和同样被删掉题词的刘少奇和林彪等同，引起了南京大学学生的反感。而且全中国都对周恩来的简陋葬礼感到震惊。原因很简单：“四人帮”下令执行五个“不”，即不准群众戴黑纱，不准送花圈，不准设灵堂，不准开追悼会，不准挂周恩来遗像[141]。因为他们担心葬礼的排场会被解释为对“文革”的否定。1月15日邓小平发表的悼词没怎么引起官方的回应。

因为疾病活动越来越少的毛泽东看待周围的眼光越来越尖刻。[142]他拒绝让江青成为接班人，因为江青“喜欢整人”。王洪文也不行，“如果让他发号施令，除了他自己，别人都没有饭吃”——1975年夏天吃饭花了2万元。张春桥“嘴皮子厉害，而办事不行”。因此张春桥管的解放军政治部没有参与1976年3月毛泽东发起的反对邓小平“坚持走资本主义道路”的运动。毛泽东甚至没有谈到姚文元，姚只是一个笔杆子。

毛泽东越来越孤立。1976年2月23日尼克松访华后，翻译员“两位小姐”唐闻生和王海容被冀朝铸代替。毛泽东对毛远新说：“我看出她们的本质：那两个‘小耗子’觉得我的船要沉了，跳进了邓小平的船。”毛泽东越来越信任他的侄子毛远新。人们可能会问：他选华国锋作为接班人是不是为了让他的侄子有时间建立一个比辽宁省更广泛的政治基础？1976年1月21日，毛泽东提议华国锋为总理时没说什么夸奖的话[143]：华国锋的理论水平不高，但他诚实正直，没有参与阴谋或分裂活动，他当总理很放心。他单独对毛远新说的话可能是对形势的深度分析：“一些同志，主要是老同志思想还停止在资产阶级民主革命阶段，对社会主义革命不理解、有抵触，甚至反对。对文化大革命两种态度，一是不满意，二是要算账，算文化大革命的账。”他评价邓小平：“他还是人民内部问题，引导得好，可以不走到对抗方面去，如刘少奇、林彪那样。邓与刘、林还是有一些区别，邓愿作自我批评……批是要批的，但不应一棍子打死。”

选择华国锋为总理激起了江青和张春桥的愤怒，因他们的野心没有实现。邓小平露面越来越少，他大部分时间都待在中南海家里。叶剑英生病期间，陈锡联主持中央军委工作，邓小平就回到了中南海。此时华国锋与江青、张春桥集团的紧张关系加剧，社会弊病每一天都更加显著：罢工此起彼伏，根据计划，1976年工业生产增长要达到7%～7.5%，但此时的统计只有1.7%。工人们谴责资本主义的做法，要求获得利益，不管引起的混乱会让哪一个派系受益。1976年3月，江青在一次政治局会议上说华国锋是“叛徒”，因为他提议用石油交换外国的化肥！农林部召开了两次会议，5月下旬在石家庄召开的会议关注中国北方的小麦，6月在无锡召开的会议关注中国南方的水稻。这两次会议上极左派和华国锋发生冲突，指责华国锋声东击西，不进一步推进对邓小平的批判。大寨模式的问题也不断出现。4月20日华国锋就此事给毛泽东写了一封信，介绍了自1969年以来恢复农业政策灵活性的困难。8月底，江青去小靳庄视察，对农村妇女的扫盲很感兴趣，9月初去了大寨：她没有谈论农业生产，而是谈男女平等问题，激烈批评当地的领导人受邓小平指使把她要求建造的防空洞改成了猪圈。

在这种紧张的局势下，发生了毛泽东晚年的重大危机，1976年4月4日和5日发生在天安门的事件。[144]

事件从南京开始：继南京大学生的躁动后，3 月 25 日《文汇报》的一篇文章重新激起了祭奠周恩来的活动。这篇文章说“党内那个走资派要把被打倒的至今不肯改悔的走资派扶上台”，这是一石两鸟！4 月 4 日清明节的传统是扫墓。[145]此时出现了一些大字报批判有人诋毁纪念周恩来的活动。数万人上街游行，一直走到雨花台烈士陵园。从 3 月 28 日至 4 月 4 日，超过 60 万人参加。学生们用桐油和油漆在火车车厢内刷了“江青张春桥罪该万死!”“纪念周恩来总理!”等大幅标语。常州、无锡、杭州和合肥也出现了类似示威。这个自发运动并没有提及邓小平。3 月 19 日，北京牛坊小学学生在天安门广场的人民英雄纪念碑放下了第一个纪念周恩来的花圈。[146]3 月 23 日，一个安徽人路过北京时放上了第二个花圈。3 月 30 日，一些士兵献上了花圈，后来又有了数百个各种来历的花圈。一个 15 米的追思台很快建了起来，人们在上面放上总理的照片、纪念他的诗歌、标语和彩带。从 3 月 30 日至 4 月 3 日，上百万人涌到天安门广场写诗、抄诗、讨论或围观。4 月 1 日，华国锋匆匆召开政治局临时会议，要求南京当局恢复秩序，将示威游行定为“修正主义”事件，并要求首都居民不要去天安门广场。4 月 2 日，北京驻军、公安和民兵的一项联合声明谴责清明节是“四旧”。这没有什么效果：4 月 3 日（星期六）和 4 日（星期日），近 200 万人依然在追思台附近徘徊。有些人带来一些小瓶子（小平），这是很容易破译的一个政治哑谜。纪念总理的文章中有许多反对张春桥、江青和姚文元的内容，针对毛泽东的相当罕见，但也有一些，如“秦始皇帝的王朝一去不复返了”。傍晚，一名年轻男子读了一份声明，这份声明谴责正在进行的所谓“反对邓小平右倾”的活动是“没有任何民众支持的、可怜的野心家翻案的企图”。晚上政治局再次在人民大会堂举行会议，与会者可以非常清楚地看到聚集的人群。也许住在 1 公里以内的毛泽东也听到了模糊的传闻。邓小平、叶剑英、李先念都没有出席。王洪文大清早带着一个手电筒去看了临时搭建的灵堂，为北京市委第一书记、北京军区政委吴德的报告提供了一些素材。据悉，从 3 月 19 日至 4 月 3 日上午，共有来自 1 400 个单位的 2 073 个花圈。运动的速度在加快，两天内，又有 927 个新单位送来了 1 200 个花圈。其中只有 48 个对毛泽东怀有敌意。谨慎的吴德仍然认为这是“修正主义事件”，不是“反革命事件”。但是 22 点，姚文元托人带来一张危言耸听的纸条，而江青尖叫着说吴德

“中邓小平的毒太深了”。于是吴德决定在午夜时分搬走花圈和花束，4 月 5 日凌晨 1 点到 2 点共动用了 200 辆卡车。公安部门逮捕了 57 个正在抄诗词的人。这个后果严重的决定没有询问毛泽东的意见。广场被关闭了。王洪文上午查看了广场南面公安、民兵和驻军的临时岗亭：他坚持不虐待被逮捕的人，只有 7 人仍然被拘留。一切仍然是人民内部矛盾。5 日上午，毛远新去见毛泽东。他做了加油添醋的汇报——“用死人压倒活人”。很显然，他补充说，在这个时候，“存在一个地下的‘裴多菲俱乐部’，有计划地在组织活动”。因此，有必要采取适当的措施。毛远新特别提到张春桥的话，邓小平是“中国的纳吉”，这是一个“匈牙利事件”。这些话给毛泽东留下了深刻的印象，说这的确是一个“反革命事件”，因此，有必要使用武力，但要适度，不动用军队和枪支。毛泽东认为邓小平应对这个运动负政治责任，这意味着邓不是组织者。因此应该对其行为立案调查，但不将他开除出党。

同时，人们像前几天一样来到广场，发现封锁线拦住了英雄纪念碑。近万人更加坚定，冲破公安部门的警戒线，聚集在人民大会堂外，高呼：“还我战友！还我花圈！”两辆警车配备着扬声器要求人群散去：一辆车被推倒了，另一辆逃跑了。扬声器重复着：“周恩来总理万岁！”一个唱反调的说邓小平是“顽固右派”的抗议者被打跑了。时间到了中午。示威者唱着《国际歌》冲过了指挥部的前门。他们指定了一个 4 人代表团，但当局不承认。13 点，愤怒的人群放火焚烧了一辆警车，后来又烧了另一辆和一辆给民兵送食物的面包车。15 点，派出所的岗亭被烧毁，里面的人也逃走了。其中包括两位中央委员会候补委员、两位驻军军官、两名公安人员和两名民兵军官。政治局委员继续坐在人民大会堂跟进事件的发展。邓小平在有一定距离的北京饭店剪头发：他想证明他没有在骚乱中起作用。18 点 30 分，吴德下令用扬声器命令人群散去，并请“革命群众不要被阴谋破坏分子欺骗”。20 点，吴德和控制首都工人民兵的倪志福、驻军司令吴忠来到现场，开始准备集中力量清理广场：10 000 名民兵手持棍棒，还有 3 000 名公安人员和 5 个营的士兵。华国锋和陈锡联施加了压力，他们一直拖延采取行动的时间。22 点 30 分，聚光灯照亮广场，大多数仍留在广场的示威者匆忙离开。23 点，聚集在英雄纪念碑前的人遭到突然冲出来的挥舞着棍棒的民兵袭击。有数十人受伤，没有人死亡，388 人被逮捕。

直到 4 月 7 日，大家才总结此次危机的政治后果。[147]早上八九点，毛远新再次见到毛泽东。在此之前，有人将姚文元的情况汇报为毛泽东念了一遍。毛远新希望将邓小平定性为此次“四五反革命事件”的后台，这将导致他立即被逮捕。毛泽东确认其立场：问题的性质发生了变化，违背了革命，虽然剥夺邓小平的权力，但不开除其党籍。随后的政治局会议气氛非常紧张。江青和张春桥本来想把邓小平抓起来，说邓与人民之间的矛盾已经成为真正的对抗性矛盾。握有兵权的汪东兴说毛泽东不希望邓小平受冲击，把他放在一个安全的秘密地点。现在我们知道他当时在北京心脏地带的使馆区的房子里，受到军队保护，不受他的敌人的干扰。邓小平没有被开除党籍，而是留党察看。华国锋被正式任命为总理，无须等待人民代表大会的审议。他也成为党的第一副主席，即毛泽东的继任者。陈锡联被任命为中央军委第一副主席。4 月 8 日，《人民日报》公布了 1976 年“四五”事件的官方意见：一场“反革命”事件刚刚被平息。

这些日子具有决定意义，突出了两个新的因素在接下来的几个月中发挥了作用。

一是人民再次出现在历史舞台上，与毛泽东主义的操纵没有任何关系。

二是主要将领保护邓小平，对江青和张春桥有敌意。

毛泽东的遗嘱

病魔现在几乎完全抓住了毛泽东，他日夜昏睡，不能再说话，每天只有几个小时相对清醒。然而他还是坚持在 1976 年 4 月 30 日接见新西兰总理，5 月 12 日接见新加坡总理李光耀，5 月 27 日接见巴基斯坦总理佐勒菲卡尔·阿里·布托：那日他的状况非常不好，决定以后再也不接见外宾。按照毛泽东的要求，与李光耀会谈的记录只印发给了一部分领导人，这些人似乎是毛泽东最后选择的领导核心：华国锋、张春桥、汪东兴和毛远新。没有姚文元，也没有江青。4 月 30 日和 6 月 25 日，他两次召见了华国锋，肯定对其有充分的信心。他时而点头，时而摇头，在纸片上写了几行几乎无法分辨的字[148]：

慢慢来，不要招（着）急。
照过去方针办。[149]
你办事，我放心。
国内问题要注意。

1976 年 5 月 27 日，毛泽东接见巴基斯坦总理布托。这是毛泽东生前最后一张官方照片。我们看到最左边是刚刚取代邓小平的华国锋。

而 6 月 15 日，毛泽东立了一个更完整的政治遗嘱[150]：

人生七十古来稀，我八十多岁了，人老总想后事。中国有句古话叫盖棺定论，我虽未盖棺也快了，总可以定论吧！我一生干了两件事，一是与蒋介石斗了那么几十年，把他赶到那么几个海岛上去了，抗战八年，把日本人请回老家去了。对这些事持异议的人不多，只有那么几个人，在我耳边叽叽喳喳。无非是让我及早收回那几个海岛罢了。另一件事你们都知道，就是发动“文化大革命”。这事拥护的人不多，反对的人不少。这两件事没有完，这笔遗产得交给下一代，怎么交？和平交不成就动荡中交，搞不好就得血雨腥风了，你们怎么办？只有天知道。

5 月 11 日，毛泽东心肌梗死发作，6 月 26 日第二次发作更为严重，之后陷入迟钝和昏迷。他可能不知道 7 月 6 日朱德逝世的消息，也不知道

7月28日可怕的唐山大地震，这次地震造成242 000人死亡，严重影响了天津，对北京也有影响。他身边的人和他的警卫们有点恐慌，谁也不知道怎样安置他。8月18日，华国锋趁着毛泽东有一阵子清醒，向他做了关于地震发生后组织救援工作的最后汇报[151]，他似乎点头批准了。在关键时刻快要到来之际，华国锋的目的是将其作为毛泽东后继者的任命合法化。毛泽东可能不知道8月11日《人民日报》的社论标题是“深入批邓，抗震救灾”，文章宣称：“党内机会主义路线的头子，总是妄图利用自然灾害造成的暂时困难，扭转革命方向，复辟资本主义。”当然，他也没有听说署名为“岳定”的《红旗》第9期上的文章《我国地震史上的两条路线斗争》，该文章将路线斗争一直追溯到宋代！“左”派因为自己的过激行为越来越孤立。尤其是江青，越来越惹人讨厌[152]，而华国锋在阴谋和谣言的气氛中巩固了自己的基础：叶剑英晋升军衔，汪东兴、陈锡联、吴德、王震和杨成武的碰面越来越频繁，他们坚决而谨慎地反对江青和张春桥夺取政权。叶剑英和王震碰面时拒绝发动军事政变，这样不会造成太大的损失：投鼠忌器。反正大家都知道他们的对手是不得人心的，在和解放军对抗的情况下民兵只不过是“豆腐”：为一个拙劣的阴谋冒险没有意义。

9月2日17点，毛泽东第三次心肌梗塞尤为严重。由于他的肺部感染加重，5日，华国锋将江青从大寨叫回来。9月7日下午，毛泽东身边的人员肯定他的生命快要走到终点了。9月9日晨0时10分，毛泽东逝世。

结　语

革命总是令人失望，
但它打开了新的一页。
——摩西·列文，《苏联的世纪》，488 页

毛泽东的一生让人想起古代帝国的创立者神话般的命运。比如朱元璋是一个农民的儿子[1]，带着军队打天下，成为明朝的第一个皇帝，毛泽东领导建立的共产党政权，在今天的中国仍然是合法的。然而，对他的思想的继承问题引起了激烈的争议，直到 1980 年审讯“四人帮”，1981 年 6 月中国共产党中央委员会通过《关于建国以来党的若干历史问题的决议》，1982 年 9 月中国共产党第十二次全国代表大会后才稳定下来。

毛泽东在去世后五年期间（1976—1981）继续影响着中国的政治生活，我将最后回顾一下他的命运和毛泽东思想的发展轨迹。此时一个老生常谈的问题出现了，它在本书之前的字里行间已经出现过好几次，现在必须给出一个答案：如何解释这个农民出身的湖南小学教师不同寻常的命运？

被任命的接班人艰难站稳脚跟[2]

在毛泽东过世后的几个小时里，华国锋在中南海游泳池附近的一个大厅里召开了一次政治局会议，没有人敢当众质疑毛泽东指定的继任者。大家起草了一份致全国人民的公告：宣布毛泽东逝世，要求“化悲痛为力量”，继续他的事业。“化悲痛为力量”也是 1975 年 4 月 5 日蒋介石去世时[3]，台湾当局使用的语句。9 月 9 日清晨 4 点，这篇文章被发布。53 个国家降下了半旗，包括法国和联邦德国。

人们为他举行悼念仪式，但悲痛远远小于周恩来去世时。我们可以在

张戎的《野天鹅》[4]中找到证词：她的家庭在“文化大革命”期间遭到迫害，当她得知毛泽东逝世时感到大大地松了口气，但为了小心还是故意哽咽。很多中国人也做了同样的事情。但更多的人真诚地哭泣：毛泽东曾经在他们的生活中无处不在，现在他们体会到的空虚[5]同样无处不在。9月11日至17日，毛泽东的遗体在人民大会堂接受吊唁，整个领导层轮番前来告别。9月18日，毛泽东的葬礼在天安门广场吸引了百万群众。在所有照片中，江青都在正中间。王洪文宣布默哀3分钟，华国锋发表了悼词，悼词中夹杂着许多毛泽东的语录，包括在中国“枪杆子里面出政权”这样的语句。9月16日，《人民日报》、《解放军报》和《红旗》上发表了姚文元写的一个联合社论，重提毛泽东告诉华国锋的最后意愿“按既定方针办”。4月30日毛泽东和华国锋谈的是“照过去方针办”，两句话差别不大。然而，在华国锋9月18日的讲话中谨慎地避免谈到这些“既定方针”，但他却是唯一一个可以确保这些话真实性的人。这并没能阻止“四人帮”在许多报刊文章中努力阐释“既定方针”指的是毛主席的“无产阶级路线”、打倒“走资派”和加强对邓小平的批判。

“四人帮”在确保控制媒体的基础上[6]，还试图掌握党这个机器。从9月11日开始，王洪文在中南海设了一个“值班室”，并通知全国各省、市、自治区及时向他们请示报告。接替华国锋担任湖南省省委书记的张平化觉得很奇怪，于是打电话给华国锋询问，这加速了华国锋向汪东兴的靠拢。

不过，后来审判“四人帮”时，指控他们密谋军事政变，组织了两个师呈钳子状夹击北京：一个来自辽宁，毛远新已经回到沈阳原来的岗位，私自调沈阳一个师向北京开进；另一个驻扎在昌平，位于距离北京西北20公里通往八达岭的途中，其领导人曾多次接待张春桥的弟弟。但有种说法是这一指控似乎是炮制的。这个师的政委痛恨江青和张春桥，因为大家没有遗忘1967年的“二月逆流”，在这种情况下任何阴谋都会被扼杀在萌芽状态。

在这种谣言和猜疑的氛围中，反对“四人帮”的人从夏天开始互相接触，此时接触更快、更频繁。华国锋扮演了主要角色：他知道江青要摆脱他，但他也清楚地意识到，一旦解决了这四个人，他自身的力量也会被削弱，“务实派”和军事将领们希望召回邓小平。华国锋认为在这场行动中带头将巩固他和受益于“文革”的“左”派干部的地位，包括他自己、汪东兴和吴德。很快问题就出现了，所有人都同意消灭“四人帮”，但没有对采取的方式达成一致。有些人担心行动的合法性，建议在下届任命新领导层的中央委员会上进行表决，苏联的赫鲁晓夫就是这样被赶下台的。但是，陈云看了中央委员会委员的名单，对投票结果持怀疑态度。由于“四人帮”已经在天安门“四五”事件中被证明失去民心，而且他们在解放军中的影响力几乎为零，所以采用军事手段显得合适又合法。叶剑英似乎是第一个这样分析的人，汪东兴立即同意，而华国锋、李先念、吴德仍然犹豫：这样做的风险相当大。

9 月 29 日的中共中央政治局会议使华国锋等人痛下决心。会上，江青蛮横无理地喋喋不休，不时打断会议的进程，直到第二天凌晨 5 点会议才结束。她要求将邓小平驱逐出党，把毛泽东的文件交给毛远新。她没有掩饰自己对党主席这个位置的觊觎。因为毛远新作为毛泽东联络人的任务已经结束，所以他主动要求回到沈阳。之前江青同意了毛远新的要求，但此时她在张春桥的支持下要求毛远新因为“家庭原因”留在北京。她所有的要求都被驳回。华国锋冷静而坚定地主持了会议。他已经非常清楚局势到了你死我活的地步。他似乎很清楚“四人帮”没有打算发动政变，不论如何她做不到：民兵无法和解放军抗衡，还有民心向背。此外，中央委员会很快就要举行会议，再等待一两个星期就可以采取常规手段解决他们。

但是，华国锋与叶剑英、汪东兴已经敲定了方案：秘密挑选 8341 部队多名官兵负责逮捕“四人帮”、毛远新、迟群、“小谢”（谢静宜）、“梁效”成员和其他一些极左分子。10 月 4 日的《光明日报》刊登了一篇威胁影射的文章，社会上流传着“喜事”临近的传闻。4 日晚，华国锋和汪东兴在中南海碰面。汪东兴告诉华国锋：江青准备强占毛泽东的个人档案，事关紧急。5 日，汪东兴和华国锋分别乘车绕了很多弯之后，前往玉泉山的解放军参谋部，叶剑英的住所设在那里。李先念因为生病也在那里休养。大家决定 6 日晚召开政治局常委会议讨论《毛泽东选集》第五卷的出版，这样还可以让不是政治局常委的姚文元因为其宣传负责人的身份也来参加。

7 点过后，王洪文、张春桥、姚文元前后脚到达中南海怀仁堂，被一一逮捕——事实上，他们故意不一起来，以免被指责有阴谋。华国锋当场宣布他们“相互勾结，秘密串联，阴谋篡党夺权，犯下了一系列反党、反社会主义的罪行”，对他们进行隔离审查。江青在中南海的住处被8341部队负责人亲自逮捕。紧接着，叶剑英和华国锋乘汽车到解放军总参谋部：他们向军队将领们宣布刚刚挫败了“四人帮”的政变。22点，华国锋召开政治局会议，会议一直持续到10月7日凌晨。会议指定华国锋为党主席和中央军委主席。李先念、陈锡联、苏振华、纪登奎、吴德、倪志福、陈永贵和吴桂贤[7]显然对危机的解决很高兴。接下来要解决上海极左势力的问题。在张春桥、姚文元不在上海的情况下，由马天水掌权上海。10月7日15点，马天水乘一趟专机被传召到北京。当华国锋向他通报情况时，他惊呆了。他按照华国锋的要求打电话到上海称一切都很好，并要求地方领导人“祝贺华国锋同志当选主席”。上海的官员深信华国锋能够妥善安排“四人帮”，便解散了民兵。10月12日，当逮捕“四人帮”的通知终于传达的时候，他们什么都做不了了。北京的专使已经抵达上海，毫无困难地控制了这座城市。而且，即使在这座由他们掌控的城市里，“四人帮”也没有坚实的群众基础。18日，《人民日报》正式宣布赢得了历史性的胜利。

由于此时正是吃螃蟹的季节，所以人们买螃蟹的时候往往要求“三雄一雌”，尽情表达自己的喜悦。

10月8日政治局会议还做了另一个重要的决定：将毛泽东的遗体用防腐液保存起来[8]，并在天安门广场建一个纪念堂安置。领导层借此表达对已故主席的忠诚。1924年苏联领导人在莫斯科红场竖立了一座纪念碑，这导致后来在南京建了一个孙中山的陵墓。1969年，纪念胡志明的陵墓在河内建成。毫无疑问，建立这个纪念堂的决定是上述事件的延续。不过毛泽东和列宁一样经过防腐处理，而不是像胡志明①或周恩来那样进行火化。这并不是中国人的传统，虽然历史上有皇帝接受过这种处理。1980年8月21日邓小平在接受奥莉娅娜·法拉奇[9]的采访时说，毛泽东“在20世纪50年代”提议所有中国领导人死后都火化，只保留骨灰，不建陵墓或纪念堂。然而在人民群众中有一个信念：如果活着的人对死者的祭奠不符合礼仪，死去的人会变成恶鬼纠缠活着的人。因此，这座纪念堂除了

① 原文有误。胡志明遗体保存在河内纪念堂。

可满足人民纪念主席的要求，还可能结合了这种习俗。

邓小平的回归无法阻挡

从表面上看，我们可以认为所有的事情都符合毛泽东最后的愿望：华国锋的确是他选择的继任者。但事实上，逮捕“四人帮”是对毛泽东主义的第一次修订：红卫兵横行的时候丧失权力的领导人在这次运动的开始阶段是引导者。

但是自从1976年4月5日人民出现在政治舞台上之后，群众中隐隐约约的压力每天都对整个“文化大革命”提出更大的质疑。事实上，华国锋无法巩固自己的权力：不久，他不得不开始释放“四五”事件中被捕的示威者。直到1978年11月这个事件才被确认为革命运动，不能再称其为“反革命”事件。但华国锋压制了这件事。当然，“英明的主席”在天安门广场修建了纪念堂，让人民瞻仰做了防腐处理的毛泽东的遗体。当然，他负责出版了已故主席的选集第五卷。

但是，组织对他的“个人崇拜”的尝试失败了。尤其是他的政治路线很快被证明站不住脚。这条路线基于一个简单的口号：“凡是毛主席作出的决策，我们都坚决维护，凡是毛主席的指示，我们都始终不渝地遵循。”但在实践中，毛泽东犯了许多错误，应予以纠正。因此，在军队的压力下，在领导层的坚决要求下，从1977年7月21日开始，华国锋不得不接受邓小平的回归。一个月后党的十一大上，邓小平复出，再次成为党内“二号人物”的邓小平成了华国锋的挑战者。邓小平在更广泛的政治层面开始为1957年以来被划为“右派”的人平反，让偏远乡村的“知青”返城。1978年4月5日的通告为几十万“右派”摘了帽子。在四川和安徽的农村，农民和当地领导打算重新实行邓小平在1961年推出的“三自一包”[10]政策。毛泽东曾在1962年秋天批评这个政策。1978年5月，在《解放军报》和《光明日报》上展开了一场关于“真理标准问题”的讨论：任何政治决定都应该接受调查，经过实践的检验，这和华国锋的态度相反，但毛泽东以前并没有异议。1978年11月，中央委员会成员抵达北京，以准备召开党的十一届三中全会。在北京的心脏地带出现了一些大字报，谴责毛泽东。墙上贴着的标语为受害者鸣冤，并要求补偿。1978年

11月21日，上万名示威者聚集在天安门广场英雄纪念碑前高呼“自由万岁，民主万岁”。1978年12月底，十一届三中全会上邓小平恢复权力，而华国锋不得不做自我批评。“责任制”的另一个类似的名字是“三自一包”，在农村开始普及起来；中国向世界开放。毛泽东时期的“右派”和“政治犯”大量被平反。在毛泽东时代总结的“文革”取得的积极成果因此被完全否定。

“社会主义市场经济”逐渐建立，公社在1985年消失，国家对粮食市场的垄断地位受到挑战。1979年3月16日，邓小平提出不允许动摇的四项基本原则，包括坚持社会主义道路，坚持人民民主专政，坚持中国共产党的领导，坚持马列主义、毛泽东思想。

1981年6月中央委员会《关于建国以来党的若干历史问题的决议》认为毛泽东从“大跃进”开始犯了严重的错误。相反，决议正面评价之前的毛泽东，虽然集体化被认为已经有点太快了。

“毛泽东思想”的简史

在此我通过介绍毛泽东主要的文献，将他的思想和作者的生命联系起来，简单回顾一下“毛泽东思想”的形成过程：这些文章往往是对眼前问题的回答，有时候可能相互矛盾。它们更像是工具箱中的工具，而不是连贯系统的思想，除了1957—1958年以后的文章。对毛泽东思想最后的反思是1978年邓小平以“实事求是”为名发起的，毛泽东在延安时曾使用这个口号打击王明的支持者。同样，1981年6月的决议认为毛泽东自发动“文化大革命”以来就不再忠实于“毛泽东思想”。因此“毛泽东思想”成为一个不断被改写和修订的重写本。

阿兰·巴迪乌和齐泽克这些对“毛泽东思想”保留着兴趣的学者几乎只对毛泽东1957年之后写的文章感兴趣。[11]在我看来，毛泽东的一生可以分为五个主要时期，他的思想是在这五个时期形成的。

第一个时期结束于1927年秋。这个时期，他还没有获得一线领导地位，仍在积累经验。毛泽东少年时期不常规的求学经历无法让他在知识分子当中获得认可。但他因此接受了真正的经典文化和写作培训。他是一个出色的评论家、有一定才华的诗人和出类拔萃的组织者。1919年，他在长沙积极参与了五四运动。甚至在1921年7月加入共产党早期组织后，他的政治理念仍然相当模糊，主要有两个特点。

一是强烈的民族主义，并非没有排外偏见，因此他推崇义和团起义，而西式知识分子如陈独秀不赞赏义和团。

二是民粹主义，这使他希望联合所有大众打倒包括乡绅在内的少数剥削者"帝国主义的走狗"。他认为乡绅要对中国的落后负责任。他作为一个年轻的革命家接受马克思主义，把列宁主义作为历史的加速器和争取民族解放斗争的武器：必须"挽救中国"！社会问题不是年轻的毛泽东关注的中心，他甚至去寻找中国资本家的优点：中国资本主义只不过是派生的。在北京的两段日子增加了他对中国的了解，于是加入国民党，并在广州和上海担负起微薄的民族责任。1925年至1927年的革命浪潮让他确信农民是一个重要的政治力量，然而他在湖南领导工人的经历令人失望，受秘密社团的影响，长沙的苦力和萍乡矿工的行为是行会主义的。毛泽东第一次在中国和世界共产主义新闻界引起人们的注意是其对湖南农民运动的报告，之后不久共产党和国民党决裂，他不得不转入地下。1950年后出版的《毛泽东选集》只收录了这份报告和1926年在国民党举办的广州农民运动讲习所的课堂上讲的《中国社会各阶级的分析》，并且经过大幅度改写，加入了当时的毛泽东不具备的马克思主义的概念。1927年的毛泽东已经或多或少属于列宁主义者，但还不是马克思主义者。

第二个时期是从江西苏维埃到长征到达陕西：毛泽东提出一项特别具有中国特色的战略，并在全世界为人所知。1927年夏天，他说"枪杆子里面出政权"。红军的武装斗争是一场旷日持久的内战，其基础是将乡绅的土地分给无地或少地农民的社会革命。夺取政权需要这些基础。毛泽东已经学会了动员农民反对地主的艺术，在实地调查的基础上进行土地改革，他和一些职业军人例如朱德、林彪、彭德怀一起建立了一支红军，这支军队的灵活和凝聚力让他打败了具有更好装备但速度缓慢、没有斗志的正规军。从1931年开始，毛泽东任苏维埃主席，在中国南方和中部具有一定权威。这是一个斗争的时期，毛泽东在列宁主义政党内体验到少数派的劣势。在1930年，面对李立三的支持者时他经常是少数派。另一次属于少数派是面对王明的"国际主义者"时，这是毛泽东命运的转折点。共产党被击败后面临被根除的威胁，于是开始了漫长的行军，花了两年时间到达陕西。在长征开始时，大家自然想起毛泽东，他曾经反对的政策导致了这次失败：1935 年 1 月，他成为党的“一号人物”。到达中国北方之后，他的这个位置得到了斯大林的承认，因为他领导了中国共产党唯一一支军队，这是一个政治力量，红军的军事壮举为他赢得了巨大的信誉。他的对手张国焘在甘肃走廊被当地军阀和国民党组成的联盟击败。毛泽东再次得到了幸运女神的青睐。另一方面，他接受了美国记者埃德加·斯诺的采访，最后形成《红星照耀中国》一书，此书成为畅销书。1936 年 12 月，张学良和杨虎城因为蒋介石不坚决抗日，在西安扣押了他，并把他交给共产党人仲裁。共产党人手中握着蒋介石的命运，确定了自己新的地位。幸运再一次来敲毛泽东的门。他设法在每次机会中获得最大的收益。这一时期，他写了许多高质量的关于游击队、红色政权和乡村调查的文章。我们已经可以看出阶级斗争的某种工具化，区分人民和敌人的标准可能预示着死亡，可以根据不同的需要而改变。从此阶级斗争的优势地位和对它的处理成为“毛泽东思想”的一个标志，在取得政权之后仍然如此。

第三个时期从 1938 年共产党在延安落脚一直持续到 1956 年 9 月党的第八次代表大会。毛泽东先在陕北进行小范围的政权试验，后来在整个国家推广。他在延安管理着一个和民国对立的政体。和斯大林以及国际工人运动的主要领导人一样，毛泽东获得了一个辩证理论家的地位。1945 年中国共产党第七次代表大会上，毛泽东的政治思想成为党的理论基础，和马克思列宁主义具有同等地位。毛泽东思想是“马克思主义的中国化”，也就是说，它已经适应了中国革命的具体情况，而斯大林发现的是人类社会科学发展的普遍规律。1942 年至 1945 年的整风运动使他成为党无可争议的导师，具有独一无二的否决权。他开始成为人民崇拜的对象。与苏联的情况不同，列宁逝世时，斯大林的地位还无法让他成为一号人物，而毛泽东在中华人民共和国成立时是毫无争议的头号领导。另一方面，当时采用的“群众路线”据说能赋予普通人在政治路线的确定中的决定权，远远优于苏联的民主集中制，更不用提“资产阶级的伪民主”——这导致了某些干部在整风运动过程中采取暴力行为，1944 年毛泽东不得不为此找理论基础。共产党在国内革命战争中取得胜利的理论基础被称为新民主主义理论，出现于 1940 年，能形成一个跨阶级的孤立国民党的广泛联盟。而毛泽东的列宁主义素养使他毫无困难地接受苏联模式的社会主义建设。然而，毛泽东在新政权的最初几年退居二线，干预是为了加快全方位向社会主义过渡的步伐，仿佛他意识到这个完美模型优先发展重工业，对农业投入不足，不适合中国的现实。我们是否应该记住在农田里劳动的中国人数量比苏联人多10倍，对农业低投入而促进大规模投入、工作岗位少的重工业发展，特别不适合中国的国情吗？在这一时期，中国共产党人发现了管理的困难，毛泽东意识到自己在经济领域才能不足，并同意信任陈云等专家。这是一个征服的时期，中间穿插着文章的写作，之后二三十年这些文章经常被引用。其中包括《反对党八股》，著名的《在延安文艺座谈会上的讲话》，1949年5月的报告指出，资产阶级在无产阶级战士入城的时候向他们发射“糖衣炮弹”，同年7月在关于人民民主专政的文章中，毛泽东论述了未来无产阶级专政的衰弱，梦想一个没有阶级的社会。毛泽东在1955年7月的著名报告中提出农村合作社运动，说明他迫不及待地准备向社会主义过渡。文中他把犹豫的干部比喻为“小脚女人”，担忧官僚化的体制退化而导致资本主义政权复辟：这种悲观和急躁导致了“大跃进”的开始。毛泽东要强行打开进步的大门。

第四个时期从1957年开始，一直持续到1966年。它涵盖了本书的第十三章至第十五章。这一阶段是“毛泽东思想”确定和丰满的时期。我们在这里总结的是分散在不同文章中的主要特点，尤其是1963年至1964年的“哲学讲话”。毛泽东试着用政治语言翻译“继续革命”的概念。主要的原因是，苏共第二十次代表大会暴露了毛泽东和中国领导人想效仿的苏联发展模式的问题。在1956年4月《论十大关系》[12]、苏联《政治经济学教科书》上的笔记中和1957年2月著名的《关于正确处理人民内部矛盾的问题》的报告中，毛泽东以清晰的思路分析了这个发展模式的障碍。在他眼中波兰的动乱、1956年10月匈牙利事件、中国出现社会紧张局势的苗头，这些矛盾可能是致命的。于是，他推出了“百花运动”。毛泽东希望无禁忌的自由辩论能使人民群众批评干部，调动正在瘫痪的社会的能量。这次运动从触动制度本身的那一刻起，过渡到被批判是符合逻辑的。但是不像斯大林、勃列日涅夫、乌布利希、拉科西或哥特瓦尔德，毛泽东并没有满足。他立即发动了“大跃进”，想让中国在二三十年内迎头赶上，建成没有阶级的共产主义社会。这样可以避免在太长的过渡期内资本主义复辟的危险性。他的失败是迅速而残酷的。这个规划不是不宏伟，但它导致了中国当代历史上最大的饥荒之一。

第五个时期是1966年5月发动“文化大革命”时出现的。不过，我们可以追溯到1959年7月非同寻常的庐山会议。毛泽东试图减轻“大跃进”的后果，没有完全承认他的错误，反而打倒了将想法白纸黑字写下来的彭德怀，所有其他清醒的领导人也有同样的想法，但不敢说出来。这场灾难的规模迫使毛泽东在一段时间内接受与他的政治计划相悖的补救措施。因此，为了不承担全部责任，他让刘少奇、周恩来、邓小平全权负责，隐藏自己的目标，直到1962年秋天阻止正在进行的改革，1965年至1966年冬季进行反击。“文化大革命”的灾难不能由一个单一的原因解释，而是各种原因积累引起的，没有一个单独的原因能导致这样的灾难。事实上，“文革”集合了所有促成毛泽东特殊命运的因素。

失误的原因

是什么促使毛泽东做出错误的决定，造成如此严重的后果？第一是他的过分自大。这在他与父亲的俄狄浦斯式的冲突中早就出现了。他对周围的人产生的偏执的影响证实了这一点。

第二个因素很显然是毛泽东的民族主义。这在他早期的作品中就已经出现，并伴随着他的一切行动。毛泽东和所有改革者们一样，希望中国再次富强，赶上其他大国。从这一角度讲，他参加了1919年的五四运动。他希望他的国家摆脱外国压迫，恢复其主权，推动中国已经错过了的工业革命。他相信能够恢复中国往日的威仪，模仿苏联模式实现中国经济的现代化。此举失败后他感到失望之余，向苏联提出了挑战，进行实现共产主义的赛跑。毛泽东采取了自己的方式。在这种情况下，他不可能承认“大跃进”的失败。

尤其重要的是，毛泽东真诚地相信社会主义——这是解释这场危机的第三个因素。毛泽东认为苏联建立的这个“人民民主”社会主义仅仅是一种国家建设，可以很容易地变成与其相反的资本主义，只是“剥削者”的身份不同：在西方是资产阶级，在苏联是高级官僚。后来苏联发生的事情肯定了他的洞察力。这大概是他和斯大林那样庸俗的国家元首不同的地方。毛泽东醉心于权力的原因中实现自己的平等梦想要多于对权力的喜好。他热衷于建立在互助和慷慨基础上的平均社会主义，追求理想主义的乌托邦，却给人民带来了不幸。

有些人在毛泽东的乌托邦计划中看到一种厚古的意识形态。它曾经滋养了此起彼伏的农民起义。直到19世纪，中国还有这样的农民起义，毛泽东曾经感知到它们最后的回声。因此毛泽东可能是他在年少时阅读的通俗英雄小说中那个平等梦想的最后体现。他在整个一生中都在参考这些小说。他对城市抱有戒心。1949年春季解放沿海大城市的前夕，他曾经对都市中堕落的诱惑表示警惕，这些提高了一个忽略西方进步的毛泽东形象的可信度。事实上，“毛泽东时代”伴随着中国社会的重新农村化，1958年城镇人口已经达到了15%左右，1976年却下降到10%左右。1976年，中国与发达国家之间的差距进一步加大，中国需要放弃毛泽东的经济原则，最终实现工业化。我们可以阅读马克思的《路易·波拿巴的雾月十八日》这本小册子，了解小农户在建立专制帝国中的决定性作用，并和中国一些历史学家一样从中得出对“伟大舵手”的个人崇拜中具有皇帝情结的结论。我们还可以回忆彭德怀将毛泽东狭隘的世界观比作井底之蛙的话语。皇帝这个中国社会的古老主题和意象在1930年已被某些苏联理论家用于解释中国革命的挫折。马克思的文章关于印度次大陆的亚洲生产模式的内容非常模糊。这个主题在20世纪60年代重新出现。

事实上，决定性的解释因素可能在于列宁主义本身给予毛泽东的权力是他之前的任何领导人所没有的。值得一提的是，毛泽东在行使权力的同时又用似乎最合适的方式打倒这种权力。这时我们再次遇到“继续革命”这个中心思想，当今最优秀的毛泽东研究专家之一斯图尔特·施拉姆曾对此做过深入的思考。这种“继续革命”其实是防御性的、焦虑的、悲观的，和托洛茨基提出的胜利的“永久革命”相反。托洛茨基建议在世界范围内越级实现无产阶级革命的胜利。毛泽东则认为任何革命力量都受到迅速退化的威胁，领导人都不禁为特权而动心，并成为剥削者，尤其是当他们本身往往出身于旧的统治阶级，受到旧的统治阶级意识形态的影响时。因此，存在着资本主义复辟的危险。必须定期重新开始革命，从暗中篡权者手中重新夺权，动员人民，他们的积极性能增强生产财富的能力。毛泽东认为对英明领袖的崇拜可能有助于促进这种必要的“造反”：这就是毛泽东的“文化大革命”。毛泽东将这种虚幻的看法建立在马克思主义辩证概念的基础上，在他眼里马克思主义辩证法是一种矛盾形而上学——“一分为二”：一件事物破坏了另一件，事物发生、发展、灭亡。到处都如此，没有被其他事物破坏的事物会自行灭亡。对他来说，宇宙是一个永恒的矛盾斗争的地点，肯定、否定、肯定，毛泽东认为否定之否定是“伯恩斯坦的修正主义”，因此革命必须是不间断的，否则就不再是革命。虽然这些斗争是权力斗争，但这是为了维持或恢复权力以实现真正的社会主义。毛泽东认为在这样的情况下所有的牺牲都是可以接受的，甚至不惜牺牲人的基本需求。

但人民不愿意，因为他们痛苦。每十年重复一次混乱，消费减少到最低程度以保持革命计划和递延幸福，这样的想法是令人无法忍受的。而且他们也没有忍受：“文化大革命”是一个彻底的失败，无法再重复。这就是 1976 年 4 月人民拒绝“文革”的原因。而且，毛泽东在他的遗嘱中承认他曾经怀疑他的这第二件大事，第一件事是战胜蒋介石，恢复中国的主权，这一点被人民广泛认可。

毛泽东自己在这一思想中的份额也相应减少了。毛泽东思想是集体智慧的结晶，是党的思想的来源。毛泽东没有实现他的社会理想：建立一个自由和谐的大同社会，没有阶级，物质丰富。

“朝晖”

之后全面开始的变化将毛泽东排除在现实的政界之外，不过他提出的目标已经达到或超过，采取的是与他的主张并不相同的政策（2008 年中国在“社会主义市场经济”下生产了 5 亿吨钢铁和 5 亿吨粮食!）。1993 年在他一百周年诞辰之际，出现了一股“毛泽东热”，包括出版物、徽章、邮票、纪念他的各种活动（京剧）和各种电视剧。流行歌手，如崔健，重唱毛泽东时代的歌曲纪念他的成就。有人可能会怀疑这种崇拜的寿命：毛泽东的一些雕像已经开始生锈或出现裂纹。

毛泽东形象缓慢褪色的另一个方面是对他的崇拜变成了一种旅游活动。韶山很多村民的生活依靠出售纪念品和提供住宿。1992 年游客数量为 120 万。1993 年毛泽东百年诞辰之际，游客量为每天 3 000 人。1985 年是一个普通的年份，游客数量为 6 万人，而在“文革”期间，这是每天的游客数。变成旅游现象的崇拜失去了政治意义：1959年毛泽东在访问庐山的路上拍的照片中出现在他旁边的“汤奶奶”，靠这照片做了大买卖，她开了一家“毛家餐馆”，销售亲笔签名的照片、各种纪念品和主席喜欢的辣子和红烧肉。在附近的山上，游客可以浏览“碑林”，上面刻着100首毛泽东的诗词。其中《七律·到韶山》这首诗刻在一块宽12.26米、厚0.99米、高8.3米的石头上，以纪念他于12月26日出生，9月9日去世，寿年83岁。

最大的纪念场所是北京天安门的毛主席纪念堂。奇怪的是，北侧开门，和传统风水的规则相反，可以看到水晶下黑色花岗岩石棺中的遗体。在相邻的房间里摆着刘少奇、周恩来、朱德等人的纪念品。

1961年，毛泽东写了一首诗[13]：

九嶷山[14]上白云飞，帝子乘风下翠微。
斑竹一枝千滴泪，红霞万朵百重衣。
洞庭波涌连天雪，长岛[15]人歌动地诗。
我欲因之梦寥廓，芙蓉国[16]里尽朝晖。

“朝晖”一词，令人感慨。今天的读者见证了乌托邦的崩溃和全球化的激变。剧变发生时有些人曾经以为见到了历史的终结。

注　释

第三部分　领袖（1945—1976）

序

［1］他将这首诗起名为《登庐山》。见 Pang et Jin，p. 958 最后一行。逄先知和金冲及认为“在这期间，毛泽东不停引述自己的两首诗（《到韶山》和《登庐山》），将生活和诗作结合在一起，在他身上很少见”。原稿的 959 页上有翻印的照片，我们可以看到这首《登庐山》的前四句，照片很好地诠释了他的决心，他的笔迹有力、有棱角、很难辨别、生动且充满活力。我对于《登庐山》这首诗的评论受到了斯图尔特·施拉姆的启发（*Mao*，*Tse-tung*，Penguin Books，Harmondsworth，Grande-Bretagne，1966，pp. 298-299）。诗歌的翻译参照了 Stuart Schram，p. 299 以及西格斯出版社出版的《毛泽东诗词全集》，95 页。诗歌《到韶山》见第十三章，651 页。

［2］位于武昌。毛泽东在这首词中展现了长江中下游地区的景色，长江被誉为国家的中心，而在第二部分介绍的词《沁园春·雪》中，他展现的是西北边缘长城附近的高原景象。1949 年，毛泽东征服了整个中国。

［3］毛泽东在诗中提到的“三吴”指的是吴国（228—280）的三座城市（苏州、湖州和常州），三国之一的吴国位于长江下游的南部，先后以武昌和南京为都城。

［4］指著名田园诗人陶潜（陶渊明，约 365—427），他出生于庐山，公元 4 世纪人。他十分出人意料地选择在庐山隐居。事实上，陶渊明只做了 80 天的行政官员。他为了不再接迎督邮而辞去了县令的职务，他说：“我岂能为五斗米折腰向乡里小儿！”斯图尔特·施拉姆在这首诗的评论中将这个故事和毛泽东的判断进行了对照，9 月底的时候毛泽东要会见尼基塔·赫鲁晓夫。此时正值苏联领导人访美前夕，这次访美是为了使社会主义和帝国主义阵营在太平洋地区共存，而这一点正是毛泽东绝对不希望看到的。毛泽东非常看不起“K 先生”。

［5］陶渊明是《桃花源记》的作者：该文讲述了一个以捕鱼为生的人溯流而上来到了溪流的源头，穿过一个洞穴之后发现了一片世外桃源，那里所有人都十分富足，这个世界平等而又公正。回到自己原来世界的渔夫再也找不到通往这个天堂的路，之后再也没有回到过那里。“桃花源”对于毛泽东来说代表着“大跃进”之后彻底改变的中国将会是一个天堂。

第十一章　胜利者（1945—1949）

［1］在美国、中国大陆和中国台湾地区有大量关于这个时期的讨论，对研究者来说应该还有很多值得发掘的地方。

［2］在 44 天当中蒋毛二人共会面六次，其中四次是私下会面。

［3］指沿四川省西部边境进行的长征。

［4］周至柔，1898 年生于浙江，与美国空军中将陈纳德有着深厚友谊，曾帮助蒋介石成功请求美国召回史迪威，是蒋介石参加开罗会议的顾问之一。

［5］邵力子（1882 年 12 月—1967 年 12 月），国民党旧部之一。曾于乡试中举，毕业于上海复旦大学，曾任教师和《民国日报》记者

并很快成为同盟会的政治骨干，之后加入国民党。有一段时间受马克思主义影响，与共产国际的格列高利·维经斯基有来往，然而很快就与中国共产党疏远。1926年11月代表受邀的国民党作为“兄弟代表”参加了共产国际执行委员会第七次扩大全会，会后入莫斯科东方大学学习，再回国之时国共合作已经破裂。曾任蒋介石军事总部秘书长，后任甘肃、陕西省政府委员兼主席。在西安事变中遭张学良拘禁。1940—1941年任驻苏联大使。重庆谈判当中作为政协秘书长，在与中共的谈判中担任重要角色。根据张戎和乔·哈利戴的说法，他是1927年斯大林在蒋介石身边安插的“眼线”，正是由于这个身份，1925年11月邵力子把蒋介石的儿子蒋经国弄到了莫斯科。

[6] 张澜（1872—1955），见第十章注释105。

沈钧儒（1875—1963），清光绪年间进士，1936年由于支持上海的工人抗日大罢工被捕，在狱中他的政治行为越来越激进，毛泽东曾给他写过表扬信。沈钧儒是民盟创立者之一，是张澜之后的民盟第二把手。1948年与中国共产党合作，成为中国政治协商会议筹备委员会副主席。

左舜生（1893—1969），见第十章注释105。

章伯钧（1895—1969），曾在德国柏林大学攻读哲学，回国后任中山大学教授，1927年作为国民党左派骨干参加南昌起义，成为邓演达的二副。后任民盟秘书长。1947年成立中国农工民主党，任主席。

陈铭枢（1889—1965），见第七章注释102。在这一时期这位职业军人与谭平山及其第三党走得很近。

黄炎培（1878—1965），这位科技教育先驱曾与毛泽东有书信来往。曾加入民盟，1945年7月作为国民参政会参政员代表团成员之一赴延安游说毛泽东到重庆。

郭沫若（1892—1978），出身于四川省农村乡绅家庭的大文人，诗人、剧作家、考古学家，虽然不是中共党员但与中共关系非常密切。重庆谈判前受邀前往苏联，当时刚从苏联回国。

毛泽东随后会见了民盟另外两位负责人王昆仑（1902—1985）和冷遹（1882—1959）。

[7] 简称“林园”。

[8] 张群，1899年生于四川，与蒋介石关系非常密切，这位黄埔军校出身的政治家曾任上海市长和四川省政府主席。

陈诚（1898—1965），浙江人，1934年在江西“围剿”中共革命根据地时表现出色。此时在美国的压力下，接替何应钦成为参谋长。曾主持国民党430万军队按照美国模式进行了庞大而无效的现代化。他有很多困难要克服。

吴国桢，生于1903年，获普林斯顿大学哲学博士学位，在开罗会议上是蒋介石的官方翻译。1932—1938任汉口市市长，1939—1941任重庆市市长，同时是外交部副部长。1946—1948任上海市市长。

王世杰，生于1891年，1945年7月30日被任命为外交部部长，之前为国民党中央宣传部部长。8月15日刚刚以外交部部长身份参与起草《中苏友好同盟条约》。

[9] 我对毛泽东在重庆活动的记录依据是：Jin，vol. Ⅱ，pp. 731-739，*Nianpu*，pp. 16-21，更多细节见1949年由美国政府在华盛顿发表的《中国白皮书》577～581页，报告中承认由于用人和策略不当令美国在中国遭遇失败。

[10] 蒋介石同时为毛泽东配备了一辆宽敞的美国林肯轿车和一名司机。

[11] 张治中是国共谈判国民党三位负责人之一，另外两位负责人分别是刚刚上任的外交部部长王世杰和国民党新任参谋长张群。

[12] 毛泽东的拜访并不局限于政界，他还与商务印书馆总经理王云五（1888—1979）进行了长时间的会面。

[13] 柳亚子（1887年5月—1958年6月），苏州出生的最后一位古诗大家，与江南文人一起成立了南社。这位反清的爱国青年很早就对政治感兴趣，因此其对传统文化的热爱丝毫没有影响他成为变法维新以及白话文的拥护者。1941年1月，由于在“皖南事变”中支持新四军被国民党开除，之后在香港成为国民党的反对者。1945年在潘汉年的帮助下逃离日占

区到重庆，加入民盟。

[14] Jung，p. 315，p. 720，作者参考了美国国家档案中保存的毛泽东和魏德迈的会面记录，以及牛津大学博德利图书馆保存的艾德礼文献。

[15] 根据辛子陵《毛泽东全传》（下），10页，1997，引自1945年10月9日《新华日报》。

[16] 宋子文（1894—1971）是蒋介石之妻宋美龄（1897—2003年10月29日）和孙中山遗孀宋庆龄（1892—1980）的同胞兄弟，在哈佛商学院深造之后，曾担任国民政府的财政部部长。

[17] 至少表面上如此。毛泽东非常谨慎，做了各种防范，甚至曾一度计划住到苏联大使馆去。在重庆之行结束的前几天，在毛泽东观看一出京剧时，他的一个贴身警卫在停车场被杀，车子也遭到破坏。

[18] 陶行知（1891—1946），教育家，在纽约哥伦比亚大学师从实用主义教育家杜威研究教育，回国后在重庆附近为战乱难童成立育才学校，是民盟负责人之一。1946年1月10日被国民党暴徒痛打一顿，同年7月，在得知民盟领导人闻一多、李公朴被戴笠的手下杀害的消息后，受过度刺激于上海逝世。

[19] 国民党曾定都南京，并将北京改名为北平。

[20] Saich，Doc. H 9，pp. 1260-1270.

[21] 史景迁：《毛泽东》，135页，引自苏联文献，苏联红军曾为林彪的部队提供了74万支步枪、18 000挺机关枪、800架飞机以及4 000门大炮。

[22]《毛泽东选集》，2版，第四卷，1156～1166页，《关于重庆谈判》。

[23]《毛泽东选集》，2版，第四卷，65～73页。

[24] 胡素珊：《中国内战：1945—1949年的政治斗争》，第13章，1986。共产党在东北接收了70万日本士兵，而国民党在全国其他地区接收了120万日本士兵，林彪的部队仅接收了3万投降日军。

[25] Jung，p. 326.

[26] Saich，doc. H 10，pp. 1270-1272.

[27] *Nianpu*，Ⅲ，p. 49 et Jin，Ⅱ，pp. 749-750 以及师哲：《在历史巨人身边》，313页，北京，中央文献出版社，1991。毛泽东在1925年和1931年也曾患过同样的病，每次都是在精神高度紧张时发病，在官方传记中被称为“精神疲劳”，也有一些作家称为“神经衰弱”。毛泽东的私人俄文翻译师哲描述过1945年这次发病的状况，它得到多位目击者的证实。他的情况非常严重：整个人虚脱，一直昏睡，打冷战，四肢疼痛痉挛，医务人员非常艰难地用湿毛巾为其缓解。中共领导层十分恐慌，斯大林派曾经到过延安的阿洛夫医生前来。阿洛夫于1946年1月7日抵达延安，然而此时毛泽东已经康复，只是需要休养。

[28] *Nianpu*，Ⅲ，p. 53.

[29]《毛泽东选集》，2版，第四卷，1179～1183页；Saich，doc. H 11，pp. 1272-1274。

[30] 这段关于中共在东北的历史，我参考了史蒂芬·赖文的经典著作 *Anvil of Victory*：*the Communist Revolution in Manchuria*，1945-1948，New York，Columbia University Press，1987.

[31] 关于苏联占领东北的问题存在大量争议，此处作一详细说明：苏联发现他们在东北无法迅速取得理想的效果，也许是因为美国热心帮助了让他们感到危险的一次行动，国民党两次要求苏联延长在东北的时间。蒋介石当然知道苏联会直接帮助共产党，他只是充当了催化剂，只是蒋认为苏联红军无法对其造成任何阻碍。

[32] 蒋介石在台湾也成立了一个，并导致了1947年2月28日的暴动。和在东北一样，蒋介石不信任当地人，指责他们心甘情愿受日本控制。

[33] *Nianpu*，Ⅲ，p. 50. 乔治·马歇尔（1880—1959）于1939年至1945年任美国陆军参谋长，1947年至1949年任国务卿，1948年提出以其名字命名的援助欧洲经济计划。

[34] 确实有一些原因让他不得不谨慎：在接下来的战争中，为了躲避敌人的追击和高射炮，因为机件磨损和驾驶员鲁莽操作而发生的

飞机失事不断增加，其中最惨重的就是戴笠、王若飞和叶挺的空难。

［35］组成本次会议的38名成员使会议的进程很难推进，他们包括：国民党8人，共产党7人，青年党5人，民盟2人，民主社会党2人，救国会2人，中华职业教育社1人，乡村建设协会1人，第三党1人，无党派人士1人。这些组织大部分都是只有两三个人的社团。

［36］Saich，doc. H 12，pp. 1275-1277.

［37］*Nianpu*，Ⅲ，p. 55 et Saich，doc. H 13，pp. 1277-1280.

［38］*Nianpu*，Ⅲ，p. 57.

［39］在“三人小组”中由张治中代替了张群。

［40］根据*Nianpu*，Ⅲ，p. 58，张治中在与毛泽东讨论的时候说：“政府改革了，所以中共中央委员会和毛泽东个人应该搬到南京定居”。毛泽东回答说南京太热了，他怕热，他的计划是到淮阴定居，这样可以到南京参加会议。这个位于江苏北部京杭运河上的城市，位于南京以北200公里，离洪泽湖不远。淮阴在新四军的控制之下，地处国民党要求共产党撤军区域的中心。

［41］*Nianpu*，Ⅲ，pp. 58-59.

［42］*Nianpu*，Ⅲ，p. 60.

［43］*Nianpu*，Ⅲ，pp. 62-63.

［44］*Nianpu*，Ⅲ，pp. 63-64.

［45］*Nianpu*，Ⅲ，p. 64.

［46］Eric J. Hobsbawn：*l'Âge des extrêmes：Histoire du court XXᵉ s.*（1914-1991），éditions Complexe，1994，chap. Ⅷ：«La guerre froide». 对于苏联的扩张，乔治·凯南很快就发展出一套“遏制”战略。杜鲁门在1947年5月明确提出了他的“主义”：“我相信，美国的政策必须支持各个自由民族，他们抵抗着企图征服他们的掌握武装的少数人或外来的压力。”

［47］*Mao*，*Œuvres choisies*，vol. Ⅳ，pp. 87-88 et *Nianpu*，Ⅲ，p. 75. 这篇文章直到1947年12月才被正式采纳。之前只是中央委员会的内部通知。

［48］*Nianpu*，Ⅲ，p. 81. 事实上四平于5月19日失守，解放军于5月23日从长春撤军。

［49］Saich，doc. H 14，pp. 1280-1285.

［50］在1978年《中国季刊》第78期一篇名为《1947年土地改革中的毛泽东和刘少奇：联盟或争论?》的文章中，田中恭子怀疑在根据地推动的这一“左”倾路线的真实性，认为面对当时困难的军事形势，土改的激进化是整个领导团队的愿望。毛泽东7月20日的文章里提到“自卫战争”时强调在农村应该紧密依靠贫雇农，联合中农，这个讲法印证了田中恭子的文章。

［51］《毛泽东选集》，2版，第三卷，1172～1173页，《减租和生产是保卫解放区的两件大事》。

［52］*Nianpu*，Ⅲ，p. 87.

［53］*Nianpu*，Ⅲ，pp. 104-105.

［54］《毛泽东选集》，2版，第四卷，186～1190页，关于这个最终的梦想，见Jung，pp. 323-330。研究者们竭力为这篇论文辩护，按照这篇文章，毛泽东是“被华盛顿政府救了”（这是章节名）。并由此引发了20世纪50年代，在麦卡锡主义的背景下，美国产生了关于“谁输掉了中国?”的著名讨论。讨论是关于美国是否在“马歇尔的操纵”下犯了“致命错误”以致“对内战爆发造成了决定性的影响”，他们认为当时毛泽东走投无路，而共产党部队陷入恐慌。在这本书之前只有几个台湾的国民党老兵依然为这一立场辩护，但是并没有任何决定性的文件可以证实他们的说法。

［55］Général Jacques Guillermaz，*Histoire du Parti communiste chinois*，Petite Bibliothèque Payot，1975，vol. Ⅱ，p. 384：“1945年年底，中国历史上没有任何一个政府拥有比国民政府更现代、更强大和更多的武器。”

［56］*Nianpu*，Ⅲ，p. 118. 在9月初有另一次会面。

［57］安娜·路易斯·斯特朗（1885—1970）出生于美国一个古老的传统牧师家庭，1919年西雅图大罢工时受到牵连，1921年到苏联。这位与美国共产党亲近的军事记者，先是仰慕托洛茨基，然后是斯大林，从1928年开始对中国共产党革命显露出热情。苏联发生的“大清洗”运动动摇了她支持苏联的热情。随着

时间的推移，她逐渐被中国共产党吸引。1949年由于对毛泽东表现出过分的热情，她在莫斯科被关押了几个月，之后与苏共日渐疏远。《纯正的心灵——安娜·路易斯·斯特朗的一生》由其侄孙特雷西·斯特朗及其妻子海琳·凯萨撰写（New York，Random House，1983）。罗伯特·普林格1970年在弗吉尼亚大学发表了论文《安娜·路易斯·斯特朗，共产党宣传者》。8月6日的访问见《毛泽东选集》，2版，第四卷，97～102页。安娜·路易斯·斯特朗在采访毛泽东时所做的笔记由特雷西·斯特朗整理，见她个人传记的217～223页。

[58]《毛泽东选集》，2版，第四卷，1197～1201页。

[59] 同上书，1205～1210页。

[60] 马歇尔于1947年1月6日被杜鲁门总统下令召回，1947年1月8日离开中国。

[61] *Nianpu*，Ⅲ，p. 176.

[62]《毛泽东选集》，第四卷，2版，1211～1218页。

[63] 关于这一“不平等关系”见第十章，还有毕仰高的著作《20世纪中国的起义和革命》。

[64] 在国共内战的高潮时期，华北农村活跃着一批美国战地记者，然而这些人并不是他们所报道的事件的直接目击者，杰克·贝尔登就属于这种情况（*China Shakes the World*，New York，Harper 1949）。韩丁是联合国善后救济总署派遣到中国的美国工程师，1948年，执教于北方大学的韩丁以观察员身份随同学校土改工作队前往山西省潞城县张庄（即韩丁书中的“长弓村”），成为中共建立政权以及农村土改的见证人。韩丁在作品《翻身——中国一个村庄的革命纪实》（Paris，Plon 1971，英文版出版于1966年）中，以一个直接见证人的特别视角，记述了1946—1947年中国的农村土改历程。

[65] 关于这一时期最好的研究包括：

David S. G. Goodman：*Social and Political Change in Revolutionary China*，Lanham（Maryland），Rowman and Littlefield，1994.

Kathleen J. Hartford et Steven. M. Goldstein：*Single Sparks*：*China's Rural Revolution*，Armonk（New York）M. E. Sharpe，1989.

Joseph W. Escherick："Deconstucting the party-state：Gulin country in the Shaan-Gan-Ning border Region" *The China Quarterly* n° 140，déc. 1994，pp. 1052-1079 et "Revolution in a feudal fortress：Yangjiakou，Mizhi country Shaanxi，1937-1948" in Feng Chongyi et David S. G. Goodman：*North China at War*：*the Social Ecology of Revolution*，1937-1945，Lanhan（Md）Rowman and Littlefield，2000.

Edward Friedman，Paul G Pickowicz et Mark Selden：*Chinese Village*，*Socialist State*，New Haven，Yale University Press，1991（avec des enquêtes sur des villages du Hebei）.（包括关于河北农村的调查报告）

我手上有一份Hoang Ngo Thi Minh（越南语）所写的法文专题报告《土改风暴中的屯留》；1946—1950：《面对农民抵抗的中国革命》（巴黎，新岸出版社，2007）。屯留是位于山西西南太行山和太岳山之间的一个地区。

[66] Steven Levine，*Anvil of Victory*，chap. VI，pp. 197-235. 东北的土改直到1946年才开始，并在18个月内迅速开展起来。土改的顺利进行一是由于耕地面积广阔（15%～40%为耕地），二是那些属于日本人或者伪满洲国的好地（约占15%）都在“清算”中没收充公了。总之在我看来，除去那些特例，东北的情况很好地总结了这场发生在中国农村的“无声革命”的总趋势。

[67]“翻身”在文字上的意思为“转动身体”，“改变命运”。

[68] *Nianpu*，Ⅲ，p. 176.

[69] 毛泽东与追兵一直保持着10～100公里的距离，往延安北部和东北部撤退，3月18日从瓦窑堡出发，3月26日到达枣林沟，休整几天后前往石家湾（4月4日），4月5日往青阳岔，在18个寒冷的雨夜迂回前行了上百公里，至4月12日抵达延安以北70公里的王家湾。毛泽东在那里逗留了56天，直到6月份：逃亡完成。

[70] Roxane Witke, *Comrade Chiang Ching*, Weidenfeld and Nicolson Londres 1997, pp. 192-220 (trad. frçse: *Camarade Jiang Qing*, Laffont, Paris 1992).

[71] Jung, pp. 331-337：作者怀疑胡宗南是共产党的间谍，但不要忘记胡宗南1962年在台湾是載誉而逝的，因为蒋介石一直对他很信任。然而作者在337页毫无根据地写道："蒋介石在晚年很可能对胡宗南当年的行为有所怀疑。"在我看来，一个军人在见到毛泽东落荒而逃后的自负才是胡宗南做出错误判断的最好解释，相比起遭遇险境的副官的求救，胡宗南优先考虑的是要进行一场不让猎物有任何喘息机会的捕猎。然而中共的历史学家确认胡宗南身边确实潜伏着共产党的特工：那就是他的机要秘书熊向晖。根据辛子陵《毛泽东全传》(香港利文出版社，2000)，周恩来认为熊向晖是这个至关重要的时期中共最优秀的6名特工之一。胡宗南十分信任熊向晖，后者看了胡宗南的进攻计划之后用心记下，并从3月3日开始通过电报向延安通信。毛泽东曾经十分高兴地宣称："这个熊向晖一个人能顶十个师！"

[72] 在这惊心动魄的几个月里，关于毛泽东的行为，我手头上有一些证据，遗憾的是很难用得上，那就是李敦白的作品。这个美国人在罗斯福新政时期，是工人和矿工运动的活跃分子，同时是南卡罗来纳州的钢铁冶金专家，1942年参军，然后作为联合国专家被派驻中国。之后他对中国革命产生了巨大热情，拒绝复员回国。因此他是1946—1948年毛泽东漂泊时身边唯一的外国人，也是中共党员中唯一的美国人。他在中国待了35年，其中有16年因为被怀疑是美国间谍而在监狱中度过。然而他对毛泽东的忠诚从未减退。"文化大革命"期间，他被视为可疑的外国情报人员。回到美国后，看破一切的李敦白和《华尔街日报》的记者阿曼达·贝内特合写了一本自传，这是一部清算往事的回忆录，这部回忆录于1993年由纽约西蒙与舒斯特出版社出版，作品名字叫《红幕后的洋人》。在书中118～119页，李敦白的描述表达了他对毛泽东魅力的着迷，文章写到毛泽东在1947年春天的鲁莽行动吓坏了彭德怀，其中能看出让胡宗南上当的计谋。

[73]《毛泽东选集》，2版，第四卷，1222～1223页。

[74] 同上书，1224～1228页。

[75] 相蓝欣：《毛泽东的将军们——陈毅与新四军》，第六章"争夺山东控制权的斗争"。陈毅和粟裕对此充耳不闻。

[76] 可以从 *Nianpu*，Ⅲ，pp. 180-221中得知毛泽东的转移。他在军队休整后离开王家湾，7月7日抵达小河村，之后主要住在小村庄天赐湾，8月1日沿大理河回到长城附近靖边县的青阳岔。8月2日离开青阳岔前往火石山，第二天又前往蒙古草原边上的衡山县肖崖则村，8月4日回到位于肥沃的米脂盆地的子洲县巡检寺，纵队在那里进行军需补给。这一时期毛泽东和彭德怀一直通过电报保持联系。此后毛泽东主要沿着米脂—绥德—郏县一线在无定河和黄河之间运动，就是在这里毛泽东和彭德怀给追兵设了一个陷阱，让敌军误以为他想离开陕西逃到山西去，分散敌人的兵力去堵住各条路。8月8日毛泽东离开巡检寺前往李家崖（在绥德附近）；8月10日到达黄家沟附近的村子；8月13日，毛泽东渡过无定河，转移到延家岔，14日到达米脂县的郊区；15日纵队转移到佳县陈家岔；16日毛泽东到达曹家庄，17日士兵们在白龙庙村休息；18日冒雨抢渡涨水的五女河到达佳县附近的杨家园则，为山洪所阻，在此宿营。8月19日，中共中央机关到达梁家岔，8月20日至23日在那里等待的彭德怀在沙家店全歼国民党军整编第36师6 000人。由于误以为共军急于渡过黄河逃窜，胡宗南并没有派兵支援。

[77]《毛泽东选集》，2版，第四卷，1229～1234页，Saich, doc. H 5, pp. 1285-1287。

[78] 10月初毛泽东在神泉堡起草了《中国人民解放军宣言》，宣言提出了"打倒蒋介石，解放全中国"的口号，于10月10日发表，当中提出"三大纪律八项注意"的训令以改善解放军官兵与群众的关系（《毛泽东选集》，2版，第四卷，1235～1240页）。

[79] Saich, doc. H 16, pp. 1287-1295. 这份报告选自中共中央内部文献。

[80] Saich，pp. 1295-1298。

[81] *Nianpu*，Ⅲ，pp. 221-254. 经过张家崖窑后，9 月 23 日毛泽东到达神泉堡，他在这里主持了一个"纠正党的工作作风"的小组学习。10 月 17 日到达佳县县城，第二天到谭家坪。10 月21 日到南河底，10 月 29 日上午离开，下午到达佳县城关吕家坪，31 日回到神泉堡。11 月14 日，毛泽东到阎家峁，11 月 20 日离开前往乌龙铺。11 月 22 日从申家崄出发，下午抵达杨家沟。

[82] Joseph W. Escherick：«Revolution in a Feudal Fortress：Yangjiagou，Mizhi country，Shaanxi 1937-1948»，*Modern China*，n°4 vol.，24 oct. 1984，p. 339-377. Aussi Jin，vol. Ⅱ，p. 818-832.

[83]《毛泽东选集》，2 版，第四卷，1243～1263 页；Saich，p. 1199。与会者共有 19 位，包括王明。刘少奇和朱德因为在西柏坡主持工作缺席此次会议。

[84] Le général Lionel Chassin，dans son livre *la Conquête militaire de la China*：*histoire de la guerre civile* 1945-1949，Paris，Payot 1951，p. 160，国共双方第一战线的军事力量对比在 1948 年 8 月倒转。恰森将军估计解放军有 156 万名士兵，其中 97 万在第一战线，还有 70 万游击队员，拥有 22 800 门大炮。而国民革命军拥有 218 万士兵，但只有 98 万人在第一战线，拥有大炮 21 000 门。

[85] 刘树发：《陈毅年谱》（393～396 页，人民出版社，北京，1995）。陈毅吃惊地发现军队食堂里分"贫农桌"和"流氓桌"（指阶级出身不好的军官）。在一次以他的名义组织的晚宴中，陈毅坐在毛泽东旁边的一桌，他开玩笑说因为自己阶级出身的关系，坐的是二等席，这句话明显是针对毛泽东的出身而言的——毛泽东是富农的儿子。①

[86]《毛泽东选集》，2 版，第四卷，1275～1276 页，《军队内部的民主运动》，1948 年 1 月 30 日。

[87] Tanaka Kyoko，«Mao，and Liu in the 1947 Land Reform：Allies or Disputants?»，*The China Quarterly* n° 75，september 1978，pp. 566-593.

[88]《毛泽东选集》，2 版，第四卷，1360～1362 页。

[89] 在 1948 年 3 月 7 日的文章《评西北大捷兼论解放军的新式整军运动》（《毛泽东选集》，2 版，第四卷，1291～1296 页）中，毛泽东十分满意地评论了人民解放军总部发言人所作的总结，并强调一定要向士兵们阐述党的政策。1948 年 4 月 8 日，在夺取洛阳后，毛泽东在《再克洛阳后给洛阳前线指挥部的电报》（《毛泽东选集》，2 版，第四卷，1323～1325 页）中做出关于城镇政策的指示：禁止农民团体进城捉拿和批斗地主；不要轻易提出增加工资、减少工时的口号；不要忙于组织城市人民进行民主改革。

[90] *Nianpu*，Ⅲ，pp. 297-312. 毛泽东在山西寨则山村过夜后，在临县附近三交镇与中共中央后委杨尚昆等人会合。从 3 月 24 日开始，毛泽东乘一辆从敌人手中得来的吉普车活动。在讨论了中央机关今后的行动路线后，商定分为两路：大部队直接前往西柏坡，毛泽东、周恩来和任弼时带领一部分人沿绥远—山西绕行，分散敌人注意力。3 月 26 日到 4 月 4 日，毛泽东待在晋绥边境机关所在地兴县蔡家崖。4 月 4 日到达岢岚县，接见了 5 名三级干部会议代表，然后沿山路经神池县抵达五台山代县，召集村干部做关于土改和整党的工作指示。4 月 7 日，由晋察冀军区派来迎接的人员带路，在暴风雪中沿着危险的山路穿过海拔 3 058 米的五台山区，到达繁峙县伯强村。

[91] 关于 1948 年至 1966 年之间的共控区土地政策，在 Suzanne Pepper，*Civil War in China*：*the Political Struggle*，1945-1949，University of California Press，Berkeley，1978，pp. 277-330 中能找到被大众认可的观点。当中最令人感兴趣的是韩丁在《翻身》中所记叙的

① 事实上在《陈毅年谱》作者所列举的页面并未发现以上描述。

亲身经历，韩丁所描写的村庄正是在晋察冀解放区内、靠近山西省西南长治和潞城的张庄，在至关重要的1948年，村庄在激进和温和的交替当中发展。

［92］《毛泽东选集》第四卷中有不少文章的标题被编辑修改过，以掩饰毛泽东当时的踌躇，但如果仔细读文章的话还是能够看出来：《关于目前党的政策中的几个重要问题》，1948年1月18日，1267～1274页；《在不同地区实施土地法的不同策略》，1948年2月3日，1277～1279页；《纠正土地改革宣传中的"左"倾错误》，1948年2月11日，1280～1282页；《新解放区土地改革要点》，1948年2月15日，1283～1284页。

［93］《毛泽东选集》，2版，第四卷，《关于建立报告制度》（1948年1月7日，1264～1266页）。

［94］《毛泽东选集》，2版，第四卷，《关于工商业政策》，2月27日，1285～1286页；《关于民族资产阶级和开明绅士问题》，3月1日，1287～1290页。

［95］Saich，pp. 1200-1201 et p. 1378，n. 49. 3月12日，毛泽东赞扬这三份情况报告的评语可以在《中共中央文件选集》第14卷中找到，这个文件集于1982—1987年刊登在北京中共中央内部档案第14卷，pp. 71-79；刘少奇的报告见Saich，doc. H 19，pp. 1310-1331；任弼时的报告见le doc. H 18，pp. 1298-1310.

［96］《毛泽东选集》，2版，第四卷，《新解放区农村工作的策略问题》，1948年5月24日，1326～1327页；《一九四八年的土地改革工作和整党工作》，1948年5月25日，1328～1333页；Saich，*The Rise to Power*，doc. H20，pp. 1313-1317。

［97］《毛泽东选集》，2版，第四卷，770页。

［98］*Nianpu*，Ⅲ，pp. 302-312. 这次冒雪登山的经历被毛泽东的贴身警卫阎长林写成了一个英雄故事：《我的警卫笔记》，1992年由吉林人民出版社出版，276～279页。阎长林着重记述了毛泽东在五台山塔院寺度过的两晚：毛泽东和僧人谈了很久的话，了解了寺院的历史，并向他们保证中国共产党会保护宗教。

［99］毛泽东于4月26日给斯大林发电报称"没那么忙的时候"会应斯大林的邀请到苏联去，斯大林4月29日回了电报表示他理解毛泽东目前不能来的原因，并将邀请改到5月10日，而就是在5月10日左右米高扬秘密会见了中共领导，并认为解放军在这几个月最艰难的作战中经受住了考验。关于这段历史见Jin，vol. Ⅱ，pp. 836-837；作者使用了1995年《党的文献》杂志第六期中刊登的档案资料。

［100］Saich，p. 1201 et doc. H21，pp. 1317-1322.《中共中央关于九月会议的通知》，《毛泽东选集》，2版，第四卷，1342～1350页，1948年10月10日。出席会议的有政治局委员7人，中央委员和候补中央委员14人，重要工作人员10人（包括胡耀邦）。

［101］*CHOC* ⅩⅢ，pp. 774-782，sous la plume de Suzanne Pepper. Voir aussi Jacques Guillermaz，*Histoire du Parti communiste chinois*，Petite Bibliothèque Payot 1975，t. Ⅱ，pp. 409-419.

［102］《毛泽东选集》，2版，第四卷，1334～1339页。

［103］同上书，1363～1368页。

［104］Jung，pp. 340-342. 作者认为这场惨烈战争的指挥官是"一名共产党分子（胡宗南）和一名懦夫（傅作义）"，如果这个夸张的说法是真的，那值得注意的是指挥官的直接下属，被北京历史学家证实的两名著名中共情报人员——刘斐和郭汝瑰的角色，他们向中共透露了作战计划。在内战的最后关头，中共的一个最大的优势就是国民党明显缺乏情报员。

［105］《毛泽东选集》，2版，第四卷，1351～1355页，《关于淮海战役的作战方针》，1948年10月11日；1369～1371页，《敦促杜聿明等投降书》，1948年12月17日。关于毛泽东在解放战争最后阶段所扮演的角色及其指导方针，见相蓝欣：《毛泽东的将军们——陈毅与新四军》，第七章"冲突"。作者认为毛泽东与解放军最优秀的将领之间的关系非常好，然而他一直坚持以游击战为主的作战方针，避免与国民党决战，同时如果解放军的人数未达到敌人5

至6倍时就不打，因此在解放战争的最后几个月里，毛泽东对将领们突然改变作战计划并不理解，也不明白现代运动战的必要性，而粟裕和陈毅在适当的时候采取了适当的行动，保住了战争的主动性，而并没有执行主席的指示。

[106] Saich, doc. H 24, du 8 janv. 1949, pp. 1334-1338.

[107]《毛泽东选集》，2版，第四卷，1372～1380页。

[108] Harrison Salisbury, *The Long March*, Macmillan, Londres 1985, p. 131 et p. 368 引述1984年3月11日对杨尚昆的采访。不过毛泽东并没有要求斯大林放弃蒙古国的控制权。

[109] 八个条件是：（一）惩办战争罪犯；（二）废除伪宪法；（三）废除伪法统；（四）依据民主原则改编一切反动军队；（五）没收官僚资本；（六）改革土地制度；（七）废除卖国条约；（八）召开没有反动分子参加的政治协商会议，成立民主联合政府，接收南京国民党反动政府及其所属各级政府的一切权力。

[110]《毛泽东选集》，2版，第四卷，1400～1404页。

[111] 同上书，1449～1456页。

[112] 1947年2月28日，台湾民众因不满新成立的国民政府的腐败和暴行，游行示威并发生冲突，史称“二二八事件”，蒋介石血腥镇压了这次运动，事件受害者多达3万人。

[113] 关于毛泽东的反应和他最终的谋划，见《毛泽东选集》第四卷以及《中国的内战：1945—1949年的政治斗争》第13章，781～788页。

[114] 关于这个问题着重看 Joseph Yick: *Making Urban Revolution in China: the CCP-GMD Struggle for Beiping-Tianjin*, 1945-1949, Armonk (NY), M. E. Sharpe, 1995。

[115] 出席这次全会的有中央委员34人、候补中央委员19人，列席会议的有12人，*Nianpu*, Ⅲ, pp. 461-466, 《毛泽东选集》，2版，第四卷，379～394页。王明和李立三也参加了这次会议。这次重要的会议无疑并没有表面上那么和谐，而且还有很多值得探究的地方。俄罗斯历史学家阿尔兰·梅里克塞托夫在《远东事务》杂志上发表的一篇文章[« New Democracy and China's Search for socio-economic Development Routes, 1949-1953 », Moscou, Académie des sciences, n°1 1996, pp. 75-78]中隐晦地表示，在这次决定性的全体会议上，毛泽东和刘少奇之间在进行权力角逐：对毛泽东而言，选择与民族资产阶级和民主知识分子联合的策略，是出于夺取政权的需要，这个策略本身的作用在获得全国胜利之后不可能维持太久。而相反，刘少奇所选择的政治策略在整个新中国的建设阶段能持续10到15年。无疑，1947年3月到1948年3月间两个革命力量领导中心的存在强化了两人之间的对立。当时在陕北一方，有毛泽东、周恩来和任弼时；而在河北西柏坡一方有刘少奇、朱德、董必武，后来又加入了彭真、聂荣臻、薄一波和邓小平。尽管后者是服从于前者的，但双方之间由于通信困难等原因，导致集中了行政机关的西柏坡一方事实上具有一定的独立性。

[116] Saich, doc. H26, pp. 1346-1351.

[117]《毛泽东选集》，2版，第四卷，1405～1407页，《把军队变为工作队》，1949年2月8日。其中有一句话充分说明了毛泽东实际上对工人阶级并不信任——军队干部“要善于领导工人和组织工会”。

[118] 关于这段发展历程，在克里斯汀·怀道尔2007年12月在法国社会科学高等研究院进行答辩的名为《政治角力：20世纪上半叶中国非共产主义知识分子与毛泽东主义政权的出现》的论文中有大量材料，所有关于毛泽东的文章和之后段落里的参考文献，都摘录自毛泽东的书信集、中共中央1989年到1992年间公布的档案文献、大量的内部报纸，以及最近30年出现的个人回忆录。论文的结论在克里斯汀·怀道尔的一篇文章中有概述：« D'un régime *à* l'autre: les intellectuels ralliés au régime communiste. 1948—1952 » in *Études chinoises*, vol. 28, 2008, pp. 41 *à* 68。

[119] Georges Labica, *Dictionnaire Critique du marxisme*, Paris, Presses Universitaires de France, 1982, article « Intellectuels »,

pp. 465-468.

［120］《毛泽东选集》，2 版，第四卷。

［121］毛泽东特别提到胡适（1891—1962）、傅斯年（1896—1950）、钱穆（1895—1990），在伦敦和柏林受过教育的傅斯年是历史学家顾颉刚的朋友。顾颉刚有着历史学家独到的专业眼光，包括强烈的批判精神。他是中国史学会总理事。1945 年 7 月，他和黄炎培去延安会见毛泽东。这次会晤加深了他对共产主义体制下自由问题的担忧。1949 年 1 月他去了台湾，在那里对国民党进行监督批判。

［122］竺可桢（1890—1974）是接受美国式教育的高端科学家，他表达了对辩证唯物主义信条的反对声音，不愿接受官方的意识形态。

［123］*Nianpu*，Ⅲ，p. 310 et p. 312.

［124］罗隆基（1896—1965），在美国和英国受过教育的政治科学专家，他在中国度过了他的大学教员和记者生涯，特别是作为天津知名报刊《益世报》和上海多份自由励志杂志的主编，也是民主同盟创始人。

［125］曾有过一些充满热情的重整活动，但毕竟是少数派的意愿。

［126］费孝通（1910 年 11 月 2 日—2005 年 4 月 24 日），受过美国和英国教育的他长期占据北京清华大学人类学讲坛，清华大学是美国在义和团运动后用清政府的赔款创建的。

张东荪（1886—1973），这位深受西方思想影响的文人对马克思主义理论是有所保留的。他曾是燕京大学哲学教授，燕京大学是哈佛大学在北京创办的。他认为以牺牲民主自由为代价的前提是要优先进行中国现代化建设，在这个过程中要保留作家和艺术家的创作自由。曾因爱国热情被日本人囚禁的他也是民主同盟主要负责人之一。

［127］克里斯汀·怀道尔引用了左玉河 1998 年出版发行的《张东荪文化思想研究》，中国社会科学出版社，421～423 页。

［128］出处同上，223～224 页，引用了 2001 年公开的日记，1254～1255 页。

张元济（1867—1959），出生于浙江一个文人家庭，1892 年中进士，被光绪帝召入翰林院任庶吉士，后在慈禧太后的压力下于 1898 年被清廷革职。他投资创建上海商务印书馆，是 20 世纪 30 年代中国主要新闻投资人之一。他逐渐把权力交给合伙人王云五，直到王跟随国民党逃到了台湾。1948 年开始，张元济与共产党关系密切，最后留在了大陆。

［129］冯友兰（1895—1990），1934 年出版的《中国哲学简史》的作者，当时革命学生批判的牺牲品，在毛泽东给他的回信中被安慰说可以换上“新皮”，纠正他错误的想法。

［130］克里斯蒂·怀道尔经常引用柳亚子（1887—1958）、黄炎培（1878—1965）和宋云斌（1897—1979）的文章。

［131］Alain Roux：« La tragédie du 2 février 1948 de la Shenxin n° 9：une grève de femmes?» in Marie-Claire Bergère, *Aux origines de la Chine contemporaine*, Paris, L'Harmattan 2002, pp. 44-82. 运动中三人被枪击身亡，数百位参与罢工者被捕。

［132］鲁林：《叶公好龙：1949 年的共产党和上海工人》；施维叶、鲁林、萧小红：《二十世纪的中国国民》，社会科学院出版社 2009 年年末出版。

［133］Thomas Bernard, *Labor and the Chinese Revolution*, Ann Arbor, University of Michigan Press, 1983, pp. 256 *à* 262. 张麒：《上海工人纪实》，中国大百科全书出版社，1991。

［134］在刘少奇的名誉领导和陈云的指挥下，总工会有三位副主席。朱学范（1905—1996），秘密黑帮组织青帮的成员，杜月笙最得意的弟子，正在逐渐向共产党投诚。这件事在 1949 年 3 月上海的共产主义地下报刊《劳动通讯》里是有记载的。我们习惯把朱学范介绍为“流氓杜月笙”的“结义兄弟”！Brian Martin：*The Shanghai Green Gang. Politics and Organized Crime*, 1917-1937, Berkeley University of California Press, 1996.

［135］这个方法很好地反映了毛泽东举措上的含糊不清，这与他对知识分子的态度类似。他现在需要社会外力的支持，但他又有所怀疑，想在适当的时候淘汰并整合外力。在上面引用过的作品第 462 页 156 条，克里斯汀·怀道尔

在1947年11月30日把毛泽东的电报发给了斯大林，认为革命胜利后只有共产党是权威的。斯大林在1948年4月20日开始搞民主，他回应毛泽东“应该要与代表中产阶级的反对党”合作。

［136］Maire-Claire Bergère，*l'Âge d'or de la bourgeoisie chinoise*，Paris，Flammarion，1986，pp.276-297.

［137］Maire-Claire Bergère，*Histoire de Shanghai*，Paris Fayard，2002，pp.368-373.

［138］盛丕华（1903—1961），祖籍宁波，这个发达的生意人早在抗日战争时期就与共产党地下党有过接触。他后来成了上海市副市长之一。

［139］沙千里（1901—1982）和律师史良都是“七君子”事件的受害者，1937年因为宣传抗日活动，以危害民国罪被蒋介石逮捕并审判。他们也因此成了共产主义事业的同路人。

［140］黄国栋回忆了服务生领班时期的杜月笙（参见朱学范的专题作品《旧上海的帮会》，上海，人民出版社，1986）。我们知道当张元济遇见毛泽东后，直截了当地批评了这种想法，上海贫民窟三巨头二当家张啸1940年被国民党特务组织暗杀，理由是怀疑他暗中支持日本人。三当家黄金荣死在他上海家中的床上。在简短的讣告里，《人民日报》只是对他所处的生存环境表示了遗憾。

［141］*Nianpu*，Ⅲ，p.469，et Jin，vol.Ⅱ，pp.917-918.

［142］1905年出生。毕业于广东农业学院。曾任刘伯承的政治特派员。

［143］现在的河北省涿州。如今，这个河北城市以北10公里处开始已是直辖市北京的行政区域。

［144］滕代远，1905年出生，这位湖南人在1925—1927年曾经是湖南省农民协会的成员。曾经和彭德怀一起参加了1928年7月的萍乡起义。他跟随部队到井冈山后参加长征并且到莫斯科的军事学校学习。1945年成为中央委员会委员，任中共中央军委参谋长。1946年1月参加与马歇尔的谈判。国共战争时曾任刘伯承的智囊团成员。他擅长后勤工作，抗战胜利后成为铁道部部长。军部定向培养叶剑英做北京市市长。

［145］这位羊倌曾作为农民起义的伟大领袖在1644年征服北京城，明朝的末代皇帝因此自杀。1645年在西安称帝后，没落王朝得到满族征服者的帮助，将李自成杀死。

［146］李济深（1885—1959），广西帮三领袖之一，在1927年12月成为广东省政府主席，而当时共产党已策划发动一场空前的起义。之后，他就像他广西帮的同僚们一样和蒋介石关系密切。1947年被国民党除名后，他在1948年成立了中国国民党革命委员会并任主席。统一战线的成员还有：孙中山的遗孀宋庆龄、廖仲恺的遗孀何香凝、谭平山和柳亚子。1949年2月来到北京后，李济深与共产党合作。

马叙伦（1885—1970），这位浙江的文人很早便加入了孙中山的同盟会。1916年成为北京大学的中国哲学老师，他参加了1919年的五四运动，在推广白话文学的运动中和胡适的友谊破裂。身为国民党党员，他与蒋介石保持着距离。1945年发起组织中国民主促进会。1946年6月23日在南京下关车站被特务殴伤，之后他参加了一个反对恢复内战的代表团。1949年春天他来到北京与共产党合作。

［147］尽管当时狂风引起了沙尘暴，但是为了庆祝城市解放，2月3日北京组织了一场大规模的阅军仪式。

［148］《毛泽东选集》，2版，第四卷。

［149］Cité par Jin，p.917，摘自1986年10月青年出版社出版的阎长林的回忆录。

［150］*Mao*，*Tsé-toung*，*Textes*，1949-1958，éditions du Cerf，Paris，1975，p.13. Aussi *Mao*，*Tsé-toung*，*poésies complètes*，éditions Seghers，Paris，1975，p.81 et p.79，1975. 中文版本于1961年在北京出版。

［151］1926年春天，毛泽东和柳亚子第一次在广东会面。之后毛泽东以国民党高级公务员兼中央行政委员会候补委员的身份逗留在这个城市。而柳亚子也前来参加中央行政委员会会议。这次1941年的碰面对双方而言都意义非凡。柳亚子更是在与毛泽东的和诗中写道：“粤海难忘共品茶”。

[152] 1945 年 8 月底到 10 月初，毛泽东在重庆和蒋介石谈判。之后遇到柳亚子，柳亚子请毛泽东手书《沁园春·雪》，见王晓苓（Céline Wang）的文章。

[153] 毛泽东于 1918 年首次住进老北京城。

[154] 流经颐和园宫殿群的人工湖。

[155]《毛泽东选集》，2 版，第四卷，1460～1462 页。

[156] 几乎什么都没剩下，因为国民党大规模地摧毁了建筑群。

[157] 司徒雷登（John Leighton Stuart，1876—1962）是一位新教传教士。他长期生活在中国，和中国有着千丝万缕的关系，特别是曾任北京燕京大学校长。共产党员黄华毕业于这所学校，他曾被委任管理在南京居住的外籍人士。司徒雷登在 1941 年到 1945 年期间被日本人软禁。1946 年 7 月到 1949 年 8 月担任美国驻华大使。参见 l'article de Yu-ming Shaw：«John Leighton Stuart and US-Chinese Communist Rapprochement in 1949："Was there Another Lost Chance in China"?»，*The China Quarterly*，n°89 mars，1982，pp. 74-96。

[158] 黄华，出生于 1913 年，毕业于北京的燕京大学（美国），当时的校长是司徒雷登。聪明的他精通英语，毕生致力于为中国共产党和美国政府建立关系。他对毛泽东领导的政府充满信心，扛过了所有政治危机，1971 年任联合国中国代表和 1976—1982 年期间任外交部部长是他事业生涯的辉煌句点。

[159] 笔战"谁输掉了中国?"是参议员约瑟夫·雷芒德·麦卡锡发起的反共产党运动的内容之一。大部分研究中国问题的美国专家们都是受害者。

[160] 美国对外关系文件，1949 年，第八卷。1949 年 7 月 1 日，美国驻华总领事柯乐博（Oliver Edmund Clubb）给国务卿迪恩·艾奇逊寄了一份文件，其中有陆军上校、延安"迪克西任务"之后任军事助手专员的大卫·巴雷特的报告。见 John Hart *The Making of an Army«Old China Hand»: a Memoir of Colonel David Barrett*，aux pp. 75-78。周恩来和巴雷特的中间人是为国际社工作的澳大利亚记者迈克·科恩。

[161] 美国对外关系文件，1949 年，第八卷，711～757 页，1949 年 6 月 13 日到 6 月 24 日的文件。司徒雷登要求共产党参与和平共存，放弃使用武力，尊重人权。

[162]《毛泽东选集》，2 版，第四卷，1491～1497 页。

[163] 毫无疑问，选择这篇文章来完结《毛泽东选集》第四卷是有意义的。

[164]《毛泽东选集》，2 版，第四卷，1509～1517 页。

[165] 托马斯·罗伯特·马尔萨斯（Thomas Robert Malthus，1766—1834），英国牧师、经济学家，《人口学理论》（1798）作者。他认为：人口是呈指数速率（即 2，4，8，16……）增长的，而食物供应呈线性速率（即 1，2，3，4，5，6……）增长。为避免不可抗因素如饥荒、传染病和战争，马尔萨斯倾向于通过晚婚和禁欲手段来控制人口增长。

[166] *Nianpu*，Ⅲ，pp. 517-581.

[167] Pang et Jin，I，p. 3. 我们发现，这次谈话的参与者中有作家郭沫若和茅盾，电影编剧田汉和洪深，画家徐悲鸿，哲学家艾青，城市建筑家梁喜成，民主人士黄炎培、马叙伦和马寅初，橡胶大王和慈善家、出生于厦门、生活在新加坡的陈嘉庚，还有前共产党领袖李立三。

[168] 25 日，毛泽东明确指出五颗星代表革命力量大团结，很明显，大五角星代表工人阶级的领导，即中国共产党的领导。周恩来反对为田汉抗日战争时期的歌曲《义勇军进行曲》重新填词。毛泽东赞成周恩来的意见。

[169] Pang et Jin，I，pp. 1 *à* 7.

[170] 与有的记载相反，毛泽东说普通话，这是国家的通用语言。毛泽东做校长时推广普通话教育，但是他自己保留了很重的乡音。

[171] 即主席毛泽东、6 名副主席和 56 名委员，共产党员和非共产党员人数相同。

[172] 根据艾瑞克·霍布斯邦的表述，"20 世纪"是指从 1914 年到 1991 年苏联解体。

[173]《毛泽东选集》，2 版，第四卷，

1468～1482 页和 Saich，doc. H 28，pp. 1364-1374。

[174] 康有为在《大同书》中描写了理想国，这篇手稿只在亲友间传阅，但是在他死后的 1935 年出版。他描绘了没有国界、没有军队的世界，这个世界里人人和睦相处，各个团体自给自足，世界的秩序由高山上的法庭管理，各个团体之间用电话网联系。

[175] 见注释 173。

[176] 洪秀全（1814—1864），造反者，后成为太平天国的天王，认为自己是耶稣的弟弟。他从外国宗教里找寻真理。

康有为（1858—1927），这位文人从 1868 年的日本明治维新改革中获得了部分政治灵感。

严复（1854—1921），从 1897 年开始翻译了托马斯·亨利·赫胥黎的《进化与伦理学》、亚当·斯密的《国富论》和郝伯特·斯宾塞的《社会学研究》。他宣传经济自由主义和社会达尔文主义。西方和他的思想对孙中山的影响毋庸置疑。

[177] Anita Andrew et John Rapp，*Autocracy and Chian's Rebel Founding Emperors：Chairman Mao，and Min Taizu*，Lanham (MD)，Rowman and Littlefield，2000.

第十二章 激进的创建者（1949—1956）

[1] Melvyn C. Goldstein，*A History of Modern Tibet*，1913-1951：*the Demise of the Lamaist State*，University of California Press，Berkeley，1989，notamment pp. 186-211. 1911—1930 年，西藏尝试通过多次改革来巩固它的独立性，建立真正的行政管理和强大的军队，但是拉萨和日喀则的大喇嘛庙拒绝交税。改革失败后，曾就读于牛津大学的改革派平旺多杰被赶下台，1934 年 5 月 20 日被施以酷刑挖去双眼。"神欲使谁灭亡，必先使其疯狂。"

[2] Pang et Jin，vol. I，chap. 2（«La visite en URSS»）pp. 28-58. Par la suite，François Joyaux，*la Tentation impériale*：*la politique extérieure de la China depuis* 1949. Imprimerie Nationale，Paris，1994，pp. 21-24. Short，pp. 367-371.

[3]《中国的黎明》于 1948 年由孟买人民出版社出版，1949 年由昨日今日出版社翻译成法文，题为《我看到了新中国》。

[4] 毛泽东曾在几周内阻止新中国和英国建立外交关系。

[5] 说明毛泽东的情绪不佳，因为早在 1949 年 10 月 16 日中国已经和蒙古国建立了外交关系。

[6] 毛泽东比斯大林高整整 15 厘米，因此斯大林在拍官方照片时向前跨了一米，这样看上去就能和毛泽东一样高。

[7] François Joyaux，*la Nouvelle Question d'extrême-orient*：*l'ère de la guerre froide*. 1945-1959. Paris，Payot，1985，p. 145. 作者引用了毛泽东在 1957—1958 年期间的声明。

[8] Pang et Jin，p 53. 毛泽东在苏联居住时发表的各种声明都被记录在高英茂（Michael Kau，也翻译为迈克尔·高）《毛泽东文集 1949—1976)》pp. 3-61 中。其中的好几篇文章也被收入 *Mao，Tse-toung*，*Textes* 1949-1958. *Édition intégrale*，Paris，Éditions du Cerf，1975（par la suite *Cerf*）。

[9] Christine Vidal，*À l'épreuve du politique*，pp. 476-588（manuscrit）et Wenji，tome VI.

[10] Kau，pp. 97-103.

[11] Kau，pp. 54-55. 由香港研究院黄玉川 1970 年根据毛泽东生平的多方面资料编译而成。

[12] Kau，pp. 67-69.

[13] 关于朝鲜战争的问题，见 Short (pp. 371-379)，les analyses de Goncharov Sergei，Lewis John Wilson et Xue Litai，*Uncertain Partners*：*Stalin，Mao，and the Korean War*，*Stanford* University Press，Stanford (Ca) 1993，pp. 148-152. Aussi Zhang Shuguang，*Mao's Military Romanticism*：*China and the Korean War*，University Press of Kansas，Lawrence（Kansas)，1995，pp. 92-244。我不同意张戎和乔·哈利戴的分析（Jung，pp. 389-398）。他们认为

毛泽东自从到莫斯科之后，便支持金日成1948年策划的行动来强迫斯大林在军事上支援中国，使中国也能成为军事强国。他俩引用的文章片段经常很极端。

[14] Pang et Jin，vol. I，pp. 109-110.

[15] 共产党情报局打算配合他们的活动。

[16] 苏联代表马利克曾向斯大林要求行使否决权，但是被斯大林拒绝了。总而言之，美国政府一定会介入朝鲜战争。

[17] 除了毛泽东，书记处成员还包括刘少奇、周恩来、朱德和陈云。10月27日任弼时死于脑血栓，陈云接替了他的职务。

[18] Pang et Jin，pp. 114-117，毛泽东致斯大林电报的草稿复印件。

[19] 邓小平和康生的各项对外声明指出中国士兵的死亡人数达到40万，成千上万的士兵被冻死。

[20]《祝贺中国人民志愿军的重大胜利》，1952年10月24日；《抗美援朝的伟大胜利和日后的任务》，1953年9月12日。

[21] Kau，pp. 201-202，254-259 et 419-421.

[22] 韩丁所著关于1947—1948年土地改革的作品《翻身》中对可怕的“批斗会”进行了经典的描述。

[23] 大多数专家不接受台湾提出的1 500万这个说法。

[24] Kau，p. 69. 资料非常不完整并且主要是毛泽东的评价，由红卫兵历史学家戚本禹摘录在他的文章《爱国主义还是卖国主义——评反动影片〈清宫秘史〉》中，1967年4月1日发表在《人民日报》上。1919年五四运动时，陈独秀对义和团的评价非常负面，当他被推举为中国共产党总书记之后，他进行了自我批评。见 Hélène Carrère d'Encausse et Suart Schram，*le Marxisme et l'Asie* 1853-1964，Paris，Armand Colin，Co-llection U，1965，pp. 289-291 et pp. 310-321 ainsi que Claude Cadart et Cheng Yingxiang，*Mémoires de Peng Shuzhi : l'envol du communisme chinois*，Paris Gallimard-NRF，Collection Témoins，1983，pp. 398-402。

[25] Kau，pp. 189-201. 毛泽东的文章刊登在1951年5月20日的《人民日报》上，题为《应当重视电影〈武训传〉的讨论》。

[26] 陶行知（1891—1946年7月25日），受到约翰·杜威和明朝新儒家学者王阳明启发的革命教育家。他曾经加入民主联盟，1946年1月10日在重庆遭到国民党流氓的殴打。

[27] Roxane Witke，*Comrade Chiang Ts'ing*，Boston，1977.

[28] Kau，pp. 233-234.

[29] *CHOC* XIV，Chap. rédigé par Frederick C. Teiwes，pp. 83-88.

[30] Kau，pp. 161-162. 近十几年，很多参加土改运动工作组的知识分子出版了日记，克里斯汀·怀道尔的论文从这些日记中找到了许多知识分子对农民的暴行感到恐惧的段落。

[31] Kau，pp. 180-195.

[32] Jean-Luc Domenach，*Chine，l'archipel oublié*，Paris，Fayard，1992.

[33] 1949年以前，这座名为国泰大厦的酒店曾属于强大的沙宣家族。

[34] Marie-Claire Bergère，«Changements sociaux et population chinoise après la révolution (1949-1961)»，in *Perspectives chinoises*，n°57 janv.-févr. 2000，pp. 4-18.

[35] Kau，pp. 251-252 et 283-285. 黄炎培代表“民主建国会”（简称民建）向人大提出报告，毛泽东提出修改意见。1952年9月5—13日期间毛泽东和黄炎培的书信往来都收录在《建国以来毛泽东文稿》第三卷，533～537页。这套13卷的重要出版物由中共中央文献研究室在1987—1998年期间出版。

[36]《团结起来，划清敌我界限》（1952年8月4日）。

[37] 同上。

[38] Stuart Schram，*La révolution permanente en Chine*，Paris，Mouton，1963. “继续革命”这个政治概念和列夫·达维多维奇·托洛茨基的“永久革命”有巨大的差别。

[39] 这篇通知到1953年2月15日才被中

共中央委员会采纳。完整的文件见 Theodore Chen，*The Chinese Communist Regime*：*Doc. and Commentary*，New York，Praeger，1967，pp. 218-221。执行通知拖拉的原因既有刘少奇对农业集体化的抵制，还有群众路线的实施：从群众中来、到群众中去的群众路线的实施，也多少见证了农民对加入农业合作社不怎么热情。

［40］Kau，pp. 296-299. 毛泽东给鞍山钢铁工人的祝贺信写作时间不详，刊登在 1953 年 12 月 25 日的《人民日报》上。

［41］Kau，pp. 301-302，引述 1957 年 3 月 28 日《河南日报》刊登的王华云工程师的回忆。

［42］前言是列宁的《工人和被剥削者的权利》，用来取代法国大革命的《人权宣言》。列宁认为后者只保障资产阶级的权益。

［43］Pang et Jin，vol. Ⅰ，p. 316.

［44］毛泽东在 1967 年请人在私人泳池边建造了一座有卧室的小亭子，晚年很少离开那里。因为毛泽东很讨厌紧身的衣服，所以后来他通常穿着浴袍接见访客。

［45］Li Zhisui，*la Vie Prvée*，pp. 107-116.

［46］据说是正常剂量的十倍。

［47］1950 年 12 月 29 日，毛泽东写信给他的朋友周世钊说："晏睡的毛病正在改，实行了半个月，按照太阳办事，不按月亮办事了。但近日又翻过来，新年后当再改正。多休息和注意吃东西，也正在做。总之如你所论，将这看作大事，不看作小事，就有希望改正了。" Kau，pp. 154-155. 周世钊（1897—1976）曾是毛泽东在长沙第一师范学院的同窗。他在 1916 年加入了由毛泽东建立的新民学会。他后来成为师范学院的校长。1951 年 12 月，毛泽东在北京接见了这个湖南人。

［48］李银桥，1927 年出生在河北，1938 年参加革命，留下了一本回忆录名为《在毛泽东身边十五年》，石家庄，河北人民出版社，1992。

［49］Kau，p. 295，qui cite un article de la revue *Tiyu bao*（«Le journal des sports»）du 1er août 1958 d'un certain Zhang Zizhi.

［50］1952 年起，他患上了精神紊乱症，这在医学里属于神经衰弱的一种。有一种未经考证的说法是，1953 年冬天在浙江莫干山的一个诊所内，他原本想写些东西，但他的情绪异常激动，和梁漱溟争执起来。身边很多人都劝他休息一阵，因为他看起来实在太劳累了。这是 1974 年诊断出来的肌无力的前期反应，还是仅仅是由于生活不规律和过度使用安眠药导致的呢？

［51］专列火车共有十节车厢，一节是毛泽东的，一节是江青的（她很少陪伴毛泽东），一节用作饭厅和厨房，一节设置为毛泽东的图书室，里面还有一张大床，另外有四节是警卫员的宿舍，一节作为工作人员的食堂，还有一节做了医务室。当专列在某条线路上行驶的时候，所有沿线相关的交通都会暂停，火车站也会清场。空调是到了 1960 年的时候由一家德国公司装的。

［52］据说毛泽东的专机是一架 24 座小型双发动机飞机，里面的座位被撤掉换成了一张床，一张桌子，两张朝前和四张朝后的椅子。飞行途中有四架战斗机护航，另外还有由坐着官员和警卫的四架飞机组成的机队跟着。在 1955 年农村合作社运动的时候，毛泽东经常坐专机到各地视察、督促工作。

［53］Li Zhisui，*la Vie privée*，p. 473.

［54］1966 年 6 月 18 日到 28 日期间他都在那里。

［55］Jung，pp. 492-493. 1959 年 7 月毛泽东悄悄地把贺子珍请到庐山。看到毛泽东的时候，贺子珍激动得差点旧病复发。回到南昌之后，她就一直处于精神恍惚的状态，直至 1984 年去世。这段悲惨的故事是通过 1994 年到 1998 年间对贺子珍几位朋友的采访才为人所知的，王行娟 1984 年通过作家出版社出版的《贺子珍之路》一书中对此也有记录。

［56］Spence，pp. 156-159，qui utilise les recueils de lettres de Mao（*Mao Zedong shuxin xuanji*），Éditions du Peuple，Pékin，1984.

［57］Mao，*Zhuxi shici sanshiqi shou*（«Treize Poèmes du président Mao,»），*Cerf*，pp. 68-69.

［58］*Wengao*，vol. Ⅳ，p. 301.

[59] *Wengao*, vol. Ⅲ, p. 629.

[60] Dossier dans le n°187 de sept. 2006 de *The China Quarterly*, pp. 700-754，这些文章主要来自克里斯多夫·休谟（Christopher Hume）和刘建辉、王洪武、余柳等几位伦敦大学亚非学院特邀的研究中华民国历史的学者。

[61] 可以这么说：1978年邓小平成功领导的改革开放运动使自1953年秋以来被毛泽东打破的那种混合经济体制得以恢复和发展。

[62] *Wengao*, vol. Ⅲ, p. 21.

[63] 根据广东省档案馆馆藏档案：《华南分局第七十二次常委会罗瑞卿同志的传达报告》（206—1—44）。文字于2007年6月由北京大学杨奎松教授向作者提供。

[64] 薄一波，参见本书第九章。这个陕西的爱国游击队员在当地成为一位经济领导者，1949年起任财政部部长。

[65] Pang et Jin, vol. Ⅰ, p. 251.

[66] Kau, pp . 329-332.

[67]《毛泽东文集》，第六卷，271页。

[68] 毛泽东：《关于利用、限制和改造资本主义工商业的若干问题》，1965-06-15。

[69] 1984年出版的《毛泽东书信选集》中收录了1954年11月18日毛泽东给刘少奇、周恩来等人的一封信，毛泽东建议他们阅读《人民日报》刊载的苏联新作《政治经济学教科书》第二十二章的译文，认为“在社会主义全部或大部建成以前不可能有社会主义经济法则”的说法是错误的。

[70] 我之后会更深入地讨论高、饶政治危机这个话题。但现在要说的是，毛泽东喜欢搞内部斗争，而这起事件也正是由他引起的。

[71] 现在我们没有这次重大财经会议的会议纪要。2007年6月7日至9日，在社会科学高等研究院和法国东方文化中心共同举办的国际研讨会上，萧小红对毛泽东在1954年宪法制定中所起的作用做出了评论。我们这里所引用的是她在发言中提到的有关财经会议的内容。

[72] 陈云很谨慎地为薄一波平反，他说：“如果他有一点右倾的思想，他就不会这样宁愿犯一个左倾的错误也不要犯右倾的错误。”

[73] Kau, Ⅰ, p. 384，1953年9月7日的指示认为，一个企业的利润应该分配为四部分：所得税34.5%，福利费15%，公积金30%，资方红利20.5%。

[74] Kau, pp. 363-375：《共产党在过渡时期的总路线》和《反对党内的资产阶级思想》。关于此次会议最翔实的记载是金冲及、逄先知的《毛泽东传》，书中包括1997年12月出版的薄一波的回忆录，给了我很大启发。

[75] 这种发展很大程度上得益于莫希·莱文对苏联社会主义的批评。*Le s. soviétique.* Paris, Fayard/le Monde diplomatique, 2003 (Titre anglais initial: *Russia's Twentieth Century: the Collapse of the Soviet System*) et dans *le Dernier Combat de Lénine*, Paris, Minuit, 1967中都做了相关的批判。此外，我们也看到Charles Bettelheim, *Les luttes des classes en URSS*, Paris, Le Seuil/Maspero. 1re *période 1917-1923*, en 1974, 2e *période 1923-1930* en 1977 et 3e *période 1930-1941*, en 1982，对这种体制做了明确的批判前两个时期中以毛泽东对“大跃进”所做的分析为基础。

[76] Kau, p. 327.

[77] Pang et Jin, vol. Ⅰ, pp. 316-317.

[78]《宪法》在第一届全国人民代表大会上经在场的1 197位代表表决全票通过。代表们是通过从最基层的地方选举大会到最后的举手表决，经乡、县、省三级选民选出来的。1954年的代表大会上，党员代表的比例为54.88%，全国政协的79位委员中有40位是党员。

[79] 杨绛的《洗澡》中有对这种再教育的绝好描述。

[80] 在日本竹内实所编《毛泽东集》10册中我们找到了描述那个特殊年代的2 212篇文章。

[81] 这一段素材主要的来源是：Frederick Teiwes, *Politics in Mao's Court: Gao Gang and Party factionalism in the early 1950*; M. E. Sharpe, Armonk (NY), 1990; Aussi Pang et Jin, vol. I, pp. 281-288. 主要内容均可在Kau, vol. Ⅰ, pp. 527-554中找到。

[82] 我们对饶漱石了解甚少，有关他的生

平资料即使在今天也仍然显得很神秘。从现有的一张照片看，他留着大胡子，像个俄国人。他应该在法国、苏联和美国都待过一段时间。

[83] 《刘少奇年谱》，第一卷，349 页，1996。

[84] 1953 年上演的这些事件的细节似乎令人厌烦，而且不确定。没有一个像圣西蒙那样的人来给我解开谜团，我对此只是了解个大概。

[85] 1981 年 6 月通过的《关于建国以来党的若干历史问题的决议》第 14 条说："一九五五年三月召开的党的全国代表会议，总结了反对野心家高岗、饶漱石阴谋分裂党、篡夺党和国家最高权力的重大斗争，增强了党的团结。"

[86] 梁漱溟，1893 年生，与毛泽东同龄。我们现在所能读到的名为《批判梁漱溟的反动思想》的文章已经被大幅度修改过，语气缓和了不少。Kau，pp. 396-407. 我的资料大多来源于 Allito，*The Last Confucean*。

[87] 韩非子生活在公元前 3 世纪的战国时期，是法家思想的代表人物。法家主张以法治国，以此来保证国家的强盛。法家同时也是"国家利益"理论的先驱。*le Livre du Prince Shang*，I'un d'entre eux，traduit par Jean Lévi chez Flammarion en 1981.

[88] 他也提到了司马迁《史记》中的一段历史：孔子做了鲁国国相，以扰乱国政为由把一个叫少正卯的大夫杀了。

[89] 毛泽东（对梁漱溟）的批评让陈铭枢很吃惊，不过陈还是成功地把事情平息了：他坚持认为梁漱溟的问题是思想问题而不是政治问题。毛泽东也同意了保留梁漱溟政治委员的资格，让他进行自我改造，没有把他归为"落后分子"之列。

[90] Kau，vol. Ⅰ，pp. 412-419 et 425-431.

[91] 与高级农业生产合作社不同，这种合作社是在综合考虑生产队员所贡献的土地、农具、耕畜的基础上给他们发放生活资料，生产队员之间会有些不公平。

[92] 直到 1956 年 1 月城市里才开始用粮票。

[93] Kau，vol. Ⅰ，pp. 527-554. Pang et Jin，vol. Ⅰ，pp. 284-288.

[94] Kau，vol. Ⅰ，pp. 507-508，Pang et Jin，vol Ⅰ，pp. 288-307（主要是毛泽东未出版的手稿，时间分别是 1954 年 10 月、11 月、12 月，1955 年 1 月、5 月、6 月）。

[95] 曹雪芹在清朝中期完成了这本小说。小说背景是 18 世纪北京的大户人家，主要讲述了年轻的贾宝玉和他美丽的表妹林黛玉之间凄美的爱情故事。这本书有一个非常好的法语译本，是由 commencée par André d'Hormon et menée à son terme par Li Tche-houa et Jacqueline Alezaïs 合作翻译的，于 1981 年由 la collection de-La Pléiade，Gallim-ard 出版。

[96] 胡风多次抗议并绝食，他在最终被释放的时候已经奄奄一息。1980 年，胡风得以平反。

[97] 毛泽东：《原子弹吓不倒中国人民》，1955-01-28。Kau，vol. Ⅰ，pp. 516-518.

[98] Kau，vol. Ⅰ，p. 669.《毛泽东文集》，第六卷，484～485 页，北京，人民出版社，1999。

[99] 邓子恢（1896—1972），在建立江西苏维埃政权期间坚决拥护毛泽东。参加过长征，并带领一支游击队与新四军会合①。他在解放战争的最后阶段领导游击队在华南地区配合解放军的进攻。曾任中共中央中南局第二书记兼中南军区第二政治委员（一把手为林彪），1953 年 2 月至 1959 年秋期间担任中共中央农村工作部部长。

[100] 刘建辉、王洪武：《过渡时期总方针的来源以及关于 1955 年夏中国社会主义改造的提速》，载《中国季刊》，2006，187：726-731。资料转引自 1993 年出版的《建国以来重要文献选编》，第 6 卷，13 页。

[101] 不是"文革"中所说的 20 万个，

① 原文有误，邓曾在南方参加过游击战争，但并未参加长征。

"文革"期间之所以故意少说目的是为了搞垮刘少奇。

［102］Pang et Jin，vol. Ⅰ，pp. 374-385. 两位作者主要使用的是中央档案馆于 2002 年 4 月出版的关于合作社发展的书。

［103］Pang et Jin，vol. Ⅰ，p. 375，作者引用了毛泽东和邓子恢谈话纪要中的一段。

［104］Pang et Jin，vol. Ⅰ，pp. 382-384. 作者用的是毛泽东在警卫员的报告上手写的评语以及保存在中央档案馆的其他一些手写笔记。

［105］Kau，vol. Ⅰ，pp. 589-612；Pang et Jin，vol. Ⅰ，pp. 386-419；Robert Bowie et John Fairbank，*Communist China，1955-1959：Policy Doc.s with Analysis*（par la suite：*Bowie et Fairbank*），Harvard University Press，1966，pp. 94-105. 该文是在 1955 年 10 月 11 日的七届六中全会上被正式修订之后才下发的。

［106］Bowie et Fairbank，pp. 42-91.

［107］《毛泽东文集》，第六卷，418 页，北京，人民出版社，1999。Kau，vol. Ⅰ，pp. 589-612；*Bowie et Fairbank*，pp. 94-105.

［108］这 13 人的名单很有趣：刘少奇、周恩来、陈云、邓小平、彭真、董必武、彭德怀、陈伯达、陆定一、陈毅、谭震林、邓子恢、李富春。我们注意到邓子恢出现在了名单中。8 月3 日，毛泽东与邓子恢谈了两个小时话，督促他进行自我批评，对邓子恢的批评直到第八次全国代表大会上才做出。邓子恢没有受处分，甚至还继续担任了中共中央农村工作部部长，陈伯达任副手。

［109］会议在中南海的怀仁堂举行，中央委员会增加了很多席位，与会人员共有 451 人。除了 38 位中央委员及 25 位候补委员，毛泽东还邀请了来自各省市的 388 位知名人士。大会共发出 167 张邀请函，只对刘少奇、周恩来、朱德、陈云、彭德怀、彭真和邓小平等人做了口头邀请。Pang et Jin，vol. Ⅰ，pp. 398-404. 毛泽东 10 月 11 日的大会闭幕致辞可参见毛泽东：《农业合作化的一场辩论和当前的阶级斗争》，1955-10-11 以及 Kau，vol. Ⅰ，pp. 629-654。与其他版本不同的是，这一版本对 1991 年在北京出版的《毛泽东选集》进行了补充和修正。

［110］Kau，vol. Ⅰ，pp. 622-744 est une traduction complète.

［111］位于唐山以北 70 公里的遵化地区。

［112］*Entretiens de Confucius*，Le Seuil，1981，livre XIII，pp. 103-104.

［113］关于刘少奇的自我批评，我们手头仅有的资料都是由红卫兵出版的，里面记录的是刘少奇在 1967 年到 1968 年被压迫期间所做自我批评，红卫兵对此还不失时机地做了扭曲。也正是如此，在两份揭发"中国的赫鲁晓夫"的文章中，20 000 个被篡改成 200 000 个。

［114］Kau，vol. Ⅰ，pp. 629-654. 摘自《毛泽东选集》。1991 年出版的这个版本质量较好，而 1969 年雄鹿出版社翻译的《毛泽东思想万岁》这个版本就很差。

［115］Pang et Jin，vol. Ⅰ，pp. 404-410.

［116］Macfarquhar，vol，Ⅰ，p. 329，n. 11.

［117］Kau，vol. Ⅰ，pp. 670-700.

［118］毛泽东趁这次机会阐述了他对辩证法的看法："从不平衡到平衡，又从平衡到不平衡，循环不已，永远如此，但是每一循环都进到高的一级。不平衡是经常的，绝对的；平衡是暂时的，相对的。"这离"文化大革命"前夕"一分为二"的思想并不遥远。

［119］参见毛泽东：《征询对农业十七条的意见》，1955-12-21。

［120］2006 年 9 月《中国季刊》第 187 期，克里斯多夫·霍伊在他组织的"社会主义在中国崛起"的研讨会总结中，用大量的细节证明了毛泽东所定的目标不切实际，而第一个五年计划的目标是相对比较合理的。五年计划中制定了水稻年产量增长 2.7%、小麦年产量增长 4% 的目标。而实际的增长量为水稻 2.2%，小麦 3.4%。毛泽东在 12 年农业计划中定下了这两种作物每年分别增长 6%和 8%的目标，而事实上直到 20 世纪 70 年代，其平均增长率都维持在 2%左右。

［121］我们可以将农民对集体制的微弱反抗与苏联农民对集体农庄的强烈抵制做一个对比：为了集体化 1 匹马，中国有两个农民被打

伤，而在苏联的集体农庄，为了集体化 1 头牛，有四个农民被杀害。

［122］Ma réponse *à* cette question doit beaucoup aux réflexions de Marie-Claire Bergère（*la Chine de* 1949 *à nos jours*），de Lucien Bianco（*Jacqueries et Révolution dans la Chine du XX*[e]*s.*）et *à* l'article de Yu Liu：« Why Did It Go so High? Political Mobilization and Agricultural Collectivization in China »，*The China Quarterly* n° 187，septembre 2006，pp. 732-742.

［123］参见薄一波：《若干重大决策和事件的回顾》，354～358 页，北京，中央党校出版社，1991。这篇文章体现了薄一波所拥有的特权。诚然，他是为数不多的敢于对毛泽东 1953 年以来大胆的经济发展计划提出异议的几个共产党领导人之一。

［124］即实行户口登记制。这种居民登记的方式把中国人分为农村人口和城镇人口两类，每一类都有自己不同的权利，并且禁止居民私自转换户口类型。

［125］苏联的 70 849 个村子里只有 23 458 个党支部，因此要将城市招来的无产阶级积极分子和小知识分子下放到农村去。

［126］毛泽东：《农业合作化的一场辩论和当前的阶级斗争》，1955-10-11。

［127］Robert Loh et Humphrey Evans，*Escape from Red China*，sept. 1963，p. 136. Pang et Jin，vol. Ⅰ，pp. 460-465.

［128］参见毛泽东：《加快手工业的社会主义改造》，1956-03-05。

［129］Mac Farquhar，vol. Ⅰ，pp. 39-56. On trouve les textes dités dans *Kau*，vol. Ⅱ，pp. 20-23 et 27-41；Bowie et Fairbank，pp. 144-151；Roger Martelli，1956：*le Choc du XX*[e] *congrès*，Éditions sociales，1982；*Survey of China Mainland Press*（SCMP），1231，pp. 33-37，publié par le Consulat général des USA *à* Hongkong contient la traduction anglaise du message de Mao，du 9 février et de l'intervention faite par Zhu De le 15.

［130］拉约洛和毛泽东的会谈可参见 1963 年 8 月 18 日在米兰出版的《欧洲》杂志。

［131］美国驻华沙大使馆很快收到了一份复印件，这篇文章几周之后刊登在《纽约时报》和法国的《世界报》上。

［132］阅读尼古拉·沃特的书可以更好地理解 5 月 4 日的报告中关于伟大功绩的陈述。*La terreur et le désarroi*：*Staline et son système*，Paris，Perrin，collection Tempus，2007.

［133］我们看到这种分析类似于马克思在《路易·波拿巴的雾月十八日》中对波拿巴主义所做的分析。

［134］该报告的官方版全文收录于 *Mao*，V，pp. 306-331，也可见 Kau，Ⅱ，pp. 33-66 qui est tirée de la publication de« gardes rouges » *Wansui* 1969，pp. 59-67。两篇文章有多处不同：官方版本省去了《毛泽东思想万岁》摘录版本（15 000 字）中的 1 500 字，但却另外多加了《毛泽东思想万岁》版本中所没有的 4 000 字。

［135］Kau，Ⅱ，pp. 66-71 et *Cerf*，pp. 161-168. 这些评论的目的不是作出版用。

［136］相当于法国的省长级别。

［137］出自中共中央于 1956 年 1 月 14 日至 20 日期间召开的“知识分子问题会议”上周恩来的报告和毛泽东的大会闭幕讲话。Bowie et Fairbank，pp. 128-143. 这次大会召集了 1 779名与会人员，其中不乏许多“大知识分子”，包括有关技术人员和工程师等。*CHOC* XIV，tableau 4，p. 210. 毛泽东在 8 月 30 日第八次全国代表大会的准备会议上提及此事时说，在 1 100 万的党员中有差不多 100 万的知识分子。

［138］毛泽东举了几个自学成才的例子：高尔基只上过两年学，鲁迅没有修完大学课程，还有肖楚女同志从没有上过一天学。事实上，毛泽东所举的这最后一位，1894 年出生于湖北，于 1919 年至 1920 年期间在武昌的中华大学上课。作为黄埔军校的政治指导员，他曾在广东的农讲所授课，而与此同时，毛泽东作为农讲所的领袖，带领海丰农民学习彭湃的农民运动理论。肖同志于 1927 年 4 月 18 日白色恐怖期间被暗杀。

[139] Kau, pp. 6-16; Cerf, pp. 133-142. D'après *Wansui* 1969. 出于提高工作效率和缓解矛盾的考虑，1956年1月起，以前的富农和地主也被允许加入农村合作社，而在此之前他们都是被排斥在外的。

[140] 1955年12月3日，《光明日报》指出："我们到了一个新时期，知识分子水平很高，他们应该对社会承担更多的责任。"

[141] 第一个五年计划的目标是在1957年实现钢铁年产量410万吨。

[142]《解冻》是1954年出版的伊利亚·爱伦堡（1891—1967）的小说，对斯大林统治时期的社会状况提出了批判。这次批判运动的高潮是亚历山大·索尔仁尼琴的《伊凡·杰尼索维奇的一天》和亚历山大·莱万多夫斯基在《新世界》上发表的辛酸的短篇小说。

[143] 特罗菲姆·李森科（1888—1976），苏联社会学家和农学家，李森科坚持生物的获得性遗传，这一说法在1940—1955年间在苏联成为主流。他否定孟德尔（1822—1884）基于基因的遗传学和"资产阶级科学"。他依靠农学家伊凡-米丘林弄虚作假的研究在第一个五年计划时期得到斯大林的极力推崇。

[144] D. R. Arkush, «One of the Hundred Flowers: Wang Meng's Young newcomer», *Papers on China*, n° 18, Harvard University Press, 1964.

[145] Mao Tsé-tung, *Poésies complètes*, Seghers, 1976, pp. 87-88. 在1957年2月11日给黄炎培的一封信中，毛泽东说由于在强风下仰泳，他游偏了15公里。Kau, vol. 2, p. 299.

[146] Jean-Luc Domenach, *Aux origines du Grand Bond en avant: le cas d'une province chinoise. 1956-1958*, Éditions de l'EHESS et Presses de la FNSP, 1982, pp. 46-63.

[147] 鉴于农民们的努力程度，这个比例很让人失望，它还跟不上人口的增长。

[148] Kau, Ⅰ, pp. 219-220. 批评邓拓和胡乔木的这篇社论被认为是"文化大革命"的"黑色社论"。

[149] MacFarquhar, vol. Ⅰ, pp. 99-168.

[150] Kau, vol. Ⅰ, pp. 109-120. Mao, V, pp. 337-339(«Renforcer l'unité du Parti et continuer la tradition du Parti»).

[151] 毛泽东在7月14日接见拉丁美洲的两位记者时，又提到了1946年对美国"纸老虎"的称呼。尽管如此，经朝鲜战争一役，中国志愿军还是被这只老虎伤到了，"对于这只纸老虎，战略上要藐视敌人，战术上要重视敌人"。

[152] MacFarquhar, Ⅰ, pp. 100-102.

[153] 因为党章急于推出，最初的版本应该却没有先给毛泽东过目：早上呈给他批示时，他还在睡觉。

[154] Pang et Jin, vol. Ⅰ, pp. 528-531.

[155] 参见毛泽东：《我们党的一些历史经验》，1956-09-25。

[156] « Ⅷ^{e} congrès du PCC: recueil de documents», Paris, *les Cahiers du Communisme*, janvier 1957, pp. 5-9.

[157] Pang et Jin, vol. Ⅰ, pp. 531-535.

[158] 也许毛泽东感觉到有些力不从心。1956年他给亡弟毛泽覃的妻子写信说："我胃口也好，睡得也香，最近几年应该不会见阎王。不管怎样，我们应该承认身子在走下坡路了。"难道就是因为这样毛泽东选择来年春天畅游长江？

[159] 1958年纳吉·伊姆雷被处决。

[160] François Joyaux, *la Nouvelle Question d'Extrême-Orient: l'ère de la guerre froide (1949-1955)*, Paris, Payot, 1985, pp. 228-232.

[161] Kau, vol. Ⅱ pp. 199-216.

[162] *CHOC*, ⅩⅣ, pp. 247-250. 王明1957年2月16日说他今后要跟着毛主席的想法走（Kau, vol. Ⅱ, pp. 301-308）。那时，毛泽东仍然认为对官僚主义进行斗争是件好事，他也责怪王蒙没有介绍自己积极的部分："既要批评也要保护。"

[163] 关于毛泽东模棱两可的态度，我们可以参考 Benjamin Schwartz, «Thoughts of the late Mao: Between Total Redemption and Utter Frustration», pp. 19-38, in Roderick MacFarquhar, Timothy Cheek et Eugene Wu, *The Se-*

cret Speeches of Chairman Mao, from the Hundred Flowers to the Great Leap Forward, Cambridge (Mass.), Harvard University Press, 1989。

第十三章　理想主义（1957—1959）

［1］Kau, pp. 772-781. Repris dans Stuart Schram, *Mao Parle au peuple*, *1956-1971*, traduit de I'anglais, Paris PUF, 1971. Id. dans *Cerf*, 1975, pp. 432-433. L'original chinois est dans I'édition des Gardes rouges *Wansui* 1969 et, en Partie, dans le *Quotidien du peuple* des 19 et 20 novembre 1957.

［2］"百花"这个说法来自《离骚》的作者屈原，公元前3世纪的抒情诗人，我们可以从湖南第一师范大学博物馆非常残破的毛泽东手稿中找到对"香花"、"毒草"的引用。

［3］毛泽东还在日期上犹豫不决：1月16日，《中国青年报》上刊登了一篇文章，宣布中国共产党中央委员会决定在1958年开展针对党的工作作风的整风运动。

［4］关于毛泽东在这次大会上的发言，不同版本之间出入很大。我们发现一个华国锋组织的官方版本，见《毛泽东选集》，2版，第四卷，379～416页。红卫兵发行的《毛泽东思想万岁》似乎更符合毛泽东的讲话内容，只是表达方式有所不同。高英茂的版本较为谨慎，介绍了各种说法，以18日的文章作为引言，27日的文章作为总结。我还是更喜欢高英茂的这个版本，而不是不带批判的雄鹿出版社的版本。雄鹿出版社的版本将这些文章作为毛泽东在会议上的一次"讲话"的内容，然后对研究著作做了一个"小结"。

［5］尽管对"文革"出版物《毛泽东思想万岁》的内容持保留态度，但我仍多次在本章节中提及它。因为"文革"刊物《毛泽东思想万岁》虽然是毛泽东拉伯雷式的口头表达，但仍然体现了他的演讲中的学究气。Roderick MacFarquhar et autres: *The Secret Speeches of Chaiman Mao: From the Hundred Flowers to the Great Leap Forward*, Harvard University Press, Cambridge (Mass), 1989 (par la suite: Secret).

［6］在雄鹿出版社的版本中，毛泽东明确说："10%～15%的农民仍旧生活在水深火热之中。"他重提12年农业发展计划，并且建议小麦亩产量实现400～500斤甚至800斤（或每公顷30～60担）。

［7］在这次讲话众多版本中的一个版本里，毛泽东再次提到了梁漱溟，还提到了彭一湖这个名字：彭一湖既是旧地主，国民党统治时期的湖南某行政区区长，又是归顺新政体的小党派负责人。1954年，他以民建中央委员的身份致信中国共产党和中央委员会，批评国家垄断粮食贸易。另一个被提及的名字是章乃器，同为民建负责人，他赞同彭一湖的想法。章乃器是粮食部部长和人大代表。

［8］对八大的新批评。

［9］我更欣赏《毛泽东思想万岁》里的版本。在张戎的书的第455页中，两位作者引用了1957年4月6日毛泽东对柯庆施说的话："怎样能在不引蛇出洞的情况下捉到蛇？我们想看这帮乌龟蛋光天化日混进来被我们逮个正着。"张戎和乔·哈利戴使用了这篇文章和其他类似的文章，目的是把"百花运动"说成是毛泽东的一个诡计。我认为这种解释比较牵强。

［10］关于1957年1月18日会晤的过程和所有与中苏关系有关的文件，我们要对《毛泽东思想万岁》持谨慎态度，因为这个版本肯定包括了1960年代添加的内容。要知道，1956年4月7日，在北京签订的中苏条约使苏联帮助中国完成的项目数量从156个增加到211个。1957年春夏期间，两国密谈关于"国防的现代科技"的协议，并于1957年10月15日签署，这份协议保证苏联向中国转让部分制造核弹的核心技术。因此，1956年到1957年，中苏关系空前良好。

［11］1956年7月，埃及领导人纳赛尔将苏伊士运河收归国有，以色列、法国和英国在10月和11月向埃及发动进攻，之后因为美国、苏联和联合国施压被迫停火。

［12］我们可以从中看出毛泽东在"文化大

革命”期间提出的“三个世界”理论的端倪。

[13] Kau，pp. 300-301.

[14] Kau，pp. 301-308.

[15] *Secret*，vol. Ⅰ，pp. 179-180.

[16] C'est I'hypothèse formulée par MacFarquhar：*Secret*，pp. 177-183.

[17] 参见毛泽东：《关于正确处理人民内部矛盾的问题》，1957-02-27。全文有 24 000 字。另有一个最长的版本，全文多达 28 000 字，记录了毛泽东的讲话，很多处有大段即兴内容。事实上，这是一种毛泽东没有审阅过的“讲话稿”。这篇文章后来被悉尼·格尔森(Sidney Gurson)刊登在 1957 年 6 月 13 日的《纽约时报》上。这名记者在华沙获得了这篇文章并且请人翻译出来。北京大学从 1985 年开始将其中文文本作为教材。

[18] 马寅初（1881—1982）在 1957 年 7 月 7 日发表了他的《新人口论》。自 1958 年 4 月开始，他因为这篇文章受到批判。

[19] Comme je I'ai espliqué dans la note 20，je me sers ici de la version originelle du texte soitcelle de *Kau* ou de *Secret*.

[20] 正如毛泽东所说，这是一本受斯大林影响编写的字典。真正的作者是尤金（Pavel Yudin），他曾任驻华大使并且和毛泽东有过几次会谈。根据 les *Mémoires* de Khrouchtchev (pp. 464-465 de la traduction anglaise en 1970)，1957 年 4 月尤金认同了关于苏联的领导阶级和被领导阶级存在矛盾的看法，并且认为中国的情况也是如此，但是苏联领导的看法并不是这样。

[21] 关于受到冷落的开创者，毛泽东出人意料地罗列出了一张长长的名单：佛陀、路德、孙悟空（玉帝让他当天上的弼马温）、薛仁贵(唐朝惨遭恶意中伤的将军)、哥白尼、伽利略、达尔文和德国的安眠药发明者等。德国人不喜欢安眠药，一位叫李烈钧的人在马赛至巴黎的火车上发现了这种药，并将它引入中国（毛泽东的福音）。李烈钧（1882—1946），国民党高级军官。

[22] 毛泽东提到陈其通 1957 年 1 月 7 日的一篇文章，说“苏联已是风雨萧条”。

[23] 毛泽东回想起他自己从前在学校里也不安分。

[24] Kau，Ⅱ，pp. 351-363；*Cerf*，pp. 331-344. D'après *Wansui*，1969.

[25] 但是毛泽东也建议说，对他的话要有保留，不然整个国家都可能发生罢工。

[26] 1956 年年底，达赖喇嘛被允许去印度庆祝佛祖诞生 2 500 周年。达赖喇嘛对尼赫鲁说希望留在噶伦堡（在大吉岭附近）。最后，尼赫鲁和周恩来成功说服他于 1957 年 4 月回到西藏。

[27] Imposé par la force des armes le 23 mai 1951. Voir *Mao*，*V*，pp. 75-79.

[28] 毛泽东认为这是苏联经济的主要矛盾。

[29] 韩丁（William Hinton）完美地描述了这场由贫下中农发起的对党员干部的批评运动，他们对翻身土改运动的结果非常失望。

[30] *Short* cite *à* la p. 404 列举了上海商人罗伯特·罗（Robert Loh）、人类学家费孝通和历史学家翦伯赞的回忆。

[31] Tout un programme... Kau，vol. Ⅱ，pp. 365-366 et *Secret*，pp. 193-216.

[32] 都服从党的领导。在场的记者来自《光明日报》、《大公报》、《文汇报》、《新闻日报》、《新民晚报》，这些报纸在 1949 年前都已经存在。毛泽东为《申报》的消失而惋惜，但拒绝让这份大报纸再出刊，因为这好像是一种复辟。

[33] 他没有提到苏联坦克镇压起义后的第二天安德鲁·斯蒂尔（André Stille）发表的文章《布达佩斯的微笑》，而是提到报纸报道了伊姆雷·纳吉（Imre Nagy）政权的建立。

[34] Kau，Ⅱ，pp. 375-380.

[35] Ce paragraphe utilise les informations fournies par Pang et Jin，vol. Ⅰ，pp. 641-662.

[36] Kau，Ⅱ，pp. 391-521；*Secret*，pp. 273-372.

[37] 3 月 19 日在南京他称自己为“游说先生”。这个短语指战国时期孔子或者孟子这样的思想大师为了收徒弟和传播思想，到各地游说。通常法语翻译成“巡游的政客”，我觉得这

种译法有些贬义。肖特建议翻译成“游说的流浪者”，这个译法太美国化。

[38] 周谷城（1898—1996）这位复旦大学的美学教授是一位亲共产党的民主人士。国民党发动内战时他极力反对。毛泽东在1949年6月28日给他写了一封信，希望他能参与新中国建设(参见 *Mao Zedong shuxin xuanji*，1983，pp. 429-430)。1964年在“一分为二”理论的运动中，姚文元批判他太“理想主义”。

[39] 黄克诚，1902年湖南出生，参加了秋收起义，后又加入井冈山革命队伍。他曾先后在彭德怀将军和陈毅将军麾下担任政委。1954年成为将军，八大后是中央军事委员会七位秘书之一，1958年10月成为解放军总参谋长。

[40] 尽管做了很多努力，毛泽东仍无法隐藏他对知识分子的不满意。在某一次演讲时，他重提知识分子读过几本书就清高起来的论调。

[41] 在4月10日到30日期间举行的一次最高国务会议上。*Secret*，pp. 363-372.

[42] Texte dans Pang et Jin，vol. Ⅰ，p. 664.

[43] Pang et Jin，vol. Ⅰ，pp. 664-668，记录了4月10日毛泽东和《人民日报》编辑的讨论。Short，p. 406有一段精彩绝伦的描写：已失去控制的毛泽东和狼狈沉默的邓拓和王若水发生了争辩。资料来源于1997年6月肖特对王若水进行的采访。

[44] 上文已经提到一些关于中华人民共和国这一历史时期的参考著作，书中详尽地叙述了主要的事件。En français un des meilleurs recueils de textes demeure le livre de Siwitt Aray，*les Cent Fleurs*，Paris，Questions d'histoire，Flammarion，1973. Le livre de Marie Holzman：*Lin Xiling l'indomptable*，paru en 1999，propose une biographie d'une des plus actives militantes du Forum de la Démocratie. Pour les réactions des étudiants，voir D. J. Doolin：*Communist China：the Politics of Student Opposition*，Stanford，University Press，1964. Pour les réactions des intellectuels，voir le chap. consacré au mouvement par Merle Goldman dans *Literary Dissent in Communist China*. Harvard University Press，Cambridge（Mass），1967. On trouve de précieuses indications sur le comportement des ouvriers dans François Gipoulous：*les Cent Fleurs à l'usine：agitation ouvrière et crise du modèle soviétique en Chine，1956-1957*，Paris，EHESS，Cahiers du Centre Chine，1986. Pour le monde paysan，voir Jean-Luc Domenach：*Aux origines du Grand Bond en javant：le cas d'une province chinoise，1956-1958*，éditions de l'EHESS et Presses de la FNSP，Paris，1982，pp. 96-127.

[45] 这家报纸1949年6月在北京成立，为民盟的机关报。1952年，它成为所有民主党派的报纸。章伯钧任社长，储安平任主编。

[46] 章伯钧（1895—1969），见第十一章注释6。

[47] 罗隆基（1896—1965），见第十一章注释124。

[48] Chen Ziming：«Les droitiers actifs en 1957 et la postérité d'une réflexion：intellectuels de droite，révisionnistes et défenseurs des droits»，in *Perpectives chinoises* n°4，2007. 葛佩琦这个鲁莽的声明被简化为“群众可以杀死共产党人”，被5月31日的《人民日报》作为批判的对象引用。

[49] 林希翎（本名程海果）1935年出生在浙江一个基督教家庭，在学习文学之前参过军，当时是人民大学大四学生。

[50] *Wengao*，vol. 6，pp. 455-456.

[51] 虽然是匿名发表，但这篇社论出自毛泽东之手。

[52] *Wengao*，vol. 6，pp. 469-476；Kau，Ⅱ，pp. 546-555.

[53] Kau，Ⅱ，pp. 671-686.

[54] Dans les *Antimémoires*，Voir Jacques Andrieu：«Mais que se sont donc dit Mao et Malraux?» in *Perspectives chinoises*，n° 37，1996，pp. 50-63.

[55] 被称为“狗不理”的这家饭馆因为包子出名。

[56] 这支部队有一个师，负责保护领导

人，并确保他们的旅行安全。为此在各省都设有情报处，由汪东兴指挥。

[57] Kau，Ⅱ，pp. 535-541；*Cerf*，pp. 374-375. La traduction du poème *les Immortels* s'inspire de celle des éditions Seghers，aux pp. 89-90.

[58] “杨”指杨树，代指杨开慧；“柳”指柳树，代指李淑一的丈夫柳直荀。

[59] 吴刚是中国的西西弗斯，在跟随一个著名的老师学习时犯了天条，被天帝惩罚在月宫砍伐桂树，这些桂树有500丈高，能自己愈合斧伤，所以他也只好不断地砍下去。桂花酒是神仙的甘露。

[60] 嫦娥是著名的神箭手后羿的妻子。后羿从西王母那里得到长生不老药。嫦娥偷吃了神药，逃到月亮上去了。

[61] 这里的“虎”显然指蒋介石。

[62] Kau，Ⅱ，pp. 546-555.

[63] 牛鬼蛇神这些怪物有四灵相克，即龙、龟、凤和麟。“文化大革命”中鬼神学第一次出现。

[64]《毛泽东文集》，第七卷，303页：“中国共产党是全中国人民的领导核心。”

[65] 发生在第十四次最高国务会议上。Chen Ziming dans *Perspectives chinoises*，n°4，2007.

[66] Kau，Ⅱ，pp. 561-566.

[67] Kau，Ⅱ，pp. 564-568. 关于1957年6月的其他参考资料来自同一本书的569～589页。

[68] 国民党革命委员会1948年1月在香港成立，是1949年加入中国人民政治协商会议的八个民主党派中最小的党派。

[69] 毛泽东逐渐和中国共产党八大的中心论点拉开了距离。八大肯定阶级斗争让位给人类与大自然的斗争。

[70] 这次讨论被归纳为六个标准，加入了2月27日的报告。

[71] 这些文章没有签名，但是都出自毛泽东的专家或政治秘书之手。

[72] Kau，Ⅱ，pp. 591-601.

[73] Le texte traduit en anglais se trouve dans Robert Bowie et John Fairbank（éd）*Communist China，1955-1959：Policy Doc. s with Analysis*. Cambridge（Mass），Harvard University Press，1965，pp. 351-431.

[74] Wang Meng，*le Salut bolchevique*，Paris，Messidor，1989 pp. 17-27 et 59-63. 1957年王蒙被打为右派，下放到新疆，在那里度过了16年。

[75] 毛泽东：《打退资产阶级右派的进攻》，1957-07-09。

[76] 毛泽东在青岛住了近一个月，尽管天气凉而潮湿，但他仍然坚持每天在海中游泳，因此着了凉，返回北京后才恢复。这次他难得同意接受中医治疗：以前他时常夸奖中医，但是生病的时候，他只信任西药。

[77] 毛泽东：《一九五七年夏季的形势》，1957-07。这篇文章在Kau，Ⅱ，p. 662有一个篇幅更长的版本，带附录，毛泽东在665～669页给这篇文章做了评论。毛泽东提到了两位著名的知识分子：费孝通是“极右派”，翦伯赞“糊涂”，但是10月份他亲自发话使他们免受迫害。费孝通和章伯钧、罗隆基关系亲密。翦伯赞受北京副市长吴晗的保护，在“文化大革命”之前他一直在撰写各类文章。

[78] 毛泽东：《在八届三中全会上的讲话》，1962-09-24。

[79] Pang et Jin，vol. Ⅰ，p. 716.

[80] 舒新城（1893—1960），1936年出版的著名的《辞海》的编著者。这位文人在上海经历了战争并且接受共产党领导，成为湖南人大代表，他出版过一些有关鸦片战争以来教育史的著作。

赵超构（1910—1992），20世纪30年代上海《新民报》的一位记者。1946年他曾和储安平的《观察报》合作过一段时间。1949年3月，他从香港坐船到山东烟台共产党控制下的区域。

[81] 公历不同于东正教日历，根据公历，攻占冬宫不是发生在10月而是11月7日。

[82] 对于“伟大舵手”不可预知的变化深感不安的许多知识分子借用了一句具有讽刺意味的中国谚语“难得糊涂”：对于自己不理解的

指示，遵守就可以了。

［83］杜明（Jean-Luc Domenach）关于“大跃进”的起源研究显示，1954年开始执行“总路线”时，河南省委书记潘复生因为一拖再拖而失势。1957年5月他在“百花运动”中复职，1957年11月被支持毛泽东12年农业计划的吴芝圃取代。这位新任省委书记后来将河南省变成毛泽东主义在农村的堡垒，造成了农民巨大的不幸。

［84］这也是肖特的看法。

［85］Kau，Ⅱ，pp. 687-696 et 696-713（version corrigée）et 717-723（version plus longue de la compilation de matériaux par des«Gardes rouges» publiée en janv. 1967-*ziliao xuanbian*）. Pang et Jin，Ⅱ，pp. 717-722. Mao，V，pp. 525-540.（«Soy ons les promoteurs de la Révolution»）.

［86］On le trouve en entier dans Bowie et Fairbank，pp. 341-362.

［87］毛泽东认为阶级斗争“从根本上”结束了，但没有“完全”结束，因为虽然所有权的问题得到了解决，但资产阶级在意识形态、政治和经济领域中的影响仍然存在。这种语义的精妙之处在于，它能不伤害起草八大报告的刘少奇的自尊。事实上，1957年冬天，毛泽东更加依赖刘少奇和邓小平，远离周恩来、陈云和其他规划者。

［88］在这一点上，我认为有必要依据红卫兵出版的资料选编，因为华国锋及相关学者删除了所有毛泽东可能对“大跃进”饥荒负主要责任的讲话。

［89］有了这样的收成，一亩可以生产667千克粮食，即每公顷100多公担。

［90］Kau，Ⅱ，pp. 724-752；Mao，V，pp. 541-557（«Il faut avoir une confiance inébranlable dans la grande majorité des masses»）.

［91］黄炎培打断毛泽东的话说：“体力劳动也可以在家里做！”

［92］除了各种庆祝活动，这个庄严的大会召开了两次会议，一次是11月14日至16日12个执政共产党参加的会议，一次是11月16日至19日所有代表团参加的会议。会后一致通过的联合声明被公之于众。Voir *MacFarquhar*，Ⅱ，p. 7 à 19.

［93］起先苏联人将毛泽东安置在叶卡捷琳娜在莫斯科的一处豪华住所内。

［94］12月2日，杨尚昆在中央委员会汇报莫斯科大会的情况时说“好像把毛泽东在北京的住所从北京搬到了莫斯科”。Pang et Jin，vol. Ⅰ，p. 760，n. 1 et 2.

［95］Jacques Duclos，*Mémoires：dans la mêlée 1952-1958*，Fayard，Paris，1972，pp. 314-315. 毛泽东批评法国共产党领导人1945年4月的公开信。杜克洛在信中指责美国共产党的领导厄尔·白劳德（1891—1973）是“清算主义”，把美共变成了一个共产主义政治协会。美国共产党在苏联的压力下撤换了他们的主席。1945年7月29日，毛泽东代表中共中央写了一份电报给福斯特：“白劳德同志过去为中国人民的斗争作出过贡献，值得我们感谢。”毛泽东和杜克洛在莫斯科会面时，毛泽东揶揄他“1945年的文章是否在美国共产党内部构成了政治干扰”。Pang et Jin，Ⅰ，pp. 734（rencontre Mao-Thorez）et 748-749（rencontre Mao-Duclos）没有介绍这件事，而是提到毛泽东问了一些问题，涉及法国革命的前景和西欧帝国主义与美帝国主义之间的矛盾。

［96］Pang et Jin，vol. Ⅰ，p. 761，n. 1.

［97］Voir John Gittings，*Survey of the Sino-Soviet dispute，1963-1967*，Londres，Oxford University Press，1968. 这个文件并不是众所周知。要指出的是，1957年10月30日，解放军与党的军事委员会最有影响力的领导人之一叶剑英元帅说，“人造卫星的发射丰富了马克思主义列宁主义的军事理论”。

［98］1957年6月，他设法击败了这个“反党集团”，罢免了莫洛托夫，将他送到乌兰巴托当大使。1957年10月下旬，在莫斯科会议前几天，强势的朱可夫元帅国防部长的位子被马利诺夫斯基元帅取代。

［99］Kau，Ⅱ，pp. 757-766；Cerf，pp. 421-431.

［100］Kau，Ⅱ，pp. 767-770.

［101］Kau，Ⅱ，pp. 781-796；毛泽东：《党内团结的辩证方法》，1957-11-18。

［102］毛泽东遭到在江西染上的旧疾的折磨。我们可以注意到，他在10月的八届三中全会上承认自己染上了风寒。此后的四十几天里，64岁的毛泽东两次谈及自己的健康问题。也许这就是为什么11月17日他在莫斯科的中国留学生面前侃侃而谈自己当年强健的体魄：三次游泳横穿长江，两次横穿杭州附近的钱塘江，三次横穿长沙附近的湘江，还爬上过湖南和江西的山峰。

［103］毛泽东在10月的八届三中全会上确定的目标只是15年后达到2 000万吨。这表明他在一个月内把这个数字翻了一倍。

［104］关于毛泽东在1957年12月到1958年4月之间的活动，我大量参考了Pang et Jin, vol. Ⅰ, pp. 766-804。

［105］毛泽东在北京待得并不舒服，正如他自己所说："我在北京呆久了就会觉得自己的思想空了。我一旦离开北京，就会感觉自己又能思考些什么了。" *Mao Zedong sixiang wansui*, 1969, p. 156.

［106］*Cerf*, pp. 455-477. D'après *Mao Zedong xuanji buyi* (textes complémentaires aux *Œuvres choisies* de Mao Zedong, 1991).

［107］值得注意的是，在同一时期，赫鲁晓夫也制订了一些不现实的计划以求玉米丰收，希望将哈萨克斯坦贫瘠的土地改造成盛产小麦的农田。

［108］毛泽东在杭州会议上的重要讲话，请参阅Mao *à* la conférence de Hangzhou est le texte 15, pp. 378-391 de Secret。

［109］Les interventions de Mao *à* la conférence de Nanning sont résumées dans Pang et Jin, vol. Ⅰ, pp. 767-775, traduites en français aux éditions du *Cerf*, pp. 434-445. 周恩来1月13日抵达。有些作者写他参加了杭州会议的尾声。

［110］*Texte aux* pp. 446-454 *des éditions du* Cerf.

［111］Pang et Jin, vol. Ⅰ, pp. 775-782 *avec photocopie du brouillon très raturé à la* 776.

［112］Pang et Jin, vol. Ⅰ, pp. 789-804, *Cerf*, pp. 478-510.

［113］逄先知和金冲及的书中有一张33人的名单，周恩来、刘少奇、陈云、陈伯达、彭真、李富春等都列于其中。

［114］唯一遗憾的是，毛泽东拒绝在李井泉特意为他建造的室内游泳池里游泳，因为他害怕游泳池的水有毒。

［115］记者吴冷西（1919—2002）、《人民日报》总编参加了此行。1995年2月，吴冷西写的《忆毛主席》一书在北京出版，他在该书第66页向我们展示了一个放松地畅谈三峡的神话故事和战国时期在此地发生的历史事件的毛泽东。

［116］Pang et Jin, vol. Ⅰ, pp. 807-810; *Cerf*, pp. 511-521.

［117］On le trouve dans *Pékin Information* n°15 du 10 juin 1958 repris du *Hongqi* du 1er avril.

［118］与自己一贯的原则相违背的是，毛泽东越来越多地在没有去当地考察的情况下使用他所收到的报告。他可能也意识到了那些当地官员在想尽办法掩盖他所视察的村庄的真实情况。但是他仍相信了那些简单的报告，这样风险就变得更大了。

［119］与毛泽东意见不同的时候，刘少奇不能在一篇已经经过集体讨论的文章中再发表自己的意见。

［120］Texte anglais dans Bowie (éd): *Communist China*, Doc. 25, pp. 416-438.

［121］我不赞同麦克法夸尔的观点。麦克法夸尔将共产党区分为支持刘少奇的一派和鼓吹"大力解放生产力"的毛泽东一派。这种对立是"大跃进"灾难后的1962—1965年间才出现的。1958年，毛泽东经常谈论到共产党领导的角色，而刘少奇谈论的是统一战线。

［122］5月8、17、20、23日的讲话，以及5月18日对代表团的声明。Traduction française *le Grand Bond en avant*, *inédits 1958-1959*, aux éditions du Sycomore, Paris 1980 (par la suite *Sycomore*, Ⅰ), pp. 9-19 et Pang et Jin, vol. Ⅰ, pp. 816-822.

［123］主席说："当官的总是被年轻人推

翻。他们年少无知不要紧，重要的是抓住真相和勇往直前。”

[124] Pang et Jin，vol. Ⅰ，pp. 822 et 823 avec des références *à* des pièces d'archives en notes. 在其他资料里也有一些数字和不切实际的计算。

[125] 王鹤寿，1909 年生于河北，在刘少奇领导下在东北搞工人运动。他在 1956 年的时候代替薄一波成为国家建设委员会主任，曾是中央委员会的候补成员。

[126] Pang et Jin，vol. Ⅰ，p. 824，n. 3.

[127] *Sycomore*，Ⅰ，pp. 52-57；Stuart Schram，*Mao Tse-tung Unrehearsed*，pp. 124-130.

[128] 主要是约公元前 5 世纪春秋战国时期的《孙子兵法》，孙子的思想被毛泽东称作“唯物主义和辩证法的结合”。

[129] 人们跨越式发展 12 年以来取得的不凡成绩是，从 4 月末到 6 月期间，河南南部的贫困县遂平和信阳开展了合作化运动。

[130]《大同书》描绘了中国未来自给自足的农业社会，这个社会由一个大同公政府的智者管理。这本书在作者死后的 1935 年才出版发行，但其手写本在 20 年代初就已在民间传阅。

[131] Traduit dans Bowie et Fairbank (éd.)，*Communist China*，doc. XXⅦ，pp. 452-453.

[132] François Joyaux，*la Nouvelle Question d'Extrême-Orient*，Paris Payot，vol. Ⅰ，pp. 212-217.

[133] Short，p. 429. Philip Short cite notamment le témoignage de l'ambassadeur soviétique Pavel Yudin.

[134] Short，p. 430，utilise les souvenirs de Khrouchtchev. Voir aussi *la Vie Privée*，pp. 286-287.

[135] 艾森豪威尔多次提到不排除用核武器对付中国的可能。

[136] 毛泽东与赫鲁晓夫激烈交换意见，其中的一个议题就是正在孕育期的人民公社，苏联领导人认为这个是“左”倾行为。

[137] Pang et Jin，vol. Ⅰ，p. 828，n. 1. 在河北，毛泽东走访了位于保定和石家庄之间的徐水县、定县和安国县。在河南，他走访了新乡县、长歌县、商丘县和襄城县。农业方面他问了许多关于粮食和棉花产量的问题，还谈到幼儿园、食堂和养老院的建设。

[138] «La Chine s'est mise en Commune/ Nous avons fait des clairs de lune»，Aragon，这种说法借鉴了 1871 年的巴黎公社运动。

[139] 事实上，这个新制度直到 1958 年 8 月 29 日才在北戴河通过决议形式化。决议收录在 Le texte se trouve dans Bowie et Fairbank (éd.)：*Communist China*，doc. 28，pp. 454-456。

[140] *Sycomore*，Ⅰ，pp. 58-59.

[141] 神话中的帝王，生活在公元前 2356 年到公元前 2555 年间的黄金时代。

[142] Pang et Jin，vol. Ⅰ，pp. 829-840；*MacFarquhar*，tome Ⅱ，pp. 82-90.

[143] Nicholas Lardy，*Agriculture in China's Modern Economic Development*，Cambridge University Press，1983，pp. 41-43.

[144] 我们知道炼钢需要一定量的碳，如果缺少了碳，则只能造出些因熔点不够而易碎的残次品。1965 年 9 月，我在北京买了辆“大跃进”时期造的自行车，由于钢材质量不过关，框架重了一倍。

[145] 两天之后毛泽东说到了试运行的“人民公社”。

[146] 共有 22 000 万民兵，他们中的大多数只有竹制长矛这样的武器装备。

[147] Texte intégral en anglais dans Bowie et Fairbank (éd.)，*Communist China*，doc. 28，pp. 454-456.

[148] 明确提到不能与 1 万～2 万农户对立，但也不应该鼓励他们。

[149] 配备了木步枪的民兵们学习的主要是走正步，向国旗行礼，唱延安时期的革命军歌。

[150] 通过王实味和丁玲的作品，我们知道，延安时期并不是所有人都平等。

[151] 9 月 3 日《人民日报》的社论更为乐观：共产主义“最多六年内”在中国实现。

Voir pp. 459-463 de Bowie et Fairbank (éd.): *Communist China*. 这篇社论赞同10 000～20 000户的大公社，消灭自留地，实行免费供给以及全民所有制。毛泽东一直密切关注社论动向，甚至自己动手起草。

[152] 这篇名为《破除资产阶级的法权思想》的文章首先登在上海的报纸上，然后在1958年10月13日又被《人民日报》登出来，并且还有毛泽东用毛笔写的批示，鼓励大家阅读这篇文章。

[153] *Secret*, 19 août, p. 408.

[154] Doc. 31 de Bowie et Fairbank (éd.): *Communist China*, pp. 463-470. Pubié dans le *Quotidien du peuple* du 4 septembre. 这些法令要追溯到8月8日。卫星社组织了来自四个乡的24个合作社，共计9 369户，43 263人。计划为小学生开设寄宿学校，食堂按需免费供应。河北省委8月29日起草的指示预计在3到5年内实现发电和农业机械化，减少50%的耕地，建立沥青公路网，每个乡都有一条路旁边不种树木，可做机场使用 (Doc. 32 de Bowie et Fairbank, éd.: *Communist China*, pp. 470-477)。

[155] *Secret*, inetrvention du 30 août, pp. 430-441.

[156] *Secret*, 30 août, pp. 430-441. 毛泽东指出，这个数字到1965年才有可能达到，而不是毛泽东说的"1962年以后"。在1958年到1965年间，中国的钢产量有了提高：1958年1 100万吨，1959年2 200万吨，1960年4 400万吨，1961年8 800万吨，1962年1.76亿吨，1963年3.52亿吨，1964年7.04亿吨……中国的钢产量在1959年赶上英国，在1961年到1962年间赶上美国。

[157] 甚至提高到4亿吨。1957年达到的数据为2亿吨，然而这也已经是个破纪录的数字了。

[158] 毛泽东在8月21日的讲话中估计每个中国人一年里为了维持生计，需要3担6斗粮食，合360千克。

[159] 这个指示若被执行，1959年中国将要为此付出2 500万吨粮食的代价。

[160] *Secret*, p. 138.

[161] Pang et Jin, vol. I, pp. 846-884; *MacFarquhar The Origins*, vol. 2, pp. 91-116; *Sycomore*, I, pp. 61-80.

[162] 毛泽东乘飞机去武汉，接着16日坐船去安庆，16日下午到合肥，然后参观南京，在杭州休息一周，从那里起程去上海，然后回京。10月13日到天津，在那里他召集了河北各个市的干部以及徐水、安国、唐县、正定（石家庄附近）等县的人民公社的负责人。

[163] 陈云估算，应该要60万工人每人工作200个小时才能将这些粗制的钢铁变成可用的。

[164] 这些没有钢筋混凝土的大坝中有好几个在大雨中崩塌。

[165] 河北、河南、陕西、甘肃、湖北、山西、山东、安徽和湖南。

[166] 这段文字参考了 Staline: Derniers Écrits (1950-1953) 的法语译文。Sur les idées de Mao dans le domaine de l'économie voir Hu Chi-hsi: *Mao Tsé-toung et la Construction du socialisme*, Paris, Le Seuil, 1975 (par la suite Hu Chihsi). Hu Chi-hsi présente aussi les annotations de Mao au *Manuel d'économie politique de I'URSS*, 3ᵉ éd. de 1959 . Sur les différentes éditions de ce manuel. Voir Henri Chambre, *I'Èvolution du marxisme soviétique: théorie économique et droit*, Paris, Le Seuil, 1974.

[167] Thomas P. Bernstein: «Mao Zedong and the Famine of 1959-1960: a Study of Wilfulness» *The China Quarterly*, n° 186 JUIN 2006, pp. 421-445. La source est *Wengao*, vol. Ⅶ, pp. 436.

[168] 影射斯大林1930年实行农村集体化政策时提到的"成功的眩晕"。

[169] Nicholas L Lardy, *Agriculture in China*... p. 34. 上交的5 570万吨粮食相当于2.4亿吨粮食里的25%。2.4亿吨似乎是在共产主义风包装前对收成做的第一次评估。这是一个过于乐观的估算结果，但却不是狂言。5 570万吨粮食平摊到每个农民头上，是290千克一年，约700克每天。

[170] Dali L. Yang, *Calamity and Re-*

form in China: *State*, *Rural Society and Institutional Change Since the Great Leap Famine*, Stanford University Press Stanford（Ca）1996，pp. 42 à 50.

［171］Jung Chang donne dans *les Cygnes sauvages*（Paris. Plon 1992）里描绘了1959—1960年四川农民因为饥饿而水肿的震撼人心的画面，而四川是中国自古以来的粮仓。

［172］*Wengao*，vol. Ⅶ，pp. 584-586 et *Wenji*，vol. 7，pp. 451-452；Pang et Jin，Ⅱ，pp. 904-905（version édulcorée).

［173］事实上，这句话是恩格斯在《反杜林论》中说的。

［174］Pang et Jin，vol. Ⅱ pp. 899-909. Bowie et Fairbank（éd.）：*Communist China*...，pp. 483-502.

［175］毛泽东提到对广西省委书记的撤职处分，以及如果他自己犯了同样的错误，也有可能得到同样的后果。这一点和张戎的评论相矛盾。张戎指出，毛泽东一点也不能容忍由自己的政策造成过高的死亡率，他尝试了多种可能弥补的办法，却拒绝承认自己的政策是灾难的根源。

［176］我们知道小说《日瓦戈医生》在国外出版后，其作者苏联作家鲍里斯·帕斯捷尔纳克在1958年被授予诺贝尔文学奖，这一消息引起了苏联当局的强烈反响，他们强令作者拒绝领奖。这本书于1958年9月在中国香港翻译成中文。

［177］Gu Longsheng ed.，*Mao Zedong jingji Nianpu*（« Chronologie des ecrits Sur l'économie de Mao »)，Pékin，éditions de l'École central du CC du PCC，Pékin 1993，p. 446；*Sycomore I*，pp. 122 à 153.

［178］新乡、洛阳、许昌、信阳。

［179］陶铸1958年冬天在广东省对粮食收成进行了调查，发现300万吨的粮食产量被隐瞒，这是收成的十分之一。

［180］MacFarquhar，*The origins*...，Ⅱ，pp. 136-159（«Mao met la barre à droite»）*Sycomre*，I，pp. 131 et 137-145.

［181］尤其是彭德怀，毛泽东发表这些意见的时候，他才出现在会场上。

［182］生产小队，生产队，生产大队，公社党委，县委。

［183］Pang et Jin，Ⅱ，pp. 931-935.

［184］Pang et Jin，Ⅱ，p. 943. *Wengao*，vol. Ⅷ p. 209.

［185］*Sycomore*，I pp. 155-157 et 165-169（texte daté àtort du mois de mai.）Pang et Jin，Ⅱ pp. 939-952. *MacFarquhar*，t. Ⅱ，pp. 177-178.

［186］Bowie et Fairbank（éd.），*Communist China*，pp. 503-529，avecle discours de Zhou Enlai le 18 avril.

［187］然后我们发现他更少介入具体的政治活动：很多政治局会议甚至中央会议他都没有出席。但是所有具有战略性意义、关系到整体局面的决定仍然由他做出。

［188］D'après Ding Wang et MacFarquhar. Xin Zilin n'en dit rien. 辛子陵对此什么都没有说。

［189］Pang et Jin，Ⅱ，p. 941. 作者在备注中说他们引用了讲话录音。

［190］Pang et Jin，Ⅱ，p. 935，n. 2 引用了毛泽东和江西省干部会面时的报告。辛子陵在他的传记里详述了这件事：毛泽东在上海观看了一场名为《生死牌》的湘剧演出。这出戏纪念的是中国古代一位有气节的官员海瑞。当天晚上，毛泽东读了《明史》中海瑞的传记。4月5日，他鼓励那些被召集的领导要有海瑞的勇气，敢于揭示真相。根据Pang et Jin，Ⅱ，p. 941，毛泽东补充道："把这部海瑞传记寄给彭德怀。"当时彭德怀已经离开了会场，很可能是对毛泽东对他的提议的反应表示气愤。周恩来似乎也证实曾读过这部传记，但没有作出评论。辛子陵《毛泽东全传》的描写有所不同：彭德怀听说了海瑞的传记，让他的秘书帮他找一本来读。他认真地阅读以后得到鼓舞，于7月13日写了那封著名的信给毛泽东。辛子陵估计毛泽东鼓吹海瑞的例子是为了"钓大鱼"，却把自己网住了。

［191］事实上，他们觉得1 500万这个数字可以接受，但是他们还是向公众报出了1 800

万这个数字，“为了不打击群众的积极性”，只有刘少奇悲观地估计不可能达到既定目标。政治局采纳了同样不切实际的 1 800 万吨，因为害怕更高的数字会被不在场的毛泽东否决。

［192］ Lin Zilin, *Mao Zedong quanzhuan*, Ⅳ, p. 156.

［193］ Hu Chi-hsi, *L'Armée rouge et l'ascension de Mao...*, p. 52.

［194］ *Nianpu*, I, p. 481.

［195］ 刘少奇、周恩来、朱德、陈云、邓小平、谭震林、陈伯达、胡乔木、杨尚昆，还有记者吴冷西和毛泽东的秘书田家英。

［196］ Pang et Jin, Ⅱ, p. 943, n. 2. 毛泽东计划在北京召集这 15 个省的代表开会。

［197］ 事实上，陈云的报告很有技术含量，其中包含了对铁矿产能的详细分析，以及对焦炭运输条件、劳动力的数量的分析，还有压轧的生产要求。

［198］ Pang et Jin, Ⅱ, pp. 948-950. Wu Lengxi, *Souvenirs sur Mao*, Pékin, éditions Xinhua 1995, pp. 135-140 et Yang Shangkun, «Journal intime» (Riji), Pékin, éditions de l'École central du Parti, 2001, pp. 398-401 (cités d'après les n. 1, 2, 3 et 5 des pp. 949-950 de Pang et Jin)

［199］ 廖鲁言是农业部部长，受谭震林的领导，后者是中共中央农业负责人。

［200］ 这篇主要文章对当时的情况描写得不是很清楚。对此，辛子陵在自己传记的 185 页做了以下解释：收成 5.25 亿吨的评估是 1958 年秋天做出的。这个数字被武汉中央委员会改成 3.755 亿吨。在这个数字基础上超过了 10%到 30%，应当是 4.83 亿吨到 4.9 亿之间。基础产量是 1958 年停止统计时已经收获的数量。我们知道，一个月以后的庐山会议上，这个数字被改成 2.5 亿吨。1961 年估算 1958 年的总产量为 2 亿吨。

［201］ 指李先念两天后在政治局会议上提交的关于商业供需平衡的报告。Pang et Jin, Ⅱ, p. 951, n. 1.

［202］ MacFarquhar *The Origins*, vol. Ⅱ, pp. 187-190.

［203］ Mao Tsé-tung: *poésies complè-tes*, Paris, Seghers 1976, p. 93. Le poème est intitulé Shaoshan.

［204］ 根据杨尚昆的回忆，这次非正式会议的出席者有：

柯庆施，1902 年出生于安徽南部黄山地区的富裕农民家庭，1922 年在南京师范学校加入中国共产党，曾长期从事党的秘密工作，1947 年成为河北省石家庄市市长，石家庄是共产党夺取的第一座重要城市。曾担任上海市长十年，负责华东地区，1958 年 5 月中国共产党八大二次会议后成为中央委员、中央政治局委员。他是毛泽东的坚定支持者。

李井泉，祖籍江西南部。在长征期间，他跟随朱德和张国焘，后来与贺龙会师。跟随刘伯承和邓小平的军队参加了解放四川的战斗，后来成为中共四川省委书记。在 1958 年 5 月的八大二次会议上，他当选为中央委员和中央政治局委员。

王任重，1917 年出生于河北，参加了江西苏维埃政权建设并经历了长征。1949 年 5 月在李先念领导下夺取了武汉。1952 年成为武汉市市长，1954 年成为中共湖北省委书记，1958 年 5 月被选为中央候补委员。

张德生，陕北本地人，受到高岗和刘志丹的影响于 1930 年加入中国共产党。活跃于甘肃和陕西北，任彭德怀领导的西北野战军政治部副主任，1958 年 5 月当选为中央候补委员。

欧阳钦，1900 年出生在湖南。他在林彪的带领下参加了辽沈战役。1950 年 1 月他陪同毛泽东参加了在莫斯科举行的《中苏友好同盟互助条约》的谈判。1954 年高岗自杀后，他被选为黑龙江省委书记。1956 年当选为中央委员。

林铁，1904 年出生在四川，以聂荣臻 115 师政治委员的身份活跃在晋察冀边区，1949 年任河北省委书记，1956 年被选为中央委员。

［205］ Pang et Jin, Ⅱ, p. 958.

第十四章　内外交困（1959—1962）

［1］ 张戎对牯岭作了很好的描述。毛泽东

入住了20世纪初住在上海的一位英国贵族建的别墅。这座别墅曾被蒋介石作为私人住所，住了13年，称为“美庐”，即美的住处，以此向他的妻子宋美龄致意，并将这两个字符刻在了石头上。

[2] *les Trois Années noires*：inédits 1959-1962，Sycomore，Paris，1980（par la suite：*Sycomore*，2），ainse que Pang et Jin，vol. Ⅱ，pp. 960-997. Ces auteurs utilisent notamment le «Journal intime»（Riji）de Yang Shangkun，publié à Shanghai en septembre 2001，le vol. Ⅷ de Mao Zedong *Wenji*，diverses lettres de Mao et les enregistrements de ses interventions conservés aux Archives centrales du pairti. Autres sources：*The Case of p'eng Teh-huai 1959-1968*，Union Research Institute，Hongkong，1968. *Memoirs of a Chinese Marshal*，*traduction de Peng Dehuai zishu*（«Autobiographie de Peng Dehuai»）publiéeà Pékin aux Foreing Languages Press en 1984.（Il s'agit de la«confession»du mareéchal faite alors qu'il est persécuté par les Gardes rouges）. Aussi Li Rui，*Lushan huiyi shilu*（«Compte rendu véridique des conférences de Lushan），pékin，Éditions Printemps-Automne 1989.

[3] L'expression est de Tian Jiaying，un des secrétaires politiques de Mao d'après Li Rui：«Se souvenir de Tian Jiaying »*Xinhua yuebao*，n°4，1980.

[4]“三定”是三年内将生产、采购和销售粮食的配合固定在相同的水平，使农民用超过配额的部分来提高他们的再分配。

[5] 包括刘少奇、周恩来、朱德、李先念、李富春、彭德怀、杨尚昆和其他省级主要领导人。邓小平因为打乒乓球不慎摔折了腿被送进了北京的医院。陈云的身体状况使他不得不待在北京的医院里。薄一波、彭真、康生、陈伯达和陆定一在几天后到达庐山与他们汇合。1958年2月陈毅代替周恩来作为外交部部长留守北京行使相应权力。

[6] 陕西、甘肃、宁夏、青海和新疆。

[7] Zheng Wenhan，*Mishu riji li de Peng Dehuai laozong*（«Le vieux chef Peng Dehuai d'après le journal intime de son secrétaire»），Pékin，Junshi kexue chubanshe，1998.

[8] 当他试图和与会的苏联领导人就这点交换意见时，对方却装聋作哑。

[9] 我们知道是毛泽东本人亲自举了这位16世纪的官员的例子。历史学家吴晗在毛泽东的政治秘书之一、负责策划宣传工作的胡乔木的鼓动下，在1959年6月15日的《人民日报》上发表了关于海瑞的一系列文章，早于庐山会议。吴晗根据《明史》介绍了海瑞如何到京城去向嘉靖皇帝面陈天子的错误决策的事迹。嘉靖皇帝对海瑞的傲慢无礼很不满意，把他扣留在京城，并打算对其进行进一步惩罚。但当嘉靖得知此行前海瑞带着棺材与家里辞行时非常震惊，没想到他竟然早已视死如归。1959年10月1日后，北京京剧院把这个事故搬上舞台，庆祝中华人民共和国成立10周年。

[10] 有点像西塞罗所说的博取同情的企图：彭德怀意识到自己在冒险了。

[11] Pang et Jin，vol. Ⅱ pp. 960-971：逄先知和金冲及非常强调毛泽东在7月2日至7月14日的立场。他们对读者说毛泽东正试图纠正“大跃进”的过激行为。彭德怀不恰当的直爽将一个技术辩论带上了政治因素，产生了负面影响。他们使用大量数据来证明这个观点，我觉得没有必要引用，因为即使温和的粮食征收也是过量的，因为它们都基于对现实产量的过高估计，旨在证明“大跃进”的成功。

[12] 见本书第七章的注释。

[13] Pang et Jin，vol. Ⅱ，p. 971，note 1 citent le procès-verbal de la réunion du 10 juill. Texte traduit in *Sycomore*，2，p. 17.

[14] 由杨尚昆、胡乔木、陈伯达、吴冷西和田家英组成。

[15] Pang et Jin，vol. Ⅱ，p. 976，n. 2. Lettre manuscrite.

[16] Pang et Jin，vol. Ⅱ，p. 997. 资料似乎来自《杨尚昆日记》，第一卷，由中央文献出版社2001年9月出版。我不赞同张戎的观点，她坚持把毛泽东塑造成一个魔鬼，毫无根据地说庐山会议是毛泽东确保彭德怀孤立无援后，

为了把他赶下台而设的一个陷阱。

[17] D'après le témoignage de Zheng Wenhan, Mishu riji..., pp. 423-414. 毛泽东可能没有控制自己的情绪，对彭德怀大发雷霆。

[18] 杨尚昆发布了一份六个工作组做的主要会议总结。

[19] 据一些人证实，彭德怀可能在电话里给张闻天读了信的开头，后者可能鼓励他继续读下去。但是其他人说，他应该是当面读给张闻天听的，但是张闻天害怕知道得太多，便匆匆忙忙地离开了。我倾向于第一个版本，因为张闻天是为数不多的领导里唯一一个公开发表和彭德怀类似看法的人，7 月 21 日他对"大跃进"控诉了 3 个小时。

[20] 发动"大跃进"以来一直提到"得失平衡"，粗心的抄写员似乎颠倒了"得"和"失"两个字，给人的印象成了失大于得。我们记得毛泽东拿手指作比喻，得和失的比重是 9 比 1。五五对开的评估实际上的含义是 6 比 4，这表现了对"大跃进"的批评。Cette information se trouve dans la p. 110 de la réédition de 1993 du livre de Li Rui sur la conférence de Lushan.

[21] Dans son livre *Politics and Purages in China* (Sharpe, Armonk-NY, 1993, p. 412), Frederick Teiwes 认为彭德怀希望说服毛泽东。MacFarquhar, vol. Ⅱ, p. 216 也持同样的看法：重复毛泽东的口号是为了批评"大跃进"的错误，这是在提醒说毛泽东要为运动以及其失败负全部责任，因为"如果说这些口号是扳机的话，毛泽东就是按下扳机开枪的那个人"。

[22] Pang et Jin, vol. Ⅱ, pp. 971-979. Le «mémorie»est joint en appendice à *Peng Dehuai zishu* («Autobiographie de Peng Dehuai») pubié à pékin en 1981 et traduit en anglais en 1984 aux Éditions de Pékin en langues étrangères sous le titre *Memoirs of a Chinese Marshall*, pp. 510-520. Simon Leys en donna la première traduction francaise dans *les Habits neufs du président Mao* en 1971.

[23] 这段文字依据的是杨大力在其著作中的分析：*Calamity and Reform in China: State Rural Society and Institutional Change Since the Great Leap Famine*, Stanford (Ca), Stanford University Press, 1995, pp. 44-50。至今与这个高度敏感的问题相关的可用文献仍然是不够的。

[24] 1959 年 4 月，社会科学院调查组在河北张利镇的调查报告显示，30%的土地由于农民的疏忽而导致施肥不足。

[25] 比合同规定产量高出 70%到 90%。

[26] 或者是打桌球。

[27] 据我了解，这份文件至今都未公开。我们在 Pang et Jin, vol. Ⅱ, p. 983 里找到大量片断。

[28] Pang et Jin, vol. Ⅱ, pp. 983-988: ces larges extraits sont cités à partir de l'enregistrement (*jilu*) de l'intervention de Mao, le 23 juillet. Traduction francaise intégrale dans *Sycomore*, 2, pp. 19-33. Traduction anglaise intégrale in Stuart Schram, *Mao Unrehearsed: Talks and Letters*. 1956-1971, Penguin, Harmondsworth, 1974, pp. 131-146 (traduction francaise Mao parle au peuple, Paris, PUF, 1977).

[29] 指遂平县、徐水县、新乡县的人民公社。毛泽东说除西藏以外全国各地在 3 个月内涌入的参观者多达 90 万人次，类似于朝圣者去神庙烧香，或公元 7 世纪的玄奘和尚去印度取经。

[30] 也许此时毛泽东把矛头指向了刘少奇，后者因为全力支持毛泽东发动"大跃进"而成为二把手，但后来刘少奇对"大跃进"提出质疑：1959 年 9 月，刘少奇在中央军委会议上说：毛泽东犯错误也是不可避免的，但是如果大权交给旁人的话，这个错误会犯得更离谱。因此刘少奇的支持是批评性支持。

[31] *D'après The Case of Peng Teh-huai*, URI, 1968, p. 205 Mot à. mot«tu as baisé ma mère». Pang et Jin, vol. Ⅱ, p. 989 援引了彭德怀在庐山时的笔记。笔记上彭德怀质疑毛泽东把私人信件公之于众。毛泽东反驳说，彭并没有要求刻意保密。彭德怀相信自己作了最大限度的克制才没有向主席发飙。看起来最后元帅的精神放松了。1945 年年初毛泽东在整风运动

中指责彭德怀犯军事错误。7 月 3 日到 7 月 21 日的 18 天里，第一天彭德怀在小组中批判“大跃进”，最后一天张闻天在会上抨击“大跃进”，彭德怀没有参加。

[32] Huang Kechang, *Autobiographie*, Éditions du Peuple, Pékin, oct. 1994, pp. 252-253.

[33] *Sycomore*, 2, pp. 34-39.

[34] *Sycomore*, 2, p. 39-40.

[35] *Sycomore*, 2, p. 41.

[36] *Sycomore*, 2, p. 42-43.

[37] 毛泽东、刘少奇、周恩来和林彪出席。

[38] 彭真、贺龙以及毛泽东的秘书李锐和周惠被邀请作为观察员列席。列席的还有彭德怀、周小舟、黄克诚，但毛泽东没有安排张闻天参加。

[39] Pang et Jin, vol. Ⅱ, pp. 994-995. 两位作者肯定这两次会议的会议记录已经丢失，因此他们援引了李锐 1999 年出版的《庐山会议实录》。

[40] 在肖特版的毛泽东传中，用很大篇幅引用了李锐的《庐山会议实录》提及的毛泽东和彭德怀之间的冲突。毛泽东指责彭德怀“伪善”，是“右倾机会主义”，意图篡夺无产阶级胜利果实。

[41] Pang et Jin, pp. 996-1010. R MacFarquhar, *The Origins...*, vol. Ⅱ, pp. 223-237. Interventions de Mao au Ⅷ^{e} plénum, *Sycomore*, 2, pp. 44-48.

[42] 暗示彭德怀的“军事俱乐部”，其实虚构的“军事俱乐部”从没实际存在过。我们甚至应该责怪彭德怀在没有做任何防备的情况下就将自己置于受攻击的地位。

[43] Déclaration du 30 oct. 1959 à I'Agence Chine Nouvelle, *Current Background*, p. 603.

[44] *Sycomore*, 2, pp. 49-50. À propos des cantines dans les brigades d'une commune populaire de Pingling au Human.

[45] *Sycomore*, 2, p. 51. «À propos de Zhang Kaifan».

[46] *Sycomore*, 2, pp. 53. et 98-99.

[47] *Sycomore*, 2, pp. 54-55.

[48] *Sycomore*, 2, pp. 56-57 et 60-62. «Quelle est I'attitude correcte d'un marxiste vís-à-vis du mouvement de masse révolutīonnaīre» et «l'origin de la mitrailleuse, du mortīer et autres».

[49] 8 月 11 日毛泽东的讲话见 Pang et Jin, pp. 1000-1001。

[50] 关于毛泽东的态度，李锐在 1957 年出版了作品《毛泽东同志的初期革命活动》。

[51] *Sycomore*, 2, pp. 67-68.

[52] Texte anglais dans Bowie, *Communist China...*, pp. 533-540. On y trouve aussi l'éditorial du *Quotidien du peuple* du 29 août «Vive les Communes populaires» et le rapport de Zhou Enlai devant le Comité permanent de la deuxième Assenblée nationale populaire du 26 août, aux pp. 540-555.

[53] *Sycomore*, 2, p. 69.

[54] *Sycomore*, 2, pp. 70-71.

[55] *Sycomore*, 2, pp. 74-78.

[56] *MacFarquhar*, vol. 3, p. 61. 一年以后，70％曾被认定为“右倾机会主义者”的人被平反。

[57] 对于饥荒的大篇幅描写，可参见以下文献。*MacFarquhar*, vol. 3, pp. 1-38; *CHOC*, XIV, pp. 372-391, Marie-Claire Bergère, *la Chine de* 1949 *à nos jours*, pp. 100-104 et Jung, pp. 464-520. On dispose de livers entièrement consacrés à cette crise: Yang Dali, *Calamity and Reform*, déjà cité (par la suite Yang Dali), Jasper Becker, *la Grande Famine de Mao*, déjà cité (par la suite *Becker*), Frederick C Teiwes et Warren Subn, *China's Road to Disaster*, Armonk (NY), M. E. Sharpe, 1999. J'ai utilisé aussi des articles des numéros de décembre 1984 (Ashton, Hill, Piazza et Zeitz: «Famine in China, 1956-1961») et de décembre 1987 (Peng Xizhe: «Demographic Consequences of the Great Leap Forward in China's Provinces») de *Population and Development Review* et l'article de Thomas P. Bernstein: «Mao Zedong and the Famine 1959-1960; a study in Wilfulness», *The China Quarterly* n° 186, juin 2006, pp. 421-

445. (par la suite *Bernstein*). Jung Chang a donné une description classique de l'oedème de la faim dans *les Cygnes sauvages*, Paris, Plon 1992, pp. 210-230.

［58］中国的统计把块茎类作物、大豆、四季豆都计入“粮食生产”。

［59］Becker（édition francaise），pp. 163-185；MacFarquhar，vol. Ⅲ pp. 6-8. Pour l'affaire de Fengyang，voir Becker，pp. 186-211.

［60］县委书记将被判死刑，但是毛泽东给了特赦。

［61］邓小平 1978 年提出“家庭联产承包制”使人民公社和农村集体化在 1985 年画上了句号。Voir Alain Roux，la Chine au XXe *siècle*，Paris，Armand Colin，2006，pp. 214-220.

［62］*Wengao*，vol. Ⅷ，pp. 431-433 et 454-455.

［63］毛泽东 1959 年 8 月 23 日离开北京，途经济南、徐州、合肥、马鞍山和上海，于 8 月 31 日到达杭州。在马鞍山，毛泽东走访了一个食堂，当火车走过南京—上海段时他对曾希圣和柯庆施说起收成状况，两人的汇报让他安心。Pang et Jin，vol. Ⅱ，p. 1017.

［64］*Wengao*，vol. Ⅷ，pp. 479-480 et 494-495.

［65］Pang et Jin，vol. Ⅱ，pp. 1086-1091.

［66］*Wengao*，vol. Ⅷ，pp. 625-626.

［67］*Wengao*，vol. Ⅷ，pp. 554-555；*Wengao*，vol. Ⅸ，pp. 52-53.

［68］*Wengao*，vol. Ⅸ，pp. 98-102.

［69］1959 年 11 月到 1960 年 1 月 4 日毛泽东住在杭州，12 月 4 日他在杭州主持了政治局扩大会议。1960 年 1 月 4 日到 1 月 18 日他到上海参加五年计划工作会议并讲话，1 月 18 日回到杭州，27 日到达广州。1960 年 1 月 27 日到 3 月 6 日毛泽东会见了康生、胡乔木和田家英。3 月 9 日，他坐火车去衡阳、株洲、金华、杭州、上海、南京、徐州、济南和天津，23 日到 28 日在天津主持召开了政治局扩大会议。1960 年 3 月 28 日回到北京，并断断续续地参加了 1960 年 3 月 30 日至 4 月 10 日召开的第二届全国人民代表大会第二次会议。

［70］1960 年 4 月 28 日早晨，毛泽东再次出发南下。他的专列将他带到天津，在那里他主持了五一游行，然后在济南和郑州这两个城市待了几天，总结山东和河南的粮食形势。5 月 12 日至 17 日待在武汉，然后经过长沙和九江，于 5 月 21 日抵达杭州。他在杭州会见了朝鲜领导人金日成，5 月 22 日主持召开中央政治局扩大会议。5 月 27 日到上海会见蒙哥马利元帅。6 月 8 日和 9 日，他回到上海参加政治局常务委员会会议，6 月 10 日至 18 日参加政治局扩大会议。虽然最初计划准备中国共产党八届三中全会，但事实上为中苏论战做了总结。6 月 29 日，毛泽东离开上海，到达蚌埠（靠近凤阳）和济南。7 月 2 日，他在天津与彭真和康生谈话。7 月 3 日，到达北戴河这个海滨胜地，所有领导人陆续赶来参加例会。这次会议从 1960 年 7 月 5 日开到了 8 月 10 日。Pang et Jin，vol. Ⅱ，pp. 1086-1091.

［71］“五股歪风”是指浮夸风、共产风、强迫命令风、瞎指挥风、官僚主义风。

［72］Pang et Jin，vol. Ⅱ，pp. 1097-1088.

［73］*Joint Publications Research Service*，Washington D. C. 61269-1，1974，p. 232.

［74］On les trouve dans *Nongye jitihua zhongyao wenxian huibian*（« Compilation des principaux documents relatifs *à* la collectivisation agricole»），vol. Ⅱ，pp. 377-387 publié en 1981 aux Éditions de l'École certrale du parti *à* Pékin par le Bureau de gestion de la commission d'État *à* l'agriculture.

［75］MacFarquhar，vol. Ⅱ，pp. 322-325；*Pang et Jin*，vol. Ⅱ，pp. 1102-1105，notamment la note 1 p. 1104；*Wenji* vol. Ⅷ，pp. 222-223.

［76］Hu Chi-hsi，*Mao Tsé-tung et la construction du socialisme*，Paris，Le Seuil，1975，pp. 59 *à* 188 et *Sycomore*，2，pp. 84-86 et 107-175.

［77］Pang et Jin，vol. Ⅱ，p. 1097.

［78］*Sycomore*，2，pp. 189-190. 毛泽东在信中说要把这所大学建成“半工半读，勤工俭学”的类型，让人想起 20 年代初毛泽东在长

沙的努力。

[79] 这一情节在黎巴嫩作家伊斯梅尔·卡达雷的作品中有很好的描述。

[80] Francois Mitterrand, *la Chine au défi*, Julliard, Paris, 1961.

[81] Voir Edgar Snow, *The Other Side of the River: Red China Today*, Random House, New York, 1961 (traduction francaise, *la Chine en marche*, La guilde du livre, Paris, 1962).

[82] 毛泽东 1961 年 1 月在中共八届九中全会上抱怨没有被告知饥荒的严重程度。这是假的：整个 1960 年夏天，各省的调查小组给中共中央发了多份加密电报，报告情况的严重程度。8 月 3 日，一份来自山东的电报说 1960 年 1 月到 5 月间，即墨县的一个大队里，5.19%的人口死于饥荒，12.39%的农民因为饥饿而水肿，同时 42%的牲口死亡或被宰杀。根据 Yang Dali, *Calamity and reform*, p. 75，毛泽东每天会花很长时间阅读此类报告。

[83] *Sycomore*, 2, pp. 176-186. « Inspecter avec nos propres yeux»; Pang et Jin, vol. Ⅱ, pp. 1106-1148; MacFarquhar, vol. Ⅲ, pp. 11-38.

[84] Pang et Jin, vol. Ⅱ pp. 1118-1119 刊登了毛泽东给田家英的信的照片，信中他感谢田的发现。la note 1 de la p. 1141，两位作者援引了《田家英自传》和《王任重日记》中一段无法找回的毛泽东的文章。关于这篇失而复得的文章，毛泽东写道："我到处找就是找不到，像迷了路的孩子。"

[85] 参与者有毛泽东、周恩来、朱德、林彪、邓小平、彭真、陈伯达、胡乔木和陶铸。

[86] 他因为肩膀和手臂患有炎症 1959 年 11 月在海南岛疗养。在那里，他与薛暮桥和王学文组织了一场关于经济问题的研讨会。薛暮桥在会上对"大跃进"提出了尖锐的批评，王学文是翻译马克思的《资本论》的人。

[87] 廖鲁言是农业部部长。

[88] Yang Dali, *Calamity and Reform*, n. 41, p. 279. La déclaration entière de Mao se trouve dans la contribution de Pang Xianzhi (pp. 48-49) au livre de Dong Bian, Tan Deshan et Zheng Zhi, *Mao Zedong he tade mishu Tian Jiaying* (« Mao Zedong et son secrétaire Tian»), Pékin, Édition certrale de Documents, publication revue et augmentée de 1996.

[89] Pang et Jin, vol. Ⅱ, p. 1147.

[90] 毛泽东即使在生病或需要借助外力走路时，也仍在坚持游泳：最后一次是 1974 年在他长沙住所的游泳池里。

[91] 刘少奇在湖南做了 55 天调查，其中 40 天他在农村和农民们一起吃住，这是内战时期的作风。他出行时没有很多人随行，乘坐吉普车近距离观察农民的住宿条件、日常生活和食堂菜单（他甚至去检查了公共厕所）。他倾听百姓的心声：他们一直拿不到钱作为报酬，只拿到免费的供给品（他们说"这是拖欠"），他们还要求关闭食堂（是"第二次解放"）。和北京收到的报告中的内容肯定不同，他发现 1958 年秋充公的财产并没有分给农民。这些发现似乎深刻而持久地震撼着刘少奇。

[92] 1961 年中国进口了 5 809 700 吨小麦，并在随后的三年保持了这种进口水平。这使得城市分配份额由 1961 年的每人 231～273 千克提升到 1962 年的每人258～296 千克。最困难的时期已经过去。但是在农村，这种情况下仍有几千万农民每年只有 150 千克的粮食。

[93] 单干指的就是按自己的意愿耕种家庭小块土地，把产出拿到农村市场上售卖，参加非集体化劳动。合同限定了集体土地的产出中交给大队的数量、国家采购的价格和工作量。由于缺少真正的市场调节，所以定价比较随意，耕种集体土地的人无法获利，相当于农民向集体合作社支付租金。

[94] Yang Dali, *Calamity and Reform*, pp. 81-93.

[95] 如今土地还是公有制，农民不是土地的所有者，只被允许有 25 年或更多一点的租赁权限，他们的土地更容易被投机的地产商征收。2007 年的全国人大关于这个问题的讨论异常激烈。

[96] Yang Dali, *Calamity and Reform*, p. 84.

[97] Tout ce qui suit est un résumé de

Yang Dali, *Calamity and Reform*, pp. 81-93. Les dates qui jalonnent mon exposé sont tirées de Pang et Jin, vol. Ⅱ, pp. 1171-1184.

[98] 曾希圣失去了毛泽东的信任与支持，1961 年 1 月末被撤职。

[99] 毛泽东 9 月 16 日离开庐山，21 日来到武昌并于 23 日、24 日会见蒙哥马利，26 日去了邯郸与山东、河北领导人交谈，10 月 4 日回了北京与邓小平、彭真见面。11 月 30 日毛泽东再次离开北京前往上海和杭州。12 月 13 日，他在无锡太湖边上的住所停留并会见了江苏领导人。12 月 15 日，毛泽东写信给李先念和薄一波表示他搜集到一些“好消息”。12 月 17 日，他去了济南，19 日到天津，然后回京准备“七千人大会”，其他代表早在 12 月初都已来到北京。

[100] Pang et Jin, vol. Ⅱ, p. 1181, n. 1.

[101] Pang et Jin, vol. Ⅱ, p. 1187, n. 1：1961 年 12 月 17 日毛泽东与谭启龙谈话的会议记录。谭启龙是山东省第一省委书记。

[102] 这里专指长江以南江苏南部和浙江。

[103] Mao Tsé-tung, *Poésies complètes*, Paris, Seghers, 1976, p. 103 et *Sycomore*, 2, p. 196. 毛泽东拿《西游记》中的一个章节打比方：玄奘和尚远赴印度去取经，要不是孙悟空提醒差点被白骨精蒙骗。孙悟空一路上一直在用金箍棒保护他的师父。

[104] 我们可以在 1961 年 6 月关于商业的 40 条和关于手工业的 35 条中找到同样的精神宗旨，这些条例旨在结束缺乏销售和服务点的情况。

[105] Outre MacFarqhuar et *CHOC*, XIV, j'ai utilisé Pang et Jin, vol. Ⅱ, pp. 1181-1206, qui contient divers textes inédits.

[106] 就是红军中著名的“三大纪律八项注意”。

[107] Voir le texte dans le t. Ⅱ des *Œuvres choisies* de Liu Shaoqi aux Éditions en langues étrangères, Pékin, 1991.

[108] 被软禁的彭德怀被允许在 1961 年 11 月探访他的家乡 50 天。他借此次机会考察了湖南的饥荒问题。

[109] 我们知道高岗曾设下圈套想让刘少奇下台，他们俩完全不待见彼此。

[110]“毛主席的思想永远是正确的。而且事实证明，这些困难，在某些方面，在某种程度上，恰恰是由于我们没有照着毛主席的指示、毛主席的警告、毛主席的思想去做。”

[111] 这个报告最让大家熟知的是第二版，这个版本没有分页，是 1986 年的手写版，名为《七千人大会资料》，现存于哈佛大学费正清中国研究中心。

[112] 根据“七千人大会”的会议完整记录得来，该记录收录在 Pang et Jin, vol. II, pp. 1198-1200。

[113] *Sycomore*, 2, pp. 198-219. Texte identique dans Struart Schram, *Mao Zedong unrehearsed*, pp. 158-187（traduction francaise: *Mao parle au Peuple*）.

[114] 这次讲话中的另一个重点是毛泽东指出，在党内，尤其是新入党的同志中存在不良的官僚主义工作作风。出自《他们完全不代表工人阶级，而是代表资产阶级》。

[115] 1982 年 8 月 23 日潘汉年被完全平反，一部纪念他的电影在提到他时说他是“在敌后发挥作用的优秀共产党员”。关于中国共产党授命渗透进入上海警界，可参阅 Frederic Wakeman, «The Shanghai Police, 1941-1952», in Yves Chevrier, Alain Roux et Xiaohong Xiao-Planes, *Citadins et citoyens dans la Chine du XXe s. : essais d'histoire sociale*, Paris, Éditions de la Maison des Sciences de l'Homme, 2009。

[116] 与会者人数五倍于中央扩大会议或工作会议，主要原因是参加会议的基层干部特别是农村干部很多。

[117] 涉及 3 650 000 名党员和 3 700 000 个公民的平反，包括八届九中全会以来陆续平反的人数。

[118] 除了陈云以外，毛泽东和刘少奇坚持让其他与会者以毛泽东为榜样做检讨，这似乎也证实了陈云的新地位变得不可动摇。

[119] 太湖县是安徽西南片的贫困县，县长叫钱让农。

［120］我们记得邓子恢曾反对毛泽东于1955年7月31日提出的加快土地集体化进程的决议。他和其他部分干部被毛泽东取笑行动力犹如女人的裹脚布。

［121］pang et Jin，vol. II p. 1207. Chen Yun，*ceuvres choisies*，Pékin，1995，pp. 200-201.

［122］一个人每天需要70克蛋白质，一斤粮食含45克蛋白质。陈云建议添加50克大豆（含20克蛋白质）和一斤蔬菜（含5克蛋白质）的份额。

［123］陈云是共产党高层领导者中唯一出身于工人阶级的，曾在1920—1930年间在上海商业报社做印刷工人。

［124］这张照片据说是"七千人大会"时拍的，但其实是一幅油画，添加了林彪和邓小平。1962年6月16日彭德怀给毛泽东和中央委员会发了一封长达80 000字的信，后又发了另一封信试图解释他在庐山时的态度，无果。

［125］在林彪正试图强化毛泽东个人英雄主义之际，这种去神言论并不是为了惹怒主持北京和华北地区党政工作的彭真。需要注意的是，这三位作者都有着无可非议的革命背景，可以追溯到内战和晋察冀革命时代。1965年11月和1966年5月，姚文元批评他们时，试图"证明"他们曾蓄意反对毛泽东：除了政治和新闻圈内人，三人的隐喻很难被理解。结果，三位作者为此付出了惨重的代价：邓拓不堪受辱在1966年5月16日自杀。吴晗于1966年6月开始被囚禁，1969年因非人待遇而离世。只有廖沫沙在长期囚禁生涯后熬过了"文化大革命"，1978年被释放，1990年病逝。

［126］Pang et Jin，vol. II，p. 1229.

［127］毛泽东明确表示让田家英给刘少奇介绍湖南农民调查报告的结果。

［128］柯庆施治理下的上海和江南地区。

［129］在四年间发行了180万册。1983年北京外国语出版社的《刘少奇选集》第一卷第481页的注释1明确提出："1980年编辑这个小册子，编辑委员会增加了一条注释：1962年的版本中在'反革命'这个词后加上了'修正主义者'。现在我们重新采用1949年的版本。"刘少奇不得不勉强接受1962年的修订是因为这样做使他的政策更加严苛，而且这个主意是康生出的。筹备编《刘少奇选集》是毛泽东的建议，由康生负责编辑也是毛泽东的建议。

［130］我们可以通过1960—1966年间毛泽东的文章和讲话重新组织他的观点。notamment la p. 94 de Yang Dali. 所谓"五保"指对生活无保障的成员实行社会保险，即保吃、保穿、保烧（燃料）、保教（儿童和少年）、保葬五个方面。

［131］国际关系联络办公室负责维护中共和其他共产主义政党的关系。曾在1949—1951年担任驻莫斯科大使的王稼祥领导这个部门。

［132］从1962年春天到同年秋天，9队217名国民党分子在广东和福建省分别被俘虏或处决。

［133］他们是华中华南地区负责人，陶铸是广东省省委书记，王任重是湖北省省委书记。

［134］Yang Dali，*Calamity*，p. 90，cite la biographie de Tao Zhu écrite par Zheng Xiaofeng et Shu Ling en 1991 aux éditions de la jeunesse de Chine.

［135］1962年的产量比1961年的产量高出8%的话，实际产量也只有1.6亿吨，远远少于1958年的2亿吨。

［136］Pang et Jin，vol. II，p. 1228，n. 1. 刘子厚是河北高级官员，河北省第二书记。

［137］我们注意到毛泽东的批评都是在夏天发生的，批评的基础在于他确定农业获得了高产量。

［138］Pang et Jin，vol. II，p. 1230 n. 1. D'apirès « Mao et son secrétaire Tire Jiaying » texte revu et augmenté publié en août 1996 aux Éditions Centrales de Documents.

［139］Pang et Jin，vol. II，p. 1230，notes 2 et 3. 两位作者援引了1982年11月22日中央政治局会议中陈云的讲话，参考了这次会议的会议记录。似乎陈云替家庭责任制辩护的发言时间比麦克法夸尔认为的还要久。这次最后的努力之后，陈云留在苏州长期养病，直到1977年5月13日才再次出山。

［140］Pang et Jin，vol，II，p. 1231 n. 1：

d'après le procès-verbal de la réunion.

[141] Pang et Jin，vol. II，p. 1232. 7 月 9 日和 10 日，刘少奇、周恩来和邓小平会见了河南省和山东省省委书记。

[142] Pang et Jin，vol. II，p. 1232. 7 月 18 日刘少奇的文章和同一天中央书记处的指令。1996 年人民出版社出版的《邓子恢传》将他的态度公之于众，7 月 17 日毛泽东在邓的报告空白处批示，邓子恢的行为是正确的，但否定邓子恢的结论。有意思的是，与此同时邓小平也在试图消除他曾在会上提出的关于黑猫黄猫的言论。

[143] Pang et Jin，vol. II，p. 1233，n. 2. Journal（riji）de Yang Shangkun édité en 2001 aux Éditions centrales de Documents，p. 196.

[144] Pang et Jin，vol. II，p. 1234.

[145] Pang et Jin，vol. II，p. 1235. n. 1.

[146] *MacFarquhar*，III，pp. 286- 296. 刘志丹和高岗组织了陕西省北部游击区，并接待了结束长征的毛泽东。1936 年刘志丹在山西兴县三角镇与阎锡山部队作战中壮烈牺牲，给人们留下了一段中国式罗宾汉的回忆。刘志丹的回忆录是在很多老兵特别是习仲勋的帮助支持下，由其亲属编写完成的。习仲勋，1913 年生于陕西，曾与高岗、刘志丹一起领导游击队。自八大以来任中央委员会委员。曾任由周恩来领导的国务院秘书长并在中国外交事务中扮演了重要的角色。

[147] 为了奖励康生的热忱，他被提升进入中共中央书记处，任务是与苏联修正主义及其在中国的同伙作斗争。他在很长一段时间里是与他一样来自山东的江青的政治保护者。在一系列批判习仲勋的虚假指控过程中，康生慢慢成为党的中央机构的核心成员。

[148] 红卫兵出版的《毛泽东思想万岁》中可能将毛泽东 8 月 6 日、7 日、9 日的报告内容混淆了。Pang et Jin，vol. II，pp. 240-242. 没有援引毛泽东的文章而是做了简要概述。

[149] Pang et Jin，vol. II，pp. 1250 à 1260. longs extraits de I′intervention du 24 sept. de Mao comme I'indique la note 1 p. 1. 254 Voir aussi Stuart Schram *Mao underhearsed*，pp. 188-196.

[150] 彭德怀、张闻天、黄克诚、周小舟和习仲勋。

[151] Mao Tsé-tung，*Poésies complìètes*，Seghers，p. 107（mal daté）Texte chinois dans Pang et Jin，vol. II，p. 1266.

第十五章　发动“文化大革命”

[1] *Dicobio*，p. 469.

[2] 这本书的中文译名从《毛泽东：不为人知的故事》改为《毛泽东：鲜为人知的故事》是一种偶然吗?

[3] Ce chap. s'inspire des vol. XIV et XV de la *CHOC*，du vol. 3 du MacFarquhar，du vol. 2 de Pang et Jin et du t. XII de *Wengao*. Pour la péprìode qui va de déc 1965 *à* mail 1966，il doit beaucoup au 85 premières pages du livre de Roderick MacFarquhar et Michael Schoenhals，*Maos' last Revolution*，Harvard University Press，Cambridge（Mass）2006（par la suite，*Last Revolu tion*）.

[4] 季世昌在《毛泽东诗词鉴赏大全》（1994 年，南京出版社）313～323 页中提到，诗人郭沫若在 1963 年 1 月 1 日的《光明日报》上发表了《满江红：领袖颂》：“沧海横流，方显出英雄本色。人六亿，加强团结，坚持原则。天垮下来擎得起，世披靡矣扶之直。听雄鸡一唱遍寰中，东方白。太阳出，冰山滴；真金在，岂销铄? 有雄文四卷，为民立极。桀犬吠尧堪笑止，泥牛入海无消息。迎东风革命展红旗，乾坤赤。”

郭沫若在他的词中提到伴随着狂风暴雨、革命与希望（公鸡在黎明时打鸣），动荡即将来临。桀是夏朝末代暴君，而尧是桀之后的一代明君。因此，毛泽东类似于开国的帝王，他的四卷《毛泽东选集》是指引人民思想的真金。还有谁能做出比这更高明的恭维呢? 毛泽东在广东视察期间读到了郭沫若的词。感触之余，他当天晚上就拟了一首词相和。1 月 9 日，毛泽东将亲笔书写的词交给周恩来。此后，他在

2月5日重抄这首词的时候做了一些修改。这首词的最终版本于1963年12月发表在《人民文学》上。

［5］*Mao Tsé-tung*，*Poésies complètes*. Paris，Seghers，1976，pp. 109-110. Trad. et adapt. de Jean Billard. Guy Brosollet，*Poésies complètes de Mao Tsé-tung*. *Traductions et commentaires*，Paris，L'Herne，1969，p. 107.

［6］槐树是东方特有的树，属蝶形花科。株高15至30米。唐李公佐《南柯太守传》向我们描述了一个名叫淳于棼的人梦见自己当了大槐安国的南柯太守，国王把小公主嫁给他，一时好不威风。醒来方知是一场大梦，所谓大槐安国不过是老槐树下的蚂蚁窝。

［7］长安，现陕西省西安市，在很长一段时间里曾经是中国的国都。

［8］根据季世昌的观点，我们可以发现诗中的修改是为了美学的缘故：以苍蝇的嗡嗡声开始，结尾最好能回应到昆虫上。

［9］Beatrice Bartlett，*Monarchs and Ministers*：*the Grand Council in Mid Ch'ing China*. Berkeley（Ca）. University of California Press，1991.

［10］我们能够从杨绛的自传《洗澡》中看到思想修正的例子。1992年，这部作品的法语翻译本由克里斯蒂安·布尔若出版社在巴黎出版。

［11］Edgar Snow，*The Long Revolution*，Hutchinson，Londres，1971，pp. 204-206.

［12］他刚刚在1964年10月13日被苏联共产党中央委员会解除职务。

［13］安德烈·马尔罗作为戴高乐的特使，在法国驻中国大使吕西安·贝耶的陪同下于1965年8月3日在北京见了毛泽东。雅克·安德里厄根据1969年出版的《毛泽东思想万岁》、奥赛档案馆中有关这次谈话的记录以及1996年9月第37期《中国透视》中马尔罗的文章《毛泽东：马尔罗说了什么?》对这次会面做了总结。他认为马尔罗的描述是非常不忠实的文学创作，掩饰了作为作家和部长的马尔罗不被毛泽东当回事的恼怒。逄先知等的《毛泽东传》对这次会面有一个官方报告。毛泽东在刘少奇和陈毅的陪同下接见了7月21日到达北京的马尔罗。在此之前，马尔罗先后参观了洛阳、龙门、西安和延安，并在北京等待了两个星期。纪亚马将军（Jacques Guillermaz）在他的回忆录《在中国的一生：1937—1989》中谈到了马尔罗的北京之行。他对马尔罗对中国的无知和讲话没有分寸（“今天的中国是汉朝时的中国加上马克思主义”）感到无语。马尔罗自己不是在他的《反回忆录》中说“我杜撰，但世界开始看起来像我的寓言”吗?

［14］Ce qui suit doit beaucoup *à* l'article «Mao Zedong» de Lucien Bianco dans *le Dictionnaire biographique du Mouvement ouvrier international*：*la Chine*（Paris，Éditions ouvrières，1985），complété par sa mise au point jointe à la 4e édition des *Origines de la révolution chinoise*，*1915-1949*（Paris Gallimard collection Folio-histoire 2007），pp 323-419 et par «l'essai de définition du maoisme» publié dans le n°5 de sept. -oct. 1979 des *Annales Économies*，*Sociétés*，*Civilisations*，pp. 1094-1108，*à* l'article«maoisme»de Georges Labica du *Dictionnaire crtique du marxisme*（Paris，Presses universitaires de France，1982），*à* la brochure d'Alain Badiou，*la Révolution culturelle*：*la dernière révolution*?（Paris Conférences du Rouge-Gorge 2002）et aux articles de Stuart Schram « Mao Tse-tung's thought from 1949 » in John K. Fairbank and Albert Feurwerker ed. *The Combridge History of China*（CHOC）vol. 13（Cambridge University Press，1986），pp. 789-806，et « Mao Tse-tung's thought from 1949 to 1976 » in Denis Twitchett and John K. Fairrbank，ed. *CHOC*，vol. 15，（Cambridge University Press，1991），pp. 1-104.

［15］On en trouve divers exemples dans Roderick MacFarquhar，*The Origins of the Cultural Revolution*，vol. III，pp. 381-398 et dans Stuart Schram，*Mao parle au peuple*（traduction de *Mao Tsetung unrehearsed*：*talks and leters*，*1956-1971*），textes 10 et 11，pp. 197-230 de l'édition originale.

[16] 众所周知毛泽东偏爱清代曹雪芹的《红楼梦》这部伟大的作品。

[17] 毛泽东引用了诗人李白、杜甫，剧作家王实甫、关汉卿，作家罗贯中、曹雪芹、吴敬梓、蒲松龄等的作品。

[18] 1914 年由"西姆拉会议"产生的协议并未得到中方的认可。协议中划定的"麦克马洪线"从未得到中华民国或中华人民共和国的承认，边疆领土的争议包含了不丹以西 85 000平方公里，克什米尔以东 33 000 平方公里，拉达克以及阿克塞钦沙漠（新疆到达西藏的重要通道）。

[19] 参考了胡绩溪（HU Chi-hsi）的书《毛泽东和社会主义建设》。

[20] "黑五类分子"是指地主、富农、反革命分子、坏分子（边缘分子、流氓、秘密组织成员）、右派分子。"红五类"指那些组成新一代红色阶级的人，指工人、贫农与贫下中农、革命干部与革命军人、烈士及家属、革命积极分子。

[21] Chen（cs）et Ridley（CP），*Rural Peiple´s Communes in Lienchiang*，*Stanford*（Ca）. Stanford Unniversity Press，1969. Voir ma présentation de ca docummemt dans Alain Roux，*la Chine populaire. Les fondations du socialisme chinois 1949-1966*，Paris，Messidor，1983，t. I，pp. 329-332 avec untableau p. 330 des« trois mauvaises tendances de deux brigades de production». 这些文件的时间是 1962 年 10 月至 1963 年 5 月间。

[22] Richard Baum et Frederick C. Teiwes，*Ssu-ch´ing ：The socialist Education Movement of* 1962-1966. University of California Press；Berkely (Ca). 1968. p. 70.

[23] 这场"继续革命"与托洛茨基发动的革命并无相关之处。托洛茨基面对日渐动摇的沙皇政权提出将社会主义革命进行到底，并未提出稳定的阶段。托洛茨基的革命是侵略的、带有征服性质的，而毛泽东的革命则是防御性的。

[24] Pang et Jin，II，p. 1267.

[25] 邯郸地处河北省南部，位于京广铁路线之上。

[26] Pang et Jin，II，p. 1274.

[27] Pang et Jin，II，pp. 1315-1328.

[28] 中国代表团由彭真领导，成员包括康生、杨尚昆、刘宁一及伍修权。

[29] Pang et Jin，II，pp. 1285-1302.

[30] 法国作为拥有核武器的第四大强国，没有签订《莫斯科条约》。这一举动使得 1964 年初法国与中国重建外交关系的谈判更加容易。

[31] Article Lei Feng dans Bianco et Chevier *Dictionnaire biographique*... pp. 305-307. 在湖南长沙西北 30 公里外的望城区高塘岭镇有一个雷锋纪念馆，而雷锋正是 1940 年 12 月 18 日在这里出生的。Francoise Naour a présenté Lei Feng dans l en° 20 de nov. 1992 de *perspectives chinoises*，pp. 62-69. sous le titre«La vis et les chaussettes，ou la vie minuscule de Saint Lei Feng»对雷锋进行了介绍。我们能够从中读到雷锋日记的片段，再配以 1965 年北京出版的关于雷锋的插图本小说。陈广生为雷锋写了一部传记，1990 年由沈阳白山出版社出版。

[32] 而其中穿插着刘少奇的讲话，1964 年的版本中这些讲话可能消失了。

[33] Au chap. 11 de son roman *le Concert*（Paris，Fayard，1989）pp. 295-302 中描绘了这个由中国人民解放军创造出来的非传统式的英雄形象。

[34] 这出戏的作者是剧作家孟超，他在"文化大革命"中被逮捕，在狱中受迫害去世。

[35] *Wengao*，vol. 10，pp. 436-437.

[36] 江青对她活跃在政治舞台时期的角色是这样描述的："一个单纯的战士，一个保护主席的哨兵，是这场意识战的前锋。我一直守卫着毛泽东，并且把我发现的蛛丝马迹都汇报给他。"这样的说法没有那么生动，但是没有太大区别。

[37] 章士钊，生于 1881 年。曾在 1919 年的五四运动中十分活跃，之后变得越来越保守。他曾任民国教育部部长。但在 1926 年一度遭新文化运动人士的唾骂。

[38] 有人认为是刘少奇编写了新的通报"后十条"，并认为这是毛泽东针对刘少奇的原

因之一，因为毛泽东不喜欢其他人修改他认为完美的文章。不过1964年9月发表的《后十条(修正草案)》成了刘少奇制定的文件。

[39] D'après le tèmoignage de Bo Yibo, *Ruogan zhongda juece yu shijian de huigu* («Souvenirs de décisions et d'événements importants»), Éditions de l'École centrale du CC du PCC, Pékin, 1993. p, 1148. 根据这份比较可信的回忆录所说，针对走资本主义道路的高层领导人的第一次打击发生在1964年12月12日。

[40] 但是我们可以认为此次中苏会面和1964年12月苏联共产党放弃召开第三次全世界共产党会议有关系。从1963年9月开始，苏联共产党得到法国和葡萄牙共产党的支持，但是遭到日本和越南北部的反对。

[41] 第一条线是国界线，第二条线是为了针对美国进行空中打击而设的连接内陆城市的防线。

[42] 按照国际法律，如何定性这种对未交战国家的无辜民众进行的军事轰炸？

[43] 在"文化大革命"期间，如果扯掉《毛主席语录》的塑料封面，使得毛泽东的头像裸露在外是要被判入狱的。每一个人都要随时带着"红宝书"以表对毛泽东的忠心。

[44] 除了第四句话：做毛主席的好战士。

[45]《毛主席语录》，共计33章。一、共产党；二、阶级和阶级斗争；三、社会主义和共产主义；四、正确处理人民内部矛盾；五、战争与和平；六、帝国主义和一切反动派都是纸老虎；七、敢于斗争，敢于胜利；八、人民战争；九、人民军队；十、党委领导；十一、群众路线；十二、政治工作；十三、官兵关系；十四、军民关系；十五、三大民主；十六、教育和训练；十七、为人民服务；十八、爱国主义和国际主义；十九、革命英雄主义；二十、勤俭建国；二十一、自力更生，艰苦奋斗；二十二、思想方法和工作方法；二十三、调查研究；二十四、纠正错误思想；二十五、团结；二十六、纪律；二十七、批评和自我批评；二十八、共产党员；二十九、干部；三十、青年；三十一、妇女；三十二、文化艺术；三十三、学习。

[46] *Wengao*, vol. XI, p. 546.

[47] 就世界范围来说，这本小册子有了几乎所有不同语言的译本并且发行量达到50亿本之多。在全球畅销书排行榜上仅次于《圣经》，位列第二。

[48] Stuart Schram, «New texts of Mao—1920-1965» *Communist Affairs*, 2.2, 1983, p. 161.

[49]"四个第一"是指：人的因素第一、政治工作第一、思想工作第一、活的思想第一。这就是毛泽东用来衡量思想偏差的标准。

[50]"三八作风"是毛泽东式语言的一个很好的例子，将讲话转化成内部语言。毛泽东批评党八股的那个时期已经过去了！

"三大纪律"是指：一、一切从实际出发；二、正确执行党的政策；三、实行民主集中制。"八项注意"是：一、同劳动同食堂；二、待人和气；三、办事公道；四、买卖公平；五、如实反映情况；六、提高政治水平；七、工作要同群众商量；八、没有调查没有发言权。这些政策指示是从国内革命战争时期人民与红军的关系中发展出来的。

[51] *Wengao*, X, p. 463 et XI, pp. 308-309.

[52] 尽管肩章取消了，军官制服仍保留了四个口袋，而士兵的军服只有两个口袋。

[53] *Wengao*, XI, pp. 91-93.

[54] 这个知识分子团体以1848年起义中著名的匈牙利诗人的名字命名，在中国他们被认为是1956年"匈牙利事件"的主要负责人。

[55] 1965年冬，我在北京观看了这出京剧，十分惊讶地听到我的一个老师指出现代主人公的英雄话语背后隐藏着古代的传统曲调。

[56] 这些创作中的一个主题曾经引起了关于肥料的争论。结论是肥料应该交给大队，用在集体的土地上，而不能用在自留地上。

[57] 艾思奇也提到了黑格尔的哲学思想和存在主义。他的观点被崇尚唯物主义的苏联理论家批判，却得到了毛泽东的赞同。对于毛泽东来说，这些观点能够神奇地改变现状：人民大众的意愿可以超越客观的经济法则，使"大跃进"成为可能。

［58］这篇会议纪要的译文参见 Stuart Schram dans *Mao Unrehearsed*... doc. II，pp. 212-230。

［59］卢那察尔斯基（1875—1933）：优秀的苏联马克思主义活动家，历经困难加入布尔什维克，在 1924 年之后失去了所有的政治影响力。他在 1914 年第一次世界大战爆发前夜写了《宗教与社会主义》。在这本著作中，他提出了一种新的社会主义信仰。

波格丹诺夫（1873—1928）。列宁在《唯物主义和经验批判主义》(1909) 一书中对这个后康德理想主义者的哲学作了批判，认为他否定感官体验的客观事实。与此同时，列宁把与唯心主义不可妥协的唯物主义列为"党的立场"。

［60］Pang et Jin，II，p. 1362. 麦克法夸尔认为会议在杭州举行是错误的。这一段参考了 MacFarquhar，*The Origins*，vol. III，pp. 399-430；*Wengao*，III，pp. 76-77，n. 3。

［61］Baum Richard et Teiwes Frederick，Ssu-ch'ing：*the socialist Education Movement*...

［62］"大跃进"灾难之后农村情况很复杂混乱。我们能够在 20 世纪 80 年代的"伤痕文学"中找到许多例子，比如古华的作品。

［63］*Wengao*，III，pp. 132-134，notamment les notes 1 et 2.

［64］*Wengao*，III，p. 139 *à* 141-145，n. 1 et 146-147，n. 1.

［65］或者说是以书记处的名义。因为自 1962 年 9 月八届十中全会直到 1966 年 9 月初的八届十一中全会，这段时间内中央委员会没有集中过。

［66］Edgar Snow，*The Long Revolution*，p. 17.

［67］Dong Bian，Tan Deshan et Zeng Zi：*Mao Zedong he tade mishu Tian Jiaying*. Pékin，Éditions centrales de doncument，1989，p. 75.

［68］*Wengao*，XI，pp. 139-141，n. 1 et 2，et *Wengao*，XI，pp. 241-242，en date du 26 novembre 1964.

［69］Li Zhisui，*la Vie privée*，p. 431. Stuart Schram，*Mao unrehearsed*，texte 12，p. 231.

［70］据斯图尔特·斯拉姆在他的著作中引用的红卫兵的出版物，毛泽东在周恩来报告的草稿上写下了"中国将会如大革命家孙中山先生所说，赶上并赶超西方国家"。

［71］Gu Longsheng，*Mao Zedong jingji Nianpu*（«Chronologie économique de Mao»），Éditions de l'École centrale du Parti，Pékin，1993，p. 615. 毛泽东的这段话在同一时期中国出版的其他出版物中能找到。

［72］按照顾龙生的《毛泽东经济年谱》，如果我们对此书中毛泽东每年就经济问题发表的讲话做一个统计，我们可以看到：1958 年，毛泽东发表了的讲话占 35 页；1959 年，69 页；1960 年，15 页；1961 年，33 页；1962 年，19 页；1963 年，10 页；1964 年，30 页；1965 年，17 页；1966 年，6 页。接下来每年最多 3 页。这些都说明了毛泽东对经济问题不大感兴趣。

［73］秦始皇，这位秦帝国的开创者是一位滥用专权的皇帝。他将数百名反抗专制暴政的儒生坑杀。

［74］关于这场"社会主义教育运动"，参见 MacFarquahar，*The Origins*，vol. III. chap. 19«Mao stoops to conquer»，pp. 431-460；麦克法夸尔以薄一波《若干重大决策和事件的回顾》第 1128～1132 页内容为基础对这场"社会主义教育运动"做出了描述。也可参见 Pang et Jin，pp. 1371-1372。

［75］余秋里，生于 1914 年，在战争中失去一条手臂。1958 年任石油工业部部长。1964 年，毛泽东任命余秋里担任国家计委主任李富春的助手。

［76］Thierry Pairault，*Dazhai récupéré*：*la politique rurale au début des années 1970*，Paris，PUF，1977.

［77］这种做法被称为种"黑地"，被长期用来减少土地赋税。

［78］刘少奇重新提出他对于党内资本主义的观点，这一观点曾在 1956 年中国共产党八届一中全会上获得通过。

［79］刘少奇在他曾经主持的会议中让毛泽

东等轮到他发言的时候再发言。

[80] 参见 Edgar Snow，*The Long Revolution*，pp. 191-223。这次采访于 1965 年 2 月发表于巴黎《真理报》、东京《朝日新闻》、汉堡《明星》、伦敦《星期日泰晤士报》、华盛顿《华盛顿邮报》等。我曾在本书前半部分介绍过毛泽东在这次采访中为"个人崇拜"辩护。

[81] 中国在 1965 年 6 月 9 日至 1969 年 3 月 14 日期间，总共向越南输送了 320 000 人，其中有 170 000 名士兵，但并不是精兵也不是穿着中国人民解放军军装的士兵。在这些人中，有1 070人牺牲，5 270人受伤。中国空军尽管大炮装备落后，仍然击落了 597 架美军飞机，造成美军 280 名飞行员伤亡。中国支援了 100 架米格—15 和米格—17 战斗机，飞行员是在中国受训的越南人。参见 MacFarquhar，*The Origins*，vol. 3，chap. 16，p. 373，引用自中国军事资料。

[82] 毛泽东在 1970 年 12 月与埃德加·斯诺最后一次会面时更清晰地表明关于个人崇拜问题的看法。埃德加·斯诺写道："毛泽东向我解释到，1965 年他在党的地方和省委的宣传部中丧失了很大的影响力，特别是在北京市委。正因为如此，毛泽东拥护强烈的个人崇拜，这是鼓动人民群众摧毁反对他思想的官僚机器必不可少的。" Edgar Snow，*la Longue Révolution*，pp. 211-212.

[83] Stuart Schram，*Mao unrehearsed*，texte 15，pp. 242-253. 毛泽东提到的关于"革命接班人"的反苏维埃的文章 1964 年 7 月中旬发表在《青年报》上。翻译参见 *Pékin Information* n°29 de 1964：«Sur le pseudo communisme de Khrouchtchev et ses lecons historiques dans le monde»。

[84] 毛远新，毛泽东弟弟的儿子。毛泽东的弟弟毛泽民在 1943 年被新疆的一个军阀杀害。

[85] 陈永贵，一名有着 38 年党龄的中国共产党党员，于 1986 年 3 月 26 日因肺癌去世，享年 72 岁（虚岁）。他的雕塑高 7.2 米，宽 3.8 米。在他的雕塑背后，有 72 级台阶通往存放骨灰的坟墓。1996 年，陈永贵的墓地被评选为山西省重要旅游景点。这尊雕塑是头扎毛巾的山西农民形象。

[86] *Pékin Information*，n° 18，1968，p. 9.

[87] 当我在北京外国语学院学习汉语的时候，我们曾在 1965—1966 年学到过一篇 1965 年 5 月 27 日发表在《人民日报》上的文章。文章描述了 1964 年 6 月 16 日毛泽东和刘少奇去明十三陵参观，当时山特别绿，水特别清……两位领导人慈祥地走到满是年轻人围着的池塘，年轻人大声喊：毛主席来游泳了！刘主席来游泳了！两位主席，一位是党的主席，而另一位是共和国主席，他们被摆在同一级别。

[88] 1965 年 2 月，时任苏联部长会议主席的柯西金在经过河内途中与越南北部领导人签署了一些重要协议，大大地增强了苏联对越南北部的军事援助。

[89] 就是在这样的情况下，毛泽东在 1961 年与法国时任参议员、民主社会抵抗联盟主席的弗朗索瓦·密特朗进行了会面。密特朗后来就中国之行写了一本书，书中提到了毛泽东对这些年中国饥荒后粮食情况乐观而近乎天真的讲话。参见 *la Chine au défi*，Paris，Julliard，1961。1963 年，毛泽东与前来为中法建交做准备的埃德加·富尔（Edgar Faure）会面。埃德加·富尔早在 1957 年就已访问过中国，并与中国重要领导人会面。他曾出版 *Le sepent et la tortue：les problèmes de la Chine populaire*，Paris，Julliard，1957。刚刚被任命为法国驻中国大使的吕西安·贝耶（Lucien Paye）于 1964 年 9 月 13 日在杭州同毛泽东进行了会面：吕西安对时任法国大使馆武官纪亚马说，他观察到毛泽东被一个年轻护士搀扶着并且伴有轻微的手抖。这是毛泽东身体每况愈下的不明显的征兆之一。

[90] 有资料说，柯庆施得了急性胰腺炎去世，而陈丕显则在他的回忆录中提到柯庆施是在一次宴会后因为消化不良去世的。

[91] 在 2002 年由香港利文出版社出版的《林彪正传》中，辛子陵讲述的一幕可能是 4 月 22 日这次会面的结果。5 月 19 日，林彪被邀请参加由刘少奇主持的国务院会议，毛泽东并没

有参加会议。当刘少奇为讨论做总结时，林彪突然打断反驳。这种反驳像是确有其事，但是我认为发生的日子太早了，可能是6月15日？辛子陵没有说明具体时间。我们得到的信息只是外史。

[92] Pang et Jin，vol，II. p. 1391.

[93] 黄洋界是红军在1928年击败国民党军队的地方。

[94] 该词引自*Mao Tsé-toung*，p. 433，由博肃礼翻译。

[95] 毛泽东对农村医疗体制的看法是不正确的：人们付出了巨大的努力，设立了许多诊所，成功地消除了地方性寄生虫病。

[96] Stuart Schram，*Mao unrehearsed*，texte 13，pp. 232-233，援引自红卫兵出版物。

[97] 以及照顾包括毛泽东在内的其他领导人。毛泽东实际上已经不太相信传统中药。参见Li Zhisui，*la Vie privée*，pp. 429-430。

[98] 影射了1963年美国、苏联、英国在莫斯科签署的《禁止在大气层、外层空间和水下进行核武器试验条约》。

[99] 毛泽东在这里嘲讽由赫鲁晓夫和他的继任者提倡的“土豆烧牛肉式共产主义”。

[100] 迪克·威尔逊（Dick Wilson）的《毛泽东传》引用了这首诗，见450页。

[101] 接下来的内容大部分引自《剑桥中国史》第15卷。

[102] Pang et Jin，II，p. 1394.

[103] 1964年毛泽东检阅了在北京明十三陵举行的为期两天的人民解放军军事演练。在这期间暴露了解放军装备破旧、通信系统落后以及命令指挥毫无新意的问题。罗瑞卿当时是中央委员会成员及国务院副总理。

[104] 周恩来去机场亲自迎接来国事访问的西哈努克。

[105] 参见MacFarquhar，*The Origins*，pp. 441-443 。也可参见彭德怀在红卫兵压迫下写的思想报告，*The Mémoirs of a Chinese Marshal*，Éditions de Pékin en langues étrangères，1984。

[106] 杨尚昆（1907—1998），中国共产党“二十八个半布尔什维克”之一，说得一口流利的俄语，曾与邓小平一起参与同苏联的谈判。他的政治生涯是从20世纪30年代的王明路线时开始的。他在彭德怀率领下参加了长征。解放战争时任职于刘少奇、彭真率领的华北军队。他是邓小平领导的中央书记处的成员。在及时处理各项事务的同时，杨尚昆还负责记录毛泽东的讲话。因为毛泽东常常在他的大床上发出指示，为避免漏记毛主席珍贵的讲话，杨尚昆常常在缺少速记员的情况下，用录音机记录毛泽东的讲话。毛泽东专列和住处自然是配备录音机的，这是1960年安置的。配备录音机这一个举动没有得到毛泽东的允许似乎很难令人相信。搬起石头砸自己的脚？

[107] 1961年2月，一个被指派的工程师与毛泽东的一个服务员开玩笑，提到了她当天早上与毛泽东交谈的内容。这个年轻的服务员急忙向主席报告这件事情。而毛泽东不但把这件事看作对他私人生活的严重侵犯，而且不再向他身边的人隐瞒他感到有人在组织一场阴谋准备推翻他。这些指控的起源是1958年年底中央决定将党的大型会议录音，以修正速记员的记录。接着，毛泽东视察期间与各地方领导人的会谈大都被录了音。中国从瑞士进口了十台录音机，两台给了毛泽东的私人秘书，剩下八台交给了杨尚昆。毛泽东在1960年对这些录音机的使用做了规定。1961年2月发生了上面提到的毛泽东与他的服务员谈话被录音的事件，于是毛泽东开始怀疑杨尚昆的意图。毛泽东确实养成了一个在床上给出指示的坏习惯，随着他在床上待的时间越来越长，私密对话被录音也偶尔发生。

[108] 除了已援引的资料，参见Pang et Jin，vol. II，pp. 1396 et 1399。

[109] 文章的草稿由江青从上海寄往北京给毛泽东审阅，藏在由她负责的现代京剧的录音盒中。

[110] 11月9日，吴晗在信箱里发现了预订的《文汇报》，提醒邓拓要注意。很显然，北京市委遭到突然袭击。

[111] 在12月期间，许多人在报纸上以“历史事实”为由为吴晗改编的戏剧辩护。

[112]“文化大革命”期间，毛泽东在北京

城外度过了 32 个月。

[113] Pang et Jin, vol. II, pp. 1399-1400.

[114] 1965 年 11 月 30 日，毛泽东在杭州会见了叶群 7 个小时。无论如何，毛泽东都需要林彪来限制她。但林彪自己曾说过，罗瑞卿事件对他而言，和杨尚昆事件对毛泽东一样重要。

[115] 罗瑞卿在 1966 年 1 月 9 日做了自我批评。2 月 1 日，他否认曾经有过想要代替林彪的想法。3 月 4 日到 4 月 8 日，他在由邓小平、彭真及叶剑英领导的 42 名调查员面前出庭受审。由于受不了无止境的虐待和骚扰，3 月 18 日罗瑞卿从窗口跳楼，摔断一条腿。4 月 12 日，周恩来、邓小平和彭真一同写报告给毛泽东，通知他“斗争”已经结束。然而历史有着无情的嘲讽，这份报告由中央政治局扩大会议于 1966 年 5 月 16 日批准，附带着关于“彭真同志尽力减少和原谅罗瑞卿的错误”的指示。怯懦是要付出代价的。

[116] Stuart Schram, *Mao unrehearsed*, doc. 14, pp. 234-241，根据红卫兵出版物。参见 Pang et Jin, vol. II, pp. 1400-1401，里面记录了毛泽东 12 月 21 日的谈话内容。

[117] 关锋生于 1919 年，是中央刊物《红旗》中哲学组编辑组长。如果说毛泽东长期赏识艾思奇，那是因为他到那时才发现关锋。

[118] 翦伯赞（1898—1968），北京大学历史学家。他和吴晗一样是明史研究的专家。

[119] 戚本禹，生于 1931 年。这位历史学家是《红旗》杂志历史组的编辑组长。

[120] 我们可以在下一章中看到，戚本禹在 1967 年开始在电影《清朝秘史》的基础上对刘少奇进行攻击。

[121] 事实上，吴晗在 12 月 30 日发表了一个含糊的自我批评。

[122] 中发（中央指示）是严格经由毛泽东批准发表的内部指示，除了特别几号文件是由毛泽东指定刘少奇代为签发的。毛泽东在文件上他的名字上画个圈，代表他已经知道文件的内容并且没有任何反对意见，但没有加上诸如“很好，照办”或“印发”等最高评价。

[123] *Wengao*, vol. XII, pp. 23-30. 1966 年的 3 月到 4 月，毛泽东对这篇文章做了十几处改动。

[124] Pang et Jin, vol. II, p. 1404. *Wengao*, vol. XII, pp. 38-41. 这些描述都引自 *Last Revolution*, pp. 28-33。邓小平则因为在西北“三线”视察而缺席这次会议。

[125] 指江青提出来的革命戏剧《沙家浜》。

[126] Pang et Jin, vol. II, p. 1405，援引了毛泽东 3 月 30 日的注释。

[127] 过去对中央集权的说法。

[128] Pang et Jin, vol. II, p. 1407，引用了 1966 年 4 月 22 日的会议报告。

[129] *Last Revolution*, pp. 34-35; Pang et Jin, vol. II, pp. 1408-1409. 5 月 16 日，参加这次政治局扩大会议的与会者在他们的文件中发现了一封林彪亲笔信的复印件。在信中，林彪证明他的妻子叶群在延安与他结婚时是处女并且婚后一贯正派。林彪还证明叶群与王实味（《野百合花》的作者，在 1947 年因政治罪被康生下令处决）从来没有过恋爱关系；他与叶群的两个孩子是他亲生的。这封信在会后全部被收回，没有留下复印件。但是有许多人证明了这封信的真实性。

[130] 这是《关于建国以来党的若干历史问题的决议》中的第 21 条。

[131] 参见 *The Last Revolution*, p. 47，引用了一些不知道来源的中文资料，毛泽东曾向康生和陈伯达解释说这一过程是“故意煽动的”。

[132] 王力（1921—1996），出身于书香门第。他曾发表过与苏联论战的文章，并且任中共中央对外联络部副部长，负责同别国共产党联络。

[133] 穆欣是《光明日报》的总编辑。他在 2006 年出版了《述学谭往——追忆在〈光明日报〉十年》（东方出版社）。

[134] 聂元梓 2005 年在香港出版了她的回忆录。1994 年 7 月 17 日她在北京接受了沈麦克的访问。这一段描述引自 *The Last Revolution*, p. 54, n. 11。所有的回忆都证明这张大

字报是康生的妻子曹轶欧的杰作。她是在延安认识聂元梓，并于1938年加入共产党的。在“社会主义教育运动”中，针对陆平的一系列打击经由彭真、邓拓等人派遣的工作组做工作有所缓解。随着彭真的失势，对陆平最后的保护也消失了。毛泽东在“百花运动”中对学生的动员能力十分赞赏，于是康生在毛泽东一贯的指示下开始行动。所以这次“文革”运动不是自发的。根据红卫兵1967年出版的小册子，康生说，如果人民群众不“造反”，我们就动员大家“造反”。

第十六章 “文化大革命”(1966—1969)

［1］有关“文化大革命”的著作有很多，并且不断更新。除了上文提到的中国资料，还包括白吉尔的书和《剑桥中国史》第15卷、各种毛泽东传记（尤其是肖特的书），我还参考了1996 le vol. III de MacFarquhar et l'ouvrage de Roderick MacFrquhar et Michael Schoenhals，*Mao's last Revolution*，Harvard University Press，Cambridge (Mass)，2006（par la suite：*Last Revolution*)，ainsi que le livre de Barbara Barnouin et Yu Changgen，*Ten Years of Tubulence*：*The Chinese Cultural Revolution*，New York，Paul Kegan，1993；Joseph W. Escherick，Paul G. Pickowicz et Andrew G. Walder，*The Chinese Cultural Revolution as History*，Stanford University Press，Stanford（Cal），2006（par la suite：Esherick 2006）et Michael Schoenhals，*China's Cultural Revolution*，*1966-1969*，*not a Dinner Party*，Armonk（NY），M. E. Sharpe 1996，(par la suite：Schoenhals 1996)。随着事件的逐渐展开，这些书籍也一部一部出版。一个已经成为美国公民的中国作家（宋永毅）对“文化大革命”中的受害者做了一个令人惊叹的调查。他的著作在中国香港和台湾出版，由马克·兰波（Marc Raimbourg）翻译成法语译本，并由侯芝明（Marie Holzman）女士撰写前言：Song Yongyi，*les Massacres de la Révolution culturlle*，Paris，Bucher-Chastel，2008（par la suite：*massacres*)。宋永毅在孙大进的帮助下完成了关于“文革”的最好的传记，该书被翻译成了日语、英语和其他西方语言，并在吴文津（Eugene W. Wu）的帮助下在哈佛燕京传记书店出版发行。

［2］他们受到的指控是篡改主席讲话，在毛泽东狂热的个人崇拜大环境下这被认为是亵渎。

［3］作为一个小心谨慎的官员，郭沫若（1892—1978）对局势颇有见解：1966年4月14日他否认自己所有的作品并做了一个令人惊讶的自我批评，之后他作了一首赞扬的诗歌献给“亲爱的江青同志”。确实，他发表于1921年的诗《女神》、他对美学的喜好和“为艺术而艺术”的坚持已经远离无产阶级了。他的长寿让他有足够的时间评判江青是不是“白骨精”。

［4］按照惯例，应该用清华二字的拼音字母来代表清华大学，但是这所由游美学务处建立的中国知名学府的领导决定保留威妥玛拼音的拼法（Tsinghua University)。这就是现在全世界都能看到的清华大学的名称。

［5］清华大学的校长也是党委书记，学校有238个党支部。清华大学培养了中国最优秀的工程师：蒋南翔为了保证“社会主义教育运动”不影响教育质量，保留对生源的严格筛选。中国的第一个核反应堆就是在清华大学的实验室里制造出来的。

［6］*Wengao*，vol. XII，p. 62.

［7］Pang et Jin，vol. II，p. 1411.

［8］参见 Zheng Xiaowei，«Passion，Reflection and Survival：Political Choices of Red Guards at Qinghua University，June 1996-July 1968»，in Esherick，Pickowicz et Andrew，*The Chinese Cultural Revolution as History*，pp. 29-63。作者曾采访了许多著名的清华红卫兵。

［9］试想这些高官告知他们的子女并且建议他们采取行动，他们真的想避免事态扩大吗?

［10］滨海位于江苏省北部，是一个贫穷而落后的城市。

［11］当毛泽东住在杭州的时候，每天会有一架飞机送来机密资料和报刊文摘。每隔两天，会有一辆车将资料送到毛泽东住处。毛泽东有

一个情报网，由中国人民解放军 8341 部队的领导汪东兴掌控。汪东兴负责保卫主席和高层领导人的安全。在动荡年代，这不是微不足道的优势。

［12］我们可以从许多红卫兵的作品中找到毛泽东作为被压迫的年轻人的解放者这一形象。例如 Ken Lin，*la Vengeance du ciel*，Paris，Robert Laffont，1981（翻译自英语）；Bennett（GA）et Montaperto（RN），*Mémoires du garde rouge Dao Hsiao-ai：la première autobiographie politique d'un garde rouge*，Paris，Albin Michel，1971（翻译自英语）。

［13］邓小平提醒陈伯达他自己在《人民日报》也有一个工作组。

［14］6 月 13 日，薄一波给工作组的负责人下达指示。这些负责人证实了党的最高领导人认为 1966 年夏初的情况和 1957 年的情况一样的看法。“牛鬼蛇神又重新出洞了。让它们出来，抓住它们，铲除它们！”

［15］周恩来的这次缺席使他没有被卷入工作组最受批评的“专政”阶段。特别是 6 月 20 日刘少奇写的针对 6 月 18 日在通知中称北大发生的事件是“流氓事件”。

［16］*Nianpu* de Liu Shaoqi，1996，vol. II，p. 642.

［17］Pang et Jin，vol. II，pp. 1418-1421.

［18］毛泽东在专列车厢中向地方领导人宣称，应该让年轻人在“反修防修”的斗争中进行政治学习。

［19］毛泽东称这儿是“白云黄鹤的地方”。

［20］刘少奇和邓小平也许想用这篇关于民主集中制的讲话来提醒党内领导遵守纪律。这是他们俩犯的“重大错误”，因为毛泽东十分反对这样的民主集中制。

［21］这一系列由邓小平和刘少奇向毛泽东提出的批准申请有力地表明毛泽东主义者之后以毛泽东已经远离权力为由对“文化大革命”的必要性做出的肯定是毫无根据的。毛泽东因为他的错误而丧失了一小部分绝对权力。但是，他从延安时期整风运动起就保留了对任何重大决定的否定权。

［22］王力把这事归功于自己：在钓鱼台的住所为 8 月初召开的八届十一中全会撰写 16 条决议时，他找到康生并向他提出了这个建议。但这不太可能是真的。康生可能应与他较亲密的毛泽东的要求去见周恩来。

［23］当时在场的有湖北省委第一书记，且非常忠实的王任重。

［24］参见 *Wengao*，vol. XII，pp. 71-75。此书中强调这封信与手写稿一致。我们可以在 Pang et Jin，vol. II，pp. 1419-1420 中找到相同的信，只有前六行被去掉了。这种双重参考保证了信的真实性，尽管在发表过程中细节有所修改。在本书中我所采用的法语译文取自 1972 年 12 月 2 日的《世界报》。我在两本书中全篇引用了这封信全文。一本是 *la Révolution culturelle* publiée en 1976 aux PUF，aux pp. 73-77，另一本是 *la Chine populaire*，t. 2，publiée aux Éditions sociales en 1984 aux pp. 18-21。这封信的法语翻译与汉语是相对应的。翻译中仅仅省去了七行文字，包括毛泽东指出反动派在中国当权是不能长久的，就好比蒋介石的失败，以及毛泽东在最后声称“前途是光明的，道路是曲折的”。有资料指出，毛泽东 1972 年 5 月在反对林彪的运动中公开了这封信。信中的好几个片段分别于 1972 年 10 月 1 日、1973 年 9 月 2 日、1975 年 3 月 1 日发表在《人民日报》上。

［25］魏文伯是中共中央华东局书记处书记。陈丕显是中共上海市委第一书记。江青那时在上海。

［26］9 月 12 日，尼泊尔国王太子与毛泽东会面。9 月 17 日，毛泽东会见了一支亚非作家代表团。

［27］毛泽东在杭州的住所，位于西湖边。

［28］毛泽东当时住在韶山一个叫做“滴水洞”的地方。毛泽东对当时在北京发生的事件了如指掌。

［29］指武汉三镇之一的武昌东湖边，是武汉大学集中的地方。

［30］这里是指林彪在 1966 年 5 月 18 日发表的讲话，其中说毛泽东是天才，并分析了各种政变的技巧。

［31］钟馗是一个神话人物。人们在农历新

年将钟馗的画像贴在门上来驱赶恶灵。

[32] 此处毛泽东解释了蒋介石的失败。

[33] 毛泽东畅游长江一事的照片在7月25日登上了《人民日报》的头版头条，通篇是胜利的语气。人们只能看到毛泽东的头，他以一种“印第安式”的泳姿游泳。这种泳姿在毛泽东小时候十分流行，人们用手前进但不把手伸出水面。在游泳过程中，毛泽东对身边的一个游泳运动员说：“长江水深流急，可以锻炼身体，可以锻炼意志。” *CQ* n°28，oct.-déc. 1966，pp. 149-152. Pang et Jin，vol. II，p. 1421：la note 1 p. 1421 les *Mémoires* de Wang Renzhong.

[34] 钓鱼台由1959年建造的15幢精致的接待楼组成，接待外宾来访。各楼由数字1到18命名，其中，没有以数字1、13以及4命名的别墅（也有说八方苑即4号楼），不设1、13是为尊重外国人的习俗，而不设4是因为在汉语发音中数字4让人联想到“死”。

[35] 政治局常务委员会在7月19日至23日增加会议的次数，仅仅为了讨论工作组的问题：刘少奇试图纠正并加强工作组，陈伯达希望撤回，而邓小平则尝试撤回“坏”的工作组，保留“好”的工作组。

[36] 刘少奇可能对毛泽东的激烈反应感到惊讶。在这次极具政治性的抨击中，我们不知道有哪些人在场。

[37] Pang et Jin，vol. II，pp. 1422-1424；*Last Revolution*，pp. 82-85；*Wengao*，vol. XII，pp. 87-89. 关于毛泽东回北京后在中央政治局的讲话，有一个不同的版本，参见 Jerome Chen，*Mao's papers*，pp. 26-43。

[38] 这是对袁世凯的继任者的称呼。北洋军阀在1919年5月4日和1926年3月18日对北京为反对帝国主义列强而游行的青年学生进行镇压。1926年3月18日的镇压造成了流血事件。

[39] 我们可以看到文章中由“我们”到“你们”的逐步变化。

[40] 这非常像莎士比亚戏剧中的一幕。

[41] 一个月之后，李雪峰不得不把领导位子让给吴德，并且是在1966年12月16日被迫为“刘少奇50天专政”中自己的行为做自我批评时。

[42] 这些内容是与当时的情况相符的，只是说话者的顺序不同。

[43] 作者们使用的文件出自1968年红卫兵出版的刊物。

[44] 这种灵活变化的讲话方式是刘少奇讲话的特色。

[45] 自7月29日起，刘少奇开始被软禁。气氛变得很诡异：王光美和他们的女儿刘涛不停地哭叫。

[46] 在《毛泽东最后的革命》一书中，作者们常常引用“动乱”这个词。

[47] *Wengao*，vol. XII，p. 93.

[48] *Wengao*，vol. XII，pp. 90-92.

[49] Schoenhals，1996，pp. 33-43.

[50] 选举是直接举手表决，可撤销当选委员的职务，没有候选人名单。

[51]Shram，doc. 19，pp. 262-263；Pang et Jin，vol. II，pp. 1430-1431.

[52] 周恩来在9月27日给红卫兵的文件中写道：真理的唯一标准就是毛泽东思想。参见 Schoenhals，p. 27。

[53] 经过红卫兵时期，宋彬彬在20世纪80年代赴美国麻省理工学院学习地理并获得专业博士学位。2007年9月9日，在北师大附属实验中学90周年校庆的时候，她获选“荣誉校友”。宋彬彬给毛泽东戴红卫兵袖章的照片在那时被展出并且被放入纪念册。但没有任何资料反映1966年8月北京师范大学附属女子中学副校长卞仲耘的悲惨命运。

[54] *Wengao*，vol. XII，p. 107.

[55] 人民解放军负责运输分发工作。游行者每天早上可以分到一碗饭和一个馒头。每天发两顿饭，有猪肉和白菜，还发热水。教官们在集合队伍出发去天安门或返回的时候进行整队。

[56] 8月31日的集会由江青主持，9月15日由康生主持。10月1日，毛泽东和林彪试图乘吉普车穿越150万人，但他们被巨大的人流挡住。毛泽东着了凉并且对靠近他的人群显得疲惫：之后他就像一个老人一样走路，所有动作也变得十分缓慢。10月18日、11月3日、

11 月 10 日至 11 日和 11 月 25 日至 26 日的集会变得安静些。

[57] 由于组织的原因，在集会中发生了脑膜炎流行病。《当代中国研究》1997 年第 4 期指出，在 1966 年到 1967 年间，304 万人感染脑膜炎，有 16 万人死于脑膜炎。

[58]《毛主席语录》对这些年轻人来说就像是《圣经》，在由法国瑟伊出版社出版的法语译本中第 173 页写道："年轻人，世界是你们的。你们是初升的太阳。中国的未来是你们的。"

[59] 天津党委第一书记万晓塘因为 1962 年春带领天津人民走出"大跃进"危机而被人们记住。50 万群众参加了他的葬礼。毛泽东在 10 月 24 日说："这实际是向党示威，这是用死人压活人。"

[60] 谭厚兰（1937—1982），带领着一支特别暴力的红卫兵队伍。她于 1968 年被捕，在狱中死于癌症。

[61] 红卫兵砸挖了海瑞墓、武训墓和"叛徒"瞿秋白的墓等。他们还去浙江砸挖了蒋介石祖先的墓。周恩来修复了墓碑并且把墓的照片托人寄到了台北。

[62] Jérôme Chen, *Mao's papers: Anthology and Bibliography*, Londres, Oxford University Press, 1970, pp. 35-36. 陈志让记录的这次讲话是发生在 8 月 23 日的中央工作会议上，未经证实。他还援引了 1966 年毛泽东在一次中央扩大会议上的讲话，细节不详。两次讲话内容相似，都是对矛盾和"继续革命"作了理论和哲学层面的思考。援引内容来源于 1969 年红卫兵出版的《毛泽东思想万岁》。总的来说，我不会援引这些内容，因为不论内容还是出处都有很多不确定性。现在，相关的说法太多，援引这部分内容有风险。

[63] 老舍，1899 年出生在北京一个满族家庭。他是乔纳森·斯威夫特的仰慕者。老舍因他 1936 年出版的《骆驼祥子》以及《茶馆》而闻名。其书中描写的是市井中的普通人而非毛泽东主义式的英雄。

[64] 谢富治（1909—1972），这个出生在湖北贫农家庭的木匠于 1927 年加入共产党游击队。1959 年，他代替罗瑞卿出任公安部部长，并且领导军事情报工作。被康生和毛泽东赏识，谢富治于 1965 年出任国务院副总理并且在 1966 年 8 月八届十一中全会上被选为中央政治局候补委员，特别负责北京地区。1969 年因为生病而淡出，1972 年 3 月因胃癌去世。1980 年 10 月在审判江青时，他被开除党籍，因为过去他曾与江青关系十分亲近。

[65] *Last Revolution*, p. 125.

[66] 由 1966 年 8 月 8 日八届十一中全会表决通过。这十六条纲领要求人民通过语言，而不是通过殴打对阶级敌人进行斗争。

[67] 一个见证者对当权者当时的作用做了有意思的补充（*Massacres*, p. 50）：在大兴县贫农和人民公社的一次会议中，一个干部说在附近的天堂河劳改农场，他曾经被要求在夜里处决富农和他们的家人。

[68] 目击者称（*Massacres*, p. 51）：方式种类繁多：用棍子痛打，用镰刀割皮……"

[69] *Massacres*, pp. 43-66. 只有特别残忍的头目被逮捕并判刑，但很快被赦免。

[70] 当今世界这种由青少年团体进行的残忍行为比比皆是，人们招募他们参军，特别是在非洲。

[71] Stanley Rosen, *Red Guard Factionalism and the Cultural Revolution: the Case of Guangzhou*, Berkeley (Ca), UCAL, 1981.

[72] Pang et Jin, vol. II, pp. 1447-1456; *Wengao*, vol. XII, pp. 147-150; Schoenhals, pp. 5-9; Schram, pp. 270-274 textes 20 et 21; Jerome Chen, *Mao's Papers*, pp. 96-97; *Last Revolution*, pp. 135-139，此书经常引用 Wang Nianyi, *Da dongluan de niandai* (« Une décennie de chaos »), Zhengzhou, Éditions du Peuple du Henan, 1988 (par la suite *Dongluan*)。

[73] Pang et Jin, vol. II, p. 1148. 尽管多有保留，但毛泽东对这份自我批评显得很满意。

[74] Pang et Jin, vol. II, p. 1449 援引了这次毛泽东讲话的记录。记录与 texte 20

Schram，pp. 264-269 有轻微不同。有多位领导人同毛泽东一同参加了 10 月 24 日的汇报。

［75］毛泽东的这次讲话有许多差异较大的版本。也许是因为讲话有两个稿子，一个是发给与会者的手写版，而另一个是毛泽东临时发挥的口述版。另外，毛泽东讲话带有浓重的湖南口音，这使北方来的与会者很难听懂。我们可以想象习惯毛泽东湖南口音的主要秘书田家英已经自杀，“文化大革命”的最初几个月中包括逄先知在内的秘书们被逮捕，在这样的情况下，中央原有的组织秩序受到影响。逄先知与金冲及编写的《毛泽东传》是本书主要的参考书目。

［76］此次苏联会议提醒了毛泽东：苏联这个国家是社会主义的先驱，也提供了一些反面教材。

［77］在这段讲话中，毛泽东两次提到他的死，证明了培养“革命接班人”来完成他的革命事业的重要性。

［78］“大权旁落”一直是毛泽东主义者主要的论题。对他们而言，“文化大革命”是毛泽东重新夺回被刘少奇、邓小平和彭真“篡夺”的权力的运动。实际上，毛泽东失去的仅仅是“绝对权力”。1958 年至 1966 年，没有任何重大决议是在没有经过毛泽东同意的情况下通过的。

［79］我们可以看到并不是如此，毛泽东经常被咨询。自从延安整风运动后，毛泽东就拥有否定决议的权力，虽然这项否定权没有正式化，但为领导队伍所承认。实际上，毛泽东的真正权威是因他在“大跃进”中犯的灾难性错误而动摇的。

［80］一些猖狂的“红卫兵小将”常常发表讲话。1966 年 12 月 19 日，蒯大富在短时间内重新组织了清华大学里所有的红卫兵，并建立了一个委员会来编辑他的“著作”。

［81］Schoenhals，pp. 9-26.

［82］他们自称“秀才造反派”。

［83］他代替了上海市委第一书记陈丕显，此时陈丕显正因为鼻咽癌在医院接受手术。

［84］实际上，第一辆火车经过了南京，没有被拦下来。王洪文和主要的“造反派”跳上的是第二辆火车，并很快与从上海赶来的一两千其他“造反派”会合。

［85］毛泽东忘记了结社的自由要经过党的同意，任何协会都要纳入官方组织的范围，否则就会被当做反革命组织。

［86］Pang et Jin，vol. II，pp. 1456-1458.

［87］“坐飞机”的姿势是人跪着前倾而双手被绑在身后，呈 V 字形。当被游街的人坚持不住“坐飞机”的姿势时，他们会被皮鞭抽打。参见 Li Zhensheng，*le Petit Livre rouge d'un photographe chinois*，éditions phaidon，Paris，2003（翻译自英语）。

［88］在这些被邀请的客人中缺少了周恩来、康生和林彪，但这并没有什么特别的意味。从 1 月 1 日起，毛泽东所有的指示都只跟他邀请参加生日的 7 个人以及上面提到的 3 个人沟通：这 10 个人组成了未来六到七个月的领导核心。

［89］参见 *Last Revolution*，p. 151。作者们引用的资料来自王年一的《大动乱的年代》和王力 1993 年在香港出版的回忆录。《人民日报》1 月 1 日的社论把毛泽东的话改为“1967 年将是全国全面展开阶级斗争的一年”。*Wengao*，vol. XII，p. 176. 这里所参考的版本是可以接受的。

［90］有关在上海的“文化大革命”运动，除了常见的书目，我参考了四部作品：Neal Hunter，*Shanghai Journal. An Eyewitness Account of the Cultural Revolution*，New York，Frederick Praeger，1969；Andrew Walder，*Chang Ch'un-ch'iao and the January Revolution in Shanghai*，Ann Arbor，The University of Michigan，1978；Elizabeth J. Perry et Li Xun，*Proletarian Power：Shanghai in the Cultural Revolution*，Westview Press，Boulder（Co），1997（par la suite Perry）et Marie-Claire Bergère，*Histoire de Shanghai*，Paris，Fayard，2002，pp. 413-426。

［91］一部分临时工被有效地转为正式工，而那些离开人民公社的农民被渐渐遣送回农村。

［92］只是字面意思！上海驻军于 1967 年 1 月 1 日凌晨 1 点命令民兵组成“赤卫队”武

装占领军工厂，三天之后上缴全部热武器，这样避免了在中国其他城市可能发生的内战。于是，人们赤手空拳或用榔头、竹矛互相斗殴。

[93] *Last Revolution*, p. 163.

[94] 立刻改变立场的人指的是马天水。马天水在最初的会议中批评“造反派”影响生产，但张春桥向他解释说：“文化大革命实际是改朝换代。”

[95] 陈丕显由于要接受治疗癌症的手术把上海党委的职位交给了曹荻秋。之后他病休。

[96] 陈丕显是上海第一位军区政委，这次集会后不准穿军装：他穿着一件粗布短工作服(配有红色领章)，一条橄榄绿的裤子，没有戴军帽。领导人的撤免非常暴力：4位负责人死于红卫兵的虐待。张春桥提醒不要让这些场景被录像，以免给外国人不好的印象。

[97] *Wengao*, vol. XII, pp. 186-187.

[98] 关于这些巴黎公社式的会议，参见Marie-Chaire Bergère：«La Chine：du mythe de référence au modèle d'action：la Commune de Shanghai» in Jacques Rougerie éd.，*Jalon pour une hisroire de la Commune de Paris* Assen (Pays Bas) Van Gorcum，1971，pp. 512-535。

[99] 关于毛泽东2月12日的讲话，参见Schram，texte 23，pp. 277-279；关于张春桥2月24日的报告，参见*Survey of China Mainland Press*（SCMP），Hongkong，N° 04147，27 mars 1968，pp. 1-10。

[100] 耿金章，生于山东曹州的一个贫农家庭，曾在国民党军队当过兵，于1949年加入中国共产党。虽然他是工厂民兵负责人，但他的声誉不好，没有成为工长。行为粗暴的耿金章组织了“红卫兵第二兵团”。1月14日，他拒绝以王洪文为指挥的“造反”运动，并且指责张春桥专制。

[101] Schoenhals，pp. 52-53。

[102] *Wengao*, vol. XII, pp. 203-206.

[103] 2月中旬毛泽东对张春桥和姚文元说他反对“上海公社”，更倾向于“革命委员会”时提到在“大联盟”的范围内进行夺权。毛泽东举了甘肃、福建和内蒙古的例子。实际上，在13个最先建立的“革命委员会”中，有一些很快被推翻，这些省份和地区长期处于类似于内战的混乱中，最后被人民解放军平定。很明显，毛泽东避免提到1967年1月31日在黑龙江组成的第一个“革命委员会”。这个“革命委员会”一直保留至九大后党委恢复。这个“革命委员会”的主任潘复生是黑龙江省委第一书记，1958年曾因“右倾机会主义”被免除河南省委书记的职务。

[104] 这里的高级干部说的是陶铸。他在因“安亭事件”连续失势之前是共产党内的第四位领导人。毛泽东批准打击陶铸，并同意让红卫兵于1月5日进入中南海陶铸的住处，此地离他自己的住处并不远。也许毛泽东曾批评陈伯达在这一波三折的事件中，未经过他同意做了一些决定。这一事件到现在仍然不明朗。

[105] *Last Revolution*，pp. 191-197. 在1981年6月中央表决通过的《关于建国以来党的若干历史问题的决议》中的第21条提到：“一九六七年二月前后，谭震林、陈毅、叶剑英、李富春、李先念、徐向前、聂荣臻等政治局和军委的领导同志，在不同的会议上对‘文化大革命’的错误作法提出了强烈的批评，但被诬为‘二月逆流’而受到压制和打击。”

[106] 我们可以看到2月12日，激烈讨论的会议后的第二天，毛泽东在接见张春桥和姚文元的时候，对这个问题做出了否定的回答。

[107] *Wengao*, vol. XII, pp. 233-235.

[108] 这次讲话的版本我们可以在麦克法夸尔和沈麦克的《毛泽东最后的革命》中找到。而在逄先知和金冲及的《毛泽东传（1949—1976)》下册第1482页中，我们可以看到一个不太一样的片段，但意思是相似的，两位作者引用了一段没有出处也没有引号的话：毛泽东说，我同林彪南下，再上井冈山打游击。“中央文革小组”改组，陈毅当组长，谭震林当副组长。

[109] 周恩来负责劝说陈毅做自我批评，李富春和谢富治负责劝说谭震林，而叶剑英和李先念劝服徐向前。4月22日，毛泽东为了安抚老将，释放了1月25日139名因组织“联动”被捕的高干子女。这个小组散布口号：打倒江青！打倒陈伯达！刘少奇万岁！反对逮捕

革命老兵！

[110] *Wengao*, vol. XIII, p. 163. 这一次是来自中国官方的资料最符合事实真相。埃德加·斯诺在 1973 年《漫长的革命》第 167～176 页的报告中记录了这次会见。斯诺对这个言论做出了指责。

[111] 关于"文化大革命"的相片，参见 Victoria et James Edison, *Cultural Revolution Posters and Memorabilia*, Atglen (PA), Éditions Schiffer, 2005。

[112] Michael Frolic, *Le peuple de Mao : scènes de la vie en Chine révolutionnaire*, Paris, Gallimard, 1982 (1980 pour la version originelle en anglais) chap. XI: «Mon voisinage», pp. 220-221. 这种奇怪的"请示"开始于 1967 年，结束于 1968 年，全名叫"向毛主席请示"。1967 年 11 月，中国人民解放军 8341 部队到北京针织总厂帮助工人们进行"文化大革命"，这种仪式第一次出现(*Last Revolution*, p. 263)。因为没多久，就没有什么人可以忏悔并促成阶级斗争了，用反面例子教育群众的方法行不通了，于是大家开始将就近的亲友指认为某个阶级的敌人。这个人就登上讲坛，在确保不会遭受虐待之后，一边做最夸张的手势一边忏悔。"文化大革命"就这样变得戏剧化了。

[113] *Wengao*, vol. XII, pp. 306-309.

[114] *Wengao*, vol. XII, p. 305.

[115] 林彪说："不要害怕混乱，因为在混乱之后就会有秩序。"就是这些话支持着破坏分子。

[116] *Wengao*, vol. XII, pp. 314-315.

[117] 江青在背后促成对王光美的公开羞辱。因为她厌恶王光美优雅的举止和大资产阶级的出身。后来王光美在秦城监狱度过了 12 年艰苦的牢狱生活。

[118] Perry, pp. 119-144.

[119] 肖华，生于 1916 年，是长征的老兵。1966 年 8 月被任命为解放军"中央文革小组"组长，和林彪关系不错，和江青交恶。

[120] Pang et Jin, vol. II, p. 1490, notes 2 et 3.

[121] Pang et Jin, vol. II, p. 1491, note 1.

[122] Pang et Jin, vol. II, p. 1491.

[123] *Last Revolution*, pp. 198-214. 作者们主要使用了王力 1993 年在香港出版的回忆录以及陈再道将军同时期发表的《7 月 20 日灾难记》。还有一份英文分析，即 Wang Shaoguang, *Failure of Charisma : the Cultural Revolution in Wuhan*, Hongkong, Oxford University Press, 1995。也可参见 Pang et Jin, vol. II, pp. 1491-1506 et *Wengao*, vol. XII, pp. 380 *à* 384。请注意作者们引用的 7 月 12 日到 25 日的资料的真实性并不确定。

[124] "百万雄师"这一称号让人们联想到毛泽东的一首诗。在这首诗中，毛泽东用"百万雄师"来称呼 1949 年 4 月解放南京的解放军士兵。武汉这支队伍号称由 120 万人组成。

[125] 特别是贺龙，他与该地区的空军指挥将领关系非常密切。

[126] 西安事变指张学良和一些军官在 1936 年 12 月发动兵变，胁迫蒋介石停止内战，共同抗击日本，参见本书第八章。

[127] 根据毛泽东一个贴身警卫的回忆，周恩来本人戴着墨镜乔装打扮到位于东湖客舍来找毛泽东。很快毛泽东被近 100 名全副武装的警卫贴身保护，迅速登上了专列，来到山坡机场。Jung Chang et Jon Halliday (Jung, pp. 579-581) 引用了这段文字描绘毛泽东离开时的混乱场面。这可能也证明了毛泽东之后对王力突然表现出的敌意。毛泽东认为是王力害他落入陷阱。

[128] 吴法宪是空军司令，也是林彪的亲信。

[129] "造反派"从春天起就抢夺兵工厂掌握武器。对 1967 年混乱时期毛泽东的责任，可以参见 Michael Schoenhals, « "Why don't we arm the left ?" Mao's culpability for the Cultural Revolution's great Chaos of 1967», *The China Quarterly* juin 2005 n°182, pp. 271-300。

[130] 毛泽东焦躁不安地阅读关于武装冲突的报告，每天晚上只睡两到三小时。

[131] 这次会见在 8 月 20 日举行，但是毛泽东从他抵达上海之后似乎就重复了相似的讲话。

［132］ Pang et Jin，vol. II，p. 1498，note 3.

［133］在王力的回忆录中，他提到陈伯达认为这篇社论写得很好。社论写道：“揪出党内一小撮走资派。”很难相信这样一篇社论会逃过一直关注各种政治文章的毛泽东警惕的眼睛。社论发表一个星期后受到了陈伯达、林彪、江青和周恩来的批评。王力在 8 月 29 日才对此作出批评。可能毛泽东是在 8 月中旬才决定有所反应并通知了他身边的人。

［134］王力还说道：“‘中央文革小组’支持所有的革命者……我看不出我们有什么过分之处……逮捕陈毅的计划肯定是正确的……也许这个人物的级别高，但如果应该批判，就批判他。”此处指的也许是周恩来。

［135］ *Last Revolution*，p. 229. 8 月底，美国黑人学者杜波依斯（Du Bois）的遗孀作家雪莉·格雷汉姆·杜波依斯来访。周恩来向她讲述了当时混乱的状况以及他对“文化大革命”失败的担心。

［136］戚本禹在 9 月 4 日检举王力和关锋狂妄自大，以自我为中心。而这并没有阻止他在 1968 年 1 月被逮捕。1967 年 4 月，戚本禹发表在《红旗》杂志上的文章《爱国主义还是卖国主义？》吹响了反对刘少奇的号角，也许毛泽东应该感谢他，但这个野心勃勃的历史学家写的反对江青的“黑材料”让毛泽东十分反感。

［137］参见 *Nianpu*（« biogaphie chronologique»）de Zhou Enlai，vol. III，p. 183。毛泽东说他很满意，还补充说 8 月 7 日王力对外交部部长的批评是非常有害的。

［138］最好的描述是本书援引的内容，出自 *Last Revolution*，pp. 221-231。其中大量参考了王力的回忆和杨成武的回忆录。

［139］ *Wengao*，vol. XII，p. 412.

［140］ *Wengao*，vol. XII，p. 424.

［141］ Song Yongyi，*Les massacres*... «Wei Guoqing extermine la faction du 22 avril»，pp. 249-277.

［142］ *Last Revoltion*，pp. 254-256.

［143］这次调查覆盖了中国 2 250 个区县的 8.3％。

［144］参见 Yang Su，«Mass killings in the Cultural revolution：à Study of three Provinces »，in Escherick，Pickowicz et Walder，*The Chinese Cultural revolution as History*，pp. 96-123；*Massacres*，pp. 145-228。

［145］关于这些械斗，参见 Bianco，*Jacqueries*... pp. 321-350。

［146］ Zheng Yi，*Stèles rouge：du totalitarisme au cannibalisme*，Paris，Bleu de Chine，1999，traduction de *Hongse jinanbei*，éditions Huashi wenhua，Taibei ，1991. 作者在当地做过调查。

［147］ *Wengao*，vol. II，pp. 617-618.

［148］“贫下中农”向参加学习的知识分子介绍在 1949 年之前他们艰苦的生活条件。人们也许会自问这场用言语美化的饥荒是否让他们想起 1949 年新中国成立以前的日子！教育以一顿薄粥和白开水结束。这在延安是很平常的。

［149］关于五七干校，有两份很好的资料。一本是杨绛的《干校六记》。杨绛是将《堂·吉诃德》翻译成中文的翻译家，同时也是小说家和文人钱钟书的妻子。除了这本痛苦但有尊严的作品，还有一份滑稽可笑的资料，即 Frolic，*le Peuple de Mao*，pp. 29-43。如果你想从西方毛派的幻想中了解中国的现实，可以阅读«L'école des cadres du 7 mai：la guérilla intérieure»dans le livre de A. M. Macciochi，*De la Chine*，Le Seuil，Paris，1971，p. 96。

［150］清华大学的情况可以参见 Wiliam Hinton，*la Guerre de cent jours：la Révolution culturelle à l'université Tsinghua*，Fédérop Lyon，1976（traduction de *Hundred Day War*，Monthy Review Press，New York-Londres，1972）。此书的立场对“左”派非常有利。

［151］关于这些戏剧性的事件，如今最合适的描述是 *Last Revolution*，p. 250。作者们运用了一本 1968 年在香港编辑的小册子《伟大领袖毛主席和他的战友林彪会见北京红卫兵聂元梓、蒯大富、韩爱晶、谭厚兰、王大宾时的讲话》。我并没有看这篇文章。我认为这篇文章与红卫兵 1968 年在北京发表的《毛泽东思想万岁》中有一篇文章是一样的。因此，这是同一

篇文章的两个版本。我参考了两个版本，但更偏向于后者，我认为这个版本改写得最少。

［152］在1952年之前，北京大学坐落于市中心，离王府井不远，现在五四大街还保留有北大前图书馆的红色大楼。1952年后北大搬到了海淀，位于北京西北的郊区，颐和园附近。原先这里是美国人创办的燕京大学。

［153］聂元梓骄傲地举起在3月27日斗殴中被打了一拳而包扎的绷带。

［154］实际上，1644年清兵攻克北京城后，南明的军队一直抵抗到1683年。

［155］在1966年6月与胡志明会见过程中，毛泽东对他说："我们都是七十以上的人了，总有一天被马克思请去。接班人究竟是谁，是伯恩斯坦、考茨基，还是赫鲁晓夫，不得而知。"

［156］Pang et Jin，vol. II，p. 1524.

［157］这次游行的照片参见 Li Zhengsheng，*Petit Livre rouge d'un photographe chinois*，Paris，Éditions Phaidon，2003，pp. 226-227。

［158］之后，蒯大富被指控与"五一六"武装运动有关系，1971年3月21日在群众大会上被批斗，在没有审判的情况下入狱，1983年3月法庭宣判蒯大富有期徒刑17年。聂元梓此时的命运也相似。

［159］《人民日报》1968年12月22日的原文："知识青年到农村去，接受贫下中农的再教育，很有必要。要说服城里干部和其他人，把自己初中、高中、大学毕业的子女，送到乡下去，来一个动员。各地农村的同志应当欢迎他们去。"

［160］我之后会谈到红卫兵"失落的一代"的问题，他们的命运不再是毛泽东关心的问题。参见 Michel Bonnin，*Génération perdue*：*le mouvement d'envoi des jeunes instruits à la campagne en Chine*，*1968-1980*，Paris，EHESS，2004。

［161］1967年11月5日的一次讲话中，毛泽东作了个生物学的比喻：人要吸进氧气，呼出二氧化碳，才能活下去，共产党也要吐故纳新。1968年10月14日的《红旗》重提这个讲话。

［162］*Last Revolution*，pp. 273-284. Pang et Jin，vol. Ⅱ，pp. 1530-1537.

［163］麦克法夸尔和沈麦克在《毛泽东最后的革命》中使用了1968年10月13日毛泽东的开幕致词，复本保存在哈佛大学费正清图书馆。

［164］只有一个代表没有举手表决，她是工会干部陈少敏（1902—1977），山东贫农的女儿，在1929年到1933年期间以共产党地下党人的身份从事活动，此后加入了共产党游击队。七大时被选作中央候补委员，1956年9月八大当选中央委员。

［165］这个"中央专案审查小组"1966年5月24日由中央政治局成立，是"中央文革小组"的执行单位，这个小组的存在有点类似于苏共的肃反委员会，它只向中央政治局常委汇报，事实上只听命于最高领袖毛泽东。最有影响力的小组成员是康生、江青、谢富治、汪东兴和叶群，成员789人，其中126位领导一个小组只调查一个嫌疑人。在八届十二中全会时，88位委员或候补委员受到"中央专案审查小组"审查。在九大后本应解散的审查小组一直存在至1979年1月。参见 Michael Schoenhals，«The Central Case Examination Group，1966-1979»，*The China Quarterly*，n° 145，mars 1996，pp. 87-111。

［166］关于刘少奇和王光美所蒙受的责难，参见 Jung，pp. 570-578。虽然饱受糖尿病、简陋的医疗条件与反复侮辱的多重折磨，刘少奇却没有屈服。1969年11月12日他因肺炎死于开封一所监狱内，死讯一直秘而不宣，直到1979年1月官方才宣布此消息。1980年5月他获得完全平反。

［167］Pang et Jin，vol. Ⅱ，pp. 1547-1555. 其中有一张毛泽东开幕仪式上讲话时的照片。他看上去有点浮肿，但总体气色不错。具体的演说内容参见 Stuart Schram，*Mao*，*unrehearsed*，texte 24，pp. 280-281。闭幕词参见 pp. 282-289，texte 25。这些是未经毛泽东审阅的磁带录音。

［168］李达（1890—1966），1919年五四

运动时期中国为数不多的马克思主义理论家。李达加入共产党后又加入了许多社会团体，但由于政治并不是他的兴趣所在，李达逐渐退出了政治舞台而投身于大学教育活动。李达在1953年后任武汉大学校长并经常接受毛泽东关于理论方面的问题的咨询。李达不问政事的做法被红卫兵当做了攻击的靶子，在一场铺天盖地的大字报运动后，李达在1966年8月24日受到了粗暴的批斗。李达曾请求毛泽东的救助，毛给予的指示是不要把李达整死，要照顾一下。这一消息被李达的敌人曲解。现今我们能在武汉大学的校门口见到李达的半身塑像。

[169] *Wengao*, vol. XIII, pp. 11-13. 其中发表了17封毛泽东写给林彪的信件，大都很简短。其中包括一些修改和建议。

[170] Frederick Teiwes et Warren sun, *The Tragedy of Lin Biao: Riding the Tiger during the Cultural Revolution* (par la suite: *Tragedy*), Hurst and Company, Londres, 1996, pp. 161-168.

[171] *Wengao*, vol. XIII, pp. 117-118, note 10. 其中给出了大量极端赞誉毛泽东的例子，以林彪为甚。林彪确信不管是什么好话毛泽东都很赞赏。这里有个例子："不能离开中心。中心就是太阳，九大行星围绕太阳旋转，一切工作围绕太阳转。毛主席就是太阳。毛泽东思想就是太阳。"

[172] 1945年延安七大上，毛泽东思想被写入党章，和马克思列宁主义一样起决定性作用。1956年八大时，在毛泽东的要求下取消。这是战略后退，因为毛泽东担心受苏共二十大的牵连。

[173] Zhang Yunsheng, *Maojiawan jishi: Lin Biao mishu huiyilu* («La vértable histoire de Maojiawan: les souvenirs d'un secrétaire de Lin Biao»), Pékin, Éditions Chunqiu, 1988.

第十七章　失误无法避免（1969—1976）

[1] 关于1969—1976年期间的文献，参见前一章的开头。还应加上沈麦克所著的《毛泽东的最后革命》; Frederick Teiwes et Warren Sun, *The End of the Maoist Era: Chinese Politics during the Twilight of the Cultural Revolution 1972-1976*, Armonk (NY), M. E. Sharpe, 2007，详述了毛泽东时代的衰落。也有很多文献专注于林彪事件，但我没有涉及所有结论，我主要使用的是 Frederick Teiwes et Warren Sun, *The* Tragedy *of Lin Biao: Riding a Tiger during the Cultural Revolution*, C Hurst & Co Publishers Ltd, 1996 (*Tragedy*)，它取代了 Michael Kau, *The Lin Biao Affair*, IASP, White Plains, 1975。关于林彪（江青）案件的书，可参见 *A great Trial in Chinese History: The Trial of the Lin Biao and Jiang Qing Counter-Revolutionary Clilque, november 1980-january 1981*, Oxford, Pergamon Press, 1981，此书有胜利者叙述失败者史书的所有特点。在中文资料方面，有 Pang et Jin, vol. Ⅱ, pp. 1556-1604。*Wengao*, vol. XIII, pp. 114-118 有些重要内容。另外还可参见 Zhang Yunsheng, *Maojiawan jishi: Lin Biao mishu huiyilu* («La chronique de Mao jiawan: souvenirs d'un secrétaire de Lin Biao»), Pékin, Éditions Chunqiu, 1988。

[2] 叶群和江青十分亲近。她们曾一起在九大时当选为中央政治局委员。她曾经伪造林彪的签名写了一封赞美江青的信。但林彪讨厌江青！叶群一再提醒林彪要站在毛泽东后面，手里要一直拿一本《毛主席语录》。

[3] 参考官伟勋在1993年发表的回忆录。参见 *Tragedy*, p. 11。

[4] 林彪十分喜爱他的女儿，也极力保护他的家人，也就是叶群、他的女儿豆豆、儿子林立果（小名老虎）。林立果后来成为中国人民解放军空军作战部副部长。

[5] 林彪曾经决定，在所有交给主席批准的文件中，把"请"都改成"呈"（下级交给上级）。他十分担心得罪主席，甚至派遣天津驻军的一个团帮助附近的人民公社收割也要请求主席的批准。

[6] 2008年，中国生产了5亿吨钢铁。

[7] Isabelle Attané, *la Chine au seuil du*

XXIe siècle: *questions de population*, *questions de société*, Paris, Les cahiers de I'INED, 2002, p. 35.

[8] Pang et Jin, vol. Ⅱ, p. 1968：作者们承认“九大确实一定程度上缓解了他的压力”。

[9] *Wengao*, vol. XIII, p. 65.

[10] Pang et Jin, vol. Ⅱ, pp. 1563-1564.

[11] *La Vie privée...*, p. 529.

[12] 司汤达用来描写爱的句子，就过程而言对恨也同样适用！

[13] 英文版参见 Schoenhals, *China's Cultural Revolution 1966-1969*, pp. 85-89。

[14] *Wengao*, vol. XIII, p. 94.

[15] 像很多高级军官一样，林彪也讨厌张春桥。

[16] Pang et Jin, vol. Ⅱ, pp. 1570-1582. 我使用了两位作者的九届二中全会议程，因为他们曾参阅会议的报告。这份议程与其他参与者的回忆录存在一定的差异。

[17] Cité in *Last Revolution*, p. 331 d'après les pp. 44-46 du récit de Wang Dongxing sur «la lutte contre la clique contre-révolutionnaire de Lin Biao».

[18] 陈伯达说话口吃，福建口音让人理解起来也有困难。毛泽东没有责怪汪东兴，对于困难时长期出任他警卫的人他还是表现出了足够的信任。我们也可以理解为，他认同汪东兴的言行有助于撕开林彪伪善的面具。此外我们知道汪东兴在 1976 年 10 月“四人帮”倒台中起到了关键作用。

[19] Pang et Jin, vol. Ⅱ, p. 1578 有这封 1970 年 8 月 31 日毛泽东“公开信”的手稿复印件，信中就陈伯达援引恩格斯和列宁语录及天才问题进行了激烈回应。

[20] 一直到 1971 年 9 月，毛泽东都允许林彪的照片传播，旁边有吴法宪等经常拜访毛家湾的将领、江青和周恩来审慎的妻子邓颖超。

[21] Jürgen Domes, *The Internal Politics of China, 1949-1972*, Hurst and Company, 1973 et *China after the Cultural Revolution: Politics between two Party Congresses*, Londres, Hurst, 1976, chap. 4 et 5.

[22] Michael Kau, *The Lin Biao Affair*, IASP, White Plains, 1975, pp. 127-171.

[23] *La Vie privée...*, p. 541.

[24] Id., p. 566, Pang et Jin, vol. Ⅱ, pp. 561-571.

[25] *CHOC*, XV, pp. 414-415.

[26] *Last Revolution*, p. 320, 援引自 1980 年吴法宪庭审时的陈述。

[27] 这个“571 计划”中文念“wu qi yi”，与“武起义”同音（即“武装起义”）。让·多比耶的书《中国的新主人》的附录中可以找到这篇文章的译文。在林彪悲剧地毁灭后，这个计划在被公开前一定做过很多处理。

[28] 这是 1928 年 6 月日本人暗杀试图摆脱他们的军阀张作霖时的方法。

[29] Edgar Snow, *The Long Revolution*, Londres, Hutchinson, 1971, chap. 24: « A conversation with Mao Tse-tung», pp. 167-176.

[30] 这一幕我在这本书前面部分已经提到过。和宾客告别时，毛泽东用了歇后语“和尚打伞——无法（发）无天”，被译者或斯诺美化了。中国反教权的传统将这幅浪漫主义的画面戏谑地呈现出犬儒主义的意味，把“发”字由第四声变成了第三声，这样就变成了“无法无天”！毛泽东对斯诺说出了想除去这位长期最忠诚的朋友林彪的想法！

[31] Stuart Schram, *Mao unrehearsed*, texte n°26, daté du 12 sept. 1971. 这篇文章由中央委员会研究部编辑发表，是根据毛泽东视察期间所有讲话剪辑的。

[32] 参考张戎《毛泽东：鲜为人知的故事》第 572～573 页照片资料第 67 张照片。

[33] 9 次斗争分别涉及陈独秀、瞿秋白、李立三、罗章龙、王明、张国焘、高岗（和饶漱石）、彭德怀和刘少奇。

[34] 公元前 3 世纪秦末农民起义的领袖。

[35] 太平天国运动首领，太平天国定都南京，在 19 世纪中期与清政府对峙长达 10 多年。

[36] 本书这一章之后的叙述都是基于《毛泽东最后的革命》、巴努茵（Barbara Barnouin）和余长更写的《十年动荡：中国文化大革命》等书的内容。很多细节都援引自 *la Vie privée...*,

pp. 543-547 et Jung，pp. 600-608。

［37］她名叫林立衡，但父亲和朋友们都喜欢亲昵地叫她“豆豆”。

［38］可能是因为没有时间，油箱只蓄了12.5吨油：视速度和海拔而定飞2～3个小时的油量。由于飞机要低空飞行避开雷达监测，它的续航能力可能被进一步降低。我们可以认定完成两个小时的飞行后，油箱中基本只剩1～2吨油量，黄色信号灯脱落了。一说是飞机降落时直直地撞上了试图穿过降落轨道的罐装卡车，这可能造成了坠机。

［39］海军狙击纵队受困于大雾天气只追击到试图与林立果汇合的载有三位同伙的直升机并迫使其返回北京，飞机着陆后两个同伙自杀，剩下那个被捕。

［40］有些专家补充说，当时中国还没有地空导弹，也没有执行夜间拦截任务的歼击机。

［41］苏共派了最好的克格勃调查员去现场，根据尸体的牙齿作了初步鉴定：林彪在抗日战争时期在莫斯科接受过治疗，苏联当时拍了X光片。然后苏共方面又在莫斯科作了第二次深入调查，证实了第一次的调查结果。那些不能证实的流言正源于此，有说是在林彪和飞行员间发生了激烈搏斗，留下了子弹痕迹。根据Jung，p. 605，note 2.

［42］Pang et Jin，vol. Ⅱ，p. 1605.

［43］J. L. Domenach et P. Richer，*la Chine 1949-1985*，Notre Siècle，Imprimerie nationale，1987，p. 285.

［44］*La Vie privée...*，pp. 537-541，550-560 et Pang et Jin，vol. Ⅱ，pp. 1615-1616. 他们使用了大量张玉凤的回忆录。张玉凤原是毛泽东专列上的服务员，而主要的护士是吴旭君。

［45］*La Vie privée...*，pp. 558-560.

［46］Pang et Jin，vol. Ⅱ，p. 1617. 泰伟斯对这时候把王洪文加入这个小组持质疑的态度，因为这个上海人直到1972年9月才去北京。他认为这个职位首先应该考虑叶剑英。这个小组1973年春解散，并在1974年春重组，而第二次组成的小组中肯定有王洪文。

［47］周恩来称为“小球震动了地球”。

［48］亨利·基辛格时任国家安全事务助理一职。他是1973年尼克松总统的国务卿，在尼克松因“水门事件”引咎辞职后，杰拉德·福特总统上台，基辛格获得了连任。

［49］参考张戎《毛泽东：鲜为人知的故事》第572页和573页中的照片。我们看到照片上有两个引人注目的痰盂。这次历史性的会晤，参见 Henry Kissinger，*A la Maison-Blanche*，*1968-1973*（traduction de *White House Years*，publié la même année à Boston），Paris，Fayard，2 vol.，1978。更为严谨的版本参见 Margaret MacMillan，*When Nixon met Mao*，Londres，John Murry，2006。

［50］J. L Domenach et P. Richer，*la Chine 1949-1985*，pp. 287-289.

［51］Teiwes，2007，p. 25，引自 Chen Donglin et Du Pu，*Zhonghua renmin gongheguo shilu*，«Les mémoires véridiques de la RPC» Vol. Ⅲ，2 *Neiluan yu kangzheng*（«désordres et résistances：1972-1976»），Changchun Èditions populaires du Jilin，1994。毛泽东这次会面由周恩来、唐闻生和汪东兴陪同。这次会谈没有在中国报纸上报道。

［52］*Last Revolution*，p. 346. 作者们采用了1972年出现在四川的一本小册子里的结论，小册子里文章的标题是《揭露野心家、阴谋家、叛徒林彪的罪行》。没有任何中央出版物发布这份文件。同年中多次举行会议批判林彪的极左错误。这些信息的留存还得归功于“左”派理论家组成的“中央组织宣传组”。1970年11月4日，毛泽东任命张春桥领导这个小组。

［53］*Last Revolution*，pp. 344-345. 沈麦克说他从匿名史学家（一说是逄先知?）处得到的信息，林彪曾要求销毁这封信。在要销毁这封信的时候，戚本禹曾以这是毛泽东的手信的名义提出反对。周恩来为让他安心，说中宣部负责人陶铸已经按他的要求做了备份。现在流传的版本就是未经毛泽东过目的。

［54］*Wengao*，vol. XIII，billet de déc. 1972，pp. 334-335.

［55］余秋里，1914年出生在四川，在战斗中失去了左臂，解放战争即将胜利的时候，是邓小平麾下的副政治委员。1958年他被任命

为石油工业部部长，他试着把大庆模式的经验推而广之，应用到所有工业领域，正因为如此他没有受到“文化大革命”太大的冲击。九大成为中央政治局委员，1970年6月被推举为国家计委主任。余秋里是这个国家几个伟大的公仆之一，努力减轻减弱经济计划的负面影响，这让他遭到江青的忌恨。

[56] Pang et Jin，vol. Ⅱ，p. 1622.

[57] Lawrence C. Reardon，«Learning How to open the Door：a reassessment of China's opening strategy»，*The China Quarterly*，n° 155，1988.

[58] *CHOC*，XV，pp. 336-371.

[59] *Wengao*，vol. XIII，p. 239 et note 1.

[60] 周培源，1902年出生在江苏一户富人家庭。他曾就读于清华学校（清华大学前身），后去美国留学（芝加哥大学、加利福尼亚理工学院），在美国获得了理学博士学位。1929年担任清华大学物理系教授，他没有参与任何政治运动，很多时间他都在美国度过。1948年他在英国时决定要回到祖国归附支持共产党政权。他是世界科学工作者协会负责人之一，在国际科技领域享有很高的声誉：那时他可能是世界上最有名的中国科学家。1959年他加入中国共产党。他在“文化大革命”中销声匿迹，1970年10月他以北大“革命委员会”副主任的身份重新出现在公众的视野并于1978年就任北大校长。他在1973年接受法国人阿兰·佩雷菲特（Alain Peyrefitte）采访，后来佩雷菲特写成畅销书《当中国觉醒时》。

[61] Pang et Jin，vol. Ⅱ，pp. 1657-1658.

[62] 华国锋（原名苏铸），1921年生于山西。他曾在湖南任职，把毛泽东的家乡韶山打造成一个“朝圣地”，“文化大革命”让他有机会进入湖南省委。九大后他被调入中央，1971年他被毛泽东调任负责公共安全事宜。

[63] 此事的发展被记录在 *Last Revolution*，pp. 355-356，主要参考了王年一的《大动乱的年代》一书，其中第450页收录了周恩来的秘密文件和江青的言论等参考资料。我们知道这些属于“外史”，作者通常不援引出处，它们属于政治新闻而不是历史。然而王年一被很多专家认为消息极其灵通。

[64] Wang Ruoshui，*Zhihui de tongku*«La douleur de la sagesse»，Hongkong，Librairie Sanlian，1989，王年一曾引用。

[65] Pang et Jin，vol. Ⅱ，p. 1648：12月17日毛泽东与周恩来、张春桥、姚文元的会谈记录。

[66] 援引自泰伟斯一个章节的标题，参见Teiwes，2007，pp. 110 *à* 185。

[67] Barnoui et Yu，p. 249 et Short，p. 532.

[68] Jung，pp. 638-645.

[69] Pang et Jin，vol. Ⅱ，pp. 1649-1653.

[70] 泰伟斯大多选用邓小平女儿邓毛毛的书《父亲邓小平十年“文革”记》的内容。同一时期，江青和张春桥也挑起了“伍豪事件”，但是没有得逞，伍豪是周恩来在上海做地下工作时的名字。

[71] 例如，毛泽东在接见法国总统乔治·蓬皮杜时声称：“拿破仑的那一套才是最好的，他解散了议会，亲自任命他的政府成员。”这句话并未在《毛泽东选集》中体现。

[72] 除了基辛格和尼克松的回忆，我们还参考了 William Burr，*The Kissinger Transcripts：the Top Secret Talks with Beijing and Moscow*，New York，The New Press，1998。中国相关的文献资料如今还无法查考。

[73] SALT：指美苏之间的限制战略武器谈判。

[74] Pang et Jin，vol. Ⅱ，pp. 1655-1656.

[75] 我们可以在2002年香港出版发行的影音资料中找到关于毛泽东与王洪文、张春桥的谈话纪要。

[76] Pang et Jin，vol. Ⅱ，pp. 1658-1666.

[77] Pang et Jin，vol. Ⅱ，p. 1654.

[78] 1975年有一部中国电影《决裂》描绘了一个在“开放”大学里教课的强壮的农民，天真得没法让人生气。

[79] Bonnin，*la Génération perdue*，pp. 115-117. 这次会议紧跟在李庆霖事件后召开。这个福建贫困农村的小学老师在1972年12月20日给毛泽东写了封“告御状”，在王海

容的周旋下信到了毛泽东手里。李庆霖在信中描述了他生活的困境，更要命的是，他得给农村上山下乡的儿子寄食物和生活费。1973 年 4 月下旬，毛泽东给他寄了 300 元并指出“全国此类事甚多，容当统筹解决”。工作会议上了解到三分之一的上山下乡青年得靠父母寄的生活费生活，因为他们的生产力不足以养活自己，其中的 40％居住条件很艰苦。因此大家决定提高发放给他们的津贴：这等于承认运动的失败，被寄予厚望的青年生产力事实上却成了被救济的对象。参见 Elya J. Zhang，«To be somebody：Ki Qinglin，run-of-the-milk Cultural Revolution Showstoper» in Escherick，2006，pp. 211-239。

［80］理论上是 9 个人，但朱德和董必武只是象征性的代表。由于年事已高，身体欠佳，他们从未出席。

［81］九大时，林彪曾说“毛泽东思想是当代马克思列宁主义的顶峰”。

［82］Pang et Jin，vol. Ⅱ，p. 1654 et n. 3.

［83］Bonnin，*la Génération perdue*，pp. 127-128. 在农村上山下乡的知青张铁生已经错过两次类似的考试。根据之后几个月内当地的新闻报道，他加倍投入生产队劳动中，像基督教中的殉道者波利耶克特一样，他带着学校的孩子们到为避免大旱来袭而准备的向天求雨的山洞中，把神像砸烂。也许我们可以自问这些农民是不是为了摆脱他才想把他送到大学里去的！

［84］根据斯大林的意见，生产方式从原始共产主义开始随着生产力的提高呈线性增长，每次新的生产方式都更为高级，譬如封建制度比奴隶制度高级。孔子想让不可逆转的历史倒退。杨荣国是广东中山大学的教授，写了《孔子——顽固地维护奴隶制的思想家》一文，在众多维护奴隶制度的古代名人中，杨荣国恰好找到一位“周公”。

［85］*Wengao*，vol. XIII，pp. 361-362. 这首诗中有不少隐晦的暗喻，相当平庸。

［86］迟群和谢静宜是 8341 部队的战士。两人都是清华大学的重要负责人，参与了重整清华大学秩序的运动。

［87］基辛格这次访问北京是令人失望的，11 月 14 日发表的公报也证明了这一点。中国人对受“水门事件”拖累的尼克松总统的未来存在疑虑，同时美方也不愿放弃他们所谓的台湾盟友。对于周恩来向基辛格透露中国试图寻求和平解决台湾问题一事，毛泽东很是光火。对于毛泽东来说，这等于接受了“两个中国”的原则。但他不是曾经在基辛格面前提到过美国关于解决波罗的海国家外交关系的先例吗？前任总统既承认这些国家的主权，同时与苏联保持外交关系。毛泽东也承认台湾问题是个长期问题，不排除武力解决的可能。

［88］参考张戎《毛泽东：鲜为人知的故事》第 572 页关于会面的第 73 张照片。我们注意到王洪文坐在扶手椅里。

［89］Pang et Jin，vol. Ⅱ，pp. 1619-1686. 陈锡联让毛远新加入了他的参谋部。我们注意到沈阳军区都在他的掌控之下，沈阳军区最先掀起学习雷锋的运动，也是发生白卷事件的地方。上将苏振华在十大上被选为中共中央政治局候补委员。

［90］Pang et Jin，vol. Ⅱ，pp. 1682-1685.

［91］Pang et Jin，vol. Ⅱ，pp. 1692-1694.

［92］Pang et Jin，vol. Ⅱ，pp. 1693-1694，根据 7 月 17 日毛泽东和政治局成员的会议记录。

［93］Pang et Jin，vol. Ⅱ，p. 1697 et *Wengao*，vol. XIII，p. 402.

［94］“钢铁工厂”这一短语用来表示某个人个性很强。

［95］这个暗喻指“大规模群众批判运动”，被批判者在公众的批判声中被压得抬不起头，然后被强行戴上滑稽的高帽子，在群众的议论下当街游行。

［96］斯拉沃热·齐泽克（Slavoj Zizek）介绍毛泽东的文章：*De la pratique et de la contradiction*，Paris，La fabrique，2008，p. 302。

［97］这是广东的情况，1973 年 9 月 13 日和 1975 年 4 月 10 日期间，广州的李正天、陈一阳、王希哲等人以“李一哲”的署名，在闹市区张贴了 77 张大字报，抨击当时不完善的民主与法制，最重要的一张是关于民主社会主义

的宣言《关于社会主义的民主与法制》，矛头直指林彪集团大搞封建法西斯专政。1974年4月，在“批林批孔”的运动进行得如火如荼的时候，这张大字报第一次出现，最后一次在同年11月10日出现。这三位当年的红卫兵曾在1966—1967年组织“呐喊兵团”。参见Li Yizhe，*Chinois，si vous saviez：à propos de la démocratie et de la légalité sous le socialisme*，Christian Bourgois，La bibliothèque asiatique，Paris，1976。

［98］Pang et Jin，vol. Ⅱ，pp. 1692-1694，1701，1715，1719-1729. *La Vie privée...*，pp. 586-593，598，601-604.

［99］Terrill，pp. 429-430，援引自1979年10月11日曼谷的广播。

［100］*La Vie privée...*，pp. 602-603. 有资料描述了让人震惊的一幕：报告人在江青无礼的干扰下感到无措，周围到处是图表、X射线透视图和在人体蜡像上挂着的图片。

［101］血中缺氧。

［102］根据Terrill，p. 434。作者援引了*Mianhuai*（«En mémoire de.»），Pékin，Éditions centralse de documents，1993，pp. 663-665。

［103］借这个机会毛泽东对护士说他没有在母亲弥留之际照顾到她。他不想记住她因为痛苦而扭曲的脸。

［104］周恩来在医院病房内见了很多前来探望的同志。1974年10月4日到12月23日，有89人次的探访：王洪文16次，张春桥6次，江青5次，姚文元2次，“四人帮”共计29次；与此相比，邓小平12次，李先念11次，叶剑英10次，务实派共计33次。与江青关系密切的“两位小姐”去了10次，但只是以外国访客的陪同及翻译的身份前往的。

［105］1975年夏天以后随着毛泽东的疑心增大，她们的作用在减小。

［106］有些作者认为1975年9月到11月间毛远新在毛泽东身边出现的情况并不多见。另一些则认为毛远新一直陪伴到毛泽东离世。

［107］Terrill，pp. 324-325.

［108］2000年中央文献出版社出版的《我的父亲邓小平》一书，2002年翻译成法语，书中邓的女儿毛毛描述了毛泽东和阿里·布托（Ali Bhutto）的会谈，邓小平和王洪文也陪同在侧：“毛泽东心里其实是希望王洪文和邓小平共同组成新的工作体系。”显然，开始就有问题！

［109］参见本书第十五章，以及Slavoj Zizek，*Mao*，pp. 19 *à* 22 et，*à* la p. 277，le passage correspondant des «entretiens de Mao le 18 août 1964 sur quelques questions de philosophie»。

［110］仍然缺少文献佐证：虽然有风险，所有的作者只能参考不可全信的“外史”，但大家也可以参考宋永毅主编的有一定质量的影音资料，*The Chinese Cultural Revolution Database*，Université de Hongkong，2002，CD-Rom，弗雷德里克·泰伟斯多次引用了这本书的资料。

［111］Teiwes，2007，pp. 205-217；Pang et Jin，vol. Ⅱ，pp. 1701-1702.

［112］当江青的书面报告传达给他们时，邓小平在签名上画了个圈，周恩来批“已阅”。

［113］我们可以在以下文献中找到关于这个情节很生动的描述：Zhou Ming éd *Lishi zai zheli chensi：1966-1976 nian jishi*（«Ici l'histoire réfléchit：chronique des années 1966-1976»），Éditions Huaxia，Pékin，3 vol.，1986-1989；Ⅱ，pp. 196-203。资料来源没有标注，对话被重新组织表达。作者试图表现1974年后毛泽东对“四人帮”的反感。

［114］Pang et Jin，vol. Ⅱ，p. 1704.

［115］11月6日，毛泽东把江青称作“王母娘娘”。这是个不近人情的道教水泽女神：在女儿身的外表下欺骗人类，制造毁灭。

［116］Wang Nianyi，*Dadongluan*，p. 511. “两位小姐”唐闻生和王海容的回忆参见Département de recherche des documents du CC du PCC，3 vol.，Pékin，1981，vol. 3，pp. 63-64。*Last Revolution*，p. 380有引用。1974年12月26日毛泽东的三个指示可以参见*Wengao*，vol. XIII，pp. 413-414。

［117］辩论可以参见Teiwes，2007，pp. 234-244。我赞同白吉尔、李侃如，即肯尼思·

科伯索尔（Ken Lieberthal）和杜勉的意见。

［118］周恩来不无幽默地宣布他的错误在于“太看重次要的东西”：这几乎是不久前毛泽东批评江青的话！

［119］Pang et Jin，vol. Ⅱ，p. 1717.

［120］Pang et Jin，vol. Ⅱ，pp. 1729-1730.

［121］Pang et Jin，vol. Ⅱ，p. 1730.

［122］Teiwes，2007，pp. 234-244；Pang et Jin，vol. Ⅱ，pp. 1732-1733；*Wengao*，vol. XIII，p. 497（15 novembre 1976）et pp. 487 *à* 493（directives de Mao entre octobre 1975 et Janvier 1976）.

［123］*Wengao*，vol. XIII，p. 596. *Last Revolution*，pp. 396-412.

［124］Maomao，*Wode fuqin*，p. 362.

［125］这段话在以下作品中可以找到：Song Yongyi，*The Chinese Cultural Revolution Database*，CD-Rom，The Chinese University Press，Honkong，2002. Son titre est *Tong Deng Xiaoping guanyu piping «si renbang» de yici tanhua*（*jielu*）(«extraits d'un entretien de Mao avec Deng Xiaoping concernant la critique de la «bande des quatre»)。题目是《同邓小平关于批评“四人帮”的一次谈话（节录）》。

［126］王洪文离开北京去了上海，因为他要保留自己的政治基础。

［127］邓小平 1975 年 7 月 4 日说的话是：“这三条指示互相联系，是个整体，不能丢掉任何一条。这是我们这一时期工作的纲。”（《邓小平文选》，第 2 卷，12 页，北京，人民出版社，1994）

［128］*Last Revolution*，XIII，pp. 399-401；*CHOC*，XV，pp. 336-371；Teiwes，2007，pp. 305-381.

［129］邓力群，1915 年出生在湖南，他在延安加入共产党。他曾是刘少奇的特别秘书，在“文化大革命”中处境极其艰难。

［130］见本书第十章。

［131］Teiwes，2007，pp. 302-303，援引自报告的作者之一于光远 1998 年的回忆。

［132］Shi Nai-an et Luo Guan-zhong，*Au bord de l'eau*（*shui-hu-zhuan*）. Bibliothèque de la Pléiade. Traduit，présenté et annoté par Jacques Dars，Paris，NRF Gallimard，2 vol.，1978.

［133］Pang et Jin，vol. Ⅱ，p. 1751：“她在放屁。”

［134］到目前为止，这些谈话的内容没有官方版本，但我们可以从以下文献中找到不少的重要段落：Pang et Jin，vol. Ⅱ，p. 1743 et *Wengao*，vol. XIII，pp. 486-493。其中后者的注释中给出了很多细节。

［135］Teiwes，2007，pp. 388-398；Pang et Jin，vol. Ⅱ，pp. 1753-1755；*Last Revolution*，p. 408.

［136］这个“示范”村模仿大寨的样子，“文革”期间，因唱样板戏、搞赛诗会而闻名。参见 Jeremy Brown，«Stagin Xiaojinzhuang：the City in the Countryside，1974-1976» in Joseph Esherick，Paul Pickowicz et Andrew Walder éd，*The Chinese Cultural Revolution as History*，Stanford University Press，Stanford (Ca)，2006，pp. 153-184。

［137］*Last Revolution*，p. 407，麦克法夸尔和沈麦克援引了 1987 年 8 月出版的第 20 期《北京党史资料通讯》中的“文化大革命”年表纪实。1975 年毛泽东见毛远新时曾说：“邓小平把三项指标放在一起的做法，既没有得到政治局的批准，也没有向我汇报。邓小平这个人是不抓阶级斗争的。历来不提这个纲。还是‘白猫、黑猫’啊，不管是帝国主义还是马克思主义。”

［138］*Wengao*，vol. XIII，p. 488.

［139］*Wengao*，vol. XIII，p. 513；Pang et Jin，vol. Ⅱ，pp. 1765-1766.

［140］他的遗孀邓颖超向游行的人们解释说火化遗体是总理生前最后的愿望，他希望他的骨灰可以从飞机上洒落到这个国家的每个角落。

［141］Teiwes，2007，pp. 435-448. Barnouin et Yu，p. 290.

［142］1976 年还在等待研究它的历史学者：文献资料不详，或者为了弱化毛泽东的责

任和压制“四人帮”，资料经过处理。学者们对这几个月的了解只能借助于外史和经历事件者后来的回忆，而且要考虑到当时与毛泽东的沟通变得越来越困难。此处我引用的毛泽东对他身边人的评价来自 Teiwes，2007，pp. 418 et 495-496，de Pang et Jin，vol. Ⅱ，pp. 1766-1767 et de *Wengao*，vol. XIII，pp. 476-490 et p. 538。

［143］这次任命 1976 年 2 月 2 日向公众公布。

［144］作者们大多是通过历史传记回忆录的形式了解这次运动的，主要内容没有争议。参见 *Last Revolution*，pp. 420-428；Teiwes，2007，pp. 466-488；*CHOC*，XV，pp. 336-371；Pang et Jin，vol. Ⅱ，pp. 1774-1777。我还参考了两本法文资料：Claude Cadart et Cheng Ying-hsiang，*Les deux morts de Mao Tsé-toung*，*commentaire pour Tian'anmen l'empourprée de Hua Lin*，Paris，Le Seuil，1977；Alain Jacob，*Un balcon à pékin*，Paris，Grasset，1982，pp. 69-75。

［145］而且为了抵制迷信行为，政府十几年来一直努力把这一仪式变成祭奠逝者的形式。因此纪念 1 月份逝世的周恩来就变得顺理成章，无须任何“地下组织”协调解决，时间、地点、目的提前就被确定下来了。

［146］这条路上有首都的清真寺，是回民的聚居地。

［147］Teiwes，2007，pp. 496-515，第 495 页的第 79 条注释明确指出可参考的文献中值得商榷的部分。

［148］*Wengao*，vol. XII，p. 538. 第 539 页的第 1 条注释指出前三句话被 1976 年 12 月 17 日的《人民日报》援引，用来批判“四人帮”。这些话是 1976 年 4 月 30 日晚上毛泽东和华国锋谈话时说的。第四句话是 1976 年 6 月 25 日下午 3 时毛泽东和华国锋谈话时说的。

［149］这句话是毛泽东过世后争论的焦点。“四人帮”控制下的《人民日报》在 1976 年 9 月 16 日发表了社论，其中这句话的表述上有所出入，即“按既定方针办”。江青和她的拥护者们认为是针对“文化大革命”中的既定方针而言，而不是党史上更早的方针政策（“过去”）。华国锋和他的拥护者在这次内容改动中注意到“四人帮”做了手脚。

［150］Michael Schoenhals，*China's Cultural Revolution*，*1976-1969*：*not a Dinner Party*，M. E. Sharpe，Armonk（NY），1996，p. 293，texte 57«Seal the Cffin and Pass the Final Verdict». 我们可以在 Pang et Jin，vol. II，pp. 1781-1782 找到这篇文章的中文版。这篇文章重新抄写了 1977 年 3 月 22 日叶剑英在中央工作会议开始时的讲话。两个文本大致相同，我在自己的书中也引用了：*la Chine populaire*，vol. II，p. 146，1984。日期不完全肯定，有人提出可能是 1976 年 1 月 13 日。不过，“混乱”大概是指“四五”事件，我和大多数作者一样认为日期应该是 6 月 15 日。

［151］Pang et Jin，vol. II，p. 1783.

［152］*La Vie privée...*，pp. 624-628. 在 7 月 17 日江青指责医生夸大毛泽东的健康问题后，华国锋和汪东兴打算逮捕江青。他认定在毛泽东最后的日子里江青的行为好像是要加速主席的死亡。例如让呼吸困难的毛泽东靠右睡，给他抹滑石粉，滑石粉在病人肺功能衰竭时非常危险。关于毛泽东最后的日子，可以参见 Teiwes，2007，pp. 521-535；*Last Revolution*，pp. 440-443；Pang et Jin，vol. Ⅱ，pp. 1784-1785。

结　语

［1］洪武大帝朱元璋（1328—1398）的父亲是淘金户之后，母亲是巫师之后，朱做了和尚后在安徽加入了红巾军。

［2］我援引的文献是 *CHOC*，XV，pp. 368-371；*Last Revolution*，pp. 440-449 et Teiwes，2007，pp. 574-592。在这段艰难的时期，有很多内容扑朔迷离，通常进行的研究都从秘史和人物回忆录中获得资料。80 年代后华国锋的角色被淡化，叶剑英的作用被强调。2000 年中共中央文献研究室编撰出版的《陈云年谱》和同年《当代中国史研究》第 5 期上吴德的回忆是重要的资料来源，但是不全面。我们注意到华国锋（1921—2008）自始至终完全沉默。

[3] James L. Watson et Evelyn S. Rawski éd.，*Death Ritual in Late Imperial and Modern China*，University of California Press，Berkeley，1988，特别是 Frederic Wakeman，«Mao's remains»，pp. 254-288。事实上，最终的说法 9 月 16 日才决定。在中国台湾，六分之一的岛民大约 250 万人参加了 4 月 5 日清明节开始的悼念活动。

[4] 英文版的第 495 页。

[5] 我想起了瓦西里·阿西诺夫（Vassili Axionov）提到苏联人在斯大林逝世时的心情："那是个奇特的夜晚，大多数人都处在一种完全混乱的状态。斯大林曾是一个神，我自己也不相信他会去世，但确实没人说他能长生不死。"

[6] 我采用这种说法是出于以下方面的考虑。泰伟斯认为"四人帮"存在矛盾，这肯定没错，王洪文并不总是和其他三人采取同样的行为，江青经常有非常个人的立场。然而，从毛泽东离世到"四人帮"被捕这段时间，他们俨然是个联系紧密的政治集团，不断接触，共同商议。

[7] 吴桂贤是陕西一个工厂的劳模，与"文化大革命""左"派并无瓜葛，受到毛泽东的注意，被毛泽东提议任命为中央委员兼副总理，是一个象征性的代表，兼具女性和工人的双重身份。

[8] 封存遗体的做法古来有之：传说秦始皇的遗体就放在巨大的秦始皇陵中。这种方法后来只在佛教寺院高僧中沿用。不过，高僧的肉身不朽是他们的修行成就的。

[9] 参见《华盛顿邮报》上发表的访问。

[10]"三自一包"允许农民以自己的方式自由耕地，可以把多余收成拿到集市上交易，做小生意和手工买卖。农民要以固定的价格把收成中的一部分向国家出售。

[11] Alain Badiou，*la Révolution culturelle：la dernière révolution？* Paris，2002，les Conférences du rougegorge，Et « Prefazione dell'edizione italiana» in *Metapolitica*，Naples，Cronopio，2002；Et Slavoj Zizek，*Mao*，*de la pratique et de la contradiction*，*avec une lettre d'Alain Badiou et la réponse de Slavoj Zizek*，Paris，La Fabrique，2007.

[12] 这篇文章曾有过一个整理稿，在党内高中级干部中进行过传达，因此标注的年份是指这篇文章大量传播的时间。

[13] 斯图尔特·施拉姆的书中有原文和译文，参见 Stuart Schram，*Mao Tse-tung*，Penguin Books，Harmondsworh，Grande-Bretagne，1966，p. 304，援引自 1964 年第 3 期《文艺报》，报上还有安旗的评论。我们可以从不同角度欣赏毛泽东的这首诗。我认为毛泽东是位很有才华的诗人，然而我不得不赞同英国汉学家亚瑟·魏礼（Arthur Waley）和西蒙·雷耶（Simon Leys）的意见："毛泽东的诗词固然没有希特勒的画糟糕，但比不上丘吉尔的画。"

[14] 位于湖南南部，是南岭山脉的一部分。传说上古大帝尧有两个女儿嫁给了他的继任者舜。舜在一次南行中在此处过世，并被葬于此。两位遗孀把竹子都哭满了斑点，这就是斑竹的由来。

[15] 长岛是位于湘江上的橘子洲，当毛泽东还是师范生的时候，他经常和朋友去游泳。毛泽东和他的朋友曾在这里组织革命活动。

[16]"芙蓉国"是对湖南的诗意说法。安旗评论说：共产主义的黎明来了，尧的女儿们的哭声再次证明了一条马克思列宁主义的原则，即所有的变革都在困难时期发生。

参考文献

此处我使用的是最常用的书名，每本书在第一次出现后，我会在括号中增加该书名的缩写。关于翻译成法语的著作，除非特殊说明，页码指的均是译本的页码。我还在每章的开头指明与这一章介绍的毛泽东的人生阶段相关的书目。

20世纪中国历史

BARNOUIN Barbara et YU CHANGGEN, *Ten Years of Turbulence : the Chinese Cultural Revolution*, New York, Paul Kegan, 1993 (*Barnouin*).

BERGÈRE Marie-Claire, *la Chine de 1949 à nos jours*. Paris, Armand Colin, 1987, 2000 (*Bergère 1987*).

BIANCO Lucien, *Les origines de la révolution chinoise 1915-1949*, Paris, Gallimard, 1967, 2007 (*Bianco 1967*).

BIANCO Lucien et CHEVRIER Yves, Dictionnaire biographique du mouvement ouvrier international : la Chine, Paris, les Éditions ouvrières, 1985 (*Dicobio*).

The Cambridge History of China, 1912 à 1982, vol. XII à XV, Cambridge (U. K), 1983 à 1991 (CHOC).

BOWIE Robert et FAIRBANK John : *Communist China 1955-1959. Policy Documents with Analysis*, Cambridge (Mass), Harvard University Press, 1965 (*Bowie*).

CHANG KAI et autres, *Zhongguo gongyunshi cidian* (Dictionnaire historique du mouvement ouvrier chinois), Pékin, Éditions Laodong renshi, 1990 (*Dicomo*).

ESCHERICK Joseph, PICKOWICZ Paul et WALDER Andrew, *The Chinese Cultural Revolution as History*, Stanford (Ca), Stanford University Press, 2006 (*Escherick 2006*).

MACFARQUHAR Roderick, *The Origins of the Cultural Revolution*, Oxford, Oxford University Press, 1974-1997 (*MacFarquhar*).

RÉSOLUTION *sur l'Histoire du Parti Communiste chinois de 1949 à 1981*, Pékin, Éditions en langues étrangères.1981 (*Résolution*).

SAICH Tony, *The Rise to Power of the Chinese Communist Party*, Armonk (NY), M. E. Sharpe 1996 (*Saich*).

SCHOENHALS Michael, *Mao's Last Revolution*, Cambridge (Mass), Harvard University Press, 2006 (*Last Revolution*).

TEIWES Frederik et SUN Warren, *The Lin Piao Tragedy : Riding the Tiger during the Cultural Revolution*. Londres, Hurst, 1996 (*The Tragedy*).

毛泽东传记

BENTON Gregor éd., *Mao Zedong and the Chinese Revolution*, Londres Routledge, 4 vol., 2008 (*Benton*).

CHEVRIER Yves, *Mao et la Révolution chinoise*, Florence, Casterman Giunti, 1993 (*Chevrier 1*).

HU CHI-HSI, *l'Armée rouge et l'ascension de Mao*, Paris, Éditions de l'EHESS, 1982 (*Hu Chi-hsi*).

JIN Chongxi, *Mao Zedong zhuan (1893-1949)*, Pékin, Éditions centrales de Documents, 2 vol. 1996 (*Jin*).

JIN Chongxi et PANG Xianzhi, *Mao Zedong nianpu, 1893-1949)* Pékin, Éditions centrales de textes, 3 vol., 1993 (*Nianpu*).

PANG Xianzhi et JIN Chongxij, *Mao Zedong zhuan (1949-1976)* Pékin, Éditions centrales de textes, 2 vol., 2004 (*Pang et Jin*).

JUNG Chang et Jon Halliday, *Mao, the unknown story*, Londres, Jonathan Cape, 2005 [traduction française, Paris, Gallimard, Biographies, 2006] (*Jung*).

LEYS Simon (Pierre Ryckmans), *Les habits neufs du président Mao* ; Paris Champ libre, 1971 (*Leys*).

LI Rui, *Mao Zedong tongzhide chuqi geming huodong*, Pékin, Éditions du peuple, 1957 [traduction anglaise, *The early revolutionary years of comrade Mao Tse-tung*, Armonk (NY), M. E. Sharpe 1977] (*Li Rui*).

SCHRAM Stuart, *Mao Tsé-toung*, Paris, Armand Colin, Collection U, 1963 (*Schram 1963*).

SCHRAM Stuart, *Mao Tse-tung*, Harmondsworth (Angleterre), Penguin Books, 1966-1968 (*Schram 1968*).

SHORT Philip, *Mao Tse-toung*, Londres Hodder et Stoughton, 1999 [traduction française, *Mao Tsé-Toung*, Paris Fayard, 2005] (*Short*).

SIAO YU (Xiao Yu), *Mao tse-tung and I were beggars*, New York, Collier Books.1973 (*Xiao Yu*).

SNOW Edgar, *Red Star over China*, New York, Éditions Random House, 1938 [traduction française, *Étoile rouge sur la Chine*, Paris Stock, 1965] (*Snow*). Les citations sont données d'après la traduction française.

SPENCE Jonathan, *Mao Zedong*, Putnam (NY) 1999 [traduction française, Québec, Fides, 2001] (*Spence*).

TEIWES Frederick et SUN Warren, *The End of the Maoist Era : Chinese Politics during the Twilight of the Cultural Revolution, 1972-1976*, Armonk (NY) M. E. Sharpe, 2007 (*Teiwes 2007*).

TERRILL Ross, *Mao, a biography*, Stanford (Ca), Stanford University Press, 1999 (*Terrill*).

WANG Nora, *Mao, enfance et adolescence*, Paris, Autrement, 1999 (*Nora*).

WILSON Dick, *Mao, 1893-1976*, Paris, Éditions Jeune Afrique, 1979 (*Wilson*).

关于毛泽东的著作

KAU Michael et LEUNG John K., *The Writings of Mao Zedong*, vol. I : 1949-1955 ; vol. II : 1956-1957, Providence (RI), University Brown, 1986 et 1992 (*Kau*).

MACFARQUHAR et autres, *The Secret Speeches of Chairman Mao : from the Hundred Flowers to the Great Leap Forward*, Cambridge (Ma), Harvard University Press, 1989 (*Secret*).

MAO ZEDONG, *Œuvres choisies* (1926-1949) en 4 vol., Pékin 1951-1964 (*Œuvres choisies*). Le 5e volume qui couvre la période 1949-1957 a été publié en 1977 (*Mao V*).

MAO ZEDONG, Recueil de textes en huit volumes, Pékin, Éditions centrales, 1993-1999 (*Wenji*).

MAO ZEDONG, Manuscrits de Mao pour la période 1949-1976 en 13 vol., Pékin, Éditions centrales, 1987-1998 (*Wengao*).

SCHRAM Stuart, *Mao's Road to Power*, Armonk (NY) M. E. Sharpe, 7 vol. parus entre 1992 et 2009 (*Mao's Road*).

SCHOENHALS Michael, *China's Cultural Revolution, 1965-1969 : not a Dinner Party*, Armonk (NY) M. E. Sharpe, 1996 (*Schoenhals*).

图书在版编目（CIP）数据

毛泽东：雄关漫道：插图本/（法）鲁林著；毕笑译. —北京：中国人民大学出版社，2014.9
（国外毛泽东研究译丛/石仲泉，萧延中主编 . 第 2 辑）
ISBN 978-7-300-19831-6

Ⅰ.①毛… Ⅱ.①鲁…②毕… Ⅲ.①毛泽东（1893～1976）-人物研究 Ⅳ.①A755

中国版本图书馆 CIP 数据核字（2014）第 198609 号

国外毛泽东研究译丛（第二辑）
主编　石仲泉　萧延中
毛泽东：雄关漫道（上下）
插图本
［法］阿兰·鲁林　著
毕　笑　译
Mao Zedong：Xiongguanmandao

出版发行	中国人民大学出版社		
社　　址	北京中关村大街 31 号	**邮政编码**	100080
电　　话	010－62511242（总编室）		010－62511770（质管部）
	010－82501766（邮购部）		010－62514148（门市部）
	010－62515195（发行公司）		010－62515275（盗版举报）
网　　址	http://www.crup.com.cn		
经　　销	新华书店		
印　　刷	涿州市星河印刷有限公司		
开　　本	720 mm×1000 mm　1/16	**版　　次**	2015 年 1 月第 1 版
印　　张	50 插页 4	**印　　次**	2024 年 5 月第 6 次印刷
字　　数	857 000	**定　　价**	128.00 元

国外毛泽东研究译丛（第二辑）
主编　石仲泉　萧延中

Le Singe et le Tigre

Mao, un Destin Chinois

毛泽东 雄关漫道

上册

（插图本）

［法］阿兰·鲁林　著
Alain Roux
毕　笑　译

中国人民大学出版社
·北京·

“国外毛泽东研究译丛”编委会

总　序

毛泽东是举世公认的20世纪最为重要的政治家、革命家和思想家之一，同时也是一位天才诗人。由于他对现代中国之思想、制度和社会产生的深刻影响，也由于他对建构20世纪国际政治格局做出的重要贡献，几十年来，对毛泽东本人及其思想体系的研究已经成为一个具有长久意义的学术领域。毛泽东不仅是属于中国的，也是属于世界的。尽管国外的毛泽东研究在理论目标、分析方式、社会功能和学术立场等方面与国内存在差异，但在全球化的宏观视角下，其研究成果，应当被看作整体毛泽东研究的一个重要组成部分。它们与国内毛泽东研究一起，对这一学术领域做出了积极的贡献。

基于这样的一种视阈和理解，我们在众多国外毛泽东研究的学术著作中，精选翻译了部分佳作，编成“国外毛泽东研究译丛”，以纪念这位旷世伟人，并进一步推进毛泽东及其思想研究的深入扩展。我们选译的基本原则是，站在21世纪全球化的历史视野上，严格遵奉学术理据和研究逻辑，精选经过历史检验，具有较强理论价值和持久性影响，持论较为公允客观，论说严谨缜密的名著。对于那些具有严肃治学精神和审慎推理论证的作品，即使与我们的学术观点不尽一致，甚至在一定程度上存在着观念冲突，也在选择范围之内。“他山之石，可以攻玉”，我们希望把这一睿智古训真正转变为学术行动。

“国外毛泽东研究译丛”是中国人民大学国际关系学院政治学系“中国政治研究”课题的一个子项目，是这个教学科研共同体集体努力的成果之一。我们期望这次翻译的几部著作不是译介编研工作的结束，而是一项系统科研工程的开始。我们愿意把这项工作继续下去。

在“国外毛泽东研究译丛”出版之际，我们首先感谢以下诸教授：

本杰明・I・史华慈（Benjamin I. Schwartz）；

斯图尔特・R・施拉姆（Stuart R. Schram）；

魏斐德（Frederic Wakeman，Jr.）；

莫里斯・迈斯纳（Maurice Meisner）；

约翰·布莱恩·斯塔尔（John Bryan Starr）；

布兰特利·沃马克（Brantly Womack）；

罗斯·特里尔（Ross Terrill）；

杨炳章（Benjamin Yang）。

这些教授不仅慷慨允诺让我们翻译其各具特色的学术名著，而且其中不少人专此为“国外毛泽东研究译丛”撰写了“中文版序言”，这无疑是对我们的信任和支持。

国内毛泽东研究的著名学者逄先知、龚育之、冷溶、朱佳木、李忠杰、金冲及、李君如、李捷和陈晋等教授，不仅慨然允诺担任本译丛的学术顾问，而且多次对翻译工作给予指导，这对我们是极大的鼓舞。李君如教授还就统一国外著者的译名作了专门指导，使翻译工作避免了不少差错。中共中央文献研究室第一编研部的专家们，在学术方向上的直接指导以及在史料的校译、勘误方面所提出的大量关键性意见，使本译丛的质量有了进一步提高。来自国家社会科学研究机构和著名高校的编委们，从不同学科的多元视角，为选编工作提出了许多中肯的意见。中共中央文献研究室原“国外研究毛泽东思想资料选辑”编辑组工作人员前此的开拓性研究和贡献，不仅给予编选以诸多经验和启发，而且直接为具体的译介工作提供了宝贵的便利条件。在此，我们向上述所有关心、支持本译丛的学者和单位以及图片的提供者，一并表示由衷的谢意。

对书中出现的引文，编译者采取如下的文献处理原则：凡国内有对应的公开发表的毛泽东著作者，均已按中文版本原文进行了核校；凡确属毛泽东文稿，但未公开发表者，按相关文献进行了核校，如凡引用日本学者竹内实主编《毛泽东集》和《毛泽东集》补卷者，按该书进行核校；凡属不能确定是否为毛泽东著作的引文，则尊重原作者的引文，未加处理，如凡引用《毛泽东思想万岁》和国外报刊报道的文献，一律按外文原文译出。

译介工作本是一件永远达不到尽善尽美境界的苦差，语际书写过程中的误读、遗漏和错置等都在所难免。我们恳切期望和真诚欢迎来自国内外专家学者以及广大读者的指教和批评。

石仲泉　萧延中

致　谢

多年来，我一直参与社会科学高等研究院现当代中国社会科学研究小组的活动。这些年中，这个小组的名称已经发生了变化，但是，它组织的研究班、研讨会、国外调研、成员之间偶尔的探讨为我对新中国社会进行的研究提供了长期的、不可或缺的帮助。没有这些研究，这本书就不可能面世。在此我想感谢所有这些研究人员和从事研究的教学人员。我尤其要特别感谢巴黎第七大学——狄德罗大学的副教授王晓苓，她帮我翻译了一些文件，并帮助我理解了毛泽东的几首诗词。还有法国国立科学研究院图书馆工作人员莫尼克·阿布德和工程师王聚（音），他们为我搜集资料提供了帮助。这本书的面世在很大程度上归功于他们。如果书中存在不足和错误，则由我承担责任。

阿兰·鲁林

前　言

"历史不会撒谎，或者对真相保持沉默"

西塞罗，《论雄辩家》[1]

毛泽东如同神祇一般，是一位可靠的向导、全体人民伟大的导师。对于一些人来说，斯大林借助秘密警察的恐怖统治是伪社会主义，而毛泽东体现了正宗的社会主义。在某些地方，他成为一个脱离真实历史的神话，人们在他身上寄托了对社会正义的期望。

虽然在中国有人有理由不喜欢他，但大部分人仍然尊重他，他的形象成为景观的一部分，受人瞻仰：他经过防腐处理的遗体仍然在天安门广场南端的纪念堂内供人瞻仰；他的巨幅画像挂在红色城墙的南门上方，似乎注视着这个幅员辽阔的国家；他的形象被印在纸币上，被农民供在祖先的神坛上，放在财神和福神的旁边，或者做成护身符。毛泽东思想和马克思列宁主义一样是共产党建立政权的原则，出现在所有官方发言中。毛泽东自己是关于矛盾的理论家，他的形象也具有矛盾性，这一直困扰着他的传记作者：对于他们而言，替毛作传不易理清头绪。我的一段亲身经历说明了这个问题。在最近召开的一次研讨会上[2]，中国内地两个主要的官方传记作者逄先知和金冲及[3]也受邀参加。逄先知曾任中共中央办公厅秘书，兼管毛泽东的图书，"文革"初期因为似是而非的理由被逮捕，并在特别恶劣的条件下被拘禁了五年。有一次某个发言的投影演示中出现了讽刺画，他的反应非常激烈：这些画触动了非理性的情结，仿佛是对神明的亵渎。[4]

其实对于绝大多数的中国人而言，毛泽东不再是一个人：他是该国历史上区分贫弱中国和胜利中国的纪念碑，一个永不褪色的象征。20 世纪初中国的伟大学者，后来成为革命者的李大钊是毛泽东的思想导师之一，他说中国落后于人类进步的车队。自从毛泽东和中国共产党夺取政权以来，中国已经加入了车队，现在甚至处于领先地位。不管毛泽东在这次赶超中真正起到什么作用，他都是重要角色，而中国人感谢他，不论对或错。人们在毛泽东身上找到了一个曾经备受侮辱的国家的骄傲。

作为历史学家，为毛泽东写一本传记是一项艰巨的任务，但是开展这样一个项目一直是必要的。最终推动我接受的原因是这一任务在过去的20年里变得可行。“伟大舵手”的大部分文章或讲话可以查阅，即使一些资料科研质量还有待提高，而《毛泽东年谱》也还有一些盲点存在。

我解释一下不得不克服的两个障碍来证明我的难处。

(1) 混杂的历史。首先是传记体裁本身所固有的问题。20年前历史传记成为蓬勃发展的体裁，但1988年《经济、社会、文明》年鉴第2期的社论启发大家思考这种体裁的欺骗性和陷阱。各位历史学家在这篇社论中强调，相信或多或少杜撰的轶事会产生虚幻的“真实效果”，而某些具有完美一致性的“乌托邦式传记”为历史学家提供了几乎是神圣的清晰度。基于这个原因，历史传记在使用资料时对来源要求特别严格，必须将这个人物放在他生活的复杂背景下，放在他的社会关系网的中心，无误地还原他受到的政治、经济、知识和文化的影响。因此，我试图在这部毛泽东传记中将这个独一无二的人物放在他生活的时间和空间里。历史传记确实是一种“累积”，要避免落入小说套路。小说是传记最相似的竞争对手。同时要避免像苏维托尼乌斯那样把传记写成生平记事，或像普鲁塔克那样写成道德说教。但是这是任何传记性文章内在的矛盾——虽然作者的方法客观，但他的情感必定被研究的这个人物同化，这是极其可怕的。这就需要借助常用的“历史专业”[5]以外的工具。如何通过某个文献或某种类型的调查来解读某个伟人为何做了某个决定？这样或那样的特定事件如何影响了他的看法，如何干扰了他的记忆和想法，进而影响了他的行为？

此时，历史学家不再是学者。如果他想让他的英雄有一定的深度，而不是一幅纸板图，就得变成小说家。一些传记作家，尤其是北美的传记作家滥用重建或虚构的对话就是这种需要的体现。我拒绝使用这种方法。但是，我们必须承认有时小说家比历史学家做得更好，他们能再现世界上最伟大的人头脑中出现的风暴。例如，伊斯梅尔·卡达莱在小说《音乐会》[6]中描写1971年10月毛泽东在北京会见理查德·尼克松之前曾隐居在一个山洞里。小说中的毛泽东在脑海中回想起藏族僧人密勒日巴的《死亡之书》中的片段，他在大地中感到安全，思绪飞越了世间的纷乱，听不见任何喧嚣。这些完全是虚构的：延安时代结束后，毛泽东没有再住过山洞。1966年6月17日至28日，他在韶山时居住的“滴水洞”[7]其实是陶铸为了满足“伟大导师”的心血来潮而建造的别墅。不过，这种小说有一定的道理，因为它让我们窥探到毛泽东未知的内心、非理性的冲动、接触大地的力量和童年时母亲传授给他的原始图像。因此这也是一种真相，这种真相传记历史学家永远无法在资料中找到。一个人个性形成过程中的这种非理性的、情感的、无意识的部分不同于普通的概念工具，可以在艺术创作中找到。好在毛泽东写了一些美丽的诗篇，我在这本书中用了几首，它们起到了类似的作用。[8]

自然，在历史叙事中夹杂虚构的成分有时是富有成效的，但带来了巨大的风险：小说会扭曲历史。更糟糕的是，有人会把小说当作历史。1910 年，一名所谓的英国翻译家出版了一位名叫景山的清朝高官日记，它讲述了义和团运动时期慈禧太后的宫廷阴谋。这本书一直被推荐给想了解中国政治的人，直到 1936 年才被揭穿为欺世盗名之作，1940 年被确认。[9]

（2）正史和外史。中国传统文化鼓励这种现实与虚构的混淆，这是历史学家必须跨越的第二重障碍。这是中国所特有的现象。事实上，中国历史分为正史和外史。正史由史学家编纂，可资借鉴，显示上一个王朝已经失去了天命，被合法取代；外史[10]（轻率的历史）由私人编纂，是非官方的传闻和轶事，但也可能补充官方历史抹去的重要历史事实。外史可能转变为纯属虚构的故事，但这些混乱、无法核实、捏造或隐蔽的事件中往往可以还原出历史的真相。这些“私家编年史”也被称为野史、“不正规的历史”或稗官史，不是出自史学家之手，而是由小吏编写。明代时稗官为皇帝搜集街谈巷议，类似现在的民意调查！这些特点在一些专业的历史学家编撰的“纪实文学”中也能找到，它们包含了有据可查和没有经过验证的事件。[11]应用到传记中就变成外传。不用说，真正的历史传记难以在钟情丑闻和八卦文学的“通俗”出版物中找到自己的位置，特别是像毛泽东这样人物的传记！然而，我不得不偶尔借用此法，参考之前优秀的盎格鲁-撒克逊历史学家的作品，尤其是因为有关毛泽东临终时的官方资料远远不够。有时候，一些真正的历史学家出于审慎而不表明出处，以免别人找他们的漏洞。

关于毛泽东的正史

关于毛泽东，最早的传记是一个共产主义版本的正史。1936 年 7 月美国记者埃德加·斯诺写了关于红色中国的报告《红星照耀中国》（即《西行漫记》）[12]，1938 年 7 月由纽约兰登书屋出版，书中第 112～177 页是毛泽东的传记。毫无疑问，这部著名的传记建立在真实稳固的基础上，对于历史学家而言是非常有价值的资料。随着这次采访，毛泽东也已经开始建立他这一生的最终目标。他开始重建他的过去，他的讲话经过他亲自仔细检查和批准，其中关于长征的部分有标准的说法，

1942年到1945年，伴随着他获得党的完全领导权所开始出现的内部斗争也有了正统的介绍。1945年4月20日，中国共产党六届七中全会采纳了《关于若干历史问题的决议》，斯诺对于这篇文章的形成也有贡献。1981年6月27日至29日，中国共产党十一届六中全会投票通过《关于建国以来党的若干历史问题的决议》，在36年后延续了中国共产党关于历史问题的第一项决议。它对于毛泽东的历史作用给出了官方的评估，邓小平用毛泽东评价斯大林的方法来评价毛泽东：七分功劳，三分过失。和1945年的情况一样，这项决议在领导层内经过了长期和复杂的讨论。它对于中国内地的历史学家具有法律效力，属于正史。埃德加·斯诺是第一个关于毛泽东的正史作者。也正是得益于斯诺，毛泽东在中国之外为人所知。1936年12月12日至25日发生的西安事变（蒋介石被他的两个将军发动兵变绑架）中共产党所扮演的角色让他们的主要领袖引起了时人的注意：昨天还是偏远地区"亡命之徒"的头头，今天他的手中握着中国的主宰者蒋介石的命运！毛泽东带着一支衣衫褴褛的军队撤退到坐落在荒凉的陕北高原的延安，让北美读者想起乔治·华盛顿带着忍受饥饿但坚持战斗到底的军队在1777年的冬天撤退到福吉谷的过程！毛泽东在西安事变中表现出完美的沟通艺术。1938年，在中国的大城市中开始流传《红星照耀中国》的中文译本，同时流传的还有毛泽东在1935年秋写的史诗《长征》。[13]

毛泽东的红色传奇诞生了，很多作品取材于此并传播他的传奇。中国不断增长的重要性，对世界政治的干预（1950—1953年朝鲜战争，1954年日内瓦会议，1955年在万隆举行的亚非会议……）和重建的速度引起了观察家和历史学家的关注。从20世纪50年代以来，美国出版了许多专著，但不是毛泽东的传记，恰当地分析了毛泽东真正的政治角色。这当中有些仍然有价值，除了一些细节要修改。比如1951年本杰明·史华慈的《中国共产主义和毛泽东的崛起》。很快，关于毛泽东早期生活的传记就出现了：它们关注其进入政坛之前的生活，那是他人生中最不"敏感"的时期。20世纪50年代出版了三本传记，奇怪的是涉及了上文提到的三种历史流派：萧三1949年出版的《毛泽东同志的青少年时代》可以归为正史，不是很有趣。他的哥哥（和政敌）萧瑜1959年出版了《我和毛泽东行乞记》[14]，作者记述了其学生时代和青年毛泽东进行的自由交谈，1917年夏天他们在湖南流浪，风餐露宿或在长沙第一师范同学的父母家留宿。这本书是一本典型的外传，因为这是数十年后的回忆。虽然文字引人入胜，但使用过于延后的证据时必须谨慎。毛泽东的秘书李锐的书《毛泽东同志的初期革命活动》于1957年在北京出版，1977年翻译成英文，如果我们不纠缠于某些向官方历史作出让步的既成说法，则这本书是更接近真实的历史专著。王枫初（Nora Wang）的《毛泽东的童年和青少年》1999年出版，参考了其他作品，还利用了研究人员最近能查考的资料集，几乎为毛泽东的第一段人生经历画了一个句号，我稍后会提到。值得一提的是，乔治·曼提斯1981年在罗马出版了毛泽东1919年在《湘江评论》上发表的文章。研究人员得到的文本越来越多，他的红色传说就越来越接近历史事实。

关于毛泽东的文章

在很长一段时间内，毛泽东1949年以前的文章只有官方的版本：40年代在延安写的文章和后来的四卷毛选[①]。50年代，出于政治需要，此版本在苏联专家的帮助下做了修订，改成马克思列宁主义式的话语。1970年到1972年，竹内实在东京出版了10卷精心挑选的《毛泽东集》，包括这些文章的原始版本和许多未发行的文章。

1963年至1964年，斯图尔特·施拉姆在介绍毛泽东及其思想的过程中发挥了关键作用。他的作品已成为经典，尤其是1963年出版的《毛泽东》。在这个时期他也介绍了毛泽东的《体育之研究》，于1962年出版。1963年出版了《中国“不断革命”论文献》。《毛泽东的政治思想》和《毛泽东》分别在1963年和1966年发表。斯图尔特·施拉姆除了发表大量的文章，还写了《剑桥中国史》第13卷中的一章，出版于1986年，题为《1949年前的毛泽东思想》，还写了一本百花运动以来毛泽东未发表的文章集《没有彩排的毛泽东，1956—1971》，1974年翻译成法文，题目为《毛泽东对人民说的话》。斯图尔特·施拉姆在哈佛大学有条不紊地自1992年继续承担艰巨任务，和中国社科院合作出版毛泽东1949年以前文章的英文版集子。在《毛泽东的权力之路》中我们已经可以读到10卷中的7卷，涵盖了1912年至1941年整个时期，每卷700至900页。第8卷为1942年至1945年，已经在印刷，对博伊德·康普顿不完整的著作《毛泽东时代的中国：党的改革文件（1942—1944）》（1951）是一个非常有用的补充。由于斯图尔特·施拉姆和他的合作者们做了很多的注解和修订，这10卷本成为一部具有科学价值的毛泽东传记。高英茂和梁剑辉等已经开始了类似的工作，涵盖时间为1949年至1976年，这是普罗维登斯的布朗大学（罗得岛州）政治科学系一个项目的一部分。他们迄今只出版了两卷，标题为《毛泽东的著作》：第一卷出版于1986年，关于1949年至1955年这段时期；第二卷出版于1992年，关于1956年至1957年这段时期。1960年，法国的梧桐影木出

① 应为六卷毛选。——译者注（除非另作说明，本书页下注均为译者注）

版社（le Sycomore）发行了由让·谢诺作序的《毛泽东选集》，共有两卷，大部分内容是之前未知的，由“文革”时期的红卫兵披露。这样的来源使得这两卷书的科学素养较差，题为《未发表的大跃进：1958—1959》和《未发表的黑色三年：1959—1962》。胡绩溪于1975年发表了《毛泽东和苏联模式的社会主义建设或者中国的道路：未发表的文章》。这是毛泽东1958年和1959年在斯大林的《苏联社会主义经济问题》一书和1960年在苏联《政治经济学教科书》上的评注。1976年，雄鹿出版社（Le Cerf）出版了一本文集，题为《从土地改革到人民公社》。1989年，罗德里克·麦克法夸尔、蒂莫西·奇克和尤金·吴出版了《毛主席的秘密讲话：从百花到大跃进》。1996年沈迈克出版了《中国文化大革命，1966—1969：不是请客吃饭》，此书包含了毛泽东在“文化大革命”期间写的重要文章。毛泽东在生命最后十几年中的指示可以从宋永毅编的《中国文化大革命文库》中找到，含有光碟，2002年由香港中文大学出版社出版。2003年在哈佛大学举办的纪念历史学家斯图尔特·施拉姆的研讨会上，一位中国学者说中国的历史学家掌握的英文文本将超过中文文本！

在中华人民共和国内，有人曾经打算出版毛泽东的全集，这一想法在1981年到1989年有了初步的进展。1982年出版了《毛泽东农村调查文集》，1984年出版了《毛泽东书信选》。在特殊的政治环境下，整个项目在1989年下半年被放弃。然而，它促进了1989年前后许多精心准备的文本的出版。1993年出版了6卷《毛泽东军事文集》，1993年至1999年出版了8卷《毛泽东文集》。在过去的15年里出版了诸多年谱和传记，参考了现在还未出版的手稿，如1993年顾龙生的《毛泽东经济年谱》。1990年，中共中央文献研究室、中共湖南省委《毛泽东早期文稿》编辑组编辑，由湖南出版社出版了《毛泽东早期文稿》一书。1994年，中央文献出版社出版了《毛泽东外交文选》。更不用说那些自称是“全集”的诗歌集，其中包括1958年西格斯出版社在“当今诗人”这一系列中翻译出版的18首毛泽东的诗词。因此，研究者开始不那么依赖红卫兵胡乱标注日期或杜撰的资料，包括美国弗吉尼亚州中国研究资料中心出版的《毛泽东思想万岁》和15卷《毛泽东非官方作品》，以及其他类似的没有科学严谨性的出版物。虽然2006年玛丽安巴斯蒂-布鲁盖尔在道德和政治科学学院的演讲中过于悲观地认为我们只掌握了毛泽东著作的三分之一，但对于传记来说，已经有足够的谷物磨出好的面粉，如果作者是历史学家的话。

被解放了的传记

传记作家们描写“伟大舵手”时，笔下的崇敬之情不再桎梏他们，有两本书在这其中起到了决定性的作用。这种对毛泽东的亵渎在很大程度上也由于中国政治生活的演化：如果说中国之外的地方对“大跃进”仍抱有幻想，那么“文化大革命”在多数历史学家和政治学家眼中是一场灾难，这最终使毛泽东的形象褪去了光环。

第一本书是西蒙·莱斯（本名皮埃尔·里克曼斯）《毛主席的新衣》，于1971年出版。这本书资料翔实，书中对当时依然受到极力恭维的偶像表现出极大的不尊重，体现了一种新的精神状态。在随后的十几年里，吕西安·毕仰高在1985年出版的《中国工人运动传记辞典》中对毛泽东进行了贴切的评价。1976年9月10日他在《世界报》上发表了一篇文章，这篇文章后来成为《中国革命的起源：1915—1949》一书1987年第一次再版时的结语。我们在伊夫·热维利叶1993年出版的小册子《毛与中国革命》和克劳德·修德罗2002年出版的《毛泽东的人生和传奇》中找到了同样的评价。大约在同一时间，在英语国家中，各位毛泽东的传记作家做了真正的历史学家的工作。例如，1965年陈志让的《毛泽东与中国革命》、爱德华·赖斯1972年出版的《毛泽东之路》，后者很快就过时了，我更青睐前一本书。其他的书籍有理查德·所罗门《毛泽东的革命和中国的政治文化》、白鲁恂《作为领袖的毛泽东》、魏斐德《历史与意志：毛泽东思想的哲学透视》、雷蒙德·F·怀利《毛主义的崛起：毛泽东、陈伯达及其中国理论的探索（1935—1945）》。最近有2007年出版的尼克·奈特《再思毛泽东：毛泽东思想的探索》和莫里斯·迈斯纳《毛泽东：一个政治家和知识分子的肖像》。这些作品的标题就显示出它们从一个特定的角度评论毛泽东，并不是传统意义上的传记，丰富了我们关于毛泽东政治和哲学思想的知识。雅克·安德里厄2002年出版的那本有争议的小册子《毛泽东的心理》更是属于这种情况。有些学者的研究局限于毛泽东在各种事件中的作用：胡绩溪1982年出版的《红军与毛泽东的崛起》关注江西的苏维埃，罗兰·卢1981年出版的《1949毛泽东掌权》关注解放战争的决定性阶段。许多美国历史学家尤其如此，如1966年约翰·E·鲁《在野的毛泽东：1927—1935》。许多其他作者进行的具体研究更多的时候关注在共产党控制下的一个特定区域的历史。我们可以从中找到其他地方没有的毛泽东的指示，以及他与共产党其他领袖之间的通信。这些书都不是严格的传记，但这些烦琐的资料搜集有助于历史资本的原始积累，能让毛泽东走下主席台的神坛。渐渐地，毛泽东成为一个政治家，他的命运不同于常人，但他和其他许多人一样，既有优点也有缺点。他们掌握的丰富信息使过于逸事化的历史传记迅速过时，如迪莉娅·达文1997年出版的《毛泽东》和迪克·威尔逊1989年出版的《毛泽东：1893—1976》。更加边缘的作品有1982年劳拉·博寿和亨利·博寿的作品，以及1975年阿兰·布克的《毛泽东》和韩素音的几本书。这些书是“毛泽东神话”最后的表现，只有题目有意思。终于到了新一代毛泽东传记作者的时代。

新一代传记作者

现在学者们有丰富的文献可以查考。罗斯·特里尔1999年出版的《毛泽东传》资料翔实，但书中充斥着复原的对话。相反，史景迁1999年在美国出版的《毛泽东》严谨、出色、有说服力，却过于简洁。该书于2001年翻译成法文。菲利普·肖特1999年在伦敦出版的《毛泽东》2005年翻译成法文，我认为它是迄今为止最好的毛泽东传记。肖特是英国广播公司一名优秀的记者，先后驻香港和北京，这本书提供了一个平衡和严谨的视角，尽管它也包含了一些错误。[15]当然，你可以认为作者没有为毛泽东的著作提供足够的篇幅，也没有太多涉及“伟大舵手”的政治远见和他旨在改造的社会之间的关系。但是肖特比之前的作者更平衡地看待写作的对象：他没有掩饰毛泽东所犯的错误，但也没有忘记他所取得的成就。众多历史学家对长期掩盖的敏感话题进行了共同调研，似乎也印证了毛泽东的传记作者现在可以是史学家，而不再是理论家或史官。

其他的传记虽然出版时间比较近，但似乎没有肖特或史景迁的书那么有意义。李芾甘在2005年写了《重新认识毛泽东》。他在书中将毛泽东写成斯大林的心腹和现行政策的发起人，这引起了所有评论家的质疑，长期以来大家一直认为斯大林在1938年时选择了王明，但事实是他选择了毛泽东（克里姆林宫的主人不得不自问：“王明，他有多少个师?”）。我认为李芾甘的错误似乎在于，没有看到毛泽东在他不得不做出重大选择时，也在同一段时间内捍卫了相反的看法。不过从1953年开始，毛泽东加快推行他的总路线，他在最后的分析中做了错误的选择。诚然，他在取得政权时发展的“新民主”可以被认为是1978年12月由邓小平发起和深化的改革开放政策的起源。但是，如果说毛泽东是创始者，那么他也是早期固执的破坏者。从1953年11月开始，他下令国家垄断粮食贸易，1955年下半年实行土地集体化，并在1957年夏天和1959年夏天两次发起“反右”运动。他对1959年至1961年的大饥荒负有主要责任。李芾甘刻画毛泽东的视角单一，没有说服力。迈克尔·林奇的传记题目很简单，即《毛泽东》，该书2004年在伦敦出版。它证明了研究当代中国时中国历史学家的作用是必不可少的，仅满足于粗通中文和大量阅读英语资料就能展开研究的时代已经过去了。不幸的是，迈克尔·林奇的中文资料仅仅来自斯图尔特·施拉姆的翻译。过去这样做足够了，现在就行不通了。林奇还和他之前的许多优秀西方历史学家一样继续写道，毛泽东批评邓小平在1956年9月的八大期间将中国共产党党章中凡是参考了“毛泽东思想”的部分都删掉了。中国历史学家逄先知是与金冲及一起负责中共中央文献研究室的专家。2007年6月，他在法国东方文化研究中心举办的研讨会“历史研究对象毛泽东”上介绍了中共中央宣传部1954年12月19日的一份文件。文件中指出：“毛泽东同志指示不再使用会引起混乱的毛泽东思想这个术语”，取而代之的是“马克思列宁主义普遍真理在中国的应用”，甚至干脆只提“马克思列宁主义”。显然，毛泽东没有等到苏共二十大才表现他的谨慎。

中国的历史学家不能再被忽略，虽然他们受到种种限制：他们在历史的要求和特定时期的限制，以及正史和外史之间左右为难。外史经常产生淫秽文学，充斥着或多或少未经证实的逸事，对历史学家而言没什么意义，通常是毛泽东的警卫、亲戚或假亲戚写的。[16]不过在这堆粗制滥造的书中，至少有一本是精品：1997年在香港出版的四卷传记，由一个叫辛子陵的人所写。这本《毛泽东全传》是第一本用中文写作而没有止步于1949年的传记，包括了1949年至1976年的历史。作者似乎在解放军中有可靠的信息提供者。但不幸的是，除了极少数例外，他没有列出资料来源，专业历史学家无法使用他的资料，即使他们认为某个特定的事件可能比官方版本更可靠。在该书第四卷第162～163页，辛子陵介绍了1959年4至5月在上海召开的政治局扩大会议，这次会议是在7至8月庐山会议之前召开的。辛子陵引用了彭德怀的发言。彭德怀认为“大跃进”的政策是完全错误的，并补充说：“说是不够的，必须采取措施来补救……否则，人们将会失去共产主义信仰。”这样的发言比1959年7月13日他写给毛泽东的那封著名的信更严厉，能更好地解释后者的激烈反应和那封充满尊敬之情的信似乎不相称的原因。但可惜的是，作者没有透露来源。1996年金冲及在北京出版两册《毛泽东传（1893—1949）》，有时引用了一些未发表的文章，有时插入某些重要文件的复印件。然而，这个故事到1949年结束，没有给读者带来新的东西。它像是一篇巧妙的辩护词，为1942年至1944年延安整风运动期间康生的所作所为开脱。2004年金冲及和逄先知一起出版了另一部《毛泽东传（1949—1976）》，两卷本共计1 798页，时间跨度为1949年至1976年。书中对资料经常是全文引用，有些新的照片。但我们看到书中常有奇怪的沉默，存在各种缺失和同样的辩护趋势。

得益于新的文章的出现，弗雷德里克·泰伟斯和孙万国搜集到了一些严肃的作品，2007年出版了《毛泽东时代的终结：“文化大革命”后期的中国政治，1972—

1976》对毛泽东的晚年做了总结。泰伟斯勾勒了一位被一种可怕的疾病（卢伽雷氏症[17]）折磨但直到1976年6月还完全清醒的中国领导人形象，他长期处于麻木迟钝的状态，但在中国的政治生活中仍占据主导地位。无论它们有什么样的缺点，这些传记都属于历史学的范畴。因此班国瑞于2007年出版了四卷本的《毛泽东与中国革命》，大胆搜集了之前几乎不可能得到的文章和资料，研究多年来毛泽东政治思想的演变，与此同时，对此感兴趣的学者们的做法也都如出一辙。[18]

无谓的争议

我没有提自埃德加·斯诺的《红星照耀中国》之后发行最多的那本毛泽东传记，它也是在电视中被长时间介绍的唯一一本毛泽东传记。电视催眠我们这个时代的人，并决定了一本书的命运。这是张戎和乔·哈利戴的《毛泽东：鲜为人知的故事》，它2005年在伦敦的乔纳森·凯普出版社出版，2006年伽利玛出版社推出系列传记，其中包括这本书的法语版。

我承认我很尴尬。看到盎格鲁-撒克逊的专业媒体[19]对这本书的报道时，我发现所有的书评者和我有相似的苦恼，除了一两个例外和一些记者。大家都记得张戎之前的畅销书《野天鹅》（Plon，1992），她的祖母、母亲和她自己的故事将我们带入中国一个世纪以来的各种悲惨事件。没有人能够忘记“大跃进”时四川数十万农民患了水肿饥饿甚至死亡的可怕场景。所有人也都承认乔·哈利戴在如今已经消失的东欧社会主义国家历史研究方面具有杰出的才能，他几乎能阅读所有的东欧语言：他为中苏关系的研究提供了不能被忽略的新内容。另外，大家都同意历史学家能在这844页（法文版844页，原版814页）的著作中找到“金矿”，我们能在书中找到一些全新的信息：中国、朝鲜和苏联领导人就中国1950年加入朝鲜战争的谈话（原版第371～395页）、1950年12月斯大林和毛泽东在莫斯科的会面（第360～370页）、中国的原子弹研究（第500～506页），或主席奢侈的生活方式（第336～347页）。此书使用了令人印象深刻的批评方式：85页笔记、363页访谈、26页中文传记和23页西方语言（包括阿尔巴尼亚语和匈牙利语！）的参考书籍。但是，如果我们更仔细分析，就会发现这是一个令人困惑的组合，有主要来源于苏联的独家档案、可信的信息披露、严谨的实地调查，但也有八卦、扭曲的记录、无法证实的小道消息和煽动性的翻译。我们很快发现这是所有关于中国的外传所具有的特点。例如，作者在第562页引用了据说是林彪见异思迁的妻子叶群和当时的情人黄永胜之间充满爱意柔情的对话记录，它来源于1993年一个叫肖思科的人写的揭发“四人帮”的一本小册子，他们没有验证这个令人怀疑的来源。这种明显缺乏严肃性的材料比比皆是。正如黎安友在《伦敦书评》中写的："张戎和乔·哈利戴被所有闪光的东西吸引，没有区分玉石和塑料仿制品。"十分严谨的墨尔本报纸《年代》也与张戎和乔·哈利戴一样针对1935年5月29日长征期间泸定桥事件进行了调查。[20]张戎声称已找到该事件唯一尚健在的证人，一位93岁的老太太。她告诉张戎当时这个地方没有任何战斗。3年后《年代》的记者再次采访她时，这位非常容易受影响的证人详细描述了同一场战斗！但我们知道这是毛泽东告诉埃德加·斯诺的长征中最有名的战斗：老吊桥的木板已被烧毁，23名共产主义战士在枪林弹雨下拉着铁索过了桥，用手榴弹攻克了国民党驻军的堡垒。19世纪太平军在同一个地点全军覆没，而红军在包围圈的威胁下突破重围得救了！张戎和乔·哈利戴认为能够通过一个年老妇人的证词认定从来没有泸定桥战斗。不需要战斗就能通过这座古老的艺术作品，因为蒋介石为了救自1925年以来被斯大林挟持在苏联的爱子蒋经国，想推动长征获得成功。牛津大学的教授曾锐生进行了两次调查研究，查询了国民党档案后，在《年代》上发表文章，认为确实有泸定桥战斗，即使这个故事的共产主义版本被严重英雄化了：蒋介石下令当地军阀守住泸定桥，直至10万名国民党追兵赶到。但这个军阀不愿意受蒋介石控制，将守卫这座具有巨大战略意义的桥梁的任务交给一支"两根杆"（枪杆和烟杆）分队。他们胡乱抵抗一阵就逃走了。至于蒋介石对儿子的爱是否能使他宽容共产党人这个问题，毛泽东传记作者迪莉亚·达文在《泰晤士报·文学副刊》上提到这样的爱没有阻止蒋介石1927年4月在上海对共产党人进行屠杀，自1925年以来，他心爱的儿子已经在莫斯科当人质了！事实上，一切都足以加强作者在书前47页的论点：毛泽东是一个比希特勒或斯大林更凶恶的"魔鬼"，想要不惜一切代价使中国成为超级军事大国，满足他的虐待狂和淫乱的欲望。他自青年时代就过分自我，在湖南第一师范期间充满激情地阅读和批注了新康德主义哲学家泡尔生写的《伦理学原理》一书的翻译版。因此，这两位作者在第13页上引用了毛泽东的一句格言，他们认为这句话承载了最黑暗的罪行，即"像我这样的人只对自己负责任，不欠任何人"。然而，为什么他们没有注意到在同一本笔记本上的另一句话——"相互支持是完善自我。照顾好自己是人类必不可少的，但它不应该停在那里：是我们的天性扩大我们帮助别人的兴趣"？他们怎么没有注意到年轻的毛泽东只是复述了1919年五四运动以来当时青年学生中流行的想法？这些愤怒的年轻人颂扬个人、个人的权利、自由婚姻，不尊敬父母和传统，抨击儒家思想的枷锁，认为没有什么可怕的。我们也知道1919年一位年轻姑娘不愿意接受包办婚姻，在婚礼的花轿上自杀。当时的毛泽东引导了一场轰轰烈烈的妇女解放运动。这两位作者更倾向于将他变成一个喜欢奢华和享乐，没有任何管理才能（第 15 页），没有深厚的信仰，依靠苏联提供给年轻中国共产党的金卢布生活的人（第 32 页）。同样，毛泽东在 1926 年冬天以共产党和国民党的双重身份负责湖南省的农民运动，并于 1927 年 2 月写出了他著名的报告，这样的经历在张戎看来反映出毛泽东看到起义农民屠杀村霸时施虐的快感！1927 年秋收起义，毛泽东被敌人的巡逻队截住，在作者的眼中成了一起绑架事件（“劫持了一支红色力量”）；毛泽东接手一支小部队，被写为成为当地一个强盗（第 51～65 页）；1930 年 12 月富田事件被描述成一场血腥清洗（第 92～104 页）。但张戎显然不了解实情，她如果了解的话，就会知道毛泽东不是事件的发起者，是当地李立三的支持者挑起了针对他的攻击。此外，张戎完全忽略了斯蒂芬·埃夫里尔在这个问题上所做的出色工作，他再现了当地的背景、当地共产党人和来自湖南的共产党人的复杂冲突![21]一切都起作用！同时，这两位作者将历史学家熟知的事件作为新鲜事来介绍，例如 1938 年斯大林对毛泽东晋升的支持、各地军阀（而不是蒋介石!）在长征胜利中起到的作用。为了不受蒋介石派出的追捕“赤匪”的中央军的控制，他们让共产党顺利地经过他们的地盘，一些军阀在长征胜利中起到了这样的作用。张戎和乔·哈利戴揭示的内容没有任何根据。相反，国民党在台北开放的档案中没有任何资料证实蒋介石曾经帮助共产党长征。长征中没有战斗是荒谬的说法。作者们认为解放战争最后阶段共产党的胜利完全归功于共产党放置在国民党军队高层的“地下党员”的行动，蒋介石在接连战败时仍然信任他们，这无异于把蒋介石看成一个彻头彻尾的傻瓜。军事历史学家都知道在参谋部中有“地下党员”，但没有任何证据表明作者提到的三个人是地下党员。同样也没有任何证据能肯定中国于 1962 年在苏联的暗中支持下进攻了印度，事实恰恰相反。这就导致了对正史的颠覆，毛泽东从神变成“魔鬼”，不过仍然是“超人”。其他中国领导人，也许除了刘少奇和彭德怀，多是可怜的木偶。确实，批评张戎和乔·哈利戴这本书的历史学家中有些人也认为毛泽东是一个“魔鬼”，这对破坏在中国长期存在的“毛泽东神话”是有益处的。因此，他们认为这本书是达到这个目的的工具。他们难道没有意识到将历史工具化的风险吗？而同时毛泽东的传记家们开始超越长期盛行的目的论视角，用虚假的问题充塞最终向研究者们敞开的领地，这难道不是一种退化吗？

通过大量的信息、思考和最终能够查考的资料，我尝试以最审慎的态度跨越布满地雷的领土，按照时间顺序描述。这种做法有点像中国传统的“年谱”。我尝试通过精确穿插各种事件，克服结构不够紧密和逻辑过于分散的主要缺点。

更确切地说，1942 年至 1945 年的延安整风运动时期，作为主要的衔接，是我这本书的中心。就在此时，毛泽东成为中国共产党的第一号人物，明晰了他的思想方针。他依照这种模式在建设他梦想的新中国时遇到了困难。

1966 年 7 月 8 日毛泽东写了一封信给江青，他在信中告诉江青要发起“文化大革命”。毛泽东告诉她自己性格中有奇怪的二重性：“在我身上有些虎气，是为主，也有些猴气，是为次”。我们知道正如毛泽东同一封信中所说，老虎是“山中之王”。因此，毛泽东拥有绝对的权力。我们对猴子的了解较少，它是更加复杂的生物。它的一些功能来自印度史诗《罗摩衍那》的神猴哈努曼，哈努曼曾经解救大神毗湿奴的化身、阿逾陀国王子罗摩。猴子在中国戏曲中神通广大，深受人民喜爱，在神仙宴会上靠着神奇的棍子成名，并且长生不死。它是孙悟空，公元 627—645 年护送玄奘[22]去朝圣，16 世纪中国流传最广泛的小说之一吴承恩的《西游记》[23]中的主角。它聪明，擅长变化之道，排除了求取佛经路途中的重重险阻，为睿智和真理服务的正是不择手段的聪明。

猴气？虎气？毛泽东是中国的一种命运。

目　录

第一部分　叛逆者（1893—1927）

第二部分　革命者（1927—1945）

第一部分

叛逆者

（1893—1927）

★ 序

沁园春·长沙

(1925 年秋)[1]

独立寒秋，湘江北去，橘子洲头。[2]
看万山红遍，层林尽染；
漫江碧透，百舸争流。
鹰击长空，鱼翔浅底，
万类霜天竞自由。
怅寥廓，问苍茫大地，谁主沉浮？

携来百侣曾游，
忆往昔峥嵘岁月稠。
恰同学少年，风华正茂；
书生意气，挥斥方遒。
指点江山，激扬文字，
粪土当年万户侯。
曾记否，到中流击水，浪遏飞舟？[3]

1921 年 6 月 29 日 18 时，一艘小型蒸汽轮船离开湖南长沙的码头往北驶去。季风带来的降雨笼罩着这片灰蒙蒙的大地。船上有一个 50 多岁的中国人，留着小胡子，穿着和神态都像个学者，从西边门走来。他有一个年轻的同伴，那人走路时稳健的步子像一个农民，身高近 6 英尺（1 英尺约 0.3 米），比人群中的其他乘客高了一头。他似乎不知道用他白皙修长的手做些什么。这双手和他的粗布衣服以及打着补丁的布鞋相比，令人感觉惊讶。这两名男子，何叔衡①和毛泽东是参加中国共产党成立大会的湖南代表。在他们离开之际，没有人在码头上为他们送行。毛泽东（他的朋友们更熟悉他的字：润之）上船后就和何叔衡分开了，他在一间船舱里遇到一位穿着西服、爱做友善手势的年轻人。于是，两个年轻人开始了长时间的政治辩论。在这个淫雨霏霏的季节，洞庭湖看起来像茫茫无际的大海。船开始驶入浩瀚的洞庭湖，毛泽东回到甲板上，口袋里装有一本名为《资本主义简介》的小册子。衣冠楚楚的青年男子再次碰到他的朋友，取笑他阅读的书籍，于是争论又开始了。这位年轻人名叫萧瑜（字子昇），第二天他在武汉上岸。

当时的毛泽东可能不知道这促成了他的命运。[4]少年时他就是个叛逆的孩子，他拒绝和先祖们一样当一辈子农民，后来去了一所小学任教。从1919年夏天开始，他作为接受了新的"启蒙"思想的小学教员在报纸上发表文章，投身于当地的政治活动。借助这次旅程，他迈开毕生从事的革命道路的第一步。至少，我们所知道的情况是这样的。这几乎神圣的关于未来的认知经常使得历史学家在研究伟人的一生时屈从于目的论的看法。事实上，从1910年（那一年，他离开家）到1927年12月（彼时他带领数百个起义失败者流落山林），毛泽东一直在寻找自己的路，屡遭挫折：先后对他的父亲和最初的老师感到失望，当他认为自己在北京终于找到值得探索的梦想时，却发现他作为知识分子永远不会得到大家的接纳。

在工农运动风生水起的时候，他退而组织地方运动，却受困于这样的改变太过渺小。

作为无产阶级运动的战士，他发现自己希望组织的革命阶级几乎算不上一个阶级，甚至还不如在国民党左翼感觉更舒适。

作为国民党和共产党的干部，他看到悲苦的农民阶级的愿望和政客们以农民的名义提出的政治纲领之间有一道日益扩大的鸿沟。

① 原文为He Shusheng，有误。

★第一章

不可能的上升之路（1910—1919）[1]

1893 年 12 月 26 日，毛泽东出生在韶山冲[2]，它隶属于湘潭县[3]，距离省会长沙有两天的行程，虽然直线距离只有 50 公里。在老家农地与湘潭和湘乡（湘潭以南 15 公里）这两座小城市辗转度过一年过渡期，1911 年春天，18 岁的他才最终离开这个大村庄，经过两天的步行，然后乘船抵达省会。

毛泽东的童年和青少年时期过着一个农民子女的生活：从 6 岁到 17 岁，11 年间他帮助父亲种地。孩提时代，他的工作主要是饲养家里的水牛。少年时，他很快学会用一根扁担挑粪桶。结束一天的锄草、采摘豆类和照顾生猪的劳作后，总是腰酸背痛。硬秸秆做的斗笠难以抵挡烈日的暴晒，连续数个小时踩水车把河水运上来，保持稻田中的水量：水太多，稻子会被淹没；水不够，会被晒伤。年轻的毛泽东和其他耕种着湖南 20 万平方公里农田的 2 200 万到 2 300 万农民一样，从事着单调的劳作，为初春霜冻或夏季风暴[4]引起的洪水而忧心忡忡，担心收成受到影响。

叛逆的儿子

他是一个富裕农民家庭的长子。他的父亲毛顺生（1870—1920）出身贫困，身材高大。因为债务缠身，毛顺生参加过李鸿章的淮军。淮军出于湘军，1864 年曾国藩带领着湘军镇压了太平天国起义。曾国藩是青年毛泽东崇拜的英雄之一：可能毛泽东的父亲曾经跟他提起过这个人物。带着一点点返乡的遣散费，毛顺生做过买卖，设法买了一公顷的耕地，成为“中农”。据他的儿子所说，这个大胆的人从事粮食的运输和贸易，购买破产农民抵押的农田。到 1907 年，他有了一片面积 2 公顷、每年生产水稻

57.50 公担的田地。家里有 7 到 8 口人，包括一名长工和一个冬天在磨坊帮忙的短工，自家需要消耗稻米 22.50 公担[5]。毛顺生将剩下的 35 担用于出售。他儿子还说，他因此晋升为一个“富农”。家里的房子很大，盖着红瓦，不像旁边的邹家是茅草房。毛家有一个牲畜棚，至少有一头水牛、一个谷仓、一个猪圈、一个小磨坊和 2 000 至3 000元的资金。年轻的毛泽东多次替父亲收债。1907 年在湘潭骚乱期间，父亲驾着一车稻米想卖个好价钱，结果出了县城就被骚乱分子扣押，粮食被瓜分了。

年轻的毛泽东没有经历过他的许多同胞经历的物质困乏，但是他生活在一个文化贫困的环境中。他的父亲几乎是文盲，只在村里的私塾读过两年书，连算盘都打不好：基于这唯一的考虑，他让他的长子念书，想有一个会读会算的帮手，具备他所缺乏的做买卖的初级技能，而且基本的传统文化教育有助于他跟县衙里的老爷进行沟通。

从我们拥有的仅有的几张家庭相片上可以看到深色结实的家具、粗壮的横梁和扎实的地板。我们没有发现达官贵人家里刻在进口座钟的两侧作为装饰的儒家格言。唯一的亮色事物是红辣椒。这些辣椒夏天在栅栏上晒干，从秋天开始便一直挂在房梁下。在一个角落里有一尊佛祖的铜像，毛夫人在铜像前日夜点着香烛。毛泽东的父亲是众所周知不信神佛的，一次在乡间偶遇一只老虎，受到惊吓后，他也开始上香。我们永远无法得知主人房的煤油灯是否为唯一的现代元素。毛泽东在屋子上层的一个小房间里借着烛光读书。5 岁以前，毛泽东在湘乡县唐家托的外祖父母家生活，他喜爱那里的热情和友善，5 岁末才住到父母家中。他从 6 岁开始在屋后的池塘里学会游泳。我们知道他在一生中多么钟情游泳，哪怕是在危险的大海里或河流涨水时也要下水。

“幸存下来的长子”

因为高大健壮，这个孩子很早就帮家里干农活了。但他觉得家庭环境难以忍受，因为他的父亲很专制，也许还因为在他出生三年后，他的弟弟降生了，而他似乎难以接受这样的存在。在他之前有两个男孩子和两个女孩夭折，因此毛泽东是“幸存下来的长子”（斯宾塞）。他出生的时候，母亲文七妹（1867—1919）已经快 27 岁了，常担心无法为丈夫传宗接代，所以毛泽东的出生对她来说就像是上天的礼物。根据当地的习俗，她带着儿子去附近的一个小山上，在一块两米高的石头面前俯身叩拜，据说那里能涌出神奇的力量，这样这块石头就能收她的儿子作养子。这种和石头之间的结缘能保佑他趋吉避凶，并且汇集两个早夭的哥哥身上的力量。所以毛泽东有一个绰号叫“石三伢子”，石头的第三个儿子。事实上，这个盼望已久才得到的儿子很早就意识到自己的地位了。

毛泽东（右）、他的母亲和他的两个弟弟。这张照片拍摄于1919年春的长沙，在毛泽东的母亲文七妹因结核病过世前几个月。文七妹坐在中间。26岁的毛泽东穿着一件长衫，他当时是小学教员和记者。后面是他的两个弟弟，毛泽民和毛泽覃（左）。

事实上，毛泽东很快就和他的父亲对着干了，棍棒教育的场面颇为壮观。[6]他得到母亲谨慎的支持。他的母亲虽大字不识一个却是一位虔诚的佛教徒。她 18 岁时嫁给毛泽东的父亲，那时丈夫 15 岁。她裹着小脚，乐善好施，常常领着毛泽东到她家附近凤凰山上的一个庙宇里去，毛泽东在她身边跟着她祈祷，因为他爱他的母亲。1919 年 10 月 5 日肺结核将她带走了[7]，毛泽东献给她一篇《祭母文》，他说“吾母高风，首推博爱……头脑精密，劈理分情”，她热心佛教，“合其人格，如在上焉。恨偏所在，三纲之末”。相反，毛泽东痛恨他的父亲。[8]后来他经常遇到两个“政党”之间的冲突，一方面是他的父亲领导的“执政党”，另一方面是由他自己组成的“人民政党”，还包括两个弟弟和母亲，但母亲一直在寻求和解，并谴责暴力。

毛泽东和他父亲之间的冲突原因总是相同的：父亲希望儿子到村里的私塾学会农业管理和销售农产品所必需的基础知识，同时接受儒家的教育（忠孝礼义）和打下传统道德的基础（“三纲”[9]）。但是，毛泽东想要去学习了解世界，摆脱这个试图锁住他的农村世界。15 岁时（1908），家里安排他与邻村比他年长的罗姑娘成亲，他拒绝这桩包办婚姻是很自然而然的事情。根据某些资料，婚礼似乎举行过，毛泽东可能屈服于这些仪式，在他未来的岳父母面前磕过头，但没有任何得到证实的子嗣。他拒绝和自己年轻的新娘生活在一起。这个妻子在 1910 年之后过世。

拒绝成为农民

当他在我们面前像个小学生一样反叛和失控时，为什么不相信他呢？从 1902 年到 1906 年，他被交给奉行传统教育的夫子，这是一位科举考试的失败者，他的才能仅限于背诵和抄写从儒家经典里抽取出来的文章，这些文章使用一种已经晦涩难懂的语言[10]。毛泽东拒绝尊重这位夫子，他不能忍受夫子随意用竹板或教鞭惩戒他。一天，坐着的夫子让这个男孩到他面前站着背一篇文章，毛泽东带着自己的凳子，挑衅地坐在老师面前。因为害怕被鞭打，也担心父亲的惩罚，10 岁的毛泽东离家出走在山上转了三天，徒劳地想走到湘潭，走到城里，那里意味着解放。

不过，恰恰相反，对私塾的敌意并不是对教育的否定：毛泽东阅读一切到手的书籍。两本雅俗共赏的小说给他留下了特别深刻的印象，他甚至能背诵其中的一些内容，与村里的老人或亲戚交谈时能引用某些故事。这两部小说流传到了文化贫瘠的韶山，小说里的英雄丰富了他的想象：《水浒传》[11]中的一百零八将都是不公正司法的受害者，在首领宋江的带领下占领了山东梁山泊，与当权者作斗争；《三国演义》[12]讲述了诸葛亮、刘备、曹操和其他英雄人物神话般的壮举。1910 年，毛泽东在目瞪口呆的老师们面前仍然坚持认为这些是历史事件。

毛泽东与他的父亲进行了沟通，赢得一些空闲时间来阅读激动人心的作品：挑完水、除完草或整完地后，他利用傍晚的闲暇在田埂边或墓碑旁如饥似渴地读书。1907 年，毛泽东的父亲将他从私塾领回来，从此家里多了一个不用付酬劳的长工。但是他不愿意成为农民。他想要去城市，他现在知道路怎么走了。他去了离居民聚居处不远的银田寺好几次。那是驿马信差会经过的地方，偶尔会带来有关于长沙、武汉甚至北京的信息。

倔强的毛头小子

1910 年毛泽东开始在“新式学校”求学，他先后在不少学校就读，是一个难以归入某个年级的学生，聪明但是缺乏相应基础，文科出类拔萃但是外语和科学很差，勤奋但是散漫。这种状态持续到 1918 年，当时 25 岁的他终于拿到了迟来的小学教员的文凭。对知识盲目的渴求永远无法餍足，还有明显的恋母情结都从深层次解释了他为什么要跳出“农门”。年轻的毛泽东将这种情况归结为源自一次阅读。他的表哥也许被这个聪明又好奇的年轻人天真的政治观打动，借给他一本郑观应的小册子《盛世危言》。它的作者是一个买办，也就是说，一个为外国公司工作的商人。他预计如果中国没有现代化铁路、蒸汽工厂、电报系统、良好的道路、商业银行、技工学校、公共图书馆，如果它不引入英国议会君主制，中国的命运将会很悲惨。不久，毛泽东发现了一份匿名的传单，这份传单的开头将他感动得热泪盈眶：“唉，中国将被奴役！”从经过银田寺的驿马和流动商贩口中，他开始隐约知道 20 年来影响这个国家的种种风暴。

北京是那么远

于是，他听说了1898年变法的失败。光绪皇帝命康有为主持新政，百日后以垂帘听政的慈禧太后为首的保守势力重新掌权。康有为的几位顾问不想逃走而被斩首，其中谭嗣同是湖南人。这个世纪末的另外一件大事也传遍了湘江流域，中国北方出现一些仇视外国人和基督教的秘密社团，其中义和团运动在北方昙花一现后被八国联军击败（1900—1901）。英国、法国、俄国、日本、美国、奥地利、匈牙利、意大利和葡萄牙在不到50年的时间里第二次占领北京，强迫清政府签订丧权辱国的条约，提醒中国不再是一个强国，但是各帝国主义之间的竞争使得它幸免于被肢解的命运。因此，陷入绝境的统治阶级再次进行改革。1909年，2%至3%的男性——传统贵族和新兴富人——进行了议员选举。1909年10月，各省咨议局聚集北京要求国民议会实现有限选举。同时由流亡的孙中山建立、湖南人黄兴发展壮大的同盟会与过去反对清朝统治的秘密社团取得联系，准备渗透到大清帝国的军队中，通过起义推翻这个异族血统的无能王朝。

所有这一切，毛泽东隐约知道一些，但非常模糊，毕竟北京那么远。因此，大概直到1910年他才知道光绪皇帝和慈禧皇太后两年前已经几乎同时死去！不过，他肯定知道1906年湖南西部和江西的萍乡、浏阳、醴陵地区的暴动，首领马福益被逮捕后处死，矿工和瓷器工人在哥老会的组织下发起了暴动。

1906年的冬季，韶山哥老会在彭石匠带领下通过暴动来抗争一个不公正的判决。这个判决袒护一个和当地官员有关系的显贵，哥老会的几个成员败诉。韶山哥老会甚至一度占领了刘山附近的一些丘陵，直到被乡里地主的护院抓住。彭石匠被指控杀死了一个孩子来祭旗，被关在村口的猪笼里示众。毛泽东把这些事件看作梁山泊好汉揭竿而起的后续，他对这些亡命之徒的同情导致了母亲的反对，同时坚定了父亲的看法，他的长子是一个游手好闲的败家子。关键的1910年在毛泽东一生的革命活动中留下的影响是不确切的，但可以看出一个大概。[13]

决定性的1910年

毛泽东首先是一个叛逆的儿子，反抗父亲的意见。1910年的春天，他一头挑着一些换洗的衣物，另一头挑着最爱的两部小说，徒步约20公里到达湘潭附近的一个城镇。

毛泽东向家人借了几十元，加上时常帮两个老师的忙得到过一些报酬。这两位老师，一位是老学究，一位是失业的法律系大学生。一位给他介绍了传统经典，另一位让他读到了新闻得以了解世界上发生的大事件。自此他认识了数以千计的汉字，脑海中杂乱积累了一些名字、逸事和名言。也许这短暂的经历说服他重新开始学业。不过，这是几个月后的事情了，他已经答应在父亲认识的一家米行里做学徒。

不久，父亲突然寄给他一笔钱让他回家。夏天回到韶山时，他对愤怒的父亲宣布说，他想进“洋学堂”学习，那是国家被迫开放之后出现的教授新学科的学校。他听说最近在附近另一个小镇湘乡开办了这样一所学校，东山高小。湘乡是他母亲的出生地。毛泽东从一个远房亲戚——一位有新思想的教员王季范那里借了12块钱交给父亲，作为雇用代替他的长工的费用。他在家里筹集了1 400个铜钱的注册费和一个学期的住宿费。最终他获得了父亲的批准。因为亲戚们跟他父亲解释：受更多的教育能让他儿子给他挣更多的钱。初秋的时候，他挑着扁担，穿着草鞋重新上路了。

毛泽东与现代化学校的第一次接触令他相当失望。他被门卫看作乞丐或小偷，没有受到友善的接待，而且他来自别的县城，文化基础相当薄弱，只能做试读生。他写得一手文言文的好文章，总是对经典，尤其是历史经典感兴趣。毛泽东满怀激情地发现了自然科学、地理和世界历史。他如饥似渴地读完了当时流行的书籍之一《世界英雄豪杰传》。他热烈崇拜华盛顿、叶卡捷琳娜、格莱斯顿、彼得大帝、拿破仑、林肯、孟德斯鸠、卢梭。一位曾在日本留学的老师剪了辫子，戴着假发表明自己对清朝的敌意。这位老师和他谈论日本，教给他一些赞歌，并颂扬这个战胜了沙俄的亚洲国家。他的表哥让他了解了康有为、梁启超的著作，他俩都赞成按照日本在明治时代的模式，建立一个经过改革的君主立宪制度。

毛泽东对这两个人充满了真正的崇拜，熟记他们发表在《新民丛报》

上的文章。梁启超是这份报纸的主编，他对西方的介绍虽然相当笼统，但是非常出色，既包括从苏格拉底到康德的哲学思想，也没有忘记亚历山大大帝、瑞典的古斯塔夫二世和拿破仑这些幸运而固执的战争领袖的思想和事迹。虽然此时毛泽东和萧氏兄弟[14]萧瑜、萧三交好，但是被其他同学歧视。这些富裕的名流之子穿着考究，大部分都是小东家，除了对他的强壮和高大有些敬畏外，他们看不起这个粗鄙的农民。毛泽东的褪色衣服打着补丁，说话的时候带着乡音，把湖南说成 funan，“n”发成“l”，“che”发成“tse”，“ji”发成“ghii”，再加上湘潭地区独有的方言特点，有些话即使在湘乡也不好懂。

他只做基本的个人卫生，很少洗澡，而且一生都是如此。在学生时代，他的同学们讨厌他身上的味道，尤其是在炎热的夏天。他不刷牙，还开玩笑说，老虎不刷牙牙齿照样那么锋利！每天早晨，他只用冷茶水漱口。饮食习惯上好吃红辣椒和红烧肉。[15]很快，毛泽东对老师们明显的不尊重使他们不快。他喜欢阅读书籍，但不遵守学校的纪律，这或许可以解释为什么 5 个月后他就离开了东山，虽然他第二个学期已经被录取了。这一次，他在萧瑜的陪同下搭乘一艘小轮船来到长沙。如果后者的回忆可信的话[16]，路上花了两天时间。他大概听了那位戴着假发欣赏日本的老师的建议，去省城一所专门接收湘乡弟子的高中就读。他参加了入学考试，轻而易举地名列前茅。此时是 1911 年春天，这座城市正谣言四起。

从军

当时的长沙[17]有 30 万居民，自从开埠以来，有近 4 000 个洋人，包括日本人、英国人和美国人。他们是商人、传教士、医生、教师和领事官员。1910 年的 4 月，长沙爆发了抢米风潮，当地都督下令在衙门前用机枪扫射造成 14 人死亡，引发了一场排外运动：数十间洋人的房屋、宗教机构和商铺被毁。长沙坐落在湘江右岸，湘江左岸是岳麓山，山上有一座著名的岳麓书院。此时的长沙并没有受到多少现代化的影响：北京—武汉铁路在 1918 年 9 月才修到这里[18]，只有几条石板街，夫子为避免道路泥泞乘轿子出行。电力是在 1909 年才被引入的，每天晚上 10 点就会断电。只有位于中央大街的湖南省立第一师范学校（简称第一师范）才是外国风格的建筑，装饰有意大利式样的拱廊。衙门设有一个旅，是袁世凯在帝国垂死的最后几年中组织的新军。“长沙耶鲁大学”和“湖南—耶鲁医学院”则主要为几百个富家子弟提供质量尚可的英语教育。在新的商务部，传统乡绅名士和少数新兴企业家一起分享新的权力。这些企业家投资了现代碾米厂、发电厂和位于湘江上游的加工锑、铅和锌的工厂。世纪之初，离乡背井的农民形成了一个不稳定的群体：无产阶级（游民）在上一年的抢米风波中发挥了重要作用。文化活动往往是由同盟会或半秘密的反清联盟组织，驻地部队里也有几位军官经常匿名参加这些活动。

《湘江日报》助推着这种狂热的气氛，让年轻时期的毛泽东非常激动。他和大多数同学一样为 1911 年 4 月广州起义失败后殉难的七十二烈士义愤填膺，他在学校的墙上贴了一张布告，提出建立一个以孙中山为首的共和国，康有为任总理，梁启超任外交部长。他的政治修养仍然有许多欠缺！他剪断了自己的辫子，和其他一些学生一起为不坚定的同学剪了辫子。1911 年 10 月 10 日的武昌起义爆发后——长沙在 13 日白天得到消息，他与几个同学打算去湖北参加革命军，并考虑到了实际层面的问题，想找到橡胶鞋来抵御湖北的湿气。这几个志愿者刚要动身便得知在长沙爆发了起义。10 月 21 日毛泽东被关在城门外，在岳麓山斜坡上的爱晚亭眺望衙门附近的战斗。当他看到衙门周围升起写着“汉”字的白旗，代替了代表清朝的红龙镶黄旗时，毛泽东高兴得跳了起来。与哥老会和同盟会有联系的两个起义者焦达峰、陈作新自封为都督和都督助理。10 月 31 日，一场因未领到军饷而引发的驻军兵变让他们丢了性命。省议会主席谭延闿是这两起谋杀案的幕后人。他是一个比较开明的显贵，出身于官宦家庭，想在驱逐满人的同时维护旧秩序。他成了新的都督。此时，毛泽东加入正规军一直服役到 1912 年 2 月 15 日辞职那天为止。因为他相信革命已经结束，三天前中国最后一个皇帝溥仪宣布退位。毛泽东只尽驻军的义务：进行一些基础训练，做做烦琐的内勤工作。7 元一个月的军饷让他能买到报纸如饥似渴地阅读。在报纸上他第一次遇到“社会主义”这个词。江亢虎[19]在一篇文章中对这个词进行了非常简单的学术介绍。

一个自学成才的流浪者

复员后的毛泽东于 1912 年 3 月至 1913 年秋天一直过着飘忽不定的流

浪生活，期间在各地穿插求学，这段求学经历将在他的教育生涯中起到决定性的作用。他没有固定的收入，对于他的学生身份——我们更倾向于认为是初中生的身份——非常自豪。因此，他必须尽快在一所学校注册。同时，如果他想从他的父亲那里得到生活费的话，他就需要选择一所职业学校。因此，毛泽东遍读各种招生广告，并先后支付了这些学校的注册费（通常是1元），但他从没有去过，其中有一所警察学院、一个培训制皂的中心、一项担保能在三年后成为政府工作人员的法律课程……他在一个商业学校中学习了一个月，这为他赢得了父亲给他的生活费。但课程是用英语授课的，他听不明白。毛泽东无法胜任学习任何一门外语，他的一生都是如此。

最后，他以名列前茅的成绩考入一所省立中学，从1912年秋季到1913年春天学习了完整的一个学期。这里的老式教学让他厌烦，只有一位老师让他喜欢。这位老师推荐他阅读大名鼎鼎的乾隆《御批通鉴》，另外这位老师可能将毛泽东用文言文写的一篇文章在全班同学面前朗读过。因为偶然机会我们收录了这篇文章[20]：这是一篇短评，毛泽东评论了司马迁[21]在《史记》中关于商鞅的一段文字。商鞅是最著名的法家代表人物之一[22]，他希望在中国建立一个强大的绝对专制的中央集权国家，而儒家的理念是以道德为基础来治理国家的[23]。商鞅担心人民可能会拒绝严厉的新法，于是采用了一个策略：他在城市的南门竖了一根10米高的木棍，宣布如果有人将它带到北门，就赏他10金。结果没有人响应。他又宣布把赏金提高到50金。然后，有人试着完成了这一“壮举”，商鞅就赏了他50金，从而获得了毛泽东称为“愚民”的人们的信任。不论如何，年轻的法家爱好者离开了让他窒息的学校。

毛泽东住在由湘乡同乡会管理的湘乡会馆，住宿条件艰苦，能吃两个米饼，有时在街上遇到以前的同学或朋友，晚上还能有花生和瓜子再加上一杯湖南的好茶。白天，毛泽东在省图书馆度过整整一天，最早进入，最后离开。他告诉斯诺，在这段自修期间，他读了很多书，学习了世界地理和世界历史。他读了亚当·斯密的《原富》、达尔文的《物种起源》和约翰·斯·密勒的一部关于伦理学的书，还读了卢梭[24]的著作、斯宾塞[25]的《逻辑》和孟德斯鸠写的一本关于法律的书。在认真学习俄、美、英、法等国的历史地理知识的同时，他也穿插阅读了诗歌、小说和古希腊的故事。他在一生中一直怀念这段10到20个月的时光。那时他是一个自由自在的自学者，没有任何束缚，完全投身于发现知识的世界。他对他的朋友萧瑜形容自己是“像一头牛闯进了菜园子，见到遍地青菜，拼命地大嚼大吃，嚼个不停”。但他的钱花得很快。于是，毛泽东找到一则招生广告，1912年开办的湖南省立第四师范学校（简称第四师范）招收学生，培养小学教员。只需要参加入学考试，学费全免，伙食便宜，毕业后能保证找到工作，最后这一点使得毛泽东可以期望从他的父亲那里得到一些资助。此外，他的表哥王季范也在那里任教。最后，教员这一职业可以获得一些文人的名声，人民教育似乎已经是毛泽东年轻时期最关注的事情之一了。他通过了考试并名列前茅。此时已是1913年秋天。1914年春天，这个师范学校与享有一定声誉的湖南省立第一师范学校合并。毛泽东在这里度过了5年时间，在那里他驳杂的知识和模糊的志向将在杰出的教师、好朋友和特殊事件的影响下逐渐成形。

明理的师范生

师范生夏天穿白色的统一校服，冬天穿黑色的统一校服，有一个“师”字的鸭舌帽，领子上绣着四个字，是“湖南省立第一师范学校”的简称。合并后的学校约有600名学生、30名教师。1903年，有人建议模仿法国和日本的教育制度，向人民传播必要的知识，进行民主教育，实现民族复兴的理想。这所学校是在这种教育体制改革的背景下发展起来的。

学校的学制安排为一年预备班、两年通识教育和两年教育学为主的教育。4位老师负责教体操，包括1小时的舞蹈课和军训。毛泽东认为教学方案太轻松，每周只有35个学时，每天从8：00点到16：00点有课，有大量的自由时间做作业和培养个人文化修养。事实上，这是教育部部长蔡元培[26]的要求，追求的是“修身”，虽然他的在职时间很短。

“通常，你对自己很满意”

毛泽东一直是个勤奋但散漫的学生。他对朋友萧瑜解释说他有自己的教育计划[27]，当然普通教学计划也包括在内[28]。他上课之前读英语，熄灯后做体操。事实上，他拒绝每天10分钟由教师带领做体操，他看不起那些老师，宁愿独自到山上散步，在池塘或湘江里游泳，长时间躺在阳光下。夏天，他常常睡在院子里的星空下，裹着一条肮脏的蓝色棉毡。个人开支[29]的三分之一用来订阅报纸（每月1元）。他把报纸剪下来，分好类，用英语做上地理注解。但他仍然学不好外语，数学和科学知识非常薄弱，素描很糟糕，他最擅长做中文文章，一直最负盛名。在他20至22岁之间，我们有三份关于他的肖像。第一份是萧瑜提到毛泽东做自我介绍时对其所做的描述[30]：“一个年轻人，身材高大，笨拙，穿着脏衣服，鞋非常需要修补……他有相当胖的脸，鼻子相当高……匀称的耳朵，嘴巴很小……洁白整齐的牙齿在他笑的时候有一种自信的魅力……他走路相当缓慢，双腿略微分开，好像鸭子摇摇摆摆的……还有他的书法很糟糕[31]。”

第二份是杨昌济日记中的一段，这个老师曾于1915年4月5日在他的办公室接待过毛泽东[32]，对毛泽东知识的构成有决定性的影响。“毛生泽东，言其所居之地为湘潭与湘乡连界之地，仅隔一山，而两地之语言各异。其地在高山之中，聚族而居，人多务农，易于致富，富则往湘乡买田。风俗纯朴，烟赌甚稀。渠之父先亦务农，现业转贩，其弟亦务农。其外家为湘乡人，亦农家也。而资质俊秀若此，殊为难得。余因以农家多出异才，引曾涤生、梁任公之例以勉之。毛生曾务农二年，民国反正时又曾当兵半年，亦有趣味之履历也。”但第三个肖像不那么完美。1915年8月，毛泽东在给萧瑜的一封信中摘录了自己的一段日记。[33]因为他觉得自己不够完美，所以这样质问自己：“无静澹之容，有浮嚣之气，姝姝自悦，曾不知耻，虽强其外，实干其中，名利不毁，耆欲日深，道听涂说，搅神丧日，而自以为欣。”接下来是一大段牡丹和葫芦的对比，牡丹长着美丽的绿色花萼和朱砂色的花，但不会结果，不起眼的葫芦不开花，但能结果实。“日学牡丹之所为，将无实之可望，猥用自诡曰：吾惟匏瓜之是取也，岂不诬哉！”虚荣，需要被欣赏，强烈的欲望……除了这些已经令人担忧的特点，毛泽东在1916年7月18日给萧瑜的一封信中加上了玩世不恭这一点。他让萧瑜看完后把信烧了，免得给他惹麻烦。[34]事实上，湖南的独裁军阀汤芗铭几天前刚从长沙逃走，因为他的暴行，老百姓给他起了个绰号“汤屠夫”[35]。毛泽东替他找了另一个借口，因为“汤在此三年，以之严刑峻法治，一洗以前鸥张暴戾之气，而镇静辑睦之。秩序整肃几复承平之旧。其治军也，严而有纪，虽袁氏厄之，而能暗计扩张，及于独立数在万五千以外，用能内固省城，外御岳鄂，旁顾各县，而属之镇守使者不与焉，非甚明干能至是乎？张树勋为警察长，长沙一埠道不拾遗，鸡犬无惊，布政之饰冠于各省，询之武汉来者皆言不及湖南百一也”。这样的断言让我们重新看到那个崇拜法学家商鞅、具有国家意识的毛泽东。

一群忠实的朋友

然而，最引人注目的是，毛泽东，这个平庸的演说家，衣着随便，带着可笑的农民口音，却吸引了很多人想尽办法认识他。也许关键在于：毛泽东在五年内结识了一群忠实的朋友，获得有影响力的保护者的支持，这个半自学成才的人最终甘心融入体制。他的粗鲁和对严格形式主义的摒弃激起了文人的愤怒，但他的智慧、倾听的能力、无法满足的好奇心又让人欣赏。他的特别之处引人注意：他和彭德怀[36]、朱德、彭述之一样是中国共产党领袖中少有的农民出身、没有精神遗产的人。几乎所有其他领袖都出身乡绅，甚至书香门第和官宦人家。虽然遭遇各种挫折，但是这些人在逆境中继续与统治阶级分享着同样的品位和行为。[37]在《多余的话》[38]中，瞿秋白谈到了一个“衣租食税”的少爷的心态：“家里往往没有米煮饭的时候，我们还用着一个仆妇（积欠了她几个月的工资，到现在还没有还清）。我们从没有亲手洗过衣服，烧过一次饭。”相反的是，1918 年冬天少年中国学会在北京召开第一次会议期间，毛泽东向参加会议的年轻人提出为他们洗三天衣服换报酬。[39]

1915 年似乎是很关键的一年，青年毛泽东建立了基本的人际关系网。春天时他经历了一次危机，他开始冒着被退学的危险逃课，这些课程包括科学课、数学课、绘图课和体操。但最终杨昌济对他的“劝学”说服他继续求学。这一点在 1915 年 6 月 25 日毛泽东给一个不知名的人的一封信中可以看出：“学校试验今日完，吾于课程荒甚。从前拿错主意，为学无头序，而于学堂科学，尤厌其繁碎。今闻于师友，且齿已长，而识稍进。于是决定为学之道，先博而后约，先中而后西，先普通而后专门。质之吾兄，以为何如？前者已矣，今日为始。昔吾好独立蹊径，今乃知其非。学校分数奖励之虚荣，尤所鄙弃”[40]。毛泽东补充说他通过读曾国藩日记以及康有为和梁启超的例子得到启发，还参与为了纪念一个因病去世的同学而写的一首长诗，以及他的一位老师编写的文集，其中提到1915年5月7日袁世凯接受日本提出的“二十一条”[41]，实属民族的耻辱。毛泽东回到他的位置上，或许在心里已经有了一些挫折感：在1915年6月25日的那封信中，他提出想申请湖南高等师范学校。那里最近开设了文学和历史的课程。他想报名参加，并邀请他神秘的笔友也这样做，因为“真研古好处也”，教师是首屈一指的，并有自己读书的时间。毛泽东没有提交他的申请，也许他的申请被拒绝了，显然他的水平不够，他的古典知识杂乱，字迹散漫，不懂任何外语[42]，这些都是进入这所新式高等学府的障碍。11月9日他给黎锦熙的信中表明他甚至会去上自己最讨厌的课。[43]不过我们也看到他希望有另一种教育将他引出困住他的“黑暗山谷”。当他在长沙师范学校的同学蔡和森（蔡和森是毛泽东除了萧瑜之外最好的朋友）被湖南高等师范学校录取的时候，也许彼时的毛泽东已经在梦想北京，他的笔友黎锦熙刚刚被任命为教授。空闲的时候，他都会在图书馆发奋地读书，做笔记，写文章。以前，他意识到自己不想当一个农民。现在，他觉得他的价值超过了一个小学教员。

杨昌济教授

由毛泽东建立的人际关系网中，杨昌济教授是促成他命运改变的基石[44]。然而，杨教授并没有什么能吸引一个不怎么文雅的农民！绰号“长沙孔子”的杨教授在第一节修身课上用单调的嗓音照本宣科，让学生们大失所望，学生们甚至写了一份请愿书，要求撤换他。他出行的时候坐着轿夫抬的轿子，冷漠又疏远，欣赏他需要花一些时间。然后，大家得知他是曾经在国外长期留学的新文人之一。他效仿英国的教授，每周日邀请毛泽东共进午餐。他的妻子做得一手好饭，大家喝着酒，讨论老师博学精彩的话语，有时毛泽东偶尔瞥一眼教授的女儿充满朝气的面孔。杨开慧由他的父亲教养长大，偶尔会参加讨论。这样的讨论更像孔子和他的弟子之间的谈话，而不是苏格拉底的模式，因为和运河边摧毁信仰的智者不同，湘江边的智者分享他的信仰。参加午餐的有毛泽东、萧瑜、陈昌和熊光祖[45]。

杨昌济给毛泽东留下了深刻的印象，不久他引荐毛泽东加入当时在中国青年人中发展迅速的一个社团。这是一个研究17世纪明朝爱国者王夫之的研究会[46]。王夫之拒绝归顺满族征服者，归隐之后思考历史的意义。[47]杨昌济教授的思想对毛泽东产生的影响可以从毛泽东当时写的各种文字中找到[48]：1913年秋天，他在第四师范预备班的笔记中三分之二涉及杨昌济的课和袁忠谦的中国文学，剩下三分之一是关于诗人韩愈（768—824）的。杨昌济自称是泡尔生的弟子，1917年到1918年，毛泽东阅读了弗里德里希·泡尔生的《伦理学原理》[49]中译本，并在空白处写了批注。青年毛泽东曾写过一篇文章《体育之研究》[50]，因为杨昌济的推荐，1917年4月发表在陈独秀主编的权威杂志《新青年》上。

在阅读这些文献时，我们发现，这个快要24岁的年轻人已经有了非常鲜明的个性。

他深爱着国家，《体育之研究》的开篇在这一点上特别明显："国力恭弱，武风不振，民族之体质，日趋轻细，此甚可忧之现象也"。袁忠谦（"袁大胡子"）广征博引的课程和毛泽东长期在图书馆里的阅读起了决定性作用：孔子、孟子、王阳明、宋朝的理学或庄子，他从先人身上找到许多现代化的特点。他充满希望地说，我们国家两千年积累的智慧，是一种无意识学习的结果。毛泽东还从泡尔生含糊的达尔文主义中找到其他的理由相信中国未来是有希望的。他认为，一个国家的死亡是其表面的变化。其领土不被破坏，人民也没有遭受迫害。国家状态的变化是复兴的种子，是社会进化必需的。[51]中国处于危险之中，但可以被拯救。

与此同时，他也是理想主义者，受到杨昌济赏识的文章讨论的是新理论。[52]他指责所有压制发展的东西，并颂扬个人主义："没有比压制个人更大的犯罪。因此，我国必须消除对三种东西的依赖：教堂、资本主义、君主制。它们和国家形成了目前世界上的四个邪灵……我觉得我们只对自己有义务，对别人没有任何义务。定义道德的方式不应该与其他人有关。像我这样的人想充分满足自己的心。这样做才能自动选择最佳的伦理准则。当然，世界上还有其他人和事，但它们的存在只是为了我。"这最后一句话应该放在泡尔生思想的背景下来理解。对于后者而言，个人主义和利他主义是同一个东西。我们帮助别人是为了让别人来帮助我们。"既有利于我，也有利于他人的方式，是相互帮助。"毛泽东评论说。[53]我认为这种挑衅性话语首先是一种极端自由主义的要求，而在当时受过教育的年轻人中这是相当普遍的。张戎和乔·哈利戴认为毛泽东一生中“毛氏自恋”处于中心地位，因为他们运用了目的论的做法。这种以自我为中心的主义很大程度上源自新儒家王阳明“对良知本能的了解”。“帮助有需要的人，”毛泽东写道，“带来人道的完美，无畏地面对危险和牺牲自己挽救别人无非责任，我要完成这些行为，这样我的心灵就能安宁。”这不是自负的疯子的话，而是一个积极的战士，英雄般的战士，站在无知的人民前面，必须使他们清醒。

此时的毛泽东对社会不是很感兴趣，但是对伟人感兴趣，对“有德行的英雄”寄予希望。1917 年 8 月他在给黎锦熙的信中写道：“今之论人者，称袁世凯、孙文、康有为而叁。孙、袁吾不论，独康似略有本源矣。然细观之，其本源究不能指其实在何处。……愚于近人，独服曾文正。”[54]

这种依赖英雄的精英主义让人回想起 1915 年陈独秀《敬告青年》一文的结尾。[55]然而，这仅仅是表面上的。毛泽东实际上早已远离儒家思想，而表现出一定的反智力至上主义倾向：“中国的文化过于注重知识……当我们自问教育者的意图时，会怀疑他们设计如此繁重的课程，是为了耗尽学生，践踏他们的身体和毁坏他们的生活……没有身体我们什么都不是……身体强壮的时候，我们可以在知识和道德方面获得长足的进步。”[56]因此，毛泽东在军人中寻求他的英雄并不奇怪。

事实上，这个在文章中署名“二十八画生”[57]的人在头脑中正酝酿着一场思想革命。他正逐渐抛弃依赖有德行的领导人的传统看法。1917 年冬天，毛泽东转向反对儒家道德的个人主义反抗，并开始采取持不同政见的政治立场。正如他在泡尔生的书上写的注解[58]：“我害怕我们中国遭到破坏，但现在我知道它不会发生……不必担心，唯一的问题是如何面对这些变化。”毛泽东每天阅读报纸，分析中国和世界的形势，在他周围聚集起一些也想“挽救中国”的朋友，寻找解决国家危机的出路。因此，1917 年 3 月 7 日，他和朋友萧三通过杨昌济给在日本的著名知识分子宫崎寅藏（1870—1922）写信。宫崎是孙中山的老朋友，当时经过长沙，在师范学校举行了一场演讲。[59]毛泽东偶尔读孙中山创办的《民报》，他到长沙后就和师范学校的一位教师徐特立（1877—1968）建立了友谊。徐特立是一个积极的同盟会员和国民党员，试图通过大众教育挽救中国。对现实失望的毛泽东认为，道德伦理的目的是实践而不是学习。师范学校读书期间，毛泽东迅速投入行动，展现出他独有的天赋——吸引、聚集、组织、架构，简言之，他开始成为一个领导者。

抵达师范学校后，毛泽东结识了两个在学习上比他优秀的同学萧瑜和蔡和森[60]。他们把三人的关系比作《三国演义》中桃园结义的三位英雄，称为三豪杰。杨昌济在日记中将他们视为三个最优秀的学生，萧瑜第一，毛泽东第三。[61]毛泽东在师范学校期间的信超过三分之二是给萧瑜的。1915年萧瑜毕业后在汨罗山谷的平江县任教，距离长沙东北120公里。在书信中我们发现毛泽东饱受湖南风波的折磨。1916年6月，袁世凯去世，各路将领纷纷借机占领省会。在1916年6月24日的信中，他说："早起晚宿，三饭相叠"，因为路上不安全，土匪出没，暑假没有能够回家。"独有军士相邻，洸洸之众，来自岭峤，鸟言兽顾，不可近接，亦既知之矣。心目所遇，既多可悲，遽闻箛一声，刁斗再发，余音激壮，若斗若击，中夜听之，不觉泣下。"在1916年7月25日的信中，毛泽东谴责日本让中国蒙羞："感以纵横万里而屈于三岛，民数号四万万而对此三千万者为之奴!"他梦想在将来某一天"乃十年以后"中国和美国先后对日本从陆地和海上发起攻击，采取报复行动并彼此建立有利的商业关系。

肩上背着包袱

毛泽东和萧瑜经常晚上在乡间散步，像旧式文人一样规定主题和韵律作诗。1917年夏天，两个人背着包袱，像佛教僧侣那样剃了头，穿着短裤和草鞋，在6个星期内走了400多公里，走了湖南的5个县。当他们到达沅江时，夏季的大暴雨迫使他们乘船完成旅程。他们被人当作乞丐，靠卖书法赚些钱，分享了最后的2元4角。他们在星空下过了几个晚上，有时睡在寺庙中，经常受到乡绅或同学家人的接待。此外，何叔衡的父亲还给他们安排了一次真正的宴会。

此次旅行没有进行农民社会状况的调查，但已经是一种对现实世界的认识。毛泽东时常与萧瑜彻夜长谈，他向往中国昔日的辉煌，想象自己是伟大的传奇帝王。后来他进行过别的路途较短的旅行，走了50公里拜访杨昌济的故乡，看望已经工作的同学们。他还和另一个朋友蔡和森徒步走过洞庭湖的南岸。蔡和森身体虚弱，患有哮喘，有两个突出的牙齿，他的智慧、广博的文化底蕴和出身给毛泽东留下深刻的印象。蔡和森出生在湘乡一个没落的书香门第，是曾国藩的亲戚。这位平定太平天国的将军一直是毛泽东崇拜的英雄。蔡的母亲葛健豪为了摆脱贫困成了小学教师，她给失去父亲的 6 个孩子提供了良好的教育。蔡的妹妹蔡畅（1900—1990）由母亲送到长沙逃避包办婚姻，就读于一所女子学校，徐特立曾在这个学校担任过一定的职务。蔡和森以出色的成绩毕业后却找不到就业机会，他不愿屈尊求职，便隐居在岳麓山坡上一间四面透风的茅屋里，忍受着饥饿和寒冷。毛泽东和萧瑜经常去看望他，三个朋友彻夜长谈，休息的时候吟诗作赋。

此外，毛泽东自 1915 年以来在当地报纸上刊登了一些小广告，请具有强烈爱国情怀的年轻人联系他。虽然没什么效果[62]，但他有条不紊地扩大自己的朋友圈。其中一个叫张昆弟（1894—1932），他在日记中写道[63]：“今日星期，约与蔡和森、毛润芝、彭则厚作一二时之旅行。……稍久，彭君一人来，蔡君以值今日移居不果行。……三人遂沿铁道行，天气炎热，幸风大温稍解。走十余里休息于铁路旁茶店，饮茶解渴，稍坐又行。过十余里，经大托铺，前行六里息饭店，并在此午饭。饭每大碗五十文，菜每碗二十文，三人共吃饭五大碗，小菜五碗。……未及三里寻一清且深之港坝，三人同浴……。浴后，行十四里至目的地下，时日将西下矣。遂由山之背缘石砌而上……。山上有寺……寺有和尚三四人。……和尚带余辈至一客房……。房外有小楼一间，余辈至小楼纳凉……毛君云，西人物质文明极盛，遂为衣食住三者所拘，徒供肉欲之发达已耳。若人生仅此衣食住三者而已足，是人生太无价值。又云，吾辈必想一最容易之方法，以解经济问题，而后求遂吾人理想之世界主义。又云，人之心力与体力合行一事，事未有难成者。余甚然其言。且人心能力说，余久信仰，故余有以谭嗣同《仁学》[64]可炼心力之说”①。“昨日下午与毛君润芝游泳。游泳后至麓山[65]蔡和森君居。时将黄昏，遂宿于此。夜谈颇久。毛君润芝云，现在国民性惰，虚伪相崇，奴隶性成，思想狭隘，安得国人有大哲学革命家，大伦理革命家，如俄之托尔斯泰其人，以洗涤国民之旧思想，

① 该则日记的写作时间为 1917 年 9 月 17 日，补记 9 月 16 日发生之事。

开发其新思想。余甚然其言。中国人沉郁固塞，陋不自知，入主出奴，普成习性。安得有俄之托尔斯泰其人者，冲决一切现象之网罗，发展其理想之世界。行之以身，著之以书，以真理为归，真理所在，毫不旁顾。前之谭嗣同，今之陈独秀，其人者，魄力颇雄大，诚非今日俗学所可比拟。又毛君主张将唐宋以后之文集诗集，焚诸一炉。[66]又主张家族革命，师生革命。革命非兵戎相见之谓，乃除旧布新之谓。今日早起，同蔡毛二君由蔡君居侧上岳麓，沿山脊而行，至书院后下山，凉山〈风〉大发，空气清爽。空气浴，大风浴，胸襟洞澈，旷然有远俗之慨。归时十一句钟矣。”①

多种社团活动

很快，毛泽东的活动不仅仅是写田园诗了。从 1915 年 11 月开始，毛泽东成为“学友会”、“自进会”执行委员会秘书。他组织了一些关于诗歌和哲学的讨论。

同时，1917 年 9 月，毛泽东为师范学校附属小学（我们看出这是法国的模式!）二年级建立了一个汉语教学计划，受到他老师的好评。他还作为学生会主席负责工人的夜校事宜，如发广告、招生和安排课程。他趁机宣扬用白话文来取代文言文，也在这里亲自教课。102 个工人分为两个不同层次的班级。他在夜校由他主编的报纸上抱怨那些担任教师的师范学生“一进入学校，就高高在上地看人，好像他们是从天上下来的”。有一阵子他想办一个自修学校，把古典教育与现代学校的优势结合起来，教师们甘愿清贫，“学颜子之箪瓢与范公之画粥”。

1918 年 4 月，从长沙学校毕业或肄业的学生在长沙发起“新民学会”，毛泽东是负责人之一。我们知道这些社团在改革浪潮中的启蒙作用最后促成了 1919 年的五四运动，知识分子出现并代替了旧式文人。[67]为了使这条漫长的路途圆满，1918 年 4 月 14 日，毛泽东与包括蔡和森在内的其他 13 个年轻人一起组建了“新民学会”，成员都是学生或师范学校的毕业生，例如萧瑜、他的弟弟萧三、张昆弟、何叔衡。几乎所有人都是杨昌济的学生。只有一个是看了毛泽东的广告加入的，即罗章龙。他于

---

① 该则日记的写作时间为 1917 年 9 月 23 日。

1896年出生在浏阳市，毕业于浏阳高中。毛泽东很高兴，1918年3月罗章龙赴日读大学途经长沙（事实上他后来去了北大）的时候，毛泽东在长沙的一个饭馆里组织了一次兄弟般的聚餐，并受庄子的启发献给他一首诗。

新民学会很快有了三十几个新学员，包括数名妇女——葛健豪、蔡畅、向警予[68]和陶毅[69]。每周日下午，这个学会的成员会在第一师范的教室或餐厅里聚会。在当时的中国，女孩子在学会中是不同寻常的存在。浪漫的爱情和真挚的友谊，谈吐自然，无拘无束，为所有人都创造了一种独一无二的氛围，大部分成员一直怀念这个学会。聚会时大家评论《新青年》上的文章或讨论时政。很快，也许是因为萧瑜认识张静江[70]，在他的倡议下，大家准备参加林育英和蔡元培发起的赴法“勤工俭学”。[71]

从1918年6月开始，蔡和森在北京为这次远途旅行做最初的准备工作。他在首都重新找到8月末刚刚被任命为北大教授的杨昌济老师。大家决定由1918年6月末刚刚从师范学校毕业的毛泽东到北京联络蔡和森，担任湖南学生的联络员。1918年8月15日，毛泽东和20多个人一起乘船到达岳州或是汉口[72]，之后乘坐火车去北京。

出发之前，他为患了肺结核的母亲四处奔忙。他在给七舅和八舅的一封信中说，他想让母亲到长沙住院，“乡中良医少，恐久病难治”，不过他又“请人开来一方”，他觉得母亲在家能治好她的胃溃疡[73]。之后他补充说如果到了秋天她的病还没有好转，他将让弟弟泽民把母亲接到省会医院住院。

他在北京的行程像是旅游。他已经获得了一个文凭，喜欢他的同学认为他是“有头脑的人”，不喜欢他的人认为他是“巫师”。[74]在一次调查中，他的同学评他当模范生，因为他有“道德、勇气、口才和文笔”。他已经在一本著名的杂志上发表了一篇文章，将在首都受到杨昌济老师的接待，未来在召唤他。在一封日期为1918年8月11日的信中，他对新民学会的骨干罗学瓒[75]保证，他“赴法二百元能筹，旅保一百元无著是一问题”。那里开了赴法前的预备课程。不过信中的一句话透露出他的悲观：“后路空虚，非计之得”。在赴法前的几个月，这种断言让人奇怪。[76]

北京的失意[77]

如果毛泽东希望在北京找到一个让人尊敬的、有助于自己成长的职位，他肯定很快就失望了。1918 年 8 月 19 日，毛泽东经过 4 天旅途抵达首都，陪同的有萧瑜、罗章龙、张昆弟和李维汉[78]，蔡和森在北京迎接他。两人暂时被安置在杨昌济教授在豆腐池胡同 9 号的家里，它位于鼓楼的后面，处于老北京的中心地带。其他 50 个湖南人中，准备去法国的新民学会会员或者住在首都，或者分散在河北保定育德高中、保定以南的蠡县布里村，以及京郊的长辛店。

北京大学图书馆管理员

两个月来，毛泽东负责照顾四散在各处的晕头转向的朋友们，同时酝酿一些半工半读的计划试图获得旅行的资助，付出了巨大的精力，自己却没有注册任何法语课程。[79]邓中夏、张国焘和罗章龙等湖南人成功地考进了北京大学。毛泽东不仅不准备去法国，也没有参加这次考试，这让杨昌济很失望。[80]毛泽东官方传记的作者金冲及对这种行为有几种解释：“首先有一些经济原因。[81]不过这也跟毛泽东一直以来注重自学有关。此外，还有教育署的规例，师范学校的毕业生不能立即考大学，必须先做几年小学教员[82]。”难道毛泽东没有想到杨昌济的影响能让他跃过这些障碍？他与蔡和森、萧瑜一起拜见过北大校长蔡元培——他的谦逊吸引了毛泽东，并接触了在 2 月份刚被任命为北大图书馆馆长的李大钊[83]，但毛泽东只谋得一份在北大图书馆担任管理员的职位，薪金每月 8 块钱，比 1911 年参军时的军饷多不了多少[84]。在他的老师看来，这是一份助学金。

于是毛泽东每天 12 个小时坐在一个小房间里，那里有一张桌子、两把椅子和面朝阅览室的一个窗口。每天他要打扫阅览室，负责 15 种中文和外语期刊的登记和出借。这是地位低微的小职位，当他用浓重的南方口音想跟人聊天时，没有人回应他。他拜读过这些名人的文章，如此近距离的接触却让他感到疏远，这对来自湘江边的新秀来说毫无疑问是一种痛苦。看着他们翻阅他不明白的外语报纸——英语、日语、法语……增加了他的苦恼。他也感到自己和同样来自湖南的大学生之间存在着鸿沟，他认识其中的一些人，罗章龙、张国焘、邓中夏通过了北大的入学考试，从家里得到足够的钱交注册费和在首都的生活费。这一次在学术殿堂门前的失败成了毛泽东的人生经历中重要的组成部分。

杨昌济也为学生们找到一处住所。吉安东夹道 7 号三眼井胡同，8 个人[85]合住四合院中面向内院的一间小屋子，没有什么生活设施，但离北大图书馆所在的红楼不远。每天晚上，毛泽东沿着古老的紫禁城周边狭窄的小胡同散步，被废除的皇帝溥仪还住在里面。毛泽东常去天安门南边的一个小公园，从前外国使者为了能觐见天子在这里对清朝的高官卑躬屈膝。每天晚上，大学生和首都的名人习惯来这里的小亭子里谈论时事。他也去附近的有一尊白色宝塔[86]的北海公园，满怀激情地参观了许多让人想起伟大中国的建筑。趁着新年假期，毛泽东甚至和萧瑜、罗章龙一起乘火车去了天津。在渤海海湾，他为大沽口千里冰封的场景而惊叹。他还参观了长辛店的铁路修理车间，作为现代化的象征，火车头吸引了他。

但这些并不能缓解住所简陋的情况，冰雪肆虐的首都让他体验到冬季的严酷。他和几个没有钱的同学住在一个两居室中，一间用于吃饭和白天起居，另一间晚上睡觉，大家挨在一起睡在一张炕上，盖着一条沉重的棉被。炕经常是不点火的，因为没有钱买煤饼。三个人共用一件棉袄，轮流出门。在长沙的 5 年内只花了 160 块钱的毛泽东体会到在北京生活的昂贵。我们可以想象他母亲的病耗尽了家财，因此毛泽东在这段艰苦的日子里没有得到家里任何资助。杨昌济教授因为自己的新职位，不像以前那样频繁地邀请以前的学生。年方十八的开慧温柔的目光让毛泽东坠入爱河。两个年轻人相爱了，他们经常一起散步，但是毛泽东太穷，结婚的事想都不敢想。

当萧瑜和蔡和森催促他为一起赴法做准备的时候，他为不去给出的解释也是贫穷。他无法凑齐 200 块路费，而一年以前他说能够凑齐这个数。确实，这笔钱靠他微薄的工资要攒起码两年的时间，因此他希望找一个更好的工作。

一段重要的逗留期

虽然毛泽东职业生涯的规划落空了，但是在毛泽东的一生中这段时间与在湖南第一师范的5年时光同样重要。

消极的方面：从此，毛泽东知道他不再是一个得到承认的文人。诚然，他可以作为一个独立学生旁听一些课程。但是，当他在讲座后提出问题时，年轻的哲学教师胡适[87]要求他报上姓名，因发现毛泽东不是注册学生，而拒绝回答他的问题。

积极的方面：毛泽东参加了两个学术团体。因为有相当数量的知识分子聚集在北京，这样的学术团体在首都与日俱增。一个是成立于1918年10月14日的新闻学会，由消息灵通的《京报》创办者邵飘萍[88]在一次讲座中号召创建。或许毛泽东在这个失意的冬天开始想以记者为生，因为他知道自己文笔不错。大约50年后，在“文化大革命”前夕，他这样吐露心声：“在十三年学习过程中，我学会的东西对于革命没有任何作用。我只是找到了一个工具：语言。能够写文章，就掌握了一个工具。”[89]另一个是哲学研究会，旨在“研究西方哲学家的思想，孕育出一个新的知识”。毛泽东聆听过杨昌济、梁漱溟、胡适和陈公博的报告。那时他打心眼里佩服陈独秀，不过他也喜欢朱谦之这个无政府主义学生的来访。后者出版的《北京大学学生周刊》第12期的封面上是巴枯宁的肖像，第16期则是克鲁泡特金的肖像和“组织自由、结社自由、互相帮助、互相支持”的口号[90]。

毛泽东的脑海中充满了从全世界汹涌而来的新思想旋涡。在言论最自由的大学中，他有一个小房间，可以反复进行思考。北京仍然是一个处在“中世纪”的城市，肮脏的街道，黑色的城墙，夜里没有什么照明，没有什么下水道体系，兵营和警察局分区治理，每天早上听到军号、喇叭和小号的声音，穿着外国制服的士兵在使馆区升起各色旗帜，除了仆人或苦力，其他中国人被驱散开。毫无疑问，毛泽东读过李大钊[91]的文章。1918年4月15日，这位年轻的图书馆馆长在《新青年》上发表了一篇名为《今》的文章。文章受柏格森的生命激情的启发，提出矛盾促进了历史的发展，这一观点吸引了毛泽东。1918年7月，李大钊在《言治季刊》中比较了东西方文明。虽然他沿用《新青年》的主编们对东方文明的批评，即“保守、被动、向天时、自然支配人间、贱女、敌视个人主义”，而西方“立地、支配自然、鼓励科学、个人的自由和解放”的观点，但是他用令人惊讶的方式总结出应该为第三个文明的诞生而努力，这个文明将战胜东方的传统，加强西方的价值，毛泽东在这一点上深表赞同。同一个月，在同一份杂志上，李大钊比较了法国和俄国的革命：法国革命是立于国家主义上之革命，兼含社会的革命之意味者也，俄国之革命是立于社会主义上之革命，并著世界的革命之彩色者也，宣告了第三种文明的诞生。俄国构成了东西方之间的一座桥梁。李大钊甚至用悖论的方式补充说明俄国的优势在于蒙古的西侵割断了它和欧洲其他地区的联系。想必毛泽东欣赏这一点。10 月 15 日，李大钊写了两篇关于布尔什维克革命的文章（《布尔什维主义的胜利》、《庶民的胜利》），是中国第一人。他对这次革命抱有好感，而以陈独秀为领袖的《新青年》团队[92]显然更接受 1917 年 2 月俄国的民主、反专制革命，对十月革命持谨慎态度。不过这些出现了马克思的名字的文章和马克思主义没有任何关系，李大钊还没有理解这个布尔什维克政党的哲学思想，就已经参加了它的革命。那时，毛泽东还没有受到这种几乎不出名的主义的影响。从 1916 年开始，李大钊通过阅读古田光的日语著作逐渐了解这一学说。值得一提的是，即使我们将 1918 年年底作为李大钊创建一个小型马克思主义研究学会（马克思学说研究会）的时间，也没有任何人说过毛泽东经常参与其中。毛泽东当然对自己能读到的关于十月革命的东西很感兴趣，但是他更感兴趣的是自己景仰的文科学长（即文学院院长）陈独秀猛烈攻击腐朽的“孔家店”的文章。反对传统家庭和女子童贞的胡适将易卜生的戏剧《玩偶之家》和其中有争议的人物娜拉介绍给国人，塑造了一个被美化的自由美国妇女的形象。比起马克思和列宁，毛泽东听到更多的是大学生们热烈讨论的阿尔伯特·爱因斯坦的狭义相对论（1905）和广义相对论（1916）、伯特兰·罗素的逻辑学（《数学原理》，1910—1913）、克鲁泡特金和巴枯宁的无政府主义，以及第一位获得诺贝尔文学奖的亚洲人泰戈尔（1913）的作品。

屈从于外省人的命运……

此时毛泽东接到家人的来信：母亲病重，希望再次见到他。于是他在 1919 年 3 月 12 日借钱买了火车票，坐上了离开北京的火车。14 日到达上海，在法租界码头为赴法学生送行，开往马赛的远洋轮上有 90 位年轻的中国人，其中 42 个是湖南人。新民学会的半数会员被送往国外！

1919 年 4 月 6 日，毛泽东回到韶山。在一封日期为 1919 年 4 月 28 日[93]的写给七舅父、七舅母和八舅父、八舅母的信中，他感谢他们照顾他的母亲："甥在京中北京大学担任职员一席，闻家母病势危重，不得不赶回服侍……亲侍汤药，未尝废离"。毛泽东估计母亲的病有了转机，喉咙痛已经痊愈，但胃溃疡仍未痊愈。事实上，他准备在长沙长住。师范学院的一位同学周世钊在修业小学谋得一个职位，毛泽东便住在那里，每周教 16 小时的历史课，一直到同年 12 月。薪酬是微薄的，但毛泽东有时间从事新民学会的工作，投身社会运动。

毛泽东充满幻想地北上首都，最后似乎屈从了外省人的命运，不得不放弃这种无法实现的上升之路。但命运之神关照他，一个月后爆发的五四运动[94]给了他机会。

第二章

一个湖南的民主主义者（1919—1921）

在1921年出版的《阿Q正传》[1]中，鲁迅塑造了一个经历1911年革命的不知名的苦力形象，他不知道革命为何物就被新的当局斩首示众，甚至没有唱一句围观的人群想听的戏。确实，这场革命的顺序有些颠倒：以推翻王朝和宣布共和国成立为开端，以15年后的全民动员结束。事实上，要分析这场革命，需要超越这段时期，革命的过程还包括1919年影响深远的五四运动和1925年的五卅运动[2]。即使这样，也不能改变它的性质是流产的资产阶级革命，缺乏有阶级意识的资产阶级和全国民众的支持。

1919年至1921年，毛泽东开始注意到群众的力量，从最初仅限于参与政治讨论变成具体的军事活动。他的组织能力很快得到认同，同时他发现民主运动在军阀混战的中国是受到限制的。

1919年：湖南的五四运动

1911年10月10日，武汉驻军举行起义。1912年2月，皇帝溥仪退位，孙中山建立共和国，不久袁世凯窃取革命果实。反清的秘密社团和孙中山的同盟会[3]组织了一次起义，各省的显要和当地的军队首领接管了政府。1916年袁世凯企图复辟帝制失败死去后，军官们变成“督军”，中国陷入军阀割据的状态。

1918年春天，湖南的张敬尧战胜了当地的军事联盟。强盗出身的保定军校毕业生张敬尧变成北洋军将领，为曾短期担任民国总理的皖系军阀段祺瑞效命。1918年3月26日，张敬尧占领长沙。他的一个弟弟是参谋部成员之一，驻扎进入湖南第一师范。湖南遭受这个武夫的残暴统治达数月之久。长沙的教师和学生得知来自首都的《凡尔赛和约》的消息群情激动。此时新铁路的修建没有受影响，仍然在进行。

《凡尔赛和约》结束了第一次世界大战。当人们得知1917年8月14日作为盟军参加战争的中国不但不能从战败的德国手中拿回在青岛和山东省境内采矿和修铁路的权利，而且必须把这些让给日本时，大家指控皖系各个部长勾结卖国。1919年5月7日，新民学会的学生在长沙街道上散布传单呼吁“救中国，收复山东”。5月8日张敬尧召见了学校官员，下令他们打压学生的任何示威活动，而警察在火车站查封从北京来的报纸，并到邮政局办公室拦截从首都来的电报。

5月10日，学生联合会呼吁抵制日货，并设置了10人团负责检查商店。5月15日，湖南籍的北大学生、毛泽东在北京的朋友邓中夏从首都返回，加强动员并传播被查禁的消息。毛泽东的威信又增加了一些。5月28日，毛泽东为领导者之一的学生联合会协调几天前开始的罢课，组成讲演团向商会和新的工人协会进行宣传。学生联合会的代表组织湘潭高中的学生罢课。

镇压从6月10日开始。尽管有学生抵制，学校仍然举行了考试。请愿者被大棒驱赶。假期临近，学生不想浪费这一学年，而且打算假期回家。不过10月的时候，他们仍然会联合起来，百分之四十的组织依旧活跃。

为了在暑假期间保持动员并在9月初恢复行动，毛泽东成了一名记者，实现了他第一次来北京时的梦想。他和朋友以及张敬尧的反对者一起创办了《湘江评论》，第1期于1919年7月14日发行[4]，印数2 000份。第1期引起了足够的反响，为7月28日、7月21日和8月4日的三期筹集了足够的资金，每期发行5 000份，并在几个小时内售完。这是个了不起的成功，大部分文章出自毛泽东本人。自此，他养成夜间工作的习惯，像大理石雕塑一样一动不动工作数小时，早上则急匆匆赶去上班。

湘江畔的杂志

创刊宣言出自毛泽东之手，从中我们也能了解北京的经历后他的思想。宣言一开始断言人类的主要问题是吃饱饭的问题，人们的力量在于“民众联合的力量最强”，面对镇压和蒙昧主义，需要民主。接下来的详述中，毛泽东说“民主”这个词在汉语中有四种说法[5]——奇怪的是遗漏了陈独秀在《新青年》上使用的（不规范的）音译“德谟克拉西”。民主反对压迫者有两种方法：第一种是承认强权者都是我们的同类，滥用强权，是他们不自觉的误谬与不幸，要让他们清醒；第二种是用强权打倒强权，结果仍然得到强权。毛泽东倾向第一个解决方案。他说他希望为了一碗米饭、自由和平等进行不流血的革命，没有混乱或炸弹：“洞庭湖的闸门动了，且开了！浩浩荡荡的新思潮业已奔腾澎湃于湘江两岸了！”——向这一阶段自由的和平主义者毛泽东致敬！

第 1 期还包含了有关欧洲和美国的罢工，以及美国 8 个主要城市爆炸案的各种信息。它介绍了一个美国的改革派工会领袖塞缪尔·龚帕斯的讲话，谴责工业主的专制。占最大版面的是关于北京的时事，尤其是 1919 年 6 月 11 日陈独秀被逮捕的事件[6]。陈独秀在一本小册子中揭露政府与日本签订秘密条约，谴责“叛徒部长”将山东送给日本。毛泽东说陈独秀长期以来反对蒙昧主义，为民主（“德先生”）和科学（“赛先生”）而斗争，不会遭受罗莎·卢森堡的命运。奇怪的是之后在一篇关于“俄过激党”的文章中，毛泽东对布尔什维克没什么好感，然而，仅仅一年之后，毛泽东就加入其中：“阿富汗侵印度，俄过激党为之主谋，过激党到了南亚洲。高丽的‘呼声革命’正盛时，亦有〔过〕激党参与之说，则巳〈已〉到了东亚。过激党这么利害！各位也要研究研究，到底是个甚么东西？切不可闭着眼睛，只管瞎说，‘等于洪水猛兽’‘抵制’‘拒绝’等等的空话。一光眼，过激党布备了全国，相惊而走，巳〈已〉没得走处了！”

然后是一系列简短而辛辣的文章，谴责《凡尔赛和约》，说威尔逊在“盗贼克里蒙梭、劳合·乔治和奥兰多之间非常孤立”。最后，我们读到一篇短文《女子革命军》，它将妇女描绘成“本来是罪人，高髻长裙，是男子加于他们的刑具。还有那脸上的脂粉，就是黥文。手上的饰物，就是桎梏。穿耳包脚为肉刑。学校家庭为牢狱”[7]。毛泽东对 1 000 名妇女参加 6 月 5 日北京的游行表示赞赏，这是获得新意识的迹象。

第 2 期详细介绍了“健学会”的成立和发展，这个研讨会正式成立于 1919 年 6 月 15 日，但毛泽东认为最早的开始可以从 1898 年 3 月到 10 月期间谭嗣同和朋友们提出的改革算起。毛泽东借此严肃评价了这些早期的努力，虽然从前的他非常欣赏这些努力。他把同时期梁启超在上海的努力看作“滥竽教育的，大都市侩一流”的行为。而蔡元培、江亢虎、吴敬恒、刘师复[8]、陈独秀的革新主张得到毛泽东的赞同。不过，这一出众的政治折中主义受到一篇《俄国革命在东西方激起浪潮》的短文非常微妙的影响。

在第2期中，毛泽东也批评了“可憎的凡尔赛条约”，这个“灰黄色的厚册”被克莱蒙梭“老头子”紧紧抱在怀里，误以为“就可当做阿尔卑斯山一样的稳固”。毛泽东为德国遭受的不公正待遇感到惋惜，“一千九百一十九年以前！世界最高的强权在德国”。然后开始追溯自拿破仑以来法德之间的关系，一个国家强加一种屈辱给另一个国家，几十年后都会遭到报复：“包管十年二十年后，你们法国人，又有一番大大的头痛”。

第3期继续讨论《凡尔赛和约》以及法国对德国没有缘由的恐惧，同时谴责湖南的警察。长沙街头老鼠剧增造成卫生隐患，当时有人在大树下躲雨，被雷击中，毛泽东痛惜他们的愚昧和迷信。还有一篇赞扬个人主义的短文。一篇研究“过激党”的论文[9]指出过激党的拉丁文为 bolshevicki，这个名词对普通中国人来说是“不可理解的”，“但当我们说社会主义必须采取武力从富人手中夺得土地，就比较好理解了”。

第4期于8月4日出版，包括一篇关于湖南学生联合会活动的报告。毛泽东追溯了湖南早期学生社团的历史，包括1898年的商业学校[10]，其中许多人参加了1900年8月的武昌①起义。这次冒险以悲剧结束，包括湖南人唐才常在内的100多人被杀。毛泽东花了大量的篇幅讨论谭延闿[11] 1903年创办的明德学堂，这是黄兴[12]作为革命者暴露之前教书的地方。毛泽东介绍了1905年科举考试取消后发展起来的“官僚学校”。一方面是仪式和传统占主导地位，督察戴着孔雀羽毛装饰的帽子，所有人都有义务每月给皇帝和孔子叩头两次[13]，宣传皇帝法令的讲座等。另一方面是悄悄传播梁启超的新民丛书和孙中山的《民报》。这些学校的学生穿着白衣在岳麓山上参加了湖南烈士陈天华和姚宏业的葬礼，他们为了抗议日本镇压中国学生的革命活动而自杀。他还谈到了湖南英雄马福益和禹之谟，高度评价了1910年6月初中生的爱国运动会，学生们立正高唱湖南赞歌：“岳麓山高耸入云，洞庭湖烟波浩瀚，沅江边，澬江畔我们呼吸着芝兰的

① 原文为 WuHan，有误。

芬芳，在这片勇者的土地上，所有人都听到战斗在回响。”

毛泽东最后谈到1911年4月时自己的爱国行动，当时他和其他高中生一起纪念黄花岗七十二烈士，并写了他的第一张海报。他宣布将在第5期上写一篇关于“湖南学生军”和1911年秋季大事的文章，不过第5期被军队收缴和销毁了。

《民众的大联合》

这篇杂文的目标只有一个：广泛动员民众反对张敬尧，反对军国主义。毛泽东的这篇文章分为三个部分，分别发表在《湘江评论》的第2、第3、第4期上，题为《民众的大联合》。

这篇文章的第一部分回顾了中国极端窘迫的境况。如何应对？通过教育人民和国家的工业化。为此，需要政治变革，人民群众反对压迫者和独裁者的大团结是历史发展的动因。1789年法国发生的革命结束了君主制的政治改革。同样，1918年[14]俄国彻底的社会改革也是通过全民动员实现的。毛泽东说“各国如匈，如奥，如截，如德，亦随之而起了许多的社会改革”。即使这些胜利尚未完满，也“可以普及于世界”。

如何实现这个伟大的联盟？

“有一派很激烈的，就用‘即以其人之道还治其人之身’的办法，同他们拼命的倒担。这一派的音〈首〉领，是一个生在德国的，叫做马克斯。一派是较为温和的，不想急于见效，先从平民的了解入手。人人要有互助的道德和自愿工作。贵族资本家，只要他回心向善能够工作，能够助人而不害人，也不必杀他。这派人的意思，更广，更深远。他们要联合地球做一国，联合人类做一家，和乐亲善——不是日本的亲善——共臻盛世。这派的首领，为一个生于俄国的，叫做克鲁泡特金[15]”。

文章的第二部分分析“小联合”的力量，我觉得按照篇幅可以分为七个阶级。最重要的是学生，占34%的篇幅。他们的生活很苦。老师像奴隶一样对待他们，把他们作为囚犯锁起来。照明是如此糟糕，以致他们成了近视，长椅设计不当，使他们脊柱弯曲。他们要阅读大量书，教师只是一些“书呆子”，一点都不了解20世纪，向他们灌输“一大堆古典式死尸式的臭文章”，国家要亡了，还禁止他们的爱国举动——“我们要讲求自救，卢梭所发明的‘自教育’，正用得着”。

其次是小学教员，占篇幅的26%。描述比较有分寸，但他们生活困难，薪水微薄，每月8元10元，嘴里尝粉笔屑，住在偏僻的乡村，交通不便，夫妻分离。

女性占19%，排在第三位：“我们一窟一窟的聚着，连大都门〈门都〉不能跨出。无耻的男子，无赖的男子，拿着我们做玩具，教我们对他长期卖淫，破坏恋爱自由的恶魔！破坏恋爱神圣的恶魔！整天的对我们围着。什么‘贞操’却限于我们女子！‘烈女祠’遍天下，‘贞童庙’又在那里？”“我们于今醒了！我们要进行我们女子的联合！要扫荡一般强奸我们破坏我们身体精神的自由的恶魔！”

其他各阶级篇幅没有那么多。农民占10%的篇幅，排在第四位，虽然毛泽东承认他们的人数最多。农民缺乏土地，要向地主交租。工人占6%的篇幅，工人要求更高的工资、更好的工作条件和公平分配利润，这更多反映的是手工业者而不是工厂工人的情况。剥削的问题——关于车夫被车主剥削——只排到第六，占4%的篇幅。毛泽东用4%的篇幅以警察结束了自己的列举，他提到日本人认为乞丐、小学教员和警察是世界上最苦的人。毛泽东鼓励所有人联合起来，鼓励工人们模仿欧洲工人组成工会。这也是文章第三部分的内容。

同时，毛泽东提出三个问题：

(1) 对广大人民群众的大团结到底有意识吗？毛泽东认为，1911年的革命是海外学生、哥老会[16]、当地新军中的一些士兵和当地势力的革命，在群众中没有得到任何真正的支持。然而，这种“大逆不道”[17]推翻了清朝，并在1916年打倒了洪宪皇帝（袁世凯）。自第一次世界大战以来，群众的影响力越来越大，“俄罗斯打倒贵族，驱逐富人，劳农两界合立了委办政府，红旗军东驰西突，扫荡了多少敌人，协约国为之改容，全世界为之震动。匈牙利崛起，布达佩斯又出现了崭新的劳农政府。德人奥人截克人和之，出死力以与其国内的敌党搏战。怒涛西迈，转而东行，英法意美既演了多少的大罢工，印度朝鲜，又起了若干的大革命。异军特起，更有中华长城渤海之间，发生了‘五四’运动。旌旗南向，过黄河而到长江，黄浦汉皋，屡演活剧，洞庭闽水[18]”。

(2) 中国这个伟大的联盟已经有此动机了吗？根据毛泽东的看法，这是毫无疑问的。毛泽东强调1911年各省咨议局和同盟会在“痛饮黄龙”中的作用。此后，同盟会成为国民党，省级咨议局变成“进步党”[19]。每个省都建立了教育会、商会和农会，还有同乡会、校友会和研究会。知名人士（绅士）和政治家发挥了重大作用，各种协会向市民和学生开放。但是近期的联合会，例如学生联合会才是真正民众力量的组合。

（3）我们促进人民力量大团结能成功吗？中国社团经验有限，中国企业管理的困难可能让人们有疑虑。中华民族是一个奴隶的民族，数千年来屈从于某个皇帝。但事情正在发生变化：“我敢说一怪话，他日中华民族的改革，将较任何民族为彻底。中华民族的社会，将较任何民族为光明。中华民族的大联合，将较任何地域任何民族而先告成功。诸君！诸君！我们总要努力！我们总要拚命的向前！我们黄金的世界，光华灿烂的世界，就在前面！”

我们可以看到，在1919年的夏天，毛泽东还不是一个马克思主义者。他相信全民动员，是全民动员的见证者和改革的参与者。尽管对俄国革命有明显的兴趣，但他仍然不相信暴力的革命道路。他是或多或少有国际主义倾向的民粹主义者，受到克鲁泡特金的无政府主义的诱惑。不过，他已经准备好组成广大的、令人震惊的联盟来反对张敬尧和地方军阀。

新闻与道德：赵女士的自杀

毛泽东在《湘江评论》被取缔后，就毫不犹豫地进入长沙的湘雅医学院——中国的“耶鲁大学”[20]，和燕京大学——中国的“哈佛大学”地位相当。为了听这个学校的医学课，他拿了一本初学者手册继续学习英语。他接受了这所学校的出版物《新湖南》的编辑工作，把第7期变成一个新系列的第1期。毛泽东发表了一篇声明，表明自己批评社会、改革思想、介绍新知识和讨论问题的意图，但没有提到不需要原则，也不在乎权威（他称呼政府为“当局”）。当局立即查封了《新湖南》。后来，毛泽东被湖南最大的报纸《大公报》聘为自由记者，1919年11月14日的一则社会新闻引起了他的注意：一名年轻女子不愿意嫁给一个富裕古董商的儿子做填房，她觉得对方又老又丑[21]，在从父母家去未来丈夫家的花轿上，用剃刀割断了自己的喉咙。

毛泽东为赵五贞女士写的文章不下十篇。他对妇女地位的看法影响了从大城市到四川偏远地区的年轻人。[22]当然，对这一说法必须有所保留，但我并不赞同罗森鲍姆的看法，他对这篇文章的重要性提出根本的质疑。确实，毛泽东不是第一个，也不是唯一一个评论这件事的人。《大公报》的主笔龙彝11月15日就评论过此事，认为这个年轻的女子是自由和爱情的烈士，必须谴责她所遭受的不公正。这件事具有典型性。赵小姐迷信鬼神，认为在从家里到夫家的路上自杀，她的鬼魂可以逐个纠缠他们。[23]实际上，她有可能得救。她在红十字会总部附近受的伤，如果不是家里人拒绝男医生的抢救，把正在流血的伤者送到有一段距离但有一名女医生的"耶鲁大学"诊所，那么她本来有机会活下来——女医生只能眼睁睁看着她死亡。然而，毛泽东没有将这点列入谴责迷信的名单，这可能有损烈士的形象。多么充满激情的文章！11月16日，他谴责由中国社会、赵家人和吴家人对赵女士形成的致命的三面铁网。11月18日，他讨论这个年轻女孩的个性问题。她的父母不顾她的意志，而她用她的行动赢得了她的人格，社会也为她高兴。"雪一般的刀上面，染了怪红的鲜血。柑子园尘秽街中被血洒满，顿化成了庄严的天衢"：天下类于赵女士父母的父母都要入狱！

毛泽东建议年轻人的现代婚姻需经双方同意，并提出对法律进行大幅修改。11月21日，他列举了各种社会弊病，赵女士是这个社会的受害人。为了回应他的朋友彭璜反对自杀的观点，毛泽东将这起自杀事件归咎于这个社会否认妇女的地位，例如长沙没有女性公共厕所，妇女独自到茶馆或旅馆时不受欢迎，第一师范没有女学生。

毛泽东还讲述了另一件丑闻。韶山一个女子违心嫁给一个姓张的坏蛋，在与情人私奔两天后她被族人抓回来，被捆绑殴打，被她的丈夫多次强奸。在这种情况下，自杀其实是一宗谋杀案。11月21日和23日的文章中，毛泽东回到自杀这个主题，正如一位读者写的，按照中国的传统，这不是一件"喜事"，也不是一个解决问题的方案。他用了一些理由解释赵女士的自杀与中国传统的"反抗强权"无关。妇女必须解放自己，改变自己的命运（翻身）。必须禁止早婚，加强女童教育及妇女就业，以确保其经济独立。11月25日，毛泽东抨击谋杀爱情的包办婚姻。27日，他谴责撮合赵小姐婚事的佘媒婆。28日，他批评了婚姻中的各种迷信。

新闻与政治

毛泽东也是一个政治记者。暑假期间，毛泽东和新民学会留在中国的朋友们成立了两个旨在促进“民众大联合”的小组。除了6月建立的健学会，1919年9月1日，还成立了问题研究会。这个研究会的名字回应了从初夏开始《新青年》的专栏中李大钊和胡适的争论：“问题”与“主义”之争。毛泽东的朋友邓中夏在春天的时候从北京来到长沙，10月23日在《北大日刊》第467期上提到他的朋友毛泽东从长沙将消息传达给他。[24]

研究会列举了68个重大问题，并规定必须在理论的指导下进行研究，这是一个倾向李大钊的立场。这些问题包括教育问题（杜威学说、田径场的建设……）、妇女问题（贞节、恋爱的问题、婆媳关系、取消卖淫和缠足、幼儿园、节育……）、白话文取代文言文的问题、孔子的问题、东方和西方文明的结合问题、劳工问题（工资、工时、失业、童工……）、国际问题。第11条到第41条涉及“如何推进民众的大联合”、联合国、印度、航空公司在大西洋和太平洋的航班、英吉利海峡和直布罗陀白令隧道建设问题、山东、西藏等。第54条到第68条关于国内政治和经济金融问题，还有公共公园开放的问题（第68条）。这些问题都有点幼稚，但透出一股强烈的好奇心，在那个时代非常典型。

事实上，毛泽东重点关注的是两个问题：教育改革和驱逐张敬尧的斗争。关于第一点，12月1日，他提到“工读主义”的体制[25]，这个体制1918年已经设立，1919年春天试行。他打算在岳麓山上建一座“新城镇”，有农场有学校，将杜威的教育理念与社会实践结合起来。学生的一天将被分为8个小时睡觉、4个小时放松、4个小时个人学习、4个小时上课和4个小时劳动。劳动可以是在菜园里或田里耕作，或在村庄暂住，促进当地自治运动。他认为必须介绍给学生的是：法国是政治革命的典型，俄国是社会革命的模范。柏林是街道干净的模范城市，巴黎是美丽繁荣的城市。这个受托尔斯泰启发建立的城镇将实行自给自足，通过教育和劳动改革家庭。

驱逐张敬尧运动：毛泽东代表在北京

毛泽东以极大的热情关注着驱逐军阀张敬尧的斗争。各种请愿和示威游行纷纷爆发，以揭露张敬尧在湖南的种种劣行：北洋军队士兵占领学校，土地税翻倍，向外国公司廉价出售土地。1919 年 12 月 2 日，毛泽东和新民学会号召学生和日本海军士兵的福州暴行的受害者联合起来。湖南教育协会举行了一次会议，呼吁恢复抵制日货。由于检获并焚烧日货的学生纠察队遭到镇压，抗日救亡运动转变成驱逐张敬尧运动。毛泽东连续两天两夜参加了教师代表和学生代表的讨论。12 月 6 日，长沙 13 000 名大中学生罢课。但是军队疯狂镇压，逮捕并威胁处死运动的领导人。一位中学校长被张敬尧的弟弟扇了一耳光，被迫下跪。罢工者决定利用长沙商会[26]的资助，组成请愿代表团去广州、常德、郴州、上海和北京。北京请愿团的 55 名代表[27]由毛泽东带领，主要由第一师范的教师、学生和新民学会的成员组成。在这次事件中，毛泽东上升的影响力第一次得到承认。

12 月 18 日，代表团乘坐火车去北京[28]：在汉口停留了 10 天后于月底到达首都，受到旅京湖南各界联合会的接待。毛泽东首先关注的是建立一个平民通讯社。他的家庭刚刚发生了深刻的变化：两个多月前，也就是 10 月 5 日，他的母亲去世了。在感人的悼词中，毛泽东回忆了母亲的温柔、善良和对不公正的痛恨。他似乎忽略了不久之后（1920 年 1 月 23 日）因伤寒去世的父亲。26 岁仍然单身，自由自在，有一些资助，他很快将在第二次北京之行中体验到自己新的地位，但是也认识到他的限制。

毛泽东将代表团和自己的住处安排在故宫护城河以北的小喇嘛寺福佑寺①，该寺位于北长路 97 号。这个破败的寺庙除了火盆没有取暖的东西。主屋有两尊金色或黑色的西藏神像，毛泽东在这里放了他的床和一张书桌、一盏油灯。油印机被放置在一个香案上。毛泽东总是在深夜起草揭露张敬尧罪行的通讯稿，并将其投寄给北京、上海、天津和武汉的中国各大报纸。[29]12 月 24 日，他谴责湖南省的鸦片贸易，当天武昌车站截获了 5 吨从奉天（今辽宁）运往长沙的罂粟种子——似乎已经有 2.5 吨运到目的地了。12 月 27 日，署名毛泽东和部分旅京湖南各界联合会成员的请愿书力陈张敬尧将湖南的煤矿廉价出售给英国人。这份请愿书于 1920 年 1 月 6 日在上海的大报《申报》上发表。1 月 4 日，毛泽东再次讨论走私罂粟种

① 原文为 Fuyusi，有误。

子的问题。1 月 19 日，另一份请愿书历数张敬尧的十大罪行，尤其是在醴陵和攸县屠杀平民的事件、大规模销售鸦片和强制贩卖彩票等，签名者众多。1 月 19 日，湖南教员代表要求将“让他们身陷贫困”的都督撤职处罚。2 月 28 日，代表团又开始了新一轮的请愿。他们意识到以段祺瑞为首的皖系军阀支持张敬尧，转而求助跟段祺瑞争夺首都权力的曹锟等直系军阀——曹锟的大将吴佩孚之前支持张敬尧，1920 年 3 月他从湖南调走了自己的军队。

毛泽东的新生活

同时，毛泽东的个人生活发生了显著变化。首先，毛泽东失去了一位长辈。当他在德国医院再次看到杨昌济老师的时候，后者已经病入膏肓了。夏天时突发的胃病引起了他全身水肿和消化系统的问题[30]，可是老师固执地继续在北京度过寒冷的冬天，坚持洗冷水澡也加重了他的病情。尽管他在山区一个疗养院休养，而且入院治疗，但还是于 1920 年 1 月 17 日去世。在 1 月 22 日发布的讣告上，毛泽东的名字出现在蔡元培等知名学者的旁边——这证实了他在社会上所取得的进展。

此外，毛泽东与杨教授的女儿杨开慧坠入爱河。杨开慧 19 岁，长得像毛泽东的母亲，小个子，圆脸，白皮肤，拥有深陷的双眼和卷发。她受过良好的教育，非常独立，当然也有些迂腐。萧瑜确认说是毛泽东先获得了杨开慧的芳心，而后才获得她父母的允许，而毛泽东可能曾被陶毅和蔡畅所吸引。1920 年春天，毛泽东和杨开慧开始在北京试婚，非常保密，直到 12 月杨开慧和母亲到长沙定居之后才公开，三个人住在同一个屋檐下。在北京的时候，因为缺钱，新婚夫妻并不住在一起。

第一个孩子毛岸英于 1921 年出生，有人认为是在 1920 年[31]，其实最有可能在 1922 年 10 月。1936 年毛泽东告诉埃德加·斯诺，他在 1919 至 1920 年冬季公开与杨开慧的爱情，然而却忘记了结婚的日期。在他看来这是微不足道的事件，显然这是当时年轻人中的潮流。1921 年 5 月 28 日蔡和森与向警予在爱情基础上结合：没有仪式，和几个朋友在蒙达尼吃了一顿便饭，拍了一张合照，膝盖上放着一本《资本论》。几个月后，在给罗璈阶（罗章龙）的信中，毛泽东认为这是一种勇敢的行为，是摧毁婚姻制度的榜样，值得学习。这一点解释了1920年他和杨开慧的关系。

毛泽东在北京的斗争分为三个方面。

第一个方面是教育，对毛泽东来说教育始终是最重要的。1920年3月5日，他在上海《申报》上发表了一篇募捐1 000元资金的启示，为了资助一个上海的“工读”互助团。[32]2月，他写信给朋友陶毅，告诉她与新民学会12个成员和长沙女子师范学校的学生组成一个“研究会”的想法，他们准备参照已经在法国适用的半工半读模式将这些成员送到俄国学习。他本身也可能参加，并和李大钊谈到此事。3月14日，他在给周世钊的信中——此人为毛泽东谋得了修业学校的职位——提到去国外学习的事[33]，他认为太多人迷恋出国留学的想法，其中只有极少数是非常好的。他表明已经跟胡适谈过，后者也同意，甚至写了一篇文章，题为《非留学篇》。

毛泽东表示希望留在中国更好地了解东方文化（他认为东方文化可以说就是中国文化），武装好自己之后再学习西方文化。此外，他补充说通过译本学习西方文明比通过原文学习更快捷。为此，他想在长沙建立一个“自修大学”，实行“共产主义的生活方式”，一方面通过为报刊撰文、编书和上课，自给自足，另一方面通过其他手工劳动，如做饭、洗衣，减少开支。学生每星期举办两到三次研讨会，讨论知识问题，而课时限制为每周6个小时，其余时间用于自己阅读。毫无疑问，毛泽东参考了自己的经验，他对任何学校的纪律都“过敏”。他也参考了1919年10月受托尔斯泰或克鲁泡特金的启发在北京推出的一个类似项目，这个项目叫“西苑花园新村”（“黎明的曙光”）。他的朋友张国焘、邓中夏、罗章龙和十几个湖南人参加了。毛泽东说两三年后他将派一个代表团去“世界第一个文明国”俄国。不久之后的9月23日，毛泽东起草了俄罗斯研究会的章领，并任书记干事，湖南著名人士姜济寰[34]任秘书长。

第二个方面是驱逐张敬尧的政治斗争。从1920年3月12日湘军开始取得胜利到6月20日控制整个湖南，毛泽东和他领导的驱张协会[35]共写了13封信和声明[36]。从4月1日开始，毛泽东成为改造促成会的改革者之一。谭延闿和他的下属赵恒惕[37]将湖南变成一个类似日本明治维新时期的实验地。6月，促成会在报纸上发表了几份声明建议湖南自治。毛泽东将湖南比作中国的瑞士，拥有3千万居民：“谭和赵驱逐了坏蛋张之后”，军事统治结束，士兵人数减少为一个师；建立省级银行发行货币，省政府由普选产生的议会负责；设立 100 万元的基金用于教育，15 年内实现义务教育；完成长沙—广州的铁路建设；承认结社、集会的权利和基本的自由。

第三个方面是意识形态的斗争。毛泽东其实是在寻找一个理论以引导他的政治行动。因此，他常常和李大钊见面。李大钊之后在《湘江评论》上发表了一篇赞同毛泽东的文章。[38]1920 年 3 月，李大钊建立了一个马克思主义研究会，毛泽东参加了几次活动。1918 年年底以来，北大图书馆组织了各种马克思主义研究组。但是，将 1920 年春天看作毛泽东在李大钊（马克思主义在中国的主要介绍者）的影响下成为马克思主义者的日子是错误的。[39]因为李大钊本身尚未成为马克思主义者，阿里夫·德里克的研究表明：李大钊深受克鲁泡特金的影响。[40]从 1920 年 1 月开始，毛泽东阅读了《共产党宣言》不完整的中文翻译本（刘仁静[41]首次将它翻成中文）。其中重要的章节将刊登在 4 月 6 日发行的《每周评论》上。罗章龙、何孟雄[42]、邓中夏和毛泽东印发影印本。1936 年毛泽东对斯诺说他的社会主义思想的完善是因为读了考茨基[43]的《阶级斗争》和一个叫柯卡普的人写的《社会主义史》。无论如何，直到 1920 年至 1921 年冬季，马克思主义大部分最基本的作品——《工资》（介绍剩余价值学说）、《价格和利润》才有中文版。[44]在 1920 年 6 月 7 日给以前的老师黎锦熙的信中，毛泽东提到他想专攻的“现代三大哲学家”：亨利·柏格森、伯特兰·罗素和约翰·杜威。[45]马克思不在其列。

上海：返回的原因

毛泽东稍稍提前结束了他的第二次北京之行。湖南的形势发展很快，在首都他不再有很多工作要做，资金也用完了。彭璜[46]和萧三让他到上海与他们会合，给新民学会促成湖南改革以决定性的推动。学会位于静安区公共租界原哈同花园附近的哈同路民厚南里 29 号（今安义路 63 号）。他有当记者的经验，大家需要他编辑一份 1920 年 2 月份创立的周报《天问》。

于是毛泽东向一位朋友借了 10 元钱买车票[47]，乘上了 4 月 11 日的火车。奇怪的是他5月5日才到上海，花了25天时间。1936年他对斯诺说他只够到达南京对面的浦口的钱，他被偷了鞋子，不得不等待一个朋友借钱给他买新鞋子和从南京到上海的车票。其实毛泽东花了三周时间旅游，攀爬了1 500米高的泰山，在山顶可以看到日出。他还参观了孔子的家乡曲阜、孔子弟子之一颜回居住的河畔，还在渤海湾的冰面上走过。这次旅游的插曲补充了1917年夏天他在湖南的游历。

也许，毛泽东想慢慢来。直到1920年6月11日，张敬尧丢了长沙才最终失势。但这种奇怪的拖延是不是有不理性的原因？毛泽东可能已经感受到在投身当地政治之前，需要与中国深厚的历史沟通。很久以后的1966年，他在“文化大革命”前也秘密消失了一段时间。

在上海，毛泽东和新民学会来自北京、天津、长沙的十几个成员汇集在黄浦江畔。5月8日，他们在上海老城靠近上海旧衙门的半淞园[48]开会，距离西门不远。毛泽东发表了一次演讲[49]，鼓励赴法的会员“潜在切实，不务虚荣，不出风头”。他们的指导原则应该是“纯洁、诚恳、奋斗、服从真理”，互相帮助投入创造性的活动来“改造中国与世界”。毛泽东特别强调妇女在这场斗争中的作用，发展社会的潜力是漫长和困难重重的过程。11日，毛泽东在航运码头为6个赴法的会员送行，其中包括朋友萧瑜的弟弟萧三[50]。一个女孩子惊讶毛泽东为什么不和他们一起去，毛泽东回答：“革命等不到他们回国。”当缆绳松开的时候，他最后喊道：“努力学习，拯救我们的国家！”毛泽东是新民学会唯一留在中国的领导者。

毛泽东已经收到从湖南寄来的旅费，但他一直不愿回长沙去，因为他想拜见著名的陈独秀教授，后者与几个朋友住在环龙路老渔阳里2号[51]。此时陈独秀正和共产国际代表吴廷康讨论建立中国共产党的事宜，毛泽东难以吸引老师关注湖南的麻烦事。而且我们几乎不知道毛泽东和陈独秀的这次会面有什么成果[52]，但是这加强了毛泽东的权威，他在自己已经满满的地址簿上又加上一项。7月9日，联系簿上又加入了胡适。毛泽东给胡适写过一封短信[53]，告诉他湖南一切都好，并希望在教育领域里面“有多点须借重先生”。

也许是为了获得陈独秀的宝贵支持，毛泽东延长了自己待在上海的时间，虽然他不喜欢这个城市。他曾经在学会本部试验工读生活，和三个成员[54]开了一个小食堂，毛泽东负责洗衣和分发报纸《天问》，有时也在一个洗衣店帮忙，每个月 15 元[55]，一半用在送干净衣服的路费上。对这种没有时间思考、分散精力的生活毛泽东不无抱怨。

毛泽东：书商、编辑、工业家

毛泽东的犹豫并没有持续多长时间。1920 年 6 月 26 日，在湖南的军事行动结束，谭延闿和他的师长赵恒惕获得胜利，在上海的流亡者可以返回了。7 月 7 日，毛泽东在武汉乘船抵达长沙。然后，他在衡阳短暂逗留[56]，他在那里会见他在第一师范的一位老师，国民党成员和谭延闿的亲信，他刚刚被任命为第一师范的校长。于是毛泽东被任命为第一师范附属小学的校长[57]，同时是师范学校主要的中文老师。现在毛泽东就站在成名的门口：在北京他曾经两次被拒之门外。

7 月 31 日毛泽东在《大公报》上宣布和易礼容[58]、彭璜一起开办了一个书店——文化书社。这个书店位于潮宗街 56 号湘雅医学院旧址的三间屋子内。[59]8 月 2 日，书店开业，谭延闿亲笔写了招牌。书店不为盈利，以传播 1919 年五四运动中出现的“新文化”为目的。和包括著名的上海商务印书馆等许多出版社达成协议后，9 月 9 日，书店收到了第一批书。根据 10 月 22 日三个主要建立者的第一份报告，共卖出 164 本书。毛泽东在这三人中并不是领导者，有一个奇怪的头衔“交涉员”。销售的书包括达尔文[60]、克鲁泡特金的主要中译本，柏拉图的《理想国》，《水浒传》重新标注标点的版本，还有胡适、蔡元培的书和孙中山的一本书[61]，以及 45 种期刊和 3 份报纸。

在介绍他的书店时，毛泽东说“新文化的蓓蕾”“在俄罗斯北冰洋沿岸”开了花。另外，我们在销售的书里面发现有柯卡普的《社会主义史》——概括地总结了马克思的《资本论》，还有关于俄罗斯的研究和一项报告，杂志当中有陈独秀的《劳动界》[62]。519 元的微薄资金，有 27 个股东，其中包括新民学会的一些成员（毛泽东、陶毅、彭璜、何叔衡）、当地的知识分子，以及方维夏[63]、湖南商会的会长等名士。开张 40 天后，图书馆收入 136 元，支出 101 元，利润是 35 元，因为不支付工资。

毛泽东成了书商和出版商。他的书社也获得了何叔衡[64]的支持，这年夏天他被谭延闿任命为湖南通俗教育馆馆长，出版《湖南通俗报》。1921年6月被查封之前，毛泽东在这份报纸上发表了一些文章。在1920年秋天或之后几个月，毛泽东甚至尝试办一个小棉厂，与“棉花王”聂其杰[65]有联系。很快，他不得不放弃。这种资本主义的尝试在当时很流行。和周策纵[66]的看法相反，五四时期用白吉尔的话说，正处于“中国资产阶级的黄金时期”。企业家是现代化的代理人，受到崇敬。毛泽东尽管仍然不出名，还穿着褪了色的蓝色学生服，但已经成为湖南省的名流。秋末的时候，他将年轻的妻子和岳母安置在王夫之研究会的总部，一幢漂亮的房子里，好像不收房租。

回家处理家族事务

毛泽东不再是没有钱的“流浪者”，他从父亲那里继承了一笔钱——父亲在死后仍然帮助了他的长子。我们看到毛泽东家里的田地每年能多出35担大米用于买卖，父亲的商业活动为他谋得了2 000元到3 000元的资金；但是时局的困难让这笔微薄的资金只用了7个月。1920年8月下旬，毛泽东在韶山度过了一段时间。也许他将这段在乡下的日子看作休息。解决完继承的相关问题，现在他成了一家之长。

1921年2月，正逢农历新年放假，这年的新年2月8日开始。[67]毛泽东和妻子还有两个弟弟、一个收养的妹妹住在家里。大年三十的时候，所有人都聚集在底楼大房间的火炕边。二弟毛泽民拿出一份经济状况表，长兄不在家时他负责管家。家里的屋子需要修缮，流兵四窜，路上很危险，田地的收成一年不如一年。于是毛泽东不无尴尬地开导：“国乱民不得安生，所以我们要舍小家为大家，出去做一些有利于大多数人的工作。”“家里的房子可以给人家住，田地可以给人家种。我们欠人家的钱一次还清，人家欠我们的就算了。我们的牛可以给邻居耕田，他们负责来养牛就行。至于多出来的稻谷，卖掉给家里的人让他们有东西吃。”[68]

毛泽东雇用佃农耕作家里的田，收田租供他的弟妹们上学：泽民被他担任校长的学校录取；泽覃作为寄宿生进入长沙一所很好的高中；泽建通过了衡阳女子师范学校的入学考试。

剩下一点钱可以让毛泽东投入政治活动。1920年9月1日，毛泽东回到长沙，在两个月内组织了一场争取湖南自治的民主运动，是督军谭延闿的主要对话者。事实上，“湘人治湘”的口号很快就被新的总督采用了，谭延闿从夏初开始宣布湖南省独立，一点都没有在意北京不稳定的权威。对毛泽东来讲，这仅仅意味着一对新的军阀代替了旧的军阀。从 6 月 23 日[69]开始，毛泽东用虔诚的许愿表达了他的担忧：必须感谢谭延闿和赵恒惕驱逐了张敬尧，但是谭和赵“自认为平民之一，干净洗脱其丘八气、官僚气、绅士气，往后举措，一以三千万平民之公意为从违”。

9 月 1 日毛泽东回到长沙当天，谭延闿宣布进行“普选”产生湖南政府，召开“自治会议”准备选举，会议参加者是 30 个乡绅，全都是 1909 年间接选举产生的省议会的成员。9 月 14 日这个建议被天津自由人士的《大公报》抨击为骗人的把戏，旨在保留某个阶级小圈子的人的权力。9 月 27 日，谭延闿做出让步：他要求前省议会的 53 个成员起草一份“湖南省自治宪法计划”，等中国国内实现和平再“建立一个全国宪法”。而就在几天以前，在这场新闻运动的影响下，省议会建立了一个“自治研究会”。

公民制宪的努力

毛泽东在这场论战中发挥了关键作用。1920 年 9 月 3 日，他在一篇资料翔实的文章中分析了世界外交的形式，“湖南建设的根本问题”是“湖南共和国”。他谴责统一的大中国的概念，认为这是湖南不幸的主要原因。我们正在目睹俄罗斯、奥地利、匈牙利和奥斯曼等帝国的瓦解，新的国家纷纷建立。旧的中华帝国有二十二行省、三特区（热河、察哈尔、绥远[70]）、两藩地（蒙古、西藏）：未来中国可分为二十七个自治区，湖南共和国是“救中国的唯一办法”。第二天，他写了第二篇文章认为“固有的四千年大中国，尽可以说没有中国，因其没有基础”。

毛泽东积极评价俄国革命的胜利，因为列宁[71]依靠 80％到 90％的工人，依靠一个有 100 万成员的政党。毛泽东补充说一个如此深刻和全面的革命原则上需要支持，但在中国不可能，必须“由分处下手”，打破“没有基础的大中国”，“建设许多的小中国”。

9 月 6 日，毛泽东重提前一天在《大公报》上表达的一个想法，提出“湖南门罗主义”，禁止外省人干涉湖南的事情[72]。7 日文章的中心主题是四千年来，湖南受统一中国的压迫，“湖南的文明，只是灰色的文明”。当湖南的改革或革命运动处在先驱地位时，中央政府都予以坚决镇压，例如1897年至1898年的谭嗣同，以及1903年至1904年的马福益和黄兴。目前的无政府状态“尚要延长七八年”，“我们的机会实在佳胜，我们应该努力，先以湖南共和国为目标”，作“二十七个小中国的首倡”。

9月26日、27日、28日和30日，他发表了一些言简意赅的短文重新讨论这些主题：“但若不继之以实际的运动，湖南自治，仍旧只在纸上好看，或在口中好听，终究不能实现出来”，“假如这一回湖南自治真个办成了，而成的原因不在于‘民’，乃在于‘民’之外，我敢断言这种自治是不能长久的”。

然而，在9月28日的文章中，毛泽东似乎将这种全民的运动看作在野党和执政党的对峙。因此，他不是最激进的人。《大公报》询问毛泽东的朋友彭璜他想建立一个什么样的共和国：是不是一个类似美国的共和国，掌握在资本家和政要手中？彭璜写道，他想要的是一个没有阶级的共和国，外国人无法控制工厂和公共企业[73]，解放受压迫的民族——藏族、满族、蒙古族和回族，仿照爱尔兰对英格兰的模式，在湖南人的基础上建立一个共和国。

毛泽东从未在立场上走这么远，他的想法大概也是如此，但他一直寻求与当地开明人士保持接触。

事实上，这次新闻宣传导致了“公民制宪”运动的出现。10月7日，彭璜作为湖南大学生联合会的主席召集了几个月以来出现的所有组织的代表，讨论10月5日毛泽东和一位《大公报》记者的文章。这篇文章收到377人的签名。大家批准了一项请愿书，要求谭延闿任命一名教师、一名记者、一名工会工人、一名商人和一名学生组成一个委员会，负责制定湖南自治和民主的宪法草案。湖南革命政府（人们这样称呼谭延闿当局）要召开制宪会议，自由地讨论这个草案，为“新湖南”奠定基础。请愿中有新民学会的主要成员、记者和开明人士。他们从美国的形成或德国的统一中得到启发，提出为各省制定宪法，最后制定一个联邦式的国家宪法。在湖南，制宪会议不由普选产生，而是由省议会、教育界、商会、农协、劳工联合会、学生会、记者联盟和律师联盟指定的代表组成。最后宪法通过全民公决获得通过，但需要8到10个月的组织时间，这在乱世似乎有些困难。总之，这是一个温和的民主运动，没有扰乱社会阶层！这篇文章中“人民”实际上扩展到在“资产阶级黄金时代”出现的新力量，包括记者、律师、教师和西化的商业精英。这些人以请愿者的形象出现，与谭延闿之前聚集的精英针锋相对。11 月，毛泽东在长沙建立第一个共产党小组，他仍然是一个改革派，出现颠覆思想是偶尔的事。

10 月 8 日，毛泽东在省教育会主持了一次新的会议，有 400 余人参加。富商袁家普在会议中建议组织一次游行纪念 1911 年 10 月 10 日的武昌起义。这位富商是一位开明人士，谭延闿的亲戚，曾参加驱逐张敬尧的运动。大家组成一个 15 人[74]的委员会向谭延闿请愿，请愿书上有 436 个签名。9 日，15 人去衙门递交请愿书，并宣布上街游行，而来自 22 个协会的代表在教育处准备第二天的游行。标语牌上写着“普选”、“直接投票”、“湖南独立”、“湖南们罗主义”、“人民选政府”、“直选行政官员”、“农民、工人和商人属于上层阶级”、“湘人治湘”等。

10 日，2 万名示威者涌上街头：3 000 多名工人、近 8 000 名高中生和大学生、100 名记者、数千名商人和农民、2 000 名警务人员……天气阴沉，三支队伍带着标语牌、旗帜和铜管乐队从 9 点钟开始游行，在市中心狭窄的街道上形成三个队列。瓢泼大雨打散了一些示威者。谭延闿亲自接受请愿书。但后来一队人马占领了不得人心的省议会，找到一面旗帜取下来撕裂：大家不想要代表北京中央政权的标识。在接下来的几天里，有人送密信给警察，告发毛泽东是这种不恰当行为的主谋。

此时，毛泽东已经去了萍乡，在这个江西的山区休养，也许是为了躲避湖南当局的追捕。12 月 5 日，他以学校校长的身份写了一封信，在《大公报》上为自己辩护，他表示他如果支持湖南自治运动，就会光明正大并遵守法律。尽管如此，12 日，谭延闿在他的衙门里召集了一些学校的校长、报刊的主编、不同组织的负责人，痛斥旗帜事件。他认为这件事证明了某些人提出的自治是不可接受的。于是，运动陷入低潮。

11 月 1 日，8 个温和的组织召开制宪会议，包括自 1909 年以来一直休会的省议会和记者联合会。发言者都是著名人物，如章炳麟[75]、著名学者蔡元培、吴稚晖、张继、约翰·杜威与他的翻译曾国藩的孙子、罗素。与会的人数虽然不多，但都经过挑选：60 位名人和记者，会议由国民党的报纸《民国日报》的编辑主持。大家建议各省自治实行联邦制，但没有人提及这一方案如何执行。杜威谈到美国的 13 个创始共和国。罗素说，他也许会接受共产主义，但他拒绝工人和农民的专政。对于那时候的真实情况，只有章炳麟写过回忆录。如果选票能限制军阀的权力，那么如何使军阀低头？我们注意到毛泽东没有参加会议，要求湖南自治的民主运动支持者也没有参与。当民主的浪潮席卷而来的时候，这些年轻人名声大噪，而当浪潮退却的时候，他们就在名流的世界里消失了。

不过，章炳麟是正确的：在湖南西部爆发军事叛乱的同一天，另一个军事叛乱即将在湖南省东部的醴陵和平江县爆发。谭延闿为了保住性命逃走了，而他的手下赵恒惕或许参与了驱逐他的行动。11 月中旬，赵恒惕夺取了政权。1921 年，他让一些名流匆忙制定了一份湖南宪法，1922 年举行了受到操纵的选举。他依照自己的利益恢复了军政府。这是民主运动的失败。毛泽东对此不感兴趣。1921 年 4 月 25 日，他在《大公报》上发表了一篇评论赵恒惕宪法草案的文章[76]，文中特别增加三项建议：允许女性有继承权，能自由寻找工作，和自己喜欢的人结婚。显然，他放弃了政治斗争，而借助公告的效应。11 月的时候他对文化书社的经理易礼容[77]解释说新民学会在驱逐张敬尧运动、湖南自治运动中只起到权宜之计的作用。为了在湖南省创造一个更好的政治环境，除了时不时参加这些运动，还要推动新民学会在国外的成员比如萧瑜进行深入和专业的学习，或者建立一个组织，为彻底的革命创造一个基础，比如蔡和森提议的共产党。至于留在中国的成员，他们也必须提高自己的本领，参与社会运动或政治运动，比如支持普选和自治的运动，同时确保学会成员的坦诚和互相帮助。

毛泽东从他领导民主运动的经验中吸取了教训：他知道自 1919 年以来，各界朋友和联盟一同建立的民众力量的联合主要由中学生、大学生和教师组成，无法战胜陈旧的军阀势力。他开始看到谁持有枪支谁就无所不能。一段时间以来，他有些沮丧，但他迅速镇定下来：1920—1921 年的冬季将成为他加入共产主义的机会，共产主义一定能重新改变他的整个命运。

朝共产主义努力

他被迫在萍乡耽搁了一周左右。1920 年 11 月 25 日，毛泽东给向警予写的信中[78]袒露了他那时的苦闷，我们知道向警予已经成为蔡和森的伴侣。毛泽东认为湖南人民文化上的落后是造成民众运动失败的原因。湖南人不明白他们需要“务与不进化之北方各省及情势不同之南方各省离异”。建立新湖南立宪会议的想法对大多数人来说似乎有些奇怪：“湖南人脑筋不清晰，无理想，无远计，几个月来，已看透了。政治界暮气已深，腐败已甚”。

毛泽东似乎回到了最初的想法：就目前而言，政治是死路一条，他已经确定自己是一个教育工作者，并计划做两年的教育工作，虽然这不利于他的研究。因此，他请向警予引女子出国，此时仍然是去法国，而不是苏俄，多引一人，就是多救一人。在 1920 年 11 月 19 日《大公报》[79]上发表的一篇文章中，毛泽东批评湖南财政用于女子教育的经费只有总额的二十二分之一！他对新民学会的另一位成员重申[80]，必须让湖南省成为先锋，放弃全国性大型组织，这些组织已经造成康有为、梁启超、黄兴和孙中山的失败。确实，逃亡到日本的孙中山正处于最低谷。11 月 26 日，毛泽东一边为湖南恶劣的教育状况流泪，一边称赞李石曾的教育“世界主义”规划，他不接受东南亚盛行的本位主义。确实，总的情况很糟糕，未来还不明朗。1921 年 6 月中旬，毛泽东得知易白沙[81]的死讯，他在刚刚过去的端午节像诗人屈原[82]一样投水自杀。他感到十分痛惜，撰写挽联：“无用之人不死，有用之人愤死，我为民国前途哭；去年追悼陈公，今年追悼易公，其奈长沙后进何。”

尽管泪水难抑，但是，毛泽东的人生已经反弹了。创作这幅挽联后不久，6 月 29 日他乘船去上海参加中国共产党成立大会。此处我们不讨论关于中国共产党的建立产生的各种学术争辩。[83]我们只是简单提一下，虽然 1921 年 7 月底中国共产党才被共产国际承认，但事实上从 1920 年 8 月开始，共产党就在上海存在了，虽然它只是五四运动之后各大城市出现的各种各样教育学会的一种激进的变种。它和按照 1917 年苏维埃十月革命的模式建立的布尔什维克革命政党没有任何关系，后者通过工人罢工的浪潮中涌现的武装起义来夺取政权。

1920 年冬天，毛泽东的个人活动使他加入了当时只是一个小团体的共产党。很明显，这受到了蔡和森的影响。毛泽东在长沙，蔡和森在法国，他们之间曾通信 4 次——1920 年 5 月 28 日、8 月 13 日、9 月 16 日、

1921年1月21日。1920年1月，蔡和森到达法国后居住在巴黎地区，直到里昂事件之后被驱逐。

1920年8月13日，蔡和森的信[84]在我看来特别有意思。我们知道受新民学会的影响，有30个中国学生来到法国，其中大部分住在卢瓦雷、蒙达尼，其中一些在哈钦森[85]的工厂兼职工作。借助“勤工俭学”来法的这一小批中国留学生难以适应他们的新生活[86]，他们发现几乎不可能一边学习一边在工厂工作来维持学费和生计[87]。许多人已经放弃了，或之后很快就放弃了。1921年6月30日，中国工业银行的破产加剧了他们的困境，他们把自己微薄的积蓄存在那里。1921年9月，里昂建立了一所中法学院，很快一些按照更严格的学术标准被录取的大学生将来到这里，他们会把所有的时间投入学业。

这段时间爆发了两次尖锐的危机：1921年2月28日，学生们朝巴比伦大街57号的中国使馆方向游行，这次游行是不合法的，未能获得使馆的支持。1921年9月21日，发生了里昂事件，法国当局逮捕了125名学生，其中大部分人于1921年10月14日被送回中国[88]。在这两次引人注目的事件之前，蒙达尼的学生已经分裂成两个小团体，人数差不多：一些人围绕在蔡和森身边，果断地转向苏联革命的模式，并提出建立一个中国共产党旅欧党团组织。他们建立了巴黎社会主义青年团。1921年2月，一些共产主义青年团的早期组织举行会议，定下这个名字。其他人围绕在深受蒲鲁东影响的萧瑜身边，他们拒绝无产阶级专政，宣扬民主和改革的社会主义。毛泽东和萧瑜、蔡和森都通信。1920年8月，蔡和森给毛泽东回信，回答了关于国际形势和在俄国取得政权的共产党的性质问题。

蔡和森向毛泽东解释俄国革命的方式，他认为俄国革命是其他革命的根源，将在全世界发展起来，并强调阶级斗争和无产阶级专政的必要，批判无政府主义是乌托邦。在谈到1917年的俄国革命时，蔡认为中国将迎来它的二月革命，建议毛不要去参加，但要为未来的十月革命做准备。

毛泽东接受了这些立场。我们可以从1920年12月1日他给萧瑜等的信中找到证据[89]：毛泽东的信写给新民学会的70多个成员，在信中他祝贺学会的法国分会7月份在蒙达尼森林的一块空地上召开会议。对萧瑜在会上起草的“世界主义”表示非常赞成。他讲述了萧瑜和蔡和森之间的冲突，并给出自己的意见：他理解萧瑜对苏维埃式革命的反对，萧瑜更接近

11 月 1 日罗素在长沙发表的反对理由，罗素说他赞同共产主义但反对工人和农民的专政，因为他觉得教育会让有产阶级意识到自己的错误，避免使用战争和“血腥的革命”。“曾和荫柏、礼容等有极详之辩论，我对于罗素的主张，有两句评语，就是‘理论上说得通，事实上做不到’。罗素和子昇和笙主张的要点，是‘用教育的方法’，但教育一要有钱，二要有人，三要有机关。现在世界，钱尽在资本家的手；主持教育的人尽是一些资本家或资本家的奴隶；现在世界的学校及报馆两种最重要的教育机关，又尽在资本家的掌握中。总言之，现在世界的教育，是一种资本主义的教育。……无产阶级比有产阶级实在要多得若干倍……而于和森的主张，表示深切的赞同。”

他进一步肯定了 1920 年 11 月给易礼容的信中已经确认的内容。不久之后的 1921 年 1 月 21 日，他给蔡和森的信中清楚地肯定了“唯物主义历史观”。1921 年 3 月至 7 月，当他在长沙见到回国的萧瑜时，两人曾有过数夜激烈的讨论，包括乘船到上海参加中国共产党成立大会的时候，甚至在上海期间。[90]毛泽东最终选择了马克思主义、共产主义、无产阶级专政和阶级斗争作为历史的发动机。

决定性的选择

同时，从 1920 年 10 月开始，他再次显示出自己的组织能力。9 月份从上海秘密回长沙后，他建立了长沙社会主义青年团。在上海期间他也许遇见了李达和张太雷[91]。他们是共产国际秘密使者的翻译，正准备推出一个理论刊物，名叫《共产党》[92]。毛泽东对这个被共产主义者看作革命先锋的组织表现出了新的兴趣。在 1920 年 11 月 26 日给他的朋友罗学瓒的信中，毛泽东表示赞成他离开蒙达尼的大学，去工厂工作的决定。[93]因为这样他能学习“西洋工厂里的情况”。“李声澥君劝我入工厂，我颇心动。我现在颇感觉专门用口用脑的生活是苦极了的生活，我想我总要有一个时期专用体力去作工就好。李君声澥以一师范学生在江南造船厂打铁，居然一两个月后，打铁的工作样样如意。由没有工钱以渐得到每月工钱十二元①。他现

① 相当于一个小学教师的薪水。

寓上海法界渔阳里二号，帮助陈仲甫先生等组织机器工会，你可以和他通信。”他也表明自己想到工厂做工。李声澥又名李中[94]，他在1920年9月26日出版的《劳动界》第7期中发表了一篇署名文章，用无政府主义和工会的语言激励工人们组成一个工人阶级的基础组织。他在上海期间留宿在陈独秀家中，受陈独秀的鼓励应聘成为这座城市造船厂的钳工，他在那里组织了一个“工读互助团”[95]。李中建议毛泽东当一名工人，毛泽东有点心动，因为这样才能进入劳动者的世界，让无产阶级意识到它的革命使命。虽然毛泽东的信中列举了托尔斯泰，他说“由劳动得来的生活是真快乐”，但他没有想过要自己去经历。毛泽东较早关注到要在学校范围外扩大人民群众的伟大联盟。所以，他的朋友张文亮在组织小学教师和中学生的过程中，在1920年11月21日的日记中记道：“会见毛（在通俗馆[96]），云不日将赴醴陵[97]考查教育。并嘱青年团此时宜注重找真同志，只宜从缓，不可急进”[98]。

在这个冬天，毛泽东以新民学会和文化书社作为支点，负责组建一个湖南的共产主义核心。文化书社起到传播进步书籍的作用，赚取的利润用于资助政治活动。1921年4月，毛泽东撰写的第二份半年度报告显示从1920年11月至1921年3月，实现了销售额4 049元，开销3 942元，利润107元。[99]全省各地新开了8个门店。[100]销售最多的是亲共产主义的著作——陈独秀的《劳动界》5 000份、李大钊的《新青年》2 400份、《新生活》2 400本、《资本论》200本。我们也注意到还有胡适的《中国哲学史》150本、《克鲁泡特金的思想》200本、约翰·杜威的《讲演集》220本和凯恩斯的《凡尔赛和约的经济后果》60本。

至于新民学会，1921年1月进行了好几次充满激情的辩论——1月1日、2日、3日和16日——还有2月20日，毛泽东不得不在夏天提交了一份讨论报告。[101]在辩论中萧瑜被击败了[102]，他沮丧了很长时间。共产主义的颠覆性慢慢消除了制度困扰，而各成员被社会主义青年团神秘的地下集会所吸引。在这些会议上，我们尤其发现这一代年轻人身上的天真、热情和他们的雄心壮志。很快，他们就大批投身于一场惨剧，一些人失去了生命，另一些人放弃了幻想。尽管争论很激烈，气氛还是友好的，辩论总以愉悦的聚餐结束。1月1日到3日都下着大雪，大家走出屋子拍了一张集体照，不过没有拍好。有人制订了出游的计划，农历五月、七月和八月的时候[103]进行了3次游船活动。

每次大家都谈到球类运动和打雪仗，虽然难以想象毛泽东堆雪人或扔雪球的场景！总之，他们还是年轻人，年纪从24岁到27岁不等。只有何叔衡47岁，这或许可以解释为什么所有这些会议都由他主持。我们也可以注意到在1月16日的会议的21个参加者中，由毛泽东总结发言。他们中有5个女孩，这是一个时代的标志：她们已经放弃了传统女性的羞怯。而且女孩子们都有从事教育的宏伟规划，除了一个想从医，不过由于缺乏资助放弃了。陶毅大概是毛泽东的第一位恋人，她说她没有被北京女子高等师范学院和南京女子高等师范学院录取。有一个话多的男会员说他希望到达学术的顶峰，陶毅就自嘲是“采煤女工”来揶揄他，也许这其中也隐约流露出她没有实现自己梦想的遗憾。后来她在长沙周南女子学校学习英语、教育学和心理学，并寻求创建“一个妇女的联盟”。值得注意的是，虽然她赞成布尔什维克的方向，但逐渐偏离了共产党，也从未加入共产党。

1月1日和2日，讨论的重点首先围绕新民学会的目标和方法，持续了两天。期间大家形成了分歧，一派是布尔什维克模式和俄国革命的支持者，另一派认为这些可能不适合中国。毛泽东认为这场争议是陈独秀主张的“改革”和梁启超主张的“改良”之间的对立——这种分割的方法非常巧妙，但不精确。他和彭璜都直截了当地说除了俄国模式，任何道路都是死路。彭璜是布尔什维主义的支持者，他表达了自己对光明未来的看法：中国物质发展不发达不是一个障碍，恰恰相反，是一个有利条件。事实上，我们可以发现，在中国找不到类似于法国工会、英国工党、德国社会民主党或国际工人组织[104]的组织。最后以投票的方式结束了两天的讨论，1月2日会议的投票结果中，12票赞成布尔什维主义，2票赞成民主，1票赞成“罗素的温和社会主义”，3票弃权。

然后大家讨论每个人眼前的计划。女孩子们都很失望。男孩子比较乐观，13人想学习一或两门外语，通常是英语，然后是日语、法语——两人选择了俄语，这些人打算留洋。许多人都希望上大学，除了两个人对自然科学感兴趣，一人选择物理学和化学，大多数人计划学习文学。还有两个华而不实的人认为自己是天才，滔滔不绝地谈论宇宙、空间和时间。有两个人可能受李大钊那篇著名文章[105]的启发，考虑到乡下当教师。

一个叫熊瑾玎[106]的人作了发言，从中可以看出他的坦诚天真。他说，如果没有钱，就什么都做不成，因为必须达到某种舒适程度才能按照自己意愿行事。所以他想发财："我看过像《十个富人》和《赚钱者》这样的书。[107]在中国有两条路可以致富：当官或做买卖。我不想当官，我决定经商。我想和萧瑜一起去开发满洲，但我没有资金。"

毛泽东有些严厉地批评熊瑾玎，"生活奢了，不特无益，而且有害"。毛泽东的计划是：教书或当新闻记者，但专用脑力的工作很苦，他想学一宗用体力的工作，如打袜子、制面包之类，因为这种工作学好了，可以"向世界任何地方跑"。"主张依科学的指导，以适合于体内应须的养料，身上应留的温度，和相当的房屋为主，这便是'备'，多的即出于'备'之外，害就因此侵来。"

这种非常严格的儒家道德主义将会不断在他的生活中出现。除此之外，毛泽东在 1 月 16 日会议期间打开了心扉，"觉得普通知识要紧，现在号称有专门学问的人，他的学问，还止算得普通或还不及。自身决定三十以内只求普通知识，因缺乏数学，物理，化学等自然的基础科学的知识，想设法补足。文学虽不能创作，但也有兴会，喜研究哲学。应用方面，研究教育学，及教育方法等。做事一层，觉得'各做各事'的办法，毫无效力，极无经济，愿于大家决定进行的事业中担负其一部分，便于若干年后与别人担负的部分合拢，即成功一件事[108]。去年在上海时，曾计划在长沙顿住两年，然后赴俄。在长沙做的事，除教育外，拟注力于文化书社之充实与推广。两年中求学方面，拟从译文及报志了解世界学术思想的大概。惟做事则不能兼读书，去年下半年，竟完全牺牲了，这是最痛苦的牺牲。以后想办到每天看一点钟书，一点钟报"。

我们可以通过 1921 年 1 月 28 日他写给彭璜的信来完善这幅毛泽东的自画像。[109]因为新民学会的成员之间实行互助，促进团建，毛泽东提到彭璜的 10 个缺点：（1）言语欠爽快，态度欠明决，谦恭过多而真面过少。（2）感情及意气用事而理智无权。（3）时起猜疑，又不愿明释。（4）观察批判，一以主观的而少客观的。（5）略有不服善之处。（6）略有虚荣心。（7）略有骄气。（8）少自省，明于责人而暗于责己。（9）少条理而多大言。（10）自视过高，看事过易。毛泽东补充说他认为自己也有这些缺陷但"1、3、5 项除外"，"君子[110]须能改过。有心救世，须自己修治"。

这就是当时的毛泽东。1921 年 6 月 29 日傍晚，他与何叔衡作为湖南代表去上海参加中国共产党的成立大会。这可能是组织者的选择，因为他不久之前去过上海，是湖南少数知名的共产主义者。也许，也因为听说了他的组织能力。这个看起来笨拙寒酸、口音浓重的大个子在长沙经营的书店是上海和北京之外传播共产主义最好的书店。这是很大的优势。

★第三章

斗士（1921—1925）

1921年7月初，当毛泽东来到上海的时候，他刚刚遭受了新的挫折。他两次在首都北京逗留期间都没有作为一个真正的知识分子被承认，在湖南自治运动中面对控制了长沙的新军阀赵恒惕，毛泽东建立了自己的名声，但没有真正巩固其在地方上脆弱的名声。很快，他被指定为参加中国共产党成立大会的两名湖南代表之一，毛泽东继续寻求一个政治方案救中国。

这次会议草率的开端使他成为湖南省的一个共产主义者，促进当地工会的工人革命。很快他就体验到新的失败：1919年他梦想过的民众大联合在1920年面对武力时表现出它的局限性，更强大的工业无产阶级的加入也没有增强它的力量。不久以前，这种社会力量出现在工厂、矿山和铁路车间里，被共产党人看作革命必不可少的先锋。在中国的政治中，民主运动的基石是13 000名大中学生和1 200名教师，工人的力量在他们面前显得微不足道。毛泽东受到通缉，不得不逃走。他一直拒绝这种模糊的持不同政见者的身份。1923年春天他躲到上海，后来到广州避难。得益于当时的政治环境，孙中山接受了国共统一战线，毛泽东可以展现自己作为组织者和记者的才华，为共产党和国民党服务。

1925年5月30日的五卅运动是中国对帝国主义提出的一次警告。此时，毛泽东回到了他在韶山的老家。秋天的时候他满怀信心地到了广州：在中国，主要的革命力量不在城市，而在广大农村地区，数以百万计的贫穷农民都愿意站在反抗旗帜的后面为了土地和尊严奋斗。这种哥白尼式的革命战略几乎在同时期吸引了彭湃、方泽民和罗启元[1]等其他共产主义战士，以及沈定一[2]等一些民族主义者。

维金斯基的任务

按照1919年夏天共产国际第二次代表大会的决议[3]，共产国际打算在“殖民地或半殖民地”国家建立反帝联盟，发展民间力量——包括正在形成中的工人阶级——和民族资产阶级，汲取自19世纪末以来在全球出现的巨大能量。通往伦敦或柏林的革命道路，也通向了新德里和上海。

正是在这种背景下，1920年春天，位于伊尔库茨克的远东国际派格里戈里·维金斯基抵达北京。维金斯基化名为吴廷康，他的任务是寻找中国革命者组成共产党的核心。维金斯基先遇到了李大钊，之后与陈独秀在上海碰了面。陈独秀因为五四运动进了监狱，出狱后居住在上海。维金斯基有一封共产国际的推荐信，共产国际允诺给组建中的小组以物质帮助。值得注意的是，1920年秋天，维金斯基还会见了国民党的领导孙中山，后者准备返回广州重建联合政府。1919年7月，年轻的苏维埃共和国通过《加拉罕宣言》放弃了沙皇俄国在“不平等条约”的背景下于中国取得的一切权利和特权。1920年9月，《加拉罕宣言》通过具体的建议得到实行。此举促成了苏俄和年轻的中国民族主义者之间的和解。对于苏俄来说，帮助未来的中国共产党主要是为了加强苏俄的外交，使其摆脱孤立的困境。[4]

1920夏天到1921年夏天，中国共产党早期组织和社会主义青年团在北京、上海、济南、武汉、广州、长沙[5]纷纷成立，东京和巴黎也有。一些杂志，例如上海的《劳动界》、《共产党》，北京的《劳动音》让大家知道了俄国革命，传播马克思列宁主义的基本原理。[6]著名的《新青年》和它的创始人陈独秀一起回归共产主义。北京附近的长辛店铁路仓库工人俱乐部的活动、上海小沙渡纺织区工人夜校和李中建立的工会使马克思主义者第一次接触了城市无产阶级。

在这种情况下，共产国际驻中国代表马林[7]于1921年6月3日经海路到达上海。接待他的俄国家庭住在汇山路6号——现在的华山路，位于国际租界内，在上海东部的杨树浦。他在那里遇到了苏俄共产国际伊尔库茨克办公室派来的尼科尔斯基。经过与当地的共产党人李汉俊、李达的激烈讨论，马林匆匆准备成立中国共产党。

一次仓促的代表大会（1921年7月—8月）

本次大会的两个主要宣传共产主义的人都没有出席。陈独秀当时在孙中山的广东政府任教育厅厅长，李大钊留在北京，派了他的副手刘仁静和张国焘参加。这意味着马林能够控制中国最早的共产主义者无序的活动——1923年6月，马林在给季诺维耶夫、拉狄克和布哈林的信中惋惜中国共产党的诞生有些早。

正如范德文所说，对最早的中国共产主义者来说，这并不意味着一个有组织、有纪律的团体的诞生，这一点在1927年陈独秀被赶下台后才实现。这个复杂的知识分子秘密社团出现了大约一年后，得到了正式承认。这个社团的努力主要集中于教育工人阶级，建议其成员维护工人的利益。创立新党的13名参与者的个人资料显示出五四运动之后大量出现的社团的一些基本特征。所有代表都是年轻男性，平均年龄28岁，比如毛泽东，最年长的45岁（何叔衡），最年轻的19岁（刘仁静）。他们都是知识分子，4个师范学校毕业生（毛泽东、王尽美、何叔衡和包惠僧），两个高等师范毕业生（李达、陈潭秋），5个中国或外国大学毕业生（李汉俊、张国焘、刘仁静、陈公博、周佛海）。此外，董必武出生于1886年，是个秀才。邓恩铭，水族，来自贵州，16岁随家人到山东谋生，毕业于山东省立第一中学。在那里他参加了五四运动。时代的另一个标志是，许多人能讲外语，或有意向学习。李汉俊和周佛海能用日语阅读；陈公博、李汉俊、张国焘和刘仁静会说英语，陈潭秋毕业于武昌高等师范学院，在武汉一所中学教英语；那时候毛泽东提出为了去苏俄要学习俄语，他的英语属于初级水平——一生都这样。

13名参与者中的10名被安置在博文女校[8]，因为假期学校对外关闭。他们以北大师生暑期考察团的名义住在学校宿舍里。会议地点距离这所学校很近，在李汉俊的哥哥李书城的家里，上海法租界贝勒路树德里3号，位于望志路的拐角[9]。12名成员代表了北京、上海、武汉、广州、长沙、济南和东京中国共产党早期组织50多名党员。巴黎没有派代表参加。包惠僧是陈独秀的代表[10]，不是严格意义上的"代表"，所以参加会议的15人中，只有12位代表，另外两人是共产国际的两位代表。

对于这次会议的总结可以从这些创立者的命运中看到答案：事实上，只有少数如毛泽东、董必武和王尽美到去世的时候仍是共产党员，没有和党断绝关系。[11]在国内革命战争期间，两人被国民党枪毙，即李汉俊和邓恩铭分别在1927年12月和1931年遇害。陈潭秋在1943年被新疆军阀杀害。何叔衡被转移时经过福建，为了避免被捕跳崖自尽。李达1923年脱党，做大学教授，1949年重新入党，1966年8月24日被红卫兵揪斗致死，时任武汉大学校长。刘仁静1930年成为托洛茨基主义者，1951年1月15日在香港《大公报》发表了一篇自我批评[12]，重新入党。至于包惠僧[13]，1927年脱党，1931年成为国民党的高官，1948年隐居澳门，后来回到北京任内务部研究员，1979年7月去世。张国焘在1938年长征结束后脱党，加入国民党，1979年12月3日在隐居的多伦多去世。最后，陈公博因为与日本人合作在1946年被国民党枪毙。周佛海也以叛国罪被国民党逮捕，1948年2月在南京监狱中自杀。这些命运的多样性是1919年到1949年中国革命史的缩影。

会议于1921年7月23日开始，由李大钊派来的张国焘主持。会议分成了两派。李汉俊或多或少受到李达、陈公博、周佛海的支持，希望在组织工人革命运动之前，由马克思主义知识分子对工人进行长期的意识形态培训。他建议在党内进行辩论，在布尔什维主义和德国社会民主党的路线之间选择一条最佳路径，并结合中国实际建成一种灵活的结构。他不接受无产阶级专政，想把马林的角色限制为单纯的观察员，认为革命是一种远景，共产主义者可以加入资产阶级的政府，例如孙中山的广州政府。面对这种观点，代表正统流派的是张国焘和刘仁静。刘仁静为无产阶级专政的必要性辩护，拒绝对资产阶级的任何妥协，主张吸收工人而不是知识分子入党。刘仁静和李汉俊为马林做英语翻译，马林谈到他在爪哇工作的经验以及与萨拉喀特回教会建立联盟的经验，并强调组织工人的必要性。然而，马林傲慢、教条，虽然同情亚洲被压迫民族，但在“亚洲幼稚病”面前隐约显露的优越感使他无法令人信服。

制定纲领和工作计划时，共产国际的两名代表没有参加。7月30日，一个陌生人借口弄错地址进入会场，其实这是法国巡捕房的一个探子。马林预计警察会来检查，要求代表们撤离。第二天，代表们聚集在50公里以南的浙江嘉兴南湖一艘游船上继续开会。他们批准了党的名称，选举陈独秀为书记，李达负责宣传，张国焘负责组织。党的纲领在 7 月 31 日和 8 月 5 日期间通过，8 月 5 日可能是会议结束的日子。纲领要求通过“推翻资产阶级”，建立无产阶级专政，断绝与知识分子阶层的所有联系。

新政党必须首先关注工人工会。加入共产国际的问题比较混乱，只接受了原则。然而，这是个有组织的新政党，书记的权力相当大。卡尔·拉狄克在 1924 年指出，由于某些原因，陈独秀采用了集权主义和家长式的领导风格。直到 9 月初，陈独秀才从广州回到上海开始履行书记的职责，之前他似乎把权力委派给了周佛海。至于马林，他不满新党拒绝支持孙中山的政府，这是共产国际的路线。他没有让大会的文件公布。但他得到了他想要的东西：建立了一个有等级制度的机构，之后可以依靠它推行共产国际的路线，即建立无产阶级革命运动和民族资产阶级之间的联盟。

此外，8 月 11 日，马林从陈独秀处得知新政党建立了一个劳动组合书记部，由张国焘领导，包括李启汉、包惠僧、李震瀛和许白昊[14]。成立宣言发表在第 6 期《共产党》上。书记部自 1921 年英美卷烟厂罢工开始就非常活跃。这次罢工的胜利令马林印象深刻，让他肯定了自己的路线[15]：一个革命的中国无产阶级已经诞生，将推动民族资产阶级的反帝斗争[16]。

被忽视的毛泽东

毛泽东在这次会议上是如何表现的呢？我们只有有限的资料，但这些材料能够相互印证。萧瑜确定代表们散会之后他和毛泽东乘火车去了嘉兴，住在旅馆的同一个房间里。[17]毛泽东参加完南湖的会议后满身大汗回到旅馆，还不肯去洗澡，让萧瑜有些不舒服，他们一直谈论政治到晚上。虽然睡了个懒觉，但他下午没有去开会的地点，宁愿和朋友在杭州游玩。这样的态度，至少可以说反映了一些不安，还证实了后来刘仁静的回忆是对的[18]。

刘仁静回忆说毛泽东在这次会议上发言很少。和其他代表一样，他只是介绍了长沙当地共产党早期组织目前的情况和初步的成绩。他对与会的马克思主义理论家印象深刻，他销售这些人的书或读过他们的文章，李汉俊是第一个翻译《资本论》的中国人，也读过李达或刘仁静的文章。毛泽东和从莫斯科来的领导人坐在同一张会议桌上，当他们发言的时候，毛泽东像听到了十月革命的阵阵回响。他充满敬意专注地听着，吸收理论依据，坚定了自己的政治选择，同时保持他的自主判断。据萧瑜说，毛泽东曾对他讲，这些代表不错，有些人受过良好的教育，他们可以读日语或中文的文章。[19]

不过，毛泽东有点觉得这个环境让他想起了在北京的不适应。而他充满乡村气息的行为让他的新同志们惊讶或不快。当他们写回忆录的时候，这些人大都已成为他的政治敌人。张国焘说毛泽东的常识相当丰富，但对于马克思主义了解很少。毛泽东穿着他的布长袍马褂，看起来更像是一个从乡村来的道士。他健谈好辩，在与人闲谈的时候常爱设计陷阱，如果对方不留神而堕入其中，发生了自我矛盾的窘迫，他便得意得笑起来。[20]

如果这幅苏格拉底式的毛泽东的肖像对我们来说还算给人好感[21]，那么李昂所做的描述打破了这个形象："他给了我一个奇异的印象。我从他身上发现了乡村青年的质朴：他穿着一双破的布鞋子，一件粗布的大褂，在上海滩上，这样的人是很难发现的。但我也在他身上发现了名士派的气味。他的头发和老兵一样长，他的脸给人的感觉从来没有彻底清洗……所有人都把他看成一个怪人，开始叫他毛疯子。从高兴变成愤怒不需要理由，随口乱说话，跟每个人讨论自己烂熟于心的东西，讨论到要动起手来。"

而且他补充说，虽然每个人都原谅他"粗暴的坦诚"，但这种坦诚掩盖了一种"狡猾"。1921 年夏天，在这些创建了中国共产党、说话有些不注意的西化知识分子中间，毛泽东确实找不到他的位置。而且 1921 年 8 月中旬回到长沙之后，毛泽东就病倒了，这次会议对他来说如此艰难。他得回到韶山冲去休息。

一个外省的共产主义者（1921—1923）

一如往常，他恢复得很快，并有了中国共产党驻湖南主要代表这个新身份。毛泽东接受的任务是在湖南建立一个共产党组织，它已经吸收了当地的 16 个小知识分子，正如我们看到的，这些人是新民学会的干将，但是他从上海回来后不久新民学会就解散了。

从 1921 年的秋天开始，他按照这种规划安排他的生活，成为上流社会边缘的一个红色名人。事实上，他有足够的收入，在北郊租了一幢雅致的房子，它原是一个当铺老板修的，叫作清水塘。屋子周围是菜地，有一个“污水塘”，就建在通往小吴门的路边。交通非常方便，很容易淹没在人群中摆脱赵恒惕派来的警察的监控。[22]

此外，共产党仍进行地下活动，1921年10月10日，清水塘成为湖南省委机关——毛泽东很快和妻子开慧、岳母、他的儿子岸英一起搬进清水塘，从10月开始一个保姆也搬了进来。这里靠近船山学社。这个学社是一些名流为了纪念王夫之[23]而建立的，1911年革命后重新启用，按照古老书院的模式运行。毛泽东经常去听在船山学社举办的讲座。从1921年5月开始，船山学社由曾和毛泽东一起参加共产党一大的何叔衡领导。这个学社由省里任命会长，每个月收到省里拨的400元经费。从8月16日开始，毛泽东在这里办起他的“自修大学”[24]。

事实上，刚开始的时候，加入中国共产党并没有改变毛泽东的活动轨迹。他继续投入主要精力致力于民众教育，即使私底下他为自己的政党或社会主义青年团吸收成员，对青年人进行培养。当然，作为第一师范附属小学的主事，他继续举办平民夜校和针对进城工作的文盲农民的补习班。用这种方法将衣衫褴褛肮脏的苦力引入当地的学校。这些人咀嚼葵花子，随地吐痰，在他们的火盆上炸煎饼。主事这种奇怪的行为使他在同事们心中的形象受到损害。

晏阳初推动的长沙基督教青年协会夜校的成功让毛泽东很感兴趣。1922年3月，夜校颁发了1 200本毕业证书，从夏天开始为1 500人“扫盲”。不过，毛泽东谴责千字教材有宗教性质，让他的朋友李六如编写了另一本千字教材，介绍人类从石器时代到机械化时代的变迁，强调劳动的神圣：工人创造所有的财富，但他们在寄生虫占主导地位的社会中一文不名。这部四册的教材于1922年10月出版。

他自己也上一门洋溢着民族自豪感的中国历史课。9月29日在申请加入少年中国学会[25]的申请信中，他写到自己的职业规划在于教育领域，职业生涯于1919年7月在湖南开始（实际上是4月6日），为了领取月薪，获得写文章的酬金（记者）。三四年后，他将到国外去，到莫斯科去，在那里度过5年。这与1919年的规划相比没有什么改变，至少表面上是这样的。

自修大学

然而他对伟大的自修大学计划仍然踌躇满志。毛泽东在之前的教育计划中将这种机构设计成一个为革命运动培养干部的学校。如此，毛泽东为不久之后在广东举办培养农民运动干部的机构预先做了准备。1923 年 4 月 10 日，在自修大学的第 1 期报纸《新时代》上，毛泽东发表了自修大学创立宣言[26]，第一次对自己的计划做了一个总结。他描述了古代教育的体制，为科举做准备的书院在 1905 年已经消失了。后来的新式学堂都有一个缺陷：教师和学生之间的关系是商业关系，教师要钱，学生要文凭。而且这种体制刻板又脱离现实，教学计划繁重，只注重书本。毛泽东设想的新式大学必须打破这些精英主义传统，精英主义让学阀们[27]培养一些“少爷”、“小姐”或“思想麻木或糊涂的人”。我们需要一所面向无产阶级的平民主义大学。毛泽东将大学的主要任务交给图书馆和小组讨论。他提出，必须打破学术上的因循守旧，要根据每个人的资源调整学习期限。自修大学将在尽可能多的中国城市以及纽约、伦敦、巴黎、莫斯科和东京设立通讯员，教授马克思列宁主义，因为这是一种对当代社会的“深刻改造”，设两个系，一个是文学系，一个是法律系。

科学在这个计划中是不存在的，可能是因为实验室的成本高，也可能是毛泽东在这方面眼光保守，在这一点上他一直如此。唯一教授的外国语言为英语。大学由 11 人组成的董事会领导，学生会起了重要作用。招收高中毕业生，但也收具有同等基础的非毕业生。实行一种持续性评估，一季度有一个测试，最后有一个毕业测试。

毕业生的数量也值得商榷。金冲及计算过第一师范附属补习班的学生后来从自修大学毕业的数量，总共有 24 人，这是非常少的。当然，自修大学在 1921 年 9 月低调开学了，当时只有一个学生夏明翰。他很快加入了中国共产党，并在 6 年后的秋收起义[28]中成为中共湖南省委的领导者之一。1923 年 11 月，赵恒惕查封了这所“有害治安”的学校。学校共培养了 200 多名学生[29]，大部分成为湖南省的共产党干部，其中包括毛泽东最小的弟弟毛泽覃，他跟随两位兄长的脚步，不过有些跟不上。“我年轻时，对毛泽覃脾气很坏，有一次还操起一根棍子要揍他，只因为他说共产党不是毛家的祖宗堂。”20 世纪 60 年代毛泽东风趣地回忆道。[30]

因此，1919 年毛泽东打破家庭束缚的意愿此时服从了党的要求，他毫不愧疚地“滥用”作为长子的权力！这一时期毛泽东的生活中产生了两个问题，它们都和缺席有关。

毛泽东缺席中国共产党第二次全国代表大会

首先是一个男人的离开——一个名叫贺民范[31]的人，中国共产党官方历史学家们对他持怀疑态度，他没有在任何官方文献中出现过，但在湖南早期共产主义运动中他也许比毛泽东更重要。他出生于 1861 年或 1862 年，是一位湖南学者，曾留学日本。1919 年至 1920 年曾任长沙船山中学校长，住在校内。他接受了新思想，和陈独秀有联系。他的智慧和积极，引起了彭述之的注意。1920 年 9 月，彭述之参加社会主义青年团，和其他团员一起赴上海，在外国语学校里学习俄语，为去莫斯科学习俄语和马克思主义做准备——贺民范推荐了其他湖南人参加这个培训，包括中国共产党未来的领导人刘少奇、任弼时和萧劲光[32]。彭述之说贺民范和毛泽东、何叔衡一起将船山中学改造成自修大学，毛泽东将这个学校变成培养共产党干部的学校。然而，贺民范是一个传统文人，出于精神的原因被马克思主义吸引，但难以接受粗鲁的农民，在他眼里，毛泽东就是这样的人。整个夏天这个人不是都打着赤膊，腰上围了一条毛巾吗？1922 年到 1923 年冬天，厌恶战斗精神的贺民范离开共产党[33]，放弃了联席校长的职位——这个插曲也许预示了自尊心已经极强的毛泽东难以和人共事，除非他是上司。

其次是 1922 年 7 月 16 日至 23 日在上海举行了中国共产党第二次全国代表大会，由陈独秀主持，毛泽东没有出席。毛泽东后来解释说，他没有参加是因为他到上海之后忘记了会议的地址。[34]虽然这次会议是秘密进行的，但毛泽东熟悉上海，在那里他住过两次，还在洗衣店送过衣服。除非他没有花任何努力找过，就像他缺席了第一次代表大会的最后一次会议一样，他一点也不喜欢这种场合。

也许他认为自己在职业生涯中已经崭露头角，不必卷入分裂弱小共产党的冲突中。实际上，当时马林决定强迫中国共产党接受一大曾经拒绝的路线，共产国际倡导共产党和国民党之间进行密切合作。马林将这一路线解释为共产党的“加入主义”。他说，共产党员必须以个人名义加入国民党。张国焘及劳动组合书记部都拒绝了马林的提议，倾向于“关门”策略，强调党的成员必须经过精心挑选，并向产业工人——未来的无产阶级革命先锋灌输“阶级意识”。

在1922年4月6日给维金斯基的信中，陈独秀把国民党看作资产阶级政党，非常不愿意与之联盟。[35]马林为了在会见孙中山之前让中国共产党的成员接受自己的观点，于1921年12月10日去了南方。他在武汉做了停留，见了陈潭秋和包惠僧。12月19日在长沙会见了赵恒惕，赵恒惕介绍了他的湖南省宪法草案，并提供了一小队人马护送他去见孙中山。那时孙中山在桂林领导北伐。

在经过湖南省会时，马林在文化书社为社会主义青年团的成员做了一场“阶级斗争和俄国革命”讲座，与毛泽东谈了几句。马林在桂林逗留了两个星期，和孙中山见了三次面，对孙中山很失望。因为孙中山似乎迷恋军事问题，他的政府不承认苏俄[36]，而且他觉得年轻人向一个叫卡尔·马克思的人寻求社会主义很荒谬，在中国古代已经有不同的思想家提出了这一点。1922年1月23日，马林到达广东，对广州海员的罢工印象深刻，那时罢工者已经组织了151条船上的30 000名水手，一个月后这个数量翻了两番，罢工运动延伸至香港，并吸引了这个英国殖民地所有的工人。

3月3日，拥有50 000名会员的海员工会和英国、日本的海运公司达成一项协议——在工资和工作条件问题上取得重大的成功。这次大罢工得到了孙中山的广州政府和军阀陈炯明的支持，至少在表面上得到了国民党的支持，共产党没有真正参与。[37]

1922年夏天返回莫斯科后，马林于7月11日向共产国际递交了一份十分悲观的工作报告，中国工人运动受到行会、秘密社团和“对政治漠不关心”的农民的抑制。马林对共产党人的作用持怀疑态度，认为他们幼稚无知，但对国民党充满热情。他认为这不是一个资产阶级政党，而是“相对民主和革命的”四个社会团体的集合：知识分子、海外华人、南方的士兵和工人。两党合作唯一解决的方法是共产党人加入国民党。带着这个任务，8月12日马林抵达上海。

中国共产党对国民党的接近

自从 1922 年 6 月被陈炯明（得到以陈公博[38]为首的广东共产党的支持!）驱逐以来，孙中山在上海莫里哀路避难已经好几天了。直隶军阀吴佩孚在内战中获得胜利，似乎将要统一中国。很快，中国共产党将实现这一切，虽然此时它甚至没有真正诞生。1922 年 7 月 16 到 23 日在上海举行了中国共产党第二次代表大会，除了有保留地支持国民党，没有决定什么东西，共产党可以考虑“党外联合”，但保留各自的主权。

数天前，不满意的马林会见了孙中山。孙中山同意接受共产党员进入他的政党，以换取苏俄的经济援助。马林提出 1922 年 8 月 28 日到 30 日在杭州举行中央执行委员会全体会议。尽管张国焘反对，但马林以共产国际的名义推行“党内联合”，就是说共产党员以个人名义加入国民党。从 9 月 4 日开始，陈独秀、李大钊、张太雷和蔡和森宣布他们已经成为孙中山领导的政党的成员。

此时，毛泽东没有效仿他们，他一直和劳动秘书处一样对国民党持敌对态度，直到 1923 年 3 月到 6 月间才加入国民党。他参加了杭州的全会，根据哈罗德·艾萨克斯的回忆，毛泽东让马林印象深刻[39]，因为马林没有说服他。无论如何，他巧妙地避免了直接面对共产国际的代表，而是实行了马林给陈独秀的指示。1921 年 11 月，陈独秀给各级共产主义组织传递了下列指示[40]：招募和训练武装分子；在党的领导下培训工人组织，和已经建立的工会建立真正的[41]联系，重点建立铁路职工的工会。

毛泽东将他的自修大学变成一个培养党的干部的学校，初步建立了一批工人夜校。他亲自招收学员，两次前往衡阳湖南省立第三师范学校，并在那里建立了一个支部。1922 年 2 月，他出席了安源矿工支部的第一次会议。1922 年 5 月，湖南有 30 名共产党员，包括当时属于江西的萍乡安源煤矿。毛泽东任中共湘区执行委员会书记，协助他的有自新民学会以来就交好的何叔衡与易礼容，还有安源煤矿的负责人李立三[42]和铁路工人负责人郭亮[43]。杨开慧负责党的联络工作。当时在全中国范围内，共产党员只有 195 人，其中人数较多的上海 50 人，广东 32 人，北京 20 人，武汉 20 人，这样湖南就排在了第三位。而且毛泽东在组织工人阶级[44]的过程中取得了巨大的成功。他不仅是湖南共产党和社会主义青年团的第一负责人[45]，从1921年8月初开始也是湖南省劳动组合书记部的第一负责人。

作为忠实的列宁主义者，毛泽东努力寻求进入工人的世界。于是，他多次脱下书生的长袍，穿上粗布外衣和草鞋融入人民群众。他常去小酒馆，在那里，工人、工匠、学徒和苦力坐在凳子上一边吃着煎饼，一边谴责工头奢侈的生活和嚣张的气焰。1921年9月至1923年4月，他甚至多次乘坐从株洲到萍乡运送安源煤矿无烟煤的火车去安源。1921年12月，他下到矿井底部，就像一个优秀的记者，记录数据，进行现场调查，补充在图书馆里得到的知识。[46]

毛泽东从黄爱和庞人铨[47]身上意识到自己在工人中所扮演的角色。黄爱和庞人铨是无政府工团主义者。1920年11月，他们建立了湖南劳工会，有3 000到7 000名会员。1921年11月21日，在它的第一个周年之际，毛泽东应黄爱的邀请写了一篇文章，文章发表在这个组织的周报《劳工周刊》上。[48]他说，这种组织自五四运动以来非常时髦，“劳工神圣”，劳工会在湖南劳动运动史上已写完了头一页，现在要开始写第二页，因为“劳动组合的目的，不仅在团结劳动者以罢工的手段取得优益的工资和缩短工作时间，尤在养成阶级的自觉，以全阶级的大同团结，谋全阶级的根本利益”。

马克思列宁主义被嫁接到一个佛教用词“觉醒”上，而这印证了毛泽东对教育问题的重视！他补充说要依照西方工会的模式，有一个权力重大的执行委员会，摆脱旧的行会制度，并拒绝权力的分散。最后他强调，要由工人自己组织和资助工会，打破将业主、熟练工和学徒混杂在一起的行会传统。

劳工领袖毛泽东

毛泽东为劳工会提供了重要的共产主义理论作为支持。1921年2月，它经历了一次严重的劳资纠纷，这将是毛泽东在工人世界中的第一次斗争体验。[49]湖南大部分是农村地区，被一条南北交通线贯穿，交通线上的城市是活跃的商业中心和手工业中心。国家的开放以及铁路的到来促进了铅矿、锑矿和无烟煤矿的发展。1908年汉冶萍公司在江西—湖南—湖北地区拥有汉阳铁厂（武汉）、长江边的大冶铁矿和萍乡煤矿（安源煤矿）。安源煤矿位于江西省萍乡市附近，挖煤炭80万吨，有12 000名矿工，其中1 500名铁路工人负责运输。全省共有10万名工人，其中5万名矿工，大部分使用古老的采矿技术——大多数人都做苦力。1927年春季，湖南省总工会有约35万工人，但这些人不属于现代意义的无产阶级。因此，在1923年7月1日的文章《省宪下之湖南》中，毛泽东记录在现代工业中只有30 000名工人，其中包括11 000名萍乡矿工。[50]

毛泽东和湖南劳工会

这些工人包括长沙第一纱厂的工人，第一纱厂1913年建立，后破产，1920年年初得到督军谭延闿亲信朱姓人家的投资，成为华实公司。11月在新督军赵恒惕的支持下重组，引入了一个江苏的经理，后者免费获得十二分之一的股份。次年春天，纱厂开始生产。1921年3月18日，新的老板带着自己的干部和工头到达，这些人全是江苏人。

此时湖南自治运动引起很大轰动，正处于高涨时期。从1920年11月开始，劳工会在《大公报》上掀起了一场关于工人自治的运动（“工厂属于工人，是未来的主人”）。劳工会用请愿书和街头示威将自治变成一场有效的骚动，要求纱厂雇佣3 000名湖南工人，其中包括妇女，每月工资16元。1921年4月下旬，2 000名愤怒的工人抓住了老板，拖到省政府前面。军队驱散了示威者，逮捕了黄爱，让一个劳工会的会员加入公司董事会。1921年5月1日，劳工会举行游行争取工人的权利。毛泽东和黄庞二人取得联系，邀请他们加入社会主义青年团。

秋天，长沙的文化界都在谈论“马”（马克思主义）和“安”（无政府主义）的结合。毛泽东在劳工会的刊物上发表宣言解释这种合作，但很快这种结合受到考验。1921年12月31日，酝酿了几个月的罢工在第一纱厂爆发，抗议老板不支付相当于一个月薪金的农历新年奖金。1922年1月13日，机器被砸。赵恒惕派来军队镇压，造成3名工人死亡和30人被枪托殴打而受伤被捕。然而，1月16日，赵恒惕提供了一个妥协的协议，似乎被罢工者接受。同时赵恒惕逮捕了“无政府主义者和麻烦制造者”黄爱和庞人铨，17 日早上将二人斩首，劳工会被查封。

忧虑的毛泽东直到 1922 年 11 月才开始组织自己的湖南劳动组织联合会。在 1922 年 5 月 1 日发表在《大公报》上的一份声明中，毛泽东隐晦地提到最近发生的悲剧，说希望人人讨论的独立湖南不背弃工人。[51]他补充说，没有工人，就没有资本家来窃取他们的劳动成果，只有共产主义能结束这种情况。在此期间，我们必须争取改善工人的命运，包括确保每天 8 小时工作时间。俄国资本家和贵族的命运是一个警告，这些都可能发生在中国，因为“殷鉴不远”[52]——这句话引自《诗经》。1922 年 7 月，毛泽东和邓中夏等 6 人签署了一份劳动组合书记部的请愿书，要求北京政府设立一项关于劳动的法律，包括结社自由、享有罢工的权利和妇女在生产前后 6 周享受带薪假期。[53]

毛泽东和安源矿工

1922 年，毛泽东在 10 次罢工中扮演了决定性的角色，或者设计战略，或者亲自参加，至少两次运动是他亲自参加的。这 10 次罢工鼓动了 22 250 人参加，共损失工作时间 294 550 小时。1923 年 7 月出版的中共中央理论月刊《前锋》上发表了毛泽东关于湖南的介绍，其中包括对这些罢工的分析。这份短命的周刊是由马林领导创办的。罢工波及 5 个传统行业（剃头师傅、公共作家、裁缝、木匠和石匠、丝织工人），传统和现代的矿工（安源煤矿和水口山铅矿），只有一个现代行业铁路——株洲—萍乡矿业线和长沙—汉口线的技术工人参加了罢工。3 次罢工获得完全胜利，6 次获得部分胜利，1 次完全失败。这些罢工都要求增加工资。只有铁路工人罢工增加了政治要求，即驱逐军阀张敬尧。1922 年 9 月 8 日、10 日和 12 日，毛泽东在《大公报》上为长沙—汉口铁路工人罢工撰写宣言。1923 年 2 月 20 日和 23 日谴责 2 月 7 日吴佩孚杀害工会成员。1922 年 10 月 6 日、13 日和 25 日，他为木匠和泥瓦匠呐喊。1922 年 12 月 14 日，声援印刷工人。1922 年 12 月 15 日、16 日和 17 日，他在《大公报》上发表 3 篇文章介绍 12 月 11 日至 13 日他作为湖南省工团联合会总干事和当地官员以及省长赵恒惕进行谈判的内容。

仔细研究这些毛泽东参与的罢工过程，可以发现他的行为分为两种截然不同的类型。

第一，在许多冲突中，尤其是那些发生在现代或半现代工业领域的冲突中，毛泽东设定战略重点，委派代表，例如铁路工人和萍乡安源矿工的斗争。1921 年 9 月，毛泽东第一次访问这些煤矿，待了一个星期。他在湖南劳工会负责人的陪同下，走访了两省之间的边界，这是传统的土匪出没的地方。1 500 名铁路工人属于年轻的无产阶级，12 000 名矿工中绝大多数人还用篮子往外掏煤。只有 1 辆矿车和 300 个焦炉。焦炭是为汉阳铸铁厂（武汉）生产的，但大部分要送到日本再加工。矿工是附近的农民，大部分是文盲，年轻的单身汉。在这个世界中几乎没有妇女。他们用工资赌博、抽大烟以及和附近村庄来的人打架。有 400 个包工头负责招募和管理矿工，从矿工的工资中提成。矿工们都被哥老会吸引。哥老会是三合会的一种变身，所有工长和工头都参加。

各种资料显示矿工显然不信任打扮成工人在贫民窟停留数天来接触他们的大学生。12 月，当地铁路工人给劳动组合书记部的负责人毛泽东写信，请他派一位教员。这些来自长沙的铁路工人比野蛮的农民同胞更能接受现代社会。于是在弟弟毛泽民的陪同下，12 月，毛泽东从煤矿返回。他走后，李立三留在那里。李立三开办了一所学校。1922 年 3 月，在萍乡副乡长的支持下组织了一个工人俱乐部。这位副乡长很高兴看到自己管辖土地上的文明有了进步。那一年农历新年从 1922 年 1 月 28 日开始。2 月初，毛泽东第三次秘密来到安源，参加中国共产党支部成立会议，支部书记是李立三。1922 年 5 月 10 日到 19 日，毛泽东第四次来到安源，他带来了第二位老师蒋先云，一个从湖南省立第三师范学校吸收的年轻共产党员。之后还有两三个其他学生来帮助李立三，包括毛泽东的两个弟弟。工人俱乐部庆祝 5 月 1 日的活动取得了巨大成功，竖起一面“中国共产党万岁”的旗帜。毛泽东听取年轻支部的报告，并警告说，现在共产党的活动在光天化日之下进行，共产党人必须非常小心，团结工人面对镇压的威胁。工人俱乐部越来越壮大，1922 年夏天，工人俱乐部与矿业公司的领导人关系有些紧张。1922 年 8 月下旬，张国焘和秘书处从上海派了一名莫斯科留学回来的学生刘少奇来帮助李立三。

1922 年 9 月初，毛泽东第五次到安源。为了进行一次不可避免的罢工，必须巩固在工人俱乐部和工人学校的基础上建立的工会。毛泽东和当地的负责人一起分析当时的情况。毛泽东建议采取“哀兵必胜”的策略，让矿工和铁路职工们意识到自己悲惨的命运，寻求公众舆论的支持，通过离间矿山和铁路的负责人，孤立雇主而削弱其权威。9 月 10 日，粤汉铁路（实际上是株洲—汉口）罢工被军队镇压。毛泽东以铁路工人工会的名义发表了许多文章，谴责镇压举动，但仍然非常谨慎，没有提到组织工人团结。[54] 9 月 12 日，刘少奇主持了矿工和当地铁路工人的联合会议，9 月 13 日与李立三一起领导了罢工，从矿井开始，并一直持续了近 20 天。

罢工取得了全面的胜利，结束了工头制度，取得了更高的工资。工人俱乐部由工人管理。俱乐部确实遵守纪律：罢工开始时有暴力事件，工人们破坏劳动工具，这在任何新兴工人运动中都能看到，剪断发电机的电线，将矿车推到坑里。不过，工会领袖很快说服矿工保持最低的电量抽水，通风，并给周边社区提供电力。因此，出现了一定的罢工艺术。[55]

1922 年的秋天，毛泽东第六次返回安源。他主持了一次工会会议，提交了一份关于整个中国的劳工运动发展的报告。在此次会议之前，作为积极的列宁主义活动家，他召集了工会中的共产主义者和支部，推动招收新成员的行动。1923 年，共产党有 13 个支部、300 个党员，受一个党委会的调配。有 26 个社会主义青年团、500 名成员。三分之一的矿工参加了工会，其中 10 000 人经常参加俱乐部，发展了消费合作社。在这个江西山区偏僻的角落里，人们纪念列宁的诞辰，哀悼卡尔·李卜克内西的死亡。1922 年 11 月 7 日，庆祝布尔什维克攻占彼得格勒的冬宫。有传闻说，萍乡市安源是“小莫斯科”。确实，在刘少奇的领导下，工会要求改善劳动纪律，提高生产质量和数量，同时要求工作的现代化——这一点得到了干部的欢迎，却让年轻的共产党矿工气得咬牙。

毛泽东想必批准了这种倾向。1923 年 4 月，他第七次访问安源。1923 年 2 月 7 日，吴佩孚血腥镇压了粤汉铁路劳工罢工。运动的一周以前，毛泽东在长沙集合了安源的共产党领导者，要求他们格外小心，避免罢工，同时加强俱乐部的文化和经济活动，巩固工会的基础。毛泽东化用唐朝诗人韩愈的一首诗中的话来说明他的观点：“弯弓待发”。刘少奇的谨慎符合这种清晰的实力分析。1923 年对工人运动的镇压没有波及安源，江西的军阀认为军事行动太困难，赵恒惕不是不愿意采取镇压工人的行动，但他不能在湖南之外采取行动。因此，1923 年在中国共产党第三次代表大会上，毛泽东成了少数工作总结做得较好的共产党领导人之一，这无疑有助于毛泽东快速的升迁。[56]

毛泽东和汉口—岳州铁路工人罢工

这次罢工的影响也相当大。当距离衡阳南部 50 公里、昌宁附近的水口山铅矿和锌矿工人从一个技工（他家里有一个亲戚是安源的矿工）处得知罢工的消息时，他们凑份子送毛泽东去安源了解情况。毛泽东和李立三、刘少奇进行会谈后返回。蒋先云陪同他一起去。蒋先云是毛泽东派到安源的一个共产主义教员。在四个工会会员的帮助下，蒋先云帮助水口山的矿工建立了一个工人俱乐部，并起草请愿书。1922 年 11 月初，水口山铅锌矿罢工爆发，赵恒惕派了一个团的炮兵来恢复秩序。但是，这个团的军官采取中立的态度，也许去年《大公报》上关于外国人对管理不善、工作条件不完善的矿山虎视眈眈的新闻有一定作用。毛泽东参加了这个活动，12 月下旬罢工胜利后，派他的弟弟毛泽覃去由俱乐部开办、矿山办公室资助的学校任教。

在另一个现代经济领域的一次劳资纠纷中，毛泽东也发挥了他的影响力。这是京粤铁路长沙—汉口支线铁路工人和新河（长沙）、岳州（中途）、徐家棚（汉口）三个有修理车间的火车站举行的罢工。1921 年 10 月，他们举行了 5 天反对残酷英国工头的罢工，取得胜利。此时列强正准备召开华盛顿会议，该会议从 1921 年 11 月至 1922 年 2 月召开。这次会议的目的是超级大国妥善解决亚太地区的竞争，而不是废除“不平等条约”，不过日本从山东撤出。1921 年 12 月，毛泽东和其他组织者一起准备长沙大游行反对这次华盛顿会议，有近 10 000 人参加。但共产党没有起作用，第一次罢工的成功是由于铁路工人对正在四川打仗的吴佩孚的后方造成威胁。冬天的时候，毛泽东和新河仓库的工人取得联系，按照安源的模式办了一所夜校。他在矿工中遇到的困难更大：铁路工人对这个打扮成工人的书生有戒心，而且大部分人讲毛泽东不会说的粤语。工人俱乐部勉强维持，于是毛泽东和湖北共产党员取得联系。他们也正努力在徐家棚火车站建一所夜校和一个工人俱乐部，对他们来说困难更大：铁路工人来自广东和天津两个不同的地区。天津人集中在一个工人研究所，由一个监督员和一个与黑社会、哥老会有联系的翻译员组织。

不过，毛泽东派到岳州仓库的第一师范毕业生郭亮胜利完成了任务：1922年8月，他建立了一个铁路工人俱乐部，自己任秘书，并宣布放弃由“工贼”组织的各种形式的非法买卖。9月6日，毛泽东在赵恒惕的秘密帮助下建立了由三个俱乐部组成的联盟。事实上，赵恒惕和吴佩孚关系交恶。吴佩孚控制着湖北，势力范围一直到湖南边界的岳州，而且开始往南发展，威胁到赵恒惕。在军阀战争中，对铁路的控制至关重要：公路状况很糟糕，铁路是运送军队和军火唯一可以信赖的方式。于是，毛泽东判断形势对加薪的要求有利。9月9日，一场罢工突然爆发，在岳州和汉口225公里铁路线上开展起来。

工人在长沙和赵恒惕的代表进行接触，他们重新提及“湖南们罗主义”的话题，一年以前，毛泽东还很看重这个主义。赵恒惕保证只要铁路工人不阻碍运输军队，就付工资。罢工非常有纪律性，组织了一些巡逻队防止蓄意破坏的行为，还有一些小组负责维护火车的运行秩序。但是9月10日，工人研究所的“知识分子们”在一个团的北方士兵的护送下组成了一支小队前往岳州。途中，郭亮带着1 000多名参加罢工的妇女儿童堵住了去路。军队开了枪，人群四散，一些人掉进附近的洞庭湖淹死。造成10人死亡，100多人受伤，几十人被捕。毛泽东谴责这是“少数天津籍工人”的行为，因为他们和工人们要求撤职的两个“工贼”有联系，同意“像狗那样被利用，还怂恿军队支持”。

9月11日，罢工者占领了铁路：新的镇压造成6人死亡，200名示威者被捕。长沙民众情绪激烈，赵恒惕却听之任之。9月22日，中国所有铁路工人俱乐部的代表在汉口集合，威胁如果不制裁枪击者，29日就发动总罢工。此时吴佩孚在北方任命了6个共产党员为铁路督察，在对手地盘上举行罢工。28日，吴佩孚放弃。11月1日，罢工取得总胜利，在新河车站举行粤汉铁路总工会成立大会，本次会议由毛泽东主持。

毛泽东声称自己是亚当·斯密

第二，即使是在长沙的各种劳资纠纷中，毛泽东也采取了不同的态度，尤其是涉及非工业工人时。在这些罢工中，他作为发言人或工人谈判代表直接参与，随着斗争的继续，他变成与当局进行沟通的中间人。当社会出现矛盾时，知识分子经常起这样的作用。

这是长沙泥瓦匠、木匠罢工的情况。1922年6月1日，泥瓦匠、木匠同行会在鲁班庙内提出增加4 000名熟练工和学徒的工资。自1919年以来，尽管生活成本急剧上升，但军阀张敬尧规定工资不变动。当地名流不同意这次罢工，他们还得到了官署的支持。谈判在鲁班庙开始，手工业行会成员选择了鲁班庙的两个负责人去和相关的人员交涉。工人们出了3 000元，宴请256个名流，但是徒劳。一个叫任树德的木匠1921年秋天在船山书院的露天工场认识了毛泽东。8月初，任树德在鲁班庙召集了800人，赶走了浪费他们钱财的鲁班庙负责人，再也不相信“资本家”——毛泽东上的课有了效果。第二天任树德集合了最亲近的12人，跟他们讨论这位“有思想”的毛先生。9月5日，他们组成一个长沙土木工会，拒绝任何老板的加入，毛泽东编写了章程。

在接下来的几个星期中，由工会组成的10人小组张贴海报，派发宣传单，有一些用箭射进了军营，还和警察发生冲突。一组年轻的同业会员闯进一个富人家里，坐在他的桌子上吃饭。《大公报》发表了一些支持罢工者的文章，这些都出于龙建功的笔下，他曾和毛泽东一起参加湖南自治运动，是毛泽东的朋友。报纸转向挑衅赵恒惕，谴责他和想要攻打湖南的“北方人”有联系，反对“不准工资上涨”令，维护营业自由，丝毫不掩饰对谭延闿的同情。1922年8月，谭延闿逃到上海，在那里与孙中山取得了联系。

9月底，同一批名流们宴请同行会，同意熟练工增加工资6%，即每天工资26.7分，其他人21.6分。受到第一次退让的鼓励，毛泽东让工会从10月6日开始罢工，要达到每天工资熟练工34分、非熟练工26分的目的。他写了一张奇怪的海报，上面没有罢工的字眼，但是声明工人和老板一样都有不工作的权利，这是他们的自由。有组织有条理的罢工马上蔓延开来。工会害怕运动变质，10月19日，示威人群向当局提交了一份请愿书，毛泽东重演了湖南自治时的剧情。

17日，官署任命了一个由名流组成的委员会，宣布每天统一增加到工资30分，希望能分裂罢工者。10月21日，在教育协会院子里举行的一次会议上，罢工者宣布10月23日由16名代表递交请愿书。官署禁止这次游行，指责16名代表为“麻烦制造者”，几个月前杀害黄爱和庞人铨的时候也用了这样的字眼。22日午夜，毛泽东在罢工委员会上讲话，他谴责这种恐吓，坚持继续罢工。

23日上午8时，2 000多名抗议者冒雨开始行动。毛泽东就是其中之一，装扮成穿着对襟[57]的工人。他们走到衙门，发现门前挡了一张桌子，上面放着两块布告板：“所有人工资固定为30分”和“宣布戒严”。16名代表和官员谈判，没有结果。示威者占领了衙门的院子。夜幕降临的时候，支援的代表团大批到达：他们带来喝的东西、吃的东西和抵御寒冷的衣物。凌晨3点，代表们呼吁示威者回家，并宣布代表们将在当天下午3点面见赵恒惕。在上午晚些时候举行的会议上，毛泽东坚持湖南宪法对营业自由的保证，他将此解释为承认罢工权。

正如预期的那样，湖南省政务厅厅长吴景鸿会见了包括毛泽东在内的16名代表，他打扮成一个木匠，衣服有些下滑。很快他质疑吴厅长：如果冻结工资，为什么不冻结价格？工人们罢工难道不是省级宪法承认的权利吗？这种说法让吴厅长感到惊讶，他问毛泽东是谁。毛笑着回答道，亚当·斯密，并赞扬斯密的经济思想。有人报告吴厅长说，1 000名罢工者聚集在教育协会的院子里，正准备抗议，但他只有一个团的力量。于是，晚上8点吴厅长做出让步，宣布赵恒惕下令冻结工资是违法的。

毛泽东立刻写了一份宣言，介绍给周围热情的示威者。10月26日，20 000人上街游行，陪16名代表到总督府签署每天增长到34分工资的协议。吴尝试在协议中加一句话，即让同行工会有权仲裁。示威者显得有些急躁，于是吴签署了协议。建筑工人有了近30%的工资增长，他们的工会得到承认。示威者高呼：“劳动万岁！世界工人团结起来!”“营业自由万岁!”同行会的头头要任树德向他们解释，找了27个打手抓他。数百名工会会员陪着任树德，当他大声谴责同行会的“封建”态度的时候，这些工会会员堵住了扣留他的鲁班庙的门。同行会已不复存在，2 000名建筑工人加入了工会。

毛泽东抗衡赵省长

此外，1922年秋季，传统劳动领域的争议越来越多。在大多数情况下，毛泽东都会介入，谴责行会扼杀宪法认可的自由。年轻的建筑工会的领导会帮助其他工人组成新的组织，扩大合作的领域。例如，10 月份 500 名剃头师傅举行了 20 天罢工，争取行会禁止的开店的权利。人力车夫冲击了想要强制涨租车费的车行。还有裁缝、织工和东莞的陶艺工人、鞋匠和笔业工人。罢工者将营业自由作为攻击行会的主要口号。毛泽东引导的是五四运动的极端自由主义的力量，罢工者们好像被遥远的资产阶级革命的浪潮席卷了，虽然在沿海大城市这种浪潮已经结束了短暂的“黄金时代”，失去了力量。

毛泽东以笔替罢工工人说话。相对于赵恒惕控制的《湖南日报》，《大公报》是自由主义的发言者，为毛泽东开辟了专栏。不过在罢工期间发生了一个小插曲。300 名排字工人和印刷工人在 11 月 25 日和 12 月 10 日之间举行了罢工，工作时间减少到每天 8 个小时，并获得了更高的工资。13 日，《大公报》的主编因为罢工影响他的报社感到不快，攻击回来工作的罢工者，指控他们被意识形态分子操控扰乱公共秩序，并认为职业病和肺结核是因为他们不讲卫生。14 日，毛泽东以罢工者的名义感谢这些“穿长袍的君子”的关怀，认为如果他们仍想得到工人的尊重，那么这样的态度是不合适的。

毛泽东在一个接着一个的冲突中获得了勇气，这一点可以从几天后毛泽东与赵恒惕令人惊讶的对话中得到证实。《大公报》12 月 15 日、16 日和 17 日的专栏刊登了他们的对话。[58]

在毛泽东主持的新河火车站会议上，成立了粤汉铁路总工会（实际上是株洲—汉口)，湖南所有与劳动组合书记部有联系的工会都派出代表团参加。株洲—萍乡铁路工会建议趁此机会建立一个湖南全省工团联合会。11 月 5 日，联合会成立，毛泽东任主席，在他身边的人中有郭亮和任树德。联合会很快就聚集了 15 个工会近 40 000 名成员，其中主要是办工人俱乐部的教师和大学生，有少数工人。联合会在鲁班庙对面的宝南路 8 号办公，加紧介入工厂的运动，越来越多的工人们倒向它。此时，只有 40 000 名士兵的赵恒惕军事形势不妙：吴佩孚的北方军队控制了湖南的北门——岳州，对湖南施加压力，南方的情况非常混乱。赵恒惕不允许长沙的社会冲突蔓延。他采取了镇压的解决方案：他的警察摘下了人力车工会会牌，类似的威胁笼罩着与传统的行会起冲突的其他工会。工会会员被称作“极端分子”。

因此，毛泽东与湖南的党组织利用现状先发制人。1922 年 12 月 11 日，毛泽东作为工团联合会的总干事和 20 余位工会代表一起会见了长沙知事周瀛干。第二天，代表团会见了刚刚介入建筑工人冲突的吴厅长，目的是在赵恒惕颁布的宪法框架内找到一个方案，解决持续不断的冲突。[59]这两次筹备会议促成了决定性的会面——当面会见督军。这件事发生在 12 月 13 日，从中午开始持续一个半小时。赵恒惕声称保护劳动者，不想镇压他们。虽然他听说了“总罢工”，但认为这是“没有基础的传言”，没有采取“任何恐吓措施”。黄爱和庞人铨事件不能被视为“反劳工的镇压”，因为这两个人“向土匪私买武器，打算在造币厂罢工，将士兵的军饷熔掉”。

毛泽东马上反驳：“您说的黄庞二人私自购买枪支的事情完全是假的。他们俩被杀是因为他们站在工人和工会一边，罢工虽然造成了损失，但没有停下他们必要的工作。”

然后毛泽东用了上一次和吴厅长交涉时同样的论据：省宪法第 12 条保障结社和集会自由的权利。吴厅长说他不否认这一点，但是当局需要进行干预以维持秩序[60]。毛泽东回答说，“除非有人的行为违反法律”，否则不能有任何政府干预。他举了英国和法国的例子，“那里的共产主义政党是合法的，有自己的国会议员”。毛泽东甚至代表工人发言，“工人所希望的是社会主义，因为社会主义确于工人有利。但中国目前尚难做到，目前政治，自然以民治主义为原则。至官厅文告常有工人盛倡无政府主义之语，全违事实。工人并不信仰无政府主义”。

赵总督和吴厅长说了几句关于社会主义的话，他们认为这种进步学说适应遥远的未来。吴厅长强调劳动和资本之间的合作，而总督认为工业化是必要的，涉及“一些牺牲”。这引起了毛泽东新的评论：“但愿政府带领资本家和店主做出让步，那么工人不会再跟他们起冲突！”

工人和政府达成协议，建立一个仲裁办公室，调停“类似广东省的那种”资本和劳动纠纷。至于正在进行的各种冲突，如关于人力车夫工会的事情，毛泽东说这违反了宪法，尴尬的警察局局长说他并没有被告知，承诺解决这次误会。至于剃头师傅的罢工，长沙知事主动承认行会的老做法违反了宪法，它必须停止。对于其他正在进行的冲突，也以同样的精神探讨。赵恒惕说想到几个月前他下令处死了黄爱和庞人铨，觉得这次会面相当令人惊讶，他说："湖南再来一个毛泽东，我就不能立足了……"

毛泽东的成功是脆弱的，是局势造成的。当然，他揭示了民众力量的潜力，但因为他们处于城市中，很容易面临被镇压的风险。匆忙建立的新工会往往是以老乡关系、会道门或秘密社团的传统网络为基础的。因此，1923 年 2 月 7 日吴佩孚进行血腥镇压后，共产党组织的京汉铁路大罢工遭到失败。在随后的几个月里，湖南大多数工会被禁止或解散，而赵恒惕试图在严格的行会基础上重建湖南工人组织，虽然 1922 年 1 月他处决了这个组织的首领。

军国主义势力的反扑被"六一惨案"证实，一场新的危机在长沙发生。商会、工会和学生会发起抵制日货运动，要求收回日本在华盛顿会议后应该归还的亚瑟港（旅顺）和大连。1923 年 4 月 5 日发起的运动在 5 月份扩大发展起来，以纪念 1915 年袁世凯接受日本旨在成为中国保护国的"二十一条"这一耻辱。在长沙港口，一个学生想检查货物，遭到日本水兵的殴打。6 月 1 日，日本水兵打死两名示威者。

第二天，20 000 人举行游行，导致赵恒惕宣布戒严（6 月 5 日），同时发出逮捕多名运动领导人的命令，毛泽东包括在内。事实上，从 4 月初开始，毛泽东已经被悬赏通缉，在长沙街头的布告上他被描述为"极端派"[61]。4 月中旬，为了不遭受黄爱和庞人铨的命运，他秘密从长沙来到上海。1923 年 1 月，陈独秀调他到中共临时中央委员会，李维汉接替中共湘区执行委员会书记一职。这样，毛泽东成为中国共产党的永久干部，并领取薪水，他的命运是全国性的，何况现在他已经失去了作为教师和报纸记者的工作。知名"造反者"的阶段已经过去，孔子在《论语》中说，三十岁的时候，君子经过学习最终选择了他的道路（三十而立）。[62]

中国共产党第三次全国代表大会的转折

毛泽东回上海这个决定在局势中起非常重要的作用。当毛泽东恢复接触在上海的党中央时，曾有一段时间他持怀疑态度，主要原因是共产党发展中遇到的困难。1923 年 6 月，只有 420 名成员，其中包括 37 名妇女和 164 名工人。

产生这方面的疑虑有两个原因：第一个是1923年2月7日吴佩孚血腥镇压工人工会后，工人们缺乏强烈的反应。我们必须认识到中国工人阶级没有达到那个高度，能完成年轻的中国共产党人赋予它的使命。[63]第二个是苏联最近数月为孙中山和国民党提供明确的支持。1923年1月26日，年轻的苏维埃外交官阿道夫·越飞和孙中山签署了一份具有重要战略意义的声明。1922年6月16日，孙中山在广州被驱逐[64]，逃到上海。当时，苏联本身不受西方国家认可，这份声明事实上确保了苏联对孙中山政府的支持。孙中山没钱支付桂系部队的军饷，一旦桂系军阀允许他返回广州（1923年2月21日），苏联准备给孙中山400万金卢布。很显然，当共产党要求加入国民党时，他得接纳。

毛泽东此时回来得正是时候。年轻的中国共产党需要他的辩论和组织才能。1923年6月12日至20日在广州召开的中国共产党第三次全国代表大会上，陈独秀的报告中只有湖南的成绩让他满意。毛泽东曾经支持张国焘、蔡和森的“关门主义”路线，但是1923年2月7日的悲剧和工人运动的无力抵抗动摇了他的想法。现在，他对自加入中国共产党后支撑他政治活动的两个关键产生了疑问：一个是联邦制民主中国的建立，一个是工人阶级在革命过程中的主导作用。

各种资料证明了这一点。毛泽东在马林推出的中国共产党的理论刊物《前锋》第1期上发表文章《省宪法下的湖南》，分析了湖南的政治形势，公开清晰地指出由于湖南的地缘政治局势，不可能出现一个自主的湖南（1923年7月1日）。7月11日，毛泽东在共产党周刊《向导》第31至第32期上的文章中大胆提出：“我们一贯反对腐败的军阀和政客炮制的宪法”——对民主失望后，幻想又一次破灭。

与此同时，1923年6月，毛泽东放弃了工人阶级在社会主义革命中起主导作用这一信条。托尼·塞奇在斯内夫利特（马林）的档案里发现了一个马克思列宁主义者对本体论的疑问。[65]为了给共产国际（1923年7月1日）准备一份关于中国情况的报告，马林让几个共产党领导人进行一项调查，了解1923年2月7日后革命力量的状况。因此，项英[66]写了一份报告，内容是关于包括湖南在内的京汉铁路穿越地区的情况。6月初，项英在广东向湖南省的负责人毛泽东了解情况。后者描述的整体情况非常灰暗：大学只有单纯的爱国者，尽管他们对新的教育形式感兴趣。农民对公共生活或政治问题不感兴趣。至于工人，他们主要关心的是生活条件的改善，对政治不太重视。另外，毛泽东说：“根据中国国情，父权社会旧的传统仍然根深蒂固。在这种情况下，我们不能发展一个现代政党，不论是共产党还是民族主义者。国民党军事活动结束后，这个政党只剩下一个名字。如果军事联盟依赖一个军阀来统一中国，那么他能够成功。如果没有军阀之间的协议，他们则只是地方势力。结果取决于各军阀的行为，而不是民族主义者或阶级组织的行动。帮助中国运动唯一的解决办法是苏联提供外交和军事上的帮助：应在西北建立一支军事力量。”

赵恒惕的宪法带来的是1922年5月被操纵的选举，毛泽东举了这个例子，然后说“人们对最近成立的政府的民主形式感到失望”[67]，“三百万工人中只有三万人在现代形式的工厂中工作”①，“商会只召集大的贸易商，支持抵制日货，因为日货和中国产品竞争。教育协会只为了得到教育项目的经费而斗争”。

1923年6月12日至20日，中国共产党第三次全国代表大会在广州举行，期间马林应该见过毛泽东。他逐字逐句地确认过毛泽东的话：“毛泽东曾经告诉我说，工人们主要感兴趣的是他们的日常问题，而不是政治……我并不像他那么悲观。他认为只有世界革命的胜利后中国的民族主义运动才能成功。……毛泽东同志说，湖南有30万人口，只有3万至4万现代工人。他花很多时间试图组织工人。他是如此悲观，他认为，中国唯一的救赎是苏联的干预。中国的资产阶级革命不可能成功，即使中国共产党加入国民党是安全的。世界革命胜利后，中国革命才会胜利。”[68]

基于这一点，马林认为中共第三次全国代表大会的湖南省代表将投票反对陈独秀的观点。既然这是没有前途的，为什么要加入国民党？他们反对的基础和张国焘、蔡和森不同。张蔡二人反对加入国民党是因为国民党不可能进行重组，而且这对中国共产党的未来很危险。

毛泽东对知识分子和学生领导的民主革命的失败感到失望，对陷入行会主义圈套、缺乏政治愿望的工人阶级感到失望，对军阀背后父权社会的力量印象深刻。他一直在寻找一个撬棍，恢复受阻的革命进程。尽管有所保留，但他认为改组的国民党有可能在苏联的支持下，引导爱国主义的潜

① 原文如此。

力，成为这个撬棍。

因此最后他和马林、陈独秀的立场一致，虽然湖南和湖北代表因其权责促使他们投票反对陈独秀的提案。陈独秀的提案得到了瞿秋白和李大钊的支持。这个提案赞同杭州全会的提议：共产主义战士必须加入国民党，“只有国民党是一个比较严肃的党”，因为“工人运动”的弱点不允许它成为“一个独立的社会力量”。然而，“年轻的中国共产党”必须“仍旧保存我们的组织，以立强大的群众共产党之基础”。据马林（而不是张国焘）回忆，经过激烈的辩论，这个提案被接受，21 票赞成，16 票反对。[69]

40 名代表投票选举中央委员会，体现了新的力量关系：陈独秀 40 票，蔡和森、李大钊各 37 票，毛泽东 34 票，张国焘只有 6 票，没有连任。毛泽东自然成为政治局[70] 5 位成员之一。由陈独秀领导，还有蔡和森、李大钊、谭平山，毛泽东任秘书。我们很快发现他和各种政治尝试联系在一起，这体现了他的新地位。

因此，在 6 月 25 日致孙中山的信上，他是签名人之一。这封信是马林的提议，建议孙中山利用曹锟在北京的军事政变造成的政治真空（6 月 23 日）。[71]毛泽东也是大会决议的起草者[72]，号召“小农、佃农和农业劳动者团结起来，反对当地豪强”。这样模糊的口号证明此时他并没有认识到农民问题的重要性。他在党的报刊上写了一些文章。例如 7 月 11 日《向导》上发表的《北京政变与商人》，他很高兴地看到上海商会一改往日的冷漠，关心政治，声讨曹锟等直系军阀。1923 年 8 月 29 日，在《向导》第 38 期上，他强烈谴责指控北京政府在外国人面前的奴性：“洋大人打一个屁都是好的‘香气’……再请四万万同胞想一想，中国政府是洋大人的帐房这句话到底对不对?”[73]

他还写了几篇反对他的克星赵恒惕的文章。9 月 16 日回长沙后，他和杨开慧一起重新在漂亮的清水塘住下来，此时杨开慧怀上了他的第二个孩子。长沙因为打仗动荡不安，9 月 1 日[74]，面对谭延闿的军队，赵恒惕撤离长沙。

个人的危机，国家的命运

正是在这种混乱的氛围下，毛泽东经历了政治上真正的升迁。1923

年 6 月，他加入国民党，之后开始在国民党内迅速崛起。[75]他很快来到广州，中国共产党第三次全国代表大会后，中共中央 6 月至 9 月暂时设在广州，直到搬回上海。毛泽东有多么不喜欢上海[76]，就有多欣赏广东，虽然他不会说广东话。上海这个大都市有太多外国势力的存在。广州的外国人被限制在沙面岛，香港还隔着一段距离，广东海员大罢工胜利的回忆激起了他的爱国情操，而孙中山国民政府的宣言使这种情感复苏：中国在上海蒙羞，但在广州抬起了头。

毛泽东和陈独秀、李大钊一起参加了和国民党领导廖仲恺[77]的会谈，为国共合作奠定基础。[78]他结交一些国民党执政的领导，仔细研究他们之间错综复杂的关系。谭延闿位于花园街培正路的住所，他去了好几次，我们不知道他是否和之前保护过自己、现在成为孙中山政府高官的人重新建立起直接联系。此时孙中山想要北伐统一中国，此举必然要经过湖南。国民党在湖南只有一个党员，名叫邱维震。因此毛泽东显得非常有用，因为他在长沙建立了大量的关系。国民党总部派元老覃振[79]去长沙时，毛泽东给他一封写给继任者李维汉的介绍信。因此国民党重组委员会中的共产党成员林伯渠[80]让毛泽东负责发展湖南国民党组织。[81]1923 年 9 月 16 日，毛泽东以这样的名义回到长沙，化名毛石山[82]，进行秘密活动，中共中央要求他在长沙贯彻三大的决议。在吴佩孚的支持下，赵恒惕反击谭延闿获得胜利，11 月重新占领长沙。毛泽东不得不结束这次长沙之行，这也表明当时毛泽东的威望很高。

这种快速的政治崛起伴随着严重的个人生活危机。他与杨开慧的关系开始恶化。1923 年 6 月毛泽东在广州出席中国共产党第三次全国代表大会期间，杨开慧正处于孕期。自 2 月来，她怀上了第二个男孩——岸青（1923 年 11 月出生）。9 月份，毛泽东回到妻子身边，但这几个月的分离正逢赵恒惕和谭延闿的部队在长沙开战。杨开慧有很多痛苦的责备。毛泽东不得不在妻儿身边留一段时间，没有出席 1923 年 11 月 24 日至 25 日中国共产党中央委员会在上海召开的三届一中全会，不过他寄了一份关于湖南严峻情况的报告[83]。共产党命令他参加 1924 年 1 月底在广东举行的新国民党成立大会。1924 年 1 月 2 日[84]当他出发的时候，杨开慧向他倾吐了积累数月的不满。我们可以在 12 月毛泽东的这首词中看出端倪：

毛泽东的妻子杨开慧和她的两个孩子。这张照片拍摄于1924年的上海。坐在母亲杨开慧膝上的是小儿子毛岸青，站着的是他的哥哥毛岸英。

挥手从兹去。
更那堪凄然相向，苦情重诉。
眼角眉梢都似恨，
热泪欲零还住，
知误会前番书语。
过眼滔滔云共雾，算人间知己吾和汝。
人有病，天知否？

今朝霜重东门路，
照横塘半天残月，凄清如许。
汽笛一声肠已断，
从此天涯孤旅。
凭割断愁丝恨缕。
要似昆仑崩绝壁，又恰像台风扫环宇。
重比翼，和云翥。[85]

1924年2月，毛泽东移居上海，6月初将杨开慧、岳母、两个孩子和一个保姆接来，住在英租界慕尔鸣路的甲秀里[86]。不过他经常不在家，因为1月份在广州的国民党大会让他的职业生涯有了飞速的发展，他必须面对自己新的职责。

新国民党的建立

1924年1月20日至30日，国民党第一次全国代表大会在广州举行，会议由孙中山主持。苏联的顾问鲍罗廷[87]1923年10月6日到达广东，对国民党按照列宁主义的模式重组起了决定性作用，特别是1923年11月10日至13日孙中山遭到陈炯明部队袭击时，鲍罗廷起了重要的作用。经过激烈的辩论，会议接受共产党加入重组的国民党。湖南代表毛泽东在会上非常活跃。[88]他的发言结束了毫无意义的讨论，拒绝了一项修订案——这个修订案否认几个月来通过痛苦的协商达成的协议，旨在设定国民党的目标是“组织一个全国政府”而不是一个“好政府”的提议也没有通过。毛泽东与李大钊一样反对“本党党员不得加入他党”的提议。李大钊的发言起了决定性作用。

在其他两点上，他必须站在胡汉民、戴季陶一边，将问题提交给下一次会议。第一点是国民党右派提议采用比例代表制以保护少数人权利，毛泽东认为这样做存在“破坏革命”的风险：“比例制有害于革命党，因少数人当选即有力量可以破坏革命事业”。第二点涉及在国民党内建立一个研究部门，毛泽东提出反对，他认为在一个革命党内，难以区分研究和执行。

正如预期的那样，毛泽东当选为国民党候补中央执行委员，在党内占第 39 的位置。[89]1 月 31 日，2 月 1 日、6 日和 9 日，他参加了国民党中央办公室的四次会议，建议给当地国民党组织提供更多的资金，而不是在北京、上海、哈尔滨、汉口设四个臃肿的执行部。

2 月中旬，他被调到上海执行部，在那里他负责组织、文档和书面报告。总部设在法租界内的环龙路 44 号，在这里组织了很多活动。这里有一些重要的国民党领导，如汪精卫、胡汉民、于右任、叶楚伧，但也有国共两党的混合成员，如毛泽东本人、沈泽民、瞿秋白、恽代英、邓中夏、向警予、罗章龙、邵力子等等——有些人把这个地方称为“国共群英会”。

很显然，毛泽东非常重视这项繁重的任务。作为国民党办公室和共产党的秘书，他并没有忘记由他经手的事件中的政治博弈。因此他借助自己的身份反对国民党中的两个右派——覃振及其朋友，不允许他们在中央执行委员会中承担责任。罗章龙在回忆录中[90]描述了一个具有代表性的场景：有一天，一名男子突然来到环龙路的总部，胡汉民和汪精卫立即上前迎接。三人急切地讨论起来。这个人名叫谢持[91]，是国民党元老，他说自己有十余年的党龄，没有必要填写重新入党的表格，而国民党重组要求所有人都重新填写入党表格。毛泽东坚持原则，谢持拂袖而去。不过，毛泽东随后派了一名秘书带着表格去谢持家中。谢持被这种尊重所感动，就填写了表格。

毛泽东刚柔相济，想“净化”国民党中的“资产阶级”右派，这是毛泽东在国民党中的路线。国民党右派为了获得上海第四区（闸北区）的领导权，雇用打手扰乱由国民党员兼共产党员邵力子主持的会议。为此毛泽东召集了共产党的积极分子和国民党左派共产主义工会的负责人，组织了一支由强壮的工人组成的执勤队。

1924年5月10日至15日，中国共产党在上海举行了新一届中央委员会全体会议。毛泽东在国民党中保持这种态度与此次会议上提出的政治路线相一致：团结国民党左派，孤立右派。这条路线实际上促成了共产党对国民党的分化。1924年7月21日，中共中央第15号通告直截了当地表达了这种意见。这份通告有“陈委员长”（陈独秀）和“毛秘书”的签名，由毛泽东执笔[92]，通告被暗中寄给中共干部，要求与国民党右派作斗争。毛泽东指出，“我们在国民党的工作，甚重要而又极困难”。他说：“自吾党扩大执行会后，国民党大部分党员对我们或明或暗的攻击排挤日甚一日，意在排除我们急进分子，以和缓列强及军阀对于国民党的压迫。此时国民党只极少数领袖如孙中山廖仲恺等尚未有和我们分离之决心，然亦决不愿开罪于右派分子，已拟定于秋间召集中央执行委员会全体会议，以解决对我们的关系”。

“我们为图革命的势力联合计，决不愿分离的言论与事实出于我方[93]，”毛泽东继续写道，“然为国民党革命的使命计，对于非革命的右派政策，都不可以隐忍不加以纠正。”然后文章提出应在国民党各级党部开会时提出国民党左右派政见不同，需要进行讨论，“今后凡非左倾的分子，我们不应介绍他入国民党”，以保持指挥各团体的实权在中国共产党的手里。最后，通告要求“组织国民对外协会”，它们是“反帝国主义的联合战线之中坚”，形成“国民党左翼或未来的新国民党”。

由这两人签字的其他通告都采取了类似的方向，旨在将国民党改造成进行反帝斗争的政党。因此，9月10日的第17号通告谴责江苏和浙江的军阀为了争夺利润丰厚的鸦片贸易控制权在上海郊区交战。毛泽东认为是帝国主义在背后操纵的结果，而孙中山支持浙江的军阀。11月1日签署、11月6日修订的第21号通告讨论孙中山参加东北组织的和平会议的问题。

1924年10月23日，“基督元帅”冯玉祥转而反对吴佩孚，导致曹锟政府和直隶军阀溃不成军。鉴于这一政治真空的情况，孙中山没有咨询任何人，便放弃了他自己准备的北伐，并打电报给不同的军阀，请他们组织全国统一会议，他自己应邀北上。11 月 12 日，他离开广州，17 日到上海，24 日到日本神户，12 月 4 日到天津。孙中山同意向国民党重建以来一直与之斗争的军阀妥协，此举让他的朋友们不解，也引起了共产党人的第一次反对。但这种反对并没有持续多久，共产党人相信事实上国家统一将有益于反对帝国主义。总之，毛泽东和陈独秀对中国革命的近期前景都抱着悲观的态度。1923 年 6 月，毛泽东就已经有这样的看法了。中国共产党非常弱小，1925 年 1 月只有 994 名党员。国民党的基础更坚固，国民党如果能动员大众，就可以转化为反帝国主义的有效力量。

孙中山先生 1924 年 1 月做的决定正符合这个方向：他成立了一个农民部，它隶属于国民党中央执行委员会。这个部在广东建立了一个农民运动讲习所，并将其委托给共产党员彭湃领导。1924 年 7 月，第一批只有 38 名学生，但 10 月份开始的第二批共有 225 名学生。彭湃在广州和汕头之间的海丰和陆丰县组织农民联合会，以减租为口号，这种机构为广州政府在农村打下了基础。

廖仲恺对工会的支持也是如此。1924 年 7 月 15 日，法国和英国的领事机构在广州沙面岛的外国租界采取安全措施，强迫进入的中国工人持有护照[94]，侵犯了中国的主权，引起一场总罢工。罢工得到了广州政府的支持，8 月 20 日取得圆满成功。1924 年 10 月 10 日至 14 日，广东商人建立了一支 50 000 人的自卫民团，对抗广州政府。孙中山指责商团受英帝国主义和军阀陈炯明的支持，在黄埔军校学生的帮助下镇压了叛乱。1924 年 6 月 16 日，孙中山创办黄埔军校，蒋介石[95]任校长。苏联提供武器，并派出了 100 多名教官。

毛泽东不抱任何幻想，正如他的第 17 号通告中写的那样，他观察到国民党中存在反对共产党的力量，但是他看不到别的出路。他在国民党中积极表现不是因为他感觉到民族主义的限制，而是以人民力量为基础的民族主义可能导致社会的变化。只在民族主义问题上动员大众，受益的恰恰是代表民族革命的国民党。毛泽东陷入了一个陷阱，无法逃脱，只能孤注一掷。此外，毛泽东曾是一个反叛的学生，现在他必须接受国民党和共产党的双重纪律。从 5 月 10 日至 15 日的中共中央执行委员会会议开始，共产党和国民党之间的关系紧张起来。六七月间，国民党反对共产党在党内存在的攻击越来越激烈。孙中山已经病入膏肓，大家试图采用放射治疗。他被邀请去苏联时，让蒋介石代替他，这对党内的争论产生了影响：谁将会是国父的继承者？

毛泽东左右为难，也许还有失望，就像在他一生中发生过的情况一样，他病倒了。12月毛泽东因疲劳过度向国民党请假，年底去了长沙。叶楚伧很高兴他离开，邀请上海国民党右派“庆祝喜事”。[96]1925年2月6日[97]，毛泽东回韶山疗养，缺席了1925年1月11日至22日在上海举行的中国共产党第四次全国代表大会，没有再次当选为中央委员。张国焘暗讽他为国民党的事务忙碌，李立三背弃了他，说毛泽东是“胡汉民的秘书”，但我们清楚地看到其实他和胡汉民并非如此。

1925年之谜

从1925年2月到9月，毛泽东没有写过一行字。彼时正是1925年五卅运动蓬勃发展的时期，这是民国时期最大的政治和社会运动，是周期性地影响现代中国历史的运动浪潮之一。毛泽东没有出现在运动发生的地点。运动的缘起[98]是2月份以来上海日商纱厂日本工头和中国工人在经济罢工中的各种冲突。5月15日，一名共产党罢工工人被杀害。在他的葬礼上，大家谴责英国和日本帝国主义，各种民族主义团体反对上海公共租界通过各种法令强化它的权威，损害中国政府的利益。

群众谴责帝国主义警察使用暴力，要求废除“不平等条约”。1925年5月30日，学生和工人在南京路示威游行，英国警察开枪镇压。商界、学校和工厂在环龙路国民党总部开会之后举行大罢工。罢工委员会很快就被共产党主导，特别是被毛泽东介绍到安源的李立三。6月23日，广州保护沙面租界的英法士兵向响应上海罢工的示威者开枪。作为回应，一场抵制外国货和罢工的运动让香港殖民地陷入瘫痪，50 000中国工人逃到广州，在那里接受有关当局的帮助。

夏天，上海的总罢工逐渐结束，收效甚微。香港的罢工持续到1926年10月。继五四运动后，五卅运动证明了由国民党引导和共产党推动的中国民族主义的力量。此外，中国共产党——11月拥有了10 000名党员——从5月份开始领导了一个100万成员的工人总工会。1925年3月

12 日，孙中山因癌症去世。1925 年夏天，关于孙中山的继承斗争公开化，戴季陶提出没有社会革命的民族主义理论，11 月各元老和国民党右派组成“西山会议派”，要求驱逐共产党人，将鲍罗廷送回莫斯科。

毛泽东去长沙附近的板仓看望岳母，然后带着 50 公斤的书籍回到韶山的农场。他从报纸上得到这些事件的消息，接待了不同的密使。由于过年是家庭团聚的时候，因此没有引起当局的怀疑。他的家人成年的都成了中国共产党的积极分子，他与妻子、两个儿子、两个兄弟和养妹庆祝农历新年。当时，毛泽民领导上海的共产主义刊物的发行。毛泽东还接待了四个毛氏堂兄弟，与邻居聊天，和田间耕作为春种做准备的佃农交谈。他有足够的钱过 6 个月悠闲的乡绅生活，这似乎是湘潭农民调查的开始阶段。

即使在偏远的农村，毛泽东无疑也感受到了五卅运动的冲击，对“洋鬼子”的罪恶感到愤怒。1925 年 6 月中旬，在曾是父母卧室的阁楼房间里，他和 32 个村民建立了中国共产党在湖南的第一个农村支部。其中有族人毛福轩，他在安源当矿工时加入共产党，和钟志申在韶山组织了一个夜校，为农民协会建立了基础。[99]钟志申是一名小学教员，是首批党员中重要的人物。通过这个小型的人际网，毛泽东开始搜集农民情况的信息。我们可以从 1960 年他事后的回忆中了解这灰暗的 6 个月：“我流连在茶馆和赌馆里，跟人讨论，询问所有让我惊讶的事情。我经常询问村子里的小农户，他们没有饭吃，生活没有指望。我特别请一个农民玩牌，然后请他来我家吃饭。饭桌上的谈话中，他让我第一次了解乡下阶级斗争的残酷。他愿意和我说话，因为我把他当人看，给他饭吃。不过也可能是因为他想赌博时赢一些我的钱。最后我给了他一块还是两块银元，他很高兴。他有困难的时候都来见我，我给过他三块钱，不要他还。”[100]

6 月中旬，毛泽东建立了一个共产主义青年团。这从贺尔康的日记中可以得到证实，贺尔康是长沙自修大学学生，是共产党员，也是国民党员。其日记提道：“今日到韶山李氏祠开会。我到会时才八点钟……到下午七点钟闭会，共开会四次，讨论有三项：一、党务问题；二、反帝国主义问题；三、乡村的教育问题”。

8 月 1 日的日记记录的是晚上 8 点到 10 点，毛泽东在附近村庄主持十几个人参加的国民党会议的情况。[101]7 月 10 日，毛泽东在韶山建立了国民党第七区党部，由当地学者和少数教师组成，秘书恰恰是我们刚刚讲到的钟志申，他也是韶山第一批共产主义者。显然，对毛泽东而言，共产党集合了最坚定的活动家，而国民党则是以共产党为领导内核的“群众组织”，两个政治结构几乎合并。贺尔康 7 月 12 日的日记写道：“下午润芝先生来舍邀我同去行人家①。九点钟，国校②开会，成立第四区分部。一点又十五分钟时，会才完毕。此时润之忽要动身回家去歇。他说因他的神经虽（衰）弱，今日又说话太多了，到此定会睡不着……在半途中就都越走越走不动，疲倦极了，后就到汤家湾歇了。”

7 月 21 日的日记写道：“到韶山南岸毛润之家，上午而他已他往，未在家。就翻阅最近的报纸，看了半天。下午三时润之才回来，此时 C③ 人也随时到了几个”。8 月 4 日“下午到南岸润之处，是 C・Y・的常会期”。“晚同润之到玉提凹小毛氏祠，民校开会，十二点钟时才返。”

毛泽东的活跃更好地解释了 1925 年 6 月在上海和广州的事件。当时正值反帝国主义的高潮，民族主义的口号比其他任何口号更能鼓动人。因此毛泽东和他的共产主义团队在韶山建立了二十几个“雪耻会”，成员包括教师、学生和农民。农民的出现使毛泽东推出了首个针对农村的行动。7 月中旬，干旱导致粮食减产价格上涨，毛泽东得知一个名叫成胥生的韶山地主和团防局头头准备把粮食运到湘潭出售，获取巨大的利润，这让他想起自己的父亲 1910 年夏天做过同样的行为！在他的建议下，毛福轩和朋友带领数百农民，手持锄头，半夜拦住了运粮到银田镇的车队。几天后，他们强迫成胥生打开粮仓，低价卖粮（开仓平粜）。[102]

显然，毛泽东的活动引起了乡绅的注意。特别是成胥生给军阀赵恒惕写了一封密报——后者刚刚恢复对湖南省的控制。8 月 28 日，赵恒惕给湘潭团防局发了一封电报要逮捕毛泽东。一个在湘潭县工作的开明文人郭麓宾在县委看到这封密令，马上让人带口信到韶山。毛泽东不在家，在隔壁村参加会议。他的弟媳王淑兰[103]转告他这个消息。毛泽东一边吃开水泡饭，一边等弟媳叫来的轿子。毛泽东告诉轿夫如果有警察拦住，就说抬了一个郎中。一切都很顺利，团防局的局长拿了几块银元之后，事情便不了了之。

---

① 即串门。

② 指国民党。

③ 指共产党。

9月初，毛泽东给党中央做关于韶山农民情况的报告时，他已经在长沙了。7日左右，他离开湖南，这里是危险的地方。离开长沙之前，他创作了我放在本书开头的这首著名的词。他重新投入政治斗争，在6个月中，他深入中国内陆，确切地了解到一个新的情况：中国革命的命运取决于革命者调动农民巨大潜力的能力。

★第四章

选择了这个命运（1925—1927）

在韶山度过6个月激动人心的日子之后，1925年9月，毛泽东回到广州。他似乎已经完成了转变，去年初冬时让他烦恼的策略问题已经解决了。在随后的几个月中，他努力将这种确信变得更加清晰，证实它，并付诸实践：中国革命的基础是农民，否则不会成功。

此外，在湖南时他填了一张少年中国学会[1]的表格，阐述了他的政治观点。当被问到他抱何种主义时，他直截了当地回答自己信仰中国共产党和国民党左派的路线，直到1927年8月离开国民党：“本人信仰共产主义，主张无产阶级的社会革命。惟目前的内外压迫，非一阶级之力所能推翻，主张用无产阶级、小资产阶级及中产阶级左翼合作的国民革命，实行中国国民党之三民主义[2]，以打倒帝国主义，打倒军阀，打倒买办、地主阶级（即与帝国主义、军阀有密切关系之中国大资产阶级及中产阶级右翼），实现无产阶级、小资产阶级及中产阶级左翼的联合统治，即革命民众的统治。”

在民众大联合的范围内寻找共识的努力已经结束，必须打败“与帝国主义、军阀有密切关系之中国大资产阶级及中产阶级右翼”——让人感觉到无处不在的阶级斗争已经诞生了。最能承担这个任务的是国民党，或者更确切地说，是它的左翼。关于个人经历，毛泽东指出他研究社会科学，现在注重研究中国农民问题。他告知自己“教过一年书，做过两年工人运动，半年农民运动，一年国民党的组织工作”。他对农民问题的兴趣可追溯至1925年的春天和夏天。带着坚定的信念，毛泽东重新变成国民党的中央干部，虽然此时他在中国共产党内不再有任何职务。他和国民党右派进行坚决斗争，并力求把新生的农民运动置于国民党左派和共产主义者的掌控下。经过一个冬天和一个春天，他坚信农民革命有不可阻挡的力量。

1927年5月下旬至8月上旬，毛泽东放弃了最后的幻想，认为中国不可能和平过渡到现代国家。自1919年以来，军国主义和“黄金阶段”的资产阶级没有民主主义冲动，新生的工人阶级提出过诉求，农民阶级为了挣脱痛苦有了新的尝试。1927年，农民战争又一次困扰中国农村，并在接下来的20年里伴随着毛泽东。

国民党内部的斗争

在8个月内，毛泽东的政治活动主要发生在国民党内部[3]，他不仅仍然是中央执行委员会候补委员，还被指定为中央宣传部代理部长。1925年10月5日，时任宣传部部长的汪精卫推荐毛泽东任代理部长。直到1926年5月28日，毛泽东一直担任这一重要的职务。他作为顾问参加中央执行委员会的会议，介入这个组织的常委会，并对国民党的报纸和中央刊物有一定的控制权。1925年9月至1926年春天，他负责国民党每周的政治报刊《政治周报》[4]，写了许多文章。他还经常为国民党其他一些报纸撰文，包括粤语版的《民国日报》。自从1919年他表现出有效组织和笔锋犀利这两种素质以来，他的这些优点在为国民党左派服务，攻击右派的时候体现得淋漓尽致。

我们知道国民党右派的理论从1924年夏天发展起来，主张清除国民党内的共产党，将鲍罗廷送回苏联，并拒绝阶级斗争的理论。持这种观点者认为在中国并没有真正的资产阶级和无产阶级，只有贫穷的人民，他们全是帝国主义的受害者。戴季陶是这一理论的提出者，在孙中山去世后这一理论得到了加强。人们认为这个右派要对廖仲恺的死负责，至少是因为他的理论，胡汉民的一个远房表亲刺杀了廖仲恺（1925年8月20日）。

当毛泽东回到广州的时候，他可以在共产党的周刊《向导》上读到陈独秀言辞激烈驳斥戴季陶论点的文章。1926年1月5日到1月10日，毛泽东至少写了5篇重要的文章反对国民党右派，并将其发表在《政治周报》第1期到第4期上，当时正准备召开国民党第二次全国代表大会。1926年1月1日至19日，国民党二大在广州举行。1925年11月，国民党右派在北京西山召开会议，成立了“西山会议派”。“西山会议派”控制了上海国民党的组织和刊物《民国日报》，并在这个城市召开了中央执行委员会第四次会议。因为没有达到法定人数，国民党主要领导人认为这次会议是不合法的。中央执行委员会合法的第四次会议在广州召开，之后举行的国民党二大对左派和共产党来说是一次胜利，36 位中央执行委员会会员中有 7 名共产党人、9 名左派。9 名常委中有 3 名左派、3 名共产党员和 3 名中间派，包括蒋介石、胡汉民（远在莫斯科）和谭延闿。毛泽东得 173 票，当选为候补委员，这是个不错的成绩。汪精卫有 248 票排在第 1 位，李大钊收获 192 票。

1926 年 3 月 19 日，毛泽东被任命为农民运动讲习所所长，这使他成为农民运动讲习所的领导。农民运动讲习所是 1924 年 7 月按照鲍罗廷的列宁模式重组国民党时建立的。毛泽东成了国民党的新星，日程安排非常繁忙。因为他的神经失调加重，失眠的毛泽东在晚上看书，他惊喜地发现了神奇的安眠药。后来他把安眠药的发明者列入对人类作出最伟大贡献的伟人之列。

演说，写文章，开会

作为国民党的宣传部长，毛泽东主要在三个方面参与这场激烈的斗争：政策分析、宣传组织和理论思考。这些努力产生的影响在国民党二大上达到顶点，于 1926 年 3 月 20 日蒋介石制造打击共产党的事件[5]之后减弱，但影响仍然继续。

不过，1926 年 3 月 30 日，在蒋介石对中国共产党和苏联表现出敌意的短短十几天之后，毛泽东参加了国民党中央农民运动委员会的一次会议，仿佛什么事也没发生过，会上通过了他的三项议案：第一个议案是指派一名共产党员为农民运动讲习所负责人。第二个议案是决定招收 30 名广西学生进行培训，之后可以在梧州开展农民运动——我们看到毛泽东丝毫不掩饰他的意图。尤其第三个议案特别明显。下面是部分原文：

“在一定程度上政治和广大人民群众的运动存在着密切的联系，考虑到农民运动目前在几个省的发展，我们必须密切关注江西、湖北、直隶[6]、山东、河南这些省的农民运动，将来北伐要经过这些省份。”

这个议案具有双重意义。一方面，当苏联和中国共产党仍然反对北伐的时候[7]，毛泽东就已经考虑北伐的成功了。另一方面，他巧妙地提醒蒋介石，如果他想成功打击数量更多、武器更好的对手的话，他需要毛泽东及其在湖南的人脉。蒋介石的势力主要集中在韶关，如果想到达湘江攻占长沙必须翻越崇山峻岭，需要农民作为搬运工和路探。蒋介石间接地表示已经收到这个信息。1926 年四五月，蒋介石重提他 1925 年东征陈炯明时曾得到海丰和陆丰农民组织的帮助，他指出武装工人和农民在革命中扮演了比军队更重要的角色。[8]

辞去国民党宣传部长

一直到 1926 年 5 月 28 日，毛泽东都在宣传领域担任重要职责。国民党中央执行委员会二中全会根据蒋介石的建议——其真正的意图很清楚——决定“其他政党的成员”即共产党员不能领导国民党的部级单位。5 月 20 日，也正是在这次全会上毛泽东做了最后的报告《关于一九二六年二月一日至五月十五日期间的宣传活动》[9]。之后他辞去宣传部长之职，留任中央执行委员会候补委员和农民运动委员会常委，直到 1927 年初夏中国共产党和国民党决裂。

政策分析方面，1925 年 10 月 27 日，毛泽东以宣传负责人的身份出席国民党广东省代表大会闭幕式，并发表演说。他将国民党左右两派之间的斗争归结为对于“中间派”的直接进攻。毛泽东认为，自从国民党支持“贫下中农”减租和打倒“土豪劣绅”以来就出现了中间派。毛泽东引用廖仲恺（“革命派团结起来”）和汪精卫（“革命者向左转”）的口号指出，中间道路不存在。从 1925 年 11 月至 1926 年 1 月 8 日[10]，这个主题不断出现在他的文章中。

在 1926 年 1 月 10 日的国民党第二次全国代表大会上，毛泽东历数国民党历史上的数次分裂：他说 1912 年的国民党不是一个革命党，而是一个“小地主的政党”。因此，面对依靠“大地主”的黄兴，孙中山创办了革命党。当孙中山再次让位的时候，这个党落到了“买办的手里”。因此，当 1924 年孙中山将国民党改组成依赖“工人和农民支持”的政党时，他得到了这个政党“包括汪精卫在内的二十多位领导人的支持”。在大会的闭幕晚宴上毛泽东说，孙中山先生曾抱怨不能够将“民生主义”实施至今。毛泽东认为民生主义与社会主义相似。孙中山让共产党人作为革命青年进入他的政党，共产党人自然觉得在国民党内有他们的位置，因为它的本质发生了变化。

仿佛是为了说明自己的观点，毛泽东在1926年1月10日的《政治周报》[11]上报道了1925年12月20日在广州进行的反对段祺瑞和奉系军阀的示威游行。他详细介绍了13个标语，其中第5个是“支持革命的国民党”。为了体现人民的力量——工人、农民、商人、学生和士兵，10万名示威者包围“在青天白日满地红国旗、国民党的青天白日旗和工会的红旗海洋中”。毛泽东花了大量笔墨描写游行从东部操练场开始，经过老城区，到达城市西边荒地“西瓜园”举行最后集会。这份充满政治宣言的严肃刊物上出现了“人民”。

此外，在1926年3月18号巴黎公社纪念日这一天，毛泽东在国民党中央党校做了一次讲座，回顾了人民在历史进程中的作用。他以汉代的建立者“流氓”刘邦和短暂的太平天国的领袖洪秀全为例，强调中国历史上阶级斗争的重要性。他认为，洪秀全依靠“无土地的农民，后来被地主的民兵杀害”。

不过，特别引起毛泽东注意的是宣传组织工作。在国民党第二次全国代表大会上，他提交了宣传部的工作报告。[12]他批评上海《民国日报》等国民党右派控制的报纸和刊物费用过高。宣传部下属的广州《民国日报》的发行量从1 000份增加到11 000份，他作为主编的《政治周报》每周发行40 000份。他的部门还在上海出版了一份双周刊，用于“批评国民党右派”，名叫《中国国民》。最后，宣传部出版了“30种书共发行393 959本”，几乎有一半是孙中山的著作。

毛泽东详细介绍了宣传部引导的13个运动的口号。最后，他感叹这些行动的一大弱点是太专注于城市而忽略了农民，同时强调需要通过图片和漫画在90%是文盲的农民中进行宣传。1926年1月16日，大会投票通过关于宣传的决议，我们在其中找到相同的信息：“如果我们想使国民革命成功，必须捍卫农民的利益。宣传部要发出一个指令，规定只有那些支持农民解放运动的人才是真正的革命者……”

这项决议的结论是：“国民党的重心隐藏在被剥削的农民群众中。宣传部必须经常提醒国民党员关注这个问题，鼓励他们更多地依赖这个重心。”

另外，毛泽东还参加了大会的讨论。一名代表建议加入国民党的中共党员公开身份，并且允许国民党加入共产党，毛泽东坚持认为在军阀混战的中国，这样公开身份会让共产主义战士招来杀身之祸。虽然他谴责“西山会议派”，但他建议对违纪的“西山会议派”成员采取一个比较宽容的态度。斯图尔特·施拉姆认为，毛泽东在促进社会革命的过程中，认为民族主义占优先的地位：在他眼里，接近这些激进分子比远离他们重要。[13]我认为那时毛泽东对国民党的革命意图已不抱任何幻想，他知道很快他也会“违纪”：他鼓励宽容，也许不久后他自己也需要宽容。

对中国社会五类阶级的分析

经过这番紧张的唇枪舌剑，毛泽东又一次精神衰弱，至少表现出明显的疲劳。1926 年 2 月 16 日，他请了两个星期的假，然后将宣传部的工作交给他的朋友沈雁冰（笔名茅盾）。后者在他的回忆录中证明毛泽东去了广东和湖南的边界。前一年夏天，毛泽东发起了一项农民运动，他去那里会见赶来汇报农民运动进展的人员。

毛泽东确实从那个时期开始提出农民问题的理论，即使第一次发表处于摸索阶段。1951 年对原来文本的修订[14]使得我们对原文不得而知。1925 年 12 月 1 日，毛泽东在国民革命军的半月刊《革命》上发表了一篇文章，题为《中国社会各阶级的分析》，这是《毛泽东选集》的第一篇文章[15]。

虽然从文章的题目看像是社会学研究，但内容完全是政治性的。1919 年，毛泽东评估和定义过革命的敌人和朋友，在 1923 年的中国共产党第三次全国代表大会上，毛泽东也做了同样的事情。文章的开头是一段声明，几乎没有一点马克思主义的分析，这一段在 1951 年的修订版中消失了：“无论哪一个国内，天造地设，都有三等人，上等，中等，下等。”[16]然后他将中国人分为五类，农民出现在对每个类别的描述中，这体现了农民问题的特殊性也证实了概念上的某种尴尬性。

第一类是“地主阶级和买办阶级”。毛泽东认为这些人依赖外国，主要包括大银行家、商人和工业家，都或多或少与买办有关，还包括官员、大地主和“反动派知识阶级”，共有 100 万人。

“中产阶级”主要指“民族资产阶级”，是第二类。毛泽东将在日本和西方的留学生、大学学者、小地主和工匠归纳在内，约 400 万人。总体而言，他们都禁不住中央集权和戴季陶思想的诱惑——“举起你的左手打倒帝国主义，举起你的右手打倒共产党。”——并不能成为持久的中间力量。面对白色的反革命大旗和赤色的革命大旗，他们选择了白旗。大约有 500 万是或多或少有些革命性的敌人。

接下来的三个类别构成潜在的革命阵营。首先，是“小资产阶级”组成的第三类，毛泽东估计大约有 13 000 万人，包括 1 亿自耕农，其中少数人有“余钱剩米”，被反革命阵营吸引，但是广泛动员的时候会加入人民阵营，例如 1925 年 5 月 30 日的五卅运动。应该指出，毛泽东认为中农是革命运动潜在的盟友，但这个时候陈独秀与共产党的领导层打算仅仅依靠贫苦农民。毛泽东把“小知识阶层”纳入第三类。

第四类包括一半的人口，约 2 亿人。这些是“半无产阶级”，5 000 万半自耕农、6 000 万半益农和 6 000 万贫农，还有小手工业者、店员和小贩。这是农民问题的所在，农民必须将全部或部分收获交给地主，是高利贷的受害者。他们的土地越少就越革命。

第五类是“无产阶级”。4 500 万人，拥有 200 万有组织的工人，形成了革命的先锋，在海员罢工、铁路罢工，以及开滦和焦作煤矿[17]罢工中显示了力量，还包括 300 万苦力、2 000 万雇农和 2 000 万游民无产者。在这一点上，毛泽东明显偏离了共产党的正统路线：事实上，他看到了被马克思主义作家贬低的“流氓无产者”身上战斗的勇气，如果加以引导就可以称为革命力量。

他进一步指出，游民是招募士兵的基础，尤其是乞丐，其次是盗贼、强盗和娼妓。[18]他们可以成为革命的先锋。《水浒传》中反政府的绿林好汉因此加入了无产者的世界，胸前挂着红色共产国际刊物上的标识！毛泽东一直强调这些失去社会地位的人被秘密社团网罗，根据最近在韶山的经历，他按照地理位置列举了一长串秘密社团[19]。毛泽东说，处置这批人是“中国的困难的问题之一”，最后他号召 39 500 万人团结起来反对 500 万敌人。

农民运动讲习所

虽然毛泽东对农民的理论分析仍然模糊，但他有了一次决定性的重要经历。1926 年 3 月 16 日，国民党决定由毛泽东担任第六期农民运动讲习所所长。[20] 1924 年 6 月 30 日，国民党中央执行委员会正式成立农民运动讲习所，彭湃从 1924 年 5 月 3 日起担任主任，之后的三期主任由同是共产党员的罗绮园和阮啸仙担任。1925 年 10 月，第五期讲习所由彭湃和罗绮园领导。在毛泽东担任所长之前，共有 454 名学员拿到讲习所毕业证书。之前讲习所领导的职位称为主任，所长的职位比主任高，这一改动体现出对学术地位的正式承认。从第六期开始，办学地点选在当地一个更著名的地方——位于市中心大东门的番禺学宫。

第五期有 43 名来自湖南的学生，占总学生数的三分之一，其中 10 人来自毛泽东的家乡包括毛泽民。1926 年 1 月，毛泽东在这里上了一堂课，是关于中国农民中各阶级的分析及其对于革命的态度的内容。1926 年 5 月 3 日至同年 10 月 5 日，毛泽东自然而然地成为第六期农民干部培训的领导，录取了来自 20 个省的 327 名学员，湖南人又一次占多数。蒋介石需要农民，北伐必然经过湖南，如果他想动员湖南省的两万名国民党员必须借助毛泽东。事实上，这些国民党员主要是毛泽东在各个共产党员的帮助下亲自招募的。

第六期的预算为 65 000 银元，课程安排比以往几期更繁重。教师主要由 15 人组成。毛泽东亲自授课 23 个小时讲解农民问题，除了借助自己在当地的经验，他在自己简陋的住所里一直保存着在韶山进行第一次农民调查时的笔记。他还负责其他三门课程：9 小时“在农村如何进行教育”的课程、关于世界地理的讲座，以及有关卫生的课程。军事培训也很重要，学生们组成两个连共 6 个排，周恩来教军事策略，黄埔军校的教员教战术训练课。8 月份，学生到海丰和陆丰进行为期两周的实习，参观彭湃领导的农民组织如何运作。

这种实习是毛泽东从实际出发或从一定的实际出发进行调查的第一个已知的例子，是群众路线的基础，后来毛泽东往往利用调查来启动他的政治运动，根据当时他的政治理念进行解释。实习由萧楚女[21]组织，持续两个星期。在汕尾，受到学生们热烈欢迎。汕尾离汕头不远，在红海湾沿岸，那里的海盗非常有名。彭湃作为指导，介绍了他在海丰和陆丰组织农民协会长期斗争的事。这里是彭湃的家乡。他的家庭将土地租给 300 户佃农，共 1 500 人，每年交租 60 吨。

彭湃在公共场合发表宣讲，逐步扩大他的影响，到1923年5月建立了20 000名农民组成的农协，管理十几所小学和一些诊所，调解冲突，用公平秤加强粮食市场的道德性，结束了“红”“黑”两派秘密社团几百年的恩怨。因为台风摧毁了农作物，要求实行减租70%。1923年8月，陈炯明军队镇压了这些早期的农民协会，彭湃被迫逃往广州。1925年，成为广东省农民协会执行委员会常委、副委员长的彭湃借蒋介石领导的两次东征作了反击。之后，他在海丰重建农协，两次军事镇压期间70名干部被地主的民兵杀害。海丰实行减租25%的政策比国民党严厉得多，不过符合国民党的纲领。

“农民问题”：毛泽东的判断

也许正是这个时候毛泽东坚定了自己的直觉，去年夏天他在湖南第一次感觉到农民运动的力量时就有这样的感觉：“全中国各地都必须办到海丰这个样子，才可以算得革命的胜利”[22]。毛泽东尤其对海丰官员和税吏的不安感到高兴。当官的谁也不敢“伤农”，税吏也不寻求“额外括钱”：“全县没有土匪，土豪劣绅鱼肉人民的事几乎绝迹”。1926年农作物歉收，农协要求减租60%。陈村的一位妇女去官员那里申诉独生子被杀，面对官员的冷漠，她带着一面葬礼用的白旗跑到衙门里，上面写着“我请彭湃同志主持公道”。彭湃成为一个正义之神。毛泽东对此印象深刻，满怀感情详细地记述了这件事。

根据这样的经验和以往湖南的经验，毛泽东筹备他的课程并主编了一套“农民问题丛刊”。斯图尔特·施拉姆认为这套刊物是研究毛泽东农民革命观点起源“最有启发性的作品”[23]。这是一套供内部使用、作为讲习所学生教材的书。序言出自毛泽东之手，日期为1926年9月1日，题为《国民革命与农民运动》。毛泽东指出，“农民问题乃国民革命的中心问题，农民不起来参加并拥护国民革命，国民革命不会成功”。革命的主要对象是封建地主阶级，“农村封建阶级，乃其国内统治阶级国外帝国主义之惟一坚实的基础，不动摇这个基础，便万万不能动摇这个基础的上层建筑”。

在第五期讲习所的课程上，毛泽东讲了《中国农民中各阶级的分析及其对于革命的态度》[24]的相关内容。毛泽东第一次用马克思主义研究这个阶级，分析其在生产关系中的位置，强调由农业工人提供的剩余劳动带来的收入只有小部分属于农民。因为中国还缺少资本主义农业，他估计拥有500亩以上（33公顷）耕地的地主占农民的0.1%即320 000人。他回顾了海丰农协50万家庭在反对陈炯明斗争中扮演的角色。他不赞同“买办阶级之猖獗于都市，完全相同于地主阶级之猖獗于乡村”的看法，因为买办只在某些沿海地区存在，而地主遍布全国各地：“军阀做主体，而买办阶级为其从属”。

“然若无农民从乡村中奋起打倒宗法封建的地主阶级之特权，则军阀与帝国主义势力总不会根本倒塌”。毛泽东从而得出一个决定性的断言，必须在国民党控制的地区组织约3 000万农民。从这个断言出发，形成了本杰明·史华慈所称的“异端行为”，而不是他自称的马克思列宁主义理论[25]：“中国的农民运动乃政治争斗、经济争斗这两者汇合在一起的一种阶级争斗的运动。内中表现得最特别的尤在政治争斗这一点，这一点与都市工人运动的性质颇有点不同。都市工人阶级目前所争，政治上只是求得集会结社之完全自由，尚不欲即时破坏资产阶级之政治地位。乡村的农民，则一起来便碰着那土豪劣绅大地主几千年来持以压榨农民的政权（这个地主政权即军阀政权的真正基础），非推翻这个压榨的政权，便不能有农民的地位”。

这样，决定革命斗争的中轴线从城市转向农村。

施拉姆还指出这套书最精彩的部分是介绍广东省农民阶级斗争的5章，共300页，有3卷——全省农民协会代表大会决议，由彭湃和农民运动讲习所共产党负责人撰写的海丰、广宁、普宁农民运动的3份报告，以及广东省农民运动概况的介绍。书中还包含另5个章节，共134页，形成第4卷，描述了中国农业生产、农业商品化、农民的组织和行政机构、目前世界上的农业进步、中国农业生产的问题。最后134页是关于意大利、德国、日本，特别是俄国的农民运动，其中有一章为“俄国农民与革命”。

从此，毛泽东选择了斗争中希望动员的力量，虽然他预计到斗争非常艰巨。蒋介石1926年3月20日制造的事端没有引起毛泽东的回应，他对这个将军不抱任何幻想。他比以往任何时候都相信革命的希望在农村，他梦想像彭湃那样建立群众基地，抗衡国民党日益壮大的军事力量：黄埔军校前5期培养7 000多名军官，而农民运动讲习所培养1 272名干部[26]，其中只有800人回到农村。占军官数量不足十分之一的干部将面对4亿农民。为此，毛泽东和中国共产党重新取得了联系。1926年11月上旬，毛泽东成为中共中央农民运动委员会书记，这个部门是在中央委员会的授权下成立的，管理人员中没有一个是农民。

中国共产党和农民的世界：陈独秀的判断

农委的存在有些模糊，甚至不能肯定毛泽东是否去过上海上任[27]，但他肯定这样的战略选择是正确的。自1923年以来，中国共产党比较关注农村世界，是为了顺从共产国际的要求。1925年5月30日的一个重大变化帮助毛泽东在党中央找到一个位置。1922年11月，陈独秀为年轻的中国共产党设置任务的时候，并没有忽略农民问题。[28]他在报告中总结道，如果共产党脱离农民，就永远不可能成为一个伟大的党。他首先想到的是12 000万贫民，在他看来他们等同于无产阶级。1923年7月，陈独秀先于毛泽东分析中国的农民阶级。同年12月，陈独秀发表《中国国民革命与社会各阶级》。他观察到“约占农民半数之自耕农，都是中小资产阶级”，他们有强烈的私有财产意识，“如何能做共产主义的运动”？受彭述之的影响，几个月后他在《新青年》上补充说无产阶级必须在受帝国主义压迫的国民革命中发挥主导作用。因此，农民只是工人阶级可疑的盟友。[29]

当然，1923年10月，国际农民组织在季诺维耶夫的影响下成立之后，共产国际的领导层有了不同的态度。在1923年5月给中国共产党的指令中，共产国际已经强调农民问题必须在党的政策中发挥核心作用。季诺维耶夫认为这种方法能让革命立刻取得成功。布哈林从1925年3月开始发展了一种亲农民的政策：进入农民世界的时候，革命者必须适应一种不同的革命。被陈独秀和毛泽东等同于小资产阶级的中农变成盟友。布哈林认为国民党作为一个农民党，在这个新政策中应起核心的作用。从此农民就是主要的革命力量，只要国民党的政策允许，共产党员在国民党内必须积极活动。

因此毛泽东在自己不知道的情况下成了布哈林主义者。确实，中国共产党在农民世界中的存在非常不起眼：1925年年底，共有500名共产党员活动在农村，主要集中在广东省的东部，全部以国民党员的身份出现。运气再次眷顾毛泽东：他发现了农民的革命作用，符合中国共产党领导者最近确定的需要，符合1926年11月共产党中央委员会的决定。因此，这个发现非常及时，甚至非常必要。此外，农民在中国革命中的中心作用得到了斯大林和布哈林的明确肯定。1926年11月22日至12月16日的共产国际执委会第七次扩大会议上[30]，斯大林和布哈林联合反对托洛茨基主义——当然共产党需要继续附属于国民党。

国民党中央执行委员会广东会议(1926年10月15日—28日)

1926年7月11日，北伐军攻占长沙。9月7日，占领汉口和汉阳，顺利横渡长江。8月31日开始进攻武昌强大的防御工事，10月10日获得胜利。只有东战线的蒋介石在江西南昌比较困难：占领后又丢失，11月8日才进占南昌。1926年12月，国民党临时政府离开广州迁到武汉，现在它控制了7个省，在6个月前已经控制的60万人口基础上再加上110万。工人尤其是农民的帮助促成了国民革命军的胜利。在8月下旬湖南平江城汨罗江铁路桥的艰苦战斗中，农民提供给国民党参谋部的信息起了决定性作用。

在农民运动讲习所上完课，将实习生派往各自的工作地点之后[31]，毛泽东于10月15日至28日在广东参加了国民党中央执行委员会的一次扩大会议，在胜利的背景下讨论接下来的政策。[32]这次会议汇集了80人，包括中央执行委员会常务委员或候补委员、各省和地区国民党党部负责人。参加会议的有甘乃光、谭延闿、徐谦、张人杰、吴玉章、丁惟汾[33]、宋庆龄（孙中山的遗孀）、宋子文、孙科（孙中山的儿子）。毛泽东几次参与讨论，发言很有威信。四分之一的与会者是共产党员，一半是国民党左派。以戴季陶为首的中间派和右派在旁听席上沉默不语，远离风暴，也许他们认为新的力量平衡的建立有利于蒋介石——胜利之师的元帅。因此孙科说："在本次会议上，找于树德、毛泽东、恽代英、侯绍裘[34]寻求调解，足以确保所有的问题都解决。"[35]

要注意的是，此时毛泽东不是因为好争辩而是因为他的灵活和善于谋划引人注意。他反对宋子文为了北伐预征钱粮的建议，认为这样和军阀无异。毛泽东认为额外的税收难以被农民接受，“预征钱粮不过仅收得二三百万元，何苦以此区区之数使数千万农民或大多数人民怀疑我们的决议案是不能实行呢。本席仍旧主张发行三百万殷实公债，向殷实商人募集”。不愧作为负责仲裁的七个成员之一，他提供了一个奇怪的妥协方法：为什么不按农历来进行 1925 年已经预计的最后一次征收？农历新年的第一天是阳历 1926 年 2 月 13 日。

在棘手的民团[36]问题上，毛泽东也表示出调解的态度。10 月 25 日，扩大会议拒绝了湖南代表要求取消民团的一项议案。毛泽东支持湖南代表，三天后，扩大会议重新拟了一项新的议案，限制民团的权力，将它们纳入国民党的掌控，并将它们的作用限制在打击土匪上。

毛泽东似乎要不惜一切代价与国民党分离。此时陈独秀将蒋介石 1926 年 3 月 20 日政变的很大责任归咎于国民党对共产党广州领导人的渗透。在陈独秀与广东共产党负责人以及鲍罗廷的冲突中，毛泽东似乎站在共产党总书记的一边。对他和陈独秀来说，的确存在一个国民党左派需要发展的问题，以此来避免民族主义者与共产主义者关系的破裂，并动员农民。面对明显的革命军事化倾向，毛泽东开始为自己的政党做长久打算。

“农民的痛苦”

1926 年 11 月上旬，得知中共中央任命他为中央农民运动委员会书记之后，毛泽东让杨开慧带着两个儿子从广州回到湖南。他自己乘船离开广州去上海，领导农民运动委员会。在毛泽东主持下，中央农委拟定了《目前农运计划》，主张沿着铁路线发展农协，后来这些铁路线也成为北伐的轴线。这样实现了农村社会运动和武装革命力量的有效合作。

此外，他还得出结论，各地农运须切实与国民党左派合作，并促成国民党中央农民部在武汉设立办事处，在武昌开办农民运动讲习所。[37]为了建立这个讲习所，他与国民党在江西、湖南、湖北的党部联络。与此同时，他根据上海办公室搜集的资料和剪报写了一篇文章，于 11 月 25 日发表在《向导》第 179 期上，题为《江浙农民的痛苦及其反抗运动》。[38]因为工业和商业发展而闻名的这两个省内，农民的命运与别处一样悲惨。

长江三角洲地区崇明岛的农民用自己的工具耕熟新涨的沙田，地主管田的所有权，每四年租一次，每千步田要交500斤甚至以上的谷物。官府和地主勾结在重量上弄虚作假，农民借债时还要受高利贷的盘剥。这种情况导致了1922年，“并没有什么赤党、过激党煽动他们”，他们自己成群起来烧毁警察局，割去地主一只耳朵。尽管干旱，地主坚持要收相同的田租，但亩产只有三四百斤。

这样的例子还有不少！在长江上游江阴的一个村庄，一个在无锡省立师范学校毕业、日本留学归来的学生于1924年组织了“佃户合作自救会”，要求降低田租。1925年1月，他被军阀孙传芳的部队枪杀。成千上万的农民参加他的葬礼，现在对他的怀念引导农民重新开展减租的斗争。在丹阳，土匪掠夺一家当铺，当铺主人即鸣枪报失，说典当的衣物都被抢去了，同时秘密将衣物乘夜移藏他处。这些衣物的当户即近镇各村农民闻讯，邀截于路，找到一部分衣物，但已被移藏的衣物没有找到。典物的农民于是组成了“当户联合会”，结果，当铺赔价900块钱。在同一个城市的另一个村庄，地主装了戽水机器，农民必须支付1 400元的费用才能使用电机泵灌溉农田。农民组成了一个“农民促进会”，凑钱买了自己的戽水机器。地主们用种种诬词告到孙传芳那里，结果孙派兵下乡逮捕了合作社负责人，强迫村民使用地主的机器。

在无锡的一个村子里，农民和“面粉大王”荣宗敬的弟弟荣德生起了冲突。荣氏兄弟开办了保兴、茂新面粉厂，又开了申新纺织厂。[39]这位“民族资本家”想拆掉农民的房子，抽干一条河修路。农民们得到水田每亩200元、新植的桑苗每株1角钱的赔偿，并得到不破坏房屋的承诺。在上海西部的青浦，地主在官员的帮助下想将荒地的租金翻三番，农民们组织垦务联合会进行反抗。在长江以北的泰兴，30个要求减租的农民被捕。在苏北地区徐海的一个镇，洪水连绵，农民组织（连庄会）归入红枪会，很多农民流而为匪。

在浙江宁波，那里的农民“本来是很强悍的”，9月13日上午，聚积2 000多人到警察局，把警察局焚毁了，又转至乡绅地主家“吃大户”，把他们的屏画古董门窗壁络都捣毁。第二天，逃到城里的乡绅获得了军警的支持，镇压了一次“完全没有组织，又没有指导”的“原始的暴动”。

毛泽东没有进行任何理论分析，这些生动的小场景却完全符合当前的政治：民族资本家让人理解，而军阀和乡绅是不共戴天的敌人和帮凶。至于农民，他们的斗争是为了较低的租金，而不是激进的土地改革。因此毛泽东认为如果这样的运动能够由共产党组织和运行，它就能维持在共产党和国民党之间的合作框架内。我们还注意到他已经对农村世界中失去社会地位的边缘人和秘密社团感兴趣，这些人既没有信仰也没有法律，他赞赏他们的革命潜力，虽然列宁主义领导人认为他们属于流氓无产者。

统一战线的必要性

这篇文章发表的那一天，毛泽东来到武汉，中途曾在江西南昌停留。蒋介石在南昌建立了他的军事参谋部和政治服务机构，南昌开始挑战武汉作为北伐首都的地位。我们从林伯渠 11 月 26 日的日记中看出，这位程潜领导的国民革命军第六军党代表遇到了“润之”（毛泽东）[40]，他们一起拜见了第二军军长——毛泽东的旧相识湖南人谭延闿。谭延闿刚刚到达江西，和他一起的还有第二军的副党代表李富春。

晚上，国民革命军总政治部副主任郭沫若设宴接待林伯渠、李富春和毛泽东。这是郭沫若和毛泽东第一次会面。后来，他在回忆录中写道，此时毛泽东给他的印象“状貌如妇人好女”，让他觉得有点像刘邦手下的谋士张良。[41]这样的描述不无意义，如果我们将这段文字和毛泽东 33 年来的照片作对照，我们会感到震惊，他近乎女性的魅力和温柔的性格与农民的粗鲁、邋遢的衣服、糟糕的个人卫生状况形成鲜明对比。

这样的魅力起了作用。29 日，毛泽东、林伯渠和李富春从江西临时政治委员会处得知：江西选派了 150 名学员去武昌农民运动讲习所，并负担经费 12 000 元。12 月初，毛泽东离开南昌前往武汉[42]。

在汉口，他建立了中共中央农委办事处，同国民党湖北党部讨论建立农民运动讲习所。他住在武昌一座富商建的漂亮别墅里，离长江不远，灰色的砖墙隔开喧嚣的街道，有一个内庭院，房间装饰着垂直的黑木板。他的妻子、两个孩子和岳母住得很舒心。彭湃有一个房间，毛泽东有一个书房。他在农民运动讲习所兼课，讲习所办在不远处的一个贵族宽敞的住所内，大厅由红色的柱子支撑，朝向优雅的拱廊。这座建筑坐落在黄鹤楼北面几百米处。

12 月 13 日至 16 日，毛泽东作为中央农民运动委员会书记参加了中国共产党中央委员会特别会议。这次会议在汉口举行，鲍罗廷和维金斯基出席。会议的气氛很紧张，陈独秀在开幕报告[43]中指出，军阀仍占据中国的三分之二，在这种情况下与国民党决裂将是不可理解的。广东区委认为 1926 年 3 月 20 日国民党已死，“牢牢抱住一个臭气熏天的尸体无用”。陈独秀批评他们犯了“左稚病”，这些同志在 1926 年 3 月的危机中对国民党采取“一种傲慢的态度”，滋养了狂妄的想法，认为国民党不存在左派，中国共产党应单独控制所有的群众运动。与此同时，由左派占主导地位的国民党临时政府自 12 月 11 日起离开广州迁到武汉。

陈独秀提议继续留在国民党内，团结国民党左派。鲍罗廷和那些相信土地改革的时机已经到来的人过于乐观了。那时，农民只想要较低的租金，禁止高利贷，用结社和武装自己的权利来抵抗土豪，反对随意收税。他们不要求“耕地农有”，而要求保留国民党左派纲领中的改革。陈独秀继续说：“以想象的极左为名义，忽略真正的左派，好比今天拒绝吃酱油蔬菜，等着明天有大鱼大肉。”这种幼稚的态度伴随着脱离群众的行为，激怒了商人和小雇主，例如发生在武汉的纠察队工会和商人之间的冲突。相反，必须“加强左派，扩大统一战线，扶持汪精卫”。12 月 18 日会议的最后一天通过了这一倾向的决议。

运动的教训

毛泽东也许对这次辩论感到困惑，但这并不意味着他和越来越多的人一样反对家长式作风的陈独秀。陈独秀迫于共产国际的压力为自己也不认同的政策辩护。李维汉在他的回忆录中提到“毛泽东支持湖南省委的观点[44]，但陈独秀和鲍罗廷不同意解决土地问题，他们认为这个问题并不成熟”[45]。湖南省委在李维汉的领导下认为必须依赖全省农民运动的持续发展进行土地改革，毛泽东好像曾对李维汉解释过，李维汉回忆说：“他不同意陈独秀的观点，但经过讨论，他认为我们不应该将这种分歧坚持到最后。”毛泽东提请中央委员会注意一点，“右派有兵，左派没有兵，即右派有一排兵也比左派有力量”。然而，他的提醒没有起到效果。

我们注意到毛泽东缄默地屈从大多数人的意见，看得出来毛泽东有很强的洞察力，也许有些加工的成分，因为这是一位老将暮年的回忆。此外，幸运之神还让他避免了对陈独秀提出的决议进行投票。因为他刚刚收到一封电报，湖南全省第一次农民代表大会电请毛泽东到湖南对大会进行指导。电文称："先生对于农运富有经验，盼即回湘，指导一切，无任感祷！"[46]

12 月 17 日，中央委员会继续开会，此时毛泽东在一位名叫卜礼慈[47]的国际农民组织代表的陪同下离开汉口前往长沙。12 月 20 日下午两点，他受到了湖南全省第一次工人代表大会和第一次农民代表大会联合举行的欢迎大会的高规格接待。钟响之后，一个叫刘惊涛[48]的人主持了这次在长沙幻灯场举行的欢迎大会。他说毛泽东是"中国革命的领袖"，"湖南湘潭人"，"对于农民运动尤为注意"，回到湖南"系专为考察农运"，应邀来这里"指导"。他还向与会的 300 名代表介绍了国际农民组织的代表，这位代表将会谈到"俄国农民的情况和苏维埃对农民的态度"，并"对中国的农民运动进行评价"。

毛泽东用回忆开始了他两个小时的演讲："我去湘仅一年，而今年和去年的情形大不相同。在去年是不会有这种大会的。在去年是军阀赵恒惕的政府，今年，是较能与人民合作的政府。去年农民运动仅是萌芽，今年，已有一百二十万有组织的农民了。这是各位同志努力的结果。"然后，他描述了自己最近的文章中提到的中国革命的力量和中国的社会组成。最后，他保证说："国民革命的中心问题，就是农民问题。一切都要靠农民问题的解决。无论是打倒帝国主义、打倒军阀、打倒土豪劣绅；或者，是要发展工业、商业或教育事业，都必须依靠农民问题的解决。"

休息 5 分钟后轮到卜礼慈讲话：1914 年至 1918 年的战争造成 12 万人死亡，改变了很多东西。如果没有这场战争，农民就不会革命，但工人和农民之间的合作很困难，这也解释了德国和保加利亚革命失败的原因。之后在担任湖南省农民协会委员长的老朋友易礼容主持的会议上，毛泽东回答了代表们的问题。然后大会进行表决，在毛泽东的支持下通过了 40 项决议，其中有一项支持使用暴力"打倒土豪劣绅"，这是"革命斗争中必取的手段"。

另一项决议明确提出目前的任务是"剥夺他们的政治权力，奠定农民政权的基础"。毛泽东在回答一个问题时肯定地说这些目标"很快会实现”。事实上,“打倒地主”的时机并未到来:“我们现在还不是打倒地主的时候,我们要让他一步。在国民革命中是打倒帝国主义军阀土豪劣绅,减少租额,减少利息,增加雇农工资的时候。”[49]

暴力与启迪

精明的毛泽东已经懂得在实践中如何控制政策偏差。经过这一次辉煌的成功,毛泽东开始调查湖南农民的情况。一方面,他是中国共产党处理农民问题的领导人(他向中共中央委员会提交报告);另一方面,也是国民党中央执行委员会候补委员。另外,他还参加了国民党湖南常委会的一个会议,湖南省党部决定派戴述人[50]偕往,并会同考察所要调查的 6 项内容,以协助实施调查。

1927 年 1 月 4 日,毛泽东开始展开调查。[51]穿着一贯的蓝布长衫、粗草鞋,手拿雨伞,毛泽东和他的国民党同伴经过 32 天时间,步行 700 多公里,考察了 5 个地方:他的家乡韶山所在的湘潭、童年时常去的外祖父母家湘乡、作为师范生开启政治经历的长沙、通往安源煤矿的醴陵,还有衡山(1922 年他到衡阳湖南省立第三师范学校建立党支部时攀登过的圣山就是这座城市名字的来源)。而且,毛泽东意外地去了距离韶山 40 公里的邻县宁乡,因为他得知当地国民党将一个农协会员投入监狱,并控诉他扰乱公共秩序。

因此,毛泽东对于全省农民运动的看法是局部的。当时湖南有 75 个县,毛泽东只去了 5 或 6 个,方圆 40 公里[52],其人口只占农村总人口的八分之三。这样的考察也是不全面的,仅限于湘区的山谷和毛泽东的同学任教的村庄。然而,此行与 1917 年夏天他的朋友萧瑜带他从西到北一直走到洞庭湖的旅程不同。一位当代的传记家写道:“农民革命的风暴像磁石一般吸引了毛泽东。”[53]事实上,毛泽东此次经过的村庄都是北伐战士将要经过的,农民组织将利用军事胜利扩大它们的影响力。

此外,他使用的调查方法也值得商榷。毛泽东在县委召集农协负责人或 1925 年调查时安排的信息员——对调查者的选择对调查结果有影响。毛泽东还访问偶然遇到的普通农民,湘潭西乡的张连初细致地介绍了农民的生活条件,提供了很多细节。虽然记录的时间是民国十五年(1926

年），但我觉得应该是在1927年1月抄录的。[54]这样搜集信息增加了调查的当地色彩，但是也突出了记录的客观性。无论如何，即使这次调查属于人种学研究性质，毛泽东少年时与农村社会的亲密接触让他比其他出生于城市的领导人更好地了解他的对话者。

革命的狂喜

就这样，毛泽东在共产党的两所学校或共产党、共青团、各种委员会的总部内开会、记录、演讲，好像逐渐被一种革命的狂喜抓住了。在韶山，他听说农民们躺在“土豪劣绅的小姐少奶奶的牙床上”。在湘潭马家河附近的村庄，15 000个农民闯进6个被老百姓鄙夷的地主家中大吃大喝，宰了130头猪，毛泽东听了哈哈大笑。当他听说宁乡的国民党支部把“三民主义”变成“二民主义”，不承认在他看来等同于社会主义的民生主义，还把一个低价出售库存粮食的鞋匠投入监狱时，毛泽东吩咐戴述人去国民党宁乡县党支部揭露“二民主义”破坏农民运动的错误。银田寺就在毛泽东家附近，从前他经常从韶山去湘潭看报，路上经过银田寺。1925年8月，韶山的农民在毛泽东的授意下在银田寺拦截了一个投机商运米的车队，抓住了团防局局长汤峻岩。据说民国以来，汤峻岩和另一个同伙杀了50多人，其中4个是活埋的，最先被杀的是两个无辜的乞丐——这让我们想到鲁迅的《阿Q正传》中阿Q的命运。在湘乡，有人向他汇报有个坏地主逃到长沙准备反攻，把农民运动的干部看作“一字不识的黑脚杆子”，“翻开脚板皮有牛粪臭”，“弄得乡里不安宁”。落后的小地主为了加入农民协会，偷偷给农协负责人塞了10块钱——毛泽东高兴地发现权力阵营转移了。在衡山白果村，妇女们闯入祠堂，坐在族长和元老们的桌子旁吃饭。毛泽东表扬这种对父权制传统的反抗。醴陵发生了一起戏剧性的事件，在当地颇有势力的哥老会“龙头老大”归顺了革命。几个月前，一个叫易萃轩绰号“乡里王”的人和农协斗得不可开交。冬天的时候，他送了一锭金子给农协买新的三脚架，送他的儿子参加了国民革命军。毛泽东觉得可疑，派以前的同学罗学瓒担任中共醴陵地方执行委员会书记，揭露敌人隐藏的阴谋。自1921年秋天从法国留学回来后，罗学瓒一直在湖南工会工作。在许多村庄，人们强行让乡绅土豪戴着纸做的高帽子游街，帽子上写着他们的罪行。在宁乡、岳阳、华容、湘潭、醴陵、益阳，有打死、斩首或枪杀特别残忍的乡绅的事件。共产党湖南当局试图遏制暴力，毛泽东却认为这是对统治阶级的合法回应。他还补充说，在全省的每个县打死一到两个劣绅是好事，可以铲除封建主义的罪恶。

毛泽东为农民暴力辩护

毛泽东每到一处给的“指令”都引导农民协会在政治上打击地主，在经济上对他们处以罚款，迫使他们降低田租，不准驱逐农民。毛泽东还提醒农民用梭镖[55]武装自己，在路上巡逻放哨，确保当地的秩序，监视乡绅民兵团。农协禁止吸食鸦片和赌博，应用富人的钱修复道路、桥梁和水坝。随着人数的增多，农协的力量也越来越大：1926 年 4 月全省只有 40 000名会员，来自铁路沿线的 28 个乡镇。1926 年 11 月有1 367 727名会员，是原来的 30 倍，来自 6 867 个乡农协、29 个县农协，平均每个乡有约 200 名成员。

1927 年 2 月 4 日，毛泽东回到长沙，很快向中共湖南党委交了几份报告。彼时，湖南党委正寻求纠正农村政策。2 月 12 日，毛泽东回到武汉，开始写著名的《湖南农民运动考察报告》，他把主要的内容归纳在 2 月 16 日写给中共中央的报告中。[56]

“在各县乡下所见所闻与在汉口在长沙所见所闻几乎全不同，始发见从前我们对农运政策上处置上几个颇大的错误点”。毛泽东提出，党对农运的政策应注意：以“农运好得很”的事实，纠正政府、国民党、社会各界一致的“农运糟得很”的议论；以“贫农乃革命先锋”的事实，反驳各界一致的“痞子运动”的议论；以从来并没有什么联合战线存在的事实，纠正农协破坏了联合战线的议论。

接下来毛泽东提出十大建议，在调查途中毛泽东已经付诸实践了。结论是：“农民问题只是一个贫农问题，而贫农的问题有两个，即资本问题与土地问题。这两个都已经不是宣传的问题而是要立即实行的问题了。”

如此，毛泽东公开反对陈独秀和 1926 年 12 月中央委员会通过的决议。由于写给中央的报告没有收到任何答复，他匆匆结束了 20 000 字的《湖南农民运动考察报告》，该文于 1927 年 3 月 5 日发表在中共湖南省委机关刊物《战士》上。3月12日的《向导》上只有报告的前两章，毛泽东在第三章论及农民的暴力，而陈独秀和彭述之坚持要删掉这一部分。4月初整篇文章在汉口长江书店以《湖南农民革命（一）》为书名出版发行，瞿秋白作序，赞扬毛泽东、彭湃是“农民运动大王”。事实上，1926年10月份斯大林要求赞扬适度农民暴力，避免触怒国民党。11月份中旬，为了在共产国际执委会第七次扩大会议上和托洛茨基反对派作斗争[57]，同样是斯大林却接受了农民暴力——我们可以在共产国际执委会第七次扩大会议上通过的决议中看出：“害怕农村阶级斗争升级会削弱反帝国主义战线是没有根据的。因为害怕中国部分资本阶级的合作的不确定性和不彻底性而拒绝促进土地革命是错误的。”

毛泽东再一次得到幸运女神的眷顾，他及时防止了偏差。自从1927年5月和6月《共产国际》的俄文版和英文版先后转载了《向导》刊印的报告后，报告的部分内容从1927年6月15日开始在共产主义报纸上发表。虽然莫斯科和上海之间通信很难，但根据蔡和森的回忆，从1月份开始，中共领导层已经知道共产国际执委会第七次扩大会议的精神。2月中旬参加共产国际执委会第七次扩大会议的谭平山和罗易抵达广州，消除了中国共产党领导层所有的疑虑。

《湖南农民运动考察报告》

这份报告解释了2月16日写给中央的报告中的结论，风格时而生动，时而抒情，反映出毛泽东非常热情地面对农民世界反传统的暴动。报告的一开头就提出了主题——“因为目前农民运动的兴起是一个极大的问题”。领导他们、批评他们还是反对他们，这是所有的革命者必须迅速作出决定的三个选项。毛泽东很清楚共产党的领导选择了第二个选项，国民党选择了第三个选项。对他来说，他主张第一个选项，这场运动中一切都是好的，连偏差[58]都是如此，封建主义是“帝国主义、军阀、贪官污吏的墙脚”，只要能达到中国革命最根本的目的，就是说推翻封建主义，我们不应该抱怨“过分”。

毛泽东接着讲农民起义是孙中山的梦想，但他未能实现，因此不应该质疑暴力。毛泽东再次提及5个县的农民运动，并肯定“革命不是请客吃饭，不易做文解，不是绘画绣花，不能那样雅致，那样从容不迫，文质彬彬，那样温良恭俭让[59]。革命是暴动，是一个阶级推翻一个阶级的暴烈的行动”。

因此，“每个农村都必须造成一个短时期的恐怖现象”。农民打倒地主阶级中的所作所为并不过分，这不过是他们所处的位置必然的结果。矫枉必须过正，不过正不能矫枉。[60]毛泽东这样说是为了赞扬他眼中的“暴徒”（痞子），那些“踏烂鞋皮的、挟烂伞子的、打闲的、穿绿长褂子的、赌钱打牌四业不居”的游民，敢于“站起来反对欺压村民的劣绅”，现在“组织基层的农民协会”。在如火如荼的革命中，农民协会禁止吸食鸦片和赌博，他们已经改正了自己（除了15%的人，毛泽东补充说）。在农协控制的地区，土匪已经完全消失，农协的工作人员70%是贫农和社会边缘人[61]。农民革命不是一团糟，好得很。毛泽东请他的朋友们不要模仿传说中的叶公好龙。叶公喜欢龙，在他的家里画满了龙。但是有一天，当天上的龙把鳞片状的尾巴伸进他家窗口时，他吓得要死。毛泽东用雄辩的语气请党内的同志们不要害怕在农民革命中看见真龙。

被高估的农民运动

然而，他夸大了这场革命的范围和凝聚力。继罗易·霍夫海因兹[62]后，不同的学者对毛泽东的运动观提出质疑。湖北34个县只有287 000名有组织的农民。江西有50 000人，人数最多时是1927年5月的82 617人。其他省份几乎没有或很少。我们如果仔细看1926年12月毛泽东附在报告内的湖南农民协会图，就会注意到他们的农民组织只覆盖了22个县、1 000 000人，其中50.63%（692 609人）在湖南南部的三角洲，三角洲的底线从湘乡到浏阳，三角洲的顶部是洞庭湖畔的湘阴。因此农民运动优先在南方士兵多的地方发展，这具有战略上的重要性，能够为革命提供更多的支持。霍夫海因兹研究了1924年出现在广东省西北部广宁县的农民运动，指出这里的农民受到来自广东的大学生的动员，国民政府提供资金和军事资源。当士兵被征召去北伐之后[63]，当地的革命浪潮再次回落。

与此同时，毛泽东低估了传统社会的抵制力。毛泽东没有提到在醴陵地区起决定性作用的秘密社团（主要是哥老会），他们招募的成员比农民协会更多。4个月后，革命在该地区遭遇失败。毛泽东尤其低估了团防局和其他民兵的斗志，例如在湘潭地区活跃的“保护财产团”，其领导人与不少北伐的将领有良好的关系。从1926年11月开始，湖南国民党不再是年初的情况：赵恒惕的支持者、1909年省议会成员、当地的知识分子纷纷加入国民党，共产党只控制了三分之一的省级行政职务。

而且，许多出身地主家庭的国民革命军被农民协会对自己的财产，甚至他们的家庭成员所构成的威胁吓坏了，在定性这个运动的时候非常想镇压那些“暴动的农民”。而且北伐蓬勃发展，众多军阀的士兵和军官投诚，但保留了作为雇佣兵的行为和想法。毛泽东的报告给人的印象是毛泽东等革命者被农民运动所吸引，比预期更倾向于采用社会革命的方法。

不过，我们可以思考蒋介石和北伐的将领们是否曾听到另一种来自农村的反革命呼声，来自失去地位的乡绅、忧心的地主，甚至小规模的农户。这些中农的态度后来成为毛泽东关注的主要问题，显然他们不倾向于加入农协[64]，因为他们害怕贫农在农村制造的恐怖事件，最终会波及他们。中农只占农协的8.43%，他们在湖南农村的人数比这个数量多两三倍。

一些担忧的共产党领导人注意到这个来自基层的相反的推力。1927年1月8日中共中央的报告中写道，“在北伐军占领的湖南、湖北、江西，群众运动已经进入了一个革命性阶段，已经渗透到乡村革命工作……处死土豪劣绅的事件仍然在继续。目前的社会运动比1911年的革命和1919年的五四运动更深入。军事失败的情况下可能会产生暴力反应”[65]。

1月26日，中国共产党中央委员会指出，“国民党的力量日益强大。现在国民党内反对苏联，反对中国共产党和工农运动的倾向非常明显。这种趋势首先是因为蒋介石和张静江……他们认为必须禁止阶级斗争，不需要中国共产党。第二个原因是国民革命很快就会占上风，阶级革命将发展起来：现在主要的敌人不再是帝国主义、军国主义，而是共产党。由于这些原因，一个反共产主义的浪潮席卷着国民党”[66]。

更何况在农民组织内部，事情也不像毛泽东说的那么简单：“假”农会越来越多，里面的干部取代传统的干部剥削农民。

因此我们读到一个令人担忧的报告，它出自一个叫作吴健仁的人笔下，描写湖南最南端的情况。[67]他从广东农民运动讲习所毕业后被派往蒋户建立一个农民协会。他依靠当地组织者推动教育，在县委见到了几个军官。1927年2月，当局召开大会在该县建立农协，10个新加入共产党的党员成为领导核心，负责人仔细列了清单，决定降低地租，没收寺庙的土地，禁止吸食鸦片和赌博，让失势的小乡绅戴上滑稽的大纸帽游街。不过只要一离开县委到了村庄，就是另一种情况。吴健仁说没有任何农民跟他说话，因为他是陌生人。他之所以能在村里建起一个基础农协，是因为调解了两个家族之间的仇恨。另外，他坐着轿子，由一个小分队的军队护送，和以前的官员一样。

1927年6月6日，湖南西部邵阳以南的新化县县长给国民党中央执行委员会提交了一份报告，描述了当地相似的情况："在这里，一群人控制了革命的机关和执行死刑，没收的财产在他们之间共享。在一个'红色星期'中，为了解决私人恩怨，处死了十个人。杀死了当地负责补助金的人，他本来应该到省会受审，正等待押送。最后，县里的警察杀了大多数暴徒，但他们的头头跑了。"[68]

农民革命有了传统的农村土匪的特点。在几十万人居住的湖南省，1926年12月农协有4 714名成员，1927年有13 000名成员，中国共产党主要在城市，在广袤的农村影响不大。没有国民党的中介，共产党什么都不能做，但是国民党日益敌对。协会中的积极分子中包括77 897名小学教师，他们组织和领导很多农民协会，占所有成员的6.36%。[69]

尽管如此，在这个冬天结束的时候，在家乡强烈的体验仍然对毛泽东有影响：他认为从年少开始梦想的农民革命出现在眼前，他比以往任何时候都更希望这成为他的政党活动的中心，通过他在国民党的职位来实现。在3月和4月上旬，湖南农会控制了许多村庄，手持长矛的农民自卫团也越来越多。

与外国列强关系的改变

尽管国共矛盾越来越影响民众运动的浪潮，不过支持北伐的运动浪潮继续席卷长江以南。这股浪潮冲垮了民族主义和共产主义领导人草草建成用来疏通潮水的堤坝。

城市里的人和知识分子一样，总要求废除"不平等条约"，全面恢复中国的主权。1926 年 9 月 4 日，英国炮舰耀武扬威地轰炸了四川万县和广东港口海军，这些都提醒人们与帝国主义列强对抗的危险。1926 年 10 月 10 日，香港和广东的罢工与抵制结束。蒋介石和国民党当局想消除以邓中夏和苏兆征为首的共产党人的纠察队继续对临时政府构成的压力，到 1926 年 3 月 20 日已经解除了他们的武装。

这个问题刚刚解决，新的问题又出现了：1926 年的夏天和秋天，基督教传教士的财产被工会成员或者士兵查封，醴陵、长沙、南湘[70]的天主教和新教学校都关闭了。然而，国民革命军阻止任何攻击汉口避难的外国人的行为。11 月 19 日，蒋介石保证说："我与基督教没有分歧，传教士将一如既往地在中国受欢迎。"这次事件平息以后，又出现了西方侵略者在清朝获得的特权存废的问题：12 月下旬和 1927 年 1 月初，共产党人在许多民族主义分子的支持下，动员武汉的工会要求收回汉口的英租界。[71]1927 年 1 月 4 日，人群聚集起来，冲过保护英租界的路障，但很快又被安全疏散。1 月 6 日，江西九江的一小块英租界也发生了类似事件。鸦片战争以来，骄傲的英国国旗第一次降下，而公共建筑的桅杆上飘着中国国旗。1927 年 2 月 18 日，国民党当局与英国签订协议，确认这些胜利，开始解除不平等条约。

这个运动显然会延伸到上海的租界，英国立即从印度属地派出一个舰队和一个步兵师。2 月 19 日至 24 日，共产党在上海几个中国控制下的区举行起义，起义的目的是驱逐军阀孙传芳的部队。因为准备不充分，起义失败。不过这只是暂时的，北伐战士为了尽快重渡长江，一边撤退一边战斗。私底下，蒋介石尽力安抚担心他们特权的外国势力，并从长江下游大都市的商界精英那里获得经费支持。其他的联盟、其他的权力关系已经明确。[72]1926 年 12 月 13 日，国民党中央执行委员会的多数派和到达广东的临时政府在武汉组成了国民政府委员临时联席会议，称为"武汉政府"。12 月 31 日，蒋介石在南昌成立临时中央政治委员会，称为"南昌政府"，得到了国民党中央执行委员会少数派和监察委员会多数派的支持。

改善农民的处境

正是在这一紧张背景下，国民党第二届中央执行委员会第三次全体会议召开。1927年3月10日至17日，会议在汉口召开，蒋介石缺席，与会者33人，国民党左派和中国共产党是多数派——人数为30人。这次全会利用集体领导，废除蒋介石在政府、国民党和军队中所占据的重要职位，任命流亡的汪精卫为党和政府的领导人。在汪精卫回国之前，谭延闿是武汉政府的第一负责人。两个共产党人进入政府，谭平山任农民部部长，苏兆征任工业部部长。各项决定反映了领导人调整工人运动的意愿，即通过组织正式的调解机构解决劳动争议。彼时武汉的罢工越来越多，长江航线的几乎停滞、外企的撤离使经济陷入瘫痪：已经有10万失业工人转而参加红帮或哥老会而不是共产党人匆忙建立的没有基础的工会。

3月15日，全会通过一项决议，“以改善农民的处境”[73]。该决议引起的讨论使毛泽东确认，自己从去年初冬开始已经颇有影响力。毫无疑问，他的《湖南农民运动考察报告》起了很大作用。[74]我们可以从文中看出毛泽东的灵活性。[75]他对国民党政府还没有实施一年前通过的改善农民命运的决议案、没有使农协免于被镇压感到遗憾，不过为北伐“给农协吸引了500万农民”感到高兴，并提出了10项具体措施：第一，政府应立即着手建立区乡自治机关；第二，区自治机关内应设立土地委员会；第三，所有乡间不属于政府军队之武装团体，必须隶属于区或乡之自治机关；第四，减租25%；第五，区乡公地及庙产，政府应下令饬其交给区乡自治机关管理；第六，政府应严重处罚贪官污吏、土豪劣绅及一切反革命者，并应依法没收其土地财产；第七，改革旧有田税法；第八，政府应明令禁止高利盘剥；第九，政府应准区乡自治机关有管理粮食出口及保存一部分粮食之权；第十，政府应加紧实施民主司法制度和解决贫农土地问题之具体办法。

这些改革的提议符合共产国际执行委员会第七次扩大全体会议提出的关于中国农民问题的建议。1926年12月16日，共产国际中央执行委员会在莫斯科召开会议，把这些建议强加给中共中央。纸上的文字表述很温和，不是严格意义上的土地改革。而且我们可以在国民党这样或那样的决议中找到这样的建议。不过，它们几乎从未被官员和北伐军在其控制下的城镇和村庄内实行过。毛泽东的讲话和在湖南时的发言一样，针对国民党的言行不一，担心国民党能否维护和加强与广大群众的联系。因此，在他和邓演达[76]为全会起草的一份针对农民的声明中，毛泽东重新提到他的10个建议，并得出结论，这些建议将帮助贫农实现孙中山的计划“耕者有其田”。我们由此可以看出在土改的问题上，国民党与共产党有些微区别。

1927年3月18日晚，毛泽东在武昌农民运动讲习所欢迎河南和湖北的1 000余名农民代表。他们在孙中山像前对民国国旗行礼3次，而后读孙中山的遗言。毛泽东发表激昂的演说，要求惩治“土豪劣绅”。为了纪念“赣州[77]和阳新①死难烈士”——3月6日，蒋介石在江西赣州处死了一个工会领导，共产党员陈赞贤[78]。3月26日，毛泽东在讲习所举行追悼会，号召与会者谴责蒋介石和一切屠杀工人和农民的反动派。然而共产党对蒋介石的揭发还属于用“新军阀”影射阶段。3月28日，毛泽东作为国民党中央农民运动委员会委员参加了全国农民协会筹备会议，被选为中华全国农民协会临时执行委员会常委。同为常委的还有谭平山、邓演达、陆沉、谭延闿。这表明1927年四五月间，随着胜利的进程，革命因为内部的矛盾陷入了僵局。

黄鹤楼上的疑虑

虽然毛泽东在危险之中进退，在共产党内受到“左”派和右派的各种批评，但是他的观点仍然没有变：土地改革是中国革命的中心问题。[79]当然他是不自在的，1958年，在评论当时写的《菩萨蛮·黄鹤楼》[80]这首词时，他承认：“一九二七年，大革命失败的前夕，心情苍凉，一时不知如何是好”。毛泽东坐在武昌的蛇山上，在1884年焚毁的黄鹤楼废墟前，面对着长江北岸汉阳的龟山，向我们倾吐他的焦虑：

茫茫九派[81]流中国，
沉沉一线穿南北[82]。
烟雨莽苍苍[83]，
龟蛇锁大江。

① 原文为Yongxin，有误。

黄鹤知何去?[84]
剩有游人处。
把酒酹滔滔,
心潮逐浪高!

如果我们了解一下武汉政府领导者之间关于农民问题一波三折的讨论，就能理解毛泽东的痛苦了。国民党第二届中央执行委员会第三次全体会议建立了由 5 人组成的土地委员会。4 月 2 日，负责执行全会决定的中央执行委员会第五次扩大会议确认了这个委员会的成立。主席为邓演达，徐谦、顾孟余是国民党左派，谭平山[85]和毛泽东是共产党员。[86]

从 4 月 19 日的第一次会议到 22 日，毛泽东仍处于上升阶段。他经常在土地委员会扩大会议上发言，促成了一项关于土地改革的决议草案。武汉当局与南昌的冲突日益严重，结果仍然不明朗。我们可以相信虽然前期遇到挫折，但武汉的革命热情仍然高涨。3 月 22 日和 23 日，上海共产党领导的武装起义取得胜利，在上海的两个区[87]建立了中国权力机关控制的临时市政府。但是，蒋介石 26 日抵达上海后不承认这个组织，而由他的将领来接管这座城市。3 月 24 日北伐军攻占南京，伴随着抢劫日本、美国和英国领事馆的场景，在不明情况下杀死了 6 个外国人。[88]英国和美国的炮舰借口保护外国人离开，同时也出于恐吓的目的，烧毁这座城市的街区，杀死了大约 50 个中国平民和士兵。外国的海军陆战队和军舰封锁了上海的两个租界。4 月 5 日，终于从法国回来的汪精卫在租界内和陈独秀签署了一份联合宣言。而蒋介石公然在法租界与黑帮老大杜月笙和他的青帮筹划反革命政变。

上海和南京的事件

1927 年 4 月 12 日，1 000 多名青帮流氓冒充工人，用卡车运输武器通过两个租界，袭击了工人纠察队，蒋介石的军队袖手旁观。蒋介石的军队用机枪扫射数千名从公共街区赶来游行的手无寸铁的示威者，所有的抵抗在两天后停止。月底，5 000 名共产党人、工会成员和国民党左派被打死或逃亡。

蒋介石的部下在各个城市的做法如出一辙，尤其是 4 月 15 日的广州。

白色恐怖持续了整个夏天。而在北方，军阀张作霖4月6日违反与外国公使馆的协议，闯入李大钊避难的苏联大使馆。4月28日，这位毛泽东年轻时代的思想导师被绞死。当共产国际的新代表、共产国际执行委员会第七次扩大全体会议之后派出的印度人马纳卡德拉·罗易[89]4月份从广东到达武汉的时候，他可以看到数百名农民被支持蒋介石的军阀绞死，吊在树上。蒋介石成了长江下游和中国南方的新主人。

蒋介石离开南昌，于4月18日在南京与一些国民党元老组成了国民党临时中央政府，成为武汉国民政府的对手。同一天，国民党中央执行委员会将他开除出党，并解除其所有职务。4月22日，在武汉的所有国民党中央执行委员会成员共同发了一封电报，谴责蒋介石“背叛革命”，毛泽东是署名人之一[90]。这些决定被苏联和中国共产党看作国民党左派对正确趋势的肯定；而且他们认为此时共产党人不适宜离开国民党，斯大林认为国民党是一个“革命的议会”，由“四个阶级组成，工人、农民、小资产阶级和部分民族资产阶级”。只要工人和农民的要求不过分，群众尤其是农民施加的压力能把国民党变成一个人民的政党。[91]

遵循着这条模糊的路线，罗易参加了4月27日至5月9日在武昌召开的中国共产党第五次全国代表大会。这次迷茫的大会决定不作出任何决定。没收政策仍然针对超过500亩（约33公顷）的土地，这么大面积的土地在中国南方相当罕见，而且不涉及参加北伐的将士。毛泽东当选为候补中央执行委员，但他和彭湃、方志敏起草的关于土地问题的决议被陈独秀拒绝，没有进行任何真正的讨论。这份决议重新提到毛泽东在国民党土地委员会上的建议，扩大没收土地的范围。

像往常一样，毛泽东实际上在努力绕过共产党内的障碍。他在党内的权威依然边缘化，一方面是因为他因生病没有参加第五次全国代表大会的闭幕会议，农委主任被瞿秋白取代，另一方面是因为他在国民党内的活动。4月初毛泽东甚至忙得没有时间去看他的第三个儿子。4月4日毛岸龙呱呱坠地，来到这个世界4天后毛泽东才去看他。事实上，4月4日这一天毛泽东还主持了武昌农民运动讲习所的开学典礼。[92]当时时局混乱，739名学生主要来自湖北、湖南、江西，每天有2个小时的军事训练，每周有场地演习，熟悉汉阳兵工厂提供的新步枪的用法。4月12日之后，每天4个小时军事训练，直到6月底毕业后被派往各个村庄。

土地改革示意图

尽管政治环境恶化，但毛泽东仍在国民党的土地委员会内继续他的抗击。4月19日，他请委员会考虑没收什么土地、如何进行土地的重新分配。而官方立场是坚持政治没收，也就是没收“土豪劣绅”、公开的反革命者、军阀、寺庙和宗族的土地。根据苏联专家沃林和岳尔克在广东进行的调查[93]，毛泽东肯定地说农民的苦难和农业生产率的下降将导致饥荒，只有解放农民才能增加生产，挽救革命。

此外，废除“封建制”能提高农村的工业化和农民的文化水平。因此，毛泽东毕生追求建立的政治和经济之间的联系已经出现。而且毛泽东还支持邓演达的建议，在农村里发展农民的自治机关，拥有民兵武装，兵工厂保留农民5%到10%的生产收入。

4月20日，该委员会免征军人和他们亲属的土地，这大大限制了征地的范围。毛泽东一句话也没有说。但是，在4月22日该委员会第三次扩大会议上，毛泽东介绍了他的政策。这是汪精卫第一次参加土地委员会的会议。这篇报告是清晰思考和空想的奇怪混合物。毛泽东似乎意识到4月12日以来形势突然变化，他正面临一个不确定的未来，一如当时在黄鹤楼时的心情：“现在所决定的政治没收，是没收土豪劣绅军阀等等的土地，此为第一步。进一步再没收一切自己不耕种而出租于他人的土地[94]，此为经济没收。经济没收在湖南已不成问题，农民已经自己分配。[95]湖南的军阀剥削农民。国民政府在湖南建立之后没有能力完全消除这种剥削。因为战争不得不继续原来的税收政策。[96]这种情况和现在革命目标相矛盾。如果找不到出路，会导致革命的失败。在现行的税收制度下，连注册税都无法征收，如果在很多情况下土地税也无法征收，其他税费更不可能。解决土地问题是于全般革命有利益的。如果在湖南继续现在的税收政策，年收入大约为1 000万元，1925年为1 500万到2 000万元。如果解决了土地问题，10%的土地税有超过5 600万元，如果将抽取15%，就没有财政问题。因此，不解决土地问题，财政困难就没有出路。自耕农、中农的土地不没收，富农是要没收的。如果10个农民中有5个是富农，必须将5个富农的土地分给另外5个人。在湖南，农民正在自己分配土地。开一些分配土地的会议。因此，专就湖南的状况说，用政治没收的形式是不够的，但就一般而论，只能用政治没收。所以，国民政府应明定一般的法规，同时又须颁行单行的法规，如湖南。湖北不能与湖南比，河南和湖北也不能比。其解决土地问题的办法当然不同，全国都实行经济的没收，则是空想。你们可以读一读中国土地分布调查，相当有价值，可以作为参考。”[97]

湖南的革命示范性让人回忆起从前毛泽东参加湖南“独立”运动时的话。他在《湖南农民运动考察报告》中非常乐观，认为农民革命席卷了整个中国。这也是一种纠正的委婉方式。湖南是不是例外？这也脱离了中国共产党的革命战略，布尔什维克的模式是在首都而不是一个单独的省份夺取政权。

汪精卫对这个报告有不同意见，他认为我们必须坚持政治没收大面积土地，革命军人和家属的土地除外。毛泽东的建议是只要条件允许，对所有未开垦的土地进行直接的经济没收，这样对富农有威胁。[98]这个建议由审查委员会重新讨论，这个委员会由 15 名成员组成，包括 5 个执行委员会成员，以及汪精卫和谭延闿。然而，后来该建议被遗忘。

毛泽东以退为进

4 月 23 日至 5 月 6 日，土地委员会召开最后一轮会议，毛泽东改变了态度：为了保留他的计划，毛泽东以退为进。4 月 26 日上午，土地委员会第五次扩大会议召开，陈独秀和鲍罗廷应邀参加，重申他们对于委员会建议的支持。毛泽东一言不发。在晚上的会议中，他建议在 7 月 1 日召开的农民大会[99]上继续讨论。

5 月 6 日的最后一次扩大会议上，土地委员会通过了一项关于土地问题的温和的决议草案：坚持“政治没收”，以 50 亩（约 3 公顷）良田或 100 亩（约 6 公顷）一般的田地为上限，超过这个上限可以“研究”，可能没收。并补充说如果农协有足够力量建立村委会，则甚好。5 月 9 日，土地委员会的 5 位成员将毛泽东起草的这份报告提交给国民党中央执行委员会时，加了一句评论，反映出所做的巨大让步：“土地问题，从目前政治形势和农民本身的力量，均不许可全数收归国有，只能做到政治没收

(部分没收),小地主及革命军人的土地均应加以保障,地主及佃农制度还不能完全消灭。”

被击败的毛泽东知道怎样留在游戏中。罗易曾经描述过这几个星期中的毛泽东,虽然这是很久之后的事,但我认为他的描述证明了这个不同寻常的领导者已经具有一种奇怪的威望:“毛泽东来到汉口[应该是武昌],在那里我第一次见到他[可能是5月26日]。午夜,我们正在中共政治局办公室热烈地讨论。鲍罗廷坐在我旁边。一个身材高大的人悄悄地进了房间,脸庞黝黑宽阔,长直发往后掠,饱满的高额头,神情高傲。‘毛泽东。’鲍罗廷喃喃说道。他没有注意到鲍罗廷。我们两个外国人交换了一下眼色。鲍罗廷低声说了一句话:‘这个人很难对付。典型的中国人。’”[100]

毫无疑问,罗易、鲍罗廷和瞿秋白、陈独秀、张国焘、蔡和森、周恩来、彭述之一样,当他们遇到毛泽东的时候,都意识到这个人非常坚持自己的意见,但还没有很大的权力,因为自己的才能远高于他的同事和朋友却不被赏识而痛苦。虽然毛泽东有各种情绪,但此时他们似乎都已经迷上了这个不让任何人置身事外、不讲究穿着、说话有口音、长着一双细嫩的手的大个子。

从后退到崩溃(1927年5月—6月)

毛泽东希望的反省来得很晚。农民运动因为地域的限制,难以被少数农运积极分子控制。即使在武汉,不论是文职还是将军,在军国主义的环境下,权力都无法避免地转变成军国主义。事实上,自春季以来从蒋介石控制的省份(广东、福建、浙江、江苏、江西、安徽等省)开始的反革命举动也影响了武汉国民政府下属的省份。5月14日,唐生智和张发奎的士兵在豫南驻马店战胜了吴佩孚的军队,5月28日在豫北打败张作霖派出的援军。但这些胜利没有激起群众运动。相反,在中国北方平原的地缘政治真空引来了冯玉祥。虽然他和苏联关系好,苏联是他的武器供应商,不过这位“基督将军”有自己的打算。

与此同时,国民革命军的主力部队开赴北京之后,在长江以南留下真空。归附武汉当局的各种卫戍部队和蒋介石的密使联系。5月初,驻守宜昌的夏斗寅来武汉追捕共产党人,5月19日才被艰难击败。毛泽东匆忙派出的农民运动讲习所的学生起了很大作用。

这些战斗孤立了湖南，那里的政治局势迅速恶化，长沙驻军指挥许克祥很快与湖南省农民协会和省总工会发生冲突。5月19日，湖南省会成了抗议士兵的示威现场，军长何键[101]的府邸被占领。5月21日发生了“马日事变”[102]，许克祥让他的部队攻击农民协会和省总工会，造成30人死亡。鲍罗廷和唐生智急忙派了一个由谭平山带领的国民党中央查办代表团。代表团受到许克祥的威胁，到达湖南边界的时候就可怜地打道回府了。

湖南湖北的镇压

中国共产党中央政治局在罗易的意见下做出反应，5月26日发表了一份尴尬的声明：要求加强工作，跟士兵们解释土地问题，农村的自治管理掌握在农民手中而不是乡绅手中。5月31日，中共湖南省委动员农民协会的民兵组织奔赴省会，重树革命影响力，惩罚许克祥。但省委书记李维汉取消了这个危险的决定，也许是陈独秀、谭平山的要求，也可能是毛泽东的意见。不过命令撤销得太晚，浏阳县的民兵带着几百支枪和数千支长矛进攻湘潭，在几个小时之内被长沙赶来的援军全部枪杀。[103]士兵们在浏阳、湘乡、湘阴这三个县进行了数天的大屠杀。2月份毛泽东曾将农民运动的主力放在这块三角地区。然而，湖北的情况更糟糕。革命运动在中国中部农村加速崩溃。

1927年6月7日至13日，毛泽东为中华全国农协[104]撰写的训令反映了他对军队的镇压感到愤怒[105]却无能为力。他承认，“没有消除运动第一阶段农民最初的游行”，“有一些农民协会是假协会，不良分子的行为伤害了大众的利益”。他说某些农民协会以打击迷信和不良传统为由，决定禁止娱乐及吸食鸦片或打砸群众崇拜的神像，但这本应该先进行一个长期的宣传工作。

但更重要的是，毛泽东一再强调镇压非常残忍。几周来湖南和湖北的士兵在农村犯下一系列可憎之事，让他有理由要求严惩罪犯。同时，这残酷的现实打碎了他1919—1920年产生的梦想，即通过有分寸的改革和教育，对中国传统社会进行和平与民主的变革。农村大量的流血事件一直没有停止。“在湘潭和常德一万农民被打死或受伤。”毛泽东引用湖南湖北两省农协报告中的数字写道。在湖北，社会上的红帮、黑帮或白帮的流氓作为帮凶烧房子、强奸、抢劫、活埋数百名男女村民。在20多个村庄，有人“挖眼睛、拔舌头、挖内脏、剥皮、肢解、铁烙，女性乳房被‘扎铁子’，被迫‘赤裸游街’：湖南、湖北、江西至少有一万人死亡”[106]。

6月，情况越来越糟。6月5日，罗易认为应该让汪精卫读一读6月1日斯大林发给中共中央政治局的电报：克里姆林宫的主人要求中国共产党人在这种灾难性的政策环境下仍留在国民党内，为了“依靠国民党左派继续土地革命”，同时“加强工人和农民在国民党中央执行委员会内的存在”。斯大林特别要求陈独秀和鲍罗廷尽快建立一支军队，以应对目前武汉当局越来越不可靠的情况。共产党军队必须有2万名战士[107]和5万名革命工人、农民。

这个建议既有煽动性又不切实际。[108]汪精卫得知了共产国际给中共的命令，第二天，他开始在河南郑州与冯玉祥进行政治谈判。13日，冯玉祥得到武汉的同意，可以在唐生智和张发奎的势力退出之后进驻河南。6月20日，冯玉祥和蒋介石在徐州举行会议，并归附于他。21日，冯玉祥向汪精卫、谭延闿发出最后通牒：驱逐鲍罗廷！国民党中央执行委员会的成员前往南京进行党的统一和净化工作，其他人去国外度长假！这样他们可以“铲除军国主义和共产主义”，恢复“国内和平”。

9月29日，何键发电报给武汉要求驱逐国民党内的共产党人，并派人逮捕知名活动家。即使在武汉，军队对民众运动的威胁也越来越大。6月19日，第四次全国劳动大会在汉口召开，国际红色工会建立的劳动组织——泛太平洋劳动大会秘书处于建立的第二天开始工作。最棘手的问题是解除李立三领导的民兵武装的事宜。这个强大的准军事组织有几千人，配有制服和小型武器。6月28日至29日的晚上，武汉驻军的军事分队占据工会总部，并没收了民兵的2 000支武器。第二天工会总部重建，但是没有武器。有人说这是误会，但是所有人都想到了1926年3月20日的广州中山舰事件和蒋介石当时的态度。

毛泽东寻找一条出路

毛泽东在为这场风波寻找出路。6月3日，他发电报要求将许克祥撤职查办，并在蔡和森的陪同下在汉口的一个租界里（法租界?）会见了躲在这里避难的湖南农协和工会负责人。他请他们回到自己的战斗岗位，恢复工作，并拿起武器："山区的人上山，滨湖的人上船，拿起枪杆子进行斗争，武装保卫革命。"[109] 6 月 13 日，毛泽东出席了国民党中央军事委员会会议，报告湖南马日事变的情形是许克祥的一次非法事变。6 月 17 日，军事问题负责人周恩来向共产党中央介绍了湖南暴动计划，激怒了罗易。

受到各方指责的陈独秀想派毛泽东去四川，在 6 月 24 日的中共中央政治局常委会第三十一次会议上，蔡和森建议派毛泽东去湖南确保湖南省委的领导。6 月 25 日，毛泽东抵达长沙同一天，唐生智也返回这个城市，武汉当局派他重新控制形势，但"不诉诸暴力"，而许克祥归附蒋介石之后躲在该省南部。26 日，唐生智发送了一封电报给武汉，强调"指使农民运动的人"对马日事变负责，因为他和毛泽东在国民党中央执行委员会的地位一样，所以这份电报更具有权威性。毛泽东这一边则想要恢复中共在湖南长沙以及南部的衡阳和西部的常德的共产党组织。

在衡阳的一次秘密会议上，毛泽东提出马日事变是"四一二"上海事件的继续。因此他将唐生智，这个仍然追随谭延闿支持武汉当局的最后一批将军之一列为革命的敌人。他要求尽快集合工人和农民民兵的武装，"要用武力来对付反动军队，以枪杆子对付枪杆子"。唐生智于 6 月 25 日已经下令解散工人和农民组织，公开攻击中国共产党。毛泽东提出，在政治和经济上与他作斗争，借助工人纠察队和民兵的力量；必须保存武器，有三种方法，或者建立挨户团，或者上山[110]，或者把武器埋起来。这种备战的态度刚一宣布，7 月初陈独秀就将毛泽东召回了武汉。

毛泽东在谈话中指出，马日事变是上海事件的继续，接下来将有无数个马日事变在全国发生，对不能合作、已经反动的国民党分子要严加处置。各县工农武装一律迅速集中，不要分散，要用武力来对付反动军队，以枪杆子对付枪杆子，不要再徘徊观望。

第五章

毛泽东转入地下(1927年7月—12月)

毛泽东到达武昌时，中共中央刚刚撤退到这里，到处是一片灾难的氛围。6月23日，第一批苏联顾问已经乘火车离开汉口。鲍罗廷生病了，闷闷不乐。7月初，中央决定让“共产党部长”苏兆征和谭平山辞职，国民党中央执行委员会向中共建议将所有的农协和工会交给当地的国民党党部管理。

中国共产党软弱的策略

1927年7月4日，中共中央政治局成员在武昌召开紧急会议，专门讨论湖南的情况。[1]会议由陈独秀主持，其他与会者是李维汉、毛泽东、邓中夏、蔡和森、周恩来、彭德怀和张国焘，和毛泽东一起到达武昌的湖南农民协会的负责人刘志勋受邀参加。蔡和森第一个发言。他认为最近长沙事态的发展是何键和唐生智之间冲突的结果。何键让他的下属许克祥去镇压革命运动。之后毛泽东在会上发言。他也认为马日事变反映了何键“夺唐生智政权”的企图：“长沙事件为何键夺唐生智政权。唐生智本欲拉我们反何，但见我们没有力量，遂拉拢何键部下打何，但唐仍然需要我们，因为他的力量不足以既打何键又打许克祥。故唐不能打许克祥。虽然我们力量薄弱，应促成唐生智和何键分化。”

接下来的讨论也同样模棱两可。陈独秀不仅想加剧何键和唐生智之间的分歧，还想“拉拢唐生智，消除汪精卫、邓演达和张发奎的影响”——自蒋介石的政变以来，共产党人要寻找一个“好将军”，所以有了非常奇怪的想法！张国焘比较清醒，担心唐生智“已经决心消灭共产党，并与何键达成妥协”。会议决定支持唐生智，反对蒋介石，好像4月

12日以来什么也没有发生过。随后，会议讨论关于农民协会和可能设立的“农民自卫武装”的问题。蔡和森认为他们应该转入地下。李维汉不同意，因为据他介绍，叛乱的农民只不过是土匪而已。陈独秀也许是因为斯大林6月1日建议创建共产党军队的电报，坚持国民革命军招兵时，农民协会的会员和自卫武装可应征加入，“为了保证这些新兵的阶级本质和革命性，利用革命军中所有政治部门内存在的共产党员”，因为这样可以“武装”农民。除此之外，剩下的都是“空话”。

对此，毛泽东说，湖南的农民协会有两种策略：第一，改成安抚军合法存在，此条实难办到。第二，此外尚有两条路，一为上山，二为投入军队中去。[2]“上山可造成军事势力的基础”。

经过短暂的争论，张国焘和陈独秀似乎更倾向于加入正规军和革命分子渗透进军队的方法。毛泽东再次发言：“不保存武力则将来一到事变我们即无办法。”这是过去6个月他的思想变化中最具有决定性的想法，同时他也对中国共产党软弱的策略感到痛苦。

很快在革命阵营中爆发了所有人都担忧的事：7月12日至15日，就像蒋介石3个月前一样，汪精卫通过武汉当局和国民党中央执行委员会的一系列决策，终止了国民党与共产党合作的政策，驱逐国民党中的共产党员。7月12日，何键的军队进入武汉，宣布戒严。他在湖北的部下和湖南的唐生智一同大肆逮捕并开始处决共产党员。共产党员躲藏起来或到张发奎的第二军控制的地区寻求庇护。张发奎还没有像他的同僚一样采取行动。

罗易匆匆离开武汉。7月13日黎明，鲍罗廷偷偷到达庐山的牯岭[3]。他建议由瞿秋白接替陈独秀担任中国共产党负责人。[4]前一天，中共中央获悉共产国际撤销了陈独秀的职务，陈独秀很快辞职。他被认为犯了“右倾机会主义错误”——引导这一战略的斯大林是不能犯错的。中国共产党人被要求撤出他们在武汉临时政府的两位部长，而共产党员则接到指示，想留在国民党内争取举行大会选举出新的领导层。

新的共产国际驻中国代表贝索·罗米那兹[5]7月23日达到武汉，他认为中国的形势需要直接革命。这项不可能完成的任务深得许多共产党领导人的赞同，他们想让叛徒付出代价，并利用这个目的仍然保留在军队中的职位。7月下半月，中国共产党的领导和罗米那兹紧锣密鼓地准备从张发奎的第二军开始起义。张发奎的总部设在江西北部的南昌。驻军司令朱德是中共党员。这一起义必须用国民党左派的名义，并打着他们的旗帜。这不是一场政变，而是一种提供军事支持、重振革命的过程。

枪杆子里面出政权

7月20日，中共中央和中央农民部签署关于农民问题的第9号通告[6]，证实了这一点：共产党员应该引导农民获得武器，或者加入军队为以后的兵变做准备，或者加入传统的自卫民兵组织——通告中提到“挨户团”、“保卫团”和“联庄会”——或者躲入山中，加入秘密社团或土匪。我们注意到关键的句子出自毛泽东之手：“一个革命的武装是必不可少的”。8月初，毛泽东起草了中共中央给湘南的命令[7]，此时他试图组成一个师的军事单位，与湖南东南部汝城诸多反对唐生智的部队会合。其中浏阳、平江的郭亮手下有1 000多农军[8]，5月份起义失败后从海丰来了一小支农民部队。

8月1日，8 000名南昌驻军发动起义。[9]尽管斯大林提醒要谨慎，但谭平山、贺龙、郭沫若、恽代英以及周恩来宣布成立中国国民党革命委员会，我们还看到一些缺席的人的名字，如邓演达、孙中山遗孀宋庆龄、陈友仁，以及张发奎。张发奎立即否认，并采取相应的军事行动。国民党中央执行委员会的22个委员或候补委员发表声明，谴责“新军阀蒋介石、冯玉祥和唐生智”，并号召尽快召开国民党第三次全国代表大会结束右倾。在签名者中我们发现毛泽东的名字，这是他最后一次作为国民党中央执行委员会候补委员发表意见。

这次准备不充分的起义很快就失败了。被人数多得多的敌方追击，起义武装从8月3日开始往南撤退，9月底到达汕头。剩下13 000人溃散，两支1 000人的小部队分别到达彭湃领导的海陆丰地区，以及湖南、江西、广东交界地区，在朱德和陈毅的率领下打游击。

8月7日，罗米那兹和少数共产党领导人试图在起义尚未成为灾难之前努力一把。他们聚集在汉口日租界里，俄罗斯经济顾问提供了宽敞的豪宅，为了安全起见，窗户紧闭。22名代表，其中包括15名中央委员会成员，召开紧急会议，会议由瞿秋白、李维汉主持，选出了包括彭湃（未出席）、蔡和森在内的中央临时政治局，毛泽东是候补委员。会议通过的决议批评了陈独秀和谭平山的右倾投降主义，在革命的国民党旗帜下准备起义，建立苏维埃政权。在此背景下，新的领导人必须去湖南、湖北、江西、广东这四个出现农民革命的省份，准备秋天的时候进行起义。秋天是传统的收获季节，起义的计划已经制订，在长江中部地区湖南和湖北的62个县、35万平方公里的土地上，按照“传统农民起义”的方式进行。在湖南，起义军于9月13日占领南部的衡阳、西部的常德和北部的长沙。采取农村包围城市的策略，并在长沙建立了一个革命政权，从而动摇了武汉政府。[10]

毛泽东政治思想决定性的转折

毛泽东在本次紧急会议上发言。他的话值得我们注意，证实了自春天开始，他的政治观念发生了决定性的转折。[11]在评论罗米那兹“重要的”报告时，毛泽东首先谈到国民党问题。他认为这是共产党一直未能解决的问题，因为共产党总是认为国民党不属于自己，自己是国民党内的陌生人：“当时大家的根本观念都以为国民党是人家的，不知它是一架空房子等人去住。其后像新姑娘上花轿一样勉强挪到此空房子去了，但始终无当此房子主人的决心……过去群众中有偶然不听中央命令的抓住了国民党的下级党部，当了此房子的主人翁，但这是违反中央意思的。直到现在，才改变了策略，使工农群众进国民党去当主人。”

显然，毛泽东认为国民党是中国共产党的群众组织，甚至是中国共产党的另一个名字。

其次是农民问题。虽然农民和一些党员要革命，但党的领导层不是这样：“当我未到长沙之先［1926年12月］，对党完全站在地主方面的决议无由反对，及到长沙后仍无法答复此问题，直到在湖南住了三十多天，才完全改变了我的态度。我曾将我的意见在湖南作了一个报告，同时向中央也作了一个报告，但此报告在湖南生了影响，对中央则毫无影响。”

党中央甚至还有一些反对革命的嫌疑。“这个意见是农民指挥着我成立的。我素以为领袖同志的意见是对的，所以结果我未十分坚持我的意见。我的意见因他们说是不通于是也就没有成立，于是党的意见跟着许克祥走了。”

因此，党中央像许克祥一样，夸大了长沙暴动期间被起义农民损毁的军官房屋的数量。

最后，毛泽东谈到军事问题：“从前我们骂中山专做军事运动，我们则恰恰相反，不做军事运动专做民众运动。”

然而，蒋介石和唐生智是拿枪杆子起家的。“现在虽已注意，但仍无坚决的概念。比如秋收暴动非军事不可，此次会议应重视此问题，新政治局的常委要更加坚强起来注意此问题。湖南这次失败，可说完全由于书生主观的错误，以后要非常注意军事。须知政权是由枪杆子中取得的。”

“须知政权是由枪杆子中取得的”，这句话伴随着毛泽东的整个职业生涯，毛泽东用这句话结束了生命中的第一个阶段。1919 年，他满怀激情地投入五四运动。在 10 多年的政治培训中设想以“伟大的民众大联合”这种民主形式进行政治斗争。1925 年，他把政治斗争从城市扩展到农村。政治斗争的形式是街头游行示威、罢工、请愿、集会、占领行政办公室或知名人士的家，用语言和毛笔做武器。在这近 10 年间，毛泽东已被证明是一个出色的记者、一个优秀的辩手，甚至是机智和灵活的政治家。但是 1927 年春天，中国中部发生的针对农民运动的残酷镇压改变了毛泽东的想法——从此他认为人民的暴力行为是必要的，必须应对有产者的暴力，不能让他们垄断武器。革命需要军人，它必须依赖农民建立自己的军队，正如他 7 月 20 日写的那样，不再依赖“代表地主阶级的反动军官”。

毛泽东认为必须给最可能继续革命的贫苦农民以土地，可以不惜任何代价，因为结果可以解释手段。8 月 7 日，毛泽东再次谈到这个问题。[12]他建议应该没收 50 亩以上的土地，并说：“小地主问题是土地问题的中心问题，困难的是在不没收小地主土地，如此，则有许多没有大地主的地方，农协则要停止工作，所以要根本取消地主制，对小地主应有一定的办法，现在应解决小地主问题，如此方可以安民。”“自耕农问题，富农、中农的地权不同，农民要向富农进攻了，所以要确定方向。即这种背景下，我们必须让农协有谷子可以磨，从富农那里取得部分土地。”

8 月 9 日，罗米那兹在中共中央临时政治局第一次会议上任命毛泽东、彭公达和其他 9 人组成新的湖南领导班子。[13]根据苏联驻长沙领事马也尔[14]的报告，罗米那兹认为湖南省委内没有无产阶级，其维护的是大地主的利益。因此，他委托（毛）泽东同志向这些“右倾机会主义”负责人解释八七特别会议的决定。

因此毛泽东作为莫斯科的代言人，在铁路工人的帮助下，于 8 月 12 日上午乘上一列开往长沙的货运火车。他被任命为中共中央特派员，负责准备秋收起义。[15]几天前，他拒绝了瞿秋白请他去上海中央机关工作的建议，说：“不愿去大城市住高楼大厦，愿到农村去，上山结交绿林朋友[16]。”

准备秋收起义[17]

8 月 12 日，毛泽东抵达长沙，但是直到 18 日才去中国共产党湖南省委。在他缺席的情况下，彭公达主持建立了新的湖南省委。[18]彭公达比毛泽东早一天抵达长沙，并取代了易礼容。在 8 月 9 日的中共中央临时政治局会议上，毛泽东为易礼容辩护过。他是不是想避免像易礼容那样被当作“右倾机会主义”分子而受排挤？12 日到 18 日这一周，官方传记作者向我们肯定毛泽东在长沙郊区的板仓[19]岳父家度过了五六天，让妻子和他的三个儿子在这里安顿下来。这是他最后一次见到杨开慧。[20]他利用这个机会在两天内见了五位农民、一位篾匠和一位小学教师，并重新调整了土地革命的计划。

8 月 16 日，彭公达在长沙市郊的沈家大屋召开湖南省委领导会议。[21]他向与会者通报了中央的决定，他被任命为秘书，还公布了其他 8 个负责人的任命，其中 1/3 是农民或工人。毛泽东之后才与他的战友们会面，为制订起义的计划进行了激烈的辩论。[22]19 日，计划得到通过并上报中央。20 日，毛泽东以中共湖南省委名义给中共中央写信。起义的方案考虑到了最近军事事态的发展。许克祥占领了从衡山开始的湘南地区，唐生智派遣部队防范许克祥。必须区分长沙附近的中心起义点和湘南的起义点，使长沙成为运动的中心，进而向西和向南蔓延。

毛泽东在信中显示出他对成功毫不怀疑，并热情地说明了两点。[23]第一点是苏维埃的问题：“某同志来湘，道及国际新训令，主张在中国立即实行工农兵苏维埃，闻之距跃三百。中国客观上早已到了［俄国革命］

1917年，但以前总以为这是在1905年。这是以前极大的错误。工农兵苏维埃完全与客观环境适合。”

第二点是起义者打的旗帜问题：和南昌起义不同，不应该再打国民党的旗帜，因为蒋、唐、冯、阎等新军阀的大屠杀，它已经成为一面黑色的旗帜，应该立刻树起红旗。最后，毛泽东总结了湖南省委两天来刚刚进行的辩论，提出土地革命的方案。他说自己亲自在省委开会的清泰乡进行了调查，并与来自韶山的五个农民进行了讨论，已经应农民的要求对方案进行了调整。

这个计划非常激进，不符合共产党的正式路线。它预计没收所有富农和中农的土地，农协根据家庭的劳动力和消费需要进行再分配，人口过多和人口过少的各乡镇之间进行迁移。贫瘠的土地分给被征用土地的地主。

8月22日，中共中央临时政治局在瞿秋白和周恩来的主持下召开常委会，会议听取了湖南省委代表何资深[24]的汇报。他介绍了起义的计划和毛泽东的信。23日，中共中央复信湖南省委。领导们几乎对所有问题都提出了批评，除了在长沙开始起义这一点。他们尤其强调了“两个错误”。第一是过于依赖军事力量来夺取长沙，忽略了农民起义的准备。他们认为这是军事冒险。不应该依赖毛泽东提到的两个团来支持农民起义。结果中央取消了长沙起义的第一次号召。第二是只注重长沙，而忽略湘南等省内其余地方。

中央的复信还批评了几个细节，并强调了另外两点。首先，苏维埃的和红旗的问题还为时过早，因为中国仍然处于资产阶级民主革命的阶段，没有达到1917年俄国十月革命的水平。[25]无产阶级的发展才能导致社会主义的要求。关于土地问题，口号仍然是“没收大地主土地”，减少小地主和富农所收的田租。这封复信大约在8月底，即28或29日到达长沙。

战略分歧

在此期间，湖南省委继续根据自己的计划准备起义，同时根据当地条件的变化进行调整。在土地问题上，绝大多数负责人都赞同毛泽东的意见——他是权威的中央特派员，而且去年冬天在湖南进行过调查，是土地问题的专家——必须在经济和政治方面消灭地主阶级，不论是大地主还是小地主，取消地租，依靠贫农，“应当是贫农领导中农，拿住富农”。在起义这个问题上，毛泽东认为应该根据实际情况，把暴动范围缩小到长沙周边地区[26]，这一建议也得到了大多数干部的支持。

此外，8 月 30 日中共湖南省委接到安源市委的一份报告，肯定了他们的方向。湖南和江西边界地区的平江、浏阳、醴陵、安源历来是农民、土匪和矿工起义的地点，例如 1905—1906 年的起义。这些地方被视为“相对有利”于进行首先起义。省委的据点是安源附近的一个前敌委员会，毛泽东任书记，易礼容指挥一个行动委员会领导农民起义，协助军事行动。在上任前，毛泽东以书面形式向中央作出回应。他在当地更了解情况，而瞿秋白则在远距离指导一个几天前已经宣布的运动。他认为，必须夺取长沙进行农民暴动，两个团的支援是必不可少的。[27]

毛泽东认为中央的意见“实在是不明了此间情形，是不要注意军事又要民众武装暴动的一个矛盾政策”。省委的计划忽略了省内其余地方，这是错误的说法。毛泽东继续说，力量分散，不能把衡阳作为第二个出发点会导致失败，因为当地缺乏军事力量。

9 月 5 日，中央听取了彭公达的口头汇报之后再次回信：起义的计划不好，因为它不依赖广大人民群众，而依赖假想的军事支援。在湘南没有做任何准备，长沙起义胜利时将无法抵抗来自南方的反攻，湖南近代的军事历史已经证实了这一点。应该“把暴动的主力建筑在农民身上，毫不许犹疑”。

这封信大约在 8 日或 9 日到达长沙，当时一切都如同毛泽东和他的朋友们计划的那样准备好了。8 月 31 日黎明，毛泽东装扮成农民乘火车到达安源，进行一次没有受到中央批准的运动。他在株洲转车，从英国轨距的铁路换成米制轨距的铁路。在株洲他见到了当地的共产党负责人，听取了他们的报告，要求他们破坏株洲—安源白石港的铁路桥，4 天后有一名专家从安源赶来帮助他们，与此同时他们需要采取措施让团防局保持中立。

9 月初，毛泽东到达安源。他立即在张家湾组织军事会议。到会的有浏阳县委书记潘心源[28]、安源市委书记蔡以忱、赣西农民自卫军总指挥兼安福县（江西）农军负责人王兴亚。毛泽东传达了八七会议的决定、湖南省委的改组和秋收起义的计划。经过一番讨论后，他决定正式组建工农革命军第一军第一师，下辖3个团，余洒度为师长，余贲民为副师长。

毛泽东终于见到了这支数周来他口中的为革命服务的军队。但是，这支军队成分复杂，不怎么可靠。[29]只有第一团是真正的军事单位。[30]这原是张发奎著名的国民革命第二军的警卫团，因为耐力不俗和军事素质优良而号称“铁军”，它驻扎在武汉，由共产党员卢德铭指挥。他们接到中共中央开赴南昌参加八一起义的命令，但是到达时为时已晚，错过了南昌起义，于是南下。后来，卢德铭不再听命于张发奎，与包括广东人组成的侦察连在内的一些人叛逃，途中与余贲民领导的湖南平江当地农民武装会合。这支武装刚刚攻打武宁重镇失败，想寻求装备更好的军队的帮助。在奉新发生的叛变迫使卢德铭将领导权交给一个营长余洒度——一个年轻的共产党员，黄埔军校毕业生，在北伐夺取武昌的战斗中发挥了作用。为了维护颜面，卢德铭被派往武汉请求中央指示。此时，余洒度再次率部往西南方向朝湖南湖北边界前进，到达重兵把守的修水城。这里驻扎着邱国轩的一个团，5月份他们拒绝一位共产党师长攻打武汉的命令。从8月份开始，团长邱国轩和南昌的国民党军队取得了联系。余洒度机智地收编了这个团，获得了粮食和弹药，将队伍人数从700人增加到1 300人。安源前敌委员会要求他夺取平江，发展农民起义，然后奔赴长沙。第一团必须和第三团配合行动。

第三团驻扎于江西的铜鼓镇，在修水以南约50公里。这是一支农民军，有1 000新兵，加上邱国轩带来的余部。除了邱国轩带来的数百条枪，大部分人都以长矛或镰刀做武器。招募的新兵来自浏阳、醴陵和平江，这些村庄生产鞭炮，很容易制造炸药，1905—1906年马福益的反清起义在这里找到了最好的支援。这支队伍还吸收了长沙马日事变的幸存者，他们由曾是哥老会首领的苏先俊带领，自5月份之后就流窜掠夺。起义计划要求第三团夺取浏阳，在周边的4个乡掀起农民起义，然后奔赴长沙。

第二团在安源地区集合。王兴亚任指挥，包括安源工人纠察队，自1925年闭井以来失业的安源矿警队，江西的安福、永新、莲花和湖南的萍乡、醴陵农民自卫武装。第二团有1 000人，能够使用炸药，有500支步枪，后来变成1 210支。第二团的任务是攻取萍乡和醴陵，留下部分力量防止敌人的反攻切断后路，奔赴长沙形成夹击，包围城市。毛泽东补充说，随着3个先遣队的胜利，长沙可能爆发起义，主要参加者是人力车夫、郊区的农民和在医院休养的500名受伤士兵。

9月5日，一封来自安源的信到达彭公达和长沙湖南省委的手中。毛泽东在信中提议11日在安源开始起义，18日攻打长沙。然而，省委的起义计划原定9月10日暗杀3个长沙的主要官员，但是该计划被警卫团截获，并于8日登载在当地报纸上。必须加快计划的实施：9月9日开始破坏铁路，11日各县起义，15日长沙暴动。马也尔提醒前敌委员会和中央之间必须消除分歧，至少在文件上是如此。

9月6日，毛泽东与从长沙坐火车来的使者见了面，命令他的3个团将计划付诸行动。在确保安源的一切按计划进行之后，他和潘心源步行到铜鼓指挥第三团——第三团是部署的中心。他打扮成一个来安源采购煤炭的商人，穿着白色的褂子和长袍。种种迹象表明，这一天他仍然坚信起义能成功。

惨败

失败来得很快。

如预期一样，起义的信号从第一团开始传出。9月9日黎明，第一团离开修水，沿着砾石路前往80公里以西的平江。部队打着镰刀和铁锤标志的红旗，这是夜里请居民特别赶制的。傍晚到达30公里以外的渣津，第一团的指挥部设在这里。

同时，60名游击队员在南面和北面破坏长沙至岳阳和长沙至株洲的铁路，破坏不大——9月12日各处恢复交通。9月8日，毛泽东从浏阳去铜鼓，在离铜鼓40公里处的张家坊被当地巡逻的清乡队逮捕。他们迫他脱了鞋，押送他到民团总部。他知道凭自己的身高很容易被认出来，在这段日子里，他会被就地处死。于是他拿着从一个同志那里借的十几块钱，求押送他的士兵让他逃脱，但是队长不同意。在离总部不到200米的地方，孤注一掷的毛泽东闪到一旁，奔过田野——那一天，也许是在师范学校严格的体能训练救了他的命。他躲在一处草丛里，避开了被民团强迫来搜寻他的农民。趁着黄昏，毛泽东连夜赶路，赤脚走出了血。他遇到了一个农民，被收留住了一晚，并被送上路。途中，他用剩下的7块钱买了一双鞋、一把雨伞和吃的东西。当他到达铜鼓附近的萧家祠时，口袋里只剩两个铜板。[31]浏阳的民兵驻扎在铜鼓，刚刚改编成工农革命军第一师第三团。根据《毛泽东年谱》的记载，这次集会是在 9 月 10 日晚上，毛泽东向聚餐的游击队员传达了战斗的部署和八七会议党的决议。[32]

同一天，卢德铭从武汉返回，任驻扎在渣津的第一师总指挥。[33] 11 日，第一团想攻打距离平江一天路程的龙门厂，但是后卫部队遭到邱国轩的攻击。几天前，他的部队被收缴了粮草和大部分枪支。叛乱部队有 100 多支枪，第一团拥有 1 300 支枪，却慌乱四散。卢德铭和余洒度艰难地重新集合队伍，派人通知前敌委员会书记毛泽东。[34]

同一天黎明，第二团（主要由安源矿工组成）强攻重镇萍乡失败。此处盘踞着国民党一个团的总部，负责监督江西边界，另有一个 3 000 人的团留在长沙，唐生智的主力位于东面，夹在控制武汉的桂系军阀和来自南京的宁波军阀蒋介石之间。矿工们搭上火车，轻易拿下醴陵。之后因敌军反扑，放弃醴陵，因为没有接到命令，而向浏阳方向前进，16 日占领浏阳。一支 60 余人的农民武装控制了重要的铁路枢纽株洲，但无法坚守这座城市。不过，这一短暂成功的消息 12 日晚在长沙引起剧烈反响。第二团离开浏阳，当日陷入埋伏，被数量远胜于自己的部队包围。17 日，第二团溃逃。同一天，余洒度成功撤退到江西边界的文家市。

9 月 11 日天刚亮，苏先俊的第三团也朝浏阳进发。12 日，夺取了东门市——一个土匪们想掠夺的地方，没有警惕毛泽东预先提醒的反攻。[35] 14 日，第三团被西边来的敌人包围。苏先俊艰难撤退到浏阳市和文家市之间的高地，在那里他得知第一团失败的消息。晚上，毛泽东致信湖南省委（彭公达），要求放弃在长沙的起义。

9 月 15 日，省委撤销原定 16 日上午的起义，马也尔非常愤怒。几天前长沙郊区的警察局或政府民团受到农民的攻击。马也尔称这次攻击是“闹剧”，农民解除了 300 个民团士兵的武装，但当其中一人笨拙地操纵步枪走火，打倒了自己的一个同伴时，这些农民吓得逃跑了。马也尔在报告中还说，彭公达和翻译窃窃私语议论马也尔，为自己的懦弱辩护：“他什么也不懂，这是个学究、书呆子……客观条件很不好，我们不会成功的。”

17 日，第一团和第三团从不同途径撤退到浏阳孙家塅会合。在离文家市不远的孙家塅，毛泽东召集了前敌委员会的成员。他分析了军事形势，建议放弃继续起义的计划。余洒度不同意，坚持遵守前往长沙的计划。19 日，第一团、第三团及第二团余部合编，组成 1 500 人左右的一个团。晚上在文家市里仁学校的操场上，毛泽东提议放弃攻打长沙，夺取两省交界处几个防御薄弱的城镇，让战士们休整几日。余洒度仍然反对，不过这个建议得到了卢德铭的赞同。毛泽东似乎已经得知长沙取消起义的消息，湖北南部的秋收起义以失败告终。[36]湖南有一个团的敌军准备从浏阳出发、江西的一个团从铜鼓向萍乡出发追击起义军，“共产党首领毛泽东”的脑袋标价 5 000 元。

毛泽东与一组参加秋收起义的同志在这场起义 10 周年大会时的合影。照片拍摄于 1937 年 9 月，延安“城里”。毛泽东在左边第三个。这张照片里唯一的女性在最右边，是毛泽东的第三任妻子贺子珍，她出生于 1912 年，在长征中曾受重伤。

撤到山上去

事实上，接下来的几周非常惊心动魄。不过，和他一生中的其他机遇一样，这次败北反而体现出毛泽东的优点。虽然失败似乎是致命的，但是运气和才华使他能够好好利用失败的机会。

20 日，毛泽东在里仁学校操场上对 1 500 个疲惫、沮丧、受伤或生病的士兵[37]发表了慷慨激昂的演说："中国革命没有枪杆子不行。这次秋收起义，虽然受了挫折，但算不了什么！胜败乃兵家常事。我们的武装斗争刚刚开始，万事开头难，干革命就不要怕困难。我们有千千万万的工人和农民群众的支持，只要我们团结一致，继续勇敢战斗，胜利是一定属于我们的。我们现在力量很小，好比是一块小石头，蒋介石好比是一口大水缸，总有一天，我们这块小石头，要打破蒋介石那口大水缸！"

在这段话中看出"持久战"战略的雏形似乎为时过早![38]这不过是对严酷现实聪明的适应，为了让一直溃败的军队能够幸存下来。大约是在此时，毛泽东写了一首关于这次起义失败的词，以鼓舞士气：

军叫工农革命，
旗号镰刀斧头。
匡庐一带不停留，
要向潇湘直进。

地主重重压迫，
农民个个同仇。
秋收时节暮云愁，
霹雳一声暴动。[39]

词中沉重的忧虑减弱了表面上的热忱。可能毛泽东意识到自己是军事问题的门外汉，他自己和起义的所有领导刚刚证明了这一点。部队之间缺乏协作，沟通不良，不能知己知彼，不善打仗，这些都导致了灾难的发生。9 月 16 日，马也尔给中共中央提交了一份报告，9 月 30 日刊登在《中央政治信息》上日期为 9 月 16 号、17 号的两封信抨击了彭公达的懦弱和无能，没有提到毛泽东的名字，还肯定起义在前两天取得的胜利。

暴风雨的阴云围绕着诗人，说明他产生了更深层次的幻灭。九个月前，他在一篇著名的报告中颂扬的农民的革命美德在这次起义中几乎消失殆尽：一切还需要等待。中共中央负责调查失败原因的领导人任弼时[40]

在一篇很有说服力的文章中引用了湖南领导之一夏明翰的话："当我们的军队和当地农民取得联系时，他们已经感觉不到北伐时同样的热情。大部分农民被吓怕了，不敢动。白色恐怖的灾难悬在他们头上。"

这是十分出色的诊断。但是，这样的诊断应该在毫无希望的冒险开始之前进行。

受难

接下来的几天，南下撤退步步惊心：雨下个不停，道路湿滑，追兵就在身后。毛泽东的脚被草鞋的带子割伤，戴着竹斗笠难以挡雨，步履艰难。人们放弃伤员和病人。粮食短缺，各个乡镇都严防死守。开小差的人很多。晚上害怕敌人的侦察而不敢生火。9月25日黎明，在前往江西莲花的路上，毛泽东得知几天前发生了一起农民暴动，负责后防的第三团侦察不力[41]，陷入埋伏，损失了包括卢德铭在内的两三百名士兵。当天晚上，毛泽东从当地负责人口中得知，9月18日当地起义遭到保安队的进攻，于是决定清晨进攻莲花县。因为突袭和人数上的优势，莲花县很快被攻克——保安队溃逃；救出被关押的农民70余人，缴获的钱和粮食分给农民，士气大振。毛泽东听取了一个叫朱亦岳的人的汇报，得知1927年1月当地的永新和宁冈发生过暴动。共产党领导的起义军得到了井冈山两支武装的帮助。其中一支武装有200人，50支枪，被称为"农民自卫军"，设在茅坪——一个700人的村庄里，靠近宁冈县。首领叫袁文才，是马刀会成员，他和另一支占领高地的队伍首领王佐有联系。不过毛泽东1927年四五月间在武汉时已经听说过这些"井冈山土匪"，当时他主持最后一期农民运动讲习所，其中一个学员陈慕平是袁文才的左右手。

确实，袁文才不是一个普通的匪徒。[42]他出身富裕农民家庭，曾在中学读过一年书，1927年初夏加入共产党。他了解外面的世界，与当地客家人[43]有接触，他的机智和政治素养——这些从他给队伍定的名称中可以看出一二——影响了另一个匪徒。[44]王佐是客家人，出身穷苦农民家庭，是个粗俗的文盲。他住在井冈山南的大井村一个逃跑地主的大房子里，有3个内院，12间屋子。为了南部赣州附近3个县的分割问题，他与一个叫尹道一的人不合。井冈山海拔500到1 500米，密林丛生，缺少耕地，易守难攻，几百年来都是亡命之徒的藏身处，只有2 000居民——土匪们得扩大活动范围到远方寻找战利品。

此时毛泽东隐约从江西井冈山这块“水泊梁山”[45]中看到了出路，但是他和余洒度之间的不和使情况变得复杂起来。毛泽东作为前敌委员会书记领导队伍，而余洒度是这支队伍名不副实的师长。在夺取莲花县的当晚，余洒度召开参谋部会议，毛泽东严厉批评他放走了保安队队长，这个草率的决定威胁到大家的安全。余洒度气急败坏地质问他：“你怕死。你死了，我轻而易举就能取代你!”第二天，毛泽东没有征求他的意见，决定每天行军延长十几里地，他抱怨说：“我是什么师长，我的权力都影响不了十里路!”毛泽东赢得了这场小小的“战斗”。28 日，部队朝永新三湾方向前进，这里没有驻军。红军到达时，当地群众以为来了土匪，逃到山里去了，这支 1 000 人的部队筋疲力尽，终于可以稍事休息。

重新掌权

在三湾的五天时间里，毛泽东重新掌权。29 日晚，他主持召开中共前敌委员会扩大会议。会议决定对部队进行整编，同时考虑大量缩编，将一个师缩编为一个团，陈浩任团长，下设两个营，第一营和第三营，共 700 个人，再加上一个特务连、一个军官队和一个卫生队——在一周之内，人员减少了一半。支部建在连上，营团设党委，由毛泽东统一指挥。部队内部实行民主制度，官长不准打骂士兵，士兵有开会说话的自由。30 日，毛泽东重新召集战士，动员说：“敌人只是在我们后面放冷枪，这有什么了不起？大家都是娘生的，敌人他有两只脚，我们也有两只脚。贺龙两把菜刀起家[46]，现在带了一军人。我们现在还不止两把菜刀，我们有两营人，还怕干不起来吗？你们都是起义出来的，一个可以当敌人十个，十个可以当他一百。我们现在打这样几百人的队伍，还怕什么？没有挫折和失败，就不会有成功。”

同一天，毛泽东写信给袁文才和宁冈的共产党负责人龙超清，希望得到他们的邀请前往宁冈。10 月初，毛泽东通过陈慕平与袁文才取得联系，陈慕平曾是农民运动讲习所学员，同时又是袁文才的亲信。红军可以驻扎在离宁冈 15 公里的古城。袁文才赞同毛泽东的政治思想，但是对外省来的陌生人有些疑虑。10 月 3 日，毛泽东在古城一座破烂的宫殿里召集当地负责人举行前敌委员会扩大会议。会议为期两天，讨论当前的形势、与土匪的合作以及在茅坪的部署。茅坪坐落在一个小山谷中，有一条小河，有一条沙子路经过这里通往井冈山，共有居民 700 人。大家讨论在茅坪建立后方留守处：一间商店、一个弹药库和一所后方医院，在周围的 3 个县（湖南酃县、宁冈和江西遂川）发展游击队。会议没有决定是否长期停留，因为这需要两位“山大王”袁文才和王佐的同意。

10 月 6 日，毛泽东带了少量随员到大仓村与袁文才会面。毛泽东送给他 100 支枪，而袁文才赠送了几百块银元、一些粮食，允许他们在茅坪安置下来，建立一个小型野战医院。10 天后，毛泽东派了 3 个共产党干部帮助袁文才对下属进行政治教育。袁文才分别委任他们为连长、副连长、排长等职。10 月 7 日，陈浩领导的团在茅坪落脚。接下来的一个星期内，他组织了数次游击战。毛泽东住在当地一个祠堂内一间朝院子的房间里，那里有一个奇怪的八角灯笼塔，被他用来当作办公桌。

与此同时，他委派何长工[47]去长沙和衡阳向湖南省委和湘南特委报告他领导的部队的情况，希望打听南昌起义的后续情况并请求上级指示。何长工历经艰难才完成任务。镇压破坏了湖南省接连几届党委，党委领导由没有经验的年轻人担任。我们不清楚毛泽东是否知道 9 月 28 日的中共中央临时政治局会议上，当讨论长江局 5 位人选时，瞿秋白坚持毛泽东入选。[48]无论如何，这个决定从来没有实行过，因为政治局常委在罗米那兹的压力下很快改变了态度：从 11 月 9 日和 10 日的会议[49]开始，他肯定“不断革命”的战略，批评湖南、湖北和广东的失败是因为“机会主义”。11 月 14 日的纪律处分撤销了毛泽东政治局候补委员和湖南省委委员职务。然而，11 月底或 12 月初，当何长工最终能向这些因为被追捕而四处躲藏的领导汇报时，他们也许还没有收到这些处分的通知。于是何长工继续他的任务，辗转周折，终于在 12 月，在回湖南的路上发现在广东北部附近的村庄里留着南昌起义的几百人，由陈毅和朱德领导。他马上和这些人取得联系，回到茅坪后，毛泽东派他做王佐的军事顾问。

第一块红色根据地

直到 1928 年 3 月初，中共湘南特委派代表周鲁才到井冈山——这一匪巢已经成为一块红色根据地——带来去年 11 月政治局撤销毛泽东的职位的决议，还有开除出党的假消息。[50]如果这个处分传达及时的话，结果可能是灾难性的，而当时没有什么影响：1928 年 3 月份的时候，局势已经得到恢复几个星期了。

1927 年 10 月 13 日，被毛泽东批评的余洒度和苏先俊借口向省委汇报脱离了红色革命队伍。苏先俊陷入埋伏造成卢德铭的牺牲，余洒度在莲花放走了保安队队长，他们俩一直拒绝承认错误。为了消除这一事件的不良影响，10 月 15 日毛泽东隆重举行了 6 位新党员的入党仪式。共产党员开始调查当地社会的组成情况，和人民群众建立联系。10 月中旬，毛泽东率团部、第三营、第一营一连、特务连去湘赣边界解决给养问题。10 月 23 日凌晨在大汾镇突遭地主武装三四百人的袭击，队伍被打散。第三营往南前进，与团部失去联系，毛泽东率剩下的战士撤退，艰难聚集失散人员，到达井冈山脚下。当这一小队人马到达荆竹山下时，王佐派人接应。10 月 27 日，毛泽东赠送给王佐 70 支枪表示感谢，王佐资助工农革命军五百担稻谷和一些银元。[51]

这段插曲显示出毛泽东还不习惯做一名战斗中的军官。根据罗荣桓的回忆[52]，逃脱了 10 月 23 日致命的伏击之后，幸存的战士筋疲力尽，纪律松散。他们用手抓着泡菜、辣椒和从农民那里买来的粮食狼吞虎咽时，毛泽东突然站起来，让罗荣桓“立正”，可能这重新给了逃兵们军人的感觉。毛泽东双脚流血，行走困难，拄着拐杖。到达山顶之后，他向部队作动员讲话：“行动听指挥，不拿群众一个红薯，打土豪要归公。”也许毛泽东永远不会忘记这次危险的经历和体验到的兴奋。

在和袁文才、王佐形成更加信任的关系之前，毛泽东已经能够结束随军的生活。11 月 9 日和 10 日，在远方的中共中央决定剥夺他所有的权力。这一天，他在茅坪象山庵里召集莲花、宁冈和永新 3 个县的负责人开会：决定在井冈山建立根据地，增强党的力量。他把根据地比作人坐下来需要的“屁股”。同时决定招收战士，没收土豪的土地和财产。几天之后的 11 月 18 日，陈浩攻克了 50 公里以外的茶陵县。毛泽东在那里建立了工农兵政权，谭震林[53]任主席。11 月底，在宁冈创办军官教导队，为 100 名学员办了为期一个半月的学习班。毛泽东作了一场政治讲座。

12 月，因为何长工的联系，朱德和陈毅到达江西南部的上犹地区。

他们马上派毛泽覃与毛泽东联系：大家准备在井冈山迎接流浪了几个月的战士。此时被打散的第三营终于联系上第一营，回到茶陵。随着军事力量的恢复和加强，毛泽东以前敌委员会的名义给湖南省委写了一封信，提议由7人重组前敌委员会，包括他自己、“朱德同志、陈毅同志和袁文才同志”。

但是毛泽东面临新的叛变威胁，这让他想起根据地基础薄弱。12月下旬，国民党湘军第八军和地主武装的十几个连进攻茶陵，陈浩的部队与敌军力量悬殊，本应该退回井冈山，但是他命令向南撤退，企图投靠国民党第十三军。12月27日，毛泽东得知这一消息，在茶陵湖口让部队回头，将他们带回宁冈砻市，将茶陵200名赤卫队员编为第一团第二营，再次改编了他的队伍。[54]

当晚召开的前敌委员会揭发了陈浩叛变投敌的行为，并下达了新的任命。会议期间，毛泽东再次证明了自己的沟通能力，讲起从前井冈山有个“山大王”，同官方的兵打了几十年交道，通过绕圈子避免接触。毛泽东改了这句话：既要会打圈，又要会打仗，即“避实就虚”。毛泽东的游击战术开始露出雏形，用一句大白话说：“赚钱就来，蚀本不干。这就是我们的战术。”[55]也许刚刚和毛泽东联盟的土匪就是这么说的。

一个革命的土匪

很多作者把这个刚刚过了34岁的毛泽东描写成井冈山的“第三位山大王”。少年时期他热衷于《水浒传》英雄豪杰的故事，现在不得不打游击，在城市里经历了政治失败的毛泽东变成一位传统的“绿林好汉”。虽然他的衣服又脏又打着补丁，个人卫生也叫人怀疑，但是他身上散发着自然的威严，他的智慧和能言善辩又增强了这一点。他的风度吸引了很多人。他的头比很多同伴大，裸露的额头和不整齐的厚实头发让人印象深刻。他不带武器，如果注意观察，则能够看到他从脱线的口袋里拿出一本唐诗或一册经典。因为毛泽东不愿意只成为一个好打抱不平的土匪——这个叛逆的人已经成了一位革命者。

当然，他已经不是10年前去北京的湖南小学教员——感觉自己智慧超群，急切地想一展抱负。第一次的北京之行令人失望。1919年五四运动期间，对民主的渴望使他成了长沙报纸上最优秀的论战者之一，一个杰出的民众组织者，一个维护苦力和妇女的名流。他再也不是湖南省的一个小乡绅、学校的负责人、社团的组织者，住在舒服的房子里，娶一个上流社会的妻子，和当权者关系良好——如果不是提早加入中国共产党，这一切就都可能实现。但是这位陈独秀和李大钊的追随者在共产党内的生涯很快就走入了死胡同，他先是一位积极的书商，后来成为工人阶级的组织者，更倾向于行会主义而不是革命，最后为农民在解放战斗中没有起到先锋作用而感到幻灭。至于他在国民党中的生涯，虽然更有前途，但是国民党的反革命转变把这样的生涯结束了。

少年时他反叛父亲，想脱离农民的世界。青年时他反叛孔子，想打倒令人窒息的传统。自从国民党转而镇压人民运动，毛泽东成了一位革命者。从此以后，他曾经相信过的民主渐进的改革道路在他看来已经行不通了。也许他对革命的概念仍然是 1919 年时愿望的延续。事实上，正如斯图尔特·施拉姆所说，这位革命者更像是民粹主义[56]者，而不是马克思主义者，他拒绝把城市无产阶级看作先锋，面对摧毁他价值观的资本主义，他颂扬抱成团的农民的作用，更何况资本主义来自国外。

20 世纪末的历史证明民粹主义未必革命，因为通常民粹主义都伴随着对传统盲目的欣赏，变成沙文和排外的民族主义。这是 20 世纪初中国义和团的情况。1919 年时，毛泽东和陈独秀的看法[57]不同，他只看到号称反对帝国主义的民众运动中积极的部分。毛泽东的民粹主义在 20 世纪 20 年代初是改良主义的，当时他支持湖南的一部分精英推动湖南自治运动。在 1925—1927 年他变得激进，但仍然守法。国民党军官在城市和乡村镇压民众运动，尤其是 1927 年五六月在湖北和湖南的镇压造成了针对农民的大屠杀。这些教给他在中国，革命必须以农民为基础，但是权力只有通过枪杆子才能获得。从此，对毛泽东而言，革命和军事斗争联系起来，也和一支红色军队的存在息息相关。他很清楚对于一个土匪而言，即使他有时能充满社会正义感，也是一个损害农村居民利益的捕猎者。随着阅历的增加，他也同样清楚，一个将军哪怕在口头上自称革命，以人民的名义代替人民行动，更吸引他的其实是手中握有进行革命的工具。

毛泽东想成为一个真正的革命者，即使在 1927 年秋天军事撤退最困难的时刻，也仍然注意和党中央重新联系。1928 年 3 月初，他得知党中央对他的处分，感到很意外。[58]很快他就建立了一个活跃的机构，能让他对当地社会进行分析。虽然独自远在偏僻的山区，但他仍与自己的关系网保持联系，首先是家人，然后是“家乡”，父亲和母亲的家乡，长沙第一师范的同学，新民学会，以及在北京和上海遇到的知识分子。[59]

他在一生中遇到很多机会，他知道如何最好地利用这些机会。他坚持接触和分析，很早便显露出卓越的策略预见能力，这让他能最好地适应形势的变化。随着当时中国共产党和共产国际领导人的失败，毛泽东不再相信他们的远见卓识，正如瞿秋白所言，毛泽东成了少数能进行独立思考的共产党领导人之一。虽然他已经显露出不能容忍自己竞争对手的苗头，不过他仍带着全然的政治天真投入勇敢战斗的新阶段。而这种天真，他很快就会失去。

第二部分

革命者

（1927—1945）

★序

沁园春·雪[1]

（1936 年 2 月—1945 年 8 月末）

北国风光，千里冰封，万里雪飘。
望长城内外，惟余莽莽；
大河上下，顿失滔滔。
山舞银蛇，原驰蜡象，欲与天公试比高。
须晴日，看红装素裹，分外妖娆。[2]

江山如此多娇，引无数英雄竞折腰。
惜秦皇汉武，略输文采；唐宗宋祖，稍逊风骚。
一代天骄，成吉思汗，只识弯弓射大雕。[3]
俱往矣，数风流人物[4]，还看今朝。

一架机身上印有美国空军银色星星标记的 DC3 客机从红色革命根据地延安飞往民国政府所在地重庆。毛泽东坐在机舱前方靠窗的位置，俯瞰着眼前广袤的中华大地：黄河如刀痕般刻在大地上，渭河河谷郁郁葱葱，秦岭如屏障般高耸。飞机不断升空，被云层包围，透过云层的间隙，红河河谷金黄的稻田跃入眼帘。这一天——1945 年 8 月 28 日，毛泽东第一次坐飞机，也是在这一天，他准备去见他 18 年以来几乎无时无刻不在抗衡的最大对手——蒋介石。

毛泽东的装束似乎让他感到不大自在：一件皱皱巴巴、做工粗糙又不知道穿了多久的蓝色中山装，一双锃亮却又硌得他脚生疼的新皮鞋，一顶似乎是用来防冷枪的木头盔。坐在他旁边的美国大使帕特里克·赫尔利穿着深色西装，白色衬衫，打着领结，戴着一顶伯尔萨利诺帽，好像要去赴

毛泽东和帕特里克·赫尔利。照片拍摄于1945年8月28日他们从飞机上下来时，这架飞机将他们从延安载到重庆。这位美国将军兼政治家的穿着有种过时的优雅的味道，而毛泽东则带着一个奇怪的木头盔。

鸡尾酒会。周恩来则很正式地穿着一身蓝色西装，精细的剪裁和无可挑剔的熨烫处处体现出对人的尊重。真正让毛泽东感到不自在的，不是他的奇装异服，也不是他和一个美国人靠得太近（这个美国人第一次到延安时，见到一群目瞪口呆的共产党高官，感觉自己像是到了印第安人的领地，心想是不是应该像巧克陶人一样喊几声号子），而是当时的政治大环境。当时在延安的苏联联络员彼得·弗拉基米诺夫见证了毛泽东登上飞机的那一刻，他在《延安日记》中写道：毛泽东当时给人的感觉像是走到了十字路口，他是那样的苍白和紧张。此外，毛泽东在10月11日回到延安后经历了一次短暂的情绪危机，经常一连几天闭门谢客。1945年8月15日，日本无条件投降，抗日战争结束了。长征后保存下来的微弱火种已经发展成为一个拥有近100万平方公里土地、近1亿人口、120余万战士及260万民兵的红色政权。拥有120万党员的中国共产党在3个月前举行了第七次全国代表大会，会议将毛泽东思想同列宁主义、斯大林主义一样，确立为马克思主义的一部分。在延安，毛泽东广受爱戴。与蒋介石的会晤让他更加顺理成章地相信中国共产党从此与国民党政府平起平坐了。

然而，毛泽东也有担心的理由：他认为蒋介石提出的挑战极为冒险。两个对手并不势均力敌。况且，如果自1941年以来停止的内战再度全面爆发的话，毛泽东不能指望斯大林会帮忙。因为后者在8月14日，也就是日本宣布投降的前一天，没有和他商量就与国民政府签订了《中苏友好同盟条约》。在1945年2月份的雅尔塔会议上，斯大林、罗斯福和丘吉尔作了如下设定：中国将作为一个以美国为首的太平洋地区和以苏联为首的东北亚地区之间的缓冲地带而存在，中国应成立一个以蒋介石为首的联合政府，而毛泽东最多只是他的首席助手。这也是促成蒋介石和毛泽东重庆谈判的原因。在国际上被孤立、手头又没什么王牌好打的情况下，毛泽东急需重拾信心。在谈判前的几个小时，毛泽东凝视着窗外祖国的壮丽河山，内心深处的情怀被唤醒，对这首1936年2月写了一半卡壳的词理所当然有了新的灵感。

1936年，毛泽东的命运经历了一次惊险的决定性转变。1935年秋天红军长征结束，同年12月的瓦窑堡会议正式确立了毛泽东中共第一领导人的地位。1935年七八月，共产国际召开了第七次代表大会，会议旨在号召团结全世界各民族的人民，停止内部阶级斗争，共同致力于抵御法西斯主义的威胁。得知此事后，毛泽东接触了一些对蒋介石政策有所保留的国民党将领，同时也在试探是否可能与国民党政府达成一致抗日的协议。1935年冬天到1936年的东进运动中，红军穿过山西，目标直指日军，主动进行抗战。这一系列行动让当时的山西王阎锡山倍感压力。

毛泽东在这首新词中加入了从他记忆深处挖掘出来的老章节，他回忆起中国大地上红军战士们抗击暴风雪的景象。而第一次从空中俯瞰中华大地的景象给予了他全新的灵感：在 8 月阳光的照耀下，永恒的雪山反射出银蛇般的光芒，苍茫高原散发出黄蜡般的色彩。

实际上，毛泽东刚刚经历了 20 年惊心动魄的岁月，而正是这一切促成了此刻他高涨的自信和满腔的爱国情怀。这 20 年可划分为 5 个主要阶段：

（1）1927 年 12 月—1930 年 11 月，毛泽东投身于华南地区红色革命根据地的建设。

（2）1930 年 12 月—1934 年 10 月，毛泽东尝试建立首个以他为主席的中共苏维埃政府，但最终以失败告终。

（3）1934 年 10 月—1937 年 8 月，毛泽东重新掌握党内政权，并且成功与国民党建立了抗日民族统一战线。

（4）1937 年 8 月—1941 年，毛泽东成为党内最高领袖之一，并逐步形成了毛泽东思想。

（5）从延安整风运动开始成为党内绝对领袖，在 1945 年的中共七大中，毛泽东将自己摆在与蒋介石平起平坐的位置上。

★第六章

华南地区的红色政权
(1927 年 12 月—1930 年 11 月)

在秋收起义失败后的第三年，这些一开始在山野间与当地两帮土匪共居一隅的“绿林好汉”很快发展成了一支既能挑战国民党中心地带政权，又能与中共中央平等商议大事的力量。这个成功分两步取得：先是在湘赣边界的井冈山地区扎根；接着从 1930 年 2 月起，在经历了几个月的军事转移后，在闽西赣南地区壮大。一个崭新的社会在偏远山区建立，然而内战的阴霾和领导权的更迭让这个新生政权承受了太多的政治压力。

蛮荒之地的革命环境

在作进一步介绍之前，我们有必要在脑海中形成一个重要的概念，它很大程度地影响了这段嘈杂而激烈的历史：这段历史在这个世界最偏远的地区之一拉开帷幕，江西省消息闭塞，拥有 16 万平方公里，一千二三百万人口[1]，包括两大地区。

赣北地区，南起吉安这座赣江边拥有 5 万人口的城市，北至江西省会南昌，这座拥有 30 万人的城市坐落在注入长江的鄱阳湖边。两地通过赣江这条交通要道紧密相连。整个地区主要由丘陵和布满水田的冲积平原构成，地形赋予了此地较为发达的交通网络——一条南北向御道和几条部分铺了碎石的主干道，也赋予了江西东北部地区古老繁荣的贸易——北部边界的景德镇在几个世纪前就步入了工业化，当地的瓷器经广东商人之手出口，举世闻名。鄱阳湖北岸的九江位于长江之畔，自 19 世纪初作为通商口岸对外开放以来，一直是一个重要的商业中心。在这一带，任何共产主义军事行动都极为困难，甚至是灾难性的。西部的萍乡则是个矿区，通过铁路与湖南相连，属于湖南省的经济势力范围。

赣南地区，包含一系列葱茏茂盛的山脉。几条像井冈山脉（位于湘赣边界）、白云山脉（位于兴国、东固两地之间）一样海拔逾千米的陡峭岩石山俯瞰整个地区。除了能让一些轻型船只航行的赣江（部分区域无法行船）以外，此地几乎没有对外联系的通道，尤其是没有像样的道路，只有一些连马车都没法走的崎岖山路，而且因为这些山路通常在多石的山口易被切断，所以主要的运输方式就只有靠人背。季风带来的降雨和秋季的暴风雨将这里的田野变成泥淖，几乎找不到平整的地方。当地唯一的城市是位于南面拥有 5 万人口的赣州市，其他都是些 1 万到 1.5 万居民的镇，人口主要集中在有水稻田的河谷地带。本地人是当地原住居民的后裔。客家人是后进入的移民，在几个世纪以前从广东梅县地区及福建迁移过来。他们住在高山上，开垦被雨水侵蚀的贫瘠土地，特别贫穷，与本地人关系紧张，常常发生冲突。

现代化对这个地区的影响微乎其微。从 1922 年开始，一个连接当地各重镇和省会南昌的无线电网络开始修建。寻乌是该地区的南方重镇，通过赣州连接广东、南昌两地，有一个能操作 200 元以内现金运送的三级邮政所。毛泽东在 1930 年发表的著名的《寻乌调查》[2]中重点介绍了这个地方："前年三二五暴动，抓了邮政局长，罚过五百元。此次新局长怕抓，先期跑了。三二五暴动还杀了一个电报局长。"实际上，当时的无线电联络员被起义部队就地处决了，因为他们发现他曾向赣州驻军发了紧急电报，请求派部队增援寻乌。显然，共产党人明白控制通信的战略意义。1931 年秋天，瑞金成立中华苏维埃政府以来，共产党在前后方的联络中大量使用了无线电报。

同一时期，共产党人从敌人手中缴获了几套靠手动发电的无线电通信设备[3]，这些设备都派上了用场。然而在这个多山的地区，这些设备发送范围有限，运行又不稳定，信息传播总是不畅。1930 年 7 月 28 日，苏联人在上海法租界建立了一个强大的地下无线电收发系统，直接将上海与海参崴联系起来。不过，当时在瑞金还没有灵敏度高到可以捕捉这个系统信号的电台。所以江西的中共领导人和上海的中共中央联系还得靠人送信，而他们面临的封锁越来越严。有件事能说明两地间发出一个指令到指定机关存在多么惊人的延时：一封李维汉以中共中央的名义发出的确定毛泽东军事地位的信花了5个月才送到。该指令于1928年6月4日从上海发出，到达井冈山时已经是11月2日了。[4]1929年2月7日，因为当时红军数战不利，中共中央发出指令，要求将红军拆分成小的游击队，这个指令传到瑞金已经是两个月之后的4月3日了。指令传到时，红军已在大柏地大败国民党赣军独立第七师刘士毅部（1929年2月11日）。因此毛泽东在4月5日的回复[5]中，抨击中共中央的悲观态度。具有讽刺意味的是，就在前一天的4月4日，周恩来重新研究了他2月7日起草的指令是否正确。考虑到缺乏信息，不能准确判断具体形势，他在4月7日寄出的信中要求朱德和毛泽东向上海派遣一名使者汇报革命形势。尽管这个决定应该在5月上旬中共中央密使刘安恭到达前就送达了，但这种反反复复反而只能凸显出毛泽东对党的决策不够尊重的态度。[6]在这两方面影响下，经历了几个月时间的收信与发信，军事形势发生了根本性的转变，指令变得极为无效。共产国际的集权领导与中共中央的领导并不适应当地的形势，出现了各种不服从命令的现象。

毛泽东正巧利用了这种不灵便的组织运转，莫斯科领导人几次突兀地更换在华领导人更是加剧了这种运转的劣势。毛泽东在1929年5月20日写给中共中央的一封信中曾抱怨在两年中仅收到过党中央的两次指示。一次是上文提到的1928年6月的指示，一次是1928年7月11日在莫斯科结束的中共六大的一系列重要决定，后者于1929年1月初才送到井冈山。所以，这份重要文件花了6个月才从莫斯科送到瑞金。须知当时布哈林与斯大林一起商定了一些指导性的路线方针来指导中共六大的召开。然而就在瑞金收到文件的几个星期后（4月22日），斯大林给布哈林扣上了“右倾机会主义”的帽子，并将后者驱逐出了苏共的领导层。

毛泽东在赣南地区的革命运动至此遇到了瓶颈。不仅是因为此地过于偏僻，也是由于通信缓慢带来的时间上的滞后。从那时起，这种时空上的脱节就招致了众多党内将领的不满。1932年，向来心直口快的彭德怀比喻说当时毛泽东的视野如同井底之蛙：狭隘、好古、小农、小工商思想，就是没有无产阶级思想。毛泽东对信息的狂热追求正说明了他想看看井外的世界。这让他的为人处世除了一开始给人的印象外，都与当地的土匪大不一样。

在井冈山上生存

1928年上半年，毛泽东克服了一切极端的困难，全力巩固自己的井冈山根据地。他早就预料到国民党还只是把他当作一股地方势力，跟其他的法外之徒没什么两样。1月，他在遂川建立了一个工农兵政府，2月他又在宁冈建立了一个。袁文才和王佐[7]的地方武装投奔共产主义革命，何长工担任政委，组建了工农革命军第一师第二团。2月18日，毛泽东亲自率军在茅坪周边的宁冈和新城三战三捷，全歼国民党一个正规营和一个靖卫团，这也是他首次赢得的对正规部队的大捷。[8]因为最初的头衔被免除，毛泽东一直没有正式职务，3月，趁此机会他被任命为中国工农革命军第一军第一师师长。同时，为了巩固自己得益于共产党这股政治力量而树立起来的权威，毛泽东加快执行党中央传达的种种指示。

尽管毛泽东从不把自己归为土匪之流，尽管在三湾改编[9]中他再三强调要尊重老百姓，他有些部下的一些举动与那些收编的部队仍然没有多大差别。靠井冈山地区可怜的2 000名劳动力，部队显然是无法生存下去的。收成好的年份，谷物总产量加起来也仅勉强达到10 000担。[10]一些红军战士袭击了周边的一些乡镇，对一些被定性为阶级敌人的农民和商人敲诈勒索。那些资本家、土豪劣绅也遭到同样下场。出于实际的需要，这些过激的举动不被视作特例，而是规定。毛泽东在1928年5月2日写给中共江西支部和中共中央的报告中，分析了红军的组织状况。他强调“一支18 000人的农民武装”所带来的不便。他们听从党的指挥作战，但是却将注意力放在夺取战利品而非战斗上。在1928年7月4日给湖南省委的报告中，他感叹一支不深入群众的业余军队是有害的。1928年8月，他给江西省委写信，信中的第二点强调了烧毁城市是个错误；第五点表态不惜代价整治军纪，消除流氓行为；第六点讲述了11月10日红军在永新和新城作战时，四团的一支警卫队在宁冈地区几个农民的帮助下没有站岗，而是忙着偷牛。1928年12月6日红军第一届党代会上采纳了针对第六点提出的解决方案。[11]

毛泽东一直致力于将一支由游民、流氓和其他社会底层人员组成的杂牌军建成一支有纪律的武装力量。但1928年3月，一名由中共湘南特委派遣的代表中止了他的努力。此人叫周鲁，一个毫无经验的年轻人。他向毛泽东传达了1927年11月和12月31日上海中央作出的一系列决定，特别指责了毛泽东在秋收起义中犯了“军事逃跑主义和右倾机会主义”错误，并且撤了毛泽东中央临时政治局候补委员和现任省委委员的资格，甚至还称毛泽东被开除了党籍。[12]这一切显然是为了在高过自己的毛泽东面前树立自己的威信。幸亏毛泽东在几天前明智地提到了自己的一些功劳，他军事上的指挥权得以保留，但这仅剩的权力也可能随时被剥夺。[13]在这灾难性的氛围中，朱德[14]和陈毅[15]的部队在经历了9个月的撤退后又于3月在湘南地区接连遭到失败。中共中央不得不让快被消灭的残部进行战略转移，与毛泽东会合。当时朱德和陈毅通过毛泽覃已经与毛泽东取得了联系。毛泽东是个不折不扣的常胜将军！

4月24日，毛泽东在根据地接待了这4 000名垂头丧气的士兵。当时朱德还与中央保持着联系，他告诉毛泽东他并未被开除党籍。朱毛于是很快达成一致，在中央的支持下建立了湘赣边界特别委员会，其管辖范围扩大到有50万人口的7个地区，由袁文才任苏维埃政权主席。中央决定任命毛泽东为特别委员会书记——毛泽东的这次东山再起得益于周恩来实事求是的政治作风。这个狭小而动荡的苏区由一支番号为工农革命军第四军（后改称为工农红军第四军，简称红四军）的部队保护，部队有10 000余名战士，分为6个团。其中朱德率领的第二十八团、毛泽东率领的第三十一团有实战经验；袁文才、王佐率领的第二十九团，当地征兵凑得的农民部队第三十二团均无战斗经验。毛泽东在治军上的努力也终于取得了一定成效，尽管我们看到的这支部队仍然存在一些纪律和忠诚问题，尽管仍有一半的战士拿不到枪，用大刀、木棍和拳头战斗。

1928年5月20日至22日，鉴于已取得的成就，毛泽东在宁冈附近的茅坪召集了60余位代表召开了中共湘赣边界第一次代表大会，毛泽东任特委书记，陈毅任军委书记，毛泽东巩固了自己的权力。[16]然而好景不长，5月29日，又一个省委代表来到茅坪，此人即是中共湖南省委巡视员杜修经，手握大权。紧接着，6月又调来了3个代表，4人陆续带来了4个上级指令。指令都流露出对当地情况的不满，但又相互矛盾：有的要求维持井冈山根据地，有的却对此只字不提，甚至要求放弃根据地。然而这些指令又同时传达了攻打湘南重镇衡阳的设想。朱德在几个月前曾在此地碰过硬钉子：那里集结了湖南最精锐的部队，因为近来几次战争都证明了得衡阳者得长沙。同时，江西省委又以自己的名义下令攻打吉安。毛泽东巧妙地利用了这种混乱。6月下旬，所有代表前往莫斯科参加在那里召开的中国共产党第六次全国代表大会，出于安全考虑，这次会议不在国内举行。党中央只剩下李维汉一人，他是长沙新民学会的成员，熟悉并欣赏毛泽东。

5月2日，毛泽东以自己的名义给中共中央写了一份报告，介绍湘赣边区革命根据地的情况，有些不快地要求中央下达指示支持他的创举。这份报告在5月19日由江西省委送出，于6月初送达上海。李维汉在4日对此作了批示：重新成立被周鲁废除的前敌委员会，支持毛泽东发展井冈山革命根据地，在湘赣两省传播革命火种。这封信预测中共六大将采取实用主义路线，但送达井冈山的时候已经是11月初了！尽管6月30日前线特委就得知中央反对攻打湘南地区的战略，因为这威胁到红四军的生存问题，但毛泽东不得不在杨开明[17]面前低头，因为杨已经在毛泽东被剥夺中央临时政治局候补委员资格之后成了他的上级。此外，7月中旬，杨开明取代毛泽东成为前敌委员会书记。此时，湘赣两地国军正联手攻打井冈山。红军决定由朱德率领两个团负责断后，抵抗湘军精锐部队的进攻，毛泽东则带领其余两个团牵制实力较弱的赣军，直到朱德从后方杀回。

朱德很好地完成了既定的任务，但杨开明仗着自己的地位，命令朱德去攻打衡阳，而不是照先前商定的回井冈山与毛泽东会师。这是个灾难性的决定，毛泽东不得不放弃部分根据地，丢掉了宁冈。为了与杨开明的特委抗衡，他还撤退到山中成立了一个行动委员会，自任书记。为了避免被当时已包围井冈山的敌军消灭，他不愿意为了增援朱德而放弃根据地：8月30日，他指挥了一场战役，利用他的部队熟知当地复杂地形的有利条件，取得了黄洋界保卫战的胜利。毛泽东立刻写下了一首词，题目就是战斗发生的地点，表达他亲自见证这一时刻的激动心情：

山下旌旗在望，山头鼓角相闻。
敌军围困万千重，
我自岿然不动。

早已森严壁垒，更加众志成城。
黄洋界上炮声隆，
报道敌军宵遁。[18]

10 月 4 日到 6 日，中共湘赣边界第二次代表大会在重新夺回的宁冈[19]召开，毛泽东得以重新恢复他的政治权威。杨开明由于疾病和声望低落，被毛泽东的亲信谭震林取代，毛泽东也确定了行动委员会书记一职。一个月后的 11 月 2 日，李维汉于 6 月 4 日在上海写的回信终于送达井冈山。在得知他恢复前敌委员会书记一职时，毛泽东掩饰不住自己内心的喜悦。11 月底，中共中央又任命他为红四军党代表，从此就有了“朱毛红军”的称号。这个称号使有些人曾误以为这是一群“红胡子强盗”[20]。12 月 10 日，一支由年轻将领彭德怀[21]率领的 800 人部队在井冈山与朱毛会师。这些战士在 7 月底以红五军的名义起义，被编入红四军，红四军的兵力达到 12 000 人。

小结

这艰苦而动荡的一年到了年底，我们列举毛泽东的两篇文章来说明他对革命形势的把握。10 月 5 日，中共湘赣边界第二次代表大会召开，毛泽东发表讲话，我们找到了此次讲话的草稿。[22]他描绘了中国的总体形势，也提及中共接下来的路该怎么走：国民党发起的资本主义民主革命已经在一定程度上变成反革命。中国当前的形势好比是 1905 年的俄国，资本主义革命必须由无产阶级领导才能完成，中国的资产阶级历史任务已经宣告失败。中国是一个半封建半殖民地国家，不同派系军阀的战争，反映了帝国主义各国之间为瓜分世界而进行的斗争，因此，第二次世界大战不可避免。这也造成了一种世界上前所未有的政治形势。毛泽东的思想中首次出现了中国特殊国情这个概念，这也是他一直拒绝由共产国际和斯大林统一领导，而是宣扬马克思主义中国化的原因。譬如各系军阀，表面上得到了帝国主义的支持，实际上存在不可避免的冲突，他们之间连年打仗，让小块的红色根据地得以长期存在。由此可以得出结论，只有在北伐期间爆发过伟大的群众运动的地方，才能从国民革命军中分化出训练有素的红军，“那些毫未经过民主的政治训练、毫未接受过工农影响的军队，例如阎锡山、张作霖的军队，此时便决然不能分化出可以造成红军的成分来”。

在安定了听众对未来的信心之后，毛泽东将“八月失败”归咎于省委派来的代表“只知形式地执行湖南省委的命令”。下一步要做的是巩固以井冈山革命根据地为中心的地区（大小五井山区）和宁冈城，并向北推进4公里，巩固九陇山区和永新城。在党的领导下带领群众打土豪、分田地，团结一切可以团结的革命力量。向大城市发起进攻的时机尚未成熟，绝不可行，就算攻下来了也守不住。[23]

毛泽东自己也不知道他的主张与在莫斯科召开的中共六大所达成的慎重路线不谋而合。在布哈林[24]的影响下，此次大会通过了发展游击队、建立农村苏维埃政权的决议，以此来削弱国民党的实力，等待更好的时机。红军作为革命的中坚力量，要在根据地积极动员征兵；农民则应该受无产阶级，即共产党的领导。毛泽东称赞本次大会的决策建立了正确的理论基础，后来他打了个形象的比方：“革命要有根据地，好像人要有屁股。人假若没有屁股，便不能坐下来。要是老走着、老站着，定然不会持久。腿走酸了、站软了，就会倒下去。”[25]

该讲话草稿的第二部分分析了党面临的困难。他介绍了关于在农村地区难以从农民中吸收无产阶级领导人员的问题，我们在《毛泽东选集》中找到一些话来解释这一现象：过去，党组织权力高度集中在书记手里。没有共同决议或一点民主意识。比如，毛泽东曾经就是特委的唯一成员。特别是这种情况造成了一种错觉：百姓只认识个人而不认识党组织。这样的党绝非布尔什维克的政党。

这种奇怪的自我批评不久被指责为书记的专断造成的不良工作作风。在选举执行委员会委员时，毛泽东是当选者中得票最少的人之一。这也解释了为什么毛泽东在得知李维汉的来信时，表现出欣喜若狂来。不论如何，中央的一系列决定让他成为井冈山的一把手：他需要上海方面的支持并最终如愿以偿。

最后，毛泽东还批判了“分田地时，在富农、中农和贫农之间实行极端的平均主义，而忽略了雇农”，并为曾经的错误而惋惜，“除了莲花和茶陵地区，在建立红色革命根据地时对封建大地主、绅士进行了屠杀，连看门狗也不放过”，同时还忽略了富农、中农和贫农之间的斗争。于是苏维埃政府的政策只不过是“农协的化身”，政府的工作被“主席和总书记包揽”；有些苏区政府甚至“被富农控制”。不过，井冈山的土地法[26]预见到了没收所有土地的问题，重新分田地时考虑了家庭劳动力的状况，要么种自己的地，要么在合作农场种地，要么在苏区政府管理下的大农场工作。政策路线非常刻板。面对上级“右倾主义”的指责，毛泽东好像流露出了不满。

另一篇文章是11月25日毛泽东以前敌委员会的名义提交给中共中央的报告，后来经过一些修改和删节，又以《井冈山的斗争》[27]为题发表。两个版本分析的内容一样，而报告更详细地体现了遇到的困难，主要分为4个方面。

首先是军事上的困难。红军其实是拼凑起来的，在一年内丧失了三分之二的原始兵力，即秋收起义时原张发奎手下的警卫团，浏阳、萍乡一带的农民武装，湘南工农义勇队，水口山的矿工以及部分参加过南昌起义的正规部队。此后的部队大多由前线地区的农民和战俘组成，占总数的四成。有些农民一分得土地马上回家种地，留下的多是游民。游民“有战斗力”，但要“加紧政治训练”。四分之一的战士入了党。1929年9月1日，陈毅化名董力写了一篇报告[28]，做了详细具体的叙述：又经历了一场战役以后，参加过南昌起义的叶、贺旧部约占全军人数十分之二，湘南农军约占全军人数十分之四，历次俘虏敌方士兵所改编的约占十分之二，在赣南闽西新招募的约占十分之二——并未将流民计算在内。从籍贯上看：湘南人约占全军人数十分之五，闽赣人约占全军人数十分之二，其余十分之三则为其他各省人。战斗兵约占全军人数十分之六。参加过南昌起义的现在大半成了干部，而新兵和战俘占到战斗兵的十分之四。武器供给极为缺乏，以致没有缴获武器的胜利被认为是战术上的失败。同时我们通过陈毅还了解到：“每每红军经过某地……群众毫不懂红军是什么东西，甚至许多把红军当作土匪打。”毛泽东和陈毅的分析恰好反映了对红军现状深深的忧虑，部队建设任重道远。

其次是土地问题也让毛泽东操心。在井冈山地区，六成的土地归地主所有，农民仅占四成。根据地周边的六七个县不断失而复得，有50万人口，在一块像卢森堡那么大的区域内，分配土地根本无从谈起。事实上，每当红军进入新的地区时，为避免遭当地农民的反对，并不立即实施土地政策，大地主的土地除外。毛泽东似乎对接下去采取的政策感到为难。尤其是中间阶级，“中间阶级表面上投降贫农阶级，实际则利用他们从前的社会地位及家族主义，恐吓贫农，延宕分田的时间”，除非“进至革命高涨”，“红军的威力几次表现”。在永兴地区，红军打败了白军之后，处决了几个延宕分田的人，才实际把田分下去。

对毛泽东来说，为了防止中间阶级反水，似乎有必要实行强力手段。“封建的家族组织十分普遍，多是一姓一个村子，或一姓几个村子，非有一个比较长的时间，村子内阶级分化不能完成，家族主义不能战胜。白色恐怖下中间阶级的反水……他们依照反动派的指示，烧屋、捉人，十分勇敢。”红军一来，马上逃之夭夭。此外，富农也向根据地政权施压，要求在分田地时，除了考虑劳动力因素外，还要以资本（工具、牲口、房产等）为标准。毛泽东显然觉得困扰。他询问中央当初苏联内战时，是如何在受白色恐怖威胁的情况下实施土地政策的。此外，毛泽东还注意到中间阶级比穷人更受经济封锁和流动资金缺乏的苦。几天前的 11 月 14 至 16 日，在一个由 69 位代表出席的红四军第六次代表大会上[29]，毛泽东换了一种方式提出这种发现：“禁止盲目烧杀”、“保护中小商人利益”。这样的犹豫显得很突兀，因为接下来实施的政策是极度“左”倾的。

再次是党组织的素质低下。革命高涨时，投机分子混入党内，党员人数超过 1 万人。当困难来临时，很多人立即脱离组织甚至背叛组织。9 月以后，厉行清党，对于党员成分加以严格的限制。永新、宁冈两县的党组织全部解散，重新组建——当时对犯错误的同志只谈开除和批评，并未处决。

最后提出的问题被长期掩盖，也许是最严重的问题——20 世纪 80 年代到 90 年代，一个美国历史学家韦思谛[30]深入当地进行实地考察，搜集到了一系列的证据和全新的资料。他发现 1930 年 12 月富田事变之后，政治危机本应已解决却又反复出现有其根源。这关系到数百年以来这一地区的本地人和客家人之间的关系。本地人在当地占据山谷中最肥沃的土地；而几个世纪来客家人[31]从广东和福建迁移而来，他们占领山地，开垦最贫瘠的土地，微薄的产出又被山下城里的本地人剥削收购。毛泽东提到：“前年和去年的国民革命，客籍表示欢迎，以为出头有日。不料革命失败，客籍被土籍压迫如故。”这个问题在宁冈尤为明显：“前年至去年，宁冈的土籍革命派和客籍结合，在共产党领导之下，推翻了土籍豪绅的政权，掌握了全县。去年六月，江西朱培德政府反革命，九月，豪绅带领朱培德军队‘进剿’宁冈，重新挑起土客籍人民之间斗争……例如边界八月失败，土籍豪绅带领反动军队回宁冈，宣传客籍将要杀土籍[32]，土籍农民大部分反水，挂起白带子，带领白军烧屋搜山。十月、十一月红军打败白军，土籍农民跟着反动派逃走，客籍农民又去没收土籍农民的财物。这种情况，反映到党内来，时常发生无谓的斗争。我们的办法是一面宣传‘不杀反水农民’，‘反水农民回来一样得田地’，使他们脱离豪绅的影响，安心回家；一面由县政府责令客籍农民将没收的财物退还原主，并出布告保护土籍农民。”

这段文字再现了一些史实，因为韦思谛的作品变得更加为人所知。这段历史实际上对大多数以前研究者的成果提出了质疑。以往在研究江西苏维埃政权时，均重在讨论中国共产党内部帮派的斗争、毛泽东所起的作用以及上海中央与地方支部之间的不稳定关系。如周锡瑞和珀拉切克通过研究 1921 年至 1927 年共产主义根据地的原始分布情况，提出了赣南山区高地的社会生态学。吉安城扮演了至关重要的角色。在城里的阳明中学和第七师范学校里，“中层阶级”——用毛泽东的话讲——包括当地精英、小地主、工商业主、知识分子等阶层的孩子有机会接触到 1919 年五四运动以来的新文化。

这些年轻人中，有的到南昌或广东继续深造，回到家乡（通常是当地比较大的乡镇）时，带回了知识分子的争论。有些信仰马克思主义，还成立了一些中国共产党早期组织；另一些则相反，坚决反对共产主义，甚至自发组织了“铲共党”（旨在消灭共产主义的组织）、带些神秘色彩的“AB 团”（Anti-Bolshevik，反布尔什维克的缩写）。这些年轻人在当地扎根，大多数由本地人组成。正如毛泽东回忆的那样：这些最初的共产党人在从 1927 年 4 月开始的白色恐怖中顽强地以上海—南昌—吉安—广州为轴心进行抵抗。当与农民合作遭到破坏时，他们转而致力于创建秘密组织，同帮会、绿林好汉（通常是客家人）、小股农民武装一同联手反抗地方政府推出的新税收或不受欢迎的祸民政策，取得了一定的成绩。

在离井冈山不到 100 公里的东固白云山脚下，出了一位武术高手——段起凤，他一身农民打扮，是最早的共产党员之一。在北伐期间，他带领贫农占领了一个大地主的庄园，分发了地主的财产。在距吉安西北 20 公里处的吉水安福地区，1900 年出生的李文林是最早的共产党成员之一，他几乎是年轻时期的毛泽东在当地的一个翻版：出身富农，家里有两公顷土地，请了一个雇农。他在一所新式学堂读书，成绩优异，后来又在吉安上中学。从黄埔军校毕业后，参加了 1927 年 8 月 1 日的南昌起义。当白色恐怖席卷当地的时候，他组建了一支小规模的农民武装，后来又成立了红四军独立第二团。在由一批异乡青年组成的赤卫队的协助下，李文林取得了一些小规模的胜利。

这些革命的种子为毛泽东提供了一片热土。然而 1928 年冬天之后，这种发展的背后承载了因军事和政治权力交替带来的种种矛盾。韦思谛勾画了一幅赣南地区政治人类学的草图：井冈山革命根据地，确切地说宁冈一带，都不易防守，除了一些客家人和土匪控制的高地。不过毛泽东在此处感觉相对自在，因为当时靠南瓜和野生红米已经勉强能养活为数众多的部队，虽然饥肠辘辘的士兵还觊觎着山下谷地里的战利品。根据地的另一部分位于九龙山脚下的永兴城周围，是一个更为开放的地方，本地人众多，在毛泽东的部队到来之前就种下了共产主义革命的火种。然而毛泽东在那里并不觉得自在，因为他和他的部队都讲一口湖南话，穿得像土匪，总被当作外人。他努力团结这些分散的共产主义力量和小股农民武装，他的到来给当地的共产主义政治生活带来了新的转机。光靠拳头打拼是看不到未来的，应该建立一个或几个革命根据地，实施土地革命政策，同时引入家庭改革和妇女解放运动等其他各种改革，设立基本的管理部门，建立一支常规部队。

让毛泽东一直耿耿于怀的是他和各阶层的对立，这在他后来的报告中也有较完整的体现。这些人中显然有受土改冲击的地主、保守的农民、捍卫没落封建家族传统的中间势力。还有本地人，更多的是江西人，他们有自己的斗争方式，难以接受湖南人带来的战术[33]，尽管这种战术经过毛泽东的实践取得了成功。这种战术不讲究在第一时间抵御来犯之敌，而是任由其进入根据地腹地，以便接下来切断敌军联系，将对方切成几块后，在数量上占据绝对优势的情况下分而歼之，但这将群众暴露在了敌人的报复之下。1928 年 9 月，宁冈和永新就遭到这样的报复。最后还有当地的共产党干部、土匪帮派和会道门成员，尽管他们眼光比较传统和狭隘，但为了服从总的政治战略要求，让出了部分地区——我们可以称之为本位主义者。

1928年的11月和12月，毛泽东着手开展第一次党内肃反。1929年1月初，他收到共产党六大的决议，再次成为中共中央委员，他在23名委员中位列第十二。相比1928年艰难的开头，他有了个较好的结束。然而井冈山根据地有些难以维系，当地养不活一支12 000人的部队，同时国民党湘赣两地5支纵队组成14个团，25 000人的部队蠢蠢欲动。夏天的失败证实了没有重型武器的支撑，要守卫根据地是何等艰难。1929年1月4日至7日，前敌委员会扩大会议讨论了战略方针[34]：会议决定由王佐、袁文才部队协同彭德怀部队守卫井冈山；同时朱毛带领第二十八团、第三十一团前去攻打敌军的大后方——江西赣州，以达到围魏救赵的目的，放弃井冈山是绝不可能的。

军事和政治的东迁（1929）

1月14日，3 600余名红军战士在风雪中沿着一条几乎不能算是路的小道离开了大山的庇护，在距离赣州城40公里的一条路上给了敌军突然一击，然后到达位于安远、寻乌和定南三地交界的鹤子圩。紧接着他们突然掉头往西南方向挺进，在大余碰到一支国民党部队，交战失利后立刻转移到隔壁的广东省。[35]有几次，敌人都追到了后脚跟，无奈之下只能靠断后部队的牺牲来摆脱敌人。朱德的妻子就是在当时被俘后被杀害的，头颅还被示众。

在此期间，彭德怀带领着剩下的部队，在以一敌三的情况下抵御敌军的“围剿”长达一个星期。土匪、流民组成的部队很快被击溃了。与原计划不同的是，朱毛的部队并未及时赶回增援，最后在形势惨烈、万般无奈之下，井冈山不得不被放弃，只留下了伤员、妇女和儿童，后者大部分被敌军屠杀。最初跟随彭德怀平江起义的800人只剩下了283人。[36]战士们还常常怀疑是不是被朱毛背叛了，因为后者正好避开了这场灾难。或许毛泽东认为比起革命的前途，保全自己更为重要，抑或他已经知道赣州固若金汤，根本就是一个可望而不可即的目标?

上海的媒体刊登了红四军遭到失利以及华南地区部分共产党游击队被

消灭的消息。周恩来得知后在 2 月 7 日以中共中央政治局的名义给朱毛写了一封信，要求他们将部队分解成至多 500 人一组的小分队散入各游击队。至于朱毛二人，应立即离开战场，解散部队，迅速到上海与中央汇合。“到中央后更可将一年来万余武装群众斗争的宝贵经验贡献到全国以至整个的革命。”因为当前的问题事关生死存亡，在这种灾难性的背景下，这是最为稳妥和合理的回应。[37]信中同时也表达了对朱毛 6 个月以来未曾向中央汇报工作的不满，问朱毛是未收到中央指示还是故意置之不理。周恩来提醒朱毛不应忘记自己的责任；为避免引起反感，强调自己对朱毛部队怀有特殊的感情。周恩来还在信中附带了一份关于拆分部队、分流游击队的详细计划。而实际上，他甚至不知道他试着遥控指挥的部队当时身在何处。2 月 16 日，中央政治局又向广东省委写了一封信，根据红四军当时的严峻形势，要求广东省委寻找朱毛部队，帮助他们摆脱危险。这是斯大林远在莫斯科根据“科学”的马列主义理论做出的判断，他还派出一些所谓专家调查实际情况。

这封信直到 4 月 3 日才送到毛泽东手上，当时朱毛部队已经在江西东南部的瑞金地区享受着部队最近取得的胜利。命运的转盘又一次转到了对毛泽东有利的一面。朱毛两三千人的部队在深入广东之后又迅速向北折返，通过山间小路回到了江西。2 月 10 日，在大柏地茂密丛林的掩护下，挺进到距离瑞金北部 30 公里处。侦察兵对追兵情况进行了仔细观察，发现对方已经将他们包围，但又苦于山区没有像样的路，已将部队分成几部分。朱毛得知后命林彪[38]率部连夜急行军绕到了敌军部队后方。11 日凌晨，林彪突袭追兵部队的后方，敌军大败逃窜，同样，另外五六支掉队较远的部队也接连被行动迅速的红军突击队一一击溃。国民党江西部队第五师第十五旅刘士毅带着千余残兵逃进了赣州城：他损失了 800 兵力和枪支、6 挺重机枪和几门迫击炮。毛泽东也由此成为一位真正的军事家，林彪则是他手下一个出色的战术执行者。红军因此士气高涨，不战而胜，夺取了宁都。

朱毛部队

在这关键的几个月中，两则有朱德和毛泽东签名的声明能让我们更好地了解这支红军队伍。第一则是在即将离开井冈山时写的。[39]这是一份关于共产主义10条革命目标的号召，被概括为几句口号：“打土豪，分田地，废除封建剥削和债务。”这篇声明被刷在“自由”宁都的城墙上，证明人民群众热烈欢迎光荣的革命军队。

然而毛泽东似乎很早就想结束这种流浪式的行军模式，建立一个或者多个稳固的革命根据地，实施土地革命，建立革命政权。他通过前几个星期的战争胜利，提高了自己在朱德领导的红军军委中的威信。在李文林和段起凤两位已经在当地站稳脚跟的将领所带领的独立二团和独立四团的掩护下，红军战士终于得以进行了为期一周的休整。毛泽东与这两位的关系不错：在他1930年1月写给林彪的一封信《星星之火，可以燎原》中，他将李文林列入应学习的革命根据地人物之列。[40]此外两人还在1月17日组织过一次会议，毛泽东的弟弟毛泽覃当时也列席。

然而，革命形势尚未明朗。3月10日，为了摆脱江西国军的追兵，朱德率军前往福建。3月14日，他在福建汀州（确切地说是在长汀）击溃了当地守军。狂妄自大的小军阀郭凤鸣在此役中被击毙，其财产在翌日被全数分发给了百姓，1 000名国军士兵被俘，缴获500余支枪和一批弹药。朱毛的部队则士气高涨。更为有利的是3月20日，蒋桂战争爆发，这让红军四处躲藏、根据地被破坏的状况得以暂时告一段落。毛泽东在攻占汀州后的第二天，也就是3月20日重新召集了前敌委员会成员开会。他的报告回顾了年初以来遇到的种种困难：损失了600名战士——其中很多是干部——以及200支枪，这是取得成功需要付出的代价。他表现得很乐观，计划以赣南闽西20余县为范围，用游击战术，发动群众建立苏维埃政权，形成一个向南弯曲的以瑞金为中心的大弧形，人口达到约200万。毛泽东战略性的设想让他预见到了以后两年多时间里中华苏维埃共和国的轮廓。他分析敌方各势力的纷争，得出结论称这会提高红军中党组织的稳定性。事实上，4月1日，也就是彭德怀刚到瑞金时，朱毛召开了红四军改制会议，吸收了少数的红五军的部队，将团部改为纵队。[41]这种新的组织形式削弱了地区司令朱德的权力，彭德怀为副军长，陈毅为政治部主任；毛泽东一人指挥前敌委员会，权力更大了。

每个纵队由1 200人组成，配备500到600支枪，由司令指挥。纵队可分为两个支队，支队又分为三个大队。大队这种基础组织由200人组成，配备83支枪。这是一种理想的游击队组织形式，因为它的规模让他们能够迅速找到食物和方便住宿，同时具有足够的火力来对付遭遇战。第一纵队由林彪指挥，这是他首次在红军中升职，部队主要由原毛泽东带领的第二十八团组成；第二纵队由原第二十八团剩余部队和特种部队组成；第三纵队由原朱德带领的第三十一团组成。李文林和段起凤两个独立团随后被改编为第四纵队。彭德怀部队在井冈山与朱毛会师后被改编为第五纵队。宁冈周围各部队被改编为第六纵队。总兵力大约有5 000人，配备2 100条枪。

在这种情况下，中共中央4月3日送达瑞金的信引起了毛泽东的惊愕和愤怒。从5日起，毛泽东就开始以前委的名义回信[42]，拒绝将红四军拆散，并回绝了同朱德回上海和中央领导汇合的提议。毛泽东不知道的是，其实中央已经撤销了这两个决定，他强烈的反应表现出挑战中央的姿态。这是毛泽东第一次同党中央领导平等地对话，他甚至开始给中央上课：他写道，中央在分析形势时表现出了悲观主义。所有人都期待的第二次革命高潮正在到来。“分兵以发动群众，集中以应付敌人……这种战术正如打网，要随时打开，又要随时收拢，打开以争取群众，收拢以应付敌人。”

因此，拆分红军将会是个错误的决定。同时，让朱毛远离一线不能保证中央派来顶替他们的同志具备同样的能力：除了刘伯承和恽代英，毛泽东想不出第三个人。毛泽东暗示中央缺乏自信和不负责任，当然是通过一些比较明智的方法表达出来的：“抛弃城市斗争沉溺于农村游击主义是最大的错误，但畏惧农民势力发展，以为将超过工人的领导而不利于革命，如果党员中有这种意见，我们以为也是错误的。因为半殖民地中国的革命，只有农民斗争不得工人领导而失败，没有农民斗争发展超过工人势力而不利于革命本身的”。

最后，毛泽东坚持要求朱德仍扮演关键性的军事领袖角色，自己则做前委书记。

4月发生的事情证实了这种乐观精神：4月1日夺取瑞金，同月8日红军又攻下了于都。前委遂于4月11日召开会议，罗寿南以中央军事部代表身份列席。[43]几天前他带来了一封2月7日的不合时宜的信：拆散一支打胜仗的部队是不可能的！4月30日，宁都被攻克，一个红色革命根据地开始在赣南地区形成。5月20日，蒋桂战争结束，敌军部队应该很快会回来。然而就在这时粤桂战争爆发，闽南部队前去增援粤军。机会千载难逢，5月19日起，朱毛率领3个纵队翻山越岭，深入闽西地区，直取龙岩、上杭两地。第一纵队成功攻克永定，并在5月27日爆发了一场10 000人参与的大游行，一些达官显贵被当众羞辱，挂牌游街，之后这成了一种惯例。

5月15日，在兴国实施的土改不像井冈山那么严厉[44]，只没收了公共土地和大地主的土地，保留了富农和中农土地。毛泽东开始致力于建立一个稳定的政治和社会结构，因此他止步于宣传革命工作，而不急于实施土地政策。6月1日，毛泽东在福建永定给中央写了一份报告。[45]报告分为4个部分，14点，讲述了红军第一、第二纵队在福建进行55天游击战的情况。现在部队进入瑞金，“与中央指示的‘分开游击统一指挥’相合”。考虑到中央的敏感性，毛泽东（在第5、第6两点中，第8点遗失）断言可以在今后一年内控制赣南地区，又可与宁冈及井冈山地区6个区域，以及方志敏[46]在赣东的游击队联系。因为在福建写报告，他建议以闽西为中心建立一个稳定的苏维埃根据地。在报告中，毛泽东还详细分析道，在总共1 320人中（显然是林彪带领的第一纵队兵力，毛泽东与林彪配合起来较其他部队更为默契），有192名学生、311名工人、106名小商贩、626名农民。工人可能是原湖南安源煤矿的矿工、一些农村手工业者、雇农和各种社会游民——毛泽东努力想让他的被斥为由“强盗”组成的部队戴上无产阶级的光环。

红军军力（第11到第14点）当时已经增至大约10 000人，配有4 500条枪，其中前3个纵队（指被合称为朱毛红军的部队）由3 000名战士组成。其中1 329名是党员，有2 000条枪，堪称主力。44.3%的战士是党员，这些纵队的凝聚力来自政治信仰和意识形态，而不是仅仅来自地方意识或是靠雇佣关系维系的忠诚。在第9点中，毛泽东提到东江（广东）打算在梅县一带举行暴动，请求红军支援，前委持否定态度。因为“不赞成此时举行总暴动”。在第13点中他强调了官方媒体关于红军的负面宣传过于夸张，“报纸所载我们怎样杀人放火的消息，全与事实不符，如前在汀州十七天，仅向大商人筹款二万，豪绅地主筹款三万，彼就宣传几十万；仅杀五人都是最反动的（郭凤鸣营的）；长汀革命委员会烧四个，红军烧一个，彼则宣传为五百多间房子；仅杀郭凤鸣死党三四人，彼则宣称为杀千多人，总之全是胡说，不足为信”。

毛泽东请福建省委负责在厦门设交通机关，专司前委与中央信息的传达。附上价值1万元的烟土，托龙岩县委转交。最后毛泽东称派遣留俄学生22人，并强调所有人精神上都十分疲倦。

总之，他为自己写了一份巧妙的辩护词，建议结束流浪式的行军战术（在第9点中提到），以他设想的建立稳固的革命根据地（第6到第7点）和政治化的红军（第11到第14点）取而代之。毛泽东处理和中央关系的这种灵活性在6月1日体现得更为明显——在这天，政治局还没有收到这封比4月5日那封更具有说服力的信，就已经承认自己分散红军的提议受到不了解中国国情的布哈林的影响，是错误的；同时朱毛有能力领导红军，因此也不存在让二人离开红军的问题。

批评、对抗、嫉妒

正如我们所看到的，自此毛泽东面临的问题不再是几个星期前他和遥远的党中央之间的紧张关系，而是当地党组织和红军遇到的实实在在的政治危机。这个危机始于军事情况的好转，随着5月上旬红军到达刘安恭控制的宁都后进一步扩大。[47]刘安恭此时刚从苏联学习军事归来，被中央任命为红四军前委的军政治部负责人。事实上他填补了之前被毛泽东撤销的军委位置，在当地党组织中排在第三位，位列朱毛之后。然而，刘安恭一到任就凭借着自己掌握的新科学知识，极力巩固自己的势力。在他看来，毛泽东、朱德、陈毅、林彪以及其他人跟强盗无异，无法掌握辩证唯物主义的精妙之处。

为了达到目的，刘安恭利用了这支不久前拼凑起来的部队中核心领导层面出现的矛盾。大家都看到了毛泽东在逐渐削弱朱德的权力，林彪在大柏地战争胜利后突然被毛泽东安插进了少数的“指挥官”行列。林彪也在6月8日写给毛泽东的信中对朱德含沙射影，说“某些同志的野心被压抑太久”。在这封信中，林彪也不完全支持毛泽东，因为毛泽东在5月18日召开的前委会议中表现出对政治形势过于乐观的态度，同时他认为建立稳固的革命根据地的可能性不大。毛泽东在6月14日给林彪作了答复。[48]在这封《给林彪的信》中，毛泽东断言一场革命的高潮即将到来。他还称，因为自己身体不适，已经准备辞去职务专心养病。党部已经在红四军中牢固地建立起来了。

毛泽东回信的真正目的是在这个无声的战场上回应别人对他的诋毁[49]：有人批评他“工作作风不良”、“前委书记专政”、“特立独行”，喜欢到处干预职权范围之外的事，注重控制和集权。红军战士们大多数是年轻人，过着几乎禁欲的生活。他们中间流传着毛泽东和一个18岁的漂亮小姑娘——贺子珍的故事。1928年3月，袁文才将贺子珍介绍给毛泽东，她一开始为毛泽东翻译当地方言。[50]贺子珍是永兴这个井冈山脚下的繁荣乡镇里一个茶庄老板的女儿，在一所由芬兰传教士创办的学校中受过良好的教育。教士很注重对她行为举止的培养。1926年北伐运动传播到当地时，她的兄长加入了共产党，她也表现出了极大的热情。她剪掉长发以示和教会决裂的决心。在白色恐怖时期，她兄长被捕，被袁文才率部攻打关押地点救了出来。于是，贺子珍背着一把毛瑟枪跟他进了山。贺子珍很快被毛泽东吸引，最后大家举办了盛大的宴会来庆祝二人的结合，婚礼由袁文才3个妻子中的大房主持。

彭德怀到达瑞金后，情况并未好转。出于策略上的考虑，彭德怀站在湖南老乡毛泽东的一边；然而从性情上看，他似乎更偏向于朱德——一个军校培养出来的军人。陈毅当时也左右为难：与朱德同为四川人，但是未经军校培养（在参加革命时仅仅是个追随者），同时又被毛泽东的智慧和战略想象力折服，同为古体诗的爱好者。刘安恭在给中央的报告中描述了一分为二的红军和共产党因为个人的矛盾逐渐瘫痪，表现出对朱德的偏向。

从5月底到6月中旬，危机仍未平息。而蒋介石在又一次平定了内部斗争后，筹划着新一轮对赣南地区共产主义革命根据地更大规模的“会剿”。广东国民党部队夺取了闽西的龙岩，红军则在撤出后进入了白砂地区。在白砂，具体地说是在6月8日，前委内部发出了第一份明确的政治声明，毛泽东指出前委和刘安恭的新军委存在双重领导。他认为在这种情况下，前委“陷于不生不死的状态”，他愿意退出领导团队。会议以压倒多数票（36比5）通过了取消临时军委的决定，第二次在4个月的期限内撤销了军委。然而，他还是听从了中共红四军第七次代表大会做出的决定。

6月22日，大会在龙岩公民小学举行（龙岩当时已被朱德占领，该城在1929年3次易主）。会议由陈毅主持，他必须调解前委的内部矛盾。[51]讨论激烈而尖锐，发言极为自由。代表们并不认可毛泽东在声明中指出的红军中普遍存在的“流寇主义”，因为这种指责“没有依据”。他们也不赞成毛泽东提出的关于创建一个从井冈山至闽西赣南地区的革命根据地的设想。此外，对毛泽东提出的以一种特殊的民主集中制的方式[52]结束党内极端民主化的方法进行了投票表决，这让反对他的声音更加强烈。会议最终指定了一个由13人组成的前委执行小组，成员包括6个纵队的领导人和5个“司令”：毛泽东、朱德、陈毅、林彪、刘安恭。毛泽东不再担任书记职务，取而代之的是更为灵活和随和的陈毅。毛泽东又气又病[53]，开始和脱离他控制的前委代表们赌气。事后陈毅讲[54]，他当时对讨论作了总结，结果却是好心办坏事：“今天发生的事情对我们所有人来讲都是一次实实在在的政治历练，会议明确了政治领导，加强了党对军队的领导，加强了战士们对作为战争基础的群众工作的重视。尤其我们面临着很多批评，但是我现在不想讲这些，而是要想这些问题中对我有利的因素和不正确的因素。”会后，毛泽东在几名较为亲密的同志的陪同下，立刻到附近的医院治病。

“会”而不“剿”，“剿”而不“会”

在此期间，由广东、江西、福建三地派出的3支国民党部队一步步将红四军压缩包围在闽西边缘一带。陈毅作为新任前委书记，在根据地发动群众，准备抵抗数量远远超过自己的敌军包围部队，同时召开了第一次闽西党代会。毛泽东则早在7月9日就到了蛟洋，该地位于去玳瑁山的途中，离上杭不远，他在那里有邓子恢等坚决拥护他的好友。大会本应在7月11日召开，50名代表们也都已经在前一天晚上到达文昌阁。毛泽东自知是少数派，他一到就声称注意到代表们不了解当地状况，于是亲自发起了一场关于当地周围农村地区农民的经济、政治状况的调查活动。他说服众多代表同他一起进行此项调查。会议直到7月20日才召开，与原计划差了一周多。23或24日，毛泽东再次以患病为由缺席会议。

此外，当地共产党领导人给厦门去信，邀请福建省委派一位代表参加大会，但这位代表在途中被国民党部队逮捕。大家白白地等着这位代表，也造成了会议的延期。经所有人同意，讨论终于得以展开，同时也得知当时国民党部队离他们仅有几小时的行程。前委负责人兼会议主席（无法确定是否为陈毅）在还未选举领导人或投票选出解决方案的情况下立即停止了大会。毛泽东仿佛突然病愈，紧急组织当时还在场的代表（大多数人偏向于他）讨论在一块即将被敌人占据的土地上建立党组织，并通过了他提出的关于在赣南至闽西连城地区创建一个革命根据地的设想。他设法让他的朋友们（主要是湖南人）被选入闽西特委的领导层，由此控制了一块根据地的政治权力。同样在 29 日，陈毅和朱德在几个小时之后在距原址以北 20 公里处连城[55]附近的新泉再次召集前委开会。这是一次陈毅和毛泽东的激烈对抗，很多见证人向我们证实了当时两人公开的争吵。情况陷入了僵局，前委决定派陈毅到上海向中央汇报形势，并要求他设法解决这种不和。当时彭德怀身在遥远的井冈山——宁冈革命根据地。

疟疾终于击垮了毛泽东，由于当时医疗条件简陋，没有治疗疟疾的唯一有效药物奎宁，毛泽东不再出席任何会议。不过 8 月 18 日，毛泽东通过新成立的闽西特委宣布他反对朱德做出的将部队向闽中地区挺进的决定。因陈毅前往上海汇报，朱德当时任前委书记。毛泽东提出了相反的战术：将部队散入农村，甚至放任敌军深入闽西，通过在敌军后方实施游击战的策略扰乱对方，在敌军疲惫不堪时集结分散部队进行反击。据毛泽东的分析，这个战术切实可行，因为敌军部队之间矛盾重重：若敌军部队先“会”则不会“剿”，因为他们相互间的矛盾会让他们行动瘫痪；即使能切实实施“剿”，也不能长时间“会”在一起，还会因为分赃抢功而相互起冲突。由此看来，持久战的雏形已经开始形成。

因为发高烧，毛泽东常常不省人事或胡话不断。随着国民党部队不断入侵根据地，他又不得不时常更换藏身之处，朱德和陈毅在闽中地区受挫后也开始收缩部队。毛泽东开始在上杭附近的苏家坡接受治疗，接着又转移到大洋坝，最后在永定金丰山附近的一个只有 10 来户人家的小村庄牛牯扑——一个以泉水闻名的景点落脚。他和妻子贺子珍住在当地一个 10 平方米的小竹寮里，门上挂了一块题为“饶丰书房”的木牌子。在疾病入侵和敌人进攻的双重危机中，毛泽东如饥似渴地读书阅报。[56]毛泽东像隐居的文人墨客一样，吃着从附近溪流里捕上来的鱼头补脑，喝大量牛奶，注重饮用水的水质，再次尝试学习英语又无果而终。同时，随着病情的好转，他重新有了精力关注前线形势，这让他的藏身之处看上去更像是前线指挥部。他给进行中的战争报告做批注，研究军事地图，对林彪带领的第一纵队的游击战和李文林带领的第四纵队抗击永定地区国民党部队的战斗尤为感兴趣。9 月上旬，朱德率领第二、第三纵队同第一、第四纵队会合，同时国民党部队中的粤军和闽军之间的关系日益恶化，“围剿”失败。正如毛泽东所说：“会而不剿，剿而不会。”

政治局的仲裁

朱毛之争日渐公开化，相关的议论也传到了上海。8 月 13 日，中央政治局在得知红四军第七次代表大会的相关决议后，由周恩来在 8 月 21 日撰写了给红四军前委的指示。政治局在信中强调朱毛之争主要归咎于刘安恭生硬的工作方法，后者于 10 月底在梅县的一次战斗中牺牲[57]。他同意暂时撤销朱德部队中的军委，并强调红军的责任不仅是行军打仗，还要开辟苏维埃革命根据地，开展土地革命。信中最后还声明：“党的一切权力集中于前委指导机关，这是正确的，绝不能动摇。不能机械地引用‘家长制’这个名词来削弱指导机关的权力，来作极端民主化的掩护。前委对于一切问题毫无疑义应先有决定后交下级讨论，绝不能先征求下级同意或者不作决定俟下级发表意见后再定办法，这样不但削弱上级指导机关的权力，而且也不是下级党部的正确生活，这就是极端民主化发展到极度的现象。”可以说政治局的态度完全偏向毛泽东，但对他提出的在接下去的几个月时间里建立一个稳定的大型革命根据地的建议并不认可。

实际上，中央这样的态度有两个不为人知的原因，与分化红军内部的争论没有关系：第一个原因是满洲里的中东铁路公司事件。1919 年 7 月 25 日，苏联外长列夫·米哈伊洛维奇·加拉罕曾代表年轻的苏俄政府宣布放弃沙皇俄国在华取得的一切特权和领土，并将满洲里铁路归还中国，但铁路问题未能及时解决。1924 年 5 月，中国在外交上承认苏联。1927 年 11 月，因为中国国内的反共白色恐怖，中苏关系遭到破坏，尽管苏联在华领馆并未立即关闭。1929 年 5 月，张学良将军和蒋介石政府达成协议，同意关闭哈尔滨的苏联领馆，紧接着又在 7 月逮捕了中东铁路公司的苏联工作人员，停止了从西伯利亚赤塔到黑龙江哈尔滨之间的铁路运输。11月，苏联突然派远东部队在司令加仑的率领下进行军事干涉，苏军到达中国境内距哈尔滨250公里处。最终，此次危机在12月22日通过《伯力协定》得以平息，结束了双方的敌对状态。

在几个月的暗战中，忠于共产国际原则的中国共产党强烈谴责“蒋介石的强盗们”对苏联犯下的帝国主义侵略行径。1930年1月，毛泽东签署了一封中国红军给国民党（毛泽东称之为“刮民党”）部队的信，逐点分析此事。[58]苏联领导人在这种情况下强烈希望在中国发展游击队，扰乱国民党的后方，随时准备发动突然袭击，给蒋介石“一个教训”。同毛泽东一样，他们也预感到中国革命高潮快要到来了。当时毛泽东还是为数不多的手握军权的共产党领导人之一。因此，斯大林对他很感兴趣：1929年7月至1930年2月，毛泽东的名字曾4次出现在苏联《真理报》上。[59]然而共产国际却误认为他因病逝世，在1931年5月20日出版的《国际新闻通讯》上发了一份讣告，对毛泽东作了很高的评价：伟大的马克思列宁主义革命家。周恩来作为与共产国际联系最为紧密的中国共产党领导人，也被邀请高调评价毛泽东。

从1929年6月开始，李立三在文章中谈到革命浪潮，提出在中原地区的一个或者几个省份取得革命胜利的条件下，红军配合城市内部大规模的罢工运动，向几个大城市发动攻击。他尤其提到武汉、长沙和南昌三城。在这个设想中，毛泽东是极为关键的一步棋——这就是政治局做出偏向毛泽东的选择的第二个原因，陈毅在8月27日作的汇报中也确认了这一点。陈毅诚实而清楚地认识到自己的平凡，称毛泽东“政治上强”，也比较正确，因为他有能力“从政治上来说明一切问题”。这个评价显示了毛泽东的智慧。8月29日，成立了一个由李立三、周恩来、陈毅组成的委员会，专门负责起草政治局给前委的指令。

9月28日，陈毅起草的指示信获得通过。10月22日，他带着信回到当时广东省梅县北部的松源，与红四军指挥部会合，把这封信的复件交给毛泽东。[60]信中批评了认为革命只能靠红军是狭隘的军事观念。陈毅再一次声明他只想加强领导人的权威，并批评了某些人的极端个人主义。但他认为一年之内在大半个江西地区建立一个革命根据地的想法是错误的。他还批评了朱德和毛泽东各自的工作方法，称其中存在形式主义，缺乏坦诚和政治性，但保留了二人各自的职务：毛泽东重任前委书记，朱德指挥军队。这样两人都归到了党的领导下。

红军行动的分歧

陈毅缺席的这段时间，很多因素都发生了变化。8月21日，朱德收到政治局的来信后，为了响应号召，于9月下旬在上杭太忠庙召开了中共红四军第八次代表大会。[61]会议开了10来天，讨论很激烈，但没有解决任何问题，实质上还是朱毛两派互不退让的对立。大会因为毛泽东的缺席而止步不前。后来大会向毛泽东发出信函，请他重新担任前委书记，因为这是中央的决定。当时毛泽东身在距永定30公里左右的河西。

与会代表们看到他的身体状况后就让他继续养病。正如熊寿祺在1930年5月16日的报告中所写：大会实行所谓由下而上的民主制，一开会就得争论半天。当时前委什么事都是民主的，大家要怎样干就怎样！前委事先对于选举没有丝毫意见，八次大会时为了一个党代表权力的问题，讨论了两天仍旧没法解决，结果还是决定请示中央。八次大会因为无组织的状态，开了3天毫无结果，是极端民主化的表现。

毛泽东在回到河西后又在10月10日左右坐担架到了上杭。他住在汀江江畔边一座雅致的小楼中，在一家条件良好的医院里接受了为期10天的治疗。有人帮他弄到了奎宁，他的健康状况快速好转。他与上杭县委书记谭震林和邓子恢关系密切，还与后者联合举办了平民小学，并担任数门功课的教师。

当他在当地再次遇见朱德时，不久前不可分割的两人之间在红四军领导问题上的矛盾依然存在。当时两广军阀战事又起，让中央认为广东形势对红军有利。朱德遵守了上海来的指示，决定攻打广东东江地区，通过华南地区客家人移民的主要地区之一梅县进军。毛泽东并不同意这个计划，因此当朱德在10月19日率领3个纵队开始进军时，毛泽东又一次以患病为由拒绝前往东江。事实上当时国民党部队已经逼近上杭，10月下旬红军不得不撤退，毛泽东却坚持留下来指挥游击队。他住在离上杭不远的苏家坡养病，很快在农村地区开展调查，并接连完成了三份通告，由他在闽西特委的朋友发表。文中他强调，要培养干部的政治性，必须亲自进行实地考察，由此在干部中开展了一场作风整顿运动。为了体现自己身体状况的好转，他在10月11日以重阳节和蒋桂矛盾为题写了两首词。

10月31日，率军出征东江的朱德在梅县遭遇重大失利，主要原因是蒋桂战争的结束让国民党部队重新集中精力对付红四军。11月18日，前委召开会议，决定以建立闽西苏维埃革命根据地为主，取代远征的尝试。而朱德和陈毅也写信给毛泽东请他重新出山任前委书记。11月23日，红军占领了闽西的汀州（长汀），朱德派人请毛泽东出山。26日，毛泽东终于离开了不久前居住的上杭蛟洋，偕中共福建省委巡视员前往汀州，一支100人组成的警卫团穿着崭新的军装陪同。在这种高规格的迎接下，毛泽东很快到达汀州并与陈毅和朱德会面。

根据当时的涂振农的回忆，陈毅对自己6月份以来的行为作了诚恳的自我批评，并讲述了最近在上海同周恩来和李立三讨论的内容，毛泽东随后获得了新的权力。朱德则更加明确地表达了他的态度：承认自己的错误，作为纪律严明的军人，完全服从中央的指示。所有人都同意这种军事和政治上的对抗是因为缺乏无产阶级的领导，必须进行补救。毛泽东在当天写了两封信[62]，同时决定尽快召开红四军第九次代表大会，选举新的领导，并纠正一段时间以来出现的错误趋向。

毛泽东思想逐渐形成

第一封信是写给中共中央的，讲述了陈毅回来以后的情况以及“在中央正确的指导之下”做出的决定，回顾了红军最近攻打梅县的失败，但是肯定了军队的士气仍然高涨，而目前国民党部队对汀州的进攻并不危险：红军已经准备好在后方对国民党部队发动一次进攻，并已经储备了一个月的生活用品和弹药。毛泽东认为红军主要的弱项在于同志们和干部们的理论水平偏低，需要大力提高。此外，也许正应了这封信中所说，解救汀州（新泉和连城方向）的行动已经成功开始，李文林率领的第四纵队配合此次行动，并安排了为期10天的政治整训，以清除红军战士中存在的流寇思想，并使战士们“在红四军第九次代表大会召开前团结在正确的思想周围”。我根据《毛泽东年谱》[63]把这句反映毛泽东早期思想的话语翻译成法语。这句话描述了一种政治运动的方式，后来成为毛泽东最偏爱的武器。

第二封信则更为私人，至少看上去如此。这是毛泽东写给他的“兄弟”李立三的。毛泽东先简单地寒暄了几句，接着表明自己当时已经重新上任，尽管还没有完全康复。他流露出对妻子杨开慧的思念——这应该是真实的，贺子珍当时称自己和毛泽东的婚姻并不幸福。此外毛泽东还强调自己没有杨开慧和儿子毛岸英的地址，请李立三将这情况告诉当时在上海的弟弟毛泽民，以便让其打听他妻儿下落。除了要求得到渴求的书报信息以外，毛泽东还称迫切希望“立三兄”能“抽暇写信指导”。接着他加了一句话，也许是为了迎合李立三以及远方的“大哥”斯大林：“独秀近来行动真岂有此理，中央的驳议文件已经到此，我们当普遍地宣传。”

事实上，在满洲里铁路事件期间，还是共产党员的陈独秀向中央委员会写了 3 封信。7 月 17 日，中共谴责国民党进攻苏联，号召中国人民拥护苏联，武装保卫苏联。7 月 18 日，陈独秀对共产党发布的声明表示遗憾，称声明将使得共产党人更为孤立，更有利于国民党控制意识形态。中共中央对此作出回应，给陈独秀扣上了“国民党资产阶级左派”的帽子。而这位中国共产党的奠基人在 8 月 5 日写的第二封信显得尤为激烈和尖锐。在 8 月 12 日写的第三封信中，陈独秀完全偏向于托派，批判了斯大林的冒险主义。11 月 15 日陈独秀被开除党籍。毛泽东支持这次开除的决定，同时巩固了当时的胜利果实。

12 月 20 日左右，参加红四军第九次代表大会的代表们开始陆续到达位于上杭北部的古田。代表们在干部和政治委员的指导下分成 10 个一组，研究各种错误倾向和错误思想的根源、危害以及纠正的方法，最终树立无产阶级价值观。[64]

1919 年冬天到 1930 年秋天，毛泽东的命运经历了第三次转折。第一次发生在 1919 年左右，还是年轻教员的毛泽东在北京度过了一段不如意的时光后，在长沙成为介入五四运动的政治记者。第二次是在 1927 年年底，他成为崇山峻岭庇护下的“法外之徒”。1930 年秋天，他开始实践一种新的作战艺术，以战略的眼光看待游击队，将后者视为能成功与南京军队对抗的力量。同时，由于内战气氛极度紧张，他开始进行第一次整风运动，开展阶级斗争并寻求实现平等和专政。由此，毛泽东思想逐步形成。

第一次整风运动（1929年12月—1930年2月）

在毛泽东的精心准备下，古田会议通过了9项决议，但只有第1项日后被《毛泽东选集》收录，并起了个具有象征意义的题目《关于纠正党内的错误思想》。[65]毛泽东作了政治形势的报告，朱德则汇报了军事形势，陈毅介绍了他的上海之行以及政治局的一系列决定，也谈到了陈独秀、彭述之被开除党籍的事件。自此，对于饱受疲惫和贫苦的战士们来说，毛泽东成了开拓前景，带来美好梦想，至少是希望的唯一领导人。毛泽东在当时的两首词[66]中写道："路隘林深苔滑。今日向何方，直指武夷山下"，"风展红旗如画"，"赣江风雪迷漫处"，"十万工农下吉安"（《如梦令·元旦》，1930年1月30日；《减字木兰花·广昌路上》，1930年2月）。

这种革命浪漫主义伴随着对形势的乐观估计：革命在全世界范围内，尤其在中国将掀起高潮。决议对由社会底层农民和小资产阶级组成的红军队伍有"非无产阶级思想"和"流寇主义"感到遗憾。毛泽东列举的后果如下：不负责任、极端民主主义、绝对平均主义、狭隘的军事观点。毛泽东在这些行为中发现了很多过去农民运动的特点。当年成千上万手无寸铁又无家可归的游民涌入黄巢（唐朝灭亡者）或者李自成（明朝灭亡者）的部队中时，亦是如此。他并不否认这些古代起义者的热情，但这些传奇的领袖们所运用的战术显然不再适用于强调纪律和技术的现代战争。暴动者"不愿意做艰苦工作建立根据地，建立人民群众的政权，并由此去扩大政治影响，而只想用流动游击的方法，去扩大政治影响"的观点也是错误的。此外，毛泽东还讽刺有些起义者用大城市作为吸引人员加入的砝码，因为他们可以在那里放开肚皮吃香的喝辣的。他最后还批评有些干部对待士兵态度粗暴，存在体罚、处决逃兵、关禁闭、漠视伤员等恶习。这在第二纵队，即朱德纵队中尤为明显。后来，毛泽东用一句话概括：我们的原则是党指挥枪，而决不容许枪指挥党（1938年11月6日）。[67]朱德很遵守规则，不再直接干预政治事务。

1930年1月5日，毛泽东给林彪写了一封信，题为《星星之火，可以燎原》。毛泽东在信中以一种严肃而又友好的口吻批评了林彪的"悲观主义"，他认为后者没有预见到新一轮的革命高潮正在到来："它是站在海岸遥望海中已经看得见桅杆尖头了的一只航船，它是立于高山之巅远看东方已见光芒四射喷薄欲出的一轮朝日，它是躁动于母腹中的快要成熟的一个婴儿。”他提到自己对1929年2月7日中央要求分散红军的批判，并强调1929年4月自己在于都会议上提出的正确观点，即考虑在江西全省境内建立一个苏维埃根据地的可能性。由此，毛泽东以一种清醒而坚定的革命路线胜利者的姿态出现。他允许4个支持建立革命根据地的人来分享他的见解：朱德（作为对他服从的奖赏）、贺龙、李文林和方志敏。[68]

我们发现毛泽东这种似乎带点狂妄的自信源于某次前委扩大会议。1930年2月6日至9日，毛泽东在吉安县东固附近一个叫陂头的小村庄召开了由红四军前委，红五、红六军军委及其各行委、中心区委、苏维埃党团负责人参加的联席会议。[69]会议日期在最后一刻被提前，而毛泽东并未向赣南党委报备。被排斥在外的党委负责人只能做徒劳的抗议。会议决定成立统一领导红军和赣西南、闽西等革命根据地的总前委。

此次选举产生的总前委共设17名委员，其中7名常委——毛泽东是其中唯一的一位中央委员。他担任总前委书记，权力扩大到红四军、红五军和红六军。[70]常委（包括候补常委）的其他成员为朱德（红四军首领）、彭德怀（红五军首领）、黄公略（红六军首领）、潘心源（秋收起义元老之一）以及一个新成员刘士奇——这个宁冈的湖南人是贺子珍的妹夫。曾山[71]是常委中唯一一个江西本地人，与毛泽东关系亲密，但几乎不被其他本地领导认可。谭震林、邓子恢和李文林等是普通委员。

大会通过了一条严厉的路线，让人想到不久前在井冈山推行的路线。2月9日投票通过赣西南《土地法》，其中的第二款除了准备没收封建地主的土地之外，还要求一旦当地大部分农民要求分配这些剩余的田地、山林、池塘和房屋，其他的土地所有者也要交出多余的土地。在一份2月14日发布的通告中，毛泽东呼吁攻打吉安并在当地成立一个江西苏维埃政府，届时中共的9个地区中将会有115万“红色群众”。2月16日发布的前委第1号通告采纳了毛泽东的意见：把苏维埃区域扩大到江西省全境，发展工农武装，深入土地革命：“世界革命高潮要随帝国主义进攻苏联的运动中爆发，中国的革命高潮很快地要到来，中国苏维埃将继俄国苏维埃而出现，成为世界苏维埃的有力支柱。而中国之内首先出现的将是江西苏维埃，因为江西的客观条件和主观力量都比各省要成熟。”

然而这份以胜利者的语调发出的决议最后声称：赣西南党内有一严重的危机，即地主富农充塞党的各级地方指导机关[72]，党的政策完全是机会主义的政策，若不彻底肃清，则不但不能执行党的伟大的政治任务，而且革命根本要遭失败。联席会议号召党内革命同志起来，打倒机会主义的政治领导，开除地主富农出党，使党迅速布尔什维克化。

韦思谛注意到，逐步弱化宁冈这个井冈山脚下的革命中心，对九龙山脚下的永新城有利，永新更为开放、人口更多、防守更容易，当地的党组织掌握在本地人而非客家人手中。微地缘政治的变化和党内正在爆发的尖锐的政治危机之间，是否存在某种联系？是否应认清毛泽东的反对者们的“阶级倾向”，即他们保护富农，所以反对毛泽东以贫农为基础的“极端左倾主义”？是否应该将这个开始变得血腥的冲突与红军内部战略上的冲突联系起来？实际上，毛泽东主张让敌人深入苏维埃根据地，外来的战士能够接受，但本地的战士是不能容忍的。所有这些因素在接下来的几个月里都将起作用，但要从这些事件中区分出哪些反映个人的争执，哪些是政治路线的冲突，哪些是出于阶级情况的考虑或者地区、氏族上的对立，就非常困难了。更何况文献资料依然不完整，很多事件长期被掩盖或将继续被掩盖下去。

毛泽东以退为进（1930年3月—6月）

毛泽东和中央的关系在1927年到1929年经历了一个由紧张到平和的过程。1930年，随着“立三路线”[73]的提出、挣扎和夭折，这种关系又经历了一段新的敏感时期。毛泽东在这几个月的危机中尽可能避免与中央发生直接冲突——他在党内还没有足够的分量来处理这次危机。[74]他更倾向于在执行上海传达给他的指示时，采取与自己的战略思想一致的那部分而故意忽略与自己有分歧的部分——这也得益于信息传播的滞后。在1929年年底，符拉迪沃斯托克和上海之间建成了新的电报联系，信息经共产国际地下联络部的加密或解密，有效地加快了共产国际和中国共产党之间的交流。上海和苏区之间的交流依然依赖信使。毛泽东利用上级与他领导的团队之间存在的时间和空间上的距离来保护自己行动的自主权。

1929年冬天到1930年春天，毛泽东首先努力不让自己卷入新的危险征途。1929年4月5日，他批评中央2月7日的信件中存在“悲观主义”的立场。1930年1月5日，他写信给林彪批评他过于悲观，这些都与李立三的观点相合。因为毛泽东同他一样看到了全世界范围内新一轮的革命高潮正在到来，而中国将在其中起到至关重要的作用。得益于此，毛泽东在2月初召开的陂头会议中当选为前委书记。李立三为了加强红军力量进攻大城市，只好默许了毛泽东的行为。然而李立三在1930年2月26日发布了中共中央第70号通告，批评红四军只满足于在乡下开展游击战，而要求红军时刻准备北上。

3月18日，毛泽东以新任前委的名义发表了一篇文章，解释不可能服从中央这个命令的缘由，因为国民党的3个军团出现在通往南昌的道路上。[75]毛泽东建议部队向福建漳州一带挺进，以便利用军阀混战之机占领一个出海口。在等待回音的过程中，他着手让红四军分散进入赣南和闽西地区的农村地区宣传革命。李立三在4月3日的回信中指责毛泽东发展红军速度过慢，彭德怀已经将自己的部队人数扩充了3倍。当月周恩来前往莫斯科，李立三更加自由。6月11日，他起草了一份决议[76]，重申新一轮的革命高潮已经开始到来，并批判了先前开展游击战的战略思想与党的最新路线不符，宣称红军应该准备好攻打武汉、长沙、南昌之类的大城市。5月中旬，李立三在上海秘密主持召开了一次会议，决定将红军部队整合起来，分成4个编队。5月20日至23日，召开全国苏维埃区域代表大会，会议要求建立一个全国性苏维埃政权。毛泽东并未出席这两次会议，而李文林则参加了第二次会议，并与李立三取得联系。

实际上，毛泽东从5月3日到6月5日在寻乌度过了愉快的一个月，这是红军在5月2日攻打下来的一个有2 684人口的大型乡镇。在一名叫古柏的共产党员的协助下，毛泽东在当地整个区域开展了一次为期10天的社会调查。[77]同时，毛泽东还写了一本名为《反对本本主义》[78]的小册子。调查是对小册子主题的延续，毛泽东明确声明：“你对于某个问题没有调查，就停止你对于某个问题的发言权。”在5月份于上海召开的两次秘密会议上，李立三从书本出发来论证他的战略思想，事先并没有经过任何实地调查或者核实。毛泽东在寻乌周围开展斗争，以从实际情况出发的名义来反对李立三的教条主义思想。他知道自己拒绝将部队开往南昌的态度坚持不了多久了，北上的命令于6月28日下达。[79]离开苏区意味着将地盘留给竞争对手，毛泽东尤其担心李文林得到了李立三的提携，而在当地巩固自己的地盘。6 月下旬，毛泽东召开了一次红四军前委和闽西特委联合会议，会议先在上杭附近的南阳地区召开，后来又转移到了汀州。[80]

会议做出两个重要决议，一个关于富农问题，另一个则关于流氓问题，是毛泽东对李立三的间接反驳。这两个决议的主要内容体现在《寻乌调查》的结论中。此次在对众多村庄的寻访中，毛泽东随身带了一个笔记本做笔记。可以说对毛泽东来讲，这既不是一次纯粹的社会调研（尽管报告中有时体现出这样的内容），也不是一次经济研究（尽管其中的统计数据极为丰富），更不是为了搜集相关素材以撰写关于当地政治形势的报告（该地区位于江西南部，有 12 万人口，分布在各个农村中，其中有 8 个是客家寨），调查描写的真相是被作为工具使用的：毛泽东在无法直接抗衡中央的情况下，通过调查为自己提出的反对意见增加可信度。早在调查开始前，结论就已经得出了，调查仅仅是为了反映结论。

因此对于这篇文章，我们不应指望它有其他层面的意思。如果我们核对里面提供的数据，就会发现有很多不相一致的地方，对社会概况的描述也显得过于简单。不过，我们发现里面记录了愤怒的农民上交收成时的歌谣："袋子一大捆，擎把过街溜。吗个都唔问，问谷曾晒就？穷人一话毛，放出下马头。句句讲恶话，俨然税户头。"[81]从中可以看出地主与佃农之间的契约关系，后者要向地主上交四到六成的收成，合同期多为五到七年，仅由地主保管。如果佃农没有照商定的数量缴纳晒好的干净谷子，地主就可以单方面终止合同。调查中还记录了几十个乡绅的生平传记。作者描绘了一个极为贫困的地区，占总人口 3.5%的地主阶级拥有 1/3 的土地，年收入为 100 到 300 担，即 60 到 180 公担大米。显然这个数目很小：即使将这些谷物全部没收也满足不了占人口七成以上，只占有 7%到 8%土地的贫农。这部分群众的需要最迫切，也最愿意追随共产党，他们要求没收一切氏族、祠堂、庙宇的社会土地（占总量的 40%）以及富农（4%）甚至中农（18%）的土地。他们对土地无休止的渴望让土改政策得以一直延续下去。

从中又引出了另一条关键的线索：拥有剩余财富的人们与在生存线上挣扎的人们之间的关系极为残酷。后者发现与自己争一小碗饭的竞争对手消失时，自己能得到巨大的好处。此外还有一条关键的线索：这是一个封闭的社会，村民几乎都过着自给自足的生活，与外面世界仅有的联系是挑夫们挑着百八十斤的货物沿着崎岖的山路赶上几十里地去福建，或者是船员装上五六公担的货物通过内河河道去广东梅县。像这样做地区生意也赚不够 20 块钱——这太少了。

因此，经过这次调查，我们就不会惊讶，1930 年 6 月底在南阳会议上通过的土地政策是毛泽东历来推行的政策中最严厉的。[82]会议投票表决通过了关于富农的决议，将“富农”这一概念进行了重新划分：第一种是半地主性的富农，就是自己耕种，同时有多余土地出租的一种人；第二种是资本主义的富农，即不把土地出租，有些还向别人租入土地，雇用工人耕种的一种人；第三种是既不出租土地又不雇用工人，单以自己劳力耕种，每年有多余粮食出卖或出借的一种人，他们通过“谷物交易和高利贷”来剥削人民，比半封建地主阶级更为恶劣。有记载称，在革命初期，富农烧毁契约，分发田地，高举红色臂章甚至往党内钻营。然而他们的目的是提升自身的社会地位，在下一次与贫农和农村无产者对立之前取得农民组织领导权。决议还指出，“我们曾经主张把第三种富农称为中农，不主张在斗争中打击他们”的观点是错误的。毛泽东还总结海陆丰农民运动的失败是因为冒险主义和军事主义，而不是因为彭湃发起的对富农的斗争。毛泽东将 1927 年湖南和湖北农民运动失败的原因归结于“并非农民运动过火，而是不到位”。在决议中，他简单反驳了对富农进行斗争会不利于生产的观点，因为贫农被激发起来的热情会增加农业产量。他同样也反驳了以江西袁文才和福建傅柏翠[83]为首对他提出的“左”倾批评。此二人反对分配氏族土地，主张将此类土地用作建设社会主义性质的合作农场。毛泽东认为这是为控制土地的富农和乡绅进行辩护。他认为问题不在于消灭富农，而是为了争取贫农的支持。不论如何，只要全国范围内的农业社会主义化没有完成，富农就永远压迫贫农。接下来的目标带有明显的政治意图：毛泽东将阶级斗争作为工具来动员社会力量，他需要用这种力量控制共产党。

南阳会议的另一项决议关于流氓问题。[84]毛泽东先前写过一系列关于这个问题的文章，如在 1926 年 1 月分析中国社会各个阶级的文章中，毛泽东将这些不入流的社会边缘人物看作一股潜在的革命力量，并称赞了他们的战斗能力。然而 1930 年 6 月，他又将这些人视作随时准备投靠统治阶级的危险分子，应该从组织中驱逐出去。他还确定这些流氓是有组织的秘密社团，并列出了一串长长的名单。这些社会成员“个人主义、无纪律性、享乐主义、破坏主义、不信任群众并敌视社会”，必须立刻将他们的首领以及部分同党清除出党，给他们安排工作，并强迫他们劳动，培养无产阶级思想。决议还谈到净化红军的必要性，呼应了 2 月份陂头会议上发出的警告。危机笼罩着脆弱的苏维埃地区。

毛泽东与李立三（1930 年夏）

由于对毛泽东表现出来的顺从感到欣慰，李立三在 6 月底到 7 月中旬采取了各种措施加强毛泽东在党内和红军中的权威。他向湘赣闽边界派了一个叫涂振农[85]的人，后者在汀州遇到了毛泽东，并在南阳会议上当着与会代表的面介绍了中央最新的决定：将红四军改编为红一军团，北上攻打南昌，转而夺取九江，然后前往届时应该已经被其他红军队伍攻占的武汉，夺取华中地区各省，为全国大革命打开局面。

在接下来的几个星期里，在这种指导思想下出台了一系列组织措施，并于 7 月 18 日在上海召开的全国会议上正式确定下来。各个省的行动委员会集中领导党内一切军事和政治活动，由李立三领导的中央总行动委员会统一指挥，同时成立一个中央军事委员会，同样由李立三领导，朱德任总司令，毛泽东任总政治委员。李立三领导了 4 个军团[86]，而他实行的大范围集权依然与地区实际情况完全脱节，尤其是我们先前提到缺乏可信赖的联系网络。具有讽刺意味的是，这个疯狂的计划所带来的唯一胜利消息——攻占长沙，还是李立三通过上海的媒体报道得知的！

毛泽东表面上很听话，但他的部队却不紧不慢。到 7 月 24 日，经过 27 天的行军，部队才取道赣江，抵达樟树市的清江地区，共前进了 270 公里，南昌城还在北面 80 公里处。要渡过赣江困难重重，攻打吉安彻底失败。不过，29 日，红一军团召开干部会议，决定放弃攻打固若金汤的南昌城，转而派遣一支分队攻占赣江对岸的南昌火车站，以便能在 8 月 1 日为庆祝南昌起义 3 周年鸣响礼炮：李立三的宏伟计划成了烟火表演！8 月 1 日下达的新命令要求部队开往山区，攻占南昌西方 60 公里处的小城奉新，方便使部队分散进入农村发动农民。接着红一军团重新前进，但没有按照指定的路线去南昌，而是转向了湖南。幸运女神又一次向毛泽东露出了微笑。

7 月 27 日，红三军团突袭并攻占了长沙。显然，彭德怀无法守住城池，8 月 4 日在国民党将领何键的反攻下被迫撤离。从 8 月中旬开始，红三军团的战士们就在浏阳市附近的长寿街进行休整。不过，就在几天后，毛泽东和朱德抵达湖南，在浏阳以南 50 公里处的文家市取得了一场辉煌的胜利：他们以牺牲 700 人的代价，消灭国民党的 3 个团，歼敌 1 000 余人，抓获俘虏 1 000 多名。23 日，彭德怀的红三军团和朱德的红一军团在湖南浏阳附近的永和市会师，决定将两个军团合并，成立中国红军第一方面军，共有步兵 3 万人以及一个炮兵团。朱德任总司令，毛泽东任总政治委员和前委书记。毛泽东另外还兼任新成立的中国工农革命委员会主席，由此毛泽东的权力扩大到苏区所有的党组织。[87]尽管他在进攻南昌的问题上不服从命令，但毛泽东表面上对李立三权威的服从还是为他赢得了很大的好处：他从此有了一支力量和规模都极为可观的军队可以依靠。

此外，9 月，政治局还恢复了毛泽东的候补中央政治局委员资格。[88]7 月 23 日，李立三在上海收到了一封共产国际的来信。共产国际对他的战略思想提出了极大的质疑，不同意革命高潮迅速到来的著名论断，而是建议先控制一两个省份。此外，共产国际还将周恩来和瞿秋白派回国内，二人于 8 月 20 日左右回到上海。李立三一直对这封令他不快的信件秘而不宣，并在 8 月 6 日第一次也是唯一一次的中共总行动委员会成立会议上宣布正式展开革命运动。攻克长沙的短暂胜利促使他要求对这个城市发动第二轮攻击，同时也接受了毛泽东权力迅速扩张的事实。8 月 26 日，莫斯科方面传来一则消息，毫不避讳地指责了李立三的冒进主义，并声明攻占大城市根本没有任何希望，他必须放弃在武汉和上海进行暴动的模糊计划。[89]李立三还想挽回点面子，在 9 月 24 日至 28 日在上海召开的六届三中全会上，他称自己推行的政治路线并没有错，只是在指挥上出现了一些战术运用的失误。然而接下去属于他的日子结束了：11 月 16 日，一封共产国际领导 10 月发出的信件寄达上海，信中不留情面地将“立三路线”定义为“冒险主义和反列宁主义”，并要求这位领导人到莫斯科解释他的所作所为。李立三前往苏联。

毛泽东对这些变故尚不知情。红一方面军根据收到的命令，向长沙发动了二次进攻，毛泽东任政委，朱德担任总司令，彭德怀任副司令。当时红军仅有一个工兵营和一个寒碜的炮兵营，甚至还不会使用从敌军手里缴获的电台。何键的3万部队依靠完善的防御工事网，打退了红军的好几次进攻。红军方面伤亡惨重，尤其是在9月10日的进攻中，损失了超过一成的兵力。他们又得知国民党驰援长沙的部队在名将张发奎的率领下步步逼近。9月12日，红一方面军下令攻打湖南东部一线城市，并绕袭赶来支援的敌军，"饮马长沙会师武汉"。红军最终从长沙撤围。13日，红军各部队都纷纷将长沙附近的江西和湖南的城市作为进攻目标。红一军团攻下江西吉安。

9月17日，毛泽东在醴陵以前委总书记的名义向中央委员会写了一篇报告，解释为何放弃继续攻打长沙[90]：主要是军事方面的原因，同时，缺乏城市群众的支持是另一个原因。他在信中还介绍了让他权力明显扩大的新机构，并声称攻打吉安符合中央下达的指令。10月2日，红一方面军兵临吉安城。4日早晨，守军部队作了象征性的抵抗后立即撤退，红军顺利进城。[91]毛泽东就这样带着一支经过战争洗礼的大部队回到了江西。

这两次攻打长沙给毛泽东个人带来了一个悲剧。当时，他的行踪不定，第二任妻子[92]杨开慧和他们的三个孩子岸英、岸青、岸龙（分别生于1922年、1923年、1927年）住在长沙。由于没有开展政治运动，在彭德怀第一次攻打长沙城时，杨开慧并没有引起当局的关注。而第二次攻打长沙城是由毛泽东亲自指挥的，因此国军将领何键在10月24日想到应该逮捕杨开慧和她的大儿子。国军要求杨开慧告发自己的丈夫并发布声明与这个"强盗"脱离关系，杨开慧坚贞不屈，大义凛然，最终在11月14日被枪决——年仅29岁。毛泽东得知她的死讯后显得异常悲痛。1957年他在给朋友李淑一回信时写了一首动人的词作，他哭诉道："我失骄杨君失柳，杨柳轻飏直上重霄九"、"吴刚捧出桂花酒"、"万里长空且为忠魂舞"[93]。

1930年秋江西苏区的危机

在此期间，党内的政治对手们在共产党控制的各区域内有所行动，自春天以来显露出来的社会政治危机进一步加剧。他们很好地利用了毛泽东不得不按照李立三的要求攻打大城市而离开的机会。5月20日至23日，李文林参加了在上海举行的全国苏维埃区域代表大会，7月份回到江西。他一直以李立三跟前的大红人自居：相比其他优势，这一条代表着能将毛泽东排挤出江西共产党控制的区域。与此同时，1929年6月25日至30日，中国共产党六届二中全会在上海召开，会议最大的影响是“立三路线”在党内成功推行，并在土地问题上通过了一份相对温和的文件。会议认为斯大林（他到1930年才实行反富农运动）无条件反对富农的路线是错误的。因此，7月中旬到8月初，李文林利用共产党官方的立场，成功地反对毛泽东在2月份的陂头会议和6月份的南阳会议通过的关于农民问题的“左”倾政策。[94]1930年8月，李文林领导的革命军事委员会通过了他制定的土地政策。

我们并不了解这次长期被掩盖的政治斗争的细节，但可以确定的是李文林让赣西南苏维埃政府通过了一部土地法，其中有“抽多补少”，却没有“抽肥补瘦”——意思是抽取富农肥沃的土地来分给贫农——这一毛式政策。此外，“立三路线”的支持者们在土地方面并不是按照每户人家的人头数来分配，而是按照劳动力来分配。这样当然对于拥有农具和耕牛的富农更为有利。最后，该土地法第十四条还规定，贫农所分得的土地如已经有原主播种，则第一茬的收成归原播种者所有。[95]7月15日，在赣西南党委扩大会议期间，8名代表提出相对保守却反映了毛泽东的思想的平均主义路线，遭到陈毅的反对。

争论极为激烈，差点打起来。不过早在6月28日，毛泽东就带着他的人北上了，陈毅赢得了一场荣誉之战。但是毛泽东对李文林和“立三路线”的拥护者们仍然客气相待。7月底，在赣西南特委召开第二次全体会议和工作会议之际，李文林对毛泽东的拥护者们发起进攻：他撤了贺子珍的妹夫刘士奇的秘书职务，自己取而代之。他支持李立三的暴动路线，并废除了毛泽东激进的土地法。同时他被李立三指定为江西行动委员会负责人。毛泽东对此听之任之：他表面上的靠山李立三很快会给他带来一次显著的晋升，让他成为总前委负责人。

10月26日，在毛泽东带部队回江西几个星期后，一次由总前委、省行动委员会联合召开的会议公布了一份由两个部门负责人毛泽东和李文林签署的声明。[96]这次会议在11月1日结束，10月19日通过了一份含有6

条内容的土地决议，废除“对富农有利，有明显机会主义特征的土地政策”，并重新确立了毛泽东在陂头会议和南阳会议中提出的各个要点，毛泽东的反击开始了。

AB 团：第一场肃反运动

有两个错误绝不能犯：将之后发生的戏剧性事件解释为反革命阴谋，会被警觉的毛泽东发现，或者从这些事件中看出党内“立三路线”的拥护者和反对者之间斗争的结果。前一个观点无疑是错误的，而后一个观点的影响力也正在减弱。韦思谛根据迄今为止最好的实地调查做出了恰当的分析[97]，我将依据他的分析从中梳理出整个事件的经过。首先要注意的是：自从 1926 年秋的北伐运动传播到江西后，动乱便成了此地的家常便饭，主要由封建地主武装和湖南、云南部队在当地一些较大城镇的驻军引起。朱培德在 1927—1929 年担任江西总指挥，力图通过在蒋介石与桂系各将领之间周旋来保全自己的权力。后来他不得不辞职，并于 1929 年 8 月离开江西。此后直到 1931 年，江西由蒋介石和黄埔军人控制。他们依靠当地国民党对付第三党派和汪精卫的改组派，不畏惧政治暗杀，常常能以“AB 团”的组织形式成功地深入到对手内部——“AB”是一个神秘的缩写，大部分情况下被解释为“反布尔什维克”。江西被神秘、猜疑、恶意诬陷的氛围所笼罩。

在红军 8 次攻打吉安的其中一次战役中，共青团书记被国民党俘虏，他向军警提供了一份被处决的战士名单。于是有传闻称他叛变了，或者说他本来就是 AB 团的成员。附近一个镇的共青团组织被解散，接着打入内部的特务伪造了一封李文林的信件，后者因此被牵连。在招募共产主义游击队员方面，尤其是在“北路”[98]吉安—安富—吉水一带和“西路”宁冈（井冈山）、永新（九龙山）一带很不均匀，有残余的农民组织、当地的土匪、会道门组织成员以及从湖南来的一些共产党干部。一直以来客家人与本地人的矛盾仍然存在，再加上 1929 年因为歉收和饥荒，许多河南人逃难而来。

1930 年秋，这种情况因为毛泽东的军事战略而恶化：10 月 30 日，蒋介石利用红军在长沙和南昌接连遭遇失败全线撤退，发动了第一次“围剿”，并在此后的11月18日攻占吉安，给当时控制着赣江东南各镇的红军造成了很大的压力。当天，毛泽东决定放弃前线抵抗，放任敌人深入“解放区”，本地革命者无法接受这个决定，因为他们不像这些外来的湖南人无牵无挂。

毛泽东用6个月前在寻乌试过的方法来回应这场风波：他在北路一带的多个村庄开展各种调查，检验他的政治决策是否可行，并以阶级斗争为名鼓动最贫穷的人反抗最富有的人。还有一个令人不愉快的原因其实在于他战胜李文林后[99]推行的土地政策。在永新，一个干部向毛泽东反映富农们在青黄不接的春耕时期继续盘剥贫农。有人特别向他描述了富田的情况：自中共江西行动委员会在11月中旬由吉安搬至这个小山村以来，一个当地小资本家[100]从南昌通过国民党部队的重重封锁，将食盐运到当地贩卖，每斤价格翻了两到三番。他还开了一间有两台缝纫机的作坊，破产的裁缝对他恨得咬牙切齿。但被当地苏维埃政府罚款了1 000元以后，他就破产了，自此一蹶不振。显然，毛泽东找到了发泄群众不满情绪的目标。

在赣州地区更南边的兴国开展的调查则更令人不安：毛泽东找到8户支持新政权的农户，想了解革命到底给他们带来了什么，结果不尽如人意。[101]一个农民开了一个小屠宰场，一年宰30多头猪，当地苏维埃政府取消他的债务后，他终于能摆脱因为母亲的死而欠下的巨额债务，勉强维持收支平衡。但他当了赤卫队队长后，因为没有足够的时间，不得不放弃照看他的屠宰场，所以他想解甲归田。

另外一个农民只能在逢年过节时吃上肉，也从免债中得了实惠。但他仅仅分到一点贫田，常常抱怨土地盐碱。第三个农民租地主的土地，李文林修改了土地法之后，这个农民发现了比上次分田给的土地份额下降了一成。还有3个农民也对分到的田地的质量感到不满。有一个农民表示满意，但马上又说因为革命让地主东家的商店破了产，他失去了一份作为账房先生的工作。还有一个人是泥瓦匠，因为没有人造新房子，所以没有再接到过活干，一家人如今衣衫褴褛，靠吃红薯度日。他紧接着又添油加醋地说自己可怜，儿媳妇懒惰从来不做饭，三个兄弟游手好闲，家里的牛也误食了硝酸盐被毒死了。

报告的余下部分还证实了当地革命采取了极端暴力的行为。很多地主在革命军队烧毁房屋地契时手握着武器死去。其中一个被访问的农民说一个残忍的乡绅杀害了一个贫农，后者的鬼魂半夜闯进乡绅的房子要掐死他和他父亲。另外还有人说某个村子里面有 12 个富农，7 个是反革命，其中有 2 个被杀，剩下的 5 人“表面上”加入了革命队伍。另一个村子有 9 户富农人家，其中 3 户人家是 AB 团成员，另一个富农在 3 个儿子被杀后跑了，其他 5 个人无非是投机倒把加入了革命队伍，在苏维埃政府里占了 1/3 的位置。

对土地革命的描写也扣人心弦：农民在集会时犹豫不决，不敢分田，因为他们担心一旦军事形势逆转，就不得不支付高额的地租。贫农只分到贫瘠的田地，但也都接受了。农民们看上去比较消极，积极性不高。[102]积极分子多为社会边缘人，比如有个人，靠在村子里演戏时卖点豆腐和粢饭糕为生。镇上的 90 个流氓，像算命先生、云游和尚、乞丐和职业赌徒都支持革命。有 10 个人甚至在苏维埃政府里谋得了一点职务，其中一个还当了一支游击队的队长。很多富农对这个阶级划分有所怀疑，并自称是中农。各富农可以保留必须分给贫农的土地，因为他们已经播种了，收获时将 40%的收成给新的土地所有者。大部分人选择了妥协。

毛泽东还讲述了土地革命中发生的一个小小的悲剧。一个小学教员十分热忱地当起了村里传播革命的宣传员，在当地成立了一个极为活跃的农业合作组织，积极推进平分山地的工作。当地人在山上种了一种茶树，榨出的茶油在城里很紧俏。9 月，在李立三当权的时期，他被当地的苏维埃政府告发，说他是 AB 团一个小队的书记。于是他和另外 11 名所谓的同伙一起被处决了。毛泽东说他非常担心这位英勇的宣传员和他的同志们是被错杀的，暗示自己也是被富农们偷偷仇恨的受害者。事实上，分田常常以一种非常官僚的方式进行，会议是形式上的走过场。所有的事情在开会前就已经决定好了，仅仅靠举手表决投票。如果有人投了反对票，会议主席就把他列为 AB 团成员。通常只有党员参加会议，“紧密联系群众的领导人”被排除在外。此外，毛泽东还指出，曾经被共产党人鼓动起来反对税收的农民如今同样反对取得当地政权后征税的共产党人。

毛泽东的另一个调查于 8 日到 15 日在北路进行，也注意到了同样的情况：已经分的土地占总数的七成，引发了社会动荡，削减了氏族权力，淡化了祭祖习俗，甚至改变了耕作方式，然而情况依然不好。最积极的似乎是强烈需要维护自己利益的富农们。事实上，他们地位的上升得益于推翻了他们一直想取而代之的封建地主阶层，而革命队伍中去城里上过学的干部也往往出身于此阶层。毛泽东出于对革命团体固定化的担忧，力图发动最穷苦的群众。于是他开始借助矛盾辩证法——他一生都使用，甚至滥用这种方法。他提出的政策遥不可及，但却给这个悲惨的世界带来了梦想。此外，他能调动对他的政策失望的人来对抗他想打倒的人，把不可避免的失败归咎于对手。他以此鼓动了众多志愿者为了革命斗争加入红军队伍。也许正因为如此，陈毅支持在农村实行这条激进的路线——它给陈毅提供了他所需要的生力军。

毛泽东结束了他的游戏

11 月 14 日，毛泽东在吉安参加了江西省行动委员会召开的一次会议。陈毅主持会议，他说自二中全会以来，赣西南党委实行的路线是逐步完成土地革命。他认为有人经常清除忠心耿耿的同志，而把职位留给了顽固的 AB 团分子。所以富农仍控制着红色区域的经济，而贫农则十分失望。责任应当归于不肯实行“抽肥补瘦”政策的李文林。

然而从初夏开始的消灭“反革命”的运动发起人正是李文林，他主导的行动委员会一开始采取的手段就十分暴力。嫌疑犯受到残酷的严刑逼供，在说出同伙名字后又引发新一轮的逮捕、折磨和处决。自此江西进入了一段极端暴力时期。虽然毛泽东不是这场暴力的发起者，当他率领部队重回江西时已经察觉到它来势汹汹，但是 10 月 26 日，他和李文林一同发布声明，要求加强并深化对 AB 团分子和打入党内及苏维埃政府内部的反革命分子的斗争。确实，国民党部队进攻迫在眉睫，任何形式的背叛都显得不可原谅。运动在 11 月底到 12 月 1 日到达了第一个高潮，当时红军在黄陂一带集中，此地离前线很远，以至于有人称之为“黄陂肃反”。[103]

12 月 7 日凌晨，毛泽东政治领导班子骨干之一李韶九带领一队有特殊任务的红军，沿着被秋雨浸润的道路从黄陂来到富田。他带着毛泽东以总前委的名义分别写给富田革命政府主席曾山和行动委员会宣传处处长的两封信，此二人都是毛泽东的亲信。李韶九下令逮捕了行动委员会中 8 名

“立三路线”成员，因为这些人在黄陂的同伙在严刑拷打下供出了他们是AB团分子。李韶九立刻包围了行动委员会所在的院子，亲自逮捕了嫌疑对象。

在3年时间里，一个最初为了解救被压迫的人民和被列强欺凌的祖国而投身政治的知识分子成长为战争领袖。他一步步上升为中共领导人，个人的命运与中国革命的命运融合在一起。

★第七章

失败（1931—1934）

1931—1934 年是“喧哗与骚动”的 4 年，在撤离革命根据地的灾难中谢幕。1934 年秋天，短暂的中华苏维埃共和国结束，期间毛泽东自富田事变后确立了在江西中央苏区的领导地位。1932 年秋天，毛泽东在政治上遭受失败，之后两年尽管还不至于为反对派所不容，但确实逐渐远离了决策中心。这些政治事件突出了毛泽东性格中最负面的特征。我们已经了解他的性格中善于计谋的一面，如同《西游记》[1]中著名的猴王孙悟空一般。1930 年，他性格中另一面的“虎气”开始显现。当时的反叛者认识到了毛泽东作为一个领导的气度和无情。

很久以后的 1970 年 12 月 18 日，当时毛泽东已经成为中国人民心中神一般的伟人，他在接受老朋友美国记者埃德加·斯诺的采访时，谈到被人民崇拜，最后他开了个玩笑，用四个字形容自己：“无法无天”[2]。翻译立刻把这句话译为“我是个头顶破伞的云游僧人”，塑造了一个孤独伟大的领袖形象，和阿尔弗雷德·德·维尼在《命运集》中塑造的摩西一样，沉思着走在历史的道路上，四周一片苍白。其实它是中国人常说的歇后语：和尚打伞——无法无天。翻译对原文作了些更改，也没说错。可是对于这句经常被挂在嘴边的歇后语背后所隐藏的意思，所有的中国人都忽略了。中国人喜欢说双关语，中文的四声声调也很适合双关语。如果我们不发第四声的“发”，而是第三声的“法”，这就是反宗教的人对僧侣的评价：“没有法律也没有信仰”（无法无天）。1964 年 8 月，毛泽东在给康生（中国的贝利亚）的信中称自己“毕业于丛林大学”。在其他场合，他也多次提及。正如菲力普·肖特所说，1930 年 12 月后，毛泽东身上的政治无知消失殆尽，猴子也能成为老虎。[3]

富田事变[4]

1930 年，红一方面军肃反委员会的政治保卫处处长李韶九突然带士兵到江西省行委驻地富田进行调查，一场严重的政治危机——富田事变就此拉开序幕。肃反委员会隶属于毛泽东领导的红军总前委，驻地在东固。1930 年 11 月 30 日，毛泽东下令逮捕李文林。[5]约一周前，有人向毛泽东诬告李文林是 AB 团成员。12 月 3 日和 12 月 5 日，毛泽东先后写了两封密信给李韶九，任命后者调查此事。第二封信中写道："重要犯须立即捉起详审外，再则李白芳更比段袁重要，谅你们已捉了，并且你们要从这些线索找得更重要的人。"[6]而后者正是这么做的。

12 月 12 日哗变

李韶九到达富田，立即逮捕了 8 名江西省行委领导进行审讯。江西苏维埃政府主席曾山和毛泽东的秘书古柏（在寻乌调查中曾提及）当时都被派往富田，协助肃反，总共逮捕了 120 名干部。

12 月 9 日，李韶九根据这些人的招供，前往红二十军军部驻地东固，逮捕了独立营营长刘敌。刘敌和李韶九是湖南老乡，刘敌辩称自己是被阴谋陷害的，而李韶九相信了，没有立即逮捕关押刘敌。10 日黎明，刘敌乘机逃离，匆忙召集了 400 名士兵赶到山另一侧的富田，经过 12 日一晚的血战，杀了看守的百余名士兵，占领监狱并释放了 20 余名被怀疑为 AB 团的人。这就是"富田事变"。事变领导人在革命政府广场前召开士兵大会。整个会场群情激愤，喊出了"打倒毛泽东，拥护朱（德）、彭（德怀）、黄（公略）"的口号。之后红二十军向西转移，离开毛泽东控制的势力范围，一路通过永阳和吉安南部，抵达赣江以西，最后以永新和九龙山为驻地。大部分的江西行委跟随转移，12 月 15 日红二十军领导向中央写信谴责毛泽东，要求撤其职。[7]信中写道："毛泽东为人阴险狡诈，自私自大……他在会上发表意见时，所有人都必须赞成。否则他便利用党组织钳制言论或者杜撰事实，使人无法活下去。他对待干部一贯是化为己用……总之，他不仅不是一个革命者，也不是布尔什维克，他想成为党的皇帝。"

与此同时，红一方面军参谋部收到一封诬告信，信中声称毛泽东指示古柏搜集证据证明朱德、彭德怀和黄公略是AB团的首脑。收到这封信后，朱（德）、彭（德怀）、黄（公略）3位将军知道眼下情形严峻，于12月17日发表联合声明，谴责富田事变，认定这是由AB团领导的反革命分子发动的兵变并表示支持毛泽东。[8]随后毛泽东于12月20日写了封长信《总前委答辩的一封信》。信中主要表达了两个观点：（1）AB团分子密谋消灭红军、推翻土地革命并消灭革命领袖。（2）8月召开的赣西南党的第二次全体会议是李文林和AB团阴谋分子以及托洛茨基分子的密谋，目的是废除2月7日在陂头会议上作出的革命决议。信中毛泽东还多次提及诬告信和对他的控告。

事实上，3位红军统帅迅速作出上述决定是迫于战争形势。11月末，国民党集结41个团，10万余人的兵力，毫不费力地夺下吉安，形成了一个由东至西240公里的弓形包围圈，其中4个纵队向南推进。12月初，蒋介石亲临南昌督战。除了强大的地面部署，空中还有20多架飞机轰炸行军中的共产党部队（其中1931年10月，黄公略在东固附近被飞机炸死）。面对这种形势，仅4万余人、装备简陋的红军部队担心会被闽赣的国民党军队全部歼灭。3位将军对毛泽东的支持正是这种担心的体现。此外，从1930年夏末开始，李文林就率支持者在江西的军队中大肆围捕AB团分子，当时红军主力和毛泽东还未抵达江西苏区中央根据地。在强大的敌人和危险的叛变面前，红一方面军的将领除了坚守别无选择。按照中央10月30日在罗坊会议上作出的“诱敌深入”的政策，红一方面军在4周的时间中边战边退，仅剩下游击队不时地扰乱敌军。毛泽东在1932年5月6日的信以及1936年12月所做的报告中指出，国民党军队得到永丰、南丰、石城和安源（靠近福建的宁化）等一部分红区白区交界处的百姓的支持。红军部队一撤退，地主、民兵和土匪们就立刻回来，而且村子的防御工事越坚固，对共产党的敌意就越大。更糟糕的是，“在富田—东固一带的老百姓受到AB团的欺骗，不再信任红军，甚至对红军有敌意”[9]。不过，在永丰—兴国—宁都一带的山区，比起国民党军队，老百姓更支持红军。1931年8月12日蒋介石在报纸上苦楚地承认“跟共匪打仗比打一场大战还要难，他们不仅在自己的土地上打仗，而且还能够从当地人民群众中得到一切所需”[10]。而国民党部队战线过长，深入腹地，4个纵队完全被隔开了。

12 月 24 日至 30 日，红军部队 4 万余人秘密东进，通过山间的羊肠小道迅速逼进龙冈。这天天刚亮，红军利用浓雾的掩护（毛泽东当时称之为天时）突然包围龙冈。国民党有一个师驻扎在龙冈，几个小时后，4 个团被全歼，12 000 名士兵被俘，其中包括 3 位将领。军衔最高的张辉瓒被当众砍头，脑袋挂在木筏上沿着赣江顺流而下至南昌。1931 年 1 月 3 日，东侧的国民党第二纵队开始撤退，抵达东韶时兵力仅剩一半。1 月 4 日，第一次反“围剿”战役结束。红军不但回到了原来的驻地，还占领了新根据地，都分布在玉山天堑以东。[11]翌日，红军庆祝胜利，15 000 名国民党士兵被击毙，缴获枪械 10 000 多支、机关枪 70 支、迫击炮 4 门、子弹 130 000 发以及电台 1 部。1 月 10 日，中共中央政治局常委，党内第三号人物项英从上海抵达苏区，调查富田事变。

毛泽东主持工作：短暂的成功（1931—1932）

1930 年秋天至 1931 年秋天的 3 次反“围剿”战争的胜利帮助毛泽东登上中共的权力顶峰。但是中共苏区和王明领导的共产国际的关系却在冷却。王明不相信毛泽东，也不信任他领导的中共苏区。这种怀疑既表现在军事路线上，也表现在政治线路上。毛泽东在军事上的胜利暂时延缓了政治上的失败，直至 1932 年秋天的宁都会议。

对军事策略的怀疑

1930 年 11 月，国民党集结 10 万人发动第一次“围剿”战争，1931 年 1 月初在龙冈惨败。同年 2 月再次发动战事，投入 20 万兵力，一直持续到 5 月末。1931 年 5 月末共产党开始反攻[12]，夺取了福建武夷山的建宁。这两次胜利毫无疑问都依赖于毛泽东正确的军事策略，尤其是 1931 年 4 月 17 日、19 日以及 20 日中央政治局在青塘召开中央革命军事会议，确立了毛泽东的军事路线，从而结束了长达两个月的路线纷争。军中大部分领导都赞成毛泽东和朱德提出的“诱敌深入”的策略，利用地形优势及游击队，待国民党军队深入后，趁兵力分散且疲惫而歼之。然而，项英以及4月初在任弼时带领下抵达江西的“四中全会代表团”[13]，担心兵力与国民党军队相差悬殊，提出分兵退敌的策略，建议红军撤出根据地，把兵力分散在四川和湖南南部等地。最后由于国民党军队迅速集结，项英的建议没有被采纳。[14]军事会议最后决定顽强抵抗，避免采用持久战的军事策略，把江西根据地建成中国的苏维埃区。

接连两次打败国民党，共产党内再无人怀疑毛泽东和朱德的军事路线及眼界，但第三次“围剿”战争打破了这种认同的一致。蒋介石不仅以更快的速度集合了30万人的兵力，还采用了空中侦察和无线电联络。国民党的将军们从前几次失利中吸取了教训，虽然8月6日在龙冈失利，但他们没有受失利的影响，而是继续推进部队，合围来不及撤走的红军部队。红军不得不千辛万苦翻过山头撤回东固，损失惨重。2万名红军士兵向南蜿蜒前行，以摆脱围追的国民党军队。

当时有3个因素幸运地救了毛泽东。第一是国民党内部可能再次爆发了军阀混战。3月初，蒋介石在南京派人监视对手胡汉民[15]，汪精卫和孙中山之子孙科得知后，在两广军阀的支持下成立广州国民政府，与蒋介石的南京国民政府分庭抗礼。8月末，南京政府决定迅速派重兵入驻湖南，以应对南方可能发生的叛乱。9月6日，国民党十九路军和红军在高兴圩激战后，撤出了兴国。这一战，共产党损失惨重，8 000名士兵弹尽粮绝后牺牲，称得上皮洛士式的胜利，红军俘虏了2 000名士兵[16]并在9月取得了一系列战争的胜利，但付出的代价亦很大。第二是皇姑屯发生“九一八事变”，日本大举入侵中国东北。之后的几个月，国民党对日作战的压力与日俱增。1932年“一·二八事变”后，日军入侵上海，十九路军奋勇抗敌，直至上海沦陷。第四次“围剿”战争不得不推迟到1932年夏天。第三是1931年12月14日[17]，驻扎在宁都的国民党二十六路军17 000名士兵[18]，在断饷4个月后，被共产党的军官成功策反，起义投入红军旗下，成为红军第五军。

这3个因素都不是毛泽东在制定军事策略时预料到的。红军的领导干部十分清楚，他们能够从这个灾难中脱困得救事出偶然。红军内部立刻爆发了争辩。8月30日，中共苏区中央政治局给总前委写了一封长信。此时，王明在共产国际的扶持下已经控制了中国所有的苏区，江西苏区正在准备迎接周恩来的到来。[19]信中不指名地指责毛泽东“狭隘的经验论”、

“富农路线”和“极严重的一贯右倾机会主义”[20]。10月初，这种尖锐的批评传至前线作战的红一方面军，沉浸在胜利中的红一方面军非常惊讶及气愤。除了政治方面，这种批评还体现了当时中共的不安：不改变策略，如何应对第四次“围剿”？尤其是红军在准备这些战斗时自身已经发生了深刻的变化？[21]

第三次“围剿”战争末期红军的人数已经开始减少。如果算上脱党分子与伤亡人数，红军士兵减少1/3，军官人数减少1/2。1930年10月，红军第七路军6 000～7 000人离开广西玉河根据地，1931年4月初抵达江西，加上“宁都事变”后当地的自卫组织和游击队的加入，1931年9月红军人数达到5万人。这个数字与40万到50万人的国民党正规军队相比微不足道，共产党决定在苏区大力招募兵力。毛泽东期盼的志愿加入的士兵数只占当地人口的1.5％～2％，红军开始采取征兵的招募方式。至此红军不再是一支纯粹以意识形态为动机、不断迁徙、对当地十分陌生的军队。新的红军是在当地招募的战士，旨在保卫家园，行军减少，装备更高级，是为适应现代战争而操练的部队。

毛泽东自己也意识到作战方式需要改变。1931年10月14日，毛泽东下令攻打炮楼和土围子，尽管动用了炮兵、坑道和工程队，但还是没能取得胜利。[22]首先就是吸纳游击队和当地自卫组织成为红军正规军，推行义务兵役制度。这个做法推行了数月。其次是红军的装备也发生了革命性的变化。1930年秋天，红军一支2 000～3 000人的师只有800支一发式手枪。1931年末，红军3/4的士兵都配有汉阳兵工厂制造的五发式手枪。1931年5月，红军第一次用上了电台。1931年12月末，红军已经有了16部电台。“宁都事变”后，红军得到了19 800支现代手枪、2 000支枪、400支机关枪、300门迫击炮、40门大炮、2 000匹骡马和8部电台。而第三次“围剿”战争初，红军只有3门山炮、2门低伸炮和50门迫击炮。1931年10月，红军还在兴国附近的关田建立了一个小型兵工厂，日产千发子弹。1934年，彭德怀曾经统计过共产党士兵和国民党士兵的射击数据，平均共产党士兵每射1发子弹，国民党士兵要射300发，但是共产党士兵经过严格的射击精确性训练，每17发就有1发射中目标（朱德的统计是每20发），因此共产党士兵的射击命中率远远高于国民党士兵。此时红军开始有统一的着装，即蓝色的棉衣制服，冬天是双层棉衣，头戴有红星标志的帽子；配备了 65 斤的装备，1 杆枪、2 颗手榴弹、100 发子弹、5 斤粮食和一些红辣椒。当初红军游击队上井冈山的时候，像传统上的绿林好汉一样衣衫不整。而从这时起，红军开始有了统一的制服。

对政治路线的怀疑

1931 年党中央代表项英抵达江西，掌握了江西中央苏区的政治权力，毛泽东的权力被削弱。

然而项英的计划一开始并不顺利。1931 年 1 月 15 日，项英成立中共苏维埃区域中央政治局，由周恩来任书记，项英任代理书记，取消了总前委和毛泽东担任的总前委书记职务。在苏区中央局宣布成立的同时，还建立了归苏区中央局领导的中央革命军事委员会，统领江西和全国其他红军，项英兼任主席，朱德、毛泽东任副主席。除此，毛泽东只是委员会下属的政治部主任兼中央政治局候补委员。但是项英没能把权力落实，他的军事才能不及毛泽东，而且他和瞿秋白都是四中全会选举产生的，被怀疑支持“立三路线”。

4 月初，由任弼时、王稼祥和顾作霖组成的中央第四次全体会议代表团抵达江西，改变了江西根据地的政治格局。早在 2 月 23 日的信函中，中央就指示要重新建立总前委，恢复毛泽东的职务。王明和共产国际的米夫[23]做出这样的决定，并非因为欣赏毛泽东，而是希望通过削弱项英来打倒李立三。

4 月 17 日，在宁都的青塘举行中央局扩大会议，传达六届四中全会的决议，通过了《关于富田事件的决议》[24]。决议批评了项英在富田事变上的态度，进一步肯定了富田事变的“反革命”性质：富田事变是 AB 团领导的，以“立三路线”为旗帜的反革命暴动。但是决议也承认在处理这件事情上的手段不当，这也为以后反对毛泽东埋好伏笔。4 月 17 日对毛泽东而言是值得纪念的一日，斯图亚特·施拉姆在所编的《毛泽东全集》[25]中详细描述了当日通过的决议：毛泽东赞成六届四中全会制定的路线，并利用这个路线肯定了其在 1929—1930 年的所有作为，尤其是在 1929 年 12 月的古田会议和 1930 年 2 月陂头会议期间的做法。他声称，1929 年他离开领导岗位，红军倒退成为“武装流亡分子”；1930 年他被孤立，红军犯了“地主和富农的机会主义错误”。而且“立三路线”对彭德怀的红三军造成的破坏远甚于他的红一军。当他的意见重新被采纳时，红军在军事上连连取得胜利。由此毛泽东开始将自身与共产党的光辉历史紧密相连，直至1945年的六届七中全会确定了毛泽东的最高领导地位。毛泽东的报告可能引起了王明的不满，王明已经决定要让毛泽东为自己大胆的言行付出代价，一直伺机打击报复。4月18日，毛泽东延续着前一日的辉煌：中共苏区中央局扩大会议采纳了他制定的第三次反“围剿”战役的战略。

然而，8月30日王明在《中央给苏区中央政治局并红军总前委的指示信》[26]中，不指名地攻击毛泽东。当时红军正处于国民党的钳形包围中，上海的局势也十分紧张，这些情况王明似乎完全没有纳入考虑范围。信中的内容和表达方式十分书生气，指出苏区中央局（暗指毛泽东）所犯的最大错误是：“工作没有鲜明的阶级区分……例如你们容许地主残余租借土地耕种，对于富农只是抽肥补瘦，抽多补少。而不实行变换富农肥田给他坏田种的办法。”

争论的焦点集中在土地问题上。这里有3份毛泽东当时撰写的研究土地问题的资料。[27]2月27日，毛泽东注意到江西苏区的农民在春耕时不愿耕种。他认为原因有3个：（1）最近几个月中进行了四五次土地分配，过于频繁的变动使得农民心中十分不安。（2）缺少耕畜。（3）红白两区交界处的山匪时常扰民。资料中还附有毛泽东的一些建议：土地分配时犹豫不决、反反复复危害极大，农民担心分配所得的土地不能任意使用。因此必须清楚地告知农民土地分配依照公平原则，分配的土地永久归百姓所有。“得田的人，即由他管所分得的田，这田由他私有，别人不得侵犯……租借买卖，由他自主。田中出产，除交土地税于政府外，均归农民所有。吃不完的，任凭自己出卖，得了钱来供零用，用不完的由他储蓄起来，或改田地，或经营商业，政府不得借词罚款，民众团体也不得勒捐。……以上这些规定，是民权革命时代应该有的过程，共产主义不是一天做得起来的，苏联革命也经过许多阶段，然后才达到现在社会主义的胜利。”8月，中央军事委员会的2号通知肯定了毛泽东的看法：要与富农阶级作斗争，他们是农村的资产阶级。要保卫工农阶级的利益。要避免将反对剥削的斗争变成集资的方式，例如批斗年收入只有20美元的人，这样只会使所有人都贫穷。把中农当作富农来批斗的做法也是错误的。因此毛泽东的土地革命政策要求绝对平等，是比较极端的改革措施，但是他不赞成在目前的民主资产阶级革命阶段就取缔一切土地的拥有者和富农阶级。他甚至同意富农获得一部分出租土地所得的剩余价值。相反，王明打算把斯大林在苏联实施的反富农化运动直接搬到中国，取缔所有地主和富农阶级。相比王明的极左主义，毛泽东的左派显得比较温和，这也是被王明指责为富农主义的原因。

第三次反“围剿”战争结束后，毛泽东采取了一些反击措施：10 月 11 日，苏区中央局发电报给临时中央，汇报中央局的决定：由于项英的“工作能力不够领导”，由毛泽东担任中央军事委员会秘书长一职；召开中央局扩大会议并选举新委员。电报实质上是希望党中央同意中央局 5 月末后通过的一系列决议，并取消王明 8 月 30 日的信中以党中央名义下达的命令。[28]党中央回复决定 11 月 1 日至 5 日在江西瑞金召开中华苏维埃全国第一次代表大会。[29]大会通过了一系列决议，把近期军事上的顺利归功于王明“分兵退敌”的政策；公开批评中央局的政策；把毛泽东的抗日意愿定义为“狭隘经验论”，把他的土地分配政策痛斥为“富农主义”，并再次谴责毛泽东对游击战的偏好以及对阵地战和攻打大城市的迟疑。11 月 7 日，在瑞金庆祝俄国十月革命的一片欢腾中，这样激烈的批评令人非常惊讶。在这次大会上，所有人都认为毛泽东将当选主席，因为中共领导人中没有人的声誉能与之相提并论。这也是苏联的希望。实际上，王明的政策十分灵活：因为难以反对，他把毛泽东推上了临时政府的主席位置，但是他又不希望毛泽东快速崛起，成为江西党和红军的最高领导。

虚渺的胜利[30]

中华苏维埃第一代表大会在瑞金叶坪召开，600 名来自全国苏区的工农兵代表宣告了中华苏维埃共和国临时中央政府的成立，选举毛泽东为临时政府主席，项英和张国焘任副主席。选举产生了 63 人组成的中央执行委员会并设立中华苏维埃中央革命军事委员会，朱德任主席，王稼祥、彭德怀任副主席，毛泽东任委员。瑞金沉浸在节日的气氛中[31]，燃放着鞭炮烟花，上午有阅兵式，晚上是火炬庆祝活动，高台上红旗飘飘，播放着广播，空中飘着风筝，其中有一只代表英国，下面还拖曳着象征印度和爱尔兰的标志。大会的主会场设在明朝时建造的谢氏祠堂，周围是名贵的树木，主席台上挂着马克思和列宁的肖像，一面红旗和一面镰刀加斧头的党旗。上面拉着一条横幅“全世界无产阶级联合起来”，另一边的一条写着“阶级斗争”。中共在红军广场上举行了简单的苏维埃政权成立仪式。

瑞金成为临时政府首都，这个小城距离南昌 300 公里，仅有难以行走的小路相连。此外最重要的城市就是 40 公里以东、武夷山另一侧的汀州，与潮州—汕头三角洲有水路相连。经济封锁使这个区域完全与外界隔绝，只能见到走私物品，根据地缺盐，缺少药物和生产物资。当地气候湿润，以红土地为主，主要物产是板烟和樟树。实际控制的面积并不完全相连，大约有 15 万平方公里，1 000 万人口，分布在 7 个省份。最稳固的区域在赣西南和闽西地区，尽管其中还掺杂着一些白色区域，但基本上是一整个区域，面积大约为 5 万平方公里，人口 250 万。15 个人民特派员管理各个部门，还设立外交专署（尽管当时没有一个国家承认），负责起草发表声明。10 月，瑞金和上海的党中央建立电台联系，电台良好地运行了 3 年，直到长征前才关闭。

临时政府的官员都住在当地叫沙洲坝的地方。红军很快在附近的树林中搭建起一个星形会议大厅，大厅内设有 2 000 个座位，另外附有能容纳 1 000人的防空洞。毛泽东住在当地一位乡绅的漂亮住宅中，人们还加了砖板防范老鼠，在客厅一侧开了一扇窗户。毛泽东能够直接看见正在召开的会议。从此，人们称呼他为毛主席，这个称号跟随了他一生，看上去毛泽东似乎成了党内第一人。

事实上却不然，毛泽东的统治和苏维埃政权一样是空中楼阁。毛泽东本人确实希望有所作为，但是这个政权只在红军控制的区域才有效力，而且只有那些红军信任的党内领导才真正在行使权力。中华苏维埃政权基本上没有公务员，所有的预算主要来自战斗缴获的物资或者是对阶级敌人的罚款以及没收的物品。从 1931 年 11 月（第一次代表大会推选毛泽东为主席）到 1932 年 10 月（宁都会议削弱了毛的权力），毛泽东作为政府首脑参与政治决策 19 次，作为军事领袖参与决策 21 次，调解与王明及其代表的共产国际之间的冲突有 4 次。要知道 1931 年 10 月至 1932 年夏天，国共内战暂时平息，由此可见毛泽东在军事问题上非常有影响力，但是在国家治理方面的作为则比较少。而作为国家主席，他几乎没有决定性的意见，只行使了形式上的权力。

1931 年 4 月 15 日，毛泽东以中华苏维埃共和国的名义宣布向日本宣战。[32]由于与其他参战方缺少共同的前线、作战信息错误等原因，反而被当时抗日倒蒋的英雄马占山、蔡廷锴将军等斥责为叛徒。但是毛泽东继续活跃在抗日舆论的前线，1931 年 9 月 21 日在《致国民党兄弟》的信中呼吁国民党士兵起义，带上武器加入红军，共同抵御日本入侵。[33]同年 12 月 11 日，毛泽东以苏维埃国家主席的名义，写信致全国同胞，要求通过罢工、罢课和罢商的“三罢”行动反对南京政府的卖国行为。[34]

此外，毛泽东在刑事问题上参与过 5 次，主要涉及当时苏区肃反运动，差不多是他作为主席参与的总决策数的 1/4。在经济问题上只参与过 1 次。[35]当地事务的处理上有 3 次，如 1932 年 8 月永新的问题[36]。作为苏区的最高领导人，这些确实有些少。1931 年 12 月 1 日，毛泽东签发通缉令，“缉拿和扑灭顾顺章[37]叛徒，是每一个革命战士和工农群众自觉的光荣责任”，比起共产党红军“无时无刻都要打击叛徒”的命令，这样的通缉令显得有些微不足道。

毛泽东：继续主持工作

1931 年 12 月末，周恩来抵达瑞金，取代毛泽东主持中央政治局工作。1932 年 1 月 7 日，周恩来成立肃反公安机构，由邓发领导并通过《苏区中央局关于苏区肃反工作决议案》，指出“AB 团是危险的反革命力量”，同时批评毛泽东的肃反工作处理不当。周恩来计划在 1 月 9 日召开中央局会议，提交并讨论该决议。1 月 9 日，中共临时中央发出《关于争取革命在一省与数省首先胜利的决议》，指示红军扩大苏区统治区域，计划夺取湖北、湖南和江西部分地区尤其是江西北部平原的吉安、南昌和抚州[38]等大型城市。周恩来决定首先巩固赣西南的中央根据地，消灭区域内的白区堡垒，然后直取南部的赣州，打通连接中央苏区和赣西井冈山根据地的通道。[39]彭德怀支持这一策略，毛泽东和朱德坚决反对，指出赣州敌军重型装备齐全，恐难攻克。

1 月中旬，毛泽东主持召开苏区中央局会议，会上总结了 3 次反“围剿”战役胜利的经验。与会的“国际派”[40]提出日本入侵东北是为进攻苏联做准备，号召大家“武装保卫苏联”。毛泽东拒绝这样的口号，认为这种分析轻视了中国在这场危机中的作用，指出应该动员全国人民抵抗日本入侵，从而扩大阶级斗争的基础。一位共产国际成员生气地指责毛泽东是“典型的右倾机会主义者”[41]，要求开除毛泽东党籍。毛泽东听后脸色苍白，一言不发地离开会场。会议中途另选主持人，在毛泽东缺席的情况下继续召开。

翌日，毛泽东称病向党中央申请休假。[42]一周后，在妻子贺子珍的陪同下，前往离瑞金 100 多公里的东华古庙休养。古庙位于山顶的一块大岩石上，可以俯瞰整个平原。庙中树木茂盛，空气潮湿，房间破烂不堪。毛泽东和贺子珍住在古庙唯一可住的房间里，靠近一个石槽。每天，平原上的苦力把水拉到石槽边，供人梳洗。毛泽东带了两个沉重的铁箱，里面是资料、手稿和书籍。天气晴朗时，警卫就把一个箱子放在附近的林中空地上，那里视野极好，而毛泽东就坐在箱子上抽着美国烟开始思考问题、阅读书籍、摘抄笔记。士兵经常送来党中央和政府出版的报纸刊物，毛泽东的职务由副主席项英暂代。日本进攻上海后，毛泽东写了《对日战争宣言》，由于他当时拒绝提出“武装保卫苏联”的口号，宣言一直到 1932 年 4 月 15 日才在《红色中华》上刊登。

在此期间，2 月初，彭德怀指挥红军攻打赣州 32 天未克，4 次进攻损失了 3 000 兵力，毛泽东和朱德的担心得到了印证。3 月 7 日，国民党援军从南边的吉安和北边的梅县前后夹击红军，彭德怀绞尽脑汁方使红军脱困。

3 月 9 日，项英只带了一名警卫骑马专程从瑞金赶到东华，请求毛泽东暂停休养，回到瑞金主持工作，指挥前线作战。尽管当日下着大雨，但毛泽东不顾贺子珍的哀求，冒雨骑马赶到赣州以东 20 公里的江口前线。3 月 17 日和 18 日，中央领导人进行了两天的军事会议，讨论攻打赣州的经验教训和红军今后的行动方针。毛泽东认为攻打赣州本身就是错误的，建议放弃赣州，转而攻打福建西北。闽西北自 1929 年后一直有零星的游击队活动，当地地形适合红军作战，而且敌军驻军不强，主要是一些改编的强匪。彭德怀和共产国际提出反对，认为行动方针不符合党中央要求夺取长江大型城市的要求。最后周恩来作出裁决：决定红军兵分两路，红三军由彭德怀指挥，沿赣江北上，夺取重要城市；红一军由林彪指挥，聂荣臻[43]任政治委员，兵力是红三军的两倍，向西北行，以南丰、南城和抚州为主要目标。毛泽东以临时中央政府主席和中革军委委员身份随红一军行军北上。原计划两军合围南昌，然而，途中毛泽东向总指挥林彪和政治委员聂荣臻阐明向闽西发展的主张，得到他们的赞同。21 日，行军至汀州，林彪、聂荣臻向中革军委发电报建议采取毛泽东的建议，将中路军的行动方向改向闽西。[44]毛泽东随后匆忙赶回瑞金，参加 3 月 27 日和 28 日召开的中央局会议，并在会上作出承诺，保证红一军取得胜利。当时久攻赣州不克，加上彭德怀的红三军没有捷报传回，周恩来只能采取毛泽东的建议，支持向闽西发展的建议。林彪和聂荣臻于 3 月 21 日致电中革军委的请示也起了重要作用："行动问题，我们完全同意毛主席意见。日前粤方开始派兵入闽赣讨赤情形下，更应采毛主席意见。"根据这种说法，红一军中途改变行军路线是因为敌军威胁了苏维埃政权的右翼地区，故红军不得不直下漳州，沿九龙江抵达海边。然而，毛泽东改变党中央和共产国际制定的线路，确实如此吗？胡绩溪认为毛泽东的目的是夺取厦门。[45]厦门与日本殖民地台湾隔海相望，厦门被占后必然导致日军在该地区进行军事干预，从而打破在上海签订的停火协议，拖延蒋介石发动第四次"围剿"战争的时机。而且攻打厦门时红军会与日军交火，从而落实 4 月 15 日中华苏维埃对日宣战的宣言。如果毛泽东的计划确实如此，则红军便能借机成功闯入国际舞台，这当然不是苏联所希望的。当时苏联正在努力与国民党重建自 1929 年中断的外交关系，并且苏联根本不希望惹怒日本。这样我们也更容易理解 1932 年夏天为什么毛泽东无法得到苏联人支持的原因。不过当时苏联驻中国代表德国人艾威特曾在博古（秦邦宪）面前为毛泽东辩护，称莫斯科反对解除毛的职务。[46]他们之所以还能够容忍毛泽东，完全是顾忌毛泽东的威望和知名度。这些人只打算在第二战场活跃，而毛泽东则希望一个更大的天地。

得到军委的许可后，毛泽东立刻赶回汀州。期间红一军已经攻下汀州，向龙岩开进。毛泽东致电瑞金，强调红五军团全部必须立即出发，以阻断陈济棠[47]的广东军队，避免红一军和根据地被分割开。由此这场军事行动已经完全背离了最初的本意，毛泽东重新在军事上取得领导地位。周恩来把军委移至汀州，此时红一军夺取了上杭，之后不久的 1932 年 4

月 20 日，红一军歼灭国民党两个团，攻占闽南重镇漳州。红军举行了简单的入城典礼，毛泽东身穿灰色中山装，头戴凉盔帽，骑着白马，率 2 万士兵分 4 排敲锣打鼓地进入漳州。[48]漳州城人口 5 万，是个繁荣的海边城镇，紧邻厦门。红军在此逗留了 49 天。入漳后，上海、香港、汕头报刊的新闻都进行了报道："红军入漳，沿海大震，漳泉逃厦者，十余万人，言传红军欲攻福州。红军欲入潮汕，帝国主义兵舰集厦门者二十八艘。"

毛泽东志得意满，22 日致信周恩来[49]，描述了当地百姓热烈欢迎红军的场景。缴获战利品颇丰：五十万两银元，食盐、药品和呢绒，武器、军需以及机器（一台车床、一个鼓风机、一个三十马力的马达）。这些机器被运往关田的兵工厂，500 个工人在 3 个从奉天（沈阳）兵工厂来的领导的带领下，开始制造兵器，当年 5 月末生产出了第一批枪支弹药及其他军需。红军还缴获两架飞机，但他们当时还不懂如何驾驶。还有几箱书，沿公路开车送回瑞金，其中比较珍贵的是《资本论》、恩格斯的《反杜林论》和列宁的《共产主义运动中的"左派"幼稚病》等作品的中文译著。红军还新招募了 1 000 名士兵。

毛泽东的这次获胜离不开周恩来的支持，但是周毛两人的联盟只是暂时的。5 月 5 日后，国民党和日本在上海战场上休战，共产党愈加担心蒋介石发动第四次"围剿"，毛泽东和共产国际的矛盾也越发突出。应对这次"围剿"战争的军事战略争论了几个星期。《红旗周报》4 月末连着两期的社论再次批评毛泽东的游击队思想、经验主义以及观望主义[50]，认为党中央和共产国际提出的"积极进攻的路线"才是正确的路线。1932 年 7 月 22 日，在纪念 1928 年萍乡起义的系列文章中，红三军表示支持积极进攻的路线，反对毛泽东的战略。[51]有作者还这样批评道："有些人没能坚定地攻打赣江的大型城市，反而跑去了厦门。"1932 年 8 月 1 日《革命与战争》上刊登了刘伯承将军[52]的一篇文章。他刚从莫斯科的伏龙芝军事学院学成归来，文中严厉批判了毛泽东所推崇的孙子兵法，提出应学习苏联红军的经验，迅速改变中国红军的战术战略思想。[53]

5 月 3 日，毛泽东致信中共苏区中央局进行反驳[54]，措词严厉，指出："电悉。中央的政治估量和军事战略，完全是错误的。"毛泽东认为国民党遭受 3 次"围剿"失利以及日本出兵之后，实力大减，特别是蒋介石的势力遭到打击，因此我们对第四次"围剿"战争的战略也应不同于前 3

次。“第二，在三次战争以后，我们的军事战略，大规模上决不应再采取防御式的内线作战战略，相反要采取进攻的外线作战战略。我们的任务是夺取中心城市实现一省胜利。”这些观点令人诧异，毛泽东似乎把对方对自己的批评奉还给对方，而且极度乐观——显然毛泽东没有意识到第四次“围剿”战争的紧迫性，因此他放心地移师闽东。或许他认为苏联和国民党重新建交后，蒋介石能容得下共产党。信中也反映出毛泽东的军事思想：夺取白区城市并不意味着必须沿赣江南下夺取南昌，与国民党的精英部队硬碰硬。毛泽东希望以实力较弱的敌军为目标，比如闽军，故此前作为不算违抗中央的命令。从信中还能看出毛泽东不愿回师江西，而当时中央苏区正严阵以待第四次“围剿”战争，下令红一军立即返回瑞金。5 月 29 日，毛泽东终于离开漳州，他没有乘势进攻厦门，当时帝国主义军舰齐集厦门海域，火力覆盖了整个厦门半岛。朱德、王稼祥前来监督红一军，红军绕道广东与红五军团会合，6 月初在梅县附近的水口与陈济棠的粤军激战了 3 天。

第四次“围剿”战争爆发后，毛泽东开始反思此前的乐观和期望，转而赞成防御式的内线作战方式。一位红军干部余则鸿，可能是毛泽东的密友，7 月 11 日在总前委刊物上撰文呼吁红军向宁都一带残存的敌军发起攻势，保护农民的秋收，取缔广昌和石城一带秘密社团，赶走乐安县的地主及打手们。[55]红军不应该再走“立三路线”，冒险进攻防御完备的大型城市而放弃大后方。他还画了地图，这些城镇构成不规则的四边形，而中央苏区正位于四边形的中央。经过多次书信往来后，周恩来采取了折中方案。

1932 年 8 月 8 日，毛泽东被任命为红一方面军总政治委员，他再次将所有力量集中在一支部队上。同日，红一军在赣江北上作战，进逼南城和抚州（现临川）。这场争论表面上是博古赢了，但是如果我们仔细在地图上查看刚才提及的城市[56]，就会发现这些都是江西中央苏区前方的小城镇，防御较弱，红军能轻而易举地攻下，目的是防止敌军渗透。因此就实质而言，这是毛泽东的战略而非博古的战略。然而，红军只在最初取得了几场胜利，之后便遇到了阻碍。进攻南城时，红军发现国民党军队已经集结完毕，屡攻不克后，8 月 29 日决定放弃攻占南城。更糟的是，9 月初，红军不得不退回玉山的东绍，这里已经离苏区中央不远了。此时，国民党发动第四次“围剿”战争，投入了40万兵力，已经攻下了鄂北大别山的鄂豫皖革命根据地，张国焘率军撤退，向西转移，在川陕边界的巴中—通江—南江三角洲地带建立根据地。湘鄂交界处贺龙的湘鄂西革命根据地随后失陷。这是红军最早的两次长征，红军再也无法威胁到武汉。当年的秋冬两季，江西中央苏区以北的压力剧增。显而易见，毛泽东的军事战略是有缺陷的，改变路线的争论又爆发了。[57]

出于军事战斗和政治统治的需要，中共内部产生了两个决策中心，双方以无线电相连：前方的军事最高会议，由毛泽东、朱德、王稼祥组成，7月初周恩来加入成为四人领导小组；后方的中央政治局设立在瑞金，由任弼时、项英、邓发和顾作霖组成。中央政治局得到在上海的博古与洛甫（张闻天）的支持，上海通过海参崴直接与莫斯科的共产国际保持电报联系。5月30日后，周恩来感到政治的权力渐渐转移至共产国际手中，对毛泽东的支持开始动摇。但是当7月25日后方致电前方，要求重新攻打赣州时，他果断地和王稼祥一起支持朱德和毛泽东的策略，拒绝服从命令，这就产生了前面提到的折中方案。[58]

9月25日，中共苏区中央局复电周恩来、毛泽东、朱德、王稼祥，不同意红军撤退，要求继续向北发展，双方的分歧愈发明显。9月26日，毛泽东以前线4位领导人的名义回电后方，提请中央注意。[59]之后一个月，尽管军事路线尚不明朗，但红军继续在“赤化”敌军控制的村庄，推进土地革命，避免作战时陷入阵地战。最后前方后方的8位领导人决定在宁都县内的东山坝小源召开中央局全体会议。

宁都会议与毛泽东的半个失败[60]

1932年10月3日至8日，中央政治局全体会议在宁都召开，刘伯承作为顾问列席参加。在宁都会议后的两年时间内，毛泽东渐渐远离了共产党的权力中心。会议期间以毛泽东为主的前方和以任弼时为首的后方意见分歧严重，显然是对立的阵营。任弼时通过电台得到了在上海的洛甫的支持，指责前线没有认真执行共产国际和党中央的指示，集中批评毛泽东对胜利缺乏信心，对革命胜利与红军力量估计不足（这点是从赣州失利和拒绝进攻吉安得出的），有保守主义、游击队思想、观望主义、逃避作战的倾向；尤其批评了毛泽东违抗命令，带领红一军进攻厦门的行为，指责毛泽东“消极怠工”。面对指责，前方的4位领导的意见也有分歧。周恩来、朱德和王稼祥承认错误，但是坚持毛泽东已经认识到错误并积极改正，而且“泽东积年的经验多偏于作战，他的兴趣亦在主持战争”，必须留在前线，可担任周恩来的助理或者顾问。毛泽东则据理力争，两次通过电台联系上海，希望得到苏联顾问的支持，但后者故意拖延回复。[61]由于不能取得中央局的全权信任，毛泽东坚决不同意由他“负主持战争全责”。会议决定毛泽东保留军事顾问一职，同时批准毛泽东“暂时请病假，必要时到前方”。毛泽东将总政治委员一职交给了周恩来，10月12日[62]中共苏区中央局的命令正式公布了这个消息。宁都会议后，毛泽东前往汀州傅连暲[63]主持的福音医院，看望即将分娩的妻子。然而博古和洛甫都不满意会议达成的共识，10月6日①给苏区中央去电，拒绝承认宁都会议的决议，批评周恩来态度不明，要求毛泽东不再担任任何军事领导工作，调回瑞金后方，只担任国家主席的工作。同时还要求在党内开展整风运动，批评毛泽东阵前退缩的态度。博古似乎意图将毛泽东开除党籍，但是苏联人并不同意。[64]毛泽东知晓后勃然大怒，就病倒了。经诊断，他得了疟疾，感染了肺结核并有精神抑郁。此后，每逢政治上不如意的时期，他一直患有精神抑郁。毛泽东在福建汀州的疗养院内休养了4个月。他住在一位西方贵族的别墅内，风景秀丽，木制凉廊充满异域风情，四周环绕着的橘园和蕉园散发着甜美的芳香。

渐渐远离权力中心（1932—1934）

从1932年毛泽东失去前线军事指挥权到1934年红军开始长征期间，毛泽东的地位难以准确定义。他确实不再参与党内决策，从1933年1月起留在瑞金后方，仅负责苏区中央局工作，但是他也没有成为反对派。[65]

1945年5月末，六届七中全会重新确立了毛泽东的领导地位，把这段历史描述为毛泽东被王明、博古等共产党左派完全剥夺了权力，毛泽东无须为江西苏区中央遭逢的巨变负责。

① 时间疑有误。原文如此。

在这段时间中，毛泽东确实被逐渐边缘化，但并未彻底。尽管被剥夺了军事指挥权，但他在军队中仍然有一定影响力。而且作为苏维埃临时政府国家主席和人民委员会主席[66]，他仍是民事工作上的领导人，还领导了一场土地政治运动。两年后，红军在第五次反“围剿”中失利，毛泽东带领红军逃出国民党的包围圈，重新掌握了红军的领导权。

毛泽东的军事权力被削弱是显而易见的。毛泽东作为军委领导人签署的最后一道命令是 10 月 12 日的人民委员会第 30 号命令，内容是“现任瑞金驻军司令刘伯承调任前线，瑞金驻军司令一职由叶剑英[67]担任”。胡绩溪指出刘伯承 1932 年 8 月 1 日曾撰文批评毛泽东的军事战略[68]，这次调任昭示着“共产党军事路线的转变”[69]。1932 年 10 月 25 日，周恩来下令红军不必等待敌军深入，全面出击，摧毁敌军战事筹备基地。[70]红军以此战略在 1933 年 2 月至 3 月痛击敌军，大获全胜：国民党的两个师被歼灭，一个师 2 月末在宜黄附近大败而逃。3 月末国民党军队边战边撤，损失一万士兵。这场战役由周恩来和朱德指挥，大获全胜，采用的战术已经不同于毛泽东的战略。[71]战场集中在白区，打破了黎川—广昌—东韶—永丰一带的包围，苏区中央安全了，不过博古和共产国际定下的夺取赣江下游城市的目标并未达成。这场战役的胜利一部分要归因于日军逐渐逼近热河，迫使蒋介石从江西调动多支部队应对东北战事。但是共产党的领导把这场胜利归功于红军主动出击的进攻战略，一扫毛泽东的悲观主义和缺乏信心。在 1933 年 4 月 1 日的一篇文章中，周恩来乐观地计划在苏区建造更多的要塞[72]，招募更多的士兵，红军兵力要达到 18 万，大大加强进攻火力。

毛泽东反对的进攻战略却在战场上大获全胜，此时博古等人准备发起一场政治运动，以孤立毛泽东。

这场运动从攻击罗明入手。罗明自 1932 年起任福建省委代理书记，此前在长汀的福音医院养病时与毛泽东谈论了许久。毛泽东分析了闽西战略形势，即指出福建和江西一样，国民党军队随时可能反扑，应避免阵地战，加紧开展广泛的地方游击战争。1933 年 1 月中旬，博古出发前往瑞金之前，在上海与罗明会面，期间罗明热情地讨论了毛泽东的游击战略。[73]当时毛泽东被剥夺军事指挥权力的决议尚未公开，由周恩来代替毛泽东职务的决定 1933 年 5 月才公布，因此罗明当时尚不知情。1933 年 1

月21日在新泉召开的福建省委会议上，他仍然极力主张开展游击战争。会中还谈及当前形势下群众工作中的困难。1933年1月上旬，博古抵达瑞金，2月15日，和洛甫一起召开中央政治局会议，决议开展反“罗明路线”斗争，指责闽粤赣省委即福建省委“形成了罗明同志为首的机会主义路线”，并宣布撤销罗明的一切职务。[74]随后的几个月，运动声势越来越大，指责罗明的游击队思想、专制主义、农民思想、保守主义、经验主义等，这些批评正是共产国际对毛泽东的指责。4月，江西省委召开批判会议，与毛泽东相关的领导干部被撤销职务或者派往他处，包括会昌中心县委书记邓小平、毛泽东的弟弟毛泽覃、江西苏维埃政府党团书记古柏和红军独立第五师师长指挥谢维俊。他们被指责为具有农民思想，与马克思主义格格不入，而他们则讽刺博古等是从外国来的小主人。上千名共产党干部受到牵连，遭到审讯，甚至被斥责免职。[75]博古开始解散毛泽东的人际网络。不过这次运动不像反AB团那样血腥，可能是出于博古的人文主义思想；也可能是由于当时蒋介石正积极筹备第五次“围剿”战争，清洗无疑是自杀行为；亦可能是因为红军内部部分人员尚不听从博古，1934年红军将领的争论正是这种体现。[76]

1933年6月，毛泽东出席在宁都召开的中共中央局会议，对前次宁都会议提出批评，为自己受到不公正待遇提出申诉[77]，但没有得到博古的支持，后者认为没有前次宁都会议正确的决定就没有第四次反“围剿”战争的胜利。

同年夏初，毛泽东离开了叶坪的主要领导人住所。国民党的空中轰炸日益频繁，毛泽东和其他重要领导人一起住到16公里以西的沙洲坝[78]，以分散红军中央领导层。毛泽东被故意隔离开，失势显而易见。大家都避之不及，警卫员汪东兴[79]曾听贺子珍说起毛泽东曾经自嘲道：“好像我掉进尿桶浑身散发着臭味似的。”这段时间，毛泽东广泛阅读，有时和陈毅及朱德谈论唐诗，或者建议要在马克思主义者中推行阅读曹雪芹的古典名著《红楼梦》[80]。1934年1月后，他经常与瞿秋白[81]在图书馆会面，两人一起沉浸在古典书籍的阅读中，努力加强人民委员会的教育，而此时苏区中央的领土由于战事失利而日益缩小。

在这段时间，毛泽东渐渐形成了半退休的状态，第一次做起了历史学家的工作。8月13日，毛泽东以1920年时的笔名“子任”在红军机关报

《红星报》上发表《吉安的占领》一文。[82]这是篇简短而色彩绚丽的军旅散文。在提到黎明的进攻时，毛泽东这样写道："晚上看不见的红旗一到东方的红日涌出来的时候，一齐都看见了……发现了敌人的红尾巴飞机。"他生动有趣地描述敌人被捉时的狼狈："像捉猪捉羊一样"捉住土豪劣绅，"这里牵了一路，那里锁了一串"。毛泽东还在占领吉安的教训中提到发现"AB团的阴谋"。这场战役的胜利意义极大，这是红军1929年2月11日走出井冈山后取得的首场胜利。毛泽东再次经过当时的战场大柏地，作了一首词："谁持彩练当空舞……当年鏖战急，弹洞前村壁，装点此关山，今朝更好看。"[83]

毛泽东不是那种会一直忧郁抱怨的人。尽管在军事方面不断遭受排挤，但他努力使自己政治上的权力保持完整，不受任何影响。因此即使被排除在军事领导人之外，他仍然在1932年10月中旬至1934年夏末27次提出自己的军事见解。[84]他还指示撤销新兵招募。1932年11月25日，他要求军队在造路的富农苦役[85]中招募新兵，一个民兵监督5个苦役；多次撰文提及当地武装和游击队力量（11人一班，配备3支枪、5根矛）。毛泽东还多次请求清洗AB团分子，加强军队的斗争性。

在第四次和第五次"围剿"战争期间，毛泽东多次颁布法令鼓舞红军战斗。包括两篇纪念红军烈士的文章，在瑞金树立一座英雄纪念碑以及两座纪念第四次反"围剿"胜利的纪念碑。签署了一系列政府命令以帮助苏维埃临时政府摆脱物资禁运、四面楚歌的困境：1932年12月末，号召百姓提早春耕以应对国民党的武力入侵；1933年3月至6月曾撰文3篇讨论苏区的饥荒及红军粮草问题。由于国民党的封锁，物资难以自由流通，投机分子哄抬价格，粮价暴涨4～8倍，政府只能向百姓借谷接济军队。1933年6月6日第42号命令号召军队啃树皮、吃树叶渡过难关。[86]

在此期间，毛泽东另有15篇通告谴责蒋介石和国民党的卖国行为。2篇文章写于1934年7月，号召向华北派遣工农红军抵抗日本入侵；5篇文章谴责帝国主义在上海主持的停战调解会议[87]。毛泽东尤其谴责英帝国主义利用西藏势力夺取中国西康省（现四川西部）和四川省，意图将中国西部变成英国的殖民地。

在工人阶级方面，1934年4月24日，毛泽东发表《中华苏维埃共和国中央政府"五一"劳动节宣言》。4月16日以中华苏维埃共和国中央执行委员会主席的名义发表《中华苏维埃共和国中央政府为援助上海美亚绸厂工人罢工斗争宣言》。宣言的措词为“4 月 10 日法帝国主义与国民党法西斯对工人进行了大屠杀，罢工工人以血肉之躯奋起抵抗 23 个小时，100 名工人被杀，900 人受伤”。

另外还有 5 篇关于苏区地方选举的公文，5 篇纪念南昌和广州起义的文章，9 篇涉及经济问题（发行苏区货币、发行国库券、控制货币流出等）的文章，关于教育问题的文章仅有 1 篇（1933 年 10 月列宁师范学校招收 600 名学生，成立革命文艺团体蓝衫[88]团）。这些行政公文的真实作者未知，主要参考苏联的时政出版物，由毛泽东签名公布，影响力均不大。

1931 年 12 月起草婚姻法，提出男女平等，毛泽东并未参与讨论。1919 年，毛泽东曾撰文大力赞扬妇女[89]，当国民党造谣称“共匪共妻”时还发动了一场声势浩大的舆论运动。此次沉默可能是因为确实没有新的内容可补充。这部法律肯定了婚姻自由，妇女有自由择偶和提出离婚的权利，大致上符合毛泽东以往的提议。这部法律与中国数千年的封建传统截然相悖，实施时困难重重。因此 1934 年 4 月 18 日该法律进行了修订，增添了一条：军人的妻子若想离婚，需得到丈夫的同意。这次修订考虑到了军队的士气。毛泽东对妇女性自由的态度也发生了改变，1933 年 11 月在兴国区《长冈乡调查》中显示出的态度比 1930 年的《寻乌调查》[90]温和了不少。[91]文中专门有一段提到了妇女问题：离婚完全自由。在过去的 4 年半中，1%的妇女结过 3 次婚，婚姻法实施之前 50%的妇女有情人，当妇女有权离婚时，这个比例跌至 10%，她们获得了土地，也更愿意参加革命。

1933 年 6 月后，毛泽东写了多篇文章探讨土地问题，确切地说是关于如何确定农民阶级成分的问题，共有 16 篇，有些篇幅颇长。1933 年 2 月起，博古任命毛泽东负责查田运动。查田运动 1932 年 2 月 8 日开始，毛泽东从 1933 年 6 月 2 日开始正式负责这场运动。[92]这个任命颇让人费解，在苏区中央，土地问题和军事问题是两大核心的问题。博古一方面把毛泽东赶出中央领导层，一方面又把他迎了回来。查田运动中，毛泽东握有绝对权力，但这并不保证他一定会作出正确的抉择。毛泽东在军事问题上取得前 3 次反“围剿”的胜利，获得党内一致赞同，这种一致反而可能成为一种陷阱。其实共产国际想把苏联斯大林的反富农化运动直接搬到中国来。在面对李立三时，毛泽东的政治立场是中间偏左，主张保护中农阶级。然而作为这次查田运动的负责人，他不得不改变立场，以免被视作“右倾机会主义”分子而失去共产国际的支持。

1933年6月17日，中央苏区瑞金、会昌、于都、胜利、博生、石城、宁化、长汀八县区苏维埃负责人查田运动大会开幕。毛泽东代表临时中央政府发表演说，指出：查田运动必须按照党中央的指示，坚持阶级路线。[93]“土地分配在苏区4/5的地区中都存在问题。根据2月末至今的调查，在一个乡[94]就有27个地主富农家庭被划为中农阶级。瑞金县15个区[95]中，15个乡的苏维埃领导人的家庭成分不好，约占领导人数的8%，其中一半人在革命前是地主或者富农。”毛泽东总结说，“农村阶级斗争还没有深入”，土地分配要“通过阶级成分”划分。查田运动的步骤如下：先组织贫农投票列出地主阶级与富农的名单。乡区两级调查委员会提炼名单，最后交由村民全体会议批准或者修改。查明是地主或富农阶级的家庭将被没收土地，剥夺所有资产。“如果过去通过错了的……应该推翻原案……如是中农一定要赔他的土地财产……如是富农，现在有赔则赔，如果实在没有赔，只好将来替他想别种方法。”这样做的目的是争取群众，招募更多的军人士兵。当时整个苏区气氛十分紧张，毛泽东却十分淡然。这场运动提倡绝对均等，与中国古代农民起义十分相似，而毛泽东从小就对这些农民起义的领导人十分钦佩。7月13日毛泽东给瑞金附近一个区的领导人写信，谈到初步成果：在该区12个乡中有270户家庭被重新划入地主和富农阶级，约占当地户数的10%。查出10例遗漏的家庭，常年由宗族的族长管理，还借了1 000元高利贷给其他农民。这确实是一项严厉的土地政策。

8月末，毛泽东发表《查田运动的初步总结》[96]。文中指出，从6月的八县查田大会后，查田运动已经成了一个广大的群众运动，取得了伟大的胜利，但有些地方放弃对查田运动的领导，有些地方竟对地主、富农投降。并着重指出，必须迅速纠正侵犯中农利益的“左”倾错误。毛泽东着重论证了这一点。“苏区农村中弥漫着恐慌气氛，人们把查田运动错误地理解为剥夺中农阶级土地的土地再分配运动。在兴国，我们已经把错误没收的土地还给了中农。”此外，贫农对农村无产阶级的态度十分强硬。那些通过劳动或者经商获得收入的富农被划入地主阶级。1931年一个富农因为经商及“一名亲戚是AB团分子”而被处决，没收一切家产，留下了家里待养活的17口人。这些错误都是极左思想造成的。9月1日，在27号摘要中，毛泽东继续进行深入分析：现下查田运动的目的不是土地再分配，阶级成分调查也不是为了把中农划入危险的富农阶级。确定阶级成分，要十分谨慎，要逐一调查，避免错误地“贴标签”。“侵犯中农利益的[是]绝对不许可的。”“查田运动中，要坚决执行阶级路线，以农村中工人阶级为领导：依靠贫农，坚固联合中农，向着封建半封建势力作坚决的进攻。”绝对不能搞错敌人。10月10日，临时中央政府批准毛泽东起草的《怎样分析阶级》[97]一文。文中清楚阐明“地主阶级是革命的主要敌人。苏维埃政权将没收他们一切家产，坚决消灭地主阶级”。至于富农，自己参与劳动，但经常地依靠剥削为其生活来源的一部分，应没收土地，但不没收耕牛、耕具、房屋。富农也能分配到土地，但土地质量较次。“联合中农，是土地革命中作中心的策略。中农的土地未经本人许可不可以再分配，有些中农土地不足也能分到土地。”在10月10日的另一篇文章中，毛泽东细致地定义了阶级：生活相对富裕的农民，“如果依靠剥削获得的收入不超过15%”，仍然被划为中农，可保留土地；对于那些家庭成员多、长期患病或遭受灾害的家庭，剥削收入的比例不超过30%；对工商业收入还有更复杂的计算方法。从中可以看出毛泽东尽量避免极左的土地政策加重苏区危机，危害革命基石。

随后毛泽东在11月18日至26日对苏区南部的长冈、才溪和石水三乡进行调查研究。在当地两三位负责人的陪同下，毛泽东做了仔细的调研，情况堪忧：在长冈乡，1933年春季一整个月闹饥荒，80%的人口受灾。政府决定从富田和东固购买四大斗大米。“百姓解决了粮食问题，可还面临缺盐的问题。”65%的适龄儿童去学校上学。11月份人民选举产生了55名代表（其中16名妇女），但是参加选举的候选人人数不足，其中“有四位代表（其中两名是女性）愚不可及且办事不力”。93%的选民投票一致。当时正在“赶制一面50厘米宽的红旗，全乡4/5的人运送旗帜到省会参加一个纪念仪式，而且仪式中的6 000个爆竹是由百姓集资购买的”。全乡1 784名乡民自1928年起陆续有320名外出打工或者参加了红军。在当地招募士兵226名，约占全乡人口的13%，其中2/3的人是当年招募的。毛泽东得出结论道:“根据此次及上次的调查(1932年),苏区已经没有地主和富农了。”这个结论同样表现出毛泽东在土地政策上温和的立场。事实上,毛泽东在这次运动中的做法和面对“立三路线”时是一样的:表面上接受“左”倾的土地政治路线,实施时尽量采取温和的做法,比如在这次阶级划分中认定中农不属于地主或富农阶级。然而共产党的规定要求没收一切私有财产。自然博古等人会攻击毛泽东。

当然,1933年秋天实施这项温和的土地政策,也是战争局势所迫。1933年5月31日,蒋介石向日本妥协,签订有利于日军的塘沽协定[98],从而能够抽身对付察哈尔省的民众抗日同盟军及共产党。1933年秋,蒋介石在庐山多次召开国民党高级将领会议,最终通过了“攘外必先安内”的方针。10月初,国民党在黎川一带展开第五次“围剿”战争,50万兵力的国民党军队加上30万人的辅助人员,修碉筑路,稳步推进。共产党军队在兵力和武器配备上都远不如国民党。前几次反“围剿”的胜利,使博古等人对形势的估计过于乐观,决定留在苏区打阵地战。共产国际还向红军指派一名军事顾问——德国人李德[99],他于10月抵达瑞金。同月,朱德指挥红军重新夺下黎川,战事僵持了整整一个月,付出了巨大代价。红军运用1932年至1933年冬第四次反“围剿”战争的经验,采取面对面的进攻战略,但是这次是一个彻底的失败。

正当国民党准备发动第五次“围剿”战争时,驻扎在福建的国民党第十九路军发生了兵变。[100]这支粤系军队从上海调驻福建“剿共”前线,当地土地贫瘠,税负又重,1932年孤军在上海抵抗日本入侵等事件使指挥官普遍对蒋介石不满。塘沽协定的签订彻底激怒了他们。陈铭枢司令、蒋光鼐总指挥与李济深密谋准备起义。9月,他们频繁与共产党接触,10月26日在瑞金与共产党签订停火协议并达成《反日反蒋的初步协定》[101]。11月20日,国民党军第十九路军将领蔡廷锴、陈铭枢、蒋光鼐和国民党内李济深等一部分反蒋势力[102]发动“福建事变”,成立抗日反蒋的“中华共和国人民革命政府”,公开宣布同蒋介石决裂。当时共产党并不信任“剿共”的十九路军,他们还深刻地记着1931年与十九路军交手的情况。毛泽东也有这种偏见,他不信任这种儿戏般匆忙的决定,但是他敏感地觉察到这是军事上的一个大好时机。1933年12月5日,党中央就“福建事变”向人民发表声明,批评此次事变没有实际行动。[103]12月20日,党中央致电“闽变”领导，当时蒋介石已经开始进攻十九路军，剿灭叛变。电报的基调比较谨慎：当地红军在条件许可的情况下与十九路军共同抵抗蒋介石军队。第二封电报于1934年1月13日发出，再次要求十九路军“武装群众”，但对于派遣共产党军事力量辅助作战却只字未提。而且当时为时已晚[104]，十九路军的大部分指挥官已经叛逃。1月中旬开始，“福建事变”在两周内即被平息。2月11日，苏区中央还暗自庆幸没有掉入“闽变”的陷阱之中。

随后，第五次“围剿”战争开始了，很快共产党就陷入了绝境。

毛泽东：输就是赢

1月15日至18日，在瑞金召开了共产党六届五中全会。四中全会在1931年1月召开，批判了“立三路线”，选举产生了以向忠发为首的党中央，在向忠发被捕遭杀害后由博古继任。后党中央被迫撤离上海，迁往瑞金。经过3年，政治形势发生了巨大变化，迫切需要重新审视形势。

五中全会没有留下原始资料。[105] 1945年的《党史若干问题决议》一文把这次会议看作第三次“左”倾路线发展的顶点。毛泽东因病没有出席。据李德回忆，博古当时嘲讽了毛泽东的缺席。会上毛泽东被选为新一届中央局委员，但没有被列入政治局常务委员（即秘书处）名单。王明和张国焘缺席进入秘书处。选举产生了4位主要领导人博古、洛甫、周恩来和陈云。当毛泽东需要阅读存放在洛甫处的中国苏维埃运动报告一文时竟然遭到拒绝。大会上，陈云做了白区情况的报告，洛甫做了苏区情况的报告。1月16日，博古介绍了党目前的工作形势和任务[106]并组织讨论。全会完全接受共产国际在1932年9月第十二次全体会议上做出的对世界形势和中国的分析，博古显得十分乐观：苏联第二个五年计划获得成功，资本主义国家陷入1929年的经济危机中。南京政府统治出现了分裂，“福建事变”就是一个很好的例子。第五次反“围剿”战争的胜利将实现一省或数省的苏维埃革命首先胜利。第五次“围剿”战争必将像前4次一样彻底失败。奇怪的是，大会上竟然没有详细地分析和讨论当前的军事形势。

1月24日，第二次苏维埃全国代表大会在瑞金召开。大会洋溢着欢欣鼓舞的气氛，毛泽东致开幕词，介绍了中央苏区在经济领域取得的成就[107]以及五中全会对目前形势的分析。致词中还提到查田运动的调查分析。“有些地方不注重农民分配土地的权利，农业生产大幅降低。”毛泽东认为国家在目前阶段需要私有经济部门，不能视之为危险的“右倾机会主义”。经过两天的讨论，毛泽东再次作总结发言。对目前无序的状态，毛泽东流露出隐隐的担忧。（1）“有些同志”错误地认为我们已经击碎第五次“围剿”，事实上决定性的战役就在眼前。（2）“有些同志”误以为“福建事变”是革命性的，其实这是反革命的陷阱。（3）“有些同志”认为福建的地主继续向农民收取地租，整个苏维埃政权为机会主义者所把持，这不是事实。这条结论影射反罗明路线运动。（4）“有些同志”批评新婚姻法给予妇女离婚的便利以及将男女法定结婚年龄推迟到 20 岁和 18 岁。这些批评是不正确的，如果丈夫是军人，则妻子必须得到丈夫同意方能离婚。[108]而且“过去贫农要等到四五十岁方能成婚，而现在他们只需要等上一两年就行了”。（5）“革命必须在各个方面给百姓带来好处”，但是有些同志“只讲扩大红军，扩充运输队，收土地税，推销公债，其他事情呢，不讲也不管，甚至一切都不管”。比如在汀州，群众的问题是没有柴烧，资本家把盐藏起来，群众没有盐买，有些群众没有房子住，那里缺米，米价又贵。相反，在江西的长冈、福建的才溪[109]，扩大红军容易得很。长冈青年壮年男子百个人中有 80 个当红军去，才溪百个人中有 88 个当红军去。公债也销得很多，长冈 1 500 人，每户销了 3 元公债。在兴国也是如此，“如果我们从早到晚只是千篇一律地重复‘要扩大红军，要扩大红军’，就像老和尚不停地念‘阿弥陀佛，阿弥陀佛’，最后我们得到的只是阿弥陀佛，红军士兵一个都招募不到”。

1 月 29 日前方传来消息，蒋介石兵分三路向中央革命根据地大举进攻。“二苏大”主席团决定缩短会期，紧急动员群众上前线。毛泽东作了大会报告。报告只用了半小时，尽管他不在前线，但是对前方军事形势的分析却十分精彩。他指出，国民党“大筑乌龟壳”，大修堡垒，从三路进攻。东路军集结于福建沙县，翻越武夷山进攻瑞金。中路军由陈诚任总指挥，从黎川进攻建宁，向广昌推进，是“围剿”的主力军。西路军一个纵队位于永丰，向苏区中心的兴国推进。毛泽东强调第五次反“围剿”战争决定性的战役就在眼前，要团结一致粉碎敌人的“围剿”，就要努力扩大红军，推进赤色戒严，镇压反革命活动，实行坚壁清野，动员运输队上前线去，集中粮食保障红军供给，使一切苏维埃工作配合革命战争。“我们一定会取得胜利，我们不是三岁小儿，我们有前三次粉碎围剿的宝贵经验。”毛泽东在报告中暗暗地提到了他领导的前几次反“围剿”战争的胜利。

2月1日，毛泽东宣布第二次全国苏维埃代表大会闭幕。大会选举毛泽东等175人为中华苏维埃共和国第二届中央执行委员会委员，16名候补委员。毛泽东等17人组成主席团，选举毛泽东为中央执行委员会主席，项英、张国焘为执行委员会副主席。2月3日，第二届中央执行委员会第一次会议选举洛甫为人民委员会主席，苏区中央政治主动权仍在毛泽东手里。代表们都对毛泽东的工作印象深刻，认为他是唯一说实话的中央领导人。

然而，军事形势日益严峻。4月10日打响的广昌战役具有决定性意义，广昌是瑞金最后一道屏障。[110]博古把军委搬到广昌，代替周恩来任总政治委员。他把指挥权全权交给李德，后者下令发动反攻，冲杀切割敌人封锁线，以打破包围圈。这场战役红军付出惨重代价仍未能保住广昌。4月28日广昌失守。

与此同时，博古在洛甫的支持下重新开展查田运动，这次毛泽东没有参加。在严峻的战事下，成千上万的难民出逃，红军战士大批逃跑，村与村之间相互指责。国民党军队占领后的大屠杀更加剧了这种恐慌。这种纷纷逃命的情形一直持续到当年秋天战事结束。国民党军队吸取了前几次失利的教训，放弃长驱直入的打法，稳扎稳打，逐步推进，战事持续了很长时间。

毛泽东从5月末起便不再参加任何会议。他前往会昌与于都两县间地区视察。或许他很清楚红军的失败已经不可避免，最好还是保持距离。[111]李德在《回忆录》中指控毛泽东故意疏远中央，意图分裂党。但是金冲及的《毛泽东传》提到5月末毛泽东在会昌一带十分活跃。[112]他和当地的军事负责人交谈，尤其是井冈山的老战友何长工。他还亲切会见一位刚刚被陈济棠击败撤退至会昌的将军。毛泽东指出：他们面对的敌人那么多，现在应把主力抽下来，以小部队采取游击战和带游击性的运动战的打法，牵着敌人的鼻子兜圈子，把它肥的拖瘦，瘦的拖垮；同时还要向陈济棠的部队和敌占区人民开展强大的宣传攻势。毛泽东重提自己的军事战术，反对博古等人。这也是李德指责毛泽东的原因。在金冲及所著的传记中还提到毛泽东给当地干部作报告，讨论查田运动，提高钨矿开发，扩大苏区范围。7月末，为了躲避国民党的轰炸，毛泽东撤出沙洲坝，和贺子珍住在瑞金以西19公里处的云石山上的道观中。[113]四周风景怡人，岩石、瀑布、松林和竹林密布。9月初，毛泽东再次前往于都，心里十分清楚这里是红军撤退的必经之路。当地一位红军将领龚楚在回忆录中说道，他给毛泽东送去了一只鸡和两斤猪脚，毛泽东拿干部特殊津贴付了10块钱。贺子珍用这些东西做了一桌美味佳肴。晚上9点，龚楚来找毛泽东，两人喝着米酒，抽着烟，就着豆油灯回忆起在井冈山的艰苦岁月。毛泽东在谈到被排挤时还洒下了眼泪。[114]然而，尽管丧失了决策权，但毛泽东和王明、洛甫一样时刻关注着时势变化。

当时，中共中央的领导核心是李德、博古等人。1934年春天后，共产国际意识到江西苏区的失败已经不可避免，建议红军撤出根据地，跟张国焘撤出鄂豫皖根据地一样，进行战略转移。[115]秘书处开始着手筹划，经过长时间酝酿，5月正式做出撤退的决定。3月27日毛泽东获知转移的打算，此后就跟其他政治局委员一样直到最后才得知正式决定。[116]为了突破国民党的钳形包围圈，中央命令红六军团1万余人，由任弼时和萧克指挥，8月初撤出江西根据地，前往湘南开展游击活动。红六军成功突破桂东—汝城一带封锁线，长途跋涉数月后于10月末在湘西北、川西南的武陵山与贺龙指挥的红二军顺利会师。[117]红七军7 000人由方志敏和寻维州指挥，组成北上抗日先遣队，向浙江方向突围，减轻国民党对中央革命根据地的压力。红七军行至闽江，逼近福州，迫使蒋介石火速从江西调离两个师回防，达成预定目标。然而，11月江西中央苏区迅速沦陷，蒋介石立刻腾出20万兵力全力追堵先遣队，红七军12月14日在安徽南部黄山不远处几乎全军覆灭。[118]在瑞金，李德坚持仅撤离少部分人员，日后再返回江西，而周恩来坚持大部队转移，放弃江西根据地，博古支持周恩来的建议。接着他们开始讨论参与转移和留下来坚持斗争的人的名单。[119]激烈的战事和江西炎热的天气使野战医院里躺满了伤病员。于是受了重伤的陈毅和瞿秋白被留了下来。当然根据地还需要有才能的领导组织游击活动，因此项英也留了下来。毛泽东也差点留下来，9月末他突发恶性疟疾在于都病倒，幸亏洛甫迅速派了傅院长给毛泽东治病，在注射了奎宁后，毛泽东总算病愈。数月来的战斗使洛甫对博古和李德的无能颇有微词，转而对毛泽东的军事远见钦佩不已。[120]

1934年10月10日，在中央革命军事委员会的命令下，红军8.6万人开始撤出瑞金，向西北转移。项英和陈毅带领3万人留下来，一半人组成了8个独立团的师部，另一半人组成游击队。10月15日，毛泽东刚刚病愈，身形消瘦，在于都召开会议，向留下来的士兵发表讲话，指出红军的撤离并不意味着革命的失败。[121]10月18日，毛泽东带着警卫班离开于都县城，穿过赣江上的旧桥与赣江另一端的大部队会合，踏上长征的路途。贺子珍后来也追上大部队。她再次怀孕了，生下孩子后不得不把孩子交给当地一名农妇抚养，这个小孩从此以后再也没能找到。

毛泽东并不是失败者，他还是政治局委员及苏维埃共和国临时政府国家主席。而且他不必承担战斗失利的压力，因为如果按照他的军事战略，失败可能就能避免。他的政治命运体现的正是“输就是赢”这个道理。

★ 第八章

毛泽东的“报复”
（1934 年 10 月—1937 年 9 月）[1]

在这 3 年中，长征初期毛泽东在政治上还是个失败者，后来被确立为共产党和国家的主要领导人。几年后诞生了一个神奇的共产主义政权，开辟了新的道路。这几年主要可以分为 3 个阶段。

第一阶段，1934 年 10 月—1935 年 10 月长征。长征缔造了新中国。在第一个阶段中，毛泽东自 1935 年起重新掌握了权力。

第二阶段，毛泽东和张国焘的红四方面军会师，同年夏天两人决裂，毛泽东率领几万追随者抵达陕北。

第三阶段大约持续了一年多，国共形成抗日统一战线，共产党得到了新生。短短一千多个日子，毛泽东就从一支衣衫褴褛的“土匪”部队的首领成为全国最大的反对党魁首，共同参与爱国战争，声名远播海外。

长征还是灾难

尽管出发前共产党召开过多次筹备会议，但长征究竟该走向何处仍未确定：最终目标是从湘南绕行重回江西？还是在湘北与贺龙、任弼时的红二、红六军团会合？抑或是在湘南重新建立根据地？没有人想到长征最后会走了一万多公里抵达边远的陕西。[2]

红军分成 3 个野战纵队开始转移[3]，主力在于都横渡赣江。此处赣江江宽 100 米，红军从 1 座古石桥以及 5 座浮桥上经过，水浅处士兵直接涉水而过。随行有一支运输队，由 3 000～5 000 名雇工（每日领取 1 元工资）和几百名前几次“围剿”战斗期间的苦役组成，部队绵延 80 公里。毛泽东后来向斯诺提起，整个队伍不像是军队行军，更像是在搬家。这些人负责搬运印刷器材、银行货币模板、无线电与电报机、炮弹弹药、兵工厂设备、数箱黄金白银、一台X光机、数千箱档案、多台发电机设备、两台克虏伯山炮[4]以及数十发炮弹。

毛泽东穿着粗布上衣，背着两床铺盖、一把伞、一袋书、一件雨衣和一件大衣。之前常背的九袋背包没有背着。他刚刚病愈，行路困难，由一名护士和一名秘书随行。刚开始，他还骑着自己的爱马，后来山路崎岖，身体疲惫，渐渐骑不动马[5]，只能躺在担架上，由四个士兵担着担架赶路。担架上面有一块蜡布，避免毛泽东遭受日晒雨淋。另一位领导王稼祥在第四次“围剿”战争中身负重伤，弹片卡在腹部取不出来[6]，也只能躺在担架上，长征途中胃部都插着流管。两人在路上时而讨论唐诗，时而交流对政治和军事的看法。有时候山路太窄，士兵就把两人的担架头尾两连，使两人的讨论不被中断。两人均不需要对失利负责，转而对失利原因深入分析，有时候二纵中央工作团共青团总支书记胡耀邦和周恩来的妻子邓颖超也加入讨论，两人身患疾病，都躺在担架上。他们都对博古及李德两人盲目乐观、刚愎自用十分不满。哈里森·索尔兹伯里把这些谈话称作“担架密谋”[7]。

红军8.6万人从瑞金出发，在崎岖的小路上赶路，其中只有35名女性，都是重要领导人的妻子。其中20多人充当护士，协助6名医生工作。伤重难愈的士兵只能留在农民家里，部队留下几块钱买药以及一名所谓的医生。大部分留下的人都被追兵俘虏、枪毙。

由于大雨如注，很快大家都裹上了一层泥浆。这8.6万人中有4万～4.5万名士兵，剩下的是干部、后勤和机关人员。这支部队成为后来的红色政权的核心，几乎所有苏维埃政权的干部都在其中，包括国家主席和党的总书记。

红军1万多公里的长征异常艰苦，路上行军368天，其中235天在白天赶路，18天夜间行路，以躲避国民党军队空袭。几乎每天都有一到两次武装冲突，大的战役有整整15天。整个行军中只休息了100天（其中56天在四川西北部）。队伍中主要是负得了重、赶得了长路、做得了粗活的农民。他们平均每天在崎岖小路上赶路39公里，有时候甚至需要开辟道路前行；突击队有时一天要走80公里路。大部队经常需要在4天中行军200公里。在刚开始的几个星期后，几乎所有的驮物牲口都不见了，脚力也逃的逃、溜的溜，最后都是士兵用扁担把这些物资挑到陕西的。要知道他们本身已经有 30 公斤的配备：1 支枪、2 颗手榴弹、50 发子弹、5 斤大米、盐、干蔬菜和辣椒、水壶和碗，另有 1 条铺盖、1 套冬衣、3 双厚底布鞋（鞋尖和鞋跟还包了铁）。每个士兵还有 1 把油纸伞和 1 根拐杖。2 盒木棒插在绑腿内，红星八角帽内还插着 1 根针。很快帽子就换成大大的竹叶帽，蓝色棉织军服也破损了，跟普通农民没两样。这身衣服帮助掉队的士兵迅速逃入村庄隐蔽起来，但是士兵想逃跑也更加容易了，尤其是在长征初期。这支英雄的部队越来越像《水浒传》中的人物，而非 20 世纪的部队。他们与太平天国和中国历代农民起义部队无异了。

毛泽东要比博古、洛甫等从国外归来的知识分子更了解这支队伍，他的影响力随着部队深入内陆与日俱增：长征的线路就像画在中国传统封闭的西部地区上的一个括弧，两端是江西和陕西，弧顶是贵州；与之相对的是近代开放的太平洋沿岸，从广东到北京，以上海为弧顶的另一个括弧。这支无产阶级的革命队伍转移到了中国最古老的地域。在那里我们找到了毛泽东克服挫折和失败，获得成功的秘密。

突破封锁

国民党军队集结大量兵力，组成了 4 道封锁线。为了突破封锁，博古、李德和周恩来 4 月初派潘汉年与何长工[8]乔装打扮，与粤系军阀陈济棠秘密协商。陈济棠素来与蒋介石不合，在第五次“围剿”中负责防堵红军南下，十分担心南京政府会借机消灭自己的势力。陈济棠根本不愿意与红军交战，而且早与赣南红军定有物资流通与购买的秘密协议。老谋深算的他深知与红军作战将导致蒋介石的中央军进入广东，从而使他失去自己的地盘。而且何键[9]的湘系军队已经沿湘江而下，集结在粤湘边境。因此陈济棠决定和共产党签订秘密协议，双方停火并给红军让出十几公里的通道。[10]这使红军 10 月 21 日晚轻易地突破信丰一带的第一道封锁线进入广东境内，并在 11 月 2 日顺利突破粤北城口一带的第二道封锁线。

但是当红军部队继续南下至大庾山一带时，先头部队遭到陈济棠军队的顽强阻拦，全力拦截红军进入广东腹地。红军于是向西行军，复向北，轻而易举地突破湘南的第三道封锁线，抵达蓝山后才休整两天。过了好几天，蒋介石才明白红军突围旨在离开江西不再打算返回，11 月 12 日蒋任命何键为“追剿”总司令，薛岳协助，“追剿”歼灭红军。蒋介石认为在这个季节湘江河水不深，红军可能在全州和兴安[11]一带涉水渡江，与贺龙的部队在湘北会合。于是何键率领湘军和中央军 12 个师，在全州—灌阳—兴安一线 50 公里内集结军队，意图将红军歼灭于湘江。国民党军队此次调遣使得红军轻易地突破了第四道封锁线。

张戎和哈利戴从何键的态度中得出以下结论：红军能够突破国民党的封锁实际上是蒋介石暗中计划好的。[12]主要原因有两个：其一是他计划把红军赶进黔滇川，利用“追剿”中共之际进入西南三省。这三省面积约是法国的两倍大，一亿多人口，仍由军阀统治，不服蒋介石的统治，处于半独立状态。因此在红军未进入此三省前尚不能将之消灭，以免错失良机。其二是蒋介石长子，蒋氏的亲生骨肉蒋经国被苏联人扣为人质。1925 年 11 月，年仅 15 岁的蒋经国被国民党要员邵力子送往莫斯科学习。早年蒋介石对邵力子十分信任，后来才证明邵其实是共产党。此后蒋经国被迫在 1927 年“四一二事变”后公开指责其父，1931 年与被俘的两名苏联代表交换才得以回国[13]，从中也可以看出蒋经国当时被挟持。蒋介石为了爱子不得不想方设法营救困境中的共产党。这个父爱的观点十分感人，但是依照当时的情形，这种观点难以令人信服。

确实，11 月 15 日红军轻易地在湘南汶河一带突破何键的第三道封锁线，但其中缘由并非如张戎与哈利戴所陈述的那样。相反，何键在两日后被蒋介石任命为红军“追剿”总司令，并不是为了嘉奖他出色地完成任务，而是为了给共产党拉开一张“追剿”大网。在共产党意欲渡过湘江，突破第四道封锁线时，何键给了红军致命的打击。11 月 27 日，红军先头部队红一、红九军团已经开始抢渡湘江。桂系军阀白崇禧和粤系军阀陈济棠一样不欢迎何键率领湘军到来，故意给红军留出 40 公里的通道。至当日晚，先头部队已经渡过湘江，控制了湘江两岸。如果轻装急行军，一天即可赶到。可是，军委纵队携带着从苏区运出的大量物资，行动迟缓，距湘江渡河点还有 80 多公里，需要花上 4 天才能到达。这同时拖慢了担任保护任务的第二纵队（红三、红九军团）和殿后的红五军的进度。11 月 28 日，何键率十几个师抵达全州，向正在徒步涉水过江的红军发起猛烈攻势。空军飞机从天上疯狂扫射，整个战役持续了 3 天，到 12 月 1 日晚上才结束。聂荣臻在回忆录中提到这是红军长征途中最惨烈的一役。红军共损失 1.5 万人：林彪的红一军团和彭德怀的红三军团为了保住渡口损失惨重；红九军团和红五军团则为了保护军委纵队渡江而被全歼，几乎所有的物资装备都丢弃了。此役过后，从江西出发的 8.6 万人仅剩下了 3 万多人。渡江后，红军放弃直接北上，转而西行，利用广西北部复杂的地形掩护，躲避国民党的“追剿”，避免被全歼的命运。[14]红军疲惫不堪，士气低落，像一支逃亡的部队，上千士兵逃跑。博古和李德的处境更加困窘。无论怎样，红军此时的状态只适合打游击战，任何与敌军的正面交战都无异于自寻死路。

张戎和哈利戴曾经对这种分析提出异议。[15]他们认为何键了解蒋介石的真实意图，故意退让，尤其是让红军参谋部在数日内渡过湘江，然后装模作样地在 12 月 1 日向殿后部队发起进攻。整场战役只有 3 000 人牺牲[16]，共产党的伤亡主要来自士兵出逃、重伤未愈或者脱水而死。然后何键利用“追剿”之际顺利控制了贵州、云南和四川三省。这种观点的问题在于当时共产党领导原本未计划要向西挺进，他们起初的计划一直是到湖南西北与贺龙领导的红二方面军会合，湘江战役遭受惨重损失后才决定向西而行，这个决定是偶然的。何键既不可能知道最高统帅的内心愿望，也不可能事先预知共产党的决策。

在这几周中，毛泽东和其他人一样经历着殊死战斗。他从一片绝望的形势中看到了一线转机。博古等人的领导方式是不适用的，而且已经走到了尽头，入春以来连番遭受军事失利是一系列错误决策导致的。博古和李德坚持北上与红二军会合，但是在北上的道路上蒋介石已经设置 30 万精兵布防，准备像湘江战役一般歼灭红军。所有的将领和士兵都不愿意走这条路。毛泽东在王稼祥和洛甫的支持下，力挽狂澜。周恩来感觉到了部队中紧张对立的气氛，在湖南通道县一个封闭的农庄中紧急召开政治局会议。[17]通道县位于湖南西南，双江江边，地处湘黔桂三省交界处。会议一直开到晚上，毛泽东起先比较谨慎。博古和李德不顾湘江战役的惨烈教训，坚持北上与红二军会合。毛泽东从敌军重兵阻拦红军主力北上这一情况出发，力主向西，向敌人兵力薄弱的贵州进军。贵州的士兵只有“两根杆”——枪杆和烟杆，易于红军躲避“追剿”。在这次政治局会议后红军方才确定了长征的路线。周恩来同意毛泽东的看法，命令部队第二日向西行进。这也是毛泽东自1932年宁都会议后，他的战略路线第一次被采纳。15日，红军进入通道以西50公里的贵州黎平县。国民党追军还在湘西的大山里徒劳地搜寻。红军暂时摆脱追兵，能够在这里好好休整几日。18日在黎平县召开政治局会议。毛泽东的主张得到了洛甫、王稼祥的支持。会议决定放弃与贺龙部队会合，以遵义为核心，在黔北大娄山一带建立新的根据地。随后，召开政治局扩大会议。会议只是对离开江西以来红军遭受的损失感到悲痛不已，对第五次反“围剿”失利原因的探讨却十分含糊，甚至还不适时地论证游击战的危害。20日，部队整装出发，击退了黔军的阻拦，后抵达贵州的商业中心猴场（现草塘）。

1934年12月31日至1935年1月1日，中央政治局会议召开，重申毛泽东的主张：建立川黔根据地。李德指出，国民党3个“追剿”师正以迅猛速度接近红军。他是为自己的主张作最后的努力，但是没有得到支持。决议指出要抓住反攻的有利时机，并不失时机地力求在运动战中各个击破敌人，必须避免大规模的阵地战。由此，毛泽东的军事战术自1932年为博古等人所摒弃后重新被接纳。

遵义转折

1月2日，红军用芦苇和竹子搭木筏架起浮桥强渡乌江。渡过乌江后有贵州省唯一的一条石路，连接了贵阳、遵义和四川。相对之前经过的地方，这里地势相对平坦，物资丰富。唯一的阻碍就是天险乌江，河床由玄武岩构成，河流湍急，水深好几米，江面宽250米，江上仅有12艘渡船，每艘船上有一个营的士兵把守。遵义城中还驻有一个营的守军。城内有居民5万，主要商业为鸦片生意，而且离著名的高粱白酒之乡茅台不远。然而面对红军的逼近，所有士兵都跟着守将[18]一起不战而逃了。

1月7日，红军顺利占领黔北重镇遵义，两天后举行了庆祝胜利的阅兵式。毛泽东同洛甫、王稼祥住在一栋三层红砖别墅中，有一个漂亮的阳台。博古和李德住得较远，在一个天主教教堂的对面，教堂后来改为野战医院。15日，朱德召开简短会议，纪念1919年在柏林被杀害的革命烈士卡尔·李卜克内西和罗莎·卢森堡。女眷们都住在第三中学，其中贺子珍已经怀孕8个月。朱德、周恩来和军委被安置在不远处的一座方形两层灰砖小楼内。大屋高墙垂门，方形客厅十分宽敞，铺着胡桃色地板，有25个不成对的椅子和几张弯腿桌子。室内有一盏油灯照明，仅有一个铁做的小火盆取暖。屋子的原主人是一个富有的银行家，已经逃往贵阳。

1月15日傍晚到17日，在这座小楼里召开了中央政治局扩大会议[19]，会议原定于12月中旬召开，17日下午，前线战事吃紧，会议中断，经18名委员讨论和投票的两项决议尚未来得及通过（决议经过秘书处修过，直到数周后的2月8日才正式发布）。17日下午，红三军和国民党军队在遵义以南30公里处的刀把水古镇展开交锋，同时薛岳率领军队开始横渡乌江。与会的红军将领决定立刻休会，当日傍晚迅速回归战斗岗位，指挥作战。1月19日清晨，红军撤出遵义。

参加遵义会议的有20人。其中6名政治局委员：博古、洛甫、周恩来、陈云、朱德和毛泽东；4名候补委员：王稼祥、何克全（又名凯丰）、刘少奇和邓发；7位军事将领：刘伯承、李富春、林彪、聂荣臻、彭德怀、杨尚昆、李卓然[20]。还有共产国际特派员李德。邓小平担任中央秘书长，李德的翻译伍修权也一同参加了会议。王稼祥和聂荣臻在湘江战役中受了脚伤，躺在担架上开会。这次中央政治局扩大会议几乎所有的政治局委员都出席了。张国焘、陈毅、任弼时和项英等人缺席。2月中旬，中央致电通知缺席委员遵义会议的决定，这一决定同时在红军和党内领导层[21]中发布，因此李德称“遵义会议是毛泽东夺取红军和党内权力的第一步，也是最重要的一步”[22]。这一观点是不足信的。大会由博古主持，他首先以中央政治局名义作总结报告，深刻分析了第五次“围剿”战争和红军撤出江西根据地的形势。博古的演讲没有准备讲稿，但十分流利，他把失利归咎于“客观因素”：两军军事实力存在巨大差异，帝国主义大力支持南京政府，等等。接着，周恩来从主观角度分析了战略战术及军事指挥上的错误，如为应对国民党军队封锁包围筑造的防御工事毫无作用。在他看来，战事失利的主要责任人是李德。洛甫第三个发言，批评了博古的分析。

之后毛泽东作了重要发言，一小时的发言数度被掌声打断。与前几位领导人不同，毛泽东说了实话，也说出了大伙内心真正所想的。他严厉批评了军事上的保守主义和单纯的防御路线，这种防御路线使红军在敌军猛烈的火力和空袭下极易被发现，被摧毁；李德所谓“短促突击”的战术原则，使红军被敌人以持久战和堡垒战术击溃；指责长征开始向西行进的路线是逃兵思想。会上王稼祥宣布取消李德和博古的军事指挥权，改由毛泽东负责。陈云和刘少奇都发言支持毛泽东。只有凯丰为博古辩护。聂荣臻在回忆录中提到，凯丰数次打断毛泽东，批评道："你根本不听从马克思列宁主义，你所读的只是孙子兵法。"[23]彭德怀、聂荣臻、刘伯承等将领都批评李德。由于伍修权因会议上激烈的气氛而感到不适，无法进行翻译，李德难以跟进会议。他长时间一言不发，低着头，在客厅一角不停地抽烟。朱德和周恩来给了致命的一击。这一次，周恩来痛击了博古。

2月8日遵义会议决议获得通过，重申了毛泽东的主张。对毛泽东而言，这个胜利显然是重要的，但是还不足以决定日后他成就的伟业。会议增选毛泽东为政治局常委。毛泽东成为5位中央领导人之一。尽管当时他的朋友们仍然沿用苏维埃共和国时期的称呼"主席"，但是毛泽东还不是共产党党首，也非党内第一号人物。遵义会议取消了博古、李德的最高军事指挥权，决定仍然由中央军委主要负责人朱德、周恩来指挥军事，毛泽东为周恩来在军事指挥上的帮助者。博古被孤立，对此气恼不已，于2月5日辞去共产党总书记职务，由洛甫代替。当时洛甫在军事上没有建树，长征的路线主要由周恩来、朱德、毛泽东和刘伯承4人决定。3月4日，毛泽东恢复宁都会议前的前敌政委职务。这次官复原职有一定的偶然性：周恩来和朱德在前几次战役中指挥不当，洛甫和刘少奇没有军事指挥经历，项英和张国焘没有随军长征，陈云2月初出发前往莫斯科与王明会合，军中只剩下毛泽东可担此重任。

会议主要根据毛泽东发言的内容，委托洛甫起草《中央关于反对敌人五次"围剿"的总结的决议》，于2月8日经政治局会议通过后印发。决议主要有两篇文稿。第一篇15 000字，评价了第五次反"围剿"以来红军的作战；另一篇仅3 000字，总结了经验教训。决议批评了博古"右倾机会主义"路线，但仍然指出其总路线是正确的，肯定了其在江西招募10万士兵的成绩。[24]第五次反"围剿"失利是主观原因导致的：低估国民党的兵力，高估红军的战斗力。李德在会议后期加入了讨论，根据陈云回忆，他认为第五次反"围剿"并没有失败，毕竟红军主力突破了"围剿"，保存了实力。李德本人的陈述也证实了陈云的观点："遵义会议并不认为第五次围剿是国民党的胜利，红军主力不仅突破了国民党的封锁，而且在川黔滇湘等地广泛开展游击活动，发展壮大。蒋介石自身兵力也因一年半旷日持久的围剿战事而大大减弱”[25]。如果不是红军自身指挥不当，第五次反“围剿”战斗一定会像前4次一样粉碎“围剿”的。大会重新肯定了毛泽东灵活进攻的战略路线，快速进攻，快速撤退，集中兵力歼灭敌人，避免持久战。党内各级会议中都批评了李德错误的军事指挥，而对博古的批评主要集中在团级以上的干部。

不安定的9个月

经过10天休整[26]，红一方面军约3.5万人重整士气，整装上路，每个士兵收到军饷2元，穿上了新鞋和衬绒厚衣，有些还穿上了上蜡的皮鞋。毛泽东骑着白马，和周恩来、洛甫一起走在军队的最前面。他们对长征的目的地已经十分清晰。1月18日决议的第一条指出：遵义政治局扩大会议一致决定改变黎平会议以黔北为中心建议苏区根据地的决议，改为渡过长江，在成都西南或西北建立苏区根据地。西康省的政治、经济、军事条件都比贵州成熟，而且驻扎的敌军兵力较弱，也方便与红四方面军会合。[27]

张国焘领导的红四方面军已经在四川西北部高地，以万源为中心建立了根据地。1933年后，总兵力达到8万人，徐向前[28]任总指挥，根据地内老百姓有500万人。1934年后川陕根据地陷入了困境，四川军阀刘湘为击败其他军阀而与蒋介石联手，40万装备精良的士兵向川陕根据地发起进攻。1935年1月20日，中革军委致电红四军策应北进入川的红一军。张国焘是当时根据地唯一的政治局委员，决定退出川陕根据地，首先向陕西南部绕行。3月末，红四军强渡嘉陵江，摆脱追兵向西而行。5月15日宣布在邛崃山[29]以北茂县和理县成立中华西北苏维埃政府。四川省有六大军阀拥兵60万，相互厮杀，1912年至1933年总共爆发了470场战斗，苛捐杂税导致当地1/3的人口外逃，当地连年饥荒，百姓民不聊生，故而军队实力不强，这些都是革命因素。张国焘计划在西康、青海甚至新疆建立新根据地，在这一带，苏联的影响力极大。

会师

1935年1月末至4月末，有两支队伍进行了长征：红四方面军向北转移，行程较短，一路上平安无事；红一方面军向南长途跋涉，一路上打了许多恶仗。

毛泽东率领红军强渡长江刚开始很不顺利。于是他决定兵分三路，沿着遵义至四川荒废的古代官道，越过黔北咽喉的娄山关后，沿着湍急的赤水河岸边的峭壁行进，穿过赤水市复向北，预备在泸州一带渡船过长江。当时在这两个城镇已经出现小型蒸汽渡轮。

1 月 26 日，林彪的先头部队顺利抵达赤水，很快便遭到阻截。敌人占领附近的小山丘上的制高点，火力极强。林彪的部队没有大炮，几次冲锋不果，只得后撤。毛泽东起初没有重视这场失利，令彭德怀率军埋伏，围歼尾追的敌军。红军 1 月 28 日向土城发起猛攻，毛泽东站在远处的岬角上，持着望远镜注视着战场，他在等候佳机派出精锐部队一举歼灭敌军。这种战术在前几次的战斗中都获得了胜利，然而这一次却失败了。战前，毛泽东从战俘口中得知敌军番号，预判是 4 000 人左右实力较弱的黔军。然而当彭德怀贸然出击时，面对的是一万人装备精良的川军。很快红军陷入了苦战，午后，毛泽东派林彪前去支援，亦未能解困，最后不得不把所有兵力都投入了战场。战斗一直持续到晚上，红军得以利用夜幕撤退，搭浮桥横渡赤水向西而行。1 月 29 日，红军穿过四川，达到云南西北的扎西（现威信）。蒋介石判断红军可能北渡长江，在江边严防以待，没有乘胜追击。土城一役，红军 4 000 士兵阵亡，士气更加低落。毛泽东的决定却十分出人意料：鉴于前往四川之路已断，他下令原路返回，突袭娄山关，击败国民党两个师的守军，缴获 1 000 支枪，击毙 3 000 士兵，另俘虏了 2 000 人，其中 4/5 的俘虏都加入了红军。2 月 28 日，红军再次占领遵义。

很快红军又撤出遵义，两个月的时间内，毛泽东率军在以遵义为中心，500 至 600 米的半径内打转，四渡赤水。此役毛泽东一直引以为自豪，他成功地混淆蒋介石的判断，带领红军巧渡长江。[30] 当时的媒体也印证了这一说法，《中国每周评论》4 月 13 日报道称赞“红军队伍中有天才存在”。一个国民党的将领也说“老蒋被共产党牵着鼻子走”[31]。我们注意到当时云南军阀龙云故意给红军留出一条通道，使红军迅速离开云南。当地的彝族提供物资帮助红军。3 月 30 日，红军兵临贵阳城下。4 月 29 日，林彪率领的前锋逼近云南昆明。蒋介石连忙飞抵成都，复抵贵阳，坐镇督“剿”。老蒋一再遭到共产党的愚弄，不时急调精锐部队驰援，致使长江上游云南四川境内的金沙江两岸布防出现大片空虚。5月1日至9日，红军迅速渡过金沙江，没有遇到任何阻拦。当时红军雇用了36个船员，分7艘大船，每船容纳50多名士兵，横渡金沙江。每次渡江需要3～4分钟，金沙江江面布满暗礁和旋涡，只能在白天渡江。两岸峡谷地势险峻，国民党的空军飞机无法侦查，地面军队估计不足，加之山路难行，被红军甩在了后面。5月10日，红军抵达四川南部会理城下，只剩下2.5万人。红军欲借助竹梯攻城，被击退。

5月12日，中央政治局扩大会议（18人）在会理城郊召开，当时气氛十分紧张。与会者认为毛泽东兜大圈子的方针，一方面确实迷惑了敌人，另一方面也使红军自身筋疲力尽。贺子珍的经历正是大部队遭遇的最好的反映。土城失利前夜，她产下一名女婴，由于战事，她不得不把第四个孩子交给当地一户农民抚养，以后再也没能找到这名女婴。两个月后的一次空袭中，她差点被炮弹击中，此后长征一路上她都一直躺在担架上，意识不清，一生都没有真正恢复健康。而且由于连战不利[32]，博古势力重新抬头。党内开始出现对毛泽东的批评：负责党务的洛甫打算撤销毛泽东的军事指挥权。4月25日晚10点，林彪和聂荣臻致电朱德，要求立即改变策略。[33]朱德不同意两人的要求，还告知了毛泽东。刘少奇和杨尚昆建议红军稍作休息，等待贺龙部队前来会合，红二军已经从湘北出发开始长征。这些争论一直到红军幸运地渡过长江才停息：人们重新燃起希望，包括李德在内的中共领导人一致同意红一军继续原有路线，渡过长江右岸的支流大渡河。在这种危急的情形下，毛泽东严厉地批评了反对者。他批评林彪道：“现在必须要走弧线绕大圈，避免走直线。”林彪后悔不已，一言不发。彭德怀被批为“右倾机会主义”，做自我批评。其他人都不敢发表意见，只有洛甫放下之前的成见，主动支持毛泽东。[34]当老虎怒啸时，其他动物都沉默了。这几个月中他性格中的“猴气”显露了出来，像猴子一般灵活迷人，这种性格起了重要作用。

2月5日，当红军通过鸡鸣三省村[35]时，毛泽东有计划地派遣潘汉年前往莫斯科，向共产国际汇报职务变化。潘汉年直至8月末才到莫斯科，此时共产国际七大已经落幕，王明在莫斯科当地招募中国代表团参加了会议，并汇报了中国革命的情形。潘汉年[36]首先坐船，然后坐火车穿过西伯利亚前往莫斯科，途中遇到另一位中央代表，政治局常委陈云。红军抵达大渡河时，毛泽东令陈云前往莫斯科，报告中国工农红军长征和遵义会议的情况。政治局扩大会议决定撤销博古的领导职务，增选毛泽东为政治局常委，确立了以毛泽东为代表的新的中央的领导。陈云指出："毛泽东已经以实际行动证明了这一决定。"[37]《真理报》12 月 13 日刊登了《中国人民伟大领袖毛泽东》一文，着重介绍了毛泽东富有传奇色彩的生平，这说明共产国际已经承认了毛泽东的地位。

当时最重要的是毛泽东如何率领红军渡过大渡河。红军继续向北行进了 500 公里（直线距离约为 300 公里），沿着 35 公里的山间小径，一个接一个鱼贯前进。为躲避国民党的空袭，红军在夜间行军，一切都十分顺利。

然而，5 月 24 日当部队抵达安顺场时，许多将士开始心生不安，尤其是朱德。[38]大渡河由喜马拉雅山积雪融化而成，水流湍急。3/4 个世纪前，正是在这个地方，太平天国的石达开被大渡河堵住去路，陷入清军重围，全军覆没。红军只找到 3 艘渡船，每艘仅能容纳 80 人，需要 8 天才能全部渡过大渡河。尤其此处地势开阔，敌人可以轻易地从飞机上轰炸扫射。毛泽东决定改向西北，沿一条小径迅速抵达 130 公里以外的泸定桥渡河点。这条小径其实是岸边峭壁侧面突出的一块狭窄台地。泸定桥是一座著名的铁索桥，桥长 100 多米，由 13 根碗口粗的铁索组成，1701 年建造，是从北京至成都—康定—拉萨一线的重要通道，也是该地区唯一的渡河通道桥。为了赢得先机，红军日夜兼程，以强行军的速度一天行军 100 公里飞奔，于 5 月 29 日傍晚大败桥头守军，夺取了泸定桥。[39]泸定地区两面峡谷不利于飞机侦察，红军大部在之后几天顺利渡过大渡河。这时离张国焘的红四军直线距离只剩下 160 公里。毛泽东再次选取一条出人意料的线路：避开商队常走的人烟稠密区，翻越人迹罕至的夹金山。所经夹金山海拔 3 437 米，山口海拔也有 1 300 米，大渡河以东部分的大雪山海拔 7 556米，终年积雪。这个季节大雪山异常寒冷，许多士兵耐不了严寒，或者筋疲力尽，有些战士吃惯了大米，消化不了藏族的粮食糍粑，上千名战士倒在了雪山里。在大雪山上，无线电不通，两支红军队伍只能摸索接近。

红四方面军抵邛崃山的理县后，从农民处得知红一方面军的踪迹。李

毛泽东与朱德。照片拍摄于长征快要结束时的陕北。两人相貌的不同十分明显。红军总司令朱德像一个农民，面部线条粗犷，有棱有角。而毛泽东则显得风度翩翩。这是“猴气”时期的毛泽东。

先念奉军部命令率侦察兵策应红一军。6 月 9 日，李先念抵达位于夹金山出口的达维镇。12 日，两支部队的巡逻兵在懋功（现小金）附近短暂交火，后从军号中认出对方，两支部队终于会合了，士兵们激动地拥抱在一起。15 日，中央政治局和中国工农红军革命军事委员会会议在达维召开。达维镇是一个仅有 106 户农户的小镇，以喇嘛寺院和农民集市为中心建造。1/3 的土地贫瘠，只能种植罂粟。6 月 14 日，红军在市集召开庆祝会，士兵们还跳起了舞，周恩来、毛泽东和朱德向会师的两支队伍讲话。6 月 15 日，中华苏维埃共和国临时中央政府主席毛泽东和副主席项英、张国焘，中共工农红军革命军事委员会主席朱德和副主席周恩来、王稼祥共同发表《为反对日本并吞华北和蒋介石卖国宣言》。[40]宣言号召全国工人、农民、海陆空军以及一切爱国志士、革命民众联合起来，反对日本帝国主义占领华北，反对蒋贼等卖国，消灭蓝衣社[41]。6 月 16 日，朱德、毛泽东、周恩来、洛甫致电张国焘，指出“今后我一、四方面军总的方针应是占领川、陕、甘三省，建立三省苏维埃政权”，强调红军“向着岷、嘉两江之间发展……消灭松潘地区的敌军，打通前往甘肃的通道”。6 月18 日再次致电张国焘，大意与前封电报相同，并指出“向雅、名、邛、大南出，即一时得手，亦少继进前途”。毛泽东和其他红军领导害怕在川北重蹈当年反“围剿”撤出江西时的覆辙。6 月 25 日，张国焘衣衫鲜亮，骑着匹好马，抵达两河口，毛泽东、周恩来和朱德 3 人迎接。后 3 人均是身形消瘦，衣衫也破破烂烂，眼睛里露出激动的情绪。在1万士兵的欢呼下，4位领导亲切拥抱。毛泽东发表简短演说，欢迎张国焘到来，后者则对中央红军的现状感到悲痛。

当时的中央红军只剩下1.5万人，人困马乏，军容不整；而张国焘率领的红四军军容整齐，有4.5万人。[42]他自恃兵力强盛，能够挟持会师后的红军和党中央。在他眼里，毛泽东只是在遵义会议后获得了政治上的合法性，其实不堪一击。在两军会师之前，张国焘就有意识地夺取红军和党内的重要职位。在屡次取得军事胜利后，他在军中也树立了威望，甚至宣扬自己有天神相助。

在这种情形下，6月25日至6月28日在两河口，周恩来主持召开了3天的政治局会议[43]，讨论红一、红四方面军会师后的战略方针问题。张毛两人为西进还是北上争论不休，这一次还是毛泽东北上夺取松潘地区的主张获得了支持。毛泽东再一次显示出他的务实和对地理、对战局的了如指掌：红军应该沿古代商队路线北上，前往对汉族友好的甘肃地区；而西藏的藏民对汉族怀有敌意，不宜西进。自3月2日蒋介石飞抵成都后，国民党中央军加强了对四川的控制，南下成都和四川盆地已无望。东面胡宗南部130个团已经集结完毕，但是北面他的20个团还没有完成布防。这场“兄弟间”的讨论气氛仍然比较友善，最后也没有进行投票。毛泽东的论点鲜明有力，张国焘被任命为中央军委副主席后，勉强接受了毛泽东的主张[44]。6月29日朱德召开中共中央政治局党委会议，大部分的将领都支持毛泽东的主张。

中央军委会议分裂

然而，这种共识并没有持续很久。毛泽东率军迅速北上挺进到毛儿盖，向松潘地区发起进攻未果。而张国焘借故拖延时间，慢吞吞地沿岷江北上，一天只推进1～2公里，借此表达如果没有他的支持，红军就一事无成。毛泽东不得不撤军，并在芦花（现黑水）重新召开政治局会议，任命张国焘为总政治委员，以四方面军总指挥部为红军前敌总指挥部，张国焘麾下两员大将徐向前、陈昌浩[45]分别兼任总指挥和政治委员。周恩来当时得了肝炎，和刘伯承一起以大局为重，主动退让。张国焘选择首先控制军队，轻视了党中央和政府的作用。而毛泽东则相反，在政治领域中他寸步不让，当洛甫主动提议让位，由张国焘担任总书记时，毛泽东严厉拒绝。他知道，红一军近期连续征战获胜，对红四军将领把持红军的做法早已心生不满。8月4日至6日，毛泽东在毛儿盖附近的沙窝再次召开中央政治局会议，批评张国焘按兵不动，贻误攻占松潘地区的战机。而张国焘反驳丢掉江西中央苏区根据地的人没资格教训别人。会议后，红军重新确定北上抗日的路线，将军事指挥权交给张国焘把持下的前敌指挥部，争论终于平息。

兵分两路

左路军4.5万人，由张国焘、朱德指挥，主力是红四方面军与前敌指挥部并携带所有军事物资（包括译码员和无线电设备），在两河口附近的卓克其集结完毕后向北行进抵达阿坝，向东迂回，穿过西川北部的高原草地后，在甘肃边界与右路军会合。

右路军1.5万人，以红一方面军为主，还有红四军的几个团和党中央，由徐向前和陈昌浩指挥[46]，叶剑英任参谋长。毛泽东、林彪和彭德怀都跟随右路军北进。右路军从毛儿盖出发，穿过大草地抵达巴西。两支队伍如此绕行完全是因为没能一举攻下松潘地区，丧失了先机。鉴于两支队伍穿过大草地有一定困难，毛泽东于8月20日在毛儿盖主持召开政治局会议。张国焘和朱德准备北进之事缺席会议，彭德怀和杨尚昆也由于其他军事事务缺席。周恩来一直病着，躺在担架上出席会议。会上投票肯定了6月28日红军北上的战略方针，认为张国焘关于红军主力西进的主张是危险的。决议还提出要“表现出布尔什维克赤化川陕甘地区的决心”。根据最新的中国资料[47]显示，会议投票通过一项关于张国焘的决议，但这项决议仅在红军和党内高层发布：张国焘采取的西进方针是错误的，是一个危险的退却方针。这个方针之政治的来源是畏惧敌人，夸大敌人力量，失去对自己的力量及胜利的信心，是右倾机会主义。

接下去的一周，悲剧掩盖了紧张的政治争斗气氛。毛泽东的右路军面临穿过65公里的松潘草地的考验。松潘草地海拔3 300米，其实是覆盖有植被的沼泽。战士只能沿着一条模模糊糊、有一半已经淹没的小径行进，花了6天才走出草地。3 000～4 000名红军战士在过草地时付出了生命的代价，有的被淤泥吞没，有的被毒蛇咬到，有的高烧不退，还有的筋疲力尽而亡。[48]右路军穿过草地抵达巴西地区前，还击溃了15公里以东突然出现的国民党一个团，并歼灭匆忙赶来的国民党一个师，本身也遭受了重大损失。[49]9月2日，毛泽东召开政治局会议：右路军一共5 000士兵阵亡，必须尽快休息，整理部队，然后向甘肃进发，胡宗南的部队已经在南部和东部集结。此时，张国焘率左路军从巴西以西100公里的阿坝出发穿过松潘草地，然而8月30日至9月2日大雨，葛曲河水大涨，毛泽东在过葛曲河时河水尚浅，但等张国焘抵达河边时已经难以徒步涉水渡河，而且也无法造桥过河。张国焘致电党中央，表明军粮不够，需赶回阿坝。[50]电报中张国焘再次批评毛泽东的路线，建议两军合并乘胜回击松潘。此时毛泽东的先头部队在林彪的指挥下已经抵达甘肃境内的俄界，大部仍留在巴西。张国焘开始撤退，在巴西与阿坝两地，双方频繁致电。彭德怀对当前形势担心不已，生怕张国焘部兵变，派了精锐部队保护军委。9月9日，张国焘致电中央政治局，坚持南下直击敌军，并要求毛泽东率部尽快前来会合。政治局联名回电，措词严厉，中央认为，北上方针绝对不应该改变，左路军应迅速北上，在东出不利时，可以西渡黄河。

9月9日至10日夜间，毛泽东在巴西秘密召开政治局常委会议，与洛甫、博古、周恩来和王稼祥紧急磋商，当时王稼祥和周恩来仍然躺在担架上。毛泽东后来向斯诺证实道："这是一生中最糟糕的时刻，红军当时命悬一线。"[51]毛泽东命令林彪停止前进，原地待命。叶剑英带领军委赶来会合。10日凌晨2点，中央政治局致电张国焘，命令尽快北上在巴西会合，不得违抗命令。同时，彭德怀指挥红一军从巴西向北秘密行进，不点任何灯火。陈昌浩命令彭德怀立刻调头返回，彭德怀也通知了毛泽东。陈昌浩还命令徐向前阻截北上者，遭到拒绝，徐向前认为"红军不能向红军开火"。一个刚从莫斯科回来的大学生骑马追赶而至，大声命令队伍服从指挥部的命令。这次是李德挺身而出，一把把他从马上扯下。巴西地区的红四军仍然拒绝北上，毛泽东淡然接受："我们不能强迫一对新人结婚。那些想北上的就北上，想留在原地的就留在原地吧"。

毛泽东和张国焘。照片拍摄于1938年4月4日的延安，张国焘叛变前几天。

经过2天行军，毛泽东率部队于9月11日抵达甘肃南部的俄界，红军锐减至8 000～10 000万士兵；但是几乎全体政治局委员(除了2名)、党中央、大部分的政治事务委员会委员以及红军最优秀的4名将军都跟随着毛泽东。故12日毛泽东召开政治局扩大会议，谴责张国焘的分裂行为，再次致电张国焘，指出红军将趁夜色秘密离开巴西，正面与敌军冲突，为张国焘部队北上创造条件。会议作出《关于张国焘同志的错误的决定》，指出张国焘丧失在抗日前线的中国西北部创造新苏区的信心，意图分裂党、分裂红军，有军阀主义、汉族沙文主义和机会主义倾向，并威胁开除张国焘党籍。不过，这项决定只传达到中央委员。

长征的结束

后来毛泽东告诉彭德怀，在这场危机中，他也差点动摇：如果红四方面军以武力阻拦的话，他只能跟着张国焘南下。[52]

事实上，他的命运再一次跌入谷底：胡宗南和薛岳30万人的部队集结在红军的东面、东北面、东南面和北面，在甘肃和陕西的道路上都设置了重兵。红军大部跟随着张国焘，9月13日和14日在阿坝发表声明，谴责毛泽东“对革命缺乏信心，具有逃跑主义倾向”。朱德仍然站在毛泽东一边。15 日，张国焘宣称“大举南下，打到天全芦山吃大米”，麾下有 8 万士兵和 3 万官员干部。他深信自己必将胜利。

相反，毛泽东在俄界报告中指出的前景则比较灰暗。他历数了目前的困境，甚至提出一个惊人的建议：改变长征目的地，放弃在陕北建立根据地的机会，尽可能靠近苏联建立根据地。如在新疆建立根据地，利用甘肃丝绸之路的通道向东发展，“作为共产国际在中国的分支得到一定帮助”[53]并避免“瓮中捉鳖”。毛泽东、周恩来、王稼祥、彭德怀和林彪 5 人共同协商决定长征目的地，任命李德负责“重组委员会”，以增进和共产国际的联系。毛泽东希望陈云在此期间已经安然抵达莫斯科。彭德怀负责将第一、第三军和军委纵队改编为中国工农红军陕甘支队，由 4 个团组成，每个团下辖 4 个营，总人数 6 000～7 000 人。

9 月 17 日，红军突破腊子口天险。腊子口位于白龙谷隘口，只有 30 多米宽。两边是千丈悬崖峭壁，河上架有一座木桥，桥头筑有两个碉堡。红军一支突击队，沿峭壁攀藤而上，悄悄爬上石岩峭壁的后坡，似神兵天降一般对敌发起攻击，敌人措手不及，在两面夹击下狼狈逃窜。[54]北上的通道完全打开了。毛泽东命令部队在哈达铺（白龙）休整两日。聂荣臻从当地的一份报纸中得知国民党正在“围剿”“共匪”刘志丹带领下的陕北红军。[55]这时候毛泽东才知道陕西革命根据地的存在，也是在这时候才确定陕西根据地的大致位置。对于这支打了一路恶仗、筋疲力尽的部队而言，这是最后的一根救命稻草。毛泽东精神振奋，立刻抓住这一机会，召开党和红军干部会议。在会上他首先批评了张国焘选择南下是右倾机会主义，只有北上才有出路。“我们两人到底谁才是右倾机会主义?”然后他宣布红军与刘志丹的部队会合，建立陕北根据地，好似这个临时做出的决定是一开始就想好了的。他说，我们确实人数不多，“但是敌人以为我们人数更少，无论如何我们都比井冈山时期强大了”。

国民党在天水—兰州设立封锁网，以保护肥沃的渭河河谷地区。9 月 27 日，红军毫不费力地突破封锁线。28 日，毛泽东再次向将领强调长征的新目的地是陕北——放弃了在中苏边境交界处建立根据地的设想。[56]3 个星期内红军行军 500 里，击退了一小股骑兵和当地一些武装，一路上几乎没有遇到任何阻拦。翻过六盘山后，红军抵达陕北的黄土高原。这个高原因赭石土壤颜色命名，植被稀疏，狭窄的河谷分布在黄河支流两岸。10 月 14 日，高岗和刘志丹派出的红十五军侦察兵与红一方面军会合。10 月 20 日，毛泽东作《六言诗·给彭德怀同志》。[57] 10 月 22 日，在吴起镇会见红十五军前来联系的同志并召开中央政治局会议，总结离开巴西后的战斗情况，通过在陕北建立新根据地的提议。10 月 27 日，在政治局常委会议上重新分配职务：毛泽东负责军事，博古负责建立苏维埃根据地，周恩来负责协调与后勤。长征结束了。毛泽东几周前曾高兴地作词[58]：

天高云淡，
望断南飞雁。
不到长城非好汉，
屈指行程二万。

六盘山上高峰，
红旗漫卷西风。
今日长缨在手，
何时缚住苍龙？

诗中的“苍龙”可能指他毕生的敌人蒋介石，确实一年后蒋介石在西安事变中被俘虏。但是当时，“苍龙”指的是另一头怪物——日本帝国主义。这个比喻还体现出在这块世界尽头的干旱之地上，中国共产党和毛泽东本人都获得了新生。

命运的力量（1935 年秋—1936 年秋）

从 1935 年秋天开始，中国共产党和毛泽东本人的处境仍然十分危险，受到三方面的威胁：张国焘、蒋介石和日本人。当时红军人数处于历史最低阶段，还不到一万人，任何一方的威胁可能都是致命的。然而，毛泽东凭借战略战术和运气的帮助终于战胜了命运。

悲惨的革命根据地

红军长征结束，抵达陕北瓦窑堡（现子长）与保安（现志丹）一带，这里是当时中国最贫穷的地方。1932 年后在这片黄土地上已经建立起一些小型苏区。面积大约为 2.3 万平方公里，人口 25 万，平均每平方公里的人口密度 5～20 人。由深厚黄土沉积形成的黄土高原绵延上百米，植被稀疏，夏季 7～8 月雨水集中，水量丰富，侵蚀出许多深谷，而在其他时候只剩下涓涓细流。当地生态环境遭到人类极大的破坏，只有沿河岸边 6%的土地和一些侵蚀还不严重的斜坡可供耕作。畜牧方面，人们养羊，但只有一半的农户有驴。农业产量极低，耕具只有犁和锄，耕畜严重不足，还不够拉犁；妇人和小孩经常要帮忙拉犁。通常春天土地肥沃时种植小麦，也种植黍类，制成红浆饮用。[59] 当地人住在地下的窑洞。1860—1870 年，当地人大量出逃，现主要居住族群为回族[60]。1929—1931 年爆发大饥荒。张学良退出东北后，在陕西驻军 20 万人，发展军事，意图重新恢复该地区昔日的繁荣。

因此陕北的情形与江西苏区十分不同：如果说这里存在大地主的话，数量也极少，一个村庄只有一两个，主要是些富农。大部分农民都是小土地者，甚至是佃农。他们租借 6～8 公顷土地耕种，从地主那里获得种子和住房，但是要上交大部分的收成，还要义务做许多劳役：巡逻、挑水、抬轿、打扫院子、打猛禽等。在革命者眼里，这些全部都是封建残余。事实上，当地人民生活在高利贷和重税的剥削之下。高利贷形式多样，有粮食尚未收成时半价出售，或者每 5 天提高利息 10%，并需要以土地、农庄、耕畜甚至是活人做抵押。借钱者还必须义务干活。普通的农民都有负债。当地的富人正是依靠土地抵押而发家的。[61]

陕西地处中国西部腹地，古称关中，是秦汉两代的摇篮，公元前 3 世纪就在这里建立起了大秦帝国。始皇陵就在长安（现西安）附近。在西安和延安的途中有中国人的始祖黄帝的陵墓，受人崇敬。长安还是著名的丝绸之路的起点（或终点），古代商人从这里出发，翻过喜马拉雅山，穿过中东的沙漠，最后抵达地中海沿岸的安条克城。悠久的历史、深厚的底蕴以及曾经活跃在这里的民国先烈的经历（如反清斗士刘师培[62]）深深地震撼着毛泽东，他的许多诗词都反映出这种情感。

巩固根据地

1936年12月后，毛泽东完全掌握了陕北革命根据地。起先，红二十六军的两位将领刘志丹[63]和高岗[64]出身名门，很有威望。跟随者主要是参加过1930—1935年70次兵变的西北军士兵。他们没有军饷，平时生活在兵营中，受冯玉祥的影响很深。这位“基督将军”1920—1927年统领部队时，士兵们接受了精神教育和爱国教育，这是当时其他军阀部队中所没有的。因此兵变后，士兵们不愿加入土匪，反而跟随一些对共产党有好感的大学生加入了共产党，由此诞生了中国工农红军第二十六军。二十六军有兵力2 000～4 000人，全盛时期控制了瓦窑堡以西20个地区90万人口。后来张学良、杨虎城在西北“剿共”，山西军阀阎锡山从东面进攻，部队人数降到2 000人，根据地面积也日益缩小，刘志丹和高岗决定寻求徐海东[65]指挥的红二十五军的支援。张国焘率领红四军撤出鄂豫皖根据地后，部分兵力留下来组成红二十五军，在湖北北部和安徽北部山区组织游击战。1935年9月18日，红二十五军4 000人进入陕西南部的秦岭山脉，与刘志丹的红二十六军会合。两支队伍合编为红军第十五军团，徐海东任军团长，刘志丹为副团长，高岗任政治部主任。

11月3日，西北革命军事委员会成立，毛泽东任主席，周恩来和彭德怀为副主席。毛泽东同时兼任苏维埃政府主席，博古和洛甫任副主席。11月21日，红十五军团执行毛泽东诱敌深入的方针，歼灭国民党一个师。[66]毛泽东的威望更高了。

就在这个时候，全国政治形势风云突变。塘沽协定签署后，日本在中国华北地区挑起各种军事争端，策划内蒙古和华北地区自治（包括察哈尔省、绥远、热河，即现在的内蒙古和河北），而国民党军队奉行不抵抗政策，步步后撤。1935年12月9日至12日，北京（北平）上千名大学生和有识之士走上街头，抗议丧权辱国的投降条约，要求一致抗日。[67]共产党尽管人数不多，但在这场学生运动中却起了重要作用。事实上，共产党自身的态度也历经变化：起初，共产党认为若要抗日，则首先要赶走“史上最大的卖国贼”[68]蒋介石；但是在1935年8月1日通过的《八一宣言》中，共产党的态度已经发生改变。这份宣言实际上由王明起草，在莫斯科发表。共产国际鉴于德国共产党事业在纳粹的统治下遭受巨大失败，努力推动中国共产党态度的转变。宣言提出，只要国民党停止第六次“围剿”，中国共产党愿意与国民党合作联合抗日，并提出抗日救国十大纲领和一些不甚详细的改革措施。宣言使用了中华苏维埃中央政府和中共中央名义，但直到 11 月 10 日，中共驻共产国际代表团所派代表张浩（林育英）才从莫斯科来瓦窑堡[69]，带来共产国际第七次代表大会精神和《八一宣言》的内容。[70]毛泽东同意新的方针路线，于 11 月 26 日致信国民党的一位将领，陈述红军愿意休战，与国军携手抗击日军。[71]11 月 28 日发表《中华苏维埃共和国中央政府、中共工农红军革命军事委员会抗日救国宣言》[72]，这是共产党战略转折的开端。宣言提出：蒋介石是“最大的叛国贼”，他的政策将会“亡国灭种”。“不论任何政治派别，任何武装队伍，任何社会团体，任何个人类别，只要他们愿意抗日反蒋者，我们不但愿意同他们订立抗日反蒋的作战协定……”[73]12 月 1 日，毛泽东致信洛甫，提出“为了形成抗日反蒋统一战线”，要改变对富农的政策，富农可与贫农、中农分得同等土地。[74]同时优待战俘，不再枪毙被俘的国民党将领。

1935 年 12 月 17 日至 25 日，中央政治局会议在瓦窑堡召开[75]，大会通过 3 项决议。根据洛甫的报告做出《中央关于目前政治形势与党的任务决议》，批评共产党之前采取的关门主义，提议抗日反蒋战线要联合小地主、富农和民族资产阶级。根据毛泽东的提议，通过《中央关于军事战略问题的决议》：尽快扩充红军。红一军的人数要达到 20 万人，和游击队共同抗日（毛泽东利用这个机会再次重申了江西时期的战略方针）。“打通苏联”以便获得重型武器援助。巩固苏区并向西向北扩大。27 日，毛泽东根据会议精神，在党的活动分子会议上做了《论反对日本帝国主义的策略》的报告。[76]报告的语气简单具体，毫不空洞；对社会阶级的分析简明扼要，很好地鼓舞了民心。蒋介石身后是大土豪、大劣绅、大军阀、大官僚、大买办们的利益集团（1927 年《论湖南农民运动》中提到土豪劣绅），他们是帝国主义的走狗，站在了人民的对立面。关于民族资产阶级，这个阶级曾经参加过 1924 年至 1927 年的革命，随后又被这个革命的火焰吓坏，站到人民的敌人即蒋介石集团那一方去了。现在他们开始犹豫不决，蔡廷锴等人领导的十九路军代表的正是民族资产阶级。他们同红军打过死仗，后来又同红军建立了抗日反蒋同盟[77]。毛泽东还批评了教条的“关门主义”，坚持关门主义策略的人们认为只有《圣经》上载了的才是对的。毛泽东认为这是一种幼稚病，“革命的道路，同世界上一切事物活动的道路一样，总是曲折的，不是笔直的”。关门主义者是“为渊驱鱼，为丛驱雀”。分析完敌方的阵营后，毛泽东还对中国民族革命营垒里的情形进行了清醒的分析：“在转移中，红军本身又有很大的削弱……敌人是得到了暂时的部分的胜利，我们是遭遇了暂时的部分的失败”。张国焘夸大了中央红军的失败是片面的看法，就好像个“虾蟆坐在井里说：‘天有一个井大’”。“敌人在一个方面（占领我军原有阵地的方面[78]）说来是胜利了，在另一个方面（实现‘围剿’、‘追剿’计划的方面）说来是失败了。这样说才是恰当的，因为我们完成了长征。”毛泽东还诗人般说道：“从盘古[79]开天辟地，三皇五帝到于今，历史上曾经有过我们这样的长征吗?”

这个时候，其他几支红军也从1934年起开始长征，最后的命运却各不相同。尽管毛泽东在1935年12月份得到中央政治局的支持，但他仍然必须克服张国焘以及西进的红四军带来的难题。

张国焘的溃败

1935年9月11日，毛泽东率右路军趁夜色偷偷离开巴西驻地北上，立刻激怒了张国焘。张国焘随即带领部队离开阿坝南下，随军同行的还有朱德和刘伯承。10月5日，张国焘谴责毛泽东不战而逃，宣布另立中共中央[80]，开除毛泽东、周恩来、博古、洛甫中央委员及党籍，并下令通缉他们。12月5日，张国焘致电党中央，宣布成立“第二中央”，包括政治局和中央军委，要求“你们应称北方局”[81]。朱德、刘伯承、李先念和徐向前似乎都同意这一决定，尤其朱德和刘伯承两人还先于张国焘进入中央政治局。张国焘对自己8万人的兵力过于自信，除了这招虚张声势的做法外没有寻求其他政治合法性。一开始他就出现了失误。

11月19日后，张国焘的部队屡遭挫折，损失严重：国民党大批部队尾随红军长征抵达四川，红四军在南下成都时意外遭到刘湘军队的猛烈抵抗，1万士兵阵亡；同月月末，遭遇薛岳率10万大军，携飞机和重型武器围堵拦截，再损失 6 000 人。张国焘不得不退入川藏交界处的深山。1936 年 6 月起，两广独立牵制了南京国民政府[82]，红四军得到几个月的短暂休整。然而入秋后，国民党大军再次逼近，张国焘不得不违背初衷，率领 4 万人重新北上。抵达西藏的炉霍（甘孜）时，红四军已经完全陷入了困境。尽管他多番努力，包括 1936 年 1 月在四川召开建立根据地筹备会议，但始终无法建立起区别于毛泽东的陕北根据地的稳定而有影响力的革命根据地。

第二个错误表现在政治上：张国焘之前的虚张声势没有达到效果。面对挑衅，毛泽东沉着冷静，灵活应对。1936 年 1 月 22 日，在中央政治局会议上通过《关于张国焘同志成立第二“中央”的决定》。决定言词谨慎但立场坚定，严厉批评了张国焘的分裂行为，命令立即取消他的一切“中央”，并决定在党内公布 1935 年 9 月 12 日中央政治局在俄界的决定。该决定得到政治局几乎所有委员的支持。林育英和彭德怀刚刚进入政治局，在这场冲突中当起了调解员。张国焘也明白自己所面临的威胁：1936 年 1 月 28 日，他无条件支持《八一宣言》和共产国际七大作出的建立统一战线的决议。他提议在中央代表团的领导下成立两个政治局，即毛泽东领导下的西北局和自己领导下的西南局。显然，他已经意识到自己在政治上的合法性问题，态度有所转变，不再气势凌人，比较谨慎。而毛泽东继续保持低姿态。1936 年 5 月 20 日，依照中央政治局的声明，致电张国焘和解[83]（至少表面如此）：“弟等与国焘同志之间，现在已经没有政治上和战略上的分歧。过去的分歧不必谈，唯一任务是全党全军团结一致，反对日帝与蒋介石。弟等对于兄等及二、四两方面军全体同志之艰苦奋斗表示无限敬意，对于采取北上方针一致欢迎，中央与四方面军的关系可如焘兄之意暂时采用协商方式。总之，为求革命胜利，应改变过去一切不适合的观点与关系，抛弃任何成见，而以和协团结努力奋斗为目标。”获胜者通常都是比较平和的，这次毛泽东赢了：6 月 6 日，迫于军中两位政治局委员朱德和刘伯承以及徐向前将军的压力，张国焘被迫在炉霍宣布撤销“第二中央”。

与此同时，1935 年 10 月，陈诚率 130 个团的兵力进攻湘西北部根据地，贺龙率领的红二军和任弼时的红六军撤出根据地[84]，南下长征。1936 年 4 月，为了支援困境中的红四军，红二军在云南北部渡过金沙江，于6月底达雅砻江边的雅江县，此间离士气低落的红四军只有100多米。[85]7月初，两支队伍会合一同北上，7月末抵达阿坝。[86]

这是张国焘犯的第三个错误：贺龙和任弼时都支持毛泽东领导。张国焘被迫取消“第二中央”，接受北上。中央批准红二、红四方面军组成西北局，张国焘任书记，朱德、贺龙和徐向前任副书记。两支队伍兵分三队北上，很快抵达甘肃会合。贺龙希望能在甘肃与红一军会师，此时彭德怀正率军执行“西征计划”，进入甘肃东部迎接红四方面军。张国焘再也无法阻止4支红军队伍10月中旬在会宁会师，尤其当时国民党刚结束南方叛乱，迅速派遣30万兵力入驻山西南部。1936年12月7日，中央革命军事委员会主席团转发中华苏维埃中央政府关于扩大中央革命军事委员会组织的命令：以毛泽东为中央革命军事委员会主席，朱德、张国焘为副主席。至此，共产党的政治军事力量均集中在中国西北。

张国焘却不是轻易认输的人。会师后的红军总共将近6.1万人，其中红一方面军2万人，红二和红六方面军1万人，红四方面军3.1万人。这个人数已经大大超出陕北土地的负荷。1936年10月11日，张国焘提出“宁夏战役计划”——红四方面军2.1万人向西在甘肃建立一个新的革命根据地，得到毛泽东的同意。张国焘本人没有参与西征，反而率领1万人前往保安。他希望通过这次合法的途径，能够主持一个独立于陕北的新根据地，实现自己的政治抱负。也许他计划在甘肃新疆一带建立根据地，是鉴于新疆军阀盛世才已经投降，他能够通过新疆直接获取苏联的军事物资和顾问的援助。然而“宁夏战役计划”并不顺利，西征军与彭德怀的沟通协调不良；黄河突然水涨，使四方面军主力未能全部渡过黄河，尤其是12月12日至25日的西安事变后，毛泽东担心蒋介石会向西北增军，命令西路军向东返回。军委命令屡有变更，致使队伍在大约十多天的日子中进退不得，陷入绝境。[87]1937年1月中旬[88]，西路军在甘肃通道高台地区部遭到马步芳和马步青兄弟的袭击，三分之一的兵力被灭。2月末，刘伯承率援军支援，可惜才到半路，西路军已经全军覆亡。1937年9月，幸存者陆陆续续回到陕北，李先念率领一千多人也是在这个时候回到陕北的。张国焘尽管没有经历这场灾难，但是他从此失去了军队。1937年3月31日，中央政治局会议严厉批评了他的错误，安排他离开延安前往汉口工作，最后张国焘于1938年4月投降国民党。[89]

埃德加·斯诺与毛泽东

经过具有决定性意义的几个月的艰苦奋斗，毛泽东渐渐巩固了陕北根据地：至1936年年末，苏区面积扩大到30个区，老百姓人口达到150万，红军人数增长了2万。此时毛泽东担心在陕西一隅之地，共产党可能被边缘化，他决心要在国内政治活动的核心领域有所作为，而且要让在全世界都知道中国共产党。

从1935年12月到1936年4月初，统一战线更像是一种口号。在瓦窑堡的政治局会议上，共产党就对共产国际七大制定的这个战略重点缺乏热情，只停留在“抗日反蒋”的简短口号上。这一点可以从共产党各级领导公开发表的讲话[90]中看出。然而从1月起，共产党开始与国民党南京政府代表[91]以及张学良频繁接触。国民党一方的联系人是陈立夫和另一位中央委员会委员，另一方是共产党人王牧师（董健吾）和潘汉年。2月19日，张学良支持双方在瓦窑堡会面。

在前线指挥作战的毛泽东得知情况后，立即致电王牧师，更改5月4日电报并致张学良，提出红军准备在三个条件下停止国共内战：（1）国民党立即停止进攻苏区。（2）所有中国军队进驻河北，抵御日寇迈进。（3）南京政府容许人民政治自由。3月27日，毛泽东向政治局解释这一政治转变，任命周恩来与张学良谈判，在上次秘密会谈达成的基础上推进南京与瓦窑堡之间的合作事宜。毛泽东希望能够在敌军阵营制造分歧，以分化瓦解蒋介石的力量。

4月9日，毛泽东从前线致洛甫的电文同样指出，“中心口号在停止内战”，“发布主张内战的讨蒋令，在今天是不适当的”[92]。为了实现扩大抗日阵线这一目标，毛泽东决定谨慎对待富农和民族资产阶级。7月15日[93]，毛泽东以中央政府名义向在陕西—山西一带很有影响的秘密社团哥老会发表宣言[94]，指出：“哥老会和我们一样长期受到官府，军阀和官僚的镇压，成员被诬蔑为匪徒。中华苏维埃人民共和国代表所有受压迫者，允许哥老会光明正大的存在，我们欢迎各地各山堂的哥老会山主大爷，四路好汉弟兄都派代表来或亲来与我们共同商讨救国大计。”

在这种情形下，毛泽东邀请美国记者埃德加·斯诺访问西北红区。斯诺是英美几家报社驻华记者、通讯员[95]，对中国人民的抗日革命抱同情态度，批评国民党的所作所为[96]。斯诺当年 31 岁，他出生于美国密苏里州的堪萨斯城，从密苏里新闻学院毕业后已经在校友本杰明·鲍威尔主编的《中国每周评论》上发表过不少文章。1932 年 12 月，与海伦·福斯特在上海结婚。海伦是来自犹他州的清教徒，一直以笔名尼姆·威尔斯写作，梦想成为一名作家。两人都是自由的美国人民，与国民党左派孙中山遗孀宋庆龄来往密切。在宋庆龄处，斯诺结识了艾格尼丝·史沫特莱、哈罗德·伊萨克斯、鲁迅等人，从他们那里知道了中国共产党。[97]1933 年 3 月后，斯诺在北京安家，开始学习中文。他勉强能说中文，但是不会读写。在北京他认识了其他一些了解中国、热爱中国、具有独立意识的外国人，如约翰·法邦克、欧文·拉铁摩尔、泰亚尔·德·夏尔丹神父、埃文斯·卡尔逊[98]、詹姆斯·贝特兰和小说家赛珍珠。当时赛珍珠正在翻译《水浒传》（英译名《四海之内皆兄弟》），经常高声朗读。斯诺还在司徒雷登的燕京大学中兼职教授新闻学，与中国学生私交甚密，其中黄华[99]（真名为王汝海）、俞大卫（俞启威[100]）和姚依林[101]都是共产党地下党员。1935 年“一二·九”运动爆发时，斯诺夫妇十分活跃，通过大量文字和照片资料帮助全世界了解这场声势浩大的学生运动。1934 年 3 月，报社预付 750 美元，请斯诺基于之前的报道写一本关于中国共产党的书籍。但是蒋介石剿灭了江西苏区，计划暂时搁浅。1936 年，新东家兰登书屋重新提出这一计划，斯诺也希望做出轰动世界的独家报道，于是成为“第一个采访红区的西方记者”。

1936 年 5 月初，经过多方撮合（俞大卫曾在天津与刘少奇会面，宋庆龄帮忙牵线，可能还得到了北大的俄语教师柏烈伟的帮助），斯诺应共产党的邀请前往陕甘宁边区访问。托马斯·康蓬证实 1936 年 5 月中央局为斯诺的来访专门召开会议，对可能提出的问题以及答复都作了详细讨论。大会由洛甫主持，王稼祥负责整理问题并将报告交大会讨论，吴亮平（翻译）、洛甫、博古和毛泽东都参加了会议。

6 月，斯诺抵达西安，当时西安局势十分紧张，邓发和蓝衣社的人都盯着张学良。埃德加·斯诺和乔治·海德姆医生在西安期间的经历堪比一部间谍片[102]，7 月初他们坐上张学良军队的卡车抵达延安，当时延安仍然在张学良的东北军手中。抵达延安后，斯诺在一个向导的带领下，牵着驴走了两天，直到眼前的景色成了一望无际的黄土。一脸胡须的周恩来在一个小村庄里迎接斯诺。之后的两天中，周恩来用英语向斯诺介绍了共产党的政治形势。之后一行人骑着马，在20个红军士兵的护送下继续出发。

7月13日，中央政治局所有成员在保安迎接斯诺，仪式十分隆重：军号、旗帜、领导发言等。毛泽东正在睡觉，没有出席仪式。欢迎晚宴十分传统，由于服用过量安眠药，毛泽东中途离席，回屋睡觉。神态不甚灵活、身材消瘦的毛泽东令斯诺十分震惊，他脑海中立刻浮现出了亚伯拉罕·林肯的形象。毛泽东对传统束缚的藐视也深得斯诺之心：毛泽东经常穿着衬裤与斯诺交谈，还当着他的面毫不遮掩地挠痒捉虱子。他的作息习惯十分奇特：早上睡到11点，中午吃早饭，晚上工作到深夜，凌晨吃了安眠药才入睡。他曾和斯诺一起在午夜吃简餐。毛泽东住在三个简陋的窑洞中，窑洞外有一个庭院，窗户是用油纸糊的，靠蜡烛照明。15、16、18、19、23日采访时的翻译是吴亮平，他精通英语和俄语，跟随红军一起长征。黄华后来才来到保安，陪同斯诺参观苏区，并担任9月23日那天的翻译。毛泽东回答了斯诺的问题，很多时候都在叙述自己的生平，这些叙述后来成为共产党撰写党史的最初资料。所有的采访笔记都先由黄华翻译成中文，经毛泽东审查和修改后，再译回英语。[103]斯诺还采访了毛泽东身边的几十位共产党干部和战士。1936年10月12日，斯诺带着大量采访笔记和多卷胶卷离开保安。他回到北京后数次召开新闻招待会[104]，1936年12月12日至25日西安事变突然爆发，斯诺采访的意义迅速被扩大：人们十分好奇这些掌握着中国命运的“共匪”究竟是谁。1937年3月《红星照耀中国》的初稿《外国记者西北印象记》[105]一书在伦敦出版，获得巨大成功：几周内销量达到10万册。次年2月在纽约出版，销量一般，初版只销售了2.35万册，1944年再版销售了2.7万册。1938年11月，中文译本《西行漫记》（《红星照耀中国》的又一译名）诞生，再版过4次。

此后，毛泽东和中国共产党孤胆英雄的形象在英语读者当中深入人心，这是一群能行人所不能（飞夺泸定桥），能为自己奋斗的事业献身，致力于拯救国家脱离苦海的人。毛泽东在采访中坚持共产党是“一个为解放全中国而奋斗的政党，不能代表俄国人说话”，并表示对1927年共产国际和斯大林的做法持保留态度，这些观点西方人十分赞赏。当然西方共产党和苏联就没有好脸色了，仅以《中国英雄人民》为名出版了该书的几个选段。书中毛泽东只在附录中的一页出现，一位名为阿林的作者写了前言，称赞“斯大林是天才”，批评斯诺“小资产阶级的粗俗思想”。

在这些反对声中[106]，一部著名的专著诞生了，它记录了长征的伟大功绩，集合了一名寻求独家报道[107]的美国记者[108]的新闻才能和毛泽东高超的交流艺术。随着《红星照耀中国》的出版，毛泽东1935年10月所作的《长征》[109]一诗在上海和北京广泛流传：

红军不怕远征难，万水千山只等闲。
五岭逶迤腾细浪，乌蒙磅礴走泥丸。
金沙水拍云崖暖，大渡桥横铁索寒。
更喜岷山千里雪，三军过后尽开颜。

西安事变与第二次国共合作的开始

塘沽协定签署后，日军继续向华北进逼，成立河北、绥远、热河和察哈尔等省自治政府，威胁扶植德王成立蒙古国，计划把蒙古变成第二个溥仪的伪满洲国。[110]面对日军的入侵行为，群众抗日激情日益高涨。1935年“一二·九”运动从北京扩大到上海及其他重要城市。

这种情形下，国共两党以及张学良各自态度不一，毛泽东在中间灵活处理，运筹帷幄，成功充当了事件仲裁者，中国共产党最初的弱势地位一去不复返了。

(1) 蒋介石坚持先“剿共”，后“抗日”，国民党内部矛盾加剧。蒋介石主要看国际舆论，尤其是美国人的态度，对日军日益猖狂的野心十分忧心。另一方面，他也清楚国民党军队不足以抵抗日军，故态度前后不一，看上去怯弱怕战。

(2) 张学良和驻扎在西安的东北军的态度不同于蒋介石。他们希望早日打回东北，收复故乡失土，但是没有南京政府的支持，他们无法与日军抵抗。张学良本人反共，尊敬蒋介石，但是在某些情况下，也不是没有取而代之的可能。

(3) 最后是共产党的态度。一年多来，共产党一直承受着来自共产国际的压力，后者敦促其尽快结束国共内战，故而不再把反蒋和抗日并提。第三国际铲除托派势力后，斯大林认为苏联的命运和世界局势紧密相连。他希望中国在亚洲能够牵制日本的野心，不愿看到中国陷入内战。因此斯大林慢慢与蒋介石亲近。蒋介石亲信陈立夫与苏联大使鲍格莫洛夫商讨签订中苏互不侵犯条约。若蒋介石被推翻，国民党群龙无首，缓和的局势可能戛然而止，而国民党内部亲日派就会掌握大权。中国共产党这边势力弱小，急需苏联援助[111]：1936 年春天，毛泽东派邓发前往莫斯科，寻求获得苏联方面重型武器、飞机、浮桥、无线电及防空武器的援助，以便更好地应对国民党的“围剿”和日后在西北对日作战。然而，斯大林却认为援助国民党的中央军更符合苏联此时的战略方针。另一方面，中国共产党与共产国际的无线电联系自 1934 年秋天中断后于 1936 年 7 月 6 日重新连上，斯大林能够直接向中共下达命令，将共产国际和中国共产党一起纳入自己的指挥。

统一战线形成过程

从 7 月 13 日至 12 月初，国共两派对合作一事始终犹豫不决，时而关系紧张，时而秘密磋商。

7 月 13 日，蒋介石在国民党五届二中大会上发表声明，拒绝承认日本在华北成立的任何傀儡政府，“最后关头一到，我们只有牺牲到底”[112]。此番声明令毛泽东既惊讶又欣慰。他利用斯诺来红区采访之际，重申联合抗日的呼吁，指出日本帝国主义不仅是中国人民的敌人，而且是全世界所有爱好和平的人民的敌人，尤其在亚太地区。[113] 18 日，他断言“蒋介石即将参与反日抗战，不然他将被不愿变为日本奴隶的手下推翻”。7 月 27 日，他大胆地在政治局会议上预测不久之后时势将发生剧变，国共之间将有新的关系，“现在蒋介石也在谈合作了，可能成立国民防卫政府”。“‘抗日必须反蒋’的口号，现在已不适合，要在统一战线下反对卖国贼。”蒋介石不再是叛徒了？8 月末洛甫的声明中，对蒋介石的称呼已经恢复为北伐时期和第一次国共合作时期的“最高统帅”。毛泽东估计“共产党的敌人原本约为中国人口的 10%，现在只有 5%”这一态度的改变让共产国际比较满意，后者之前对共产党迟迟未在中国执行新的政策感到十分不满。

格奥尔基·季米特洛夫7月23日的报告中，认为共产党“尽管对国民党的作战中表现十分英勇，但是比起对手蒋介石而言，政治成熟度还有2～3年的差距”。8月15日，共产国际致电中国共产党，批评后者还在执行之前的政策，认为将“蒋介石和日军并列”的做法在今时今日是十分不合适的。毛泽东8月25日在政治局会议上呼吁停止内战，并派遣潘汉年到南京与陈立夫会面。毛泽东指出：“抗日”和“反蒋”在当前形势下是不能共存的，应该转变为“逼蒋抗日”。在9月15日和16日的中央政治局会议上，他将目前的革命形势与1925—1927年革命作对比，提出国共再次合作是有可能的。9月23日毛泽东接受斯诺采访时再次提及这个观点，但是他同样指出：“如果蒋介石发动内战，我将直捣南京。”这句话的威胁意义十分强烈，最后没有写入书中。9月18日，与宋庆龄交流时，毛泽东对蒋介石的态度仍然十分悲观。在政治局会议上，毛泽东还提及1927年民族资产阶级背叛了革命，坚持“民主共和国是资产阶级性质的，但不是国民党所说的西方现代国家，它是有资产阶级参加的工人农民的国家”。10月5日，毛泽东致信张学良，建议红军与东北军停止冲突，并希望其促成蒋介石与共产党停战谈判。

然而10月中旬后，蒋介石顺利结束两广事变，再次把注意力转到“剿共”上。10月17日，毛泽东吸取了之前的教训，致电朱德和张国焘，通报会谈遭遇困难，指出“与南京谈判有急转直下势”。10月末，蒋介石视察西安，得知张学良和周恩来秘密接触，觉察到东北军和共产党在前线停战对峙，立刻召集将领，坚定地说：“抗日必须先剿共，共产党是最大的叛国贼，不剿共等同于不抗战。”11月10日，陈立夫在上海公共租界的一家饭店与潘汉年会面，提出必须取消对立的政权和军队，红军可保留3 000人，师长以上领导一律解职出洋，半年后按才录用，并要周恩来出来谈判。[114]南京政府毫不掩饰自己的企图，要求共产党投降。11月12日，毛泽东立即阻止周恩来前往南京谈判。12月1日，毛泽东以党中央的名义致信蒋介石说：“徘徊歧途，将国为之毁，身为之奴，失通国之人心，遭千秋之辱骂……而愿天下后世之人，视先生为能及时改过[115]救国救民之豪杰”。11月27日张学良主动请缨，率东北军赴绥远抗日。毛泽东得知后再次致信蒋介石，声称共产党和张学良想法一致，“中国人不打中国人，东北军与红军之间不开火”。12月10日，毛泽东致电张学良，告知潘汉年与陈立夫谈判情况，重申红军仅可在抗日救亡之前提下承诺改换抗日番号，服从抗日指挥，不能减少一兵一卒，并须扩充之。“我们愿以战争求和平，绝对不作无原则让步。”[116]同时，蒋介石在上海逮捕“七君子”[117]，12 月 4 日，下令张学良和杨虎城配合第六次“围剿”，全力进攻陕北红军，否则将张、杨部队调至南方。

双十二事变（1936 年 12 月 12 日—25 日）

蒋介石亲自飞抵西安督战。12 月 12 日清晨，蒋介石设立在西安附近临潼[118]的军部突然被东北军少壮派和士兵包围。护卫队顽强抵抗，蒋介石趁机逃脱，但最终还是被活捉。当时蒋介石穿着睡衣，躲在一块大石头后，冻得直发抖，连假牙都没带。这是他一生都无法忘记的耻辱。兵变后，张学良和杨虎城立即致电南京政府，通报全国“蒋委员长介公受群小包围，弃绝民众，误国咎深……日昨西安学生举行救国运动，竟嗾使警察枪杀爱国幼童。……因对介公为最后之诤谏，保其安全，促其反省”[119]，并提出救国八项主张，简而言之：停止一切内战，驱逐亲日派，开放民众爱国运动，改组南京政府，容纳各党各派，共同负责救国。通电的表达十分奇特，表现出地方军阀通过武力解决问题的习惯做法。这八项主张与月前共产党向东北军提出的要求十分相似，而且东北军对此十分赞同。

南京方面，亲日的军政部长何应钦故意置蒋介石的安危于不顾，要求立刻出兵讨伐张、杨二氏，救出最高统帅。而宋美龄和宋子文极力主张和平营救，然而他们可斡旋的时间并不多。12 月 16 日，国民党飞机从洛阳起飞轰炸西安，同时中央军开始向西安集结，内战一触即发。

兵谏当日，张学良当即致电毛泽东和周恩来。毛泽东召集中央政治局会议，讨论西安事变问题。会上毛泽东发言，要求将“大叛国贼”蒋介石交给人民审判，言下之意显然是宣判蒋介石死刑。根据张国焘的回忆，毛泽东十分清楚此事最终决定权在张学良。[120]然而，当时张学良声明决不危害蒋介石，而且共产国际也迫切希望国共停止内战，坚持确保蒋介石的安全。因此不难理解周恩来会在 12 月 17 日致电张学良要求处死蒋介石，以表明他加入共产党的坚定决心。[121]在毛泽东最初发给共产国际的急电中也有相似请求：毛泽东恳请共产国际批准逮捕蒋介石，“罢免蒋介石，交人民公审”。[122] 12 月 15 日前，共产党的所有声明都未对外公布。事实上，毛泽东在起初对蒋介石被俘感到欢欣鼓舞，随后立刻把个人情感放在一边，冷静思索应对之法。12 月 13 日在中央政治局会议上，毛泽东指出兵变是“革命性的”，“有积极意义”。他制定出方针：“我们应以西安为中心来领导全国，控制南京，以西北为抗日前线，影响全国，形成抗日战线的中心。”“对英美应很好联络，使它们对西安事变在舆论上表示赞助。”“我们的政治口号：召集救国大会。其他口号都是附属在这一口号下。”这个口号体现出了轻重缓急，“抗日和揭露蒋介石的罪恶”。随后与会者发言，其中朱德和张国焘都希望处决蒋介石。最后，毛泽东作结论说：现在处在一个历史事变新的阶段，前面摆着很多道路，也有许多困难。为了争取群众，我们对西安事变不轻易发言。我们不是正面反蒋，而是具体指出蒋介石个人的错误，不把反蒋抗日并列，应该突出抗日援绥的旗帜。

12 月 13 日中午至 15 日期间的多封电报可以帮助我们更好地了解当时的情形。毛泽东和周恩来致电张学良，除了表达对扣押蒋介石的赞同，要求将其送审外，还提醒少帅采取措施，抵制中央军的进攻，更告知胡宗南若南下，红军决从其侧后坚决消灭之。12 月 14 日，毛泽东指示彭德怀采取行动，以鼓舞“提心吊胆的”东北军和十七路军的士气。15 日，毛泽东致电提出组成西北抗日援绥联军，张学良为总司令，杨虎城、朱德为副；巩固内部，去除亲蒋分子。同日，毛泽东以红军军委主席名义向国民党和南京政府致电，称蒋介石被俘是“突发事件”，是蒋氏错误政策所导致。[123] 共产党支持张学良 13 日提出的救国八项主张，敦促南京政府切勿让日本人有机可乘，“鹬蚌相争，渔翁得利；螳螂捕蝉，黄雀在后”。毛泽东清楚地指出何应钦和亲日派的武力讨伐目的不在救蒋，而在取而代之后投降日本。他还提到“不宜再起内战，自速覆亡”，同时表示如国民党答应张、杨二氏主张，共产党愿意“投入 20 万兵力，与国民党军队联合抗日”。毛泽东的主张十分鲜明：和平解决危机。电报结尾，毛泽东还请求“国民党内爱国分子”驱逐亲日派，停止正在发动的内战，罢免蒋氏，交付国人裁判。毛泽东提出的统一战线是没有蒋介石的国共合作，他和斯大林的意见仍有分歧，后者坚持认为国共合作离不开蒋介石。

16 日，毛泽东开始转变立场，他在致电阎锡山时指出，时局应和平解决，万不宜再起内战，自速覆亡，并要求释放蒋介石。同日，周恩来骑骡从保安出发，沿着坑坑洼洼的小路，17 日筋疲力尽地抵达延安。同日，毛泽东再次致电少帅，确认胡宗南和汤恩伯率领的中央军人数不多，不足为惧，并请求张学良派 3 万人奇袭陇海—京汉铁路[124]一线，此举旨在威慑南京并可能取得决定性的胜利。为了鼓舞士气，毛泽东还指出：正如 13 日承诺的，中共已数度联系莫斯科，至今未有消息，如若莫斯科认为此举并非简单的兵变，而是民心所向，相信他们会同情的。如出于国际外交考虑，苏联也有可能不再公开支持中共等。“恩来已抵延安，速令城开放行。”张学良心急如焚，立刻派专机前往延安接周恩来。18 日，内战一触即发之夜，周恩来从西安发电说：南京亲日派的目的在造成内战，不在救蒋。当日，毛泽东与洛甫和博古讨论，征得两人同意后，决定推进释放蒋介石，迫使其达成几项条件，以挫败亲日派的阴谋。在这种人心惶惶的情形下，考虑到毛泽东事先制定的策略，共产党做出这样的决策也绝非偶然。[125]

12 月 19 日，洛甫主持召开中央政治局会议。毛泽东做报告[126]，指出“目前问题主要是抗日问题，不是对蒋个人的问题……日本说苏联造成，苏联说日本造成，双方对于事实的实质都有抹煞……我们准备根据这样的立场发表通电，国际指示还未到，或者要隔两天再发”。12 月 14 日的《真理报》与《消息报》指出张学良和杨虎城两人受日本指使，“在南京政府准备抗日时发动兵变，意在除去最高统帅蒋介石”。[127]因此毛泽东再次强调“停止内战，共同抗日”。他的建议巧妙地将共产党从西安事变的同盟转变为调解者：对于“用军事手段”扣押“军事政治最高领导人”蒋介石一事感到遗憾，提出南京与西安之间对立，任何扩大内战的可能都会“形成抗日联合的阻碍”。这与刚开始将西安事变定义为革命性的举动相去甚远。毛泽东指出西安事变有两个前途，要么内战，南京的亲日派力量将从中获利；要么结束国民党对共产党的镇压，联合抗日。共产党显然会选择后者，和平解决事端，形成抗日联盟。毛泽东说：“我们对张、杨是同情的”，一旦何应钦讨伐张、杨，红军要打好保卫战。随后，毛泽东分别致电陈立夫和张学良，提出双方终止对立，由南京立即召集和平会议，各党各派各界各军包括共产党和苏维埃政府参加，商讨联合抗日、共赴国仇和处置蒋介石事宜。同日，致电潘汉年：“请向南京接洽和平解决西安事变之可能性，及其最低限度条件，避免亡国惨祸。”复电周恩来，指出红军将开赴西安，与东北军共同抵抗中央军从洛阳的进攻。毛泽东确实对各种可能性都考虑周全了。

只有一项例外：12 月 20 日，共产国际关于西安事变的指示终于抵达保安[128]。指示由季米特洛夫起草，斯大林签字同意[129]，指出共产国际始终坚持西安事变完全不利于“形成抗日统一战线”，建议中国共产党在下列条件基础上想办法和平解决：（1）用吸收几个反日运动的代表即赞成中国统一和独立的分子参加政府的方法来改组政府。（2）保障人民的民主权利[130]。（3）停止消灭红军政策，并与红军联合抗日。（4）与同情中国人民反抗日本进攻的国家建立合作关系。这项指示没有任何新的内容，也没有白纸黑字地写明释放蒋介石。12 月 18 日后共产党所有的决定都是由毛泽东和中共其他领导自己分析得出的。[131]据悉，毛泽东读完电报后，气得直顿足，破口大骂。[132]在场的许多人，包括斯诺在内，第一次见到毛泽东在公共场合表达对斯大林的不满，而此后两人的嫌隙越来越大。我认为这些事情在时间顺序上可能存在问题。毛泽东生气可能是出于其他原因：季米特洛夫的指示没有任何新的想法，他建议毛泽东和共产党听命于张学良与南京政府，令毛泽东十分反感，而且手把手地教怎么做，这让他感到很恼火。

毛泽东的怒火没有持续太久：12 月 21 日起，毛泽东电示潘汉年，下达的指示完全符合共产国际的四点建议。“在上述条件有相当保证时，劝告西安恢复蒋介石先生之自由，并赞助他团结全国一致对日。”12 月 22 日，毛泽东致信阎锡山：“愿与我公及全国各方调停于宁、陕之间，诚以非如此则损失尽属国家，而所得则尽在日本。”西安事变终于有望和平解决。

危机小结

之后事件在几天内圆满解决了。12 月 16 日，东北军与中央军发生军事冲突。22 日，张学良要求东北军停火，并邀请宋子文和宋美龄飞抵西安。23 日和 24 日，张学良、杨虎城、周恩来、宋子文紧密磋商释放蒋介石事宜，宋美龄随后加入。条件细节尚未谈妥之际，蒋介石同意 12 月 25 日上午在房内会见周恩来。[133]当时宋子文和宋美龄也在场：蒋介石口头答应停止剿共，联共抗日，邀请周恩来赴南京直接谈判。蒋介石只是做出稍微让步，对共产党而言却是巨大成功，仅仅几周，共产党就不再是被围剿的法外分子，南京政府承认了它的合法性。

25日下午，蒋介石乘飞机离开西安，张学良亲自陪同，当日抵洛阳。在机场，蒋介石十分含蓄地提醒张学良和不在场的杨虎城，称西安事变是共产党的反动阴谋。[134]飞机返回南京，张学良自愿被扣留，以表达对统帅所做一切的悔意。蒋介石安然返回南京的消息一出，在上海及其他一些大城市中，人们燃放烟花爆竹热烈庆祝：蒋介石从未如此受到人民拥戴。也许在一片热闹的情形下，人们庆祝的是内战终于有望结束。护送一事，张学良事前没有告知杨虎城，他担心东北军中有些人不愿释放蒋介石。周恩来也不知晓，毛泽东曾令其务必拿到蒋介石停止内战全力抗日的书面签字。12月31日，张学良被军事法庭判处有期徒刑十年，剥夺所有民事权利。[135]杨虎城拒绝投降，1937年1月5日被南京政府撤职，29日抵抗失败[136]，流亡欧美[137]。

一场政治危机戏剧性地结束了，如同变戏法一般，原来的囚徒后来成为狱卒，而之前的狱卒却沦为囚徒。表面上一切都归于平静：蒋介石回到故乡浙江奉化休养，党内实权交予何应钦，宋子文失宠。亲日派获得了胜利，蒋介石12月25日向周恩来做出的承诺再无人提起。

艰难地建立第二次国共合作

当日午夜，毛泽东致电红军统帅，慎重又清醒地指出在五个条件下“恢复蒋之自由……是我们提出的……但他们今日已经释放蒋介石，依情势看，放蒋是有利的，是否达成有利，当待证实后告”[138]。他指示野战军尽快占领渭河平原的咸阳和三原，两座城市均离西安不远。几周后，红军趁东北军与中央军作战士气低落之际，占领潼关[139]要塞，一些部队驻扎在华山附近以及秦岭山脉，直接威胁陇海铁路。1937年1月13日是农历新年，红军有秩序地进入延安。延安城中等规模，高处有一个8层白塔，市内有大型的集市。此后，延安就成为共产党的革命圣地，气派自然不可与简陋的保安同日而语。[140]1月27日，毛泽东向政治局会议作报告[141]，总结了当前良好的政治形势。“西安事变促进了国共合作，是划时代的转变，是新阶段的开始，抗日是迟早的事。”

之后六个月，毛泽东一边不停地敦促国民党兑现承诺，一边继续占领阎锡山和蒋介石撤离军队后留下的北部山区村镇。莫斯科对此十分恐慌，1月19日和20日两次致电，批评共产党“错误的做法危害到了西安事变达成的和平协议”。1月24日政治局会议上，毛泽东指出根据共产国际的指示，共产党自12月15日后转变了对蒋介石的态度……似乎毛泽东已经完全忘记了斯大林的电报曾经惹得他勃然大怒。2月15日，国民党三中全会召开，会上重提内战时期的反共言语，并谴责中共协助策划了西安事变。毛泽东的态度仍然十分乐观，表示如果国民党遵守承诺，共产党将做出巨大让步：苏区成为中华民国一个特区，不再没收地主土地，红军更改番号，听从国民革命委员会指挥。3月1日在接受艾格尼丝·史沫特莱[142]的采访时，毛泽东指出，“共产党人决不将自己观点束缚于一阶级与一时的利益上面，而是十分热情地关心全国全民族的利害”，“共产党倡导的是民族战线。这种民族战线比起法国或西班牙的人民阵线来范围广大许多”。此时，周恩来正与蒋介石的特使会面商讨和谈之事。[143]3月末，周恩来飞抵杭州同蒋介石进行谈判。蒋介石态度有所好转，愿意了解共产党人爱国之心并且同意将共产党三个师5万人编入国民革命军，共同抗日。但坚持必须由南京政府领导共产党苏区和红军，拒绝任何两党间共同政治纲领。4月7日至20日的共产党中央政治局会议经过艰苦讨论，同意毛泽东的提议，任命周恩来起草国民联合政府计划并拟在下次谈判时呈交蒋介石。5月3日至7日，毛泽东在延安出席中国共产党全体代表会议[144]，发言指出，共产党进入了新的时期，“从一九三五年十二月九日开始的中国革命新时期的第一阶段，至一九三七年二月国民党三中全会……这一阶段的革命基本任务，是争取国内和平……这就需要我们和全国人民更大地发展抗日和民主的运动，进一步地批评、推动和督促国民党……目前的阶段，是新时期的第二个阶段……这一阶段的任务主要地是争取民主”。“争取和平和民主”这句话体现了共产党的合法化。毛泽东还强调，“我们是为着社会主义而斗争。我们是革命转变论者，主张民主革命转变到社会主义方向去，主张经过民主共和国一切必要的阶段，到达于社会主义”。显然，毛泽东借用了列宁的理论，反对托洛茨基直接进入社会主义革命的理论。5月15日接受尼姆·威尔斯采访时毛泽东对此番观点作了重新阐述，将这一分析传播到盎格鲁—撒克逊世界。5 月 24 日，周恩来准备再次与蒋介石谈判，毛泽东致电强调苏区作为特别行政区必须由共产党人林伯渠领导，并且朱德必须领导军委并具有一定实权[145]。

然而，周恩来 6 月 4 日和蒋介石庐山会谈的结果令人十分失望：蒋介石不同意《关于御侮救亡复兴中国的民族统一纲领（草案）》中提出的建议，而提出要建立“国民革命同盟会”，国共双方各派相同数量的干部参加，负责与共产国际和苏联联络。蒋介石还要毛泽东、朱德离开红军出国留洋。但是毛泽东坚持自己的态度，周恩来 7 月 7 日又飞抵上海，把新的方案呈交蒋介石，之后得知七七卢沟桥事变爆发。南京政府坚定的抗战立场证实了毛泽东的预计：革命进入了新的阶段。面对日本人的步步紧逼，面对西安事变后民众高涨的情绪，蒋介石已经无路可退，尽管害怕也只能顽强抵抗。

1937 年夏的这场政治斗争中，三方都表现出同等的睿智。日本人希望在美国人插手前实际控制中国，进而确立在亚太地区的优势。蒋介石知道若不停止内战，便无法应对日军。但是与昔日对手结成联盟，意味着重新接纳共产党，十年来的努力付诸东流。故他希望利用艰难的时局尽量控制共产党的军队，降低风险。而毛泽东必须参加抗日战争，证明共产党新的地位——领导国家的主要力量之一，同时又要尽量保持红军军队的独立性。[146]

7 月 8 日，毛泽东、朱德、彭德怀联名致电蒋介石，“红军将士愿在委员长领导之下为国家效命，与敌周旋，以达保地卫国之目的”，党中央表达了同样的态度。

7 月 14 日，毛泽东指出，蒋介石和国民党彻底转变政治立场的关键时刻已经到来。

7 月 15 日，周恩来在庐山与蒋介石举行第三次谈判，建议国共发表合作宣言。宣言中，共产党表示支持孙中山三民主义，全力支持民主革命，国民党承诺坚定抗日，重建民主（即将共产党合法化）。

7 月 17 日，蒋介石宣布决不放弃尺寸土地和主权，宣布对日抗战。

7 月 20 日，毛泽东开始对蒋介石迟迟不回复周恩来的提议感到些许不耐烦。

7 月 23 日，重申抗日救国八项主张。

7月28日，致信国民党，下达最后通牒：8月20日，红军将主动抗日，无论是否得到南京政府的允许。

7月29日，北平沦陷。7月30日，天津失守。随后几周，日军沿京绥铁路向戈壁滩进军，沿京汉铁路和津浦铁路（直指南京）挺进黄河。国民党军队奋起抵抗，损失惨重，被迫撤退。

7月31日，因组织抗日活动被囚苏州的“七君子”被释放。

8月4日，毛泽东向红军将领建议“总的战略方针暂时是攻势防御”，“红军担负以独立自主的游击运动战，钳制敌人大部，消灭敌人一部的任务……我们事实上只宜作侧面战，不宜作正面战”，红军出三分之一的兵力，其他兵力保卫革命根据地。

8月5日，毛泽东指出红军担任一方面作战任务，但不是“独当一面”。红军必须保持独立自主的指挥，同时接受红军投入一半兵力，甚至三分之二的兵力，但是“陕、甘是我们的唯一可靠后方（蒋介石在陕、甘则尚有十个师）”。红军既要谨慎又要可靠？

8月9日，日军在上海虹桥机场附近故意挑衅，一时间局势剑拔弩张。

13日，淞沪战役打响，国民党投入30万精锐部队，日本派遣了20万人。1937年11月12日国军撤退，上海沦陷，淞沪会战结束。战况极其惨烈，国民党死伤士兵27万人，三分之一为青年士官，而日军伤亡仅为六分之一。

13日，毛泽东再次会见美国记者尼姆·威尔斯，表示认可中央军的抗日行为，但指出国民党尚未动员一切力量，政治犯也没有全部释放。毛泽东还承认共产党在军事指挥上保持了独立自主。

8月13日至15日，日军进攻长三角，直逼南京，蒋介石派特使转告周恩来，希望共产党将所有军队投入战斗。

18日，毛泽东向共产党主要领导人解释说国民党希望共产党派出所有部队参战，以借机摧毁革命根据地。

21日，工农红军改编成“国民革命第八路军”，军政部长何应钦任命朱德、彭德怀任正、副总指挥，任弼时为政治部主任，叶剑英为参谋长。八路军下辖三个师。

同日，中苏签订互不侵犯协议。苏联派了数百名飞行员参加空战，很快就扭转了日军的空中优势地位。

8月22日至25日，中央政治局会议在洛川召开。洛川会议并不著名，但是具有重要意义。[147]会上毛泽东和朱德、彭德怀的建议产生分歧。后两位认为红军眼下应该投入全部兵力全力抗战，而毛泽东认为抗日战争是场“持久战”，应坚持游击战，反对将部队集中，并重申共产党在统一战线中坚持独立自主的原则。会议通过抗日救国十大纲领，毛泽东强调要动员一切力量争取抗战胜利，关键在于国民党发动民众和改革政治的问题。

8月27日至9月1日期间，毛泽东发表多项宣言，指出无产阶级在统一战线中的决定性作用。共产党提出“资产阶级追随无产阶级，还是无产阶级追随资产阶级”的问题。

9月7日，毛泽东写下《反对自由主义》[148]一文，指出自由主义是种个人和自私的行为。反对教条主义，提倡党纪党规：似乎共产党党内爆发了一场政治运动。

此时，日军分三路合围进攻，西路挺进黄河，东路逼近山东，淞沪战场上的局势也越来越不利于国军。9月22日，国民党决定发表《中共中央为公布国共合作宣言》，9月23日，蒋介石发表讲话。宣言成为第二次国共合作的基础。宣言提出两党合作的总目标：(1) 争取中华民族之独立自由与解放。首先须切实迅速地准备发动民族革命抗战，以收复失地和恢复领土主权之完整。(2) 实现民权政治，召开国民大会，以制定宪法与规定救国方针。(3) 实现中国人民之幸福与愉快的生活。首先须切实救济灾荒，安定民生，发展国防经济，解除人民痛苦与改善人民生活。

中共中央再次郑重向全国作出四项承诺：(1) 孙中山先生的三民主义为中国今日之必需，本党愿为其彻底的实现而奋斗。(2) 取消一切推翻国民党政权的暴动政策及赤化运动，停止以暴力没收地主土地的政策。(3) 取消现在的苏维埃政府，实行民权政治，以期全国政权之统一。(4) 取消红军名义及番号，改编为国民革命军，受国民政府军事委员会之统辖，并待命出动，担任抗日前线之职责。

9月29日，毛泽东谈到蒋介石的决定时态度仍然有所保留[149]：在这场战争中，人民还没有全部动员起来，因为国民党一直没有接受共产党8月25日提出的十大纲领，真正符合“马克思主义和三民主义”的纲领。国民党掌握着国家权力，并且决定和共产党建立抗日统一战线，共同抗日。“然而他们还继续着旧的政治，始终没能下定决心改革国家政治制度。”[150]从9月12日至29日，毛泽东在不同的场合中曾经6次跟红军将领强调红军必须保持独立自主的指挥权，不集中打仗，坚持游击战争的基本原则。10月1日，毛泽东跟叶剑英、博古和潘汉年强调，八路军一一五师在林彪的带领下大胜日军，取得平型关大捷一事，有助于巩固与阎锡山的关系，但是这场战役死伤400名战士，其中三名高级官员战死，代价太大，不可重蹈覆辙，并且应加大宣传，让全国人民都知道共产党军队参加了这场战役。

这一年秋天，毛泽东意识到在与蒋介石九个月的较量中自己胜利了。这个胜利应归功于日本人吞并中国的野心，蒋介石只能在屈辱投降和危险抵抗之间选其一。毛泽东被推到了领导抗日的最前线，他的事迹传到了海外。早在1936年2月毛泽东登上山西积雪的山脉时，他就想着国家的命运。尽管当时处境还很不稳定，但他脑海中浮现的是称雄这个平原的古代霸者，秦始皇在这里出生，成吉思汗最后在这里离世，《沁园春·雪》[151]正是这种心境的体现。

1937年毛泽东在延安。这是一个有想法、有浪漫的风度，胸怀无产阶级革命理想的毛泽东。

作为列宁思想的继承者，毛泽东深知每个共产党领导人都必须了解马列主义。然而当时留苏的统帅口中说的都是权威的术语，毛泽东不能灵活自如地使用，倍感压力。1936 年 11 月至 1937 年 7 月，毛泽东努力弥补这个缺点，整宿地阅读马克思主义中国化的先驱李达和艾思奇的著作以及珍贵的苏联马列理论的中译本，边阅读边做大量笔记[152]。基于这些阅读，毛泽东从 1937 年春天起在延安抗大讲课，8 月初日军进攻上海后讲课停止。课程安排在每周二、周四上午，每次四小时，下午是师生讨论，总共 110 课时。毛泽东计划编写名为《辩证唯物主义》的教材：初稿写了 3 章 16 个部分，共 61 000 字[153]。然而这本著作没能完成，11 月起，教材内容和各种油印工作文件混在一起。在《毛泽东选集》中，我们只看到其中两个章节：第一章“实践论”，第二章“矛盾论”[154]。今天我们再阅读这些著作时，其单调的风格仍然让我们很惊讶，文中透露出些许厌烦的情绪，完全不同于毛泽东早期政论性的文章，如著名的《湖南农民运动考察报告》。大部分文章都是简单地照搬苏联文章。从古希腊到法国启蒙运动，再到德国黑格尔哲学中的唯心主义与唯物主义之争，已经是二手甚至是三手的文章了。我们难免会想到列宁或者斯大林的哲学思想：同样的内容最后得出简略的结论。尽管文中有些格言毛泽东还不能灵活运用，但他努力学习，做阅读笔记，让秘书抄小卡片帮助他每天背诵。他对其中两个话题产生了兴趣。一方面在重新阅读 1930 年的著作《反对本本主义》时，毛泽东想起了自己的从政经历，得出必须实事求是的结论。这条理论日后成为反对博古和王明支持者的有力武器。另一方面是矛盾论和人的主观能动性。如果置身于当时的环境，我们就能明白毛泽东因此收获的威望。在黄土高原的兵营中，在内陆只有农民行走的小径上，知识分子的生活平凡乏味，能听到费尔巴哈、黑格尔、恩格斯、马克思这些外国人名字时是多么令人兴奋。在他们眼里，这些名字代表了外国的理念，对于实质内容是否精彩，他们毫不在乎。而毛泽东也许希望能达到古代文人的高峰，模仿他所崇敬的王夫之的文风撰写笔记。

没有人怀疑毛泽东自离开江西这几年中发生的巨大转变，他本人也体会到了。他知道从此以后他掌握了这个国家的命运，这是以前不敢想象的。他也知道多亏这几手本领，他能够领导其他人，他的命运与国家命运紧密相连。

★第九章

毛泽东思想的诞生（1937—1941）

1937 年秋天，毛泽东已经是中国共产党的主要领导，但他仍然和德高望重的前辈们一样，无法防范可能出现的挫折。共产党成立后的前 15 年内，党的历届领导人陈独秀、瞿秋白、博古、李立三先后下台。

4 年后，毛泽东有了更大的抱负。在这几年艰难的岁月中，政治风云变幻，共产党和国民党之间的合作岌岌可危，而蒋介石投降日本概率增大，这些都促使毛泽东去结束这种不确定的状态。毛泽东实现了马克思主义的中国化，从而挑战了斯大林的最高权威，共产党人在高山峻岭间建立了自己的基地。

毛泽东的新生

从 1937 年冬天开始，毛泽东发生了根本的变化，虽然他的外表几乎没有改变。他一米八的个子，仍然年轻瘦削：照片上，他的额头宽阔，留着浓密的黑头发，几乎不打理，比站在他身边的人高出一个头。他不刷牙，牙齿给烟草熏黑了。蓝色或灰色的厚棉袄式样简单，打着补丁。他依然土气，甚至粗鲁：当众捉虱子，穿着短裤散步，像赶大车的人那样说粗话，有时候发起火来让人害怕。这个地方所有的男人和女人都留短发，他留着长发，是中国传统农民和狂狷的文人的混合体。

他对饮食仍然不注意，嗜好红辣椒和肥猪肉，幸好他喜欢新鲜蔬菜和淡水鱼。他晚上熬夜，半夜吃夜宵，抽美国烟，依赖安眠药才能睡个安稳觉，从黎明一直睡到中午。他最重要的文字都是在深夜写的，与周恩来或朱德工整的字迹不同，他的字强劲有力又潦草。所有这些特点在“北伐”时期已经很明显了。

然而，每一天，另一个毛泽东都在诞生。衣服穿在他身上不再空荡荡的了，他的脸圆润了一点。以前他很瘦，现在，他只是有点单薄而已。

在保安时，毛泽东住在两个没有任何起居用品的窑洞里。在瓦窑堡，他在抗大发表演讲，大学设在一个道观里，只有一间小房间，领导和红军将领坐在 413 号标准油的空箱子上[1]记笔记。

自从将红色首都设在延安之后，中央拨了一间逃跑富商的住所给毛泽东，位于城郊的凤凰山上。他有了一个接待室和一个堆满了旧书的大办公桌。在北方，砖头是上了釉的，用来辟邪和抵御最寒冷的风。和中国北方地区的所有村庄一样，人们靠炕取暖。但毛泽东是唯一有木澡盆的领导，他的警卫提着水桶从井里汲水。

毛泽东不喜欢睡在炕上，很快他便获得了一张木床，和他在湖南时的床一样，墙上也装了暖气。后来日本的炸弹掉进了他的庭院，1938 年 11 月 20 日，毛泽东搬到距离延安城 5 公里的杨家岭，住在一个狭窄的山谷里，日本飞机不敢贸然前来。虽然这间窑洞不如原来的住所宽敞，但从土黄色的山崖内挖出来几间房间，比较舒适，门口种着榆树、柏树和柳树[2]。他在这里一直住到 1942 年。

毛泽东的日常生活有了改善，但他的家庭生活出现了问题。事实上，贺子珍在长征中失去了三个孩子，其中两个被送了人。1936 年她生下了一个女儿李敏（乳名娇娇），但长征期间受的伤并没有痊愈。

1937 年 8 月下旬，贺子珍又怀孕了，她于 1938 年春到达莫斯科。在那里，她做手术取出了让她疼痛难忍的炸弹碎片并生下了一个儿子，她的第五个孩子，她给儿子起了个俄语名字柳瓦。但是 1949 年年初，这个孩子死于肺炎。从此，贺子珍，这个远在苏联却依然钟情于丈夫的妻子患上了抑郁症，1943 年她甚至被强行关进精神病院。

此外，毛泽东和杨开慧有三个孩子，此时还有两个活着[3]。自从母亲被害之后，这两个孩子在上海的日子过得很凄惨。1937 年康生负责带他们离开中国，经过马赛去莫斯科。1939 年 8 月 26 日，毛泽东写信给他们，敦促他们努力学习。他曾委托林伯渠带书给他们，要求他们念这些书。[4]1940 年年底，两个儿子给他写信汇报他们已经结束了国际儿童院的学习。1941 年农历正月二十一[5]，毛泽东以一个传统的父亲的口吻给他们写了回信。他对于他们在写作上取得的进步感到十分高兴，并建议他们趁着年纪尚轻，多学习自然科学，少谈些政治，“只有科学是真学问”，然后他还补充了一句自己的状况：“我的身体今年差些，自己不满意自己。”

1937年8月下旬，毛泽东认识了一个年轻漂亮的姑娘，是井冈山一位老战友的妻子介绍的。秋初时节，这个姑娘已是鲁迅艺术学院的学员。她参加毛泽东主持的会议，坐在第一排。这个姑娘名叫江青[6]，艺名“蓝苹”，在上海演过话剧，拍过几部电影。毛泽东很快就注意到了她：她名声不好，但是漂亮而优雅，与延安严肃的气氛格格不入。会间，她向毛泽东提了几个政治问题，并设法在会后与他继续攀谈。几个星期后，她的一场京剧表演深深打动了毛泽东。表演结束后，毛泽东亲自祝贺她演出成功，还把自己的外套披在她的肩上为她遮挡风寒。1938年11月，毛泽东向政治局报告已与江青结婚[7]，1939年他告知贺子珍反对她回国。贺子珍的行为让他感到不舒服，而能干的江青则不然。作为毛泽东的配偶，她做事谨慎小心，殷勤地照顾他，按照他的喜好炖煮口味偏辣的菜。1939年年初，江青出发去南泥湾，在这个延安城南的荒芜小镇参加艰苦的军垦，当时这片军事用地归王震旅长管辖。尽管怀有身孕，她仍然在那个艰苦的环境下生活了6个月之久。1940年8月3日，江青回到延安，生下一女，取名为李讷。当时谨慎小心的她不参与任何政治活动。她不再化妆，她的穿着打扮更像一个农家妇女。流言慢慢平息，此时江青默默忍受着党内主要领导对她的冷漠，30年后，她会将这一切连本带利讨回来。

毛泽东在延安生活，这个地方矿藏丰富，好似一个绿色的小岛，嵌在蓝色的天空下。毛泽东在这里阅读、思考、写作，同各种学者探讨，接见外国记者[8]。1937年秋，年轻的马克思主义理论家艾思奇[9]离开上海，前往延安。他在上海时曾受到周扬很深的影响：艾思奇每周举办一次内部讨论会，给毛泽东上一些关于辩证唯物主义和历史唯物主义的特别课程。毛泽东任命陈伯达[10]做他的特别秘书。陈伯达也是讨论会成员之一，为他翻译列宁、斯大林以及其他苏维埃意识形态的俄语书籍。与江西时期的造反者不同，毛泽东慢慢地成了隐退山间的贤人。1936年秋，丁玲[11]被国民党特务机关绑架，经共产党营救释放后来到延安，毛泽东在大窑洞里为她举办了欢迎会，“壁上红旗飘落照”。同年11月，毛泽东作了一首词送给丁玲，将她的文笔与“三千支毛瑟枪”相媲美。1938年1月初，毛泽东接见了新儒家代表人物梁漱溟，与后者的会谈引起毛泽东深思，就好

毛泽东和他的第四任妻子江青（1914—1991）。照片拍摄于1945年3月8日妇女节，延安。江青看起来很幸福，她很好地适应了与魅力上海完全不同的艰苦而又军事化的延安。

像他在1月12日写给艾思奇的信中所言：“梁漱溟到此，他的《乡村运动理论》有许多怪议论，可去找他谈谈。”[12]对于梁漱溟提出反对阶级斗争，回到理想化的合作式农业社会的建议，毛泽东表示宽容。[13]1938年5月14日，毛泽东抽空写信给林彪，以老师的口吻指正其5月2日在抗日军政大学的讲话[14]。但是，这个学生都已经是红军将领中最出色的将领了。

此外，毛泽东继续致力于探索中国哲学思想，尤其是孔子[15]和墨子的思想：1939年2月1日，他写信给陈伯达，评论了陈伯达之前写的关于墨子的一篇文章[16]。文章认为墨子是“中国的赫拉克利特”，并用不容置疑的语气断言“墨子学派是辩证唯物主义”。当时陈伯达的《孔子哲学》即将出版。2月20日，毛泽东给洛甫寄了一封信，建议他让陈伯达修正《孔子哲学》中对于“唯心主义的表述”。2月22日，毛泽东写信给洛甫，就自己对这本书的保留意见做了解释：他认为陈伯达谈及孔子教育普及化的功绩时引述了郭沫若的话，孔子的功绩仅有教育普及这一点不符合事实，与文章内容冲突，此外他还认为陈伯达在文章中过多地引述了章炳麟、梁启超、胡适和冯友兰[17]的话。“他们的思想和我们是有基本上区别的，梁基本上是观念论与形而上学，胡是庸俗唯物论与相对主义。”1938年4月28日在鲁迅艺术学院的讲话中[18]，他以徐志摩[19]的艺术为例批评艺术至上主义：尽管全面抗日需要统一战线，但“我们在艺术论上是马克思主义者，不是艺术至上主义者。我们主张艺术上的现实主义，但这并不是那种一味模仿自然的记流水账式的‘写实’主义者，因为艺术不能只是自然的简单再现。至于艺术上的浪漫主义，并不是完全没有道理的。它有各种不同的情况，有积极的、革命的浪漫主义”。事实上，我们需要的是富有丰富生活经验的作者塑造一些“爱国英雄”。毛泽东以法捷耶夫的《毁灭》[20]和他最喜欢的小说曹雪芹的《红楼梦》为例。对于前者，毛泽东认为这位苏维埃作家“描写调马之术写得很内行”。对于后者，毛泽东这样评述：文艺工作者就如同这部作品中的两位主角，“现在你们的‘大观园’是全中国……要切实地在这个大观园中生活一番，考察一番。……要把中国考察一番，单单采取新闻记者的方法是不行的”。毛泽东尤其要求那些艺术工作者搜集民谣，“夏天的晚上，农夫们乘凉，坐在长凳子上，手执大芭蕉扇，讲起故事来”。从毛泽东的这些建议中，我们体会到某种政治介入文学创作的意愿，这种意愿或多或少与政治宣传混淆在一起。毛泽东在一篇文章中写道：中国需要一种新型的学者，这种人才对于世界的认识是具体的而非书本的，主要通过无线电传播自己的学识。[21]

显然，毛泽东介入最多的是这些年中他最熟悉的领域：战争艺术。1937年11月12日，毛泽东在延安党的积极分子会议上作《上海太原失陷以后抗日战争的形势和任务》的报告，全面阐述了对统一战线和国共关系的意见，分析了上海、太原失陷以后抗日战争的形势和任务。[22]

第二天，毛泽东接受英国记者詹姆斯·贝特兰的采访，再次确认了自己先前的论断。在《解放日报》的报道中，他说："我们必须从抗日战争中汲取革命精神，采用独立自主的游击战，打一场人民战争"[23]，犹豫了一段时间之后[24]，毛泽东意识到阵地战的变化，将自己的论断系统化。1938年5月26日至6月3日，毛泽东在延安抗日战争研究会上发表了两篇演说，演说稿收录于7月7日出版的一本小册子中。[25]毛泽东的文章内容新颖，在他之前，没有人曾在游击战中扮演过这样的角色，也从来没有人像他这样如此细致入微地分析游击战的各种细节。从另一方面来说，除了列宁以外，在他之前很少有领导人如此清晰地理解"战争是政治以另一种方式的继续"：这句名言出自毛泽东在1938年春读到的普鲁士军事家卡尔·冯·克劳塞维茨的《战争论》。毛泽东的思想慢慢趋于成熟：要追溯其思想脉络，我们可以研究他在游击战中对红军主要指挥官反复重申的命令，以及战争前9个月他发表的文章。[26]毛泽东不仅认清了形势，甚至还预知了各种事件，着实令人信服。由此，毛泽东的声望与日俱增。继上海、太原相继失守之后，毛泽东总结出这样一个重要观点：运动战中日本会赢。在战争的第一阶段，国民党改编自红军的八路军部队扮演了重要角色，而共产党游击部队扮演次要角色，起到了战术上而非战略上的作用。毛泽东将抗日战争的第一阶段概括为"敌之战略进攻、我之战略防御的时期"。这一阶段还会持续一段时间，不过马上就要进入到第二阶段了。毛泽东把这一阶段概括为"敌之战略保守、我之准备反攻的时期"。他指出这一阶段是十分困难的阶段，国民党方面随时准备投降，必要的人员流动缺乏支援。而国共之间的关系比第一个阶段更紧张，共产党方面必须随时做好独立行动的准备。事实上，在这一阶段，游击战的重要性慢慢显现出来，也就是说共产党的角色越来越重要。因而最初的形势完全逆转：游击战马上就要承担起战略主导性的角色。游击队员通过拉长与敌军交锋的战线，利用持久疲劳战拖垮敌军。在关于游击战的讲话中，毛泽东一再强调游击战对于解决冲突的重要性，称这一战术能体现出中国人的独创性。对其他国家来说正规的战争才是最重要的，游击战只起到辅助效果而已。对于小国而言如此，对于像苏联这样的大国亦是如此。苏联是一个强大的国家，它有能力在辽阔的疆土上以现代武器与敌军抗衡。然而中国却不同，"敌人虽强，但是小国，中国虽弱，但是大国"。只在这种情况下，游击战不仅起到战术性的作用，更起到战略性的作用。毛泽东随后分析了游击战实施的利弊：这种形式的战争非常适用于山区，并且已经在山区发展起来，同时它也适用于湖泊地带，如淮河、中部平原上（安徽）的湖泊、洪泽湖、江苏省北部的高邮以及南部的太湖地区。自 1938 年春起，毛泽东开始筹划扩张。项英、叶挺和陈毅带领新四军建立新的根据地。在这场农民战争中，民兵必须和人民保持鱼水关系，只有在人数上占优，确保突击一定能制胜的情况下才发动进攻。游击战的前提是人民大众的支持：我们很清楚地看到国民党在江西是如何清除共产党的。近一年来，我们体验了日本人对付中国村民的各种恐吓方式。游击战需要做大量的动员和解释工作。随后我们进入到持久战的第三也是最后一个阶段，这一阶段是“我之战略反攻、敌之战略退却”的时期，日方军队最后撤至鸭绿江：此时游击战就不再是主导的战争形式了。在这一阶段，共产党人必须有能力接受新的挑战，恢复运动战的作战模式。抗日战争被毛泽东视为反法西斯战争中不可避免的一战。这将是解放全世界人民的最后一战。我们注意到毛泽东的这两篇文章成了中国军事传统经典的补充，强调特殊的作战艺术。与此同时，他开始提倡中国革命的特殊性以及马克思主义中国化的必要性。

毛泽东进入了一生中决定性的转折点。在这段艰苦的岁月里，他遭遇到两次政治危机。第一次危机是在党内，由王明的回国引起。这次危机历经了持久战的第一阶段及运动战时期。接着，第二次危机出现在战争的第二阶段——阵地战期间，前线相对稳定，但国共两党之间的关系产生了危机，这次危机不断加重直至 1941 年 1 月。

王明右倾的十个月
（1937 年 11 月 29 日—1938 年 10 月 14 日）

1937 年 11 月 29 日，一架苏制军用飞机降落在延安机场。这架飞机 11 月 14 日从莫斯科起飞，途经新疆迪化（乌鲁木齐）及甘肃兰州。毛泽东协同政治局全体成员到机场迎接第一批共产国际派驻中共中央的人员。这批人员包括王明、康生，三个较为次要的干部，以及从迪化登机的陈云。尽管毛泽东自称十分欢迎王明等人回国，但是他很清楚王明、陈云和康生以及之后从安徽到访的项英加入政治局后，将会改变政治局内部的权力关系，并朝着不利于他的方向转变。事实的确如此，在 10 个月的时间里，王明与毛泽东几乎势均力敌地进行着较量。从12月9日到14日的第一次全体大会开始，政治局就出现了两方僵持的状态。[27]王明是共产国际派驻中共中央的代表，11月11日他与斯大林和季米特洛夫会面后，声名日盛。他作了一次长篇报告，在报告中他依仗自己的威望要求共产党加强与国民党的合作。他批判毛泽东怀疑蒋介石在统一战线这个问题上的诚意——毛泽东在8月的洛川会议上提出蒋介石不可信，并在11月12日的报告中再次重申他的怀疑。王明获得了大部分与会人员的支持或默许：共产国际的权威不容置疑。毛泽东避开风头，成功地阻止了一场改变路线的政治表决。他必须接受从莫斯科回来的3位政治局成员进入书记处和由25位成员组成的筹办共产党七大的委员会。25人委员会由毛泽东负责，王明、康生、陈云和洛甫协助。此后，毛泽东在书记处成了少数派，他唯一能够信赖的只有洛甫，他的领导地位很有可能只是别人所设的圈套。最终，王明被任命为统一战线工作负责人，成为领导核心。由此我们可以看到在党的七大召开的时候，王明在党内的地位与毛泽东不相上下，甚至晋升为党内头号人物。尽管如此，季米特洛夫还是劝诫王明不要排挤毛泽东[28]，斯大林对毛泽东的军事能力及在红军将领中的声誉印象深刻。这位格鲁吉亚人为了保护苏联，必须让日本人战败，毛泽东可以成为一剂良药，刺激斗志始终犹豫不决的蒋介石抗战到底，而王明则不行。

王明取得了第一阶段的胜利，毛泽东看起来斗志薄弱。12月18日王明安心地赶赴武汉会见蒋介石。他在武汉与周恩来、博古、董必武一同设立了共产党的中央办公室——长江局，长江局很快成为党的第二个中心，王明为书记。党的第一个中心在延安，由毛泽东、洛甫和任弼时掌管，负责红军的基层工作、军事问题及日常事务。擅长政治谋略的毛泽东让共产党通过了一项决议，所有的政治决策都必须由书记处或者政治局半数以上成员的同意方可通过，以此来抗衡党内王明的势力。因为毛泽东知道，除了洛甫对自己无条件支持以外，善于察言观色见风使舵的康生[29]很快会站在自己这边，而陈云则是一个对于领导层内部斗争漠不关心的人。与毛泽东不同，王明主张在蒋介石的领导下进行全民防守，共产党员全力参与，就像他在12月27日在汉口所发表的声明那样：“一切服从统一战线！”[30]事实上，他打算依赖大城市工人阶级的战斗力以及爱国动员“把武汉打造成第二个马德里”，并由此提高他在党内的声誉。共产党授予他在武汉出版发行《新华日报》的权力并开设征兵处，这对王明来说是一个吉兆。日本人无法经过此地。

事实上前线状况堪忧。在日军登陆杭州湾之后，中方那些流动性比较小的部队受到敌军的包围，导致上海失守。国民党方面因将士大量死亡以及士气不足，一步步败退。[31]12 月 13 日，首都南京沦陷。在两个多星期里，日军在此地烧杀抢掠奸淫。[32]与此同时，另一支日本部队攻占太原，一路向南，途经汾河直至与黄河的交汇处，西安城岌岌可危。第三支日军部队自 12 月底跨过黄河，次年 5 月 2 日攻占战略铁路枢纽徐州。其间，中方仅在 4 月份由李宗仁指挥获得台儿庄战役的短暂胜利。6 月初，中国部队以数十万农民的性命为代价，炸开郑州花园口堤坝，使黄河改道，隔断了日军的去路。至此黄河流向改至山东南部，带有大量淤泥的河水同淮河交汇，形成了一个巨大的半湖泊流域，不久之后，就有游击队员在这片流域战斗。从 6 月 12 日开始，日本的左翼部队沿长江往新的临时首都武汉的方向推进。由于军事补给仅来源于广东，10 月中旬武汉在日军的攻击面前显得不堪一击。10 月 25 日，广东沦陷，武汉部队撤退。10 月 27 日，日本部队进入武汉城。国民政府在四川天然要塞的庇护下撤至重庆。直至 1944 年，战线一直保持不变。

战争局势风云变幻，对共产党内部的政治讨论产生了直接的影响。1938 年 2 月 27 日至 3 月 1 日的会议[33]上，王明的影响力达到了顶峰：徐州周围地区都保住了。王明在讨论会上致了开幕词。[34]他的语气总体上是乐观的，他重申了在 12 月所表明的立场：必须加强统一战线，两党在保持各自独立性的前提下结成一个民族革命联盟，该联盟的行动必须无条件得到获准。但同时也需要“统一的军队，统一的代表团，统一的指挥，统一的战略”。由过去红军改编的八路军将听命于蒋介石的最高领导和指挥。所有新的红军根据地必须获得国民党的批准审核，并终止没收地主与富农的土地充公，除非他们当了汉奸。必须选举出一个国民参政会，并得到各群众组织的赞同。战争必须以运动战为主，配合阵地战，游击战只能起到辅助作用，用以干扰敌我的交锋。

第一天保持沉默的毛泽东在 28 日[35]发表了自己对于形势的看法：他的语气显然要比王明悲观许多。在他看来，国民党太过于腐化，无法担此大任。正因为共产党不能独立打赢战争，而日本也永远无法征服整个中国，侵略者最终将“陷入人民群众的汪洋大海”。战争必定会耗费很长时间，因而要将自己的力量合理安排，将部队撤退至农村。浪费兵力，试图在城市防守是无用的。毛泽东的言下之意是，对付日军的方法其实就是在江西对付蒋介石第一次“围剿”时的方法：任由敌军不断攻城略地，从侧翼干扰，当战线拉很长的时候再予以回击。但至少在表面上，他接受了王明提出的共产国际的路线方针，在之后的辩论中才提出自己的观点。由于在政治局势单力薄，他再一次排除了对于一项不利政策进行表决的危险。2月2日，王明在武汉以毛泽东的名义发表《毛泽东先生与延安新中华报记者其光先生的谈话》，谈话中记者问毛泽东统一战线的好处之一是否是“为了捍卫整个民族，确保各党派间的言论自由”。不久之后，毛泽东义正词严地声明经过这几个月，“他的权力被极大地束缚于自己的窑洞中”[36]。而李维汉在他的回忆录中也写道：“这六个月来，毛泽东一直处于少数派的位置。”[37] 1945年共产党的七大上，毛泽东声明“从1937年12月会议以来，直至1938年10月，右倾主义路线在党内又重新抬头”[38]，而这篇报道直至1986年才公布于世。

为了打破僵局，保持团结，政治局决定3月1日派遣中共中央军委总政治局主任任弼时赴莫斯科，与共产国际探讨处理国共两党关系的策略及战争的导向。[39]众所周知，党在延安和武汉有两个中心这一棘手的问题将借此机会解决。在此期间，为了平息对手的怒火，同时使国民党和苏维埃方面放心，毛泽东咬牙忍耐，再次证明了他的稳重和谨慎。在2月15日写给《大公报》记者范长江[40]的一封信中，毛泽东提出统一战线干部提议的民主革命和未来的社会主义革命之间有一个和平过渡时期，“在此期间，共产党要避免流血牺牲”。1938年4月1日，在培养国家干部的陕北公学开学典礼上，毛泽东对1 500名学生说“国民党越强大越好”，并祝愿“国民党有一千万党员，而共产党有一百万党员”[41]。5月4日，毛泽东认为国共两党自1927年以来一直忍受着分裂的痛苦。5月13日，毛泽东否认徐州战败已成定局，并迫切要求做好准备保卫武汉。[42] 5月15日，毛泽东在为陕甘宁边区政府起草的布告[43]中提到，敌人“企图制造内部纠纷，破坏统一战线”。所有这些声明本来应该由王明签署！

事实上，5月9日徐州的沦陷证实了毛泽东的担忧，也为毛泽东开辟了前程。5月14日、5月22日[44]，毛泽东领导的中共中央书记处向新四军[45]、江苏党的负责人、武汉华中党组织发布了多项指示：从今以后，以上各相关单位要全力深入农村，发展游击队及根据地。那些涌向武汉的志愿兵和共产党部队必须深入农村。6 月 15 日，王明等人因扒开黄河堤坝取得效果而重拾信心。他们与毛泽东的意见相反，把武汉视为“新马德里”，主张在安徽的平原开战以阻止敌军抵达武汉，八路军负责留守敌军后方以切断敌军的军事补给。为配合这场战斗，共产党进行了一场全民动员。[46]共产党的政治行动让国民党回想起 1925 年至 1927 年的形势，8 月 5 日国民党对民众组织进行了一场严格的控管。8 月 17 日，国民党当局将共产党在武汉的书记处所在地贴上封条，戴笠领导的军统又开始杀害共产党及相关人员。王明想要将革命重心转至城市的梦想破灭了。和不久之前的上海一样，武汉也不再是新的彼得格勒了。10 月 25 日，弃守武汉证明了王明右倾政策的失败。

相反，毛泽东在夏天转入了反攻，中国在运动战上的失败日益显著，他从 6 月开始提出持久战理论。为了谨慎起见，毛泽东常常拒绝让自己陷入与国民党的联盟，以免失去自由。1938 年 6 月 3 日，国民党中央监察委员会决议恢复毛泽东的国民党党籍，毛泽东以国共合作形式尚不明朗，担心 1924 年的历史重演为由拒绝了这项决议[47]。7 月 5 日，蒋介石设立国民参政会，并将其视为社会制度民主化的第一步，任命毛泽东和其他 6 位共产党为参政会成员，毛泽东对此表示感谢。由于任务繁重，毛泽东没有出席国民参政会成立大会。[48]8 月 6 日，在由毛泽东的老部下和政治局的新盟友洛甫、陈云、王稼祥、刘少奇、康生记录，致长江局各负责人王明等人的关于军事行动的电报中，毛泽东写道，“保卫武汉重在发动民众”，“至事实不可守时，不惜断然放弃之”。实际上，“在抗战过程中，巩固蒋之地位，坚持抗战，坚持打击投降派，应是我们的总方针。而军队力量之保存，是执行此方针之基础”。之后的指示都旨在根据毛泽东 5 月提出的框架发展游击队，尤其是在那些国民党惨败后放弃的城市中。[49]

毛泽东对王明发起了他的“莫斯科保卫战”。任弼时到达莫斯科后就接替王稼祥成为中共中央驻共产国际代表：事实上王稼祥一直想回国，回国之后，他就补了任弼时留下的空缺，成为中共中央军委总政治部主任。或许王稼祥是想要逃避在莫斯科盛行的恐怖氛围吧。当时斯大林制造了一系列打击其对手或臆想对手的诉讼案件，许多革命时期的老兵都被判了死刑，从1936年夏的基诺维耶夫开始，到1937年12月的图哈切夫斯基，至1938年对布哈林和李可夫的批判达到顶峰。[50]任弼时和王稼祥对于苏联的认识是一致的，他们早年都在莫斯科求学，很早就与王明结识，1934至1935年又都归毛泽东直接领导。1938年4月14日，任弼时向共产国际执委会主席团汇报了当前中国的形势，确认了毛泽东的正确路线。1938年1月底苏联总参谋部安德利亚诺夫秘密前来延安会见了毛泽东，带给毛泽东三百万美金和一份红军参与抗击日军的伟大计划[51]。自此毛泽东在共产国际中更有发言权。这一举动在当时并不令人意外，斯大林曾希望看到红军从3个师变成30个师[52]，还曾在上海战役中派了2 000名苏维埃飞行员前去支援当时几乎快被消灭的国民党的青年飞行员[53]。

中国军事形势的变化无疑加强了斯大林对毛泽东的赏识：毛泽东是具有军事才华的。而对王明，斯大林也许会喊："王明，你有多少部队?"1938年6月11日，共产国际关于中国问题的一项决议重申了对统一战线政策的支持，并批判看似针对张国焘[54]，实则指涉王明的"右倾投降主义"。同一天，季米特洛夫会见了王稼祥和任弼时，并向他们口头传达了共产国际对于共产党内部领导团体情况的指示。斯大林十分赏识毛泽东。1938年8月初王稼祥回到延安，马上向毛泽东汇报此事，后者随即于9月14日至27日在延安召开政治局会议，并要求武汉中央的负责人务必出席。9月10日前后，他在城南门外亲自迎接王明。王明无视任弼时此项任务的成果，要求在武汉召开会议未果。周恩来、博古和徐特立随后从西安赶来。[55]14日会议一开始，王稼祥便向政治局传达了季米特洛夫的指示："共产党建立抗日民族统一战线已有一年了。政治路线是正确的。中共在复杂的环境和困难的条件下真正运用了马克思列宁主义。在中共中央领导机关中要以毛泽东为首解决统一领导问题。中央领导机关要亲密团结。"[56]

毛泽东充分利用了这次胜利。[57]9月24日，他在会上作长篇发言，共讲了5个问题，肯定了"共产国际的指示对于这次政治局会议的成功至关重要，它同时也确定了党的六届六中全会和党的七大的领导方针，而共产国际最主要的指示是加强党内团结"。毛泽东随后分析了军事形势，认为日益临近的武汉沦陷"将开启抗日战争的新阶段"，这一新的形势会对统一战线产生影响：随着运动战的结束，国共两党间的紧张关系无疑会变得更激烈。9月26日，毛泽东受党内委托，将在党的六届六中全会上作政治报告，为党的七大做准备。

9月29日，共产党六届六中全会扩大会议开幕，毛泽东的胜利得到确认。这次会议共有52位中央委员出席，持续时间很长，直至11月6日才结束。的确，自1934年1月在瑞金召开党的五中全会以来，发生了许多重大事件，是时候认清形势了。会议由毛泽东主持，首先委员会通过了一封准备10月4日由周恩来亲自递交给蒋介石的信[58]。这封在形式上十分恭敬的信预言了抗日战争的"光明前景"，并解释了持久战的概念，毛泽东借此含沙射影地教训了蒋介石。毛泽东终止了所有关于共产党在统一战线中扮演角色的讨论，并又一次让苏维埃方面对共产党的政策放了心。之后毛泽东就听凭事态自然发展。大约两周以后，辩论陷入僵局，毛泽东才作了发言。他的发言持续了三天，或者说是三个下午一个晚上，10月12日、13日、14日下午以及14日的晚上，委员会配合他的生活节奏[59]开会，足见他的巨大影响力。他那8个部分组成的长篇报告[60]平息了所有的争议。第一部分对自五中全会以来的历史作了简短回顾，指出形势发生了重大变化，尤其强调了被共产国际认可的统一战线。第二部分概括了15个月以来的抗战情况，并重提1936年7月16日埃德加·斯诺对他的采访，以及关于持久战的分析："悲观主义是没有根据的。"在第三至第六部分，毛泽东对战争即将开始的新阶段提出了自己的看法。第二阶段要比第一阶段更加困难，因为战争进入了僵持阶段，投降的倾向将会增强。据毛泽东估计，在这一阶段，游击战将起到战略性的作用。毛泽东还提到1938年8月苏日之间的张鼓峰事件[61]，当时人们认为即将爆发的苏日战争将终结中国面对强大敌人孤立无援的状况。从中我们可以看到毛泽东对苏联有一种隐晦的批判。大家再次肯定战火会更集中，形势更紧张的战区在欧洲，因而毛泽东关于持久战的预见是有道理的。在军事陷入僵局的这几年，"抗日战争的进行与抗日民族统一战线的组成中，国民党居于领导与基础的地位。……只要在坚持抗战与坚持统一战线的大前提之下，可以预断，国民党的前途是光明的"[62]。毛泽东仍然将共产党屈居于统一战线的第二位，他的言下之意是：政治生活需要民主化。共产党已做好准备为全面实现三民主义而战，为此国民党必须成为抗日建国的民族联盟，"容纳全国爱国党派与爱国志士于一个伟大组织之中"。共产党员将全力参与，并把参加成员名单交给国民党。另一种可能性是形成一个国民联合会，蒋介石为最高领导人。否则，共产党就维持现状，出现问题的时候再进行讨论。接下来毛泽东对世界范围内反法西斯运动的概括做了描述，认为慕尼黑协定将对冒险主义有利，而内维尔·张伯伦和皮埃尔·埃蒂安·弗朗丹"搬起石头砸自己的脚"。在第七部分，毛泽东说明了共产党在国内战争中所扮演的角色。他粗略地描述了1927年8月至五中全会之前共产党的历史，以及反对右倾机会主义（陈独秀）和"左"倾机会主义（李立三）的抗争。这一切是为了对长征开始以来出现的机会主义进行新的抗击做铺垫：遵义会议纠正了在第五次反"围剿"斗争中所犯的"左"倾机会主义性质的严重的原则错误，这一错误导致了苏维埃在江西的败北；之后，克服了张国焘的退却路线、军阀主义与反党行为。这次抗争是为了继续加强党内团结和纪律。毛泽东转而进入了他报告中最引起争议的部分[63]：必须要全面学习马克思、恩格斯、列宁、斯大林的理论，它们是"放之四海而皆准"的理论。"不是把它们的理论当作教条看，而是当作行动的指南。"事实上，"共产党员是国际主义的马克思主义者，但马克思主义必须通过民族形式才能实现。没有抽象的马克思主义，只有具体的马克思主义。所谓具体的马克思主义，就是通过民族形式的马克思主义，就是把马克思主义应用到中国具体环境的具体斗争中去，而不是抽象地应用它。成为伟大中华民族之一部分而与这个民族血肉相连的共产党员，离开中国特点来谈马克思主义，只是抽象的空洞的马克思主义。……洋八股必须废止，空洞抽象的调头必须少唱，教条主义必须休息，而代替之以新鲜活泼的，为中国老百姓所喜闻乐见的中国作风与中国气派。……如果有人拒绝对于这些作认真的过细的研究，那他就不过是一个西班牙的唐·吉诃德，再加一个中国的阿Q，而不是一个马克思主义者"。毛泽东报告的第八部分号召与会者继续参加即将召开的党的七大。总之，毛泽东完全履行了他的诺言：他团结了全党，终止了领导间的斗争，表现了他的宽宏大量，尽管在某些地方他也抨击有些教条主义的干部喜欢卖弄自己的学问、在国外学习严重脱离中国实际等。

15日，洛甫的报告沿袭了毛泽东的调停精神，探讨了几个关于将共产党从地下状态转至合法状态的问题。他尤其强调，党内积极分子采取国共内战时的行为，痛恨国民党，"与社会尤其是上层阶级一刀两断"，这种过激的观点将导致严重的后果。他多次引述毛泽东的话，对托洛茨基分子进行了一次严厉且详尽的抨击。[64]10月20日，王明发言表示赞同毛泽东的报告。很久以后，在他被流放莫斯科时所写的回忆录中[65]，他甚至说他亲自起草了一份政治决议准备在11月6日进行表决。这项决议不包含任何直接的攻击，且重点强调保持并扩大统一战线以“有力支持蒋介石”，“减少并避免国共之间的摩擦”。王明和其余国民参政会的领导随即结束党代会赶赴重庆，参加10月28日至11月6日蒋介石召开的第一届国民参政会议。周恩来一同前往，将大会通过的信亲自交给蒋介石。10月27日武汉沦陷。

毛泽东不再扮演调停者的角色。他用两次讲话结束了这次大会，阐述了那篇长篇报告中的保留意见，直截了当地表达了自己的不同意见。11月5日，他的讲话首先针对国民党[66]。他的语气变得强硬：我们政治上所做的让步（“为了更好的一跃而后退”，正是列宁主义）必须“是积极的而非消极的”，不能忘记国民斗争与阶级斗争本质上是一样的。[67]这暗示永远不要让共产党陷于困境之中。这也是毛泽东对另一个目标王明的攻击。毛泽东明确地说：王明的中心口号“一切经过统一战线”使共产党屈居于国民党之下是一个错误[68]。6日，他扩大了批判范围：抨击王明提出的合法路线，认为革命的核心在农村而不是城市。他毫不掩饰地借用了一些犬儒主义的观点：不妨寻求国民党的同意，将三个师的番号扩编为三个军的番号以获得更多的财政援助。在另一些情况下，可以先斩后奏，比如秘密征集二十万人的军队，或在党的领导下发展农村根据地。“在资本主义各国”，如同苏联的革命，经历了长期的合法斗争，“到了起义和战争的时候，又是首先占领城市，然后进攻乡村，而不是与此相反。所有这些，都是资本主义国家的共产党所曾经这样做，而在俄国的十月革命中证实了的。……中国则不同，由于封建的分割……谁有枪谁就有势，谁枪多谁就势大……‘枪杆子里面出政权’。我们的原则是党指挥枪，而决不容许枪指挥党。但是有了枪确实又可以造党，八路军在华北就造了一个大党。还可以造干部，造学校，造文化，造民众运动。……枪杆子里面出一切东西。……只有用枪杆子的力量才能战胜武装的资产阶级和地主；在这个意义上，我们可以说，整个世界只有用枪杆子才可能改造。我们是战争消灭论者，我们是不要战争的；但是只能经过战争去消灭战争，不要枪杆子必须拿起枪杆子”[69]。

毛泽东此番言论回应了 1927 年 8 月 7 日在八七会议上的讲话，那次党的紧急会议罢免了陈独秀并发动了土地革命战争。这 11 年来，毛泽东艰难地夺取了党内的领导地位，并证明了他的政治策略。我的表述包含两重含义。

第一重含义：对毛泽东而言，共产党和红军是紧密联系在一起的。他在强调党内团结、党的纪律和精神时提到了这一点。

第二重含义：越来越强调中国特色的毛泽东开始与苏维埃式的革命保持距离，主张要通过马克思主义中国化，使战争艺术中国化、共产党中国化，从而开辟中国特色的道路。而这条道路是毛泽东创造的杰作。

然而此时毛泽东并未获得彻底胜利：至少在需要通过表决的决议上，他必须对王明作出很大的让步，并对国民党保持谨慎。在政治局 12 位成员中，有 4 到 5 位有可能会反对毛泽东。尽管如此，大会通过表决补充了 12 月 7 日所做的关于党内组织问题的决议[70]，大大加强了毛泽东在党内的权力：他领导的书记处每周举行会议，他在这个书记处获得了多数人的肯定，但他拒绝成为总书记。王稼祥是他的助理。政治局每 3 个月开一次会，在没有会议的空档期，书记处可以以自己的名义做出决定。从理论上讲，党在两届会议期间的领导权以中央委员会为基础，但实际上，后者只是在事后起到监督管理的作用。就这一点来讲，毛泽东沿袭了斯大林领导下的苏联共产党的模式。王明此时受命于统一战线小组办公室。11 月 9 日长江局被撤销，由周恩来领导的南方局（1939 年 1 月）和刘少奇领导的中原局取而代之，王明已经失去了在党内的实质权力。

成为党内领袖的毛泽东开始迎来一个新的巨大挑战，那就是在统一战线框架下，国共之间的关系问题。

与国民党的摩擦期（1938—1940）

从这一点上来说，毛泽东的分析是符合事实的：继武汉沦陷之后，前线的状况趋于稳定，与此同时，国共之间的关系却愈发紧张起来。

自抗日战争爆发以来，毛泽东一直要求八路军军事和政治负责人在日军后方设立游击队根据地。那些社会名流不是投降日本人，就是躲避在城市里，国民党军队中不是土匪武装就是非正规军，而那些微不足道的游击队员不是被除名就是被共产党归入自己的部队。从1939年1月开始，国共各自的态度已经很明确了：今日两党的合作是为明日成为对手做准备。在现阶段，双方都还彼此需要：共产党为了扩大边区，发展抗日根据地，需要国民党在财政和物资上的支援；而国民党为了重新统一中国，使国家摆脱外交上的孤立无援，需要继续获得苏联的军事支援。1月21日至30日，国民党召开五届五中全会，蒋介石声明他继续抗日是为了恢复1937年7月卢沟桥事变之前的形势，因此决定与伪满洲国和共产党决裂，而与日本和解是最好的选择。此外，一项要求国民党员“溶共、防共、限共、反共”的秘密决议在党内通过，从而导致两党从春天开始出现直接的摩擦[71]。

毛泽东这边的情况是，从1月12日开始，他起草了一些指示，直到9月份才公布于众：“任何方面的横逆如果一定要来，如果欺人太甚，如果实行压迫，那末，共产党就必须用严正的态度对待之。这态度就是：人不犯我，我不犯人；人若犯我，我必犯人。”[72]而国民党方面一直批判共产党“虚伪”：他们的游击队“游”而不“击”。

在毛泽东的指示中，他围绕着“团结抗日”这个主题提出各种可能性。1939年3月12日，毛泽东参加“纪念孙中山和卡尔·马克思的大会”[73]，他说“现在马克思主义与三民主义联系起来”。1939年3月2日，毛泽东为聂荣臻写的一本小册子撰写前言，已经提到这样的言论。聂荣臻在这本书中认为“晋察冀边区”是“抗日根据地”，三民主义在此地“真正落实了”。[74]1939年5月4日，毛泽东在延安各界青年纪念五四运动20周年大会上作了题为《青年运动的方向》的讲话。[75]毛泽东正面评述了蒋总统的言论，称国家是第一位的，民族也是第一位的，军事事务必须放在首位，而胜利也是首要的。

毛泽东最担心的是蒋介石或多或少有些投降倾向。1939年6月，毛泽东明确指出了这一点[76]，并且揭露了“东方慕尼黑”阴谋。7月9日，他又重申了这一点，并鼓励“坚持国共长期合作”，他指出统一战线才是抗击日军的“法宝”[77]，要“打到鸭绿江为止”。在国共摩擦最严重的时期发生了“平江惨案”，我们由此才发现毛泽东只是在表面上对国民党态度缓和。平江是湖南省东北角的大县，是1927年秋收起义的一个中心。

1939年6月12日，国民党的士兵和特务将新四军通讯处洗劫一空，共杀死了6名共产党干部和士兵。[78]这是国民党第一次执行五中全会时的秘密决议。8月1日，延安召开抗议集会，毛泽东要求惩治罪犯，“要限制日本帝国主义者，要限制汪精卫，要限制反动派”。此后，他将蒋介石的反共攻击视作向日军投降和毁灭中国的准备。汪精卫回到上海后，于1939年5月和10月两次去东京，1940年3月30日在南京成立了受日本人公开保护的“中华民国国民政府”。汪精卫如此戏剧性地归顺于日本人更加重了毛泽东的怀疑。9月9日至18日，重庆召开国民参政会第四次会议，周恩来发言为共产党的行为辩护，尽管如此，国民党仍然不断抨击共产党代表王明。1939年9月8日，毛泽东坚持在延安迎接国民党的代表团，其中包括国民党右翼领袖张继，并要求在会议上欢呼蒋介石和林森的名字。[79]同一天，他在国民参政会上同其他6名共产党代表团成员签署了一份反对国民党攻击共产党的文件[80]：团结与冲突，必将成为这几个月反反复复的军事摩擦的主线。10月，重庆政府停止对陕甘宁边区的财政支援，12月，开始对部队进行经济封锁，一年以后，受影响的人数达到40万之多。那些前往延安加入抗战的青年被逮捕，拘禁在营地中。在评论这些事件的时候，毛泽东认为应该超越三民主义。他谈得更多的是人民的三大革命原则，并且再三谈到资本主义废除后的阶段是建立社会主义。

1939年8月23日，苏德签署互不侵犯条约，条约的结论加深了毛泽东的担忧。对此有些措手不及的毛泽东用一番斯大林式的言辞回应道：这一条约证明了苏联因贯彻和平政策，国力和声望获得增长。[81]“这不是一个意外，而是一个具有极大政治意义的事件。”它结束了英法反动派的阴谋。毛泽东曾在9月14日说“帝国主义的第二次战争”和第一次战争一样，“都是强大的帝国主义国家之间互相掠夺的非正义战争”，“不论是德日意，不论是英美法，一切直接间接参加战争的帝国主义国家，只有这一个反革命的目的。掠夺人民的目的，帝国主义的目的”。阿比西尼亚、西班牙共和国和中国的民族解放战争才是正义的战争。毛泽东在回答埃德加·斯诺采访时问到的一个问题时说，世界反革命的“第一名魁首，已经是张伯伦了”。他认为西方的民主国家同意打倒希特勒的前提是之后将要进攻苏联。签订了条约之后，“希特勒是斯大林的囊中之物”[82]。一方面毛泽东认为苏联现在将转而支持亚洲，让日本陷入困境，另一方面他又害怕苏日之间会签订一个类似的（互不侵犯）条约：因为传言已经不胫而走。

边区

事实上，当前的政治形势非常令人担忧，毛泽东必须全力以赴。因为江西的失败，更因为与国民党之间禁止将地主和富农的土地充公的脆弱协定，毛泽东无法再次采用苏维埃时期的基本社会政策。他决定加强统一战线的“法宝”：扩充党员及士兵以抗击日军。他在农村建立基层党组织，发展由共产党领导的正规军和民兵，显然这是蒋介石不愿意见到的。他十分仔细地安排军队力量的分布。若是平型关战役在 1939 年打的话，规模就会大不同了：八路军和新四军从理论上来说是正规军——主要接受埋伏和游击能力的训练，征收的士兵装备轻便、移动性强，以十来个到百来个为单位。1939 年尽管遇到了不少困难，情况还是乐观的：经历长征之后筋疲力尽的共产党不仅存活了下来，而且保存了军事实力以及足够的根据地。共产党的军事实力和革命根据地错综复杂，互相影响，我将对此做一个简略的介绍。[83]

陕甘宁边区是比较稳定的关键地区，除了延安城遭到几次空袭之外，没有遭受日军的侵袭，也没有国民党驻军。这一边区也是共产党在中国北部农村驻扎的第一块边区。套用一句毛泽东的话来讲就是这一边区是革命的屁股（革命要有根据地，就像人要有屁股）。[84] 150 万居民生活在这片 85 000 平方公里的广阔领土（相当于葡萄牙的面积）上，分为 23 个县。这片土地几乎全是沙漠，除了靠近河流的地区有 29％的耕地，其余的地方大约只有 10％的土地可以耕种。我们估计一家人生活至少需要 50 亩地。1934 年，12％的大地主拥有 46％的土地，他们的财富来源于高利贷或抵押；85％的农民家庭仅靠 50 亩地生活，按人头计算，每个人仅有 12 亩地。从前延安居民有 63 000 人，到 1930 年这里只有 30 788 人。

共产党的政策在一定程度上重建了社会的秩序，而他们对于根据地中心地带的长期监督打击了本地乡绅的气焰。土改政策在 1935 年至 1936 年间实行，1937 年后中止，给穷苦人民带来了福利：1938 年，80％的土地属于 80％的人民。尽管穷苦的状况还是很严重，但是严重的程度却在慢慢减轻：1939 年，延安的 9 个区 36 万居民中，人均耕地面积为 20 亩，很显然超过了最低生活水平。然而在北部靠近长城的区域中，6 个县内 54.5 万居民人均耕地面积却只有 6 亩。随着 1937 年年底开始执行温和的政策，允许私人租种和雇佣，这种盛行的混合经济确保了这个边区的人民在食物上自给自足。再加上自 1939 年年底以来，国民党政府每年给予 215 万美金的财政补助[85]，这个边区在税务上的减免成为可能。1937 年 9 月 6 日，由中共老党员林伯渠担任主席的地方政府成立，这个政府很快被国民党承认。这一边区的相对安全稳定吸引了十万人移居到此，这些人包括因穷苦或战争逃亡的农民、学生、教师和其他知识分子，他们被共产党日益上升的声誉吸引：从 1938 年年底开始，他们中的两万人得到进入延安的批准。为了管理和保护这里的 15 到 29 个县，以及 1 549 个乡，边区拥有 8 000 名干部、18 000 名八路军战士、15 000 名警察以及 224 000 名民兵，他们的常备武器是矛、刀和猎枪。1939 年 10 月，共产党党员已达 36 131 人之多，占总人口的 2.5%。共产党员人数的迅速增长源于秘密社团哥老会的介入，1936 年 7 月 15 日毛泽东在这一组织中发言：在许多乡里，超过半数的新党员来自哥老会。[86]这种高效的共产主义的“渗透”或者说对长期在地方乡绅控制下的秘密组织进行的政治化并非没有风险：1937 年 5 月，周恩来在延安崂山遭到哥老会袭击，他的七个随行人员被杀。[87]为了避免遭到恶势力的袭击，共产党定期会对基层组织进行整顿。不过重点是共产党透过灵活的政治管理，已经成功渗入农村。这一成功使得陕甘宁边区成为一个十分特殊的边区，与 30 年代末期共产党建成的边区完全不同，毛泽东在分析他的政策带来的影响时，是以这个眼皮子底下的边区为蓝本的。

另一个边区叫晋察冀（山西—察哈尔—河北）边区，1938 年 1 月 22 日得到国民党承认。第二个边区远远没有第一个边区稳固，在这个“屁股”上的革命无法持久。这一边区的领土面积为 80 万公里，有2 500万人口，分布在 108 个县内。然而在这一根据地的成立大会上，河北太行山中心地带的阜平县 148 名代表中只有 39 名代表出席了。共产党只能固守十分之一的土地，相当于陕甘宁边区的面积，并且只能领导两百万到三百万居民。此外，与前一个边区不同的是，这个边区由一片片不连续的内陆组成，在参谋部的地图上看起来就好像是一系列的斑点。在平型关大捷之后，聂荣臻的部队建立了这一边区：边区边界受到山西军阀阎锡山的支持，双方招募成员共同成立了牺盟会和抗日决死队，薄一波[88]等为数不多的共产党员非常具有影响力。由于这些组织是以热情但是缺乏经验的民兵为成员建立的，他们组成的山西“新部队”与原来地方上的“老部队”关系很不好，他们上前线的表现力还有待改进。然而这一次比较混乱的动员却使共产党在这一边区扎下根来。1939 年 12 月，他们影响并管理了五台山 30 个县、河北中部 20 个县和察哈尔南部 4 个县。日军无法忍受这个“反动”边区对于他们在中国北部铁路干线的威胁，定期进行清理战。这一始终受到威胁的根据地为八路军提供了众多的新兵，1938 年的时候已经组成了三个师，15 000 名正规军。在这一边区，共产党作为军事力量被接受。[89]

其他的根据地都不被国民党承认。

由贺龙的军队建立的晋绥（山西—绥远）根据地包括山西西北部一半的山区，面积达 33 万公里，人口 300 万。这一边区形成一个狭长的走廊，起到方便前两个边区交流沟通的作用。

晋冀鲁豫（山西—河北—山东—河南）边区还处于形成阶段。这一边区于 1938 年秋在太行山的南部建立，由刘伯承统帅，邓小平任政委，驻扎在此地的 3 万士兵和民兵与晋察冀边区的战士一样起到了决定性的作用。根据地的建立十分困难，因为此地不适宜游击战。在这些树木已经被砍伐光的小山丘上，农民自 1939 年以来就进行着一场地下战，他们在地下挖避难所，靠储存的粮食生活。共产党无法继续向南部挺进，在这块国共内战的第一片土地上，蒋介石的核心部队拥有稳固的地位，而且极具战略意义的陇海铁路从这里通过。这块革命根据地从来没有被国民党承认，虽然后者一年给予 38 000 美金的微薄财政补助。直至 1941 年 7 月 7 日这里才成立了边区政府，管辖着 14 个县的 500 万居民。开辟山东初期，省长面对日军的进攻不战而逃，引起国民党内部的混乱，不过这反而有利于共产党的工作。然而这一开辟工作很快陷入了僵局，因为日军对这一地带十分熟悉。“八路军山东支队”共有 3 万人，自 1939 年 3 月起由徐向前领导。

“法宝”

统一战线这个“法宝”起到了不可思议的作用。1937 年才 4 万人的共产党到了 1939 年 12 月已经有 80 万人之多了。抗日战争初期92 000 人的八路军而今已经有 270 000 名战士，而新四军也从两年前的 12 000 人增加到 50 000 人。共产党以变化多端的方式控制着中国北部 100 万到 150 万平方公里的土地，3 000 万到 4 000 万的人口。1944 年 4 月，毛泽东估计“抗日根据地”的总人口达到了一亿。

尽管如此，即使事实上共产党仅对四分之一的土地和人口拥有稳固的管理权，蒋介石还是无法忍受。1939 年 12 月到 1940 年 3 月，“当局”——共产党对重庆政府的称呼——自第二次统一战线建立以来，第一次挑起了一场未命名的反共战役。他们把自己的行动视为对共产党非法扩张的打击，并认为共产党训练有素的部队在为“日伪政府”效力。参与此次行动的第一位高级将领是阎锡山，他是山西的老牌“军阀”，但从 3 月开始，他不得不眼睁睁地看着八路军再次攻占他们两个月前失去的土地，手下的 3 万名士兵加入了八路军。[90]山东的形势一直很混乱。1940 年，国共之间的斗争比抗日还要严重。1940 年 11 月，八路军在山东的人数达到 7 万，但是国民党对于这一边区仍然拥有绝对控制权，共产党仅控制了这一边区与河北的交界处、泰山和山东半岛底部。毛泽东十分熟练地在各处运用 1940 年 3 月 11 日他在延安的一次高级干部会议上提出的战术，并将其概括为“有理，有利，有节”[91]的口号。也就是说：不主动攻击国民党，但在对方攻击时要反击；在有十足把握胜利的前提下才发起战斗；把顽固派的进攻打退之后，如果他们没有进行新的进攻，我们应该适可而止，使斗争告一段落。3 月 6 日，毛泽东在他控制的边区依据“三三制”原则分配行政责任：共产党员占 1/3，非共产党的左派进步分子占 1/3，中间分子占 1/3。7 月 7 日，毛泽东强调了“左”倾回归的威胁，令一般资产阶级害怕。[92]1940 年 8 月 13 日，中共中央北方局发布了关于晋察冀边区的管理纲领[93]：只没收叛徒的土地充公，禁止工人罢工，保证让农民和佃农向地主缴交债款。1941 年 5 月，《双十纲领》的适用范围扩大至陕甘宁边区。虽然在陆地上与国民党部队的短暂交火日益频繁，毛泽东仍然在 1940 年 2 月 1 日确信大部分的国民党员拥有光明的前程，只有党内那些少数根深蒂固的反动派的未来才是黑暗的[94]。

的确，在毛泽东温和的言辞背后隐藏着更为强烈的指示。1940 年 3 月 11 日，毛泽东做了一次报告，报告的第五点是关于抗日根据地的政治权力问题的[95]，他明确指出：保证共产党员在政治权力机关的领导地位是十分有必要的。为此我们必须保证那些占有三分之一席位的共产党员都具有高水准高素质。如果这一条件能够得到保证，那么共产党的领导地位就能保障，没有必要为了让其他人真心接受我们的建议而增加共产党员的人数。1940 年 3 月 16 日，毛泽东给彭德怀写了一封信[96]，陈述了自己有些犬儒主义的观点："须避免在陵川、林县地域[97]再与中央军冲突，如彼进迫，我应北退，如彼再三再四进迫不已，然后我军加以还击，其曲在彼，否则政治上对我甚为不利。目前斗争重心应移至淮河流域，因李品仙现正派军队向雪枫、胡服两区压迫，蒋介石已注意该地，企图切断我军与新四军联系。我军将来出路，实在中原，此时不争，将来更难了……何应钦已在参政会常驻会议报告了一次。下月参政会开五次大会，彼现派在洛阳等处之视察团回川，必将大做文章。我们现在就应准备在政治上迎接蒋之新进攻，因此军事上必须立即刹住，转为守势，彼军进迫，我军后退，一枪不打，服从命令，才能造成政治上有理有利地位。"我们可以看出：毛泽东不仅读了克劳塞维茨的书，也读了马基雅维利的书！

新民主主义革命

事实上，自 9 月以来，人们能够感觉到统一战线的"法宝"也可能是一个致命的陷阱。蒋介石和国民党强化了对政权的控制：蒋介石得到了不久以前孙中山先生的头衔——最高统帅。1939 年 11 月，国民党宣布准备在 1940 年召开制宪大会。战争使得中央政权为众人所接受，更加稳固，甚至更加合法，尽管共产党对内陆的掌握取得了不少进展，但是他们仍然面临被边缘化的巨大危险。

毛泽东不能任由形势这样发展：1939 年冬季，他准备应对眼前的困境。他既不希望被边缘化，也不希望隶属于国民党。他知道与国民党公开的决裂将会增加后者投降的危险，但是他已下定决心夺取这场战争的领导权，将战争的冲突转向日军与共产党的冲突。此时他是共产党内无可争议的首领，为此，他必须加强党内团结，增强党的实力，巩固党的基础，同时考虑到党历史上的两个特性，对他而言，其一是与游移不定的资产阶级的关系，其二是武装斗争的优势。这解释了为什么 1939 年 10 月 4 日他重新启用了军事杂志《共产党》，帮助党“共产化”[98]。在由毛泽东和几位合作者在1939年12月编写的名为《中国革命与中国共产党》[99]的政治培训教材中，毛泽东回顾了中国三千年的封建制度，对中国社会做了分析并重新审视他关于中国改革的视角。他粗线条地描述了“新民主主义革命”阶段资产阶级加入革命的过程，接着描述了之后的阶段——无产阶级社会主义革命阶段。毛泽东从蒋介石所谓的三民主义的禁锢中解脱出来。他进一步说，第二阶段只有等到第一阶段完全实现之后才会到来，他对于那些无法预见这一社会主义革命的共产党人表示了一定的批判。鉴于过往的经历，他比江西苏维埃时期更为谨慎小心，对游民、流氓、流浪汉、乞丐、妓女、无赖的革命潜力持保留态度，但惋惜将这些人全部消灭的想法。他同样证实了被改良主义诱惑的工人阶级不可信任，认为改良主义在革命中所扮演的角色与党所扮演的角色混淆了。他第一次转向知识分子，在一段话中特别提到地主是“中国革命的主要对象”，再次证实了他对于地主阶级的怀疑。“知识分子中的许多人都来自于代表封建制度残余的这个阶级：他们对于革命的归顺可能也是暂时的。”与此同时，毛泽东再三叮嘱无产阶级（也就是共产党）要欢迎他们。

在1939年延安各界青年纪念五四运动20周年大会上，毛泽东当着社会主义青年联盟的面，强调了这一运动的决定性作用，这一运动的发起人——知识分子扮演了核心角色，并指出，只有与工人和农民大众相结合的知识分子才是革命的。他还拿孔子开玩笑，称其不会耕地也不知如何种白菜。12月1日，他批评了那些怀疑并且不录用知识分子的干部。毛泽东在1939年12月9日延安各界纪念“一二·九运动”4周年纪念大会上讲话，认为“一二·九运动”与1919年的五四运动同样重要，并指出自己在那个遥远的时代对于政治缺乏经验，满脑子都是《诗经》和孔子的《论语》。借着这个机会，他回忆了数千名青年学生不顾国民党的阻拦上街示威游行，被国民党逮捕的壮举。为了欢迎丁玲，毛泽东引用了拿破仑的名言“一支笔可以当得过三千支毛瑟枪”[100]，在一片欢呼声中他说：“根据拿破仑的说法，那末，你们就有三千零一支毛瑟枪了！”

同一时期，毛泽东写了两篇文章补充重建共产党的概念，这也是革命三大“法宝”之一。12月20日，在庆祝斯大林六十寿辰大会上[101]，毛泽东慷慨激昂地说：“在全人类中间，出了这位斯大林，这是一件大事：

有了他，事情就好办了。你们知道，马克思是死了，恩格斯也死了，列宁也死了，如果没有一个斯大林，那一个来发号施令呢？……关于建设社会主义的事业，马克思、恩格斯、列宁都没有完成，而斯大林把它完成了，这是开天辟地的大事。”事实上，几千年以来，领导阶级一直反复强调被压迫者要学会顺从，而今据毛泽东所说，斯大林将马克思主义总结成为一句话：“造反有理”[102]。对毛泽东而言，斯大林是至高无上的领导人，他的思想非常深刻。在诺曼·白求恩[103]的纪念大会上，毛泽东补充说，战士们必须将身心都献给共产党。

隐晦的“专政”

经过几个月的思考，毛泽东在1940年1月15日出版的《中国文化》第一期上发表了题为《新民主主义论》的文章[104]。这篇文章重申了他在秋天的几个报告，斯图尔特·施拉姆将其定义为“掩盖无产阶级专政的葡萄叶”[105]。事实上，此文只是重申共产党支持三民主义。他一再强调孙中山用他的三民主义作为理论基础来定义他的“三大政策”：与苏联结盟，与共产党合作，由资产阶级、工人和农民组成统一战线。在新民主主义阶段，共产党只会没收土地分配给那些耕作这片土地的人，还没有考虑要建立社会主义农业。同时他也确保不没收其他资本主义的私有财产，并不禁止“不能操纵国民生计”的资本主义生产的发展。一直被谨慎对待的“中间阶层”如今也可以放心了。但是如果我们仔细阅读文章的话，会发现毛泽东认为资产阶级和国民党一样很容易妥协，唯有工人阶级才是彻底革命的。事实上，毛泽东认为工人阶级就是共产党，也就是说要讨回共产党对中国革命的领导权。他同时指出，如果国民党放弃以三民主义为基础的三大政策中的任何一个，就是落入了反动的阵营，必须要发展“新三民主义”，并把农民的问题看作中国革命的基本问题，农民是中国革命的主力军。他总结道，将资产阶级民主革命转变成为社会主义革命是十分有必要的。革命的高潮“是站在海岸遥望海中已经看得见桅杆尖头了的一只航船”[106]。我们已经很清楚地看到，而今已经不是国共两党的摩擦了，两党正走向决裂。

走向决裂（1940 年夏—1941 年 3 月）

1940 年夏初，中国的政治氛围十分沉闷。春天，面对法国军队的撤退，人们很难预测英国独自面对轴心国还能坚持多久。6 月 20 日，法国封闭了海防—云南府（现在的昆明）铁路。7 月 18 日，英国封闭了滇缅公路。整个冬季，日军轰炸重庆，造成成千上万百姓伤亡：中国没有防空力量，它的空军在上海战役的时候几乎全军覆没了。此刻蒋介石或多或少隐藏的投降动机变得越来越强烈：为何要在势如破竹的敌人面前如此坚持？与敌人和解是否才更为妥当？

百团大战

为了阻止投降的企图，中国共产党想要证明日军不堪一击，表达抗日的决心。支持这场战争的领导人一开始就有这个想法，包括周恩来、朱德和彭德怀。对此毛泽东持反对态度：他认为应当避免从八路军较弱的前线正面抗击敌军，而应凭借游击队在背后攻击敌军，并在共产党控制的范围内拉长战线，避免受到国民党的管控。整个 1940 年，他都在极力建议共产党的将士们发展游击队、发展山东和北方平原的抗日根据地。如果八路军和新四军之间有一个沟通的桥梁的话，这一切就会更加简单。在这一点上，正面战争的支持者和游击战的拥护者达成了共识：必须破坏日军对八路军实施的“囚笼政策”[107]，这一政策涉及的范围包括东面的北京—武汉铁路、南面的陇海铁路以及北面的正太铁路（石家庄—太原），这些铁路能够为遭受攻击的驻军提供快速救援和支持。对于彭德怀和他的同事们来说，这不过是一次规模有限的小型破坏行动，无须经过党内军事委员会和毛泽东的同意。1940 年 7 月 22 日，八路军参谋部决定百团大战从 8 月 20 日正式开始。意外的初战告捷激起了党内部队将领的战斗热情，他们原本就对抗击国内其他力量已经没有什么兴趣。聂荣臻在他的回忆录中曾提到这种“头脑发热”，他认为自己可以使敌军遭受重创，并在北方建立广阔的根据地。这一点在 1940 年 8 月 31 日对彭德怀的采访中得到了证实[108]，他将这次行动称为“百团大战”，这是“共产党军队第一次大规模对日进攻”。他没有总结这场105个团20万人参加的18 000次战斗。斯图尔特·施拉姆说，1940年9月10日，毛泽东曾向书记处下达了一条没有中央军委批示的命令，要求八路军和新四军的负责人集中力量全力抗击日军，“应仿照华北百团大战先例”。如果施拉姆说的不是事实，那么这场战争并不符合毛泽东战略上的考虑[109]。如果这份文件不是追求更长远的胜利，那么毛泽东就是像其他人一样“头脑发热”了。不管怎样，他很快就失望了：从9月中旬开始，日军得到伪满洲国的支持，10月底开始反攻。日军伤亡2万人，200人被俘，还失去了对交通的控制，这一切都是他们无法容忍的。傀儡政府伤亡5 000人，18 000人被俘。但是共产党军队的损失也很惨重：17 000人。1941年6月9日，毛泽东嘱咐彭德怀要更加谨慎小心，他说：“目前方针是必须打日本，但又决不可打得太凶。”[110]毛泽东认为在这个战争阶段，这样的战役属于大规模自杀，但他并非无视既得利益。1940年12月22日，彭德怀提前一周结束百团大战，毛泽东写了唯一一条给书记处的针对百团大战的指令：“百团大战对外不要宣告结束，蒋介石正发动反共高潮，我们尚需利用百团大战的声势去反对他。”毛泽东将一个并不可靠的军事胜利转化为政治胜利。之后发生了“皖南事变”，共产党遭受了无可争议的军事上的败北，不得不进行更为惊人的恢复工作。

可怕的1941年

但是，毛泽东此次大获全胜的政治重建是在一个十分灰暗的背景下进行的：1941年对于共产党来说是可怕的一年。

从军事上讲，日军在多田骏和冈村宁次的指挥下，自1941年7月开始发动十分激烈的反攻。15万日军在10万伪军的协助下突然进攻共产党开展百团大战的地区。他们从城市和交通枢纽开始，有条不紊地深入内陆，毁灭可能留宿游击队战士的乡村，并在离开之前留下一些有看守的小碉堡。1942年，在太行山有7 700个小碉堡，它们之间靠11 860公里的封锁带连接。日军还沿着北平（北京）—汉口铁路挖了几百米的封锁沟，烧了很大一片高粱地[111]，形成一条500米宽、500公里长的封锁带，遣散了这个地带的所有居民，并且派巡逻队日夜守卫。在太行山南部[112]，

1941年、1942年共产党分别遭到日军263次和410次攻击：只有一个25公顷的边缘地带幸免，晋察冀根据地也被减掉了三分之一。第二个封锁带在1941年建完，比沿着铁路建的那个长了一倍。抗日的乡村被迫转入地下生活，有时甚至要掘地三尺来保护自己，除非最终投降。大部分村庄都曾在某一段时间被日本人或日伪政府占领，而今又重新由那些传统的地头蛇管理，他们的管理伴随着对农民的报复行动，因为后者曾经夺走过他们的土地。共产党管理的人数从1939年的4 400万跌至1942年的2 500万，90%的根据地缩小为简单的游击区。百团大战中攻下的晋察冀边区的26个县全部丢失，而其中12个县的负责人不得不撤到山区。

1941年的第二个困难是经济秩序。只有在延安周围的陕甘宁边区躲过了日军的入侵，但是它不得不忍受国民党军队的封锁以及1940年和1941年两年的坏收成。这一边区什么都缺——粮食、住处、衣服、盐……——由地方政府发行的货币比国民党管辖地区的货币崩溃得更为迅速。[113]在重庆，我们以1937年的生活成本为基础指数100来计算，1940年到1942年期间，指数分别为224、1 980和6 620，而延安的指数分别为500、2 200和9 900，非常可怕。这个情况在晋察冀边区更为严重，战争使得这个地方变得愈加荒芜，必要时需要征地使得情况进一步恶化。然而共产党方面却没有应对的方案：土地充公已经在老的根据地实行过，而统一战线的政策又阻止征用1938年以后获得的土地。重庆政府的补助因1939年潜在的国内战争而取消，经济封锁却愈加严重。唯一剩下的办法就是实行自给自足的经济，人民将通过“解放”来救济自己。

第十章

延安之路（1942—1945）

整风运动是毛泽东继长征之后政治生涯的分水岭：前一个阶段，毛泽东必须同领导圈子商议所有重大的决定；后一个阶段，他听取亲信的意见后可以独立做出决定。

一旦战争打响，成功是必然的：共产党的基层组织在1940年到1942年间遭受损害之后，1943年重新得到稳固，并在1944年迅速发展，这一切得益于采取了适度的政策缓解了阶级斗争。1944年最后的反攻阶段伤了国民党军队的元气，同时保存了共产党的力量。1945年春在中国共产党的七大上，毛泽东的胜利达到了顶峰，他的声望逐渐赶上了蒋介石。1945年8月日本投降后，毛主席作为统帅的对手飞往重庆。

整风运动或第一场毛泽东主义①政治运动

1942年秋，毛泽东基于安全考虑又换了住处：他有时住在离延安很近的枣园，里面还另有一处有两个入口的秘密住处，但是他没住过。有时住在东南方向40多公里处的王家坪，那是共产党军事委员会所在地。枣园的条件比较舒适，有浴缸、代替炕[1]的床和简陋的暖气。他在延安有一辆几乎为他所专用的车子，这是一辆雪弗兰的救护车，是由纽约中国洗衣店职工工会捐助的。最初这辆车用于运输伤员，但由于几乎没有道路，这辆车无法执行任务。毛泽东用这辆并不适宜的车去延安的小机场接外国稀客到自己的秘密住处。

1935年夏到1940年夏，党员人数从4万人上升至80万人，五年间增

① 这里以及下文所提到的“毛泽东主义”有别于“毛泽东思想”，前者在本书作者看来更多代表着毛泽东个人的政治理念，而后者则是中国共产党集体智慧的结晶。

长率高达95%。这些新党员来自各个阶层：21%是军人，他们与上万名知识分子、大中学生融合在一起，这些人都是响应1939年12月毛泽东的号召从城市来到延安的。我们发现这些新党员的队伍中不乏达官显贵的子女，还有例如哥老会这样的秘密组织成员的子女，当然也不能忘记那些机会主义者和国民党的秘密官员。几乎所有这些新党员都没有受过任何政治培训，三分之二的人是文盲。很显然新旧两种类型的干部之间必然的隔阂是一个很大的威胁，过去党内的干部大都出身于农民家庭或者是接受过考验的坚定的知识分子，而新晋的干部则是一些来自城市中间层的爱国青年知识分子。再加上延安城是一个超政治化的奇特社会，和别的地方完全不一样：冒险来到延安的青年亲自在峭壁中凿洞，然后根据当时的需要被安置到抗日军政大学（抗大）。1938年该校有学生3 000人，之后的几年学生人数达到1万人[2]。他们或者去延安的公立学校或者去鲁迅艺术学院学习戏剧、音乐、美术、文学。精英分子被安排至中央党校或者中央研究院。经过6至8个月的学习，毕业生作为民事或者军事干部被派往前线。学校的生活很艰苦：食堂的"大灶"菜色不好，每天一斤到一斤半小米或大米饭，每十天有一碗面条，每月两三斤肉，每周一碗蔬菜，没有厚衣服，即使冬天也穿着布衣；8个人睡在一铺砖炕上，每天有12到13个小时苦读政治书籍，不知疲倦地重复着相同的军事操练。男女比例为18比1，他们马上就要与红军会合，在尼姆·威尔斯的一次采访[3]中，管理健康部的医生傅连暲说，红军中90%的战士是处男。这位信奉天主教的医生将这些战士的战斗力归功于此。

毛泽东认为只有统一党员的思想，让他们认为随时为党牺牲是正义的，使党员始终保持这样的一种压力之下，党才能成为领导力量。1941年7月1日共产党诞生20周年之际，政治局作出关于增强党性的决定，毛泽东十分清晰地分析了当前的形势[4]：必须继续深入"党的布尔什维克化"。实际上，共产党是在农村发展起来的，主要是由农民、小生产者和爱国知识分子组成。战士们已经学会了如何进行独立分散的游击战，"容易产生某些党员的'个人主义'、'英雄主义'、'无组织的状态'、'独立主义'与'反集中的分散主义'等等违反党性的倾向。……而有这些倾向的个人如不改正，亦会身败名裂。叛徒张国焘的结局与项英反抗中央的机会主义所引起的皖南失败，便是明显的历史教训"。为了避免这种危险的发生，毛泽东建议通过“加强学习、批评和自我批评、实地调查”使党成为“布尔塞维克的党”。3月17日和4月19日，他带头发表过去在江西寻乌做的“农村调查”，在序言中他指出没有调查就没有发言权[5]。5月19日，他明确了自己的攻击对象，嘲笑“那些乳臭未干的人只会满嘴引述《资本论》和《反杜林论》，但不能理解中国实际情况，不能实事求是”。他把他们比作“墙头芦苇，头重脚轻根底浅”，“山中竹笋，嘴尖皮厚腹中空”，不是真正的马列主义战士。显然，毛泽东批评的是王明的拥护者和那些在莫斯科留学的书呆子，他把他们称为“二十八个半布尔什维克”[6]。在中央六届六中全会时，毛泽东就已经批评过他们。

同时，党校迅速发展起来：在陕甘宁边区，1935年至1941年间建立的41所党校中有21所是在1939年至1941年间新建的[7]。党校里开始介绍一些毛泽东的历史和政治理念。在那个时代，依照斯大林的模式，共产党总书记拥有最高权力。从1943年开始，流行的画报将毛泽东的肖像配上初升的红太阳，延安的《解放日报》则在头版写道：“毛主席，中国人民的救星”。毛泽东在中国革命的背景下对党的社会成分做了分析，四分之三个世纪之前，卡尔·马克思认为法国农民和小生产者是拿破仑三世个人专制的根本基础[8]，如何才能防止将这两者相提并论呢？毫无疑问，这是毛泽东个人崇拜的一个来源，而整风运动极大地强化了这一点：毛泽东想要把共产党打造成为一个毛泽东主义的党[9]，而他是这个党无可争议的领袖。整风运动从一开始就不止是一场打击王明及其拥护者的政治运动，因为在1938年年底他们就已经没落了。我们还能以1941年8月1日政治局通过的一项决议[10]为证：它要求进行调查，建立“可靠的人事材料”，对象包括所有的地主、财产超过一定程度的资本家、伪军军官、高级干部、记者、会门首领、教派首领、流氓头、土匪头、名优、名娼。此举是为了锻炼党的积极分子，征服全中国后，党要控制整个社会。

1941年9月10日至10月22日，中央政治局扩大会议召开。漫长的会期（42天!）见证了讨论的激烈程度。在这段时间里，我们无法完全了解军事生活的变动。每次遇到困境的时候，毛泽东都一次次证明他是一个伟大的、熟练的战术家。一旦成为胜利者，他对于那些不同阵营的人又表现得非常无情：“学习”之后便进入痛苦的“整风”[11]。

在9月10日的讨论中，毛泽东在会上做反对主观主义和宗派主义问题的主题报告。[12]他回顾了共产党成立以来党内领导的错误，检讨了党的领导路线问题。毛泽东将所犯的错误归咎于“主观主义”，这一主义在李立三领导时期和江西苏维埃后期盛行。苏维埃运动后期的主观主义统治时间更长久，结果更悲惨。这是因为“这些主观主义者自称为‘国际路线’，穿上马克思主义的外衣，是假马克思主义”。1935年1月的遵义会议纠正了党的路线，“但在思想上主观主义的遗毒仍然存在”。1938年11月的六中全会继续进行路线纠正，但是仍然没有根除所有的教条主义。就如同他在1938年时做的一样，毛泽东建议“马克思主义中国化”，进行一次“实事求是”的动员，并准备在党的七大时分析批评党“在1932年到1935年12月期间”的领导活动。1932年5月11日，博古对罗明路线进行了没有根据的批评，“间接”针对毛泽东。这份报告再次进行了反击。不过，毛泽东没有提到1931年1月的六届四中全会，那次会议上王明、博古和他们的朋友一同夺去了领导权。毛泽东把“左”倾阶段的开始定在1931年9月[13]，因为随着一些“共产国际主义者”陆续抵达瑞金，王明从8月30日公开反对毛泽东。这样一来，毛泽东将攻击对象瞄准了博古和王明的亲信。9月26日，“中央学习组”成立，毛泽东任组长，王稼祥任副组长。自29日起，这个小组发布了一份“需要仔细阅读一到两遍”的书目：《论共产主义运动中的“左派”幼稚病》、艾思奇译的《哲学大纲》的第八章“认识的过程”、李达译的季米特洛夫的《辩证唯物论教程》的第六章“唯物辩证法与形式论理学”，以及日本马克思主义学家河上肇的《经济学大纲》的序言。[14]这种形式好像为300名高级干部建立了一所规模适度的中央党校。10月13日组织了清算过去历史委员会，由毛泽东、王稼祥、任弼时、康生、彭真五人组成，以毛泽东为首。另外有120名干部在各个方面予以帮助。清算过去历史委员会得出一份结论，这个结论草案中的许多重要内容后来被吸收到1945年的《关于若干历史问题的决议》中。他们搜集了519篇从党的六大到1941年的文章，1941年12月发表在一份限量印刷的刊物上。胡乔木描述了整个过程：当时只印刷了500份经过仔细编码的刊物，而且不是发给个人，而是发给各个机构。[15]11月1日，《解放日报》上发布了一份需要学习的新书单[16]，加入了以下作品：季米特洛夫在共产国际第七次会议时所做的报告，《联共党史》的结论部分（注明

“我们之后要阅读全文”），一篇《解放日报》上刊登的文章《斯大林与〈联共党史〉》，一篇1939年8月《国际新闻通讯》（由共产国际出版）关于法国、英国、美国、德国和意大利共产党的历史，联共中央关于《联共党史》出版后应如何进行宣传的决议：没有什么内容比这个更正统了。1942年4月3日中共中央宣传部规定了18篇文章为考试范围[17]，4月20日至6月20日在党校开展整风运动，4月20日至7月20日在党组织开展整风运动。如果我们了解这18篇文章，就会得出不同的结论。事实上，这18篇文章中有8篇是毛泽东的文章[18]，4篇是由他负责编写的文章（其中有一篇关于1929年12月底的“古田会议决议”的文章，标题为《关于纠正党内的错误思想》，重申了枪杆子里出政权的观点）。这些文章加起来占了三分之二的篇幅，剩下的几篇文章有两篇康生的报告，一篇陈云的文章，一篇刘少奇的文章，一篇斯大林1925年2月写的关于布尔什维克化的文章，以及《联共党史》的结论部分。尽管4月16日这份读书清单中又加入了另外4篇文章（一篇季米特洛夫的文章，两篇斯大林的文章以及一篇斯大林和列宁共同写的文章），但我们仍然可以看到在这次运动中，毛泽东的文章具有无可争议的主导地位。同时，我们能从中发现文章缺少理论，大部分是论战性质的，或者是阐明建立一个密切联系群众、纪律严明的政党的重要性。[19]

很快我们就发现，在这个看似为了学术目的举办的读书活动背后，真正的目的是政治性的。毛泽东在全会前后所做的发言节选《驳第三次左倾路线》[20]明确地体现了这一点：文章宣布要在毛泽东、任弼时和彭真的领导下对中央党校进行重组。毛泽东肯定了清算过去历史委员会的工作，成立了一个委员会（在他的掌控下）调查白区的党组织，并让康生负责干部审查。

唯一让人吃惊的是，《驳第三次左倾路线》（王明的路线）这篇文章的口吻比会议开幕词中的还要尖锐。[21]显然，毛泽东被王明的态度激怒了。[22]后者不但不做自我批评，而且竭力为自己辩护，要求立即召开七大，好与他的对手公开较量，并进而求助于莫斯科。王明在1941年11月向毛泽东传达了季米特洛夫的口信，这个口信无疑是他请求后者这样做的。当时德国的装甲特遣队逼近莫斯科，斯大林担心日本对苏联宣战，认为中国共产党对于抗日投入的兵力十分有限，为此他提了15个尖锐的问题。[23]然而，1941 年 12 月 28 日，毛泽东介绍 1942 年的工作计划时坚持他的路线："利用太平洋战争和日军南移，使得我们 1941 年遭受严重损失的根据地恢复原样。抵抗肃清运动，收回一部分失去的土地。集中力量，不要冒失，也不要向国民党挑衅。"[24]

1942 年 2 月 1 日，毛泽东在中央党校开学典礼会上做《整顿学风党风文风》（通称"三风"）的报告。2 月 8 日在宣传部讲话要求大家"反对党八股"[25]。在前一篇报告中，他批评那些教条主义的知识分子缺乏批判精神，不自觉地落入到主观主义中去。"读了许多马克思列宁主义的书籍，能不能就算是有了理论家呢？不能这样说。……许多所谓知识分子，其实是比较地最无知识的，工农分子的知识有时倒比他们多一点。……这比大司父煮饭容易得多，比他杀猪更容易。你要捉猪，猪会跑（笑声），杀它，它会叫（笑声），一本书摆在桌子上既不会跑，又不会叫（笑声），随你怎么摆布都可以。世界上哪有这样容易办的事呀！……马克思一不会杀猪，二不会耕田。但是他参加了革命运动，他又研究了商品：他是完全的知识分子。"我们注意到这最后一句话改变了之前民粹主义的基调。反对党八股针对的是那些被毛泽东称作"二十八个半布尔什维克"的人，这些年轻人初出茅庐却非常自负。毛泽东举了鲁迅的例子，回顾了 1919 年的五四运动，并再次强调马克思主义中国化的必要性。同时，其他的领导人如陈云、刘少奇、彭真发表了类似的讲话。2 月 28 日，康生被任命去"改造"90%的干部的工作作风，自 1938 年以来他们没有参加过党校学习——很快，17 098 名干部参加了这一运动。

然而，自月初以来，刚刚成为《解放日报》负责人的丁玲在该报的文化版安排了一些描写延安严峻生活的文章。值得一提的是《解放日报》的主编是博古，王明在莫斯科期间，博古是"国际派"的主要领导。和其他党内积极分子一样，丁玲认为这次整风需要坦诚。在一篇关于三八妇女节的文章中[26]，丁玲写道，边区妇女的生活要比其他地区的妇女好，但她对当地社会固守的大男子主义表示惋惜：妇女的确需要结婚，但是一旦组成家庭之后，我们就认为她们"落后"了，由于家务的负担过重，她们无法拥有足够的社会生活。在别处作为受害者的妇女，在延安就变成被告。其他的作者写了一些文章描述爱国青年知识分子的失望，他们的热情被红色首都的现实所浇灭，搬出鲁迅的例子寻求写"杂文"的权利。在这个表面上开放的背景下，3 月 13 日和 23 日的《解放日报》发表了名为《野百合花》的文章，1927 年加入共产党的中年知识分子王实味用一种冷幽默的方式揭露了干部的特权。王实味曾经翻译过列宁的遗嘱和托洛茨基的自传，这让他与上海的托派分子有些联系。来到延安后，他进入了中央研究院，负责马克思和列宁文稿的出版工作。3 月 18 日，他在研究院的一次整风动员大会上提出意见，反对研究院的负责人自动成为检委会的成员。一位领导抨击他的行为是向小资产阶级的平均主义妥协的表现。3 月 23 日到 28 日期间，他在墙报《矢与的》上发表了锋芒毕露的三篇文章，对新的质疑作出回应。整整一天，一群人围在张贴墙报的南门看，可见当时延安的人们是多么缺乏娱乐活动啊！夜里，毛泽东打着灯笼到中央研究院看墙报，他说："思想斗争有目标了。"[27] 3 月 30 日，毛泽东在中央学习小组发表了《如何研究中共党史》的讲话，又一次对王明进行了批判。3 月 31 日，他召集了 70 位在《解放日报》工作的记者和干部[28]，进行了一场为期一个星期的整风讨论会。在总结的时候，他批评了博古，后者立刻作了自我批评。4 月 1 日，毛泽东进行了日报的重组：博古只是名义上出版发行的负责人，而实际的领导工作交给了陆定一，后者同时也是八路军宣传部长。[29]这天，一篇社论证实这份报纸成为"党内斗争"的官方报纸，并用无产阶级路线代替了"之前盛行的资产阶级路线"。4 月 2 日，政治局听取了毛泽东关于全面推动整风运动的报告，第二天中央宣传部通过了一项决议。这份报告确定了运动的日程表以及我们在前文提到的需要学习的文章，提出了十二个如何展开运动的关键点：这是毛泽东在"文化大革命"前政治生涯中所有类似运动的滥觞。[30]

毛泽东和 1943 年的转折

5 月 2 日到 23 日，毛泽东组织了一场文艺座谈会，由于结论在知识分子和干部中引起了许多争议，这份报告直到一年半以后才出版[31]。实际上，毛泽东思考了"剑锋"与"笔锋"这两种武器在中国革命斗争中的关系后，将文学和艺术定位于宣传的角色，作家和艺术家必须服从党的政治命令。他们必须把自己放在该有的阶级位置上，摆脱小资产阶级的思想，转而拥有无产阶级的意识形态。就像王实味一样，毛泽东也假借鲁迅的名声。然而王实味将自由批评的权利放在比政治体制更重要的位置上，但毛泽东却认为延安体制不属于其中，一切创造都必须服从党的要求。毛泽东没有继承1919年5月4日运动的自由思想。的确，1941年到1942年的形势十分严峻：日军的扫荡，与国民党决裂，经济封锁，边区贫穷的状况，这一切使得许多干部和知识分子将他们的立场看作保卫国家和革命所必需的过渡阶段。不过知识分子中顺从的比不赞成的要多。但很少有人反抗。

毛泽东在做报告。这张照片由中国著名摄影师吴印咸拍摄于延安。在黄土高原边区一个窑洞门口摆着一个小桌，小桌上放着装水的杯子，毛泽东穿着打补丁的长裤和尺寸不合适的上装，摆着演说家的手势，在著名的延安文艺座谈会上向干部做报告。这张照片流传很广。

王实味坚持抗争，他受到了批判。温济泽在1942年5月21日至6月11日的日记中详细记录了对王实味的批判[32]。5月27日，王实味和温济泽工作的研究小组成员被院领导要求思考“3月在他们中出现的极端民主主义潮流”。小组负责人之一范文澜[33]做了自我批评：他缺乏坚定的意志。第二天，一些人委婉地为王实味辩护，他们认为“王实味只是意识形态与我们不同，但他仍然是我们的同志”。5月30日，艾思奇传达了毛泽东在延安文艺座谈会上的“讲话”之“结论”部分。在听完他的总结后，所有的与会者都表示他们所犯的错误与王实味有本质差别。王实味之前在墙报上批判过研究院的领导提出强化党内纪律及民主集中制的必要性：艾思奇认为王实味犯的不仅是思想错误。5月31日，与会者收到批判王实味墙报的文章。6月1日，与会者将议题从“由清算极端自由主义的偏向”，转为“批判王实味的斗争”：“治病救人”。连续几周，包括温济泽在内的许多同志都表达了他们对《野百合花》内容的赞同；但是自从学习了毛泽东的《反对自由主义》这篇文章，以及刘少奇关于党员自我完善的小册子之后，他们看得更清楚了。尽管他们一同做王实味的思想工作，党内六位领导也同王实味谈话，但是王实味仍然坚持自己的错误。大家把他的这种固执与托派主义联系在一起。他在一封信中以鲁迅自居，自认为是青年的榜样，这一点引起了大众“十分轻蔑的嘲笑”。

6月2日，暂时休会，留一些时间给与会者学习毛泽东在文艺座谈会上的结论以及各种毛泽东和斯大林的文章。6月3日下午，继续开会。大家分析了王实味的阶级成分：小资产阶级和乡村贵族阶级。艾思奇指出人的本性与他所属的阶级密不可分。在党拒绝了王实味提出的退党申请之后，讨论继续分小组进行。6月4日，因为大家知道王实味要参加会议，大礼堂挤满了人。王实味否认自己是托派分子，一位与会者起来质问。之前他们俩关于斯大林的问题已经有过争执，王实味批评斯大林过于粗暴。大会委派三位同志与王实味谈话“挽救他”。6月8日清晨7点，在操场上召开了一场大型“动员会”，有1 000名旁听者：各种报告都是为了揭露托派主义。9日，100名与会者“听取了两个十分精彩的报告”：陈伯达揭露了王实味“自私自利的卑鄙的行为”，称其“正像水里的蚂蝗一样，是没有骨头的东西！……他正藐小得像一个白蛉子，这白蛉子悄悄从纱窗飞进来咬人，是必须严防的!”另一个是艾青，他责怪王实味的文章营造了一种“阴森”的氛围，“这种手段是毒辣的。这样的‘人’，实在够不上‘人’这个称号，更不应该称他为‘同志’”。10日，与会者罗列了王实味所有的错误，要求开除他的党籍。11日，丁玲驳斥王实味对延安文艺界的侮辱，对《三八节有感》作了一番自我批评。研究院院长做第一份总结发言：他对于王实味拒绝给予他的帮助表示遗憾，并指出下一步要继续学习和不断提高自我修养[34]。这让我们回想到11世纪新儒家学派代表朱熹的修己治人之道，要达到此境界不是通过禅学[35]，而是学习和经常拜访教授道德伦理的场所。院长要求所有与会者一生都要坚持批评与自我批评。范文澜最后指出："王实味是个什么人？他是个托洛茨基分子。"我们"用尽了苦心去挽救"，但是他始终拒绝做自我批评。现在必须要从这样的反抗中吸取教训：坚决反对任何自由主义；严守纪律；严禁散布谣言；提高政治警惕性；深入学习文件和进行自我批评。1 月 7 日，毛泽东发电报给季米特洛夫感谢他的"指示"，并让他对中国共产党党内的团结放心。1944 年 2 月 25 日，季米特洛夫对此表示满意。不过，毛岸英在莫斯科，王明在延安：莫斯科和延安之间处于互不信任的状态。

然而，整风运动出现了偏差。毛泽东为此道歉。在 1944 年 4 月 12 日延安的高干会议上，他说："我代表中央道歉……这次延安审干，本来是让你们洗个澡，结果灰锰氧[36]放多了，把你们娇嫩的皮肤烫伤了……我们在黑暗中攻击敌人，不小心伤及了自己的几位同胞。"在党的七大之前，他又三次表达了他的歉意。

这些或多或少有些真诚的歉意，以及他削减了自己在中央的权力都不能改变一个事实：在这几个月里，毛泽东已经获得了党内不可动摇的领导权。

各种政治事件都标志着他正攀上顶峰。

第一个事件是西北局高级干部会议，1942 年 10 月 19 日至 1943 年 1 月 14 日，由高岗[37]主持，267 名陕甘宁边区干部参加，会期很长，但不时休会。高岗在 11 月 17 日、18 日发表讲话并做了总结。毛泽东在 12 月做了关于重振边区经济的重要讲话[38]，对整风运动进行回顾，毫无保留地支持康生的行动。高岗介绍了毛泽东到陕北之前共产党运动的发展史，这使得他能把自己的挫折和毛泽东 1932 年至 1934 年在江西的经历相提并论。他首先抨击了极左路线，然后批评国际主义分子和周恩来的"投降派"。如此，高岗为一部以毛泽东为中心的中国共产党的历史添上了浓重的一笔。大家乘势成立了一个以毛泽东为书记的宣传部和一个由刘少奇领导，王稼祥、陈云、洛甫、邓发和杨尚昆协助的组织部，这更加巩固了毛泽东和他的亲信在党内机关不断扩大的影响力。

1943 年 3 月 16 日至 20 日，政治局召开会议通过决议，毛泽东、刘少奇、任弼时组成中央书记处，没有周恩来。毛泽东正式成为中央政治局主席。政治局有 13 名成员，不包括周恩来和王明。中央委员会的各个机关都由毛泽东的亲信领导。毛泽东作为中央政治局主席和中央书记处主席，

“中央书记处讨论问题，主席有最后决定权”[39]。1943年5月16日，斯大林解散共产国际，5月26日的政治局会议认为这是一件好事[40]，它解除了共产党运动的最后一道限制。中国领导人声明“自一九三五年共产国际第七次代表大会以来，共产国际即没有干涉过中国共产党的内部问题”，因为形势的需要解散共产国际的决定使中国共产党更加民族化。

确实，一切都对毛主席戏剧性的权力增长起到了作用。2月，斯大林格勒战役结束了德国对苏联的攻击。与此同时，日本在所罗门群岛中的瓜达尔卡纳尔岛战败，标志着美国开始在太平洋战争中发起反击。胜利改变了阵营，同盟国开始考虑未来。就是在这样的背景下，1943年3月暨孙中山逝世纪念日，蒋介石出版发行了他唯一的一本政治著作《中国之命运》。随着治外法权以及所有在1942年10月到1943年1月与美国和英国签订的“不平等条约”的废除，中国恢复了完全主权，再加上1943年10月美、英、苏签署的《莫斯科宣言》中将中国列为四大强国之一，1943年8月蒋介石成为国家元首，10月正式成为国民政府主席，获得了帝王般的地位。对于共产党而言，不可能让蒋介石成为中国唯一的化身。更何况1940年1月毛泽东提出的新三民主义也谈到了未来，但是他所说是另一种未来。

我们注意到从1943年夏开始，出现了对毛主席的崇拜，这种崇拜以传统的农民小生产者为基础，正是在这样一个基础上，毛泽东建立了他的体制。1943年7月8日，王稼祥在《解放日报》上发表了一篇纪念抗日战争爆发和中国共产党成立的文章，提出了“毛泽东思想”这一说法。这个说法之后被刘少奇沿用，他在这一“思想”中看到了党成功的原因，开始对1931年1月的六届四中全会作出批评：我们不能允许党内有任何与毛泽东思想相违背的“思想”。1945年夏，《毛泽东选集》第一版发行，干部从中引述毛泽东的语录。毛泽东的头像大量地出现在公共大楼、村庄的墙壁以及百姓新年祭祀祖先的祭坛上。歌曲《东方红》成了一首毛泽东的颂歌，它歌唱毛泽东是“人民大救星”，还把他比作初升的红太阳。[41]

经过了整风运动，共产党的边区开始复苏并且扩大：希望重现了。

毛泽东和边区的巩固

1942年12月20日[42]，即便整风运动已经遍及所有抗日根据地，毛泽东还是对两个月前来延安参加西北高干会议的干部们做了一篇罕见的关于经济领域的讲话：《经济问题与财政问题》[43]。在 1941 年 9 月的政治局会议上，彭真提交了一份重要的报告《党的工作和它的特殊任务》。1942 年 1 月 28 日，中共中央政治局通过《关于抗日根据地土地政策的决定》[44]，这个决议在 1943 年 10 月毛泽东关于合作社的文章[45]，以及 1943 年 11 月 29 日接见陕甘宁边区劳动英雄时的讲话[46]中得到深化。即使在扩大自己在党内的支配权时，主席仍然在讲话中提出适度发展经济。这些文章与“生产运动”相关。1941 年至 1942 年，生产近乎崩溃，国民党的封锁又使情况更加恶化：自开战以来，小米的价格涨了 40 倍，1941 年的收成比上一年减少了 20％到 30％。毛泽东明白为人民提供基本的生活条件刻不容缓。在这个特别贫困的边区，土地都是用锄头和镰刀靠人力耕种的，一半的家庭没有任何可以耕地的家畜。只能依靠富农的劳动力才能解决问题，他们对于增产和开垦荒地很有经验。更普遍来讲，要发展一种混合型经济，除了公共部门，还要在农业、手工业和商业领域发展重要的私营经济。为了达到目标，首先必须停止批判富农。毛泽东认为不能让大部分有爱国主义行为的地主陷入绝望，必须谨慎对待他们，让他们在工业和商业领域投资。必须接受地主对于劳动人民存在一定程度的剥削。总之，一定程度的资本主义被认为是有必要的：一份 1942 年 2 月 6 日党内关于土地政策的文件认为在边区可以容许 70％资本主义的生产方式和 30％封建主义的生产方式，地主赚钱是很正常的。稍晚的时候，农村经济结构出现根本转变：共产党坚持改革，对此国民党只是口头说说而已，要减少地租的利率为收成的三分之一，打击高利贷，并警惕欠的钱是还给地主还是债主。

我们可以通过战争时期共产党和农民间的关系去理解毛泽东这一向右的转变。这种关系在很长时间内被过分地理想化了。在这方面我的导师是吕西安・毕仰高[47]，他的研究结合了最近美国学者或者中美学者精彩的专题论文，能帮助我们更好地理解当代中国意识形态历史上最艰涩难懂的章节之一[48]。这里有一个基本的事实：中国农民没有特别想成为革命者的倾向。农民加入华北的革命并不是自发的，而是由共产党耐心、睿智地组织动员的。虽然农民生活困苦，共产党土地再分配的承诺让他们有了盼头，但他们参加共产党的革命时仍然有些不情愿。马克・塞尔登应当重新考虑他关于陕北农民迅速归顺共产党的论点了[49]。查默斯·约翰逊[50]断言共产党能够动员农民的最根本因素是他们本质上是民族主义者，但他并没有充分的理由：他认为共产党首先是抵抗外来侵袭的爱国者，其次才是革命者。事实似乎比这要复杂许多。吕西安·毕仰高概括了共产党和农民的十点关系，我列举如下：

（1）农民自发的暴动与革命运动正好相反。革命运动具有全国性和战略考量，而自封建王朝末期开始重新出现的农村暴动属于地方自卫，这种行为只是为了恢复遭到破坏的形势，而非建立一种新的秩序。

（2）我们知道，在这样的情况下，当那些大多由省会青年知识分子所组成的共产党积极分子来到农村时，受到的待遇是“冷淡而谨慎的”。1923年至1925年彭湃曾经这样说过，而毛泽东在1926年至1927年冬受到了湖南老乡的热情接待之后，在1928年至1930年也提到了这一点。

（3）共产党能够渗透到农村要归功于那些农村乡绅在城里接受教育的子孙们，比如陕西的刘志丹和高岗。党的农村化是通过同学间的关系网实现的，他们在读书期间加入了共产党。我们可以看到毛泽东在湖南省立第一师范学校的同学扮演了决定性角色。

（4）共产党的这种渗透必须有一个相应的军事或政治结构才能保持，以保证农民不会在敌人反扑的时候遭殃，避免形势出现混乱，以及在乡绅垮台之后不让土匪横行。班国瑞曾写道，“是军队，而不是阶级进行了中国革命”[51]，八路军或新四军在红色政权的建立中扮演着重要的角色。

（5）农民生活难以为继，再加上受到日本人、土匪、国民党军队、地主团练的威胁，跟着共产党是为了生存。农村社会将共产党视为他们的保护者，将其与部分会道门组织混为一谈。如同朴尚洙[52]所写，哥老会中很多成员也加入了共产党。让农民保卫危险的祖国，不如让他们保卫自己穷苦的家。

（6）农民对于既得物质利益十分敏感，作为被剥削的受害者，他们更愿意接受共产党政权而非投入到持久的反剥削抗争中。陈永发[53]认为，共产党给予农民的土地和物资分配是后者归顺前者的决定性因素：这是唾手可得的利益。相反，他们对于减少租金和债务不怎么感兴趣，因为这些钱款的支出对他们来说是理所应当的：一些农民在私下里还是继续按照传统的比率交地租给地主，而实际上官方已经降低了租金。而粮食税的进展[54]却让他们满意，因为这属于他们传统的反课税行动。

（7）不过农民一旦被动员起来，他们就好像是从长久积累的失望情绪中释放出来，为了报仇而变得极端，常常越过新的当局给他们设定的限制，要制止他们这种极端的行为让共产党感到十分头痛。

（8）这种动员不能持久，需要阶段性地重新发起。

（9）党为了维持政治和军事机构的活力所需要的积极分子更多是在青年中招收的，不管他们的出身如何，而不是在穷人中招收。许多共产党干部都来自“剥削阶级”，而党在培养“被压迫阶级”的干部时遇到了很大的困难。

（10）我们和吕西安·毕仰高的看法一致，共产党和农民之间是一个“不平等联盟”。依赖于农民的共产党“在他们中选出革命士兵”并“一步一步培训他们”。因此这不是一场真正的农民革命，而是由农民参与的革命。农民被动员的主要原因是为了生存，其次是为了在无形的合同中获得一点土地。作为交换，农民给共产党提供粮食。他们在交通运输和军事工程中给予八路军和新四军帮助，还将子孙送去参军。

1941年至1944年，毛泽东建议实行的新的经济政策完全属于这个范畴：上文提到的那些论文对此有详细的描述[55]。这个政策比起激烈反抗地主和富农的动员要缓和得多，尽管在统一战线的前提下，共产党与国民党曾制止过这种动员，但是这种运动还是持续到1939年。而今采取的这种退让的路线才使人民得以应对1941、1942、1943这艰难的三年。多亏了这种适度且得到广泛赞同的政策，共产党才能保存大部分的军事实力，包括几乎整个陕北、山西五台山和太行山的部分地区以及十几个小面积的抗日根据地。有时这些根据地白天失守，晚上又夺回来了。形势的多变以及共产党随之而来多变的应对政策让人印象深刻：在总体政策的基础上，有些地方政策根据规模的不同，采取不同的节奏和方法应对。事实上，可能这才是“群众路线”：聪明地适应地方的实际情况。从这个角度看的话，中国革命不只有“一场”而是“许多场”。

第二点让人印象深刻的是这项政策的成功虽然来得慢，但其实是可以估计到的：在陕甘宁边区，可耕种面积在1936年到1945年几乎翻了一倍[56]。因为封锁，这一边区的小米收成减少了20%到30%。垦荒政策扩大了耕地面积，加上人口的转移，这个边区在经历了三年饥荒后于1944

年实现温饱。

第三，社会的转变主要归功于共产党掌权后最初几年所进行的彻底的土地革命，过去的乡绅渐渐没落，中农逐渐获益：1935 年，太行山边区的地主拥有 26.3%的土地，到了 1944 年就只剩下不超过 5.3%了；同样，富农的土地所占比例从 23.4%下降到 13.4%；而中农拥有的土地从 31.4%增加到 65%。富农的没落比数字显现出来的更严重，因为这其中没有算上那些由农村较低阶级上升为富农的人，后者十分会利用形势：这些新的富农通常是模范农民，或者是基层干部。他们对党很忠心，因为共产党可以确保他们的晋升。

第四，共产党加强了控制：超过半数的委员会成员是党内积极分子，超过了三三制原则限制的三分之一的人数上限。

第五，那些最贫苦的农民并没有看到他们的命运有所好转。在太行山边区，贫农拥有的耕地面积所占比例从 17.6%降至 15.4%。在岩树村，那些听从政府安排从绥德迁过来的人发现这里和封建制度的“庄户”差不多：能得到 4 到 8 公顷荒地、一栋房屋、一些种子和工具，但是他们必须将收成的 50%～60%交给地主，并无偿地做长工[57]。对于这个事实，毛泽东指出这样做比饿死要好许多。

经济“重建”虽然保障了一支人数众多的部队和重要的国家机构，但是这种相对的成功对农民而言利益不大。自 1939 年开始，国民党停止对边区进行补助，1941 年至 1943 年税收加重，采取逐步推行的方法，已经减轻了这一政策对最贫困人口的影响。农民交给国家的粮食税从 1937 年的 13 859 石增加到 1941 年的 180 000 石[58]。这是必需的：这个贫困边区有 150 万人口，他们粗放耕作的农业勉强够温饱，但是他们还必须承担 20 000名公务员（如果算上他们的家属）和 50 000 名士兵（其中 15 000 名公安人员）的口粮。当然，毛泽东希望大家向由王震[59]率领的 359 旅学习，这个旅驻扎在陕甘宁南部荒芜的南泥湾。一万名士兵和游击战士自己种地，自力更生，同时还参加附近村庄的农忙。但是各个部队种的粮食加起来只有 31 000 石，相当于这五万名士兵每人每年只能拿到 37.2 升米：其余的部分还是需要通过征税得到。除了越来越沉重的负担，每年每个农民要做 115 天到 130 天的杂役，帮助军队完成军事工程或者修路方便运盐[60]，将征收的粮食运到政府。当然还有苏联的援助，1940 年 2 月 25

日，季米特洛夫估计苏联每月的补助为35万美元[61]，但是苏联参战之后援助就中止了。

事实上，毛泽东总结的是他在1943年至1944年的态度：一些措施是权宜之计，他在农业问题上的右倾转变也是由当时的需要决定的，一旦形势允许，右倾可能重新受到质疑。这是1943年他关于合作社发展的讲话的深层次含义，他还同意保留资本主义甚至封建主义的领域。他特别举了延安南县消费和生产合作社的例子，并且希望田间有大型农业活动时，发扬农民互相帮助的传统，集中所有的劳力和家畜共同劳动，也许这是让农民为将来的集体制做准备。或许出于这个原因，1944年，毛泽东让共产党西北局（陕甘宁）着手开展一个关于“边区互助形式”的广泛而细致的调查[62]。1943年11月，他在陕甘宁边区劳动英雄代表大会上作题为《组织起来》的演讲：“这种分散的个体生产，就是封建统治的经济基础，而使农民自己陷于永远的穷苦。克服这种状况的唯一办法，就是逐渐地集体化；而达到集体化的唯一道路，依据列宁所说，就是经过合作社。在边区，我们现在已经组织了许多的农民合作社，不过这些在目前还是一种初级形式的合作社，还要经过若干发展阶段，才会在将来发展为苏联式的被称为集体农庄的那种合作社。”这次讲话阐明了毛泽东的“延安之路”，而这条延安之路从1958年开始丰富了他关于社会主义的思想。马克·塞尔登很精辟地总结道：“延安精神证实了人在面对恶劣的自然环境时的优越性，无须农业机械化，只需要通过动员人民，以及通过发展集体化合作社这个法宝，就能实现提高物质生产力的诺言。”[63]

然而，这场1943年由毛泽东推行的合作运动效果十分不理想。1943年，陕甘宁边区有26万合作社社员，到了1944年只剩下15万。1943年，毛泽东意识到在绥德的努力也遭到了失败。这个地方最发达，教育程度最高，但由于临近国民党部队而显得最脆弱。

还有必要分析一下这些合作社究竟是什么。消费合作社不过是一些供应食物的小型售货点，而生产合作社是一些初级工坊，每个合作社都只雇用了十来个人，尤以纺织业为主。领导们最常提起的形式是农业互助组：通过常常引起纠纷的复杂计算，十几个或二十几个邻居交换家畜和工作时间。这是利用了耕地和收割时传统的“变工”。互助组先进行开垦，一旦荒地成为耕地之后，就按照合作社社员参与工作的份额来分配。毛泽东多次提到劳动英雄吴满有的例子。在1937年的时候吴满有是个贫农，1941年起他推动成立了几个互助组，在延安南部开垦了几百亩地。1944年，他已经成为拥有327亩地的富农，他将90亩地交给佃农来耕种：我们很难看出这样一个政策以后如何能促成农业的社会化。从这种家庭互助形式过渡到一个或几个村庄的集体化必须有一个质的飞跃。克劳德·奥伯特中肯地评价道："中国北方存在的互助传统只是作为担保，它只提供了一个将外国的集体化运动转为传统运动的过渡结构。"[64]此外，1943年陕甘宁边区只有17%的农户加入了互助组，而到了1944年只有不超过10%的人还继续留在互助组。《解放日报》常常引用太行山边区白云乡这个特别的例子，72户居民形成了一种法伦斯泰尔式的团体，他们被分成9个耕地互助组，青少年负责照料家畜，老年人充当信使，妇女准备集体伙食，而那些传统意义上的懒汉、赌徒、酒鬼都会被合作社强制要求去田里干活，这一行动被称为"改造二流子"。我们可以自问中国非典型边区的这样一个经验是否可能被推广：陕甘宁边区的劳动力是每公顷2.5人，而中国的平均水平是每公顷4人，这里可以耕作的土地为6%，而平均水平为18%，这里实行粗放耕作，而中国主要以精耕细作为主。[65]1958年，正是在这个不可靠的基础上，毛泽东开始了他的乌托邦计划——"大跃进"。

从1944年开始，共产党成功的真正原因是广泛深入农村。我们尤其可以从二战和中日冲突的变迁中发现这些原因。

毛泽东和中国共产党的发展（1944—1945）

1943年至1944年冬，50岁的毛泽东开始发福，他已不再是江西那个纤瘦的造反者，也不是延安那个座谈会的演说家：他变得如同一个活菩萨，有着新生儿的丰腴，他那张光滑而圆润的脸凸显出他的睿智与从容。

在欧洲，继美军登陆西西里占领意大利，以及1943年7月苏联红军战胜德意志国防军取得库尔斯克会战胜利之后，希特勒的部队边打边撤。在太平洋战场，美国海军驱逐了所罗门岛、加罗林岛和吉尔伯特群岛的日军，1944年1月底占领了马绍尔群岛，而中国的陆地战线始终保持平静：中国国民党官方军事力量的损失为350万人，死亡人数从1940年的34万、1941年的14.5万跌至1942年的8.8万、1943年的4.3万。

显然，蒋介石看出日本的战败不可逆转，开始安排他的部队与成为他最主要敌人的共产党进行最后的较量。[66]在东京，人们已经确认战争不会胜利。但是大家仍然希望不会战败。在海上战败的日军试图加强他们在朝韩—印度支那—缅甸这一三角区域的掌控。1943 年，他们还试图拉拢蒋介石推翻他的联盟，与汪精卫伪政府合作，最终消灭他们共同的敌人——共产党。1943 年 10 月 30 日，日本与南京日伪政府签订的新条约提高了后者的地位，日伪政府在 1 月 9 日正式宣称与美国和英国开战，并在 8 月 1 日收回外国租界。汪精卫[67]的百万战士主要与 474 476 名共产党的士兵作战，而日军则让 56 万士兵中的三分之二与蒋介石的部队对抗[68]。继 1942 年 4 月空袭东京之后[69]，从 1943 年 11 月起，美国将军克莱尔·李·陈纳德率领飞虎队从广西桂林、柳州和南宁的基地起飞空袭日本，美国对日本的大城市和工业中心的轰炸越来越激烈。1944 年 4 月，日本参谋部着手进行了“一号作战”[70]：这场自 1937 年至 1938 年以来日军对中国最大规模的进攻，目的是在朝鲜和河内打通一条连续而安全的通道，为日本群岛提供食物、战略原材料等军需保证，代替由美国海军控制的海上通道。日本参谋部还希望毁掉美国空军在中国的基地，并且巩固蒋介石身边的反美派系。

对毛泽东来说，没有比这更好的礼物了。实际上，经过七年战争的国民党军队已经筋疲力尽，装备不良，伙食不好，医疗服务十分糟糕，只有 2 000 名医生，新兵遭到军官虐待，最优秀的那些在冲突开始的第一个月就大量死亡，抵抗能力十分有限。“一号作战”始于河南，15 万日军快速沿着北京—汉口铁路向南挺进，国民党的部队溃退。因为当地农民的态度，日军的胜利变得更加容易：1944 年春河南遭遇了严重的饥荒，当时 1 000 个人中就有百来个死于饥饿，加上国民党部队的掠夺，被激怒的河南农民在重庆政府按惯例来征税的时候暴动起义了。他们借助日军的攻击，杀死或赶走零散的国民党士兵、税务员和征兵处的人员。这一切极大地方便了日军的军事行动。[71]从 5 月底开始，35 万日军从武汉到湘北攻击湖南—广西边区：6 月 18 日长沙沦陷。7、8 月，日军进入广西。11 月，广西的美国空军基地悉数被毁。云南、昆明受到威胁：美国空中运输线受到威胁，这条运输线保证了从英属印度向“自由中国”供应部分军需[72]。日本先遣队开始威胁贵州的首府——贵阳：拿下这座城市就可以打通去重庆的道路。恐慌席卷了“自由中国”的首都：外国的外交官开始整理他们的行李，而早在南京和武汉沦陷的时候已经整理好行李的蒋介石此刻声明，他会留守在这里，要么胜，要么死。幸运的是日军的攻击在1944年12月初突然停止。实际上，在此期间，美国把10月25日雷伊泰岛战役中剩下的日军船只全部击沉。麦克·阿瑟将军再次开始对菲律宾的征服，而“海军”已经征服了马里亚纳群岛。续航里程达到5 400公里的美国轰炸机空中堡垒B29如今可以到达日本群岛，并且回到他们在关岛的基地。在陆地上，日本在缅甸战役中战败，同盟国再次开启了重庆的供给通道。这次成功要归功于美国将军约瑟夫·史迪威的指挥，他曾经公开藐视蒋介石[73]，当然还有英美军决定性的参与。在九个月的战争中，国民党军队阵亡人数达到50万，比日军的阵亡人数多了20倍，严重受挫的国民党军队没有赢得一点声誉。然而，蒋介石的政权却依赖这支节节败退的、失去信誉的、士气低落的军队。[74]

共产党充分地利用了国民党的这次溃败。1944年4月12日[75]，毛泽东在西北局（陕甘宁）高干会议上发表讲话，他对“一号作战”初期共产党的影响做了总结。他首先确定世界局势主要的趋势是法西斯阵线的快速败退，这也就是日本侵略者的战败，以及人民力量的进步与发展。在中国，自1943年起，党在抗战时期的发展进入第三阶段，这一点更加证明了毛泽东的正确眼光。第一阶段，1937年至1940年，党员人数从4万升至80万，军队人数从3万增至50万，“如果我们按照（向共产党）交粮食税的人计算的话，其中也包括同时还向日伪政府交税的人”，根据地的人口达到大约一亿。尽管共产党实际控制的人口只有毛泽东乐观估计的三分之一或四分之一，但我们仍然能够理解红色政权已经成为一个不可回避的事实。第二阶段，1941年至1942年，是十分艰苦的两年：共产党党员的人数降至736 151人。八路军人数从1940年的400 000人降至305 000人，而新四军则从135 000人降至110 960人，也就相当于失去了63 000多名党员和85 000名战士。① 根据地的人口减半，只剩下不超过5 000万人，如果我们只计算那些不受日本人或者国民党侵犯的人数的话，那么就只剩下1 200多万人了。第三阶段是一个戏剧性的恢复阶段：在“一号作

① 数据似有误，原文如此。

战”前一个晚上，共产党清点的党员人数有 90 万，共产党军队人数有 47 万，再加上 227 万名民兵，得到巩固的抗日根据地的居民人数达到 8 000 万。一年后，在 1945 年 6 月的第七次会议上，党员有 1 211 128 人，共产党军队有 91 万人，抗日根据地不受敌军干扰的居民人数达到 9 550 万。实际上，国民党的军队已经被日本人驱逐，日伪政府的力量已经无法威胁共产党军队，全力投入与蒋介石部队战斗的日本士兵已经无法在共产党的根据地展开恐怖行动了。

除了那些临近铁路干线的城市和乡村之外，中国北方几乎所有的地方都受共产党控制。主要有四大根据地。(1) 陕甘宁，陕西北部一直延伸到甘肃和宁夏。(2) 晋绥，山西西北部和绥远边界。(3) 晋察冀，山西东部、察哈尔南部和河北西部。(4) 晋冀鲁豫，向西延伸的这个根据地位于黄河以北，自山西南部、河北西南部（太行山）、河南北部一直到山东。在中国中部有八个扩大的根据地，淮北根据地、苏北根据地、苏中根据地、淮南根据地、苏南根据地、皖中根据地、浙东根据地以及大别山边区的鄂豫皖（湖北、河南、安徽）根据地。在南方，有两个游击区变成根据地，一个在海南岛（琼海根据地），另一个在珠江三角洲（东江根据地）。

显然，毛泽东已经成为蒋介石的挑战者。1944 年至 1945 年冬末，他向委员长发出挑战，并且在世界舞台上崭露头角。

在党内，刘少奇自 1943 年夏成为毛泽东的主要副手，于 1943 年 7 月 6 日发表了题为《清算党内的孟什维主义思想》的文章来攻击各种“伪马克思主义者”（也就是王明）[76]。1944 年 4 月 3 日至 4 日，刘少奇在陕甘宁边区高干会议上[77]又一次对此进行了抨击。他强调了毛泽东在中国革命和马克思主义中国化中无可替代的地位，对于 1928 年在莫斯科的第六次会议上毛泽东没有成为全党的领导人以及“将中国革命过分对照 1905 年的俄国革命”感到惋惜。1943 年 12 月 28 日，中共中央书记处发出《关于研究王明、博古宗派机会主义路线错误的指示》，明确批评王明和博古的两条错误路线，即 1931 年至 1934 年的“左”倾机会主义和 1937 年至 1938 年的右倾机会主义。刘少奇考虑从建党以来的历史这个角度研究他们的错误。4 月 12 日，毛泽东在讲话中从另一个角度谈到这个议题：他对蒋介石进行了系统的批判，后者的部队在日军的攻击面前已经溃退，但对于毛泽东而言，日军其实只出动了几个师而已。

“国民党以五年半的袖手旁观，得到了丧失战斗力的结果。共产党以五年半的苦战奋斗，得到了增强战斗力的结果。这一种情况，将决定今后中国的命运”。

挑战开始了：毛泽东要求共产党现在开始实行1928年党的六大提出的一项“过去不能实行，现在不能实行”，但是马上召开的七大结束之后就能实行的决议：准备一场军事暴动一举拿下城市，“在全国范围内赢得胜利”。从此以后，毛泽东的目标就是夺取全中国的政权。就是在这样的背景下，六届七中全会召开。1944年5月21日到1945年4月20日11个月的会议期间，毛泽东出席了8次会议：1944年的5月21日、6月5日、11月9日、12月7日、12月9日，以及1945年的2月18日、3月31日和4月20日。毛泽东作为正式选举产生的中央委员会主席担任了大会主席团主席，主席团成员包括朱德、刘少奇、任弼时和周恩来。一开始，毛泽东召集了中央委员会的17名成员，随后又加入了其他14位领导，缺席的是赌气的王明和生病的王稼祥。毛泽东成立了三个委员会分别准备政治、军事和党的章程报告，其中党的章程是为了1945年春七大做准备的。此时已经开始选举参加七大的代表。

六届七中全会的第一次会议采纳了一份关于党在城市工作的文件。该文件6月5日由一个委员会负责起草，这一委员会共14名成员，会长为刘少奇，此外还有彭真、陈云、李富春、康生、刘晓、邓发和一些1927年以前的工会干部。[78]指示要求利用合法的工作和秘密组织将日军完全驱逐，让百姓迎接“1944年底到1945年初辉煌的胜利”。

第二份文件是在1945年4月20日最后一次会议上发表的。这份文件题为《关于若干历史问题的决议》。文章开头即肯定：“中国共产党自一九二一年产生以来，就以马克思列宁主义的普遍真理和中国革命的具体实践相结合为自己一切工作的指针，毛泽东同志关于中国革命的理论和实践便是此种结合的代表。”[79]回顾党近24年的历史，新民主主义革命阶段分为三个时期：1921—1927年第一次大革命、土地革命和抗日战争。文章第二节再次提到这三个时期：第一时期虽然有“共产国际的指导”，但是由于陈独秀的右倾机会主义而遭到失败。第二时期党与“全党对于企图分裂党和实行叛党的托洛茨基陈独秀派和罗章龙、张国焘等的反革命行为，也同样团结一致地进行了斗争”。尽管党从1931年1月的六届四中全会开始直至四年后的遵义会议一直执行着错误的“左”倾路线，“我党终于在土地革命战争的最后时期，确立了毛泽东同志在中央和全党的领导”。第三节大篇幅地分析了从 1927 年 8 月到中央六届七中全会结束期间“左”、右倾的偏向。这是对毛泽东精确分析的一种捍卫和说明，指出遵义会议是“中共党内最有历史意义的转变”：实际上从遵义会议开始，“党中央在毛泽东同志领导下的政治路线，是完全正确的”。同时也将 1937 年至 1938 年王明势力短暂的复起完全除去了。第四节继续深入思考“左”倾和右倾错误的原因，并且指出毛泽东纠正这些错误的方法：他极力反对低估农民的作用，混淆小资产阶级和大资产阶级，抗拒游击战，脱离群众以及将改革中的新民主主义阶段与社会主义阶段混淆。第五节提到，党内的小资产阶级占大多数是这些错误的社会根源。因而必须依靠教育将小资产阶级的意识形态转化为无产阶级的意识形态。第六节将正在进行的整风运动视为一种“马克思列宁主义者克服党内错误的正确态度的模范”。最后一节可以归纳为一句话：“二十四年来中国革命的实践证明了，并且还在证明着，毛泽东同志所代表的我们党和全国广大人民的奋斗方向是完全正确的。”

几经周折，一个关于党的历史的共同看法形成了，于是便有了由毛泽东带领，12 个革命骑士组成的“延安圆桌会议”，他们是朱德、刘少奇、周恩来、任弼时、陈云、康生、高岗、彭真、董必武、林伯渠、洛甫和彭德怀。

美国朋友

共产党结束了内部冲突，艰难地达成了共识。一个突发的外来事件认可并巩固了中国共产党的新政权：1944 年 7 月 22 日，一架美国空军 C47 型客机降落在延安机场，降落过程中还发生了一点小事故[80]。第一批迪克西使团（美国观察组）的成员经过再三恳求，蒋介石才同意他们从重庆到延安。团长是戴维·包瑞德上校，史迪威将军的军事参谋，他讲一口流利的中文，动辄引用莎士比亚、孔子和《易经》的语句，穿着随便，并不特别注重社交礼仪的他十分讨中国共产党的喜欢。

8 月 7 日，第二架飞机着陆，运送来了观察组的其他 18 名成员，其中只有一名是外交官，使馆的二秘约翰·谢伟思[81]，他为了这次来访做了充足的准备。就好像延安报纸的标题写的那样，毛泽东和周恩来对“美国朋友”特别友好。在很多次宴会上，包瑞德坐在毛泽东和朱德中间的贵宾席上，而约翰·谢伟思则坐在朱德旁边。[82]这次延安之行是富兰克林·罗斯福的个人创举。随着欧洲第二战场的开辟，美国参谋部需要中国更多参与太平洋战争，罗斯福对国民党军队的一触即溃感到愤怒：现在正是“一号作战”时期。史迪威将军的报告让他确信蒋介石政权的腐败无能，而且他无法忽视蒋介石与日本人的暧昧关系。约翰·谢伟思等熟知中国的外交官于是向罗斯福推荐了中国共产党，后者在军事方面十分高效。几年前埃德加·斯诺的书已经向美国公众介绍了这一点：延安让人想到了美国的福奇谷和独立战争中那些聚集在乔治·华盛顿周围的严肃而英勇的清教徒。更具体地说，美国的这次任务是商讨关于共产党能给在中国意志消沉的美国飞行员提供的帮助，以及考虑与其进行有限的军事合作来抗击日军。五角大楼考虑在山东登陆，需要当地游击队的支持。1944 年 11 月 7 日，少将帕特里克·赫尔利走下飞机，他穿着裁剪得体的军装，戴着数十个闪闪发光的勋章。这架飞机每周都会把食物和信件送给延安的美国人，他们不习惯以米粥和枣粥为主的饮食。赫尔利是罗斯福的私人代表。[83]因为事先没有通知，周恩来匆忙召集了一个团的士兵临时安排了迎接。包瑞德充当翻译。当这位高个子美国人——六英尺三英寸——吼出一声响亮的“Ya-hoooo”，并在停机坪上跳起印第安乔克托舞蹈时，所有人都愣住了。这次参访持续了三天。赫尔利滔滔不绝，包瑞德或多或少地翻译了一些，略去那些他认为很可笑荒谬的话。[84]11 月 10 日，一场热闹的宴会结束了两天的会谈，达成了一项协议计划要交给蒋介石[85]。第一天，赫尔利提出了五点建议，这篇文章完全出自他自己之手，没有和蒋介石商量过。他无法想象中国不会在美国的意志下屈服。毛泽东很诧异他的语气不是对手的语气（“民有、民治、民享”），并且询问这些论述源于谁的观点。赫尔利承认这是他个人的观点，并请共产党充实他的提议。第二天达成的协议承认共产党和共产党的军队，同意其经中央政府整编后，将根据等级享受与政府军队同等的待遇，其各单位军火和军需的分配亦享受同等的待遇。赫尔利关于国共关系中遵循的民主和自由准则的表述含糊而浮夸，毛泽东在协议中不露声色地加入了关于联合政府的建议。赫尔利认为这个提议能让人接受。但是，就像包瑞德预见的那样，蒋介石毫不犹豫地拒绝了在协议上签字，并且提出了他的三条“反建议案”，要求共产党无条件承认他的权威。事实上，国共的立场在1944年5月4日到8日两党在西安重新接触时便非常明确了，也一如林伯渠9月22日在《解放日报》上，蒋介石1944年10月10日在国庆节发表的声明中表达的一样[86]。国民党和共产党之间的分歧有三点。

（1）军事问题：如果国民党承认共产党的5支精锐部队和16个师，并且彻底改变国民军事委员会的构成，共产党同意由蒋介石担任各项抗日行动的指挥。国民党只愿意让共产党保留10个师，并且要求他们服从目前的国民军事委员会的命令，可以增加几位国民政府接受的共产党将军。

（2）政治问题：共产党要求国民党接受1944年时存在的共产党根据地。共产党同时要求采取政治措施为建立一个取代国民党独裁统治的联合政府做准备。国民党提出这些等和平问题解决了再说。

（3）一党问题：共产党要求国民政府承认共产党和抗战期间形成的政治团体，尤其是民主联盟。国民党对此搪塞推诿。

包瑞德与周恩来陪同赫尔利回重庆之后，又和周恩来一起返回了延安[87]。12月8日，包瑞德和毛泽东进行了会谈，以弄清之前商议无法进行下去的原因。毛泽东变得比上个月更加不客气了：“你们吃饱了面包，睡足了觉，要骂人，要撑蒋介石的腰，这是你们美国人的事，我不干涉。现在我们有的是小米加步枪，你们有的是面包加大炮。你们爱撑蒋介石的腰就撑，愿撑多久就撑多久。不过要记住一条，中国是什么人的中国？中国绝不是蒋介石的，中国是中国人民的。总有一天你们会撑不下去！”[88]实际上毛泽东“不理解，也永远无法明白”赫尔利的转变，作为协议的草拟者之一在提出五点建议之后，他现在给共产党施压是为了让“他们投降”。赫尔利和周恩来几次通信至12月16日无果，显然，美国第一次试图在中国进行调停失败了。几个月后，在新华社1945年7月12日的一份声明中，毛泽东揭露了赫尔利的政治阴谋，他有凭有据地指控后者向国民党政府靠拢，挑起国内战争[89]。他痛斥美国政客的行为，而之前他对于美国的了解仅限于一张世界地图、从长沙市立图书馆借来看的几本中文百科全书，再加上美国观察组到中国来访时在延安播放的电影。他被约翰·福特的电影《愤怒的葡萄》[90]所感动，被音乐剧中贝蒂·葛莱宝美丽性感的侧影吸引，对《漫步阳光下》中的战争观感到困惑——那些无忧无虑的美国兵将意大利战争看作一次危险的野餐。看查理·卓别林的《摩登时代》时，毛泽东眼泪都笑出来了。尽管影片的结局让他失望，但他十分熟练地利用这次危机让外国观察员看到他比蒋介石更随和，更开明[91]。美国人一开始插手中国事务的时候，毛泽东就已经仔细地分析了中国的形势。1944 年 7 月 1 日，中国共产党中央委员会发布了一个指示[92]，认为共产党的力量不足以夺取大城市和赶走日军，但是现在的形势有利于扩大和稳固抗日根据地。文章进一步指出，这些队伍由于长期分散游击，集中训练极少，远不能适应战略反攻，所以要加强政治教育和军事训练，扩编军队，转入反攻。明白地来讲，共产党今后必须保存力量，不是为了迎战注定要战败的日军，而是对付国民党的军队：蒋介石拒绝了赫尔利的建议，让毛泽东看出统帅已经决定与他决一死战。因此，他试图让美国在将来的冲突中保持中立或者至少只是在口头上支持蒋介石。

1944 年 8 月 18 日，周恩来可能是受到毛泽东的启发，写了一篇文章。周恩来阐明了中国共产党对外国人或者更准确地说对美国人的新态度。[93]鉴于 5 月延安来了一个中国记者和外国记者团，后来又来了美国观察组，周恩来认为要开始建立“一个新的外交统一战线，一个半独立于国民党的统一战线”。文章指出，过去中国在处理与外国关系时有两个十分危险的态度：19 世纪的闭关态度和义和团运动时的仇外态度。自 1919 年五四运动和 1925—1927 年的大革命运动以来，仇外的态度有所消退，但是它还在上层社会中持续。必须效仿抗日根据地的例子，与外国合作，同时要求外国尊重中国。周恩来的这份声明证实了约翰·谢伟思对 1944 年 8 月 23 日毛泽东和包瑞德谈话的描写。毛泽东说如果他有机会去华盛顿与罗斯福总统商谈的话，他会很高兴，并且保证“所有在中国战斗的美国士兵都会是追求民主的活的广告牌。他们一定会向遇到的中国人民宣传民主……我们不怕民主的美国影响——我们愿意欢迎它”。他乘势继续说：“中国议会一定会制定一部长久的宪法，并且建立一个稳定的立宪政府。代表必须由人民自由选出，而不是通过各个党之间的协商而定”。毛泽东的猴气开始大显身手了。就在国民党犹豫是要排外还是在外国人面前呈现卑屈的姿态时，毛泽东和周恩来已经于 1945 年 1 月十分正式地提出想去华盛顿见罗斯福总统，这也是中国共产党第一次获得了国际的认可。[94]他们还得到了另一个机会，3 月 9 日请求国民党让周恩来和博古加入边区代表团未果之后，共产党人董必武作为边区代表参加了 1945 年 6 月建立联合国的旧金山会议[95]。

1945 年 2 月 4 日至 11 日，斯大林、丘吉尔和罗斯福一同召开了雅尔塔会议，中国共产党想要摆脱两大正在形成的政治团体的努力失败了：像斯大林盼望的那样，蒋介石领导下的中国在亚洲东北部（自苏联加入抗日战争后就受苏联的影响）和太平洋之间（受美国的影响）扮演着缓冲区的角色。在这样的情况下，很显然斯大林要求中国共产党在背后支持蒋介石。毛泽东和蒋介石一样，不会听从列强的这些安排。[96]但是他却又睿智地或者说有远见地表面上遵循和解政策，实际上却决不妥协。1945 年 1 月 24 日，周恩来回到重庆后，发现因为美国新的大使对中国政策的态度变了，蒋介石的立场也更强硬了：1944 年 10 月 19 日，应统帅的要求，史迪威将军被极为反共的阿尔伯特·魏德迈将军替代，而赫尔利大使为了掩盖自己的严重过失而声称陷入了共产党的阴谋，指责“他们的特务渗入了美国的政府部门”。1945 年 4 月，约翰·谢伟思接到指令被召回华盛顿。为了准备去华盛顿，毛泽东邀请这位外交官到延安。事实上自从谢伟思 6 月底到达华盛顿之后，他就被指控向美国左翼杂志《亚美》泄露高级机密而被逮捕。冷战在抗战胜利之前就已经开始了。在这样的日益恶化的政治氛围下，周恩来开始与国民党商议协议的基本原则。共产党对 2 月 3 日蒋介石召集的政治协商大会表示支持，共产党将出席这次会议。这次大会十分合美国人的心意——建立一个共同政府，统一中国的军队[97]，并且协商成立一个符合孙中山三民主义的合法政府，而结束国民党一党执政的状况。但是，2 月 15 日，周恩来离开重庆返回延安的时候，觉得有必要严厉回击国民党谈判代表王世杰在最近一次记者招待会上的发言[98]：王世杰暗示共产党已经顺从国民党的政权，已经规规矩矩地归顺了。此外，3 月 1 日，蒋介石进一步指出即使各个政党与国民政府达成和解，也只有国民党和他自己才拥有最后的决定权，并趁机将政治协商大会推迟至 11 月 12 日召开。3 月 9 日，毛泽东和周恩来揭露他坚持一党独裁，在这样的特定条件下，共产党不确定是否参加 11 月 12 日召开的大会。国共之间又呈现出紧张的态势。4 月 12 日，罗斯福病逝，由共产党不知底细的哈瑞·杜鲁门接任美国总统，这一接替让人担心美国在中国舞台上暂时的影响会被抹去。就是在这样一个受国内战争威胁的背景下，中共七大召开了，这次会议比之前在莫斯科召开的中共六大晚了7年。

党的七大

这次被期待已久的会议在1945年4月23日至6月11日举行。[99] 120万中共党员有547名代表。还有208位因别的头衔被邀请出席会议的人士。大会并非持续进行，因为一些必须出席会议的领导有繁忙的军事和政治活动要离开延安几个月。4月23日，毛泽东以一篇名为《两个中国之命运》的报告为会议致开幕词。在报告中，他认为有两个中国，一个“半殖民地半封建的、分裂的、贫弱的中国”，“一个独立、自由、民主、统一、富强的中国，就是说，光明的中国”，拥有绚丽的未来。他认为共产党从来没有像现在这样强大，“我们的党已经成了中国人民抗日救国的重心”。尽管他强调要谨慎，但还是将会议的任务定位为争取抗战胜利和建立新三民主义国家：让共产党执政是当务之急。在会议期间，毛泽东做了一场即兴发言[100]，将他的权威意见传达给其他领导人，后来这成了惯例：书面报告是政治局或书记处集体讨论的对象，但即兴发言不是。速记下来的口头报告不传播。这两种版本引起了历史学家的兴趣：书面报告是为了告诉我们共产党希望塑造的形象，口头讲话是关于领导机关的讨论和会谈。七大还有其他三个报告：朱德4月25日关于军事形势的报告《论解放区战场》[101]；周恩来1945年4月30日关于与国民党关系的报告《论统一战线》[102]；刘少奇5月14日关于修改党的章程的报告[103]，对党章的修改于6月11日通过。

毛泽东的报告《论联合政府》把党的政策方针纳入1940年1月就定下来的新民主主义的框架中。在报告的开头，他毫无意外地对国际和国内形势做了一个回顾，同意“莫斯科、开罗、德黑兰、克里米亚各次国际会议的决议”，赞成敦巴顿橡树园会议关于建立联合国的建议[104]，之后他将共产党在抗日战争中高效的路线与国民党糟糕的路线作了对比。描述了中日冲突的“曲折历史”后，毛泽东又回到了两种中国的对比，并且说明了再次爆发内战的危险。他介绍了共产党的规划，强调必须有“共产党领导的新式的资产阶级性质的彻底的民主革命”。共产党“不但不怕资本主义，反而在一定的条件下提倡它的发展”，因为后者“不但是一个进步，而且是一个不可避免的过程”。共产党将坚持土地政策，毛泽东引述了孙中山的口号“耕者有其田”，并且认为国民党背叛了他的遗志。实际上，对毛泽东而言，此时中国处于“资产阶级民主主义性质的革命”时期，应该把土地“从封建剥削者手里转移到农民手里，把封建地主的私有财产变为农民的私有财产”。尽管如此，为了扩大抗日战争的联盟，共产党“让了一大步”，将这个政策改为减租减息的政策。毛泽东建议在战后仍然延续这一适度的政策，并将这一政策推广到整个国家。他还提到了苏联的富农为生产做出了巨大贡献，直到第二个五年计划时才取消。“然后采取适当方法，有步骤地达到‘耕者有其田’。”随后从现有的互助组和换工班开始，以自愿参与为原则发展农业合作社，促进生产力的发展。同时，建设强大的民族工业，建设很多的现代大城市，“就要有一个变农村人口为城市人口的长过程”。如此，毛泽东将土地集体化推迟了十来年。

正是基于农民在中国革命中的这样一个角色，毛泽东口头报告的大部分内容和农民有关。“什么是不要马克思主义?”毛泽东大声说，“就是忘记了无产阶级的领导，忘记了人民大众，忘记了农民。……中国五个人里面，有四个是农民。……用五个指头去打那个‘帝’……四个指头都掉了，就剩下了一个，无产阶级也孤立了。”1927 年陈独秀忘记了农民，党就不再是马克思主义的党。“无产阶级变成了无军司令”：这是一次失败。“然后爬起来望一望……于是脑子清醒了，搞了一个土地革命。土地革命时期又来了一个急性病。但还是不要农民……就是要工人暴动，城市起义，对搞大城市很积极，农民虽然也要，但是是附带的，它不注意去研究农民。”“走马不看花”，应该通过调查来了解中农或是富农是什么样子的。“我们党有两次变小过，大起来又小了，大起来又小了。头一次……五万多人（1927 年）剩下万把人（1928 年），剩下了五分之一；后来三十万（1934 年）剩下不到三万，只有二万五千左右有组织的党员（1936 年）……现在又大起来了，小指头变成了拳头，今后不要再让它变小了。……有些人有这种思想是暂时的，是暂时的动摇，好像不要人民的战争也可以打败敌人。那他想依靠什么力量呢？比如，依靠国民党，甚至依靠国民党里面的顽固部分，认为依靠他们可以打败日本。……（一些同志）不要求国民党洗脸，而是说它那个脸漂亮得很”。报告中陆续对李立三（1928—1930）、博古（1931—1934）和王明（1937—1938）进行了批判。幸运的是，“在中国境内和我们争领导权的，要把中国拖回到黑暗的世界里面去的，主要是什么人、什么力量呢？这就是国民党内的反动集团，大地主、大资产阶级、大银行家、大买办的代表。在一九三八年党的六中全会上，我们纠正了上面所讲的这类错误思想。……八年以来也好，二十四年以来也好，农民非常欢迎我们的政策，非常欢迎像我刚才所讲的政策。但是作为党来说，作为领导思想来说，我们和农民要分清界限，不要和农民混同起来。……农民是你的出身，出身和入党是两件事情，共产党是无产阶级的先锋队”。此外，“当需要转到城市时，就转到城市。现在要最后打败日本帝国主义，就需要用很大的力量转到城市，准备夺取大城市，准备到城市做工作”。

同样地，毛泽东也承认他领导的不是一场农民革命，而是一场以农民为基础的革命。农民为这场革命提供士兵和粮食，但是无产阶级通过它的先进分子共产党指引他们。

毛泽东知道今后的关键是夺取大城市，而在这些城市里共产党寥寥无几。当然，他确信工人阶级将会在其中扮演一个重要的角色，赶走侵略者，调整劳动和资本的利益。持实用主义的毛泽东对知识分子尤其感兴趣，这一社会力量从清朝结束之后就开始渐渐在中国大都会城市发展起来。他将知识分子与资产阶级和地主家庭出身联系在一起，但是正如他一直将农民归入小资产阶级，他认为让知识分子加入共产党可以把他们纳入无产阶级中来。此外，共产党也培养自己的大众知识分子。这样的话知识分子的人数就很少，这一点毛泽东很清楚。之前他只接受革命知识分子，此时他开始从排斥知识分子过渡到想要和广大知识分子结盟：他们思想自由、热爱国家，在批判国民党政治的过程中认识自我，但不归顺共产党，更多处于中立的位置。在他的口头报告中，毛泽东提到了中国民主同盟主席张澜、左舜生和章乃器[105]。他说指挥官在中国主要是两个，或者是无产阶级，或者是大资产阶级、大地主。“他们的政治代表分别是共产党和国民党。自由资产阶级也同我们争领导权，不要以为自由资产阶级就革命得不得了，同共产党差不多。自由资产阶级也有它独立的意见，有它独立的政治团体。……现在，民主同盟在联合政府的主张上，与共产党是一致的……它是站在国民党和共产党中间。这个话说得很透彻，是对的，它自己规定了它的性质，属于中间派。”与知识分子结盟已经成为1945年首要的事情，他们是或多或少不再接受国民党独裁统治的自由资产阶级。另外，毛泽东提醒大家国民党还有实力，国民党“共有六十年的历史……国民党的影响是低落，而不是没有，势力缩小了，但还有相当大的力量。他们有一百五十万军队……他们有两万万人口”，比共产党多出两到三倍。此外，他感到有必要在口头报告中再次对整风运动中所犯的针对知识分子的错误道歉：这次运动“因为整风审干，好像把知识分子压低了一点，有点不大公平。好像天平，这一方面低了一点，那一方面高了一点。我们这个大会，要把它扶正，使知识分子这一方面高一点。……我们搞错了的就要说对不起，戴错了帽子的就要恭恭敬敬地把帽子给脱下来，承认错误。这些同志对根据地的工作作风不习惯，是可以理解的”。毛泽东对知识分子的关心尤其体现在那些马克思主义理论家身上，“把他们看成我们队伍中很有学问的人，有修养的人，要尊敬他们”。他还指出“一个阶级革命要胜利，没有知识分子是不可能的”。他还说“《三国演义》、《水浒传》，魏、蜀、吴三个国家，每个国家都有每个国家的知识分子”。毛泽东的这番话不仅是说给那些传统文人或者公认的权威机关的大知识分子听的，同时也是说给那些造反的知识分子听的，他自己也是其中一员。可见这个联盟是对所有知识分子开放的。

尽管如此，毛泽东还是回到了王实味和《野百合花》的问题上来，并且指出发展党的精神和统一思想十分必要，“没有整风党是不能前进的”。他认为整风运动使共产党取得了现在的成功，“问题是解决了又发生，发生了又解决，我们就是这样地前进。中央和各级领导机关的领导同志，要注意听人家的话，就是要像房子一样，经常打开窗户让新鲜空气进来”，继续进行批评和自我批评。从这里可以看出，之后再发生类似的运动是可以预见的。刘少奇在他关于党章修改的报告中认为毛泽东“是天才的创造的马克思主义者，他将人类这一最高思想——马克思主义的普遍真理与中国革命的具体实践相结合”，应将“毛泽东思想”作为党的理论和政策依据，指导马克思主义的中国化。共产党员的思想统一必须围绕着毛泽东思想进行。44名正式委员和33名候补委员组成新的中央委员会。

6月11日，毛泽东致闭幕词[106]，他讲了一个古代的寓言故事：愚公家南面挡着两座很高的山，使得他们家一直生活在山后面。于是他号召儿子们一起用锄头和铲子将这个障碍物铲平。邻居们都嘲笑他的计划，认为他是个疯老头，愚公对他们说，即使他无法将山夷为平地，他的子子孙孙也会坚持继续努力，总有一天可以完成目标。现在中国被两座大山压着，一座是以美国为代表的帝国主义，企图反共的赫尔利表现出令人憎恨的嘴脸，一座是国民党代表的封建主义，国民党六大的时候就明确要将消灭共产党作为目标。中国人民要像愚公学习，相信在这次以反抗美国和蒋介石为目标的大会顺利结束之后，最终会战胜这两座大山。

1945 年 4 月 5 日，苏联宣告废止 1941 年与日本签署的中立条约。8 月 8 日，也就是德国投降两个月后，苏联宣布向日本开战，这是雅尔塔会议时美国的要求。苏联红军在攻占大连之后，在伪满洲国进行了一场闪电战，80 万日军中计投降，这一幕刚好被晚来的美国部队看到。8 月 6 日，美军的飞机在日本的广岛投下一颗原子弹，紧接着 9 日又在长崎投下另一颗原子弹，这两次打击让昭和天皇的国度不得不承认所有持久的抵抗都是徒劳的，这也导致了日本在 8 月 10 日紧急宣布投降。8 月 9 日午夜，毛泽东发表了一则题为《对日寇的最后一战》[107]的声明：他向在最后时刻投入战争的苏联致敬，向八路军、新四军及其他人民军队下达了反攻的指示，密切而有力地配合苏联及其他同盟国作战。

8 月 10 日，朱德发出六封电报，命令林彪的队伍猛攻哈尔滨、热河和沈阳，贺龙和刘伯承的队伍夺取内蒙古的各个城市。8 月 11 日，毛泽东签署了中央委员会《关于日本宣布投降后我党任务的决定》[108]：集中主要力量迫使敌伪投降，不投降者，按具体情况发动进攻，逐一消灭之。做好夺取大小城市和交通要道的准备，并派遣干部采取财政和经济措施。但同时毛泽东预见了国民党大范围攻击的可能性："但各地对蒋介石绝对不应存在任何幻想，必须在人民中揭破其欺骗，对蒋介石发动内战的危险应有必要的精神准备"。此外，7 月 22 日，两支由胡宗南将军带领的国民党部队进攻了陕甘宁根据地南部的耀县—旬邑—淳化三角区，直到 8 月 8 日国民党部队被消灭。尽管如此，这一决定还是要求缓和对国民党和美国的抨击。国共双方几乎在同一天同一时间发布了两个命令：蒋介石要求朱德"原地驻防，不得独自行动"，而朱德则命令他的将军们"各解放区任何抗日武装部队均得依据波茨坦宣言规定，向其附近各城镇交通要道之敌人军队及其指挥机关送出通牒，限其于一定时间向我作战部队缴出全部武装"。眼看就要发生冲突，8 月 14 日，太平洋战争中盟军主要指挥官麦克·阿瑟将军下达了一个命令，他只授权蒋介石一人接受日军投降。由于几个月前被日军彻底打败的中国国民党部队还在 1 000 到 2 000 公里远的内地，美国动用庞大的空中桥梁将几万士兵运送至沿海大城市。此外，五万“海军”登陆山东和河北的两侧海岸，并在青岛、天津和北京驻军：在国共的速度战中国民党胜出。聪明的共产党不再无谓地坚持，而是把所有的力量集中在东北，那里没有美国人和国民党，自 8 月 19 日与共产党部队开始来往的苏联红军在那里迎接他们。苏联红军第一次向中国共产党提供了大量重型武器，这也使得林彪在秋初成为一支 13 万人的装备精良、适合打现代战的部队的首领，此外他的队伍中还包括几万名伪满洲国训练有素的士兵。

1945 年 8 月 13 日，毛泽东在延安干部会议上作《抗日战争胜利后的时局和我们的方针》的讲演[109]：他再次重申了爆发国内战争的危险和苏联参战是日本迅速投降的决定性因素。8 月 14 日晚，国民党同苏联依据雅尔塔会议的决定[110]签订了《中苏友好同盟条约》。这一决定激怒了毛泽东。当蒋介石发电报邀请他到重庆继续 1 月开始还没有达成协议的谈判时，他犹豫了一段时间没有回复。8 月 20 日和 23 日蒋介石发出了两份新的电报，23 日举行的中共中央政治局扩大会议接受了这份邀请，而代理职权交给了刘少奇。8 月 25 日，中共中央发表《对目前时局的宣言》，明确提出“和平、民主、团结”的三大口号，这些都是经过数年战争之后筋疲力尽又惧怕国内战争重新爆发的中国人民最想听到的话。8 月 26 日，一份由毛泽东起草的通知[111]明确了毛泽东会见蒋介石前夕的立场：必须继续现在的攻击以保证共产党很快控制长江和淮河流域北部的大部分边区，“击破国民党的内战阴谋”。即将开始的商议“可能在谈判后，有条件地承认我党地位，我党亦有条件地承认国民党的地位”，与后者合作建立一个联合政府。在这样的情况下，国民党如果最后坚持选择国内战争，那么就会在全国人民面前理亏。

1945 年 8 月 28 日早上 11 点，毛泽东第一次搭乘美国军用飞机，乘坐 C47 从延安飞抵重庆，在他的身边是美国大使帕特里克・赫尔利、蒋介石的特派人员张治中[112]、周恩来和王若飞[113]，毛泽东必须在脑海中移动拼图游戏中的每块拼图。蒋介石准备发动内战，但是他必须承担责任。美国支持蒋介石，但并不希望发动内战。苏联承认蒋介石政权的合法性，显然不相信共产党会在中国取得胜利。中国共产党不得不依靠自己的力量去面对比自己军事实力强两到三倍的对手。这是一场不理智的挑战。毛泽东望着十年前他徒步翻越过的连绵起伏的群山，背诵起自己的词《沁园春·雪》，呼唤昔日的英雄让自己重振信心。胃因气流而翻滚，对未来的焦虑和对独特使命的自豪感交织在一起。他和那些伟大朝代的创立者一样，开始将革命任务与自己的权力之路结合起来。他隐隐约约地知道命运又一次在敲他的门。

注 释

前 言

[1] “历史不会撒谎，或者对真相保持沉默。”这是1876年古斯塔夫·莫诺在《历史杂志》创刊时写在封面上的话。

[2] 该研讨会题为“历史研究的对象毛泽东”，是2007年6月在社会科学高等研究院(EHESS)和法国国立东方语言与文化学院(INALCO，通常被称为“O语言”)举行的国际研讨会，由萧小红和我(鲁林)组织。我的发言借用了同样的题目，发表在2008年1月发行的《二十世纪》这本期刊上。这次发言主要受到本书的前言和我的另一篇文章《毛泽东：在神话和历史之间》的启发。后者收录在贾斯汀·罗兰和丹尼斯·福雷的《法国之外68个国家的历史和历史编纂学》一书中，于2007年由斯特拉斯堡政治学院出版。

[3] 我在这本书中大量参考了他们的著作。

[4] 逄先知第二天做了长时间的发言，主要从正面评价毛泽东，可能在他看来这样洗清了受到的侮辱，当被问起他在“文革”中遇到的麻烦时，他将之归因于“四人帮”。

[5] Marc Bloch，*Apologie pour l'histoire ou métier d'hisorien*. Écrit en 1942，publié en 1949，in Marc Bloch，*l'Histoire*，*la résistance*，Collection Quarto，Gallimard，2006，pp. 849-985.

[6] Ismail Kadré，*le Concert*，Paris，Arthème Fayard，1989，pp. 26-44.

[7] Li Zhisui，la *Vie privée du Président* Mao，Paris，Plon，1994，pp. 473-474.

[8] 在我之前，斯图尔特·施拉姆在他的《毛泽东》一书中已经做了同样的事，我不知道如何表达对他的崇敬之情。在1968年企鹅书店的重印版中我们可以在第183、188、244、294、298、299、304和376页找到毛泽东的诗词。

[9] 这本伪日记所谓的翻译版由一个叫白克豪斯的人完成，古文版存放在大英博物馆内。该翻译版由海涅曼出版社在上海出版，合著者为J. O. P. 布兰德，书名是《慈禧统治下的中国》。在20世纪40年代，共产党领袖邓力群还引用这本书作为历史来源。1998年该书的中文版在重庆出版，署名恽毓鼎，属于“外传”。Lo Hui-min，«The Ching-shan Diary：a clue to its forgery»，*East Asian History*，Canberra，juin 1991，pp. 98-124.

[10] 通常我们把外史翻译成非官方史、传闻史、边缘史。张复蕊提出翻译成“外史”，以呼应吴敬梓的著名小说《儒林外史》，此书的法文名为《学者之林》，1976年伽利玛出版社出版。需要指出的是，在这种情况下，称为“史”的小说是纯粹的小说。

[11] 这种写作风格的一个很好的例子是青野和方雷的《邓小平在1976》(沈阳，春风文艺出版社，1993)。两位历史学家接触到的信息源和资料的质量很高，他们引入书中的事件虽然很少提到来源，但可信度很高。

[12] 关于这次对毛泽东的采访和这本畅销书，参见本书相关章节。1965年该书才在法国斯托克出版社出版，名为《红星照耀中国》。

[13] Mao Tsé-toung，*Poésies complètes*，Paris，Seghers，Collection«Poètes d'aujourd'hui»，1976. Traduction Hu-ling Nieh Engle et Paul Engle en 1973，revue par Jean Billard，p. 71.

[14] 该书1973年在纽约科利尔丛书出版

社以口袋书的形式出版，从未翻译成法语。

［15］该书第 162 页将 1927 年 3 月上海的“黑衣杀手”说成是“共党恐怖分子”。这是当时非常反动的报纸《华北日报》的说辞，该报的主编将这份报纸定义为“英国在远东利益的捍卫者”。事实上，尽管共产党的工人武装纠察队的行为并不总是妥当的，周恩来也曾在一份报告中抱怨此事，然而，这些杀手是青帮雇用的，青帮是主要由杜月笙掌控的一个秘密社团，控制鸦片贸易。杜月笙采取了浑水摸鱼的惯用手法：为了恢复秩序，“剿灭”共产党，必须制造混乱！肖特在书中第 249 页说，向忠发被“共产党所杀”。向忠发是斯大林强加给中国共产党的书记，非常无能，其唯一的优点是工人阶级出身。事实上，他在法租界被警察队长菲奥里逮捕，押送到龙华，被国民党草草审判后枪决。

［16］毛岸青，毛泽东的儿子。毛岸青的妻子邵华和他们的儿子毛新宇在 1992 年出版了 31 卷题为《中国出了个毛泽东》的书。借着毛泽东一百周年诞辰纪念，一个叫毛岸龙的人利用其与毛泽东和杨开慧在 4 岁时死去的儿子同名，在内蒙古人民出版社和香港世纪出版社出版了《毛泽东之子》一书，讲述他按照父亲的遗志过着隐居的生活，但这个骗局已经被拆穿。

［17］肌萎缩性侧索硬化症。

［18］Gregor Benton，*Mao Zedong and the Chinese Revolution*，Londres，Routledge，2007：Ⅰ. politique et stratégies，1919-1949；Ⅱ. Politique et stratégie，1949-1976；Ⅲ. Marxisme，théorie politique et culture；Ⅳ. Opinions et jugements.

［19］Andrew Nathan dans le *London Review of Books* du 17 novembre 2005，Jonathan Spence dans le *New York Review of Books* du 3 novembre 2005，John Pomfret dans *the Washington Post* du 28 décember 2005，Gregor Benton，Timothy Cheek，Lowell Dit-tmer et Geremie Barmé dans un gros dossier du n°55 de janvier 2006 de *The China Journal*. 这些文章都得出这样的结论：张戎和乔·哈利戴的书从历史角度看是不可靠的。

［20］该文章于 2005 年 10 月 8 日发表在《年代》上。

［21］Stephen Averill，«The Origins of the Futian Incident»，in Tony Saich et Hans van de Ven éd.，*New Perspectives on the Chinese Communist Revolution*，M. E. Sharpe，Armonk (NY)，1995 et «Party，Society and Local Elites in the Jiangxi Communist Movement»，in *The Journal of Asian Studies*，mai 1987.

［22］玄奘（600—664），这位和尚是一个伟大的探险家和语言天才。627 年从长安（今陕西西安）出发，沿着丝绸之路，穿过塔里木盆地、大夏（今阿富汗）、兴都库什的山坳，到达印度，在恒河平原生活了 10 年。他走访了很多佛陀曾经到过的遗址，在著名的佛国那烂陀寺（比哈尔邦）学习了两年，并获得了一大批佛教经典文本。645 年回到长安，受唐太宗之命负责将这些经文从梵文翻译成中文。这些佛经都保存在唐高宗皇帝所建的西安大雁塔内。

［23］最好的是雷威安翻译的版本，有许多珍贵的注释。该书 1991 年由伽利玛出版社出版，属于七星文库系列，标题为《通往西方的朝圣之路》。

第一部分　叛逆者（1893—1927）

序

［1］我引用的毛泽东诗词部分来自博肃礼（Guy Brossolet）的《毛泽东诗词全集》（Paris，L'Herne，1969），一部分选自聂华苓夫妇翻译、让·比亚尔校对的《毛泽东诗词全集》（Paris，Seg-hers，1973），以及斯图尔特·施拉姆在《毛泽东的权力之路》中的英文翻译。在巴黎第七大学的讲师王晓苓的帮助下，我也参考了 1957 年 1 月发表在中文《诗刊》上的文章。王晓苓在 2008 年《中国研究》第 28 期上介绍了《诗歌构思的条件》，它的发表引起了反响。

[2] 1924年12月，毛泽东向国民党请了病假，住在韶山。1925年9月下旬，他在回广东继续开展国民党活动的途中经过长沙。在寒冷的秋风中，他坐在河中心的橘子洲头，面对着古老的城市，引起对往昔生活的追忆，也是在这样美丽的季节，他和意气风发的同学们乘船到橘子洲上聚会游赏，在江心搏击风浪。萧瑜觉得岛上的果实成熟时，这个长长的小岛看着像"浮在水面上的红色和金色的云"，长沙的名字就得自橘子洲——"长的沙洲"。

[3] Stuart Schram, *Mao's Road*, 2, pp. 225-300. 他认为毛泽东此时不是老朋友萧瑜在《我和毛泽东行乞记》中描述的野心勃勃又粗俗的样子（Collier Books, New York, 1959, pp. 159-164）。毛泽东在这首词中展现了一个投身于危险的政治活动的英雄形象。这首词的词牌名是沁园春，它所描述的情况、引用的"同学少年"这四个字，都让我们想起杜甫的名诗《秋兴八首》。年老的诗人已经到了生命的尽头，思索自己一生坎坷，年轻时的朋友们大都获得了世俗中的成功——"同学少年多不贱，五陵衣马自轻肥"。此时的毛泽东年轻许多，但当他回到曾经求学的城市，将要重新开始军旅生涯的时候，也许会自问这样做是否明智。他本可以和萧瑜等朋友一样，成为一个湖南的乡绅。但他选择了更危险的命运，在生命结束的时候，也许也会有某种挫败感。面对刚刚萌生的这种担忧，毛泽东的回答显得非常隐晦。答案在"挥斥方遒"这句诗中，尤其是最后两个字，让人想起道家经典《庄子》第二十一章《田子方》：战国时魏国的一位智者邀请近乎完美的弓箭手登上高山，踏着险石，对着百仞深渊射箭。弓箭手惊惧拒绝。道家圣人说："夫至人者，上窥青天，下潜黄泉，挥斥八极，神气不变。今汝怵然有恂目之志，尔于中也殆矣夫！"

[4] 毛泽东和他的两个弟弟泽民（1896年出生）、泽覃（1905年出生）以及收养的妹妹泽建（1905年出生）的名字里都有一个"泽"字，它的意思是"润滑有光"、"带来益处"，出自《易经》六十四卦中的第五十八卦，指"喜悦，温柔和快乐，天人合一的时候"（《利玛窦词典》）。这个名是由一个风水先生在毛泽东出生三天后起的。当时，几乎每个读书人在青春期结束时会获得一个"字"，它通常是老师起的，意思或写法与出生时的名字密切相关。毛泽东曾经用过一个字叫咏芝（Jin, p. 1），后改为润之，"用善行施惠"。因此，他的长沙朋友们一辈子都这样称呼他。

第一章　不可能的上升之路 (1910—1919)

[1] 关于毛泽东的青年时代，主要传记中1893年至1921年这一阶段常常有重复的信息，其中埃德加·斯诺的《红星照耀中国》是不可或缺的参考资料。此外还有几本专门关注青年毛泽东的专著，如下。

Nora Wang, *Mao Zedong, enfance et adolescence*, Paris, Autrement, 1999 (Wang); Xiao Yu, *Mao Tse-tung and I Were Beggars*, Syracuse, Syracuse University Press, 1959, nouvelle éd. en 1973 par Mac-Millan/Collier Books, New York (Xiao Yu); Siao Emi, *Mao Tse-tung, His Childhood and Youth*, Bombay, People's Publishing House, 1953; Li Rui, *Mao Zedong tongzhi de chuqi geming huodong* («les Premières Activités révolutionnaires du camarade Mao Zedong»), Pékin, 1957; Stuart R. Schram, *Mao's Rood to Power, Revolutionary Writings*, 1912-1949, *Vol*. 1: *The Pre-Marxist Period*, 1912-1920, New York, Sharpe, 1992, et Vol. 2: *National Revolution and Social Revolution*, *December* 1920-*june* 1927, 1994 (*Mao's Rood*, 1 et 2).

毛泽东认石头做干娘的故事来自李相文的《毛泽东家史》（61页，北京，人民出版社，1996）。毛泽东喜欢"石三伢子"这个乳名，1959年6月40年后回到韶山，村里的老人宴请他，他开玩笑地提到"石头奶奶"没有来。

[2] 此名的意思是"韶乐之山"：传说中舜继承了尧的帝位，"九韶"乃舜时的乐名。韶山

隶属湖南高山区，海拔 800 至 1 000 米。湖南的丘陵位于洞庭湖以南。洞庭湖面积 6 000 平方公里（实际上夏季涨水时为10 000平方公里，在寒冷的冬天只有数百平方公里）。洞庭湖以南和湘江两岸是全省人口最多的地区，省会长沙也在那里。湖南简称“湘”，全省主要城市都处于南北轴线上，通过韶关连接广东省，通过桂林到达广西。湘江奔流几天后就能达到北江和珠江。在铁路建成之前，从广州到长沙需要 15 天。南部和东南部的南岭山脉形成了其与广东省和江西省的边界，海拔1 600至 2 000 米。沿着长江往东可以到达大海，距离 1 500 公里。

［3］中国被划分为省、市、县和乡。当时全国约有 2 000 个县。这是行政架构的最低级，由基层官员管理，这导致法国人把县翻译成子县（sous-préfecture）或区（arrondissement）。一个县的平均人口为 20 万人左右。我更倾向于用 district（县），更合适。

［4］湖南位于北纬 31 度，和阿加迪尔或加那利群岛处于同一纬度。湖南的冬天相当寒冷，经常在 2 月和 3 月下雪，1 月的平均温度为 3 摄氏度。夏季炎热高温，有两个雨季。年降水量为 1 200 毫米，适合大米和茶叶的生长，但只有 210 天可以耕作，即从 3 月下旬到 10 月下旬。因此，人们很早便开发了早熟稻和晚稻，一年两熟。农村每年青黄不接的时期有两个：一个是 4 月至 5 月，上一年的收成已经吃完，新的粮食还没有收割；第二个是秋收，9 月下旬到 10 月初，地主收取佃农一半的收成——有时甚至更多。

［5］毛泽东一家每人每天吃大米平均 880 克。毛泽东对斯诺说（*Snow* 1，p. 111）：“我家吃得很节省，但总是够饱的。每个月十五号，他总是给雇工（除了一个长工，有时他会雇一到两个短工）吃鸡蛋和米饭，但从来没给过肉。”

［6］如今的韶山成了旅游味越来越重的朝圣地，导游会请游客聚集在毛家屋子后面的池塘边，然后介绍毛泽东曾给斯诺描述过的场景：有一天，他和父亲发生争吵，父亲当着邻居的面骂他是坏蛋和懒鬼，当时 13 岁的毛泽东跑到池塘边，威胁要跳下去。他的父亲则要求他磕头认错，这是孝顺的标志，但最后父亲让了步，让他的儿子曲一膝下跪。

［7］*Mao's Rood*，1，pp. 92，317 et 419-420. 1916 年 6 月 24 日，毛泽东致萧瑜（萧子昇）的信中说自己是“游子”，他生病的母亲请求他回到身边。1919 年 4 月 28 日，毛泽东写信给七舅父舅母和八舅父舅母，来解释母亲病重时他不在身边是有理由的。他补充说 4 月 6 日他赶到母亲身边，给母亲服药，母亲抱怨喉咙痛，之后一直受胃溃疡之苦。然而，当文七妹死在长沙的医院时，毛泽东并没有替她送终。1975 年，他在自己的生命行将结束之时对他的护士吴旭君说：“我母亲死前我对她说，我不忍心看她痛苦的样子，我想让她给我留下一个美好的印象，我要离开一下。母亲是个通情达理的人，她同意了。”（*Mianhuai* 2，p. 663，in Terrill 1，p. 434）

［8］毛泽东在 1936 年和斯诺谈到父亲时突然说：“我已经学会恨他。”在这篇著名文章的中文版中，写的是“我学了恨他。”当时的中国人听到这样的话，就跟西方人听到亵渎上帝的话一样。

［9］三纲：君为臣纲，父为子纲，夫为妻纲。

［10］Wang，p. 42，cite Édouard Biot，*Essai sur l'histoire de l'instruction publique en Chine*，Paris，Duprat，1867，pp. 498-499.“每天孩子们学习四个字，后来是五或六个字，一天中在老师面前背诵几次。与此同时，他们通过临摹学会写字。”

［11］Shi Naian et Luo Guanzhong，*Au bord de l'eau*，Paris，Gallimard，Bibliothèque de la Pléiade，2 vol，1978，1233 p. et 1356 p.，édition traduite，preésentée et annotée par Jacques Dars.

［12］*Les Trois Royaumes*，Bulletin de la Société des études indochinoises. collection Unesco d'oeuvres représentatives，série chinoise，traduction，notes et commentaires de Nghiêm Toann et Louis Ricaud，Saigon，1960，8 vol.，de 440 p. à450 p. 这些写于 16 世纪的通俗小说被改成白话文。

［13］关于毛泽东 1910 年至 1914 年的经历，最近两本西方著作（王枫初和史景迁）中使用的中文资源在日期上有较大差异。我参考的是 1993 年逄先知主编在北京出版的三卷本《毛泽东年谱（1893—1949）》。

［14］萧子昇（1894—1976），也叫萧旭东、萧瑜。出生于湘乡，他和蔡和森是毛泽东在长沙湖南省立第一师范学校最好的朋友。他是李石曾的秘书，新民学会第一任会长，赴法勤工俭学的主要组织者之一。他认为教育能救中国。加入国民党后，他成为毛泽东坚定的敌人。*Mao and I were Beggars*（Xiao Yu）.

萧子暲（1896—1983），也叫植蕃、天光、萧三、埃弥·萧（纪念让-雅克·卢梭的《爱弥儿》）。出生于湘乡，萧瑜的弟弟，勤工俭学运动的成员。1919 年赴法，是少数加入法国共产党的中国人之一。曾长驻苏联，积极参加共产国际的活动。

［15］他最喜欢吃的菜是红烧肉，一生只吃湖南菜。

［16］很多中文资料和史景迁（Spence，p. 25）的书中都写到毛泽东穿着破草鞋，肩上挑着包裹走到长沙。这很浪漫，但真实性不高。萧瑜认为毛泽东在东山的几个月期间有了某种责任感，开始从一个破落的农民变成一个“外乡的学生”。那么仅仅半年后的 1911 年秋天，他会用微薄的军饷请一个挑水工替他和长官挑水吗？新军中的同伴自己挑水，他不干这种苦差事是因为他觉得这种杂役“辱没了学生”（Spence，p. 30）？

［17］Wang，pp. 61-81；Joseph Esherick，*Reform and Revolution in China. The* 1911 *Revolution in Hunan and Hubei*，Berkeley（Ca），University of California Press，1976.

［18］1917 年京汉铁路修到湖南北部的岳州（今岳阳）。

［19］江亢虎（化名徐安成），出生于 1883 年，在欧洲时与无政府主义杂志《新世纪》合作。1911 年，他回到中国开始了一系列讲座，宣扬工业国有化和废除私有财产，于 1912 年在中国上海成立中国社会党。毛泽东可能在这些讲座的发言稿中了解了社会主义。他于 1954 年去世。

［20］*Mao's Road*，1. pp. 5-6.

［21］Le shiji，écrit par Sima Qian，vers 100 avant l'ère chrétienne，comprend dix volumes. Les quatre premiers ont été traduits par Édouard Chavannes，les *Mémoires historiques de Sse-ma Ts'ien*，1re éd. Paris 1895-1905. rééd. E. Leroux，5 vol.，1967. Jacques Pimpaneau a publié un florilège dont il a assuré al traduction de bio-graphies prises parmi les 6 autres volumes，*Mémoires historiques. Vies de Chinois illulstres*，Paris，Picquier poche，2002.

［22］Shang Yang，*le Livre du prince Shang*，Paris，Flammarion，1981. Trad. et commenté par Jean Lévi .

［23］参见著名的《盐铁论》，它是公元前 81 年儒家和法家在汉昭帝面前讨论治国之道的记录，由 1978 年巴黎的朗兹曼和西格斯出版社出版。

［24］中国的《社会契约论》从日文版翻译而来，而日文版则从英语版翻译而来，有很多错误。

［25］达尔文主义社会理论家之一，将达尔文的物种选择、适者生存理论应用于各个国家的历史。这样的理论让当时中国的未来成为难题，因为当时的中国就像一头庞大的政治恐龙。

［26］蔡元培（1868—1940），接受经典国学教育之后，学会了德语和法语，赴法国和德国留学。他曾任中华民国教育部部长，1913 年二次革命失败后被袁世凯驱逐。1916 年年底任北京大学校长，哲学家，主张自由主义的意识形态，甚至可以说是自由意志论者。

［27］下面几页我使用的毛泽东信件来自英文翻译。*Mao's Road*，1 passim .

［28］毛泽东对第一师范的教育不热衷。1915 年 11 月 9 日，他写信给他的一位老师，新入职北京大学的黎锦熙：“弟在学校，依兄所教言，孳孳不敢叛，然性不好束缚，终见此非读书之地，意志不自由，程度太低，俦侣太恶，如此等学校者，直下下之幽谷也。”受过教育的读者能注意到此语出自《诗经》“出自幽谷”，而后面半句是“迁于乔木”。*Livre des Odes*， vol. IX, p. 253 de la célèbre traduction anglaise de Legge.

［29］毛泽东估计他在第一师范5年中花费了160元。*Snow* 1, p. 138.

［30］Xiao Yu, p. 38; Wang, p. 94.

［31］Xiao Yu, p. 38. 萧瑜写得一手好毛笔字，一个方格写两个字，毛泽东需要两个方格写三个字！我们知道中国的信纸划成格子，便于布局。萧瑜说，隔一定的距离看去，“毛泽东的字像一堆杂草”（Wilson, p. 53）。

［32］*Mao's Road*, 1, p. 60.

［33］Id., pp. 73-74.

［34］Id., pp. 94-98.

［35］毛泽东本人在1920年6月23日写的一封信中自己也这样称呼他。

［36］Peng Dehuai, *Memoirs of a Chinese Marshal*, Pékin, Foreign Languages Press, 1984, pp. 19-29. 彭德怀出生于1898年，这位元帅也是土生土长的湘潭人，在1959年敢于挑战毛泽东。他是“中农”的儿子，童年非常艰辛，只读了两年书。一家八口人种八亩（约0.5公顷）地。父亲抽鸦片上瘾生病，母亲在他只有8岁的时候就去世了。彭德怀不得不和奶奶出去乞讨，下煤窑做工。15岁时参加饥民闹粜，被官府通缉，逃到洞庭湖当堤工。16岁时，入湘军当兵。

［37］我们可以参考很有名的四个人的自传。根据据陈独秀（1879—1942）写于1937年的《实庵自传》（Kagna, *The China Quarterly*, n°50 qvril-yuin, 1972），他出身书香门第，祖父抽鸦片坏了身体，对家人很苛刻。他在母亲和当高官的哥哥的帮助下读书，成绩出众。郭沫若（1892—1978）出版的自传［traduite en francais chez Gallimard en 1970（*Autobiographie: les années d'enfance*）］是一个“守规矩的儿子”的故事。瞿秋白（1899—1935）在1935年被国民党处死前几个星期写了《多余的话》。此书有一个有注释的翻译本（chez Peeters. Louvain 2005, par Alain Roux et Wang Xiaoling）。他出身破落的知识分子家庭，母亲以自杀抗议父亲的无能。彭述之（1895—1983）出身地主家庭，家里人自己也劳动，但雇用了很多人。年轻的彭述之在不识字的母亲的帮助下，向父亲要求到新学堂去读书。这和毛泽东的情况非常接近。彭述之的女儿映湘、女婿卡达尔把老人的口述翻译成法文（*Mémoires de Peng Shuzhi: l'envol du communisme en Chine*, Paris, Gallimard, 1983）。艾格尼丝·史沫特莱曾对朱德进行了长时间的采访，并写了一本书，该书后翻译成法文（*la Longue marche: mémoires du Maréchal Chu Teh*, Presses de l'Imprimerie nationale, 2 vol., 1969）。朱德的情况并不典型。朱德出生于一个贫穷的家庭，但宗族团结，允许他学习经典。他如果不是选择成为体育教习，后来成了军官，则可能通过科举考试打开仕途。

［38］Alain Roux et Wang Xiaoling, Qu Qiubai, *Des mots de trop*, pp. 77-78.

［39］Terrill, p. 66. note. D'après les souvenirs de Li Huang, Mingbao Yue-kan, Hongkong, juin 1969.

［40］*Mao's Road*, 1, pp. 62-63. 这封信写给一个叫“湘生”的人，意为“湖南人”。这不是一个人名，可能是一个化名，身份不明。

［41］Alain Roux, *la Chine au XXe siècle*, Paris, Armand Colin, 2001, p. 35. 1915年1月18日，日本提出“二十一条”，妄图使中国成为日本的保护国，5月17日下了最后通牒。袁世凯为了恢复他的帝国，不得不低头，同时对一些要求进行了调整。

［42］毛泽东一生都尝试学习英语，但从来没有脱离初学者的水平。1972年是他最后一次尝试。

［43］该信未写年份。1915年“夏假后”毛泽东作“征友启事”，信中谈及此事，故应为1915年。

［44］杨昌济（1871—1920），出生于长沙，在北京逝世。1902年至1913年留学日本（弘文学院和东京高等师范学校），1909年赴英国阿伯丁大学（苏格兰）继续深造，并在那里他取得学士文凭，然后去德国考察。受伊曼努尔·康德影响成为新儒家。1915年至1916年，他在《新青年》和《甲寅杂志》上发表文章，批评中国的家庭和传统的婚姻，提倡女子接受

教育。

［45］陈昌（1894—1930），又名陈章甫，1915年毕业，1917年任小学教师，加入新民学会，后加入中国共产党。熊光祖，出生于1886年，于1913年从师范学校毕业，成为师范学校图书管理员，1917年被湖南高等师范学校录取，重新加入新民学会赴法，直到1940年去世。他和萧瑜一样敌视中国共产党。

［46］王船山学社。王夫之（1619—1692），也被称为王船山，船山是明亡时他隐退的山名。我们在毛泽东的笔记中发现（*Mao's Road*，1，p. 19）毛泽东抄了王夫之的一句话："有豪杰而不圣贤者矣，未有圣贤而不豪杰者也。"

［47］"士"，是政治家必须感受到的力量。如果符合其世界观，他就必须尽快促成这种力量的诞生。这不是机会主义的颂词，而是我们所说的战略想象力。毛泽东不缺少这种东西。关于中国的这个政治概念，参见Francois Jullien，*Traité de l'efficacité*，Grasset et Fasquelle，1997。

［48］*Mao's Road*，1，pp. 9-56.

［49］Id.，pp. 174-311. 蔡元培在1909年或1910年根据日语版将此书翻译成中文，日语版译自英语版，但蔡元培懂德语，查考了原文。

［50］Article traduit et présenté par Stuart Schran chez Mouton Paris-La Haye，1962.

［51］这段话来自其关于泡尔生的课堂笔记和书上的评注。*Mao's Road*，1，pp. 9-56 et 174-311.

［52］Xiao Yu，p. 49.

［53］"绝对的自私自利和完全不负责任是毛泽东世界观的核心。""这些在24岁清楚表达的思想成了毛泽东一生思想的核心。"（Jung，pp. 13-15）这种说法显然是不正确的。

［54］*Mao's Road*，1，p. 85.

［55］我曾介绍过这篇文章，并将它放在《二十世纪的中国》一书的开头。Paris，Armand Colin，Campus，2003，pp. 146-150.

［56］*Mao's Road*，1，pp. 114-117.

［57］毛泽东名字繁体的笔画数。

［58］*Mao's Road*，1，p. 250.

［59］Id.，p. 111.

［60］蔡和森（1895—1931），出生于湘乡一个没落的乡绅家庭。

［61］Xiao Yu，p. 50.

［62］*Snow* 1，p. 134. 毛泽东说他收到了三个半回应，半个指李立三模棱两可的回信，毛泽东不喜欢他，我们稍后会在多个场合提到他。

［63］*Mao's Road*，1，pp. 137-140.

［64］谭嗣同（1865—1898），湖南人，是1898年的"戊戌六君子"之一。慈禧驱逐了康有为，软禁光绪皇帝后下令处死谭嗣同等人。《仁学》的作者，反儒家学说，持从完全的唯物史观出发的进化论。赞叹太平天国，倾向于在中国成立共和国。1897年，他参加了湖南巡抚陈宝箴的改革，促进了湖南现代学堂的发展。

［65］现在的岳麓山。

［66］这和后来恼人的"文化大革命"没有关系，而是上了袁仲谦（"袁大胡子"）的课的结果。袁仲谦考证经典，并试图通过被扭曲或肢解的选集，找到原来的文本。我们知道毛泽东和这位老师有各种各样的冲突，但是他给毛泽东留下了深刻的印象，1936年接受斯诺采访时，毛泽东说："我能写古文，颇得力于袁吉六先生。"1952年，毛泽东为袁仲谦的墓题词。

［67］Xiaohong Xiao-Planés，*Éducation et Politique en Chine*：*le rôle des élites du Jiangsu*，1905-1914，Éditions de I'École des Hautes Études en sciences sociales，2001.

［68］向警予（1895—1928），1895年出生于湖南溆浦县，在长沙上了三年小学，后在家乡创办了一个女子小学。1918年回到长沙，加入新民学会，结识了蔡和森。1921年与蔡和森结为夫妻，在蒙达尼举办了著名的婚礼，其结婚照为二人捧着一本打开的马克思的《资本论》。

［69］陶毅（1896—1931）或陶斯咏，出生在湘潭，被杨昌济认为是湖南女子师范学校最优秀的学生之一。她是第一批新民学会的成员，1919年帮助毛泽东管理进步书店。萧瑜确认她是毛泽东爱上杨开慧之前的初恋（Xiao Yu，p. 44）。她从来没有加入共产党。人们完全忽略了这假设的初恋。1936年毛泽东对斯诺说那个

阶段，他和他的朋友们“没有时间谈恋爱或‘罗曼史’，他们以为在国家如此危急，如此急迫需要知识的时候，是不能讨论女人或私事的”。然而，在泡尔生的《伦理学原理》这本书的批注中，我们发现一句玩世不恭的话：“食欲所以善生存，性欲所以善发达，皆根于自然之冲动”（*Mao's Road*，1，p. 256）。

[70] 张静江（1876—1950），又名张人杰，出身江南丝商巨贾之家，祖籍安徽，饱读诗书。1902 年与好友李石曾（或李煜瀛，1881—1973）赴法，任驻法商务参赞一职。曾开始在国外经商，尤其是古董交易。曾和吴稚晖（1865—1953）在伦敦相遇，共同建立了一家出版社，1907 年利用企业的利润出版了《新世纪》。他的公司在欧洲和美国销售古董、丝绸和茶叶。他是同盟会成员，后加入国民党，是蒋介石的政治导师。生病后瘫痪，坐轮椅出席会议。满头白发，消瘦的脸上有一双洞察世事的眼睛，给他的对话者们留下深刻的印象。张静江、李石曾、吴稚晖是无政府主义者，与蔡元培并称为“国民党四大元老”，是支持蒋介石的右派。这些矛盾的无政府主义者都亲法，认为教育可以解放民众，他们倾向于主张中国学生赴法勤工俭学，但他们须接受独裁政府一段时间的监督。留学生们必须在一家工厂劳动以避免成为传统的精英学者。

[71] Marilyn levine，*The Found Generation*：*Chinese Communists in Europe during the Twenties*. University of Washington Press，1984；Nora Wang，*Émigration et politique*：*les étudiants ouvriers chinois en France*，1919-1925，Paris，Les Indes savantes，2002. 法国的吸引人之处在于 1789 年大革命、法国科学家（路易·巴斯德、马塞兰·贝洛特等）、空想社会主义者、反教权主义等，以及高等教育的低学费。

[72] 在 1918 年 8 月初写给舅父母的信中（*Mao's Road*，1，p. 174），毛泽东谈到他“乘船”前往北京，而所有的传记都写他乘火车去北京。京汉铁路在 1917 年修到岳州北部 100 公里，1918 年 9 月才建到长沙，即毛泽东此行两到三个星期后。因此，毛泽东和他的朋友们应该是乘船到达岳州，甚至武汉，从这两个城市中的其中一个乘火车。

[73] 这可能是一名乡村医生的诊断！毛泽东的母亲开始喉咙痛，这是某些类型结核病的晚期症状。

[74] Li Jui（Li Rui），*The Early Revolutionary Activities of Comrade Mao Tse-tung*，White Plains，New York. M. E. Sharpe，1977，p. 52；Terrill，p. 60.

[75] 罗学瓒（1893—1930），湘潭人。

[76] *Mao's Road*，1，pp. 172-174. 1936 年，毛泽东告诉斯诺他决定去北京而不是去欧洲，因为“他不够了解自己的国家，在中国能更好地利用他的时间”。

[77] 本小节的最后部分参考了 Wang，pp. 146-158，Spence，pp. 49-53，但主要是 Jin，pp. 40-45。

[78] 李维汉（1896—1984），字罗迈，醴陵人。

[79] 罗学瓒 1918 年 10 月 16 日给祖父的信中写道：“润之接待了来自长沙的学生，举办预科班，并花了大量的精力。” Jin，p. 41.

[80] *Jin*，p. 41. 下文有解释。

[81] 关于 1919 年至 1930 年北大学生的生活，可以参考 Yeh Wen-hsin，*The Alienated Academy*：*Culture and Politics in Republican China*，1919-1937，Harvard University Press，Cambridge（Mas），1990，pp. 7-48。1929 年，一个学生每年的预算是 500 元，其中粮食 100 元，学费 100 元，住房 40 元和“用于购买外国书” 40 元。自从离开长沙，毛泽东完全没有经济资助，只有从各处借了几十元。

[82] 也许毛泽东不擅长外语对他考大学失败也有影响，杨昌济对此很失望。关于这个阶段英语在中国大学生学习中日益重要的作用，我们可以从叶文心书中找到有价值的信息。学生花一半以上的时间学习英语，80%的人学不好，因为缺乏教师。但是，大学教育中很大一部分是用英语教授的。4 890 位大学教授中有 3 544人（1934 年）掌握一门外语，90%是英语，444 人是外国教师，都讲英语。此外，材料经常用英文写。在北京大学的入学考试中，英语测试是必考的。虽然它的水平一般，但毛

泽东不可能通过。

[83] 应该指出的是，陈独秀此时40多岁，蔡元培50多岁。李大钊（1889—1927）只比毛泽东年长5岁，胡适和毛泽东几乎同龄。

[84] 当时北大教授每月工资200元至300元，是工人的10至20倍。

[85] 其中包括萧瑜、罗章龙和蔡和森。

[86] 舍利塔，尼泊尔建筑师于1651年建造，这座石制的圣物让人想起达赖喇嘛来北京接受皇帝册封。

[87] 胡适（1891—1962），约翰·杜威在纽约哥伦比亚大学的学生，1917年获得博士学位，他是第一个获得美国博士学位的中国人。1917年6月回到中国，开学时被任命为北大教授。《新青年》编委，推动白话的推广。

[88] 邵飘萍（1886—1926），《申报》和《时事新闻》驻北京记者，不久后创办《京报》。生活方式奢侈，有敏锐的洞察力，弹劾军阀，与冯玉祥结为挚友。1926年4月26日，被当时控制北京的张作霖以苏联间谍的名义处决。

[89] 从入韶山冲的私塾到1918年在长沙获得小学教员文凭。Wilson, p. 77. Sources: *JPRS* 61269 2e partie. Traduction de *Wan sui*: *Miscellany of Mao Tse-tung Thought* (1949-1968), p. 385.

[90] Arif Dirlik, *Anarchism In the Chinese Revolution*, University of California Press, Berkeley, 1991, p. 173; Jin, p. 43.

[91] Maurice Meisner, *Li Ta-chao and the Origins of Chinese Marxism*, Harvard University Press, Cambridge (Mass), 1976 (pp. 56-70 du reprint Atheneum, New York, 1979). Arif Dirlik, *The Origins of Chinese Communism*, Oxford University Press, 1989, pp. 43-52.

[92] Lee Feigon, *Chen Duxiu, Founder of the Chinese Communist Party*, Princeton University Press, Princeton (N. I.), 1983, pp. 137-152.

[93] *Mao's Road*, 1, p. 317. 1936年毛泽东接受斯诺采访时混淆了1920年他第二次到北京和1919年第一次北京之行，请所有使用这个基础文本的人注意。*Snow*, pp. 141-142.

[94] Chow Tse-tsung, *The May Fourth Movement: Intellectual Revolution in Modern China*, Harvard University Press, Cambridge (Mass), 1960, réédité en 1967 à Stanford (Ca), Stanford University Press.

第二章　一个湖南的民主主义者（1919—1921）

[1] 在毛泽东的著作，尤其是延安时期的文章中，阿Q这个苦力形象象征着没有在中国历史上留下痕迹的异化的小人物。这本经典之作最好的翻译版本是1975 par Valette-Hémery aux Éditions Orientalistes, université de Paris Ⅶ-Denis Diderot。

[2] 关于这些事件，参见如下文献。Lucien Bianco, *les Origines de la Révolution Chinoise* 1915-1949, Paris, Gallimard, «Folio», 1997 [1967]; Alain Roux, *la Chine au XXe siècle*, Paris, Armand Colin, 1998; Marie-Claire Bergère, Lucien Bianco et Jürgne Domes, *la Chine au XXe siècle*, Paris, Fayard, 1989-1990, I, «D'une révolution à l'autre, 1895-1994».

[3] Marie-Claire Bergère, *Sun Yat-sen*, Paris, Fayard, 1994.

[4] *Mao's Road*, 1, pp. 318-406. 斯图尔特·施拉姆只翻译了确定是毛泽东写的文章，即其中的五分之四。该杂志有一个完整的意大利版：Giorgio Mantici, *Mao Zedong, Pensieri del fiu-me Xiang*, Roma, Editori Riuniti, 1981。斯图尔特·施拉姆翻译了毛泽东在第2、第3和第4期杂志上的重要文章，题为《民众大联合》并对其作了注释，参见 *The China Quarterly*, n° 49, janvier-mars 1972, pp. 76-106.

[5] 平民主义、民本主义、庶民主义和民主主义，最终采用的是民主主义，前三种表达方式可以分别翻译为"人民的权力"、"人民大众的权力"和"普通人的权力"。

[6] 经过数十天的牢狱之灾，他直到9月16日才被释放。

[7] 陈独秀在1904年发表在《安徽俗话报》上的文章中用了同样的言辞形容“女子的牢狱”。

[8] 刘师复（1884—1915），广东人，中国主要的无政府主义者之一，1912年建立心社，和李石曾的进德会一样是最有影响力的无政府主义学会。受克鲁泡特金的影响，同一年他创立了无政府共产主义同志社。

[9] 署名申长，此文可能不是毛泽东所写，尽管他爱好用笔名。不过，这篇文章无疑得到了他充分的肯定。

[10] 事实上是1897年在巡抚陈宝箴的推动下建立的，毛泽东可能想隐瞒这件事。

[11] 谭延闿（1880—1930），出生在杭州一个高官家庭，祖籍湖南，他是最后一批中举、被任命为翰林的人。他仕途顺利，并于1909年被推举为湖南咨议局议长，1912年任湖南省都督，1913年败于袁世凯，1916年再次督湘，1918年春被得到吴佩孚军队支持的张敬尧取代。

[12] 黄兴（1874—1916）和孙中山一样是1911年革命之父。1905年同盟会在日本的创办人之一。他参加了多次反抗清朝的起义，1916年10月31日在上海逝世。1917年4月15日厚葬于长沙。

[13] 前额碰地面的礼拜。康熙《圣谕十六条》(1670) 是一篇含有16条圣谕的文章，以儒家思想的三个基本关系为内容：君为臣纲，父为子纲，夫为妻纲。郭沫若在他的自传中描述他在四川亲眼目睹一个“灌输场景”：集市那天，乡绅向群众介绍圣谕，然后由人来演示。

[14] 毛泽东之所以认为1917年俄国革命发生在1918年，是因为李大钊介绍俄国革命的第一篇文章写于1918年10月。

[15] 彼得·克鲁泡特金（1842—1921），无政府主义者，赞成在自由结社的基础上建立一个新社会。1917年回到俄国后支持克伦斯基政府，后支持布尔什维克政府，但很快就谴责其专政的方法。1921年5月广州庆祝五一活动有两个独立的游行队伍，一个抬着马克思的巨幅画像，一个抬着克鲁泡特金的巨幅画像。

[16] 哥老会是一个反清秘密社团，在士兵中有影响力，活跃在从四川到东海的长江流域，毛泽东并没有提及同盟会，显然，他把同盟会算作海外学生。

[17] 毛泽东用了一个谴责旧式起义的传统术语，避免了“革命”这个适用于现代的词。洪宪皇帝的名号是袁世凯企图恢复帝制期间使用的。

[18] 在福建。

[19] 毛泽东大略提了一下。1913年，进步党在梁启超的领导下集合了议会中除国民党以外的所有各方，但这个应势而生的联盟很快就瓦解了。

[20] 如果说北京的燕京大学是中国的哈佛大学，长沙的这所美国大学就是中国的耶鲁大学。

[21] 新郎刚失去第一任妻子，但似乎这桩婚事是两个家庭在第一任妻子去世之前缔结的，新娘被看作第一个妾，这让她未来的地位更低下。

[22] *Mao's Road*，1，pp. 421-449；Roxane Witke，« Mao Tse-tung，women and suicide»，in Marilyn B. Young *Women in China*：*Studies in Social Change and Feminism*. Ann Arbor（Mi），University of Michigan Press，1973，pp. 7-31；Charles Eric Rosemblaum，« The last lie-nü（léroïne），the first Feminist：Miss Zhao's use as an Icon during the May Fourth Period：an Analysis of the Nature of Femal Suicide in Chine»，senior Thesis，Department of East Asian Studies，Harvard College，1992.

[23] 事实上，吴家人难以给儿子准备第三次婚礼，因为这桩婚事已经花费不小，尤其是当局迫使吴家为死去的新娘举行体面的葬礼，他家不得不贱卖房子。至于赵家，嫁妆收不回来，又借了一大笔钱为他们的儿子娶亲，不得不卖掉房子还债。这足够让人相信有鬼！

[24] *Mao's Road*，1，pp. 407-413；Jin，p. 51，note 1. Sur Deng Zhongxia，qui signe ici Deng Kang，voir Daniel Y. K. Kwan，*Marxist*

Intellectuals and the Chinese Labor Movement: *A Study of Deng Zhongxia* (1894-1933), Seattle (Wa), University of Washington Press, 1997 (Kwan).

[25] 发表在《湖南教育月刊》上。

[26] Jin, p. 54.

[27] On en trouve la liste dans *Mao's Road*, 1, p. 47.

[28] Wilson, p. 92.

[29] *Mao's Road*, 1, pp. 457-486.

[30] Spence, p. 59; *Mao's Road*, 1, pp. 487-489.

[31] 关于毛泽东的试婚，参见 la première édition anglaise de *Snow*, p. 165。史景迁写毛岸英出生于1922年10月（Spence, p. 51）。特里尔依据1967年3月香港《明报月刊》的一篇文章认为毛岸英出生在1920—1921年冬季（Terrill, p. 75 et note p. 499）。毛泽东赞成试婚，或者说赞成向警予和蔡和森的自由结合，参见1920年11月26日致罗璈阶（罗章龙）的信（*Mao's Road*, 1, pp. 608-609 et la note 5）。

[32] *Mao's Road*, 1, pp. 498-500. 在毛泽东的签名旁有陈独秀、张国焘和谭延闿有关系的湖南名人、新民学会的两位主要成员、天津的回族女学生刘清扬、新加坡教师李思安。

[33] *Mao's Road*, 1, pp. 504-507.

[34] Kwan, p. 19. 作者参考了张国焘的回忆录（*The Rise of Chinese Communism*, pp. 69-70）和罗章龙的中文回忆录。Arif Dirlik, *The Origins of Chinese Communism*, pp. 181-182. 姜济寰（1879—1935），被谭延闿任命担任长沙知事，积极支持驱逐张敬尧运动，1920年成为湖南省财政厅厅长，并参与了毛泽东的文化书社。

[35] *Mao's Road*, 1, pp. 501-530.

[36] 6月11日和18日发表数个声明，23日给一个名叫曾毅的记者写了一封信。*Mao's Road*, 1, pp. 522-530.

[37] 赵恒惕（1880—1971），湖南衡山人，毕业于东京士官学校，自1913年以来任谭延闿的师长，1920年11月取而代之成为湖南省省长。

[38] 据1959年4月20日《工人日报》记载，李大钊在他的周刊评论中写道："发现一个如此高质量的期刊非常高兴。"

[39] Jin, p. 173. 金冲及参考的是黎锦熙的回忆和1949年春天毛泽东在西柏坡的一次讲话。1936年，毛泽东告诉斯诺（*Red Star*, p. 145），他"在1920年夏天成为马克思主义者"，而不是三四个月前。

[40] Arif Dirlik, *The Origins of Marxism*, Chap. 3, « The October Revolution and Marxism in China: The Case of Li Dazhao », pp. 43-52. 德里克尤其建议重读两篇证明李大钊接受马克思主义的文章：《我的马克思主义观》，发表在1919年5月《新青年》关于马克思主义的特刊上，以及《阶级竞争与互助》，7月初发表在《每周评论》上。德里克指出5月的特刊9月才印发，尤其是李大钊对马克思主义仍有保留，所以他建议将第一篇文章的标题改为《我对马克思主义的一点看法》，李大钊和日本第一批马克思主义者一样，只看到马克思主义是一种经济达尔文主义和狭窄的意志决定论，这种决定论弱化了人在历史上的作用。他认为阶级斗争从史前就存在了，只有克鲁泡特金建议的互助才算进入真实的历史。

[41] 刘仁静，1902年出生在湖北，李大钊马克思主义小组的成员。后来成为中国的托洛茨基主义者，1949年归附新政权。

[42] 何孟雄（1898—1931），出生于湘潭一个小康家庭，北大学生。

[43] 有趣的是，列宁和托洛茨基把这位马克思主义先驱称为"叛徒"。一年之后……考茨基在青年毛泽东发现阶级斗争这一主题时起了作用，柯卡普的书像是一本教科书，体现不出任何政治立场。

[44] Arif Dirlik, *The Origins of Marxism*, pp. 99-103.

[45] *Mao's Road*, 1, pp. 518-520.

[46] 彭璜：毛泽东主要的朋友。

[47] 特里尔认为他卖了冬季的大衣买火车票（Terrill, p. 77）。

[48] 现在的蓬莱公园，蓬莱是传说中神仙居住的地方，也是山东一座著名的道观的名字。

它还是一个历史古迹，这在上海是很罕见的。毛泽东的奇异旅程似乎是从一个月前攀登泰山开始的。

［49］Jin，p. 58. 1920 年 12 月（?），毛泽东在长沙作新民学会的第一份报告。*Mao's Road*，2，pp. 18-32.

［50］王枫初在 1981 年采访了他。根据他的说法（*Émigration et Politique：les étudiants-ouvriers chinois en France* 1919-1925，p. 170），此时他仍对无政府主义感兴趣，直到 7 月在蔡和森的影响下，他才选择马克思主义。

［51］位于现在的南昌路。那里也是《新青年》的编辑部所在地。陈独秀刚刚在此会见了共产国际派来的吴廷康，讨论的结果是 5 月在上海建立一个共产党的核心——马克思主义研究小组，筹建共产党。

［52］1936 年，毛泽东告诉斯诺（*Étoile rouge*，p. 143）他在北京第二次遇到了陈独秀，他向陈独秀提出计划建立一个委员会，推进湖南的改革。金冲及（Jin，pp. 59-60）确认并补充说："在这次会面中自然会谈到马克思主义。"

［53］*Mao's Road*，1，p. 531. 在这封从长沙寄出的信中，毛泽东提到他给胡适写的第一封信没有回应。那封信还没有被找到。

［54］斯图尔特·施拉姆（*Mao's Road*，1，p. 519，note 2）指的是李思安、李凤池、陈书农。金冲及（Jin，p. 59）认为是彭璜和张文亮。

［55］Terrill，p. 77. 特里尔甚至认为这种为富人和商人服务的吃力不讨好的差事是毛泽东对工人的条件感兴趣的原因之一。

［56］毛泽东在此次旅途中可能顺道登上了南岳衡山，中国的五岳之一。

［57］当时的教育部很大程度上参考了法国的师范学校体制，这是一个"实习学校"，师范生在经验丰富的教师带领下上课。

［58］易礼容，1898 年出生于湘乡，曾在长沙技术高中就读，是湖南省学生联合会的领导者之一。新民学会会员，和毛泽东走得很近，积极参与了驱逐张敬尧的运动。他是文化书社经理、长沙湘江中学校长。

［59］*Mao's Road*，1，pp. 583-592.

［60］尤其是海克尔关于"进化一元论"的著作。

［61］《孙文学说》，这本 1918 年的汇编被翻译成英文，标题为《一个中国革命者的回忆录》，也被翻译成法文。Rascal d'Elia，*le Triple Démisme de Sum Wen*. Shanghai，Bureau sinologique de Zi-ka-wei，1930.

［62］但不是《共产党》。《共产党》是在上海发行的理论机关报，为中国共产党的建立打下基础，虽然在中文标题的旁边还有英文"The Communist"，但回避了政党的概念。

［63］方维夏（1880—1936），曾留学日本，当时是第一师范的教师和学监主任。

［64］第一师范毕业生，1917 年夏天，毛泽东和萧瑜步行穿过湘西时去拜访过他。

［65］C. C. Niel 是聂其杰的英文发音，他又名聂云台。

［66］Chow Tse-tsung，*The May Fourth Movement：Intellectual Revolution in Modem China*，Stanford（Ca），Stanford University Press，1967；Marie-Claire Bergére，*l'Âge d'or de la bourgeoisie chinoise*，Paris，Flammarion，1986.

［67］Jin，p. 76.

［68］这段话的措辞很尴尬，作者好像不好意思介绍毛泽东是一家之主和地主，这在 20 世纪 50 年代属于"黑五类"，特别在同一时间，他还是一个小资本家！

［69］*Mao's Road*，1，pp. 526-530. 关于争取湖南自治的其余资料，见同一本书（pp. 543-582）。MacDonald Angus，«Mao Tse-tung and the Hunan Self-Go-vernment Movement 1920：An Introduction and Five Translations»，*The China Quarterly*，n° 69，décembre 1976，pp. 751-777. 斯图尔特·施拉姆的书和麦克唐纳在文章中列出的毛泽东写这篇文章的时间有 10 天差异。我选择了施拉姆的日期，因为他的资料来源更直接，他是唯一可以访问中国共产党中央档案馆的人。

［70］热河，和承德一样现在是河北省的一部分。察哈尔和绥远组成内蒙古。蒙古的边界地区是下文要提到的蒙古国，首都乌兰巴托市，

后在苏联的压力下毛泽东接受了它的独立。

[71] 第一次出现在毛泽东的文章中。

[72] 在这个建议中能看出原始的反帝国主义的思想。毛泽东指的“外省人”包括中国北方人、英国人或日本人。

[73] 彭璜指的摆脱外国势力，是批判帝国主义的开端。

[74] 我们确定了其中的8个人：两名上流人士包括谭延闿的亲信袁家普，还有两名学生、两名教师和两名记者。

[75] 章炳麟（1869—1936），反清的学者，他参加了孙中山的同盟会，1918年隐退，保护他认为受到西学威胁的传统文化。

[76] *Mao's Road*，2，pp. 40-42.

[77] *Mao's Road*，1，pp. 611.

[78] *Mao's Road*，1，pp. 595-596.

[79] *Mao's Road*，1，pp. 593.

[80] 11月25日给罗璈阶的信，参见*Mao's Road*，1，pp. 599-600。其他信参见pp. 603-614，620，622。

[81] 易白沙（1886—1921），第一师范的教师，他企图在北京暗杀一名军阀失败，自杀抗议军国主义，效仿为了抗议日本政府的反华政策而自杀的陈天华（1875—1905）。

[82] *Mao's Road*，2，p. 87. 端午节在6月初，纪念公元前278年诗人屈原反抗暴政，投汨罗江自杀。

[83] 如果想要查看这个主题的最新信息，参见如下文献。Steve Smith，*A Road is Made：Communism in Shanghai* 1920-1927，Richmond，Curzon Press，2000；Hans van de Ven，*From Freud to Comrade：The Founding of the Chinese Communist Party*，1920-1927，Berkeley (Ca)，University of California Press，1991；Tony Saich，*The Rise to Power of the Chinese Communist Party*，Armonk（NY），M. E. Sharpe，1996.

[84] Marilyn Levine，*The Found Generation：Chinese Communists in Europe during the Twenties*，Seattle（Wa），University of Washington Press，1993；Nora Wang，*Émigration et Politique：les Etudiants-ouvriers chinois en France*，1919-1925，Paris，Les Indes savantes，2002；Xiao Yu，pp. 223-238. 我们可以在《蔡和森文集》（北京，人民出版社，1980）中找到这封信。

[85] 位于沙莱特，这是一个非常靠近蒙达尼的小镇，特产是木底皮面套鞋。

[86] 关于这些年轻的中国人当时对法国的看法，可以阅读 Geneviève Barman et Nicole Dulioust，«La France au miroir chinois»，*les Temps modemes*，janvier 1988。

[87] 例如邓希贤，后来叫邓小平（1904—1997）。这个年轻的四川人1920年10月抵达法国，很快就放弃了学业，在克勒索当冶金工人，在沙莱特当工人…… 和“战争寡妇”（!!）一样在巴黎制作纸娃娃——后再次在布洛涅比扬古的雷诺当工人。不久，他成为一名政治活动家。

[88] 包括向警予和蔡和森。

[89] *Mao's Road*，2，pp. 5-14.

[90] Xiao Yu，pp. 239-250. 两人之间的分歧是显而易见的，然而他们之间的友谊仍然继续，他们保持通信直到1925年。

[91] 张太雷（1898—1927），俄语翻译和共产国际联络官，陪同共产国际代表筹备中国共产党成立大会。

[92] 第1期于1920年11月7日出版，纪念俄国十月革命三周年。该杂志到1921年5月共出版了7期。标题是拉丁字符和英语翻译“The Communist”，共产党的“党”的概念只保留给中国读者。

[93] *Mao's Road*，1，pp. 605-609：毛泽东1920年11月26日致罗学瓒的信。罗学瓒（1893—1930），也叫罗荣熙，出生于湘潭。他是毛泽东第一师范的同班同学。最早加入新民学会的成员之一，第一批赴法学生，1921年11月被法国驱逐出境。中共党员，活跃在湖南的劳工运动中。1930年，被国民党在杭州处死。性情非常乐观，他是新民学会赴法成员中给毛泽东寄了最多信件和明信片的人。

[94] 李中，1897年出生于湖南湘乡，本名李声澥，1913年考入第一师范，并帮助毛泽东组织举办在长沙的工人夜校。毕业后他见到

了陈独秀，陈鼓励他到上海江南造船厂做钳工，他在那里举办互助小组帮助工人扫盲。1920年8月加入社会主义青年团，1920年11月21日创立上海机器工会，创办刊物《机器工人》，第二年秋天成为最早的共产党员之一。他积极参加1925年的五卅运动，1927年4月12日被国民党警察逮捕，保释后他脱离了共产党，回到家乡地区成为一名教师。1951年8月9日，他在洞庭湖以北的南县因病去世，此时他正准备应毛泽东的邀请去北京。他的长子是一名解放军战士。*Dicomo*，Pékin，*Laodong renshi chubanshe*，1990，pp. 737-738. 让·谢诺提出李中是第一个成为共产党的中国工人，并翻译和评论了李中1920年9月20日发表在《劳动界》上的一篇文章。《劳动界》是上海中国共产党早期组织的机关报，文章呼吁工人们在工人阶级的基础上组织起来（Jean Chesneaux，*les Syndicats chinois*，1919-1927，Mouton，Paris La-Haye，1965，pp. 108-112）。

［95］1920年8月他加入社会主义青年团之后，这个团队成为同年11月21日成立的上海机器工会的核心，工会章程由陈独秀执笔。

［96］由他的朋友何叔衡带领。

［97］位于株洲—萍乡铁路线上的村庄。

［98］*Mao's Road*，1，p. 594.

［99］*Mao's Road*，2，pp. 44-58.

［100］新的门店分布为东北方有平江、西乡和浏阳，西南方有武钢，西方有宝庆（现在的邵阳）、宁乡、溆浦，南方有衡阳，都是湖南除了长沙之外最早有共产主义活动的地方。文化书社对共产党的支持在于为早期活动家提供了生计支持和能让他们同时发展革命活动的社会身份。

［101］*Mao's Road* 2，pp. 59-86. 这些报告的日期是1921年的夏天，是毛泽东参加中国共产党在上海的成立大会之后撰写的。

［102］Xiao Yu，p. 239.

［103］即五月初五端午节、七月十五中元节和八月十五中秋节。中元节，大家扔一些纸船，然后烧毁，借此帮助淹死的人、没有被掩埋的或没有家庭的孤魂野鬼渡过苦海。中秋节，吃月饼，进行诗歌比赛。我们可以看到这些要打破传统的年轻人受到传统的强烈影响！

［104］是20世纪前15年在美国流行的一种无政府工团主义运动，对新移民的工人有一定的影响。

［105］李大钊：《青年与农村》，载《晨报》，1919年2月。Marie-Claire Bergère et Tchang Fou-rouei，*Sauvons la Patrie! Le nationalisme chinois et le mouvement du* 4 *mai* 1919，Paris，POF，1977，pp. 35-46.

［106］熊瑾玎（1886—1973），长沙人，第一师范毕业生。他是一名教师，在文化书社工作。何叔衡的湖南通俗教育馆主办报纸，任命熊瑾玎为主编。

［107］第一本书未知。第二本是司马迁的《史记》第129卷，名为《货殖列传》。Burton Watson dans *Records of the Great Historians of China*，Columbia（NY），Columbia University Press. 1961，XI，pp. 476-499.

［108］这个建议是非常具体的。我们已经知道毛泽东想办一个自己的棉纱厂。在2月20日的讨论中，何叔衡提出新民学会成立一个印刷厂。毛泽东不同意，说这已经是文化书社的计划，一个书社成员说自己是负责人。

［109］*Mao's Road*，2，pp. 36-39.

［110］此处用的是17世纪的法国学者赋予这个表述的意思。

第三章　斗士（1921—1925）

［1］关于这些激进的共产党人，参见 Lucien Bianco et Yves Cherier，*Dictionnaire biographique du mouvement ouvrier international：la Chine*，Paris，les Éditions ouvrières/Presses de la Fondation nationale des sciences politiques，1985（*Dicobio*）。

关于彭湃，参见 Sur Peng Pai，on dispose en outre d'un ouvrage monumental par Fernando Galbiati，*Peng P'ai and the Hai - Lu - Feng Soviet*，Stanford（Ca），Stanford University Press，1985。

［2］Keith Schoppa，*Blood Road：The*

Mystery of Shen Dingyi in Revolutionary China，Berkeley（Ca），University of California Press，1955.

［3］Hélène Carrère d'Encausse et Stuart Schram，*le Marxisme et l'Asie*，1853-1964，Paris，Armand Colin，«Collection U»，1965，chap. 3 « Le IIe congrès de l'Internationale »，pp. 195-222.

［4］顾维钧先与越飞和加拉罕进行了漫长的谈判，直到 1924 年，中国才和苏联建立外交关系。

［5］正如我们已经看到的那样，长沙的运动将布尔什维主义和新民学会结合在一起。

［6］关于中国共产党的成立有许多文献，但有许多问题仍然不清楚，特别是因为一大期间警察的突然检查造成许多文件丢失，大部分保留下来的资料只有俄文版本。1980 年中国社会科学院现代史研究室和中国革命博物馆党史研究室出版的《“一大”前后》中的文章大都是当事人三四十年后写的。陈公博的文章特别令人感兴趣，因为这是他 1924 年撰写、1925 年在哥伦比亚大学答辩的博士论文的一部分。Ch'en Kung－po，*The Communist Movement in China：An Essay Written in* 1924，New York（NY），Octagon Books，1966.

自从莫斯科的共产国际档案部分开放，俄罗斯重新整理了各国共产党在莫斯科的档案，发现了许多新的文献。最近有三本书使用了这些新的文献，分别如下。Tony Saich，*The Rise to Power of the Chinese Communist Party*，Armonk（NY），M. E. Sharpe，1996（pp. 4-6，doc. pp. 11-27）；Hans Van de Ven，*From Friends to Comrades：The Founding of the Chinese Communist Party* 1920-1927，Berkeley（Ca），Berkeley University of California Press，1991.

［7］马林（1883—1942），亨德立克斯·斯内夫利特的化名，别名孙铎。他出生于鹿特丹，是一个激进的社会主义者，在爪哇促成印度社会民主党和当地穆斯林精英组成的伊斯兰教联盟（萨拉喀特回教会）合并。作为第二共产国际的代表，他反对印度人罗易（Manabendra Roy），支持列宁的主张。他当选为共产国际的执行委员，被派到中国。后来成为托洛茨基主义者。他在荷兰组织抵抗运动时被盖世太保逮捕杀害。

［8］Jin，pp. 77-78. 陈公博很有钱，和他年轻的妻子住在东方大酒店；李汉俊住在哥哥家里，即开会的地点。

［9］贝勒路树德里是现在的黄陂南路，望志路是上海法租界公董局一位局长的名字，现在叫兴业路。

［10］Jin，p. 78.

［11］董必武和毛泽东分别于 1975 年 4 月和 1976 年 9 月在北京去世，享尽哀荣，而王尽美则于 1925 年 8 月 19 日在青岛病逝，时年 27 岁，当时他领导胶济铁路工人地下运动。

［12］1934 年哈罗德·艾萨克斯撰写名著《中国革命的悲剧》时，刘仁静是主要的中国合作者。

［13］*Dicomo*，pp. 709-710. 包惠僧 1894 年出生于湖北，张国焘形容他是一个爱讲笑话的人。后来他曾以“栖梧老人”的化名发表了一些关于中国共产党第一次代表大会的回忆文章。毕业于武汉的湖北第一师范学校，曾是《新闻报》记者，参加了五四运动。加入共产党后，他是京汉铁路总工会的检查员之一。1923 年 2 月 7 日吴佩孚发动“二七惨案”后，包惠僧在黄埔军校任政治部主任，北伐期间任武汉中央军事政治学校筹备主任。他退出中共后，1931 年任国民党武汉行营参议，后任内政部户政司司长。1950 年后中共当局任命他为该部门“研究员”。也许他是一个“地下党员”，他重新加入国民党是内战初期就决定的。

［14］李启汉，1898 年出生在湖南，在 1925 年至 1926 年期间，这个革命学生在香港海员大罢工和上海纱厂工人运动中特别活跃。1927 年 4 月 27 日被国民党杀害。

李震瀛生于天津，毕业于南开大学附属中学，他与同学周恩来参加了五四运动。加入共产党后，他成为京汉铁路总工会秘书长。1927 年 3 月与周恩来一起在上海成功组织工人起义。1929 年，成为激进的“赤色工会”分子，他在莫斯科参加了国际赤色工会的各种会议。与罗章龙一起反对李立三的冒险主义，1931年作为右派被开除出党。被捕后不久，他公开宣布放弃革命斗争，成为天津一位丝绸商人的雇员。然后，我们失去了他的轨迹。

许白昊，1899年出生于湖北应城，1921年年底赴莫斯科出席远东各国共产党及民族革命团体第一次代表大会。在1923年2月的武汉工人运动和北伐时期非常活跃。从1927年6月开始，担任中华全国总工会执行委员，从事地下工作，瞿秋白指责他犯了机会主义错误，将他派到基层。他在派发宣传单时被认出而遭逮捕，1928年6月6日被国民党杀害。

[15] Zhang Guotao, *The Rise of the Chinese Communist Party*, p. 175. 张国焘在《中国共产党的崛起》中提道，"马林认为，东方一旦开始工人运动，就可以走上革命的道路"。

[16] 但在1922年7月11日给共产国际的报告中（Sneevliet n°255, document F1 do Tony Saich, *The Origins of the First United Front*..., p. 310 de la traduction anglaise），马林承认上海工人的秘密社团是一个问题，以至于劳动组合书记部一直未能建立一个现代化的组织。

[17] Xiao Yu, pp. 256-258.

[18] Liu Renjing, «Souvenirs du Ier congrès du PCC», 14 et 17 mars 1979, Yida qianhou, 1980, II, p. 215. Voir aussi Jin, p. 78.

[19] 他似乎还说了一句，"如果他们努力，三五十年后，共产党就能够领导中国"。

[20] Zhang Guotao, *The Rise of the Chinese Communist Party*, I, pp. 140-141; Wilson, p. 105; Li Ang, *Hongse Wutai* (*scène rouge*), Chongqing, Shengli Chubanshe, 1942, chap. 8. 李昂（Li Ang）是朱其华的化名，共产党军事干部，江西苏维埃末期加入国民党。这个李昂没有参加中国共产党成立大会，但自称是第一批共产党员，可能于1920—1923年在上海认识了毛泽东。

[21] 苏格拉底的问话是试图帮助他的对话者认识自己，而毛泽东则为了动摇对方、反驳对方。

[22] Jin, p. 78.

[23] 这个明朝的名流1644年后拒绝投降清朝，隐退山林，以船山为笔名，写了著名的《春秋解说》。Anne Cheng, *Histoire de la Pensée chinoise*, Paris, Le Seuil, 1997, avec indication des articles et des ouvrages sur cet auteur de Ian McMorran, Jacques Gernet et François Jullien (pp. 542-544).

[24] 我选择了最常用的还原性翻译。"修"是一个儒家概念，在《论语》中圣人定义"君子"为修身治国、完善自己统治的国家的人。新儒家朱熹解释为修己治人，完善自我，以能够管理别人。因此，它超越了单纯的教育，还包括道德和政治。施维叶（Yves Chevrier）在《毛泽东和中国革命》中建议把"自修大学"翻译成"自学大学"(p. 57)。

[25] 由改革学者王光祈发起的具有民族主义倾向的团体。毛泽东受到学会秘书长、古生物学家杨钟健的推荐。*Mao's Road*, 2, p. 105.

[26] *Mao's Road*, 2, pp. 88-92 et 160.

[27] 这个词用得很重。"阀"意味着能够滥用权力，本意指一些名门望族在门口为表家族荣耀而立的柱子。人们用这个词来形容军阀或财阀。

[28] Saich, pp. 323-324. 各省负责人对起义的批评分析都收录在1927年10月9日彭湃向中共中央委员会提交的报告里。夏明翰赞同毛泽东的态度。

[29] Jin, p. 80. 金冲及的这个数字包括第一师范附属补习班毕业生。自修大学的毕业生人数好像共为24人，是非常少的。

[30] Wilson, p. 106 (cite *Wansui*, II, p. 359).

[31] 主要来源是彭述之的女儿程映湘、女婿卡达乐对彭述之的采访，以及1983年毕仰高对彭述之的采访。参见毕仰高《中国工人运动传记词典》中的"贺民范"词条。斯图尔特·施拉姆在著作《毛泽东的权力之路》中忽略了这个人。

[32] 他们都是未来重要的中共领导人。

任弼时（1904—1950）在延安发挥了重要作用。

萧劲光，出生于1902年，在苏联得到了极高水平的军事培养，从 1950 年开始掌控中国海军。

[33] 他后来成为湖南省西南地区宝庆的教育负责人。他招募共产党员做小学学监，让他们传播中国共产党的理论机关刊物《向导》，选择颠覆书籍作教材，开办书店传播革命著作，行为举止像传统的“古怪”文人。1927 年的反共镇压中被捕，在南京被监禁 5 年。1933 年释放，他去探望坐牢的彭述之和陈独秀，似乎在那时皈依佛门。然后，我们失去了他的轨迹。

[34] Snow，p. 149. 毛泽东对斯诺说打算出席本次会议，但他忘了地址，没有遇到任何同志做向导。

[35] Ma présentation de cet épineux dossier se fonde sur les deux ouvrages do Tony Saich cités dans la note 6 de ce chapitre，surtout sur *The Rise to Power of the Chinese Communist Party*，pp. 11-100.

[36] 关于这一点，在斯内夫利特的档案中（Saich，doc. D4，p. 229）有一份协议草案，本来应该是孙中山统一中国后将签署的。

[37] 然而，它的两个主要的领导者苏兆征和林为民都来自秘密社团，并没有加入国民党，而是于 1925 年加入了中国共产党。

[38] 他在第二次党代会上被驱逐出党，因为他领导的广州共产党不守纪律。

[39] 关于这一点，参见 Harold Isaacs «Documents on the Comintern and the Chinese Revolution»，*The China Quarterly*，n°45，janvier-mars 1971，p. 104。不过，马林的回忆相当模糊：“主要参与者［杭州中央委员会］是陈独秀、李大钊、张国焘和一个非常有能力的湖南学生，我忘了他的名字……”当时，毛泽东还没有进入历史。

[40] Saich，pp. 214-216.

[41] 中文是“切实”，即“切合实际的”。

[42] 李立三，1899 年出生于湖南，1967 年在“文化大革命”期间死于狱中。毛泽东 1937 年对斯诺说他与李立三的友谊从来没有发展起来。1921 年 11 月因里昂事件被驱逐出法国后，1921 年至 1922 年冬季应杨开慧的邀请，李立三到清水塘拜访了毛泽东。根据文人的传统，毛泽东送给他一句诗“洞庭有归客”，李立三随即应对“潇湘逢故人”。事实上，李立三的口才和组织工会的能力都很强，毛泽东的口才则相对要欠缺。毛泽东很快就疏远了他。

[43] 郭亮（1901—1928），1920 年考入第一师范，新民学会成员，很有才干，艰难地组织了粤汉铁路北支工人工会。1927 年春天，任湖南省工团联合会主席，该组织共有 350 000 名成员，负责湖南—湖北—江西交界的三角地带。1928 年 5 月 27 日他被国民党逮捕杀害，铁路工人鸣笛哀悼。

[44] Jin，pp. 80-81.

[45] 1920—1921 年冬，他一直任临时负责人。1922 年 6 月 17 日经省社会主义青年团代表大会正式批准为第一责任人，李立三任助理（*Mao's Road*，2，p. 107）。

[46] 1965 年至 1969 年“无产阶级文化大革命”期间，毛泽东这一时期的生活被“改造”。毛泽东被证明是一个真正的工会领袖，而刘少奇和李立三篡夺了这一称号。人们画了很多油画，画面上毛泽东和工人们在一起热情交谈。于是，诞生了一个奇特的神圣形象：毛泽东穿着蓝色的长袍，右臂下挎着一把旧雨伞，朝安源煤矿走去。1968 年第 9 期的《人民画报》加上了绿树如茵、太阳将要穿透云层的背景。特里尔说这幅画出现在 1969 年梵蒂冈的一次展览中，标题是《一位年轻的中国传教士》（Terrill，p. 88，note 2）。1991 年，中共党史资料出版社出版了两卷《安源路矿工人运动》，共 1 472 页。

[47] 黄爱（1897—1922）和庞人铨是长沙甲种工业学校的毕业生。1920 年 9 月，他们成立了湖南劳工会，这是一个地方主义的社团，还没有从行会的模式中脱离，因为它吸收公司董事、工头、关心时事的知识分子和工人。他们信奉杂乱的无政府工团主义。

[48] *Mao's Road*，2，p. 106.

[49] 关于毛泽东作为劳工领袖的内容，我参考了如下文献。Lynda Schaffer，«Mao Zedong and the October 1922 Changsha Construction Workers' Strike：Marxism in Preindustrial China»，Modern China，IV，octobre 1978，

pp. 379-418; Angus MacDonald, *The Urban Origins of Rural Revolution*: *Elites and Masses in Hunan Province*, 1911-1927, Berkeley (Ca), University of California University Press, 1978; Li Rui«The Early Labor Movement in Hunan led by Comrqde Mao Tse-tung», *The Early Revolutionary Activities of Mao Tse-tung*, White Plains (NY), M. E. Sharpe, 1977 (chap. 4, pp. 178-272) - traduction anglaise de *Mao Zedong tongzhi de chuqi geming huodong*, Pékin, Éditions du peuple, 1957. 最后，我用了1921年至1923年毛泽东在各个罢工中的讲话稿。*Mao's Road*, 2, pp. 106-265.

[50] *Mao's Road*, 2, pp. 174-177.

[51] *Mao's Road*, 2, p. 108.

[52] 这句话引自《诗经》，意思是和暴君殷纣一样，任何独裁者都会被打倒，影射赵恒惕。

[53] *Mao's Road*, 2, p. 111.

[54] 毛泽东的电报发表在9月10日、12日和14日的《大公报》上。*Mao's Road*, 2, p. 121.

[55] Jin, pp. 85-86.

[56] 1925年10月，安源—萍乡工会被镇压，矿井被关闭。一些工会领袖和教师被枪杀，工会解散，矿工们被驱散。

[57] 对襟是区别于长袍的短外套，纽扣在前面。需要注意的是“文革”时期庆祝毛泽东到安源的油画上，毛泽东穿的不是对襟而是长袍。这是画家有意识的顾忌还是下意识的行为？

[58] *Mao's Road*, 2, p. 146; Li Rui, *The Early Revolutionary Activities of Comrade Mao Tsé-tung*, White Plains (NY), M. E. Sharpe, 1977, pp. 259-273. 这一系列文章的标题是《各工团代表与赵省长、吴政务厅长、石警察厅长、周长沙县知事交涉的实在情形》。这是毛泽东写的一份报告，上面还有其他工人代表的签名，这份报告旨在否认关于这次交涉各种有利于赵省长的传闻。

[59] 毛泽东把这个聪明的战术称为“以子之矛，攻子之盾”。

[60] 1924年10月10日，赵恒惕对湖南宪法进行审查，声称扩大总督的权力以维持秩序。看来毛泽东的意见已经被听进去了。

[61] “极端派”这个词也被用来翻译“布尔什维克”。

[62] “子曰：‘吾十有五而志于学，三十而立’”。

[63] 关于这一点，陈独秀写了一篇文章，即发表在1923年4月25日《向导》上的《资产阶级的革命与革命的资产阶级》。他认为资产阶级革命还没有完成。国民党的历史任务是完成这项资产阶级民主革命。为了达到这个目的，必须依靠被军阀和帝国主义夹击的革命的资产阶级。无产阶级没有强大到足以依靠其自身基础进行这场革命，但它和革命的资产阶级有共同的敌人，因此可以与后者达成妥协。新民主主义革命的胜利是资产阶级的胜利，但无产阶级将获得自由，将使自己更加强大。后来他的这种说法在论战中被归纳为无产阶级是革命的苦力。

[64] 他在非常危急的情况下被一直支持他的军阀陈炯明驱逐。

[65] Tony Saich, *The Origins of the First United Front in China*: *The Role of Sneevliet* (alias Maring), documents L, pp. 443-451. 马林这次提到了毛泽东的名字（p. 448）。

[66] 项英（1898—1941），出生在武昌（湖北），是少数出身工人阶层的共产党领导人之一。他与毛泽东的关系不好。长征初期和陈毅留在江西，是1941年1月皖南新四军事件的受害者之一。

[67] 指1922年5月显然受到赵恒惕操纵的宪法选举。

[68] Tony Saich, *The Origins of the First United Front in China*: *The Role of Sneevliet* (alias Maring) (cite les archives Sneevliet - n° 277, points 11 et 12).

[69] 6名湖南代表和6名湖北代表投了反对票。张国焘在他的自传中说只有17位投票者，而且陈独秀的一票可以定乾坤。很难解释投票者人数的差异，代表的身份很复杂：只有其中的一部分人有投票权，其他人只有咨询，或作为观察员参加会议的资格。斯内夫利特的

档案似乎最可信，因为他是那个时代的人。

[70] 当时称为中央局。我更倾向于使用法国最常见的表述。

[71] Saich，pp. 83-84.

[72] *Mao's Road*，2，p. 164.

[73] *Mao's Road*，2，p. 183. 这篇文章名为《纸烟税：中国政府是洋大人的帐房》。英国和美国政府抗议中国当局对进口香烟收税，英美烟草公司很容易便得到了有利的妥协。

[74] *Mao's Road*，2，p. 184. 毛石山（毛泽东）给林伯渠的信，日期为 1923 年 9 月 28 日。

[75] *Nianpu*，I，p. 115.

[76] 这件逸事通常被认为发生在 1923 年（Terrill，pp. 95-96；Robert À Bickers et Jeffrey N. Wasserstrom，«Shanghai's«Dogs and Chinese Not Admitted»Sign：Legend，History and Contemporary Symbol» *The China Quarterly*，n° 142，juin 1955，pp. 444-466）。毛泽东穿着他永恒的蓝色中山装和稻草鞋，见到一个从国外回来穿着西服的朋友，后者劝他换一身衣服。毛泽东带他到位于外滩和苏州河入口处的公共租界公园，指给他看"狗和中国人不得入内"的牌子，他的朋友很尴尬。事实上，那里自 1913 年以来有两个标志："这些花园仅限外籍人士入内"和"狗或自行车不得入内"。对于中国人来说，这已经是一种耻辱了。1928 年 6 月，这个公园向所有人开放，只要买一张门票就可以。在 1973 年的一部著名的功夫电影《精武门》中，著名的李小龙在公园入口被上海巡捕房的一个印度门卫拦住，背景是穿着和服的日本人和牵着狗的欧洲人。愤怒的李小龙飞起一脚踢碎了禁止中国人与狗入内的著名标志，虽然这样的牌子从来没有存在过。

[77] 廖仲恺（1877—1925），这位伟大的资产阶级革命家出生在旧金山，是同盟会和国民党的元老，曾经在孙中山为首的广州国民政府任财政部部长。他是积极促成国民党和共产党接近的人之一。1925 年 3 月孙中山去世后，为了阻止他成为继任者，他被不明人士暗杀。

[78] Jin，pp. 93-94.

[79] 覃振（1884—1947），生于在湖南桃源的一个农民家庭，他是一位资深的反清人士，参加了 1906 年曾感动了年轻毛泽东的萍乡暴动。先后启用湖南共产党员刘少奇和夏曦，后成为国民党"西山会议派"的首领之一，主张驱逐共产党。

[80] 林伯渠（林祖涵）（1886—1960），湖南临澧一个地主的儿子，曾学习四书五经，后去日本留学，1905 年在日本加入了孙中山的同盟会。他和谭延闿一起参加了 1911 年革命，1921 年加入中国共产党，同时仍是孙中山和三民主义的支持者。在 1923 年至 1924 年中国共产党和国民党的合作中自然起到巨大的作用，作为国民党中央执行委员会委员，他曾担任农民部部长，副手是彭湃和毛泽东。1926 年 7 月，他把部长职位让给了甘乃光，成为黄埔军校政治指导员。北伐时任第六军政治部主任，军长是湖南人程潜。

[81] *Mao's Road*，2. 在 9 月 28 日给林伯渠的信中，毛泽东要求每月 100 元的拨款，用于在长沙租一个国民党的办公地，并和夏曦讨论了在长沙建立一个国民党分部的事宜。夏曦也是共产党和国民党的双重党员。

[82] *Nianpu*，I，p. 119.

[83] 参见 1923 年 11 月中国共产党各地区递交给党中央的报告（Saich，Doc A28，pp. 88-89），以及湖南和政治局递交给党中央的报告（central，Doc A27，pp. 84-86）。我认为关于湖南的情况可能是李维汉写的。不过，史景迁（Spence，p. 89）认为报告中关于农民运动的一段是毛泽东写的，虽然他缺席了会议，但作为中央政治局的 5 位成员之一，他撰写了中国共产党第三次全国代表大会关于农民问题的决议。有趣的是，这一决议为衡山（湖南）和惠州（广东）农协中共产主义青年团成员的混乱感到遗憾。每一个农协都有 10 000 名成员，他们极端的经济要求引起了革命落后势力中农的反对。

[84] 乘火车到汉口，坐船到南京，乘火车到上海，乘船从海路到广州。

[85] Spence，pp. 90-91 (traduction intégrale). 史景迁选择的版本是萧永义的《毛泽东诗词对联辑注》，10～13 页，长沙，湖南文艺出版社，

1991。这个版本要优于施拉姆（*Mao's Road*，II，pp. 195-196）选择的1978年9月9日发表在《人民日报》上的修订版。唯一的区别是，毛泽东后来加上了四句诗，使其在政治上正确："凭割断愁丝恨缕。要似昆仑崩绝壁，又恰像台风扫环宇。重比翼，和云翥。"

[86] 今威海卫路583弄。这房子位于租界的中心小区。国民党的上海总部就在不远处的环龙路44号。

[87] 米哈伊尔·马尔科维奇·鲍罗廷（1884—1951）。丹尼尔·雅各布斯的书《鲍罗廷，斯大林派到中国的人》[Harvard University Press Cambridge（Mas），1981] 中没有提到鲍罗廷可能跟毛泽东有什么关系。在O. 维迪米洛夫和V. 列耶辛斯夫的书《毛泽东，一个政治画像》（Moscou，Éditions du Progrès 1976，p. 47）中鲍罗廷说"毛泽东似乎过于自信"。事实上，毛泽东似乎不喜欢鲍罗廷自负的讲话，后者意识到他并没有说服他的对话者。同样，毛泽东发现他青年时的英雄孙中山不接受别人批评他的思想，而且很专制。

[88] 毛泽东做了会议记录，不久后该会议记录得到出版。*Zhongguo Guomindang quanguo daibiao dahui huiyilu*，avec un reprint en 1971 par le Center for Chinese Reseach Materials，Washington Dc. On en trouve la traduction dans *Mao's Road*，2，pp. 185-190. Voiraussi Jin，pp. 95-96；Marie - Claire Bergère，*Sun Yat - sen*，pp. 369-377.

[89] Jin，p. 94.

[90] Jin，p. 97 [cite Luo Zhanglong，*Notes du jardin des ailantes*（*chun yuan zhaiji*），Pékin，Librairie Sanlian，1984，p. 302].

[91] 谢持（1876—1939），四川人，熟读四书五经，约1909—1910年成为同盟会的反清志士。因刺杀袁世凯失败被迫流亡日本。在那里，他与孙中山取得联系，1918年任广州政府部长。他不赞成国民党按照布尔什维克模式改组。1924年1月成为国民党中央监察委员会的5名成员之一。他是最激烈要求驱逐共产党的人之一。

[92] 署名在中文文章中以拉丁语的形式出现。张继和谢持从《社会主义青年团日报》中找到的这篇文章在1924年6月引起了国民党的愤怒，但事实上这份文献没有说什么。鲍罗廷6月25日认定"共产党是'国民党内的政党'"，他补充说苏联的援助是代价（Marie-Claire Bergère，*Sun Yat - sen*，pp. 378-384）。第15号通告被翻译成英文，收录在*Mao's Road*，2，pp. 215-216。下文提到的通告都是如此。

[93] 这就是说共产党脱离国民党。

[94] 和上海一样，沙面岛是租界不是殖民地。中方当局拥有主权，外国人可以在租界内自由定居。在中国的领土上使用护照意味着中国领土变成外国殖民地。

[95] 1923年9月2日至11月29日的苏联之行结束后，蒋介石取代了孙中山，与托洛茨基举杯庆祝世界革命的胜利。蒋介石受到苏联和共产党的指责。

[96] Jin，p. 98.

[97] *Nianpu*，I，pp. 131-132.

[98] Marie - Claire Bergère，Lucien Bianco et Jürgen Domes，*la Chine au XXe siècle*. 1895-1949，Paris，Fayard，1989，pp. 146-160.

[99] Jin，pp. 107-113. 金冲及使用的是参与者和老农民的回忆集《湖南农民运动资料选编》。因为政治上自发的人是不存在的，我们可以把这些资料看作是可靠的：1925年毛泽东在家乡进行的农民运动在很大程度上解释了他1927年1月的成功，因为他在当地已经建立了一个信息网络，召集了一些活跃分子。

[100] Wilson，pp. 116-117（traduit *Wansui*，II，p. 389）.

[101] 因为害怕赵恒惕的警察，贺尔康在他的日记里称国民党为"民校"，称共产党为"世校"。

[102] *Nianpu*，I，pp. 132-135.

[103] 她是毛泽民的妻子，根据她的《六十年的回忆》。

第四章　选择了这个命运（1925—1927）

[1] 1921年9月29日，毛泽东加入了这

个学术团体（*Mao's Road*，2，p. 105）。我们在《毛泽东的权力之路》中可以找到这张表格，日期是1925年11月21日（2，pp. 237-238）。表上注明当天收到毛泽东从长沙寄来的表格。毛泽东填的常住地址是长沙的文化书店，最近的地址是国民党在广州的总部。

[2] 孙中山政策的三个基本原则（三民主义）由耶稣会神父德礼贤翻译，白吉尔的介绍是最佳的（Sun Yat - sen，chap. X，pp. 400-450）。三民主义即民族主义、民权主义、民生主义——有些大胆的人把民生主义翻译成社会主义。

[3] *Mao's Road*，2，pp. 227-237 et 263-274. 中国共产党的历史学家掩盖了毛泽东在国民党内起到的重要作用。由于邓小平开始有限地"去毛泽东化"，我们能够更好地评估这种重要性，尤其是当一些匿名文章的作者身份得到确认后，我们知道哪些文章出自毛泽东之手。约翰·菲茨杰拉德确定"毛子任"是毛泽东的化名，参见 John Fitzgerald « Mao in Mufti：Newly Identified Works by Mao Zedong»，*The Australian Journal of Chinese Affairs*，n°9，janvier 1983，pp. 1-16。

[4] 我翻译为《政治周报》。

[5] 那一天，蒋介石声称一艘炮舰驶入黄埔即他的住处附近，行动可疑，舰长是共产党员。蒋介石当时任黄埔军校校长，他命令军警逮捕了中山舰舰长，监视十几个苏联顾问和包括周恩来在内的共产党人。他怀疑有人将他绑架到海参崴甚至要谋杀他。当时的情况现在仍然难以解释。蒋介石似乎巧妙地利用了共产党和国民党左派军人的疏忽。事情迅速降温，被捕的人很快被释放。鲍罗廷接受了遣返包括季山嘉在内的三名苏联顾问的条件。当时季山嘉已经与汪精卫建立了联系，反对蒋介石在国民党内的崛起。汪精卫没有把握好时机，被迫流亡法国，直到1927年4月才返回中国，国民党左派失去了他们的领袖。当然，1926年3月20日，蒋介石发出了一个信号，包括上海大资产阶级在内的敌视共产党的各路人马心领神会。他已经毁灭了自己"红色将军"的形象。

[6] 今河北省。

[7] 他们更倾向于在当地深化革命，尤其是怕蒋介石借助北伐扩张势力。请注意这句话的意思，通常翻译为"北伐"的词，其更确切的意思是"抗击北方人的远征"，"伐"意味着严惩，以武力兴师问罪。

[8] 斯图尔特·施拉姆在《毛泽东》一书中引用了这一篇文章，并在注解中补充刘少奇在同一时间面对同一批公众宣布"工人拉着农民的手，带领他们斗争"（*Zhengzhi zhoubao*，*Politique hebdo*，n°14，5 juin 1926）。刘少奇把农民看作小孩，有"意识"的工人（也就是共产党员）要引导他们。从演讲的层次来说，蒋介石似乎比刘少奇更激进。

[9] *Mao's Road*，2，pp. 305-392.

[10] 11月27日《政治周报》上关于直系（吴佩孚）和奉系（张作霖）之间战争的文章；12月5日在同一期刊上发表关于宣传问题的文章；12月4日在广州《民国日报》上发表面向全体党员的告示；12月，陈炯明的副手控制的惠州被收复，日报上发表了一些檄文；12月13日，关于招收147名广东学生组成莫斯科中山大学的第一届学生的文章；12月20日，反对叶楚伧的小册子和上海的《民国日报》的文章。在此期间，毛泽东曾多次对香港的报界强调蒋介石不是"红色革命者"的事实。在这一点上，事实很快证明他是对的。

[11] 第4期（*Mao's Road*，2，p. 330）。

[12] *Mao's Road*，2，pp. 315-318.

[13] Shram，1968，p. 86.

[14] 由苏联的斯大林研究者完成。

[15] Mao Zedong，*Œuvres choisies*，Paris，Éditions sociales，1955，I（1926-1937），pp. 11-22（traduction francaise de la traduction russe de l'édition chinoise corrigée de 1951，pp. 3-11!!!）. 最初的版本在1981年再版（*Dangde wenxian*，I，pp. 143）。斯图尔特·施拉姆翻译了原始版本，并将原版和1951年修订后的版本进行了比较。*Mao's Road*，1，pp. 249-262.

[16] 这一段平庸的文字在1951年的修订版中消失了。

[17] 位于河南的煤矿，1925年7月1日

至8月9日爆发了一次重大罢工。1922年10月，唐山开滦煤矿发生了一起煤矿工人罢工，共产党没有参与。Jean Chesneaux，*le Mouvement ouvrier chinois de* 1919 à 1927，Paris，Éditions de l'EHESS，1998（rèimpr.），pp. 402-403（répression à Anyuan），pp. 278-280（grève à la KMA），p. 390（grève de Jiaozuo）. 毛泽东没有提到安源，似乎有点不可思议，不过这反映了他在1925年工人俱乐部遭到镇压后的失望之情，也许他对刘少奇和李立三在1922年至1925年建立矿工俱乐部的活动持否定态度。

［18］这些细节在1951年的修订版中被删除，只是简单地说，这些事件“容易造成破坏性的行为”。

［19］闽粤的“三合会”、湘鄂黔蜀的“哥老会”、皖豫鲁等省的“大刀会”、直隶及东三省的“在理会”、上海的青帮和红帮。Stuart Schram，«Mao Tse-tung and Sectet Societies»，*The China Quarterly*，n°27，juillet-septembre 1966.

［20］Fernando Galbiatti，*Peng Pai and the Hailufeng soviet*，Palo Alto（Ca），Stanford University Press，1985，pp. 245-247.

［21］萧楚女（1891—1927），出生于湖北，自学成才，成为一名教师。曾积极参加五四运动，先后任湖北襄阳第二师范学校和四川泸州师范学校教师。社会主义青年团的成员，受恽代英邀请去上海，与许多共产党干部一同任教于上海大学。被任命为黄埔军校政治教官后，他在那里结识了在广东地区建立第一批农协的彭湃。1925年，他到达海丰。1926年1月在国民党第二次全国代表大会期间，他加入了以毛泽东为首的宣传部和中央执行委员会的农民部。在第六期农民运动讲习所培训期间，他成为毛泽东主要的合作者，教授“帝国主义”、“中国民族革命运动史”和“社会问题与社会主义”三门课。他也在广东大学（后来的中山大学）教“欧洲社会思想史”。他似乎曾试图与毛泽东合作将农民运动讲习所变成一所农民大学，不但具有良好的学术水平，而且重视理论（*Dicomo*，pp. 678-680）。

［22］Ce passage est repris de Galbiatti，*Peng Pai*，pp. 243-247.

［23］李锐的《毛泽东同志的初期革命活动》一书的序言，关于1926年9月的“农民问题丛刊”，参见 *Mao's Road*，2，p. 306 et pp. 386-392。事实上，这篇文章于1926年9月21日刊登在国民党农民部机关刊物《农民运动》第8期上，至今还没有找到。施拉姆采用了1927年5月下旬上海商务印书馆出版的版本，附加了一封毛泽东的介绍信，信的日期为1927年5月14日。这套丛刊共四卷800页，其中包括1926年9月后的文章，特别是1926年12月关于湖南农民运动的文章。

［24］*Mao's Road*，2，pp. 301-303. 此文刊登在1926年《中国农民》第1卷第1期上。

［25］Benjamin Schwartz，«The legend of the legend of maoism» *The China Quarterly*，n° 2，avril-juin 1960（en réponse à un article de Karl Wittfogel）.

［26］指毕业生。不包括讲习所第七期的500名学生，第七期1927年3月在武汉开学，毛泽东再次担任所长。因为政治局势的恶化（Galbiati，*Peng Pai*，pp. 243-247），毛泽东不得不中断了他的政治活动。

［27］Jin，pp. 113-118. 斯图尔特·施拉姆在《剑桥中国史》中做了出色的总结（*CHOC*，Ⅻ，pp. 811-818）。同样可参考如下文献。Schram 1966 pp. 72-103. Voir aussi *Wilson*（pp. 119-126）；*Spence*（pp. 93-85）；*Terrill*（pp. 105-108）；*Dicomo*（biographies de Peng Pai，Luo qiyuan et Ruan Xiaoxian）.

［28］Saich document A18，pp. 56-60.

［29］《向导》，第34期，1924年8月；《新青年》，第4期，1924年。斯图尔特·施拉姆在《毛泽东》中援引了这部分内容。

［30］Pierre Broué，*la Question Chinoise dans I' Internationale communiste*（1926-1927），Paris，Études et documentation internationales，1976，pp. 61-83. Alexander Pantsov，*The Bolshevicks and the Chinese Revolution* 1919-1927，Richmond，Curzon Press，2000，pp. 127-151.

[31] 其中85人来到湖南，在那里他们与65名农民运动干部会合，这些湖南籍干部是毛泽东领导农民运动讲习所之前培养的。

[32] 以下文字来源于Jin，pp. 118-120。援引的信息来源于*Mao's Road*，2，pp. 393-410。国民党中央执行委员会1926年10月的报告被吴文津在国民党台湾档案中发现，交给斯图尔特·施拉姆。历史背景参见contexte historique est préciseé dans Wilbur，*CHOC*，Ⅻ，pp. 575-603。

[33] 甘乃光（1897—1956），美国新教大学的学生，芝加哥大学的毕业生，坚定的民族主义者，曾是胡汉民的秘书。他容忍共产党因为他们有助于将国民党改造成一个有牢固基础的政党，但1927年后追随蒋介石，因为他认为中国革命是民族革命，不是社会革命。

谭延闿是毛泽东的旧识。

徐谦（1871—1940），科举应试及第，负责晚清的司法系统改革。1911年后支持孙中山，祈祷袁世凯去世，如愿后皈依基督教。赞同国民党和共产党的合作，与冯玉祥交往甚密，是北伐时期国民党武汉临时政府的领导人之一。被蒋介石诟病同情共产党，但支持冯玉祥与共产党决裂。1927年11月退出政坛，除了1934年福建事变的几个月，一直居住在香港。

张人杰（张静江）（1877—1950），参见前面注释。

丁惟汾（1874—1954），出身于山东的一个书香门第，同盟会创始人之一，反对袁世凯。亲近国民党右派，反对李大钊，并领导广州国民党青年部。

[34] 侯绍裘（1896—1927），出生于松江。1923年这名大学生加入中国共产党，上海的工人运动先驱之一，国共合作中在江苏省建立国民党的创始人之一。他也是反对蒋介石的国民党领袖，1927年4月10日在南京被捕，后被杀害。

[35] *Informations politiques centrales* (*Zhongyang zhengzhi tongxun*)，n°12，novembre 1926；cité dans jin，p. 119，note 1. 孙科找的这四位“调解员”都是在国民党中非常活跃的共产党员。

[36] 团防局或保卫局，具有官方性质。我们把局翻译为“民事办公室”，但更常见的称呼是民团。

[37] *Mao's Road*，2，pp. 411-413.

[38] *Mao's Road*，2，pp. 414-419.

[39] Marie-Claire Bergère，*l'Âge d'or de la bourgeoisie chinoise tableau*，*Paris*，*Flammarion*，1986，p. 161.

[40] *Journal de Lin Boqu de juillet* 1926 *à juin* 1927，Éditions centrales du PCC，1981，pp. 48-49.

[41] Jin，pp. 119-120. 作者此处表述有误。郭沫若和毛泽东的第一次见面是在1926年3月23日，地点在广州林伯渠的家里，郭沫若将此次见面记录在《创造十年续篇》中。

[42] 当时武汉是一个有二三百万居民的大城市，长江以南是武昌，周围环绕着高大的城墙，是政府和学术机构所在地，外国人在这里觉得不自在；长江以北是汉口，距离1公里，只有渡轮才能到达，是租界、主要的商业金融机构和市场的所在地；汉水（源自北方，流入长江）以西是汉阳，有中国汉冶萍公司的铁厂和兵工厂。

[43] Saich，document B22，pp. 219-223.

[44] *Souvenirs et recherches* (*huiyi yu yanjiu*) de Li Weihan，I，avril 1986，Éditions de matériaux du comité central，p. 106 (cité dans Jin，p. 122).

[45] 湖南省委由李维汉领导，认为应该借助全省农民运动的不断发展进行土地改革。

[46] Jin，p. 123 (*cite le Journal du congrès des syndicats ouvriers et des unions paysannes du Hunan*，décembre 1926，rééd. en 1979 par les Éditions populaires du Hunan et le Musée du Hunan，p. 87 et pp. 338-340).

[47] 鲍里斯·弗里尔。Jung，p. 41 et note p. 681，qui cite un rapport consultable dans un fonds d'archives soviétiques adressé par un agent soviétique，Boris Freyer，à la date du 18 janvier 1927 au bureau d'Extrême-Orient de l'Internationale communiste.

[48] 不知名的人。

[49] Rong, p. 41 (cite le rapport de Boris Mayer au bureau d'Extrême-Orient de l'Internationale communiste). 弗里尔认为毛泽东讲话"还可以"，就是太温和。

[50] 戴为国民党湖南省党部监察委员。

[51] 关于这个著名的报告，参考金冲及的书，他利用了保存在湖南博物馆的海南农民运动资料（Jin, pp. 123-127)。我援引的报告是斯图尔特·施拉姆书中英文版的节选（*Mao's Road*, 2, pp. 429-464)。施拉姆采用了1944年至1947年出版的《毛泽东选集》第一版。我们知道1951年的版本在苏联列宁主义专家的影响下，加入了大量原来的文本没有的诸如强调"工人阶级领导作用"的相关语句。此外，毛泽东本人或者其近亲删除了肯定社会边缘人的革命性的段落，并删除了"贫民具有相对的性自由，三角或多角关系普遍存在"的评论。

[52] 毛泽东走过的这一圈的圆心是衡山，它海拔1 290米，中国的五岳之一。

[53] Jin, p. 123.

[54] *Mao's Road*, 2, pp. 478-483. 中文版由斯图尔特·施拉姆在《毛泽东农村调查文集》中找到（pp. 28-34)。文章标注的日期是1927年3月，是中共中央文献研究室出版的一本小册子，为广东农民运动培养干部之用。毛泽东何时有时间进行如此细致长久的调查？我认为可能是1927年1月毛泽东在湘潭调查期间，这也证明了他不愿意仅仅只对农协负责人进行采访。文章中提到1926年，也许是农历，毛泽东一生中经常使用农历。这一年的农历新年是2月2日，毛泽东可能将1927年1月的采访看作1926年腊月发生的。

[55] 张戎揭示了毛泽东对梭镖的迷恋，这是一种标枪，末端是双刃匕首，是湖南农民民兵的主要武器（Jung Chang, p. 43)。

[56] *Mao's Road*, 2, pp. 425-427。

[57] 参见共产国际第七次代表大会通过的决议。

[58] 因此1951年修订版中删掉了毛泽东拉伯雷式的断言："即使农协领导在会议上放了一个屁，也是神圣的……"

[59] 孔子周游列国时，因为他具备这五种德行，总能预知这些国家的政事。这是他的弟子子贡回答子禽的提问时说的（*Entretiens de Confucius*, traduction Anne Cheng, I. 10. 2, Paris, Le Seuil, 1981, p. 31)。毛泽东受到农民斗争的激励，重新找到了20岁时反儒的战斗精神。

[60] 毛泽东列举了14件由反对迷信的教师和学生在各地领导的革命行动，他在评论第七次行动时反对破坏农神的塑像。在原则上他持同意态度，强调有朝一日要消灭这些偶像，但是应当由农民自发进行，而不是由外部强加。

[61] 参见毛泽东报告中农协的人员编制表，在1926年至1927年的初冬，雇农175 431人，占所有成员总数的14.33%，农民574 407人（实际上相当于佃农)，占46.91%，因此超过一半(61.24%）的农民没有自己的土地，如果加上180 982名有部分土地的农民(14.75%)，贫民在这些农协中占75.99%。如果我们考虑到93 962名乡村工匠(7.67%)，农协中贫困人口占总数的83.66%，只有103 178名中农（占总数的8.43%）加入了农协。整个中国（不包括伪满洲国和国家周边的殖民地）贫困农民的数量在1945年约为68%，中农为23%。Lucien Bianco, *Ies Originges de la révolution chinoise*, 1915-1949, Paris, Gallimard, «Folio-Histoire», rééd. 1987 [1967], p. 164. 括号中的百分比是我计算出来的，但不是以表格中的总数1 367 726名成员为基数，而是将每一列的总数相加，共1 263 752人为基数，因为某些县没有标明总劳动人口。

[62] Roy Hofheinz, *The Broken Wave: The Chinese Communist Peasant Movement*, 1922-1928, Cambridge (Ma), Harvard University Press, 1977, pp. 10-136.

[63] Lucien Bianco, *Peasants without the Party: Grass-Roots Movements in Twentieth-Century Chiha*, Armonk (NY), M. E. Sharpe, 2001, pp. 25-31.

[64] 农协中几乎没有女性（女性成员1 585人，占劳动人口的0.12%，主要集中在长沙和醴陵)，这证实了农协具有传统的特点，毛

泽东举了一个难得一见的女性参政的例子作为典型。

［65］C. Martin Wilbur et Julie Lienying How，*Missionaries of Revolution*：*Soviets Advisers and Nationalist China*，1920-1927，Cambridge (Ma) et Londres，Harvard University Press，1989，document 75，p. 804，point 6a. 这是1927年4月6日张作霖在苏联驻北京大使馆缴获的文件之一。其真实性是毋庸置疑的。此文原是中文，后翻译成俄文，源于中国共产党的一次政治局会议。

［66］Id.，document 76，pp. 80-809.

［67］Hans J. Van de Ven，*From Friends to Comrades...*，pp. 180-198（cite un rapport de ce cadre publié dans des matériaux pour l'histoire de la révolution aux Éditions populaires de Shanghai）.

［68］Wilbur，*CHOC*，Ⅻ，p. 647. 县长李贤培的报告，国民党汉口档案馆。这篇文章显然含有恶意，但不能忽略，因为它得到了许多当代资料的佐证。安格斯·麦克唐纳根据他能够查考的档案，估计1927年春天湖南省约有119个"土豪劣绅"被草草处决。（*The Urban Origins of the Chinese Revolution*，p. 312）。李立三的父亲是一个乡村教师，买了土地被判处死刑，尽管有共产党领导的介入，仍在醴陵被处死。119这个数字并没有引起真正的争议，即使像蒋永敬这样敌视共产党的学者也没有提出质疑（*Boluoting yu Wuhan zhengguan*，«Borodine et le régime de Wuhan»，Taibei，China Committee for Publication Aid and Prize Awards，1964，pp. 57-264）。这个数字不是个大数目，1927年五六月起农协遭到白色恐怖造成的死亡人数百倍于此。但处决的随意性已经体现了这种"人民司法"的盲目和残酷，之后的内战中这样的例子很多。

［69］参见毛泽东《湖南农民运动考察报告》。

［70］南湘在洞庭湖以北。

［71］李立三领导了此次运动。1926年11月23日，天津英租界的巡捕房在法租界巡捕房的帮助下逮捕了17名国民党和共产党员，其中7人被交给军阀，并被枪杀。李立三借助了此事激起的极大愤慨。

［72］Marie-Claire Bergère，*l'Âge d'or de la bourgeoisie Chinoise*，tableau，paris Flammarion，1986，pp. 239-243.

［73］*Mao's Road*，2，pp. 466-476（cite notamment le *Minguo Ribao* de Hankou）.

［74］瞿秋白为这本小册子写了热情的序言，到4月初才发表。毛泽东、方志敏和彭湃在起义的农民中享有权威。这可能也是共产国际领导的意见。1927年5月27日和6月12日，毛泽东的这份报告被翻译成俄文和英文，先后在共产国际和各国的共产党报刊中全文发表，包括法国的《人权报》。这是毛泽东在中国以外为人所知的第一篇文章。共产国际第八次执行委员会上，布哈林说："有些同志［已经］读过这篇感人的湖南农民运动报告，发人深思。"

［75］1927年6月关于土地问题的讨论一直是蒋永敬研究的对象，《鲍罗特与武汉政权》于1963年12月在台北发表。作者查考了国民党档案馆，尤其是国民党第三次全国代表大会和土地委员会的报告和讨论。Stuart Schram a fondé sur cet ouvrage sa présentation classique des idées de Mao Zedong en ces mois dramatiques dans son *Mao Tse-tung*，Penguin Books (Grande-Bretagne et Australie)，1966，pp. 95-103. Depuis lors Stuart Schram a eu accès directement à ces archives et a publié la traduction anglaise des mêmes documents dans *Mao's Road*，2，pp. 466-517. 这些相同文本的两个版本存在着细微的差别，毛泽东在反共的蒋永敬笔下更加教条和宗派主义。我一如既往地选择了斯图尔特·施拉姆的版本。

［76］邓演达（1895—1931），出生于惠阳（位于广东）一个一贫如洗的农民家庭，和蒋介石一样是保定陆军军官学校的毕业生，曾是陈炯明的旧部，领导国民党中央土地委员会。他深信土地改革的需要，1927年夏天的白色恐怖期间逃到了莫斯科。返回中国后，他的目的是建立一个第三方政党，因为他拒绝列宁主义，但认为需要一个激进的土地改革。1931年8月17日，他被上海公共租界巡捕房逮捕，交由军

事法庭审判，1931 年 11 月 29 日在南京被枪杀。

［77］3 月 6 日，蒋介石在江西赣州枪杀了一个共产党工会领袖陈赞贤。

［78］我无法鉴定阳新事件的真伪。

［79］Stuart Schram，*Mao Tse-tung*，p. 101. 一个叫彭泽湘的人要求立即没收所有的土地进行再分配。而毛泽东在新民学会时期的朋友夏羲则认为毛泽东的建议自相矛盾，无法实施。

［80］Huangguan lou. *Mao Tsé-toung Poésies，Complètes*，Paris，Seghers，1976，p. 45. 我稍微修改了翻译。1985 年 6 月 11 日，黄鹤楼自 223 年建成以来第 16 次重建开放，《人民日报》刊登了毛泽东对此诗的评价。Jin，p. 133，note 1. 传说八仙之一吕洞宾曾骑着一只黄鹤在此地休息，他装扮成流浪者，此地一个小酒馆的主人招待了他。

［81］指九江，在长江下游。英国不得不将这块租界还给中国当局。它的中文意思是“九条河”。

［82］指京汉铁路和粤汉铁路。在河南南部的驻马店铁路沿线，南方军队的先锋部队曾与吴佩孚的军队数度苦战。从军事上讲，北伐是为了控制这条中心线路上主要的栈道和铁路枢纽的一系列战斗。

［83］季风转换期开始了，河流泛滥。

［84］也许毛泽东对农民革命何去何从存有疑问，农民革命已经不符合他在著名报告中的期望。

［85］谭平山（1887—1956），广东一个码头工人的儿子，曾就读于北京大学，在那里他加入了同盟会。他积极支持共产党员加入国民党，1924 年 1 月成为国民党执行委员会成员，1926 年 11 月作为共产党代表参加了在莫斯科举行的共产国际执行委员会第七次扩大全会，他在会上报告农民革命是中国革命的中心。他努力适度平息农民运动，使之被国民党左派接受，无果，遂参加了南昌起义，但拒绝为当时共产国际和中国共产党执行的冒险主义政策的失败承担责任。1927 年 11 月 9 日，被开除出共产党。他与邓演达等第三党的支持者取得联系。1937 年重新加入国民党，反对蒋介石，再次接近共产党。1949 年后，他作为民革副主席，在北京任多项副职。

［86］Voir notre note 74 Stuart Schram utilise notamment les textes recueillis dans *Mao Zedong wenji*，I，pp. 24-45，*et Mao Zedongji Bujuan*，Ⅸ，pp. 233-234.

［87］北部的闸北区和南部的南市区。关于 1927 年上海的革命与反革命，参见 mon livre，*Grèves et politique à Shanghai：les désillusions*（1927-1932），Paris，Editions de l'EHESS，1995，pp. 47-69。

［88］Jacques Guillermaz，*Histoire du Parti communiste chinois*，I，p. 117；Wilbur，CHOC，XII，pp. 65-66. 武汉政府和中国共产党将这次“南京暴行”归咎于流氓和北伐军的逃兵，日本和蒋介石则归咎于第四军中的共产党员。后来蒋介石处死了第四军中的 40 名士兵。第四军的政委是 1926 年 11 月 26 日与毛泽东有一面之缘的林伯渠。我同意纪业马（Guillermaz）的观点，看不出共产党人采取这样的行为有任何益处，这可能会引起他们忌惮的外国列强的军事干预。

［89］罗易（Manabendra Nath Roy，1887—1954）是孟加拉的一位婆罗门，在共产国际第二次代表大会上反对列宁关于“第三世界人民”的不合时宜的提议。在 1926 年 12 月 6 日的共产国际执行委员会第七次扩大全会上，他和斯大林一同起草了关于中国问题的决议，并被派到中国，以纠正维金斯基、鲍罗廷和陈独秀的“机会主义”错误。

［90］还有汪精卫、谭延闿、孙中山的儿子孙科、陈公博、唐生智、邓演达、宋子文、张发奎、朱培德（另一位将军）与孙中山的遗孀宋庆龄。

［91］这个春天，共产国际中斯大林主义者和托洛茨基主义者之间的争辩加剧。Voir Alexander Pantsow，*The Bolshevicks and the Chinese Revolution 1919-1927*，Richmond（Surrey），Curzon Press，2000，pp. 125-160. 毛泽东不懂外语，和共产国际内相关的代表没有任何联系，对于这些辩论可能只有一些模糊的概

念。他对罗易的印象模糊，1936年夏天对埃德加·斯诺说罗易是个“蠢货”，站在陈独秀的左边一点点，只有口头功夫，而鲍罗廷是“冒失鬼”，站在陈独秀右边一点点，陈独秀是“不自觉的叛徒”（Snow，p. 156）。

［92］Jin，p. 127.

［93］这项调查是1926年进行的，根据一位当事人的回忆，1927年4月张作霖的士兵搜查苏联大使馆的时候可能毁掉了调查报告。Vishnyakona-Akimova，dans son livre *Two Years in Revolutionary China*，1925-27，traduit du russe par Steven Levine（Cambridge［Ma］，Harvard University Press，1971，p. 222）. En fait，Karl Wittfogel en dispose d'une copie qu'il utilise en 1931 dans *Wirtschaft und Gesellschaft Chinas et L. P. Delyusin l'a utilisé pour son ouvrage la Question paysanne et agraire dans la politique du PCC de* 1921 *à* 1928（Moscou，Nauka，1972）. Ce dernier，qui avait travaillé au consulat soviétique de Canton，cite le livre de Volin et Yolk comme ayant ete publié à Canton en 1927 avec une préface de Borodine.

［94］即富农的土地。毛泽东的父亲雇了一个长工，毛泽东本人继承了土地，自己不耕作，但仍是土地所有者，他们都是富农。

［95］蒋永敬的版本有点不同，毛泽东还说（p. 282）：“所谓土地没收，就是不纳租，并无须别的办法……中国土地问题的解决，应先有事实，然后再用法律去承认他就得了”。或许台北的国民党档案中保存的毛泽东的发言稿和他写的文章有所不同。

［96］1926年10月15日至28日在广州召开的国民党中央执行委员会扩大会议上，毛泽东已经采取了这种做法，遭到宋子文和孙科的反对。

［97］蒋永敬认为（p. 289）这可能是国民党土地委员会的一份补充材料，毛泽东是作者之一。罗易·霍夫海因茨（*The Broken Wave*）则认为指的是另一位苏联专家奥斯卡·塔尔哈诺夫的一本书，他曾在广西做调查，4月23日向土地委员会介绍中国各种不同类型的土地所有权。

［98］蒋永敬说毛泽东和他的研究小组在此次土地调查中写道：“所有拥有超过30亩（2公顷）的富农，小、中、大地主，约占总人口的13%，无一例外都是反革命。”（p. 289）这些话迄今为止没有找到原文。斯图尔特·施拉姆在他的《毛泽东的权力之路》中没有采用这些内容，但在注释中做了说明。我也采取了这种保守的做法。

［99］此次大会于4月15日召开，包括680名代表、620位农民和60名士兵，再也没有集合过。

［100］Manabendra N. Roy，*Revolution and Counter-Revolution in China*，*Calcutta*，1946.

［101］6月28日，解散武汉工人纠察队的军官。随后，何键从1929年3月至1937年11月一直统治湖南。他后来在台北去世。

［102］21日的电报代日韵目是“马”字，故称这次事变为“马日事变”。

［103］选择进攻除长沙以外更容易夺取的城市让人觉得奇怪，因为冲突发生在长沙。这在一定程度上证明了一个假设，即农民运动经常被哥老会的成员控制。蒋永敬引用的国民党档案（p. 336）有多处强调哥老会在农民运动的失控中起作用。毛泽东说：“这些人［这个秘密社会的成员渗透到农民协会中］不知道共产党，也不知道国民党，对他们来说最重要的事情是杀人放火”。据蔡和森回忆，鲍罗廷曾说农协的过激行为“是因为农协握在暴徒和哥老会的手中，而不是由我们控制”。

［104］31日，这个最新的官僚机构给毛泽东提供了一个宴请太平洋劳动会议代表的机会，这个会议隶属于国际赤色工会。毛泽东提出农民运动是中国革命的先锋队（农民“与全世界工人阶级携手前进，今天中国农民能得到国际无产阶级领袖之指导，其有益于革命前途，实在无可限量”。我们看到，毛泽东很快就学会说冠冕堂皇的话了）。

［105］*Mao's Road*，2，pp. 510-517. 1927年6月7日、8日、11日和15日，这些训令发表在国民党在汉口的《民国日报》上。

［106］*Dans la tragédie de la Révolution*

chinoise，1925-1927，traduction française，paris，Gallimard，1967. 20 世纪 30 年代哈罗德在上海筹备他的这本书，他的书中举了相同的事实，依据是 6 月 12 日和 13 日在汉口《民国日报》上发表的湖南湖北农民协会的报告。他在书中配了从爱丽丝·何与安德烈·勒高尔的档案中找到的这一次农民大屠杀的照片。

[107] 当时共产党约有 5 万人。

[108] 对这封电报的回应，请参阅 *Voir les réactions à ce télégramme insensé dans Wilbur*，CHOC，Ⅻ，p. 657。陈独秀认为这个建议很荒谬："这就像在厕所洗澡"。张国焘不知道"是该笑还是该哭"。6 月 15 日政治局的电告回复是"原则上……接受这些指示"。

[109] 这一时期毛泽东的生活不为人所知。我的文章参考了金冲及的书，他使用了一些活动家后来的回忆（pp. 133-135），其中包括一个叫袁任远的人。«L' insurrection du bourg de Shimennan：une étincelle peut mettre le feu à la plaine»，Pékin，Éditions culturelles du peuple，1964，p. 429. 这篇文章的日期和标题标明它发表在"文革"筹备期，这让人质疑它的内容。斯图尔特·施拉姆没有采用这篇文章。不过，金冲及在他的作品中并没有显示出他是毛泽东的崇拜者，而且 1936 年毛泽东和埃德加·斯诺的谈话在一定程度上证实了这篇文章的内容（p. 153）。

[110] 传统的术语，指参加山上的土匪部队，很快便指打游击。

第五章 毛泽东转入地下 (1927 年 7 月—12 月)

[1] 中国人民革命军事博物馆编写的供内部使用的《毛泽东军事生涯》一书第 29 页的报告将本次会议称为中国共产党政治局常委的一次会议——当时政治局常委并不存在。斯图尔特·施拉姆引用了在军事博物馆工作的孙纲一篇题为《毛泽东上山思想的提出》的文章中的一大段摘录，载《党的文献》，北京，1988（*Mao's Road*，3，pp. 1-9）。金冲及（p. 136）的说法更准确，他认为此次会议是政治局扩大会议。孙纲的文章后附着军事博物馆的一份资料，每名与会者都用一个汉字指代——"仲"指仲甫，陈独秀的字；"罗"指罗迈，李维汉的化名；"毛"指毛泽东；"和"指蔡和森；"中"指邓中夏；"刘"指刘智讯；"周"指周恩来；"述之"指彭述之；最后是"特立"，这是张国焘的字。

[2] 通过上下文可以看出因为不是合法的行动，所以加入军队是准备叛变，和打游击相似。

[3] 此山海拔1 500米，是九江和长江流域的最高峰。19 世纪末英国人选择在这里建造酒店避暑。坐着轿夫的轿子 3 个小时内可到达。

[4] 7 月 27 日，鲍罗廷离开武汉去（河南）郑州。他不能通过西北方离开，如果借道上海，蒋介石或张作霖会为难他。宋子文交给他一封汪精卫写给苏联当局的信，对他们的支持表示感谢，并宣布将派一位国民党高级官员到莫斯科"澄清有关情况"。鲍罗廷到达中国西北后受到冯玉祥的热情接待（感谢苏联捐赠的武器！），带领由 5 辆汽车和 5 辆卡车组成的商队穿越戈壁沙漠。9 月中旬他到达乌兰巴托，10 月 6 日回到莫斯科。他的妻子范娅在南京被捕，2 月下旬被交付给张作霖。7 月 12 日，被苏联收买的中国法官宣布她无罪释放，这名法官事后立即逃往日本。范娅在苏联大使馆避难一段时间后，伪装成一个天主教修女离开北京，并在 8 月底返回苏联。Voir Dan N. Jacobs，*Borodin*，*Stalin's Man in China*，Cambridge（Ma），Harvard University Press，1981，pp. 281-300.

[5] 维萨里昂（贝索）·罗米那兹（1898—1934），格鲁吉亚人，1927 年 7 月 23 日抵达武汉，有些资料认为他到达武汉的时间是 4 月底。他因为激烈反对季诺维耶夫和托洛茨基，赢得了斯大林的信任。用张国焘的话说，罗米那兹像"（斯大林）沙皇的检察长"那样，让瞿秋白坐上了中国共产党领导的位置，口授支持军事起义的政策。1930 年 12 月他被开除出苏共中央委员会，并于 1935 年自杀。

[6] Saich，pp. 291-295；*Mao's Road*，3，

pp. 212-219.

［7］*Mao's Road*，3，pp. 27-28. Ce texte a d' ailleurs été publié dans les écrits militaires de Mao Zedong（*Mao Zedong junshi wenji*），I，pp. 4-5.

［8］1925 年，工人革命运动的摇篮萍乡安源煤矿被关闭。成千上万的矿工失业。有些被招入军队，大部分人参加了影响该地区的群众革命运动。

［9］南昌的各个部队集合后，起义者的总数达到了 21 000 人。

［10］Roy Hofheinz，« The Autumm Harvest Insurrection »，*The China Quarterly*，n°32，1967，notamment pp. 42-46. 这篇过时的文章最大的优点在于第一次挑战了这次起义中的“毛泽东神话”，这个神话起源于 1936 年毛泽东本人对埃德加·斯诺讲述的经过加工的故事。Snow，pp. 138-142.

［11］*Mao's Road*，3，pp. 29-42.

［12］*Mao's Road*，3，p. 51.

［13］Siach，pp. 319-321.

［14］马也尔（中文名马科夫）是苏联驻长沙领事，他也代表了共产国际。

［15］*Nianpu*，p. 209.

［16］绿林朋友，通常指“仗义的土匪”。参见谭震林：《回忆井冈山斗争时期》，第 2 卷，10 页，北京，中共党史出版社，1987。

［17］我写这一小节的时候使用了之前已经提到的毛泽东的传记，尤其是金冲及和肖特写的传记。还有一些特殊的资料：Pack Hyobom，*Documents of the Chinese Communist Party*，*1927-1930*：*89 Documents selected from Chung-yang Tung-hsun*（*Zhongyang Tongxun*），Hongkong，U. R. I.，1971（ci-après：Pack）。这本书的第 87～111 页是 8 月 19 日至 9 月 4 日毛泽东领导的湖南省委和武汉党中央之间的信件来往，还有 3 封马也尔（马科夫）写给党中央的信。彭公达提交给中国共产党中央委员会关于 1927 年 10 月 9 日秋收起义的报告来自塞奇（document C8，pp. 322-331）。1929 年 7 月由潘心源起草的毛泽东 9 月初抵达安源的报告来自《毛泽东的权力之路》第五卷——引述中国共产党中央委员会的内部档案《秋收起义》和 1982 年在北京重新出版的中央委员会的文件，其中包括金冲及曾大量参考的各种档案的影印本（Jin，pp. 136-157）。最后，由于从 1927 年 9 月初到 1928 年 4 月没有任何关于毛泽东的文件，既没有讲话，也没有文章或报告，我大量查考了逄先知主编的《毛泽东年谱》第一卷（第222～244 页）——其中搜集了各种回忆录中的内容、1951 年中国共产党中央委员会的调查、4 部写于 1979 年和 1987 年之间的关于井冈山革命的内部专题历史资料。

［18］*Nianpu*，I，p. 209.

［19］他的老师的故居被称为板仓杨寓，位于清泰乡，似乎是一个舒适的屋子。

［20］*Nianpu*，I，p. 209.

［21］张戎援引未公开的罗章龙的回忆录和 1960 年对一些当事人的采访，认为此次会议应该是在苏联领事馆召开的（*Mao the Unknown Story*，p. 53）。

［22］1927 年 10 月 9 日，彭公达提交给中央一份关于秋收起义的报告，介绍了省委主要领导人之间的讨论（Saich，doc. C8，pp. 322-331）。最主要的分歧是土地问题。毛泽东主张中间路线，征用所有大小地主的土地，共产党的官方立场是只没收大地主的土地，而极端路线主张没收全体土地所有者的土地。毛泽东与这 5 位家乡农民的谈话让他最终提出激进的方案。

［23］Pack，pp. 87-89. *Les autres éléments de cette correspondance entre le Centree et Mao se tiouvent*，pp. 91-101.

［24］不知名的人。*Nianpu*，Ⅰ，pp. 212-213.

［25］在斯大林和托洛茨基的冲突正处于白热化阶段时，马也尔对于毛泽东提出的路线有这样的评论似乎令人怀疑，尤其是关于“苏维埃”这样一个敏感的问题。可能是翻译的原因，因为除了马也尔，所有与会者都只会说一种语言，尤其是湖南话的发音让最好的语言学家都摸不着头脑。

［26］长沙、湘潭、宁乡、浏阳、平江、岳州（今岳阳）和安源。毛泽东组织萍乡安源煤

矿罢工和1926年冬撰写著名的《湖南农民运动考察报告》时曾访问过这些地区。

[27] 毛泽东想到的是国民党第六军的两个团，其队伍中有许多共产党员，兵变可能成功，但不久之前它们仍在福建边界。6日，毛泽东说他不知道这些部队到哪里去了。信息交流不便是那个时代的标志之一。只有政府当局有莫尔斯电报机。第一次世界大战无线电在西欧用于军事目的，之后在美国用于民用，但在中国的使用还非常有限——20世纪30年代后半期它才在大城市流行起来。在湖南，只有长沙市中心区域才有能运行收音机的电力供应。叛乱分子只有通信员，他们依赖步行、初期的铁路网络和路况糟糕的公路。

[28] 1929年7月2日，潘心源写了一份关于毛泽东抵达安源的报告，这是记录毛泽东在那几个至关重要的星期内有关活动的少数资料之一。*Mao's Road*, 3. Stuart Schrarm l' a traduit de *Mao Zedongji bujuan* (IX, p. 323). 1977年，湖南人民出版社编写的《秋收起义》第121页也有这份报告的一个版本。

[29] 参见肖特标有3个"红色"团的位置的地图（p. 185）。

[30] 第一团的历史被共产党的历史学家金冲及和逄先知重新诠释过，本书中的版本参考了上文引述的霍夫海因茨刊登在《中国季刊》上的一篇文章。Sa source essentielle est un article d' un certain Tie Xin («coeur de fer»: un pseudonyme), témon oculaire des événements, qui a écrit un article intitule«Mao Zedong luocao Jinggangshan» («Mao Zedong preng le maquis dans les Jingngangshan») dans la revue taiwanaise *Shehui xinwen*: *xiandai shiliao* (Ⅲ, pp. 232-252).

[31] 这个情节仍然没有得到证实。各位传记作者采用的唯一来源是1936年毛泽东在陕北接受埃德加·斯诺采访时说的话。*Étoile rouge sur la Chine* (Stock, 1965, pp. 139-140). 1979年12月，北京出版了这本书的中文版，全文引用了毛泽东的这一段自述。《毛泽东年谱》第217页和金冲及的毛泽东传记第148～149页也是如此。可能考虑到一个证人不足以证明一个历史事实——张戎和乔·哈利戴在《毛泽东：鲜为人知的故事》中没有参考这段自述。他们认为毛泽东没有去安源，更没有去铜鼓，而是在9月初离开长沙，去浏阳以东40公里的文家寺山上避难，通过计谋掌控了起义部队（p. 54），打消了他们去长沙的念头（pp. 54-57）。事实上，在那个时期，毛泽东本来计划掌握自己的军队以夺取政权。大多时候，作者们在著作中使用全新的资源，展示自己的博学是出于论战而不是科学的目的。1936年，还没有形成毛泽东崇拜，他还不是最高领导者。在我看来，毛泽东不可能编造这个情节，冒着众多政治反对派的证人可能会拆穿它的风险。不过，如同这本自传的其他部分一样，他可能会美化事实，并给自己塑造一个"绿林好汉"的英雄形象。他可能只是买通了逮捕他的士兵。我们注意到他对斯诺说一个富有的同志给了他几十元钱，他逃脱后只剩7块钱。我们可以推测，少掉的二三十元钱用于让押送他的人对他睁一只眼闭一只眼。

[32] 只有《毛泽东年谱》记载了毛泽东到达铜鼓指挥起义队伍的时间是10日。我们对此表示怀疑，他能够在一天一夜之内走50公里崎岖不平的山路吗？……而且有一段没有穿鞋子。同时清乡队四处搜索他，他可能要绕路或躲避一阵。当时的见证人之一，后来的罗荣桓将军在一篇文章中写道，毛泽东在政治上指挥秋收起义，使它成为"中国革命历史的转折点"，但他是在起义爆发后到达的，也许是11日或12日，甚至13日。因此他遇到起义部队的时候，最早的行动已经失败了。罗荣桓这篇描写红军创建初期的文章1958年7月31日刊登在《人民日报》上，1962年8月3日再次刊登在《北京消息》上。

[33] 这是官方传记中又一处奇怪的地方。因为在卢德铭去武汉前，师长余洒度是他的助手。不久余洒度就叛变投奔国民党，而卢德铭在一次战斗中牺牲，成为革命烈士。因为助手的叛变而被撤职显得有些异乎寻常。

[34] 根据中国台湾的资料，事件发生在15日。马也尔在9月16日关于秋收起义失败的报告中，提到这是一出"闹剧"，因为"惨重

的损失”只不过是60个农民和10支枪——只有恐惧可以解释为什么1 300支枪面对130支枪会失败。而且第二天起义者占领了浏阳，证实起义没有真正失败。马也尔认为伏击发生在9月14日，他想说明造成将要成功的行动功亏一篑的是彭公达和当地领导的懦弱。9月15日这些人决定放弃起义的时候，一切都在好转。事实上，这个自以为是的专家混淆了萍乡和平江，以为浏阳是平江以北50公里的一个小镇。

[35] *Nianpu*, p. 218.

[36] Hofheinz, *The China Quarterly*, pp. 51-57. 起义者只有几百人，在建立了一个以罗亦农为首的特殊委员会后，他们的活动仅限于湖北南部武汉—长沙铁路沿线。这个委员会无法与湖南起义者合作，认为湖南人自私。8日，起义者和当地土匪协同袭击了位于咸宁和蒲圻之间的中伙铺火车站的军运列车，缴获纸币3.4万、银元86块和一些武器。虽然得到了800个农民的支持，但起义者进攻有一个团把守的蒲圻县未克，后进攻咸宁也失败了。于是，起义者退往由参与劫车的土匪控制的新田。但是这些土匪觉得分赃时吃了亏，朝共产党领导人开火。过去曾受邀巡视土匪武器仓的共产党人不得不逃走。这个事情发生在15日或16日，就像《水浒传》现代版的续集。18日，湖北的起义结束。

[37] 据估计，参加起义的人数为4 000～5 000人，枪支3 000条，几十挺机关枪，4 000枚手榴弹，大部分农民拿着弯刀。

[38] Presque tout ce qui suit est tiré de *Nianpu* (pp. 220-229) et de Jin (pp. 150-257). 金冲及说他的资料来源是1987年8月湖南人民出版社出版的《湘赣边界秋收起义》和1987年9月根据老兵的回忆录整理的中国共产党党史资料集《井冈山根据地》。Le rapport de Yu Shuaidu se trouve à la page 133 d' un recueil de matériaux sur le soulèvement de la Moisson d' automme, publié par les éditions de l' École centrale du PCC en mars 1982. Ceux de Su Xianjun (alias sun Guangjun) en date du 17 septembre 1927 et de Ren Bishi en date du 27 septembre 1927 sont extraits de la publication du Comité central du PCC (*Zhongyang zhengzhi tongxun*, « Informations politiques centrales ») n° 12 (décembre 1927).

[39] Jin, p. 149 et note 2. 金冲及在注释中强调这首词被作者修改过，用的是1991年湖南文艺出版社出版的《毛泽东诗词对联辑注》这个版本。而《毛泽东年谱》上的版本(p. 237) 日期是9月30日，和斯图尔特·施拉姆在《毛泽东的权力之路》第三卷中采用的版本有诸多不同。施拉姆采用的是1957年《解放军文艺》第7期发表的版本。和那个时期的其他共产主义作品一样，这篇作品讲的是“镰刀”而不是榔头。他想要纠正对苏维埃红旗的错误诠释。我认为这符合他的想法。

[40] Jin, p. 150.

[41] *Nianpu*, p. 220. 金冲及认为(p. 153) 毛泽东让苏先俊承担了失败的责任，因为后者没有派侦察兵。

[42] 关于井冈山的土匪，请参阅 Phil Billingsley, *Bandits in Republican China*, Stanford (Ca), Stanford University Press, 1988。

[43] “客家人”的本意是“客人”，指明末因为“蛮族入侵”从中国北方不断迁徙而来的移民。他们开垦丘陵上最贫瘠的土地，把平原和河谷留给本地人。毛泽东受到客家人的接待，客家人更适合参加起义运动，19世纪的太平军中很多主要首领是客家人。

[44] 关于毛泽东和这两个土匪之间的关系，下书做了全新的阐释：*Revolution in the Highlands: The Rise of the Communist Movement in Jiangxi Province*, Cornell University Press, 1989。我会在本书的第六章再讲到相关内容。

[45] 传说中山东的一个地名，《水浒传》中的108位好汉在这里建功立业，曾经让年轻的毛泽东神往。我们有一本很出色的法语译本，由雅克·达尔斯翻译，内有大量注释。Shi Nai' an et Luo Guanzhong, *Au Bord de l' eau* (*Shuihuzhuan*), Paris, Gallimand, «bibliothe-que de la Pléiade», 2 volumes, 1978.

[46] 也许毛泽东影射的是《水浒传》的英雄。斯诺的法语版第60页提到：李江林在西安

和保安之间为记者当向导，他对毛泽东说贺龙带着两把菜刀，回到湖南西北的故乡桑植县，在哥老会朋友的帮助下袭击了一个警察局局长和他的警卫，夺了10支枪。

[47] 何长工，1900年出生在洞庭湖北的华容，这个农民的儿子先后在长沙和北京学习机械，1919—1924年赴法国和比利时勤工俭学。他在沙勒罗瓦工人大学获得工程师文凭，1922年夏天在巴黎加入共产党。1957年出版巴黎回忆录。1925年四大上成为中国共产党中央委员，1927年成为游击队员和特工。秋收起义后成为彭德怀的部下。长征通过第一道封锁线时，是他秘密和广东军阀陈济棠交涉。因为和张国焘有联系，1949年后，他没有得到本来应该得到的地位，并受到红卫兵的虐待。从1979年开始，他主持中国共产党历史人物研究会。他的传记参见 Nym Wales Red Dust，Stanford University Press，1952，p. 165。

[48] *Nianpu*，I，p. 221. 瞿秋白的建议是这样的："泽东能来，必须加入，我党有独立意见的是算泽东。"

[49] On peut lire le texte de cette «Résolution sur la situation actuelle en Chine et les tâches du parti» dans Saich，pp. 331-341.

[50] *Nianpu*，I，p. 236；Short，p. 193.

[51] 王佐仍然不信任毛泽东，直到1928年2月，何长工将他的对头尹道一的首级带给他时，王才归顺毛泽东，4月加入共产党。

[52] 10月23日、24日，罗荣桓在毛泽东领导下带领第一团边战边退。I，p. 225，note 1 引用了这位老兵1958年写的关于红军早期战斗的一篇回忆文章。

[53] 谭震林（1902—1983），出生于湖南茶陵附近的攸县，曾在书纸店当学徒，1926年加入共产党，参加了秋收起义。曾任中共中央委员、中央书记处书记、中央政治局委员、国务院副总理等职。

[54] 因此茶陵的工农兵政权非常短暂。1928年1月至2月，在遂川和宁冈先后建立工农兵政权。

[55] *Nianpu*，I，p. 229.

[56] 乔治·拉比卡（George Labica）在他的《马克思主义批评词典》中将民粹主义定义为"一种运动或学说，依靠排他或优先的方法号召作为无差别实体的人民或群众"。拉比卡不承认城市无产阶级起先锋作用，激励被资本主义摧毁了价值观的农民发挥作用，尤其是外来农民（Paris，Presses universitaires de France，1982，pp. 703-705）。关于农民和"农民主义"，请参阅 Frantz Fanon，*les Damnés de la terre*。法农（Fanon）的看法和马克思主义的传统不同，他认为城市和农村的游民无产者也是革命者。

[57] 1918年11月15日，陈独秀在《新青年》上撰文《克林德碑》，说义和团运动代表了"一条向专制的、迷信的、神权的黑暗道路"。1924年9月3日，已经成为中国共产党总书记的陈独秀在机关报《向导》上发表文章《我们对于义和团两个错误的观念》，对义和团大加赞扬（"义和团，在中国现代史上是一重要事件，其重要不减于辛亥革命"）。On peut lire une traduction de ces deux articles dans le *Marxisme et l' Asie*，par Hélére Carrére d' Encausse et Stuart Schram，Paris，Armand Colin，«Col U»，1965，pp. 289-291 et pp. 310-312.

[58] Short，p. 193.

[59] 他的信件证明他将这些财富一直保留到晚年。

第二部分 革命者（1927—1945）

序

[1] 这首著名的词出现在所有版本的毛泽东诗词中。1945年11月14日，它第一次发表在四川重庆的《新民报》上。本书中的翻译基本上参考 Stuart Schram：*Mao Tsé-toung*，Paris Armand Colin，Coll. U，1963，pp. 117-118。还参考了 *Mao Tsé-toung*：*Poésies complètes*，Paris Éditions Seghers，Poètes d' aujourd' hui，1973，pp. 78-79，traduction Hua-ling Nieh et Paul Engle。

［2］西格斯的版本包含了1949年英国记者罗伯特·佩恩写的序言，讲述了1949年春，佩恩与毛泽东在延安的一次会面。当被问及这首词（p. 33）的时候，毛泽东回答说："这是一首好词。我在飞机上写的。这是我第一次乘坐飞机。在高空中看到祖国的壮丽景色让我很震惊，还有其他事情。""其他什么事情?""许多其他的事情……写这首词的时候。那时我们对未来充满希望，我们信任最高统帅。"不过，斯图尔特·施拉姆把这一首词的诞生写在《毛泽东的权力之路》第五卷当中，涵盖的时期为1935年1月—1937年7月。他说毛泽东把这首词送给他在重庆的朋友柳亚子，附了一封日期为1945年10月7日的信。信中解释道："初到陕北看见大雪时，填过一首词，似与先生诗格略近，录呈审正"。我认为这首词的第一稿写于1936年2月，在1946年8月28日这次著名的飞机之旅中重写。他在重庆一直待到1945年10月11日。

［3］毛泽东提到秦（秦始皇是中国第一个皇帝秦始皇，公元前221年称帝）、汉、唐、宋的帝王。1227年开始征服中国之时，成吉思汗死在鄂尔多斯沙漠中，他是蒙古族，元朝（1271—1368年统治中国）的太祖。我们知道毛泽东经常被比作秦始皇。这首词没有提到明和清，毛泽东像许多西方汉学家一样把12世纪宋末看作中国衰弱的开始。

［4］即使语法允许，也不可能把倒数第二句翻译成："要找到一个真正的伟人……"这首词发表在抗战时的首都重庆的报刊上，当时毛泽东在重庆与蒋介石会面，并留在重庆。更合理的看法是毛泽东提出中国当时只有两个活着的伟人，他自己毫无疑问是其中之一，但蒋介石也是。

第六章　华南地区的红色政权（1927年12月—1930年11月）

［1］1943年1 376.4万人，1950年1 268万（d'après Harrison Salisbury，*The Long March，the Untold Story*，1985）。1928年至1934年，因为战争、国民党镇压、共产党内部运动（Jung Chang，pp. 113-114），死亡50多万人。一份共产党的资料估计赣南革命烈士有238 844人（马巨贤：《中国人口：江西分册》，54页，北京，中国财政经济出版社，1989）。

［2］毛泽东：《寻乌调查》，Roger R. Thompson，Stanford（Ca），Stanford University Press，1990。

［3］被称为"猫胡须"，1914—1918年战争结束时出现的一种技术。

［4］详情载于1928年11月25日毛泽东代表前敌委员会写给中央委员会的报告（*Mao's Road*，3，p. 80）。

［5］指1929年4月5日，毛泽东给党中央的报告（*Mao's Road*，3）。

［6］金冲及：《周恩来传（1898—1949）》，192～193页，北京，中央文献出版社，1989。

［7］他们的传记见《中共党史人物传》，第2卷，西安，陕西人民出版社，1984。

［8］*Nianpu*，I，pp. 234-235.

［9］1927年10月到1928年4月，这些决定经过了全面的改编（*Nianpu*，I，p. 222，p. 226，p. 233，p. 238；Short，p. 198）。有6条内容：离开老百姓的家时要整理，尤其是有被褥的人家；借物就还；就是拿一个红薯也要付钱；"不要在女性面前洗澡"；在远离人家的地方挖厕所，离开之前要填埋；善待俘虏。

［10］一担重达100斤，一斤相当于596.8克。本来井冈山全年粮食收成600吨，主要是一种红色的大米，质量很差。人口为2 000人，饮食习惯是吃谷物，至少400吨，还要保留100吨做种子和应付各种危险。100吨的盈余只能养活500人，这实际上是袁文才和王佐的土匪部队的人数。因此，毛泽东为了不影响与当地居民的关系，或者消灭这些竞争对手，或者长途袭击远方的村庄。

［11］这篇文章和这段文字中我提到的其他文章都收录在*Mao's Road*，3。

［12］*Nianpu*，I，p. 229 et p. 236.

［13］当时毛泽东一生中唯一一次随身带着武器。

［14］朱德（1886年11月—1976年7月），

史沫特莱在《伟大的道路：朱德的一生和时代》中描写他从四川的贫困农民变成一位战争英雄，实际上朱德的个性要复杂得多。New York，1956（traduction française avec de précieuses notes critiques par Lucien Bianco，Éditions Richelieu，Imprimerie nationale，Paris. 1969）. 毕仰高在《中国工人运动传记词典》中写了他的传记。朱德出生在一个有13个孩子的贫困家庭，他的母亲不得不在最后5个孩子出生时就淹死他们。不过，朱德在收养他的叔叔的资助下接受了传统的教育，通过了科举考试的第一轮，考上了秀才。但是他没有当官，而是做了体育教员，后来当了军官。在新思想的影响下，他加入了孙中山的同盟会，参加了1911年的云南起义。他参军5年后，30岁成为旅长，到1920年成为一位小军阀。不过他深厚的民族主义感情让他在1922年秋天在德国学习时经周恩来吸收秘密加入了共产党，因为他表面上是国民党员。朱德在北伐期间非常活跃，被国民党任命为江西南昌军官教育团负责人，因为这样的身份，朱德在1927年8月1日的南昌起义中起了决定性作用。

[15] 陈毅（1901年8月26日—1972年1月6日），出生在四川成都附近的一个古老的贵族家庭，1910年家道中落。他得到一所新式学校的奖学金，爱好足球和古典文学，1919年秋作为优秀学生被送往法国勤工俭学。他在勒阿弗尔的施耐德当工人，法语水平足够阅读法国小说，翻译浪漫诗歌。后为马克思主义所吸引，1921年9月21日，参与了里昂中国学生的示威，1921年10月14日被开除，与其他103名学生一起被遣送回国。他在北京中法学校学法语，1925年获得文凭。1923年11月，他加入了中国共产党，担任四川万县军阀杨森的秘书，与朱德保持联系。1926年春，进入武汉中央军校——著名的黄埔军校的分校，他只有军士军衔，是一个很不起眼的角色。他在南昌起义中展现了真正的军事能力，因此朱德任命他为最好的“铁军”的政委。汕头失败后跟随朱德流浪——他和朱德一样不愿意成为土匪头子，后得到了一位云南的将军的收留。此人反对蒋介石，是朱德的朋友。1928年春，他作为朱德的助手，按照党中央的指示，带领装备精良的8 000人攻击湖南南部的村庄。他手下的士兵和当时所有的士兵一样“烧—杀—干”（烧房子，杀人，打架）。占领了湖南韶山口的郴州以后，他匆忙在那里建立了一个苏维埃政权。当地居民反抗任意烧杀的士兵，处死了抓住的共产党干部。他们把部队的行为与库图佐夫的部下为了赶走法国军队火烧莫斯科的行为相提并论。陈毅向当地人道歉，消除了矛盾。不久他被打败，士兵们（大部分来自湘南）带着战利品逃跑。作为职业军人，这些战士通常对毛泽东指定的政委和从城里来的穿着体面的共产党干部怀有敌意，称这些干部为“三金五皮”：金牙、金皮带扣和金戒指，皮带、皮马鞭、皮包、皮靴和皮衣。不久，朱德、陈毅和彭德怀也对政治委员介入军事事务感到难以接受。胡绩溪的《红军和毛泽东的上升》一书的附录中有一份1929年9月1日董力写的《关于朱毛军的历史及其状况的报告》，董力是陈毅的化名（l'EHESS，Paris，1982，pp. 149-178）。陈毅强调了逃兵的数量很多。*Dicobio.* Plus récent et mieux informé Xiang Lanxin，*Mao's Generals：Chen Yi and the New Fourth Army*，University Press of America，Lanhan（Maryland），1998.

[16] *Nianpu*，I，pp. 242-243；Short，pp. 198-199. Le rapport de Mao à ce congrès est perdu.

[17] 杨开明（1905—1930），湖南人，参加广东的农民运动讲习所之后于1926年加入共产党，1928年成为湖南省委书记，1929年年底在长沙被捕，1930年2月被杀害。

[18] Short，p. 203；*Mao's Road*，3，Poème dans *Shici duilian*，pp. 23-25.

[19] 敌军占领了井冈山一个星期之后，从9月9日开始撤离，放弃了之前轻易夺取的周边的7个县。

[20] “朱毛”在中文里可以指“红色的毛”。

[21] 彭德怀参军6年后，在军队如鱼得水，1922年成为军官，开始了辉煌的军事生涯。他难以接受蒋介石的反革命转变，于1928年3月加入共产党，彼时担任团长。1928年7

月21日带领部队进行了平江起义。1981年，他的回忆录在中国出版。这本回忆录是他在“文革”中被长期审讯时写的材料。他在“文革”中勇敢面对迫害他的人，最终被迫害致死。Elles ont été publiées en traduction aux éditions de Pékin en 1984：*Memoirs of a Chinese Marshall*.

[22] *Mao's Road*，3（daté du 5 octobre 1928）. 这篇文章的第一部分收录于法文版《毛泽东选集》，题目为《中国的红色政权为什么能够存在?》，Paris，Éditions sociales，1955，I，pp. 71-82。第二部分题为《边界各县党的改造与建设》（*Mao's Road*，pp. 77-90），1987年由中共中央党校出版社出版。

[23] 毫无疑问，毛泽东想到了1927年12月广东市镇的惨状。

[24] 关于此次大会以及布哈林和斯大林之间复杂的关系，参见E. H. Carr，*A History of Soviet Russia*；*Foundation of a Planned Economy*，3，pp. 856-887。周恩来在会上以莫斯克温或“M先生”的名义发言，他在关于组织的报告中批评毛泽东：“这位同志领导了一支重要的军事力量”，但是“他带着部队不停地从一个地方转移到另一个地方，没有进行深入的革命”，这让“这些部队有了土匪团伙的特点”。他建议共产国际邀请朱德和毛泽东到莫斯科学习一段时间的马克思列宁主义。Jin Chongji，*Zhou Enlai zhuan*，p. 192.

[25] Chevrier，p. 81.

[26] 发表于1928年12月，收录在*Mao's Road*，3。1941年毛泽东在延安进行农村调查时给这个土地法加了按语：“这个土地法有几个错误：（1）没收一切土地而不是只没收地主土地；（2）土地所有权属政府而不是农民，农民只有使用权；（3）禁止土地买卖。这些都是原则错误，后来都改正了。”

[27] Traduction française aux Éditions sociales（pp. 83-121）；texte intégral en anglais dans *Mao's Road*，3，pp. 80-121.

[28] 这篇报告题为《关于朱毛军的历史及其状况的报告》，收录在胡绩溪的书的附录中，149～178页。

[29] *Mao's Road*，3.

[30] Stephen Averill，*Revolution in the Highlands*：*The Rise of the Communist Movement in Jiangxi Province*，Ithaca（NY），Cornell University Press，1989 «Local Elites and Communist Revolution in the Jiangxi Hill Country» in Joseph Escherick et Mary Rankin，*Chinese Local Elites and Structures of Dominance*，Berkeley（Ca），University of California Press，1990；«Ethnicity and Revolution in South China；the Case of Jinggangshan»，*Republication China*，22. 2，avril 1991；«The Origins of the Futian Incident» in Tony Saich et Hans Van de Ven，*New Perspectives in the Chinese Communist Revolution*，Armonk（NY），M. E. Sharpe，1995，pp. 79-115.

[31] 关于“客家人”这个问题，参见James M. Polachek，«The moral Economy of the Kiangsi Soviet，1928-1934» *The Journal of Asian Studies*，42-4，août 1985，pp. 803-829；Mary S. Erbaugh，«The Secret History of the Hakkas；the Chinese Revolution as a Hakka Enterprise» The China Quarterly，n°132，1992，pp. 937-968；«The Hakka Paradox in the People's Republic of China：Exile，Eminence and publi Silence» in Nicole Contstable ed.，*Guest People*：*Hakka Identity in China and Abroad*，Seattle（Wa），University of Washington Press，1996，pp. 196-231。艾梅兰的博士论文研究19世纪和20世纪客家人的革命，如太平天国领袖洪秀全、共产党员朱德（可能是客家人）和叶剑英（肯定是客家人）、孙中山、邓小平等。很多知名人士出生于从广东和福建移居而来的家庭。

[32] 我们不可避免地想起卢旺达的大屠杀，过去迫害的受害者胡图族屠杀了大量图西族人。

[33] 从1928年3月开始，红军战士们唱起由毛泽东和朱德写的十六字诀的游击战术：“敌进我退，敌驻我扰，敌疲我打，敌退我追。”（*Mao's Road*，3，p. 155；*Nianpu*，I，p. 232.）

[34] *Nianpu*，I，pp. 261-262.

［35］*Nianpu*，I，p. 264.

［36］Voir ses *Mémoires*，page 233 de la traduction anglaise.

［37］1929年2月7日，中共中央发出了《给润之、玉阶两同志并转湘赣边特委信》。Saich，pp. 471-474.

［38］林彪（1907年12月—1971年9月），生于湖北黄冈一户小资产阶级家庭——父亲做生意经营不善，成了长江上一艘客运蒸汽船的乘务长。林彪在武昌读中学时受到董必武和堂兄林育南等知识分子的影响，被新思想和马克思主义吸引，加入了共产主义青年团，1925年加入中国共产党。同时他也是国民党员，在学生会很活跃。他考入黄埔军校，作为排长参加了北伐。1927年跟随朱德参加南昌起义时20岁，已经是营长。作为杰出的战术家，他能最快领会毛泽东的游击战略思想，并提出了防守和进攻相结合的战术，以扭转敌众我寡的形势，而不是进行线性防守和没有固定根据地的游击战。

［39］Let résolutions de Zhu-Mao se trouvent toutes dans *Mao's Road*，3. Le récit des événements queje fais est tiré de Jin Chongji，*Mao Zedong zhuan*，I，pp. 191-215；*Nianpu*，I，pp. 264-266；*Short*，pp. 206-214；*Saich*，pp. 471-474.

［40］这封信以《星星之火，可以燎原》这个名字而出名。信中提到李文林这一段在《毛泽东选集》的版本中被删去。1932年，李文林在富田事变之后被处死。

［41］*Nianpu*，I，p. 270. Le rapporteur a été Peng Dehuai. 作报告的人是彭德怀。

［42］La lettre est traduite en entier par *Saich*，pp. 474-481.

［43］*Nianpu*，I，p. 272.

［44］*Mao's Road*，3. 1941年，毛泽东发表农村调查时强调他纠正了1928年在井冈山发布的土地法中的错误。6月最后一周，一份由政治部领导朱德、毛泽东（他从6月22日开始成为其中一员）和陈毅署名的公告也是同样的意思。要对土豪劣绅和反革命者进行处罚：处死、监禁、体罚、罚款、游街和写忏悔书。署名的顺序是朱德、毛泽东和陈毅，他们是第四军的政治部领导。

［45］*Mao's Road*，3. 这份报告6月25日送达福建省党委，7月1日送达上海中央。

［46］方志敏（1899年—1935年8月6日）。彭湃、罗启元、毛泽东、方志敏是农民出身且在全国有影响的共产党领导人。4人中，毛泽东是唯一一个经历了革命时期幸存下来的。方志敏出生于江西东北弋阳一个富裕的农民家庭。他在南昌一所新式工业学校接受中学教育。他参加1919年五四运动，但是没有和朋友一样去法国留学，而是留在了中国。他在南昌参加了一个马克思主义小组，于1922年加入共产主义青年团，开了一家“新文化书店”，这似乎和毛泽东在湖南的生活很相似。1924年加入国民党后，他负责国民党江西农民办公室。受彭湃的启发，1925年至1926年，方志敏发展了一些农民协会，但不如毛泽东在湖南成功。他很早便引起蒋介石AB团的警惕——1926年秋全省128个农民协会，只有6 000个农民参加；1927年5月，在北伐的影响下，增加到80 000人。1928年，方志敏领导的农民游击队沿鄱阳湖支流信江一带在横峰、弋阳周围50个村庄活动，称为闽浙赣苏维埃。规模最大的时候有16个县，人口500 000人，红军30 000人。在经受住了4次“围剿”后，苏区在1934年春季和夏季的第5次“围剿”中被破坏。方志敏被捕，他在狱中写了一本自传，从抗日战争到20世纪50年代一再出版。不像瞿秋白的自传，方志敏描写了一位英雄人物，这使他在中国作为革命烈士被长期怀念。Kamal Sheel，*Peasant Society and Marxist Intellectuals in China：Fang Zhimin and the Origins of a Revolutionary Movement in the Xinjiang Region*，Princeton（New Jersey），Princeton University Press，1980.

［47］*Nianpu*，I，p. 274.

［48］Texte traduit par Schram dans *Mao's Road*，3. 关于1929年5月18日会议上毛泽东和林彪之间分歧，参见I，p. 275。

［49］*Nianpu*，I，p. 277. Jin，I，p. 178. Repris dans *Short*，p. 212. Dans Jung Chang， pp. 69-70，增加了同样意思的其他证明，尤其是1930年1月9日陈毅的报告《关于毛泽东和朱德在第四军中的问题》，由苏联人转交给中国，可在苏联档案馆查考(Rgaspi 514/1/1009，p. 5)。

[50] Jung Chang，pp. 60-61（根据1996年作者在当地对袁文才的亲人进行的采访）。

[51] 接下来一直到古田会议的资料来自Jin（I，pp. 200-210）*et de Nianpu*（I，pp. 277-293）。有些文件在长征途中已经丢失。部分资料研究人员仍然无法查考，因为过于敏感。只有得到批准的中国历史学家们才能查考这些资料。各种资料，尤其是南昌档案馆的资料在等待耐心的研究员。在最近的20年中出版了一些“内部发行”的书，例如有争议的1929年7月闽西中国共产党第一次代表大会的报告中的部分内容就是按照这种方式出版的。

[52] 用那个时代的话说，叫“由下而上的民主制”。我们知道，事实上，这种中央和根据地之间的往来制度由中央控制，是为了杜绝“极端民主”。

[53] 他患了一种特殊的神经衰弱，我们知道1925年春天他第一次患这个病，政治上的挫折在身体上表现为深层次的抑郁。

[54] 1971年8月29日到10月4日，中央的老领导举行聚餐，Jin，p. 201. 张戎和乔·哈利戴描写江华的回忆让毛泽东很难堪。江华是林彪这封信的收信人之一，在七大上支持毛泽东（Jung，p. 70）。1949年以后，江华成为将军，是福建的主要负责人之一。

[55] 这些地方都在一条50公里长的公路旁边。

[56] Jung Chang，p. 75. 张戎把这次退隐写成到一个风景秀丽的别墅去度假。她使用了那时毛泽东的一个亲信曾志1994年9月24日接受的采访。2000年，曾志在香港出版了她的回忆录《一个革命的幸存者》。书中写道，毛泽东每天喝很多牛奶，吃一公斤肉，喝肉汤。她想要塑造一个具有讽刺意义的画像的意愿很明显。有趣的是，毛泽东彼时的言行举止仍然粗鲁，但很早便显露出对豪宅的喜好（p. 59）。要强调的是这些别墅也是指挥部所在地，毛泽东想在里面安置一个仍然不稳定的权力机关。因此，不应从中看出“土匪”的行为。很多在现场的指挥将领都有所谓“强盗”行为——福煦、贝当、隆美尔和艾森豪威尔在指挥作战中也是如此！

[57] 后来朱德说他很遗憾失去了一位勇敢、善于打仗的好同志。

[58]Entièrement traduite dans *Mao's Way to Power*，3.

[59] 1929年7月28日，12月2日和6日，1930年2月2日。张戎和乔·哈利戴说此时毛泽东被称为“领袖”，这是到那时为止只用在斯大林身上的称呼（Chung Chang，p. 75）。这样的说法不对。这一称呼一直到1935年12月13日长征结束后才出现在《真理报》上。

[60] *Nianpu*，*I*，pp. 287-289；Short，p. 215.

[61] 我主要参考了金冲及的书，书中引用了1971年9月27日和10月4日元老们宴会上陈毅讲的话（I，p. 204，note 1）。问题是，陈毅当时是缺席的，因为他正在上海完成政治局9月28日的信。因此他的话是42年前由参加第八次代表大会的人转述的。然而，陈毅是个诚实有道德的领导人，一生都是如此。所以我选择了接受这些间接的证据，因为我无法查考相关的档案资料，不过我知道主要的资料是陈毅可以在档案中查阅到的毛泽东的一封信。金冲及引用的第二个证据是一份1930年5月16日由熊寿祺起草的报告，当时他是中共红四军军委代理书记（p. 204，note 2）。金冲及引用的第三个证据是方志敏的亲信涂振农于1930年9月和10月被闽西中央委员会派到当地调查时写的关于当地政治情况的报告（p. 208，note 1）。这份报告侧重于毛泽东在11月的最后10天回到前敌委员会的情况。关于这些报告，我只掌握了金冲及引用的内容。

[62] *Mao's Road*，3，pp. 192-194；*Nianpu*，I，290（quelques phrases sont omises）.

[63] *Nianpu*，I，p. 291. 我没有这次教育运动期间发表的文章，只有《毛泽东年谱》的作者在书中有所介绍。虽然这次运动中用的语言让我有延安时代的感觉，不过这次运动是毛

主义最早的表现之一。

[64] *Nianpu*, I, p. 292.

[65] *Œuvres choisies*, traduction, Editions Sociales, pp. 122-131. Dans *Œuvres choisies* publiées à pékin en 1951, toutes les références critiques à Lin Biao qui avaient été maintenues dans la première édition faite en 1947 dans la base Jin-Cha-Ji sont supprimées.

[66] *Mao's Road*, 3, p. 232 («Le nouvel an») et p. 290 («La route de Guangchang»).

[67] 《毛泽东选集》, 2 版, 第二卷, 547 页, 北京, 人民出版社, 1991。

[68] 没有徐向前, 这是令人惊讶的事情。徐向前从 1929 年 4 月开始发展鄂豫皖苏维埃根据地（湖北、河南和安徽的边界）。这个根据地主要在 1931 年发展得很快。其他的例子涉及湘鄂西根据地（湖南西北和湖北西南）、白云山根据地（在江西的中部, 东固和富田附近）、闽浙赣根据地（福建、浙江、江西）。

[69] *Nianpu*, I, pp. 297-298; *Mao's Road*, 3, pp. 268-269; Short, p. 236.

[70] 1930 年 2 月 16 日, 由前敌委员会在陂头会议后发布（*Mao's Road*, 3, p. 288）。

[71] 曾山（1899 年—1972 年 4 月 16 日）, 生于苏维埃中心地区兴国的一个革命家庭, 从 1927—1928 年开始参加革命。父亲是吉安的一名教师。在内战期间, 他的两个哥哥和两个嫂子被国民党杀死。曾山在江西时是毛泽东的亲信。他与李文林以及东固的共产党员关系不和。在长征时期他留在当地坚持斗争, 后转移到华东。从 1945 年开始成为中央委员会成员, 直到他去世。他负责处理与共产国际的关系, 任内政部长。

[72] 指共产党在富田、东固、吉水、盐阜和吉安的组织。

[73] 关于 1930 年毛泽东和李立三的关系, 我参考了 Saich, pp. 288-290。两人之间的关系开始很糟糕: 1915 年年底, 毛泽东通过长沙的报纸刊登"征友启事", 请年轻的爱国者与他联系。彼时日本打算将"二十一条"强加给袁世凯, 并成为中国的"保护国"。1936 年, 毛泽东对埃德加·斯诺说: "我从这个广告得到三个半人响应。那'半'个响应来自一个没有明确表态的青年, 名叫李立三。李听了我要说的一切之后, 没有提出任何明确建议就走了。我和他的友谊从来没有发展起来。"(Nora, pp. 114-115) 李立三的父亲是私塾的先生, 买了一些地, 1927 年春天, 虽然党组织介入, 仍然被农协的积极分子以"土豪劣绅"的罪名处死。当时毛泽东拒绝处罚农民运动中过分的行为。这两个人的一切都相反: 李立三将革命的希望寄托在工人阶级和大城市的居民身上, 而毛泽东革命战略的基础在农村。

[74] 毛泽东在 1930 年 10 月 14 日写给中央的信件的第九条中肯定李立三 6 月 11 日的信和周恩来 8 月 24 日的报告"判断正确, 完全赞同"。然而李立三的信肯定革命将在全国范围内爆发, 并且明确批评毛泽东的游击战略是"农民思想"。周恩来的报告为毛泽东的游击思想辩护, 认为革命已经到来的看法不成熟! 斯图尔特·施拉姆在《毛泽东的权力之路》第三卷中将这封信翻译成英文, 他觉得这封信令人"目瞪口呆"。

[75] *Mao's Road*, 3.

[76] Saich, pp. 428-439.

[77] 这篇《寻乌调查》参见 Cette « enquête sur Xunwu » se trouve dans *Mao's Road*, 3, pp. 297-418。1931 年 2 月 2 日, 毛泽东为其增加了一篇序言。罗伯特·R·汤姆森（Robert R. Thomson）在《毛泽东寻乌调查》（Stanford University Press, 1997）中发表了英文译文和评论以及寻乌的一些照片。中文版的印刷在 1937 年因为中日战争爆发而中断, 直到 1982 年才得以出版。最好的版本是 1993 年的: 一组调查员循着毛泽东的足迹在武夷山区走访了 5 个县, 历时 51 天, 修改了因为客家话难以理解造成的 800 处错误。

[78] *Mao's Road*, 3, p. 419. 开始名为《调查工作》, 后改为《反对本本主义》。1961 年, 毛泽东做了评注。

[79] *Nianpu*, I, p. 311.

[80] 此次会议名为"汀州会议", 两篇主要的文章一篇关于富农问题, 一篇关于流氓问题。*Mao's Road*, 3, pp. 433-449. Voir aussi

Nianpu，I，pp. 310-311.

［81］关于收割和征收地租时的紧张情况，见夏征农的小说《禾场上》，收录在 Harold R. Isaacs，*Straw Sandals*：*Chinese Short Stories*，1918-1934，Cambridge（Ma），MIT Press，1974，pp. 371-393。夏征农 1904 年出生在南昌。

［82］*Mao's Road*，3，pp. 433-449.

［83］傅伯翠（1896—1993），福建上杭人。加入孙中山的中华革命党，1927 年任中共上杭北四区支部书记，1929 年支持毛泽东，1930 年 3 月任闽西苏维埃政府执行委员兼财政经济部部长，因为反对闽西特委领导的激进的土地改革，于 1930 年 12 月被开除出党。国民党重新占领该地区后，任县长，1949 年重新回归共产党，1986 年重新入党。

［84］法国人通常把这个词翻译成“流氓”，这是不准确的：更确切的意思是指没有体面工作和固定住所的“游民”，属于无产阶级（这个词来自德语 lumpenprolétariat），毛泽东认为中国有两千万游民，占人口的 5%，分为 8 种类型：(1) 土匪；(2) 小偷；(3) 妓女；(4) 雇工；(5) 戏子杂耍；(6) 信使；(7) 职业赌徒；(8) 乞丐。毛泽东还补充了 20 余种其他职业，算命的、行脚的医生和教员、武术教头、鸦片烟馆和妓院中的职员、和尚、道士和巫师……以及“皈依基督教的人”。

［85］涂振农（1896—1951），江西人，1921 年加入国民党，1925 年加入共产党。1930 年 6 月底到 10 月初支持毛泽东，1930 年 10 月 7 日被任命为在吉安建立的江西苏维埃的行政人员，在抗日战争期间非常活跃，1942 年被国民党逮捕，后叛变。1943 年重新加入国民党，写了很多反对共产党的文章，参与培训特务，后被捕，1951 年作为反革命分子被处决。

［86］*Nianpu*，I，pp. 310-311；Short，p. 221.

［87］*Nianpu*，I，pp. 315-322；*Mao's Road*，3，pp. 480-490；Peng Dehuai，Memoirs of a *Marshal of a Chinese Marshal*，pp. 293-302.

［88］Jin，I，p. 221.

［89］Short，p. 611，note 271（cite Alexander M Grigoriev，*Revolyutsionnoe Dvizheniye*...，pp. 206-207：on ignore encore le texte complet de ce message de Moscou，qui n' a pas été rendu public，mais Grigoriev en cite de larges extraits）.

［90］*Mao's Road*，3（rapport de 17 septembre 1930）.

［91］后来毛泽东自己曾写过一篇占领吉安的文章（1933 年 8 月 13 日），像 20 世纪 20 年代一样以“子任”的笔名发表在《红星报》上。la traduction anglaise dans *Mao's Road*，4，pp. 546-547. 他绘声绘色地描述土豪劣绅、反动资本家、牧师和神父像猪羊一样被捉住。不过，他承认敌军秩序井然地离开了这座城市。

［92］毛泽东的父母安排他和罗小姐的婚事虽然操办过，但没有完成。

［93］这首词的译文参见 Mao Tse-toung，*Poésies complètes*，Paris，Seghers，1976，p. 89。杨开慧的姓“杨”在中文里可指“杨树”。

［94］Short，p. 614，note 16. Cite *Zhongyang geming genjudi shilao xuanbian*（*Compilation de matériaux historiques sur les bases révolutionnaires centrales*），I，pp. 264-322. *Voir aussi Mao's Road*，3，pp. 710-712. 1930 年年底，毛泽东以前敌委员会的名义写信回应江西执行委员会对他的指责。

［95］Hsiao Tso-liang，*The Land Revolution in China*，1930-1934. *A Study of Documents*，Seattle（Wa），University of Washington Press，1969，pp. 12-14.

［96］*Mao's Road*，2，pp. 589-591.

［97］Stephen Averill，«The Origins of the Futian Incident»，Tony Saich et Nans J. van de Ven，*New perspectives on the Chinese Communist Revolution*，Armonk（NY），M. E. Sharpe，1995，chap. 4，pp. 79-115.

［98］1930 年 3 月，赣西南特委建立了东南西北四路行动委员会，我在本书中将“路”翻译成“线路”而不是“道路”。

［99］*Mao's Road*，3，pp. 592-655 et pp. 670-703.

［100］毛泽东对于社会职业的分类非常模糊，根据他要达到的目的而改变。此处他把资

本家和富农分为一类，因为他们都“富有”，这不是马克思主义的分类，而是民粹主义的分类。

［101］*Mao's Road*，3，pp. 594-655. 1930年10月底的罗坊会议期间，有8位赣南地区的负责人来参加会议，毛泽东认为他们的家庭代表了赣南地区的“典型家庭”情况，找他们询问了几个小时了解情况。他把这次调查写入在1931年1月26日的一篇前言中。

［102］这些描写和毕仰高对于20世纪30年代农民的描写不谋而合，请参阅Lucien Bianco，notamment dans *Jacqueries et r'evolution dans la Chine du XXe siècle*，Paris，Éditions de la Martinière，chap. 17，« paysans et communistes dans la conquête du pouvoir »，pp. 429-455。

［103］Ch' en Yung-fa，« The Futian Incident and the Antibolchevick League: the Terror in the CCP Revolution »，*Repubilican China*，IX-II，avril，1994，pp. 13-17.

第七章　失败（1931—1934）

［1］《西游记》，16世纪吴承恩所著，改编自唐代僧人玄奘（602—644）从长安（现西安）出发至印度取经的经历。途中神猴孙悟空凭借七十二般变化，战胜了路上的种种困难，保护唐僧西天取经。

［2］这个逸事参见Simon Leys，*Images brisées*，Paris，Robert Laffont，1967，p. 167。埃德加·斯诺的描述参见son livre *la longue Révolution*，Paris，Stock，1973，p. 217。

［3］我们联想到尼基塔·赫鲁晓夫《回忆录》中的一段描述，叙述了他在斯大林身边几年的经历：“血一直从手臂流到手肘。这是我意识到的最恐怖的事情。”毛泽东写给康生的信请参阅La correspondance avec Kang sheng se trouve dans la publication de Gardes rouges *Maozedong sixiang wansui* 1967-1969，traduit dans *Current Background* n° 891 et 892。

［4］Short，chapitre VII « Futian：perte d' innocence » pp. 235-251. 书中肖特基于一份书面记录资料，详细叙述了富田事变的所有信息，并且对曾经参观过的地方进行了描述。Jung Chang et Jon Halliday，*Mao The Unknown Story*：« Bloody Purge Paves the Way for Chairman Mao » pp. 92-104. 关于富田事变，张戎和乔·哈利戴再次把苏联档案中有关共产国际和中国共产党的珍贵信息与一些口头谣传混淆在一起。与这两位不同，肖特主要参考了Stephen Averil，« The Origins of the Futian Incident » in Tony Saich et Hans van de Ven，*New perspectives on the Chinese Communist Revolution*，M. E. Sharpe. Armonk（N. Y.）1955，pp. 79-115。张戎和菲利普·肖特两人都借鉴了Ch' en Yunfa：« The Futian Incident and the Anti-Bolchevik League: The “Terror” in the CCP Revolution » in *Republican China* XIX 2，avril 1994，pp. 1-51。上述这些作者对富田事变的分析主要基于中国内地近十几年出版的相关文集，尤其是戴向青、罗惠兰撰写的《AB团与富田事变始末》。南京大学教授高华在书中指出血腥清洗并非是毛泽东率先发起的，事实上，是李立三派的李文林于当年夏季首先发起针对政敌的清洗。之前的著作仅具有历史价值，如Ronald Suleski « The Futian Incident » in Suleskiet Daniel Bays *Early Communist China*：*Two studies*，Michigan papers in Chinese Studies，University of Michigan press，1969，et « The China Incident Reconsidered » in The China Quarterly，1982，3，pp. 97-104。金冲及（《毛泽东传》，243页）和逄先知（《毛泽东年谱》，第一卷，327～328页）将这个事件描述为国民党第一次“围剿”战争时期一个令人遗憾的事件（一个错误）。毛泽东在12月20日致《总前委答辩的一封信》中把这个事件定义为“反革命事件”。On a la traduction anglaise de ce texte par Stuart Schram dans *Mao's Road*，3，pp. 704-713.

［5］李文林随即被释放，但被剥夺一切职权。

［6］Short，p. 242. Cite Dai Xiangqing et Luo Huilan，*AB tuan yu Futian shibian*，p. 99.

［7］Ce teste est cité dans Jung，p. 98. Il est tiré des « Archives d' histoire socio-politique de l’ État russe»，RGASPI，fonds 514. 资料提及江西行委派代表团将一份文件送至上海，共产国际驻中国共产党代表瑞尔斯基（Rylsky）接收了这份文件，并将它与其他文件一起送回莫斯科，因此这份文件的真实性毋庸置疑。

［8］Haiso Tso-liang，*Power Relations*…，pp. 98-102.

［9］*Mao's Road*，4，p. 184. 1936 年 12 月毛泽东致红军湖南籍政治领导人袁国平（1905—1941）的信和《中国革命战争的战略问题》，收录在《毛泽东军事文集》中。《毛泽东的权力之路》第五卷中的描述比官方版本更详细，并且没有经过任何修改。

［10］*Zongtong Jianggong dashi changbian chugao*，« Brouillon d’un journal du Président Tchang Kai-chek(Jiang Jieshi)»，édité par Jin Xiaoyi à Taibei en 1978，p. 376. Cité par Jung，p. 101.

［11］《毛泽东年谱》第一卷提及的城市分别是宜黄、乐安、南丰、广昌、宁都、石城、于都和瑞金。我们注意到其中不包含任何江西西部和北部的城镇，就好似共产党势力整个向东平转移了。事实上红二十军出走事件直至 1931 年 7 月才平息，此前赣江左岸的城镇均不受红一军控制。

［12］*Nianpu*，I，p. 345. 毛泽东在这 3 次反“围剿”中起了重要作用。*Mao's Road*，4，pp. 5-176. 据统计，1931 年毛泽东向各军事指挥官下达 36 条命令。

［13］四中全会代表团主要由任弼时、王稼祥和顾作霖组成。任弼时（1904—1950），原名任二南，湖南人，1921 年前往莫斯科，进入东方劳动者大学后改名中山大学学习。1922 年加入中国共产党，担任共青团中央领导人。四中全会后当选政治局委员。王稼祥（1906—1974），安徽人，1925 年加入共青团，曾在莫斯科中山大学学习，1928 年加入共产党。1930 年回国后任中共中央宣传部干事，1931 年进入中央政治局。顾作霖（1908—1934），江苏人，1926 年入党，1930 年成为中共长江局委员。

［14］*Nianpu*，I，337. short，p. 229.

［15］胡汉民（1879—1936），国民党内最受尊重的元老。1931 年 2 月 28 日，为抗议蒋介石草率颁布宪法，加强自身权力，胡汉民辞去立法院院长一职。CHOC，vol. XIII，pp. 128-129. 蒋介石下令逮捕胡汉民，声称“为保留住他以往的光辉”。

［16］*Nianpu*，I，p. 355.

［17］*Nianpu*，I，p. 362.

［18］国民党二十六路军，原隶属于冯玉祥，士兵多在西北招募，极不适应南方的天气和食物，全体指挥官对蒋介石均无好感。

［19］*Nianpu*，I，p. 354. Short，pp. 253-254.

［20］*Nianpu*，I，p. 354. Jin，pp. 270-271. Short，pp. 253-263.

［21］Le paragraphe qui suit est inspiré directement de Hu Chi-hsi：*I’ Armée rouge et I’ ascension de Mao*，pp. 29-46.

［22］*Mao's Road*，4，p. 159.

［23］巴威尔·米夫（Pavel Mif），原名米哈依尔·亚历山大罗维奇·弗尔图斯，出生于乌克兰的赫尔松省一个犹太人家庭，担任莫斯科中山大学校长，直属于斯大林。曾与王明一同来到中国纠正“立三路线”。返回苏联后担任共产国际远东局局长，后在政治上慢慢引退，然而仍然在劫难逃，1938 年在斯大林的大清洗中被处决。

［24］Le texte est dans Saich，pp. 530-535. Je suis la présentation faite par Stuart Schram in *Mao's Road*，4，p. 56.

［25］*Mao's Road*，4，pp. 56-66.

［26］*Nianpu*，I，p. 354.

［27］此 3 篇文章为 1931 年 2 月 8 日苏区中央局颁布的《土地问题与反富农策略》，1931 年 8 月朱德和项英签发的《中央革命军事委员会第 2 号通知》以及 1931 年 2 月 27 日中央革命军事委员会总政治部致江西苏维埃政府（曾山）的信《民权革命中的私人财产体系》。Voir *Mao's Road*，4，pp. 18-21 et 138. 这里我主要参考了第三份资料，该资料是毛泽东经过与黄陂的一户农民讨论了解 2 月 8 日的法令实施情况后亲自撰写的。

［28］*Nianpu*，I，p. 357.

[29] *Nianpu*, I, p. 359.

[30] *Nianpu*, I, pp. 359-360; Short, p. 254; Jin, pp. 272-275; Jung, pp. 105-106.

[31] 这段对第一次全国苏维埃代表大会的描述经过了艾格尼丝·史沫特莱的渲染。Agnes Smedley, *China Red Army Marches*, pp. 287-311, International Publishers, New York, 1934.

[32] *Mao's Road*, 4, pp. 206-208.

[33] Id., p. 154.

[34] Id., p. 166.

[35] Id., 160-162. «La politique économique de la République soviétique chinoise». 1931 年 12 月 1 日，毛泽东建议苏维埃政府与外国公司签订合同，允许其继续从事商业活动，但得将公司国有化。事实上，这条政策主要针对粤赣交界处大庾山的钨矿开采。1932 年，钨矿在军事管理下重新开始开采。

[36] *Mao's Road*, 4, p. 210. 该苏区根据地位于井冈山。毛泽东曾批评道："过去我们鼓励士兵去白区打家劫舍，抢大米回来的做法，是极其错误的，危害了根据地的声望。" 1932 年 2 月 26 日攻占福建上杭后，毛泽东再次向红军重申不可错误地将中农划分为富农。*Mao's Road*, 4, pp. 187-193. 这是毛泽东在这一年中唯一一次谈及土地问题。

[37] *Mao's Road*, 4, pp. 163-166. 顾顺章，1904 年左右出生于上海吴淞或武汉，早年在南洋兄弟烟草公司做钳工，曾加入过青帮。1925 年五卅运动时，在罢工中表现活跃，之后进入上海市总工会工作并加入中国共产党。长期在上海与周恩来共同负责中共地下活动，表现十分出色。顾顺章借助公开的身份——著名魔术师李明——穿行于各个城市。1931 年 4 月 24 日在汉口被国民党警察逮捕，旋即投降，供出共产党许多重要领导人，包括向忠发和恽代英在内的 10 多位领导人被捕杀。顾顺章也指认了周恩来，多亏渗透在情报机关高层的中共特工及时通知，周恩来幸免于难。后来顾顺章再次秘密与共产党接触。国民党方面发现顾顺章筹备刺杀陈立夫以重新获取共产党的信任，1936 年春在南京将其枪毙。请参阅 Frederic Wakeman, *Policing Shanghai 1927-1937*, Berkeley (Ca), University of California Press, 1955, pp. 151-161。

[38] 这里指江西抚州，与福州的发音相同，但不是指福建首府福州。抚州城大小与吉安相仿，位于抚河上中游，南昌东南 75 公里处。

[39] *Nianpu*, I, p. 364.

[40] "国际派"，毛泽东嘲讽为"二十八个半布尔什维克"，指 28 个与米夫亲近，在莫斯科中山大学学习的共产党学生，他们计划夺取中国共产党的领导权，帮助斯大林掌握所有的共产党。其中著名的有陈绍禹（又名王明）、任弼时、王稼祥、秦邦宪（1907—1946，又名博古）、张闻天（1899—1976，又名洛甫）、沈泽民。王明 1931 年 9 月从上海出发前往莫斯科，把党中央的领导权交给博古。此前，1931 年 6 月 15 日牛兰夫妇在上海被捕，两人负责领导共产国际在中国和印度支那的秘密活动，是上海的秘密交通站负责人。牛兰被捕后，共产国际和中国共产党的联系中断。Voir l' article de Frederick S Litten: «The Noulens Affair» *The China Quarterly n°* 138, juin 1994, pp. 492-512. 牛兰（Hilaire Noulens），本名雅各布·马特耶维奇·鲁德尼克（1894 年 3 月 24 日—1963 年 3 月 13 日），乌克兰人；莫伊森科（Tatyana Moiseenko，1891 年 8 月 10 日—1964 年 4 月 13 日）伪装为牛兰的妻子。关于牛兰事件的详细经过以及逮捕后的审讯，可以参阅 Frederick Wakeman, *Policing Shanghai 1927-1937*, Berkeley (Ca), University of California Press, 1995, pp. 147-151。

[41] 右倾机会主义者，是斯大林对布哈林及其支持者的称呼。

[42] *Nianpu*, I, p. 366. Jung, pp. 115-116. 似乎毛泽东每次经历政治失败都导致暂时性的抑郁，伴有肠道疾病复发，比如一整个星期便秘。我们注意到毛泽东生病时更相信西医治疗。

[43] 聂荣臻，1899 年出生于四川一个富裕的农民家庭，曾前往法国、比利时勤工俭学，起先就读于格勒诺布尔和沙洛瓦，而后在雷诺

和勒克鲁佐工作，后来前往苏联。1925 年回到中国，成为中国共产党军事委员会委员。曾参加南昌起义、海陆丰起义和广州起义，1931 年来到江西，担任林彪的政治委员。金冲及参考了聂荣臻 1983 年出版的回忆录，其中有对毛泽东 1931—1934 年在江西经历的详细描述。

［44］ Jin，p. 283. 书中附有 3 月 21 日林彪和聂荣臻向周恩来请示的完整电文。I，p. 368.

［45］ Hu Chi-hsi，*L' armée rouge et I' ascension de Mao*，pp. 61-63. Il utilise des témoignages tardifs，comme celui de Liu Zhong publié dans *Une étincelle peut mettre le feu àla prairie* entre 1959 et 1963，mais aussi un article inspiré par peng Dehuai paru le 22 juillet 1932 dans *Zhengzhi shenghuo*（«La vie politique»）.

［46］ Jung，pp. 117-119. 作者引用了艾威特 1932 年 3 月—10 月从上海发往莫斯科的一封信函。信函目前藏于共产国际档案卷宗，主要涉及共产国际与中国共产党的关系。

［47］ 陈济棠（1890—1954），粤系军阀，1931 年 5 月蒋介石软禁胡汉民后，他趁机发动两广兵变。1932 年，广东在其治理下几乎处于独立状态。第四次“围剿”战争时，蒋介石任命陈济棠为赣、粤、闽、湘边区“剿匪”副总司令。他作战顾虑重重，迟疑不决，但是当红军进入广东境内的梅县附近时，立刻顽强抵抗。

［48］*Nianpu*，I，pp. 370-372. Jin，pp. 286-288.

［49］ *Mao's Road*，4，pp. 215-216.

［50］ 社论在批评毛泽东的观望主义时，使用了一个中国成语“守株待兔”。

［51］ Hu Chi-hsi，pp. 68-69.

［52］ 刘伯承，出生于四川一个行脚戏班子的家庭，曾接受中国私塾教育，但在科举考试中名落孙山。1911 年辛亥革命爆发，刘伯承投身革命，不幸失去一只眼睛。1926 年加入中国共产党，参加南昌起义。1928—1930 年在莫斯科伏龙芝军事学院学习两年。1931 年回到瑞金，建立红军军事学院并任院长。他对克劳塞维茨计划和苏联红军十分推崇，翻译了许多苏联军事著作。

［53］ Hu Chi-hsi，p. 68 et note 86 du chapitre III.

［54］ *Nianpu*，I，pp. 373-374； Short，p. 260；*Mao's Road*，4，pp. 217-218：lettre du 3 mai de Mao àZhou Enlai.

［55］*Gandong zhanzheng*（«La guerre àI' est de la Gan»）11juillet 1932，pp. 1-20，Yu zehong：«Àpropos des attaques hors de notre territoire et de la cnsolidation de nos arrières». Cité par Hu Chi-hsi，p. 69. Trouvé dans le premier rouleau de la colection Chen Cheng（Shi Sou Collection）. 第二年余则鸿就为自己的大胆言辞付出了代价，在“反罗明路线”斗争中，他被当作毛泽东的支持者遭到博古的迫害。

［56］ 这些地区指南丰、南城、宜黄、乐安和抚州。

［57］ Je suis la démonstration de Hu Chi-hsi dans son chapitre III：«la grande controverse stratégique»，pp. 47-83.

［58］ *Mao's Road*，4，p. 220.

［59］*Mao's Road*，4，pp. 280-289. *Nianpu*，I，pp. 386-388. 在这场关于军事策略的争辩中，毛泽东表现活跃，谈及的一些问题十分实在。1932 年 9 月，他建议患烂脚病的战士清晨行军前洗脚，还告诉战士如何防蚊。烂脚病，俗称“香港脚”，严重的患者走路时脚剧疼无比，几乎不能行走。当时的红军部队就跟 1939—1940 年时期的法国军队一样，脚是受到最多照料的部位。

［60］ 宁都会议部分内容尚不为人知。胡绩溪弄错了会议召开时间，误认为是在 8 月召开的。William Dorill«Rewriting History to further Maoïsm：the Ningtu Conférence of 1932»in Hsiung James Chieh，*The Logic of Maoism*，New York，Praeger，1974. 这篇论文大部分内容已经过时。关于宁都会议的资料中既没有毛泽东本人发表的演说，也没有对会议的详细描述，只能证明刘伯承当时参加了会议。唯一的官方资料是 1932 年 10 月 21 日刊登在共产党通讯《苏区中央局宁都会议经过简报》上的。本书的描述主要参考该份材料。*Nianpu*，I pp. 389-390 et Jin，pp. 296-298. 金冲及引用的证词大部分都是后来人的回忆，明显受到共产党官方党

史的影响。肖特（pp. 262-263）陈述的内容与《毛泽东年谱》及金冲及的叙述并无不同。

［61］Jung，pp. 120-121.

［62］康蓬（p. 61）认为命令正式颁布的时间是 10 月 26 日，《毛泽东年谱》上记载的也是这个日期。1933 年 5 月 8 日，周恩来被任命为全体红军总政治委员。

［63］*Nianpu*，I，p. 391. 尼尔森·傅，中文名傅连暲（1894—1968），出生于汀州，曾师从一位传教士，改信基督教。南昌起义后，他开始与共产党接触，1928 年上井冈山。1932 年他将传教士建立的福音医院改为红军中央野战医院并建立医学院。1952 年担任卫生部部长。傅连暲充满人道主义精神，对穷人的健康尤为关注，“文化大革命”时遭迫害而死。

［64］Jin，I，p. 289. 传记引用了中央政治局 1936 年 9 月的一个注释。毛泽东曾表示上海党中央致电通报苏区中央局，批评毛泽东傲慢的宗派主义，撤销了他的一切职务。

［65］Cette thèse est défendue par Rue J. E，*Mao Tse-tung in Opposition*，1927-1935，Stanford，1966.

［66］即“首相”。中国共产党根据列宁思想提出坚持共产党领导国家，确切地说，行政权由党掌握。

［67］*Mao's Road*，4. 叶剑英（1897—1986)，广东梅县客家人，出生于一个富裕的商人家庭。1919 年从云南讲武堂毕业后，追随孙中山先生参加辛亥革命，在黄埔军校担任教官，在黄埔的时候认识了周恩来。后叶剑英参加北伐战争，1927 年加入共产党，被送往莫斯科伏龙芝军事学院学习两年。归国后在上海组织地下党工作，后与周恩来一起抵达中央苏区。

［68］刘伯承曾取笑林彪的士兵由于缺乏军事知识，把防空大炮的取景器扔在了稻田里，把防毒面具的过滤器拆了下来。

［69］Hu Chi-hsi，p. 74.

［70］Shihua n°9 pp. 2-3. Cité par Hu Chi-hsi，p. 75. Le titre de l' article est：« Lancons une offensive victorieuse; écrasons la grande offensive de l' ennemi».

［71］这里我采用胡绩溪的观点，他与肖特的观点相反（Short，p. 275），认为第四次反“围剿”战役在战术上小心谨慎，与毛泽东前 3 次反“围剿”战役的战术相同，然而在战略上是恰恰相反的。战役一开始，周恩来和博古之间产生了严重的冲突，后者要求红军攻占南丰。经过两天流血奋战，红军仍然未能拿下，2 月 14 日周恩来决定放弃南丰。

［72］Hu Chi-hsi，pp. 79-80.

［73］*Nianpu*，I，pp. 391-394.

［74］塞奇（pp. 596-602）谈到罗明 1933 年 1 月 21 日所作的报告《对工作的几点意见》以及 2 月 15 日中央苏区中央政治局关于福建—广东—江西省委的决定，对“罗明路线”做出批评。*Nianpu*，I，pp. 393-400. “反罗明路线”运动首先在福建爆发，很快蔓延到江西。

［75］关于这项运动的详细情况可以参阅李维汉的回忆录《回忆与研究》以及罗明本人的回忆《关于罗明路线问题的回顾》，收录在 *Zhonggong dangshi ziliao*，1982，2，pp. 234-270。

［76］HU Chi-hsi，pp. 97-108.

［77］*Mao's Road*，4，p. 361：*déclaration du* 5 *mars* 1933. *Nianpu*，I，p. 403.

［78］Short，p. 266，引用了一些老兵的回忆资料。

［79］Jung，p. 124. 此段引文出自汪东兴的回忆录：《汪东兴回忆毛泽东与林彪反革命集团的斗争》，116 页，北京，中国当代出版社，1997。

［80］Traduction annotée par Li Tche-houa et Jacqueline Alézais，Gallimard，La Pléiade. 2 vol.，1981.

［81］Alain Roux et Wang Xiaoling，Qu Qiubai（1899-1935），*Des mots de trop*（*Duoyu de hua*）：*l'autobiographie d'un intellectuel engagé chinois*，Paris-Louvain，Centre d'études chinoises de l'INALCO，Éditions Peeters，2005. 瞿秋白 1931 年后在上海组织地下工作，1934 年 1 月在党中央的安排下抵达瑞金。

［82］*Mao's Road*，4 Republié dans Maozedong junshi wenji（« Les écrits militaires de Mao»），I，pp. 325-329.

［83］*Mao's Road*，4cite Mao Zedong，*Shici duilian*，p. 44.

［84］根据《毛泽东的权力之路》第四卷对毛泽东所著文章做出的统计。

［85］*Mao's Road*，4，p. 327. 这也许是中国劳改制度——中国的强制收容制度——最初的雏形。

［86］一名法国国家农业研究协会的专家证实这些东西都是可食用的，只是味道难吃，不耐饥饿，而且烹饪困难。

［87］最初由罗素爵士提议。

［88］指红军军服。

［89］Lötveit Trygve，*Chinese Communism*（1931-1934），*Experience in Civil Government*，Lund，suède，1973. 但是我们发现 1932 年 6 月 20 日，人民委员会颁布由毛泽东签署的一篇建议文，文中提议组织委员会保护妇女权利，提高生活条件。*Mao's Road*，4.

［90］《寻乌调查》中写道，情侣们借口捡树枝去附近的小山市，“双方见面不再觉得尴尬”。cf Thompson Roger（trad.），*Mao zedong*：*Report from Xunwu*，Stanford University Press，1990，pp. 216-217.

［91］*Mao's Road*. 4，pp. 588-622.

［92］*Nianpu*，I，pp. 402-403.

［93］以下关于“查田运动”的文章出自 *Mao's Road*，4。

［94］当地人口稀少，一个乡有 400～500 户家庭，1 500～2 000 居民。根据当地的实例，每个乡大约有十几到二十几个地主或者富农家庭。

［95］平均 180 个乡。

［96］载《斗争》，1933 年 8 月 29 日。

［97］此文在 1950 年出版的《毛泽东选集》第一卷中经过较大的改动。《毛泽东的权力之路》第四卷中收录 1933 年的版本。我在书中引用的段落在 1950 年版中已经消失。关于长冈、才溪和石水三乡的调查，参见上书第 588～622 页。

［98］Parks M. Coble，*Facing Japan*：*Chines Politics and Japanese Imperialism*（1931-1937），Hpress，Cambridge（Mass），1991，pp. 120-148. 中国军队向南撤退至北平以北 20 公里处。日本加强了热河和察哈尔两省的军事力量，日本关东军可以从辽宁的军事基地直接威胁整个华北平原。

［99］奥托·布劳恩（1901 年出生于慕尼黑，1974 年 8 月逝世于东柏林），又名华夫、李德。德国共产党员，1927 年从柏林的墨阿比特监狱越狱后逃往莫斯科，在伏龙芝军事学院学习。面对国民党稳扎稳打的进攻策略，他采用搭筑封锁线的防御策略加上短促突击的进攻策略，企图突破敌人的包围。这个策略与毛泽东的军事策略截然相反，1934 年 5 月和 6 月期间在红军内部引发激烈讨论，林彪曾写下相关争论。Hu Chi-hsi，pp. 197-217 et la critique des thèses d'Otto Braun par lin Biao，pp. 218-219. 奥托·布劳恩是唯一从头至尾跟随红军长征的欧洲人。1975 年，其回忆录《中国纪事：1932—1939》在民主德国出版，1982 年由伦敦赫斯特出版社翻译成英文出版。回忆录撰写于中苏关系冷却之际，书中对毛泽东有诸多批评，但是对这段时期的红军有十分有趣详细的记录。

［100］伊斯曼（Llyod Eastman）的书中有一个章节对这段失败的兵变有详细的描述。*The Abortive Revolution. China Under Nationalist Rule*. 1927-1937，Harvard University Press，Cambridge（Mass），1974. Aussi *Nianpu*，I，p. 415.

［101］我们在塞奇的书中找到了协议的英文译本（pp. 605-606）。双方签订人分别是十九路军的徐名鸿和共产党的潘健行（潘汉年）。

［102］陈铭枢（1890—1965），广东人，曾参加北伐，1929—1931 年担任广东省省长，1931 年指挥“剿共”。长期与蒋介石作对。1933 年 5 月从国外归来后参与“福建事变”（1933—1934 年冬），组建社会民主党。不久被蒋介石平息。

蒋光鼐（1888—1976），粤系军阀。

李济深（1886—1959），原籍江苏。“福建事变”后担任中华人民共和国政府主席。

［103］Texte en anglais dans Saich，pp. 606-609.

［104］*Mao's Road*，4.

［105］下文参阅了 Kampen，*Mao zedong and Zhou Enlai*...，pp. 63-65；Saich，pp. 520-

521；*Mao's Road*，4，introduction；*Nianpu*，I，p. 420 et Otto Braun，p. 49。

［106］博古报告的英文版收录在 Saich，pp. 609-622。

［107］*Mao's Road*，4，pp. 656-714.《毛泽东选集》第一卷中收录了大量相关摘录，题名为《我们的经济政策》和《关心群众生活，注意工作方法》。这些题目大多是 1950 年添加上去的。

［108］事实上该法律一直到 1934 年 4 月 8 日实施法令颁布时才正式生效。

［109］1933 年 11 月，毛泽东在这两处地方作调查研究。

［110］*Nianpu*，I，pp. 424-425.

［111］Otto Braun，p. 71. Gunther Stein dans，*The Challenge of Red China*（New York，1971，p. 118）中转述了毛泽东当时的表达，大意为“在当时的情形下，我唯一做的事情就是等待”。

［112］Jin，I，pp. 323-333.

［113］*Nianpu*，I. p. 432.

［114］Gong Chu，*Wo yu hongjun*（«Moi et l'armée rouge»），Hongkong，Ed. Nanfeng，1954，pp. 395-399.《我与红军》写于冷战时期，作者龚楚曾在红军中担任重要职务，1934 年秋天叛变。书中详细描述了当时苏区百姓艰苦的生活。龚楚长期被北京当局视作叛徒，1991 年 91 岁高龄时终于获准返回内地定居，在家乡辞世。

［115］张戎和哈利戴曾参考当时的电报往来。Jung，pp. 126-128.

［116］Jung，pp. 126-134；Otto Braun，*A Comintern Agent*，pp. 87-88.

［117］红六军未能在赣南打开国民党的包围圈，但是为后来红军主力两个月后的长征探索了道路。

［118］方志敏于 1935 年 1 月被俘，关在笼子里在南昌示众，1935 年 7 月 6 日在南京被处决。

［119］关于这一点可以参考 Gregor Benton，*Mountain Fires*，pp. 20-25。作者提出这种选择并非完全出于政治考量。毛泽东的许多亲人都留在中央根据地，包括毛泽覃，因为他非常善于组织游击战。但是，毛泽东的另一个兄弟毛泽民随着红军一同长征。

［120］托马斯·康蓬指出洛甫对毛泽东的支持证实了在 1931—1934 年“二十八个半布尔什维克”是一个紧密结构化的团体。*Mao Zedong，Zhou Enlai and the Evolution of the Chinese Communist Leadership*，Nordic Institute of Asian Studies，Biddles Guilford and King's lynn，2000，pp. 49-65.

［121］*Nianpu*，I，p. 436.

第八章　毛泽东的“报复”（1934 年 10 月—1937 年 9 月）

［1］与长征相关的叙述和传记大致以 1980—1985 为界限分为两个阶段。1980 年以前的作品大都把这段历史描述成一段光辉的传奇，对历史的真实性有一定歪曲。这种描述最早出现在埃德加·斯诺的《红星照耀中国》中毛泽东对长征的叙述，*la Chine*，pp. 155-177。此类著作还有 Claude Hudelot，*La Longue Marche*，Paris，Juliard，Archives，1971；de Georges Walter et Hu Chihsi，*Ils étaient cent mille：la longue Marche*，paris，Lattés，1982；et de Dick Wilson，Mao 1983-1976，pp. 181-196，ainsi que la bande dessinée，de Hu Chi-hsi（texte）et Dupuis（dessins），*La longue Marche：Mao Tsé-toung*. *Montréal*，Dargaud，1981. 1985 年以后中国出版了新的相关资料，历史的真实性渐渐得到重视。首先是中国内地的历史学家创作了多部关于遵义会议的作品。李志光、陆友山：《关于遵义政治局扩大会议若干情况的调查报告》，载《中共党史资料》，1983（6），16～34 页。本杰明·杨和托马斯·康蓬分别对调查报告进行过分析和评论。Beijamin Yang dans *The China* Quarterly n° 106 juin 1986（« The Zunyi Conference in Mao's Rise to power，a survey of historical studies of the Chinese Communist Party»）et par Themas Kampen dans le numéro 107 de la même revue en mars 1989（« The Zunyi

Conférence and further steps in Mao's Rise to power»). 1985 年中共中央党史资料征集委员会和中央档案馆编辑出版《遵义会议文献》（北京，人民出版社），书中收录了 2 月 28 日中共中央致政治局扩大会议上缺席委员的电报，英文译本参见 Saich，publié en 1966，avec le télégramme envoyé aux dirigeants Communistes absents àZunyi le 28 février«Les grandes lignes de la résolution aboptée par le Bureau Politique élargiayant trait aux expériences et aux lecons dans la mise en échec（sic!）de la cinquième campagne d's encerclement» ，pp. 640-643［document D 22］°，et le «compte rendu de l'essentiel de la Conférence de Zunyi»（*chuanda tigang* ）rédigé le 8 révrier par Chen Yun，pp. 643-648（Document D23）. 陈云前往莫斯科时把《遵义政治局扩大会议传达提纲》呈交给共产国际。另外还有一些珍贵的回忆录获准出版，如李维汉的回忆收录在《毛泽东选集》中，1987 年在北京出版。本书的研究主要参考了包含新资料的著作，按可信程度排序：Harrison Salisbury，*The long March*：*The Untold Story*，New York，Harpper and Row ，1985（书中收录了珍贵的地形细节，但内容比较"官方"）。Benjamin Yang，*From Revolution to Politics*：*Chinese Communists in the Long March*，Westview. Special Studies on China，Boulder（Co）（essentiel），1990. Short，pp. 281-310 *Mao's Road*，4et 5 这两卷著作使用了许多珍贵难得的资料。La biographie de Mao par Jin Chongji（Jin），pp. 334-368 et le *Nianpu* de pan Xianzhi，vol. I，pp. 436-482 也属于后一阶段的历史编纂。黄镇在长征期间所作的多幅画作与草图尤其珍贵。黄镇毕业于法租界内的上海美专，历任驻法国大使，驻联合国代表，在 1938 年上海复社出版的《西行漫记》的基础上创作《长征画集》（北京，1962）。张戎等提出长征由蒋介石遥控指挥，毛泽东则利用这一契机扳倒对手张国焘（pp. 125-174）。这个观点我认为毫无说服力，在后文中我会对两位作者提出的观点与事件进行分析。

［2］这个时期中央与红四军失去联络。张国焘带领 4.5 万人，撤出湖北的鄂豫皖根据地后开始长征，同年末在四川东北建立新的根据地。一年后，1935 年 11 月，贺龙指挥红二军两万人开始长征，转移至贵州云南地区。因此 1934—1936 年有 3 支红军队伍进行长征。

［3］根据王建英在《中国共产党组织史资料汇编》（北京，红旗出版社，1983）中对长征行军的详细叙述，本杰明·杨在《从革命到建设》一书中指出，长征中朱德任总司令，周恩来任总政治委员，刘伯承任参谋部长，王稼祥任政治部主任，李富春任政治部副主任（出于王稼祥受伤的原因）（p. 100）。红军主力分为三路军，左路军是林彪的红一军团和罗炳辉的红九军团，右路军是彭德怀的红三军团和周昆的红八军团，负责为军委纵队开路，军委纵队由叶剑英和李维汉指挥。董振堂率领红五军团负责断后保护。

［4］两门大炮每门需要 60 个人搬运。一台出发不久后即被扔掉，第二台 1935 年 1 月 28 日在贵州土城战役中打完了最后 3 发炮弹后被推入赤水河中。

［5］毛泽东和他的偶像拿破仑一样骑术十分普通。

［6］王稼祥受伤后在没有麻醉的情况下进行了 8 个小时的手术。术后高烧不断，不得不打吗啡止痛。1936 年前往莫斯科治疗，手术成功并戒去吗啡瘾。

［7］Harrison Salisbury，*The long March*，p. 68（par la suite Harrison）.

［8］*Nianpu*，I，p. 437. 1982 年何长工本人在一次会面中向胡绩溪透露了这个秘密使命。请参阅 la biographie de He Changgong dans *Dicobio*，pp. 229-230。

［9］何键（1887 年 4 月—1956 年 4 月），出生于湖南醴陵，职业军人，早年投靠北洋政府，在唐生智旗下参加北伐。1927 年 5 月，屠杀湖南农民团体。他与蒋介石关系并不密切。1929 年 3 月起任湖南省主席，湖南是当时的战略要省，他统治湖南长达 9 年，军阀中只有阎锡山担任山西省省长时间超过他。这可能是出于平衡蒋系和南方两广军阀的关系。1937 年 11 月何键调任军需部长，湖南省主席由蒋介石的

一名亲信担任。1945 年后引退，回家乡休养，后在台湾过世。何键为人极端保守，是个坚定的反共分子，1930 年杀害了杨开慧，几乎把湖南省境内的共产党连根铲除。我们很难想象这样一个人会像张戎说的那样为了讨好蒋介石，1934 年 11 月故意放弃摧毁红军的机会，更何况他与蒋介石关系本就不是非常和睦。红军强渡湘江时，他的队伍只是晚了 48 小时。

[10] 本书中我对长征开始至遵义会议期间的描述主要参考了 Yang，pp. 100-128 et Harrison，pp. 91-104。

[11] 兴安，此处有著名的“空中运河”灵渠，自唐代以来就是船只从湘江通往漓江的必经之路。

[12] Jung，p. 138.“……著名的长征在很大程度上是蒋介石计划的。”作者在著作第 136 页提出一些证据。大部分证据出自秦孝仪 1978 年在台北出版的《总统蒋公大事长编初稿》。张戎等应该与她交流过。后者编写该书时可能参考了蒋介石的日记。其中有不少争论，有些观点至今仍然十分新颖：蒋介石试图重构历史，对过去的历史事件重新整理，展示出一种事后的英明。他提及长征时期的各种权谋其实是为了掩盖自己的军事才能不足，这一点在后来的战役中已经表现出来。另一项证据同样不太可信。张戎引用了蒋介石的秘书晏道刚的转述。此人被共产党俘虏，20 世纪 60 年代在北京出版忏悔录（n°62 des *Wenshi ziliao*）。鉴于当时编写和出版的情形，对这份资料的使用应十分谨慎。但显然这两位作者不是这样理解的。

[13] 实际上一直到西安事变后，斯大林需要蒋介石在亚洲牵制日本，才同意蒋经国回国。1937 年 3 月 25 日，蒋经国携苏联妻子芬娜和两个孩子回到中国。

[14] 肖特根据许多老兵的回忆详细描写了当时的情形。战士们冒着大雨，沿着岩壁上的一条只有 30 厘米宽的小路前进。路面太窄，士兵们只能放弃担架，把伤员背在身上赶路，大部分的马匹都失足掉落悬崖。当地的苗族也不太好客，毕竟他们自己物资也十分短缺。

[15] Jung，p. 137.“毫无疑问，蒋介石故意放跑共产党中央领导和红军主力。”

[16] 张戎等在著作第 137 页深入分析了以上数据，并给出两个证据。第一个证据出自李德回忆录的英文译本，第 91～92 页。然而他本人对红军湘江战役的失利负主要责任，极有可能故意缩小这场战役的伤亡人数。第二个证据出自国民党军史办公室出版的六卷本《剿匪战事》中的湘江战役报告（p. 186）。这本著作 1967 年在台北出版，极有可能在蒋介石的授意下故意美化何键。毕竟他既不属于蒋系，又已经过世 10 多年了，而且湘江战役是国民党在红军长征期间对共取得的最大胜利。

[17] 12 月召开的通道会议、黎平会议和猴场会议直到 80 年代才渐渐得到重视。李德的回忆录 1980 年被翻译成中文，在第 124 页中提到了通道会议。在西方作者中，只有本杰明·杨、斯图尔特·施拉姆和菲利普·肖特提及这个会议。后者引用了《中共中央文件选集》第 10 卷收录的 3 场会议表决通过文件，1995 年 1 月肖特还前往黎平和遵义博物馆参观了原件。参见《中共中央文件选集》第 441～446 页，1989 年 8 月在北京出版。Jin，I，pp. 337-340 et dans *Nianpu*，I，pp. 339-342. 上述两份资料中只谈到博古、李德、周恩来、洛甫、王稼祥和毛泽东 6 人出席了会议。其中博古因病缺席了黎平会议，周恩来主持召开上述会议。但是基本能确定朱德和陈云两人作为政治局常委也出席了会议，毕竟已证实出席会议的王稼祥当时只是候补委员。

[18] 次月何键率军夺回遵义，俘虏了这名军阀，并枪毙了他。

[19] 遵义会议的参考文献在本章的第一条注释中已经说明。1945 年党史决议中认为遵义会议结束了中国共产党 1927 年以来的 3 条“左倾冒险主义”路线，然而一直到 20 世纪 80 年代随着相关决议和当事人的回忆录陆续出版后，这场会议才为历史学家所熟知。这些新资料也对这场会议的决定性作用提出了质疑。

[20] 李卓然，红五军团政治委员。

[21] 王明当时在莫斯科，是共产国际的领导成员。

[22] Otto Braun, *Mémoires*, p. 104.

[23] 转引自《聂荣臻回忆录》，10 页，北

京，解放军出版社，1986。

[24] 这篇决议内容部分由毛泽东起草，1942—1945年延安整风运动期间，毛泽东认为博古的政治路线完全是错误的，故该决议没有收录在《毛泽东选集》中。

[25] Saich，p. 644.

[26] 最后两天例外。

[27] Saich，p. 643. 西康省，境内多山，所辖地现为川西和西藏东部，多数地区是以藏族为主的少数民族聚居地。共产党曾设想在大渡河和邛崃山之间建立新的苏维埃根据地，海拔3 000～5 000米，俯瞰富饶的赤水盆地。

[28] 徐向前（1901年—1990年9月21日），出生于山西五台一个没落读书人家，毕业于黄埔军校。1927年加入共产党，曾参加广东罢工和海陆丰起义。后在鄂豫皖根据地指挥红四军作战。长征时曾跟随张国焘南下，后带领部队回到延安。1945年七大当选中央委员，1949年4月指挥红军解放太原。1955年9月被授予开国十大元帅之一。

[29] Yang，pp. 129-161.

[30] 参见《聂荣臻回忆录》，上卷，286页，北京，解放军出版社，1983。

[31] Harrison，p. 165.

[32] 毛泽东曾规定以花炮作信号：三次表示大胜，两次表示小胜，一次表示战败或者损失惨重。红军这两个月在战场上花炮一直都只响过一次。

[33] *Nianpu*，I，p 453.

[34] *Nianpu*，I，p 455. 这一时期的情形没有档案记载。我主要参考了Short，pp. 285-286 et celui de Jung，pp. 170-172（de la traduction francaise）. 主要资料来源是李德的回忆录以及一些老兵后来的回忆，尤其是李锐、黄克诚和洛甫的回忆。

[35] 当地可以听到云南、贵州和四川三省的鸡叫，故名鸡鸣三省村。

[36] 1935年12月潘汉年重新回到上海，与苏联建立电报联系，电台安置在宋庆龄家中。

[37] Cité par Jung（traduction francaise），p. 173. D'après les archives ex-soviétiques RGASPI 495/18/10011，pp. 13-14. 参见1935年10月15日陈云向共产国际执行委员会秘书处提交的报告以及相关注解。1936年2月陈云起草了另一篇报告，在《共产国际》上发表，向世人介绍了中国共产党悲壮的长征以及在西北建立的新的革命根据地。

[38] 朱德在接受艾格尼丝·史沫特莱的采访时曾详细叙述长征情形。Agnes Smedley，*La Longue Marche*. *Mémoires du maréchal Chu Teh*. Éditions Richelieu，Imprimerie nationale，paris，1969，p. 118. La version anglaise originale date de 1956.

[39] 飞夺泸定桥战役的传奇经过最早由毛泽东于1936年向埃德加·斯诺谈起，后来朱德接受艾格尼丝·史沫特莱采访时作了相同叙述。战役突击队指挥杨成武后来在回忆录中也证实毛、朱两人的叙述，哈里森·索尔兹伯里和本杰明·杨在著作中转述了他的回忆。然而张戎等提出不同的观点，他们认为当时泸定桥上桥板被拆去，廖大珠率22个突击兵冒着枪林弹雨爬着光溜溜的铁索链向桥头猛扑的经过都是杜撰的。这23名勇士的英勇事迹是日后人们美化的（pp. 173-175）。邓小平和彭德怀曾告诉身边人夺取泸定桥并非十分困难，当时国民党军官指挥不力，火力不强。我认为张戎是为了增强自己主观臆断的观点"长征是蒋介石特意安排的"的可信性，完全否认奇袭泸定桥的功绩，把一场英雄般的战斗说成一场小型武装冲突是十分过分的。孙淑媛最新出版的著作中引用了多名目击者的回忆，证实当时在这座著名的桥梁上确实发生过战斗，即使战斗的规模有限。Sun shuyuan，*The Great Road*，Harper Collins mars 2006.

[40] *Nianpu*，I，p. 458.

[41] 即"三民主义力行社"，是创建于1932年的秘密社团，主要为蒋介石绑架甚至暗杀政敌。

[42] 关于两军兵力的真实人数在历史学家当中一直存在争议，肖特做了很好的小结，参见la note 42，p. 622。共产党官方资料上称当时红一军2万人，红四军8万人，这一数据不太可靠。张国焘在回忆录中记载红一军1万人，红四军4.5万人（vol. 2，p. 379）。李德指出红

一军在会理会议期间人数为 2 万人，之后长征途中仍有减少，尤其在翻越夹金山时损失了 4 000～5 000名士兵。张国焘对于自己部队人数的记载应该不会有错。

［43］张国焘在回忆录中称两河口会议只持续了 3 个小时，可能故意降低了会议的重要性 (pp. 383-389)。而中国最新出版的毛泽东传记中提出会议整整开了 3 天，这个数字应该比较可信。cf. Jin, pp. 355-356.

［44］他得到向西派遣第二纵队的承诺。

［45］陈昌浩，“二十八个半布尔什维克”之一，曾编译恩格斯作品。他能说一口流利的俄语，经常用俄语与李德交流。他被认为应该为张国焘的西路军兵败甘肃负责。

［46］这种安排实际上是让红一军的将领指挥张国焘的红四军，让红四军的指挥带领毛泽东的红一军，以增加两军战士的团结一致。

［47］*Nianpu*，I，p. 468；Short，p. 292.

［48］Cf. les *Mémories*d' Otto Braun，p. 136；Harrison，pp. 266-276.

［49］这个损失主要集中于加入毛泽东右路军的红四军。

［50］*Mao's Road*，5 中对这几周的情形有详细描述。对于张国焘 9 月 9 日的密电一直存在争议。即使这份密电真实存在，也从未对外公布过。请参阅 Yang，*From Revolution to Politics*，pp. 158-159；Harrison，pp. 274-276. 哈里森曾与李先念会面，后者证实读过密电，并记得其中的一句话：“彻底开展党内斗争”。这与金冲及的《毛泽东传》中的陈述相符，毛泽东在说到这份电报时称“张国焘意图分裂党，犯了极大错误”。叶剑英可能截获并破译了这份电报，立刻通知毛泽东。1982 年 5 月 20 日—1985 年 5 月 20 日《党史研究资料》数期内容对此展开辩论。吕黎平当时在左路军参谋部工作，证实见过此密电，电文还要求他们“加入反对毛泽东”，可见李先念的话是可信的。1937 年 3 月 31 日党中央通过决议，谴责“张国焘自恃军队人数众多，想要重组党中央机关”(Saich，p. 755)。但是历史学家王年一曾经询问左右两路军的电报员，两人证实均未见过这份电报。根据目前的资料情况，对于这份密电究竟是否存在仍有疑问，但是张国焘当时利用军事施压是不争的事实。

［51］Edgar Snow，éditions revue de *Red Star China*，Grove press，New York，1969，p. 432，et de *The Other Side of the River*，Random House，New York，1962，p. 141：interview de Mao en 1960.

［52］Peng Dehuai，*Memoirs of a Chinese Marshall*，p. 378.

［53］Benjamin Yang，*From Revolution to Politics*，p. 165.《从革命到政治》引用了王志勋的文章《对长征目的地新的讨论》，载《党史通讯》，1984（12），39 页。

［54］张戎与哈利戴书中关于长征的描述完全是在糊弄人，他们把腊子口战役再次描述成一次小型武装冲突，但是又提不出任何可信的证据。Jung，note 1 de la p. 187.

［55］《聂荣臻回忆录》，上卷，290 页，北京，解放军出版社，1983。

［56］*Nianpu*，I，p. 477. 一年后张国焘的红四军执行打通甘肃的“宁夏战役计划”，前往新疆建立根据地，被穆斯林马氏兄弟打败，几乎全军覆灭。毫无疑问，如果毛泽东当时没有改变计划前往陕北，则恐怕也是难逃厄运。

［57］*Nianpu*，I，p. 481. 彭德怀为人谦虚谨慎，把这首词的最后一句改为“唯我英勇红军”。

［58］《清平乐・六盘山》写于 1935 年 10 月，英语译本请参阅 Short，p. 297。

［59］J Myrdal：*Un village de la Chine Populaire*，Paris，Galimard，1964；photos1-5. John Lossing Buck，*Land Utilisation in China*，Nankin，1937，vol. I，p. 139-144；Georges Cressey，*Géographie humaine et économie de la Chine*，Paris，1939，p. 233.

［60］回族，属于少数民族。

［61］Pauline Keating，*Two Revolutions：Village Reconstruction and the Cooperative Movement in Northern Shaanxi*. 1935-1945，Stanford，Stanford University Press，1997.

［62］刘师培（1884—1919），国民党文人，

提出中国的传统可以追溯到黄帝时期，曾加入同盟会，后由于害怕同盟会宣传的现代共和理念，1907年投降清廷。

［63］刘志丹（1903—1936年4月14日），出生于保安一个富裕的家庭，哥老会秘密团成员，是当地游击队的首领，组织农民游击活动。1936年4月14日在山西西部一场战斗中牺牲。为了纪念他，中央将保安县更名为志丹县。张戎和哈利戴提出是一个姓裴的人从200米以外开枪暗杀了刘志丹。这个人是秘密特工，专门为毛泽东除掉潜在的政治对手，“这样的死法太使人怀疑刘志丹是被裴或警卫员暗杀的”（p. 195），这一观点同样没有任何证据支撑。

［64］高岗（1905—1954），出生于陕西省横山县一个小地主家庭，在榆林中学学习期间认识了刘志丹，两人的老师是共产党，在恩师的影响下投入革命，在山西中部地区组织运动。

［65］徐海东（1900—1970），出生于湖北武汉附近一个目不识丁的窑工家庭，曾在军阀手下做事，北伐时期加入大名鼎鼎的张发奎率领的国民革命军第四军，担任排长。1925年加入共产党，在湖北一带组织游击活动，发展壮大为鄂豫皖根据地。徐海东作战十分英勇，蒋介石对之恨之入骨，1933年屠杀了他的70名亲族。

［66］直罗镇战役，位于延安以西50公里。

［67］关于“一二·九运动”，请参阅 John Isrel, *Student Nationalism in China*. 1927-1937, Stanford (Ca), Stanford University Press, 1966.

［68］毛泽东和党中央的宣言撰写于1935年11月13日，号召中国人民赶走蒋介石和国民党。毛泽东在接受采访时再次重申观点，刊登在《红色中华》1935年11月25日第241期。

［69］1935年4月“国际派”阎红彦秘密返回中国，负责重新与中国共产党建立电台联系。1934年8月16日上海向瑞金发出最后一份电文后，电台联系中断。阎红彦1934年7月来到上海，1935年12月初才抵达瓦窑堡（*Nianpu*, I, p. 502）。1936年5月，刘长胜奉命携带一台电台和密码本抵达陕北。此时另一行七人带着电台在蒙古遭到劫匪攻击，电台被夺。

［70］*Nianpu*, I, p. 489. 林育英（林彪的叔叔）当时只是凭记忆转述共产国际相关决定，出于安全考虑，他没有把文件原件带在身上。他取道蒙古回到中国，传达完后原路返回苏联。《八一宣言》实际上是在莫斯科起草，并以中共中央的名义对外发布的。因此宣言的起草地并非在毛儿盖。而且，由于长征期间红军与莫斯科和上海失去电台联络，当《八一宣言》公布时，所谓的起草人还尚不知情。

［71］*Nianpu*, I, p. 490.

［72］*Mao's Road*, 5, pp. 54-56.

［73］当时共产党的中心口号仍然是“反日讨蒋”，共产党希望能够处决蒋介石。

［74］*Mao's Road* 5, p. 66.

［75］*Nianpu*, I, pp. 497-499. *Mao's Road*, 5, pp. 77-83. 出席这次政治局会议的有毛泽东、洛甫、周恩来、王稼祥、博古、刘少奇、凯丰、邓发、李维汉、杨尚昆、郭洪涛和张浩。12月25日会议投票通过《中央关于目前政治形势与党的任务决议》，可以参阅 Saich, pp. 709-723。12月23日报告的《中央关于军事战略问题的决议》由毛泽东起草，请参阅 *Mao's Road*, 5, pp. 77-83。

［76］报告内容收录在《毛泽东选集》第一卷，内容略作修改。参见《毛泽东选集》，2版，第一卷，142～169页，北京，人民出版社，1991。

［77］影射1934年福建事变。

［78］影射张国焘失去鄂豫皖根据地，而张国焘只谈红军丢了中央根据地。

［79］盘古，中国古代神话的创世神。传说天地初始一片混沌，盘古利用神力开天辟地。

［80］第二中央委员的名单始终未对外公布，因为其中有些人后来加入了毛泽东的阵营。

［81］张国焘1936年1月22日的电报以及党中央的回电请参阅 Saich, pp. 740-741, documents E 10 et E 11.

［82］在胡汉民的唆使下，陈济棠和李宗仁宣布两广独立。

［83］*Nianpu*, I, p. 542. Traduction dans Mao's Road, 5, pp. 533-539. 电报由林育英、

周恩来、洛甫、林彪、王稼祥、博古、凯丰、徐海东、毛泽东、邓发、彭德怀和张子华联合署名，电报接收方是朱德、张国焘、刘伯承、徐向前、陈昌浩、任弼时、贺龙、萧克、关向应和夏曦。

[84] 湘鄂川黔根据地，位于湖南、湖北、四川和贵州交界处，以桑植镇为中心。

[85] 毛泽东匆忙率领部队北上，很可能没来得及带上电报密码本。故贺龙和任弼时率领红二、红六军长征所发电报都是张国焘接收并由他指挥两军路线，然而贺龙和任弼时都是支持毛泽东的。

[86] 根据不同老兵的叙述，这些地区粮食短缺，在贺龙与任弼时的红二、红六军抵达之前，红四军把所有的东西都吃完了，于是他们只能忍饥挨饿，“饿到想吃死人”（的头发）。

[87] 中国官方的历史把西路军征战兵败的过错归咎于张国焘，以掩盖毛泽东在这件事情上的决策错误。

[88] 倪家营子战斗，红军孤军奋战，最后仅余 2 000 人幸存。大部分被俘战士都被活埋。

[89] 1938 年 4 月 18 日张国焘被共产党开除党籍，5 月张国焘刊登致中国人民的信，信中批评共产党在第二次国共合作中“虚伪的政治”。这封信以及相关批评请参阅 Saich, pp. 75-764，document E15、E16。

[90] 如果您需要查看这些公开讲话，请参阅 *Mao's Road*，5。讲话一再重复相同内容，本书不再一一列举。

[91] 这里指曾养甫。共产党一方代表是张子华，担任中共上海中央局组织部秘书，奉命前往南京会面，双方都带了委托文件开始了试探性的接触。

[92] *Mao's Road*，5，pp. 511-512.

[93] 7 月 6 日，中国陕北革命根据地与苏联的电台联系终于重新建立。

[94] *Mao's Road*，5，pp. 557-558. 斯图尔特·施拉姆早在《毛泽东》一书中就记录了这一宣言。*Mao Tse-tung*，Collection U Armand Colin，1963，pp. 234-253.

[95] 关于埃德加·斯诺（1905—1972）和海伦·福斯特（1907—1997）的介绍，请参阅 Bernard Thomas，*Edgar Snow in China：Season of high Adventurism*，University of California Press，Berkeley (Ca)，1966；John Maxwell Hamilton，*Edgar Snow：a Biography*，Indiana University Press，Bloomington，1988 et Robert M. Farnsworth，*From Vagabond to Journalism：Edgar Snow in Asia*，1928-1941，Columbia，University of Missouri Press，1996。

[96]《芝加哥论坛报》、《曼彻斯特卫报》、《太阳报》、《每日先驱报》以及华盛顿综合新闻协会。1936 年 6 月 14 日—10 月 21 日斯诺前往苏区采访，主编支付了 450 美元（133 450 中国法币），其中不包括版权费。

[97] 埃德加·斯诺 1930 年 3 月—1931 年 5 月在印度旅行期间接触到马克思主义，他曾经向印度著名共产党人苏哈西妮请教。来到中国后，他在北京清华大学图书馆大量阅读马克思主义著作，这些作品主要由英国左派社会党人赖斯基教授（Harold Laski）、约翰·斯朱科（John Stracky）以及编辑维克多·戈伦茨（Victor Gollancz）在伦敦出版。后者后来还在英国出版了《红星照耀中国》。斯诺不信任苏联，因而从未加入过共产党，但是他坚定地反对日本军事扩张以及各种形式的法西斯主义。在斯诺眼里，国民党政府就代表了法西斯。

[98] 埃文斯·卡尔逊，海军陆战队队员，后退役。他认为中国共产党对革命团结一致就像美国独立战争时的美国人反对英国人一般。

[99] 黄华，1913 年出生于河北，1949 年后担任中华人民共和国外交官。曾担任中国驻加纳、加拿大大使及驻联合国代表，1977—1980 年任中华人民共和国外交部部长。1987 年后担任多个荣誉职位。

[100] 俞启威，1949 年担任天津市市长，1958 年过世，年仅 46 岁。

[101] 姚依林，经济学家，专家出身的高级官员，是 1978 年邓小平实行改革开放经济政策的建议人之一，曾主管财政经济委员会。1989 年后成为中央政治局第四号人物。

柏烈伟是共产国际派驻上海的代表。汉密尔顿认为他在斯诺的采访安排中起了重要作用（《斯诺传》），而伯纳德·托马斯提出鉴于《红星照耀中国》出版后莫斯科对毛泽东的冷漠态度，这种可能性不高。

Thomas Kampen：« Wang Jiaxiang，Mao Zedong and the Triumph of the Mao Zedong Thought 1935-1945 »，*Modern Asian Studies*，vol. 23，n°4，1989.

[102] 比如把卡片一撕为二，接头时重新对上。乔治斯·海德姆祖籍黎巴嫩，在共产党的邀请下来到陕北根据地，旨在改善当时红军艰苦的医疗环境。

[103] 根据1979年8月一份记录毛泽东与斯诺讨论的资料，吴亮平称毛泽东十分满意斯诺在《红星照耀中国》一书中宣传中国共产党的政策。斯诺的笔记现存放于密苏里堪萨斯城密苏里大学档案馆。其中第一、三、四次采访没有全部出版。第二、五次采访1936年11月14日和21日刊登在《中国每周评论》上。《红星照耀中国》一书中不少篇幅描述了这些采访，尤其是在1968年的修订版中。五篇采访的中文译本1937年3月11日以《中国的新西南》为名出版。

[104] 当时谣言盛传，说斯诺已经被共产党枪毙了。

[105] 这是一位叫王福时的人翻译的，他是斯诺的旧识，其父在北京编辑一份张学良支持的刊物。中译本300页，有丰富的地图和照片资料，总共印刷了5 000册。原中文书名为《外国记者西北印象记》。

[106] 直至1979年，《红星照耀中国》的官方译本才在中国大陆发行。

[107] 海伦·斯诺，笔名尼姆·威尔斯（Nym Wales），1937年4月—9月中旬和艾格尼丝·史沫特莱一同访问陕北苏区。史沫特莱在苏区做了许多采访。1938年，海伦·斯诺的《红区内幕》出版，这本书的出版晚于埃德加·斯诺的《红星照耀中国》，但内容更严肃。在苏区访问期间，史沫特莱还用一个老旧的留声机教中国领导人跳现代美国舞（查尔斯顿舞和糕饼舞），她还请斯诺在北京买2 000个老鼠夹，在延安发起一场灭鼠行动，帮助她能睡个太平觉。一同抵达苏区的还有一名漂亮的中国女演员吴莉莉（吴光伟），三个女子身穿制服，模样可人，她们的到访还引发了一件著名的事件：毛泽东十分殷勤地上吴莉莉的舞蹈课，使贺子珍与毛泽东的感情出现裂痕，最终贺子珍愤然出走，这些年轻女子离开延安。

[108] 如果你需要了解艾格尼丝·史沫特莱（1893—1950）的生平，请参阅 Janice and Stephen R Mackinnon，*Agnes Smedley*，Berkeley，University of California Press，1988。艾格尼丝出生于科罗拉多州一个贫苦的家庭，深受世界国际工人无政府工团主义影响，积极支持女权运动。1928年艾格尼丝来到中国，在作品和报道中高度评价中国共产党。1937年，艾格尼丝采访朱德总司令，回国后开始撰写朱德传记。1956年，《伟大的道路：朱德的生平和时代》由其遗产执行人埃德加·斯诺在《新闻评论月刊》上发表，伦敦—纽约。法文版《长征：朱德元帅回忆录》1969年由黎塞留出版社出版，法国汉学家毕仰高（Lucien Bianco）为此书作了序言。

[109] *Mao's Road*，5. Traduction Guy Brossolet，*Poésies complètes de Mao Tsé-toung*，Paris，L'Herne 1969.

五岭指1934年10—11月红军翻越的五座山岭：江西南部的大庾、骑田、广东北部南岭的萌渚、湖南广西交界处的都庞、湘江河谷通往灵渠的越城。乌蒙山绵延在贵州、云南两省之间，遵义以西，红军1935年5月翻过此山。诗中还提到了横渡金沙江和飞夺大渡河上的泸定桥。三军指毛泽东的红一军、张国焘的红四军和贺龙的红二军。

[110] Parks M. Coble，*Facing Japan*：*Chinese Politics and Japanese Imperialism 1931-1937*，Harvard University Press，1991.

[111] 莫斯科和北京的开放档案证明，毛泽东当时曾积极寻求苏联的援助，这与广泛流传的观点相反。米歇尔·沈（Michael Sheng）与约翰·卡特（John Cater）在1992年3月的《中国季刊》第129期上展开激烈讨论，探讨毛泽东、斯大林和国共第二次合作并提出各种证据。当然，对于斯大林是否真心支持毛泽东，以及毛泽东是否真心赞同斯大林这些问题确实还存在疑问。

［112］ Jürgen Domes dans *Vertagte Révolution*（La Révolution diffèrèe）Berlin，1969，pp. 641-644，提到了蒋介石1937年8月4日的个人备忘录写道：目前中国军队还不够强大，只能耐心等待。但是“如果日本及满洲国对北平、天津、绥远、山西、山东或者上海发动进攻，那么中国军队必须奋起抵抗，不论抵抗最终的结果会如何”。

［113］ 毛泽东十分注意对美国人民发表的讲话，他希望美国能够放弃孤立主义政策。

［114］ *Nianpu*，I，pp. 607-608.

［115］ 或者是“他原本可以”，中文的语法远没有法语语法严谨。①

［116］ 毛泽东曾告诉斯诺，他同意更改红军番号，名义上加入国民革命军，但是共产党必须掌握独立自主的指挥权。Snow，*Red Star*，p. 439.

［117］“七君子事件”，指上海爱国会七位有一定身份地位的领导人，如知名律师史良，11月初被国民党逮捕，此事在社会上反响巨大。

［118］ 华清池，著名的史传杨贵妃沐浴之处。

［119］ 张学良曾告诉周恩来，除非南京西安之间内战爆发，且西安被围，他才会处决蒋介石。这一点在12月17日周恩来致毛泽东的电报中写得清楚。关于这个问题，张戎和哈利戴查阅了苏联以及共产党中央档案馆各种文献摘录，Jung，pp. 206-212。

［120］ 关于西安事变的叙述请参阅 Bertram James，*First Act in China*，Viking Press，New York，1938；Wu Tien - wei，*The Sian Incident：a Pivotal Point in Modern Chinese History*，University of Michigan Press，Ann Arbor，1976；吴天威《关于西安事变的新资料》，刊登在《现代中国》第10期，1984年1月第1期，pp. 115-141；杨奎松，《西安事变新探，张学良与中共关系之研究》，台北，东大图书公司，1995；Jin，pp. 415-425；*Nianpu*，I，pp. 621-646；Mao's Road，5，13décembre - 28 décembre 1936；张国焘，《我的回忆》，第一卷，481～483页；Edgar Snow，*Random Notes on Red China*，Cambridge，Harvard University East Asian Research Center，1957，p. 1；郭华伦（Warren Kuo），《中共史论》，第三卷，228～331页，台北，1970；Jiang Jieshi，General Chiang *Kai－shek*：*The Account of the Fortnight in Sian when the fate of China Hung in the Balance*，Doubleday，Garden City，1937，该书宣传作用大于历史研究。

［121］ Jung et Halliday，Jung，pp. 208-209，引用自《张学良年谱》。周恩来曾对张学良说，最安全的做法就是杀了蒋介石。在12月17日写给毛泽东的信中，周恩来强调要“采取些强制性措施”，此话与前文意思一致，只是表达比较含蓄。见张友坤、钱进：《张学良年谱》，1124～1125页，北京，1996。

［122］ 关于这一点，我仍然无法接受张戎和哈利戴的观点。他们提出毛泽东想成为全中国的主人，被这个念头冲昏了头脑，想方设法欲置蒋介石于死地，直到12月20日，共产国际一再命令共产党释放蒋介石，毛泽东才不得不作出让步。这个观点跟两人之前提出的观点相同。尽管作者能拿出新的资料，但是他们未确认这些资料的真实性，而且故意对其他支持相反观点的资料置之不理。

［123］ 蒋介石三大错误为：面对日本人的不抵抗政策；使用武力解决国内问题；镇压人民。

［124］ 这里指中国两条重要的铁路：陇海铁路从东向西连接黄海和陕西，京汉铁路连接北京和汉口。

［125］ 这里我遵循斯图尔特·施拉姆和金冲及提出的时间顺序，Stuart Schram dans *Mao's Road* ainsi que par Jin Chongji（Jin，I，p. 418）。

［126］ 金冲及根据中共中央档案馆资料详细叙述了毛泽东所做报告。

［127］ 斯图尔特·施拉姆根据一些目击者

① 中文此处本无歧义，可能是作者阅读的法文版翻译问题所致。

的回忆，推测当时通信很不发达，这篇社论一周后才传到保安。但是中共之前可能已经知晓社论的大致内容。当时潘汉年在上海，能接触到苏联的报纸。而张学良的消息网络十分发达，因此他的表现才会如此紧张。蒋介石在《西安半月记》中提到，12 月 14 日张学良惭愧地走进关押他的房间，静静地哭泣，过了一会儿再次回来，为自己"愚蠢莽撞"的行为道歉，承诺尽早释放自己。《西安半月记》1985 年由"中华印刷公司"在台北发行。尽管这个版本的事件有美化蒋介石的嫌疑，但是可以肯定，张学良很早就知道不能指望苏联的援手。而且苏联的反应也在意料之中，自 1936 年夏天起，共产国际就一直向苏联施压，要求共产党尽早结束国共内战。

［128］共产国际秘书格奥尔基·季米特洛夫 12 月 16 日从莫斯科下达了这些命令，18 日电报抵达保安，由于传输困难，电文无法译出，因此 19 日再发命令，20 日上午译出。不过 18 日共产党应该已经知晓命令的大致内容。张戎和哈利戴认为毛泽东故意以电文无法译出为托词，暂不公布共产国际的命令。我同意他们的说法，但是原因并非如两人所言毛泽东执着地想要蒋介石的脑袋。我认为是毛泽东不想让中共中央认为自己在斯大林的命令下让步，故意让党中央集体协商决定蒋介石的命运。

［129］在季米特洛夫的日记（Ivo Bassac, *The Diary of Georgi Dimitrov*, Yale University Press, 2003. Traduction françlaise: *Le Journal de Dimitrov*, 1933-1949, Belin 2003）中，1936 年 12 月 14 日记录了这么一段轶事：这天斯大林打电话给季米特洛夫，十分生气，责问是不是他作出了扣押蒋介石的决定。显然，斯大林知道了中国共产党高兴地庆祝蒋介石被捉一事。季米特洛夫保证这并非自己所为，并称"这个让日本人高兴"的事件是毛泽东和张学良密谋的。斯大林于是让共产国际向中共发出通告，重申自己的要求。通告由王明起草，当时王明任中共驻共产国际代表，他同意扣押蒋介石，也赞成处死蒋介石。于是斯大林问季米特洛夫："这个王明是谁？是不是他唆使的？"因此把王明无条件地说成是斯大林的"国际派"是不对的，这也解释了 1938 年王明和毛泽东发生冲突时，为什么斯大林不支持王明。

［130］在这种情形下，这意味着承认中国共产党的合法性。

［131］正如金冲及在《毛泽东传》中记载的那样（Jin, Ⅰ, p. 420）。

［132］D' après Edgar Snow, *Random Notes on Red China*, p. 21；张国焘，《我的回忆》，第二卷，484 页。当时告知斯诺毛泽东勃然大怒的人应该是宋庆龄，但是宋庆龄当时未在场。毛泽东生气一事，《毛泽东年谱》和金冲及的著作中均未提及。但是张国焘在书中作出证实，而且 1933 年罗斯·特里尔与黄华会面后也证实了这一点（*Mao*, p. 173）。我认为毛泽东发怒确有其事，但是生气的缘由可能并非是斯诺给出的解释。

［133］关于这个事件最好的描述当属吴天威的作品，这里我参考了他的著作，他的著作内容翔实，条理清楚，优于金冲及和周恩来起草的中共中央报告。Jin, I, pp. 421-422；《毛泽东选集》，2 版，第一卷。杜勉等少数人认为周恩来当时根本没有和蒋介石会面。Jürgen Domes in *Vertagte Revolution*... pp. 668-674.

［134］根据吴天威的分析，这个"警告"的内容可能已经被多次修改，尽管其真实性不容怀疑，但是最初的原文如今已经无法找到。12 月 28 日，毛泽东在《关于蒋介石声明的声明》中曾经嘲讽地评论此事。见《毛泽东选集》，2 版，第一卷，245～251 页，北京，人民出版社，1991。

［135］张学良 1937 年 1 月 4 日被特赦，但长期被软禁，由于抗战期间国军不断失去领地，张被软禁的地点也经常变动，国民党败走台湾时，张学良转至台湾继续被软禁直至 1961 年。1975 年蒋介石逝世 10 年后，张学良逐渐恢复人身自由。2001 年 10 月 14 日张学良在夏威夷寓所内过世，享年 103 岁。

［136］1937 年 2 月 2 日，东北军内参与西安事变的少壮派与协商促成释放蒋介石的元老派产生内讧，相互屠杀。

［137］杨虎城以"特殊军事调查"为名流亡海外。1938 年杨虎城回到中国，随即被蒋介

石逮捕，关在集中营，被囚地点一再转移。其妻绝食抗议，请求蒋介石释放杨虎城遭拒。1949 年 9 月杨虎城与四位亲人在重庆附近被枪决，其长子在西南指挥红军作战。

［138］自 1 月起，毛泽东的电报一再要求蒋介石遵守承诺，用一句中国的老话说就是“言必信，行必果”。

［139］潼关位于中国圣山之一华山的山脚，黄河和渭水在此处相汇，从潼关起，南北流向的黄河改而向东奔去。

［140］延安城还建有机场，是当初美国标准石油公司为勘探石油而建。

［141］Jin，I，pp. 421-432.

［142］共产国际不认同艾格尼丝·史沫特莱的采访，要求共产党公开谴责艾格尼丝。由此可见毛泽东并非对共产国际言听计从。

［143］国民党参与会谈的是张冲与顾祝同，后者率军控制了西安，剥夺了杨虎城的指挥权。

［144］在大会上毛泽东致开闭幕词。原文请参阅 *Mao's Road*，5，pp. 637-658。法文版可以参阅 le volume I des *Œuvres choisies* aux Éditions sociales sous le titre«Let tâches du PCC dans la période de la résistance au Japon»（pp. 310-334）et«Luttons pour entraîner les masses dans le front national antijaponais uni»（pp. 335-346）。

［145］朱德任总指挥，彭德怀副之，下辖四个师，分别由林彪、贺龙、徐向前和刘伯承指挥。

［146］以下我按时间顺序描述 1937 年夏天的历史事件，参阅了 *Nianpu*，Ⅱ pp. 2-23. *Mao's Road*，6，pp. 1-32. *Saich*，pp. 665-668，pp. 771-773 et pp. 791-792；以及《毛泽东选集》第二卷，北京外文出版社提供多个外语译本；时任法国驻华使馆武官纪 *l'Histoire du parti communiste chinois* de Jacques Guillermaz，tome Ⅱ，Petite Bibliothèque Payot，Paris，1975，pp. 280-287，et pp. 309-312。

［147］Saich，pp. 663-668 et pp. 791-792。

［148］《毛泽东选集》，2 版，第二卷，359～361 页；*Mao's Road*，6，pp. 39-45。

［149］*Mao's Road*，6，pp. 66-77；《毛泽东选集》，2 版，第二卷，362～372 页，《国共合作成立后的迫切任务》。

［150］在总结目前的情形时，为了取悦农民听众，毛泽东使用了拉伯雷式的俚俗言语，这些言语后来没有收录在《毛泽东选集》内。毛泽东批评蒋介石态度傲慢，“君主专制和镇压挫伤了人民的积极性”，“目前矛盾的关键是有些人占着茅坑不拉屎，而其他人肚子叽里咕噜响，却没有茅坑可上”。

［151］毛泽东 1945 年作了这首词。

［152］参见斯图尔特·施拉姆在 *Mao's Road*，6 中所写的序言以及施拉姆翻译注释的《毛泽东阅读辩证唯物主义的笔记》（pp. 573-667）。1938 年 4—5 月这些笔记在延安以油印材料形式发行，其他笔记还有 1936 年 11 月至 1937 年 4 月所做的关于希罗科夫（M. Shirokov）《辩证唯物主义》的上课笔记（pp. 671-766），1937 年 7 月所写的米丁（M. B. Mitin）《辩证唯物主义与历史唯物主义》旁批（pp. 767-832）。这些内容于 1988 年在北京结集为《毛泽东哲学批注集》出版。读者还可以参阅 Nick Knight，*Mao Zedong on Dialectical Materialism*：*Writings on Philosophy*，1937，Armonk（N. Y）M. E. Sharpe，1990。

［153］*Nianpu*，I，pp. 671-672。

［154］《毛泽东选集》，2 版，第一卷，282～340 页。1965 年会见埃德加·斯诺时，毛泽东证实从未写过名为《辩证唯物主义》的文章。请参阅 *Snow*，*The Long Revolution*，Londres，1971，p. 207。

第九章　毛泽东思想的诞生（1937—1941）

［1］这家生产 413 号标准油的美国公司在陕北进行开发无果，在延安留下了一个小型机场和数以千计的空箱子，人们拿这些箱子做家具。保安博物馆供参观的会议室里配的是石头凳子：曾经有一位忠诚的博物馆馆长难以忍受党的高级官员坐的凳子是最令人发指的帝国主义提供的，所以改变了现实情况！今天，人们

在离此不远处的吴起镇挖掘油井，当年毛泽东在吴起宣布长征结束。

[2] Short, pp. 311、324 et 325; Jung, p. 221 *Nianpu*, Ⅱ, p. 96.

[3] 毛岸英，1922年出生，1950年在朝鲜战争中死于美国的轰炸。毛岸青，1923年出生，患有轻微精神病。毛岸龙，1927年出生，母亲被枪决后于1931年在上海死于痢疾。

[4] *Mao's Road*, 7, p. 168.

[5] Id., p. 665.

[6] 江青（1914—1991年5月14日），本名李云鹤。出生于山东，父亲是一名车夫，母亲在康生父母家做帮佣，江青逃离了这种贫苦的环境，接受了一份补助之后在济南学习戏剧艺术。1931年，她加入了由流动演员组成的海鸥剧社，到过去追随义和团的村落里表演抗日剧目，受到当地村民的热烈欢迎。1933年，回到上海的江青加入了共产党，这使她遭受了8个月的监禁。她以蓝苹为艺名，成为上海左翼电影公司拍摄的爱情爱国电影的主角。她结过两次婚，有两段公开的暧昧关系，偶像为女演员葛丽泰·嘉宝。到延安后她才改名为江青，“青色的江水”：这位花边新闻不断，梦想成为女明星的年轻电影演员，在延安的革命中得到了净化，因而延安也成了她的第二个出生地。关于江青的更多信息，我们可以参考由罗克珊·维特克（Roxane Witke）整理的江青传记：*Comrade Chiang Ch'ing*, Boston, Little Brown, 1977。这本书显然效仿了埃德加·斯诺关于毛泽东的传记，书中的内容多是对江青的肯定。罗斯·特里尔在他写的江青传记中予以了反驳：*The White-boned Demon*, Stanford University Press, Stanford (CA) 1992。该书于1997年再版发行。以上两本书都被翻译成了法文。

[7] *Nianpu*, Ⅱ, p. 97.

[8] 英国记者冈瑟·斯坦（Gunther Stein）在1938年将对毛泽东的长篇采访收录于《红色中国的挑战》中出版，New York, McGraw-Hill, 1945, p. 106。这次采访从下午3点一直持续到第二天凌晨3点！其间，毛泽东出去找了一块平整的石头垫在斯坦做笔记的木桌下。几天以后，毛泽东在路上偶遇斯坦，便叫住了他：“我后来就上次和你谈的问题又咨询了朱德和周恩来同志，他们都十分赞同我！”

[9] 关于艾思奇（1910—1966年3月），见 Joshua A. Fogel, *Ai Ssu-ch'i's Contribution to the Development of Chinese Marxism*, Harvard University Press. Cambridge (Ma), 1987。

[10] 陈伯达（1904—1989年9月20日）。由于无法摆脱浓重的福建口音，别人常常无法理解他表达的意思，他还有轻微的口吃。老天为了补偿他身体的缺陷，给了他非凡的文笔和过人的工作能力。在宣传方面屈居于陆定一的他，成了毛泽东的特别秘书，在创立“毛泽东思想”的过程中扮演了重要角色。R. Wylie, *the Emergence of Maoism: Mao Tse-tung, Ch'en Pota and the Search for Chinese Theory*, 1935-1945, Stanford University Press, Stanford (CA), 1980.

[11] *Mao's Road*, 5. 丁玲（1904—1986），这位女文人于1932年在上海加入共产党。她被蓝衣社绑架，并被蒋介石的特务监禁在一个秘密的地方。在《中国论坛》上，伊罗生（Harold Issacs）建议大家关注国际进步分子对她的命运的看法。重获自由以后，她来到保安。毛泽东问起她将来的打算，她回答说：“加入红军。”事实上，她被分配到总政治局工作。

[12] *Mao's Road*, 6, p. 193.

[13] 关于梁漱溟，见 Guy S. Alitto, *The Last Confucian: Liang Shu-ming and the chinese Dilemma of Modernity*, Berkeley, University of California Press, 1979。梁漱溟负责关于乡村建设的研究，他在菏泽和邹平两个地方试点，实行他的乡村建设计划。这项计划因日军逼近黄河而终止。

[14] *Mao's Road*, 6, p. 312. 毛泽东修改了林彪的文章《关于抗大教育方针的讲话》，将“我们要无条件地进攻，有条件地防御”改为“我们要以攻为主，以防为辅”。见 *Nianpu*, Ⅱ, p. 70。显然林彪没有坚持说这句话来改变毛泽东的想法。

[15] Stuart Schram, *Mao's Road*, 7, p. 37 指出毛泽东声称从来没有认真学习过孔子的著作，但在他1921年前的作品中有超过100

处引用了孔子的话。

[16] *Mao's Road*，7，pp. 22-39.

[17] 章炳麟（1869—1936）、梁启超（1873—1929）、胡适（1891—1962）和冯友兰（1895—1990）。这四个人可能是那个世纪前30年中国最重要的思想家。毛泽东补充说他还没有时间学习章炳麟和冯友兰的思想，要谨慎地使用它们。

[18] *Mao's Road*，6，pp，297-300.

[19] 徐志摩（1897—1931），现代西方派诗人，先后在纽约哥伦比亚大学和英国剑桥大学学习，集各种荣耀于一身的徐志摩在往返于上海—北京的飞机上因浓雾导致飞机失事而丧生。毛泽东曾引用他的一句话来诠释自己的想法："诗要如银针之响于幽谷"。

[20] 亚历山大·法捷耶夫（1901—1956）。这部小说描述了1920年与中国东北交界的东西伯利亚发生的一场游击战。

[21] *Mao's Road*，6，pp. 301-303.

[22] *Nianpu*，Ⅱ，p. 37.

[23] *Mao's Road*，6，pp. 112-126.

[24] 在1938年1月12日写给艾思奇的信中，毛泽东说起梁漱溟，还说"军事问题我在开始研究，但写文章暂时还不可能"。

[25] 5月30日的讲话《抗日游击战争的战略问题》。我们可以在 *les Œuvres choisies*，vol. 2，pp. 77-116 看到这篇讲话的修订版，在 *Mao's Road*，6，pp. 393-420 看到讲话的原文。5月26日和6月3日的两篇演说经修订后以《论持久战》为标题收录在《毛泽东选集》，第二卷，439～518页。我们可以在 *Mao's Road*，6，pp. 319-389 中看到原文。

[26] 斯诺的朋友英国记者詹姆斯·贝特兰（James Bertram）1937年10月25日对毛泽东进行的采访收录在《毛泽东选集》，2版，第二卷，373～386页以及 *Euvres choisies*，vol. 2，pp. 41-55 et *Mao's Road*，6，pp. 112-128。同样，上海沦陷（11月8日）和太原失守（11月9日）之后发布的声明和11月12日毛泽东发表的关于战争导向问题的文章都收录在《毛泽东选集》，2版，第二卷，381～400页以及 *Œuvres choisies*，vol . 2，pp. 57-71 et *Mao's Road*，6，pp. 131-145。

[27] *Nianpu*，Ⅱ，pp. 40-41.

[28] 请参阅弗雷德里克·C·泰伟斯（Frederick C. Teiwes）的有说服力的分析：*The Formation of the Maoist Leadership*：*From the Return of Wang Ming to the Seventh Party Congress*，Contemporary China Institute，Londres，1994，p. 29。

[29] 根据张戎引述的各种后期史料证据，p. 40，康生曾在中共驻共产国际代表团中做王明的助手，并且积极参与排除在莫斯科的中国托洛茨基分子或者假托洛茨基分子活动，他可能曾经申请去延安的警察干部培训学校实习。在王明到达后不久，他就高呼："我们党的天才领袖王明同志万岁！"在政治上，夸张的做法可能是欠考虑的行为。

[30] Saich，document E 26，pp. 795-802.

[31] Général Jacques Guillermaz：*Histoire du Parti communiste chinois*，Paris，Petite Bibliothèque Payot，vol. 2，Chapitre XXⅢ «Vud d'ensemble de la guerre sino-japonaise»，pp. 288-308.

[32] 参考书目：Iris Chang，*The Rape of Nanking. The Forgotten Holocaust of World War* Ⅱ，New York，Basic Books，1997。马尔戈兰（Jean-Louis Margolin）根据一些精确的数据撰写了一篇文章，刊登在2005年11—12月第92期的《中国透视》杂志上，重新估计了这场屠杀的确切数据。据他统计，3万到6万的中国战士被军刀或刺刀所杀，相当于几乎所有战争被俘人员。大约3万名百姓被杀害，相当于8%的没有逃跑的南京人口。这样算下来一共有6万到9万人死亡，95%为男性，大约两万女性遭到强奸。我们知道这场惨绝人寰的大屠杀成了中日两方无休止的论战的中心。南京纪念墙上的遇难人数为30万。我们对于毛泽东对这件事从头到尾一直保持沉默感到惊讶。

[33] *Nianpu*，Ⅱ，p. 61.

[34] 没有对任何政治决议进行投票。尽管如此，从汉口回来之后，王明还是于3月11日撰写了一份讨论会的概要，这份概要在党内广泛传阅。见 C'est le document E 27 pp. 802-812

de Saich。王明在这份概要中表示所有出席的同仁对于总体形势的意见都很统一。当毛泽东看到文章的时候，这句话让他勃然大怒。

[35] *Nianpu*，Ⅱ，p. 61.

[36] Teiwes，*The Formation*... p. 8.

[37] 李维汉，《回忆与研究》，443 页，北京，中共党史资料出版社，1986。

[38] 引述出自 Thomas Kampen，Mao Zedong，Zhou Enlai and the Evolution of *the Chinese Communist Leadership*，Nordic Institute of Asian Studies. 2000，p. 98。这是在党的七大选举新的中央委员会时，毛泽东为了让王稼祥当选而做的讲话。该讲话被收录在《文献和研究》，第四期，32 页，1986。

[39] *Nianpu*，Ⅱ，p. 51.

[40] *Mao's Road*，6，pp. 214-216. 范长江（1909—1970）在他的报纸《大公报》上详细报道了西安事变。1939 年回到延安后，他加入了共产党。

[41] Id.，p. 281.

[42] Id.，p. 310-311.

[43] Id.，p. 313-315. 布告由林伯渠签署，但是逄先知向我们证实这份布告是毛泽东重新撰写的，见 *Nianpu*，Ⅱ，p. 70，斯图尔特·施拉姆在他发表的诸多关于毛泽东的文章中收录了这篇布告。

[44] Saich，p. 848，notes 51 et 52，et pp. 670-671.

[45] 1937 年 10 月新四军建立。

[46]《我们对于保卫武汉与第三期抗战问题的意见》，见 Saich，p. 848，note 53 et p. 671。摘自 1941 年由延安党的书记处编写，1952 年和 1981 年在北京出版的汇编《六大以来——党内秘密文件》，第一卷，946～964 页。

[47] *Mao's Road*，6，p. 422. 其他六位共产党领导——王明、博古、林伯渠、吴玉章、董必武和邓颖超（周恩来夫人）也重新并入国民党。

[48] Id.，p. 435. 毛泽东宣布其他 6 位共产党参谋会出席会议。

[49] *Mao's Road*，6，pp. 443-450.

[50] 在莫斯科的华人移民中弥漫着恐怖的氛围，详见 Patrick Lescot，*L'Empire rouge*：*Moscou-Pékin*，Paris，Belfond，1999。

[51] 计划的第一步可能就是 1940 年由彭德怀指挥的“百团大战”。

[52] Jung，p. 232. 参考书目：A. S. Titov，Matériaux pour une biographie politique de Mao Zedong（en russe），Moscou，Nauka（Académie des Sciences），vol. 1：jusqu'en 1935，publié en 1969；vol. 2，pour la période 1935-1937，publié en 1970. vol. 3，intitulé«La lutte pour le pouvoir de Mao Zedong，1936-1945»，publié en 1970。张戎参考了安德利亚诺夫的报告节选，第三卷，124 页、197～200 页和 229～233 页，以及任弼时 4 月 14 日在共产国际的报告节选，234 页、249～250 页。蒂托夫的作品写于中苏论战正酣之时，要慎用。

[53] 一千次空中战斗的胜利归功于他们。

[54] 遭到批判的张国焘 1938 年 4 月 4 日在黄陵参加了国共祭拜黄帝仪式，之后他折回武汉，与王明、博古和周恩来进行商议。张国焘对于无法说服他们公开反对毛泽东感到失望，最终于 4 月 17 日正式加入国民党。4 月 18 日他被共产党开除党籍，6 月 11 日，共产国际批准了这项决议。几乎在同一时期，一项原本由斯大林指使，并由苏维埃政治警察局提告的关于毛泽东托洛茨基主义的诉讼被撤销了，1937 年 7 月皮亚特尼茨基和马尼科夫先后被捕。见 Jung，pp. 232-233。

[55] *Nianpu*，Ⅱ，p. 90.

[56] Id.，p. 90. 李维汉：《回忆与研究》，641～642 页。Kampen，«Wang Jiaxiang，Mao Zedong and the Triumph of Mao Zedong's Though»，*Modern Asian Studies*，October 1989，pp. 705-725. 王稼祥 9 月 14 日在政治局的讲话草稿被收录在 1986 年出版的杂志《文献与研究》的 68～75 页，中共党史资料出版社。我们没有季米特洛夫的官方文献资料。有可能这是他的一次口头声明。

[57] *Nianpu*，Ⅱ，p. 90.

[58] 我们在 *Nianpu*，Ⅱ，p. 91 中可以看到部分中文引述，在 *Mao's Road*，6，pp. 412-413 中看到完整的英文翻译，由斯图尔特·施

拉姆1974年在台北的《蒋总统秘录》中找到。

[59] 我们知道由于睡得很晚又睡得不好，他到正午才起床。

[60] 前五部分刊登在1938年11月25日的《解放报》上。我们可以在 *Mao's Road*，6，pp. 458-541 中找到完整的英文翻译。在《毛泽东选集》，2版，第二卷，519～536页，我们可以找到大段的报告节选，对比原文来看，它们大多做了大幅修改，例如标题"中国共产党在民族战争中的地位"。

[61] 1938年8月日苏军队在珲春县附近的张鼓峰发生短暂的军事冲突，这个地方位于苏联和朝鲜的边界，属于日本和伪满洲国的殖民地，这一系列的军事冲突让人以为日本对苏联的攻击迫在眉睫。后因布吕歇尔将军的全权介入，形势重新趋于稳定。这次冲突于8月11日在莫斯科正式告终。1939年夏，蒙古和伪满洲国的边界紧张状态又重新出现了，蒙苏军队与日军在诺门罕发生了一场短暂却很激烈的交锋，这一紧张状态直至9月下旬双方在莫斯科签订停战协议时才终结。苏联红军的实力远远超过日军。

[62]《毛泽东选集》，2版，第二卷，519页的修订版本为"同志们！我们有一个光明的前途"，后面的句子被删去了。事实上，所保留的文字仅限于毛泽东讲话的第七点，他自己改动了许多。

[63] 与"研究"呼应，《毛泽东选集》经过了大量重写。所有关于"马克思主义中国化"的部分都被删去了。

[64] Saich，pp. 672-673.

[65] Wang Ming，*Mao's Betrayal*，Moscou，éditions du Progrès，1979，p. 72.

[66] 在 les *Œuvres choisies*，Ⅱ中有两篇相关文章。5日的《统一战线中党的独立和自主性》和6日的《战争和战略问题》。原文见 *Mao's Road*，6，pp. 548-559。

[67]"一方面，阶级的政治经济要求在一定的历史时期内以不破裂合作为条件；又一方面，一切阶级斗争的要求都应以民族斗争的需要（为着抗日）为出发点。"这一将阶级斗争工具化的观点是毛泽东思想的中心。通常来讲，这个观点意味着用结果解释手段，否认各种社会运动的自主性。

[68] 这一点参考了法国共产党的一个口号："每一个动作都有它的理由"。

[69] 我坚持引用大段文字，因为这是毛泽东政治思想的核心，在他的作品中一直出现。通常别人引用的时候都是断章取义的。我的翻译基于斯图尔特·施拉姆的文本 *Mao'S Road*，肖特略作了修改，见该书323页。

[70] *Nianpu*，Ⅱ，p. 98.

[71] Shum Kui-kwong，*The Chinese Communists's Road to power: the antijapanese National United Front*，1935-1945，Oxford，1988，pp. 149-154.

[72] *Nianpu*，Ⅱ，p. 103.

[73] *Mao's Road*，6，pp. 50-51.

[74] Id.，pp. 40-41."晋"是山西的简称。"冀"是河北的简称。"察"是察哈尔的简称。红军在延安周围的根据地叫做陕（西）甘（肃）宁（夏）边区。

[75] *Mao's Road*，6，pp. 69-79.

[76]《毛泽东选集》，2版，第二卷，570～574页，《反对投降活动》；*Mao's Road*，7，pp. 104-140. *Saich*，10 et 13 juin 1939，pp. 867-887。

[77] *Mao's Road*，7，pp. 146-158.

[78] Id.，pp. 160-164.《毛泽东选集》，2版，第二卷，575～579页，《必须惩罚反动派》。

[79] Id.，pp. 177-185. 张继（1882—1947）领导战争支援委员会。林森（1868—1943）1932—1943年任国民政府主席。他其实只是荣誉主席，并无实权。

[80] Saich，pp. 890-897.

[81]《毛泽东选集》，2版，第二卷，580～601页：9月1日共产党报纸《新华日报》记者的采访，9月16日国民党新闻记者的采访，9月14日毛泽东的文章《第二次帝国主义战争讲演提纲》以及9月28日毛泽东的文章《苏联利益和人类利益的一致》。9月24日和26日埃德加·斯诺的采访见 *Mao's Road*，7，pp. 170-229。

[82] 因为斯诺问了苏联给日本提供了多少石油，没有得到答案，他补充说也许斯大林的

口袋有洞。

[83] 要汇总数据比较难，这些数据还包括1941年的部分数据。依据的书籍为 Mark Selden, *The Yenan way in revolutionary China*, p. 102 et celui d'Andrew Watson, *Mao Zedong and the political economy of the border region: a translation of Mao's «Economic and financial problems»*, Cambridge University Press, Cambridge (Eoyaume-Uni), 1980, pp. 12-15。

[84] 马克·塞尔登在他的经典作品中对这个边区的研究过于偏意识形态方面：*Yenan Way in Revolutionary China*, Cambridge (Mss), Harvard University press, 1971。作者在写完这本书20年后批评了自己的作品，并且在新书中更偏重于对这一地区进行历史角度的描述：*The Yenan Way revisited*, M. E Sharpe, Armonk (N. Y), 1995。在这之前有两部很好的作品可以帮助我们更好地了解这一地区：Pauline Keating, *Two Revolutions: Village Reconstruction and the Ccoperative Movement in Northern Shaanxi*. 1934-1945, stanford University Press, Stanford (Ca), 1997; Park Sang-soo, *La révolution chinoise et les sociétés secrètes: l'exemple des Shaan-Gan-Ning et du Nord Jiangsu. Années* 30-40, Thèse manuscrite EHESS, 2001。

[85] *Cambridge History of China* (CHOC), vol. 13, p. 635, note 26.

[86] 在长征抵达陕北之前，刘志丹和高岗已经重新加入哥老会了。这也是1935年6月他们被当地党组织逮捕的原因，因为当地党组织认为哥老会是一个被军阀杨虎城操控的土匪团体。之后毛泽东释放了他们两人。

[87] 朴尚洙的论文研究了1936—1937年党的内部刊物《党的工作》，130～162页，找到有文献曾经参考了1936年10月23日周恩来在中共中央政治局会议上提出的有必要深入哥老会的讲话。他还在1936年10月5日的杂志《红色中国》第304期中找到了一篇文章《哥老会是什么?》，此文强调哥老会的特点是群众组织。

[88] 薄一波1908年出生于山西，1932—1936年参加抗日活动并在北京被捕入狱。回到山西后，他受到阎锡山的赏识，并在太行山与刘伯承和邓小平建立起联系。

[89] Kathleen Hartford et Steven Goldstein, *Single Sparks: China's Rural Revolutions*, Armonk (N. Y.), 1989. Lyman p. Van Slyke, *Ennemes and Friends : the united front in Chinese Communist History*, Stanford University Press, Stanford, 1967. Donald Gillin, *Warlord: Yen Hsi-shan in Shanxi Province*, 1911-1949, Princeton University Press, Princeton. 1967.

[90] 1939年12月至1940年3月的这一场国内战争十分血腥。1940年1月至3月这短短的几个月中，在太行山以南的晋察冀根据地，双方各有一万名士兵牺牲。见 David Goodman, *Social and Political Change in Revolutionary China. The Taihang Base Area in the War of Resistance to Japan* 1937-1945, Rowman and Littelfield, Lanham (N. C) p. 52。

[91]《毛泽东选集》，2版，第二卷，749～750页；*Mao's Road*, 7, pp. 438-445。

[92] Saich, pp. 858-859, documents F 10 et F 11, pp. 929-936.

[93] Id., documents F11. 这一纲领根据签订日期取名为《双十纲领》。

[94] *Mao's Road*, 7, p. 388.

[95] Id., pp. 432-434.《毛泽东选集》的版本语气明显要缓和一些，2版，第二卷，748～750页。

[96] Id., *Mao's Road*, 7, pp. 449-450.

[97] 陵川是山西东南部的一个县城，在太行山最南端。林县位于河南西北部，位于离安阳不远的丘陵中。它们属于晋冀鲁豫根据地，不被国民党承认，根据1937年国民党和共产党之间的协议，没有第一军区参谋部的同意，共产党军队在这里出现是不合法的。

[98]《毛泽东选集》，2版，第二卷，611页。

[99] *Œuvres choisies*, vol. 2, pp. 561-569，《青年运动的方向》；1935年"一二·九运动"4周年时的讲话：《一二九运动的伟大意义》，*Mao's Road*, 7, pp. 270-278。毛泽东

1939 年 12 月 1 日的讲话《大量吸收知识分子》,《毛泽东选集》, 2 版, 第二卷, 618～620 页。

[100] 毛瑟 1834 年出生, 也就是拿破仑去世后的第 13 年!

[101] *Mao's Road*, 7, pp. 307-308, 309-311 et 312-313.

[102] "造反有理" 这句口号出自斯大林, 这也是斯大林成为红卫兵教父的原因。

[103] 诺曼·白求恩 (1890—1939 年 11 月 12 日)。这位加拿大籍共产党医生 1939 年来到晋察冀根据地之前曾是西班牙国内战争的军医。他在五台山建立了乡村医院, 在一次紧急手术时受伤, 不幸感染了败血症而死。毛泽东为纪念他所写的文章是 1960 年代毛泽东的 "老三篇" 之一。文章的中心围绕着一句话: "为人民服务"。然而这句话的使用背景却将这个很好的原则转化为空洞盲目地为党服务, 假定党已经将人民的利益具体化了。

[104] 这篇文章还刊登在理论性杂志《解放》1940 年 2 月 20 日第 99 期上。译本见《毛泽东选集》, 2 版, 第二卷, 662～711 页以及 *Mao's Road*, 7, pp. 330-369。具体出版情况见 *Nianpu*, Ⅱ, pp. 156-157, 以及 CHOC, vol. 13, pp. 663-664。

[105] 参见《剑桥中国史》第 13 卷关于毛泽东思想形成的章节, 857 页。

[106] 参照 1930 年毛泽东写给林彪的信《星星之火, 可以燎原》。见本书第六章。

[107] 该短语由聂荣臻提出, 见《聂荣臻元帅回忆录》, 426 页, 北京, 新世界出版社, 1988。

[108] 我对百团大战的描述依据了 Saich, pp. 859-860 et Lyman p. Van Slyke, «The Battle of the Hundred regiments: Problems of Coordination and Control During the Sino-Japanese War», *Modern Asian Studies*, 30 n°4, octobre 1996, pp. 979-1005。

[109] Saich, pp. 941-944.

[110] *Mao's Road*, 7, pp. 759-780.

[111] 一般来说, 对于那些中国北方平原上的马贼, 日本人是视而不见的。

[112] Goodman, *Social and political...*, pp. 53-54. L'auteur cite des sources communistes publiées en 1987. 作者引用了共产党 1987 年出版的文献资料。

[113] Peter Schran, *Guerilla Economy: the Develoment of the Shenxi-Kansu-Ningshia Border Region*, 1937-1945, Albany, State University of New York Press, 1976, p. 184.

第十章 延安之路 (1942—1945)

[1] 炕是这一地区传统的砖床, 靠热空气循环把砖加热。

[2] 1939 年抗大搬到延安以东 40 千米左右的延长县。

[3] 傅连暲,《我的延安笔记》, 油印原稿, 1961。

[4] *Mao's Road*, 7, pp. 766-768.

[5] Id., pp. 708-710, 719-721.

[6] 他们中的一部分后来成了他的亲信, 如洛甫、王稼祥。

[7] CHOC, vol. 13, pp. 619-621.

[8] 见《路易·波拿马的雾月十八日》。

[9] 尽管中国从未使用过这个说法。

[10] *Mao's Road*, 7, pp. 783-785 et *Nianpu*, Ⅱ, pp. 315-316. 1940 年 2 月 6 日, 毛泽东的批示中出现过一个类似的决议 (*Mao's Road*, 7. pp. 511-512)。这些指定给党情报处的人事档案清晰地区分了 "与蒋介石有联系的大买办资本家" 和民族资本家、地主和 "有文化的乡绅", 但是不包含那些社会边缘人。除了身份以外, 档案还明确记录了家庭环境、政治倾向、习惯、社会关系以及生活类型。

[11] 关于中央政治局第三次扩大会议, 见 *Nianpu*, Ⅱ, pp. 326-327, de *Mao's Road*, 7, avec le discours d'ouverture de Mao, le 10 september, pp. 808-811。毛泽东 9 月 10 日的开幕词在 pp. 826-832。*Nianpu*, Ⅱ, p. 349-351 有一篇题为《驳第三次左倾路线》的文章, 我们可以看到这篇文章的具体日期是政治局第三次

扩大会议期间。也许他在这次会议上重提了不久之前他所做过的演讲。9月10日毛泽东的开幕词还可以在Saich，pp. 1008-1011中找到。关于会议本身，我们可以参考Thomas Kampen，«Wang Jiaxiang，Mao Zedong and the Triumph of Mao Zedong Thought»，*Modern Asian Studies*，Canberra，octobre 1986。

［12］政治局14名正式或候补委员中的11名参加了会议：毛泽东、任弼时、王明、洛甫、陈云、王稼祥、凯丰、博古、邓发、朱德和康生。三人缺席：周恩来、刘少奇和彭德怀。会议还邀请了7位中央委员会尚未晋升的成员：杨尚昆、李富春、林伯渠、高岗、叶剑英、李维汉和胡乔木。凯丰（1907—1955），原名何克全，是“二十八个半布尔什维克”之一，他和洛甫一样在长征的时候站到毛泽东一边，1937年进入政治局任宣传负责人。

［13］*Nianpu*，Ⅱ，p. 327.

［14］*Mao's Road*，7，pp. 820-821.

［15］胡乔木在他的《胡乔木回忆毛泽东》（北京，人民出版社，1994）一书中有一些有意思的详细描述。这500册发给各个机构的刊物中的大部分在1947年春国民党占领延安时被销毁。之后这份刊物在1950年和1980年两次再版：再版和原版并非完全吻合。书中的注释指出，那些出现在《毛泽东选集》中的文章并没有放入汇编中，但是它们的标题却出现在目录中。这就给人一种这份刊物都是毛泽东的文章的误解，而小心谨慎的毛泽东将《毛泽东选集》出版的时间推迟至与整风运动同步。这件轶事证明毛泽东还没能胜券在握，至少表面上如此。

［16］*Mao's Road*，7，pp. 833-834.

［17］Saich. p. 1076.

［18］1942年2月1日和8日的报告，一篇关于增强党性的文章，三篇关于农村调查的文章，一篇1941年11月21日陕甘宁边区大会上的发言稿以及1937年9月7日的文章《反对自由主义》。我们十分惊讶地发现那些最精心编写的文章例如《新民主主义论》、《论持久战》并没有出现在书目中，没有任何1936—1937年间的理论文章，也没有《中国革命和中国共产党》。也许这是另一个表明党内仍然存在反对势力，毛泽东表现得谨慎小心的例子。

［19］在这个时期和这个层次，所有的共产党都至少会将卡尔·马克思的《工资、价格和利润》列入参考书目中。这篇文章阐述了他的剩余价值理论，是《资本论》的基础。中国在引进马克思理论的第一时间就将这篇文章翻译成了中文。

［20］*Mao's Road*，7，pp. 826-832.

［21］文章本包含9大段，但是只有其中的5段为人所知。在1966年5月的一份摘要中，毛泽东说原稿只给刘少奇和任弼时看过，因为“写得太尖锐了，不利于团结犯错误的同志们”。

［22］Jung，pp. 278-290和胡乔木，193～200页和222～232页。毛泽东十分喜欢这9篇论战的文章，1974年6月和1976年8月初他还让人念给他听。在他最后清醒的时候，这些文章使他感到安慰。

［23］关于1941年后半年毛泽东和斯大林的关系，详见Dallin et Firsov，*Dimitrov and Stalin*，1934-1943 ：*Letters from the Soviet* Archives，Yale University press，New Haven (Conn)，2000，vol. 3，pp. 141-146。1941年7月18日，毛泽东给季米特洛夫发电报说：“假若日本进攻苏联时，我们在军事上的配合作用恐不很大。”在另一份无线电报中，毛泽东进一步说：“假若不顾一切牺牲来动作，有使我们被打垮，不能长期坚持根据地的可能，这不管从哪一方面都是不利的。”

［24］*Mao's Road*，7，pp. 855-856.

［25］Saich，pp. 978-982 et 1059-1103. Boyd Compton，*Mao's China*：*Party reform Documents*，1942—1944. *Translation and Introduction*，University of Washington Press，Seattle，1966. Mao *Œuvres choisies*，vol. Ⅲ，pp. 31-104. Guilhem Fabre，*Genèse du pouvoir et de l'opposition en Chine*：*le printemps de Yan'an*. 1942，paris，L'Harmattan，1990.

［26］Guilhem Fabre，*Genese du pouvoir et de l'opposition en Chine*，pp. 173-178. 尽管丁玲已经写了许多有教育意义的文章，她还是在

1941年秋写了一篇小说《在医院中》。这篇小说用极具讽刺意味的手法描写了男干部的虚伪和一个女护士的觉醒。关于延安妇女生存条件的有限改善，见 Hua changming，*La condition féminine et le communisme chinois en action*，1931-1946. Éditions de l'École des Hautes Etudes en Sciences sociales ，Paris，1980。

[27] *Nianpu*，Ⅱ，pp. 373-374，注释 1，pp. 373-374 和脚注。

[28] Patricia Stranahan，« The Last Battle：Mao and the Internationalist's Fight for the *Libération Daily* ». *The China Quarterly*，September 1990，n°123 pp. 521-537. 1941 年 5 月 15 日，由《新中华报》和《今日新闻》合并而成的《解放日报》诞生。作为党内的日报，这份报纸由"国际派"掌控，主编为博古，他让丁玲了解苏联文学。该报通过接收外国媒体的电函发表各种国际新闻，却无视那些分裂中国共产党的内部辩论。

[29] *Nianpu*，Ⅱ，p. 372-374. Guilhem Fabre，Genèse de l'opposition...，pp. 155-166.

[30] 4 月 3 日的文件译文见 Saich，pp. 1073-1076。

[31]《毛泽东选集》，2 版，第三卷，847～879 页，北京，人民出版社，1991；*Nianpu*，Ⅱ pp. 379-383；Bonnie S Mac Dougall ，*Mao Zedong's Talks at the Yan'an Conférence on Litterature and Arts*：*a Translation of the* 1942 *Text with Commentaries*，Michigan Paper in Chinese Studies，Ann Arbor 1980；Timothy C Cheek，« The Fading of the Wild Lilies：Wang Shiwei and Mao Zedong's Yan'an Talks in the First CCP Rectification Movement »，*The Australian Journal of Chinese Affairs*，n° 11，1984，pp. 21-58。

[32] 发表于 1942 年 5 月 28 日、29 日的《解放日报》。法语译文见 Guilhem Fabre，*Genèse de l'opposition...*，pp. 191-206 et *Saich*，pp. 1113-1122。

[33] 范文澜（1893—1969），天津南开大学历史系教授，他曾到过延安。他在整风运动中的态度使他成为党内官方历史学家之一，并于 1956 年在党的八大上进入了中央委员会。

[34] 我更倾向于这种译法，而不是经常采用的"意识审查"。

[35] Anne Cheng，*Histoire de la pensée chinoise*，Paris Le Seuil，1997，pp. 490-495.

[36] 用于杀死困扰延安人民的虱子。这些援引自张戎和乔·哈利戴于 1994 年 10 月 25 日和 1998 年 3 月 17 日在延安对老兵的采访，整理编入 Jung，p. 271。1959 年毛泽东与李锐的谈话被收录在《李锐庐山会议实录》中，349～350 页，长沙，春秋出版社，1989。我们还可以在胡乔木（p. 281）和李维汉（p. 554）的回忆录中看到类似的内容。

[37] *Nianpu*，Ⅱ，pp. 408-409；Saich，pp. 985-986. 高岗的讲话见1132～1143 页。

[38] 我在本书中关于共产党扩大根据地的章节中有详细的分析。

[39] 塞奇、凯平和肖特详细介绍了这个秘密决定，他们参考了 1986 年由中国人民解放军国防大学出版社出版的《中共党史教学参考资料》，第 17 卷，344～346 页。

[40] Saich，pp. 1143-1145，document G 21. 文章承认共产国际的功劳，尤其是它在中国共产党成立中扮演的角色，并指出不论如何中国共产党迟早会建立，因为它是"顺应历史潮流的"。

[41] Short，p. 344.

[42] *Nianpu*，Ⅱ，p. 418.

[43] 译文全文见 Andrew Watson，*Mao Zedong and the political Economy of the Border Region*：*translation of Mao's Economy and Financial problems*，Cambridge（Grande-Bretagne），Cambridge University Press，1980。部分译文见 Saich，pp. 1045-1051。这一时期唯一一篇关于经济的文章收录于《毛泽东选集》，2 版，第三卷，910～913 页，标题为《开展根据地的减租、生产和拥政爱民运动》，这篇文章比较含糊，大意为推动生产必须经过有成效的政治斗争。

[44] 两篇译文全文见 Saich，respective-

ment aux pp. 1011-1038 et 1038-1045。

[45] 1970 年又再版了 1945 年的《毛泽东选集》。

[46] 见《毛泽东选集》，2 版，第三卷，928～936 页，标题为《组织起来》。

[47] Lucien Bianco, *Jacqueries et révolution dans la Chine du XXe siècle*, Paris, La Martinière, 2005. 尤其是第十七章“夺取权力的农民和共产主义者”，429～455 页。

[48] Kathleen Hartford et Steven Goldstein, *Single Sparks: China's Rural Revolutions*, Armonk (N. Y.), M. E. Sharpe, 1989; Feng Chongyi et David Goodman, *North China at War: the Social Ecology of Revolution*. 1937-1945, Lanham (Md), Rowman and Littlefield, 2000; David Goodman, *Social and Political Change in Revolutionary China: the Taihang Base Area in the War of Resistance to Japan*, 1937-1945, Lanham (Md), Rowman and Littlefield, 2000; Pauline Keating, *Two Revolutions: Village Reconstruction and the Cooperative Movement in Northern Shaanxi*, 1934-1945, Stanford, Stanford University Press, 1997. Odoric Woo, *Mobilizing the Masses: Building Revolution in Henan*, Stanford, Stanford University Press, 1994; Chen Yung-fa, *Making Revolution: the Communist Movement in Eastern and Central China* 1937-1945, Berkeley (Ca), University of California Press, 1986.

[49] Mark Selden, *The Yenan Way in Revolutionary China*, Cambridge (Mass), Harvard University Press, 1971 et *China in Revolution: the Yenan Way Revisited*, Armonk (N. Y.), M. E. Sharpe, 1995.

[50] Chalmers A. Johnson, *Peasant Nationalism and Communist Power: the Emergence of Revolutionary China*, 1937-1945, Stanford (Ca), Stanford University Press, 1962 (traduction française chez Payot en 1969).

[51] Gergor Benton, *New Fourth Army: Communist Resistance along the Yangtze River and the Huai*: 1938-1941, Richmond (Surrey), Curzon Press, 1999, p. 729.

[52] Park Sang-soo, *La révolution chinoise et les sociétés secrètes: l'exemple de Shaan-Gan-Ning et du nord Jiangsu* (*années* 1930-1940), 2 volumes, Thèse dactylographiée, EHESS, Paris, 2002.

[53] Chen Yung-fa, *Making Revolution*..., p. 187.

[54] 1943 年，当局向地主征收收成的 22.7%，富农 13.5%，中农 8.1%，贫农 2.1%。

[55] 我在这一段中主要参考了两部最近的作品，这两部作品都是依据实地研究写成的，并且观点相近。纪保宁（Pauline Keating）的《两次革命：1934—1945 年陕北的乡村重建与合作化运动》介绍了 1934 —1945 年陕甘宁边区中的陕北地区社会和政治生活的演变：位于东北部的绥德县有 6 个乡，1942 年11 000平方公里的土地上有居民545 000人；位于东南部延安周围的杨舒乡有 10 个村，23 000平方公里的土地上有居民360 000人。大卫・古德曼的书《革命中国的社会与政治变迁：抗日战争时的太行山基地》介绍的也是 1937—1945 年这一个时期的情况，陕西东南部（晋冀鲁豫边区）的三个县在太行山形成了一个三角形，辽县（现称为左权县）在中日战争初期的居民有71 935人，吴县有141 000人和 875 个村落，黎城有77 955人和 301 个村落。

[56] 耕地面积从 8 431 000 亩增长到 15 206 000亩。15 亩大约等于 1 公顷。

[57] 如运水，打扫地主的院子，将粮食运送到省会补充国库……

[58] 石，这里的读音为 dàn，马克・塞尔登认为一石在这一地区相当于 60 升。尽管 1929 年政府规定使用公制，也就是公担或公石，可是“石”仍然沿用，并且这一容量单位与另一个同音异形的重量单位“担”的对等关系在每个地区都不同。纪保宁和张戎估计，在延安，“石”相当于 150 千克，而我认为这一数字是大大高估了重量。数据出自 Mark Selden,

The Yenan Way of Revolutionary China，p. 182。

［59］王震，1908 年生于长沙附近浏阳的一个贫农家庭，曾是一名铁路工人，参加了共产党的工人运动。秋收起义的时候，他负责破坏铁路。在广西部队服役两年后，他在家乡组织了一支 4 000 人的游击队。彭德怀部队 1930 年在长沙打败仗之后，王震加入了江西的苏维埃并参加了长征。在八路军中，他任贺龙率领的 120 师 359 旅的旅长。

［60］出产自北方的岩盐占边区出口总量的 90%。

［61］相当于现在 5 000 万美元。这一数据出自非苏联的档案，见 Jung，p. 302。

［62］1944 年由史敬棠编写的调查结果收录在 1957 年出版的《中国农业合作化运动史料》中，211～269 页，北京，三联出版社。法文版的注释本由克劳德·奥伯特（Claude Aubert）和陈颖于 1980 年编写，题为«L'entraide agricole dans la Chine du Nord Pré-communiste»，Paris，POF-Études。

［63］Selden，*The Yen'an Way...*，p. 210.

［64］Claude Aubert et Chen Ying，*L'entraide agricole...*，p. 17.

［65］D'apres Pierre Gourou，*La terre et l'homme en Extréme-Orient*，Paris，Flammarion；Richard Tawney，*Land and Labour in China*，Londres，1932.

［66］见驻重庆的美国大使克拉伦斯·高斯（Clarence Gauss）的电报，*Foreign Relations of the United States*，«China 1943»p. 142。

［67］生病又绝望的汪精卫于 1944 年 11 月 10 日死于名古屋。两位接任他南京政府职务的人分别是陈公博（1892—1946）和周佛海（1897—1948），这两个人都是 1921 年 7 月中国共产党的 12 位创始人之一。

［68］CHOC，13，pp. 580-583. 在“一号作战”之前，共产党估计日军会出动 84%的兵力对抗他们，而只用 16%的兵力对抗国民党的军队。

［69］这一天，美国飞机无法回到他们遥远的基地，机组人员逃到中国，要么被逮捕，要么折回到共产党的游击队基地。那些到达苏联的人依照《苏日互不侵犯条约》规定被拘禁。

［70］中国方面称豫湘桂会战。

［71］有关这次可怕的河南饥荒见美国记者的报道：Theodore While et Annalee Jacoby，*Thunder out of China*，New York，William Sloane Associates，1946。关于农民的态度见 Lucien Bianco，*Les origines de la révolution chinoise*，1915—1949，Gallimard，1967，seconde édition，pp. 251-252 以及 *Jacqueries et révolution*，pp. 440-497。毕仰高总结了农民行为的十个特点，第五点是为了生存而斗争。

［72］起名为“驼峰”的这条空中运输线穿越了飞机本无法飞过的喜马拉雅山脉，但是运输效率比较差，每架 DC3 的有效载重量只有 500 千克。

［73］为了证实这一点，请见他的回忆录：*The Stilwell Papers*，édités par Théodore White en 1948，chez Schoken Books à New York。

［74］Ch'i，His-Sheng，*Nationalist Army at War：military defeats and political collapse*，1937－1945，Ann Arbor，University of Michigan Press，1982. James C Hsiung et Steven Levine dans *China's Bitter Victory：the War with Japan*，1937—1975，Armonk，M. E. Sharpe，1992. 这两本书中强调了这样一个事实：是国民党而非共产党的军队承担了抗日的大部分任务，这一点和毛泽东说的刚好相反。德温（Hans Van de Ven）（*War and Nationalism in China* 1925-1945，Routledge Curzon，2003）认为国民党军官按照中国军事传统来打仗。

［75］《毛泽东选集》，2 版，第三卷，937～951 页，标题为《学习和时局》，日期为 1944 年 4 月 12 日。毛泽东曾就六届七中全会预备会议和 5 月 20 日、6 月 5 日中央党校的会议做了一些报告，介绍了 1944 年 7 月八路军参谋部和中央各个部门将进行学习，详情见，*Nianpu*，Ⅱ，pp. 507-508 和 Jin Chongji，*Mao Zedong zhuan*，vol. 2，pp. 698-701。4 月 12 日的文章包含了

这些分析的重点。

［76］Aux pages 1145-1152 de *The Rise to Power of the CCP* de Tony Saich.

［77］*Nianpu*，Ⅱ，pp. 504-505.

［78］1943年6月5日关于党在城市的工作指示见Saich，pp. 1157-1164。

［79］援引自《毛泽东选集》英译版，第三卷附录，171～218页，这个版本翻译的是1953年北京的中文版本。该文件与六届七中全会"原则上"通过的决议相比做了更为细致的修改。六届七中全会的这份决议直至1945年8月的中央委员会第二阶段会议才正式投票通过。原始版本见Saich，pp. 1164-1184，根据1941年以来共产党书记处归档的文件翻译成英文。这份文件曾收入一本名为《六大以来党内秘密文件》的文集中，共两册，为内部使用，于1952年和1981年印刷过两次。我用的就是这个版本。1944年在延安出版的四卷本《毛泽东选集》包含了对这个名为《关于纠正党内的错误思想》的决议的简略版。

［80］一只轮子陷进了坟堆中，撞坏的螺旋桨打穿了驾驶舱的隔板，但是没有造成人员伤亡。包瑞德上校生动地记录了这次"美军观察组"的行动：«mission Dixie»：David D. Barrett，*Dixie Mission*：*the United States Army Observer Group in Yenan*，1944，University of California Press，Berkeley，1970. 还可见John Hart，*The Making of an Army «Old China Hand»*：*a Memoir of Colonel David D. Barrett*，Institute of East Asian Studies，University of California Press，Berkeley，1985；et Carolle J. Carter，Mission to Yan'an，University Press of Kentucky，Lexington，1997。

［81］出生于中国的美国传教士家庭，十分了解中国，中文比包瑞德上校还要流利。

［82］Peter Vladimirov，*The Vladimirov Diaries*：*Yenan*，*China* 1942-1945，Garden City，New Jersey，Doubleday，1975，p. 273. Joseph W. Esherick，*Lost Chance in China*：*the World War II Dispatches of John S. Service*，New York，Random House，1974，pp. 289 et 295-307.

［83］几周以后，赫尔利就被任命为美国驻华大使，由于他的处事风格以及他总是将军事和民事的职权混淆，美国外交官给他起了个绰号"genbassador"［结合了"gentle"（绅士的）和"ambassador"（大使）两个词］。包瑞德认为赫尔利是一个有名无实的将军，在与他见面时调侃他除了独立战争的勋章外，所有的勋章都戴全了。赫尔利出生在俄克拉何马州，因石油生意成为百万富翁。他是一个自以为了不起的军事政治家，缺乏最起码的外交经验，不能不说他完全没有军事能力。尽管他的任务完成得十分糟糕，但是在军队参谋长马歇尔将军的眼里，他还是颇有影响力的，他要求马歇尔取消将包瑞德提升为准将的决定。

［84］事实上，毛泽东将赫尔利称为"小丑"，而赫尔利则用毛泽东名字的谐音开玩笑，将"moose tongue"戏称为"moose dung"（老鼠屎），完全没有意识到其实很多中国领导人精通英语。

［85］这份赫尔利—包瑞德/毛泽东—周恩来的商议文件成了冷战初期"输掉了中国的美国人"论战的主题。最准确的分析见Theodore H. While，*In Search of History*，New York，Harper and Row，1978，pp. 203-204。

［86］毛泽东10月11日严厉地回应了蒋介石的演讲。见《毛泽东选集》，2版，第三卷，1007～1010页，《评蒋介石在双十节的演说》。

［87］12月7日的这次飞行十分戏剧化，飞机双翼因霜冻而过度负重，试了几次都无法飞过四川的高山，只能尝试着改从那些笼罩在浓雾中的矮一点的山口飞过。

［88］根据包瑞德提交给他的上级——魏德迈将军的报告，见John Hart，*The Making of an Army Old China Hand*，p. 49。毛泽东在1945年8月13日对延安党内干部的讲话中引述了他向包瑞德发出的声明，见《毛泽东选集》，2版，第四卷，18页，《抗日战争胜利后的时局和我们的方针政策》，北京，人民出版社，1991。毛泽东加了一句他在其他场合说过的话："现在我们有的是小米加步枪，你们有的

是面包加大炮。”

［89］《毛泽东选集》，2 版，第三卷，1114～1116 页。

［90］《愤怒的葡萄》1940 年上映，由约翰·福特导演，亨利·方达主演，改编自斯坦培克 1939 年的同名小说，小说家将作为经济危机受害者的农民投入社会斗争比作《圣经》中对应许诺土地的追寻。这部电影深深打动了毛泽东。

［91］Ross Terrill，*Mao*，p. 204（note），引自 1947 年毛泽东对加拿大记者马克·盖恩（Mark Gayn）说的话：“你们西方自由主义者的麻烦在于你们误解了美国社会和政治的潮流，美国的劳苦大众受够了资本主义的压迫和不公正。他们想要更好的生活，想要一个民主制度。当下一次萧条来临时，人们会向华盛顿进军，推翻华尔街政府。然后建立一个民主的政权，它会和包括中国在内的世界一切民主力量合作。”鉴于记者对这番言论的质疑，毛泽东引用了资本主义的出版社出版的白修德和贾安娜的《中国惊雷》来证明勤劳的人民所遭受的这种压力，认为这本书强烈批评了蒋介石的政权。这也再次证明了毛泽东不仅对美国不了解，而且对资本主义体系本身也不清楚。

［92］Saich，document H1，pp. 1207-1211.

［93］Saich，document H2，pp. 1211-1215. 就如同之前的文件一样，这篇文章出自中国共产党中央档案馆，在共产党内部发行。

［94］他们的请求通过美国观察组交到重庆的美国使馆。而赫尔利大使并没有将这份请求告知华盛顿。1944 年 8 月 23 日毛泽东的声明见 John Service，*Lost Chance in China*：*the World War II Despatches of John S. Service*，New York（N. Y.），Random House，1974，pp. 295-307。

［95］John Garver，*Chinese-Soviet Relations*，1937-1945，*Oxford University Press*，1988，pp. 257-258.

［96］丘吉尔从不掩饰他认为美国人要将中国提升为第四大国是一个闹剧，在面对日军的“一号作战”计划时国民党军队的全面溃败让美国重新审视他们的地位，而且蒋介石傲慢的态度也让罗斯福十分不快。

［97］毛泽东建议将这一领导权交付给美国将军，被蒋介石拒绝。毛泽东调侃地把蒋介石比作《红楼梦》的主角贾宝玉，贾宝玉出生时口含一块从天而降的宝玉，这块宝玉被认为是他的“命根子”，他必须将其穿一根链子戴在脖子上，如果不这样做的话就会失去生命，对于蒋介石来说，那块玉上的链子就是他的军队，没有军队的话，蒋介石也就不存在了。见 Terrill，p. 221。

［98］Saich，document H3，pp. 1215-1216. 周恩来的声明发表在 1945 年 2 月 17 日共产党的《解放日报》公报上。

［99］*Nianpu*，II，pp. 591-608. Jin Chongji，vol. II，705-717。《毛泽东选集》，2 版，第三卷，1025～1028 页：4 月 23 日的演讲《两个中国之命运》，4 月 24 日报告的重点节选《论联合政府》以及 6 月 11 日的总结《愚公移山》。毛泽东在七大上作了八次演讲，以上列举的三篇被收录在《毛泽东选集》中。报告的全文发表于 1945 年 5 月的《解放日报》。“文化大革命”时期又再次发表在《毛泽东思想万岁》上，68～82 页，1967。英文译本见 Saich，document H5，pp. 1230-1243。

［100］史蒂芬·赖文在弗拉基米洛夫的日记中找到了这篇文章的俄语版。他并没有在英文版本中找到这篇文章。于是他将自己的新发现翻译成英文，以《毛泽东在共产党七大上的口头报告：摘要性笔记（1945 年 4 月 24 日）》为题，在台湾的杂志《中国的法律与政府》第十卷第四期上发表。

［101］这篇文章于 1962 年被北京外国语出版社翻成英文：题为“The battlefront of the Liberated Areas”。

［102］《周恩来选集》，第一卷，190～220 页，北京，1981。

［103］刘少奇这篇报告的英文版见 Saich，document H6，pp. 1244-1253。这篇报告之后是 6 月 11 日通过的党章，见 document H7，pp. 1254-1267。

［104］1943年10月的莫斯科会议聚集了苏联、美国和英国外交部的部长们。1943年11月、12月的德黑兰会议聚集了这三个国家的领导。这两次会议使得这三个强国关系更加紧密，联手对抗希特勒德国。1943年11月开罗会议召开，罗斯福、丘吉尔和蒋介石一同考虑日本投降以后远东的形势。这次会议预想将台湾归还中国，使朝鲜自由独立。1945年2月的雅尔塔会议再次聚集了斯大林、丘吉尔和罗斯福一同考虑纳粹德国战败之后新的欧洲版图。这次会议同时要求苏联在欧洲战争结束之际加入抗日战争。而1944年8月至10月在华盛顿附近举行的敦巴顿橡树园会议聚集了苏联、美国、英国和国民党领导的中国的代表，起草了建立联合国的宪章：联合国成立大会于1945年4月至6月在旧金山举行。共产党员董必武代表由共产党掌管的中国地区出席会议。

［105］张澜（1872—1955），四川人，他在旧体制下支持梁启超和他的君主立宪制计划，但在民族危急的时候，他是反伪满洲国的爱国人士，他与四川人民一同反抗清政府为了外国银行集团的利益而将中国铁路国有化，即使当时这个省连一公里的铁路都没有。作为省会成都大学的校长，他的政治生涯在瓜分这个省的几个军阀之间周旋。国民政府退至重庆时夺去了他的行动自由，因为他反对蒋介石的独裁统治。1941年他创立民主政团同盟，1944年更名为中国民主同盟，由几千社会精英组成，目标是在共产党和国民党之间建立第三条道路，他出任民主同盟的主席。1948年年底，成为中国人民政治协商会议的副主席之一。

左舜生（1893—1969），中国青年党的党员，他参加了1933—1934年冬的福建事变，然后又参与了民主同盟的创立，是行政人员之一。毛泽东认为他试图从共产党和国民党的冲突中获利。

章乃器（1897—1977），浙江人，银行家和商人，1936年加入了全国各界救国联合会。1936年9月18日，毛泽东给他、邹韬奋、陶行知和沈钧儒写了一封信，赞扬他们的爱国主义精神。1949年3月25日，他是在北京接待毛泽东的人之一。后成为粮食部部长，支持土地改革，但对于拷问和草率处理地主及他们的家庭表示担忧。

［106］《毛泽东选集》，2版，第三卷，1101～1104页，《愚公移山》。

［107］《毛泽东选集》，2版，第三卷，1119～1120页。

［108］Saich，document H8，pp. 1267-1269. 关于8月10日、11日两天截然相反的命令和8月13日毛泽东在新华社发表的声明（《蒋介石在挑动内战》）见《毛泽东选集》，2版，第四卷，1137～1140页。8月13日和16日毛泽东发给蒋介石的两封电报见1141～1147页，8月16日《评蒋介石发言人谈话》见1148～1151页。

［109］《毛泽东选集》，2版，第四卷，1123～1136页。

［110］1945年7月至1946年夏这段时期，中国、苏联和美国的关系有很多争论。我同意肖特的观点（Short，pp. 632-633，note 179），毛泽东被情况的复杂性弄得有点不知所措了。我们可以参考几部优秀的作品：Odd Arne Westad et Michael Sheng，*Battling Imperialism：Mao，Stalin and the United States*，Princeton University Press，1997；James C. Hsiung et Steven Levine，*China's Bitter Victory*，M. E. Shape，Armonk，1992；Michael Hunt et Niu Jun，*Towards a History of Chinese Communist Foreign Relations*；1920s-1960s，Woodrow Wilson Center，Washington DC，1997 et James Reardon-Anderson，*Yenan and the Great Powers*，Columbia University Press，New York，1980。

［111］《毛泽东选集》，2版，第四卷，1152～1155页。

［112］张治中，1890年生于安徽，虽然有着偏“红”的名声，但是这位将军还是长期受到蒋介石的器重，1925年他在黄埔军校任课。在1993年北京出版的回忆录（《张治中回忆录》）664～665页中，他承认曾经问过周恩来他加入中国共产党的可能性，后者劝他打消这

样的念头，而希望他在暗中帮助共产党。张戎和乔·哈利戴在224～226页以及226页的注释1“历来最重要的密探”中称其为共产党最重要的“间谍”，因为根据斯大林的命令，他本应该在1937年作为上海—南京驻地的负责人在中日冲突爆发中扮演决定性角色。因日军谣言，作为湖南省主席的他被当做1938年11月12日长沙大型火灾的负责人而被撤职，但是他还是被统帅任命为西北兰州（甘肃）地区司令。他以这样的头衔多次与周恩来会面。作为蒋介石的特派人员，他到延安是为了说服犹豫的毛泽东积极回应到重庆的邀请。

［113］王若飞（1896—1946年4月8日），出生在贵州一个经济宽裕的家庭，1917—1919年获得奖学金，毕业于东京早稻田大学，之后三年在法国学习，认识了周恩来并加入了共产党，再之后的三年在莫斯科的东方大学学习。重庆会谈期间，他因为精通外语和了解国际问题而显得炙手可热。